SUCESSÃO LEGÍTIMA

O GEN | Grupo Editorial Nacional – maior plataforma editorial brasileira no segmento científico, técnico e profissional – publica conteúdos nas áreas de concursos, ciências jurídicas, humanas, exatas, da saúde e sociais aplicadas, além de prover serviços direcionados à educação continuada.

As editoras que integram o GEN, das mais respeitadas no mercado editorial, construíram catálogos inigualáveis, com obras decisivas para a formação acadêmica e o aperfeiçoamento de várias gerações de profissionais e estudantes, tendo se tornado sinônimo de qualidade e seriedade.

A missão do GEN e dos núcleos de conteúdo que o compõem é prover a melhor informação científica e distribuí-la de maneira flexível e conveniente, a preços justos, gerando benefícios e servindo a autores, docentes, livreiros, funcionários, colaboradores e acionistas.

Nosso comportamento ético incondicional e nossa responsabilidade social e ambiental são reforçados pela natureza educacional de nossa atividade e dão sustentabilidade ao crescimento contínuo e à rentabilidade do grupo.

ROLF **MADALENO**

Advogado. Professor de Direito de Família e Sucessões na Pós-Graduação da PUC-RS.
Diretor Nacional do IBDFAM.

Mestre em Direito Processual Civil pela PUC-RS.

Professor convidado do mestrado e doutorado da UFRGS e Membro da AIJUDEFA (Asociación Internacional de Juristas de Derecho de Familia).
www.rolfmadaleno.com.br

SUCESSÃO LEGÍTIMA

2ª edição, revista, atualizada e ampliada

- O autor deste livro e a editora empenharam seus melhores esforços para assegurar que as informações e os procedimentos apresentados no texto estejam em acordo com os padrões aceitos à época da publicação, e todos os dados foram atualizados pelo autor até a data de fechamento do livro. Entretanto, tendo em conta a evolução das ciências, as atualizações legislativas, as mudanças regulamentares governamentais e o constante fluxo de novas informações sobre os temas que constam do livro, recomendamos enfaticamente que os leitores consultem sempre outras fontes fidedignas, de modo a se certificarem de que as informações contidas no texto estão corretas e de que não houve alterações nas recomendações ou na legislação regulamentadora.

- Fechamento desta edição: 17.02.2020

- O Autor e a editora se empenharam para citar adequadamente e dar o devido crédito a todos os detentores de direitos autorais de qualquer material utilizado neste livro, dispondo-se a possíveis acertos posteriores caso, inadvertida e involuntariamente, a identificação de algum deles tenha sido omitida.

- **Atendimento ao cliente: (11) 5080-0751 | faleconosco@grupogen.com.br**

- Direitos exclusivos para a língua portuguesa
  Copyright © 2020 by
  Editora Forense Ltda.
  Uma editora integrante do GEN | Grupo Editorial Nacional
  Travessa do Ouvidor, 11 – Térreo e 6º andar
  Rio de Janeiro – RJ – 20040-040
  www.grupogen.com.br

- Reservados todos os direitos. É proibida a duplicação ou reprodução deste volume, no todo ou em parte, em quaisquer formas ou por quaisquer meios (eletrônico, mecânico, gravação, fotocópia, distribuição pela Internet ou outros), sem permissão, por escrito, da Editora Forense Ltda.

- Capa: Aurélio Corrêa

- **CIP – BRASIL. CATALOGAÇÃO NA FONTE.**
  SINDICATO NACIONAL DOS EDITORES DE LIVROS, RJ.

  M151s
  Madaleno, Rolf

  Sucessão legítima / Rolf Madaleno. – 2. ed. – Rio de Janeiro: Forense, 2020.

  Inclui bibliografia
  ISBN 978-85-309-9032-9

  1. Direito de família – Brasil. 2. Herança e sucessão – Brasil. I. Título.

  20-62962   CDU: 347.65(81)

  Meri Gleice Rodrigues de Souza – Bibliotecária CRB-7/6439

PREITO DE GRATIDÃO

Este livro sobre o Direito das Sucessões, que começa tratando da parte geral e da sucessão legítima, é um projeto de longa maturação, muitas vezes abandonado em decorrência de diferentes e invencíveis compromissos profissionais, ou relegado, em outras ocasiões, em razão de ulteriores escritos e de atualizações de livros precedentes, sempre hibernando por algumas estações, mas nunca esquecido e, antes, sempre acalentado a cada brecha de agenda, a sua caminhada era vagarosamente retomada, avançando um pouco de cada vez, sem nunca pestanejar nesta longa empreitada em que se transforma a solitária construção doutrinária.

A obra trata do direito sucessório, em especial da sucessão legítima, e, apesar de extensa, aborda apenas um pequeno aspecto da imensidão dos valores pessoais, culturais, acadêmicos e científicos que sempre deixam aqueles que nos foram próximos e que construíram nossa personalidade pessoal e profissional, e que, embora não mais vivam em nosso plano de existência física, mantêm entre nós os seus exemplos, ensinamentos, trajetórias e modelos de vida, prenhes de suas riquezas materiais e imateriais. Neste universo de imenso vazio físico, incluo a saudosa lembrança de meus falecidos pais **Jayme Brum Brígido Madaleno** e **Erika Else Catharina Leontine Hanssen Madaleno**, aos quais dedico este breve espaço de introdução, pois foram eles que iniciaram, a partir de 1950, a dinastia desta advocacia constituída por uma família de advogados, acrescida da minha esposa **Katia Carpes Madaleno** e dos nossos filhos, **Ana Carolina Carpes Madaleno** e **Rafael Carpes Madaleno**, que formam a nossa terceira geração profissional.

Dos meus pais, aparto o legado de amor por seus filhos e a paixão pela advocacia, como igualmente tenho vivo e perene na minha memória a mensagem extraída do convívio com meus progenitores, de cujo exemplo nunca me deixaram esquecer o orgulho e o esforço que ressaem do apaixonado exercício da advocacia.

Estou seguro de que nunca exteriorizei em vida aos meus pais a minha profunda gratidão, e também tenho a firme convicção de que nunca é tarde para se tributar a gratidão que devo a eles, o que faço como reconhecimento póstumo, externando meu amor e minha admiração. Se me esqueci de agradecer no passado, não me omito neste presente, que logo também será meu passado e a minha passagem. Por isso, externo meus agradecimentos à minha esposa, **Katia Carpes Madaleno**, por nossos longos anos de convivência testemunhados por sua infinita compreensão e pelo valor da sua inestimável e imensurável participação na construção da nossa vida e da nossa família. Também expresso aos meus filhos, **Ana Carolina Carpes Madaleno** e **Rafael Carpes Madaleno**, meu carinho paterno e meu testemunho de admiração que se estendem aos meus netos, **Guilherme Carpes Madaleno** e **Joaquim Madaleno Malhão**, sobre os quais não me cansarei de escrever que tornaram a minha vida mais feliz e como a existências deles alimenta diuturnamente o meu coração. Por fim, tributo aos meus irmãos, **Klaus Hanssen Madaleno** e **Erika Hanssen Madaleno**, semelhante carinho que por decorrência das incoerências da vida muitas vezes deixei de expressar.

Porto Alegre, outono de 2019.
Rolf Hanssen Madaleno

APRESENTAÇÃO

Embora de longa data acalentasse escrever sobre o Direito das Sucessões, especialmente depois da edição do Código Civil, diploma acrescido dos complementos colacionados pelo Código de Processo Civil em 2015, ademais das novidades colacionadas pelo Supremo Tribunal Federal, a partir do incidente de declaração de inconstitucionalidade do art. 1.790 do Código Civil, com o julgamento dos Recursos Extraordinários 646.721/RS e 878.694/MG, em 10 de maio de 2017, dificuldades de ordem profissional sempre adiaram, ao longo dos anos, o desenvolvimento e a conclusão deste projeto que complementava meu trabalho precedente sobre o Direito de Família. O principal propósito deste livro é impulsionar o debate e a reflexão destinados a repensar e reescrever alguns desgastados conceitos agregados ao direito sucessório, em especial à sucessão legítima, que sempre foi o mais estanque de todos os livros que compõem o Código Civil brasileiro.

O legislador de 2002 pouco se interessou pelas mudanças sucedidas na sociedade brasileira nas últimas décadas, assim como não olhou muito para as mudanças que vêm ocorrendo na legislação alienígena no campo do Direito das Sucessões, outorgando maiores benefícios sucessórios às pessoas com deficiência; versando sobre a herança digital; ampliando as causas de indignidade e deserdação; revisitando aspectos vinculados a pertinência, extensão e quantificação da legítima. Aliás, criou embaraços que interferem, desafortunadamente, na morte do cônjuge ou convivente, tornando o parceiro sobrevivente, muitas vezes, um indesejado herdeiro dos bens particulares do sucedido. Tampouco o legislador se importou com a filiação socioafetiva e os seus efeitos sucessórios, e muito menos com a multiparentalidade; com a realidade das famílias mosaicas, não se deu conta, como advertem Juan Carpio e Mario Meoro, de "que o êxito social de uma pessoa mais depende de um sistema de relações sociais do que da existência de um consistente patrimônio familiar".

O presente trabalho não pretende impor soluções prontas e simplesmente fazer verter teses que podem ser consideradas mirabolantes, mas se propõe a levantar o debate, aguçar a curiosidade, incentivar a meditação e, se possível, contribuir para a construção de um Direito das Sucessões, particularmente neste momento inicial, envolto com a sucessão legítima, mais próxima e coerente com as mudanças que a sociedade experimenta e vivencia com assustadora rapidez.

Porto Alegre, outono de 2019.
Rolf Hanssen Madaleno
www.rolfmadaleno.com.br
Facebook Rolf Madaleno

NOTA À 2ª EDIÇÃO

Surpreso e igualmente feliz com a boa aceitação e o rápido esgotamento da primeira edição do *Sucessão Legítima*, de imediato me pus a promover as necessárias atualizações e acréscimos que se faziam imprescindíveis para que o leitor tivesse sempre em mãos uma obra comprometida com um direito sucessório contemporâneo e objetivo.

Porto Alegre, verão de 2020.
Rolf Hanssen Madaleno

ÍNDICE GERAL

PARTE I – DA SUCESSÃO EM GERAL 1

Capítulo I – Introdução ao Direito das Sucessões 3
1. Conceito de direito sucessório 3
   1.1. Do registro do óbito 6
2. Origem do direito sucessório 10
3. Notícias históricas 12
4. Fundamentos do direito sucessório 15
5. O direito sucessório na Constituição Federal 15
6. O direito sucessório na Lei de Introdução às Normas do Direito Brasileiro 16
7. Modalidades de sucessão 20
   7.1. Sucessão universal 21
   7.2. Sucessão singular 22
   7.3. O pacto sucessório 23
   7.4. O planejamento sucessório 27
8. Conceito de herança 29
   8.1. Indivisibilidade da herança 30
   8.2. Herança digital 31
9. Conceito de meação 35
10. Herança e legado 37

Capítulo II – Das Disposições em Geral 39
11. Abertura da sucessão 39
12. Princípio da saisine 40
13. Morte biológica 41
    13.1. Morte civil 42
14. A morte presumida sem declaração de ausência 43
15. Morte presumida com declaração de ausência 45
    15.1. Da ausência 45
    15.2. Da curadoria dos bens do ausente 45
    15.3. Da sucessão provisória 46
    15.4. Da sucessão definitiva 47
    15.5. A Lei de Anistia do Desaparecido Político 47
    15.6. Do retorno do ausente 48
16. Comoriência 50
17. Lugar de abertura da sucessão 52

17.1. Aspectos processuais 54
17.2. Inventário por escritura pública 56
18. Espécies de sucessão 61
   18.1. A sucessão legítima 63
   18.2. A sucessão testamentária 64
   18.3. Sucessão por direito próprio ou por cabeça 66
   18.4. Sucessão por direito de representação ou por estirpe 67
   18.5. Sucessão por direito de transmissão sucessiva 68
   18.6. A coexistência da sucessão legítima e testamentária 69
19. A lei vigente ao tempo da abertura da sucessão 69
20. A subsistência da sucessão legítima 69
21. Herdeiros legítimos 70
22. Herdeiros necessários 71
23. Herdeiros facultativos 72
24. Herdeiros instituídos ou testamentários 74
25. Legatários 74

Capítulo III – Da Herança e sua Administração 75

26. Conceito de herança 75
27. Características da herança 77
   27.1. Universalidade de direitos 78
   27.2. A herança é bem imóvel 79
   27.3. Indivisibilidade da herança 79
28. A transmissão da obrigação alimentar 80
29. As dívidas do espólio 85
30. Cessão de direitos hereditários 87
   30.1. O caráter aleatório da cessão 89
   30.2. O direito de preferência dos coerdeiros 90
   30.3. A escritura pública 91
   30.4. O termo nos autos 92
   30.5. A anuência do cônjuge ou companheiro 93
31. O prazo de instauração do inventário 93
32. Inventários cumulativos 94
33. A administração da herança 96
   33.1. Do administrador provisório 96
   33.2. Do inventariante 97

Capítulo IV – Da Vocação Hereditária 99

34. Vocação hereditária 99
35. Capacidade sucessória 100
   35.1. Capacidade na sucessão legítima 101
      35.1.1. Nascidos até a abertura da sucessão 103
      35.1.2. Nascituros 104
      35.1.3. Reprodução humana assistida 106
      35.1.4. Representação e garantias daquele que está por nascer 106
      35.1.5. Posse em nome do nascituro 107

35.2.	Da capacidade na sucessão testamentária	109
	35.2.1. Prole eventual	109
	35.2.2. Na reprodução humana assistida	112
	35.2.3. Pessoa jurídica	113
	35.2.4. Das fundações	114
36.	Incapacidade testamentária passiva	116
	36.1. A pessoa que escreveu o testamento a rogo	117
	36.2. As testemunhas do testamento	117
	36.2.1. A brecha da fraude por testemunhas	118
	36.3 O concubino do testador casado	119
	36.4. O tabelião que firmou o testamento	121
	36.5. A simulação no testamento	121
	36.6. Pessoas interpostas	122
	36.7. Pessoas interpostas e a desconsideração da pessoa física ou jurídica no direito sucessório	122

Capítulo V – Aceitação e Renúncia da Herança 125

37.	Noções iniciais	125
38.	Aceitação da herança	126
	38.1. Aceitação direta	128
	38.1.1. Aceitação expressa	128
	38.1.2. Aceitação tácita	129
	38.1.3. Aceitação presumida	132
	38.2. Aceitação indireta	133
	38.2.1. Por procurador	133
	38.2.2. Pelos pais, curador ou tutor de herdeiro incapaz ou ausente	133
	38.2.3. Pelos sucessores do herdeiro pós-morto ou ausente	135
	38.2.4. Pelos credores do herdeiro	135
39.	Renúncia da herança	137
	39.1. Escritura pública de renúncia	138
	39.2. Renúncia por termo nos autos	139
	39.3. Renúncia abdicativa	141
	39.4. Renúncia incondicional	142
	39.5. O equívoco da renúncia em favor	142
	39.5.1. Renúncia à herança ou ao legado	143
	39.6. Efeitos da renúncia	144
	39.6.1. A renúncia do art. 1.811 do Código Civil	146
	39.7. A irrevogabilidade da renúncia	148
	39.8. Renúncia em prejuízo do credor	149
	39.9. Renúncia e meação	150
	39.10. Renúncia de herança de pessoa viva	152
40.	Cessão de direitos hereditários	155
	40.1. Características da cessão de herança	157
	40.2. Cessão por escritura pública	157
	40.2.1. Anuência do cônjuge ou convivente	158

  40.3. Direito de preferência 161
  40.4. A cessão sucessória e o direito de acrescer 163
 41. Responsabilidade pela evicção 164

Capítulo VI – Dos Excluídos da Sucessão Legítima 165

 42. Considerações iniciais 165
  42.1. Incapacidade e indignidade 167
 43. Conceito de indignidade 168
 44. Indignidade e deserdação 169
  44.1. Novas causas de indignidade sucessória 171
 45. Ação declaratória de indignidade 173
  45.1. Sujeito ativo 175
  45.2. Sujeito passivo 179
  45.3. Prazo prescricional ou decadencial 181
  45.4. Início do prazo decadencial 184
 46. Causas de indignidade 188
  46.1. Reflexões sobre novas causas de indignidade 190
  46.2. Autoria, coautoria ou partícipe de homicídio doloso ou de tentativa 191
  46.3. Calúnia em juízo contra o autor da herança 194
  46.4. Crime contra a honra do sucedido ou a de seu cônjuge ou companheiro 196
  46.5. Obstáculos à liberdade de testar 197
 47. Efeitos da indignidade 200
  47.1. Exclusão do indigno da herança 201
  47.2. Limites dos efeitos da pena de exclusão 202
  47.3. Bens ereptícios 202
  47.4. Efeitos quanto ao cônjuge ou ao convivente 203
  47.5. Efeitos quanto aos herdeiros testamentários e legatários 203
  47.6. Fideicomisso 204
  47.7. Adiantamento de herança e colação 204
  47.8. Usufruto e administração 206
  47.9. Indenização por perdas e danos 208
  47.10. Frutos e rendimentos 209
  47.11. Ressarcimento de despesas 210
  47.12. Direito de representação dos descendentes do excluído 210
  47.13. Premorte de representante do excluído 212
  47.14. Atos praticados pelo herdeiro aparente 212
  47.15. O efeito da indignidade na previdência privada 215
  47.16. Reabilitação do indigno 218

Capítulo VII – Da Herança Jacente e Vacante 223

 48. Conceito de herança jacente 223
 49. Natureza jurídica 225
 50. A herança jacente no Direito Romano 226
 51. O procedimento judicial 227
  51.1. A arrecadação dos bens 228

51.2.	A nomeação e os encargos do curador	229
51.3.	Convocação dos herdeiros e credores	229
51.4.	A habilitação dos credores	231
51.5.	Declaração judicial de vacância	231
51.6.	Vacância e herdeiros colaterais	231
51.7.	Vacância e demais herdeiros	232
51.8.	Vacância e renúncia	233
52.	Transmissão definitiva ao Poder Público	234

Capítulo VIII – Da Petição de Herança 235

53.	Conceito de petição de herança	235
54.	Natureza jurídica da ação de petição de herança	236
55.	Extensão da petição de herança	241
56.	Noção de herdeiro aparente	243
57.	A ação de petição de herança	245
57.1.	Provimentos liminares	245
57.2.	Legitimidade ativa e passiva	247
58.	A responsabilidade do herdeiro aparente	249
58.1.	Como possuidor de boa-fé	250
58.2.	Como possuidor de má-fé	251
59.	Prescrição e decadência da ação de petição de herança e cumulada com investigação de filiação	253
59.1.	Prescrição aquisitiva da usucapião	256

PARTE II – SUCESSÃO LEGÍTIMA 259

Capítulo IX – Da Ordem de Vocação Hereditária 261

60.	Herança	261
61.	Conceito de sucessão	262
62.	A origem histórica da sucessão legítima	265
62.1.	No Direito Romano	265
62.2.	No Direito germânico	267
63.	A sucessão legítima	268
63.1.	A história da legítima	272
63.2.	Herdeiros legítimos	274
63.2.1.	Sucessão testamentária	277
63.2.2.	Herdeiros testamentários	278
64.	Herdeiros necessários	279
64.1.	Descendentes	280
64.2.	Ascendentes	282
64.3.	Proteção do cônjuge viúvo	284
64.3.1.	O cônjuge viúvo no Código Civil de 1916	285
64.3.2.	Transição sucessória do cônjuge do CC/1916 para o CC/2002	287
64.3.3.	Cônjuge e convivente herdeiros e os regimes de bens	290
64.3.4.	Meação	293
64.3.4.1.	Regime da comunhão universal de bens	295

64.3.4.2.	Regime da comunhão parcial................................	305
64.3.4.3.	Regime de participação final nos aquestos...............	318
64.3.4.4.	Regime da separação de bens................................	321
65. Companheiro..		333
66. A legítima dos herdeiros necessários...		342
66.1. A legítima como um *officium pietatis*.....................................		343
66.2. Restrições à liberdade de testar...		344
66.3. Justa causa..		345
66.4. Exclusão da legítima...		346
66.4.1. Exclusão pela indignidade...		347
66.4.1.1. Indignidade ou inexistência de vocação hereditária do cônjuge ou do convivente................................		348
66.4.2. Exclusão pela deserdação...		348
67. Natureza jurídica da legítima..		350
67.1. Legítima como *pars hereditatis* ou como *pars valoris*.............		351
68. Comutação da legítima..		353
69. A legítima do Direito comparado...		355
69.1. Direito islâmico...		355
69.2. Direito anglo-saxão...		355
69.3. Direito continental..		355
70. Revisão da legítima...		356
70.1. Argumentos a favor da legítima..		361
70.2. Pontos de reforma...		362
70.2.1. Redução da legítima...		362
70.2.2. Solidariedade familiar...		363
70.3. Argumentos contra a legítima...		365
70.4. A natureza *pars valoris* da legítima e a sociedade empresária........		368
70.5. O *patto di famiglia* do Direito italiano....................................		371
70.6. O *pars valoris bonorum* no Brasil..		372
71. As regras legais da convocação hereditária na sucessão legítima........		373
71.1. O montante da legítima...		375
71.1.1. Cálculo da legítima...		376
71.2. Sucessão anômala que não ingressa na legítima......................		379
71.3. Porção indisponível...		380
71.4. Porção disponível..		381
72. Vocação hereditária...		384
72.1. Delação...		385
72.2. Vocação originária..		386
72.3. Vocação hereditária e sucessão anômala................................		387
73. Vínculos de parentesco..		388
73.1. Classes..		390
73.2. Contagem de graus...		392
73.2.1. Proximidade de grau e divisão da herança..................		392
73.3. Linhas de parentesco..		396

74.	A ordem de vocação hereditária..	401
	74.1. Descendentes..	404
	74.1.1. Filiação sucessória sem herança...................................	408
	74.2. Ascendentes	411
	74.2.1. Ascendência e reconhecimento *post mortem*.............	413
	74.3. Cônjuge...	417
	74.3.1. O divórcio *post mortem*	421
	74.3.2. A natureza jurídica do direito sucessório concorrencial............	422
	74.3.3. Benefícios viduais e direitos sucessórios......................	431
	74.3.4. A reserva troncal	432
	74.3.5. O pacto antenupcial e o contrato sucessório................	438
	74.3.6. Os negócios jurídicos entre cônjuges e conviventes....	448
	74.3.7. Os pactos negativos ou de renúncia.............................	452
	74.4. Companheiro..	456
	74.4.1. O concubinato, a união estável putativa e as relações paralelas....	462
	74.5. Os colaterais	465
	74.5.1. Irmãos bilaterais em concurso com irmãos unilaterais.............	470
75.	O Município..	477
76.	O herdeiro embrião ou nascituro..	481
77.	A sucessão dos descendentes em concorrência com o cônjuge ou companheiro..	494
	77.1. Culpa mortuária (II)...	497
	77.2. Efeitos jurídicos na concorrência sucessória...............................	499
	77.2.1. Cônjuge ou convivente em concorrência com os descendentes...	505
	77.2.1.1. A reserva da quarta parte na concorrência com o cônjuge ou convivente	509
	77.2.1.2. Concorrência sucessória na Súmula 377 do STF	517
78.	A sucessão dos ascendentes em concurso com o cônjuge ou convivente sobreviventes...	521
	78.1. Direito real de habitação do cônjuge ou convivente sobrevivo (I).........	527
	78.2. Indignidade de ascendente pelo não reconhecimento e abandono do filho (CC, art. 1.609, parágrafo único)..	528
	78.3. Ascendentes biológicos, adotivos e socioafetivos e a multiparentalidade	530
79.	A sucessão do cônjuge ou do convivente sobrevivente	537
	79.1. A sucessão do cônjuge ou companheiro estrangeiro................	538
	79.2. A separação de fato ou de corpos e a sucessão legítima............	540
	79.2.1. A separação de fato ou de corpos e a sucessão testamentária....	544
	79.3. Ação declaratória da culpa mortuária...	547
	79.4. A isonomia constitucional do cônjuge e do convivente..............	549
	79.4.1. A modulação dos efeitos e o art. 1.787 do CC.............	553
	79.5. O casamento putativo...	557
	79.6. A poligamia, a poliafetividade e o direito sucessório................	559
	79.6.1. Famílias simultâneas..	562
	79.7. A sucessão e a dissolução do casamento ou da convivência....	564
	79.7.1. O concurso sucessório concomitante do cônjuge e do convivente..	564
	79.8. O direito real de habitação (II)...	566

79.9.	Direito à totalidade da herança	575
	79.9.1. O cônjuge ou convivente sobrevivente como herdeiro necessário	579
	79.9.2. O art. 1.830 do Código Civil	584
80.	A sucessão dos colaterais	586
80.1.	Irmãos bilaterais e unilaterais	592
80.2.	Irmãos unicamente unilaterais	599
80.3.	Concorrência de tios com sobrinhos e parentes do 4º grau	599

Capítulo X – Dos Herdeiros Necessários 605

81.	Conceito de herdeiros necessários	605
81.1.	O convivente como herdeiro necessário?	609
	81.1.1. Montante da legítima	616
	81.1.1.1. Cálculo da legítima	618
	81.1.2. Cláusulas restritivas	623
	81.1.2.1. Limites dos gravames	630
	81.1.2.2. Justa causa	630
	81.1.2.3. Conversão do gravame	634
	81.1.2.4. Sub-rogação do gravame	635
	81.1.2.5. Cláusulas restritivas e direito intertemporal	636
81.2.	Herdeiros legítimos	637
81.3.	Herdeiros legítimos, necessários, concorrenciais, facultativos e testamentários	638
81.4.	Exclusão dos herdeiros colaterais	642
81.5.	Modulação dos efeitos jurídicos	643

Capítulo XI – Do Direito de Representação 647

82.	Conceito de representação	647
82.1.	Direito de representação e direito de transmissão	653
82.2.	Sucessão por cabeça	654
82.3.	Sucessão por estirpe ou por representação	654
83.	Natureza jurídica da representação	655
84.	Regras do direito de representação	657
84.1.	Representação na linha reta dos descendentes	659
84.2.	Representação na linha reta ascendente	664
84.3.	Representação na linha transversal	664
84.4.	Representação na renúncia	666
84.5.	Representação na indignidade	667
84.6.	Representação na deserdação	668
84.7.	Representação na ausência	669
84.8.	Representação na comoriência	670
85.	Partilha do quinhão do representado	673

Bibliografia 675

Índice Alfabético-remissivo 703

Parte I
DA SUCESSÃO EM GERAL

Capítulo I
INTRODUÇÃO AO DIREITO DAS SUCESSÕES

1. CONCEITO DE DIREITO SUCESSÓRIO

O primeiro artigo do Código Civil brasileiro inicia prescrevendo ser toda pessoa capaz de direitos e deveres na ordem civil e, embora não se restrinja exclusivamente à pessoa física, porquanto a pessoa jurídica também possa ser sujeito de direitos e de obrigações, é somente a existência da pessoa natural que termina com a morte. Sobrevindo a morte, os bens e as obrigações deixadas pelo falecido transmitem-se de imediato aos seus herdeiros e legatários, conferindo uma transcendência jurídica desses direitos e deveres aos sucessores do *de cujus*, embora o óbito extinga definitivamente outras relações jurídicas que não são transmitidas aos sucessores. O Direito das Sucessões compreende a transmissão *mortis causa* da totalidade do acervo do falecido para seus herdeiros, razão pela qual o direito sucessório também é chamado de Direito Hereditário.

A morte dissolve a sociedade conjugal ou a união estável, assim como, ainda no âmbito do Direito de Família, encerra vínculos personalíssimos, como o do poder familiar e o direito real de habitação do consorte supérstite que falece. A morte identicamente extingue o mandato, o direito ao uso e a própria punibilidade, pois tanto a pena civil como a criminal não podem ultrapassar a personalidade do condenado, embora a obrigação de reparar o dano e a decretação do perdimento de bens possa ser estendida aos sucessores e contra eles executadas, até o limite do valor do patrimônio transferido (CF, art. 5º, inc. XLV).

E, se a morte extingue em definitivo as relações jurídicas havidas por intransmissíveis, dado o seu caráter de pessoalidade, subsistem outros vínculos jurídicos que passam aos herdeiros por intermédio da sucessão legítima ou testamentária e que não podem permanecer sem um sucessor titular, tanto em respeito aos direitos como em relação às obrigações patrimoniais daquele que, ao falecer, deixou de existir no plano da natureza e no seu lugar sub-rogam-se os seus herdeiros legítimos ou testamentários.

Mudam os sujeitos de direito, pois com a morte do autor da herança os seus herdeiros inserem-se na titularidade da relação jurídica advinda do *de cujus* e eles darão continuidade aos vínculos jurídicos deixados pelo sucedido, porquanto as relações jurídicas de natureza econômica, ativas ou passivas, de maior ou menor complexidade, não se encerram em razão do óbito do seu titular, e tanto seus créditos como as suas dívidas, presentes ou pendentes, são transmitidas aos seus herdeiros por causa da sua morte. Nem poderia ser diferente, porque as coisas que pertenciam ao sucedido, seus direitos e assim também suas dívidas não se tornam coisas sem dono, pois são transmitidas aos seus herdeiros.[1]

---

[1] NADER, Paulo. *Curso de direito civil*: direito das sucessões. Rio de Janeiro: Forense, 2007. v. 6, p. 4.

Sucedem pelo princípio da *saisine* (*le mort saisit le vi*)[2] do Direito francês, onde a posse da herança se transmite aos herdeiros desde o exato instante em que o autor da herança faleceu (CC, art. 1.784). O direito de *saisine* remonta ao Direito francês e externa a ideia de posse da herança, que é transmitida aos herdeiros do falecido no momento de seu óbito, independentemente de qualquer procedimento judicial de abertura do inventário, de aceitação formal ou informal da herança e da sua partilha oficial, e independentemente da detenção ou apreensão real da coisa.

No universo da herança, são compreendidos bens de qualquer natureza e valor econômico, como móveis, imóveis, semoventes, valores, direitos de crédito por haveres ou ações judiciais ainda pendentes de pagamento ou de execução judicial, direitos de autor, compreendendo também as dívidas do defunto, o passivo deixado pelo autor da herança e inclui ainda as despesas de seu funeral, que também são transmitidas aos seus herdeiros, que não podem responder por encargos superiores às forças da herança (CC, art. 1.792).

Nem poderia ser diferente na dinâmica da vida e das relações pessoais, sociais e econômicas, pois a morte termina com a existência física de uma pessoa, mas seus parentes, familiares, herdeiros instituídos ou legatários o substituem de imediato, por lei ou por testamento, figurando como novos titulares do polo ativo ou passivo das relações jurídicas de natureza econômica deixadas pelo falecido, e vinculações corriqueiras passivas, como contas de água e luz, condomínio, ou de créditos, como pensões quitadas pela previdência social, ou valores monetários devidos ao autor da herança, com a sua morte se tornam deveres ou direitos de seus sucessores. O Direito das Sucessões regula, portanto, a herança deixada pelo óbito do primitivo titular deste patrimônio, que abrange ao mesmo tempo os seus direitos e as suas obrigações.

O patrimônio deixado por uma pessoa que falece é alcunhado de herança, que integra o ativo e passivo, mas que ao final do inventário se restringe ao líquido da herança efetivamente transmitida aos herdeiros depois de pagas as dívidas deixadas pelo defunto.

O Direito das Sucessões regula a sucessão pelo evento morte, redirecionando a titularidade e as relações patrimoniais ativas e passivas de uma pessoa para depois de seu óbito, pois não pode haver nenhuma lacuna de tempo para a transmissão do ativo e passivo deixado por aquele que faleceu, sendo seus herdeiros legítimos e testamentários os novos titulares que tratarão de responder pelas situações jurídicas que não ficam vagas e nem sem substituto. A existência da pessoa natural extingue-se com a morte, muito embora a lei autorize a abertura da sucessão do ausente (CC, art. 6º), presumindo seu falecimento diante de uma situação de dúvidas sobre a existência de uma pessoa há muito tempo desaparecida, que deixou seu domicílio sem qualquer notícia sobre seu paradeiro, podendo ser promovida a abertura de sua sucessão definitiva, sem precedente declaração judicial de ausência, acaso seja extremamente provável a morte de quem estava em perigo de vida (CC, inc. I do art. 7º), ou se o desaparecido encontrava-se em campanha, ou, feito prisioneiro, não for encontrado até dois anos após o término da guerra (CC, inc. II do art. 7º). São exemplos frequentes de presunção de morte o desaparecimento de pessoas em desastres aéreos, naufrágios, *tsunamis* ou em rompimentos de barragens de rejeitos de minérios, como sucedeu em Mariana e Brumadinho, no Estado de Minas Gerais, uma vez não sendo localizado o corpo ou tornando-se impossível a sua identificação, desde que não pairem dúvidas acerca do embarque do desaparecido, nas hipóteses de viagem de navio ou de avião, ou de que a pessoa desaparecida se encontrasse na área do desastre. A declaração judicial de ausência gera efeitos familiares, resultantes da dissolução

---

[2] A morte empossa o vivo.

do vínculo conjugal, e sucessórios, abrindo caminho para a transmissão definitiva dos bens deixados pelo ausente, iniciando-se por meio de um processo judicial de arrecadação dos bens do ausente, regulado pelos arts. 744 e seguintes do Código de Processo Civil.

Durante a vida, a pessoa exerce a totalidade de seus direitos patrimoniais sobre objetos particulares e estes bens, contanto que não estejam fora de comércio, são passíveis de transmissão por ato entre vivos ou em razão da morte do seu proprietário. Em sua acepção jurídica, o vocábulo *sucessão* expressa o fato de uma pessoa substituir outra na titularidade de um direito patrimonial, o que acontece em qualquer forma de aquisição de domínio, tanto nas relações jurídicas sucedidas entre pessoas vivas, em exemplos como o da compra e venda, na qual o comprador sucede ao vendedor, ou no da doação, quando o donatário toma o lugar do doador na titulação do bem doado, e em qualquer outro negócio jurídico regulado pela legislação civil para a transferência de titularidade nas relações contratuais de sucessão entre pessoas vivas.

No seu sentido mais restrito, a expressão identifica a transmissão dessa mesma titularidade, total ou parcial, dos bens deixados pela morte de uma pessoa e por cujo motivo o universo de seus direitos e de suas obrigações é transferido aos seus herdeiros legítimos ou testamentários, e transmite exatamente o que deixa, nem mais e nem menos, pois ninguém pode transferir um direito melhor do que aquele que detinha. Nesse caso, é o falecimento que adquire especial relevância jurídica e determina a substituição do sujeito titular das relações jurídicas. A morte é causa de extinção de sua personalidade, mas subsistem as relações jurídicas de crédito e de débito, as quais são transferidas aos seus sucessores, que devem ser convocados entre os seus familiares e darão continuidade ou transcendência aos direitos e deveres materiais transmitidos pelo autor da sucessão no instante exato de seu falecimento (CC, art. 1.784), consolidando-se no domínio de sua família ou de seus herdeiros instituídos as relações jurídicas que o falecido detinha em vida e em seu nome.

A morte do titular do patrimônio provoca igualmente o fenômeno da sucessão ou transferência de suas relações jurídicas, que agora e de imediato subsistem e continuam através de seus sucessores, de forma distinta da sucessão singular verificada nos negócios entre vivos, pois, na sucessão pela causa da morte, o falecido transmite o conjunto ou o universo da titularidade de seus direitos e de suas obrigações, não se confinando a um determinado bem, como acontece na sucessão particular dos negócios jurídicos travados entre vivos.[3]

Embora, em regra, seja de conteúdo patrimonial o objeto da sucessão *causa mortis*, existem diversas situações jurídicas de cunho extrapatrimonial, como disso é exemplo o reconhecimento de um filho realizado por testamento (CC, inc. III do art. 1.609), a disposição gratuita do próprio corpo, no todo ou em parte, para depois da morte, com objetivo científico, ou altruístico (CC, art. 14), a nomeação de tutor para o filho menor (CC, arts. 1.634, inc. VI, e 1.729, parágrafo único) ou determinações ou recomendações acerca do funeral.[4]

Para Ana Luiza Maia Nevares, determinadas situações jurídicas, de caráter estritamente pessoal, como os direitos morais ou de personalidade deixados pelo sucedido, não se enquadram nas regras do direito sucessório e, portanto, não se transmitem aos seus sucessores por direito de herança, e os familiares do falecido tutelam em juízo a sua própria personalidade e da família da qual participam. É o que ocorre, por exemplo, com os direitos de personalidade dos arts. 12, parágrafo único, e 20, parágrafo único, do Código Civil, ou a transmissão dos di-

---

[3] ZANNONI, Eduardo A. *Derecho civil*: derecho de las sucesiones. 2. ed. Buenos Aires: Astrea, 1982. t. I, p. 49.

[4] DINIZ, Maria Helena. *Curso de direito civil brasileiro*: direito das sucessões. 21. ed. São Paulo: Saraiva, 2007. v. 6, p. 175.

reitos morais do autor, enumerados nos incs. I a IV do art. 24 da Lei 9.610/1998, e o disposto no art. 1.606 do Código Civil, que autoriza os herdeiros de uma pessoa a ajuizarem a ação de prova de sua filiação quando esta faleceu ainda menor ou em estado de incapacidade.[5]

Os familiares do titular dos direitos morais assumem os direitos do falecido *iure proprio* e não como sucessores e, portanto, eles promovem um direito independente da sua qualidade de herdeiro. Trata-se de um interesse pessoal e familiar, voltado a tutelar a personalidade e o pensamento do autor.[6]

Seguindo a orientação francesa, o Direito pátrio proíbe os pactos sucessórios, também rotulados de *pacta corvina*, envolvendo na transação a aquisição de bens de uma sucessão futura (CC, art. 426). O contrato sucessório regula relações originadas da futura morte de alguém e sua proibição seria decorrência dos sentimentos imorais que ensejariam pela expectativa da morte de um dos contratantes ou de algum parente e, sobretudo, porque tolheria a liberdade de testar e o princípio da revogabilidade do testamento.[7] Itabaiana de Oliveira ensina serem vedados no Direito pátrio, desde as velhas Ordenações do Reino, os pactos sucessórios, sejam eles aquisitivos, renunciativos ou dispositivos, pois seria impossível renunciar a um direito ainda não existente, e também porque tais contratos seriam contrários à moral pública e ofensivos aos bons costumes, eis que permitem especular acerca da morte de uma pessoa e, completa o jurista, justificando a proibição dos pactos sucessórios e contratos de herança, "até mesmo, para evitar atentados contra a vida da pessoa a quem pertencem os bens, objeto do contrato sucessório".[8]

Contudo, e o tema será revisto no contexto desta obra; existem exceções de contratos relacionados à morte, que escapam à proibição do art. 426 do Código Civil, como a doação de bens em vida com reserva de usufruto (CC, art. 2.018), os contratos societários contemplando a substituição do sócio falecido por seus herdeiros,[9] o testamento, a partilha em vida, a conta corrente e o depósito bancário, o seguro de vida, a previdência privada, o fideicomisso, o negócio fiduciário ou *trust*.[10]

1.1. Do registro do óbito

Com a morte termina a personalidade que o ser humano adquire ao nascer, ao mesmo tempo em que se extinguem os seus direitos e as suas obrigações e, dentre os direitos e obrigações que cessam com a morte da pessoa encontram-se alguns como: 1) a dissolução do vínculo do matrimônio (CC, art. 1.571) ou da união estável; 2) a extinção do poder familiar (CC, art. 1.635, inc. I); 3) a extinção do usufruto (CC, art. 1.410, inc. I); 4) a cessação do mandato (CC, art. 682, inc. II); 5) a extinção do contrato de locação, embora possam ser sub-rogados na locação residencial o cônjuge ou companheiro e sucessivamente os demais

---

[5] NEVARES, Ana Luiza Maia. *A função promocional do testamento*: tendências do direito sucessório. Rio de Janeiro: Renovar, 2009. p. 116-130.

[6] PERLINGIERI, Pietro; DE CICCO, Maria Cristina (org.). *O direito civil na legalidade constitucional*. Rio de Janeiro: Renovar, 2008. p. 848.

[7] ASSIS, Araken de et al. *Comentários ao Código Civil brasileiro*. Coord. Arruda Alvim e Thereza Alvim. Rio de Janeiro: Forense, 2007. v. V, p. 141.

[8] OLIVEIRA, Arthur Vasco Itabaiana de. *Direito das sucessões*. 3. ed. Rio de Janeiro: Livraria Jacintho, 1936. v. I, p. 67.

[9] ASSIS, Araken de et al. *Comentários ao Código Civil brasileiro*. Coord. Arruda Alvim e Thereza Alvim. Rio de Janeiro: Forense, 2007. p. 144.

[10] SILVA, Rafael Cândido da. *Pactos sucessórios e contratos de herança. Estudo sobre a autonomia privada na sucessão* causa mortis. Salvador: JusPodivm, 2019. p. 182.

herdeiros necessários e as pessoas que viviam na dependência econômica do *de cujus*, desde que residentes no imóvel e nas locações com finalidade não residencial, o espólio e, se for o caso, seu sucessor no negócio (Lei 8.245/1991, art. 11).

José Renato Nalini relembra existirem certos direitos que produzem efeitos após a morte, como o direito moral do autor, o direito à imagem e à honra,[11] a situação dos militares e servidores públicos que podem ser promovidos *post mortem*, a possibilidade de ser pai depois de morto pelas técnicas de fecundação artificial.[12] Podem ser incluídos os direitos de imagem e de personalidade relacionados ao espaço digital, assegurando a Lei 12.965/2014 (Marco Civil da Internet), em seu art. 7º, ao usuário da internet, a inviolabilidade de sua intimidade e vida privada, proteção que certamente deve ser estendida para depois da morte do titular, havendo ainda um vasto campo de direitos da chamada *herança digital* para ser legalmente explorada, suscitando acalentados embates jurídicos como o do chamado *direito ao esquecimento e seus reflexos* post mortem.[13]

A morte deve ser provada pela certidão de óbito ou por sentença declaratória do falecimento. Nesse sentido, dispõe o art. 6º do Código Civil, ao estabelecer que a existência da pessoa natural termina com a morte, sendo presumido o óbito quanto aos ausentes. É que ao lado da morte real o direito contempla a hipótese da morte presumida, decorrente da ausência de uma pessoa que desaparece do seu domicílio sem deixar notícias, nem tampouco representante ou procurador a quem coubesse administrar-lhe os bens (CC, art. 22). Desconhecido o paradeiro dessa pessoa, a Lei autoriza a abertura de sua sucessão (CC, art. 6º) com a declaração judicial de sua ausência, que será processada nos termos dos arts. 22 e seguintes do Código Civil. No art. 7º, o Código Civil descreve duas hipóteses de morte presumida e sem declaração de ausência: i) quando for extremamente provável a morte de quem estava em perigo de vida; ii) se alguém, desaparecido em campanha ou feito prisioneiro, não for encontrado até 2 (dois) anos após o término da guerra.

A morte deve ser inscrita no registro público para comprovar por forma segura os fatos da vida em sociedade,[14] assim como tem registro o nascimento, o casamento e a mudança do estado civil. A personalidade da pessoa natural tem início com o registro de seu nascimento no Cartório Civil e encerra com sua morte, que por igual será lavrada no Ofício Civil.

A Lei dos Registros Públicos determina a obrigatoriedade do registro do óbito e ordena que nenhum enterro será feito sem certidão de oficial de registro do lugar do falecimento,[15]

---

[11] Neste sentido o Enunciado 400 da V Jornada de Direito Civil da Justiça Federal, realizada entre os dias 8 e 10 de novembro de 2011: "Os parágrafos únicos dos artigos 10 e 20 asseguram legitimidade, por direito próprio, aos parentes, cônjuge ou companheiro para a tutela contra lesão perpetrada *post mortem*.

[12] NALINI, José Renato. *Reflexões jurídico-filosóficas sobre a morte. Pronto para partir?* São Paulo: Revista dos Tribunais, 2011. p. 126.

[13] LEAL, Livia Teixeira. *Internet e morte do usuário*: propostas para o tratamento jurídico *post mortem* do conteúdo inserido na rede. Rio de Janeiro: GZ, 2019. p. 103-126.
Enunciado 531 da VI Jornada de Direito Civil, realizada entre os dias 28 e 29 de setembro de 2015: "A tutela da dignidade da pessoa humana na sociedade da informação incluiu o direito ao esquecimento".

[14] BUSSADA, Wilson. *Nascimento, casamento, óbito, emancipação, interdição, ausência e o registro civil.* São Paulo: IBEL, 1963. v. II, p. 565.

[15] Em Porto Alegre, no Rio Grande do Sul, a Prefeitura Municipal orienta como proceder em caso de óbito: "1º – Escolha a empresa funerária; 2º – Organize a documentação para o registro no cartório, sendo solicitados os seguintes documentos/informações: Declaração de óbito devidamente preenchida e assinada pelo médico; documento de identificação do falecido, carteira de identidade, ou certidão de nascimento ou de casamento, escritura de união estável; informação do estado civil do falecido e o nome completo do

extraída após a lavratura do assento de óbito, em vista do atestado médico, se houver no lugar, ou, em caso contrário, de duas pessoas qualificadas que tiverem presenciado ou verificado a morte (art. 77 da Lei 6.015/1973). Em regra, o atestado de óbito é assinado por um médico, fazendo constar a causa da morte, e, se ausente o doutor, o falecimento pode ser atestado por duas pessoas qualificadas, como enfermeiros, auxiliares de enfermagem e, em última hipótese, duas pessoas que tenham presenciado ou verificado o perecimento. A declaração de óbito (DO) está prevista pela Lei 11.976/2009, e regulamentada pela Portaria 116/2009 do Ministério da Saúde, sendo o documento oficial do Sistema Único de Saúde para atestar a morte de indivíduos e, conforme Vitor Frederico Kümpel e Carla Modina Ferrari, trata-se de instrumento essencial ao registro do óbito e à coleta de dados voltada ao planejamento de políticas públicas na área da saúde, existindo formulário padronizado e numerado fornecido pela Secretaria de Vigilância e Saúde, tendo o médico a obrigação de constatar e atestar a morte, e a responsabilidade ética e jurídica de promover o correto preenchimento de todos os campos da Declaração de Óbito (DO), a ser por ele assinada, salvo nos casos de morte violenta, que é da competência do médico legista.[16]

A morte deve ser registrada no Cartório do Registro Civil de Pessoas Naturais (art. 29, inc. III, da Lei 6.015/1973), como todos os atos e fatos jurídicos relevantes da vida de uma pessoa, como o são o nascimento, casamento, óbito, emancipação, interdição, sentença declaratória de ausência e adoção. Com a morte se extingue a personalidade natural (CC, art. 6º) e surgem vários outros efeitos civis no campo do Direito das Obrigações; no Direito Societário, extingue a sociedade em relação ao sócio (CC, art. 1.028); nos Direitos Reais, extingue o usufruto, o uso e a habitação (CC, arts. 1.410, inc. I, 1.413 e 1.416); no Direito de Família, extingue o casamento e a união estável (CC, art. 1.571, inc. I), o poder familiar (CC, art. 1.635, inc. I), a obrigação alimentar em relação ao devedor, salvo as forças da herança, em obrigação de caráter indenizatório a ser suportada pelos herdeiros (CC, art. 1.700); extingue os alimentos em relação ao credor se ele falece, viabiliza a tutela se morrem ambos os genitores (CC, art. 1.728, inc. I) e, no Direito Sucessório, abre a sucessão (CC, art. 1.784), caduca o fideicomisso, caso o fideicomissário morra antes do fiduciário ou antes de se operar a condição resolutiva (CC, art. 1.958) e extingue o encargo da testamentaria, com a morte do testamenteiro (CC, art. 1.985).[17]

Para Serpa Lopes, o registro do óbito previne terceiros do desaparecimento dos direitos pessoais do sucedido e da mudança de titular no tocante aos seus direitos materiais.[18] O registro de óbito é medida preliminar indispensável ao sepultamento e deve ser feito dentro de

---

cônjuge ou companheiro; informação do endereço completo do falecido; informação do local do óbito – hospital, pronto-atendimento, via pública, domicílio etc.; informação dos nomes completos e idades dos filhos vivos deixados pelo falecido; relação dos bens imóveis deixados pelo falecido (usualmente informa--se se deixou ou não bens), bem como testamento; informação do local do sepultamento – no caso de cremação, serão exigidas na declaração de óbito as assinaturas de dois médicos ou um médico legista e em caso de morte violenta, a cremação somente será autorizada mediante autorização judicial; 3º Dirija--se à Central de Atendimento Funerário CAF/POA, que irá fornecer Guia de Autorização para Liberação e Sepultamento de Corpos (GALSC) – documento essencial para o sepultamento.

[16] KÜMPEL, Vitor Frederico; FERRARI, Carla Modina. *Tratado notarial e registral*. São Paulo: YK Editora, 2017. v. 2, p. 789-790.
[17] KÜMPEL, Vitor Frederico; FERRARI, Carla Modina. *Tratado notarial e registral*. São Paulo: YK Editora, 2017. v. 2, p. 774-775.
[18] SERPA LOPES, Miguel Maria de. *Tratado dos registros públicos*. 3. ed. Rio de Janeiro: Freitas Bastos, 1955. v. I, p. 283.

24 horas, contado do falecimento,[19] podendo ser excepcionalmente posterior ao perecimento, diante da distância do lugar onde deve ser feito ou outro motivo relevante, podendo o prazo variar entre 15 dias até em três meses para os lugares distantes mais de 30 (trinta) quilômetros da sede do Cartório (arts. 50 e 77 da Lei 6.015/1973 c/c a Lei 9.053/1995). Ultrapassados esses prazos, a lavratura do assento dependerá de autorização do juiz corregedor.

O registro do óbito é obrigatório e a sua declaração compete às pessoas indicadas no art. 79 da Lei 6.015/1973, a saber: o marido ou companheiro, a respeito de sua mulher, de seus filhos, hóspedes, agregados e fâmulos (empregados domésticos); a viúva ou companheira sobrevivente, a respeito de seu marido ou companheiro, e de cada uma das pessoas antes indicadas; o filho, a respeito do pai ou da mãe; o irmão, a respeito dos irmãos e demais pessoas de casa; o parente mais próximo maior e presente, ao administrador, diretor ou gerente de qualquer estabelecimento público ou particular, a respeito dos que nele falecerem, salvo se presente algum familiar; a pessoa que tiver assistido aos últimos momentos do finado, o médico, sacerdote ou vizinho, a autoridade policial, sendo que em relação aos parentes geralmente são os primeiros a terem ciência do falecimento, conhecem o finado e se encontram em melhores condições de prestar os esclarecimentos necessários para a lavratura do assento,[20] havendo nas pessoas indicadas um misto entre situações atinentes ao vínculo familiar e afetivo e suas relações de parentesco, quando outras pessoas obrigadas a declarar o óbito se circunscrevem mais às circunstâncias em que se deu a morte, ou seja, de pessoas que de alguma forma restaram envolvidas com o falecimento, porque está vinculado a um hospital ou na direção de um presídio, ou porque estando próximo dos fatos testemunhou a morte, ou a autoridade policial porque encontrou a pessoa morta. Vitor Frederico Kümpel e Carla Modina Ferrari ensinam que o médico, o sacerdote ou o vizinho são legitimados por serem próximos ao falecido e teriam condições de prestar informações necessárias, reproduzindo a notícia da morte, se a eles confiada, quando não o puderem os demais legitimados e também observam que, existindo atestado médico informando o falecimento, este retira a rigidez na exigência e observância da hierarquia daqueles que estão obrigados a declarar o óbito, pois o atestado encerra em si mesmo toda a certeza necessária à instrução do registro, notadamente quando se deve considerar a urgência imposta pelo registro do óbito, uma vez que só sua respectiva certidão autoriza o sepultamento.[21]

As pessoas indicadas na Lei dos Registros Públicos têm a obrigação de declarar o óbito e a omissão configura descumprimento de conduta juridicamente imposta, podendo ser interpretado como uma forma de ocultação, como amiúde sucedeu durante o Regime Militar brasileiro.[22]

O assento de óbito de pessoas desaparecidas em naufrágio, inundação, incêndio, terremoto ou qualquer outra catástrofe, quando estiver provada a sua presença no local do desastre e não for possível encontrar-se o cadáver para exame, poderá ser lavrado por meio de justi-

---

[19] Com a declaração de óbito emitida pelo médico em mãos, é preciso ir a um cartório registrá-la para obter a certidão de óbito, munido, ainda, da certidão de nascimento (se solteiro); certidão de casamento (se casado); certidão de casamento e certidão de óbito do cônjuge (se viúvo); certidão de casamento com averbação (se dissolvida a sociedade conjugal); documento com foto do sucedido (carteira de identidade, carteira de trabalho, título de eleitor, passaporte etc.) e o número do benefício e número da espécie (se aposentado ou pensionista do INSS).
[20] BUSSADA, Wilson. *Nascimento, casamento, óbito, emancipação, interdição, ausência e o registro civil.* São Paulo: IBEL, 1963. v. II, p. 570.
[21] KÜMPEL, Vitor Frederico; FERRARI, Carla Modina. *Tratado notarial e registral.* São Paulo: YK Editora, 2017. v. 2, p. 783-785.
[22] KÜMPEL, Vitor Frederico; FERRARI, Carla Modina. *Tratado notarial e registral.* São Paulo: YK Editora, 2017. v. 2, p. 786.

ficação judicial (Lei 6.015/1973, art. 88). A morte presumida atua no campo jurídico e não no sentido médico-legal, pois sua caracterização decorre da incerteza da vida ou da morte, justamente em razão da ausência prolongada de notícias, podendo haver forte probabilidade do óbito nas hipóteses do art. 7º do Código Civil. Portanto, há clara diferença de interpretação e efeitos jurídicos entre o art. 6º do Código Civil, por cujo dispositivo a lei presume que o desaparecido ainda esteja vivo e reclama a declaração judicial de sua ausência, presumindo com o passar do tempo que o ausente possa ter falecido, ao passo que nas hipóteses de perigo de vida (inc. I) e de desaparecimento em campanha, ou de pessoa feita prisioneira (inc. II), previstas no art. 7º do Código Civil, existe forte presunção de morte da pessoa desaparecida e fica dispensada a anterior decretação de ausência, que é substituída por sentença declaratória de morte presumida, depois de esgotadas as buscas e averiguações, devendo a sentença fixar a data provável do falecimento (CC, parágrafo único do art. 7º). O art. 88 da Lei 6.015/1973 (Lei dos Registros Públicos) ainda prevê outros casos de desaparecimento com contundente presunção de morte diante da fatalidade do evento, ao desaparecer uma pessoa em naufrágio, inundação, incêndio, terremoto ou qualquer outra catástrofe, sendo provada a sua presença no local do desastre.

2. ORIGEM DO DIREITO SUCESSÓRIO

O ponto de partida do direito sucessório é a morte, como decorrência natural e inevitável da existência da vida, porque ninguém é eterno e o desaparecimento físico da pessoa humana determina a transmissão de suas relações jurídicas. Em que pese o desenvolvimento de uma ideia metafísica ou religiosa de transcendência da vida, para o direito sucessório, em sentido objetivo, interessa a transmissão dos bens e obrigações de uma pessoa para depois de sua morte.[23] Os filhos herdam dos pais suas qualidades genéticas e particularidades dos laços familiares, suas características físicas, os traços e expressões dos seus ascendentes, suas patologias, os valores morais e os caracteres psíquicos.

Para Carlos Maximiliano, a cadeia ininterrupta que une as gerações é o mesmo nexo sucessório que implica a continuidade da fruição dos bens,[24] e a transmissão desses bens aos herdeiros do sucedido é uma construção do Direito Civil e não uma consequência do Direito Natural, como acontece com a transmissão das características genéticas da filiação consanguínea. A família representa uma coletividade ligada por seus laços de sangue e de afeto, sendo a célula familiar o motor mais seguro da atividade humana, e a prova maior da estabilidade econômica. Não sendo sem outra razão a causa pela qual o direito à herança, por razões de ordem política e econômica, mereceu proteção constitucional como direito fundamental. O homem durante sua existência luta para conquistar e aumentar suas riquezas materiais, reunindo tesouros e bens que haverão de diminuir seus esforços e sua dependência futura, servindo igualmente para estender sua proteção, mesmo para depois de sua morte para aqueles seus familiares que lhe são próximos e afetivos. A sociedade é diretamente beneficiada diante do direito constitucional à herança (CF, art. 5º, inc. XXX), pois os cidadãos são motivados ao trabalho e à formação de riquezas e economias, que por sua vez serão repassadas aos seus herdeiros pelo direito sucessório, garantindo o progresso econômico do país. Não fosse desse modo, certamente desapareceria o interesse na produção individual de qualquer riqueza, porque ninguém teria motivação para o trabalho e para o acúmulo de riquezas que não seriam

---

[23] MAXIMILIANO, Carlos. *Direito das sucessões*. 4. ed. Rio de Janeiro: Freitas Bastos, 1958. v. I, p. 19.
[24] MAXIMILIANO, Carlos. *Direito das sucessões*. 4. ed. Rio de Janeiro: Freitas Bastos, 1958. v. I, p. 21.

herdadas por seus parentes mais próximos e outras pessoas de sua pessoal afeição, vertendo seu patrimônio para o Estado.

Com a morte do titular dos bens, o direito constitucional resguarda a transmissão da propriedade sob a ótica do direito sucessório legítimo e testamentário, assegurando, com a afetação do patrimônio familiar, a consolidação da solidariedade familiar e o princípio da solidariedade sucessória.[25] Sendo a família a base da sociedade, seus pilares precisam estar firmemente fundados e, do ponto de vista econômico, não é possível conceber a continuação e sobrevivência da família, se dela é abstraído o direito à sucessão dos bens familiares. O papa Leão XII escreveu em sua encíclica *Rerum novarum*: "A natureza impõe ao pai de família o sagrado dever de alimentar e cuidar de seus filhos. Porém vai mais longe. Como os filhos refletem a fisionomia de seu pai e são como a felicidade de prolongamento de sua pessoa, a natureza lhe impõe preocupar-se pelo porvir de sua prole e criar-lhes um patrimônio. Porém, poderá criá-lo sem a aquisição e posse permanente de bens, que produtivos possa transmiti-los via herança?".[26]

Seria realmente inconcebível imaginar pudesse uma pessoa trabalhar por toda sua vida, desenvolver seus negócios, construir empreendimentos e economizar, sabendo de antemão que seus bens não seriam transferidos para sua família com seu passamento, ou que seu acervo construído com o sacrifício de toda uma existência iria para o Estado, como sucedeu na experiência soviética, ou como transcorreu no pensamento de Montesquieu, que achava que a lei natural ordenava aos pais que alimentassem os seus filhos, mas não os obrigava a fazê-los herdeiros, e de Augusto Comte que julgava imoral a sucessão legítima, quando filhos receberam uma educação completa e nada mais deveriam esperar de seus pais, qualquer que fosse a sua fortuna, devendo reverter em proveito da sociedade, aduzindo Clóvis Beviláqua que outros autores contemporâneos também insistiam nas mesmas ideias depreciativas do direito hereditário, preparando o terreno para a propaganda dos socialistas de todos os matizes.[27]

Conforme Gustavo A. Borda, os teóricos da revolução comunista atacaram com ênfase a "injustiça" do direito sucessório, que era limitado em 1918, à sucessão da casa, dos móveis e instrumentos de trabalho, desde que o valor total não excedesse a 10.000 rublos e os herdeiros estivessem na posse desses poucos bens. Os demais bens eram administrados pelo Estado em benefício dos herdeiros que não dispunham de meios próprios de sobrevivência. Segundo Borda, logo o regime jurídico soviético sentiu o golpe e medidas foram aplicadas para tentar atenuar os infaustos efeitos da supressão do direito sucessório, mas essas medidas resultaram igualmente insuficientes e a premente necessidade de aumentar a produção obrigou os soviéticos a aplicarem uma política econômica que reconhecesse o estímulo à produção, passando, obrigatoriamente, pelo reconhecimento do direito sucessório, em uma sucessão de direitos que culminou, inclusive, com a supressão do imposto de transmissão.[28]

A partir dessas evidências se torna fácil entender haver no seio familiar um interesse único envolto no *princípio supremo da solidariedade*, em que trabalham os pais para os filhos e todos pela família, permitindo fortalecer a sociedade e firmar os pilares que sustentam o Estado, avançando ambos no crescimento coeso e coerente de defesa da família e da socie-

---

[25] BIANCA, Massimo C. *Diritto civile*. 4. ed. Milano: Dott. A. Giuffrè Editore, 2005. v. II, p. 534.
[26] MAZEUD, Henry; LÉON Jean. *Lecciones de derecho civil*. Buenos Aires: Ediciones Jurídicas Europa-América, 1976. v. I, p. 461.
[27] BEVILÁQUA, Clóvis. *Direito das sucessões*. Bahia: Livraria Magalhães, 1899. p. 12-13.
[28] BORDA, Guilhermo A. *Tratado de derecho civil*: sucesiones. 7. ed. Buenos Aires: Editorial Perrot, 1994. t. I, p. 12.

dade através do respeito constitucional aos vínculos de afeto, às relações de parentesco, ao direito de propriedade, ao da autonomia de vontade e ao patrimônio familiar, assegurada sua transmissão hereditária.

A morte de uma pessoa faz com que seus familiares recolham sua herança, tendo o legislador buscado inspiração na solidariedade como instrumento de proteção familiar, ao conservar para depois de sua morte o seu patrimônio com seus familiares, sendo permitidas certas liberalidades testamentárias nos limites das garantias dos eventuais herdeiros necessários. Com isso, fica harmonizada a sucessão legítima em coexistência com a testamentária, reservados por lei os direitos sucessórios dos herdeiros necessários.

O escopo do direito hereditário está em proteger a família, preservar suas relações e com ela manter os bens e assim assegurar, constitucionalmente, a transmissão dos bens de quem falece aos seus familiares e a terceiros indicados por testamento. Dessa forma, o direito sucessório, constitucionalmente garantido, contribui para dar consistência ao Estado Democrático de Direito, beneficiando economicamente o Estado e a sociedade, e mantém "perpétuo estímulo ao trabalho e à economia, ao aperfeiçoamento e à constância no esforço útil",[29] melhorando a economia, produzindo e aumentando a riqueza e servindo como fator constante de progresso econômico. E, se assim não fosse, desapareceria o estímulo necessário da vida econômica que se ressentiria da riqueza geral, pois uma vez atendidas as mínimas necessidades próprias de cada indivíduo, ninguém se animaria ao trabalho e ao inútil aumento da produção, dos bens materiais e da fortuna que não seria transmitida aos seus sucessores.[30]

3. NOTÍCIAS HISTÓRICAS

O direito sucessório nem sempre contemplou o domínio individual e muito menos considerou os vínculos familiares na sua primitiva versão de transmissão hereditária. Inicialmente, as pequenas agrupações tribais praticavam um direito coletivo sobre os bens e não existiam donos exclusivos desses bens, que voltavam à coletividade quando algum de seus membros falecia.

A imagem de continuação da pessoa tem sua origem no Direito Romano, baseado em um fundamento religioso e vinculado ao culto familiar que não podia ser interrompido com a morte da *pater familiae*. O herdeiro varão, representado pelo filho mais velho, era o continuador das funções sacerdotais do chefe de família e a religião doméstica seguia sob seus cuidados, para que a chama da fogueira permanecesse acesa e continuassem as oferendas do culto familiar.

Conforme Fustel de Coulanges, entre o pai e o filho não existe doação, nem legado, tampouco mudança de propriedade, pois ocorre simplesmente a continuação de sua personalidade[31] e os bens ele recebe por se constituir em verdadeiro patrimônio familiar, e a família sobrevivia ao morto, e por meio da família sobrevivia o patrimônio. Portanto, o herdeiro (*heres*) recebia os bens como um acessório da noção de continuação da pessoa falecida. A aquisição do patrimônio não era a finalidade principal e direta da sucessão hereditária, mas efeito suplementar da soberania doméstica. Contudo, não existia uma porção indisponível reservado um quinhão mínimo ao sucessor, e o chefe de família podia distribuir seus bens através de legados, deixando, por vezes, somente encargos para seu sucessor religioso. Estan-

---

[29] MAXIMILIANO, Carlos. *Direito das sucessões*. Rio de Janeiro: Livraria Freitas Bastos, 1958. v. 1, p. 28.
[30] LASALA, José Luis Pérez. *Curso de derecho sucesorio*. Buenos Aires: Depalma, 1989. p. 12.
[31] CUOLANGES, Numa Denis Fustel de. *A cidade antiga*. 2. ed. São Paulo: Martins Fontes, 1987. p. 76.

do a herança associada ao culto doméstico, a filha casada não podia herdar porque adotava a crença de seu marido, e nem mesmo existem notícias de que as mulheres herdassem no Direito Romano, concluindo Fustel de Coulanges que a antiga lei romana atribuía à filha uma condição hereditária muito inferior à do filho.[32] Com o decaimento da crença religiosa associada à soberania do culto familiar, diversas leis foram editadas para remediar a injusta situação que, por vezes, apenas atribuía encargos ao herdeiro ungido pela tarefa de continuar com as solenidades religiosas.

Com o passar dos tempos e o surgimento da propriedade individual no lugar do patrimônio familiar, a família deixa de ser o ponto de abastecimento e agente produtor de uma riqueza organizada a partir da produção agrícola. A chefia familiar cede para um poder essencialmente econômico e individual e, morto o proprietário dos bens, o domínio desse acervo será transferido aos sucessores, e nessa quadra da história o direito sucessório romano perde sua finalidade sacra e familiar.[33]

Com as conquistas dos povos germânicos pelos romanos, o direito sucessório testemunha uma importante mudança, pois, enquanto para os romanos a propriedade estava concentrada nas mãos do *pater familiae*, único titular de todos os direitos, para os germanos os bens se constituíam em uma massa comum e dissociada da personalidade do *pater*. Morto o chefe da família, este era sucedido pelo filho mais velho, sendo-lhe entregues os bens, sendo que o herdeiro pagava todas as dívidas do sucedido e ficava com o remanescente dos bens.

Na Idade Média, o feudalismo introduziu o costume de que os súditos do senhor não podiam transmitir seus bens sem a anuência direta do dono, como decorrência de uma concepção de soberania sobre a propriedade e, portanto, a transmissão dos bens de raiz ou propriedade feudal exigia a investidura do poder real, sendo introduzida a *saisine*, que seria a primitiva concessão da posse pelo senhor feudal, que cobrava tributos por esses direitos dos vassalos, que também lhe juravam fidelidade e serviços.[34]

Para Eduardo de Oliveira Leite, o princípio da *saisine* não teria sua gênese no Direito Romano e tampouco no sistema feudal, mas teria se imposto por razões puramente civis,[35] proveniente de abusos cometidos pelos senhores feudais e a consequente resistência dos súditos. Trata-se de uma ficção jurídica pela qual, aberta a sucessão, o domínio e a posse da herança transmitem-se de imediato aos herdeiros legítimos e instituídos. O adágio foi adotado pelo direito consuetudinário francês e sua origem remonta ao direito feudal, quando os bens do servo falecido eram depositados em mãos do senhor e para tomá-los os herdeiros tinham de pagar tributos, que foram considerados abusivos, daí triunfando o direito da *saisine* pela fórmula *le mort saisit le vif*, dispensando homenagens e contribuições ao senhor feudal, pois a transmissão dos bens se dava pelo simples evento morte, independentemente de qualquer ato dos herdeiros.[36] Era o sistema de continuação da pessoa do defunto, consagrado pelo Direito Romano primitivo, mesclando o patrimônio do falecido com o patrimônio particular do herdeiro, que respondia *ultra vires hereditatis*, ou seja, com seus próprios bens pelas dívidas do morto quando a herança não cobrisse os débitos do falecido. Essa obrigação pelas dívidas *ultra vires* estava sustentada na ideia de que o herdeiro ocupava o lugar do defunto, mas,

---

[32] CUOLANGES, Numa Denis Fustel de. *A cidade antiga*. 2. ed. São Paulo: Martins Fontes, 1987. p. 79.
[33] ZANNONI, Eduardo A. *Derecho civil*: derecho de las sucesiones. Buenos Aires: Astrea, 1982. t. I, p. 8.
[34] ZANNONI, Eduardo A. *Derecho civil*: derecho de las sucesiones. Buenos Aires: Astrea, 1982. t. I, p. 13.
[35] LEITE, Eduardo de Oliveira. *Comentários ao novo Código Civil*: do direito das sucessões. Coord. Sálvio de Figueiredo Teixeira. Rio de Janeiro: Forense, 2003. v. XXI, p. 8.
[36] NONATO, Orosimbo. *Estudos sobre sucessão testamentária*. Rio de Janeiro: Forense, 1957. v. III, p. 17.

como ninguém podia ter mais do que um patrimônio, os dois acervos (o do falecido e o do herdeiro) se confundem em um só, desde a abertura da sucessão. Por conseguinte, o herdeiro fica responsável pelas dívidas do defunto e, por sua vez, os credores do falecido são credores do herdeiro e têm um direito absoluto e integral de garantia sobre o conjunto dos bens que se encontram com o herdeiro.[37]

Com a decadência do Direito Romano e já no tempo dos Imperadores,[38] a partir de Justiniano, surge a limitação da responsabilidade do herdeiro com a admissão do instituto do *benefício de inventário*, reconhecendo ao herdeiro o direito de assumir apenas as dívidas que coubessem dentro das forças do ativo da herança (*intra vires hereditatis*).

Posteriormente, os juristas Aubry y Rau conferem novo impulso à teoria da continuação da personalidade do sucedido, por cujo sistema o patrimônio do falecido é um atributo de sua personalidade e uma universalidade de direitos, independente dos elementos concretos que formam esse acervo, insuscetível de alienação total ou parcial, indissolúvel e incessível, de modo que a sua transmissão aos herdeiros não pode ser concebida senão através da ficção de que eles simplesmente continuam a pessoa do morto, de quem herdam os direitos e as dívidas.[39]

No Direito germânico primitivo, sequer existia a sucessão, mas apenas um simples acréscimo dos bens entre os membros da comunidade formada pelo chefe da família e seus filhos. A herança como expectativa de direito (*wartrecht*) surgiu quando o Direito germânico estimou que o pai era o único titular dos bens e, com sua morte, seus filhos varões eram titulares desses direitos, sendo mais tarde também incluídas como herdeiras as filhas solteiras. No Direito alemão, a aquisição da herança se dava de forma automática no momento exato da morte do autor da herança pelo aforismo de que o vivo sucede ao morto (*der tot erbt den lebendingen*). A responsabilidade do herdeiro no Direito alemão era *intra vires*, ou seja, ele só respondia pelos débitos do morto com os bens herdados, pois sucedia nos bens e não na personalidade do falecido.

Atualmente, subsiste o princípio de o herdeiro suceder ao falecido unicamente em seus bens e não mais em sua personalidade, embora esteja obrigado a pagar as dívidas do autor da herança, recebendo os bens para satisfazê-las, com o benefício de inventário, segundo o qual os sucessores herdam exclusivamente o remanescente dos bens depois de liquidado o passivo. Prevalece, no sistema jurídico brasileiro, o princípio da sucessão dos bens do defunto, pelo qual o herdeiro não ocupa o lugar do falecido. O herdeiro é um liquidante dos débitos do morto e paga suas dívidas com os bens que dele recebe, realizando o ativo e dividindo o saldo com os demais coerdeiros. A sucessão da personalidade do morto ainda encontra trânsito em alguns sistemas jurídicos que seguem sob a influência das lições de Aubry y Rau, como ocorre na sucessão *causa mortis* do Direito argentino, que previa até a edição da Ley 17.711/1968, que a responsabilidade dos herdeiros era *ultra vires*, ou ilimitada, ficando obrigados para com os credores e legatários ao pagamento das dívidas e encargos do espólio, não só com os bens da herança como também com os seus próprios bens. Com o advento do Decreto-Ley 17.711/1968, que reformou o revogado Código Civil argentino, o antigo art. 3.363 passou

---

[37] MAZEUD, Henry; LÉON, Jean. *Lecciones de derecho civil*. Buenos Aires: Ediciones Jurídicas Europa-América, 1976. v. I, p. 470.

[38] DANTAS, San Tiago. *Direitos de família e das sucessões*. Atualizado por José Gomes Bezerra Câmara e Jair Barros. 2. ed. Rio de Janeiro: Forense, 1991. p. 465.

[39] BORDA, Guilhermo A. *Tratado de derecho civil*: sucesiones. 7. ed. Buenos Aires: Editorial Perrot, 1994. t. I, p. 16.

a presumir sempre, que a herança era aceita pelos herdeiros com o benefício de inventário, assemelhando-se, destarte, ao sistema germânico que regula a sucessão dos bens do morto e não da sua personalidade.

O atual Código Civil e Comercial da Argentina se desapegou da vinculação de uma responsabilidade ilimitada, a ponto de aduzir, em seu art. 2.280, que a responsabilidade dos herdeiros é para com os bens que recebem ou com o seu valor no caso de serem alienados, e o art. 2.317 estabelece que os herdeiros ficam obrigados pelas dívidas e legados da sucessão somente até o montante dos bens herdados.

4. FUNDAMENTOS DO DIREITO SUCESSÓRIO

Embora a instituição familiar careça de personalidade jurídica, cada integrante desse grupo é uma pessoa, sujeito de direitos e, acentuadamente, a família e sua concepção sofreram profundas e importantes mudanças em seus aspectos históricos, sociais e filosóficos. Com a edição da Carta da República em 1988, a família brasileira mereceu especial tutela jurídica de seus membros, até porque ela é considerada a base da sociedade (CF, art. 226). A família, como círculo afetivo, natural e cultural, identifica-se por suas características biológicas, psicológicas, éticas, econômicas e sociais, constituindo-se em um grupo cada vez mais estreito, com limitação dos seus vínculos de parentesco e cuja subsistência é assegurada pelo casal que forma uma entidade familiar e cuja sobrevivência os cônjuges ou conviventes também buscam garantir criando lastro patrimonial e mecanismos de transferência das suas riquezas aos seus herdeiros mais próximos.

A ideia de patrimônio conduz à sucessão legítima e testamentária, inclusive como direito fundamental, assim como a organização da família conduz à sucessão legítima e, dentro dela, à noção de sucessão necessária para a proteção mínima dos herdeiros, parentes e familiares mais próximos ao sucedido, preservando, dentro da família, as riquezas patrimoniais e com ela a sua organização, além de pela via reflexa manter um Estado forte e economicamente estável.

O direito hereditário garante a sucessão dos bens e assegura a sucessão necessária na linha reta, sustentada no parentesco e na afeição, como instrumentos de proteção e segurança da família através das gerações,[40] podendo o sucedido dispor em parte de sua herança em existindo herdeiros necessários, em respeito à autonomia da vontade e servindo de instrumento para que inclua no seu círculo de herdeiros afetivos as pessoas que lhe foram mais caras e mais próximas.

A transmissão dos bens do morto para seus herdeiros legítimos e testamentários, quando houver, tem por escopo a continuação das relações jurídicas do autor da herança, que assim atende a uma relevante exigência social, eis que, se porventura tivesse ausente o direito sucessório, a morte de uma pessoa acabaria com suas obrigações e com todo o sistema de crédito, tão essencial para o trânsito comercial de uma sociedade moderna, além de deixar sem dono os bens largados pelo falecido, que poderiam ser adquiridos pelo primeiro ocupante, representando certamente, um completo caos social que o direito sucessório impede de acontecer.[41]

5. O DIREITO SUCESSÓRIO NA CONSTITUIÇÃO FEDERAL

Pela primeira vez na história brasileira o direito sucessório tem assento no texto da Carta da República, ao garantir o direito de herança no inc. XXX do art. 5º. O direito de he-

---

[40] GUSMÃO, Sady Cardoso de. *Vocação hereditária e descendência*. Rio de Janeiro: Borsoi, 1958. p. 22.
[41] LASALA, José Luis Pérez. *Curso de derecho sucesorio*. Buenos Aires: Depalma, 1989. p. 41.

rança é elevado à condição de direito fundamental, garantido pela Carta Política como parte do acervo de direitos que resguardam a dignidade da pessoa humana, como igualmente são importantes e fundamentais tantos outros direitos abrigados pela Constituição Federal, como efetivos instrumentos de acesso ao pleno exercício da cidadania.

Conforme Clóvis Beviláqua, o direito de herança é um poderoso estímulo para o aumento da riqueza pública e um vínculo para a consolidação da família, pois a lei lhe garante o gozo dos bens e dos seus sucessores, quando mortos os titulares do patrimônio.[42] A Carta da República, ao reconhecer o direito sucessório como direito fundamental, tendo em vista a manutenção da família como base da sociedade, também teve em mira garantir que os bens possam ser transmitidos aos familiares do autor da herança com a abertura de sua sucessão, sempre centrada na ideia de preservar com o direito sucessório os vínculos familiares e de afeto. Reconhecer o direito de herança e bem assim garanti-lo como fundamento do Estado Democrático de Direito é, em última instância, preservar os instrumentos naturais de fortalecimento do Estado e evitar as dolorosas contingências sentidas por aqueles povos sem direito à sucessão, como já experimentaram primitivos regimes comunistas ao eliminarem por completo o direito sucessório. Ao pregar a eliminação do direito hereditário e defender a apropriação das coisas e dos meios de produção, que deviam pertencer à coletividade, esses regimes comunistas viram seus países empobrecer.

Observa Carlos Maximiliano que a lei era iludida e o Estado prejudicado duplamente, pelo desfalque na renda e pela diminuição na riqueza geral, decorrência da falta de estímulo para produzir, e a Rússia, ao ensaiar a supressão do direito hereditário, testemunhou que seus empresários e comerciantes não mais empreendiam com temor do confisco e da partilha estatal, assim como os camponeses reduziam sua produção e ocultavam suas economias.[43]

Segundo a teoria socialista clássica, a herança repugna a ideia de justiça, porque ela origina desigualdades econômicas e sociais entre os indivíduos, eis que ainda seria possível justificar a riqueza quando ela resultasse de distintas aptidões e capacidade de trabalho, mas esta mesma riqueza não se justifica quando provém da ação de outras pessoas e sem a intervenção dos sucessores, ao passo que os socialistas modernos se limitam a negar o direito sucessório com respeito à terra e aos meios de produção, mas admitindo a sucessão sobre os bens de consumo e de gozo.[44]

6. O DIREITO SUCESSÓRIO NA LEI DE INTRODUÇÃO ÀS NORMAS DO DIREITO BRASILEIRO

O art. 5º da Constituição Federal garante aos brasileiros e aos estrangeiros residentes no Brasil direitos considerados fundamentais e de uma moldura que passa pela liberdade, igualdade, segurança, e o direito à propriedade, que no inc. XXX integra a garantia da herança. Já o inc. XXXI do art. 5º da Carta Fundamental ordena que a sucessão de bens de estrangeiro situados no País será regulada pela lei brasileira em benefício do cônjuge ou dos filhos brasileiros, sempre que não lhes seja mais favorável a lei pessoal do *de cujus*. Idêntico dispositivo consta do § 1º do art. 10 da Lei de Introdução às Normas do Direito Brasileiro (Dec.-lei 4.657/1942), ao permitir a aplicação da lei nacional ou da estrangeira, dependendo da que for

---

[42] BEVILÁQUA, Clóvis. *Direito das sucessões*. 5. ed. Rio de Janeiro: Livraria Francisco Alves, 1955. p. 13.
[43] MAXIMILIANO, Carlos. *Direito das sucessões*. Rio de Janeiro: Livraria Freitas Bastos, 1958. v. 1, p. 30-31.
[44] LASALA, José Luis Pérez. *Tratado de sucesiones*. Buenos Aires: Rubinzal-Culzoni, 2014. t. I, p. 65.

mais benéfica para o cônjuge ou convivente ou filhos brasileiros, estabelecendo a regra do BLMF (benefício da lei mais favorável).

O BLMF, na expressão de Fernando Pedro Meinero, faz com que o juiz deva se afastar, em determinadas hipóteses, da aplicação do direito apontado pela regra de conflito geral do *caput* do art. 10 da LINDB, mas não sem antes constatar as soluções dadas por ambos os direitos. A sua aplicação requer uma metodologia particular, na qual a busca pela consequência jurídica não escapará à comparação entre duas possíveis soluções: uma derivada do emprego da lei brasileira, e outra decorrente da aplicação do direito do local do último domicílio do *de cujus*.[45]

A sucessão internacional *causa mortis,* presumida, legítima ou testamentária e mesmo na coexistência das duas espécies de sucessões (legítima e testamentária), conforme expressa a Lei de Introdução às Normas do Direito Brasileiro (Dec.-lei 4.657/1942), segue o critério de aplicação da lei do domicílio do autor da herança, vigente ao tempo de sua morte, para o inventário dos bens localizados no Brasil.

É o que igualmente ordena o inc. II do art. 23 do Código de Processo Civil, ao estabelecer a competência da autoridade judiciária brasileira, com exclusão de qualquer outra, para proceder ao inventário e partilha de bens situados no Brasil, ainda que o autor da herança seja estrangeiro e tenha residido fora do território nacional.

Não importa a nacionalidade do autor da herança, se brasileiro ou estrangeiro, mas sim o seu domicílio, ainda que não tivesse nascido ou vivido no Brasil, aqui possuindo bens, será adotada a lei de seu último domicílio, porque a Lei de Introdução às Normas do Direito Brasileiro (Dec.-lei 4.657/1942) adotou a *teoria da unidade sucessória*. O princípio romano da universalidade da sucessão considera o acervo hereditário como um todo a ser transmitido ao sucessor universal em razão da morte do seu primitivo titular. Por conta dessa teoria, os bens deixados pelo autor da herança constituem uma universalidade e sua sucessão deve ser regida pelo critério domiciliar como ponto de conexão,[46] ponderando Amílcar de Castro que "o direito mantido pelo meio social onde o indivíduo efetivamente viveu é que deve ser observado quanto à sucessão".[47]

O sistema da unidade sucessória adotado pelo art. 10, *caput*, da Lei de Introdução às Normas do Direito Brasileiro (Dec.-lei 4.657/1942) considera a lei do último domicílio do autor da herança como sendo a aplicável aos processos vinculados à herança, seus herdeiros legítimos ou testamentários, legatários e credores do espólio.

A única exceção ao critério domiciliar é a do *princípio da proteção da família*, entidade constitucionalmente resguardada desde a edição da Constituição Federal de 1934, e essa exceção está regulada pelo inc. XXXI do art. 5º da Constituição Federal, e pelo § 1º do art. 10 da LINDB, com vistas à proteção de filhos, cônjuges ou conviventes brasileiros quando houver bens no Brasil, ordenando a adoção da lei brasileira em benefício do cônjuge ou convivente e dos filhos brasileiros, se não lhes for mais favorável a lei pessoal do *de cujus*.

Um bom exemplo de adoção da lei brasileira em detrimento da legislação sucessória estrangeira pode ser aplicado no caso de concorrência sucessória de convivente supérstite, quando a lei internacional não reconhecer efeitos jurídicos à união estável. Adverte, no entanto, Nadia de Araújo, ser preciso promover a correta exegese da lei mais benéfica, pois muitas

---

[45] MEINERO, Fernando Pedro. *Sucessões internacionais no Brasil*. Curitiba: Juruá, 2017. p. 137.
[46] DINIZ, Maria Helena. *Lei de Introdução ao Código Civil brasileiro interpretada*. 11. ed. São Paulo: Saraiva, 2005. p. 298.
[47] CASTRO, Amílcar de. *Direito internacional privado*. Rio de Janeiro: Forense, 1956. v. II, p. 187.

vezes se adota a lei brasileira sem o prévio estudo do direito comparado.[48] É a ponderação prática do sistema do *ius patriae,* com o sistema do *ius domicilii,* em que a vocação para suceder quanto aos bens de estrangeiro existentes no Brasil será regulada pela lei brasileira em benefício do cônjuge ou companheiro brasileiro e dos filhos do casal, sempre que não lhes seja mais favorável a *lei nacional* do *de cujus*.

Pelo § 2º do art. 10 da Lei de Introdução às Normas do Direito Brasileiro (Dec.-lei 4.657/1942), a lei do domicílio do herdeiro ou legatário irá regular a capacidade sucessória, ou seja, a aptidão do herdeiro ou legatário de herdar os bens deixados pelo sucedido, pois a capacidade sucessória pode não existir no caso de indignidade ou de deserdação e esta aptidão ou capacidade para herdar é medida em conformidade com a lei do domicílio do herdeiro ou legatário.

O Brasil e outras nações adotam o critério do domicílio, mas existem diferentes países que seguem o critério sucessório da nacionalidade. Pela regra brasileira, seja qual for a natureza e a situação dos bens, a conexão de aplicação do direito sucessório se dá quanto ao último domicílio do sucedido. Deixando o autor da herança bens no Brasil e também em outros países, haverá pluralidade de foros, pois cada país adota suas regras de Direito Internacional Privado, e em cada um deles será procedido o inventário dos bens lá existentes em nome da sucessão internacional, sendo da competência da autoridade judiciária brasileira proceder ao inventário e partilha somente dos bens situados no Brasil. O Brasil adotou o princípio da pluralidade dos juízos sucessórios do art. 23, inc. II, do CPC de 2015, que impede o juiz brasileiro de cuidar de patrimônio situado no exterior, limitando-se a partilhar apenas aqueles bens localizados no País. No comentário de Pontes de Miranda, a regra do art. 89, inc. II, do CPC de 1973 (equivalente ao art. 23, inc. II, do CPC/2015), tem por finalidade evitar a intromissão do juízo do exterior nas ações de inventário e partilha de bens situados no Brasil. Na conclusão inversa desta lógica está o patrimônio no exterior, de brasileiro ou estrangeiro domiciliado no Brasil, devendo ser procedido o inventário no país em que se encontra o acervo.[49]

É de lembrar que a Lei 11.441/2007 possibilita a lavratura, por notário, de escritura pública de inventário e partilhas consensuais, independentemente de homologação judicial, sendo todos os interessados capazes e não havendo testamento, mas com a ressalva expressa do art. 29 da Resolução 35, de 24 de abril de 2007, do Conselho Nacional de Justiça, de ser vedada a lavratura de escritura pública de inventário e partilha referente a bens localizados no exterior.

Conforme Nadia de Araújo, existindo bens situados em outro país, não podem estes fazer parte do monte, e sequer poderão os herdeiros promover a compensação na partilha processada no Brasil, de bens comprovadamente existentes no exterior.[50] Entrementes, Euclides de Oliveira e Sebastião Amorim destacam que, havendo bens situados no estrangeiro, embora não possam ser partilhados, em sendo todos os herdeiros maiores e capazes, nada impede que convencionem também sobre a divisão hereditária dos bens situados fora do país, em uma espécie de compromisso de partilha a ser formalizada perante as autoridades do lugar de origem dos bens, para efeitos fiscais e registro, e acrescentam também ser possível incluir na partilha

---

[48] ARAUJO, Nadia. *Direito internacional privado*: teoria e prática brasileira. 2. ed. Rio de Janeiro: Renovar, 2004. p. 412-413.

[49] MIRANDA, Pontes de. *Comentários ao Código de Processo Civil*. Rio de Janeiro: Forense, v. II. 1974, p. 195.

[50] ARAUJO, Nadia. *Direito internacional privado*: teoria e prática brasileira. 2. ed. Rio de Janeiro: Renovar, 2004. p. 414.

feita no Brasil o valor dos bens que já tenham sido atribuídos a uma das partes, valendo como imputação de pagamento do respectivo quinhão,[51] para equilíbrio na divisão dos bens, e, além disso, permitindo a realização da mais cômoda divisão, já que, certamente, os bens situados fora do Brasil, por vezes, mais interessam a herdeiro que também se encontra domiciliado no exterior, compensando com bens que interessam a herdeiro domiciliado no Brasil.

Nessa linha de pensamento, a Quarta Câmara da Seção de Direito Privado do Tribunal de Justiça de São Paulo, no Agravo de Instrumento 369.085-4/3-00, relatado pelo Des. Carlos Biasotti e publicado no *Diário Oficial do Estado de São Paulo* em 24 de fevereiro de 2005, admitiu, para efeitos de partilha, a compensação de valor de bens alienígenas para cômputo da legítima das herdeiras necessárias, sem que isso implique violação do art. 89, inc. II, do Código de Processo Civil de 1973 (CPC/2015, art. 23, inc. II).[52]

A sucessão é considerada um prolongamento da família, tanto assim que a ordem de vocação hereditária está baseada nos laços familiares e com a morte do titular dos bens desaparece sua personalidade, sendo o hiato preenchido por seus familiares e sucessores, adotado o princípio romano da universalidade da sucessão, também adotado pelo Direito brasileiro no art. 10, *caput*, da Lei de Introdução às Normas do Direito Brasileiro (Dec.-lei 4.657/1942), de forma que, enquanto não efetivada a partilha, os bens do falecido constituem um todo que projeta a personalidade econômica do autor da herança.

Por isso, de todo irrelevante se o *de cujus* possuía bens que se encontravam no Brasil ou no exterior, porque a unidade da herança não encontra limites e nem deve contemplar exclusões apenas por conta das fronteiras que separam herdeiros e jurisdições, pois, se a justiça brasileira não pode inventariar e partilhar bens situados no estrangeiro, deve apreciá-los para evitar desigualdades entre os herdeiros. A unidade da sucessão tem o exato propósito de conferir direitos iguais aos sucessores, e, portanto, embora o ordenamento brasileiro tenha se posicionado em prol do princípio da pluralidade de juízos sucessórios, impedindo que o juiz brasileiro cuide de partilhar bens localizados no exterior, não se afigura sempre como a solução mais acertada impedir, apenas por conta da regra processual do inc. II do art. 23 do CPC, a compensação destes bens na partilha, sob pena justamente de ferir a função da unidade da sucessão.

E a compensação tem sido a *palavra de ordem* nas demandas de divisão nos regimes matrimoniais e na partilha do direito sucessório, especialmente com a larga e proficiente utilização do art. 50 do Código Civil brasileiro e dos arts. 133 a 137 do CPC, sempre que for verificado o mau uso societário para fraudar a meação de cônjuge ou do convivente, ou o quinhão de qualquer herdeiro necessário.

Bens conjugais desviados para uma empresa ou recursos financeiros despachados pelo cônjuge para o exterior devem ser computados na partilha para equilíbrio da meação e correção dos quinhões hereditários, sob pena de prevalecer o infortúnio do enriquecimento ilícito,

---

[51] OLIVEIRA, Euclides de; AMORIM, Sebastião. *Inventário e partilha*: teoria e prática. 25. ed. São Paulo: Saraiva, 2018. p. 456.

[52] "Inventário. Autora da herança, que possui bens no Brasil e no Exterior. Na partilha, segundo o direito brasileiro, cumpre considerar o valor dos bens situados lá fora, para cômputo da legítima das herdeiras necessárias. Art. 89, II, do Código de Processo Civil. Se a autora da herança possui bens no Brasil e no Exterior, na partilha realizada segundo o direito brasileiro, será força considerar o valor do patrimônio alienígena para cômputo da legítima das herdeiras necessárias, sem que isso implique violação do art. 89, II, do Código de Processo Civil."

nas hipóteses de fraude pela via societária ou mesmo pelo singelo expediente da fraude pelo uso da interposta pessoa física.

O mesmo resultado de desequilíbrio poderia ocorrer se não fossem computadas as quotas hereditárias para efeitos de balanço das porções indisponíveis com as legítimas. Integra o espírito da legislação brasileira a proteção dos direitos de cônjuge, companheiro e herdeiros, servindo a compensação de direitos como um eficiente mecanismo de correção e equalização das meações e dos quinhões hereditários em conformidade com a legislação nacional, e este propósito está inteiramente absorvido pelo Direito brasileiro, como faz a própria Constituição Federal, quando cuida de proteger os interesses de filhos e cônjuges brasileiros em caso de falecimento de pessoa domiciliada no estrangeiro com bens situados no Brasil (CF, art. 5º, inc. XXXI), ao aplicar a lei que lhes for mais benéfica. Por igual prevê o § 1º do art. 10 da Lei de Introdução às Normas do Direito Brasileiro (Dec.-lei 4.657/1942), do mesmo modo preocupado em proteger os interesses de cônjuge, convivente e filhos. Isso nada mais representa do que ordenar a eventual compensação na partilha para adequar a divisão à lei brasileira, sem que o regramento processual do art. 23, inc. II, do CPC sirva de embaraço a esta adequação, como nesta direção já decidiu o STJ no REsp 275.985/SP.[53]

7. MODALIDADES DE SUCESSÃO

Prescreve o art. 1.786 do Código Civil que a sucessão se dá por lei ou por disposição de última vontade, aqui compreendida a sucessão testamentária. A sucessão legítima está prevista na lei e pode coexistir com a sucessão testamentária quando o sucedido fez testamento, mas, por exemplo, nele não dispôs da totalidade de seus bens por existirem herdeiros necessários. Desse modo, a fonte do direito sucessório é a lei ou o testamento e até mesmo ambas as origens. O art. 1.788 do Código Civil estabelece que, morrendo uma pessoa sem testamento (*ab intestato*), sua herança será transmitida aos herdeiros legítimos, e o mesmo ocorrerá quanto aos bens que não forem compreendidos no testamento. Portanto, na ausência de testamento, os herdeiros serão chamados de acordo com a ordem de vocação hereditária prescrita pelo art. 1.829 do Código Civil (o art. 1.790 da vocação do companheiro foi declarado inconstitucional pelo STF nos Recursos Extraordinários 646.721/RS e 878.694/MG), e esses mesmos herdeiros serão chamados à sucessão se o testamento caducar, ou for julgado nulo. Essa ordem de vocação hereditária da lei busca atender a uma suposta preferência que o sucedido teria no sentido de seus bens serem destinados aos seus descendentes em concorrência com o cônjuge ou companheiro; ou, na falta destes, aos ascendentes, também em concorrência com o cônjuge ou o companheiro, e na ausência destes ao cônjuge ou companheiro e, por último, aos colaterais.

Há duas modalidades de sucessão pelo evento morte, em conformidade com o objeto sobre o qual recai a transmissão e que pode ser a sucessão *a título singular* ou *a título universal*. Quando se dá a transmissão da relação jurídica sobre um determinado bem, como um imóvel,

---

[53] "Direito internacional privado e civil. Partilha de bens. Separação de casal domiciliado no Brasil, Regime da comunhão universal de bens. Aplicabilidade do direito brasileiro vigente na data da celebração do casamento. Comunicabilidade de todos os bens presentes e futuros, com exceção dos gravados com incomunicabilidade. Bens localizados no Brasil e no Líbano. Bens no estrangeiro herdados pela mulher de pessoa de nacionalidade libanesa domiciliada no Brasil. Aplicabilidade do Direito brasileiro das sucessões. Inexistência de gravame formal instituído pelo *de cujus*. Direito do varão à meação dos bens herdados pela esposa no Líbano. Recurso desacolhido" (STJ, REsp 275.985/SP, 4ª T., Rel. Min. Sálvio de Figueiredo Teixeira, j. 17.06.2003).

um crédito, a sucessão se dá a *título singular*, porque a transmissão opera exclusivamente sobre aquele bem ou crédito singularizado, individual ou particularizado, restringindo-se exclusivamente aquele bem cuja relação de domínio foi transferida, enquanto a sucessão *a título universal* se opera sobre todo o patrimônio ou sobre uma quota do acervo de outra pessoa, ou sobre um conjunto de bens.

Nada impede um herdeiro de receber em testamento a título singular e ao mesmo tempo herdar a título universal pela sucessão legítima, quando lhe é transmitida uma quota da herança. O sucessor a título singular é denominado *legatário* e o sucessor universal é designado de *herdeiro*.

7.1. Sucessão universal

O sucessor universal é aquele a quem é transmitida toda a herança ou uma quota do patrimônio do sucedido, assim entendido o conjunto de bens daquele que faleceu. O sucessor universal substitui o posicionamento jurídico do autor da herança, considerando a herança como uma unidade ou o conjunto de bens de uma pessoa, representada essa unidade pelas mais diferentes relações jurídicas, como os bens físicos, os direitos sobre eles, os créditos, privilégios, as garantias e dívidas. Esses bens e os direitos e as obrigações que sobre eles recaem são transferidos aos herdeiros do *de cujus* por um título único e indivisível, identificados pela designação técnica de *herança*.[54] Essa unidade de bens e os interesses jurídicos sobre eles incidentes não se extinguem com a morte do primitivo titular dessa unidade de bens, pois com o seu óbito o ordenamento jurídico reconhece e atribui aos herdeiros a continuação da titularidade jurídica, passando estes a responderem pelos direitos e pelas obrigações da unidade patrimonial herdada com a abertura da sucessão.

Na sucessão a título universal, as relações constituídas do patrimônio do defunto, assim compreendido o ativo e passivo, são transmitidos aos seus herdeiros a título universal e essa sucessão universal comporta o seu fracionamento em razão do número de sucessores (podendo a herança ser fracionada pela metade, um terço, um quarto e assim por diante), se existirem dois ou mais herdeiros, recebendo cada um uma quota parte ou alíquota da herança. Com a sucessão universal, os sucessores universais ocupam a posição jurídica do falecido, e isso implica uma série de efeitos: a) o herdeiro adquire os bens; b) o herdeiro assume as dívidas; c) o herdeiro se sub-roga na posição jurídica do falecido acerca da posse de bens que porventura tivesse por ocasião de sua morte.[55]

Na sucessão universal, segundo a clássica noção herdada do Direito Romano, os sucessores simplesmente davam continuidade à personalidade do falecido, e por conta disso os herdeiros investiam-se nos direitos e obrigações deixadas pelo sucedido,[56] e sob cuja perspectiva jurídica o herdeiro assumia a responsabilidade *ultra vires hereditatis*, ficando obrigado, tanto em relação aos coerdeiros como em referência aos credores e legatários, ao pagamento das dívidas e encargos da herança, não somente com os bens sucedidos, mas também com seus bens pessoais.

A universalidade da herança é regulada pelo art. 1.791 do Código Civil, ao asseverar que o patrimônio do defunto deve ser transmitido como um todo unitário, mesmo sendo vários os herdeiros, mas até sua partilha a herança será indivisível.

---

[54] ZANNONI, Eduardo A. *Dereceho civil*: derecho de las sucesiones. Buenos Aires: Astrea, 1982. t. I, p. 52.
[55] LASALA, José Luis Pérez. *Tratado de sucesiones*. Buenos Aires: Rubinzal-Culzoni, 2014. t. I, p. 26-27.
[56] GOMES, Orlando. *Sucessões*. 4. ed. Rio de Janeiro: Forense, 1981. p. 6.

Por conta da indivisibilidade da herança, o art. 80, inc. II, do Código Civil considera a sucessão aberta como sendo um bem imóvel, e, como bem imóvel, sua transferência só se dá por escritura pública, ao passo que o art. 91 do mesmo Diploma determina que o complexo de relações jurídicas de uma pessoa, dotadas de valor econômico, constitui-se em uma universalidade de direitos.

Enquanto não julgada a partilha, a herança será regulada pelas normas relativas ao condomínio sucessório, tendo cada um dos herdeiros direitos e deveres sobre toda a unidade patrimonial, e enquanto não realizada a partilha fica mantida a universalidade de direitos, sem que seja possível identificar e individualizar o quinhão hereditário de cada herdeiro. Sobrevindo o julgamento da partilha, cada herdeiro adquire direitos exclusivos sobre os bens que compõem o seu quinhão hereditário (CC, art. 2.023), extinguindo-se o condomínio. Durante o condomínio sucessório, todos os herdeiros podem defender a totalidade do patrimônio, muito embora não seja o único herdeiro, mas, em contrapartida, nenhum deles poderá gravar ou onerar a herança sem a anuência e consentimento dos coerdeiros.

Nada impede que os sucessores continuem em condomínio sobre certos bens, sucedendo, unicamente, a substituição da indivisibilidade proveniente da universalidade provisória da herança, que é uma comunidade forçada pelo art. 1.791 do Código Civil, formando-se, com a partilha, um condomínio dos herdeiros que deliberaram adquirir em conjunto determinados bens, seja porque não havia como adjudicá-los a um só herdeiro, ou porque decidiram por suas conveniências pessoais permanecer em condomínio, embora lhes faculte o art. 2.019 do Código Civil a venda judicial dos bens que não forem suscetíveis de divisão, e que não puderem integrar o patrimônio de um único herdeiro, sendo partilhado o valor apurado. Seria de bom alvitre que a venda judicial se desse por consenso dos herdeiros e não por leiloeiro, sob o risco de malbaratar o valor do bem judicialmente alienado, embora possam reivindicar a venda particular dos bens.

7.2. Sucessão singular

A sucessão a título singular deriva exclusivamente do testamento e quem sucede a título singular é o legatário, que recebe um legado consistente em um bem, ou o conjunto de bens certos e determinados, mas destacados da herança para serem entregues ao legatário. O sucessor a título singular é aquele que aufere uma coisa ou elemento determinado, já que na sucessão a título singular desaparece por completo a ideia de patrimônio, pois não mais se trata de substituir o autor da herança no conjunto de seus bens e de suas dívidas, nem sequer em uma parte da quota, mas sim de substituí-lo com relação a uma coisa ou bem determinado.[57]

O beneficiário do legado se intitula legatário e recebe um bem individuado que é subtraído da herança para ingressar *ut singuli* na titularidade do legatário, e que não responde pelas dívidas, ou seja, pelo passivo da herança. Ao contrário do herdeiro legítimo ou instituído, cujos direitos e bens são transferidos *ut universi*, o legatário precisa pedir aos herdeiros o pagamento de seu legado. Tanto o sucessor a título universal como o herdeiro instituído são chamados a receber uma quota da herança, ou até a sua totalidade, pouco importando a fração dessa quota do patrimônio, pois sempre recebem na qualidade de herdeiros o ativo e o passivo da herança, produzindo-se entre os herdeiros uma comunidade hereditária correspondente às quotas abstratas, a serem partilhadas entre os herdeiros. Os herdeiros sucedem na posição jurídica do autor da herança, podendo herdar mais ativo e menos passivo ou um passivo maior que o ativo, mas responderão sempre até o limite das forças da herança (CC,

---

[57] LAFAILLE, Hector. *Derecho civil*: sucesiones. Buenos Aires: Biblioteca Jurídica Argentina, 1932. p. 16.

art. 1.792). Ao contrário, o legatário não sucede na posição jurídica do sucedido, mas efetua unicamente a aquisição de um bem singular ou de um conjunto de bens ou direitos, ou, como ensina Pontes de Miranda, identificando o legatário como alguém que sucede exclusivamente sobre determinado bem, ou em parte de determinado bem, e não no patrimônio, enquanto o herdeiro legítimo ou instituído recebe o espólio como um todo e dele tem o todo ou parte do todo, tornando-se titular de direitos e devedor em sucessão.[58]

Na sucessão a título singular desaparece totalmente a ideia ou noção de patrimônio, já que não se trata de substituir o sucedido no conjunto de seus bens e de suas dívidas, como fazem os herdeiros que o sucedem a título universal, tampouco sobre uma fração ou alíquota desses bens, mas substituí-lo, sim, com relação a uma coisa ou um bem determinado.[59]

Quem sucede a título singular por meio da doação de um legado adquire a condição de legatário, explicando Eduardo A. Zannoni se tratar o legado de uma pura liberalidade de doação, recaindo sobre bens particulares que são separados da universalidade da herança, para que passem isoladamente para os beneficiários, não podendo ser pago o legado se a herança for insolvente e só recebendo a posse e propriedade do legado depois de pedi-la ao herdeiro ou testamenteiro.[60] A sucessão a título singular será sempre testamentária, embora ela também possa se dar a título universal, quando comportar toda a herança ou alíquota dela, ao passo que a sucessão legítima sempre será a título universal.

7.3. O pacto sucessório

O pacto sucessório é a determinação da sucessão de uma pessoa efetuada com caráter vinculante, ao contrário do testamento, que tem como uma de suas principais características o caráter revogável (CC, art. 1.858). No pacto sucessório a pessoa planifica sua sucessão com outras pessoas, que podem ser ou não seus sucessores, seu cônjuge ou companheiro hétero ou homoafetivo, e uma vez pactuado ele não é mais livre para se desvincular desse contrato.[61]

Em uma dimensão ampla, Rafael Cândido da Silva designa o pacto sucessório como um negócio jurídico bilateral estabelecido entre vivos, mas não necessariamente irrevogável, com a finalidade de regular a sucessão não aberta de um dos contratantes ou de terceiro, mediante a atribuição da qualidade de herdeiro, a instituição de um legado contratual ou a renúncia antecipada à herança.[62]

Contudo, o sistema jurídico brasileiro proíbe, pelo art. 426 do Código Civil,[63] qualquer convenção sobre a herança de pessoa viva, ao vedar expressamente os contratos rotulados de *pacta corvina*, ensinando Fabiana Domingues Cardoso que a legislação vigente afasta de plano a possibilidade de conter em pacto antenupcial qualquer tratativa sobre a herança, quer na modalidade dispositiva, que atribui uma herança futura, quer na forma de renúncia,[64] pela qual os contratantes abdicam antecipadamente da herança oriunda da morte de um deles, como, por exemplo, em um pacto sucessório entre dois cônjuges que, em vida, contrataram

---

[58] MIRANDA, Pontes de. *Tratado de direito privado*. 3. ed. Borsoi: Rio de Janeiro, 1973. t. LVII, p. 103.
[59] LAFAILLE, Hector. *Derecho civil*: sucesiones. Buenos Aires: Biblioteca Jurídica Argentina, 1933. p. 16.
[60] ZANNONI, Eduardo A. *Derecho civil*: derecho de las sucesiones. 2. ed. Astrea: Buenos Aires, 1982. t. I, p. 67-68.
[61] MELERO, Martín Garrido. *Derecho de sucesiones*. 2. ed. Madrid: Marcial Pons, 2009. t. I, p. 201.
[62] SILVA, Rafael Cândido da. *Pactos sucessórios e contratos de herança. Estudo sobre a autonomia privada na sucessão* causa mortis. Salvador: JusPodivm, 2019. p. 29.
[63] Art. 426 do CC: "Não pode ser objeto de contrato a herança de pessoa viva".
[64] CARDOSO, Fabiana Domingues. *Regime de bens e pacto antenupcial*. São Paulo: Método, 2011. p. 183.

um regime convencional de separação de bens, cujo instituto jurídico evita a comunicação conjugal ou convivencial dos bens, mas que não gera efeitos sucessórios, pois o regime de bens pertence ao Direito de Família, mas não tem validade no Direito das Sucessões e, destarte, torna o consorte ou convivente sobrevivente herdeiro concorrencial com os descendentes ou ascendentes do cônjuge ou companheiro supérstite.

O pacto sucessório permite a duas ou mais pessoas convencionarem a sucessão por morte de qualquer uma delas, mediante a instituição de um ou mais herdeiros, e a atribuição de bens.[65] No entanto, a cega e genérica proibição do pacto sucessório nem sempre atende ao melhor direito, mesmo quando invocada a regra contida no art. 1.784 do Código Civil, de a herança só ser transmitida com o óbito, conciliado este artigo com o parágrafo único do art. 1.804 do Código Civil, que só admite a renúncia da herança efetivamente aberta, em cujo contexto legal consta a vedação da sucessão contratual.

Como visto, pela lei brasileira só é possível renunciar a uma herança aberta, sendo o propósito desta proibição genérica de contratar em pacto antenupcial sobre herança de pessoa viva, impedir a renúncia antecipada de um direito, muito embora o cônjuge ou companheiro, os herdeiros e os legatários possam renunciar à herança ou ao legado, tão logo se produza a morte do consorte, contratante, ou testador.

Essa proibição decorre do fato de as convenções sucessórias serem, em tese, contrárias aos bons costumes e ensejarem sentimentos imorais, embalando expectativas mórbidas acerca da morte de um dos figurantes do contrato e tolhendo, assim, a liberdade de testar.[66]

Dois básicos argumentos impulsionam a proibição dos pactos sucessórios e podem assim ser sumariados: i) resultaria odioso e imoral especular sobre a morte de alguém para obter vantagem patrimonial, podendo suscitar o desejo da morte pela cobiça de haver os bens; ii) o pacto sucessório restringe a liberdade de testar.

Especificamente na hipótese do pacto sucessório entre cônjuges e conviventes, a sua utilização seria de extrema funcionalidade diante das dificuldades e armadilhas criadas pela vigente legislação brasileira ao vocacionar herdeiros forçosos e indesejados.

Como melhor será visto quando do estudo da ordem de vocação hereditária, na atualidade, o cônjuge e o companheiro como herdeiros necessários concorrem com os descendentes ou ascendentes sobre os bens particulares do falecido, fato que transforma o regime da separação convencional de bens, regime no qual, em vida, o casal não queria comunhão de nada, mas que, com evento morte, o sobrevivente atingirá o maior índice sucessório, ingressando por concorrência sobre todos os bens deixados pelo cônjuge falecido, uma vez que toda a sua herança é constituída de bens particulares do sucedido, e este efeito sucessório é um resultado quase sempre indesejado entre casais que optam por regimes convencionais de separação de bens, o que não pode ser dito em relação ao regime obrigatório da separação de bens do art. 1.641 do Código Civil, que é imposto por lei e no qual tampouco existe direito sucessório concorrencial do parceiro sobrevivo.

Desde a edição do Código Civil, em 2002, juristas e jurisdicionados têm buscado soluções que pudessem superar esse indesejado impasse, que poderia ser facilmente resolvido por meio de um pacto sucessório, apesar de o art. 426 do Código Civil proibir contratar a herança de pessoa viva mesmo em se tratando de consorte, e sob as vestes de uma convenção

---

[65] CARRASCOSA, Pedro del Pozo; ALOY, Antoni Vaquer; CAPDEVILA, Esteve Bosch. *Derecho civil de Cataluña*: derecho de sucesiones. Madrid: Marcial Pons, 2009. p. 301.
[66] ASSIS, Araken de *et al. Comentários ao Código Civil brasileiro*. Coord. Arruda Alvim e Thereza Alvim. Rio de Janeiro: Forense, 2007. v. V, p. 141.

antenupcial, pois, aos olhos da legislação vigente, se trata de objeto ilícito, contrariando o inc. II do art. 104 do Código Civil, e, portanto, de insanável nulidade, pois a lei (CC, art. 426) taxativamente declara nulo o contrato sobre herança de pessoa viva (CC, art. 166, inc. VII).

Infelizmente, por vezes vicejam em ordenamentos jurídicos regramentos de conclusões precipitadas, que tiveram pouca ou escassa discussão, sendo imperioso concluir que nada realmente se apresenta como odioso ou imoral no fato de os cônjuges em vida abdicarem de eventuais heranças conjugais. Primeiro, porque o próprio regime da separação de bens tem o inequívoco propósito de afastar a comunhão de bens do casamento, e, em efeito muito mais próximo e mediato para os cônjuges, como acontece na meação, representando a abdicação de futura e incerta herança uma simples extensão deste incontroverso propósito de separar os bens particulares de cada consorte, o que pensar então em relação à renúncia de uma herança ainda mais remota, condicionada à continuação da sociedade afetiva e, a um sem-número de porvindouras idiossincrasias fáticas e de uma estabilidade matrimonial que precisa ter, em regra, uma longa e efetiva duração.

Esse eventual direito sucessório só se transforma em direito concreto com a morte do cônjuge ou convivente, gerando ao tempo do pacto antenupcial ou de um contrato de convivência, que também contratariam a renúncia da herança de pessoa viva, uma condição suspensiva que difere para um futuro incerto, a exigibilidade da herança que vier a ser aberta com a morte do parceiro conjugal ou convivencial.

Quando se trata de questionar a excessiva intervenção estatal na seara conjugal e afetiva, não está descontextualizado dessa perspectiva sob o olhar da autonomia privada o acórdão da autoria da Ministra Nancy Andrighi, oriundo do REsp nº 992.749-MS, e que afastou da sucessão o cônjuge sobrevivente casado pelo regime convencional da separação de bens, concluindo a julgadora ser preciso interpretar o inc. I do art. 1.829 do Código Civil em harmonia com os demais dispositivos de lei, devendo ser respeitados os valores jurídicos da dignidade humana e da livre manifestação de vontade, pois *não se pode ter após a morte o que não se queria em vida*.[67] Nessa mesma linha de pensamento seguiu a 6ª Câmara de Direito Privado do Tribunal de Justiça de São Paulo, em voto da lavra do Des. Percival Nogueira, ao afastar no Agravo de Instrumento nº 0224175-94-2011.8.26.0000 o direito hereditário de viúva, casada com o falecido pelo regime pactuado da separação de bens, arrematando o aresto que, considerar a viúva como herdeira concorrencial necessária significaria admitir a colisão entre os arts. 1.829, inc. I, e 1.687 do Código Civil.[68]

Essa é a única e lógica conclusão advinda de duas pessoas que casam escolhendo o regime da absoluta separação de bens, pois se não queriam que seus bens se misturassem meando, tampouco desejariam que os bens se misturassem herdando, como se o regime da separação de bens não pudesse estender os seus efeitos jurídicos para depois da morte, em respeito a

---

[67] REsp 992.749-MS. STJ. 3ª T., Rel. Ministra Nancy Andrighi, julgado em 01.12.2009: "Impositiva a análise do art. 1.829, I, do CC/2002, dentro do contexto do sistema jurídico, interpretando o dispositivo em harmonia com os demais que enfeixam a temática, em atenta observância dos princípios e diretrizes teóricas que lhe dão forma, marcadamente, a dignidade da pessoa humana, por meio da autonomia da vontade, da autonomia privada e da consequente autorresponsabilidade, bem como da confiança legítima, da qual brotou a boa-fé; a eticidade, por fim, vem complementar o sustentáculo principiológico que deve delinear os contornos da norma jurídica...".

[68] "Inventário. Casamento. Segundas núpcias. Pacto Antenupcial. Regime. Separação total de bens. Participação da viúva como herdeira necessária. Impossibilidade. Viúva casada com o *de cujus* pelo regime da separação de bens não é herdeira necessária em concorrência com os descendentes. Decisão mantida. Agravo a que se nega provimento." (julgado em 20.10.2011).

uma posição claramente externada de incomunicabilidade de acervos próprios, que eles não desejassem estender esta mesma incomunicabilidade para o direito sucessório, ignorando que o pacto antenupcial ou sucessório só surtisse efeitos jurídicos para valerem na dissolução em vida do casamento, e não na sua extinção pela morte de um dos cônjuges.

Se no comum das vezes os cônjuges ignoram que o pacto antenupcial não tem incidência no direito sucessório, diante dessa ignorância jurídica eles criam falsas expectativas que creditam ao seu contrato antenupcial, acreditando piamente se trate de um instrumento jurídico que afasta herança e meação, descobrindo tardia e irreversivelmente que a regra sucessória vigente lhes traz dissabores, prejuízos econômicos, custos e frustrações.[69]

Urge repensar os efetivos e possíveis efeitos do pacto sucessório ou antenupcial e admitir a prévia renúncia sobre herança concorrencial de pessoa viva, eis que o modelo restritivo vigente é inspirado em outra realidade social. Em conferência proferida por Guilherme Braga da Cruz da Faculdade de Direito da Universidade de São Paulo em 1964 a despeito dos *pactos sucessórios na história do direito português*, advertia o ilustrado conferencista que o Direito Romano era francamente hostil aos pactos sucessórios, embora não tivesse elaborado nenhum conceito e nenhuma classificação dos pactos sucessórios, limitando-se a condenar, uma por uma, as várias modalidades possíveis de pactos, invocando diversos fundamentos, consoante fossem surgindo diferentes hipóteses práticas.[70]

Não obstante o Direito Romano se abstivera de formular qualquer construção jurídica para vetar genericamente os pactos sucessórios, indiferente a esta realidade e à realidade de várias legislações de inegável tradição jurídica, como Alemanha e Suíça, que admitem pactos sucessórios, como se tivesse literalmente parado no tempo, a conformação legal e, de certo modo, também doutrinária brasileira atuais seguem acolhendo um modelo que não mais atende aos anseios sociais que consideram os contratos sucessórios repulsivos, pois se estaria torcendo pela morte do outro contratante.

Contudo, a renúncia antecipada à herança de cônjuge ou convivente está anos luz de configurar postura antissocial, já que renunciar herança futura não representa torcer pela morte do titular dos bens renunciados em vida, mas representa sim, torcer por sua vida, já que a morte do cônjuge ou companheiro não traria nenhum benefício ao sobrevivente.

Antes da declaração de inconstitucionalidade do art. 1.790 do Código Civil pelo Supremo Tribunal Federal, as pessoas optavam pela união estável que não considerava o companheiro sobrevivo um herdeiro necessário e, destarte, podia ser afastado da herança por testamento que beneficiasse terceiro. Este revogado critério desigual da lei, que considerava somente o cônjuge supérstite como herdeiro necessário e não o convivente, servia para afastar as pessoas do matrimônio e as aproximava das uniões estáveis, como melhor alternativa de formação de uma entidade familiar, pois não gerava indesejados efeitos sucessórios materiais em benefício do convivente sobrevivente. Tecnicamente, nada existia no sistema jurídico brasileiro para acalentar os consorciados afetivos, e que esticasse a incidência dos efeitos da separação convencional de bens para depois da morte.

Admitir a renúncia contratual da herança conjugal em pacto antenupcial nada apresenta de odioso e imoral, como não é igualmente odioso e imoral renunciar à meação que está mui-

---

[69] KNIGEL, Luiz. O desafio da família empresária nas uniões civis de seus sucessores. In: PRADO, Roberta Nioac (coord.). *Empresas familiares, governança corporativa, governança familiar, governança jurídica*. São Paulo: Saraiva-FGV, 2011. p. 107.

[70] CRUZ, Guilherme Braga da. Os pactos sucessórios na história do direito português. *Revista da Faculdade de Direito da Universidade de São Paulo*, São Paulo, v. 60, 1965, p. 97.

to mais próxima, muito mais presente e que, em regra, conta com a contribuição do cônjuge ou companheiro sobrevivente para a sua construção. O ato de renúncia pactícia da herança futura não atenta contra a moral e a ordem pública, como tampouco instiga a atentar contra a vida do cônjuge e muito menos estimula a cobiça em haver os bens do consorte. Também não restringe a liberdade de testar, mas, pelo contrário, amplia esta liberdade ao permitir afastar um herdeiro forçoso do planejamento sucessório, justamente quando os consortes demonstraram em contrato antenupcial o desejo da separação dos seus bens.

Outros exemplos podem ser encontrados na rotina dos contratos constitutivos de sociedades empresárias, quando regulam os direitos decorrentes do falecimento de um dos sócios na vigência da sociedade empresária, proibindo o ingresso na sociedade do consorte sobrevivente ou de outros herdeiros,[71] afirmando Marco Antonio Karam Silveira nada impedir que o contrato social preveja ou não o ingresso de certa classe de herdeiros nos quadros sociais, não sendo por isso estranha a ausência no contrato social de previsão de cônjuge ou companheiro, dado o aspecto pessoal das quotas sociais, cujo direito não se transmite pela lei.[72]

Sem oferecer alternativas para os casais que não querem misturar seus bens pessoais, o legislador vira as costas para as angústias das pessoas com patrimônio particular e daquelas famílias empresárias que buscam caminhos para a unicidade de seu patrimônio familiar,[73] mas que, por falta de pragmáticas e efetivas soluções precisam planificar a transmissão de seus bens particulares e de suas sociedades empresárias, quase sempre recorrendo a intrincados *planejamentos sucessórios* para tentar assegurar a continuidade e o bom governo da sociedade familiar e do acervo privado, porque, em tese, não é permitido renunciar em pacto sucessório a herança de uma pessoa viva.

7.4. O planejamento sucessório

O planejamento sucessório tem se tornado uma grande preocupação da sociedade e das famílias, de modo especial dos titulares de empresas familiares, contudo, ainda se constitui em um tema muito pouco versado entre os juristas nacionais, embora comecem a despontar obras específicas sobre o tema, que despertou interesse com a edição do Código Civil de 2002. Certamente a dimensão econômica e financeira que essas empresas familiares atingiram no mundo globalizado das finanças já não mais permite a gestão amadora de uma sucessão, e muito menos uma intervenção na administração da empresa que é tomada de surpresa com o ingresso de sócios sucessores, e cuja presença na sociedade pode levar o empreendimento ao caos ou à bancarrota, advindo disto a clara percepção da grande importância de ser preciso fazer um estudo aprofundado e rigorosamente planejado da sucessão dos bens, das ações ou quotas das empresas, dos seus cargos de comando e de gestão.

Preocupação esta que é perfeitamente extensível aos consócios, credores e investidores da sociedade familiar, os quais, para o bom andamento societário, querem conferir à administração da sociedade uma razoável previsibilidade sobre os atos de continuidade da direção da

---

[71] MAFFÍA, Jorge O. *Tratado de las sucesiones*. Buenos Aires: Abeledo Perrot, 2010. t. I, p. 23.
[72] SILVEIRA, Marco Antonio Karam. *A sucessão* causa mortis *na sociedade limitada*: tutela da empresa, dos sócios e de terceiros. Porto Alegre: Livraria do Advogado, 2009. p. 86.
[73] KNIGEL, Luiz. O desafio da família empresária nas uniões civis de seus sucessores. In: PRADO, Roberta Nioac (coord.). *Empresas familiares, governança corporativa, governança familiar, governança jurídica*. São Paulo: Saraiva-FGV, 2011. p. 106.

sociedade, não confundindo a empresa com a família do empresário e nem seus agregados e suas uniões afetivas.

O planejamento sucessório ainda é um sistema complexo e caro, do efetivo conhecimento de poucos, e que envolve estatutos sociais, empresas *holdings*, acordos de quotistas e de acionistas regrando o exercício do direito de voto, ou o controle e gestão familiar, o direito de preferência na alienação de quotas e de ações para familiares e terceiros, além da instituição e da mudança do regime de bens, testamentos, fideicomissos e doações com cláusula de reversão, usufruto, gravames, planos de previdência privada, bem de família, partilha em vida e contratos de casamento ou de união estável,[74] e têm servido como idôneo instrumento para atender às expectativas materiais que contrastam com a legislação civil, principalmente porque não admite pactos conjugais e contratos sucessórios de renúncia de herança concorrencial de parte do cônjuge, notoriamente em regime convencional de separação de bens. Como menciona Daniele Chaves Teixeira, o planejamento sucessório envolve várias áreas do Direito Civil, como o Direito das Sucessões, o Direito de Família, o Direito dos Contratos, o Direito Empresarial, o Direito Tributário e outras áreas afins, como o Direito Processual, o Direito Administrativo e até mesmo o Direito Internacional Privado, quando se trata de gestionar a sucessão de bens localizados no exterior, servindo estas diferentes ciências para harmonizar e planificar a transferência do patrimônio pessoal de uma forma racional e segura, respeitada a legislação em vigor.[75]

O planejamento sucessório tem sido um importante instrumento de proteção do patrimônio familiar diante de novos membros da família e bem serve para quem tem empresa e quer preservá-la da regra sucessória, ou serve para aqueles que constituem uma sociedade empresária para resguardar seu patrimônio particular e para perpetuar a atividade da empresa familiar. É de tanta relevância encontrar mecanismos que permitam preservar a atividade empresária e evitar que a morte de algum sócio seja o começo do fim da sociedade, com sua fragmentação e perda de empenho e direção, que legislações mais avançadas criaram instrumentos capazes de barrar o ingresso de herdeiros na sociedade empresária, cuja prioridade social é a continuação de sua atividade social e societária. Nesse sentido, o Direito argentino, dentre outros sistemas jurídicos, estabeleceu no inc. 3º do art. 1.654 do vigente Código Civil e Comercial que: *por falecimento de qualquer dos sócios, seus herdeiros só terão direito a perceberem como cota de seus ganhos uma quantidade determinada, e que o sócio ou sócios remanescentes podem ficar com todo o ativo social, pagando-lhes uma quantidade determinada*, sem lhes afetar a legítima.

O Direito argentino fortaleceu a empresa familiar com a diminuição da legítima ao outorgar ao fundador da empresa maior margem para planejar sua sucessão com os pactos sucessórios sobre herança futura e contidos na segunda parte do art. 1010 do seu Código Civil e Comercial.[76] O vigente Código Civil e Comercial da Argentina flexibiliza a proibição dos pactos sucessórios ao declarar que os pactos relativos a uma exploração produtiva ou a

---

[74] PRADO, Roberta Nioac. O desafio da família empresária nas uniões civis de seus sucessores. In: NIOAC, Roberta (coord.). *Empresas familiares, governança corporativa, governança familiar, governança jurídica*. São Paulo: Saraiva-FGV, 2011. p. 46-47.

[75] TEIXEIRA, Daniele Chaves. Noções prévias do direito das sucessões: sociedade, funcionalização e planejamento sucessório. In: TEIXEIRA, Daniele Chaves (coord.). *Arquitetura do planejamento sucessório*. Belo Horizonte: Fórum, 2019. p. 35-36.

[76] LLOVERAS, Nora; ORLANDI, Olga e FARAONI, Fabián. *La sucesión por muerte y el proceso sucesório*. Buenos Aires: Erreius, 2019. p. 24.

participações societárias de qualquer tipo, com vistas à conservação da unidade de gestão empresária ou para a prevenção ou solução de conflitos, podem incluir disposições sobre futuros direitos hereditários e estabelecer compensações, quando não afetem a legítima, os direitos do cônjuge e de terceiros, correspondendo à qualquer tipo societário, vale dizer, a conservação da empresa é posta acima da nulidade do pacto sucessório, dando prioridade ao desenvolvimento econômico e à criação de empregos.[77]

Ou seja, importa preservar a empresa e sua atividade social, autorizando inclusive que os herdeiros de sócio morto recebam em dinheiro o montante da quota social do falecido, não interferindo na atuação e composição da sociedade, exercício que se assemelha à prática norte-americana que viabiliza como forma de dar liquidez à herança de sócio, a realização de acordos de compra, que permitem aos herdeiros de sócio morto exigirem da sociedade e dos sócios remanescentes a aquisição ou liquidação da participação societária do sócio morto[78] e que no Direito brasileiro vem regulamentado pelo Código de Processo Civil nos procedimentos de apuração de haveres e de dissolução parcial ou total de sociedade empresária (CPC, art. 599 a 609).

Tem razão a doutrina argentina quando argumenta que o direito deve flexibilizar a rigidez dos institutos do direito sucessório que impliquem restrições absolutas à autonomia e assumir o desafio de liberdade da pessoa humana em um mundo transitório e cambiante, onde os laços afetivos e os projetos de vida não correspondem a um só modelo, senão que se constroem tendo como base a tolerância e o pluralismo.[79]

8. CONCEITO DE HERANÇA

Herança é o patrimônio deixado pelo falecido e representado pelo conjunto de seus bens materiais e imateriais, direitos e obrigações, ou, como institui o art. 91 do Código Civil, o complexo de relações jurídicas de uma pessoa, dotadas de valor econômico e que se constitui em uma universalidade. Clóvis Beviláqua definia herança como sendo a universalidade dos bens que alguém deixa por ocasião de sua morte, e que os herdeiros adquirem. É o conjunto de bens, o patrimônio que alguém deixa ao morrer, mas já julgava importante desfazer qualquer confusão entre *herança* e *sucessão*, pois *sucessão* é o direito e *herança* o acervo de bens.[80]

Só deve ser considerado como patrimônio hereditário aquele conjunto de relações jurídicas de uma pessoa que seja economicamente apreciável, ou seja, que tenha expressão pecuniária e possa se converter em crédito financeiro, porque nem todos os direitos comportam uma apreciação econômica,[81] como é o caso dos direitos de personalidade, como o direito ao nome, à honra, à liberdade e integridade pessoal. A violação de qualquer dos direitos de caráter não patrimonial pode gerar para a pessoa lesada uma ação, e converter-se em um valor pecuniário a ser ressarcido, e como tal ingressa no patrimônio

---

[77] REY, Hernán e. *Código Civil y Comercial de la Nación comentado*. 2. ed. Buenos Aires: Thomson Reuters/La Ley. Director CURÁ, José María. tomo III, 2016. p. 622.
[78] GAGLIARDO, Mariano. *Sociedades de família y cuestiones patrimoniales*. 3. ed. Buenos Aires: Rubinzal-Culzoni, 2018. p. 95.
[79] LLOVERAS, Nora; ORLANDI, Olga e FARAONI, Fabián. *La sucesión por muerte y el proceso sucesorio*. Buenos Aires: Erreius, 2019. p. 26.
[80] BEVILÁCQUA, Clóvis. *Direito das sucessões*. Bahia: Livraria Magalhães, 1899. p. 17.
[81] PEREIRA, Caio Mário da Silva. *Instituições de direito civil*. Atualizada por Maria Celina Bodin de Moraes. 23. ed. Rio de Janeiro: Forense, 2009. v. I, p. 339-340.

do sucedido,[82] legitimando os herdeiros a pleitearem a indenização por lesão a direito de personalidade do sucedido, assim como pode ser exigida a reparação civil dos herdeiros, nos limites das forças da herança, se o dano foi causado pelo *de cujus*. Não integram o conteúdo da herança os direitos de família, como o poder familiar, a tutela e a curatela, com a ressalva da transmissão da obrigação de prestar alimentos aos herdeiros do devedor (CC, art. 1.700), muito embora o valor desses alimentos deva considerar as condições financeiras e pessoais de quem prestava os alimentos, porque os herdeiros só responderão por tal dívida até as forças da herança. Também não se incluem na herança os direitos de caráter público, como são os direitos políticos de sufrágio e os direitos administrativos sobre determinados cargos que não se transmitem com a morte do seu titular.[83]

Com a morte de uma pessoa não se extinguem os interesses incidentes sobre o patrimônio do falecido e o ordenamento jurídico reconhece a continuação dessas relações, operando-se a transmissão de todo o patrimônio do sucedido para os sucessores. Extinta a personalidade, a morte implica a constituição de uma herança, que compreende os direitos e obrigações do sujeito cuja personalidade foi extinta com seu óbito, e seus herdeiros adquirem em bloco, em um único ato, a titularidade dos bens que lhes são transferidos em uma universalidade que a lei civil considera indivisível até a ultimação da partilha (CC, art. 1.791). A herança agrupa todas as relações jurídicas passivas e ativas transferidas do autor da herança para seus herdeiros, além das outras consequências de caráter extrapatrimonial que também não se extinguem com a morte, acrescidos dos direitos e das obrigações provenientes do falecimento do sucedido.

8.1. Indivisibilidade da herança

O art. 1.791 do Código Civil estabelece a indivisibilidade da herança enquanto não transitar em julgado a ultimação da partilha. Isso porque a sucessão enquanto aberta, ou seja, enquanto não promovida a divisão dos bens hereditários, é considerada como um bem imóvel (CC, art. 80, inc. II). No transcorrer do processo de inventário devem ser descritos os bens deixados pelo falecido e informado o rol de seus herdeiros, tanto legítimos como testamentários, se porventura lavrado testamento, para, na sequência, serem avaliados os bens, apurados e pagos os débitos deixados pelo sucedido, para só depois ser ultimada a partilha e distribuídos os respectivos quinhões hereditários e pagos eventuais legados. Não haverá partilha se houver um único herdeiro, mas o processo de inventário não será dispensado, embora não haja partilha, porque esta pressupõe a existência de dois ou mais herdeiros. Havendo um único herdeiro os bens inventariados serão então adjudicados na sua propriedade final. Antes da partilha, os direitos dos herdeiros recaem sobre toda a herança, sem que possa ser determinado e identificado o exato quinhão de cada sucessor, pois seu quinhão é abstrato e diz respeito a toda a herança. Enquanto não formalizada a divisão dos bens, todos os herdeiros são coproprietários e compossuidores de toda a herança e nenhum coerdeiro pode se arvorar de senhor e possuidor exclusivo de qualquer parte determinada da herança, ainda que corresponda ao valor de seu quinhão, ou que sobre parcela dessa herança detenha a posse de fato ou manifesta preferência sobre determinado quinhão hereditário. Como ensina Gastão

---

[82] PEREIRA, Caio Mário da Silva. *Instituições de direito civil*. Atualizada por Maria Celina Bodin de Moraes. 23. ed. Rio de Janeiro: Forense, 2009. v. I, p. 340.

[83] MUÑOZ, Xavier O'Callaghan. *Compendio de derecho civil*: derecho de sucesiones. Madrid: Editoriales de Derecho Reunidas, 1982. t. V, p. 24.

Grosse Saraiva,[84] "nenhum herdeiro pode alienar o seu quinhão, embora indeterminado, com prejuízo de opção, que aos seus coerdeiros pertence, visto ser a herança uma universalidade, sujeita às regras gerais de compropriedade", o que só será factível depois de realizada a respectiva partilha.

Durante a tramitação do inventário e enquanto não formalizada a partilha, a herança fica indivisível e os coerdeiros permanecem em um regime de condomínio forçado, sendo cada herdeiro possuidor de uma fração da herança e cada coerdeiro terá direito de posse e propriedade sobre a herança, que será regida pelas normas relativas ao condomínio, e, em relação a terceiro, cada coerdeiro poderá atuar como se fosse o único herdeiro para defender os bens do acervo hereditário. Essa atuação pelo conjunto da herança cessa com a partilha, e a partir desse momento cada herdeiro só poderá reivindicar a parte que lhe foi dada em quinhão.[85]

Pode o herdeiro, no entanto, de acordo com o art. 1.793 do Código Civil, transferir seus direitos hereditários ou seu quinhão, por meio da cessão de direitos hereditários, seja a título oneroso ou gratuito, via escritura pública (CC, art. 1.793). Tal cessão será igualmente indeterminada e só se concretizará em coisa certa depois de encerrada a partilha, sendo ineficaz a cessão feita pelo coerdeiro de seu direito hereditário sobre qualquer bem da herança considerado singularmente (CC, art. 1.793, § 2º). Ademais disso, como o herdeiro transfere pela cessão a titularidade do quinhão ou do legado e não a qualidade de herdeiro, os direitos conferidos posteriormente ao herdeiro cedente, em decorrência de substituição ou de direito de acrescer, não são abarcados pela cessão (CC, art. 1.793, § 1º).

Embora o coerdeiro possa ceder sua quota hereditária, não deve oferecê-la a pessoa estranha à sucessão, se outro coerdeiro a quiser, tanto por tanto (CC, art. 1.794). Permanece o monte hereditário em condomínio durante a tramitação do inventário e enquanto não ultimada a partilha e sendo a herança considerada um bem imóvel, qualquer coerdeiro, a quem não foi dado conhecimento da cessão de direitos hereditários, poderá exercer o direito de preferência depositando a quantia paga, tanto por tanto, no prazo de seis meses após a transmissão, para haver a herança cedida (CC, art. 1.795); sendo vários os coerdeiros interessados no exercício da preempção, entre eles será distribuído o quinhão cedido, na proporção das respectivas quotas hereditárias (CC, art. 1.795, parágrafo único). São aplicadas as regras pertinentes ao condomínio, previstas no art. 504 do Código Civil, cuja essência é reprisada nos arts. 1.794 e 1.795 do mesmo diploma civil, decaindo o herdeiro do seu direito de preferência se não o exercer nos cento e oitenta dias subsequentes à transmissão da quota hereditária a terceiro.

8.2. Herança digital

Segundo Gustavo Santos Gomes Pereira, a relativa democratização do acesso à internet no Brasil revolucionou o estilo de vida da sociedade e deu origem a novos comportamentos, com pessoas comprando em lojas virtuais, criando e interagindo em círculos sociais com troca de mensagens instantâneas em redes sociais, tudo feito em detrimento do contato físico, em cujas vias virtuais expõem suas vidas para um número incalculável de pessoas que igualmente mantém perfis ou simplesmente circulam em redes sociais e *blogs*, abrindo mão da privacidade e de um compartilhamento que antes era restrito a um pequeno círculo de

---

[84] SARAIVA, Gastão Grosse. *A indivisibilidade da herança*. São Paulo: RT, 1953. p. 208-228.
[85] DINIZ, Maria Helena. *Curso de direito civil brasileiro*: direito das sucessões. 32. ed. São Paulo: Saraiva, 2018. v. 6, p. 57.

pessoas.[86] Essas pessoas que cada vez mais ocupam seu tempo acessando e explorando a internet, passaram a armazenar seus bens, como fotos, músicas, vídeos e livros em serviços de nuvem virtual, chamadas de *clouds*, e não mais em compartimentos físicos em suas casas e nas suas prateleiras.[87]

Para Bruno Torquato Zampier Lacerda, ao longo da vida, bilhões de pessoas irão interagir, externar seus pensamentos e opiniões, compartilhar fotos e vídeos, adquirir bens corpóreos e incorpóreos, contratar serviços, dentre centenas de outras atividades igualmente viáveis por meio da rede mundial de computadores.[88] Essa propriedade digital ou esses ativos digitais, também denominados *patrimônio digital*, são considerados bens, fruto de uma revolução tecnológica digital, com incontestáveis efeitos econômicos, tal como ocorre com os bens corpóreos do mundo não virtual. O mundo virtual também lida com valores de natureza existencial, atinentes aos direitos da personalidade das pessoas, sugerindo Bruno Torquato Lacerda a construção de duas categorias de bens digitais: a) *bens digitais patrimoniais* e; b) *bens digitais existenciais*.[89] Todos esses bens incorpóreos podem se apresentar sob a configuração de informações localizadas em sítios de internet, como: a) em correio eletrônico; b) em redes sociais; c) em sites de compra ou pagamentos; d) em um *blog*; e) em plataforma de compartilhamento de fotos ou vídeos; f) em contas de aquisição de músicas, filmes e livros digitais; g) em contas de jogos *on-line*.[90]

Escreve María Angustias Martos Calabrús que até pouco tempo só existia a preocupação sucessória com relação a bens materiais, corpóreos, como imóveis, automóveis, contas correntes e aplicações financeiras e bens móveis, e que a par desses bens existiam outros de escasso valor econômico, representados por fotografias, cartas, diários e documentos, que expressavam unicamente um valor afetivo e que tampouco eram partilhados em um processo sucessório, contudo, vivem-se novos tempos, nos quais não mais se encontram escritório e arquivo físico, armário e caixa forte, mas, no seu lugar, um *disco rígido externo, ou um lugar chamado internet*.[91] Livia Teixeira Leal adverte que, na atualidade, a morte física de um usuário da internet gera com muita frequência a peculiaridade de permanecer no ambiente digital todo o conteúdo inserido, compartilhado e adquirido em vida por esta pessoa, que acaba subsistindo em um limbo, sem destinação específica, e, amiúde, sem qualquer manifestação de vontade expressa do usuário a respeito dessas informações.[92]

Uma pessoa, ao tempo de seu falecimento, pode ter deixado em algum suporte digital ou na internet, documentos, fotografias, dados pessoais, correios eletrônicos, comentários em rede sociais, bens comprados ou abrigados em uma *web*, assim como outros registros de suas passagens pela internet, e que, prossegue María Calabrús, a par de seu valor afetivo, podem ter um valor econômico e representar, em alguns casos, um risco de perda, de subtração ou de dano ao seu aspecto patrimonial ou moral.[93]

---

[86] PEREIRA, Gustavo Santos Gomes. *Herança digital no Brasil*. Rio de Janeiro: Lumen Juris, 2018. p. 39.
[87] PEREIRA, Gustavo Santos Gomes. *Herança digital no Brasil*. Rio de Janeiro: Lumen Juris, 2018. p. 39.
[88] LACERDA. Bruno Torquato Zampier. *Bens digitais*. Indaiatuba: Foco, 2017. p. 57.
[89] LACERDA, Bruno Torquato Zampier. *Bens digitais*. Indaiatuba: Foco, 2017. p. 58.
[90] LACERDA, Bruno Torquato Zampier. *Bens digitais*. Indaiatuba: Foco, 2017. p. 59.
[91] CALABRÚS, María Angustias Martos. Aproximación a la sucesión en el patrimonio virtual. In: OVIEDO, Margarita Herrero (coord.). *Estudios de derecho de sucesiones*. Madrid: La Ley, 2014. p. 931.
[92] LEAL, Livia Teixeira. *Internet e morte do usuário*: propostas para o tratamento jurídico *post mortem* do conteúdo inserido na rede. Rio de Janeiro: GZ, 2019. p. 16.
[93] CALABRÚS, María Angustias Martos. Aproximación a la sucesión en el patrimonio virtual. In: OVIEDO, Margarita Herrero (coord.). *Estudios de derecho de sucesiones*. Madrid: La Ley, 2014. p. 932.

Quando alguém falece, a herança digital deixada, com maior ou menor valor econômico e sentimental, não encontra regulamentação na maioria, senão na totalidade, dos países, pois sequer o legislador de 2002 imaginou a necessidade de regulamentar a herança digital no vigente Livro de Sucessões do Código Civil brasileiro, cujo art. 1.788 teve em mira apenas a herança material que se transmite com a morte física, ou com a presunção de morte do titular dos bens corpóreos, nada prescrevendo acerca de bens incorpóreos digitais. Em razão dessa brecha legal, tramitavam, desde 2012, no Congresso Nacional, dois Projetos de Lei (PL), um deles é o Projeto de Lei 4.009-B, proposto pelo Deputado Federal Jorginho Mello, com vistas a regulamentar a transmissão aos herdeiros de todos os conteúdos de contas ou arquivos digitais de titularidade do autor da herança,[94] e o outro é o Projeto de Lei 4.847, de autoria do Deputado Federal Marçal Filho, apensado ao primeiro, também com vistas a alterar os arts. 1.788 e 1.797 do Código Civil e regular a *herança digital*, ambos atualmente arquivados.[95]

Para justificar sua proposição de lei o Deputado Jorginho Mello disse que o Direito Civil precisa ajustar-se às novas realidades geradas pela tecnologia digital, presente em grande parte dos lares, e que têm sido levadas aos Tribunais brasileiros situações em que as famílias de pessoas falecidas desejam obter acesso aos arquivos ou contas armazenadas em serviços de internet e as soluções têm sido muito díspares, gerando tratamento diferenciado e muitas vezes injustos, sendo preferível que o direito sucessório se ocupe dessa transição de valores digitais econômicos e afetivos.

Na Alemanha uma mãe tentou acessar a conta do *Facebook* da sua filha morta em acidente no metrô de Berlim, em busca de pistas que pudessem indicar um possível suicídio da rebenta, contudo, o *Facebook* congelou a página da menina no chamado memorial e, com isso, os pais não conseguem ler as mensagens privadas da conta, mesmo dispondo da senha. Diante desse impasse e do argumento do *Facebook* negando o acesso dos pais por entender que as informações contidas nas mensagens de *chat* são privadas e seu conteúdo é sigiloso, a mãe dessa menina de 15 anos recorreu ao Judiciário. O Tribunal de Recurso de Berlim determinou que a mãe não tem acesso à conta da filha e que o sigilo das telecomunicações proíbe o acesso da mãe à conta e o poder familiar dos pais também não permite o acesso, porque esse direito foi extinto com a morte da menina. Contudo, o Tribunal Federal de Justiça (BGH) não examinou o recurso sob a ótica do sigilo das telecomunicações, mas questionou se o contrato existente entre a filha e o Facebook poderia ser herdado e decidiu que os pais devem ter acesso total à conta do Facebook de sua filha falecida, pois, como herdeiros, eles têm legítimo interesse na propriedade digital dos seus filhos, e se cartas pessoais ou diários podem ser herdados, o mesmo princípio deve ser aplicado a uma propriedade digital,[96] constando da sentença do Tribunal Federal de Justiça de Karlsruhe, datada de 12 de julho de 2018, em arremate acresce que: "Assim, o remetente de uma mensagem pode confiar que o réu a disponibiliza apenas para a conta do usuário selecionada. No entanto, não há expectativa legítima de que apenas o titular da conta e não terceiros tenha conhecimento do conteúdo da conta. Durante

---

[94] Projeto de Lei 4.099/2012, art. 2º "O art. 1.788 da Lei 10.406, de 10 de janeiro de 2002, passa a vigorar acrescido do seguinte parágrafo único: 'Parágrafo único. Serão transmitidos aos herdeiros todos os conteúdos de contas ou arquivos digitais de titularidade do autor da herança'".

[95] FROTA, Pablo Malheiros da Cunha; AGUIRRE, João Ricardo Brandão; PEIXOTO, Maurício Muriack de Fernandes e. Transmissibilidade do acervo digital de quem falece. Efeitos dos direitos da personalidade projetados *post mortem*. Revista da Academia Brasileira de Direito Constitucional, Curitiba, v. 10, n. 19, jul./dez. 2018, p. 564. Disponível em: <http://www.abdconst.com.br/revistas.php>. Acesso em 1º fev. 2019.

[96] Disponível em: <http://abdconst.com.br/revista20/acervoPablo.pdf>. Acesso em 13 jul. 2018.

a sua vida, o abuso do acesso por terceiros ou o acesso concedido pela pessoa com direito à conta deve ser esperado e, se ele morrer, há herança da relação contratual".[97]

De qualquer modo, esse denominado patrimônio virtual que o usuário da internet vai deixando ao longo de sua vida ainda gera inúmeras controvérsias, sustentando María Angustias Martos Calabrús não ter nenhuma dúvida do valor econômico de alguns ativos digitais, como os nomes de domínio ou os expedientes e arquivos de trabalho armazenados em provedores de serviços, como sendo objeto de propriedade, mas que outra natureza jurídica sucede com os elementos introduzidos nas redes sociais, como fotos e vídeos, conversas etc., pois não estaria claro a quem pertencem, se ao usuário ou ao prestador de serviços.[98]

Enfim, questiona Bruno Torquato Zampier Lacerda se os bens digitais poderiam ser objeto de sucessão, respondendo afirmativamente ao colacionar alguns exemplos abaixo reproduzidos:

> A título de exemplo (...) imagine-se o falecimento de um importante empresário que realizava, por anos, viagens semanalmente mundo afora. Sem margem de erro, este indivíduo acumulou milhares de milhas aéreas, que podem não ter sido usadas até o fim de sua vida. Se esse ativo digital tem potencial econômico, podendo ser comercializado, utilizado para emissão de passagens aéreas ou mesmo compra de bens, há que se permitir sua transmissibilidade, em que pese a vedação usualmente contida nos contratos de adesão junto às companhias aéreas administradoras deste tipo de serviço.
>
> (...)
>
> Não faz qualquer sentido vender milhas e depois com a morte dizer que esses ativos digitais estão simplesmente cancelados. Logo, tais cláusulas devem ser reputadas como nulas, nos termos do art. 51, IV, Código de Defesa do Consumidor (CDC). O que dizer então dos *bitcoins* e outras moedas virtuais que, como dito, estão sendo objeto inclusive de regulamentação por bancos centrais mundo afora?
>
> (...)
>
> As musicotecas, videotecas e bibliotecas virtuais devem ser consideradas verdadeiros patrimônios digitais aptas, portanto, a serem transmitidas aos herdeiros, como forma de respeito às regras sucessórias, seja por meio de sucessão legítima ou testamentária.
>
> (...)
>
> Já no que toca aos bens digitais de caráter existencial, a questão tende a ser um pouco mais complexa. Isso porque há uma discussão preliminar: saber se os direitos da personalidade extinguem-se, ou não, com a morte de seu titular. (...) Entretanto, os direitos da personalidade de um sujeito irão repercutir para além de sua vida, especialmente quanto a possíveis agressões cometidas por terceiros. Com claro intuito de proteger os atributos da pessoa humana, o Código Civil trouxe duas regras, bastante semelhantes, mas que devem ser aplicadas sob o prisma da especialidade, evitando-se pretensa antinomia. São elas: o art. 12, parágrafo único (norma geral aplicável a todo e qualquer direito da personalidade), e o art. 20, parágrafo único (norma especial aplicável apenas à honra e imagem). Por tais normas os parentes próximos ao falecido terão legitimidade ativa para proteger *post mortem* as irradiações dos direitos da personalidade deste.[99]

---

[97] Disponível em: <http://juris.bundesgerichtshof.de/cgi-bin/rechtsprechung/document.py?Gericht=bgh&Art=en&sid=720c195021b8f5f8b6fa545fa38d4201&anz=20&pos=9&nr=85390&linked=pm&Blank=1>. Acesso em 13 jul. 2018.
[98] CALABRÚS, María Angustias Martos. Aproximación a la sucesión en el patrimonio virtual. In: OVIEDO, Margarita Herrero (coord.). *Estudios de derecho de sucesiones*. Madrid: La Ley, 2014. p. 935.
[99] LACERDA, Bruno Torquato Zampier. *Bens digitais*. Indaiatuba: Foco, 2017. p. 124-127.

Também Anderson Schreiber ocupou-se da tutela *post mortem* da personalidade, registrando a boa técnica do art. 12 do Código Civil,[100] cujo parágrafo único atribui aos herdeiros legitimação para requererem medidas destinadas a fazer cessar a lesão ou ameaça aos direitos da personalidade do morto e acrescenta que os direitos da personalidade projetam-se para além da vida do seu titular.[101]

Pablo Malheiros da Cunha Frota, João Ricardo Brandão Aguirre e Maurício Muriack de Fernandes e Peixoto advogam a ideia de que nem todo o acervo de quem falece pode ser automaticamente transmitido aos herdeiros, pois existem direitos de personalidade que somente serão transmitidos se quem faleceu, em vida, declarou ou se comportou concludentemente nesse sentido, cuja prova deve ser trazida no inventário, concluindo existir no mundo digital bens com inequívoco valor econômico e estes são passíveis de transmissão aos sucessores do falecido e outros que carecem de valor economicamente apreciável, mas que têm valor estimativo, como sucede com fotografias e vídeos. Bens jurídicos sem valor econômico muito mais representam a extensão da privacidade do morto, como disso são exemplos o *WhatsApp*, *Facebook*, *Telegram*, *Dropbox*, *Twitter*, *e-mails* e congêneres, são bens imateriais intransmissíveis, pois diante deles a vontade dos sucessores pode colidir com aquela que seria a vontade do falecido, e por isto precisam ser protegidos como resguardo de sua personalidade e só poderiam ser transmitidos se o morto autorizasse por testamento ou de outra forma inequívoca em vida.[102]

9. CONCEITO DE MEAÇÃO

No Direito de Família a meação corresponde à metade dos bens que são comuns ao casal, variando o seu montante em conformidade com o regime de comunicação de bens escolhido pelo par conjugal ou convivencial, advertindo Pontes de Miranda que nem sempre a mulher teve participação sobre os bens, o que só foi acontecendo aos poucos, até que se firmou no transcorrer dos tempos o adágio de que os casados deviam dividir entre si fortuna e miséria.[103]

A meação não se confunde com a sucessão, porquanto ela tem sua gênese no Direito de Família, em determinação ao regime de bens dos cônjuges ou conviventes onde subsista a ideia de comunhão ou copropriedade patrimonial, com maior ou menor extensão, dependendo, evidentemente, do regime de bens escolhido pelo par andrógino. O casamento produz comunidade de vida, mais ou menos duradoura e estável e o regime matrimonial estabelece a norma dos interesses econômicos dos cônjuges e destes para com terceiros, podendo existir um regime de comunidade de bens, construindo duas metades sobre patrimônio considerado comum, em contraponto aos bens particulares e incomunicáveis.

Para Pietro Perlingieri,[104] o regime de comunhão patrimonial de bens é o mais idôneo para a realização dos interesses da família, pois assegura a igualdade econômica dos cônju-

---

[100] Enunciado 275 da IV Jornada de Direito Civil: "O rol dos legitimados de que tratam os arts. 12, parágrafo único, e 20, parágrafo único, do Código Civil também compreende o companheiro".

[101] SCHREIBER, Anderson. *Manual de direito civil contemporâneo*. São Paulo: Saraiva, 2018. p. 153.

[102] FROTA, Pablo Malheiros da Cunha; AGUIRRE, João Ricardo Brandão; PEIXOTO, Maurício Muriack de Fernandes e. Transmissibilidade do acervo digital de quem falece. Efeitos dos direitos da personalidade projetados *post mortem*. *Revista da Academia Brasileira de Direito Constitucional*, Curitiba, v. 10, n. 19, jul./dez. 2018, p. 597-599. Disponível em: <http://www.abdconst.com.br/revistas.php>. Acesso em 1º fev. 2019.

[103] MIRANDA, Pontes de. *Tratado de direito de família*. Atualizado por Vilson Rodrigues Alves. Campinas: Bookseller, 2001. v. II, p. 147.

[104] PERLINGIERI, Pietro; DE CICCO, Maria Cristina (org.). *O direito civil na legalidade constitucional*. Rio de Janeiro: Renovar, 2008. p. 1.030-1.031.

ges ou conviventes, mesmo porque são os bens conjugais que respondem pela manutenção da família, incluídas as despesas com a formação e educação dos filhos e todos os naturais e elevados custos provocados pela vida familiar. Estabelecida a comunidade de bens, cada consorte é titular da sua meação, correspondente à metade de todos os bens e débitos comunicáveis, mantendo uma unidade de interesses materiais e espirituais. O regime de comunidade de bens foi concebido para estimular a cooperação e vincular os casais na ideia de uma mútua prosperidade, e cujo resultado prático está em haver como bens comuns ou conjugais somente aqueles que integram a sociedade nupcial, dela sendo excluídos os bens de caráter próprio de cada um dos consortes e que, portanto, não integram a meação dos esposos. Contudo, aponta Eduardo A. Sambrizzi que "integram o haver da sociedade conjugal os bens e aquisições que os cônjuges realizem a partir da celebração do casamento, devendo ser pontuado, entretanto, que os bens não pertencem à sociedade conjugal, mas ao cônjuge que os adquiriu, tendo o outro esposo, no entanto, uma legítima expectativa, juridicamente protegida, de perceber a metade dos mesmos bens ao tempo da dissolução da sociedade conjugal".[105]

Desfeitas as núpcias ou a união estável pelo divórcio, dissolução ou pela morte de um dos parceiros, instala-se o direito de reclamar cada qual a sua meação, ou os herdeiros do cônjuge ou convivente que faleceu, devendo habilitar-se no inventário para subtrair a meação que não integra a herança deixada pelo sucedido, eis que se trata de instituto jurídico proveniente do Direito de Família e não do Direito das Sucessões, sendo imperioso fazer a necessária distinção entre herança e meação, cujos acervos têm origem distinta e não se confundem, pois que a herança é o conjunto de bens, direitos e obrigações que pertenciam exclusivamente ao sucedido e a meação é instituto próprio do Direito de Família e que consiste na metade dos bens comunicáveis e pertencentes a ambos os cônjuges ou conviventes.[106]

Embora a meação não integre o acervo hereditário, sua inclusão entre o rol de bens é obrigatória, devendo o partidor organizar o esboço da partilha, observando no pagamento a meação do cônjuge ou do convivente (CPC, art. 651, inc. II), sendo certo que a meação varia de acordo com o regime de bens adotado pelo casal, e pode incidir sobre os aprestos e também sobre os aquestos se eleita a comunhão universal, ou somente sobre os aquestos, se escolhido um regime de comunhão parcial de bens, não existindo meação no regime da separação obrigatória ou convencional de bens, devendo ser inventariado todo o acervo patrimonial deixado pelo *de cujus*. Para encontrar o monte-partível, o esboço deve abater dívidas passivas, despesas de funeral do inventariado, custas processuais e honorários advocatícios, pois o patrimônio do morto não é transmitido em sua totalidade, estando sujeito às deduções mencionadas, para ser posteriormente procedido ao pagamento da meação do cônjuge sobrevivente, pois esta meação não faz parte da herança e já era do supérstite, como parte integrante da metade concreta que detém sobre os bens conjugais comuns, ficando para inventariar a meação do inventariado e, conforme o regime de bens, também seus bens particulares. Como ensina Hamilton de Moraes e Barros, trata-se, tão somente, de separar o que já pertencia ao viúvo na sociedade conjugal desfeita com a morte do outro cônjuge.[107]

Na hipótese de adoção obrigatória do regime legal de separação de bens do art. 1.641 do Código Civil, existe a meação dos aquestos, por decorrência da aplicação da Súmula 377 do STF, que segue em vigor e que foi justamente editada para ordenar a comunicação dos bens adquiridos na constância do casamento, como se tratasse de regime de comunhão parcial de

---

[105] SAMBRIZZI, Eduardo A. *Régimen de bienes en el matrimonio*. Buenos Aires: La Ley, 2007. t. I, p. 133.
[106] NEVES, Rodrigo Santos. *Curso de direito das sucessões*. Rio de Janeiro: Lumen Juris, 2009. p. 193.
[107] BARROS, Hamilton de Moraes e. *Comentários ao Código de Processo Civil*. 2. ed. Rio de Janeiro: Forense,1980. v. IX, p. 318.

bens, mesmo porque manter a punição da adoção obrigatória de um regime sem comunicação de bens é ignorar o princípio da igualdade como um dos fundamentos elementares de Direito Constitucional.[108] Contudo, há divergência acerca da subsistência da Súmula 377 do STF, entendendo renomados autores, como Inacio de Carvalho Neto, Francisco José Cahali, José Fernando Simão, Euclides de Oliveira e Silvio Rodrigues, todos eles citados por Flávio Tartuce e José Fernando Simão, que o enunciado está literalmente revogado com o desfalecimento do Código Civil de 1916.[109] Euclides de Oliveira e Sebastião Amorim escrevem que:

> Não obstante a falta de trato específico da matéria na legislação civil, tem prevalecido na jurisprudência a tese de que continua aplicável o entendimento consagrado na Súmula 377 do STF, uma vez que esse entendimento pretoriano não foi expressamente revogado. Decisões do Superior Tribunal de Justiça mostram divergências entre suas Turmas de Direito Privado, sobre o ser ou não necessária a prova do esforço comum para a comunicação dos aquestos na situação.[110]

Contudo, a prova do esforço comum era exigência atinente às uniões estáveis ainda ao tempo da Lei 8.971/1994 e cuja cobrança probatória desapareceu com a edição da Lei 9.278/1996, fazendo presumir a colaboração dos companheiros na formação do patrimônio durante a vida em comum, restringindo a prova do esforço comum unicamente para as hipóteses de relacionamentos adulterinos em que bens foram adquiridos com a efetiva participação econômica e financeira da amante.

Conforme feliz lembrança de Paulo Hermano Soares Ribeiro,[111] a meação preexiste à herança e veio com o casamento ou com o estabelecimento de uma união estável, de sorte que eventual renúncia à herança não contempla concomitante renúncia à meação, que só poderá ser objeto de cessão por escritura pública, a título gratuito ou oneroso, com incidência de imposto de transmissão *inter vivos*.

10. HERANÇA E LEGADO

Ao lado da instituição do herdeiro, em que o favorecido é nomeado a título universal, o testador tem uma segunda opção de dispor de seus bens em razão de sua morte, por meio do legado, sendo que no legado a vantagem patrimonial é recebida a título singular.

Ou seja, embora a herança e o legado contenham sua estrutura no ato de sub-rogar-se, ou no ato de adquirir alguma relação patrimonial, a herança importa uma sucessão a título universal, sub-rogando o herdeiro na totalidade dos bens deixados pelo sucedido ou em fração desses bens, abarcando seu ativo e passivo, enquanto o legado nem sempre pressupõe a sub-rogação em um direito do defunto, mas supõe sempre, em qualquer caso, uma substituição limitada a relações determinadas e singulares.[112] O legado se constitui em um bem certo e determinado, como parte do monte-partível, mas dele destacado para ser entregue ao legatário, que é a pessoa indicada através de testamento para receber o legado a título singular. O

---

[108] MADALENO, Rolf. *Curso de direito de família*. 3. ed. Rio de Janeiro: Forense, 2009. p. 598.
[109] TARTUCE, Flávio; SIMÃO, José Fernando. *Direito civil*: direito de família. 3. ed. São Paulo: Método, 2008. v. 5, p. 161.
[110] OLIVEIRA, Euclides de; AMORIM, Sebastião. *Inventário e partilha*: teoria e prática. 25. ed. São Paulo: Saraiva, 2018. p. 113.
[111] RIBEIRO, Paulo Hermano Soares. *Novo direito sucessório brasileiro*. Leme: J. H. Mizuno, 2009. p. 198.
[112] BIONDI, Biondo. *Sucesión testamentaria y donación*. 2. ed. Barcelona: Bosch, 1960. p. 190.

herdeiro instituído sucede o falecido na totalidade da herança ou em fração dela, juntamente com os demais coerdeiros, se houver, e sucede tanto sobre o ativo, como sobre o passivo da herança, ao passo que o legatário não responde pelas dívidas, salvo quando a herança é insolvente e foi toda ela distribuída em legados, ou quando o pagamento de dívidas foi imposto como contrapartida pelo testador para validade do legado.[113]

A nota característica do legado é a sua singularidade, eis que o legatário adquire exclusivamente o que lhe é atribuído, ao contrário do herdeiro, a quem são passados os direitos e as obrigações do autor da herança. O legatário se aproxima de um donatário, cuja única distinção é a transferência em razão da morte, podendo ser dito que o legado representa uma doação póstuma.[114]

O beneficiário do legado pode ser ou não uma pessoa estranha à sucessão legítima, mas se for ao mesmo tempo herdeiro, nessa qualidade receberá a título universal pela sucessão legítima e receberá a título singular como legatário, por ter sido também contemplado pelo testamento, em cuja cédula o testador e autor da herança decidiu assinar-lhe uma coisa concreta e apartada da sua quota hereditária. A sucessão testamentária se processa sempre por meio de testamento, contendo cláusulas que expressam a última vontade do testador, que pode dispor sobre a destinação de seus bens, no todo ou somente pela metade, se tiver herdeiros necessários. O testador ordena, por intermédio de um legado, que seja entregue ao legatário certa coisa, ou quantidade. Podem ser objeto dos legados todas as coisas alienáveis, ou suscetíveis de comércio, assim como as coisas corpóreas ou incorpóreas, existentes ou futuras, podendo ainda legar coisas ou fatos, quando, por exemplo, encarrega ao herdeiro ou legatário de *fazer ou se abster de tal coisa*.[115] Como antes referido, o testador também pode instituir pelo testamento um herdeiro (*herdeiro instituído* ou *herdeiro testamentário*), que se difere do legatário, pois o legatário é contemplado com coisa certa e determinada, ou com um conjunto de coisas certas e determinadas, sempre que não sejam consideradas como uma parte ideal da herança, porque desta parte ideal da herança é beneficiado o herdeiro instituído, sem a individuação de bens.[116]

---

[113] CARVALHO, Dimas Messias de; CARVALHO, Dimas Daniel de. *Direito civil*: direito das sucessões. 2. ed. Belo Horizonte: Del Rey, 2009. v. VIII, p. 129.
[114] BERDEJO, José Luis Lacruz *et al*. *Elementos de derecho civil*: sucesiones. 3. ed. Madrid: Dykinson, 2007. p. 18.
[115] GAMA, Affonso Dionysio. *Tratado teórico e prático do testamento*. 3. ed. Rio de Janeiro: Freitas Bastos, 1981. p. 74-75.
[116] GONÇALVES, Carlos Roberto. *Direito civil brasileiro*: direito das sucessões. São Paulo: Saraiva, 2007. v. VIII, p. 28.

Capítulo II
DAS DISPOSIÇÕES EM GERAL

11. ABERTURA DA SUCESSÃO

O Livro V do Código Civil cuida do Direito das Sucessões e está dividido em quatro títulos: i) *da sucessão em geral;* ii) *da sucessão legítima;* iii) *da sucessão testamentária;* iv) *do inventário e da partilha*. A *sucessão em geral* inicia com o capítulo pertinente às disposições gerais, com regras alusivas à abertura da sucessão, aceitação, renúncia e cessão da herança, vacância e jacência, legitimação para suceder, incluindo, ao tempo da edição do Código Civil em 2002 e inadequadamente, a sucessão do convivente entre as disposições gerais, quando topicamente a sucessão dos companheiros deveria constar da *ordem de vocação hereditária*, esta tratada a partir do art. 1.829 do Código Civil e cuja distorção restou corrigida pelo Supremo Tribunal Federal, ao julgar, em 10 de maio de 2017, nos Recursos Extraordinários 646.721/RS e 878.694/MG, a inconstitucionalidade do art. 1.790 do Código Civil, e termina o primeiro título com a petição de herança.

O segundo título cuida da *sucessão legítima* e compreende a ordem de vocação hereditária, identificando os herdeiros necessários; termina regulando o direito de representação. No terceiro título, *da sucessão testamentária*, são abordados os aspectos atinentes às diferentes espécies de testamentos e as normas de obediência à vontade do testador, execução e invalidade dos testamentos. Por fim, no título *do inventário e da partilha*, são estabelecidos os aspectos práticos para inventariar e dividir os bens do sucedido.

Portanto, é com a morte que se abre a sucessão, devendo ser demonstrado o óbito no seu aspecto biológico, que deve ser atestado por um médico, em conformidade com os ditames da medicina; no plano jurídico sua comprovação se dá pela certidão extraída do registro de morte. Também pode ser aberta como exceção a sucessão dos bens do ausente com presunção de falecimento, sendo extremamente provável o óbito da pessoa, porque, por exemplo, desapareceu em um naufrágio, em uma inundação, em um incêndio, ou em catástrofes, podendo ser citadas no Brasil a queda das barragens das cidades de Mariana e de Brumadinho, em Minas Gerais, com centenas de desaparecidos, sendo a morte praticamente certa, embora os corpos não tenham sido encontrados, seja porque a pessoa estava no lugar do acidente, seja em decorrência de seu prolongado desaparecimento, com completa falta de notícias, permitindo acreditar que o indivíduo tenha falecido.

Dessa forma, morrendo alguém, ou aberta a sucessão, na expressão do art. 1.784 do Código Civil, a herança de quem falece é transmitida *ipso iure* aos seus herdeiros legítimos e testamentários, adotando o Direito brasileiro a doutrina da transmissão imediata da posse, da propriedade e das obrigações. No Direito Romano, explica Pontes de Miranda,[1] existia um lapso entre a morte e a aquisição da herança, que ficava em suspenso até a manifestação de vontade dos herdeiros para dizerem se a aceitavam ou não. A herança compreende todos os direitos e obrigações do defunto e que não se extinguem por seu falecimento, instituindo-se com a abertura da sucessão três princípios gerais: a) a morte determina a abertura da sucessão; b) o falecimento produz a transmissão imediata dos bens da pessoa falecida para seus sucessores; c) se transmite a totalidade do patrimônio, exceto os direitos pessoais, como deles são alguns exemplos o direito aos alimentos e os contratos de renda fixa e de mandato.[2]

Com a abertura da sucessão incide a aplicação do princípio da *saisine*, que determina a transmissão do domínio e da posse da herança ao herdeiro no exato momento da morte do sucedido, não dependendo de qualquer formalidade legal e tampouco da prévia abertura do inventário.

Posse e propriedade são transmitidas aos herdeiros em conformidade com as condições de titularidade do autor da herança, compreendendo o ativo e o passivo, ou seja, seus direitos, suas ações, execuções e exceções, menos os direitos pessoais, habilitando os herdeiros a defenderem o acervo hereditário de forma individual ou coletiva.

12. PRINCÍPIO DA SAISINE

Desde o Alvará de 9 de novembro de 1754,[3] seguido do Assento de 16 de fevereiro de 1786, foi introduzido no Direito português e deste para o Direito brasileiro o *droit de saisine*, com a transmissão automática dos direitos da herança, em que a morte determina a abertura da sucessão e a imediata transferência dos bens aos herdeiros da lei e do testamento eventualmente deixado pelo defunto. Não só dos bens, mas a transmissão de todos os direitos, pretensões, ações e exceções de que era titular o falecido, exceto seus direitos pessoais.[4] O direito de *saisine* surgiu na Idade Média, através da fórmula: *le mort saisit le vif* (o morto sucede o vivo) e pela qual o herdeiro ingressa na posse espiritual dos bens deixados pelo defunto mesmo sem que de fato tenha a posse física desses bens e independentemente da sua expressa aceitação, tanto que a herança é tida como aceita desde o exato momento da morte do seu titular, sem nenhum intervalo de tempo e seus herdeiros podem vir ao inventário para, querendo, renunciarem à herança, ou simplesmente confirmarem sua qualidade de herdeiros e recebê-la por meio do inventário, como instrumento necessário para a partilha, ou adjudicação, e registro formal da transferência.

Segundo Colin e Capitant, o vassalo, titular da posse da terra, a devolvia com sua morte ao senhor feudal, de quem a havia recebido, e os herdeiros precisavam pagar um benefício financeiro pelo resgate da posse, e justamente para evitar o pagamento desse benefício feudal foi concebido o princípio da *saisine*, por cuja ficção o defunto teria investido seus herdeiros na posse de todos os seus bens.[5]

O direito de *saisine* como ficção jurídica evita que a herança reste no vazio e sem titularidade até que os herdeiros se habilitem para aceitá-la. A transmissão da herança é imediata e

---

[1] MIRANDA, Pontes de. *Tratado de direito privado*. 2. ed. Rio de Janeiro: Borsoi, 1968. t. XVII, p. 15.
[2] LLOVERAS, Nora; ORLANDI, Olga e FARAONI, Fabían. *La sucesión por muerte y el proceso sucesório*. Buenos Aires: Erreius, 2019. p. 50.
[3] PEREIRA, Caio Mário da Silva. *Instituições de direito civil*: direito das sucessões. Atualizado por Carlos Roberto Barbosa Moreira. 17. ed. Rio de Janeiro: Forense, 2009. v. VI, p. 15.
[4] MIRANDA, Pontes de. *Tratado de direito privado*. 2. ed. Rio de Janeiro: Borsoi, 1968. t. XVII, p. 18.
[5] COLIN, Ambrosio; CAPITANT, Henri. *Curso elemental de derecho civil*. Madrid: Reus, 1988. t. VII, p. 134.

não depende da prévia adição dos herdeiros, que sequer precisam ter conhecimento da morte do titular dos bens, e tampouco estar presentes ou gozarem da capacidade civil, sucedendo a aceitação ou o repúdio da herança em ato posterior. Igualmente independe da posse física da coisa, o herdeiro simplesmente substitui o autor da herança no exato momento de seu óbito, recebendo os bens no estado e com os vícios eventualmente existentes.

O direito de *saisine* contempla os herdeiros legítimos e testamentários, excluindo os legatários, cujo legado só é pago ao cabo do inventário, carecendo da verificação de existência do legado e do eventual cumprimento de algum encargo ou condição, e também excluindo o Poder Público, na hipótese da jacência e posterior vacância da herança, por se ressentir da qualidade de herdeiro, só admitida depois da declaração judicial de vacância da herança transitada em julgado.[6]

13. MORTE BIOLÓGICA

É a morte que desencadeia o processo sucessório para a substituição de uma pessoa por seus herdeiros, significando sua ocorrência não apenas o fim da vida humana, mas também o fim da personalidade civil. De acordo com o art. 6º do Código Civil, a existência da pessoa natural termina com a morte. Trata-se da morte física, que deve ser demonstrada pela certidão extraída do assento de óbito, não estabelecendo a lei civil os critérios de caracterização do óbito, devendo recorrer aos meios indiretos de prova da morte na falta do atestado e com o auxílio da Medicina Legal. A morte biológica em nada se confunde com a prova indireta da morte pela ausência, pois, em realidade, o conceito jurídico de morte é aberto, entendendo Carlos María Romeo Casabona ser preciso identificar o momento exato em que se produziu uma lesão irreversível e irrecuperável de alguma função vital do corpo humano, pois quando ocorre a morte cerebral, do ponto de vista clínico, esta pessoa está morta, mesmo que seu sistema cardiovascular e respiratório continuem funcionando com a ajuda de procedimentos artificiais,[7] lembrando-se de que a Resolução do Conselho Federal de Medicina 2.173, de 23 de novembro de 2017, define os critérios do diagnóstico de morte encefálica.

Já foram distintos os métodos de atestar a morte, que era rejeitada antes da constatação da putrefação cadavérica, passando posteriormente a ser detectada pelo estado de rigidez e resfriamento do cadáver, pela cessação da respiração e pela parada cardíaca. Entrementes, tais diagnósticos se tornaram superados diante da possibilidade de restabelecimento mecânico e artificial dos batimentos do coração, passando o legislador a adotar, com o advento da Lei 9.434/1997, o critério de morte encefálica.[8] O conceito de morte do corpo humano não mais se dá pela verificação dos batimentos cardíacos e cessação dos movimentos respiratórios, mas pela chamada morte cerebral, que ganhou importância pela crescente probabilidade de prolongamento artificial da vida e diante do avanço nas técnicas de transplante.[9] A morte en-

---

[6] RIBEIRO, Paulo Hermano Soares. *Novo direito sucessório brasileiro*. Leme: J. H. Mizuno, 2009. p. 101.
[7] CASABONA, Carlos María Romeo. *El derecho y la bioética ante los límites de la vida humana*. Madrid: Editorial Centro de Estudios Ramón Areces, 1994. p. 162.
[8] Lei 9.434/1997: Art. 3º "A retirada *post mortem* de tecidos, órgãos ou partes do corpo humano destinados a transplante ou tratamento deverá ser precedida de diagnóstico de morte encefálica, constatada e registrada por dois médicos não participantes das equipes de remoção e transplante, mediante a utilização de critérios clínicos e tecnológicos definidos por resolução do Conselho Federal de Medicina".
[9] TEPEDINO, Gustavo; BARBOZA, Heloisa Helena; MORAES, Maria Celina Bodin de. *Código Civil interpretado conforme a Constituição da República*. Rio de Janeiro: Renovar, 2004. v. 1, p. 21.

cefálica é constatada por meio de eletroencefalograma, mantida a posição linear por mais de uma hora, uma vez que o coração morre sempre depois do cérebro.[10]

Contudo, não existe consenso entre médicos e juristas no que respeita a determinar o exato momento da morte, e, embora prevaleça o argumento da morte encefálica, ainda que os batimentos cardíacos sigam monitorados através de aparelhos, adotá-la como causa do óbito seria deixar ao arbítrio de terceiros a decisão sobre a manutenção da vida alheia e, portanto, o correto seria determinar o exato momento em que o organismo humano para por completo, sem mais nenhum sinal vital e não mais subsistindo, mesmo com o auxílio de aparelhos.[11]

A morte importa o término da pessoa física (CC, art. 6º) e a extinção da personalidade, mas ela também produz outros efeitos, como o da abertura da sucessão (CC, art. 1.784); a extinção do poder familiar (CC, art. 1.635, inc. I); extingue os alimentos do credor, embora sigam obrigados os herdeiros do devedor por eventual saldo não pago em vida ao credor (CC, art. 1.700); extingue o usufruto estipulado em prol do falecido; dissolve o casamento ou a união estável e extingue o regime de bens e o mandato etc. A morte pode ser natural ou violenta. A morte deve ser atestada por médico contratado pela família, e, na falta deste, pelo médico legista do serviço público de necropsia, quem também é encarregado de documentar o óbito no caso de morte violenta.[12] Nos lugares mais afastados dos grandes centros e sem acesso a médico, o falecimento deve ser declarado por duas pessoas que tiverem presenciado ou verificado a morte (Lei 6.015/1973, art. 77) e para realizar a cremação de cadáver o atestado deve ser assinado por dois médicos ou por um médico legista e, no caso de morte violenta, autorizada pela autoridade judiciária (Lei 6.015/1973, art. 77, § 2º).

De posse do atestado de óbito, um familiar do sucedido fará a declaração do falecimento perante o oficial civil do lugar do óbito, para que este faça o assento no livro *C – de registros de óbitos* (Lei 6.015/1973, art. 33, inc. IV), sendo expedida a competente *certidão de óbito*, que é o documento de comprovação do falecimento de uma pessoa, hábil a autorizar o sepultamento do cadáver.

13.1. Morte civil

Não cogita a lei brasileira da morte civil, antiga denominação que do Direito francês foi banida em 1854, mas que era comum na antiguidade e no período medieval. No Direito Romano, perdendo a liberdade com a escravidão, o indivíduo passava a ser tratado como coisa e ficava extinta sua personalidade civil, salvo se recuperasse sua liberdade. Na Idade Média, explica Marcos Ehrhardt Jr.,[13] aquelas pessoas condenadas a penas perpétuas por traição e outros crimes considerados graves, bem como aqueles que dedicavam suas vidas à atividade religiosa, embora vivos, eram reputados como civilmente mortos, sua sucessão podia ser aberta e perdiam seus direitos civis e, se fossem casados, o matrimônio era dissolvido. Trata-se de uma pena civil repudiada pelo direito moderno, não obstante persistam idênticos efeitos da morte fictícia no instituto da indignidade (CC, art. 1.814 e segs.) e no da deserdação (CC, art. 1.961 e segs.) para o efeito de excluir o herdeiro indigno da sucessão legítima e o herdeiro necessário da sucessão testamentária, os quais são considerados como se mortos fossem para o único efeito de afastá-los da sucessão do ofendido, sendo chamados os herdei-

---

[10] CHAVES, Antonio. *Tratado de direito civil*: parte geral. São Paulo: RT, 1982. t. 1, p. 604.
[11] CARVALHO NETO, Inacio de. *Curso de direito civil brasileiro*. Curitiba: Juruá, 2006. v. I, p. 107.
[12] COELHO, Fábio Ulhoa. *Direito civil*. São Paulo: Saraiva, 2003. v. 1, p. 213.
[13] EHRHARDT JR., Marcos. *Direito civil, LICC e parte geral*. Salvador: JusPodivm, 2009. v. 1, p. 156.

ros do grau ou da classe seguinte pelo direito de representação presente na linha reta descendente (CC, art. 1.852) e na linha colateral para filhos de irmãos do falecido (CC, art. 1.853).

Semelhante figura aparece na legislação militar (Dec.-lei 3.038/1941, art. 7º), ao prescrever que, uma vez declarado indigno do oficialato, ou com ele incompatível, perderá o militar seu posto e a respectiva patente, ressalvado à família o direito de percepção das suas pensões, como se houvesse falecido.[14] Importante consignar que a morte civil, no seu arremedo de resquício na figura da indignidade, não tem qualquer outro efeito que não o de afastar da herança o indigno, sem jamais ensejar a cessação ou a suspensão da personalidade.

14. A MORTE PRESUMIDA SEM DECLARAÇÃO DE AUSÊNCIA

Para que a morte seja atestada e registrada no livro de óbitos é imprescindível a existência do cadáver, o que nem sempre é possível diante de circunstâncias especiais, como a de um naufrágio, acidente aéreo, inundação, incêndio, avalanche, terremoto, quedas de barreiras de mineração, como sucedeu em Minas Gerais nos Municípios de Mariana e Brumadinho, um *tsunami* ou qualquer outra catástrofe que impeça a localização do corpo do defunto, mas cuja presença no local do desastre permite assegurar o falecimento. Para tais ocorrências, diante da certeza da morte, mas sem a localização do cadáver, como por exemplo, no desastre do avião da *Air France* na costa brasileira do oceano Atlântico, quando diversos corpos de passageiros e da tripulação não foram encontrados, a legislação prevê o procedimento de justificação de óbito (Lei 6.015/1973, art. 88), devendo ser provada, perante juiz togado, a presença daquela pessoa no local do desastre e que não foi possível encontrar seu corpo para exame e sepultamento.

O art. 7º do Código Civil regulamenta os casos de declaração judicial de morte presumida, sem decretação de ausência, porque na decretação de ausência a morte é presumida, mas dela não há absoluta certeza, senão uma forte conjectura. A justificação da morte presumida sem declaração de ausência será admitida nas seguintes hipóteses: i) se for extremamente provável a morte de quem estava em perigo de vida (CC, art. 7º, inc. I); ii) se alguém, desaparecido em campanha ou feito prisioneiro, não for encontrado até 2 (dois) anos após o término da guerra (CC, art. 7º, inc. II).

Já o artigo 86, letra *a*, do Código Civil e Comercial da Argentina presume o falecimento de um ausente se por último se encontrava em um lugar de incêndio, terremoto, ação de guerra ou outro caso semelhante, suscetível de ocasionar sua morte, ou se participou de alguma atividade que implique o mesmo risco e não se tem notícias dele, mas depois de passados dois anos do evento e, conforme a letra *b*, se estava em um navio naufragado ou em um avião perdido e não existam notícias de sua existência ao término de seis meses.

Ao contrário do direito argentino, que ordena o aguardo de prazos certos, para o direito brasileiro, a declaração judicial da morte presumida, nesses mesmos casos de morte presumida, somente poderá ser requerida depois de esgotadas as buscas e averiguações, devendo a sentença fixar a data provável do falecimento (CC, art. 7º, parágrafo único).

Anota Marcos Ehrhardt Jr. que, dentro da expressão *de quem estava em perigo de vida*, existem outras hipóteses que não se circunscrevem às situações de catástrofe, como, por exemplo, alguém que tenha sido vítima de extorsão mediante sequestro, sem que tenha sido localizado o paradeiro da vítima mesmo depois de pago o resgate.[15]

---

[14] MONTEIRO, Washington de Barros. *Curso de direito civil*: parte geral. 11. ed. São Paulo: Saraiva, 1972. p. 78.
[15] EHRHARDT JR., Marcos; LOUREIRO, Luiz Guilherme. *Registros públicos*: teoria e prática. 8. ed. Salvador: JusPodivm, 2017. p. 154.

O procedimento a ser adotado é o de uma ação declaratória regulada pelo art. 19 do CPC, no caso específico de declaração de *morte presumida,* sem prévia declaração de ausência, pois morte presumida não se confunde com ausência, devendo a sentença declaratória ser registrada no Registro Civil das Pessoas Naturais, para que produza efeitos *erga omnes*.[16] O art. 88 da Lei dos Registros Públicos refere que os juízes togados podem admitir *justificação* para o assento de óbito de pessoas desaparecidas em naufrágios, inundação, incêndio, terremoto ou qualquer outra catástrofe, quando estiver provada a sua presença no local do desastre e não for possível encontrar-se o cadáver para exame. Esta justificação era estabelecida pelos arts. 861 a 866 do Código de Processo Civil de 1973, cujo procedimento não mais está regulamentado no Código de Processo Civil de 2015. Trata-se, na atualidade, de procedimento judicial de *declaração de morte presumida* (CPC, art. 19), com a finalidade de documentar a existência de algum fato ou relação jurídica para utilização presente ou futura, que no caso telado visa à obtenção da certidão de óbito, em cujo procedimento o juiz togado da Vara dos Registros Públicos exerce função de mero documentador, sem nada julgar ou decidir, desenvolvendo atividade de natureza administrativa,[17] declarando em sentença o óbito e a sua data, diante das provas demonstrando que foram infrutíferas as tentativas de encontrar a pessoa presumidamente morta. Uma vez procedida a ação de declaração, a partir da data fixada na sentença que afirmou a morte presumida, passam a incidir os mesmos efeitos jurídicos previstos no sistema jurídico para a morte real do art. 6º do Código Civil, inclusive com a incidência do imposto de transmissão *causa mortis* no inventário por morte presumida (Súmula 331 do STF), no entanto, o retorno da pessoa desaparecida anula a sentença declaratória da morte e o interessado pode reaver seus bens, aplicando-se por analogia, a norma referente ao regresso do ausente após a abertura definitiva (CC, art. 39).[18]

A morte também pode ser reconhecida perante autoridade administrativa para o caso daquelas pessoas que participaram ou foram acusadas de participar de atividades políticas, no período de 02 de setembro de 1961 a 15 de agosto de 1979, e que, por este motivo, tenham sido detidas por agentes públicos, achando-se, deste então, desaparecidas, sem que delas haja notícias (Lei 9.140/1995, art. 1º, com redação dada pela Lei 10.536/2002 e alterada pela Lei 10.875/2004). A Lei 9.140/1995, em parte alterada pela Lei 10.875/2004, reconhece como mortas as pessoas desaparecidas em atividades políticas e permite que o cônjuge, o companheiro ou a companheira, descendente, ascendente ou colateral até o quarto grau, comprovando essa condição, requeira diretamente perante o oficial de registro civil das pessoas naturais de seu domicílio a lavratura do assento de óbito, valendo-se somente da declaração judicial se o oficial de registro civil suscitar alguma dúvida (Lei 9.140/1995, art. 3º).

A declaração de morte presumida não resultante de ausência é novidade trazida pelo Código Civil de 2002 (art. 7º), que assim confere maior agilidade na produção dos efeitos jurídicos próprios do falecimento, permitindo que os familiares possam abrir o inventário definitivo do sucedido e ser reconhecida a dissolução do casamento (CC, art. 1.571, § 1º) ou da união estável, sem precisar passar por todo o processo moroso de declaração de ausência, como era, em um sistema único, ao tempo do Código Civil de 1916.

---

[16] LOUREIRO, Luiz Guilherme. *Registros públicos*: teoria e prática. 8. ed. Salvador: JusPodivm, 2017. p. 284.
[17] LACERDA, Galeno; OLIVEIRA, Carlos Alberto Alvaro de. *Comentários ao Código de Processo Civil*. Rio de Janeiro: Forense, 1988. v. VIII, t. II, p. 462.
[18] LOUREIRO, Luiz Guilherme. *Registros públicos*: teoria e prática. 8. ed. Salvador: JusPodivm, 2017. p. 285.

15. MORTE PRESUMIDA COM DECLARAÇÃO DE AUSÊNCIA

A morte presumida é sempre declarada pelo juiz, à exceção dos perseguidos políticos de que trata a Lei 9.140/1995, com as alterações da Lei 10.875/2004, cuja intervenção judicial só irá ocorrer em caso de suscitação de dúvida pelo oficial de registro civil. Como já visto no item 14 *supra*, a morte presumida pode ser reconhecida sem declaração de ausência, pela declaração de óbito, sempre que for extremamente provável a falecimento da pessoa, nos termos do art. 7º do Código Civil e art. 88 da Lei 6.015/1973 (Lei dos Registros Públicos).

Contudo, existem hipóteses de morte presumida com declaração judicial de ausência, conforme regulamentado pelos arts. 6º e 22 a 39 do Código Civil de 2002. Prescreve o art. 22 do Código Civil que, "desaparecendo uma pessoa de seu domicílio sem dela haver notícias, se não houver deixado representante ou procurador a quem caiba administrar-lhe os bens, o juiz, a requerimento de qualquer interessado ou do Ministério Público, declarará a ausência, e nomear-lhe-á curador".

15.1. Da ausência

A ausência é decorrência do desaparecimento de uma pessoa do seu domicílio sem dela haver qualquer notícia, sendo completamente desconhecido o seu paradeiro e permitindo presumir que tenha falecido. É hipótese diversa da do art. 7º do Código Civil, posto que na ausência não há presunção de morte de quem estava em extremo perigo de vida, mas, pelo fato de o ausente manter um prolongado e silencioso desaparecimento, encontrando-se em lugar incerto e não sabido, e não tendo deixado representante ou administrador para tratar de seu patrimônio, ou se deixou representante este não quer ou não pode exercer o ofício que lhe foi confiado, sendo necessário nomear-lhe um curador para cuidar dos seus bens e demais pendências de cunho pessoal, econômico e financeiro. A declaração judicial de ausência não se restringe a um caráter patrimonial, porque pode interessar declará-la judicialmente para o propósito de dissolução do vínculo conjugal e com vistas a um novo casamento, ou da dissolução de uma união estável.

A ausência pressupõe um efetivo e prolongado desaparecimento, não cuidando a lei civil de estipular qualquer prazo mínimo para a sua caracterização, mas deve conter elementos fáticos capazes de até cogitar da morte daquele que desapareceu.

Segundo José Antonio de Paula Santos Neto, a natureza jurídica da ausência seria a de um instituto legal supletivo, condicionado a uma decisão judicial declaratória, que reconheça o desaparecimento de uma pessoa natural, de seu último domicílio, tornando duvidosa sua sobrevivência pela completa falta de notícias, servindo para lhe nomear um curador encarregado de preservar e administrar seus interesses patrimoniais abandonados e para regulamentar a sua situação familiar, com encaminhamento para a sua sucessão.[19]

A ausência prevê três etapas procedimentais até a abertura da sucessão definitiva dos bens do ausente, iniciando com a curadoria dos bens do ausente; sua sucessão provisória e por fim a sua sucessão definitiva.

15.2. Da curadoria dos bens do ausente

O procedimento judicial da ausência tem início com a nomeação de um curador para o ausente com a função de zelar pelo seu patrimônio, por acreditar o legislador na forte possibi-

---

[19] SANTOS NETO, José Antonio de Paula. *Da ausência*. São Paulo: Juarez de Oliveira, 2001. p. 84.

lidade de retorno da pessoa desaparecida, recaindo a nomeação do curador sobre o cônjuge ou companheiro do ausente, sempre que não esteja legalmente separado, ou de fato, por mais de dois anos antes da declaração da ausência (CC, art. 25). Não se cuida de nomear um curador encarregado de administrar os bens e a pessoa de um incapaz, presente e sem discernimento para os atos da vida civil, tendo o curador de ausente a função de zelar unicamente pelo patrimônio da pessoa desaparecida e cujo paradeiro é completamente desconhecido.

Tomando conhecimento da prolongada ausência de uma pessoa de seu domicílio, sem que dela haja qualquer notícia ou informação acerca de seu paradeiro, não deixando representante ou procurador cuidando de seus negócios, uma vez estando o juiz convencido do desaparecimento dessa pessoa, sua ausência será declarada e o juiz mandará arrecadar os seus bens conforme o disposto pelos arts. 744 e 745 do CPC, com a publicação de editais na rede mundial de computadores (*internet*), no sítio do tribunal a que estiver vinculado e na plataforma de editais do Conselho Nacional de Justiça (CNJ), onde permanecerá por um ano, ou, não havendo sítio, no órgão oficial e na imprensa da comarca durante um ano, reproduzida de 2 (dois) em 2 (dois) meses, anunciando a arrecadação e chamando o ausente a entrar na posse de seus bens (CPC, art. 745).

Ao declarar a ausência, o magistrado também irá nomear um curador para administrar os bens do ausente, e determinará a extensão dos poderes do curador, além de fixar suas obrigações, sendo incontroverso que a inexistência de bens ou de relações jurídicas de conteúdo econômico esvazia a utilidade do procedimento.[20] A nomeação do curador deve recair, de preferência, sobre o cônjuge ou companheiro do ausente, salvo se estiver legalmente separado ou de fato pelo prazo mínimo de dois anos, cujo prazo não faz nenhum sentido, haja vista que a separação de fato é fenômeno jurídico gerador de efeitos e, dentre estes, o principal deles é que faz cessar não só a comunidade devida, mas igualmente os efeitos jurídicos deste relacionamento terminado pela vontade do casal não mais coabitar. Na falta de cônjuge ou companheiro, deverão ser nomeados parentes do ausente e inexistindo estes ou não podendo ou não devendo exercer a curatela, o juiz poderá escolher qualquer pessoa de sua confiança (CC, art. 25, § 3º).

15.3. Da sucessão provisória

Passado um ano da arrecadação dos bens do ausente, ou três anos se ele deixou procurador ou representante, sem quaisquer notícias do ausente, e findo o prazo previsto no edital (CPC, art. 745, § 1º), os interessados podem dar início à segunda fase do procedimento quanto aos bens do ausente, com a abertura da sua sucessão provisória (CC, art. 26). O interessado, ao requerer a abertura da sucessão provisória, pedirá a citação pessoal dos herdeiros presentes e do curador e, por editais, a dos ausentes para requererem habilitação, na forma dos arts. 689 a 692 do CPC.

Nessa fase de abertura da sucessão provisória, se afirma uma maior convicção de que talvez o ausente realmente não retorne e o art. 27 do Código Civil autoriza a *imissão na posse* pelos possíveis sucessores, e permite a abertura da sucessão provisória pelos seguintes interessados: a) o cônjuge ou convivente não separado (e deveria ser nem separado legalmente ou de fato); b) os herdeiros da lei ou do testamento; c) os que tiverem direitos sobre os bens

---

[20] ARAÚJO, Fabio Caldas de. *Curso de processo civil*: procedimentos especiais. São Paulo: Malheiros, 2018. t. III, p. 506.

do ausente na dependência de sua morte; d) os credores de obrigações vencidas e não pagas; e) o Ministério Público, se não houver interessados na sucessão provisória (CC, art. 28, § 1º).

Nessa etapa ainda são ponderados os interesses do ausente, contudo, com a preocupação mais voltada aos interesses dos credores e familiares do ausente, sendo empossados nos bens os prováveis sucessores, que passam a representar ativa e passivamente o ausente no lugar do curador. Para se emitirem na posse dos bens do ausente os herdeiros darão garantias da restituição deles, mediante penhores ou hipotecas equivalentes aos quinhões respectivos (CC, art. 30), mas se algum herdeiro não tiver condições de prestar a garantia, poderá, justificando falta de meios, requerer lhe seja entregue metade dos rendimentos do quinhão que lhe tocaria, enquanto o herdeiro mais bem aquinhoado e que prestou a garantia correspondente ao seu quinhão recebe a totalidade dos frutos. A sucessão nesse segundo estágio ainda é considerada provisória, porque a situação jurídica pode ser alterada por três motivos: a) pelo retorno do ausente; b) pela descoberta de que está vivo; c) pela descoberta da data exata da sua morte, cujo fato interfere na vocação dos herdeiros, pois só devem ser chamados aqueles herdeiros que já existiam naquela data (CC, art. 35), tornando-se definitiva sua sucessão.

Na fase de sucessão provisória não são alienados ou hipotecados os bens do ausente, para impedir a degradação patrimonial, salvo a hipótese de desapropriação ou autorização judicial.[21] A sentença declaratória de ausência deve ser inscrita no registro público para conhecimento de terceiros e como prova do fato jurídico, nos termos do art. 94 da Lei dos Registros Públicos, sendo exarados os dados pessoais do ausente e as informações do processo de ausência, com remissões nos assentos de casamento e nascimento do ausente, inclusive sendo averbado o seu eventual retorno.[22]

15.4. Da sucessão definitiva

Decorridos dez anos da abertura da sucessão provisória do ausente, os interessados podem requerer ao juiz a abertura da sucessão definitiva. A sucessão definitiva pode ser aberta diretamente se o ausente, quando desapareceu, já contava com oitenta anos de idade, e de cinco anos datam as últimas notícias dele (CC, art. 38). Nessa terceira e última fase há forte probabilidade de morte do ausente, sendo pagas eventuais dívidas pendentes e aos sucessores é transmitida a propriedade definitiva dos bens, deixando os sucessores de ser os administradores dos bens do ausente, pois passam a administrar seus próprios bens, na proporção dos seus quinhões hereditários. Isso não significa imaginar que o ausente nunca mais retornará, pois ainda assim é possível o seu regresso, muito embora o perpassar do tempo torne esse fato cada vez menos provável, estabelecendo o § 4º do art. 745 do CPC que, regressando o ausente ou algum de seus descendentes ou ascendentes para requerer ao juiz a entrega de bens, serão citados para contestar o pedido os sucessores provisórios ou definitivos, o Ministério Público e o representante da Fazenda Pública, seguindo-se o procedimento comum.

15.5. A Lei de Anistia do Desaparecido Político

A Lei da Anistia (Lei 6.683/1979) foi proposta pelo então Presidente da República João Baptista Figueiredo durante a lenta, mas gradual, abertura política brasileira, iniciada pelo

---

[21] COELHO, Fábio Ulhoa. *Direito civil*. São Paulo: Saraiva, 2003. v. 1, p. 225.
[22] SANTOS, Reinaldo Velloso dos. *Registro civil das pessoas naturais*. Porto Alegre: Sergio Antonio Fabris, 2006. p. 143-144.

governo do general Ernesto Geisel, após longo período de regime militar que implicou a cassação dos direitos e garantias dos cidadãos brasileiros e no desaparecimento de inúmeras pessoas envolvidas em atividades políticas entre 02 de setembro de 1961 e 15 de agosto de 1979, sem que delas houvesse notícias. Durante esse período obscuro da história política brasileira, cidadãos desapareciam sem que seus familiares fossem informados do seu paradeiro e os responsáveis pelas prisões tampouco admitiam sua ocorrência. O termo *desaparecido político* passou a ser usado para designar os ativistas políticos vítimas da repressão brasileira durante o período da ditadura militar. Dentre os temas abordados pela Lei da Anistia está a possibilidade de as famílias de desaparecidos há mais de um ano obterem a declaração de ausência e a presunção de morte. Dispõe o art. 6º da Lei 6.683/1979 sobre a possibilidade de o cônjuge ou convivente, qualquer parente, ou afim, na linha reta, ou na colateral, ou o Ministério Público, requerer a declaração de ausência da pessoa que, envolvida em atividades políticas, esteja até a data de vigência desta Lei (28 de agosto de 1979) desaparecida do seu domicílio, sem que dela haja notícias por mais de um ano. Para buscar a declaração judicial de ausência, o interessado deve exibir a prova de sua legitimidade e oferecer um rol mínimo de três testemunhas e, se existentes, anexar os documentos relativos ao desaparecimento, como, por exemplo, notícias de jornais. Em rápido procedimento probatório, que poderá, inclusive, dispensar a realização de audiência se for sólida a prova documental, após ser ouvido o Ministério Público, será proferida sentença declarando a ausência, a qual, depois de averbada no registro civil, gera a presunção de morte do desaparecido, para os fins de dissolução do casamento e de abertura de sucessão definitiva (Lei 6.683/1979, art. 6º, §§ 1º, 2º, 3º e 4º).

A presunção de óbito é fortalecida pelas circunstâncias que rodearam o seu desaparecimento e por conta de cujos eventos a Lei abrevia consideravelmente os prazos para a declaração de ausência e permite a pronta abertura da sucessão definitiva e registro de dissolução do matrimônio ou da união estável por morte presumida (Lei 6.683/1979, art. 6º, § 4º), entendendo que nestes casos, em especial, existiriam elementos suficientes para determinar o falecimento de uma pessoa sem a necessidade de tramitar a declaração judicial de morte presumida, e sem precisar passar pelas longas e morosas etapas de uma sucessão provisória.

Posteriormente, foi editada a Lei n. 9.140/1995, com as alterações da Lei 10.875/2004, que reconhece como mortas pessoas desaparecidas em razão de participação, ou acusação de participação, em atividades políticas, no período de 02 de setembro de 1961 a 05 de outubro de 1988 e que, por este motivo, tenham sido detidas por agentes públicos, achando-se, desde então, desaparecidas, sem que delas haja notícias. A Lei 9.140/1995, em parte alterada pela Lei 10.875/2004, teve sua redação conferida pela Lei 10.536/2002, que ampliou para 05 de outubro de 1988 o período do desaparecimento, criando uma Comissão Especial para diligenciar na localização dos restos mortais dos desaparecidos e para opinar sobre requerimentos relativos à indenização a ser formulada pelo cônjuge, companheiro ou parentes em linha reta, descendente ou ascendente e colateral até o quarto grau (Lei 9.140/1995, art. 10, e Lei 10.559/2002).

15.6. Do retorno do ausente

A ausência apenas faz presumir a morte, contudo, sobre ela não há certeza, existindo pura especulação diante dos fatos transcorridos e que permitem haver como bastante provável a morte, notadamente nas hipóteses de morte presumida, pois presentes fortes indícios do óbito, ou, quando declarada a ausência, o tempo for vencendo as fases processuais próprias de *sucessão provisória* e de *sucessão definitiva*. A verdade é que não existe a prova física da morte, pois não foi localizado o corpo do ausente, tanto que sua sucessão foi aberta por presunção de que tenha falecido e quanto maior o tempo transcorrido, maior a convicção de falecimento de quem nunca mais regressou ou deu notícias. O mesmo se dá na declaração direta de morte presumida (CC, art. 7º), que poderá ser requerida depois de esgotadas as buscas e averiguações para a localização do corpo, diferentemente do direito argentino, que estabelece, para casos extraordinários, um tempo entre seis meses depois de um acidente aéreo ou de um naufrágio e de dois anos contados de alguma tragédia, como um incêndio, terremoto e etc., ou se em guerra (CCC, art. 86), devendo a sentença declaratória fixar a data provável do falecimento.

A declaração judicial de morte presumida repercute em várias esferas do Direito e provoca a extinção da personalidade do ausente, com reflexos no Direito de Família, como a dissolução do vínculo conjugal (CC, art. 1.571) ou da união estável do ausente. A morte presumida também repercute no direito sucessório, com a abertura da sucessão provisória ou definitiva (CC, art. 6º), havendo ou não a declaração judicial de ausência, pois, conforme o art. 7º do Código Civil, pode ser declarada a morte presumida sem a declaração judicial de ausência quando for extremamente provável o óbito de quem estava em perigo de vida; ou se alguém, desaparecido em campanha ou feito prisioneiro, não for encontrado até dois anos após o término da guerra. Será igualmente dispensada a declaração judicial de ausência quando a morte for amparada pelas Leis 6.683/1979 (Lei da Anistia) e Lei 9.140/1995, com alteração das Leis 10.536/2002 e 10.875/2004. Nessas situações é possível abrir diretamente a sucessão definitiva sem a fase da sucessão provisória e a decretação de ausência (CC, arts. 6º e 7º, e Lei 6.015/1973, art. 88), sendo declarada a ausência judicial em curto espaço de tempo e averbada a sentença no registro civil, nos termos do art. 94 da Lei dos Registros Públicos (Lei 6.015/1973),[23] para viabilizar a abertura da sucessão definitiva com a convocação dos herdeiros do ausente, em conformidade com a ordem de vocação hereditária ordenada pelo art. 1.829 do Código Civil, inclusive com a sucessão do cônjuge em concorrência com os filhos comuns e exclusivos do ausente, ou de seu companheiro, se vivia em união estável (CC, art. 1.829 e STF, REsp 646.721/RS e 878.694/MG). Havendo testamento deixado pelo ausente, a cédula testamentária será registrada e processada.

Embora fisicamente desaparecido e sem notícias de seu paradeiro, ainda assim existirão dúvidas acerca do efetivo óbito do ausente, precedendo sempre uma firme presunção de seu falecimento, especialmente diante daquelas circunstâncias especiais de acidentes ou tragédias que norteiam o caso e existem claros indicativos da presença da pessoa desaparecida. Mesmo assim, a presunção da morte pode sempre ser elidida pelo reaparecimento do ausente, conforme prevê o art. 39 do Código Civil, ao estabelecer que: "Regressando o ausente nos dez anos seguintes à abertura da sucessão definitiva, ou algum de seus descendentes ou ascendentes, aquele ou estes haverão só os bens existentes no estado em que se acharem, os sub-rogados em seu lugar, ou o preço que os herdeiros e demais interessados houverem recebido pelos bens alienados depois daquele tempo".

Isso porque, com o desaparecimento de uma pessoa, seus bens podem ser judicialmente arrecadados e, decorrido um ano dessa arrecadação, ou três anos se ele deixou representante ou procurador (CC, art. 26), pode ser promovida a abertura da sucessão provisória do ausente, sendo seus herdeiros empossados nos bens, mediante garantias firmadas por penhores

---

[23] Art. 94, Lei 6.015/1973: "O registro das sentenças declaratórias de ausência, que nomearem curador, será feita no cartório do domicílio anterior do ausente, com as mesmas cautelas do registro de interdição, declarando-se:...".

e hipotecas, passando a representar o ausente ativa e passivamente (CC, art. 32). Dez anos depois de passada em julgado a sentença que concede a abertura da sucessão provisória, os interessados podem requerer a sucessão definitiva e o levantamento das cauções prestadas. Com a abertura da sucessão definitiva, os sucessores adquirem o domínio dos bens recebidos. Trata-se de uma propriedade condicionada ao eventual retorno do ausente e não de essa fase final do processo de ausência ser realmente considerada como definitiva, mas sim resolúvel, pois os herdeiros se sujeitam a restituir os bens existentes no estado em que se acharem, os sub-rogados em seu lugar, ou o preço que os herdeiros e demais interessados houverem recebido pelos bens alienados depois daquele tempo, acaso de o ausente regressar nos dez anos seguintes à abertura da sucessão definitiva (CC, art. 39).

Não serão desfeitas eventuais negociações realizadas, pois acaso transferidos alguns bens, os direitos dos terceiros serão respeitados, cabendo ao ausente receber o preço da venda se não puder ficar com algum bem sub-rogado.[24] O ausente recebe os bens e o capital no estado em que se encontram, mesmo que depreciados, e não fará jus aos frutos percebidos,[25] rendimentos, juros ou qualquer outra compensação paga durante sua ausência.

Passados os dez anos da abertura da sucessão definitiva sem o regresso do ausente e se nenhum interessado promover a sucessão definitiva, os bens arrecadados passarão ao domínio do Município, ou do Distrito Federal, se localizados nas respectivas circunscrições, incorporando-se ao domínio da União, quando situados em território federal (CC, art. 39, parágrafo único). Retornando o desaparecido após os dez anos subsequentes à abertura da sucessão definitiva, nada irá receber.

16. COMORIÊNCIA

A existência da pessoa natural termina com a morte (CC, art. 6º), pois é com o óbito que finda a personalidade humana e com ela sobrevêm importantes consequências jurídicas. A morte deriva da cessação das funções vitais de uma pessoa e da sua atividade cerebral.[26] Com a morte, a pessoa deixa de ser titular de direitos e de obrigações, extinguindo-se seus vínculos pessoais, e, no âmbito do direito sucessório, os bens e as obrigações do falecido são imediatamente transmitidos para seus herdeiros, independentemente da existência do inventário judicial ou extrajudicial. Ao direito sucessório interessa, pelo *princípio da saisine* (CC, art. 1.784), a exata determinação do dia e da hora da abertura da sucessão, pois no mesmo instante da morte remonta a transmissão da herança. Pelo princípio da *saisine,* os herdeiros legítimos e testamentários sucedem o morto na sua herança na exata ocasião do seu falecimento, desde que o herdeiro tenha sobrevivido ao sucedido, por isso que serão considerados sucessores do falecido todos aqueles herdeiros designados pela lei ou por testamento e que sobreviverem ao sucedido, razão pela qual é relevante ao direito apurar o momento exato do evento morte, especialmente quando duas ou mais pessoas que seriam herdeiros entre si morrem ao mesmo tempo, eis que para ser herdeiro é preciso sobreviver ao autor da herança, e se não for possível apurar qual delas faleceu primeiro, a lei os presume simultaneamente mortos (CC, art. 8º), sem que um seja herdeiro do outro e ordenando o Código a abertura de duas

---

[24] OLIVEIRA, James Eduardo. *Código Civil anotado e comentado*: doutrina e jurisprudência. Rio de Janeiro: Forense, 2009. p. 41.
[25] WALD, Arnoldo. *Direito civil, direito das sucessões*. 14. ed. São Paulo: Saraiva, 2009. p. 62.
[26] CORDEIRO, António Menezes. *Tratado de direito civil português*: parte geral. 2. ed. Coimbra: Almedina, 2007. v. I, t. III, p. 481.

sucessões distintas. O Código Civil e Comercial argentino trata da comoriência no art. 95 e refere ser presumida a morte simultânea das pessoas que perecem um desastre comum ou em qualquer outra circunstância se não for possível determinar o contrário, de forma que, se por exemplo, em um acidente morrem o pai viúvo e o seu filho, casado mas sem descendentes, e for determinado que o pai morreu primeiro, então a viúva do filho herdaria, porque seus bens teriam passado por sucessão ao filho e por nova sucessão à esposa dele, mas ela não herdaria se restasse provado que o filho foi quem faleceu antes.

O sucessor deve sobreviver pelo menos algum segundo ou minutos para ser herdeiro do *de cujus* e receber a herança que será depois transmitida aos seus próprios herdeiros. A morte simultânea só tem interesse prático quando as pessoas falecidas em comoriência são herdeiras entre si, e, se não for possível apurar quem morreu em primeiro lugar, a lei presume tenham então morrido todos ao mesmo tempo e os comorientes não participam da ordem de vocação sucessória do outro.

O termo *comoriência* significa morte simultânea de duas ou mais pessoas, próprio, embora não exclusivo, de tragédias coletivas, como desastres de automóveis, naufrágios, terremotos, *tsunamis,* quedas de aeronaves, deslizamentos de terras, como sucedeu com as barreiras de rejeitos de minérios localizadas nas cidades mineiras de Mariana e Brumadinho, e toda sorte de acidentes que com frequência assolam a humanidade, devendo estar presentes as seguintes situações: a) morte de duas ou mais pessoas; b) óbitos sucedidos na mesma ocasião em dia e hora; c) que seja impossível comprovar a cronologia dos óbitos,[27] podendo existir um curto intervalo de tempo entre a morte de um e a do outro, e aquele que faleceu por último será herdeiro do primeiro. A legislação brasileira apenas presume a comoriência, mas abre aos interessados a possibilidade de promoverem a prova da premorte de algum dos comorientes por todos os meios de prova em direito admitidos, inclusive pela presunção, como no caso de um afogamento em que um dos coerdeiros sabia nadar e o outro não, podendo ser presumido que este tivesse sobrevivido um pouco mais, mas, de regra, deve ser buscado o auxílio da medicina legal.

Outro efeito prático da regra da comoriência pode ser vislumbrado na hipótese de um casal, sem descendentes e ascendentes, que morre em um acidente de carro, mas se for possível comprovar que a esposa morreu em segundo lugar, ela herdará a meação do marido e, no mapa de seus sucessores, todos os bens da esposa, incluídos aqueles herdados pelo óbito do marido, serão transmitidos aos seus colaterais (irmãos, tios ou sobrinhos).

José de Oliveira Ascensão lembra outro caso prático de comoriência no suposto de que A, solteiro, com um único descendente B, este casado com C, sendo que A tem um irmão D. A e B morrem conjuntamente em um acidente aéreo. De quem será a herança deixada por A? A resposta depende de identificar quem morreu primeiro, pois se foi A, seus bens passam ao filho B, e deste para o cônjuge C. Mas se B morreu primeiro, os bens de A, serão herdados pelo irmão D.[28]

O instituto da *comoriência* chegou ao Direito brasileiro por influência do Direito alemão, e não do Direito Romano, que usava um critério aleatório baseado na idade e em outros fatores relacionados com o sexo, presumindo, por exemplo, a premorte do filho impúbere relativamente ao progenitor, porque aquele era mais frágil que este, e a premorte do proge-

---

[27] VIANA, Marco Aurelio S. *Código Civil comentado*: parte geral. Rio de Janeiro: Forense, 2009. p. 26.
[28] ASCENSÃO, José de Oliveira. *Direito civil*: sucessões. 4. ed. Coimbra: Coimbra Editora, 1989. p. 147-148.

nitor antes do filho púbere.[29] O direito medieval expandiu o mapa de presunções, segundo o qual os mais robustos supostamente sobreviveriam aos demais, na pressuposição de os mais novos serem fisicamente mais resistentes do que os mais velhos.[30] Essa orientação também era adotada pelo Direito francês, no antigo art. 721 do Código de Napoleão, que ditava uma presunção baseada na idade.

Explica Anne-Marie Leroyer[31] que, se duas pessoas tinham mais de quinze anos, considerava-se que a mais velha sobrevivera. Se as duas tinham mais de sessenta anos, pressupunha-se que a mais nova sobrevivera e se elas tinham menos de quinze anos e mais de sessenta anos, considerava-se que a mais nova resistira mais tempo. O derrogado art. 722 do Código Civil francês combinava idade e sexo, em que homens mais novos e acima de quinze anos sobreviviam aos mais velhos e às mulheres, desenvolvendo toda uma construção artificial e moribunda, que vinha sendo ignorada pela jurisprudência que decidia que a sucessão de cada cofalecido abstraia a do outro.[32] O critério altamente aleatório da legislação francesa no pertinente à comoriência vinha sendo alvo de críticas e de correção jurisprudencial, até ser revogado pela Lei n. 1.135, de 03 de dezembro de 2001, que alterou o art. 725-1 do Código Civil e estabeleceu que: "quando duas pessoas, a primeira das quais tinha vocação para suceder à outra, perecem em um mesmo evento, a ordem dos falecimentos é estabelecida por todos os meios. Se essa ordem não pode ser determinada, a sucessão de cada uma delas é atribuída sem que a outra seja chamada nesse caso".

Anne-Marie Leroyer dá o seguinte exemplo: "Dupont tem dois filhos, Pierre e Jean. Por sua vez, Jean tem um filho, Julien. Dupont e seu filho Jean morrem em um acidente, sem que seja possível saber quem morreu em primeiro lugar. Julien terá a totalidade da sucessão de seu pai Jean, e virá também à sucessão de seu avô Dupont por representação de seu pai Jean. Julien terá a metade da sucessão de Dupont e Pierre a outra metade".[33] O mesmo sucede no Direito brasileiro e por igual Julien, neto de Dupont e filho do cofalecido Jean, viria à sucessão de seu avô por representação de seu pai.

17. LUGAR DE ABERTURA DA SUCESSÃO

A sociedade tem evoluído com extrema rapidez e o homem também se desloca fisicamente e se comunica verbalmente pelo mundo todo com extrema facilidade. Entretanto, sempre foi importante para o ser humano manter um espaço físico definido como seu lugar de domicílio, onde ele estabelece a sua habitação e a de seus familiares, e, igualmente, o ambiente onde ele exerce o seu trabalho e concentra suas atividades sociais. A compreensão de domicílio difere das noções de habitação, moradia e de residência por seu caráter de permanência e de estabilidade. O domicílio civil está ligado à vida privada do cidadão, quer ele viva sozinho ou com seus familiares, e é o lugar onde ele reside permanentemente, e também representa a sede jurídica dos seus negócios e de suas usuais ocupações. Já a moradia ou a habitação tem como ponto de identificação o seu caráter de transitoriedade, como na hipótese de um estudante universitário que vai morar temporariamente na cidade onde está localizada a faculdade que irá cursar.

---

[29] SOUSA, Rabindranath Capelo de. *Lições de direito das sucessões*. 3. ed. Coimbra: Coimbra Editora, 1990. v. I, p. 181.
[30] ASCENSÃO, José de Oliveira. *Direito civil*: sucessões. 4. ed. Coimbra: Coimbra Editora, 1989. p. 148.
[31] LEROYER, Anne-Marie. *Droit des successions*. Paris: Dalloz, 2009. p. 26.
[32] LEROYER, Anne-Marie. *Droit des successions*. Paris: Dalloz, 2009. p. 27.
[33] LEROYER, Anne-Marie. *Droit des successions*. Paris: Dalloz, 2009. p. 28.

Pablo Stolze Gagliano e Rodolfo Pamplona Filho esclarecem ser diferente o conceito de residência em relação à moradia ou habitação, justamente por abranger maior estabilidade e, embora uma pessoa possa ter várias residências e viva alternadamente em cada uma delas, ainda assim o seu domicílio é o lugar onde ela estabelece residência com ânimo definitivo e como centro principal de seus negócios jurídicos e de sua atividade profissional.[34] Uma pessoa pode ter residência em Porto Alegre e em Florianópolis, e até alternar sua estada entre essas duas capitais e estabelecer em uma delas o centro de suas atividades e sua moradia habitual. Essa é a definição do art. 70 do Código Civil brasileiro, ao dispor que *o domicílio da pessoa natural é o lugar onde ela estabelece a sua residência com ânimo definitivo*.

Caio Mario da Silva Pereira acrescenta importantes elementos fáticos que ajudam a melhor delinear a noção mais exata do conceito de domicílio, pois é nele que a pessoa natural estabelece suas relações sociais e atividades profissionais, convivendo socialmente e até vinculando-se às entidades locais, além de adquirir bens.[35]

Pode ocorrer, também, de uma pessoa natural ter várias residências, onde viva alternadamente, quando então a lei considera seu domicílio qualquer uma dessas residências (CC, art. 71). O domicílio é importante para o Direito como centro das relações jurídicas de uma pessoa, pois é no lugar de seu domicílio que ela deve cumprir suas obrigações (CC, art. 327) e para o direito sucessório importa conciliar a abertura da sucessão com o lugar do último domicílio do falecido, pois é nele que o falecido concentrava seus principais interesses econômicos e seus vínculos pessoais (CC, art. 1.785).

Ocorrendo a morte biológica ou presumida de uma pessoa, deve ser aberta a sua sucessão, ou seja, ser procedido ao inventário e transmissão de seus bens e de suas obrigações para seus sucessores, sem importar, em princípio, o local do falecimento, ordenando a legislação que a abertura da sucessão se dará, como regra geral, no lugar do último domicílio do falecido, sem qualquer vinculação do lugar da morte com o lugar da abertura da sucessão. A razão da eleição do último domicílio como lugar da abertura da sucessão está na concentração dos interesses e vínculos do sucedido com relação ao seu domicílio, pois é lá que usualmente estão seus familiares e credores, seus interesses, suas obrigações e os bens a serem transmitidos aos seus herdeiros e bem assim os serviços de fiscalização dos impostos a serem pagos em razão da sucessão. A regra do último domicílio como sede da abertura do inventário atende a outra série de questões vinculadas ao sucedido e que poderão ser objeto de outras demandas judiciais relativas à sucessão, não apenas em relação a bens da herança, como também a cobranças de dívidas do falecido e a processos pertinentes ao reconhecimento de vínculos de afetividade e de filiação.

O Direito internacional também leva em consideração o domicílio como parâmetro para definir o lugar de abertura da sucessão (LINDB, art. 10), indiferente à natureza e situação dos bens, com a ressalva de que a sucessão de bens de estrangeiros, situados no País será regulada pela lei brasileira em benefício do cônjuge, convivente ou dos filhos brasileiros, ou de quem os represente, sempre que não lhes seja mais favorável a lei pessoal do *de cujus* (CF, art. 5º, inc. XXXI, e LINDB, art. 10, § 1º). Portanto, como regra geral, prevalece a lei do último domicílio do falecido para determinar a competência do foro para os processos relacionados com sua herança, de forma que, se morrer um estrangeiro que era

---

[34] GAGLIANO, Pablo Stolze; PAMPLONA FILHO, Rodolfo. *Novo curso de direito civil*: parte geral. 8. ed. São Paulo: Saraiva, 2006. v. I, p. 244.

[35] PEREIRA, Caio Mário da Silva. *Instituições de direito civil*. 17. ed. Rio de Janeiro: Forense, 2009. v. 1, p. 319.

domiciliado no Brasil, o juízo competente será o brasileiro e a sucessão será processada em conformidade com a legislação brasileira, quer se trate da sucessão legítima ou testamentária ou coexistindo as duas.

A exceção dessa regra tem como escopo proteger os interesses de filhos, cônjuge ou companheiro brasileiros (CF, art. 5º, inc. XXXI), na hipótese de falecimento de pessoa domiciliada no estrangeiro com bens situados no Brasil e com filhos, cônjuge ou companheiro brasileiros, quando então a sucessão seguirá as normas brasileiras, salvo quando a lei estrangeira seja mais benéfica.[36] A finalidade do dispositivo constitucional é beneficiar o cônjuge, e a mesma disposição vale para o companheiro ou companheira da união estável ou filhos brasileiros, salvo quando for mais favorável a lei pessoal do falecido, sobrepondo-se a lei estrangeira à regra do domicílio, unicamente no interesse superior dos filhos e parceiro brasileiros, realidade que pode ser aferida em uma situação na qual o direito alienígena não reconhece, por exemplo, o direito sucessório concorrencial do cônjuge ou companheiro.

Dada a importância do domicílio da pessoa no contexto das suas relações jurídicas, como centro de irradiação dos seus vínculos sociofamiliares e de trabalho, sede de sua permanência e referência para a sua localização, ao abrir-se seu inventário em consequência de seu óbito, é contingência natural a eleição do foro de seu último domicílio para o processamento de todos os atos e ações pertinentes aos bens e precedentes interesses relacionados com o falecido, e que em decorrência da sua morte são transferidos aos seus herdeiros legítimos e testamentários.

Colin e Capitant justificam a regra do domicílio do defunto como foro competente para a abertura de sua sucessão em razão de o Judiciário local estar em melhores condições que qualquer outro foro alheio e estranho ao domicílio, pois lá o defunto era conhecido e dele existem notícias e informações mais próximas e atuais para se pronunciar com conhecimento de causa, sendo o foro mais apto a decidir certas questões relacionadas com a sucessão.[37] Importa levar em consideração o centro de operações do sucedido, identificado pelo lugar onde estavam concentrados seus interesses pessoais e profissionais, onde estava radicado seu patrimônio e de onde administrava seus negócios.

17.1. Aspectos processuais

O Código de Processo Civil contém igualmente regras relacionadas à competência em razão do domicílio, mandando que se processe o inventário, a partilha, a arrecadação, o cumprimento de disposições de última vontade e todas as ações em que o espólio for réu, no foro do domicílio do autor da herança, ainda que o óbito tenha ocorrido no estrangeiro (CPC, arts. 23, inc. II, e 48). A regra do art. 48 do CPC estabelece o domicílio do autor da herança como competente para a ação de inventário judicial, para as ações conexas relacionadas ao espólio e também para a impugnação do inventário extrajudicial, que é feita por qualquer herdeiro excluído ou terceiro interessado, por meio de ação anulatória de partilha, cujo autor da ação deverá respeitar o regramento contido no art. 48 do CPC, como também o inventário negativo atende ao mesmo dispositivo, lembrando que o instituto do inventário extrajudicial foi inserido no ordenamento jurídico brasileiro pela Lei 11.441/2007 e refe-

---

[36] ARAUJO, Nadia de. *Direito internacional privado*: teoria e prática brasileira. 2. ed. Rio de Janeiro: Renovar, 2004. p. 416.
[37] COLIN, Ambrosio; CAPITANT, Henry. *Curso elemental de derecho civil*. 3. ed. Madrid: Reus, 1981. t. 7, p. 15.

rendado pelo Código de Processo Civil vigente, desde que não exista testamento, ou sendo promovido o prévio registro judicial do testamento, e não havendo a presença de incapazes.[38]

Esse dispositivo processual difere da regra contida no art. 1.785 do Código Civil, porque não se reporta ao último domicílio do falecido, mas tão somente ao seu domicílio. A regra da competência do juiz do domicílio não é absoluta, mas relativa, admitindo a eleição de foro e sujeitando a parte contrária ao ônus da exceção de incompetência como preliminar de contestação ou de manifestação processual no inventário, e todas as ações direcionadas ao espólio ou individualmente aos seus herdeiros serão processadas de acordo com a regra do art. 48 do CPC, salvo se trate de investigação de filiação com pedido cumulado de alimentos, cujo direito alimentar desloca a competência para o foro de domicílio do alimentando (CPC, art. 53, inc. II).

O art. 48, parágrafo único, do Código de Processo Civil prevê três exceções para a hipótese de que o autor da herança não possuía domicílio certo, alterando a regra geral de atração do foro do domicílio do autor da herança, todas constando nos três incisos do art. 48 do CPC.

A primeira exceção elege o foro de situação dos bens imóveis, se o autor da herança não possuía domicílio certo (CPC, art. 48, inc. I). Conforme o inc. I do art. 48 do Código de Processo Civil, o inventário judicial ou extrajudicial será processado no foro de situação dos bens imóveis, mas, como segunda alternativa, acaso incerto o domicílio do autor da herança, e ele possuía bens imóveis em foros diferentes, prescreve o inc. II do art. 48 do CPC que os atos vinculados ao espólio serão executados em qualquer um dos domicílios onde estejam localizados os imóveis, sendo prevento o juiz que despachou em primeiro lugar.[39] Esta segunda alternativa se encaixa como uma luva para aquelas situações em que o autor da herança tinha uma pluralidade de domicílios, típico daquelas pessoas que não têm residência habitual, mas que vivem em constantes viagens, sem ponto de referência de seus negócios, hipótese em que seu domicílio será o lugar onde forem encontradas.[40] Essa solução, segundo Arnaldo Rizzardo, admite que qualquer um dos domicílios do sucedido seja competente para o processamento do inventário, sendo prevento o juiz que despachar em primeiro lugar.[41] Torna-se, em realidade, um foro alternativo de livre escolha para o processamento do inventário, pois a ação poderá ser ajuizada nos foros de localização de qualquer um dos bens imóveis, como também sinaliza a regra contida no § 1º do art. 46 do CPC, para réus que possuem vários domicílios.

A terceira hipótese ordenada no inc. III do art. 48 do CPC estabelece que, não havendo bens imóveis, será competente o foro do local de qualquer dos bens do espólio, desaparecendo com o Código de Processo Civil de 2015 a alternativa prevista no Código de Processo Civil de 1973, cujo art. 96 estabelecia a competência do lugar onde ocorreu o óbito.

Sendo universal o foro da herança, ele atrai não apenas o inventário, mas também todas as ações em que o espólio seja réu (CPC, art. 48, parte final), mas se a herança for autora na causa, não incide a atração do foro universal do inventário e prevalece a competência do foro comum do domicílio do réu (CPC, art. 46), ou a competência de alguma legislação especial (CPC, art. 44).

Constituindo-se a herança uma universalidade de direitos (CC, art. 91), enquanto permanecer indivisível, o juízo do inventário será competente para processar e julgar todas as

---

[38] ARAÚJO, Fabio Caldas de. *Curso de processo civil*. São Paulo: Malheiros, 2016. t. I, p. 447.
[39] RIZZARDO, Arnaldo. *Direito das sucessões*. 2. ed. Rio de Janeiro: Forense, 2005. p. 27.
[40] BARBI, Celso Agrícola. *Comentários ao Código de Processo Civil*. 2. ed. Rio de Janeiro: Forense, 1981. v. I, p. 430.
[41] RIZZARDO, Arnaldo. *Direito das sucessões*. 2. ed. Rio de Janeiro: Forense, 2005. p. 27.

ações relativas a ela; o estado de indivisão da herança termina com a partilha e a competência se desloca para o foro dos respectivos herdeiros.

Por fim, em conformidade com o art. 23, inc. II, do Código de Processo Civil, compete à autoridade judiciária brasileira, com exclusão de qualquer outra: proceder a inventário e partilha de bens, situados no Brasil, ainda que o autor da herança seja estrangeiro e tenha residido fora do território nacional, não sendo inventariados no Brasil bens de brasileiro localizados no exterior (CPC, art. 23, inc. II), não obstante já tenha sido decidido pela jurisprudência brasileira que é possível serem compensados bens situados no exterior com outros existentes no Brasil.[42]

17.2. Inventário por escritura pública

Com o propósito de desafogar o Poder Judiciário, simplificar os procedimentos e conferir maior racionalidade e celeridade à separação, ao divórcio e ao inventário e partilha em que haja partes capazes e consenso entre os herdeiros, a Lei 11.441/2007, a Resolução CNJ 35/2007, a Lei 11.965/2009 (que deu nova redação aos arts. 982 e 1.124-A do CPC/1973), a Recomendação 22/2016 da Corregedoria do CNJ, e posteriormente o art. 610, § 1º, do Código de Processo Civil de 2015, disciplinam os procedimentos inerentes à lavratura das escrituras extrajudiciais de inventário e partilha, separação e divórcio consensuais e de extinção de união estável. A escritura pública de inventário extrajudicial ou de inventário administrativo também pode ser de inventário e adjudicação se houver um único herdeiro, considerando que só haverá partilha em se tratando de dois ou mais herdeiros.

A Lei 11.441/2007, a Resolução CNJ 35/2007 e o art. 610, § 1º, do Código de Processo Civil atribuem ao tabelião de notas a competência para lavrar a escritura de inventário extrajudicial, em atividade administrativa de jurisdição voluntária, prescrevendo o § 1º do art. 610 do CPC que: "se todos forem capazes e concordes, o inventário e a partilha poderão ser feitos por escritura pública, a qual constituirá documento hábil para qualquer ato de registro, bem como para o levantamento de importância depositada em instituições financeiras".

O inventário extrajudicial não se confunde com a partilha amigável, também chamada de arrolamento convencional, do art. 659 do Código de Processo Civil, celebrada entre as partes capazes, conforme dispõe o art. 2.015 do Código Civil, que pode ser lavrada por escritura pública, por termo nos autos do inventário ou por escrito particular, mas que, em qualquer uma dessas vias prescinde sempre da homologação judicial, ao passo que a partilha extrajudicial ou administrativa da Lei 11.441/2007, da Resolução 35/2007 do CNJ, da Recomendação 22/2016 da Corregedoria do CNJ, e do § 1º do art. 610 do Código de Processo Civil é inteiramente realizada por escritura pública e não cogita da intervenção judicial para o ato de homologação.

---

[42] Agravo de Instrumento 369.085-4/3-00, da 4ª Câmara – Seção de Direito Privado do TJSP, Rel. Des. Carlos Biasotti, *DOESP*, j. 24.02.2005 e publicado na *Revista Brasileira de Direito de Família*, Porto Alegre: IBDFAM, nº 29, abr./maio 2005, p. 223: "Inventário. Autora da herança, que possui bens no Brasil e no exterior. Na partilha, segundo o direito brasileiro, cumpre considerar o valor dos bens situados lá fora, para o cômputo da legítima as herdeiras necessárias. Art. 89, inc. II, do Código de Processo Civil. Se a autora da herança possui bens no Brasil e no exterior, na partilha realizada segundo o direito brasileiro, será força considerar o valor do patrimônio alienígena para cômputo da legítima das herdeiras necessárias, sem que isso implique violação do art. 89, inc. II, do Código de Processo Civil".

De acordo com o art. 610, § 1º, do Código de Processo Civil e o art. 3º da Resolução 35/2007 do CNJ, a escritura pública de inventário e partilha será título hábil para o registro civil e imobiliário, para a transferência de bens e direitos, bem como para promoção de todos os atos necessários à materialização das transferências de bens e levantamento de valores (DETRAN, Junta Comercial, Registro Civil de Pessoas Jurídicas, instituições financeiras, companhias telefônicas etc.), de modo que a apresentação da escritura pública de inventário e partilha lavrada pelo tabelião é documento suficiente para que se procedam às necessárias transferências de bens e de direitos que antes pertenciam ao autor da herança, perante os órgãos de registro de propriedades móveis ou imóveis, instituições financeiras e na Junta Comercial.

A Lei 11.441/2007 viabilizou a lavratura de escritura pública para a realização de inventário, independentemente de homologação judicial, contanto que os interessados sejam capazes e inexista testamento, ou, existindo testamento, seja antes procedido judicialmente o seu registro, sendo aceito o inventário extrajudicial quando concordes todos os herdeiros maiores e capazes ou emancipados, conforme o parágrafo único do art. 1º da Recomendação 22/2016 da Corregedoria do CNJ.

É livre a escolha do inventário judicial ou extrajudicial, mas, tecnicamente o inventário administrativo só é factível se houver consenso entre os herdeiros e interessados, se não houver herdeiro incapaz e não existir testamento, pois sua existência impede o uso da via extrajudicial, embora a doutrina, o IBDFAM,[43] a VII Jornada do Conselho da Justiça Federal,[44] a I Jornada de Direito Processual do Conselho da Justiça Federal[45] e vários provimentos de tribunais estaduais já tenham se pronunciado pelo afastamento dessa limitação,[46] não obstante alguma jurisprudência em sentido contrário[47] e a expressa menção do art. 610 do CPC ordenado a realização do inventário judicial quando existente testamento.

---

[43] IBDFAM – Enunciado 16: "Mesmo quando houver testamento, sendo todos os interessados capazes e concordes com os seus termos, não havendo conflito de interesses, é possível que se faça o inventário extrajudicial".

[44] JCJF – Enunciado 600: "Após registrado judicialmente o testamento e sendo todos os interessados capazes e concordes com os seus termos, não havendo conflito de interesses, é possível que se faça o inventário extrajudicial".

[45] CJF – Enunciado 77: "Havendo registro judicial ou autorização expressa do juízo sucessório competente, nos autos do procedimento de abertura, registro e cumprimento de testamento, sendo todos os interessados capazes e concordes, poderão ser feitos o inventário e a partilha por escritura pública".

[46] DIAS, Maria Berenice. *Manual das sucessões*. 5. ed. São Paulo: Thomson Reuters/RT, 2018. p. 586.

[47] "Agravo de Instrumento. Inventário. Partilha extrajudicial. Existência de testamento. Necessidade de inventário judicial. Custas processuais. Taxa judiciária. Base de cálculo. Exclusão da meação do cônjuge supérstite. 1. Irretocável a decisão vergastada, que ordenou o pagamento das custas e demais despesas processuais, na medida em que, embora os herdeiros tenham equivocadamente realizado a partilha extrajudicial do acervo hereditário, tendo falecido deixado testamento, a abertura do inventário judicial é obrigatória nos termos do art. 610 do CPC. 2. A meação do cônjuge supérstite, por não ser objeto de transmissão em decorrência da abertura da sucessão e não se enquadrar no conceito de herança, não integra a base de cálculo da taxa judiciária. Decisão reformada nesse ponto. Agravo de Instrumento parcialmente provido." (Agravo de Instrumento 70075584649. Oitava Câmara Cível do TJRS. Relator Desembargador Ricardo Moreira Lins Pastl. Julgado em 08.03.2018).

"Agravo de Instrumento. Sucessões. Inventário. Existência de testamento. Impossibilidade de realização de inventário e partilha na esfera extrajudicial. Prosseguimento do inventário judicial. Requerimentos não apreciados na origem. Não conhecimento do recurso no ponto. 1. Conquanto as herdeiras, que são maiores e capazes, mencionem sua preferência pela realização de inventário e partilha na esfera extrajudicial, não se pode olvidar que o art. 610 do CPC expressamente determina a imprescindibilidade

Maria Berenice Dias se insurge contra a restrição do inventário administrativo diante da existência de testamento e adiciona que nem sempre os testamentos respeitam a conteúdo patrimonial, sendo válidas as disposições testamentárias de caráter não patrimonial, ainda que o testador somente a elas se tenha limitado (CC, art. 1.857, § 2º) e se não existir qualquer deliberação de natureza patrimonial, nada justifica impedir o inventário extrajudicial.[48]

A justificativa da restrição seria a de que incumbe ao juiz, quando da apresentação do testamento, fazer uma análise, ainda que inicialmente perfunctória, dos aspectos formais e extrínsecos da cédula, não se tratando de uma declaração definitiva da perfeição do ato de última vontade, mas apenas uma autorização para que se inicie a execução da vontade do falecido. Assim, caso a tese de possibilidade de realizar inventário extrajudicial prevalecesse, retirar-se-ia do juiz o poder de identificar cláusulas testamentárias que permitissem interpretações distintas (CC, art. 1.899), disposições nulas (CC, art. 1.900), ou que demandassem aplicação das regras interpretativas previstas nos arts. 1.901 e 1.911 do Código Civil.[49]

Acrescento ainda o argumento de que a vedação ao inventário extrajudicial quando existente testamento não decorre, como sugere Maria Berenice Dias,[50] do seu conteúdo patrimonial ou extrapatrimonial, e do fato de que existem testamentos sem teor patrimonial, como é o caso do reconhecimento de filho, que, nesse aspecto deve ter processamento judicial (neste sentido, Consolidação Normativa do Estado do Rio de Janeiro, art. 297, § 3º).

Além das razões aventadas pelo Tribunal de Justiça do Rio de Janeiro (CNERJ art. 297, § 3º) e no parecer da Corregedoria Geral da Justiça do Estado de São Paulo, estas resultantes no Provimento CGJ 37/2016, também existe o argumento de que, em regra, os testamentos precisam ser registrados em juízo e, se a cédula testamentária for na modalidade cerrada, deve ser judicialmente aberta, sob pena de caducar. Destarte, o prazo para quaisquer ações de nulidade ou de anulação do testamento conta do seu registro ou da sua abertura judicial, mesmo porque não haveria como herdeiros e interessados terem ciência da existência de testamento se a facção testamentária não for registrada em juízo, pois se o registro pudesse ser extrajudicial, perante o tabelião de notas, como bem prescreve o art. 1º da Resolução CNJ 35/2007, é livre a escolha do tabelião de notas, em todo o território nacional, não se aplicando as regras de competência do Código de Processo Civil, o que inviabilizaria a pesquisa e a descoberta da existência de testamento, especialmente quando não for um testamento público que pode ser encontrado em uma Central de Testamentos.

Como o registro do testamento deve ser em juízo e de acordo com as regras de competência do Código de Processo Civil, uma vez efetivado esse registro, nada impede que, na sequência, o inventário seja administrativo, como permitem alguns provimentos de tribunais

---

do inventário judicial quando houver testamento. Desse modo, não há razão para a concessão de prazo para a comprovação da realização de inventário extrajudicial quando a lei expressamente veda tal possibilidade, tendo em vista que a autora da herança deixou testamento público. Impõe-se, assim, a reforma da decisão agravada, a fim de que o inventário judicial tenha regular prosseguimento na origem. 2. Não se conhece do agravo de instrumento em relação a requerimentos que não foram apreciados pelo juízo de origem na decisão agravada, pois, nessas condições, o exame da matéria diretamente em sede recursal configuraria inadmissível supressão de grau de jurisdição. Recurso conhecido em parte e provida na parte conhecida, em decisão monocrática." (Agravo de Instrumento 70080326861. Oitava Câmara Cível do TJRS. Relator Desembargador Luiz Felipe Brasil Santos. Julgado em 14.01.2019).

[48] DIAS, Maria Berenice. *Manual das sucessões*. 5. ed. São Paulo: Thomson Reuters/RT, 2018. p. 586.
[49] Trecho do parecer 133/2016-E, da lavra do Juiz Assessor da Corregedoria do TJSP Swarai Cervone de Oliveira, datado de 14 de junho de 2016.
[50] DIAS, Maria Berenice. *Manual das sucessões*. 5. ed. São Paulo: Thomson Reuters/RT, 2018. p. 586.

brasileiros, como, por exemplo, o Provimento CGJ 37/2016 do Tribunal de Justiça de São Paulo, o Provimento 21/2017 que alterou o art. 297[51] da Consolidação Normativa da Corregedoria da Justiça do RJ, o Provimento 286/2018 da Corregedoria da Justiça do Tribunal de Justiça do Paraná, o Provimento 362/2019 de Minas Gerais, o Provimento 18/2017 da Corregedoria Geral de Justiça do Espírito Santo, o Provimento 013/2018 de Rondônia, o Provimento 03/2015 da Paraíba, o Provimento 002/2019 do Pará e o Provimento 028/2019 da CGJ/RS.

Interessados ou legitimados para a escrituração de inventário e partilha extrajudicial serão todas aquelas pessoas relacionadas nos arts. 615 e 616 do Código de Processo Civil, à exceção do legatário e do testamenteiro (salvo autorização judicial em contrário), porque vedado o inventário administrativo na sucessão testamentária, sendo, portanto, habilitados aqueles que estiverem na posse e administração do espólio, o cônjuge ou companheiro supérstite, o herdeiro, o cessionário do herdeiro e o credor do herdeiro ou do autor da herança.

Para proceder ao inventário administrativo revelam-se necessários os seguintes requisitos: i) capacidade civil dos interessados (CPC, arts. 615 e 616 – exceto legatário, testamenteiro, credor do legatário, cessionário do herdeiro ou legatário, salvo precedente autorização judicial); ii) consenso de todos quanto ao inventário e à partilha; iii) obrigatória intervenção de advogado,[52] que pode ser comum ou individual; iv) escritura pública lavrada nos termos do art. 215 do Código Civil.[53]

---

[51] Art. 297 da CNERJ: "A escritura pública de inventário e partilha conterá a qualificação completa do autor da herança: o regime de bens do casamento; pacto antenupcial e seu registro imobiliário se houver; dia e lugar em que faleceu o autor da herança; data da expedição da certidão de óbito; livro, folha, número do termo e unidade de serviço em que consta o registro do óbito, além da menção ou declaração dos herdeiros de que o autor da herança não deixou testamento e outros herdeiros, sob as pens da lei.
§ 1º. Diante da expressa autorização do juízo sucessório competente nos autos da apresentação e cumprimento do testamento, sendo todos os interessados capazes e concordes, poderá fazer-se o inventário e a partilha por escritura pública, a qual constituirá título hábil para o registro.
§ 2º. Será permitida a lavratura de escritura de inventário e partilha nos casos de testamento revogado ou caduco ou quando houver decisão judicial com trânsito em julgado declarando a invalidade do testamento.
§ 3º. Nas hipóteses previstas no parágrafo anterior, o tabelião solicitará, previamente, a certidão do testamento e, constada a existência de disposição reconhecendo filho ou qualquer outra declaração irrevogável, a lavratura de escritura pública de inventário e partilha ficará vedada e o inventário deverá ser feito judicialmente.
§ 4º. Sempre que o Tabelião tiver dúvida a respeito do cabimento da escritura de inventário e partilha, nas situações que estiverem sob seu exame, deverá suscitá-la ao Juízo competente em matéria de registros públicos".

[52] O Conselho Federal da OAB editou o Provimento 118/2007 disciplinando as atividades profissionais dos advogados em escrituras de inventários, partilhas, separações e divórcios (devendo acrescentar dissoluções de uniões estáveis), assim como o § 2º do artigo 610 do CPC é expresso no sentido de que o tabelião somente lavrará a escritura se todos os interessados estiverem representados por advogado ou por defensor público, cuja qualificação e assinatura constarão do ato notarial, sob pena de invalidade da escritura. Esta também é a determinação constante do artigo 8º da Resolução CNJ 35/2007, inclusive dispensando procuração, embora Flávio Tartuce indique aresto do TJRS em cuja apelação cível 70053509741, relatada pela Desembargadora Liselena Schifino Robles Ribeiro e julgada pela 8ª Câmara Cível do TJRS em 27.08.2013, tenha sido exigida a representação formal por meio de procuração (TARTUCE, Flávio. *Direito civil*: direitos das sucessões. 12. ed. Rio de Janeiro: Forense, 2019. v. 6. p. 621).

[53] CC, art. 215, *caput*. "A escritura pública, lavrada em notas de tabelião, é documento dotado de fé pública, fazendo prova plena".

Conforme o art. 20 da Resolução CNJ 35/2007, as partes e respectivos cônjuges ou companheiros devem estar, na escritura, nomeados e qualificados (nacionalidade; profissão; idade; estado civil; regime de bens; data do casamento; pacto antenupcial e seu registro imobiliário, se houver; número do documento de identidade; número de inscrição no CPF/MF; domicílio e residência). De acordo com o art. 22 da Resolução CNJ 35/2007, a escritura pública de inventário e partilha conterá a qualificação completa do autor da herança; o regime de bens do casamento ou da união estável; o pacto antenupcial e seu registro imobiliário, se houver; dia e lugar em que faleceu o autor da herança; data da expedição da certidão de óbito; e a menção ou declaração dos herdeiros de que o autor da herança não deixou testamento e outros herdeiros, sob as penas da lei.

Pelo art. 22 da Resolução CNJ 35/2007, na lavratura da escritura deverão ser apresentados os seguintes documentos: a) certidão de óbito do autor da herança; b) documento de identidade oficial e CPF das partes e do autor da herança; c) certidão comprobatória do vínculo de parentesco dos herdeiros; d) certidão de casamento do cônjuge sobrevivente e dos herdeiros casados e pacto antenupcial, se houver (na hipótese da união estável deve existir contrato ou a anuência e reconhecimento de todos os herdeiros); e) certidão de propriedade de bens imóveis e direitos a eles relativos; f) documentos necessários à comprovação da titularidade dos bens móveis e direitos, se houver; g) certidão negativa de tributos; e h) Certificado de Cadastro de Imóvel Rural – CCIR, se houver imóvel rural a ser partilhado.

É admissível a sobrepartilha por escritura pública, ainda que referente a inventário e partilha judiciais já findos, mesmo que o herdeiro, hoje maior e capaz, fosse menor ou incapaz ao tempo do óbito ou do processo judicial (Resolução CNJ 35/2007, art. 25). Havendo um só herdeiro, maior e capaz, com direito à totalidade da herança, não haverá partilha, lavrando-se a escritura de inventário e adjudicação dos bens (Resolução CNJ 35/2007, art. 26). A existência de credores do espólio não impedirá a realização do inventário e partilha, ou adjudicação, por escritura pública (Resolução CNJ 35/2007, art. 27). Eduardo Lamy entende que o inventário negativo se presta a comprovar que o falecido não deixou bens, com eficácia declaratória negativa, e é muito útil para o recasamento do viúvo que não fez partilha dos bens, por inexistentes,[54] superando o impasse das causas suspensivas do matrimônio (CC, art. 1.523, inc. I).

Euclides de Oliveira e Sebastião Amorim explicam que por meio de escritura pública é possível retificar erros apurados na partilha, utilizando as mesmas formalidades do ato original, e comparecendo todos os interessados, ao passo que meros erros materiais, como retificações na descrição dos bens e na menção a nomes e a documentos das partes, como registros de CPF ou número da RG, podem ser retificados de ofício pelo próprio tabelião em ata notarial, ou a requerimento de qualquer das partes ou de seu procurador.[55]

Por fim, é vedada a lavratura de escritura pública de inventário e partilha referente a bens localizados no exterior (Resolução CNJ 35/2007, art. 29), embora estrangeiros que não vivam no País possam realizar perante tabelião brasileiro o inventário e a partilha dos bens situados no Brasil.

---

[54] SILVA, Ricardo Alexandre da; LAMY, Eduardo. *Comentários ao Código de Processo Civil*. 2. ed. São Paulo: Thomson Reuters/RT. Diretor Guilherme Marinoni. Coord. Sérgio Cruz Arenhart e Daniel Mitidiero. v. IX, 2018, p. 495.

[55] OLIVEIRA, Euclides de; AMORIM, Sebastião. *Inventário e partilha*: teoria e prática. 25. ed. São Paulo: Saraiva, 2018. p. 457-458.

18. ESPÉCIES DE SUCESSÃO

Prescreve o art. 1.786 do Código Civil que *a sucessão dá-se por lei ou por disposição de última vontade*, a designar a existência, em princípio, de duas espécies de sucessões: a *legítima*, se ausente testamento ou, se existente, foi declarado inválido, ou se ausentes herdeiros testamentários e também para os bens não abarcados pela sucessão testamentária. Cuida o Código Civil de declinar a ordem prioritária de vocação ou chamamento dos herdeiros, ou, como descreve Luiz da Cunha Gonçalves, ser a sucessão legítima aquela que resulta exclusivamente da lei, sem que nela haja influído de qualquer modo a vontade do autor da herança,[56] enquanto Hermenegildo de Barros prefere simplificar diferenciando as duas espécies sucessórias entre a vontade do homem e o preceito da lei, prevalecendo naquela o fator social e nesta o fator individual.[57]

A sucessão testamentária demonstra a verdadeira vontade do defunto, embora na experiência brasileira prevaleça a sucessão legítima e se sobressaia uma cultura de aversão ao testamento, especialmente quando existem descendentes e a pessoa sabe que seus bens serão destinados aos seus filhos, em concorrência nos bens particulares com o seu cônjuge ou o companheiro sobrevivente. A sucessão testamentária tem lugar quando o autor da herança deixa testamento, que representa a prevalência da sua vontade derradeira de transmitir seus bens para aquelas pessoas que ele indicar como herdeiros instituídos ou legatários, mas que pode coexistir com a sucessão legítima, sendo processadas as duas espécies sucessórias, uma testamentária e outra legítima ou *ab intestato*, para aquelas situações nas quais o testamento não absorve toda a herança, ou que existem herdeiros necessários como destinatários da legítima, e também quando de alguma maneira caduca o testamento.

A sucessão será legítima quando a divisão dos bens se der de acordo com a previsão legal, sendo convocados os herdeiros em conformidade com a ordem de vocação hereditária regulada pelo art. 1.829 do Código Civil brasileiro, exatamente porque o sucedido não deixou testamento para expressar a sua manifestação de última vontade e direcionar a partilha da totalidade de seus bens para depois de sua morte, ou se deixou testamento ele foi julgado inválido, ou porque bens ficaram de fora do testamento, ou porque todos os seus herdeiros testamentários e legatários ou parte deles renunciaram à herança ou ao legado.

Quando o autor da herança expressa sua última vontade em um testamento, ou por codicilo, guardadas as restrições desse pequeno testamento, e indica na cédula testamentária herdeiros e legatários e ordena como quer a divisão de seus bens, o testador externa a preferência da sua sucessão patrimonial ao eclodir a chamada *sucessão testamentária*.

Nem sempre prevalece a sucessão exclusivamente legítima ou apenas a testamentária, sendo muito frequente coexistirem a sucessão legítima com a testamentária, também sendo pouco usual a sucessão testamentária, à míngua de que aos olhos dos brasileiros o legislador teria disciplinado com maestria a sucessão legítima, chamando a suceder exatamente aquelas pessoas que o sucedido elencaria em um testamento, mesmo depois que o Código Civil vigente incluiu o cônjuge sobrevivente como herdeiro necessário e concorrente na dependência do regime de bens,[58] e mesmo depois que o Supremo Tribunal Federal, ao declarar a incons-

---

[56] GONÇALVES, Luiz da Cunha. *Tratado de direito civil*. 2. ed. São Paulo: Max Limonad, 1962. v. X, t. II, p. 424.
[57] BARROS, Hermenegildo de. *Manual do Código Civil brasileiro*: do direito das sucessões. Rio de Janeiro: Jacintho Ribeiro dos Santos, 1929. v. XVIII, p. 10.
[58] GONÇALVES, Carlos Roberto. *Direito civil brasileiro*: direito das sucessões. 4. ed. São Paulo: Saraiva, 2010. v. 7, p. 42.

titucionalidade do art. 1.790 do Código Civil (RE 646.721/RS e RE 878.694/MG), incluiu o companheiro sobrevivente no rol dos herdeiros convocados segundo as regras previstas no art. 1.829 do Código Civil.

Sempre entendi que, diante da circunstância de o Código Civil haver contemplado o cônjuge supérstite como herdeiro necessário e concorrente, igual efeito jurídico deveria ser estendido ao companheiro sobrevivo, contudo, como são habituais os divórcios e as reconstruções afetivas, antes de o STF também mandar aplicar o art. 1.829 aos conviventes, cada vez mais as pessoas evitavam o casamento e contratavam a união estável, acrescida de testamento que excluía a companheira ou o companheiro da herança, pois o companheiro sobrevivo não era herdeiro necessário e bastava ao testador contemplar terceiros com a totalidade de seus bens. Diante dessa prática, a codificação civil provocou uma maior demanda pelo uso dos testamentos, que terminavam servindo para diminuir os indesejados efeitos de uma sucessão legítima que contemplava o cônjuge supérstite como herdeiro necessário e excluía deste efeito o companheiro sobrevivente, mas tudo literalmente ruiu depois da declaração de inconstitucionalidade do art. 1.790 do Código Civil, com a conclusão de que o art. 1.829 do Código Civil é igualmente aplicável às uniões estáveis.

São inúmeras as possibilidades de coexistência das duas espécies de sucessão legítima e testamentária, especialmente quando o autor da herança deixa herdeiros necessários e destinatários da *legítima* (CC, art. 1.789), representada pela porção *indisponível* de seus bens e que pertence de pleno direito aos herdeiros do art. 1.845 do Código Civil (descendentes, ascendentes, cônjuge e companheiro), e pelo testamento o autor da herança distribui sua *porção disponível*, ou parte dela, pois dispõe livremente de um máximo de cinquenta por cento de seus bens, já abstraída eventual meação do cônjuge ou convivente sobrevivente, concluindo José Puig Brutau que existem duas classes de chamamento à sucessão, tendo a sucessão testamentária primazia sobre a sem testamento, porém com possibilidade de que ambas concorram para regular uma sucessão, não se podendo considerar a existência de três classes de vocação hereditária (testamentária, intestada e mista), mas somente as duas primeiras.[59]

Também coexistem a sucessão legítima com a testamentária, se ausentes herdeiros necessários, quando o testamento não absorveu a totalidade dos bens do testador, por exemplo, se o autor da herança testou 90% de seu patrimônio, devendo os 10% restantes serem transmitidos aos sucessores legais. Pode também acontecer de o testador distribuir todos seus bens em testamento diante da inexistência de herdeiros obrigatórios, contudo, um dos herdeiros instituídos ou legatários renuncia ao legado ou morre antes do testador, sem que este último tenha nomeado substituto ou realizado outro testamento, transmitindo-se a sua fração sucessória ou o legado aos sucessores legítimos. Também subsiste a sucessão legítima quando alguma disposição testamentária for anulada, sendo suscitada a abertura da sucessão legítima para a partilha daquele legado ou quinhão hereditário.

Prescreve o art. 1.788 do Código Civil que, se uma pessoa morre sem ter feito testamento, sua herança será transmitida aos herdeiros legítimos e o mesmo irá ocorrer quanto aos bens que não forem compreendidos pelo testamento, assim como subsiste a sucessão legítima se o testamento caducar ou for julgado nulo. A redação desse dispositivo não foi feliz ao considerar somente o testamento nulo ou caducado para efeitos de transmissão dos bens via sucessão legítima, pois se olvidou o legislador de também mencionar que subsistia igualmente a sucessão legítima quando o testamento fosse judicialmente anulado.

---

[59] BRUTAU, José Puig. *Fundamentos de derecho civil*. 4. ed. Madrid: Bosch, 1991. t. V, v. 3, p. 287.

18.1. A sucessão legítima

A legislação brasileira estabelece duas espécies distintas de sucessão, sendo uma delas chamada de *legítima*, cuja transmissão da herança se dá sem a intervenção da vontade do *de cujus*, pois ausente qualquer convenção de testamento, de sorte que os quinhões hereditários serão partilhados em conformidade com a ordem de vocação hereditária descrita no art. 1.829 do Código Civil e STF – RE 646.721/RS e RE 878.694/MG.

A segunda espécie de sucessão é a *testamentária*, exatamente porque nela interfere, no todo ou em parte, a vontade do autor da herança, dependendo da existência de herdeiros necessários (CC, art. 1.845). As duas espécies de sucessão são evidentemente legítimas, porque previstas e reguladas em lei, contudo, em sentido estrito, a sucessão legítima é considerada aquela oriunda exclusivamente da norma jurídica e sem nenhuma manifestação da vontade do falecido.[60]

Para Luigi Tapparelli, a sucessão legítima tem sua origem no *direito natural*, segundo o qual a personalidade dos filhos se constitui em uma espécie de emanação de seus pais,[61] não estando na ordem da natureza que um pai feche os olhos à existência de seus filhos, sendo comum que esses o sucedam; mas o inverso também pode acontecer e o legislador não pode privar um infeliz pai da sucessão de seus filhos. E, se não houver parentes em linha reta, os colaterais mais próximos em grau de parentesco são presumidos pela lei como os parentes que se encontram em primeira ordem na relação dos afetos, estando o cônjuge ou companheiro sempre na concorrência sucessória destes afetos, na dependência do regime de bens, quando concorre com descendentes (CC, art. 1.829).

O afeto, por oportuno, é presumido pela lei como o instrumento de medição da condição de herdeiro vocacionado e chamado a suceder, segundo a regra de que o herdeiro mais próximo em grau de parentesco exclui o mais remoto. Dentro dessa concepção de o direito sucessório permitir que o defunto transmita para seus descendentes suas propriedades, pois representam a continuidade de sua personalidade, disse Troplong, citado por Zannoni,[62] que a lei examina aquilo que o defunto teria ditado se tivesse tempo de escrever suas últimas disposições, presumindo, de acordo com os costumes de outros pais de família, e conforme as vozes naturais do coração humano, que a sua vontade seria a de beneficiar seus filhos e demais descendentes, de forma que a sucessão legítima se aproxima do mais puro direito natural e em consonância com a intensidade das afeições.

Clóvis Beviláqua, explicando a função social do direito sucessório, escreveu que era:

> Preciso ter a vista perturbada por algum preconceito para não reconhecer, no direito sucessório, um fator poderoso para aumento da riqueza pública; um meio de distribuí-lo do modo mais apropriado à sua conservação e ao bem estar dos indivíduos; um vínculo para a consolidação da família, se a lei lhe garante o gozo dos bens de seus membros desaparecidos na voragem da morte; e um estímulo para sentimentos altruísticos, porque traduz sempre um afeto, quer quando é a vontade que o faz mover-se, quer quando a providência parte da lei.[63]

---

[60] RIBEIRO, Paulo Hermano Soares. *Novo direito sucessório brasileiro*. Leme: J. H. Mizuno, 2009. p. 279.
[61] TAPPARELLI, Luigi. Ensayo de derecho natural. Citado por ZANNONI, Eduardo A. *Derecho civil: derecho de las sucesiones*. Buenos Aires: Astrea, 1982. t. 1, p. 27.
[62] TROPLONG, M. Le droit civil explique. In: ZANNONI, Eduardo A. *Derecho civil: derecho de las sucesiones*. Buenos Aires: Astrea, t. 1. 1982, p. 28.
[63] BEVILÁQUA, Clóvis. *Direito das sucessões*. Bahia: Livraria Magalhães, 1899. p. 14.

Assim, o destino da herança pode ser parcial ou totalmente traçado por meio da sucessão testamentária, dependendo da existência ou não de herdeiros necessários, muito embora possam igualmente conviver simultaneamente as duas espécies de sucessão, naqueles casos em que o testamento abarcar somente parte da herança, ou quando o testamento for parcialmente anulado, quando existirem sucessores legítimos e também testamentários.

18.2. A sucessão testamentária

Como observou Pontes de Miranda, em todos os povos, a sucessão testamentária é posterior à legítima e só se testaria se não houvesse herdeiros.[64] Todavia, o testamento deixou de servir apenas aos que não tivessem herdeiros legais e a diferença que se estabeleceu entre a sucessão da lei e a sucessão do testamento é que essa última atende à derradeira manifestação de vontade do testador, não obstante o testador possua ou não herdeiros legítimos.

A sucessão testamentária, ao contrário da legítima, decorre essencialmente da efetiva vontade do falecido, expressada enquanto vivo, mas para surtir efeitos para depois de sua morte. Nunca foi da tradição do povo brasileiro o uso do testamento para a expressão da última vontade, e assim acontece, na avaliação de Maria Helena Diniz, pelo fato de a lei brasileira já ter contemplado, na ordem de vocação hereditária da sucessão legítima, justamente aquelas pessoas da família do testador que lhe são mais próximas e queridas e as quais ele gostaria de beneficiar.[65] Podem coexistir as duas modalidades de sucessão – *legítima* e *testamentária* – e isso ocorre com bastante frequência, mesmo quando ausentes herdeiros necessários, contudo, o testador não dispôs por testamento da totalidade de seu patrimônio. O exercício da plena disposição dos bens, sem qualquer restrição à liberdade testamentária, está condicionado à inexistência de herdeiros necessários.

O testamento é o instrumento jurídico legalmente utilizado para privar herdeiro necessário de sua legítima pela via do instituto da deserdação (CC, art. 1.961), sujeito à ratificação judicial obtida em sentença declaratória de deserdação que acolha alguma das causas expressamente previstas em lei para a exclusão do herdeiro (CC, art. 1.962) e com proclamada declaração de causa declinada pelo testador em sua cédula testamentária (CC, art. 1.964).

Já houve passagens históricas registrando pronunciamentos contra a liberdade de testar, compreendendo se tratar de uma mera concessão da lei e como tal deveria ser o mais restrita possível, por interferir na ordem natural da transmissão hereditária.[66] Uma das principais causas de rejeição do testamento como forma de planejar a sucessão em vida era centrada no argumento de que a cédula testamentária acabaria por causar a desagregação da família, diante da autoridade do pai que podia assim privar seus filhos da repartição de seus bens e a sucessão legítima permitiria justamente manter a coesão familiar se todos os herdeiros recebessem idênticos quinhões,[67] não sendo contrariada a legislação civil, que no sistema jurídico brasileiro busca por meio da *legítima* assegurar os interesses familiares e a coexistência social.

---

[64] MIRANDA, Pontes de. *Tratado dos testamentos*. Atualizado por Vilson Rodrigues Alves. Leme: BH Editora e Distribuidora de Livros, 2005. v. I, p. 27.
[65] DINIZ, Maria Helena. *Curso de direito civil*: direito das sucessões. 32. ed. São Paulo: Saraiva, 2018. p. 210.
[66] COLIN, Ambrosio; CAPITANT, Henri. *Curso elemental de derecho civil*. 3. ed. Madrid: Reus, 1988. t. VII, p. 498.
[67] COLIN, Ambrosio; CAPITANT, Henri. *Curso elemental de derecho civil*. 3. ed. Madrid: Reus, 1988. t. VII, p. 500.

Sistema de restrição parcial à liberdade de testar que, a par de ser aplaudida pelos clássicos juristas sucessionistas brasileiros, restou inteiramente consolidada pela legislação nacional, tendo dito Hermenegildo de Barros que:

> O Código Civil brasileiro, abandonando as demasias do radicalismo, adotou um sistema eclético ou intermédio, que concilia a vontade do testador com os deveres da solidariedade familiar. Assim, o testador pode dispor da metade da herança e, armado deste grande poder, ainda tem a faculdade de impor restrições às legítimas dos herdeiros necessários, prescrevendo a incomunicabilidade e a inalienabilidade dos bens, que as constituam[68] (os gravames da legítima, sem convincente justificativa do testador foram proibidos pelo artigo 1.848 combinado com o artigo 2.042, ambos do vigente Código Civil).

Viceja na atualidade uma nova ideia do legislador francês e o mesmo relevo deve ser trespassado ao Direito brasileiro, quando favorece a sucessão testamentária justamente para evitar a formação de intermináveis e desagregadores litígios judiciais acerca da herança legítima.[69] A viabilidade de uma pessoa poder organizar sua sucessão pelo testamento, guardada a restrição legal à autonomia da liberalidade quando presentes herdeiros necessários, é a visão ainda estagnada de uma sucessão testamentária, cujo poder de disposição dos bens não se limita ao testamento, já que os atos de última vontade também abrangem o *codicilo*, o *pacto sucessório* (inadmitido pelo art. 426 do CC) e a doação *mortis causa*.[70]

O Direito brasileiro reserva uma multiplicidade de dispositivos respeitando a vontade derradeira do testador, conquanto ele por igual respeite os limites estabelecidos pela lei, pois, não obstante possa dispor livremente de seus bens, também não poder agir e deles dispor ilimitadamente quando possui herdeiros necessários (CC, art. 1.845), reservando o Código Civil mecanismos de ajuste e de correção dos excessos de doação e que adentram na porção indisponível.

O traço característico da sucessão testamentária decorre justamente da derradeira manifestação de vontade, expressada através de testamento, que o testador idealiza e realiza em vida para surtir efeitos para depois de sua morte. Ante a existência de herdeiros necessários (CC, art. 1.845), trata-se de uma vontade limitada, que se restringe à liberdade de disposição sobre o máximo da metade ou cinquenta por cento (50%) dos bens do testador, podendo distribuir livremente essa porção denominada de *disponível*, porquanto, a outra metade pertence de pleno direito aos descendentes, ascendentes, cônjuge ou convivente, que são considerados herdeiros obrigatórios pelo art. 1.845 do Código Civil e pelos Recursos Extraordinários 646.721/RS e 878.694/MG do STF, sendo essa parcela obrigatória da herança destinada aos herdeiros necessários chamada de *legítima* ou de porção *indisponível*. Essa proteção da legítima, que reserva uma quantia mínima equivalente à metade dos bens do falecido aos herdeiros necessários, intenta resguardar a família contra eventuais abusos com doações ou testamentos beneficiando terceiros que receberiam mais do que os herdeiros obrigatórios. Daí concluir que a quantia ou porção disponível deveria limitar-se a uma parte mínima da herança, a fim de que todos os herdeiros necessários tivessem direito igual à herança de seus ascendentes, cônjuge ou companheiro, podendo dispor cada cabeça de família (marido e mulher, companheira

---

[68] BARROS, Hermenegildo de. *Manual do Código Civil brasileiro*: do direito das sucessões. Rio de Janeiro: Jacintho Ribeiro dos Santos, 1929. v. XVIII, p. 9.

[69] MICHEL, Adriana Jacobi *et al. Introdução ao direito francês*. Coord. Thales Morais da Costa. Curitiba: Juruá, 2009. v. 2, p. 293.

[70] BEVILÁQUA, Clóvis. *Direito das sucessões*. 5. ed. Rio de Janeiro: Livraria Francisco Alves, 1955. p. 137.

ou companheiro) a título de meação, em regime de comunidade de bens, pelo menos da quarta parte dos bens conjugais. A legítima ascende à metade da herança, já abstraída a meação do cônjuge ou companheiro sobrevivente e abatidas as dívidas do falecido e as despesas do seu funeral, adicionando-se em seguida o valor dos bens sujeitos à colação. Do valor encontrado, a metade constitui a legítima dos herdeiros necessários (CC, art. 1.847). O valor final de cada quota hereditária dos herdeiros forçosos irá depender do número de herdeiros necessários, de modo a quantificar a quota de cada um deles, incluindo os pré-falecidos e aqueles que foram deserdados ou excluídos da herança por indignidade, pois esses serão representados na linha reta descendente (CC, art. 1.852), sendo que na linha transversal a representação só se dará entre tios e sobrinhos (CC, art. 1.853), devendo ser excluídos os herdeiros obrigatórios que renunciaram à herança.

O Código Civil francês adotou a restrição de liberdade sobre a legítima dos herdeiros necessários, sob o fundamento de que um chefe de família não tem o direito de despojar de todos os seus bens a quem ele deu a vida ou aqueles a quem ele a deve, e justamente este pensamento foi o que motivou a exclusão dos irmãos e irmãs da condição de herdeiros obrigatórios,[71] mas, de qualquer forma, a legítima independe da necessidade ou da condição financeira do herdeiro, pois ela é simplesmente devida por ser um direito dos herdeiros necessários e se apoia muito mais sobre um dever alimentício do *officium pietatis*.

18.3. Sucessão por direito próprio ou por cabeça

Na sucessão legítima deve ser obedecida a ordem de vocação hereditária do art. 1.829 do Código Civil, sendo chamados a suceder em primeiro lugar os descendentes, em qualquer grau de parentesco que se encontrem em relação ao autor da herança. Mas, embora sejam contemplados todos os descendentes (filhos, netos, bisnetos, tataranetos e assim por diante), o art. 1.833 do Código Civil ordena que entre os descendentes, os de grau mais próximo de parentesco excluem os parentes de graus mais remotos, salvo o direito de representação.

Os filhos sucedem ao seu pai e à sua mãe, sem distinção de sexo, nem de primogenitura, ainda que procedam de diferentes matrimônios ou relações afetivas; sucedem por cabeça ou por direito próprio quando se acham no mesmo grau de parentesco e por representação quando se acham em graus diferentes de parentesco. Desde o advento da Carta Política, em 05 de outubro de 1988, não mais existem diferenças entre filhos naturais ou biológicos (legítimos, legitimados e ilegítimos), adotivos e socioafetivos. A sucessão ocorre por classes, linhas e graus, sendo necessário esgotar previamente o chamamento dos herdeiros que estão na mesma classe ou ordem de chamamento e no mesmo grau de parentesco. Há quatro classes de herdeiros que devem ser chamados na ordem que segue: i) descendentes, em concorrência com o cônjuge sobrevivente, salvo se casado com o falecido no regime da comunhão universal ou no da separação obrigatória de bens; ou se, no regime da comunhão parcial, o autor da herança não houver deixado bens particulares; ii) ascendentes; iii) cônjuge ou companheiro sobrevivente; iv) colaterais.

Portanto, o chamamento se dá pela ordem (descendentes em primeiro lugar) e pelo grau de parentesco. Assim, por exemplo, na classe dos descendentes, o filho, que é o parente mais próximo em grau, exclui o neto, e com mais razão o bisneto ou o trineto, que mais ainda se distanciam em grau de parentesco em relação ao morto, salvo o direito de representação que

---

[71] COLIN, Ambrosio; CAPITANT, Henry. *Curso elemental de derecho civil*. 3. ed. Madrid: Reus, 1988. t. VII, p. 497.

se dá quando há concurso de graus de parentesco, ou seja, um pai/avô morto (PM) deixa dois filhos B e C, sendo C pré-falecido e deixa um filho D, sendo herdeiros B e D, onde B recebe por direito próprio e por cabeça, pois é o herdeiro mais próximo do defunto em grau de parentesco, e D recebe em representação de seu pai C, que foi o primeiro a morrer, sendo aberta a sucessão de PM (pai/avô morto).

Cada filho tem direito ao mesmo quinhão da herança, conforme determina o art. 1.834 do Código Civil, ao explicitar que *os herdeiros da mesma classe* (deveria ter sido usada a palavra *grau* no lugar de classe, pois os descendentes já são da mesma classe ou ordem de herdeiros) *têm os mesmos direitos à sucessão de seus ascendentes*. Nem poderia ser diferente, porque, de acordo com os princípios constitucionais (CF, art. 227, § 6º), os filhos, havidos ou não de casamento, ou por adoção e socioafetividade, terão os mesmos direitos e qualificações, tendo sido tal disposição igualmente repetida no art. 1.596 do Código Civil, proibindo qualquer discriminação relativa à filiação.

Débora Gozzo e Sílvio de Salvo Venosa acreditam que o legislador, ao mencionar os descendentes da mesma classe, quisesse referir, no art. 1.834 do Código Civil, que os herdeiros de uma mesma classe quando recebessem por representação teriam os mesmos direitos dos seus ascendentes se fossem vivos.[72]

Os herdeiros chamados em primeiro lugar, por se encontrarem em grau mais próximo de parentesco, herdam por *direito próprio* ou por cabeça, determinando o sistema de distribuição da herança que cada cabeça representa um herdeiro e a cada herdeiro corresponde uma fração igual da herança, um quinhão, sempre ressalvado o direito de representação (CC, art. 1.833). Portanto, se A, que é viúvo, falece deixando os filhos B, C e D, cada um destes filhos terá direito a um terço da herança, ou seja, um quinhão igual para cada um dos filhos que foi chamado à herança por direito próprio; se porventura o filho D renuncia à herança ou falece antes de seu pai, sem deixar herdeiros que o representem, o seu quinhão será acrescido aos de seus dois irmãos sobreviventes, B e C.

18.4. Sucessão por direito de representação ou por estirpe

A legislação brasileira, a exemplo de tantos outros sistemas jurídicos sucessórios, buscou amenizar fatalidades ao criar o instituto jurídico da representação, que ressalva o princípio precedente de *o herdeiro mais próximo afastar o mais distante*. Martín Garrido Melero explica que o tema era especialmente duro no caso da morte de um pai de família com vários filhos e muitos netos, alguns inclusive com pais já falecidos antes do avô, pois, nessas hipóteses, pela regra principal de afastamento da herança dos herdeiros de grau mais distante em razão da existência ou subsistência de herdeiros de grau de parentesco mais próximo, os netos acabariam excluídos da herança do avô, cujo espólio seria inteiramente recolhido pelos filhos remanescentes do sucedido.[73]

O Código Civil define o direito de representação em seu art. 1.851, dizendo que ele ocorre quando a lei chama certos parentes do falecido a suceder em todos os direitos em que ele sucederia se vivo fosse. O direito de representação é uma exceção ao princípio de que os

---

[72] GOZZO, Débora; VENOSA, Sílvio de Salvo. *Comentários ao Código Civil brasileiro*: do direito das sucessões. Coord. Arruda Alvim e Thereza Alvim. Rio de Janeiro: Forense, 2004. v. XVI, p. 206.

[73] MELERO, Martin Garrido. *Derecho de sucesiones, un estudio de los problemas sucesorios a través del Código Civil y del Código de Sucesiones por causa de muerte en Cataluña*. 2. ed. Madrid: Marcial Pons, 2009. t. I, p. 56.

parentes mais próximos excluem os mais remotos, podendo os sucessores de um herdeiro que se encontrava no círculo dos parentes mais próximos, mas que tenha morrido antes do autor da herança, ser representado por seus próprios herdeiros, que vão ocupar o seu lugar e em sua representação.

O primeiro efeito produzido pelo direito de representação é a divisão da herança por estirpes, de forma que os herdeiros representantes não herdem mais do que o representado herdaria se estivesse vivo. Isso é o que expressa o art. 1.854 do Código Civil, ao estabelecer que os representantes só podem herdar, como tais, o que herdaria o representado, pois seu quinhão será partido por igual entre os representantes (CC, art. 1.855).

A representação consiste em distribuir o quinhão do representado, pré-falecido, por grupos, ou séries de parentes, que recebem em conjunto a quota que o representado herdaria. Dessa forma, sobrevivendo filhos de um herdeiro premorto, que viriam a ser os netos do autor da herança, estes herdarão por estirpe ou representação de seu pai já falecido, o que significa dizer que eles não são herdeiros do representado, mas, sim, herdeiros do avô.

18.5. Sucessão por direito de transmissão sucessiva

Enquanto o direito de representação se dá em razão do pré-falecimento do herdeiro representado, na sucessão por direito de transmissão sucessiva ocorre a pós-morte do herdeiro. Nesse caso, os filhos do herdeiro pós-morto não recebem a herança diretamente do autor da primeira herança, pois ocorreram dois óbitos e, via de consequência, duas heranças e duas sucessões distintas e subsequentes. Por exemplo, A morreu e deixou os filhos B, C e D. O filho D, que era pai de E, F e G, morre depois de seu genitor, mas antes de aceitar a herança de seu pai, A. Como ele faleceu antes de aceitar a herança de seu pai, seus filhos E, F e G receberão a herança de A em seu lugar, mas não como representantes de D e sim como seus herdeiros, já que pelo princípio da *saisine* a transmissão de A já havia se efetivado para o filho D.

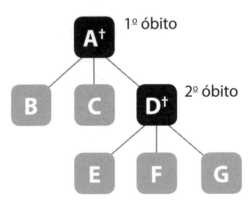

Adverte Rodrigo Santos Neves[74] que os sucessores do herdeiro pós-morto podem renunciar à primeira herança (do avô, no exemplo acima), desde que concordem em receber a segunda herança (CC, art. 1.809, parágrafo único), porque a primeira herança já se incorporou à segunda sucessão pelo princípio da *saisine* e, portanto, para renunciarem à primeira herança devem aceitar a segunda, pois se renunciarem à sucessão de seu pai, D, eles não

---

[74] NEVES, Rodrigo Santos. *Curso de direito das sucessões*. Rio de Janeiro: Lumen Juris, 2009. p. 41-42.

poderão receber a de seu avô, A, cujo espólio já se incorporou proporcionalmente ao quinhão do herdeiro pós-falecido, D.

18.6. A coexistência da sucessão legítima e testamentária

A sucessão legítima e a sucessão testamentária não são antagônicas ou contraditórias, mas, ao contrário, embora independentes (CC, art. 1.786), podem coexistir. Quando a sucessão dimana da lei, é denominada de *legítima*, e quando decorre da vontade do homem, expressa através de testamento, é chamada de *testamentária*. As duas espécies de sucessão podem coexistir e é bastante frequente que assim aconteça em situações nas quais, por exemplo: i) exista testamento e herdeiro necessário; ii) não exista herdeiro necessário, mas herdeiro legítimo, testamento e algum bem não tenha sido contemplado no testamento; iii) exista apenas testamento contemplando herdeiros testamentários, mas alguma cláusula da cédula testamentária tenha sido judicialmente anulada, ou caducada, devolvendo os bens para a sucessão legítima, e assim por diante, porque somente na hipótese de o testador não ter nenhum herdeiro, ou todos os seus herdeiros serem facultativos, é que pode dispor por testamento da totalidade de seus bens. Do contrário, a sucessão testamentária sempre irá encontrar as vinculações de que dispõe o art. 1.789 do Código Civil, ao restringir a liberalidade do testador à metade da herança, porquanto a outra metade pertence de pleno direito aos herdeiros necessários, dos quais constituem a legítima (CC, art. 1.846).

19. A LEI VIGENTE AO TEMPO DA ABERTURA DA SUCESSÃO

O marco inicial do Direito das Sucessões é a abertura da sucessão, que corresponde ao evento morte e que põe fim à personalidade do ser humano. No momento exato da morte é que se dá a abertura da sucessão, no qual se transmite a herança aos herdeiros do sucedido, conforme foi consagrado pelo Direito brasileiro com a aplicação do *princípio da saisine*. Portanto, no exato momento do óbito, a herança se transmite aos herdeiros do falecido, respeitando as normas legais vigentes à data da abertura da sucessão, e não as normas vigentes ao tempo da abertura do inventário, pois é nesse sentido que prescreve o art. 1.787 do Código Civil. O dispositivo legal tem extrema importância prática, notadamente diante dos arts. 1º e 2º da Lei de Introdução às Normas do Direito Brasileiro (LINDB – Dec.-lei 4.657/42), para definir e estabelecer, por exceção, que prevalece a norma vigente ao tempo do óbito. Dessa forma, um herdeiro nomeado em testamento, por exemplo, pode ser plenamente capaz quando da feitura da cédula testamentária, embora se tornasse incapaz de receber por testamento quando da morte do testador. Um cônjuge sobrevivente não era considerado herdeiro concorrente na vigência do Código Civil de 1916, embora o seja de acordo com os incs. I e II do art. 1.829 do Código Civil de 2002. A alíquota do imposto de transmissão *causa mortis* deverá ser apurada de acordo com a lei vigente ao tempo do óbito do inventariado e não por ocasião do inventário. Esses são alguns exemplos corriqueiros e que bem marcam a importância de ter presente circunstancial ocorrência de conflito de normas no tempo, tendo em conta que a sucessão sempre será regulada pela lei vigente ao tempo da sua abertura (CC, art. 1.787).

20. A SUBSISTÊNCIA DA SUCESSÃO LEGÍTIMA

É bastante comum que coexistam a sucessão legítima e a testamentária, diante da acentuada concomitância de herdeiros necessários e da realização de testamento por parte do autor da herança. Conforme dispõe o art. 1.786 do Código Civil, a sucessão dá-se por lei ou por disposição de última vontade, podendo as duas espécies de sucessão subsistir perfeitamente ao mesmo tempo. A sucessão legítima é decorrência da lei e segue a ordem de vocação hereditária do art. 1.829 do Código Civil, respeitando a *legítima* (CC, art. 1.846) dos herdeiros necessários (CC, art. 1.845), que não podem ser afastados da sucessão por ato de vontade do autor da herança, salvo os casos de *deserdação* ou *indignidade*. Havendo herdeiros necessários (descendentes, ascendentes, cônjuge ou companheiro), o autor da herança só pode dispor de metade da herança (CC, arts. 1.789 e 1.846), porque a outra metade, denominada de *legítima*, ou de *porção indisponível*, pertence de pleno direito aos herdeiros necessários, e nesse aspecto a autonomia de vontade do autor da herança sofre uma restrição, que limita sua livre disposição à metade do patrimônio. Inexistindo herdeiros necessários, ainda pela ordem de vocação hereditária podem ser chamados os herdeiros colaterais, até o quarto (4º) grau de parentesco (CC, art. 1.839), mas estes podem ser preteridos por meio de testamento de parte ou da totalidade da herança, ou também podem ser contemplados em testamento com parcela da herança, mesmo quando existirem herdeiros necessários. Pessoas estranhas à ordem de vocação hereditária só podem herdar por testamento, sempre respeitada a legítima dos eventuais herdeiros necessários.

Dispõe o art. 1.788 do Código Civil que, morrendo a pessoa sem testamento, sua herança será transmitida aos herdeiros legítimos, e que o mesmo irá ocorrer quanto aos bens que não forem compreendidos no testamento, assim como subsiste a sucessão legítima se o testamento caducar, ou for julgado nulo ou anulável. Portanto, sempre ocorrerá a sucessão legítima quando: i) não houver testamento; ii) havendo testamento, existirem herdeiros necessários; iii) havendo testamento, nem todos os bens foram elencados na cédula testamentária, pertencendo os remanescentes à sucessão da lei; iv) havendo testamento, não tiverem sido constituídos herdeiros; v) havendo testamento, este contradisser os direitos dos herdeiros necessários; vi) houver caducidade, rompimento, anulação ou nulidade do testamento. Este mesmo dispositivo legal omite a hipótese de anulação do testamento, que, por evidente, também gera o efeito de devolver à sucessão legítima os bens testados pelo autor da herança.

21. HERDEIROS LEGÍTIMOS

Herdeiros legítimos são os herdeiros da lei, são as pessoas que mantiveram com o sucedido um vínculo de Direito de Família, advindo dos laços de parentesco consanguíneo, ou de filiação sociafetiva, em conformidade com a doutrina e a jurisprudência, ou de adoção, em linha reta descendente ou ascendente e na linha colateral até o quarto grau, ou aqueles que mantiveram um liame de casamento ou de união estável com o falecido. Os herdeiros legítimos diferem dos herdeiros testamentários porque são elencados pela lei, enquanto estes últimos correspondem aos instituídos em disposição de última vontade, por meio do testamento. Os herdeiros legítimos constam do art. 1.829 do Código Civil, que trata da *ordem de vocação hereditária*, ou seja, a classe em que os herdeiros serão chamados a suceder, a começar pelos descendentes, sem prejuízo do direito concorrencial do cônjuge e do convivente (RE 646.721/RS e STF – RE 8778.694/MG), devendo ser esgotados todos os chamados de uma classe para passar à classe seguinte dos ascendentes, também em concorrência com o cônjuge ou companheiro e, inexistindo ascendentes, será convocado o cônjuge ou o companheiro sobrevivente (CC, art. 1.829 e STF – RE 646.721/RS e RE 878.694/MG), e, por fim, não havendo herdeiros das classes anteriores, são chamados a suceder os colaterais até o quarto grau por direito próprio. Dentre os herdeiros legítimos existem os herdeiros necessários

(CC, art. 1.845), que assim são chamados porque a lei os protege e lhes reserva a metade do patrimônio que a pessoa tinha ao falecer.

22. HERDEIROS NECESSÁRIOS

Os herdeiros necessários são aqueles que a lei protege e aos quais assegura que tenham direito pelo menos à metade do monte-mor, não podendo ser excluídos da herança, salvo por declaração judicial de ato de indignidade ou de deserdação. No Direito Romano, a legítima dos herdeiros necessários estava fundada na ideia do *officium pietatis*, e o herdeiro legitimário só poderia ser despojado da herança por justa causa.

Também são conhecidos como herdeiros forçados, reservatários, obrigatórios ou legitimários e guardam sempre uma maior aproximação no que diz com o grau de parentesco e de afetividade para com o sucedido, como ocorre com os descendentes, ascendentes, o cônjuge e o companheiro (CC, art. 1.845 e STF – RE 646.721/RS e RE 878.694/MG). No texto original do Código Civil vigente, o legislador pátrio havia se omitido de incluir no rol de herdeiros necessários o companheiro sobrevivente da união estável, anomalia que foi corrigida pelo Supremo Tribunal Federal, ao declarar a inconstitucionalidade do art. 1.790 do Código Civil por via dos Recursos Extraordinários 646.721/RS e 878.694/MG.

Observando a ordem de vocação hereditária do art. 1.829 do Código Civil, em cujo dispositivo se enquadra o direito hereditário do convivente supérstite, remanescem como herdeiros meramente facultativos os colaterais até o quarto grau de parentesco, os quais podem ser excluídos da herança por meio de testamento que não os contemple (CC, art. 1.850) e que favoreça outras pessoas físicas ou jurídicas, com a totalidade da herança, pois os herdeiros facultativos, embora sejam herdeiros legítimos enumerados em lei, não são herdeiros necessários e, desse modo, não têm direito à legítima. A reserva de pelo menos metade dos bens do *de cujus* aos herdeiros necessários – na classe dos descendentes, ascendentes, cônjuge ou convivente sobreviventes (CC, art. 1.846) – encontra sua raiz na proteção dos interesses da família, ou, como escreve Caio Mario da Silva Pereira, "para assegurar a certos herdeiros proteção contra as influências da idade, das afeições mal dirigidas, e até paixões impuras que assaltem o disponente na quadra avançada de sua vida",[75] podendo a outra metade ser disposta livremente, em vida ou em testamento. A intangibilidade da legítima quando existem herdeiros necessários, que assim ficam protegidos contra eventual arbítrio do testador, também está presente no campo do Direito das Obrigações, quando trata da doação inoficiosa do art. 549 do Código Civil, e considera nula a doação daquilo que exceder ao que o doador poderia dispor em testamento.

Defendendo a instituição da legítima, Ambrosio Colin e Henri Capitant referem que os sentimentos de família, essencialmente fortes na França, impedem os franceses de usarem do direito da livre disposição dos seus bens e reclamavam que a legislação francesa não tivesse adjudicado uma legítima ao cônjuge supérstite, em oposição às ideias de Le Play, por ambos autores citado, para cujo autor, " uma das principais causas de desagregação da família, porque atenta à autoridade do pai, privando-o da liberdade de repartir seus bens entre seus filhos, segundo as suas aptidões," e, segundo Le Play, "uma liberdade ilimitada de testar deveria servir de base à reforma social e permitir a reconstituição de uma família raiz, vale dizer a

---

[75] PEREIRA, Caio Mário da Silva. *Instituições de direito civil*: direito das sucessões. Atualizada por Carlos Roberto Barbosa Moreira. 17. ed. Rio de Janeiro: Forense, 2009. v. IV, p. 22.

família arraigada e continuadora da vida comum ao redor do filho que seja mais capaz de reger o patrimônio familiar".[76]

Não são pensamentos que, na atualidade, se distanciam de uma visão mais planificadora da sucessão de uma pessoa que deixa bens de produção e de interesse e benefício sociais, servindo a revisão da legítima e o planejamento sucessório como instrumentos jurídicos voltados para a transferência mais eficaz e produtiva do patrimônio de quem morre ou reconhecendo doutrina e jurisprudência e, no seu encalço, a legislação superveniente, a necessidade cada vez mais evidente de uma radical mudança das bases do direito sucessórios e, em especial, com o fortalecimento da empresa familiar, permitindo ao fundador transmiti-la somente aos herdeiros com vocação de continuação da empresa e exclusão dos demais e permitindo que contratos sucessórios estendam para depois da morte os mesmos efeitos de um pacto antenupcial de separação convencional de bens, permitindo que cônjuges e convivente contratem a renúncia recíproca de futura herança.

23. HERDEIROS FACULTATIVOS

Herdeiros facultativos do Código Civil brasileiro são os parentes na linha colateral (irmãos, tios, sobrinhos e sobrinhos-netos), que não possuem direito à legítima e, portanto, podem ser excluídos da herança pela vontade do testador, a quem basta simplesmente contemplar outras pessoas com a totalidade de seus bens.

A comunidade jurídica sempre estranhara a omissão do companheiro da união estável no rol de herdeiros necessários, e que havia recebido tratamento diferenciado em comparação ao cônjuge contemplado pelo art. 1.845 do Código Civil como herdeiro forçoso, embora a Carta Política de 1988 conferisse às duas instituições o *status* de entidades familiares, e os motivos que demoveram o legislador de 2002 a incluir o cônjuge na elite de herdeiros inarredáveis, em função dos estreitos laços que o aproximavam do sucedido, não havia dúvidas de que também estavam presentes na relação de união estável.

Os tribunais vinham se dividindo na correção dessa omissão da lei, equiparando alguns os direitos dos conviventes aos dos cônjuges e declarando a inconstitucionalidade do art. 1.790 do Código Civil, e outros tribunais estaduais declarando a constitucionalidade do mesmo dispositivo, e nessa gangorra oscilavam os direitos concorrenciais e sucessórios que diferenciavam cônjuges e conviventes sobreviventes, inclusive no aspecto de o convivente ser ou não considerado herdeiro necessário.

Em 10 de maio 2017, por maioria de votos, o Supremo Tribunal Federal concluiu pela inconstitucionalidade do art. 1.790 do Código Civil, que tratava dos direitos sucessórios do companheiro, que até então era considerado como herdeiro facultativo, bastando que o autor da herança excluísse o convivente supérstite ao beneficiar terceiro com a totalidade de sua herança. Na mesma ocasião foi julgado o Recurso Extraordinário 646.721/RS, que apresentou situação similar envolvendo união estável homoafetiva, sendo que para ambos os julgamentos o STF entendeu em equiparar o casamento e a união estável para efeitos jurídicos sucessórios. No tema 809 do Recurso Extraordinário 878.694/MG, relatado pelo Ministro Luís Roberto Barroso, e no tema 498 da repercussão geral do Recurso Extraordinário 646.721/RS, da relatoria originária do Ministro Marco Aurélio, o acórdão lavrado pelo Ministro Luís Roberto Barroso pontuou, em síntese, que: "não é legítimo desequiparar, para fins sucessórios, os

---

[76] COLIN, Ambrosio; CAPITANT, Henri. *Curso elemental de derecho civil*. 3. ed. Madrid: Reus, 1988. t. VII, p. 499.

cônjuges e os companheiros, isto é, a família formada pelo casamento e a formada pela união estável. Tal hierarquização entre entidades familiares é incompatível com a Constituição".

O Instituto Brasileiro de Direito de Família (IBDFAM) opôs embargos de declaração ao Recurso Extraordinário 878.694/MG, observando que a Corte Suprema teria se omitido dentre os efeitos acerca de vários dispositivos do direito sucessório, em especial ao do art. 1.845 do Código Civil, para se pronunciar se também o companheiro sobrevivo deve ser considerado como herdeiro necessário. Os embargos foram rejeitados porque o objeto da repercussão geral não abrangeu o art. 1.845 do Código Civil, não tendo havido discussão a respeito da integração do companheiro ao rol de herdeiros necessários e, portanto, não subsistira nenhuma omissão a ser sanada.

Embora os Recursos Extraordinários 646.721/RS e 878.694/MG nada esclareçam acerca da inclusão ou não do convivente sobrevivo no rol dos herdeiros necessários (CC, art. 1.845) – e esse tema será visto quando do estudo da sucessão legítima –, Gustavo Cerqueira escreve, diante do silêncio do STF acerca da condição do convivente sobrevivo de herdeiro necessário, "e sem que este silêncio caracterize uma omissão, a doutrina já se divide (i) entre aqueles (majoritários) que entendem que a equalização de direitos, no plano sucessório, é total, abrangendo inclusive a ascensão do companheiro ao rol de herdeiros necessários, e (ii) aqueles (minoritários) que entendem que a decisão atingiu apenas o art. 1.790 do Código Civil, sendo certo que a própria Constituição distingue a união estável do casamento, e temem o grave risco de se imaginar a união estável como um casamento forçado – sendo, portanto, mais conservadores quanto ao alcance do acórdão do STF mesmo no âmbito sucessório".[77]

Calha acrescer o entendimento externado por Flávio Tartuce:

> O primeiro deles, frise-se, diz respeito à inclusão do companheiro como herdeiro necessário no art. 1.845 do Código Civil, outra tormentosa questão relativa ao Direito das Sucessões e que tem numerosas consequências. O julgamento original nada expressa a respeito da dúvida. Todavia, lendo os votos prevalecentes, especialmente o do Relator, a conclusão parece ser positiva, sendo essa a posição deste autor, conforme destacado em outros trechos deste livro. Como consequências, alguns efeitos podem ser destacados, a saber: *a)* incidência das regras previstas entre os arts. 1.846 e 1.849 do CC/2002 para o companheiro, o que gera restrições na doação e no testamento, uma vez que o convivente deve ter a sua parte legítima protegida, como herdeiro reservatório ou necessário; *b)* o companheiro passa a ser incluído no art. 1.794 do Código Civil, para fins de rompimento de testamento, caso ali também se inclua o cônjuge; *c)* o convivente tem o dever de colacionar os bens recebidos em antecipação (arts. 2.002 a 2.012 do CC), sob pena de sonegados (arts. 1.992 e 1.996), caso isso igualmente seja reconhecido ao cônjuge.[78]

Em realidade, toda a comparação e equiparação jurídica dos institutos do casamento e da união estável começam com a Carta Política de 1988, com diferenças que se restringem à formação e dissolução de uma e de outra entidade familiar. Sendo informal o início da convivência, sua dissolução só será informal se não houver filhos, bens e dependência alimentar entre os conviventes, caso contrário sua dissolução será tão formal como de modo formal começa e termina o casamento, e nisso se esgotam as diferenças entre as duas instituições. Também as suas consequências jurídicas se equiparam em seus aspectos materiais, e se os di-

---

[77] CERQUEIRA, Gustavo. *Sucessão hereditária nas empresas familiares*: interações entre o direito das sucessões e o direito das sociedades. São Paulo: YK, 2018. p. 85.
[78] TARTUCE, Flávio. *Direito civil*: direito das sucessões. 12. ed. Rio de Janeiro: Forense, 2019. v. 6, p. 169.

reitos de família são equiparáveis, como equiparáveis aos conviventes também são os direitos sucessórios do art. 1.829 do Código Civil, também é perfeitamente aplicável o art. 1.845 do Código Civil, para reconhecer por arrasto o viúvo convivente como herdeiro forçoso e não meramente facultativo, sob o risco de ser criado um desestímulo ao casamento, o que certamente discrepa da finalidade arraigada no ordenamento jurídico nacional.

24. HERDEIROS INSTITUÍDOS OU TESTAMENTÁRIOS

Os sucessores quando arrolados pela lei são cognominados de legítimos, e estão divididos entre aqueles que têm vínculo de parentesco com o autor da herança (descendentes, ascendentes e colaterais) e os que têm laços familiares (cônjuge ou convivente). Quando os herdeiros são vocacionados pela lei, são chamados de legítimos, mas entre os herdeiros legítimos existem os herdeiros necessários, que têm direito à *legítima*, correspondente à metade do monte-mor, e não podem ser excluídos da herança, salvo por indignidade ou deserdação, ao passo que os herdeiros testamentários são indicados pelo próprio testador, que segue sua livre manifestação de vontade para beneficiar os herdeiros que, aleatoriamente, segundo seus interesses pessoais, institui por meio de testamento, podendo ser ou não seus parentes, cônjuge ou convivente, mas, efetivamente, não necessitam deter qualquer vínculo familiar ou de parentesco com o testador. Os herdeiros testamentários não sucedem por alento da lei, mas por força da expressa vontade do testador, podendo receber a totalidade da herança somente se o testador não tiver deixado herdeiros necessários. Quando contemplados com parte ou com a totalidade dos bens do testador, os beneficiados pelo testamento são considerados herdeiros universais, mas se apenas receberem uma coisa específica, ou um bem singularizado, serão identificados como legatários e não como herdeiro instituído, que é aquele herdeiro testamentário contemplado com o universo da herança ou com uma fração dela.

25. LEGATÁRIOS

O objeto primeiro do testamento compreende o seu conteúdo, ou as disposições de última vontade do testador, que se traduzem na instituição de herdeiros e de legatários, sendo que os sucessores podem ser legítimos ou testamentários. Os beneficiários de um testamento se dividem entre herdeiros instituídos e legatários, e estes últimos se diferenciam dos herdeiros instituídos porque recebem um bem destacado, e não uma fração dos bens ou a totalidade deles. O legatário é igualmente nomeado por meio de testamento, mas, ao contrário do herdeiro instituído, a ele é atribuída pelo testador, na cláusula testamentária, não uma parcela da herança ou o universo dos bens do testador, mas somente uma determinada coisa ou um bem específico, individualizado, singularizado, que foi pinçado do monte-mor para ser entregue ao legatário, como, por exemplo, um automóvel, uma determinada coleção de livros ou toda uma biblioteca, uma quantia em dinheiro e assim por diante.

Conforme descreve Orosimbo Nonato, distingue-se o herdeiro instituído do legatário, porque o primeiro tem a totalidade do patrimônio do sucedido ou parte dele, abstrata e ideal, e no legado o legatário é sucessor a título particular e tem por objeto coisa individuada ou um conjunto de coisas, que são outorgadas a título particular e só pode originar da vontade do testador, expressa em testamento válido.[79]

---

[79] NONATO, Orosimbo. *Estudos sobre sucessão testamentária*. Rio de Janeiro: Forense, 1957. v. III, p. 10-11.

Capítulo III
DA HERANÇA E SUA ADMINISTRAÇÃO

26. CONCEITO DE HERANÇA

A expressão *herança* tem sua origem no termo latino *hereditas*, relacionado com *herus* e cujo significado é ser dono, ou seja, tudo que pertence ao sucedido, seu ativo e passivo, deve ser transmitido aos seus herdeiros em razão de sua morte. Conforme o art. 659 do Código Civil espanhol, a herança compreende todos os bens, direitos e obrigações de uma pessoa, que não se extinguem com sua morte, pois os herdeiros sucedem ao defunto pelo tão só fato de sua morte, em todos os seus direitos e as suas obrigações.

Clóvis Beviláqua define a herança como a universalidade dos bens que alguém deixa por ocasião de sua morte, e que os herdeiros adquirem. É o conjunto de bens, o patrimônio que alguém deixa ao morrer, e adiciona que, sendo a herança o patrimônio, é preciso saber que o conceito de patrimônio é a totalidade das relações econômicas de uma pessoa, consideradas como unidade jurídica e que a totalidade dessas relações econômicas, essa universalidade de direitos e obrigações, que forma o patrimônio, recebe o nome de herança.[1]

O art. 1.784 do Código Civil prescreve que, aberta a sucessão, diante do falecimento de um indivíduo, sua herança, constituída por seus bens, direitos e obrigações, transmite-se, desde logo, aos herdeiros legítimos e testamentários, embora, haja direitos que não se transmitem, por serem personalíssimos, como os de usufruto e outros, que se extinguem com a morte do indivíduo, em cujo benefício pessoal foram instituídos.[2] Por isso, Ambrosio Colin e Henri Capitant dizem que a herança compreende todos os direitos que o defunto exercia quando vivia, à exceção somente daqueles que, por sua natureza ou em virtude de disposição legal, são inerentes à pessoa e que por isso escapam a toda a transmissão.[3]

Os herdeiros ficam investidos desde o exato momento da morte do sucedido, nos direitos e nas obrigações que compõem o ativo e o passivo da sucessão, ocupando o lugar do defunto em todas as relações jurídicas de que ele era titular,[4] sequer importando tenham os herdeiros conhecimento ou não da morte do sucedido. Não há nenhuma solução de conti-

---

[1] BEVILÁQUA, Clóvis. *Direito das sucessões*. Bahia: Livraria Magalhães, 1899. p. 17-18.
[2] BARROS, Hermenegildo de. *Manual do Código Civil brasileiro*: do direito das sucessões. Rio de Janeiro: Jacintho Ribeiro dos Santos, 1929. v. XVIII, p. 17.
[3] COLIN, Ambrosio; CAPITANT, Henri. *Curso elemental de derecho civil*. 3. ed. Madrid: Reus, 1988. t. VII, p. 5.
[4] RIPERT, Georges; BOULANGER, Jean. *Tratado de derecho civil, segun el tratado de Planiol*. Buenos Aires: La Ley, 1987. t. X, v. 2, p. 11.

nuidade na titularidade das relações jurídicas do falecido, aduzindo Washington de Barros Monteiro ser o próprio defunto que investe o sucessor no domínio e na posse da herança.[5]

A herança corresponde somente aos bens, direitos e obrigações pertinentes ao falecido, pois deve ser subtraída eventual meação do cônjuge ou convivente sobrevivente. Herança e meação não se confundem, porquanto a herança surge somente com o passamento do titular dos bens, enquanto a meação é própria do Direito de Família e preexiste à morte e o direito de exigi-la surge com a separação ou o divórcio dos consortes, com a dissolução da união estável, ou com o falecimento de um dos consortes ou companheiros, ao passo que a herança é instituto específico do Direito das Sucessões e é deflagrada exclusivamente pelo evento do óbito.

O montante da meação depende do regime legal de bens, ou do pactuado por convenção dos cônjuges em escritura pública antenupcial, para a hipótese de casamento, ou contratado por instrumento público ou particular, no caso da união estável. Nem sempre a meação corresponde à metade dos bens deixados pelo defunto, só se o regime de bens for o da comunhão universal, ou se no regime de comunidade parcial de bens eles tenham sido todos adquiridos na constância do matrimônio, inexistindo bens particulares. Se o regime for o da comunhão parcial de bens, ou o da participação final nos aquestos, a meação será composta exclusivamente pelos bens ou ganhos auferidos onerosamente na constância do matrimônio, com as exceções do art. 1.659 do Código Civil, que se aplicam apenas para a comunhão parcial e em parte para a comunhão universal de bens (CC, art. 1.668, inc. V), e também abstraídos os bens existentes antes do enlace matrimonial ou do estabelecimento da união estável. Por fim, no regime convencional da separação de bens não existe meação, ao passo que para o regime obrigatório da separação de bens (CC, art. 1.641) há entendimento doutrinário majoritário de subsistência e aplicação da Súmula 377 do STF, o que transforma o regime da separação obrigatória de bens em um regime de comunhão parcial.[6]

A herança se transmite aos herdeiros pelo princípio da *saisine* (*le mort saisit le vif* – o vivo substitui o morto), transcorrendo, em realidade, uma mutação de sujeitos das relações jurídicas que transitam do falecido para os sucessores.[7]

Para José Apolinário de Miranda, a herança representa o patrimônio do falecido, o conjunto de direitos e deveres que se transmite aos seus herdeiros legítimos ou testamentários, à exceção, como antes visto, daqueles bens personalíssimos, inerentes à pessoa do sucedido e que não configuram um patrimônio sucessível,[8] como o Fundo de Garantia por Tempo de Serviço e o Fundo de Participação PIS-PASEP, seguros de vida (Dec.-lei n. 5.384/1943), saldos de salários, restituição de tributos, pecúlios e saldos bancários, e de contas de caderneta de poupança e fundos de investimento de reduzido valor (o limite eram 500 ORTN – Obrigações Reajustáveis do Tesouro Nacional, cujos títulos de dívida pública foram extintos), e que pela sua natureza e por força da Lei 6.858, de 24 de novembro de 1980, não são incluídos no in-

---

[5] MONTEIRO, Washington de Barros. *Curso de direito civil*: direito das sucessões. 13. ed. São Paulo: Saraiva, 1977. p. 16.
[6] Como bem acentuado por Pablo Stolze e Rodolfo Pamplona, a Súmula 377 do STF mitiga a aridez do art. 1.641 do Código Civil, e evita o enriquecimento sem causa, pois a principal finalidade da súmula está em "evitar a insensatez de se impedir a comunicabilidade dos bens amealhados pelo esforço comum" (GAGLIANO, Pablo Stolze; PAMPLONA FILHO, Rodolfo. *Novo curso de direito civil*: direito de família. As famílias em perspectiva constitucional. São Paulo: Saraiva, 2011. v. VI, p. 327).
[7] ALMADA, Ney de Mello. *Sucessões*. São Paulo: Malheiros, 2006. p. 35.
[8] MIRANDA, José Apolinário de. *Direito das sucessões visto pelo partidor*. Coxim: Artemis, 2009. p. 48.

ventário, devendo ser entregues aos dependentes do falecido, sem a necessidade de qualquer procedimento judicial, e só ingressarão no inventário se estes dependentes não existirem. Dependentes do falecido são aquelas pessoas habilitadas como seus beneficiários perante a Previdência Social, que não se confundem com os herdeiros da lei ou do testamento.[9] Existem outros direitos de caráter pessoal e familiar que igualmente não se transmitem com a morte de seu titular, como o exercício da tutela ou curatela, assim como não se transmitem os direitos e encargos vinculados ao emprego ou à função pública ou privada.[10] A morte extingue o mandato (CC, art. 682, inc. II), o usufruto (CC, art. 1.410, inc. I) e da mesma forma o uso (CC, art. 1.413) e a habitação (CC, art. 1.416), embora não extinga o direito real de habitação do cônjuge ou convivente sobrevivente.

27. CARACTERÍSTICAS DA HERANÇA

Segundo Paulo Lôbo, toda pessoa é dotada de um patrimônio, até mesmo o mais miserável dos homens.[11] O patrimônio de uma pessoa compreende tanto os elementos ativos quanto os passivos, seus créditos e suas dívidas, restando de fora os direitos personalíssimos e familiares, por não serem suscetíveis de apreciação econômica. Embora a herança compreenda o ativo e o passivo, os direitos e as obrigações, nem todas as posições jurídicas do falecido são transmissíveis, pois existem direitos que não integram a herança, como na hipótese do usufruto, o uso de habitação, a renda vitalícia e os direitos oriundos de indenização pessoal. Também não se transmitem os direitos de caráter familiar, por serem personalíssimos, como o poder familiar, a tutela e curatela, as relações contratuais *intuitu personae,* como o contrato de trabalho, o contrato de obra, quando ajustado em razão das qualidades pessoais do contratado, o comodato e a condição de sócio, ainda que seja transmissível o conteúdo patrimonial da sociedade, sendo válida cláusula societária que admita o ingresso na sociedade dos herdeiros de sócio morto. Tampouco ingressam na herança os bens doados com cláusula de reversão (CC, art. 547), as prestações derivadas dos seguros contratados pelo falecido em que ele estabelece diretamente o beneficiário, a conta conjunta na sua modalidade coletiva, quanto tem mais de um titular, estando cada um dos titulares autorizado a movimentar livremente a conta,[12] salvo prova em contrário, que derrube a presunção de a metade pertencer ao correntista cotitular sobrevivente. Francisco Fernández-Prida Migoya faz menção ao *pacto do mais vivente,* ou *pacto de sobrevivência,* como é regulado na Catalunha, e que diz ser francamente admitido no direito comum espanhol, cuja figura jurídica encontra efeitos semelhantes como no *usufruto conjunto e sucessivo,* pelo qual na morte de um usufrutuário prossegue o viúvo, e transposto para a conta conjunta, nela os cônjuges almejam e ajustam que sejam expandidas em prol do consorte sobrevivente, ficando excluída do trânsito sucessório.[13] Contudo, o patrimônio hereditário tem outra conotação, com diferentes características, que veremos a seguir.

---

[9] AMORIM, Sebastião; OLIVEIRA, Euclides de. *Inventários e partilhas*: direito das sucessões. Teoria e prática. 22. ed. São Paulo: Livraria e Editora Universitária de Direito, 2009. p. 511.
[10] RIZZARDO, Arnaldo. *Direito das sucessões*. 2. ed. Rio de Janeiro: Forense, 2005. p. 28.
[11] LÔBO, Paulo. *Direito civil*: parte geral. São Paulo: Saraiva, 2009. p. 203.
[12] VILLAR, Alice Saldanha. *Direito bancário*. Leme: J H Mizuno, 2017. p. 204.
[13] MIGOYA, Francisco Fernández-Prida. La herencia. In: SANTIAGO, Hidalgo Garcia *et al. La sucesión hereditaria y el juicio divisorio*. 2. ed. Navarra: Thomson Reuters, 2015. p. 46.

27.1. Universalidade de direitos

Com a morte de uma pessoa e em razão da *saisine* transmitem-se aos herdeiros, desde logo, o domínio e a posse dos bens deixados pelo sucedido, de forma unitária e indivisível (CC, art. 1.791). Até que seja efetivada a partilha, o direito dos coerdeiros, quanto à propriedade e posse da herança, será indivisível, sendo regulado pelas normas relativas ao condomínio (CC, art. 1.791, parágrafo único). Pouco importa que a herança possa ser visivelmente singularizada, pois o patrimônio hereditário se transforma, enquanto aberta a sucessão, em um bloco único, uma universalidade de direito (CC, art. 91), que o art. 80, inc. II, do Código Civil considera para efeitos legais como um bem *imóvel*. A herança é composta por um conjunto de bens, ou um patrimônio hereditário que estava sob a posse do falecido, que se transfere aos herdeiros como uma universalidade e, assim, os bens e direitos, embora materialmente singulares, de acordo com o Código Civil brasileiro perdem esta concepção individualizada para adquirirem uma conformação única, um conjunto de bens que compõem um universo único de direitos, sendo que os herdeiros só recebem os bens que lhes tocarem quando ultimada a partilha, identificando o quinhão hereditário de cada um. Desse modo, todos os herdeiros são possuidores e titulares da totalidade dos bens deixados pelo *de cujus*, sem ser possível afirmar quem será o destinatário deste ou daquele bem, podendo qualquer coerdeiro proceder à defesa da posse dos bens do inventário, eis que unicamente com a partilha e a extração do competente formal de partilha, ou com a escritura de inventário e partilha, será possível individualizar o domínio e a posse de cada bem e identificar o seu respectivo herdeiro, encerrando-se o inventário e a partilha e passando os bens a ter um caráter individual.

A herança vista como uma universalidade de direitos (*universitas iuris*) encontra sua origem nos antigos textos romanos e, na sua formulação atual, desenvolvida por Aubry e Rau, significa não uma totalidade ou um conjunto de bens, excluídas as dívidas, mas sim uma unidade orgânica, ou seja, um complexo de coisas, direitos e obrigações concebidos como um único objeto.[14] Afirmam Aubry e Rau que o patrimônio do sucedido se constitui em uma projeção da sua personalidade, à qual corresponde tanto a capacidade de adquirir direitos como a de contrair obrigações e por isso as dívidas integrariam o patrimônio, constituído pelo ativo e pelo passivo.[15]

Trata-se de um conjunto de relações jurídicas do defunto e que passam aos seus herdeiros formando um todo ideal, independentemente dos elementos singulares que integram este conjunto de bens. Fornieles, Borda e Perez Lasala, na Argentina; Von Thur e Binder, na Alemanha; Barassi, Bonfante, Nicola Coviello, Francesco Ferrara e Barbero, na Itália; Cicu, na França; Pérez González, Alguer Núñez Lagos e Lacruz Berdejo, na Espanha e Milena Donato Oliva, no Brasil,[16] estão dentre aqueles que refutam essa versão havida por superada da universalidade do patrimônio hereditário, afirmando se tratar de uma teoria inconsistente, que descansa na premissa da identificação da pessoa com o seu patrimônio, que seria concebido como um atributo da personalidade.[17] Assim, quando o

---

[14] LASALA, Jose Luis Perez; MEDINA, Graciela. *Código Civil y normas complementarias*: análisis doctrinal y jurisprudencial. Coord. Alberto J. Buerers e Elena I. Highton. Buenos Aires: Hammurabi, 2007. v. 6-A, p. 44.
[15] OLIVA, Milena Donato. *Patrimônio separado*. Rio de Janeiro: Renovar, 2009. p. 108.
[16] OLIVA, Milena Donato. *Patrimônio separado*. Rio de Janeiro: Renovar, 2009. p. 33.
[17] LASALA, Jose Luis Perez; MEDINA, Graciela. *Código Civil y normas complementarias*: análisis doctrinal y jurisprudencial. Coord. Alberto J. Buerers e Elena I. Highton. Buenos Aires: Hammurabi, 2007. v. 6-A, p. 45.

herdeiro sucede nas relações do falecido, em realidade esta entidade abstrata não transmite nada, já que não tem existência real, pois sua realidade está detectada e concentrada nos bens que concretamente formam o patrimônio hereditário. Assentados nessas premissas artificiais surgem as seguintes e falsas consequências: i) toda pessoa tem necessariamente um patrimônio, ainda que não possua bens, porque pode vir a adquiri-los no futuro, porquanto a teoria da universalidade abarca também a faculdade de aquisição futura de bens; ii) cada pessoa não tem mais que um patrimônio, como não pode ter mais que uma personalidade; iii) o patrimônio seria inalienável em vida, porque ninguém pode se desprender de sua personalidade.[18]

Segundo Perez Lasala, modernamente, a teoria que considera a herança uma unidade orgânica, um universo abstrato, tem sido refutada para ser reduzida ao que realmente ela significa – uma soma de bens, ou um conjunto de relações jurídicas de caráter patrimonial.[19]

Milena Donato Oliva também defende a libertação do dogma da inseparabilidade do patrimônio da pessoa, sendo factível, na atualidade, que um sujeito titularize mais de um patrimônio, valendo-se da técnica da afetação patrimonial, qual seja o patrimônio individual é segregado e, portanto, diversos patrimônios pertencentes ao mesmo sujeito dão origem a um centro de interesses distintos, porque têm diferentes finalidades e permite dessa forma tutelar os mais diversos interesses socialmente relevantes.[20]

27.2. A herança é bem imóvel

O direito à sucessão aberta de pessoa falecida é considerado pelo inc. II do art. 80 do Código Civil um bem imóvel, ainda que o patrimônio hereditário seja constituído por bens móveis, ações, bens incorpóreos e imóveis ou só de bens móveis, pois sempre e enquanto não encerrado o inventário e a partilha a herança é havida como bem imóvel, e sua cessão por inteiro ou a cessão de fração dela depende de escritura pública (CC, art. 1.793).

27.3. Indivisibilidade da herança

Aberta a sucessão, a universalidade e indivisibilidade dos bens que compõem o patrimônio hereditário criam um condomínio forçado entre os sucessores e este condomínio só será extinto com o encerramento do inventário, uma vez protagonizada a respectiva partilha do monte-mor, sendo pagos os quinhões hereditários de cada um dos herdeiros, ou adjudicados os bens na pessoa do herdeiro único se não existirem outros coerdeiros. Só a partilha ou a adjudicação concretizam o direito de o herdeiro individualizar o domínio e a posse sobre certos e determinados bens, e o instrumento processual de execução dessa individualização é o formal de partilha ou a escritura pública de inventário e partilha, sendo dois ou mais herdeiros, ou a carta ou escritura pública de adjudicação se houver um único herdeiro. Cada herdeiro tem uma fração ideal, ou uma quota-parte indivisa

---

[18] LASALA, Jose Luis Perez; MEDINA, Graciela. *Código Civil y normas complementarias*: análisis doctrinal y jurisprudencial. Coord. Alberto J. Buerers e Elena I. Highton. Buenos Aires: Hammurabi, 2007. v. 6-A, p. 48.
[19] LASALA, Jose Luis Perez; MEDINA, Graciela. Código Civil y normas complementarias: análisis doctrinal y jurisprudencial. Coord. Alberto J. Bueres e Elena I. Highton. Buenos Aires: Hammurabi, 2007. v. 6-A, p. 50.
[20] OLIVA, Milena Donato. *Patrimônio separado*. Rio de Janeiro: Renovar, 2009. p. 377-387.

da universalidade dos bens enquanto presente a comunidade hereditária porque ainda não realizada a partilha, sendo que a quota representa a medida aritmética da participação hereditária e pode dispor desta quota sem o consentimento dos coerdeiros, podendo cedê-la gratuita ou onerosamente e seus credores podem embargá-la e vendê-la judicialmente.

28. A TRANSMISSÃO DA OBRIGAÇÃO ALIMENTAR

A transmissibilidade dos alimentos não havia sido contemplada no Código Civil de 1916, mas, ao contrário, o art. 402 do diploma revogado dispunha no sentido inverso, prevendo que a obrigação de prestar alimentos não se transmitia aos herdeiros do devedor, embora prestações impagas ainda em vida pelo alimentante pudessem ser cobradas como dívida do espólio do sucedido.

A novidade surgiu com a edição do art. 23 da Lei 6.515/1977 (Lei do Divórcio), ao prescrever ser transmissível a obrigação de prestar alimentos aos herdeiros do devedor, nos termos do art. 1.796 do Código Civil de 1916.

À luz das mudanças na transmissão da obrigação alimentar colacionadas pela Lei 6.515/1977, escreveu Sérgio Gischkow Pereira[21] se estar ingressando *em terreno tormentoso e nebuloso*, tendo se edificado quatro correntes de opiniões: pela *primeira* vertente, a transmissão da obrigação alimentar passaria pura e simplesmente aos herdeiros do alimentante. Uma *segunda* orientação doutrinária entendia ser transmissível apenas o débito existente ao tempo do falecimento do devedor de alimentos.[22] Essa é, inclusive, a orientação preconizada pelo STJ, como pode ser extraído dos REsps 1.354.693/SP e 1.598.228/BA,[23]

---

[21] PEREIRA, Sérgio Gischkow. *Ação de alimentos*. Porto Alegre: Síntese, 1979. p. 25.

[22] "Alimentos. Intransmissibilidade do dever de alimentar os herdeiros. Exegese do art. 23 da Lei 6.515/1977. Responsabilidade do espólio pelo débito vencido. Não revogou o art. 23 da Lei do Divórcio o disposto no art. 402 do Código Civil. Tratando-se de obrigação personalíssima, extingue-se o dever de prestar alimentos com a morte do alimentante, ficando o espólio e os herdeiros responsáveis, apenas, na forma do art. 1.796 do Código Civil, pelos alimentos vencidos. Sentença confirmada" (TJ/RS. Sétima Câmara Cível. Apelação Cível n. 594.049.231. Relator: Des. Paulo Heerdt. Julgado em 24.08.1994. RJTJRS, 168/300).

[23] "Civil. Ação ordinária. Reconhecimento e dissolução de união estável. Celebração de acordo com fixação de alimentos em favor da ex-companheira. Homologação. Posterior falecimento do alimentante. Extinção da obrigação personalíssima de prestar alimentos. Impossibilidade de transmissão ao espólio. 1. Observado que os alimentos pagos pelo *de cujus* à recorrida, ex-companheira, decorrem de acordo celebrado no momento do encerramento da união estável, a referida obrigação, de natureza personalíssima, extingue-se com o óbito do alimentante, cabendo ao espólio recolher, tão somente, eventuais débitos não quitados pelo devedor em vida. Fica ressalvada a irrepetibilidade das importâncias percebidas pela alimentada. Por maioria" (2ª Seção do STJ. Relator Ministro Antonio Carlos Ferreira. Julgado em 26.11.2014).

"Recurso especial. Direito civil e processual civil. Família. Procuração ad judicia. Assistência. Genitora. Instrumento público. Prescindibilidade. Instrumento particular. Suficiência. Alimentos. Ação. Herdeiro necessário. Autor da herança. Morte. Propositura posterior. Extinção. Obrigação personalíssima. Intransmissibilidade. 1. Recurso especial interposto contra acórdão publicado na vigência do Código de Processo Civil de 1973 (Enunciados Administrativos nº 2 e 3/STJ). 2. É válida a procuração ad judicia outorgada por instrumento particular pelo representante de menor em seu favor. 3. Não se transmite dívida alimentar constituída contra o autor da herança após a sua morte aos herdeiros necessários, porquanto obrigação personalíssima. 4. A transmissão da obrigação alimentar em que condenado previamente o falecido ao alimentado coerdeiro é admitida excepcionalmente enquanto perdurar o inventário e nos limites da herança. 5. Recurso especial parcialmente conhecido, e nessa parte, provido" (STJ.

e é como também tem se orientado o Tribunal de Justiça do Rio Grande do Sul, concluindo que os alimentos cessam com a morte do alimentante, extinguindo a obrigação para o futuro, restando apenas a obrigatoriedade de pagamento de eventual débito consolidado até a data do óbito.[24]

A *terceira* corrente defendia que a dívida alimentar era limitada às forças da herança, e destinada a atender qualquer classe de credores e, se o alimentando também fosse herdeiro do sucedido, o seu crédito alimentar deveria ser subtraído do seu quinhão hereditário. Para Sérgio Gischkow Pereira, uma vez terminada a partilha, desaparecia a obrigação alimentar dos herdeiros, porque eles não poderiam ser compelidos a reservarem partes de seus quinhões para atender às demandas de alimentos.[25]

Uma *quarta* versão entendia ser transmissível somente a obrigação alimentar devida de um cônjuge para o outro, porque a Lei do Divórcio de 1977 só podia tratar dos direitos dos consortes.

Ainda de acordo com Sérgio Gischkow Pereira,[26] teria prevalecido a quarta opinião, a partir das lições preconizadas por Yussef Said Cahali e Silvio Rodrigues, basicamente pelo fato de a lei divorcista brasileira ter se inspirado na legislação francesa, que só previa a transmissão dos alimentos devidos de um cônjuge ao outro.[27]

Atualmente, contudo, com menor impacto, ainda ecoam as mesmas indagações do passado para saber se a transmissão dos alimentos se dá apenas em relação às prestações vencidas e não pagas, ou se é transmitida aos herdeiros do devedor de alimentos a obrigação alimentar; e, ainda, se essa transmissão deve ser medida na proporção das necessidades do reclamante e dos recursos da pessoa obrigada (CC, art. 1.694, § 1º); e se está limitada às forças da herança (CC, art. 1.792), porque o art. 1.700 do Código Civil não cogita deste limite, e, ainda, se a obrigação pode ser judicialmente revista diante das forças de produção e dos limites econômico-financeiros do espólio; e, por fim, se o direito alimentar é estendido aos parentes, cônjuges e companheiros, ou se segue prioritariamente endereçado exclusivamente aos cônjuges e companheiros.

3ª T., REsp 1.598.228/BA. Relator Ministro Ricardo Villas Bôas Cueva. Julgado em 11 de dezembro de 2018).

[24] "Agravo de Instrumento. Obrigação alimentícia. Intransmissibilidade para herdeiros do alimentante que não guardam parentesco com a parte alimentada. Segundo orientação recente que vem do egrégio STJ, a obrigação alimentícia de pessoa falecida não se transmite aos seus herdeiros, quando estes não guardam relação de parentesco com a parte alimentada. Deram provimento" (Agravo de Instrumento n. 70066218975 do TJRS. Oitava Câmara Cível. Relator Dr. José Pedro de Oliveira Eckert. Julgado em 12.11.2015).

"Apelação Cível. Ação de alimentos. Morte da demandada. Obrigação alimentar que é sobretudo personalíssima, e que, *in casu*, se extinguiu com o óbito da alimentante. Responsabilidade do espólio limitada a eventuais débitos não quitados pelo devedor quando em vida. Recurso desprovido" (TJRS. Apelação Cível 70078264660. Sétima Câmara Cível. Relator Des. Liselena Schifino Robles Ribeiro. Julgado em 29.08.2018).

[25] PEREIRA, Sérgio Gischkow. *Ação de alimentos*. Porto Alegre: Síntese, 1979. p. 30.

[26] PEREIRA, Sérgio Gischkow. *Estudos de direito de família*. Porto Alegre: Livraria do Advogado, 2004. p. 145-146.

[27] "Civil. Alimentos. Espólio. A transmissibilidade da obrigação de prestar alimentos, prevista no art. 23 da Lei 6.515, de 1977, é restrita às pensões devidas em razão da separação ou divórcio judicial, cujo direito já estava constituído à data do óbito do alimentante; não autoriza ação nova, em face do espólio, fora desse contexto. Recurso especial não conhecido" (STJ. 3ª T., REsp n. 232.901/RJ. Relator: Min. Ari Pargendler. Julgado em 07.12.1999).

Entender que a transmissão é da própria obrigação alimentar poderá suscitar situações injustas e estranhas, como na hipótese de a primeira esposa do sucedido se tornar credora de alimentos da segunda mulher do falecido, que ficou viúva e, como herdeira do *de cujus,* deve pagar os alimentos devidos pelo sucedido; ou como no exemplo trazido por Carlos Roberto Gonçalves[28] de um irmão do sucedido, muitos anos depois de seu falecimento, reclamar alimentos dos herdeiros legítimos, na proporção das necessidades do alimentando e dos recursos da pessoa obrigada (CC, art. 1.694, § 1º), como se o dispositivo legal estivesse transmitindo potencialmente o dever legal de os herdeiros prestarem alimentos, tendo eles herdado o dever alimentar e não as obrigações já constituídas ainda em vida pelo sucedido.

A solução não chega a ser pacífica e, por isso, volta e meia favorece o debate esta infeliz redação do texto de lei vigente, embora tenha acertado ao reduzir o raio de irradiação do art. 1.700 do Código Civil, quando se reporta ao art. 1.694 do mesmo diploma legal e cogita tão só dos alimentos advindos das relações de Direito de Família para outorgar legitimidade alimentar por transmissão sucessória aos parentes, cônjuges e companheiros.

Para Sérgio Gischkow Pereira[29] e Yussef Said Cahali,[30] a transmissibilidade da obrigação alimentar do art. 1.700 do Código Civil foi estendida a todos os credores do art. 1.694 do mesmo Código, tendo esvaziado a polêmica surgida com o art. 23 da Lei do Divórcio, de os alimentos só serem transmitidos aos cônjuges e em razão da dissolução da sociedade conjugal.

Restrição esta não admitida por Euclides de Oliveira,[31] para quem a lente da Lei do Divórcio continha disposições de diferentes alcances, uma vez que a prestação alimentar também estava endereçada aos filhos (Lei 6.515/1977, art. 20) e, particularmente, o art. 22 da Lei 6.515/1977 ordenava a atualização monetária das prestações alimentícias de *qualquer natureza*, não fazendo nenhum sentido restringir a transmissibilidade apenas para os cônjuges, porque a Lei do Divórcio regulamentava os institutos jurídicos da separação judicial e da dissolução do vínculo conjugal.

Para alguma corrente isolada, a transmissão do direito alimentar continua restrita aos cônjuges e companheiros, porque em relação aos parentes da linha reta o seu grau de parentesco também os habilita a postularem alimentos entre si, de acordo com o art. 1.694 do Código Civil, podendo ser tomado como paradigma o Agravo de Instrumento 70066218975 do TJRS, datado de 12 de novembro de 2015, ao concluir que a obrigação alimentícia de pessoa falecida não se transmite aos seus herdeiros, quando estes não guardam relação de parentesco com a parte alimentada.

É a linha de exposição preconizada por Renata Raupp Gomes,[32] ao limitar a transmissão hereditária do direito alimentar aos cônjuges e obviamente aos companheiros, e reconhecê-los como sendo devidos sem exame de causa, em razão da Emenda Constitucional 66/2010,

---

[28] GONÇALVES, Carlos Roberto. *Direito civil brasileiro*: direito de família. São Paulo: Saraiva, 2005. v. VI, p. 449.

[29] PEREIRA, Sérgio Gischkow. *Estudos de direito de família*. Porto Alegre: Livraria do Advogado, 2004. p. 149.

[30] CAHALI, Yussef Said. *Dos alimentos*. 6. ed. São Paulo: RT, 2009. p. 79.

[31] OLIVEIRA, Euclides de; AMORIM, Sebastião. Alimentos: transmissão da obrigação aos herdeiros. In: CAHALI, Francisco José; PEREIRA, Rodrigo da Cunha (coords.). *Alimentos no Código Civil, aspectos civil, constitucional, processual e penal*. São Paulo: Saraiva, 2005. p. 285.

[32] GOMES, Renata Raupp. A intransmissibilidade da obrigação alimentar. In: LEITE, Eduardo de Oliveira (coord.). *Grandes temas da atualidade, alimentos no novo Código Civil, aspectos polêmicos*. Rio de Janeiro: Forense, 2006. v. 5, p. 220.

no divórcio judicial ou na dissolução de união estável, tal qual sucedia com a interpretação do art. 23 da Lei do Divórcio, e considerando que o credor só pode pedir os alimentos dos parentes remanescentes depois de observar a ordem preferencial do art. 1.696 do Código Civil.

Haveria uma nova formulação jurisprudencial pela qual a transmissão da obrigação alimentar só se opera até a realização da partilha dos bens do sucedido,[33] encerrando-se o crédito de alimentos com o trânsito em julgado da partilha.[34]

Essa versão, ao meu sentir, é insustentável por desconstruir toda a função da transmissão do dever alimentar, pois não faria sentido atrelar a obrigação alimentar à tramitação do inventário até a partilha final dos bens, ficando a necessidade alimentar vinculada à maior ou menor celeridade processual e sobrepondo a herança aos alimentos.[35]

---

[33] "Alimentos. Responsabilidade do espólio, Transmissibilidade da obrigação. Configurados os pressupostos necessidade-possibilidade, cabível a estipulação dos alimentos. Isto nos remete ao tema da transmissibilidade da obrigação alimentar, agora ornada inquestionável pelo art. 1.700 do Código Civil. E não se diga que a transmissão se restringe apenas às parcelas eventualmente vencidas, deixando de abranger as vincendas. É que, em primeiro lugar, esse dispositivo legal refere-se à obrigação e não à dívida, o que por si só deve bastar. Há mais, porém. É que interpretá-la como abrangendo apenas eventuais parcelas inadimplidas até o ensejo da morte do devedor de alimentos é tornar a regra inteiramente vazia, pelo simples fato de que o art. 1.997 do Código Civil já torna o espólio responsável pelo pagamento das dívidas do falecido, não havendo, portanto, necessidade de que a mesma disposição constasse em local diverso. Por isso, e não podendo entender que a lei contém palavras inúteis, é evidente que o art. 1.700 determina a transmissão da obrigação, abrangendo parcelas que se vençam inclusive após o óbito do devedor, como no caso. Limite da obrigação. É certo que o apelante, como filho que é do autor da herança, é também seu herdeiro, em igualdade de condições com os demais descendentes. Logo, mais cedo ou mais tarde lhe serão atribuídos bens na partilha que se realizará no inventário recém-iniciado. Nesse contexto, os alimentos subsistirão apenas enquanto não se consumar a partilha, pois, a partir desse momento, desaparecerá, sem dúvida, a necessidade do alimentando Proveram unânime" (TJ/RS. Sétima Câmara Cível. Apelação Cível 70.007.905.524. Relator: Des. Luiz Felipe Brasil Santos. Julgado em 22.12.2004).

[34] PEREIRA, Sérgio Gischkow. *Estudos de direito de família.* Porto Alegre: Livraria do Advogado, 2004. p. 150.

[35] "Embargos Infringentes. Admissibilidade. Alimentos. Novas circunstâncias ocorridas no curso da ação. Análise. Necessidade. Presença. Abatimento do quinhão hereditário. Descabimento. O recurso de apelação foi provido à unanimidade. Mas em sede de embargos declaratórios um dos julgadores da Câmara mudou de posição e manifestou-se pelo desprovimento do apelo. Essa circunstância é bastante para satisfazer o requisito do art. 530 do CPC e garantir a admissibilidade dos presentes embargos infringentes. Todas as circunstâncias relevantes ocorridas no curso do processo (logo não deduzidas na inicial) devem ser levadas em consideração por ocasião da decisão final sobre os alimentos. Há prova suficiente de que o que aqui embargado sofre de moléstia grave e está em estado de total penúria e dificuldade, razão pela qual sua necessidade alimentar é patente. O espólio tem obrigação de pagar alimentos àquele a quem o *de cujus* deveria, ainda que a obrigação seja fixada depois da morte. Essa obrigação é devida até a ultimação da partilha, sendo descabido o abatimento dos valores repassados a título de alimentos do quinhão hereditário do alimentando. Rejeitaram a preliminar. No mérito, desacolheram os embargos infringentes" (TJRS. Quarto Grupo Cível. Embargos Infringentes 70011849.072. Relator: Des. Rui Portanova. Julgado em 08.07.2005).

"Direito Civil. Obrigação. Prestação. Alimentos. Transmissão. Herdeiros. Art. 1.700 do Novo Código Civil. O espólio tem a obrigação de prestar alimentos àquele a quem o *de cujus* devia, mesmo vencidos após a sua morte. Enquanto não encerrado o inventário e pagas as cotas devidas aos sucessores, o autor da ação de alimentos e presumível herdeiro não pode ficar sem condições de subsistência no decorrer do processo. Exegese do art. 1.700 do novo Código Civil. Negaram provimento, um voto vencido" (STJ. Segunda Seção. REsp 219.199/PB. Relator para o acórdão "O espólio tem a obrigação de prestar alimentos àquele a quem o *de cujus* devia. Ministro Fernando Gonçalves. Julgado em 10.12.2003).

Deve ser depurado o real sentido e a correta interpretação hermenêutica do art. 1.700 do Código Civil, para começar a aceitar se dê a transmissão dos alimentos em decorrência das relações familiares do art. 1.694 do Código Civil, e havidas entre parentes, cônjuges e companheiros e não apenas com referência aos alimentos devidos pelos cônjuges ou companheiros, desde que subsistam os vínculos de parentesco entre o credor e os herdeiros devedores dos alimentos, mas esta é uma obrigação alimentar nascida do art. 1.694 do Código Civil e não da transmissão hereditária de um dever alimentar como ostenta o art. 1.700 do mesmo Código.

Contudo, se o alimentando também for herdeiro, deverá ser procedida a devida compensação, para não haver o duplo favorecimento do credor alimentar, isso se o seu quinhão hereditário já não for por si suficiente para excluí-lo do estado de necessidade e da condição de dependente alimentar. A fórmula para esses ajustes deve passar por uma ação revisional de alimentos, se herdeiros e alimentando não chegarem a um consenso.

Os alimentos são devidos de acordo com o estampado pelo art. 1.792 do Código Civil, no sentido de *o herdeiro não responder por encargos superiores às forças da herança*. Desse modo, o herdeiro renunciante não responde por alimentos por não ter querido receber o seu quinhão hereditário, ao qual renunciou, e, por conta dessa renúncia, o quinhão hereditário do herdeiro renunciante volta ao espólio para ser redistribuído entre os herdeiros remanescentes, não existindo o direito de representação na renúncia.

Os herdeiros não respondem pessoalmente pela dívida alimentar do sucedido e só estão obrigados pela transmissão da dívida alimentar pré-constituída, reconhecida em acordo judicial ou extrajudicial, ou por sentença condenatória, ou se o credor era naturalmente dependente do *de cujus*, como no caso de um filho menor, ou de um ex-cônjuge ou ex-companheiro ao qual prestava alimentos, mesmo em caráter informal, haja vista se dar pela lei a transmissão da obrigação alimentar preexistente, e não a transmissão do dever genérico de prestar alimentos àqueles que deles oportunamente vierem a necessitar, contudo, o espólio responde pelos alimentos vencidos até a morte do devedor, embora não haja como discordar da hipótese levantada por Rosa Maria de Andrade Nery, de o alimentante ter sido condenado a pagar alimentos com termo certo, e que, portanto, não necessariamente a obrigação alimentar termina com a morte do alimentante, e sua dívida que tem termo final se prolonga no tempo, devendo os herdeiros honrar o credor do falecido.[36]

A transmissão da obrigação alimentar não extrapola a esfera hereditária para penetrar no patrimônio de cada sucessor,[37] sendo balizado seu limite à totalidade dos bens deixados pelo sucedido. Deve ser considerada a totalidade para não pairar qualquer dúvida ou questionamento acerca da reserva ou resguardo das legítimas dos herdeiros necessários, tendo em conta que a herança líquida só será inventariada depois de pagas as obrigações do sucedido, e dentre estas obrigações a serem prioritariamente saldadas está inserida a transmissão da obrigação alimentar do art. 1.700 do Código Civil.

A obrigação alimentar é proporcional ao quinhão de cada herdeiro, sejam eles herdeiros legítimos, necessários ou testamentários, até porque os legados só poderão ser pagos se assim suportar o espólio, depois de atendidas as dívidas e obrigações deixadas pelo falecido. Como direito alimentar transmitido, o valor está sujeito à revisão judicial se houver modificação na situação patrimonial do credor, podendo os alimentos sofrer redução, majoração ou exoneração,

---

[36] NERY, Rosa Maria de Andrade. *Alimentos*. São Paulo: Thomson Reuters/RT, 2018. p. 228.
[37] GOMES, Renata Raupp. A intransmissibilidade da obrigação alimentar. In: LEITE, Eduardo de Oliveira (coord.). *Grandes temas da atualidade, alimentos no novo Código Civil, aspectos polêmicos*. Rio de Janeiro: Forense, 2006. v. 5, p. 214.

se, por exemplo, o alimentando receber quinhão hereditário de considerável proporção, capaz de lhe permitir extrair da herança a sua manutenção pessoal, assim como poderão ser revistos os alimentos se as condições do espólio indicarem a escassez e redução no fluxo dos recursos.

Comumente os alimentos pagos em vida pelo sucedido provinham da sua atividade profissional remunerada, e geralmente não advinham dos rendimentos dos seus bens, embora essa hipótese não possa ser descartada, de sorte que os alimentos podem sofrer sensível redução no montante devido agora pelo espólio, já que a herança não mais produz a renda que provinha do trabalho pessoal do devedor alimentar que faleceu, e certamente se restringe aos frutos dos bens.

A corrente que admite a transmissão do dever alimentar afasta a hipótese de só serem transmitidos os alimentos porventura não pagos em vida pelo sucedido, e assim entende porque a lei se refere à transmissão da obrigação alimentar e não da transmissão do débito de alimentos do falecido, e que, se não fosse assim, o art. 1.700 do Código Civil não faria remissão ao art. 1.694 da Lei Civil, ao dispor que a transmissão dos alimentos aos herdeiros do devedor se dá na forma do citado dispositivo. Sequer seria necessário prescrever por lei que a dívida alimentar que não foi saldada pelo sucedido se transmite aos seus herdeiros, porque na condição de herdeiros eles já herdariam a dívida alimentar que, inclusive, pode ser executada contra o espólio.

O antigo e definitivamente arquivado Projeto de Lei 6.960/2002, de autoria do então deputado Ricardo Fiuza, propunha a alteração da limitação da obrigação de prestar alimentos às relações de casamento e de união estável e nos limites das forças da herança, desde que o credor, cônjuge ou convivente também não fosse herdeiro do falecido (CC, arts. 1.790 e 1.829), dispondo a justificativa do Projeto de Lei que "a transmissibilidade da obrigação deve ser restrita ao companheiro e ao cônjuge, a depender, quanto a este último, de seu direito à herança".[38]

Em arremate a lição de J. M. Leoni Lopes de Oliveira, ao consignar, com veemência, que transmissível é a obrigação já constituída por meio de sentença judicial condenatória de prestar alimentos ou de acordo de alimentos celebrado entre o defunto e o beneficiado dos alimentos[39] e nessa toada tem se pronunciado a jurisprudência do Superior Tribunal de Justiça.[40]

29. AS DÍVIDAS DO ESPÓLIO

Com a morte não se extinguem as dívidas da pessoa física e por ela assumidas em vida, e por esse motivo estabelece o art. 1.792 do Código Civil que o herdeiro não responde por

---

[38] FIUZA, Ricardo. *O novo Código Civil e as propostas de aperfeiçoamento*. São Paulo: Saraiva, 2004. p. 273. Texto proposto: "Art. 1.700. A obrigação de prestar alimentos decorrentes do casamento e da união estável transmite-se aos herdeiros do devedor, nos limites das forças da herança, desde que o credor da pensão alimentícia não seja herdeiro do falecido".

[39] OLIVEIRA. J. M. Leoni Lopes de. *Direito civil*: sucessões. Rio de Janeiro: Forense, 2017. p. 82.

[40] Além do REsp 1.598.228/BA, também o REsp 1.130.742/DF: "Transmissibilidade da obrigação alimentar. Os alimentos ostentam caráter personalíssimo, por isso, no que tange à obrigação alimentar, não há falar em transmissão do dever jurídico (em abstrato) de prestá-lo. Assim, embora a jurisprudência desta Corte Superior admita, nos termos da LDiv 23 e do CC 1.700, que, caso exista obrigação alimentar preestabelecida por acordo ou sentença – por ocasião do falecimento do autor da herança –, possa ser ajuizada ação de alimentos em face do Espólio, de modo que o alimentando não fique à mercê do encerramento do inventário para que perceba as verbas alimentares, não há cogitar em transmissão do dever jurídico de prestar alimentos, em razão do seu caráter personalíssimo e, portanto, intransmissível. Precedentes. De todo modo, em sendo o autor da herança servidor público ou militar, no que tange à verba alimentar superveniente ao óbito, o procedimento adequado para o recebimento, por seu dependente, consiste no requerimento administrativo de pensão ao órgão pagador do *de cujus*. Recurso especial não provido" (STJ. 4ª T., Relator Ministro Luis Felipe Salomão. Julgado em 04.12.2012).

encargos superiores às forças da herança, ou seja, o herdeiro não está obrigado a atender com seus próprios recursos aos encargos deixados pelo falecido. Por seu turno, o art. 796 do Código de Processo Civil dispõe que o espólio responde pelas dívidas do falecido, mas que, depois da partilha, cada herdeiro responde por elas na proporção da parte que na herança lhe coube, e o princípio é exatamente o mesmo, no sentido de limitar a responsabilidade dos herdeiros pelas dívidas do sucedido ao valor da herança.

Os débitos se dividem proporcionalmente entre os herdeiros, na conformidade do quinhão hereditário de cada um, mas o pagamento das dívidas se dá, em regra, antes da partilha, como determina o art. 1.997 do Código Civil. Em procedimento apenso ao processo de inventário os credores do espólio podem requerer ao juízo do inventário o pagamento das dívidas vencidas e exigíveis, e, concordando as partes com o crédito habilitado, o juiz ordena a separação de dinheiro ou, em sua falta, a separação de bens suficientes ao pagamento (CPC, art. 642, § 2º). As despesas funerárias também devem sair do monte da herança (CC, art. 1.998).

O regime legal sucessório brasileiro limita a responsabilidade dos herdeiros aos bens herdados, embora outros sistemas jurídicos, como o francês, o italiano e o alemão, provocam uma confusão de patrimônios, estabelecendo que com a aceitação da herança o patrimônio do defunto se confunde com o patrimônio do herdeiro, em uma responsabilidade denominada de *ultra vires hereditatis*, segundo a qual o herdeiro que tenha aceitado a herança fica obrigado, tanto em respeito aos coerdeiros como em respeito aos credores e legatários, com o pagamento das dívidas e encargos da herança, não só com os bens hereditários, mas também com seus próprios bens. Até o advento da Lei 17.711, de 22 de abril de 1968, o Direito argentino mantinha dois critérios de aceitação da herança, cada qual com suas próprias especificidades, sendo um deles o da aceitação *pura e simples*, com os efeitos *ultra vires,* e o outro, que deveria ser expressamente externado, chamado de *benefício de inventário*, que por sua vez restringia a responsabilidade do herdeiro às forças da herança.

Sua origem está no Direito Romano quando referia que a responsabilidade sucessória era *ultra vires*, em decorrência da confusão de patrimônios oriunda da sucessão universal, pois o herdeiro romano absorvia a personalidade do falecido e por isso deveria responder pelos débitos do sucedido, como se ele próprio os estivesse cumprindo.

Como visto, nesses sistemas legais a responsabilidade plena pelas dívidas e encargos do sucedido pode ser abrandada e limitada às forças da herança, mediante o acolhimento do denominado *benefício de inventário*, que é submetido, em regra geral, a certos prazos e formalidades, como no exemplo do art. 3.366 do revogado Código Civil argentino, ao dispor que o herdeiro perderia o *benefício de inventário*[41] se não abrisse o inventário no prazo de três meses, contado da abertura da sucessão.

No atual Código Civil e Comercial da Argentina (Lei 26.994/2014, que entrou em vigor em 1º de janeiro de 2016 – Lei 27.077/2015), desapareceu o benefício de inventário para dar lugar ao *princípio da responsabilidade* intra vires, assemelhando-se ao direito sucessório brasileiro, pelo qual o herdeiro não responde pelas obrigações que sobrepassam as forças da herança, incumbindo a ele provar o excesso que porventura ultrapasse os limites das forças da herança quando se depara com alguma execução que esteja avançada contra os seus bens

---

[41] Dispunha o art. 3.371 do revogado Código Civil argentino: "O herdeiro que aceita a herança com benefício de inventário, está obrigado pelas dívidas e encargos da sucessão somente até o concurso dos bens que tenha recebido da sucessão. Seu patrimônio não se confunde com o do defunto, e pode reclamar como qualquer outro credor os créditos que tiver contra a sucessão".

particulares. Conforme ensinam Julio César Rivera e Graciela Medina, embora a responsabilidade dos herdeiros seja *intra vires*, o art. 2.321 do Código Civil e Comercial da Argentina estabelece que responde com seus próprios bens pelo pagamento das dívidas do defunto e encargos da herança, o herdeiro que: 1) não abre o inventário no prazo de três meses, desde que os credores ou o legatário o intimam judicialmente à sua abertura; 2) oculta fraudulentamente os bens da sucessão omitindo sua inclusão no inventário; 3) exagera dolosamente o passivo sucessório; 4) aliena bens da sucessão, exceto que o ato seja conveniente e o preço obtido ingresse na massa.[42]

Por fim, devem ser distinguidas do passivo hereditário as dívidas dos encargos da sucessão, porque dívidas são as obrigações contraídas pelo sucedido e que se transmitem aos herdeiros que o sucedem no ativo e passivo. Os encargos são as obrigações que nascem depois do falecimento do sucedido como corolário natural da abertura da sucessão, como, por exemplo, os custos com o funeral, o sufrágio pela alma do falecido, se assim ele ordenou em testamento ou codicilo (CC, art. 1.998), as custas processuais e os honorários advocatícios provenientes do inventário do autor da herança.

30. CESSÃO DE DIREITOS HEREDITÁRIOS

Aberta a sucessão e deixando o autor da herança bens a serem inventariados e herdeiros, existe ainda um longo caminho a ser percorrido até a finalização do inventário e o pagamento dos quinhões hereditários dos herdeiros. O art. 1.793 do Código Civil é expresso no sentido de que, uma vez aberta a sucessão, o quinhão hereditário do qual disponha o coerdeiro pode ser objeto de cessão por escritura pública, sem necessidade de prévia abertura do inventário. Portanto, a partir da abertura da sucessão e logicamente da aceitação da herança pelo herdeiro (e no momento que o herdeiro escritura a cessão dos seus direitos ele está consignado a tácita aceitação do seu quinhão hereditário), e nem poderia ser diferente, porque só pode ceder o que lhe pertence, e até antes do trânsito em julgado ou da escritura de partilha, cada herdeiro é titular de uma quota hereditária da qual pode legalmente dispor como negócio jurídico, de forma onerosa ou gratuita.

Durante esse lapso de tempo, a herança é havida como um todo, um bem imóvel, inclusive indiviso, porém essa quota tem um valor econômico; assim, se são quatro herdeiros filhos, cada um deles tem uma alíquota de 1/4 (um quarto) ou 25% (vinte e cinco por cento) da herança, e essa quota tem uma medida aritmética com correlato conteúdo econômico, considerada a totalidade da herança, não sendo definidos antes da partilha quais os bens que irão compor a quota hereditária de cada herdeiro, mas, ao revés, cada um dos quatro herdeiros é titular de vinte e cinco por cento (25%) do universo dos bens sucessíveis.

Conforme ensina Eduardo A. Zannoni, todo direito de conteúdo patrimonial é suscetível de cessão, e se os direitos que estão sendo cedidos recaem sobre uma herança, cuida-se de uma *cessão de direitos hereditários*, quer dizer, cessão de uma quota hereditária, que pode corresponder a todos os vinte e cinco por cento (25%) destinados ao coerdeiro cedente, ou de parte desta sua quota.[43]

O art. 1.793 do Código Civil permite ao herdeiro abreviar essa trajetória ao viabilizar que, durante a sucessão aberta, enquanto não encerrado o inventário e tampouco expedidos os

---

[42] RIVERA, Julio César; MEDINA, Graciela. *Derecho de las sucesiones*. Buenos Aires: Abeledo Perrot, 2017. p. 150-151.
[43] ZANNONI, Eduardo A. *Derecho de las sucesiones*. 2. ed. Buenos Aires: Astrea, 1982. t. I, p. 548.

formais de partilha, o coerdeiro possa ceder o seu quinhão hereditário, no todo ou em parte, por meio de escritura pública de cessão de direitos hereditários. A cessão dos direitos hereditários tem por objeto uma universalidade de direitos, vale dizer, um conjunto de bens que formam uma só massa e não uma série de bens individualmente determinados,[44] e se a cessão for feita após a partilha, então se dará a alienação de coisa certa e determinada, eis que nessa hipótese o herdeiro já conhece seu quinhão hereditário e é titular do direito de propriedade de bens que já são certos e determinados.

Com o contrato de cessão de direitos hereditários o cedente se desvincula dos direitos que possui sobre a sua quota hereditária, transmitindo-a ao cessionário, que se sub-roga na posição jurídica do cedente no processo da sucessão, anotando Julio César Rivera e Graciela Medina que com o contrato de cessão de direitos hereditários não há transferência de um bem ou de determinados bens particulares, já que desde a aceitação da herança e até a efetivação da partilha o herdeiro é titular de uma quota que, por se encontrar ainda indivisa, não lhe atribui bens e direitos concretos,[45] como tampouco o cessionário adquire a qualidade de herdeiro com a cessão de herança, pois esta é uma qualidade personalíssima que não se transmite com o contrato de cessão de direitos hereditários.

Não sendo o herdeiro cedente titular de uma herança definida, pois esta ainda é indivisível e depende da efetiva partilha final, enquanto persistir a indivisibilidade o herdeiro é mero coproprietário de uma herança considerada em seu todo abstrato, mas pode ceder sua participação hereditária sobre determinado bem, contudo, para isso, o § 3º do art. 1.793 do Código Civil exige a prévia autorização do juiz da sucessão para que o coerdeiro disponha sobre determinado bem da herança. Porém só podem ser cedidos os direitos sobre uma herança já deferida a partir da morte do seu autor e enquanto os bens se encontrem indivisos e não partilhados, sendo absolutamente proibido contratar a cessão de herança de pessoa viva, e nem depois da partilha, qual seja, a cessão só pode ser realizada depois da morte do sucedido e até as vésperas da partilha.

Conforme lição de Ney de Mello Almada, o titular dos direitos hereditários goza da prerrogativa de cedê-los a quem lhe aprouver, transferindo ao cessionário todas as situações ativas e passivas da herança,[46] entretanto, o coerdeiro não poderá ceder a sua quota hereditária à pessoa estranha à sucessão, se outro herdeiro a quiser, tanto por tanto (CC, art. 1.794). Como os sucessores herdam uma universalidade de direitos e de obrigações, sem que possa ser individualizado o quinhão de cada coerdeiro enquanto aberta a sucessão, e este estado indiviso permanece mesmo se tratando de herdeiro único e destinatário do universo da herança, e nem o herdeiro único nem qualquer coerdeiro pode alienar por conta de seu quinhão hereditário um bem específico, um bem determinado, mas tão somente o conjunto aleatório de seus direitos hereditários, de forma genérica, com referência apenas à sua fração hereditária, nada em concreto abarcando o ativo e o passivo de sua quota hereditária, eis que o Código Civil estabelece ser ineficaz a cessão de direito hereditário sobre qualquer bem da herança considerado singularmente (CC, art. 1.793, § 3º). A individualização dos bens que compõem o quinhão cedido, especificando inclusões e exclusões, será solvida posteriormente no inventário, mediante a habilitação do cessionário e com a oportuna definição da partilha.

---

[44] OLIVEIRA, Arthur Vasco Itabaiana de. *Tratado de direito das sucessões*. 3. ed. Rio de Janeiro: Livraria Jacintho, 1936. v. I, p. 92.
[45] RIVERA, Julio César; MEDINA, Graciela. *Derecho de las sucesiones*. Buenos Aires: Abeledo Perrot, 2017. p. 173.
[46] ALMADA, Ney de Mello. *Sucessões*. São Paulo: Malheiros, 2006. p. 104.

O objeto da cessão de direitos hereditários é justamente o conjunto de direitos e de obrigações encabeçado pelo herdeiro cedente e essa universalidade jurídica o herdeiro adquire com a morte do autor da herança, e, como acima aventado, é certo que o herdeiro pode ceder sua herança na íntegra, ou uma parte, fração ou alíquota dela, tal qual o herdeiro único pode ceder a totalidade da herança,[47] mas essa cessão de direitos hereditários não compreende o título de herdeiro e nem inclui a meação pertencente à viúva do autor da herança, que ao supérstite pertence em razão do regime de bens do casamento, em vista de que só existe direito hereditário incidente sobre a meação e os bens particulares que pertenciam ao falecido.

A cessão de direitos hereditários pode se dar de forma gratuita, porque o herdeiro não tem interesse na herança, ou por cessão onerosa, porque não tenciona esperar a conclusão do inventário e a deliberação acerca da partilha, e assim ele promove a alienação onerosa do seu quinhão hereditário em abstrato, sem poder ceder qualquer bem predeterminado, como uma casa, um carro ou as quotas ou ações de uma empresa, mas, antes, ele faz a cessão onerosa de sua quota hereditária, da representação percentual a que ele tem direito sobre o universo dos direitos e das obrigações deixadas pelo falecido.

Quem adquire ou aceita por liberalidade do cedente os direitos hereditários está sujeito à futura partilha e arrisca estar comprando ou recebendo coisa litigiosa, correndo, portanto, ou não, o risco de ganhar ou perder, porquanto, em regra, o herdeiro cedente não responde pela evicção, por ser a compra e venda da herança um contrato aleatório, recomendando Carlos Maximiliano fazer constar que o cedente não se responsabiliza por prejuízo algum resultante daquele contrato de cessão gratuita ou onerosa de seus direitos hereditários.[48]

30.1. O caráter aleatório da cessão

Tendo em vista o fato de a cessão respeitar ao universo da quota hereditária do cedente, nada incomum que o contrato de cessão de direitos hereditários seja celebrado sem a exata noção da magnitude da herança e da correlata prestação que está sendo paga pela cessão, fato que bem caracteriza o caráter eminentemente aleatório do contrato, mas nada impede que as partes graduem os efeitos da *alea*, pois, se nada ajustarem, por exemplo, a aparição de bens desconhecidos não daria lugar ao reajuste do preço, como nada mudaria com relação ao preço se surgirem variações significativas entre o ativo e o passivo da herança, como, por exemplo, quando surge uma enorme dívida deixada pelo defunto e que não havia sido apurada e tampouco habilitada. A aleatoriedade do contrato de cessão de direitos hereditários é uma de suas principais características, pois sua contratação permite apenas conhecer o quinhão a que tem direito cada herdeiro, mas até essa é uma possibilidade variável, pois podem surgir novos herdeiros que antes eram desconhecidos, reduzindo a fração hereditária do cedente, em contrapartida pode suceder que a cessão reste integrada com bens ou direitos que eram desconhecidos.

Mario Antonio Zinny, ao discorrer sobre a cessão de herança, não descarta a viabilidade de essas distorções serem alvo de demanda judicial sob o enfoque da lesão excessiva e consequente rescisão do contrato, mas diz que tudo pode ser evitado se os contratantes eliminarem preventivamente a *alea* informando o rol dos bens incluídos na cessão e ordenando ressalvas para dívidas que não haviam sido apuradas. Alerta que a *alea* de certo modo é inerente ao contrato de cessão de direitos hereditários, mas também chama a atenção de que os riscos de evicção variam segundo se trate de cessão de herança ou de uma cessão de direitos heredi-

---

[47] ZINNY, Mario Antonio. *Cesión de herencia*. 2. ed. Buenos Aires: Ad-Hoc, 2010. p. 15.
[48] MAXIMILIANO, Carlos. *Direito das sucessões*. 4. ed. Rio de Janeiro: Livraria Freitas Bastos, 1958. v. I, p. 72.

tários litigiosos e duvidosos. E se nada é pactuado, o cedente só responde pela evicção que o afaste da qualidade de herdeiro, como, por exemplo, por ter sido excluído da herança por indignidade, eis que de resto não está obrigado a indenizar se o contrato o exime dos riscos da evicção; se a cessão for de pretensões incertas sobre a herança, o cedente responde unicamente se sabia que a herança não lhe pertencia.[49]

30.2. O direito de preferência dos coerdeiros

Não pode um coerdeiro, por ser condômino de coisa indivisível, vender a sua parte a estranhos, se o outro coerdeiro a quiser, tanto por tanto, (CC, art. 1.794). O direito à herança aberta é considerado um bem imóvel (CC, art. 80, inc. II) e como tal indivisível até a partilha, regulando-se em decorrência disso pelas normas relativas ao condomínio, dispondo o art. 504 do Código Civil ser vedado a um condômino em coisa indivisível vender a sua parte a estranhos, se outro consorte a quiser, tanto por tanto. A venda de bem em condomínio é possível, mas, antes de oferecer sua quota para terceiro estranho ao espólio, o coerdeiro deve oferecê-la aos demais coerdeiros, pelo mesmo preço e condições de pagamento que pretender oferecer a terceiros. O direito de preferência[50] só pode ser exercido na hipótese de cessão onerosa do quinhão hereditário, porquanto a preempção não existe se o herdeiro ceder gratuitamente sua quota hereditária para outro coerdeiro. Quando se tratar de cessão gratuita, escreve Giselda Hironaka, ainda assim os coerdeiros permanecem protegidos em razão da expressão *a pessoa estranha à sucessão*, assim compreendida qualquer pessoa que não teria qualquer direito hereditário sobre a herança, fato que garante também aos coerdeiros a preferência na cessão gratuita, e desse modo afastando da herança a influência de pessoas estranhas ao espólio.[51]

O condômino coerdeiro, a quem não foi dado conhecimento da cessão, e dessa forma se viu eventualmente preterido no direito de preferência, pode efetuar o depósito judicial do preço e reaver para si a quota cedida a estranho (CC, art. 1.795), conquanto exerça seu direito de preempção no prazo decadencial de 180 dias (CC, art. 504), contados da data em que tomou conhecimento da cessão, cuja ciência se torna inequívoca a partir da habilitação do cessionário nos autos do inventário. Não parece apropriado considerar a contagem do prazo a partir da mera averbação da escritura pública de cessão de direito hereditário no registro imobiliário, pois a simples averbação no ofício imobiliário sem a precedente e inequívoca

---

[49] ZINNY, Mario Antonio. *Cesión de herencia*. 2. ed. Buenos Aires: Ad-Hoc, 2010. p. 22-23.

[50] "Condomínio. Indivisibilidade. Direito de Preferência dos coerdeiros. Art. 1.139 do Código Civil de 1916 (Art. 504 do CC em vigor). 1. *'Os coerdeiros, antes de ultimada a partilha, exercem a compropriedade sobre os bens que integram o acervo hereditário pro-indiviso, sendo exigível, daquele que pretenda ceder ou alhear seu(s) quinhão(ões), conferir aos demais oportunidades para o exercício de preferência na aquisição, nos moldes do que preceitua o art. 1139, CC'* (REsp n. 50.226/BA). 2. O art. 1.139 do Código Civil de 1916 (art. 504 do CC em vigor) não faz nenhuma distinção entre indivisibilidade real e jurídica para efeito de assegurar o direito de preferência ali especificado. Interpretação em sintonia com a norma do art. 633 do mesmo diploma legal, segundo a qual *'nenhum condômino pode, sem prévio consenso dos outros, dar posse, uso, ou gozo da propriedade a estranhos'* (art. 633). 3. Ao prescrever, do modo taxativo, a indivisibilidade da herança, assim o fez o legislador por divisar a necessidade de proteção de interesses específicos da universalidade ali estabelecida, certamente não menos relevantes do que os aspectos de ordem meramente prática que poderiam inviabilizar a divisão física do patrimônio. 4. Recurso especial provido" (4ª T., Superior Tribunal de Justiça, Relator Ministro João Otávio Noronha, julgado em 20.08.2009).

[51] HIRONAKA, Giselda Maria Fernandes Novaes. *Comentários ao Código Civil*: direito das sucessões. Da sucessão em geral, da sucessão legítima. Coord. Antônio Junqueira de Azevedo. São Paulo: Saraiva, 2003. v. 20, p. 78.

ciência dos demais coerdeiros pode levar à flagrante injustiça e ao uso de fácil manobra para frustrar o direito de preferência previsto em lei. Por conta disso, é imperiosa a inescusável ciência dos coerdeiros preteridos para que contra eles a escritura ou o termo de cessão judicial de direitos hereditários comece a produzir seus jurídicos e legais efeitos, e os coerdeiros só estarão realmente protegidos se tomada a preocupação no inventário judicial de terem sido todos eles previamente notificados, como cientes também estarão se houver expressa referência na escritura de inventário extrajudicial da realização por algum dos coerdeiros de escritura de cessão de seu quinhão hereditário.

Portanto, com relação aos outros herdeiros, cônjuge supérstite e meeiro, credores e demais interessados, calha como espelho de procedimento considerar que a cessão de direitos hereditários, conforme o art. 2.302 do Código Civil e Comercial da Argentina, gera efeitos: a) entre os contratantes, desde sua celebração; b) a respeito de outros herdeiros, legatários e credores do cedente, desde que a escritura pública seja incorporada ao processo de inventário (ou integre no exemplo brasileiro a escritura pública de inventário extrajudicial); e c) com referência ao devedor da herança, desde que ele seja notificado da cessão, pois, como devedor do espólio, é preciso que ele esteja seguro de que está pagando para a pessoa certa.[52]

O estranho só poderá adquirir o quinhão hereditário cedido se nenhum dos coerdeiros o quiser adquirir nas mesmas condições que seriam oferecidas a terceiro alheio à sucessão. Sendo muitos os coerdeiros condôminos, preferirá o que tiver benfeitorias de maior valor e, na falta de benfeitorias, o de quinhão maior. Se as partes forem iguais, haverão a parte vendida os coproprietários (coerdeiros) que a quiserem, depositando previamente o preço para a aquisição proporcional da quota alienada (CC, art. 504); nesse caso, se todos os titulares resolverem exercer o direito de preferência, deverão ratear o valor do preço oferecido pelo terceiro e se porventura um dos titulares não quiser exercer seu direito de preferência, nada impede que os demais exerçam seu direito, observando o preço e a cessão de todo o quinhão hereditário oferecido.

Não havendo interesse por qualquer um dos coerdeiros na aquisição da quota hereditária do cedente, ou se não igualarem a proposta apresentada, o cedente poderá oferecê-la para terceiros, tendo o cuidado de obter e preservar a prova escrita da manifestação de vontade dos demais herdeiros cientificados por meio de notificação judicial ou extrajudicial, não estando descartada a utilização dos meios eletrônicos de comunicação, dentre outros instrumentos de comunicação escrita, ou comprovando a notificação de preferência pela resposta de recusa do coerdeiro na aquisição ou por não pretender pagar o preço ofertado por terceiro.

30.3. A escritura pública

A herança aberta é uma universalidade de direitos e por ficção legal considerada como um bem imóvel (CC, art. 80, inc. II), portanto, indivisível enquanto não formalizada a partilha dos bens. Dispõe o art. 1.793 do Código Civil que o direito à sucessão aberta, bem como o quinhão de que disponha o coerdeiro, pode ser objeto de cessão por escritura pública. A exigência da escritura pública seria natural consequência da sucessão aberta, por ser considerada, por lei, um bem imóvel e sua cessão exigiria a formalidade da escritura pública,[53] sob o risco de transgressão ao art. 107 do Código Civil, que reclama para a validade da declaração de

---

[52] PALACIOS, María Cristina. *Código Civil y Comercial comentado, anotado y concordado*. Coord. Eduardo Gabriel Clusellas. Buenos Aires: Astrea, 2015. v. 7, p. 994.

[53] Art. 215 do CC. "A escritura pública, lavrada em notas de tabelião, é documento dotado de fé pública, fazendo prova plena".

vontade a observância de forma especial, quando a lei assim expressamente exigir. Somente a renúncia pura e simples da herança admite o uso de termo nos autos, além da própria escritura pública (CC, art. 1.806), entretanto, nem a escritura de cessão e tampouco a de renúncia serão passíveis de registro no ofício imobiliário, pois não existe nenhuma transferência de um bem imóvel certo e determinado, mas, ao contrário, a cessão ou a renúncia se dão apenas sobre o direito hereditário incidente sobre uma parcela da universalidade do espólio.

Embora o art. 1.793 do Código Civil condicione a escritura pública como forma especial para a cessão de direitos hereditários, ao tempo do Código Civil de 1916 tal exigência não era legalmente prevista e as cessões de direitos hereditários se procediam com regular frequência e inquestionável aceitação por meio de um termo lavrado nos autos do inventário, cuja prática segue sendo defendida pela doutrina e pela jurisprudência brasileiras para a plena validade do contrato, minimizando o rigor da exigência da escritura pública formulada pelo art. 1.793 do Diploma Civil e cuja inobservância da formalidade contratual não pode ser empecilho ao reconhecimento da cessão quando feita nos autos do inventário.[54] Para o Direito argentino, no art. 1.618 do seu Código Civil e Comercial, a escritura pública de cessão de direitos hereditários é a única forma idônea e eficaz para a sua celebração contratual, e sua falta gera a nulidade absoluta do negócio jurídico por violação de forma. Também no Direito brasileiro o art. 1.793 exige a formalização da cessão de direitos hereditários por escritura pública, o que se justifica por ser a herança um bem imóvel (CC, art. 80, inc. II).

30.4. O termo nos autos

No Código Civil de 1916 não havia dispositivo correspondente ao art. 1.793 do vigente Diploma Civil, a ordenar que a cessão de direitos hereditários se desse pela via da escritura pública. Entrementes, a doutrina tem defendido a realização de cessão de direitos hereditários por *termo nos autos*, ou ata judicial, e de igual forma a jurisprudência também tem mitigado a exigência da escritura pública, tendo por principal escopo os efeitos do art. 112 do Código Civil, quando estabelece que nas declarações de vontade interessa mais a intenção dos contratantes que o sentido literal da linguagem.[55] O art. 112 do Código Civil exprime a vontade do legislador em valorar a intenção das partes contratantes, muito mais consubstanciada na declaração da sua vontade do que no apego à forma, e se essa expressão da vontade externa o desejo subjetivo de todos os contratantes, e não só de um deles, não subsistindo dúvidas de que o *termo* lavrado nos autos do inventário externa a manifestação volitiva comum e recíproca, como também não contém algum motivo falso ou ilícito (CC, arts. 140 e 166, inc. III), negar validade ao *termo* firmado em juízo seria violar frontalmente o art. 112 do Código Civil.[56]

---

[54] ALMEIDA, José Luiz Gavião. *Código Civil comentado*: direito das sucessões. Sucessão em geral. Sucessão legítima. Coord. Álvaro Villaça Azevedo. São Paulo: Atlas, 2003. v. XVIII, p. 83.

[55] "Apelação Cível. Inventário. Cessão de direito hereditário. Documento particular. Bem individualizado. A cessão de direitos hereditários deve se operar através de escritura pública. No entanto, a jurisprudência tem mitigado o disposto no art. 1.793 do CCB, decidindo pela desnecessidade do ato lavrado por tabelião, podendo se operar através de termo nos autos, não podendo a cessão, no entanto, versar sobre bens individualizados, enquanto não ultimada a partilha. Se o instrumento particular de cessão de direitos reflete bem específico, está em colidência com disposição legal. Transação ineficaz perante o espólio. Exegese do art. 1.793, § 2º, do CC. Apelação desprovida" (Apelação Cível 70039714191, 7ª CC do TJRS, Rel. Des. André Luiz Planella Villarinho, julgado em 28.09.2011).

[56] Ver, nesse sentido, VICENZI, Marcelo. *Interpretação do contrato, ponderação de interesses e solução de conflitos*. São Paulo: Revista dos Tribunais, 2011. p. 98.

Ainda, se para a lavratura do termo nos autos se fazem presentes o juiz e as partes, ficando o ato registrado no próprio processo de inventário, com o inquestionável conhecimento de todos os coerdeiros e interessados, maior cautela não poderia ser exigida da escritura pública, dado que também o *termo nos autos* confere absoluta segurança, eficácia e autenticidade ao ato e não pode ser ignorado que o termo nos autos vale como uma obrigação entre as partes para, ao menos, exigir a outorga da correlata escritura pública, ou permitindo que o juiz do inventário supra eventual resistência na outorga da escritura cuja cessão foi oficializada no corpo do inventário e sob a supervisão judicial e ciência inequívoca das partes e interessados.

30.5. A anuência do cônjuge ou companheiro

Cônjuge ou companheiro só serão coerdeiros se forem casados ou coabitarem em entidade familiar estável sob o regime da comunhão convencional de bens aprestos, existindo bens particulares, e serão meeiros se porventura tiverem contratado o regime da comunhão universal de bens, e só na hipótese de existirem bens particulares em regime convencional de bens aprestos a herança de um deles também favorecerá o outro, que se torna cotitular do direito sucessório, porquanto, em todos os outros regimes de comunicabilidade de bens prevalece a regra prevista nos arts. 1.659, inc. I, e 1.674, inc. II, do Código Civil, sendo, portanto, totalmente dispensável e estranha à cessão de direitos hereditários a anuência do cônjuge ou companheiro que não tenha casado ou contratado o regime da comunhão universal de bens, ou em regime de bens em que não existam bens particulares.

31. O PRAZO DE INSTAURAÇÃO DO INVENTÁRIO

Por meio do procedimento do inventário e da partilha será transmitida a herança deixada pelo sucedido, servindo o inventário para a descrição dos bens, identificação dos herdeiros e composição dos quinhões de cada herdeiro, afora eventual meação do cônjuge ou companheiro sobrevivente. Embora o art. 1.796 do Código Civil indique o prazo de 30 (trinta) dias para a abertura do inventário, em realidade o processo de inventário com partilha, ou de mera adjudicação, quando existe apenas um herdeiro passou a ser de 60 (sessenta) dias, de acordo com a redação determinada pela Lei 11.441/2007, que derrogou o art. 983 do revogado Código de Processo Civil de 1973. Com o advento do Código de Processo Civil de 2015, o art. 611 alterou para dois meses o prazo para instauração do inventário ou arrolamento judicial ou extrajudicial, a contar da abertura da sucessão, ultimando-se nos doze meses subsequentes, podendo o juiz prorrogar esses prazos, de ofício ou a requerimento de parte, e nada impede que o inventário seja instaurado depois desse prazo sem nenhuma sanção ao processo e aos herdeiros, observando que, de acordo com o art. 155, inc. I, da Constituição Federal, compete aos Estados e ao Distrito Federal instituir impostos sobre transmissão *causa mortis e* doação (ITCMD), de quaisquer bens ou direitos.

Como o ITCDM é imposto estadual, alguns Estados, como São Paulo e Paraná, ao contrário do Rio Grande do Sul, preveem o pagamento de multa pelo atraso na atuação do inventário ou arrolamento, equivalente a 10% (dez por cento) do valor do imposto (ITCMD) e de 20% (vinte por cento) se o atraso na abertura do inventário ou do arrolamento exceder a 180 dias,[57] observando Euclides de Oliveira e Sebastião Amorim a validade dessa cobrança, como

---

[57] Em São Paulo, a multa está regulamentada pelo art. 21 da Lei 10.705, de 28 de dezembro de 2000.

já foi proclamado pelo STF na Súmula 542,[58] embora, em contrapartida, não seja aplicada nenhuma multa quando o juiz não consegue encerrar o inventário nos doze meses previstos em lei (CPC, art. 611). Conforme registram Ricardo Alexandre da Silva e Eduardo Lamy, a razão da imposição da multa pelo atraso na propositura do inventário ou do arrolamento decorre do interesse público havido na arrecadação do ITCMD, no propósito de a multa punir eventual má-fé demonstrada pela conduta de determinados herdeiros na tentativa de evitar o pagamento do referido imposto, e lembram que no CPC de 1973 ainda existia a prerrogativa de o magistrado iniciar o inventário de ofício, hipótese que não foi mantida pelo CPC de 2015.[59]

32. INVENTÁRIOS CUMULATIVOS

Falecendo um cônjuge ou companheiro meeiro supérstite antes de haver sido deliberada a partilha dos bens do premorto, as duas heranças seriam cumulativamente inventariadas e partilhadas, se os bens e os herdeiros de ambos fossem os mesmos (CPC/1973, arts. 1.043 e 1.044). A legislação processual revogada previa a possibilidade de cumulação de inventários entre cônjuges e companheiros e uma segunda hipótese de cumulação de inventários entre herdeiros. A condição de incidência do art. 1.043 do Código de Processo Civil de 1973, pela sobremorte do cônjuge ou convivente supérstite, era que os herdeiros fossem comuns.[60]

Na atualidade, a cumulação de inventários para a partilha de heranças de pessoas diversas está regulada pelo art. 672 do Código de Processo Civil, sendo admitida quando houver: I) identidade de pessoas entre as quais devem ser repartidos os bens; II) heranças deixadas pelos dois cônjuges ou companheiros; III) dependência de uma das partilhas em relação à outra e, no caso do inc. III do art. 642 do CPC, se a dependência for parcial, por haver outros bens, o juiz pode ordenar a tramitação separada, se melhor convier ao interesse das partes ou à celeridade processual. Ainda de acordo com o art. 673 do CPC, no caso de incidência do inc. II do art. 672 do CPC, prevalecerão as primeiras declarações, assim como o laudo de avaliação, salvo se alterado o valor dos bens. Não é preciso abrir dois processos de inventário para a partilha dos mesmos bens, com o pagamento dos quinhões destinados aos mesmos herdeiros comuns ao casal ou aos herdeiros.

Conforme a legislação processual em vigor, a cumulação de inventários é possível quando existir identidade de herdeiros entre os quais devam ser repartidos os bens, ainda que esses herdeiros não sejam filhos de um mesmo casal, ou seja, havendo diferentes heranças destinadas às mesmas pessoas.

A segunda hipótese regulada pelo inc. II do art. 672 do CPC é bastante comum de acontecer e reporta ao falecimento do cônjuge ou companheiro sobrevivente no curso do inventário do parceiro que morreu em primeiro lugar. Note-se que, consoante a vocação hereditária, o consorte ou companheiro sobrevivo pode ser herdeiro em concorrência com os coerdeiros descendentes ou ascendentes. Tirante o regime obrigatório da separação de bens e na comunhão universal, em regra, nos demais regimes de comunidade de bens o cúmulo objetivo também tem pertinência legal, pois o pressuposto do cúmulo imposto pelo art. 672,

---

[58] OLIVEIRA, Euclides de; AMORIM, Sebastião. *Inventário e partilha*: teoria e prática. 25. ed. São Paulo: Saraiva, 2018. p. 370.

[59] SILVA, Ricardo Alexandre da; LAMY, Eduardo. *Comentários ao Código de Processo Civil*. Diretor Guilherme Marinoni. Coord. Sérgio Cruz Arenhart e Daniel Mitidiero. 2. ed. São Paulo: Thomson Reuters/RT, 2018. v. IX, p. 499.

[60] ALMADA, Ney de Mello. *Direito das sucessões*. 2. ed. São Paulo: Brasiliense, 1991. v. II, p. 279.

inc. II, do CPC, é de serem de ambos os cônjuges ou companheiros os mesmos herdeiros e não necessariamente os mesmos bens. A cumulação, no entanto, não é obrigatória e pode ser relevada pelo juiz quando se mostrar mais conveniente e produtivo processar separadamente os dois inventários, porque, por exemplo, estão sendo inventariadas empresas que precisam ser administradas o mais rápido possível pelos herdeiros que serão aquinhoados com as respectivas quotas sociais ou ações, ou porque a partilha é de fácil assimilação e repartição, desejando os herdeiros dispor dos bens herdados.[61]

A terceira hipótese do inc. III do art. 672 do CPC cuida da situação em que algum herdeiro morre na pendência do inventário em que ele concorre, sendo que seu único patrimônio corresponde justamente ao quinhão a que faria jus no primeiro inventário, e como o quinhão hereditário seria exatamente aquele que o pós-falecido receberia, por economia processual é admitido que seus herdeiros abram sua sucessão no mesmo inventário em que estava habilitado como herdeiro, como, por exemplo, no inventário de uma genitora, vindo um dos seus filhos faltar no curso do inventário, permitindo que a prole desse herdeiro sobremorto (os netos) o represente no inventário da avó e que também se habilitem por direito próprio na sucessão do pai, recolhendo as duas heranças que são compostas exatamente dos mesmos bens.

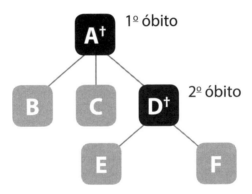

E e F herdam por representação de
D na sucessão de A e por direito próprio
na sucessão de D (inventário cumulativo)

Um único processo pode aglutinar as duas sucessões, conquanto o falecido não possua outra espécie de bens, permitindo que seus sucessores se habilitem para receberem o quinhão hereditário a que ele faria jus. Não prevalece nessa hipótese nenhuma regra própria de vinculação pelo fato de o herdeiro falecido ter domicílio distinto, pois a legislação oferece aos seus herdeiros a faculdade de cumularem os inventários.

Por isso, ocorrendo a morte de algum herdeiro ainda na pendência do inventário em que foi admitido, e não possuindo outros bens além do seu quinhão na herança, este poderá ser partilhado juntamente com os bens do monte. Ambas as hipóteses tratam da cumulação de inventários, mantendo um inventariante para os dois feitos, porque as duas heranças serão processadas e partilhadas em um único inventário, para evitar a repetição de atos judiciais e por economia financeira.

---

[61] CARNEIRO, Paulo Cezar Pinheiro. *Inventário e partilha judicial e extrajudicial*. Rio de Janeiro: Forense, 2019. p. 236.

A cumulação implica a abertura de dois inventários, sendo o segundo distribuído por dependência ao primeiro e nos mesmos autos, salvo morte simultânea dos inventariados, ou se a abertura do inventário do primeiro tenha sido postergada, sobrevindo o falecimento do outro cônjuge ou herdeiro, quando então serão processados dois inventários simultaneamente.

33. A ADMINISTRAÇÃO DA HERANÇA

A morte transmite de imediato a posse e a propriedade dos bens deixados pelo *de cujus* aos seus herdeiros. Enquanto não aberto e encerrado o inventário com a partilha ou a adjudicação dos bens inventariados, o espólio carece de uma administração para a prática de determinados atos de gestão da herança, que não podem aguardar os dois meses de espera tolerados para a abertura do inventário (CPC, art. 611), e tampouco, a nomeação do inventariante, quem também terá atribuições de administração do espólio. As funções do administrador abarcam, basicamente, uma atividade dirigida a manter a custódia e boa guarda dos bens para sua conservação. Existem atos de rotina que não podem ser postergados, como pagamentos de impostos, taxas de condomínio, obrigações de natureza trabalhista, pagamentos de luz e de água, dentre outras despesas corriqueiras, como, por exemplo, os custos a serem atendidos com a conservação e melhoramento dos bens do espólio, como de outra banda existem créditos a receber, as relações com os devedores e inúmeras atividades de administração ou de gestão empresarial que são exigidas pela diuturna dinâmica da vida que continua em seu ritmo normal.

Esses atos devem ser perpetrados por quem estiver na posse e na fática administração do espólio, recaindo essa função, em regra, na pessoa do cônjuge ou convivente sobrevivente, ou na pessoa de qualquer um dos herdeiros. Esse administrador provisório representa ativa e passivamente o espólio, até que o inventariante preste o compromisso (CPC, art. 613), podendo, como é bastante usual, recair a nomeação do futuro inventariante na própria pessoa do administrador provisório. O administrador provisório foi novidade trazida ainda com o Código de Processo Civil de 1973, atribuindo-lhe o diploma processual a incumbência de requerer o inventário e a partilha, quando estivesse na posse e administração provisória dos bens hereditários (CPC, art. 615).

33.1. Do administrador provisório

As atribuições do administrador provisório serão posteriormente assumidas pelo inventariante a ser nomeado pelo juiz do inventário (CPC, art. 617), ou indicado na via extrajudicial, prestando o compromisso de inventariante no mesmo ato de escritura pública de inventário e partilha (Resolução CNJ 35/2007, art. 11).[62] Havendo um só herdeiro, maior e capaz, a escritura a ser lavrada será a de adjudicação (Resolução CNJ 35/2007, art. 26), não fazendo tal Resolução menção à nomeação de representante com poderes de inventariante, porquanto o art. 11 só faz exigência de nomeação de inventariante para a escritura de *inventário e partilha*, e partilha não ocorre na adjudicação. Parece dispensável a indicação na escritura pública de adjudicação de uma pessoa para representar o espólio como inventariante, no cumprimen-

---

[62] Resolução CNJ 35/2007: "Art. 11. É obrigatória a nomeação de interessado, na escritura pública de inventário e partilha, para representar o espólio, com poderes de inventariante, no cumprimento de obrigações ativas e passivas pendentes, sem necessidade de seguir a ordem prevista no art. 990 do Código de Processo Civil (art. 617 do CPC vigente)".

to de obrigações ativas ou passivas pendentes, quando naturalmente essa responsabilidade recai sobre a pessoa do herdeiro único.

Por analogia ao inc. VII do art. 618 do Código de Processo Civil, o administrador provisório está sujeito a prestação de contas ao final de sua gestão ou sempre que o juiz lhe determinar, sendo a referida prestação uma obrigação de todas as pessoas às quais foi confiada a administração ou gestão de bens ou de interesses alheios.[63]

33.2. Do inventariante

O estado indiviso da herança durante a tramitação do inventário cria uma comunidade hereditária transitória, destinada a terminar com a partilha dos bens inventariados. Não se trata de uma comunidade criada de livre e espontânea vontade, mas de natural decorrência da abertura de uma sucessão e efeito da imediata transferência da posse e propriedade dos bens aos herdeiros, consoante o princípio da *saisine*. Essa universalidade prescinde de um administrador a ser judicialmente nomeado, com o encargo projetado para se prolongar até a homologação da partilha, e se todos os herdeiros forem maiores e capazes, e estiverem de acordo com a partilha, podem discernir o cargo de administrador a um deles e até a um terceiro. A designação de um inventariante se faz necessária para concentrar em uma única pessoa a responsabilidade de realização dos atos indispensáveis de conservação dos direitos e interesses do espólio.[64]

O art. 617 do Código de Processo Civil estabelece uma ordem de preferência para a nomeação do inventariante, que terá a incumbência de atender às atribuições declinadas no art. 618 do mesmo Código de Ritos, com a precípua função de representar o espólio ativa e passivamente, em juízo e fora dele, salvo quanto ao inventariante dativo, em cuja hipótese todos os herdeiros e sucessores do falecido serão autores ou réus nas ações em que o espólio for parte (CPC, art. 75, § 1º).

Essa ordem de preferência para a nomeação do inventariante deve ser seguida pelo juiz, salvo se encontrar empecilhos que atentem contra os interesses do espólio, quando, por exemplo, o cônjuge ou convivente sonega bens ou retarda a abertura e o desenvolvimento regular do processo de inventário, ou se não mais apresenta condições mentais e aptidão física para o exercício do mister. O juiz poderá atender a eventual indicação do inventariante surgido do consenso dos herdeiros e legatários, se houver, conquanto sejam todos maiores e capazes.

Além de administrar e representar o espólio ativa e passivamente, dentro e fora do inventário, o inventariante também tem sob sua responsabilidade, desde a assinatura do compromisso até a homologação da partilha (CC, art. 1.991), a tarefa de levar a contento as diferentes etapas do procedimento, quando finalmente se desincumbe de sua administração.

O cônjuge casado ou companheiro sobrevivente, independentemente do regime de bens (CPC, art. 617, inc. I), desde que estivesse convivendo com o outro ao tempo da morte deste, tem a preferência para exercer o cargo de inventariante. A escolha do cônjuge atendia antigamente à sua condição de meeiro, mesmo quando a maior parte dos bens fosse exclusivamente do falecido.

---

[63] MARCATO, Antonio Carlos. *Procedimentos especiais*. 14. ed. São Paulo: Atlas, 2010. p. 127.
[64] MAFFÍA, Jorge O. *Tratado de las sucesiones*. 2. ed. Buenos Aires: Abeledo Perrot, 2010. t. I, p. 490.

Capítulo IV
DA VOCAÇÃO HEREDITÁRIA

34. VOCAÇÃO HEREDITÁRIA

A vocação hereditária diz respeito àquelas pessoas que estão legalmente capacitadas a sucederem o autor da herança, tanto pela via da sucessão legítima como pela sucessão testamentária, e bem assim pela eventual coexistência das duas espécies de sucessões, pois um herdeiro pode ter sido beneficiado por testamento a par de também constar na ordem de vocação da lei, prevendo a lei o chamamento prioritário dos descendentes, em concorrência com o cônjuge ou o convivente, na falta destes chamando os ascendentes, novamente em concorrência com o cônjuge ou convivente sobrevivente, e, ausentes os ascendentes, a lei avoca somente o cônjuge ou o convivente; não havendo cônjuge ou companheiro sobrevivo, serão chamados os colaterais (CC, art. 1.829).

Originariamente, o Código Civil brasileiro previa a vocação hereditária do convivente sobrevivo em dispositivo deslocado para o título *Da Sucessão em Geral,* cujo art. 1.790 foi declarado inconstitucional pelo Supremo Tribunal Federal, ao julgar os Recursos Extraordinários 646.721/RS e 878.694/MG, concluindo o Tribunal Constitucional que não existe meio de discriminação entre cônjuge e companheiro estabelecido no Código Civil e estendendo os efeitos tanto para as relações homoafetivas como heteroafetivas, pois não pode haver hierarquização entre as famílias do casamento e da união estável. Considerou inconstitucional o art. 1.790 do Código Civil por violar princípios como o da *igualdade,* o da *dignidade da pessoa humana,* o da *proporcionalidade* e o da *vedação ao retrocesso.*[1]

Só são legitimadas para suceder: a) as pessoas humanas nascidas ou concebidas no momento da abertura da sucessão, e que nasçam com vida; b) as nascidas depois da morte do autor da herança mediante técnicas de reprodução humana assistida (no prazo do § 4º do art. 1.800 do CC); c) as pessoas jurídicas e as fundações na sucessão testamentária, sendo vedada a sucessão direta para animais e heranças em favor de coisas inanimadas.[2]

O termo vocação vem do latim *vocatio,* do verbo *vocare,* que significa chamar, e no direito sucessório tem o sentido de chamar todos os possíveis herdeiros no momento exato da morte do *de cujus,* seja pela vontade por ele expressada por meio de testamento ou em decorrência do texto contido na lei. A vocação legal se produz sempre até o quarto grau de parentesco e independe da existência de testamento, muito embora o testamento possa afastar

---
[1] AZEVEDO, Álvaro Villaça. *Curso de direito civil*: direito das sucessões. São Paulo: Saraiva, 2019. v. VII, p. 48-49.
[2] GONÇALVES, Carlos Roberto. *Direito civil brasileiro*: direito das sucessões. 12. ed. São Paulo: Saraiva, 2018. v. 7, p. 69.

os parentes da herança quando não forem herdeiros necessários e o testador tenha testado a totalidade de seus bens.

A vocação hereditária pode ser legítima, por ser proveniente da lei, ou testamentária, quando proveniente de testamento, cuja derradeira vontade sucessória foi manifestada em vida pelo testador, e haveria uma terceira espécie de vocação, chamada de legitimária, quando o testador ultrapassa a porção disponível e o herdeiro necessário promove uma ação em busca de sua legítima, ou quando um herdeiro filho, portanto, um herdeiro necessário, é desconhecido e promove ação de investigação de paternidade com petição de herança e redução de disposição testamentária, ou quando a cláusula testamentária de deserdação de um herdeiro necessário foi judicialmente declarada injusta.

A vocação do herdeiro instituído por testamento ou do legatário pode ser pura ou condicional, ficando, nesse caso, sujeita a evento futuro e incerto (CC, art. 121), na modalidade resolutiva ou suspensiva. A vocação também pode ser direta ou *por cabeça*, quando o herdeiro é chamado por ser o primeiro na ordem de vocação hereditária, e por representação ou *estirpe*, quando herdeiro mais distante substitui herdeiro mais próximo, que foi excluído por indignidade, por deserdação, ou porque é pré-falecido. Por fim, desde a morte do sucedido, os herdeiros têm todos os direitos e ações do falecido, de forma indivisa, com exceção daqueles direitos pessoais e que não são transmitidos por sucessão, e continuam na posse daquilo de que o morto era possuidor, e se são instituídos por alguma condição suspensiva, dependem do cumprimento da condição.[3]

35. CAPACIDADE SUCESSÓRIA

Capacidade para suceder é a aptidão para receber por transmissão *mortis causa*. Toda pessoa física ou jurídica, a menos que exista alguma disposição contrária em lei, goza de capacidade para suceder, e essa capacidade sucessória passiva independe e tampouco se confunde com a capacidade civil. A capacidade de fato surge com o nascimento, sendo que o Código Civil brasileiro adotou a *teoria natalista* para estabelecer o começo da personalidade apenas com o nascimento da pessoa com vida, mas resguardando os direitos do nascituro desde sua concepção (CC, art. 2º). Legitimam-se a suceder as pessoas nascidas ou já concebidas no momento da abertura da sucessão (CC, art. 1.798). O filho concebido é capaz de suceder, mas para ele ser considerado pessoa deve nascer com vida e assim ser avaliado como sujeito de direitos, mesmo que apenas tenha respirado brevemente.

Aos dezoito anos completos cessa a menoridade e a pessoa fica habilitada à prática de todos os atos da vida civil, se por outra causa não for interditada. A incapacidade civil é a exceção, mas enquanto civilmente incapazes as pessoas ficam impedidas total ou parcialmente de praticarem os atos da vida civil e devem ser representadas por um curador, no entanto, não perdem sua capacidade sucessória, acaso sejam chamadas a suceder em uma herança, sendo aferida sua capacidade sucessória no momento da abertura da sucessão, não devendo ser confundidos os conceitos de capacidade civil do menor até 16 anos que é judicialmente representado por seus pais ou responsáveis e do menor entre 16 e 18 anos incompletos que será judicialmente assistido por seus pais ou responsáveis.

Inexiste capacidade sucessória ativa legítima e testamentária de pessoa jurídica, porque a empresa não morre, ela apenas se extingue, mas o ente jurídico pode receber por testamento,

---

[3] LLOVERAS, Nora; ORLANDI, Olga e FARAONI, Fabían. *La sucesión por muerte y el proceso sucessório*, Buenos Aires: Erreius, 2019. p. 569.

como titular de capacidade testamentária passiva. Também não existe capacidade testamentária ativa de pessoa física judicialmente interditada por absoluta incapacidade de compreender os atos da vida civil, embora não esteja impedida de receber na sucessão testamentária e tampouco ela está excluída da sucessão legítima pela incapacidade civil.

35.1. Capacidade na sucessão legítima

No campo do direito sucessório, a capacidade de fato não induz necessariamente à capacidade de herdar, não subsistindo mais nenhum obstáculo legal para afastar definitivamente da vocação hereditária, na sucessão legítima, quem já não mais pode se habilitar como herdeiro em determinada sucessão. Um bom exemplo pode ser encontrado no caso do divórcio judicial ou extrajudicial, que depois da Emenda Constitucional 66/2010 afastou qualquer investigação da causa culposa e praticamente neutralizou qualquer interesse no instituto da separação judicial. O cônjuge já divorciado deixa de ter legitimidade para concorrer na sucessão aberta por seu ex-consorte. Também depois da Emenda Constitucional 66/2007, não há mais ser falado na separação de fato de até dois anos do art. 1.830 do Código Civil, capaz de provocar, no passado, a suspensão do juízo do inventário, para que ação sucessória permitisse demonstrar a culpa mortuária do autor da herança pela separação do casal e, dessa forma, comprovar a inocência do cônjuge sobrevivente pela separação conjugal, justificando, assim, a permanência da qualidade de herdeiro concorrencial do consorte sobrevivente, de quem já estava de fato separado até o tempo máximo de dois anos, em um matrimônio há muito destituído de qualquer comunhão de vida.

Entrementes, esta posição foi enfrentada pela 4ª Turma do Superior Tribunal de Justiça, no REsp 1.513.252/SP, relatado pela Ministra Maria Isabel Gallotti e julgado em 3 de novembro de 2015, admitindo, por unanimidade, que a sucessão do cônjuge separado de fato há mais de dois anos é uma exceção à regra geral, sendo dele o ônus de comprovar, nos termos do art. 1.830 do Código Civil, que a convivência se tornara impossível sem sua culpa.[4] Segundo a Ministra Maria Isabel Gallotti, são os laços de afetividade, que se presumem entre os cônjuges, que determinam a escolha dos herdeiros necessários e que, portanto, hígido e pertinente o art. 1.830 do Código Civil, sendo dos terceiros interessados o ônus da prova de que a separação de fato se deu por culpa do cônjuge sobrevivente, pois que, do contrário, o supérstite seria prejudicado quando a separação se deu, por exemplo, pelo próprio abandono do lar pelo sucedido antes de morrer. Este é um fato ponderável, pois pode um cônjuge em estado terminal provocar a ruptura fática do casamento com a sua voluntária deserção do lar, ou até mesmo ser provocada a expulsão do consorte do domicílio conjugal pelos familiares do cônjuge moribundo, estabelecendo-se a ruptura nas duas hipóteses e sem a mínima participação de culpa do consorte sobrevivente, causando, com seu posterior óbito, a exclusão automática do cônjuge sobrevivente da sucessão. Nesses exemplos, a separação de fato não

---

[4] "Recurso Especial. Direito Civil. Sucessões. Cônjuge sobrevivente. Separação de fato há mais de dois anos. Art. 1.830 do CC. Impossibilidade de comunhão de vida sem culpa do sobrevivente. Ônus da prova. 1. A sucessão do cônjuge separado de fato há mais de dois anos é exceção à regra geral, de modo que somente terá direito à sucessão se comprovar, nos termos do art. 1.830 do Código Civil, que a convivência se tornara impossível sem sua culpa. 2. Na espécie, consignou o Tribunal de origem que a prova dos autos é inconclusiva no sentido de demonstrar que a convivência da ré com o ex-marido tornou-se impossível sem que culpa sua houvesse. Não tendo o cônjuge sobrevivente se desincumbido de seu ônus probatório, não ostenta a qualidade de herdeiro. 3. Recurso especial provido."

se deu por culpa do cônjuge supérstite, no entanto, a morte do consorte culpado foi e deveria ser muito próxima para justificar eventual direito sucessório em decorrência do art. 1.830 do Código Civil.

Inviável em outras situações de prolongada separação fática, que nem de longe poderiam alcançar dois ou mais anos de separação de fato, pois, mesmo antes da EC 66/2010, a culpa pela ruptura conjugal desaparecia depois de um ano de fática separação, sendo incontroverso que, na atualidade, o divórcio pode ser decretado a qualquer tempo e sem qualquer perquirição da causa. Portanto, qual a diferença que justificaria um cônjuge sobrevivente não poder herdar por ter se divorciado no mesmo dia ou alguns dias depois do seu consorte, agora falecido, e que abandonou o lar, ou que em vida expulsou o cônjuge agora sobrevivente do domicílio conjugal, ou se entre eles apenas existia uma ininterrupta separação de fato? O direito sucessório do cônjuge sobrevivente escorado unicamente na solidariedade deve pressupor ao menos a subsistência do casamento, porquanto, rompida a convivência, desaparecem todos os efeitos do matrimônio, desde a comunicação dos bens provenientes em período posterior à separação de fato, como em relação ao direito sucessório de um casamento que terminou antes, e, no mundo dos fatos, pela fática separação do casal, pois que, salvo alguma evidente má-fé, é com a separação de fato que também os efeitos jurídicos sucessórios terminam no mundo do Direito.

Critério passível de inspiração para aproximar a decisão judicial daquilo que se apresenta como mais justo e adequado a ser considerado pelo julgador, quando se depara com um casal já separado de fato e precisa decidir se deve excluir ou não na herança o cônjuge ou companheiro sobrevivente. O art. 2.437 do Código Civil e Comercial da Argentina, e assim já determinava o art. 3.575 do revogado Código Civil argentino, ordena a cessação da vocação hereditária dos cônjuges separados de fato e sem vontade de se reconciliarem, e, conforme lição de José Luis Pérez Lasala, a causa de exclusão hereditária do consorte faticamente separado está umbilicalmente atrelada à circunstância de verificar se se trata de uma separação definitiva ou transitória, nesta última hipótese quando motivada por razões de força maior, como a ausência em razão de trabalho, enfermidade que requer tratamento em lugar distinto do domicílio matrimonial, de forma que será decisivo para excluir o cônjuge a intenção de desintegração da convivência conjugal, ou seja, apurar se a separação guarda ares de transitoriedade e força maior ou se corresponde à efetiva e desejada ruptura dos cônjuges.[5]

Também pode ocorrer que aquele herdeiro chamado à sucessão tenha se colocado em uma condição de incompatibilidade moral em relação ao falecido, capaz de causar a sua exclusão da herança pelo fundamento da indignidade ou da deserdação, ampliando, dessa forma, as causas fechadas da exclusão do herdeiro por desdouro pessoal. Nada infrequente encontrar herdeiros necessários entre filhos, cônjuge e companheiro que simplesmente ignoram a existência e as necessidades materiais e psicológicas dos pais, do convivente ou do consorte, para posteriormente se habilitarem como herdeiros forçosos, pois, como assinala Teresa Echevarría de Rada, referindo-se à Constituição espanhola, que protege o sistema das legítimas, *o direito sucessório deve conciliar a liberdade de dispor com a necessária proteção da família*,[6] e, com efeito, não existe proteção alguma quando herdeiros obrigatórios abandonam material e psicologicamente seus ascendentes e vice-versa.

---

[5] LASALA, José Luis Pérez. *Tratado de sucesiones*. Buenos Aires: Rubinzal-Culzoni, 2014. t. II, p. 111.
[6] RADA, Teresa Echevarría. *La desheredación de hijos y descendientes*: interpretación actual de las causas del artículo 853 del Código Civil. Madrid: Reus, 2018. p. 11.

Ressente-se a legislação brasileira de um dispositivo ao modelo do art. 853 do Código Civil da Espanha, que também considera causas para a deserdação: 1) negar, sem motivo legítimo, os alimentos ao pai ou ascendente do qual herdará; 2) haver maltratado ou injuriado grave e verbalmente aquele de quem herdará; 3) haver entregue filha ou neta à prostituição; 4) haver sido condenado por um delito que represente a pena de interdição civil. Segundo a jurisprudência espanhola, a hipótese do abandono significa privar o ascendente da convivência e com mais razão ainda se dele se olvidarem na convalescência e se tampouco foram ao seu enterro, sendo que o maltrato não precisa ser mediante o emprego de força física, pois pode ser indireto, como sucede no caso de expulsão da mãe do lar familiar, mesmo quando a atitude partiu da nora, mas sem nenhuma intervenção pessoal do filho que aceitou o fato e não rechaçou a atitude tomada por sua esposa.[7]

A capacidade para suceder na sucessão legítima pertence às pessoas humanas nascidas e àquelas já concebidas no momento da morte do autor da herança (CC, art. 1.798), condicionado o nascituro ao seu nascimento com vida e cuja regra não é aplicada à sucessão testamentária.

35.1.1. Nascidos até a abertura da sucessão

Para receber uma herança por disposição da lei o herdeiro tem que ser concebido ou ter nascido até o momento do óbito do sucedido (CC, art. 1.798). Idêntica disposição legal consta do art. 962 do Código Civil chileno, ao estabelecer que para suceder é necessário existir ao tempo de se abrir a sucessão, não se tratando, como diz Fabián Elorriaga De Bonis, de regra de *capacidade* ou de *incapacidade*, pois quem não existe não é capaz e nem incapaz, pois é necessário que exista; e, se não existe, sua qualificação hereditária se faz francamente impossível.[8]

Se a morte do pai se deu sem que houvesse tempo para o registro de filiação, por coincidente o decesso com o nascimento, faltando ao filho a prova da filiação, nenhum impasse subsiste pela presunção de paternidade proveniente do casamento dos pais (CC, art. 1.597), mesmo porque, para ser herdeiro, tem de ter existência natural e não é necessário ter existência legal.[9] Contudo, se os pais viviam uma relação descompromissada ou uma união estável, a prova da filiação e a condição de herdeiro do filho nascido até a abertura da sucessão e o mesmo em relação ao nascituro que nasce com vida, acaso os coerdeiros não reconhecessem no inventário a sua capacidade sucessória, obrigava essa criança que não havia nascido das justas núpcias, a promover uma ação de investigação de paternidade cumulada com petição de herança, pois até antes do advento da Lei 13.112, de 30 de março de 2015, não existia a presunção de paternidade de filhos nascidos fora do casamento. Agora, resta definitivamente

---

[7] STS – Sentencia Tribunal Superior de 25.06.1995: *"No es necesario que la expulsión del domicilio por el hijo o por su esposa pero aceptada por él, sea mediante el empleo de fuerza física para que en la conducta de éste deba reputarse existente el maltrato de obra que la norma del artículo 853.2 de Código recoge como causa de desheredación, máxime cuando el estado de cosas que sigue a la salida de la casa de la madre, continúa durante años en los que ésta, vive precariamente sin ser mínimamente atendida en modo alguno por el descendiente cuya desheredación, por maltrato según el testamento de la víctima ha de reputarse legalmente correcta".* Trecho da sentença espanhola extraído de ARENAS, Ana Laura Cabezuelo. *Maltrato psicológico y abandono afectivo de los ascendientes como causa de desheredación (Art. 853.2 CC)*. Valencia: Tirant Lo Blanch, 2018. p. 69.

[8] DE BONIS, Fabián Elorriaga. *Derecho sucesorio*. 3. ed. Chile: Thomson Reuters, 2015. p. 41.

[9] DE BONIS, Fabián Elorriaga. *Derecho sucesorio*. 3. ed. Chile: Thomson Reuters, 2015. p. 41, nota 44.

equiparada a filiação matrimonial da extramatrimonial, porquanto qualquer mulher pode, em igualdade de condições, proceder ao registro de nascimento do filho, obviamente indicando o nome do pai, sem que precise ser sua esposa, soterrando, em definitivo, as ações de investigação biológica da paternidade para dar lugar a eventual ação de impugnação de paternidade que seria proposta por aquele genitor indicado como sendo o pai da criança registrada unicamente pela mãe do infante. Obviamente a presunção exclusivamente conjugal de paternidade (CC, art. 1.597), representava verdadeira anomalia legal diante da paridade dos direitos de filiação, e esta distorção ainda presente no sistema jurídico brasileiro restou derradeiramente afastada com a edição da Lei 13.112/2015.

35.1.2. Nascituros

Nascituro é aquele que está por nascer, mas cujo nascimento ainda não se consumou, porque está sendo gerado no ventre materno. Conforme Fernando de Paula Gomes, o nascituro é uma pessoa condicional, cuja aquisição de personalidade fica na dependência da condição suspensiva de nascer com vida. A vida intrauterina, ou mesmo *in vitro*, confere apenas personalidade jurídica formal, adquirindo personalidade jurídica material ao nascer com vida.[10] O nascituro é destinatário dos direitos de personalidade, como *o direito à paternidade, direito à identidade, direito à indenização por morte do pai que não conheceu, direito a alimento para uma adequada assistência pré--natal, direito à imagem, direito à honra*, detendo capacidade de direito, mas não de exercício de direito, cujos interesses serão representados pelos pais ou por um curador.

Os direitos materiais do nascituro dependem do seu nascimento com vida, como a doação e a herança. A lei brasileira não impõe qualquer outra condição para a aquisição da personalidade jurídica, qual não seja a do nascimento com vida para o início da personalidade, pois tendo adquirido personalidade humana será titular de direitos. No entanto, não há como olvidar se trate o nascituro de um ser humano vivo e merecedor de toda a proteção jurídica, pois, como assevera Pedro Pais de Vasconcelos, ele não é uma víscera da mãe, é ser vivo, em desenvolvimento, e se o próprio cadáver tem um regime jurídico de proteção, cujos direitos da personalidade quanto ao nome, à imagem e à sepultura lhe são dispensados, não há como negar a humanidade do nascituro.[11] Segundo Pedro Pais de Vasconcelos, é no campo do relacionamento social que o nascimento com vida do nascituro adquire maior relevância, porquanto ele passa a se relacionar com a *polis* e não mais apenas com a mãe, em cujo seio viveu durante a sua concepção.[12]

Enquanto a personalidade jurídica da pessoa humana tem início com o nascimento com vida, esta condição não exclui o nascituro da proteção dos direitos inerentes à sua personalidade, como o direito de nascer, de não ser ferido fisicamente, de ver preservada a sua integridade física, de não ser manipulado ou perturbado geneticamente, de ser bem tratado e o direito de receber os cuidados próprios de sua condição.[13]

Polêmica que aumenta diante das técnicas de procriação artificial *in vitro* surge quando fecundum um embrião fora do útero materno e crioarmazenado pelos bancos de preservação de embriões e gametas e pelas clínicas de fertilização assistida, resultando definir se este ser

---

[10] GOMES, Fernando de Paula. A personalidade e a defesa dos direitos do nascituro e do embrião. In: CANENIN, Claudete Carvalho (coord.). *Arte jurídica*. Curitiba: Juruá, 2005. v. II, p. 438.
[11] VASCONCELOS, Pedro Pais de. *Direitos de personalidade*. Coimbra: Almedina, 2006. p. 106.
[12] VASCONCELOS, Pedro Pais de. *Direitos de personalidade*. Coimbra: Almedina, 2006. p. 104.
[13] VASCONCELOS, Pedro Pais de. *Direitos de personalidade*. Coimbra: Almedina, 2006. p. 106.

humano em desenvolvimento, não inserido no corpo de uma mulher, merece a mesma tutela jurídica do embrião *in útero*, e se pode ser considerado uma pessoa.[14]

Maria Helena Diniz[15] observa que os concepturos (embrião ou nascituro) têm seus direitos resguardados desde a concepção e conclui que, se as normas os protegem, é porque têm personalidade jurídica.[16] Não obstante as modernas técnicas de inseminação artificial, não há de ser falado em nascituro enquanto o óvulo fertilizado *in vitro* não tiver sido implantado no útero materno, porque somente após a implantação se iniciará a gravidez e o ciclo humano de nascer, crescer, reproduzir e morrer, porque não sendo implantado no útero, como fato biológico imprescindível para a constituição do ser humano, o embrião poderá ser mantido *in vitro* durante muito tempo, tornando-se irrelevante a sua fertilização.[17] O embrião fertilizado *in vitro*, a partir da sua implantação no útero deve ser considerado nascituro e seus direitos estão suspensos até que o seu nascimento se produza para que entre em gozo de seus direitos, mas se perece no ventre materno ou mesmo antes de estar completamente separado de sua mãe, ou não sobrevive um momento sequer após a separação, os direitos sucessórios passarão a outra pessoa como se o nascituro jamais tivesse existido.[18]

O art. 2º do Código Civil protege o nascituro que se encontra no ventre materno, pondo a salvo os seus direitos, que ficam condicionados ao seu nascimento com vida. Esse artigo de lei dispõe que o nascituro adquire personalidade jurídica com o nascimento, mesmo só tendo respirado por breve momento, embora outras legislações atribuam o termo inicial da personalidade jurídica ao momento da concepção. Existem diferentes doutrinas acerca do começo da personalidade jurídica e a primeira dessas teorias é denominada de *concepcionista*, pela qual a personalidade jurídica é atribuída desde a concepção no útero materno, não devendo ser confundida a qualidade de ser pessoa ou personalidade com a capacidade de ser titular de direitos, mesmo sem poder exercê-los, uma vez que ficam condicionados ao nascimento com vida do destinatário desses direitos, como ocorre em relação ao nascituro. O nascituro é titular de direitos absolutos inerentes à sua personalidade, como o são os direitos à vida, à integridade física e à saúde.[19]

Já a teoria *natalista* entende ser a personalidade um atributo adquirido após o nascimento com vida, e que o nascituro somente tem expectativa de direitos, desde a sua concepção. Para a teoria *natalista*, o nascituro não tem capacidade de direito, e a lei apenas protege os direitos que estão condicionados ao seu nascimento com vida ao respirar o ar atmosférico,[20] pouco importando o tempo de sobrevivência.

Adepto da teoria *natalista*, Vicente Ráo diz que "a proteção dispensada ao nascituro, isto é, ao ser concebido, mas ainda não nascido, não importa em reconhecimento nem atribuição de personalidade, mas equivale, apenas, a uma situação jurídica de expectativa, de pendência, situação que só com o nascimento se aperfeiçoa, ou, então, indica a situação ou fato em virtude do qual, certas ações podem ser propostas, ou ao qual se reportam, retroativamente, os efeitos de determinados atos futuros".[21] A teoria *natalista* foi acolhida pelo

---

[14] SZANIAWSKI, Elimar. *Direitos de personalidade e sua tutela*. 2. ed. São Paulo: RT, 2005. p. 67.
[15] DINIZ, Maria Helena. *O estado atual do biodireito*. 2. ed. São Paulo: Saraiva, 2002. p. 113.
[16] BARBAS, Stela Marcos de Almeida Neves. *Direito ao patrimônio genético*. Coimbra: Almedina, 2006. p. 71.
[17] ALMEIDA, Silmara J. A. Chinelato e. *Tutela civil do nascituro*. São Paulo: Saraiva, 2000. p. 11.
[18] DE BONIS, Fabián Elorriaga. *Derecho sucesorio*. 3. ed. Chile: Thomson Reuters, 2015. p. 42.
[19] ZAINAGHI, Maria Cristina. *Os meios de defesa dos direitos do nascituro*. São Paulo: LTr, 2007. p. 43.
[20] NORBIM, Luciano Dalvi. *O direito do nascituro à personalidade civil*. Brasília: Brasília Jurídica, 2006. p. 44.
[21] RÁO, Vicente. *O direito e a vida dos direitos*. 3. ed. São Paulo: RT, 1991. v. 2, p. 603.

art. 2º do Código Civil brasileiro, ao condicionar o reconhecimento da personalidade civil da pessoa ao seu nascimento com vida, não obstante deixe a salvo, desde a concepção, os direitos do nascituro.

Uma terceira corrente é chamada de *condicional* e admite a personalidade retroativa à concepção, desde que ocorra o nascimento com vida. Durante a gestação, o nascituro tem a proteção da lei a determinados direitos de ordem pessoal e patrimonial, sujeitos a uma causa suspensiva do nascimento.

35.1.3. Reprodução humana assistida

Remonta ao distante dia 25 de julho de 1978 o nascimento de Louise Joy Brown, na cidade de Manchester, na Inglaterra, considerado o primeiro bebê de proveta do mundo, tendo os médicos extraído um óvulo maduro de sua genitora para fecundá-lo com esperma de seu marido, com posterior implantação no útero materno, tendo se desenvolvido até o nascimento.[22]

A constante evolução da medicina genética permite a fecundação fora do corpo da mulher e sem a realização da cópula, fecundando *in vitro* um óvulo extraído de uma mulher, com sêmen do marido ou da pessoa que com ela viva em união estável, ou proveniente da doação de material genético de terceira pessoa. Quando o sêmen é do marido ou companheiro, a inseminação artificial é designada de *homóloga;* no caso de haver um doador, a inseminação artificial é chamada de *heteróloga*.

A procriação medicamente assistida se utiliza de várias técnicas, podendo a fecundação ser realizada dentro ou fora do organismo materno. A fertilização *in vitro* é extracorpórea, e de acordo com essa técnica, a fecundação do óvulo pelo espermatozoide não é feita no organismo materno, mas em uma "cápsula de Petri".[23] A principal finalidade da reprodução humana medicamente assistida é a de combater a esterilidade do ser humano e facilitar a procriação,[24] não obstante possa ser utilizada para prevenir enfermidades genéticas e hereditárias.

35.1.4. Representação e garantias daquele que está por nascer

Embora permaneçam presentes as controvérsias acerca de o nascituro ser ou não pessoa e de deter ou não personalidade jurídica, o art. 2º do Código Civil informa que a personalidade civil da pessoa começa a partir do seu nascimento com vida, não obstante a lei ponha a salvo, desde a concepção, os direitos do nascituro. Apesar das avançadas técnicas de fertilização extracorpórea e do congelamento de embriões humanos, no atual estágio da ciência, o nascituro como ser com probabilidade de nascimento só existe quando há

---

[22] QUIRÓS, Carlos Cárdenas. Fecundación extracorpórea, protección jurídica del embrión y reforma del Código Civil del Perú. In: CARLUCCI, Aída Kemelmajer de (coord.). *El derecho de familia y los nuevos paradigmas.* Buenos Aires: Rubinzal-Culzoni, 2000. t. II, p. 265. RÁO, Vicente. *O direito e a vida dos direitos.* 3. ed. São Paulo: RT, 1991. v. 2, p. 603.
QUIRÓS, Carlos Cárdenas. Fecundación extracorpórea, protección jurídica del embrión y reforma del Código Civil del Perú. In: CARLUCCI, Aída Kemelmajer de (coord.). *El derecho de familia y los nuevos paradigmas.* Buenos Aires: Rubinzal-Culzoni, 2000. t. II, p. 265.
[23] DUARTE, Tiago. *In vitro veritas?* A procriação medicamente assistida na Constituição e na Lei. Coimbra: Almedina, 2003. p. 32.
[24] CASABONA, Carlos María Romeo. *El derecho y la bioética ante los límites de la vida humana.* Madrid: Editorial Centro de Estudios Ramón Areces, 1994. p. 233.

gravidez,[25] e esta só tem início quando houver a *nidação* do ovo, quer tenha sido fecundado por inseminação artificial, quer tenha decorrido de inseminação natural, pois é apenas no útero materno que se estabelece a *vida viável*. Nascendo com vida, o nascituro adquire a plenitude da sua personalidade jurídica, e com um só instante de vida a personalidade está caracterizada.[26]

É a partir do reconhecimento da gravidez que oficialmente a mãe grávida passa a representar a pessoa que está por nascer e essa representação cessa com o nascimento com vida do nascituro, quando então começa a representação do menor; na hipótese de ser expulso o feto sem vida, resolvem-se todos os direitos da pessoa por nascer, porque a lei estima que o *conceptu* nunca tenha existido como sujeito capaz de direitos.[27]

35.1.5. *Posse em nome do nascituro*

Pode ocorrer de a mulher precisar comprovar sua gravidez para garantir os direitos do filho que está por nascer, quando então requererá ao juiz, ouvido o Ministério Público, seja ela examinada por médico para atestar seu estado gestacional.

A posse em nome do nascituro é o procedimento judicial previsto em lei para que uma mulher fecundada possa comprovar sua gravidez, a fim de, diante dessa prova, se imitir na posse dos direitos do nascituro. O procedimento se esgota com a simples constatação da gravidez.[28] Trata-se de instrumentalizar a garantia legal do art. 2º do Código Civil, quando estabelece deixar a salvo os direitos do nascituro desde a sua concepção. Contudo, ressalva Pontes de Miranda não ser a mulher a única pessoa subjetivamente legitimada para a ação, porque outro pode ser o interessado e a tanto legitimado, como, por exemplo, o marido ou outrem, se ela não for casada, que reconheceu o concebido como filho e quer provar a gravidez da mulher que oculta o filho, para em nome do nascituro pedir a *missio in possessionem*.[29] Estando a mulher grávida e ocultando sua gravidez, porque na falta de filho poderia vir a ser a única sucessora, ou se decide viajar para melhor dissimular sua gravidez, ou talvez até suprimir o parto, pode o pai do *conceptus* garantir os direitos patrimoniais do filho nascituro por meio da posse em seu nome.

A ação de posse em nome do nascituro, que se esgota na prova de gravidez de mulher fecundada, não se restringe aos direitos sucessórios, com a posse pelo princípio da *saisine*, porque a medida processual também se presta a pedir alimentos para o filho e despesas do parto. A ação restringe-se à garantia de separação dos bens pertencentes ao quinhão hereditário do nascituro, os quais serão entregues ao titular do poder familiar ou ao curador nomeado nas hipóteses do art. 1.779 do Código Civil.[30]

---

[25] ALMEIDA, Silmara J. A. Chinelato e. O nascituro no Código Civil e no nosso Direito constituendo. In: BITTAR, Carlos Alberto (coord.). *O direito de família e a Constituição de 1988*. São Paulo: Saraiva, 1989. p. 40.
[26] FRANÇA, Rubens Limongi. *Instituições de direito civil*. São Paulo: Saraiva, 1988. p. 48.
[27] GARBINO, Guillermo E. et al. *Código Civil y leyes complementarias, comentado, anotado y concordado*. Coord. Augusto C. Belusscio e Eduardo A. Zannoni. Buenos Aires: Astrea, 1993. t. 1, p. 322.
[28] GAJARDONI, Fernando da Fonseca. *Direito processual civil IV*: Processo cautelar. São Paulo: RT, 2006. p. 137.
[29] MIRANDA, Pontes de. *Comentários ao CPC*. Rio de Janeiro: Forense, 1976. t. XII, p. 373.
[30] Art. 1.779 do CC: "Dar-se-á curador ao nascituro, se o pai falecer estando grávida a mulher, e não tendo o poder familiar. Parágrafo único. Se a mulher estiver interdita, seu curador será o do nascituro".

Conforme era expressamente previsto no Código de Processo Civil de 1973, sob o título *da posse em nome do nascituro*, constatada a gravidez a ser certificada por laudo pericial, o juiz declarava, por sentença, a requerente investida na posse dos direitos que assistam ao nascituro (CPC/1973, art. 878), dispensando qualquer ação complementar de imissão ou de reconhecimento à posse dos direitos hereditários do nascituro, bastando a sentença declaratória para habilitação no inventário do sucedido e genitor daquele que estava por nascer. A revogada ação cautelar de posse em nome do nascituro se esgotava em si mesma, uma vez provada a gravidez, nascendo ou falecendo o concebido, porque, verificada a prenhez, era e segue sendo um direito fundamental de o nascituro viver e na escalada da vida também está o seu inquestionável e inadiável direito aos alimentos. Na atualidade, a ação cautelar da posse em nome do nascituro deve ser fundamentada pelos arts. 300, 301 e 305 do Código de Processo Civil, que tratam da tutela de urgência para asseguração do direito, inclusive em caráter antecedente (CPC, art. 305), referindo o STJ, no REsp 627.759, relatado pela Ministra Nancy Andrighi em 8 de maio de 2006, que, "modernamente, o poder geral de cautela do juiz serve, também, para a intervenção judicial em qualquer situação em que haja risco de perecimento do direito ou de inutilidade dos fins do processo, ainda que existente previsão legal genérica em sentido diverso", e completa a doutrina processualista dizendo que "o art. 301 do CPC é expresso no sentido de que a tutela urgente de natureza cautelar pode ser efetivada mediante arresto, sequestro, arrolamento de bens, registro de protesto contra alienação de bem ou de *qualquer medida idônea e proporcional para asseguração do direito*",[31] merecendo registro o Enunciado 31 do Fórum Permanente de Processualistas Civis: "(art. 301) O poder geral de cautela está mantido no CPC. (Grupo: Tutela Antecipada)".

Contudo, poderá servir a ação para prova da gravidez como demanda preliminar a legitimar o ingresso de outras ações visando assegurar os direitos do nascituro que, porventura, não tenham sido reconhecidos ou espontaneamente alcançados pelos coerdeiros, no caso de herança ou do rito da ação dos alimentos gravídicos da Lei 11.804/2008 direcionada àquele obrigado a prestar alimentos ao nascituro.

De qualquer modo, o parágrafo único do art. 1.609 do Código Civil permite ao pai reconhecer o filho antes do nascimento, por escritura pública, por escrito particular, por testamento, ou por manifestação direta e expressa perante o juiz.

A mulher grávida, e não somente a viúva cujo marido ou companheiro faleceu, é legitimada para a ação de prova do seu estado de gravidez, embora possa ocorrer de outra pessoa deter a legitimidade para a ação de *missio ventris nomine*, como no exemplo de estar vivo o pai e o nascituro haver sido contemplado em testamento, entretanto a mulher grávida nega sua gravidez.[32]

Ao curador incumbe: (i) vigiar a mãe grávida e acautelar o perigo de suposição ou supressão do parto; (ii) fornecer-lhe os meios necessários para a manutenção e cuidados para

---

[31] GAJARDONI, Fernando da Fonseca *et al. Teoria geral do processo*: comentários ao CPC de 2015. Parte geral. São Paulo: Método, 2015. p. 885.
[32] Conforme José Carlos Teixeira Giorgis, "A doutrina mais liberal tem imaginado a possibilidade de que o embrião congelado possa receber um legado análogo ao do não concebido, desde que o testador indique a gestante e o prazo para sua implantação, o que exigirá um perfeito consenso e respeito entre um e outro, afastada a *mercantilização* do ser embrionário com fito econômico e interesseiro" (GIORGIS, José Carlos Teixeira. *A paternidade fragmentada, família, sucessões e bioética*. Porto Alegre: Livraria do Advogado, 2007. p. 126).

com o nascituro; (iii) requerer no inventário aquilo que for do interesse do nascituro, além de resguardar seu patrimônio.[33]

Nenhuma hipótese autoriza restringir o acesso à outrora denominada ação de posse em nome do nascituro, que não se limita ao interesse apenas da viúva do casamento ou da sobrevivente da união estável, como, de resto, é do interesse de qualquer gravidez, quer se trate de mulher solteira, mesmo que seu estado gravídico surgisse da inseminação artificial homóloga ou heteróloga, uma vez que o Direito brasileiro assegura os direitos sucessórios do filho, independentemente da origem dessa filiação (CF, art. 227, § 6º, e CC, art. 1.596). Legitimados passivos da ação de posse em nome do nascituro serão os demais herdeiros que com ele concorrem ou mesmo o testamenteiro, quando se tratar de legado específico em favor do nascituro, além de ser exigida a intervenção obrigatória do Ministério Público (CPC, art. 178, inc. I).[34]

35.2. Da capacidade na sucessão testamentária

O art. 1.799 do Código Civil trata da sucessão testamentária passiva e indica quais pessoas físicas e jurídicas podem suceder, excluindo, como é do regramento brasileiro, animais e coisas inanimadas, "a menos que as disposições que lhe são alusivas se apresentem sob a forma de ônus ou de uma liberalidade a uma pessoa capaz de ser beneficiada em testamento."[35] Como sempre, a capacidade de receber por testamento é a regra e a incapacidade a exceção. Na vocação sucessória testamentária passiva dominava o *princípio da coexistência,* em que o nomeado deveria coexistir no momento da morte do testador, ou ao menos haver sido concebido, prescrevendo o diploma civil como única exceção a possibilidade de a *prole eventual* de pessoas designadas pelo testador ser beneficiada em seu testamento, pela qual são feitas designações a favor de pessoas que não existem, porém se espera que venham a existir, e tal seria a hipótese, por exemplo, do testador designar como beneficiários o filho que Suzana possa vir a ter.[36]

35.2.1. *Prole eventual*

Para suceder, era preciso pelo menos estar no ventre materno, salvo a exceção da *prole eventual* de pessoas designadas pelo testador que, no entanto, deveria ter sido ao menos concebida na data do falecimento do autor da herança, prescrevendo o art. 1.718 do Código Civil de 1916 serem absolutamente incapazes de adquirir por testamento os indivíduos não concebidos até à morte do testador, salvo se a disposição deste se referir à prole eventual de pessoas por ele designadas e existentes ao abrir-se a sucessão.

Para Clóvis Beviláqua só não teriam capacidade para receber por testamento aqueles destituídos de personalidade física ou jurídica, mas admitia fossem beneficiados por testamento certas e determinadas pessoas que nascessem ou fossem concebidas ao tempo da morte do testador, pois seria válida a disposição testamentária em favor de pessoa incerta, se, no entanto, ela pudesse ser claramente determinada.[37]

---

[33] MARINS, Victor A. A. Bomfim. *Comentários ao Código de Processo Civil.* São Paulo: RT, 2000. v. 12, p. 364.
[34] SILVA, Ovídio A. Baptista da. *Comentários ao Código de Processo Civil*: do processo cautelar. Porto Alegre: Lejur Letras Jurídicas, 1985. v. XI, p. 605.
[35] DINIZ, Maria Helena. *Curso de direito civil brasileiro*: direito das sucessões. 21. ed. São Paulo: Saraiva, 2007. p. 182.
[36] DE BONIS, Fabián Elorriaga. *Derecho sucessório.* 3. ed. Chile: Thomson Reuters, 2015. p. 43.
[37] BEVILÁQUA, Clóvis. *Direito das sucessões.* Bahia: Livraria Magalhães, 1899. p. 287-288.

A prole a que se referia a lei se restringia aos filhos da pessoa indicada pelo testador, excluindo netos, bisnetos e quaisquer outras gerações daquele beneficiado. Assim, o testador poderia designar como beneficiário de seu testamento, por exemplo, o filho ou os filhos, ou apenas a filha ou o primeiro filho que sua irmã, a esposa de seu irmão, de seu amigo, ou qualquer pessoa por ele indicada viesse a dar à luz e que efetivamente nascesse ou fosse concebida até a data da morte do testador. A despeito desse entendimento, anotou Orosimbo Nonato que seria injusto se ao testador fosse permitido contemplar os filhos nascidos de certas pessoas, e não os que porventura viessem, ainda, a nascer, impedindo, assim, a igualdade que entre todos deve haver.[38]

Se não vem à luz, ou nasce morta a prole eventual prevista no testamento, caduca a disposição testamentária.[39]

Mas, como informa Pontes de Miranda,[40] esse princípio, antes absoluto, com os tempos foi abrindo brechas para exceções. Na sucessão testamentária não existe o direito de representação, como ocorre na sucessão legítima, contudo, o testador pode declarar que, na ocorrência de o herdeiro instituído ou o legatário morrer antes dele, testador, o direito à sucessão ou ao legado passará a quem o testador indicar em razão da substituição.

O preceito de exigência da coexistência do nascimento ou da concepção do herdeiro quando da morte do testador, e a mera exceção da *prole eventual*, desapareceram do inc. I do art. 1.799 do Código Civil de 2002, que passou a ter a seguinte redação:

> Art. 1.799. Na sucessão testamentária podem ainda ser chamados a suceder:
> I – os filhos, ainda não concebidos, de pessoas indicadas pelo testador desde que vivas estas ao abrir-se a sucessão;

Trata-se de verdadeira exceção à regra geral dos filhos já terem sido concebidos ou já haverem nascido quando da morte do autor da herança. Em realidade, a ciência humana com suas técnicas de fecundação assistida rompeu a regra da cadeia temporal entre o autor da herança e seu sucessor, porquanto a concepção de um sucessor pode ser arquitetada para depois da sua morte, existindo um *hiato* temporal em que não existirá ninguém – nem sucedido, nem sucessor e esta é a realidade trazida pela ciência médica, de que não é mais necessário, no direito sucessório, que com a abertura da herança seu sucessor esteja vivo ou tenha sido concebido. Na hipótese do inc. I do art. 1.779 do Código Civil, o testador pode beneficiar filhos de pessoas por ele indicadas, sem ser necessário que os pais destes filhos ainda não concebidos estejam vivos ao abrir-se a sucessão, pois também estes pais podem já ter falecido e expressado sua vontade de que seu material genético pudesse ser utilizado para fecundação assistida *post mortem*, regulamentada pela Resolução do Conselho Federal de Medicina nº 2.168/2017.

Diferentemente do art. 1.718 Código Civil de 1916, que tratava da *prole eventual*, o Código Civil de 2002 refere-se a *filhos, ainda não concebidos*, e nesse estágio calha a advertência de Giselda Hironaka, ao lembrar que o inc. I do art. 1.799 do Código Civil se refere tanto aos filhos biológicos como àqueles que vieram ter à família pelos laços do

---

[38] NONATO, Orosimbo. *Estudos sobre sucessão testamentária*. Rio de Janeiro: Revista Forense, 1957. v. II, p. 23.
[39] MAXIMILIANO, Carlos. *Direito das sucessões*. 4. ed. Rio de Janeiro: Freitas Bastos, 1958. v. II, p. 498.
[40] MIRANDA, Pontes de. *Tratado dos testamentos*. Atualizado por Vilson Rodrigues Alves. Leme: BH Editora e Distribuidora de Livros, 2004. v. 4, p. 18.

afeto e do coração,[41] dizendo com isso que filhos não são somente os de origem genética, mas também aqueles adotados e os socioafetivos, especialmente quando conscientemente registrados pela denominada *adoção à brasileira*. Nem poderia ser diferente, porquanto o § 6º do art. 227 da Constituição Federal e o art. 1.596 do Código Civil estabelecem a igualdade de todos os filhos no tocante aos seus direitos e qualificações, ficando proibida qualquer forma de discriminação, o que não significa precisar levar ao extremo de impedir que o testador prefira beneficiar como *prole eventual* uma filha mulher ao invés de um filho homem,[42] pois essa escolha está dentro do livre arbítrio do testador de beneficiar a quem ele bem entender e preferir.

Quem deve estar vivo ao tempo da morte do testador são os genitores dessa prole ou desse filho ou filhos que foram favorecidos pelo testamento, pois ele busca beneficiar uma segunda geração, representada pelos filhos daqueles ascendentes que devem obrigatoriamente sobreviver ao testador para poderem conceber, salvo a hipótese da reprodução assistida pós-morte. O dispositivo legal é claro ao substituir a expressão *prole*, contida no diploma revogado, e passar a utilizar a palavra *filhos*, indicando que somente os filhos dos pais indicados pelo testador podem ser contemplados em testamento, jamais seus netos, bisnetos e assim por diante, o que não era claro na vigência do Código Civil de 1916, apesar de que a doutrina se pronunciava nessa direção e também não podem ser filhos do próprio testador, pois a condição imposta é de que sejam filhos de pessoas ou mesmo de uma única pessoa, mas que estejam vivas no momento da abertura da sucessão.

Assim é porque, embora o inc. I do art. 1.799 da Lei Civil indique os filhos no plural, não proíbe disponha o testador para apenas um filho e não para todos os filhos de um casal, ou que delibere em benefício do filho de um par conjugal, ou meramente convivencial, ou filho de pessoa solteira, viúva, ou filho fruto de inseminação artificial e doação anônima de material genético, dentre tantos outros possíveis arranjos de pares com filhos de diferentes origens e formações.

Resta verificar o prazo de pendência da condição da prole eventual nascer depois da morte do testador, observando Giselda Maria Fernandes Novaes Hironaka, fazendo referência ao § 4º do art. 1.800 do Código Civil, que a deixa testamentária pode subsistir por dois anos,[43] enquanto o art. 962 do Código Civil do Chile prescreve o prazo máximo de dez anos, contado da abertura da sucessão, para que a pessoa designada tenha um filho.[44]

---

[41] HIRONAKA, Giselda Maria Fernandes Novaes. *Comentários ao Código Civil*: do direito das sucessões. Coord. Antônio Junqueira de Azevedo. São Paulo: Saraiva, 2003. v. 20, p. 93.

[42] Em sentido contrário, pois entende ser discriminatória tal cláusula testamentária, HIRONAKA, Giselda. *Comentários ao Código Civil*: do direito das sucessões. Coord. Antônio Junqueira de Azevedo. São Paulo: Saraiva, 2003. v. 20, p. 94.

[43] HIRONAKA, Giselda Maria Fernandes Novaes. *Comentários ao Código Civil*: do direito das sucessões. Coord. Antônio Junqueira de Azevedo. São Paulo: Saraiva, 2003. v. 20, p. 95.

[44] Código Civil do Chile – Art. 962. "Para ser capaz de suceder es necesario existir al tiempo de abrirse la sucesión; salvo que se suceda por derecho de transmisión, según el artículo 957, pues entonces bastará existir al abrirse la sucesión de la persona por quien se transmite la herencia o legado. Si la herencia o legado se deja bajo condición suspensiva, será también preciso existir en el momento de cumplirse la condición. Con todo, las asignaciones a personas que al tiempo de L. 16.952 abrirse la sucesión no existen, pero se espera que existan, no se invalidarán por esta causa si existieren dichas personas antes de expirar los diez años subsiguientes a la apertura de la sucesión. Valdrán con la misma limitación las asignaciones ofrecidas en premio a los que presten un servicio importante, aunque el que lo presta no haya existido al momento de la muerte del testador".

35.2.2. Na reprodução humana assistida

Se a condição for a de o genitor ou os pais precisarem sobreviver ao testador para poderem conceber e gestar o filho, a ciência médica com suas técnicas de reprodução artificial permite nasçam filhos sem a relação sexual entre o homem e a mulher, sendo, inclusive, possível gerar prole pela doação ou "adoção" de material genético de terceiros em determinadas técnicas. A ciência de certa forma ultrapassou a natureza, ou aquilo que dela até então se conhecia, de que era necessária a sobrevivência dos pais para conceberem o filho que viria a ser beneficiado por uma cláusula testamentária escrita nos termos do inc. I do art. 1.799 do Código Civil.

O art. 1.597 do Código Civil de 2002 não é de todo distante das técnicas de reprodução humana assistida, pois o Diploma Civil presume concebidos na constância do casamento os filhos havidos por fecundação artificial homóloga, mesmo que falecido o marido (inc. III) e aqueles havidos, a qualquer tempo, quando se tratar de embriões excedentários, decorrentes de concepção artificial homóloga (inc. IV). Mas, além disso, nada mais o Direito Civil brasileiro regulamenta em relação à concepção artificial, e dela tampouco trata em sua essência o Código Civil, porquanto o seu art. 1.597 trata da inseminação homóloga e quando aceita a inseminação artificial heteróloga, com sêmen de doador anônimo, está unicamente cuidando de regulamentar na antiga esfera da superada conceituação de *presunção de paternidade* de filho de mulher casada, valendo-se, os profissionais da Medicina e do Direito, da Resolução do Conselho Federal de Medicina 2.168/2017 e do art. 5º da Constituição Federal, que, por sua vez, compreende o princípio da igualdade como um direito fundamental.

Desse modo, sem estabelecer qualquer limite temporal, o inc. IV do art. 1.597 da Lei Civil admite a possibilidade de ser gerado um filho após a morte de um dos pais, mas, certamente, não será esse próprio filho do autor da herança, gerado após a sua morte, o beneficiário de seu testamento, pois o inc. I do art. 1.799 do Código Civil se refere à *prole* de terceiros que lhe devem sobreviver. Contudo, é viável a inseminação *post mortem* com sêmen congelado do autor da herança, que então será pai depois de morto (CC, art. 1.597, inc. III).

Entretanto, o projeto parental, em razão dos avanços da engenharia genética, embaralhou os dogmas preexistentes, sendo possível manter hígida a deixa testamentária inspirada no inc. I do art. 1.799 do Código Civil, quer sobreviva a mulher, apenas o homem ou nenhum dos dois que formavam ou não uma entidade familiar, desde que tenham preservado seu material genético para posterior reprodução. Trata-se no mais usual e que a própria legislação civil admite, da utilização *post mortem* de esperma crioconservado do esposo e por igualdade constitucional deve ser incluído o companheiro ou qualquer pessoa e sua parceira, para a fecundação da viúva, ou da ex-companheira do falecido, ou ex-namorada, desde que o varão tenha deixado, em vida, anuência escrita para a realização do ato após o seu óbito. O art. 1.597, inc. II, do Código Civil presume como filho conjugal a criança nascida nos trezentos dias subsequentes à morte do esposo, mas essa presunção é restrita ao casamento, não incidindo sobre as outras formas e espécies de filiação, tampouco para viúvas conjugais a mais de trezentos e dois dias. Para os efeitos do inc. I do art. 1.799 do Diploma Civil, o § 4º do art. 1.800 do Código Civil confere o prazo de dois anos, contado da abertura da sucessão, para nascer ou ao menos ser concebido, e posteriormente nascer com vida, o herdeiro esperado e indicado pelo testador, caducando após esse prazo a cláusula testamentária, em contraste com o prazo de dez anos previsto no Direito Civil chileno (CC, art. 962).

Também é admissível e tem larga utilização o ato de implantar embriões crioconservados em mulheres que apenas irão gerar a criança, cedendo seu útero mediante a substituição de útero para o processo de gestação como *mãe de substituição*. Para que esse projeto parental faça valer a vontade do testador, escorada no inc. I do art. 1.799 do Código Civil, sequer se faria necessária a sobrevivência de quaisquer dos pais indicados pelo testador como ascendentes do filho a ser beneficiado em seu testamento, e, portanto, não precisariam sobreviver ao testador ou com ele morrer em estado de comoriência, pois a criança, herdeira instituída ou legatária, poderia ser gerada em útero de substituição a partir do embrião congelado, fecundado em vida pelo óvulo e espermatozoide dos pais biológicos, devendo ser observado que tampouco o material genético precisaria ser necessariamente proveniente do sêmen do pai e do óvulo da mãe, uma vez que a inseminação artificial pode se dar com o fornecimento de óvulo de uma doadora anônima ou com o espermatozoide de um doador não identificado, ou com o óvulo da própria mulher que engravida por solicitação do casal que tinha o projeto parental.

Enquanto a criança estiver sendo gestada, os bens da herança serão confiados, após a liquidação ou partilha, ao curador nomeado pelo juiz (CC, art. 1.800). O curador só será nomeado depois de encerrado o inventário, pois no transcurso do processo os bens ficam sob a administração do inventariante, mas, concretizada a partilha, a curatela caberá certamente à genitora do conceptuo, e se ela própria for incapaz, às pessoas indicadas no art. 1.775 (CC, § 1º, art. 1.800).

35.2.3. *Pessoa jurídica*

> Art. 1.799. Na sucessão testamentária podem ainda ser chamados a suceder: (...)
> II – as pessoas jurídicas;

Diversamente do direito sucessório legítimo, cuja vocação hereditária passiva só se dá em relação à pessoa física, a sucessão testamentária permite que a deixa testamentária beneficie a pessoa jurídica, sem distinguir se de direito privado ou de direito público. Em contraponto, não existe sucessão hereditária ativa, nem legítima e nem testamentária, de pessoa jurídica, pois ela não morre, mas apenas se extingue como ente jurídico.

Diferente da pessoa física, que tem existência biológica e sua personalidade jurídica se dá com o nascimento com vida, para a segurança dos terceiros que se relacionam com os entes morais e das pessoas naturais que os integram, a formação de sua personalidade e o seu nascimento como pessoa jurídica de direito privado está condicionado à inscrição do ato constitutivo no registro. Esse processo de formação e registro está ordenado no art. 45 do Código Civil. Sem o registro válido e eficaz as sociedades não passam de meras sociedades de fato ou entes despersonalizados. Portanto, inexistindo contrato escrito, se tratará de uma sociedade despersonalizada, podendo ser uma sociedade *irregular* ou uma sociedade de *fato*. A *sociedade de fato não possui registro*, enquanto a *sociedade irregular* possui registro, contudo ele se mostra viciado, porque formado por pessoa incapaz; ou seu objetivo social se apresenta contrário à lei, à moral ou aos bons costumes, seja porque o seu contrato não está em conformidade com a lei ou à sociedade falta autorização para funcionar.[45]

Para Débora Gozzo e Sílvio de Salvo Venosa não é inviável o testador prever a possibilidade de a sociedade de fato ser sua herdeira em decorrência do art. 75, inc. IX, do Código

---

[45] NADER, Paulo. *Curso de direito civil*: parte geral. Rio de Janeiro: Forense, 2003. p. 248.

de Processo Civil,[46] que reconhece representação meramente legal às sociedades sem personalidade jurídica. O nascituro também tem representação jurídica, mas a aquisição de sua personalidade está condicionada ao seu nascimento com vida, assim como a personalidade da empresa também fica a depender do seu efetivo registro, fato que o testador pode prever na cédula testamentária, mas sempre condicionado à formação de sua personalidade pelo nascimento com vida, ou pelo registro do ente abstrato na Junta Comercial, para as sociedades empresárias e no Cartório de Registro Civil das Pessoas Jurídicas para a sociedade civil.

Conforme Martín Garrido Melero, seguindo o paralelismo existente entre as pessoas físicas que podem utilizar seu material genético para fecundação artificial *post mortem*, o testador também pode indicar como beneficiária de seu testamento uma pessoa jurídica cuja criação ele tenha ordenado em seu próprio testamento, retroagindo os efeitos jurídicos sucessórios à data da abertura da sucessão, não obstante essa sociedade empresária, e poderia ser qualquer pessoa jurídica, que ainda não tenha registro e existência jurídica.[47]

Em sentido contrário escreve Rodrigo Santos Neves, afirmando ser proibido beneficiar por meio de testamento pessoa jurídica por constituir, sendo a única exceção admitida pela lei a capacidade sucessória passiva reconhecida em relação às fundações, cuja criação seja determinada por testamento e em consonância com o art. 62 do Código Civil.[48]

A inscrição do ato constitutivo é estabelecida para as pessoas jurídicas de direito privado, porquanto as pessoas jurídicas de direito público interno, como a União, o Estado, os Municípios, o Distrito Federal e eventuais Territórios, são organizadas pela Constituição Federal e as autarquias e outras entidades de caráter público (CC, art. 41, inc. V) são criadas por lei, conforme as normas de Direito Constitucional e de Direito Administrativo, dispensando contratos, estatutos e registro civil das pessoas jurídicas.[49]

Qualquer pessoa jurídica pode receber por testamento, em conformidade com o inc. II do art. 1.799 do Código Civil, havendo unicamente restrições para as pessoas jurídicas de direito público externo, que estão impedidas de adquirir no Brasil bens imóveis ou suscetíveis de desapropriação (LINDB, art. 11, § 2º), exceto os prédios necessários à sede dos seus representantes diplomáticos ou dos agentes consulares (LINDB, art. 11, § 3º). A proibição de aquisição de imóveis tem em mira o exercício da soberania nacional e as pessoas jurídicas de direito externo estão impedidas de adquirirem ou possuírem bens imóveis sob qualquer outro título, sendo considerados os imóveis residenciais dos cônsules e diplomatas um prolongamento de sua representação diplomática.

35.2.4. Das fundações

> Art. 1.799. Na sucessão testamentária podem ainda ser chamados a suceder: (...)
> III – as pessoas jurídicas, cuja organização for determinada pelo testador sob a forma de fundação.

A fundação, como pessoa jurídica de direito privado, está prevista no art. 44, inc. III, do Código Civil. A criação de uma fundação está condicionada à existência de um patrimônio

---

[46] GOZZO, Débora; VENOSA Sílvio de Salvo. *Comentários ao Código Civil brasileiro*: do direito das sucessões. Coord. Arruda Alvim e Thereza Alvim. Rio de Janeiro: Forense, 2004. v. XVI, p. 85.
[47] MELERO, Martín Garrido. *Derecho de sucesiones*. 2. ed. Madrid: Marcial Pons, 2009. t. II, p. 629.
[48] NEVES, Rodrigo Santos. *Curso de direito das sucessões*. Rio de Janeiro: Lumen Juris, 2009. p. 111.
[49] MONTEIRO FILHO, Raphael *et al*. *Comentários ao novo Código Civil*. Rio de Janeiro: Forense. Coord. Sálvio de Figueiredo Teixeira, 2010. v. I, p. 592.

destinado a uma atividade social. A fundação compatibiliza o patrimônio dotado pela vontade do instituidor para a finalidade social para a qual também foi destinada a sua organização pelo instituidor. De acordo com o art. 62 do Código Civil, as fundações podem ser criadas por escritura pública ou testamento, sendo constituídas por um patrimônio formado por bens livres, com uma finalidade indicada pelo seu instituidor, mas esse objetivo é restrito aos propósitos ordenados no parágrafo único do art. 62 do Código Civil. A dotação de bens pode ser feita por meio de testamento ou por escritura pública e seu ato constitutivo ou estatuto pode ser feito no momento da dotação (testamento ou escritura pública) ou posteriormente.[50]

Segundo José Eduardo Sabo Paes, existem três tipos de fundações, entre privadas e públicas: i) a fundação pública de direito público, ou fundação autárquica; ii) a fundação pública de direito privado (instituída pelo Poder Público), e iii) a fundação privada, instituída por particular.[51]

Sua localização mais remota aparece no antigo Egito, adquirindo maior consistência na Grécia. Em Roma surgiram os estabelecimentos de misericórdia e caridade.[52] Curiosamente, o primeiro registro de fundação no Brasil seria datado de 1738, quando Romão de Matos Duarte separou parcela de seu patrimônio para formar um fundo para auxiliar, exclusivamente, os expostos na roda,[53] que assim poderiam ter tratamento mais digno na Santa Casa de Misericórdia do Rio de Janeiro.[54]

Ao direito sucessório interessa a fundação de direito privado instituída por ato *causa mortis,* noticiada pelo art. 62 do Código Civil, porquanto instituída através de testamento em qualquer uma de suas espécies ordinárias (público, particular e cerrado) ou especiais (marítimo, aeronáutico, militar),[55] não sendo apto o codicilo para a criação de uma fundação, seja porque o dispositivo em referência faz expressa menção ao testamento e mesmo porque o codicilo só se presta para disposições de pouca monta (CC, art. 1.881) e a dotação de uma fundação para ser criada depois da morte do testador não é de molde a ser constituída com parcos recursos. O testador sendo capaz quando da feitura da facção testamentária, pode dispor da totalidade de seus bens, ou de parte deles, para depois de sua morte, (CC, art. 1.857) dependendo da existência de herdeiros necessários (CC, art. 1.845), aos quais pertence, de pleno direito, a metade dos bens da herança (CC, art. 1.846). Dessa forma, o testador ao instituir uma fundação por testamento, fará em sua cédula essa manifestação com a dotação de patrimônio destinado à fundação, que deve respeitar eventuais legítimas pertencentes aos herdeiros necessários. No testamento, o testador deverá escolher a finalidade da entidade e,

---

[50] VASSILIEFF, Sílvia. As pessoas jurídicas. In: HIRONAKA, Giselda Maria Fernandes Novaes (orient.); VASSILIEFF, Silvia (coord.). *Direito civil*: teoria geral. São Paulo: Revista dos Tribunais, 2008. v. 1, p. 66.

[51] PAES, José Eduardo Sabo. *Fundações, associações e entidades de interesse social*. 7. ed. Rio de Janeiro: Forense, 2010. p. 239.

[52] PAES, José Eduardo Sabo. *Fundações, associações e entidades de interesse social*. 7. ed. Rio de Janeiro: Forense, 2010. p. 202-204.

[53] A Roda dos Expostos destinava-se à proteção dos bebês abandonados, buscando impedir o infanticídio e o aborto. Conta Maria Luiza Marcílio "que, em realidade, foram dois filantropos que concorreram com legados para a fundação da Roda de Expostos no Rio de Janeiro, administrada pela Santa Casa de Misericórdia. Romão de Matos Duarte que ofereceu a quantia de 32.000$000 cruzados em dinheiro de contado, e Inácio da Silva Medella, que fez esmola, doação e traspasso de 10.465&624 réis" (MARCÍLIO, Maria Luiza. *História social da criança abandonada*. 2. ed. São Paulo: Hucitec, 2006. p. 150).

[54] RAFAEL, Edson José. *Fundações e direito*: terceiro setor. São Paulo: Melhoramentos, 1997. p. 68-69.

[55] Os testamentos especiais não estão proibidos para a instituição de uma fundação, contudo, não há notícia de sua utilização no Brasil.

se possível, o projeto social,[56] a forma de dirigi-la, seus primeiros diretores e nomear um testamenteiro encarregado de cumprir sua última vontade.

Processado o inventário e validadas as disposições testamentárias, serão pagos os credores do espólio, os legatários e separada a legítima dos herdeiros necessários, para a verificação da parte disponível para a criação da fundação. No inventário deverá ser elaborado o estatuto social da fundação, com a obrigatória intervenção do Ministério Público (CC, art. 66), para depois ser levado a registro no Cartório das Pessoas Jurídicas, mediante mandado judicial.[57]

Os arts. 62 a 69 do Código Civil tratam da criação, organização e fiscalização das fundações, com a obrigatória intervenção do Ministério Público na elaboração, alteração e extinção do estatuto fundacional, regulamentando os arts. 764 e 765 do Código de Processo Civil a aprovação, as modificações e a extinção das fundações.

36. INCAPACIDADE TESTAMENTÁRIA PASSIVA

Do lado oposto estão aqueles que, excepcional e circunstancialmente, não têm capacidade para receber em certos e determinados testamentos, de modo a garantir a livre manifestação de vontade do testador, buscando, dessa forma, se não evitar, ao menos minimizar os riscos da fraude e, bem assim, procurando salvaguardar a instituição familiar e também evitando que a pessoa do amante do autor da herança possa ser beneficiada direta ou indiretamente pelo testamento de seu amásio que abriu a sucessão, mesmo porque uma das funções do direito sucessório está no seu propósito de manter a agregação familiar, lembrando que o fundamento sucessório está estruturado em bases éticas, morais e familiares, ligadas pelos laços de sangue, pelo trabalho repartido da unidade conjugal ou convivencial, e pela aspiração que cada indivíduo possui de poder transmitir suas relações jurídicas, consolidando o sistema de propriedade e herança, onde os filhos e a família remanescente absorvem a posição social e os bens alcançados, respeitando as virtudes que fazem da família o mais sólido dos grupos que constituem a sociedade.[58]

Já superados os períodos históricos nos quais a incapacidade sucessória derivava do *status personarum*, por conta do qual, por exemplo, um filho espúrio, um escravo e até mesmo um peregrino não podiam ser herdeiros, uma nova consciência social reduziu tais incapacidades para aquelas indesejadas situações de risco de repudiáveis intervenções impregnadas da mais escancarada possibilidade de captação da herança, buscando, assim, proteger a genuína vontade do testador.

Trata-se de uma incapacidade testamentária passiva relativa, porquanto vinculada exclusivamente a determinado testamento, em razão das qualidades extrínsecas dos beneficiários e por suas relações diretas ou indiretas com o testador e que possam influenciar na sua livre e espontânea vontade de disposição. Não se trata de uma pessoa incapaz, mas, sim, de alguém que está proibido por lei de receber naquele testamento, para impedir o proveito em benefício próprio ou indireto de certas pessoas que gozam de uma posição de proximidade ou de influência sobre o testador.

---

[56] GRAZZIOLI, Airton. *Fundações privadas*: das relações de poder à responsabilidade dos dirigentes. São Paulo: Atlas, 2011. p. 71.

[57] GRAZZIOLI, Airton. *Fundações privadas*: das relações de poder à responsabilidade dos dirigentes. São Paulo: Atlas, 2011. p. 71.

[58] MADALENO, Rolf. Testamento, testemunhas e testamenteiro: uma brecha para a fraude. In: *Novas perspectivas no direito de família*. Porto Alegre: Livraria do Advogado. 2000, p. 112-113.

O Código Civil arrola no art. 1.801 as pessoas que não podem ser nomeadas como herdeiras e nem legatárias, não possuindo elas capacidade testamentária passiva para aqueles testamentos dos quais participam.

36.1. A pessoa que escreveu o testamento a rogo

> *Art. 1.801. Não podem ser nomeados herdeiros nem legatários:*
>
> *I – a pessoa que, a rogo, escreveu o testamento, nem o seu cônjuge ou companheiro, ou os seus ascendentes e irmãos.*

Como observa Maria Helena Diniz, tal previsão se justifica porque a pessoa que escreveu a rogo o testamento é suspeita,[59] e cuidados devem ser tomados com relação a qualquer possibilidade de abuso que depois não mais seria possível corrigir, restando frustrada com a morte do testador a confiança por ele depositada na pessoa que redigiu sob ditado o seu testamento e que foi induzida ou alterou a efetiva vontade do disponente. Tampouco o cônjuge ou companheiro, ou seus ascendentes e irmãos, podem figurar no testamento como pessoas de alguma forma beneficiadas, e as razões são exatamente as mesmas, pois se tratara de pessoas naturalmente suspeitas, tanto que o art. 1.802 do Código Civil já as considera como *interpostas pessoas físicas*, e, portanto, de antemão as declara presumidamente suspeitas, e, destarte, tem como nulas as disposições testamentárias em favor de pessoas não legitimadas a suceder, ainda quando simuladas sob a forma de contrato oneroso. O parágrafo único do art. 1.802 do Diploma Civil arrola como interpostas pessoas os ascendentes, os descendentes, os irmãos, e o cônjuge ou companheiro do não legitimado a suceder.

Comparando os dois dispositivos de lei (CC, arts. 1.801, inc. I, e 1.802), percebe-se que o legislador se esqueceu de incluir no inc. I do art. 1.801 do Código Civil os *descendentes* da pessoa que escreveu o testamento a rogo, como pessoas também proibidas de receberem no testamento escrito por seu ascendente.

36.2. As testemunhas do testamento

O inc. II do art. 1.801 do Código Civil retira a capacidade testamentária passiva das testemunhas do testamento com fundamento no mesmo critério – a possibilidade de influenciarem a vontade do testador. Tal princípio também é seguido pelo art. 228 do Código Civil, na expectativa de assegurar a completa isenção das testemunhas de fatos jurídicos. Ora, a testemunha testamentária é justamente a pessoa que tem capacidade para assegurar a veracidade do ato que se quer provar, pois é a testemunha das solenidades, do ato testamentário, sendo sua presença condição de validade formal da facção testamentária. Para ser testemunha é preciso gozar de capacidade, sob pena de nulidade do testamento, mas não basta ter capacidade, também é preciso possuir idoneidade, não especificamente moral, mas relacionada a determinadas condições pessoais que não possam influenciar na livre vontade do testador. Não é por outro motivo que cuida a lei de arredar todas as pessoas beneficiadas ou prejudicadas com a elaboração do testamento, dele só podendo participar testemunhas isentas de qualquer interesse na cédula testamentária, acrescentando Washington de Barros Monteiro, como ilação indissociável que "quem quer que obtenha algum proveito

---

[59] DINIZ, Maria Helena. *Curso de direito civil*: direito das sucessões. 32. ed. São Paulo: Saraiva, 2018. v. 6, p. 270.

com o ato de última vontade não deve nele intervir, a fim de afastar qualquer suspeição e garantir-lhe a incolumidade".[60]

Apurada a presença e a participação, em testamento, de testemunha que tenha a clara, remota ou abstrata possibilidade de influenciar no espírito do testador, ou porque comprometida por sua representação profissional, mesmo que estritamente com algum dos beneficiários do testamento, sua intervenção implica a inobservância da forma. No entanto, Arnaldo Rizzardo chama a atenção para o antigo REsp 19.764, da 3ª Turma do STJ, julgado em 30 de novembro de 1992, publicado no *DJU* em 8 de fevereiro de 1993, mencionando que a proibição de o legatário ser testemunha no testamento não atingia a sócio de entidade beneficiária da liberalidade.[61] Esse julgado não se apresenta como incontestável e de automática aplicação, notadamente depois do desenvolvimento do instituto da desconsideração da personalidade jurídica em decorrência do expediente ilícito do uso abusivo ou simulado da pessoa jurídica em benefício pessoal, em ato totalmente divorciado do objeto da sociedade empresária e cujo instituto jurídico, notadamente na sua *versão inversa*, foi reforçado pelos arts. 133 a 137 do Código de Processo Civil.

36.2.1. A brecha da fraude por testemunhas

O Código Civil de 1916 não proibia de servirem como testemunhas os procuradores das pessoas beneficiadas ou interessadas no testamento, e esta é uma brecha que segue em aberto no Código Civil de 2002, embora sejam nulas no âmbito processual as intervenções de testemunhas que mantêm estreitos vínculos profissionais e interesses de labor com algum dos legatários ou herdeiros instituídos. Vale lembrar que as testemunhas não se limitam a uma participação mecânica, isenta e descompromissada, de mera e passiva assistência, mas, ao revés, conferem ao ato um ofício de fiscalização que não se coaduna com interesses latentes, dado que sua função é assegurar a identidade do testador, a autenticidade do que testou e expressou em sua derradeira manifestação de vontade, restando visivelmente comprometida a testemunha que mantém interesses profissionais e, por evidente, de ordem econômico-financeira com algum legatário ou herdeiro instituído.

Fere a ética e o bom senso mínimo do Direito constatar que testemunhas e por vezes até o próprio testamenteiro se posicionem na defesa processual da causa de alguns legatários ou herdeiros instituídos, de quem já eram mandatárias e a quem seguem representando, judicial e extrajudicialmente, os interesses pessoais e econômicos. Nesses casos, não há como tolerar, mesmo diante do teimoso silêncio do direito material brasileiro, não sejam estas testemunhas igualmente atingidas pela restrição do inc. I do art. 1.801 do Código Civil, porquanto é como se o próprio beneficiário fosse testemunha do testamento que o beneficiou, apenas se fazendo representar por uma pessoa de sua inteira confiança, tanto que atua como seu procurador em juízo ou extrajudicialmente. Como não consta na lei expressamente o impedimento relativo, eis que limitada a proibição de testemunharem em testamento apenas o próprio herdeiro instituído e o legatário, e bem assim seus ascendentes, descendentes, cônjuge e companheiro, infelizmente, não há qualquer restrição legal de que os procuradores dessas pessoas atuem como testemunhas testamentárias, muito embora representem a pessoa do herdeiro instituído

---

[60] MONTEIRO, Washington de Barros. *Curso de direito civil*: direito das sucessões. 13. ed. São Paulo: Saraiva, 1977. p. 125.
[61] RIZZARDO, Arnaldo. *Direito das sucessões*. 6. ed. Rio de Janeiro: Forense, 2011. p. 248.

ou do legatário e, em última análise, representem os seus mais evidentes interesses materiais e pessoais.

Aceitar essa sorte de ingerência implicaria um meio de contornar a proibição e idoneidade da testemunha, já que seria a fórmula encontrada para implantar o testemunho do legatário ou do herdeiro instituído, ou seja, da pessoa beneficiada pelo testamento, incorporada na pessoa do seu jurisconsulto, quando patente que as testemunhas do testador estão, em verdade, representando os interesses das pessoas beneficiadas pelo testamento.

36.3 O concubino do testador casado

O art. 1.801, inc. III, do Código Civil trata do concubino ou da concubina do testador casado, salvo se o testador, sem culpa sua, estiver separado de fato do cônjuge há mais de cinco anos. Concubina é a amante de um homem casado e concubino é o amante de uma mulher casada. Para caracterizar o impedimento não necessariamente devem ser casados, bastando que estejam vivendo em comunhão plena de vida, coabitando e continuando os esposos se apresentando socialmente como marido e mulher, sem nenhuma solução de continuidade e, é verdade, manchada por um recôndito ato de escancarada infidelidade. A proibição recai exclusivamente sobre o concubinato adulterino, que justamente por ser adulterino recebeu essa denominação, para distingui-lo da união estável ou do companheirismo. No entanto, o § 1º do art. 1.723 do Código Civil leva à pacífica ilação de não ocorrer o adultério no caso de a pessoa casada se achar separada de fato ou de direito, pelo divórcio ou pela separação legal, tanto judicial como extrajudicial.

A separação pode ser de fato, quando um dos parceiros se afasta da vivenda comum sem qualquer intervenção judicial, ou de corpos, quando deferida em processo de dissolução de união estável e de divórcio como tutela antecipada, ou como procedimento cautelar antecedente, além de poder ser também determinada em decorrência de violência doméstica, como previsto na Lei Maria da Penha (Lei 11.340/2006). Existe entendimento doutrinário reconhecendo a separação de fato mesmo quando os cônjuges continuam morando sob o mesmo teto, apenas dividindo o mesmo espaço físico e dormindo em quartos separados, sem mais manterem, com suas atitudes e em seu foro íntimo, uma vida afetiva e sexual de um autêntico casal, consignando Maria Berenice Dias que[62] a separação de fato não exige que o casal esteja vivendo em residências distintas, sendo possível reconhecer o mesmo efeito ainda que coabitem, mas as consciências dos esposos não mais se conectam em deveres e afetivas vinculações.

Deve-se ter presente na atual configuração da união conjugal assentada no afeto e na comunhão de vida, que perdeu qualquer sentido pretender reconhecer em relações sem convivência e sem coabitação algum resquício de casamento, de forma que, se dois adultos decidem eleger um novo plano para suas vidas afetivas pessoais, dando cada um deles as costas para a sua primitiva relação matrimonial, este novo relacionamento com uma terceira pessoa não pode ser de forma alguma considerado como um concubinato, cujo termo expressa a existência de uma inquestionável relação de adultério, porquanto o cônjuge adúltero mantém hígido seu vínculo de casamento enquanto conserva em paralelo uma segunda vinculação afetiva. O concubinato previsto no art. 1.727 do Código Civil, como as relações não eventuais entre o homem e a mulher, ou, mais precisamente, entre duas pessoas impedidas de casar por já serem casadas, representa um sintoma de grave crise conjugal, ou uma falta de amadure-

---

[62] DIAS, Maria Berenice. *Manual de direito das famílias*. 6. ed. São Paulo: RT, 2010. p. 297.

cimento no relacionamento, senão o simples desejo e a incontida atração pelas múltiplas e proibidas relações conjugais,[63] cuidando o legislador de prestigiar os sentimentos e de preservar os direitos provenientes dos laços conjugais do cônjuge sobrevivente e fiel, proibindo que o testador casado premie a sua amante em seu testamento, ao nomeá-la como herdeira ou como legatária.

A doação em vida do cônjuge adúltero é igualmente vedada pelo art. 550 do Código Civil, e pode ser anulada pelo outro consorte, ou por seus herdeiros necessários, até dois anos depois de dissolvida a sociedade conjugal. Havendo separação de fato ou de direito, e sendo público e notório que o testador não mais vivia com o seu cônjuge, não mais subsiste a proibição de beneficiar sua parceira, que se identifica como sua autêntica companheira, não se tratando de relações meramente eventuais (CC, art. 1.723, § 1º). Pessoas viúvas ou solteiras e definitivamente separadas de fato, independentemente do tempo de duração desta fática separação, não têm concubinos, mas sim companheiras ou companheiros. Assim já vinha decidindo a jurisprudência brasileira, mesmo sob a égide do Código Civil de 1916, cujo art. 1.719, inc. III, impunha idêntica proibição de beneficiar a amante, contudo, ressalvada a meação da esposa, quando a sociedade conjugal do testador já se encontrava dissolvida de fato, pela voluntária separação dos cônjuges, passando o marido a viver com outra mulher, esta não era sua amante e sim sua concubina, hoje chamada de companheira ou companheiro.[64]

O inciso III do art. 1.801 do CC ressalva a proibição de figurar no polo passivo do testamento o concubino, referindo-se ao homem, mas a norma também está endereçada à mulher, sendo até mais comum a existência de uma concubina, quando presente uma separação de fato dos cônjuges há mais de cinco anos, sem culpa do testador. Essa exigência de fática separação prévia por mínimos cinco anos, por diversos motivos, não tem a menor coerência e deve ser tida como não escrita e absolutamente sem nenhuma aplicação jurídica e sem qualquer consistência ou sustentação legal.

O Código Civil reconhece a união estável quando há precedente separação de fato ou separação judicial ou extrajudicial, e não condiciona o reconhecimento da relação convivencial a qualquer prazo mínimo de separação de fato ou de estável convivência, bastando a vontade inequívoca de terminar uma união conjugal e começar uma relação estável. O próprio art. 1.830 do Código Civil, em outro flagrante equívoco, regulando a *culpa mortuária*, assegura o direito sucessório ao cônjuge sobrevivente separado de fato, sem sua culpa, no prazo máximo de dois anos. Os dois dispositivos colidem e são paradoxais quando reclamam prazos diferentes para a fática separação dos cônjuges. Inadmissível depois do advento da EC 66/2010 possa ser promovida a pesquisa oficial da culpa dos consortes vivos, e que dirá da *culpa funerária*, depois de passados dois ou cinco anos da fática separação dos cônjuges, vindo um

---

[63] LIMA, Domingos Sávio Brandão. *Adultério, a mais infamante causa de divórcio*. 2. ed. São Paulo: L. Oren Editora e Distribuidora de Livros, 1976. p. 140.

[64] "Anulação de legado feito pelo testador casado. A jurisprudência atual, mais coeva com o estado real dos estados vivenciados, no binômio marido-mulher, em sociedade legal ou não, as separa em sociedades estanques, vigente uma, enquanto desativada outra, para lhes emprestar os efeitos decorrentes na esfera patrimonial. Assim, na separação de fato prolongada ou não, tanto o ingresso do patrimônio, como a remuneração de eventuais serviços, como a liberação do homem ou da mulher se operam para poder legar ou doar, não prejudicada a meação da mulher, apenas quando os bens forem adquiridos ao tempo da sociedade legal. Ditas vedações legais vigem nos casos restritos que não as separações de fato devidamente reconhecidas, inclusive, no caso da presente, pela própria autora mulher do testador. Provimento denegado" (Apelação Cível 500431143 da 2ª Câmara Cível do TJRS. Relator Des. Manoel Celeste dos Santos. j. em 23.02.1983. RT 573/219).

deles a falecer, quando há muito igualmente pacificado como sendo uma das consequências de lógica coerência do chamado divórcio objetivo, a conclusão de que o casamento termina no exato momento da efetiva separação física do casal.

A vedação do art. 1.801, inc. III, do Código Civil não pode ser aplicada por analogia à união estável, conforme aprovado na III Jornada de Direito Civil (Enunciado 269 do Conselho da Justiça Federal).

É lícita a deixa ao filho do concubino, quando o testador também for o ascendente genitor deste beneficiário (CC, art. 1.803), assim consagrando a Súmula 447 do STF.[65]

36.4. O tabelião que firmou o testamento

Por último, não pode ser nomeado herdeiro, nem legatário, o tabelião civil ou militar, ou o comandante do navio no testamento marítimo; o comandante da aeronave e a pessoa por ele designada para o testamento (CC, art. 1.889), no testamento aeronáutico; o oficial da saúde ou diretor do estabelecimento hospitalar; o escrivão, perante o qual se fizer, assim como o que fizer ou aprovar o testamento. São as hipóteses dos testamentos notariais, em razão da intervenção direta do ato de escrever ou aprovar o testamento, buscando arredar qualquer desconfiança acerca da livre disposição da vontade do testador e da transparência, lisura e honestidade do tabelião civil ou militar, do comandante ou escrivão que firmou ou aprovou o testamento. Tanto o tabelião é incapaz de suceder como seu substituto legal, que desempenha as mesmas funções do tabelião.

36.5. A simulação no testamento

A fraude e a simulação andam de mãos dadas, são muito próximas uma da outra, mas não se confundem conceitualmente, porque simulação é aparência, ocultação, ao passo que a fraude é comportamento real e, embora a simulação até possa ser lícita, a fraude sempre busca burlar a lei ou o negócio jurídico. Consiste a simulação na celebração de uma relação contratual com aparência normal, mas que esconde um efeito jurídico distinto, dissimula uma declaração de vontade enganosa. Simular a verdade corresponde a ocultar essa mesma verdade, transformando uma mentira em uma verdade aparente aos olhos de terceiros, que podem ou não estar sendo prejudicados por essa mesma simulação e, se estiverem sendo atingidos, podem invocar sua existência e consequente invalidade do negócio jurídico encetado para ocultar a verdadeira transação.

O art. 167 do Código Civil declara nulo o negócio jurídico simulado e considera como indicação da simulação quando: i) aparentarem conferir ou transmitir direitos a pessoas diversas daquelas às quais realmente se conferem ou transmitem; ii) contiverem declaração, confissão, condição ou cláusula não verdadeira; iii) os instrumentos particulares forem antedatados ou pós-datados (CC, § 1º, do art. 167).

A simulação procura justamente dar aparência de realidade ao negócio encetado, exatamente para causar prejuízo a terceiro credor ou meeiro, na hipótese de entidades familiares. Este fim ilícito, vedado por lei, tampouco pode ser alcançado pela via do testamento, simulando o testador legar para uma pessoa que consta como beneficiária na cédula testamentária quando em verdade seu objetivo final é legar para aquele que precisamente não poderia ser beneficiado.

---

[65] Súmula 447 do STF: "É válida a disposição testamentária em favor de filho adulterino do testador com sua concubina".

Procura a lei evitar o uso da simulação por interposta pessoa, seja ela física ou jurídica, a qual recebe pelo testamento, por exemplo, a porção disponível do testador, ou de determinado legado, para depois ser entregue por este intermediário para a concubina do testador. Trata-se de ato simulado que teve por objetivo beneficiar, por via indireta, a concubina, em evidente simulação, ou qualquer pessoa que estivesse impedida de receber por meio do testamento do testador.

36.6. Pessoas interpostas

A interposição de pessoa envolve um sujeito que faz de conta, mas que, em realidade, oculta aquele que seria o real contratante, o destinatário do direito conferido ou transmitido. Aquele que empresta seu nome é um sujeito decorativo,[66] que substitui no negócio simulado, o efetivo contratante ou beneficiado. A simulação por interposta pessoa envolve, portanto, três personagens distintos, sendo um deles o contraente ou beneficiário aparente, representado pela interposta pessoa que tem completa ciência da fraude, ou pelo *laranja* que, ao contrário da pessoa interposta, empresta seu nome sem saber que a sua identidade está sendo indevidamente utilizada e esconde a figura que no contrato ou no testamento está por detrás da transação, o verdadeiro e efetivo contratante ou beneficiado. A contribuição das pessoas interpostas, por vezes, é meramente de favor, porque atuam motivados pela amizade íntima ou pelos vínculos de trabalho, de parentesco e de afinidade, com a única finalidade de permitir que se efetuem, por seu intermédio, os negócios jurídicos que não podem ou não devem ser realizados de forma direta.

O Código Civil brasileiro estabelece, no art. 1.802, serem nulas as disposições testamentárias em favor de pessoa não legitimada a suceder, ainda quando simuladas sob a forma de contrato oneroso, ou feitas mediante interpostas pessoas. Acresce, no parágrafo único, haver presunção de se tratar de *intermediário* ou de interpostas pessoas a figura dos ascendentes, dos descendentes, dos irmãos e a do cônjuge ou do companheiro do não legitimado a suceder. No Direito de Família e também no Direito das Sucessões há larga prática de interposição de pessoas físicas, consistente em terceiros usualmente escolhidos entre amigos mais próximos, parentes e subalternos, que se dispõem a servirem como *testa de ferro*, prontos para prestarem solidariedade à fraude e, com seu auxílio, em troca por vezes de reles remuneração, ou só por mero favor, conferirem ares de legalidade aos atos de fraudulenta disposição de bens, também existindo os conhecidos *laranjas*, que não sabem que estão servindo como interpostas pessoas.

36.7. Pessoas interpostas e a desconsideração da pessoa física ou jurídica no direito sucessório

Tanto a pessoa física como a forma societária têm servido como instrumentos de fraude ou de simulação no direito sucessório, podendo tanto uma como a outra se prestar perfeitamente a fraudar a proibição da lei, ambas tipificando a hipótese de *desconsideração da interposta pessoa física ou jurídica*, a primeira antevista pelo art. 1.802 e seu parágrafo único do Código Civil, em que o uso de parente como interposta pessoa tem sido prática corrente para aqueles que não podem contar com o véu societário para encenar sua falcatrua, e a segunda regulada pelo art. 50 do Código Civil.

---

[66] GAINO, Itamar. *A simulação nos negócios jurídicos*. São Paulo: Saraiva, 2007. p. 67.

O fundamento legal da desconsideração da personalidade jurídica está enunciado pelo art. 50 do Código Civil, com as alterações da Lei 13.874/2019 (Lei da Liberdade Econômica) e pelos arts. 133 a 137 do Código de Processo Civil, que também estão a reprimir a manipulação abusiva do uso da máscara societária, inclusive em sua versão inversa, pois nessa hipótese, reportada para o testamento, se vale o testador de uma sociedade empresária que irá receber um legado ou sua porção disponível, para depois repassá-la para a sua ex-amante, que já figura como sócia da empresa beneficiada, ou irá promover a alteração do contrato social da sociedade empresária para o ingresso da concubina, cuja empresa apenas serviu como uma interposta pessoa jurídica.

A aplicação judicial episódica da desconsideração da personalidade física ou jurídica busca elidir fraudes, subterfúgios, simulações e expedientes maliciosos, todos, portanto, ilegítimos, perpetrados com a intenção de contornar uma proibição legal, valendo-se o testador de uma interposta pessoa ou de um *laranja* como pseudobeneficiado de seus bens ou de parte deles, tratando a decisão judicial de atingir exclusivamente a eficácia da cláusula testamentária que cuida de desviar bens para destiná-los a quem está impedido de ser favorecido em determinado testamento.

A interposição fraudulenta de terceiro sob as vestes de pessoa física ou jurídica em cláusula testamentária não recomenda a pomposa demanda paralela de anulação do testamento ou de parte dele, medida que se mostra nada prática e tampouco célere, podendo o magistrado declarar, com escora no art. 1.802 do Código Civil, para a interposta pessoa física, ou com suporte no art. 50 do mesmo Estatuto Civil, para a pessoa jurídica, sendo ambos os dispositivos combinados com o art. 1.801 e seus incisos do Código Civil e com os arts. 133 a 137 do CPC, para declarar ser nula e de nenhum efeito a cláusula testamentária que beneficia terceiro utilizado como *testa de ferro* para favorecer as pessoas não legitimadas a receberem por testamento.

Capítulo V
ACEITAÇÃO E RENÚNCIA DA HERANÇA

37. NOÇÕES INICIAIS

Pelo princípio da *saisine* (CC, art. 1.784), com a morte de uma pessoa, o seu patrimônio passa a se qualificar como *herança*, que segue sendo um patrimônio, mas que não pode ficar por nenhum instante sem um titular. Os bens não ficam em estado de abandono, e se a herança agora depende do chamado dos herdeiros legítimos e testamentários, quando houver, essa sucessão coincide com o exato momento da morte, ou da abertura da sucessão por causa da morte. A morte do autor da herança determina a perda da titularidade do defunto sobre o seu patrimônio, mas o evento óbito não pode deixar que a herança reste jacente, sem dono, enquanto os herdeiros são chamados para aceitarem formalmente a herança, de modo que, por uma ficção jurídica oriunda do princípio da *saisine*, criou-se a transferência imediata dos direitos e das obrigações deixadas pelo falecido aos seus herdeiros legais ou testamentários, no exato momento do óbito e independentemente da prévia ou precedente abertura do inventário, e sem qualquer solução de continuidade os herdeiros tomam o lugar do morto na titularidade de seu patrimônio ativo e passivo e nos limites do acervo hereditário.

Não há, portanto, nenhuma relação jurídica prévia, nenhuma formalidade oficial para proceder na transferência da titularidade dos bens hereditários, como acontece nos contratos que precisam ser primeiro formalizados, visto que o chamamento oficial do herdeiro à herança só se dará com a oportuna abertura do inventário, na expectativa de que os herdeiros aceitam a herança e tornem definitiva a transmissão dos direitos e das obrigações, com efeitos jurídicos que retroagem à data da abertura da sucessão (CC, art. 1.804). Desse modo, a herança do sucedido se transmite para seus herdeiros legítimos e testamentários, não condicionando a lei tal transmissão a nenhuma formalidade prévia de aceitação da herança, pois os herdeiros são legítimos destinatários e titulares da herança que surgiu com a morte e desde a morte do autor da herança.

Destarte, a transmissão da herança é automática e não prescinde de qualquer prévia aceitação processual do herdeiro, que não perde essa condição mesmo diante da sua ausência ou na falta de sua representação no inventário. O ato de aceitação da herança pode ser expresso, tácito ou presumido, mas ele é irrelevante que seja reconhecido o vínculo hereditário que decorre da lei, segundo e seguindo a ordem de vocação hereditária ordenada pelo art. 1.829 do Código Civil, e considerando que o art. 1.790 do Código Civil foi declarado inconstitucional pelo Supremo Tribunal Federal (RE 646.721/RS e RE 878.694/MG), podendo também a vocação hereditária derivar da manifestação de vontade externada pelo autor da herança por meio de um testamento.

Nem o herdeiro da lei e tampouco o herdeiro instituído por testamento precisam confirmar em juízo ou em escritura pública de inventário extrajudicial que aceitam por expresso seu quinhão hereditário, cujo direito sucessório ocorre de forma automática e como efeito jurídico decorrente da morte do autor da herança. Nem faria sentido exigir a aceitação da herança, pois que ela também se dá pelo simples silêncio do herdeiro, ou até mesmo pela presunção de que seu circunstancial silêncio deve representar a aceitação e não a renúncia, mesmo porque qualquer renúncia de direito deve ser expressada por escrito e a renúncia da herança deve constar expressamente de instrumento público ou termo judicial (CC, art. 1.806).

Consequentemente, a prévia e fictícia transmissão dos direitos e das obrigações deixadas pelo falecido, em concordância com o art. 1.784 do Código Civil, só não será verificada se o herdeiro comparecer em juízo, ou no tabelionato, e consignar sua expressa renúncia à herança (CC, art. 1.804, parágrafo único, e CC, art. 1.806). Portanto, o herdeiro chamado a adquirir a herança pode renunciar sua vocação e tanto a aceitação como a renúncia sempre irão projetar seus efeitos para a data da abertura da sucessão e que se identifica com o exato momento da morte do autor da herança.

Embora a transmissão da herança ocorra na ocasião da morte do sucedido, a posse e propriedade da herança estão sujeitas a uma condição suspensiva ou resolutiva, como explica Eduardo Zannoni, pois se o herdeiro ao ser chamado renuncia à herança, a renúncia produz efeitos retroativos à data da abertura da sucessão, e o renunciante é reputado como se nunca tivesse existido, e seus direitos adquiridos por decorrência dos efeitos do art. 1.784 do Código Civil se resolvem com efeito retroativo à data do óbito. Inversamente, a condição será suspensiva se o herdeiro aceita definitivamente a herança, assumindo sua expectativa acerca da propriedade de seu quinhão hereditário.[1]

38. ACEITAÇÃO DA HERANÇA

Embora a transmissão da posse e da propriedade da herança se opere com a morte da pessoa, o art. 1.804 do Código Civil espera do herdeiro a póstuma aceitação da herança, confirmando sua condição de herdeiro. Produzida, portanto, a abertura da sucessão, tem lugar a *delação* da herança, quando os herdeiros são chamados para que aceitem ou repudiem a atribuição de herdeiros. Escreve Fabián Elorriaga De Bonis que duas coisas essenciais justificam a delação (*ius delationis*): primeiro, a aplicação do princípio de que ninguém pode adquirir direitos contra a sua vontade, pois ninguém é herdeiro se não quer, e, segundo, pode ocorrer que a sucessão tenha muitas dívidas que se transmitam aos sucessores, o que faz se tornar lógica que eles a repudiem, e por isso que a tão só delação da herança não se mostra suficiente e tampouco produz sozinha efeitos jurídicos, sendo necessário que seja aceita ou repudiada pelos herdeiros.[2]

O art. 1.804 do Código Civil não condiciona a aceitação da herança a qualquer ato efetivo do herdeiro, mas exige que o herdeiro externe de modo inequívoco a aceitação de sua quota hereditária, só sendo exigência expressa a eventual faculdade que o herdeiro tem de renunciar à herança, acaso não deseje assumir os direitos e as obrigações inerentes à condição de herdeiro.[3] A aceitação da condição de herdeiro converte o sucessível em sucessor,[4]

---

[1] ZANNONI, Eduardo A. *Derecho civil*: derecho de las sucesiones. 2. ed. Buenos Aires: Astrea, 1982. t. I, p. 91.
[2] DE BONI, Fabián Elorriaga. *Derecho sucesório*. 3. ed. Chile: Thomson Reuters, 2015. p. 78.
[3] DIAS, Maria Berenice. *Manual das sucessões*. 2. ed. São Paulo: RT, 2011. p. 193.
[4] MAFFÍA, Jorge O. *Tratado de las sucesiones*. Buenos Aires: Abeledo Perrot, 2010. t. I, p. 204.

tornando-se irrevogável a aceitação que importa em repudiar a possibilidade de renunciá-la na sequência (CC, art. 1.812). Contudo, provando o herdeiro que a aceitação se deu por vício de vontade, pode demandar por sua anulação judicial. A vontade de adquirir a herança pode ser externada, por expresso, quando declarar por escrito e de modo positivo que assume a condição de herdeiro do falecido, mas também pode ser tácita ou presumida. A aceitação da herança é *voluntária, unilateral, pura e simples, indivisível, irrevogável, não se presume e tem efeito retroativo.*

O herdeiro não é obrigado a aceitar a herança, pode renunciá-la se não quiser ou não achar financeiramente atraente recebê-la, diante do pouco valor dos bens, ou da grande existência de dívidas, dentre tantas razões de ordem pessoal e subjetiva. Aceitando a herança, recebe seu ativo e passivo, não podendo declarar que somente aceita uma parte da herança e não todo o quinhão que lhe pertence, eximindo-se, por exemplo, das dívidas do espólio ou de certos bens sobre os quais não teria interesse, mas atraído por alguns bens que prefere em relação a outros. O herdeiro aceita receber seu quinhão hereditário representado por uma fração aritmética da herança deixada pelo falecido, composta nessa mesma proporção de seu quinhão hereditário pelo ativo e pelo passivo dos bens deixados pelo sucedido, não respondendo por encargos superiores às forças da herança (CC, art. 1.792). O Direito brasileiro não obriga o herdeiro a honrar com seu próprio patrimônio todas as dívidas da herança, concedendo o que outras legislações da Europa e da América do Sul condicionam à aceitação, o que denominam de *benefício de inventário*, como forma de o herdeiro não responder pelos débitos superiores aos limites da sucessão. O benefício de inventário consiste em não obrigar os herdeiros que aceitem a herança a se responsabilizarem pelas obrigações do defunto além do valor total dos bens que herdaram.

No Direito brasileiro, portanto, a aceitação da herança não implica assumir todos os débitos do sucedido, sendo que o herdeiro não responde, *ultra vires hereditatis*, ou além das forças da herança,[5] mas, como explica Arnoldo Wald, pode ocorrer que, por motivos de ordem moral, o herdeiro deseje pagar todos os débitos do falecido.[6]

A aceitação transcorre mesmo diante do completo silêncio do herdeiro quando é especialmente citado para declarar se aceita ou não a herança (CC, art. 1.807), não se subordinando sua aceitação ou renúncia a uma parcela da herança, ou a qualquer termo ou condição (CC, art. 1.808), operando-se o ato de aceitação ou de renúncia, de forma *pura e simples*, podendo o herdeiro, no entanto, repudiar a herança legítima e aceitar a herança testamentária, ou vice-versa, contanto que advenham ambas as heranças de uma mesma sucessão, sob títulos hereditários diversos (CC, art. 1.808, § 2º). O herdeiro pode aceitar um legado e renunciar à herança (CC, art. 1.808, § 1º), ou vice-versa. A condição de herdeiro decorre da sua legítima vocação hereditária, como também pode ser beneficiado em testamento, com algum legado ou concebido como herdeiro instituído, podendo aceitar ambas ou renunciá-las ou repudiar uma delas e aceitar a outra.

A disposição de aceitar ou de renunciar à herança é ato unilateral, é uma faculdade que independe da aquiescência dos demais herdeiros e tampouco da vênia conjugal, embora a renúncia reclame a concordância do cônjuge do sucessor casado pelo regime da comunhão universal de bens. Nem sempre foi assim, pois ao tempo da desigualdade jurídica dos consortes o art. 242, inc. IV, do Código Civil de 1916 proibia a mulher casada de aceitar ou repudiar herança ou legado sem a autorização do marido, tendo sido esse dispositivo revogado pela Lei

---

[5] PEREIRA, Caio Mário da Silva. *Direito das sucessões*. 17. ed. Rio de Janeiro: Forense, 2009. v. VI, p. 49.
[6] WALD, Arnoldo. *Direito das sucessões*. 12. ed. São Paulo: Saraiva, 2002. p. 27.

4.121/1962 (Estatuto da Mulher Casada), sobrevindo com a Carta Política de 1988 a plena igualdade jurídica dos cônjuges.

Nas hipóteses de tutela e curatela, a aceitação da herança é realizada mediante autorização judicial prevista no art. 1.748, inc. II, do Código Civil, de modo a evitar qualquer prejuízo para o pupilo ou o curatelado, muito embora o Estatuto da Pessoa com Deficiência (Lei 13.146/2015) assegure, em condições de igualdade, o exercício dos direitos e das liberdades fundamentais por pessoas com deficiência, com vistas à sua inclusão social e cidadania, e devolvendo, como diz Camila Aguileira Coelho, aos deficientes a possibilidade de dispor sobre questões que tocam ao seu desenvolvimento humano, retirando o impedimento ao livre exercício de sua subjetividade, ao valorizar a sua manifestação de vontade, sendo que o Estatuto da Pessoa com Deficiência também facultou ao deficiente a utilização do instituto da tomada de decisão apoiada, que lhe permite eleger duas pessoas idôneas com as quais possua vínculos próximos, para prestar-lhe apoio na prática dos atos da vida civil.[7]

Ocorrendo o falecimento do sucessor sem que tenha exteriorizado sua vontade, transmite-se a seus herdeiros o direito de deliberarem sobre a aceitação da primeira herança, que não se confunde com a herança dos bens deixados com o óbito do herdeiro morto. Nesse sentido, estabelece o art. 1.809 do Código Civil que, falecendo o herdeiro antes de declarar se aceita a herança, o poder de aceitar passa aos herdeiros, a menos que se trate de vocação adstrita a uma condição suspensiva, ainda não verificada.

De qualquer forma, o direito de aceitar ou renunciar a herança prescreve pelo transcurso de dez anos, contados desde que a sucessão foi aberta (CC, art. 205).

38.1. Aceitação direta

A aceitação da herança pelo herdeiro que dela não renunciou se dá de modo direto quando o próprio herdeiro ou legatário se manifesta de forma expressa, tácita ou presumida. Como modalidade diversa de aceitação direta, e das mais usuais, a declaração de vontade realizada por mandato é reconhecida como manifestação direta do herdeiro.[8]

38.1.1. Aceitação expressa

A aceitação expressa pode ser feita por instrumento público ou privado (CC, art. 1.805, 1ª parte), ou assumindo a condição de herdeiro em manifestação escrita de habilitação no processo judicial de inventário, ou ostentando essa mesma titulação na escritura pública se o inventário for extrajudicial (Lei 11.441/2007 e CPC, art. 610, § 1º). Interessa a forma escrita dessa manifestação, diferenciando-a da aceitação verbal, não sendo necessária uma manifestação redigida e firmada exclusivamente para o ato de aceitação da herança, podendo derivar de qualquer menção incidental contida no documento.

Destaca Maria Helena Diniz a ociosidade da exigência expressa de aceitação da herança, por não existir no regramento brasileiro a herança a benefício de inventário, lembrando

---

[7] COELHO, Camila Aguileira. O impacto do Estatuto da Pessoa com Deficiência no direito das sucessões. In: BARBOZA, Heloisa Helena; MENDONÇA, Bruna Lima de; ALMEIDA JUNIOR, Vitor de Azevedo (coords.). *O Código Civil e o Estatuto da Pessoa com Deficiência*. Rio de Janeiro: Editora Processo, 2017. p. 323-325.

[8] NADER, Paulo. *Curso de direito civil*: direito das sucessões. Rio de Janeiro: Forense, 2007. v. 6, p. 89. No mesmo sentido, WALD, Arnoldo. *Direito das sucessões*. 12. ed. São Paulo: Saraiva, 2002. p. 25, quando ensina ser expressa a aceitação da herança formulada por petição, nos autos do inventário.

que somente a renúncia elide a aceitação,[9] porquanto prescreve o parágrafo único do art. 1.804 do Código Civil que a transmissão da herança não se verifica somente quando o herdeiro a ela renunciar. O benefício de inventário era um privilégio concedido pela lei ao herdeiro que podia ser admitido à herança, sem ficar obrigado pelos encargos superiores às forças da herança, evitando arcar com todos os débitos deixados pelo sucedido, desde que provasse que o valor dos bens herdados era inferior aos encargos da herança, ficando desobrigado dessa prova quando existisse o inventário,[10] o que é completamente dispensado diante da ressalva expressa do art. 1.792 do Código Civil, que confere natural e automaticamente o *benefício de inventário* com a aceitação pura e simples da herança.

Na rotineira prática dos inventários, a habilitação do herdeiro se dá por manifestação de procurador judicial ou extrajudicial, especialmente constituído para representá-lo como herdeiro no inventário ou arrolamento dos bens deixados pelo *de cujus*, entendendo Pontes de Miranda[11] e Maria Helena Diniz[12] tratar-se a representação por advogado constituído para o inventário de uma aceitação tácita. Já o art. 2.293 do Código Civil argentino (Ley 26.994/2014) dispõe textualmente constituir-se de aceitação expressa ou tácita a outorga de mandato judicial, considerando a doutrina argentina ocorrer a aceitação expressa quando a procuração foi outorgada com a finalidade específica de representar o herdeiro no inventário e será tácito o mandato conferido para a realização de atos de administração ou de disposição que supõem uma aceitação.[13] Melhor se amolda como aceitação expressa essa corriqueira fórmula de habilitação direta do herdeiro no inventário por meio de procurador judicial ou extrajudicial, cujo mandato é outorgado por escrito e com a expressa finalidade de postular acerca dos interesses hereditários do herdeiro.

38.1.2. *Aceitação tácita*

A aceitação tácita resulta de atos próprios da qualidade de herdeiro (CC, art. 1.805, 2ª parte), não expressando a aceitação de herança atos oficiosos, como o funeral do finado, os meramente conservatórios ou os de administração e guarda provisória (CC, art. 1.805, § 1º); como por igual não importa aceitação a cessão gratuita, pura e simples, da herança, aos demais herdeiros (CC, art. 1.805, § 2º).

Na aceitação tácita o herdeiro não manifesta de forma nítida e inequívoca, em declaração escrita, sua adição à herança, contudo, pratica atos cuja natureza reflete a aceitação da herança, representado por qualquer manifestação de vontade capaz de exteriorizar o propósito de aceitar a herança. A norma inspirada no Código Civil francês é criticada em função da sua extrema subjetividade, quando sobrepõe a *intenção* ao ato, abrindo uma ampla e aleatória porta destinada à interpretação e especulação judicial, delegando ao juiz do inventário a tarefa de analisar cada fato individualmente, para deliberar exclusivamente na casuística se na execução daquele ato específico existiu a intenção do herdeiro aceitar a herança. Não há dúvidas

---

[9] DINIZ, Maria Helena. *Curso de direito civil brasileiro*: direito das sucessões. 21. ed. São Paulo: Saraiva, 2007. v. 6, p. 68.

[10] OLIVEIRA, Arthur Vasco Itabaiana de. *Tratado de direito das sucessões*. 3. ed. Rio de Janeiro: Livraria Jacintho, 1936. v. I, p. 88.

[11] MIRANDA, Pontes de. *Tratado de direito privado*. 2. ed. Rio de Janeiro: Editor Borsoi, 1968. t. XV, p. 61.

[12] DINIZ, Maria Helena. *Curso de direito civil brasileiro*: direito das sucessões. 21. ed. São Paulo: Saraiva, 2007. v. 6, p. 69.

[13] BUERES, Alberto J.; HIGHTON, Elena I. *Código Civil y normas complementarias*: análisis doctrinal y jurisprudencial. Buenos Aires: Hammurabi, 2007. v. 6 A, p. 116.

de o herdeiro haver aceitado a herança por ele cedida onerosamente por escritura pública, ou em cessão gratuita em cuja escritura ele declina os cessionários, quando a renúncia teria de ser pura e simples, sendo sua quota da herança devolvida ao espólio, e redistribuída proporcionalmente entre os herdeiros remanescentes.

Pontes de Miranda cita alguns exemplos tácitos de adição da herança, dentre os quais quando o herdeiro reclama a abertura de inventário e partilha, ou faz isto em outra ação qualquer, ou se paga dívidas da herança, sem fazê-lo na condição de gestor de negócios alheios, se constitui procurador para representá-lo no inventário, ou em qualquer ação do espólio, e se paga salários ou retribuições afeitas aos herdeiros.[14]

O Código Civil argentino arrola como atos de tácita adição hereditária o fato de o herdeiro entrar na posse dos bens da sucessão, salvo já se tratasse da sua moradia habitual e dividida com o *de cujus*; ou o ato de cortar os bosques dos terrenos; trocar a superfície do solo das terras do espólio, ou se procede a reformas nos prédios da herança; apresentar-se em juízo sucessório reclamando direitos derivados da qualidade de herdeiro; a disposição de um bem a título gratuito ou oneroso; não contestando a qualidade de herdeiro em ação proposta contra os herdeiros do autor da herança (CC argentino, art. 2.294), ao passo que o art. 2.296 do Código Civil e Comercial argentino descreve os atos que não implicam em aceitação da herança, como por exemplo, a repartição de roupas, documentos pessoais, condecorações e diplomas do defunto, ou recordações de família, feito em acordo de todos os herdeiros, o pagamento do funeral e etc.

O art. 2.295 do referido Código argentino também considera como aceitação tácita da herança a subtração ou ocultação de bens ou créditos do espólio, de parte do herdeiro que se manteve silente, e, não obstante sua atitude não seja lícita, ela reflete uma deliberada manifestação de vontade voltada para a aceitação da herança, salvo se trate de herdeiro carente de discernimento.[15] No caso da pessoa incapaz, ou com capacidade restringida, prescreve o art. 2.297 do Código Civil e Comercial argentino que a aceitação da herança por representante legal de uma pessoa incapaz nunca pode obrigar o incapaz ao pagamento das dívidas da sucessão além do valor dos bens que lhe sejam atribuídos e igual regramento é aplicado àquele que tem sua capacidade limitada, sendo que no Direito brasileiro o herdeiro, capaz ou incapaz, quando aceita a herança em seu nome ou em seu nome a herança é aceita por representação, o efeito da aceitação sempre limita a responsabilidade financeira ao montante da herança, merecendo literal transcrição uma antiga lição de Hermenegildo de Barros, e que ainda se mostra atual:

> Antigamente, o herdeiro já não respondia pelos encargos da herança, superiores às forças desta; mas para isto tinha necessidade de declarar em juízo que aceitava a herança a *benefício de inventário*. Hoje, para conseguir o mesmo resultado, o herdeiro não tem necessidade de fazer inventário nem declaração alguma; não está sujeito à observância de qualquer formalidade. Basta-lhe provar simplesmente que os encargos são superiores à importância que herdou.[16]

No sentido contrário ao da aceitação apontam os dois parágrafos do art. 1.805 do Código Civil, quando enumeram os atos que não exprimem o caráter de aceitação tácita de herança. Os atos a que se refere o presente dispositivo não são de molde a demonstrar uma efetiva

---

[14] MIRANDA, Pontes de. *Tratado de direito privado*. 2. ed. Rio de Janeiro: Editor Borsoi, 1968. t. XV, p. 61.
[15] BUERES, Alberto J.; HIGHTON, Elena I. *Código Civil y normas complementarias*: análisis doctrinal y jurisprudencial. Buenos Aires: Hammurabi, 2007. v. 6 A, p. 117.
[16] BARROS, Hermenegildo de. *Manual do Código Civil brasileiro*: do direito das sucessões. Rio de Janeiro: Jacintho Ribeiro dos Santos, 1929. v. XVIII, p. 241-242.

intenção do herdeiro em aceitar a herança, mas são atos humanitários, de cunho familiar, religioso, provimentos típicos de civilidade, de ordem pública e providências de caráter sanitário, quando relacionados ao funeral do sucedido. Atos que reclamam providências urgentes, no propósito de evitar a destruição dos bens, os quais poderiam ser realizados por qualquer pessoa, mesmo pelo herdeiro que apenas os pratica na qualidade de administrar ou gestor de negócios e interesses alheios.

À semelhança do Direito argentino, o § 1º do art. 1.805 do Código Civil destaca não importar em aceitação tácita da herança a prática dos seguintes atos oficiosos: i) o pagamento do funeral do falecido; ii) os atos meramente conservatórios; iii) os de administração e guarda provisória dos bens do espólio.

Por *atos oficiosos*, informam Débora Gozzo e Sílvio de Salvo Venosa, citando Clóvis Beviláqua, tenham-se todos aqueles praticados de forma desinteressada pela pessoa, que tenciona apenas "prestar um favor, ser agradável, ou satisfazer sentimentos piedosos ou humanitários".[17] O enterro do defunto não implica ato de adição da herança pelo singelo fato de estar radicado em ação praticada em respeito ao falecido, sem nenhuma relação com a herança. Não faria o menor sentido deixar o sucedido insepulto apenas para não permitir que seu enterro pudesse caracterizar uma forma indesejada de aceitação de sua herança.

Segundo os citados autores, com a inspiração doutrinária de Hermenegildo de Barros, na classe dos atos *meramente conservatórios* enquadram-se aqueles que buscam "evitar desvios que a diminuiriam, como a colocação e levantamento de selos, o inventário dos móveis, a interrupção da prescrição na iminência de realizar-se, a inscrição da hipoteca, o arresto contra o devedor, as reparações consideradas de conservação ou de caráter urgente, além de outros, sobre cuja natureza não se pode levantar dúvida".[18]

São ações visando assegurar a preservação do acervo hereditário e por isso precisam ser executadas com urgência, para evitar a destruição ou dissipação dos bens, podendo inclusive o herdeiro que os pratica, sem o propósito de adir a herança, fazer a ressalva de estar atuando unicamente no propósito de impedir algum prejuízo do espólio, na qualidade de gestor de negócios alheios e não como administrador a título de dono.[19]

Carlos Maximiliano arrola como atos adicionais de mera conservação a colheita e venda de frutos colhidos na estação; dispor de bens do espólio para pagar dívidas urgentes ou evitar ações provenientes dessas dívidas; a retirada de valores hereditários em mãos de terceiros; alugar imóvel; continuar a exploração de chácara, granja, fazenda, banco, fábrica ou estabelecimento comercial, na medida das operações correntes e para conservar a clientela.[20] Também são tidos como atos de pura conservação o recolhimento de frutos naturais, a venda da produção anual de uma fazenda, no caso de a produção não poder ser coletada ou estocada no campo ou em armazéns, o ingresso de uma ação prestes a prescrever.

Por *atos de administração* compreendem-se, sempre escorado nas informações de Débora Gozzo e Sílvio de Salvo Venosa, abeberados na lição de Hermenegildo de Barros, aqueles praticados pelos herdeiros em curto espaço de tempo, para atender prementes necessida-

---

[17] GOZZO, Débora; VENOSA, Sílvio de Salvo. *Comentários ao Código Civil brasileiro*: do direito das sucessões. Coord. Arruda Alvim e Thereza Alvim. Rio de Janeiro: Forense, 2004. v. XVI, p. 107.
[18] GOZZO, Débora; VENOSA, Sílvio de Salvo. *Comentários ao Código Civil brasileiro*: do direito das sucessões. Coord. Arruda Alvim e Thereza Alvim. Rio de Janeiro: Forense, 2004. v. XVI, p. 107-108.
[19] ZANNONI, Eduardo A. *Derecho civil*: derecho de las sucesiones. 4. ed. Buenos Aires: Astrea, 1997. t. I, p. 291.
[20] MAXIMILIANO, Carlos. *Direito das sucessões*. 4. ed. Rio de Janeiro: Freitas Bastos, 1958. p. 57.

des, em contraste aos atos de uma administração mais demorada e definitiva,[21] e estes atos de gestão ou de administração de rápida decisão intentam conservar e impedir que bens restem abandonados, sendo por vezes autorizada a sua venda para evitar o seu perecimento, bens que desvalorizem ou que simplesmente produzam despesas e cuja conservação seria dispendiosa, utilizando o produto da venda para o pagamento de dívidas urgentes ou depositando em juízo.

38.1.3. *Aceitação presumida*

É tênue o traço distintivo entre a aceitação tácita e a aceitação presumida, esta última prevista no art. 1.807 do Código Civil, quando dispõe que a pessoa interessada em que o herdeiro declare se aceita, ou não, a herança pode, vinte dias após aberta a sucessão, pedir a intimação pessoal do herdeiro, para se pronunciar, em prazo não maior de trinta dias, se aceita a herança, sob pena de seu silêncio ser interpretado como aceitação e nunca como renúncia. Passados vinte dias da abertura da sucessão sem nenhum pronunciamento do herdeiro, o interessado requer sua intimação para se manifestar sobre o seu interesse na sucessão, significando o silêncio a aceitação. Pode até não existir inventário, cujo processo tem um prazo de tolerância para sua abertura de dois meses contado da morte do autor da sucessão (CPC, art. 611), parecendo por isso mesmo precipitado pretender que, sem o inventário, apenas vinte dias 20 (vinte) dias após o óbito o juiz defira a intimação para o herdeiro se pronunciar se aceita a herança.

Deve ser aberto o inventário e, uma vez regularmente citados os herdeiros, e, fazendo-se ausente algum eventual herdeiro, o seu silêncio será interpretado como sinal de aceitação da herança, pois esta pode se dar antes do inventário e pode o herdeiro pedir a formação do inventário antes de aceitar ou repudiar a herança, para, por exemplo, deliberar no inventário somente sobre este ponto e renunciar à herança, ou pode limitar-se a guardar silêncio, e, enquanto não a aceitar ou não a repudiar, será considerado herdeiro, e o herdeiro mais remoto nada pode decidir a seu respeito, pois o silêncio representa aceitação da herança.[22]

A aceitação presumida resulta, ao final, unicamente em um reforço na busca judicial da efetiva manifestação de herdeiro ou legatário que foi pessoalmente citado para acompanhar o inventário, e, tendo sido chamado, nada disse, manteve-se calado e ausente, e, se nada disse, disse calado que era herdeiro.

O prazo indicado pelo art. 1.807 do Código Civil para a incidência da *aceitação presumida*, depois de intimado o herdeiro a dizer se aceita a herança, está totalmente destoado do termo legal para a abertura do inventário e do prazo que tem o inventariante para prestar as primeiras declarações (CPC, art. 620), declinando bens e herdeiros, que só então serão citados para os termos do inventário (CPC, art. 626), com vistas, em cartório, pelo prazo comum de 15 (quinze) dias, para dizerem sobre as primeiras declarações (CPC, art. 627), inclusive sob o interesse em aceitar a herança e, se citados, nada disserem, a lei presume a aceitação. Acaso algum dos herdeiros ou legatários nada tenha dito, aceitou a herança ou o legado, e, se não foi citado, deverá sê-lo, de forma que não sobre espaço processual em

---

[21] GOZZO, Débora; VENOSA, Sílvio de Salvo. *Comentários ao Código Civil brasileiro*: do direito das sucessões. Coord. Arruda Alvim e Thereza Alvim. Rio de Janeiro: Forense, 2004. v. XVI, p. 108.

[22] DEL RÍO, Josefina Alventosa *et al.* Aspectos substantivos del derecho hereditario. In: DEL RÍO, Josefina Alventosa; COBIELLA, Maria Elena Cobas (coords.). *Derecho de sucesiones*. Valencia: Tirant lo Blanch, 2017. p. 303-304.

concreto para a hipótese legal da chamada *aceitação presumida da herança,* regulada pelo art. 1.807 do Código Civil.

38.2. Aceitação indireta

A aceitação indireta da herança sucede quando um terceiro a exerce em nome do herdeiro, informando Rodrigo Santos Neves,[23] Carlos Roberto Gonçalves[24] e Maria Helena Diniz[25] existirem quatro hipóteses para a aceitação indireta (sucessores do herdeiro, mandatário ou gestor de negócios, tutor ou curador, credores), enquanto Paulo Nader,[26] Maria Berenice Dias,[27] Moacir César Pena Jr.[28] e Caio Mário da Silva Pereira[29] identificam somente três modalidades de manifestação de vontade do herdeiro emitida por terceiro no ato de adição da herança (sucessores, mandatário ou gestor de negócios e credores).

38.2.1. Por procurador

A forma mais usual de aceitação da herança por terceira pessoa se dá por intermédio de um mandatário, quando um procurador, munido de poderes específicos, em nome do herdeiro, seu mandante, manifesta expressa aceitação da herança ou, em contrário, exprime a inequívoca renúncia da herança, cuja manifestação deve se fazer acompanhada de procuração com poderes especiais para recusar a herança, embora não precisem ser explicitados poderes especiais para a aquiescência do quinhão hereditário.

Há controvérsia acerca da aceitação da herança feita pelo gestor de negócios, porquanto ficaria subordinada à ratificação do herdeiro mandante (CC, art. 873), que então produzirá efeitos desde a abertura da sucessão, lembrando que o gestor de negócios administra oficiosamente interesses alheios, sem a representação procuratória, tendo em conta unicamente o presumível interesse do dono do negócio. O gestor de negócio age por uma necessidade premente para evitar alguma lesão a direitos e bens, ou a pessoa de outrem, quando esse outrem se encontre impedido, ausente, ou ignore a necessidade urgente de tal gestão.[30]

38.2.2. Pelos pais, curador ou tutor de herdeiro incapaz ou ausente

Em decorrência da incapacidade do herdeiro de receber pessoalmente a herança, em virtude de sua menoridade, ou sendo maior de 18 anos de idade, mas incapaz de compreender e praticar os atos da vida civil, pode o terceiro aceitar por ele heranças, legados ou doações.

---

[23] NEVES, Rodrigo Santos. *Curso de direito das sucessões.* Rio de Janeiro: Lumen Juris, 2009. p. 53.
[24] GONÇALVES, Carlos Roberto. *Direito civil brasileiro*: direito das sucessões. 4. ed. São Paulo: Saraiva, 2010. v. 7, p. 94-96.
[25] DINIZ, Maria Helena. *Curso de direito civil brasileiro*: direito das sucessões. 21. ed. São Paulo: Saraiva, 2007. p. 70-71.
[26] NADER, Paulo. *Curso de direito civil*: direito das sucessões. Rio de Janeiro: Forense, 2007. v. 6, p. 92.
[27] DIAS, Maria Berenice. *Manual das sucessões.* 2. ed. São Paulo: RT, 2011. p. 195.
[28] PENA JR., Moacir César. *Curso completo de direito das sucessões*: doutrina e jurisprudência. São Paulo: Método, 2009. p. 79.
[29] PEREIRA, Caio Mário da Silva. *Instituições de direito civil*: direito das sucessões. Atualizada por Carlos Roberto Barbosa Moreira. 17. ed. Rio de Janeiro: Forense, 2007. p. 46.
[30] GONÇALVES, Cunha. Tratado de direito civil. In: RIZZARDO, Arnaldo. *Contratos.* 3. ed. Rio de Janeiro: Forense, 2004. p. 576.

Segundo adverte Camila Aguileira Coelho, nessa nova sistemática da pessoa com deficiência, desde o advento do Estatuto da Pessoa com Deficiência (Lei 13.146/2015), a incapacidade deve ser aferida à luz do caso concreto, sendo a curatela uma medida extraordinária, e lembra que o Estatuto da Pessoa com Deficiência também facultou ao deficiente a utilização da tomada de decisão apoiada, que lhe permite eleger duas pessoas idôneas com as quais possua vínculos próximos, para prestar-lhe apoio na prática dos atos da vida civil.[31]

Os pais do herdeiro menor de 16 (dezesseis) anos o representam no inventário e o assistem enquanto não completar os 18 (dezoito) anos de idade. Na falta dos pais, por falecimento, por estarem ausentes, ou por terem decaído do poder familiar (CC, art. 1.728), os menores de 18 (dezoito) anos são postos em tutela, e o tutor precisa de autorização judicial para aceitar por ele a herança, o legado ou a doação (CC, art. 1.748, inc. II), de modo que não cabe a aceitação tácita do tutor ou curador, sem a devida autorização judicial, e sem a intervenção obrigatória do Ministério Público. Aqueles sujeitos à curatela (CC, art. 1.767), que não puderem exprimir a sua vontade, serão representados no inventário por seu curador (CPC, art. 71). O pródigo pode aceitar direta e pessoalmente a herança,[32] pois sua interdição só o priva de, sem curador, emprestar, transigir, dar quitação, alienar, hipotecar, demandar ou ser demandado, e praticar, em geral, os atos que não sejam de mera administração (CC, art. 1.782), não lhe causando nenhum prejuízo a aceitação mesmo onerosa de herança, cujos débitos não podem exceder às forças da herança, mas o pródigo será afastado da administração dos bens que compõem sua herança.[33]

Aparentemente o legislador brasileiro deu maior importância e atribuiu maior confiança aos pais do que ao tutor que, ao contrário dos pais, precisa pedir autorização judicial para receber a herança do tutelado. Menores emancipados pelos pais podem aceitar ou repudiar a herança. É nula a aceitação da herança realizada por herdeiro absolutamente incapaz, seja a incapacidade decorrente de interdição ou simplesmente da idade inferior a 16 anos, e anulável quando externada por herdeiro relativamente incapaz, podendo nesse caso ser convalidada se for ratificada pelo assistente do incapaz.

Desaparecendo uma pessoa de seu domicílio sem dela haver notícia, se não houver deixado representante ou procurador a quem caiba administrar-lhe os bens, e declarada judicialmente a sua ausência, ainda sem presunção de falecimento, o curador designado de seus bens deverá, em consequência, aceitar a herança deferida ao ausente (CC, art. 22),[34] e, como referem Vitor Frederico Krümpel e Carla Modina Ferrari, a ausência é uma situação jurídica na qual, no início, paira uma incerteza de morte, mas, com o passar do tempo, aumenta gradativamente a probabilidade de morte e começa-se a acreditar que a pessoa está morta,[35] sobrevindo com o tempo a sua sucessão definitiva.

---

[31] COELHO, Camila Aguileira. O impacto do Estatuto da Pessoa com Deficiência no direito das sucessões. In: BARBOZA, Heloisa Helena; MENDONÇA, Bruna Lima de; ALMEIDA JUNIOR, Vitor de Azevedo (coords.). *O Código Civil e o Estatuto da Pessoa com Deficiência*. Rio de Janeiro: Editora Processo, 2017. p. 324-325.

[32] ALMADA, Ney de Mello. *Sucessões*. Malheiros: São Paulo, 2006. p. 94.

[33] GAMA, Ricardo Rodrigues. *Direito das sucessões*. São Paulo: Edipro, 1996. p. 84.

[34] ZANNONI, Eduardo A. *Derecho civil*: derecho de las sucesiones. 3. ed. Buenos Aires: Astrea, 1982. t. I, p. 277.

[35] KRÜMPEL, Vitor Frederico; FERRARI, Carla Modina. *Tratado notarial e registral*. São Paulo: YK Editora, 2017. v. 2, p. 858.

38.2.3. Pelos sucessores do herdeiro pós-morto ou ausente

Falecendo um herdeiro antes de se pronunciar se aceita a herança, o poder de aceitar passa a seus herdeiros, a menos que se trate de vocação adstrita a uma condição suspensiva, ainda não verificada (CC, art. 1.809). Os herdeiros do herdeiro que não pôde aceitar em tempo a herança podem aceitar ou repudiá-la, ou alguns deles podem aceitá-la e outros recusá-la, mas aqueles que aceitam a herança adquirem todos os direitos e ficam sujeitos a todos os encargos da sucessão.[36] Explica Giselda Hironaka que os sucessores do herdeiro pós-morto herdarão por representação, pois herdarão do herdeiro que não teve tempo de aceitar a herança e não diretamente do autor dessa herança.[37]

A segunda parte do *caput* do art. 1.809 do Código Civil ressalva a aceitação indireta da herança na hipótese de vocação sucessória ligada a uma condição imposta por testamento, não se transmitindo a aceitação aos sucessores do herdeiro pós-morto se ele não logrou cumprir a condição suspensiva (CC, art. 125), tornando-se ineficaz a disposição testamentária que havia condicionado o legado, ou instituído a herança à realização de um evento futuro, como, por exemplo, imposto a contrapartida de o herdeiro testamentário concluir algum curso superior, ou executar pessoalmente determinada obrigação, mas cuja tarefa não ocorreu em razão do prematuro falecimento do herdeiro, cuja morte se deu antes de ser verificada a condição.

O parágrafo único do art. 1.809 do Código Civil permite aos chamados à sucessão do herdeiro falecido antes da aceitação acolher ou renunciar à primeira herança, desde que concordem em receber a segunda herança. Com a morte incidental do herdeiro, seus sucessores são chamados para deliberarem em seu lugar, mas só poderão aceitar a primeira herança se também concordarem em receber a segunda herança. Não há como aceitar a primeira herança sem receber a segunda, pois a primeira sucessão é parte integrante do segundo espólio e a lei não admite a aceitação fracionada ou parcial da herança (CC, art. 1.808). Trata-se de duas heranças distintas, podendo ser tomado como exemplo um pai que falece e sendo herdeiro um dos seus filhos, que morre na sequência, sem ter aceitado a herança, transmitindo os seus bens para seus filhos, os quais não poderão aceitar a herança do avô em nome do pai, sem terem previamente aceitado a herança paterna.[38] Os filhos só podem recusar a herança do avô premorto caso aceitem a herança decorrente da pós-morte do pai.

Havendo forte presunção de morte do ausente, seus herdeiros podem aceitar ou renunciar sua herança e se, porventura, ele reaparecer, fica sem efeito a aceitação ou a renúncia procedida pelos seus herdeiros, pois externará o próprio ausente sua opção pela adição ou repúdio de seu quinhão hereditário.

38.2.4. Pelos credores do herdeiro

A aceitação da herança pelos credores do herdeiro tem previsão legal no art. 1.813 e § 1º do Código Civil, ao permitir que eles recebam em seu nome, até o montante de seu crédito, a herança renunciada pelo herdeiro devedor. Os credores do herdeiro são estranhos ao processo

---

[36] ALMEIDA, José Luiz Gavião de. *Código Civil comentado*. Coord. Álvaro Villaça Azevedo. São Paulo: Atlas, 2003. v. XVIII, p. 139.

[37] HIRONAKA, Giselda Maria Fernandes Novaes. *Comentários ao Código Civil*: parte especial do direito das sucessões. Coord. Antônio Junqueira de Azevedo. São Paulo, 2003. v. 20, p. 129.

[38] WALD, Arnoldo. *Curso de direito civil brasileiro*: direito das sucessões. 12. ed. São Paulo: Saraiva, 2002. p. 28.

de inventário enquanto não ocorrer o exercício pelo devedor do seu *ius delationis*, dizendo se aceita ou renuncia a seu quinhão hereditário, pois se o devedor repudia a herança e resta excluído do processo sucessório do qual seria herdeiro, não mais herdando, gera com esse gesto o direito efetivo de seus credores poderem se habilitar no espólio e receberem no lugar do devedor renunciante até o montante de seus créditos, pois a renúncia do devedor se faz prejudicial aos seus credores que perdem a expectativa que tinham de poder atuar contra o patrimônio pessoal do devedor no momento de se abrir a herança a que teria direito e à qual renunciou.[39]

A renúncia da herança não deixa de representar uma transmissão gratuita dos bens, autorizando que os credores por ela prejudicados busquem evitar o prejuízo causado ao seu crédito, que pode muito bem se dar em conluio fraudatório perpetrado pelo devedor com os coerdeiros, que ficam encarregados de lhe repassar *por detrás dos bastidores* o seu quinhão hereditário.

Cuida a espécie de aceitação obrigatória de herança, pela qual o herdeiro devedor é judicialmente coagido a aceitar o quinhão hereditário, sob pena de seus credores aceitarem a herança em seu nome, até o montante de seus créditos. A reivindicação da herança pelos credores somente se dará nos autos do inventário se não ocorrer nenhum incidente de impugnação pelo herdeiro renunciante discutindo a procedência ou pertinência do crédito habilitado, provocando com sua manifestação matéria processual que o Código de Processo Civil de 1973, em seu revogado art. 984, deliberava denominar de questão de *alta indagação*, a qual deveria ser discutida em ação própria e cuja expressão foi suprimida pelo Código de Processo Civil de 2015, tratando o vigente art. 612 de ordenar decida o juiz todas as questões de direito, desde que os fatos relevantes estejam provados por documento, só remetendo para as vias ordinárias as questões que dependerem de outras provas.

Diante da hipótese ou perante a possibilidade de impugnação do herdeiro renunciante, a aceitação da herança pelo credor deve ser processada em autos apartados de habilitação de crédito, e, uma vez sanada a dissensão, o juiz, acatando a habilitação, ordena sejam satisfeitas as dívidas do herdeiro renunciante, devendo o restante de seu quinhão ser devolvido aos herdeiros remanescentes (CC, art. 1.813, § 2º).

A capacitação dos credores depende sempre de autorização judicial, sendo deles o ônus de comprovar seu prejuízo em decorrência da renúncia, podendo ser negada se o herdeiro renunciante tiver bens próprios suficientes para garantia de suas dívidas, como também a habilitação pode ser recusada e concluído que o devedor não teria nenhum benefício com uma herança com saldo devedor.

A habilitação dos credores se fará no prazo decadencial de 30 dias seguintes ao conhecimento da renúncia, sendo, portanto, imperioso que tomem formal conhecimento da renúncia hereditária exercida pelo herdeiro devedor (CC, art. 1.813, § 1º), sob o risco de sempre se habilitarem enquanto não encerrada a partilha e não transcorrido o prazo decadencial de suas inequívocas ciências acerca da renúncia do herdeiro devedor. O credor do herdeiro renunciante nunca se tornará herdeiro do autor da herança.

Também os credores de obrigações vencidas e não pagas de herdeiro ausente podem aceitar em seu nome a herança a que ele faz jus (CC, art. 27, inc. IV).

Estabelece o art. 129, inc. V, da Lei de Recuperação Judicial e Extrajudicial e de Falência (Lei 11.101/2005) que o falido não está autorizado a renunciar direito hereditário, sob pena de o ato ser considerado ineficaz em relação à massa falida, valendo a ineficácia em

---

[39] CID, Ignacio Sánchez. *La repudiación de la herencia*. Valencia: Tirant Lo Blanch, 2016. p. 312.

período retroativo de até dois anos antes da quebra, referindo Manoel Justino Bezerra Filho ser propósito do legislador evitar que o empresário venha a fraudar a massa, renunciando a direitos nos dois anos que antecedem o decreto de falência, renúncia que teria sido motivada pelo desejo de afastar o bem da arrecadação da falência, autorizando que o administrador judicial da massa falida se habilite no inventário, mas, se a renúncia for anterior a dois anos, permanecerá válida e eficaz, sendo essa mesma regra aplicada ao empresário individual.[40]

39. RENÚNCIA DA HERANÇA

A qualidade de herdeiro legítimo ou testamentário não pode ser compulsoriamente imposta, confiando a lei ao titular da vocação hereditária o direito de abdicar ou declinar da herança por meio da renúncia expressa, preferindo conservar-se, como diz Itabaiana de Oliveira, completamente estranho à sucessão.[41] A renúncia representa a perda voluntária da aquisição hereditária que ainda não havia se consolidado, sendo, portanto, um ato jurídico que exige a plena capacidade de quem emite a declaração, isenta dos vícios que maculam a livre manifestação de vontade.[42]

O repúdio da herança é tido como negócio jurídico unilateral, voluntário, gratuito, incondicional, indivisível, formal, irrevogável e retroage ao momento da morte do autor da herança, como aponta o parágrafo único do art. 1.804 do Código Civil,[43] condicionada a eficácia do ato de repúdio à manifestação solene do herdeiro, que pode ser procedida mesmo antes de ser aberto o inventário judicial ou extrajudicial, mas que, segundo majoritária doutrina brasileira, só não pode ser manifestada antes da morte do autor da herança, porquanto não existe herança de pessoa viva e sua contratação pelo pacto sucessório é vedada por Lei (CC, art. 426).

Ao contrário da informalidade do ato de aceitação da herança, a renúncia como exceção à regra exige forma expressa, cuja solenidade deve constar em instrumento público ou por termo nos autos (CC, art. 1.807), ocorrendo a sucessão como se o renunciante nunca tivesse existido, e acrescendo sua porção hereditária à dos outros herdeiros da mesma classe e, sendo ele o único desta, devolvendo-se aos da classe subsequente (CC, art. 1.810). Entretanto, a renúncia da herança não pode ser manifestada se lhe antecede qualquer ato de aceitação por parte do herdeiro, pois tanto a aceitação como a renúncia da herança são atos irrevogáveis (CC, art. 1.812), e a opção de uma implica a impossibilidade definitiva da outra, salvo presente alguma hipótese de invalidade da manifestação de vontade.[44] Já o art. 2.300 do Código Civil e Comercial da Argentina admite a retratação da renúncia, desde que não tenha caducado seu direito de opção, e se ela não tenha sido aceita por outros herdeiros ou transferida para o Estado, devendo o herdeiro renunciante que se retratou respeitar os direitos validamente adquiridos por terceiros.

A renúncia é negócio jurídico unilateral, bastando que o renunciante lance sua declaração de vontade para abdicar de seu direito hereditário para a lei chamar automaticamente os herdeiros da mesma classe e grau de parentesco, ou os do grau subsequente, ou os herdeiros da outra classe subsequente.

---

[40] BEZERRA FILHO, Manoel Justino. *Lei de recuperação de empresas e falências comentada*. 5. ed. São Paulo: RT, 2008. p. 317.
[41] OLIVEIRA, Arthur Vasco Itabaiana de. *Tratado de direito das sucessões*. 3. ed. Rio de Janeiro: Livraria Jacintho. 1936. v. I, p. 96.
[42] RUGGIERO, Roberto de. *Instituciones de derecho civil*. 4. ed. Madrid: Reus, 1978. t. II, p. 342.
[43] Art. 1.804 do CC (...) Parágrafo único. "A transmissão tem-se por não verificada quando o herdeiro renunciar à herança".
[44] NADER, Paulo. *Curso de direito civil*: direito das sucessões. Rio de Janeiro: Forense, 2007. v. 6, p. 97.

A renúncia será sempre expressa, não se presumindo nem diante do completo silêncio do herdeiro, ou mesmo frente à sua ausência pessoal, prescrevendo o art. 1.807 do Código Civil pela aceitação presumida da herança do herdeiro que foi especialmente intimado para se pronunciar se aceitava, ou não, a herança. A importância da renúncia a direito não permite cogitar de um repúdio tácito à propriedade imóvel, ou à herança aberta, que para efeitos legais é considerada como um bem imóvel (CC, art. 80, inc. II). A forma de manifestação inequívoca da renúncia é sempre solene, aventando a lei brasileira sua realização por escritura pública, ou por termo nos autos do inventário. É tal a relevância da renúncia que o Código Civil, ao regular no Direito das Coisas a perda da propriedade, no art. 1.275, inc. II, combinado com seu parágrafo único, ordena que, para bens imóveis o ato renunciativo só surtirá seus efeitos translativos do domínio a partir da sua transcrição no serviço de Registro Imobiliário e, enquanto não procedido o registro, vicejará mero direito pessoal do adquirente ou beneficiário da renúncia, e seguirão sendo havidos como donos o alienante e o renunciante.[45]

39.1. Escritura pública de renúncia

Embora a tendência legislativa se empenhe na liberdade das formas, determinados negócios jurídicos só terão eficácia quando for observado o conjunto de solenidades determinadas por lei. Para prova e validade da exteriorização de certos negócios jurídicos a forma especial é imprescindível, sob o risco de ser o ato considerado nulo. Paulo Nader alerta para a impropriedade da expressão *instrumento público* utilizada pelo art. 1.806 do Código Civil, que é gênero do qual a escritura pública é uma de suas espécies, quando na prática a renúncia só se verifica por escritura pública ou por termo nos autos.[46]

O formalismo para a validade dos atos jurídicos perdeu sua importância com o Código Civil de 2002, e esse afrouxamento dos negócios solenes é claramente retratado pelo art. 107 do Diploma Civil, que privilegia o *princípio da liberdade de forma*, do consensualismo, reservando os negócios solenes como uma exceção à regra geral, conforme indica o art. 108 do Código Civil, ao consignar como pressuposto de validade da renúncia de direitos reais sobre bens imóveis o uso da escritura pública. Reitera a exigência de formalidade especial o art. 1.806 do Código Civil, ao exigir a escritura pública ou o termo ou ata judicial firmada nos autos do inventário como únicos instrumentos eficazes para a renúncia de herança.

Efetivada a renúncia por meio de procurador, deve o mandatário estar revestido dos poderes específicos que consignem a renúncia peculiar da herança, devendo ser conferidos por instrumento público em razão de a herança aberta ser considerada bem imóvel (CC, art. 80, inc. II).[47]

---

[45] BENTIVEGNA, Carlos Frederico Barbosa. *Comentários ao Código Civil*. Coord. Carlos Eduardo Nicoletti Camilo, Glauber Moreno Talavera, Jorge Shiguemitsu Fujita e Luiz Antonio Scavone Jr. São Paulo: Revista dos Tribunais, 2006. p. 938-939.

[46] NADER, Paulo. *Curso de direito civil*: direito das sucessões. Rio de Janeiro: Forense, 2007. v. 6, p. 98.

[47] "Sucessão. Renúncia. Forma prescrita. Procuração. Anulação de partilha. Prescrição e decadência. A renúncia à herança deve constar expressamente de instrumento público ou termo judicial, podendo ser exercida por procurador municiado de poderes especiais. Neste caso, o mandato deve harmonizar-se com o modo adotado, devendo ser instrumento público quando perante o tabelião e particular para o ato judicial, que não exige chancela do magistrado. É suficiente, no último caso, constar da peça inaugural, da procuração e do termo de ratificação. Aceita a renúncia como válida, não há que questionar-se eventual erro no consentimento, aliás, já superado pelo tempo e fatos, e coberto pela decadência e prescrição. Apelação desprovida" (Apelação Cível 70009920331, Sétima Câmara Cível do TJRS, Relator Des. José Carlos Teixeira Giorgis. Julgado em 01.12.2004).

Doutrina e jurisprudência fazem costumeira distinção entre a renúncia *abdicativa* ou *extintiva* e a renúncia *translativa*, sendo a primeira uma renúncia pura e simples, na qual o herdeiro é tido como se nunca existisse e seu quinhão acresce automaticamente ao dos demais herdeiros, ao passo que a segunda é uma renúncia dirigida em favor de determinado herdeiro, fato que se configura em uma verdadeira cessão de direitos hereditários, pois os acordos entre os coerdeiros sobre bens da sucessão que transferem entre si podem implicar renúncia a direitos, mas não a direitos hereditários, importando seus convênios em uma cessão de direitos hereditários que não prescinde de nenhuma forma especial, podendo ser realizada por instrumento privado.

O art. 1.000 do Código Civil espanhol é bastante ilustrativo para a plena compreensão das sutilezas jurídicas que envolvem os atos de aceitação e de efetiva renúncia da herança, ao estabelecer que entende por aceitação da herança: 1º) quando o herdeiro vende, doa ou cede seu direito a um estranho, a todos os coerdeiros ou a algum deles; 2º) quando o herdeiro a ela renuncia, ainda que seja gratuitamente, em benefício de um ou mais dos coerdeiros; e 3º) quando renuncia onerosamente, a favor de todos os herdeiros, indistintamente; porém, se esta renúncia for gratuita e os coerdeiros em cujo favor ele renuncia são aqueles aos quais deve legalmente acrescer o quinhão renunciado, não se entenderá como aceita a herança. Esse artigo permite aferir que nessas hipóteses citadas é impróprio falar em renúncia abdicativa ou extintiva, mas sim em renúncia translativa, já que ocorre ou uma doação, na segunda hipótese, ou uma cessão onerosa, no terceiro caso, e pontua Ignacio Sánchez Cid que tais suposições, ainda que pudessem fazer parecer que tudo consiste em apenas um ato de renúncia, em realidade se realizam dois atos, porque levam à execução de uma dupla transmissão, já que os bens que formam parte do acervo hereditário do suposto renunciante passam do falecido ao cessionário, mas não de forma direta, senão que por meio do *renunciante*, que atua como veículo ou meio de transmissão ao ser chamado a herdar e que depois faz seu quinhão hereditário chegar ao cessionário ou adquirente, sendo impropriamente empregada a expressão renúncia translativa.[48]

Zeno Veloso em artigo escrito no Jornal *O Liberal* pontua haver muita gente confundindo cessão de direitos hereditários com renúncia de herança. Esta última, acrescenta, versa um "negócio jurídico unilateral, tratando-se de uma demissão de direito, sendo sempre *abdicativa*. Não se renuncia *em favor* de alguém; não há transmissão para determinada pessoa, por força da declaração de vontade. Por isso, tratando-se de renúncia, não há incidência do imposto de transmissão de propriedade. Enfim, renúncia *translativa* não existe".[49]

A efetiva abdicação dos direitos hereditários se distingue em tudo da renúncia denominada de translativa, em que um herdeiro renuncia em favor de outro que não é o único em sua classe e grau de parentesco. A abdicação dos direitos hereditários é pura e simples e nela o herdeiro renunciante se autoexclui da participação hereditária enquanto na renúncia translativa feita a um ou a vários coerdeiros, mas excluindo outros dentre aqueles concomitantemente chamados à herança, representa uma doação ou cessão de direitos hereditários antecedida de uma prévia aceitação.

39.2. Renúncia por termo nos autos

O termo de renúncia não precisa ser lavrado nos autos do inventário do autor da herança e nem o art. 1.806 do Código Civil faz essa exigência, assim como o texto legal não restringe

---

[48] CID, Ignacio Sánchez. *La repudiación de la herencia*. Valencia: Tirant Lo Blanch, 2016. p. 65-66.
[49] VELOSO, Zeno. Renúncia de herança não é cessão. *O Liberal de Belém do Pará*, 19 jan. 2008.

à circunscrição jurisdicional do herdeiro renunciante a competência para lavrar a respectiva escritura pública de renúncia, o que nem poderia ser exigido diante do art. 8º da Lei dos Serviços Notariais e Registrais (Lei 8.935/1994),[50] ao consignar ser direito das partes interessadas na formalização do ato notarial escolher o notário de sua preferência, embora não ocorra assim em outros países, como no exemplo da Argentina, cujo *Código de Procedimientos* estabelece, no art. 997, que a renúncia da herança terá de ser feita perante o escrivão da jurisdição onde foi aberto o inventário.

Importa seja a solenidade formalizada por termo nos autos, lavrado por um juiz de direito em qualquer processo referente ao espólio,[51] ou por escritura pública a ser lavrada por tabelião da livre eleição dos interessados e por escolha em todo o território nacional, e depois ser o ato noticiado aos herdeiros no corpo do inventário judicial ou extrajudicial, isso se a renúncia não foi objeto da mesma escritura pública de inventário. Persegue o codificador a segurança do ato e a sua publicidade em função dos credores, que, no entanto, nesse aspecto não atinge a sua eficácia, senão quando informada no corpo do inventário ou do arrolamento, permitindo concluir que o ideal de segurança e publicidade seria reconhecer como válida a renúncia da herança manifestada exclusivamente por termo lavrado nos autos sucessórios.

A renúncia por termo nos autos quando manifestada por meio de procurador judicial reclama poderes específicos para a sua realização. Tais poderes podem ser outorgados no corpo do mandato *ad judicia,* conferido com esta específica finalidade.

A renúncia *in favorem* ou translativa, embora já tenha sido admitida pelo Tribunal de Justiça de São Paulo, à luz ainda do art. 1.581 do Código Civil de 1916, podendo ser formalizada mediante termo nos autos, conforme referência trazida por Carlos Roberto Gonçalves,[52] tratando-se, em realidade, de uma cessão de direitos hereditários, de acordo com o art. 1.793 do vigente Diploma Civil exige escritura pública para a validade da solenidade. Afigura-se uma exigência sem sentido quando o termo nos autos do inventário atinge de forma mais direta a função prefacial da publicidade com inquestionável segurança do controle judicial, o que permite igualmente concluir pela possibilidade de renúncia da meação do cônjuge sobrevivente a ser realizada por termo nos autos sucessórios.

No inventário extrajudicial a renúncia pode ser formulada na própria escritura pública de inventário e partilha (CPC, art. 610), lembrando deva ela constar expressamente do instrumento que na via extrajudicial é procedido pela escritura pública.

A renúncia por escritura pública ou por termo nos autos nunca esteve condicionada à prévia homologação judicial, quer ao tempo do Código Civil de 1916, como tampouco com o advento do Código Civil de 2002, embora a prática jurídica aconselhe a sua homologação, na lição de Itabaiana de Oliveira,[53] mas, inquestionavelmente, a renúncia se dá por consumada

---

[50] Art. 8º da Lei 8.935/1994: "É livre a escolha do tabelião de notas, qualquer que seja o domicílio das partes ou o lugar de situação dos bens objeto do ato ou negócio".

[51] "Ação anulatória de renúncia à herança. Renúncia à herança pode ser formalizada por meio de termo em qualquer processo referente ao espólio, e não apenas nos autos do inventário. Procuração. Forma. Sendo o direito à sucessão aberta considerado bem imóvel, indispensável a pública forma para a procuração que outorga poderes de renúncia" (Apelação Cível 70006289847 da Sétima Câmara Cível do TJRS. Relator. Desembargador Luiz Felipe Brasil Santos. Julgado em 28.05.2003).

[52] GONÇALVES, Carlos Roberto. *Direito civil brasileiro*: direito das sucessões. 4. ed. São Paulo: Saraiva, 2010. v. 7, p. 102-103.

[53] OLIVEIRA, Arthur Vasco Itabaiana de. *Curso de direito das sucessões*. Rio de Janeiro: Editorial Andes, 1954. p. 44.

com a lavratura do solene instrumento de seu repúdio, o qual independe da homologação judicial, uma vez que o herdeiro renunciante é tido como se nunca existisse, e nenhuma transação é aguardada e que dependesse da aceitação dos demais herdeiros, pois é ato unilateral de vontade que se esgota com o simples enunciado,[54] carecendo de destinatário específico, qual não seja a devolução do quinhão ao monte, não se justificando a homologação judicial em declaração de vontade não receptícia, embora subordinada aos requisitos formais e à capacidade do agente (CC, art. 104).

39.3. Renúncia abdicativa

Na lição de Caio Mário da Silva Pereira, dá-se a renúncia com a abdicação que o titular faz do seu direito, sem transferi-lo a quem quer que seja,[55] extinguindo-se o direito hereditário do renunciante e ocorrendo a aquisição pelos demais herdeiros da mesma classe e grau ou de outro grau ou de outra classe, se ele for o único legítimo daquela classe e grau, ou daquele grau de parentesco (CC, art. 1.811).

A renúncia pode ser feita a qualquer tempo, a partir da abertura da sucessão, desde que o herdeiro não tenha aceitado a herança e tampouco após ter ocorrido a aceitação presumida da herança da qual trata o art. 1.807 do Código Civil. A renúncia pode ser realizada por mandatário devidamente habilitado, com poderes especiais a serem outorgados em procuração por instrumento público.

Com o advento do Código Civil de 2002, não mais existe a renúncia translativa representada pela indicação pelo herdeiro renunciante do nome da pessoa em favor de quem ele renuncia e cujo ato se constitui em verdadeira alienação da herança. Quando o herdeiro sinceramente renuncia à herança, ele o faz de modo puro e simples, meramente abdicando de seu quinhão hereditário em prol do monte, pois não quis a herança e dela se exclui, e, portanto, se aceitação não houve, não pode cedê-la em favor de alguém.[56] A renúncia abdicativa é a única admitida pela legislação, não existindo a renúncia denominada de *translativa*, pela qual o herdeiro precisava aceitar a herança para depois transmiti-la para a pessoa por ele indicada, fato a representar típica cessão de direitos hereditários e, portanto, fazendo incidir duas transmissões e propiciando dois impostos, sendo o primeiro *causa mortis*, oriundo do autor da herança para o herdeiro, e o segundo *inter vivos*, proveniente da transferência do herdeiro renunciante para o beneficiário por ele indicado. Com a renúncia abdicativa o quinhão hereditário do herdeiro renunciante acresce à dos outros herdeiros (CC, art. 1.810). Os incapazes não podem renunciar à herança senão por meio de seu representante legal, previamente autorizado pelo juiz,[57] e será nula se feita por pessoa absolutamente incapaz, ou inexistente se quem renunciou não era sucessor nem procurador dele. Contudo, a incapacidade relativa gera a anulação da renúncia pela falta do assentimento do titular do poder parental, tutor ou curador.[58]

---

[54] PEREIRA, Caio Mário da Silva. *Instituições de direito civil*: direito das sucessões. Atualizada por Carlos Roberto Barbosa Moreira. 17. ed. Rio de Janeiro: Forense, 2009. v. VI, p. 51.

[55] PEREIRA, Caio Mário da Silva. *Instituições de direito civil*: introdução ao direito civil. Teoria geral do direito civil. Atualizado por Maria Celina Bodin de Moraes. 23. ed. Rio de Janeiro: Forense, 2009. v. I, p. 402.

[56] PACHECO, José da Silva. *Inventários e partilhas na sucessão legítima e testamentária*. Rio de Janeiro: Forense, 1980. p. 106.

[57] DINIZ, Maria Helena. *Curso de direito civil brasileiro*: direito das sucessões. 21. ed. São Paulo: Saraiva, 2007. p. 75.

[58] MIRANDA, Pontes de. *Tratado de direito privado*. 2. ed. Rio de Janeiro: Borsoi. 1968. t. LV, p. 75.

Na sucessão testamentária a renúncia do herdeiro instituído ou legatário implica a ineficácia da cláusula que contemplou o renunciante.[59]

O herdeiro renunciante não está liberado da tarefa de trazer à colação as doações recebidas em vida como doação do autor da herança, para o fim de repor o que exceder o disponível (CC, art. 2.008 e CPC, art. 640), uma vez que ele abriu mão da herança, mas não da doação que sob este título pode reter, mas terá de conferir o valor da liberalidade e restituir eventual excesso da porção disponível do doador.

39.4. Renúncia incondicional

Tanto a aceitação como a renúncia devem ser puras e simples, não se sujeitando a termo ou condição e tampouco cogita a lei de renúncia parcial, pois qualquer dessas modalidades equivale à aceitação integral da herança, porquanto, imposta alguma condição ou termo, ou pretendendo o herdeiro renunciar somente em parte seu direito hereditário, a pretendida renúncia deve ser havida como não feita (CC, art. 1.808). A renúncia é um ato jurídico pelo qual o titular se despoja do seu direito de forma incondicional. Entrementes, deve restar consignado, consoante ordena o art. 640 do CPC, que o herdeiro que renunciou à herança ou o que dela foi excluído não se exime, pelo fato da renúncia ou da exclusão, de conferir, para o efeito de repor a parte inoficiosa, as liberalidades que obteve do doador.

39.5. O equívoco da renúncia em favor

Identificada como renúncia translativa e de trânsito muito frequente na prática forense nacional, é consenso doutrinário que não existe a figura da *renúncia em favor de alguém*, como seguidamente aportam petições em inventários judiciais proclamando a renúncia translativa ou *translatícia*, como informa Caio Mário da Silva Pereira, constituindo-se, arremata o autor, em uma *inexatidão técnica*.[60]

Clóvis Beviláqua já ensinava caracterizar uma típica alienação a renúncia feita em favor de alguém.[61] Quando o renunciante abdica em favor de determinada pessoa, cujo nome ele identifica no ato de renúncia, em realidade ele está aceitando a herança e executando uma transferência de direitos, em caráter receptício, pois a declaração de vontade ainda depende do ato de aceitação por parte do beneficiário. Ao contrário da renúncia abdicativa, quando o herdeiro se manifesta sem ter praticado qualquer mostra de aceitação da herança e seu quinhão retorna ao monte para ser redistribuído genérica e proporcionalmente entre todos os herdeiros, na denominada renúncia translativa ocorre literal cessão de direitos hereditários, configurando uma mera *desistência* da herança.[62]

Nessa imprópria renúncia translativa, muito comum quando os filhos se manifestam pela renúncia da herança em favor da viúva genitora, ou em benefício de outro herdeiro, mas em verdade eles aceitaram seus quinhões hereditários, fazendo incidir o imposto de transmis-

---

[59] CARVALHO NETO, Inacio de. *Direito civil*: direito das sucessões. Orientação Giselda M. Novaes Hironaka. Coord. Christiano Cassettari e Márcia Maria Menin. São Paulo: Revista dos Tribunais, 2008. v. 8, p. 63.
[60] PEREIRA, Caio Mário da Silva. *Instituições de direito civil*: introdução ao direito civil. Teoria geral do direito civil. Atualizado por Maria Celina Bodin de Moraes. 23. ed. Rio de Janeiro: Forense, 2009. v. I, p. 402.
[61] BEVILÁQUA, Clóvis. *Theoria geral do direito civil*. São Paulo: Livraria Francisco Alves, 1908. p. 374.
[62] GONÇALVES, Carlos Alberto. *Direito civil brasileiro*: direito das sucessões. 4. ed. São Paulo: Saraiva, 2010. v. 7, p. 105.

são *causa mortis*, e cedem ou desistem de seus quinhões em favor do cônjuge ou convivente sobrevivente, também fazendo incidir o imposto de transmissão *inter vivos*.[63] Se realmente os filhos estivessem abdicando de seus direitos hereditários pela morte do pai, sem redirecionarem seus quinhões à viúva, esses filhos seriam considerados como se nunca tivessem sido herdeiros e os netos, filhos destes, seriam chamados à sucessão por direito próprio (CC, art. 1.811).

39.5.1. Renúncia à herança ou ao legado

A renúncia abdicativa é aplicada tanto à sucessão legítima quanto à testamentária; nesta última, abdicando o herdeiro instituído da herança recebida por testamento ou o legatário de seu legado. Entrementes, e não é nada incomum, embora não seja possível aceitar ou renunciar a herança em parte, sob condição ou a termo (CC, art. 1.808), o herdeiro, a quem se testarem legados, pode aceitá-los, renunciando à herança, ou aceitar a herança e repudiar os legados (CC, art. 1.808, § 1º). Não deixa de ser uma exceção à regra da indivisibilidade da herança, permitindo a legislação vigente que alguém, sendo chamado a dois direitos de distinta titulação, possa aceitar um deles e recusar o outro, como aceitar ambas as titulações hereditárias.

Também na hipótese de dois quinhões hereditários existe a possibilidade de o herdeiro aceitar um e renunciar ao outro. Como esclarece Giselda Hironaka, não representa renúncia parcial o caso do sucessor chamado à herança por dois títulos diversos ou duas origens distintas,[64] de maneira que pode o herdeiro ser chamado pela dupla vocação hereditária, sendo contemplado a um só tempo pela sucessão legítima e pela sucessão testamentária ao ser beneficiado por um legado ou como herdeiro instituído. Nessa hipótese o herdeiro pode renunciar à sucessão legítima e aceitar o legado ou a herança recebida na qualidade de herdeiro testamentário, ou vice-versa, por serem distintos os títulos. Sucedendo o herdeiro a título universal e também por idêntico quinhão por vontade do testador, estabelece o § 2º do art. 1.808 do Código Civil ser direito do herdeiro chamado, na mesma sucessão, a mais de um quinhão, sob títulos sucessórios diversos, deliberar livremente quanto aos quinhões que aceita e aos que renuncia, ou seja, há semelhança

---

[63] "Agravo de Instrumento. Sucessões. Inventário. Cessão de direitos hereditários. Termo nos autos. Possibilidade. Recolhimento do imposto de transmissão. A cessão de direitos hereditários pode ser formalizada mediante termo nos autos, segundo previsão do art. 1.806 do Código Civil e jurisprudência predominante neste Tribunal. A cessão de direitos, ao contrário da renúncia, cuja eficácia é meramente abdicativa implica em aceitação, recebimento e transmissão da herança, incidindo, portanto, o imposto pertinente, garantindo, assim, inexistência de prejuízo ao erário público. Agravo de Instrumento provido" (Agravo de Instrumento 70043206531 da Sétima Câmara Cível do TJRS. Relator Desembargador André Luiz Planella Villarinho. Julgado em 09.06.2011).
"Inventário. Renúncia. Cessão de direitos hereditários. Negócio jurídico a ser formalizado através de escritura pública. A renúncia da herança há de ser expressa e formalizada através de termo judicial ou escritura pública. A renúncia propriamente dita é a abdicativa, também chamada de pura e simples, e é aquela em favor do monte. A renúncia dita translativa equivale à verdadeira cessão de direitos hereditários. Herdeiros pretendem renunciar a seus direitos à sucessão aberta pelo falecimento de seu pai, e em favor de outro herdeiro. Trata-se de verdadeira cessão de direitos hereditários e, como tal, deverá formalizar-se através de escritura pública. Inteligência dos art. 1.806, art. 80, inc. II, e art. 108, todos do CCB. Recurso desprovido" (Agravo de Instrumento 70007963267, Oitava Câmara Cível do TJRS, Relatora Catarina Rita Krieger Martins. Julgado em 20.05.2004).
[64] HIRONAKA, Giselda Maria Fernandes Novaes. *Comentários ao Código Civil*: parte especial do direito das sucessões. Da sucessão em geral, da sucessão legítima. Coord. Antônio Junqueira de Azevedo. São Paulo: Saraiva, 2003. v. 20, p. 127.

de títulos, pois o herdeiro sucede a título universal pela lei e também é instituído herdeiro universal pela cota testamentária, podendo livremente abdicar de uma delas e ficar com a outra.

Proibido se apresenta renunciar quando os títulos sucessórios têm exatamente a mesma origem testamentária, como no caso de o legatário haver sido beneficiado com dois legados distintos, decorrentes de duas disposições testamentárias também diversas, embora do mesmo testador, pois a lei faz expressa concessão quando se refere à titulação das sucessões (legítima e testamento), ou distingue sua origem, sendo ambas universais, mas uma oriunda da lei e outra do testamento, nada mencionando quando se trate de dois legados advindos de um único título sucessório que é o testamento deixado pelo autor da herança, conclusão que se mostra incoerente, pois se afigura perfeitamente viável renunciar a um legado e aceitar o outro.[65]

39.6. Efeitos da renúncia

A renúncia à herança como fato jurídico tem como características: ser sempre *expressa*, portanto, *formal,* ao contrário da aceitação que pode ser tácita ou presumida; ser ato *unilateral,* salvo se o herdeiro for casado pelo regime da comunhão universal de bens; *indivisível*; *pura e simples* e irrevogável. O ato de renúncia gera relevantes efeitos jurídicos que retroagem à data da abertura da sucessão e, portanto, o herdeiro renunciante é *excluído* da herança e tratado como se nunca tivesse existido, porquanto a transmissão da herança tem-se como não verificada (CC, art. 1.804, parágrafo único). Sendo a renúncia pura e simples, a parte do herdeiro renunciante acresce à dos outros herdeiros da mesma classe e grau (CC, art. 1.810), ou seja, se os herdeiros eram três irmãos e um deles renuncia, sua quota hereditária será acrescida à de seus dois irmãos herdeiros remanescentes, pertencendo todos eles à classe dos descendentes e ao mesmo grau de parentesco (1º).

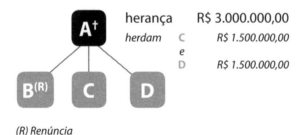

(R) Renúncia

Se porventura ele for o único filho vivo e, portanto, herdeiro do 1º grau de parentesco, os netos serão chamados à herança por direito próprio. Mas se esse filho for o único herdeiro dessa classe (descendente), devolve-se a parte do renunciante aos herdeiros da classe subsequente que seria a dos ascendentes (CC, art. 1.829, inc. II), ao cônjuge ou ao convivente (CC, art. 1.829, inc. III, e RE 878.694/MG), ou aos colaterais (CC, art. 1.829, inc. IV).

Na renúncia não existe o direito de *representação,* conforme ordena o art. 1.811 do Código Civil, ao referir que *ninguém pode suceder, representando herdeiro renunciante,* devendo o quinhão do herdeiro renunciante ser redistribuído entre os demais coerdeiros, não

---

[65] HIRONAKA, Giselda Maria Fernandes Novaes. *Comentários ao Código Civil*: parte especial do direito das sucessões. Da sucessão em geral, da sucessão legítima. Coord. Antônio Junqueira de Azevedo. São Paulo: Saraiva, 2003. v. 20, p. 129.

podendo vir à sucessão os descendentes do renunciante sob o pretexto de receber por representação a fração hereditária deste último, porquanto a renúncia extingue pura e simplesmente o direito hereditário, nada subsistindo para herdeiros mais distantes reivindicarem por representação daquele que nada quis, e por seu ato de abdicação foi considerado como se jamais tivesse sido herdeiro. O direito de representação previsto para a linha reta descendente e para a transversal somente até o terceiro grau de parentesco tem como objetivo chamar herdeiro mais distante que irá representar herdeiro mais próximo, contudo pré-falecido, ausente ou excluído da herança, para receberem aquilo que o representado herdaria se vivo fosse ou se herdeiro quisesse ter sido.

O art. 1.851 do Código Civil trata do direito de representação ao estabelecer sua verificação *quando a lei chama certos parentes* (descendentes em qualquer grau de parentesco e os colaterais somente até o 3º grau) *a suceder em todos os direitos, em que ele sucederia se vivo fosse*, permitindo que os filhos do herdeiro falecido antes do autor da herança, ausente ou que tenha sido excluído da sucessão, possam representá-lo para receberem em nome próprio, ou por *estirpe*, essa herança que o herdeiro mais próximo não irá receber, só não servindo a regra da representação para a hipótese de renúncia do direito hereditário, conforme textualmente dispõe o art. 1.811 da Lei Civil, ao vedar unicamente a sucessão por representação de herdeiro renunciante, dado que a renúncia não comporta a vocação hereditária de outrem que represente o que renunciou.

Em uma visão prática dessa primeira parte do art. 1.811 do Código Civil, o filho de um herdeiro renunciante não pode reivindicar a herança representando seu pai, contudo, se o pai renunciante for o único da sua classe (descendentes) e do seu grau (1º grau de parentesco), ou se todos os outros herdeiros da mesma classe (descendentes) e do mesmo grau (1º grau de parentesco) renunciar(em) à herança, poderão os filhos dos renunciantes (2º grau de parentesco) vir à sucessão, por direito próprio e por cabeça, mas nunca por representação (CC, art. 1.811).

Para Carlos Roberto Gonçalves, a renúncia do herdeiro testamentário resulta na caducidade da instituição, salvo tenha o testador indicado um substituto (CC, art. 1.947) ou então ocorra o direito de acrescer entre coerdeiros e colegatários (CC, art. 1.941),[66] e se nenhuma dessas hipóteses foi prevista pelo testador a quota-parte repudiada acresce à legítima, lembrando inexistir o direito de representação na sucessão testamentária, e se nela houvesse previsão legal do direito de representação, por igual ninguém poderia representar herdeiro renunciante, pois este é sempre considerado como se nunca tivesse existido e, por óbvio, que ninguém pode representar quem nunca existiu.

O herdeiro renunciante não está obrigado a colacionar bens que lhe foram doados em vida, pois o art. 2.002 do Código Civil ordena unicamente que os descendentes que concorrem à sucessão do ascendente comum são obrigados, para igualar as legítimas, a conferir o valor das doações que dele em vida receberam, sobre pena de sonegação. Contudo, o renunciante deixa de ser herdeiro, não havendo como lhe impor a obrigação de colacionar aquilo que antecipadamente recebeu como herança, porquanto herdeiro nunca foi, no entanto, não está dispensado de conferir as doações recebidas para o fim de repor o que exceder o disponível (CC, art. 2008 e CPC, art. 640), pois em contrário estaria aberta a porta para a fraude à lei, bastando fosse um descendente aquinhoado acima da disponível e quando do óbito do doador ele renunciasse à herança para se desobrigar da colação, sem corrigir este rumo imposto pela lei civil, para se livrar da necessária ação de redução das doações inoficiosas, que respeitam

---

[66] GONÇALVES, Carlos Roberto. *Direito civil brasileiro*: direito das sucessões. 4. ed. São Paulo: Saraiva. 2010. v. 7, p. 110.

à intangibilidade da legítima,[67] anotando Ricardo Alexandre da Silva e Eduardo Lamy que o prazo para a ação de declaração da nulidade da *parte inoficiosa* (que excede a legítima) é decenal, ante a inexistência de previsão legal específica (STJ, AgRg no AREsp 332.566/PR, 4ª Turma, relatora Ministra Maria Isabel Gallotti, *DJE* 24.09.2014).[68]

39.6.1. A renúncia do art. 1.811 do Código Civil

O direito de representação foi criado pela lei como uma exceção ao princípio jurídico de o *herdeiro mais próximo afastar o herdeiro mais distante*. O legislador procurou dessa forma conciliar o brocardo jurídico de sempre o herdeiro mais próximo em grau de parentesco afastar o herdeiro de grau de parentesco mais distante, salvo diante do direito de representação, criado como uma fórmula legal, construída pela lei para não causar qualquer prejuízo sucessório aos filhos de herdeiros pré-falecidos que deixariam de herdar de seu genitor que morreu antes, sendo esses filhos duplamente penalizados; a uma, porque ficaram órfãos do pai pré-falecido ou da mãe pré-falecida; a duas, porque se não fosse pela ficção legal do *direito de representação*, que abre uma exceção à regra de o herdeiro mais próximo afastar o herdeiro de grau mais distante, estes filhos órfãos de pai ou de mãe também seriam afastados da herança do avô ou da avó, os quais, por serem netos em segundo grau de parentesco e existindo outros filhos vivos do falecido, tios dos órfãos, nada receberiam por direito próprio. Por isso a Lei criou o direito de os netos virem à sucessão representando seu pai ou mãe pré-falecidos, concorrendo com os tios e as tias, que são os irmãos e irmãs de seu ascendente premorto, os quais, por serem os parentes e herdeiros mais próximos em grau de parentesco, recebem seus quinhões hereditários por direito próprio ou cabeça (cada cabeça um quinhão), enquanto os herdeiros netos recebem por direito de representação o quinhão do herdeiro premorto.

O repúdio da herança exclui o renunciante da sucessão aberta, como se jamais tivesse sido herdeiro e, se nunca foi herdeiro, ninguém poderá representar herdeiro que nunca existiu por haver renunciado, sendo seu quinhão hereditário redistribuído entre seus irmãos, que são os herdeiros remanescentes. Assim, por exemplo, se quem falece não deixa cônjuge ou companheira e lhe sobrevivem cinco filhos, cada um destes cinco filhos recebe 20% da herança, mas se um dos filhos renuncia, sua quota de 20% é redistribuída entre seus irmãos, ficando cada um dos quatro herdeiros remanescentes com 25% da herança, vedada a habilitação por representação dos filhos do renunciante, que são netos do falecido e sobrinhos dos herdeiros remanescentes.

São regras básicas e obrigatórias para a exata compreensão do direito sucessório, e que precisam ser sempre lembradas:

1. O herdeiro mais próximo afasta o mais distante;
2. Salvo o direito de representação (CC, art. 1.851);
3. O direito de representação existe na linha reta descendente, nunca na ascendente (CC, art. 1.852);

---

[67] NEVES, Rodrigo Santos. *Curso de direito das sucessões*. Rio de Janeiro: Lumen Juris, 2009. p. 62-63.
[68] SILVA, Ricardo Alexandre da; LAMY, Eduardo. *Comentários ao Código de Processo Civil*. Diretor Luiz Guilherme Marinoni. Coord. Sérgio Cruz Arenhart e Daniel Mitidiero. 2. ed. São Paulo: Thomson Reuters/RT, 2018. p. 566.

4. Entre os colaterais, o direito de representação somente se dá até o 3º grau de parentesco (CC, art. 1.853);
5. Não existe direito de representação na indignidade nem na deserdação (CC, arts. 1.816 e 1.961);
6. Não existe direito de representação na renúncia (CC, art. 1.811);
7. Os herdeiros colaterais serão chamados a suceder por direito próprio somente até o 4º grau de parentesco (CC, art. 1.839).

O art. 1.811 do Código Civil prescreve ser proibido representar herdeiro renunciante, salvo se ele for o único legítimo da sua classe, ou se todos os outros da mesma classe renunciarem à herança, podendo seus filhos vir à sucessão, por direito próprio e por cabeça. Assim sendo, para que os netos recebam a herança por direito próprio, de duas hipóteses, uma delas deve acontecer: ou todos os filhos do *de cujus* renunciam e a sucessão é devolvida por direito próprio aos filhos dos renunciantes; ou, sendo o renunciante o único herdeiro da mesma classe (descendente) e do mesmo grau de parentesco, poderão seus filhos vir à sucessão por direito próprio, nunca por representação, pois diante da renúncia do descendente mais próximo em grau de parentesco (1º grau de parentesco, por exemplo) seus filhos se tornaram os herdeiros mais próximos (porque estão no 2º grau de parentesco).

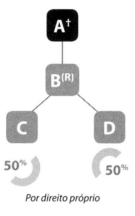

Por direito próprio

(R) Renúncia

Se uma pessoa morre (A) e deixa apenas dois únicos filhos (B e C), renunciando ambos à herança, a sucessão devolve-se aos netos do *de cujus*, se existentes, filhos de B e C, que receberão por direito próprio (netos D, E, F e G) e não por representação, que não existe na renúncia. Como bem destaca Giselda Hironaka, sendo devolvida a herança aos integrantes da mesma classe, porém de grau inferior, o que ocorre é a sucessão por direito próprio, que em nada se confunde com o direito de representação,[69] porquanto de representação não se trata, pois inexistente na renúncia, só podendo vir os herdeiros do renunciante por direito próprio e para que isso ocorra nenhum herdeiro de grau superior de parentesco deve antecedê-los.

---

[69] HIRONAKA, Giselda Maria Fernandes Novaes. *Comentários ao Código Civil*: direito das sucessões. Coord. Antônio Junqueira de Azevedo. São Paulo: Saraiva, 2003. v. 20, p. 135.

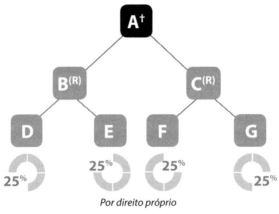

Por direito próprio

(R) Renúncia

39.7. A irrevogabilidade da renúncia

A renúncia é irretratável como irrevogável é o ato de aceitação da herança (CC, art. 1.812). Nem poderia ser diferente, diante do fato de que tanto o ato de aceitação como o de renúncia da herança são sempre retroativos à data da abertura da sucessão, vale dizer, retroagem ao exato momento da morte do autor da herança, não havendo espaço para qualquer possibilidade de arrependimento, tanto para a aceitação, quanto para o repúdio da herança, embora no Código Civil de 1916 a retratação da renúncia pudesse ser relativizada no caso de restar comprovada alguma manifestação de vontade viciada por violência, erro ou dolo,[70] embora outras legislações, como, por exemplo, a argentina, admitam a retratação da renúncia (CCC argentino, art. 2.300).

Diante da irrevogabilidade da renúncia, adverte Inocêncio Galvão Telles deva o herdeiro ponderar cuidadosamente se lhe convém ou não a ela proceder, pois, sem poder se arrepender, não pode voltar atrás,[71] resultando beneficiados os herdeiros remanescentes com a redistribuição da quota-parte do herdeiro renunciante, em efeito igualmente retroativo à data da abertura da sucessão, não dando margem a qualquer insegurança ou instabilidade jurídica decorrente da inconstância ou de um vai-e-vem de um herdeiro arrependido por haver repudiado a herança.

No Direito francês a renúncia é retratável, como escreve Anne-Marie Leroyer, ao pronunciar que: "A renúncia não tem um efeito definitivo, o renunciante tem a possibilidade de retratar sua renúncia, mas apenas em favor de uma aceitação incondicional".[72] Como antes mencionado, na Argentina, tal irrevogabilidade é atenuada, porquanto permitida apenas enquanto a herança não for aceita pelos coerdeiros, pois senão eles seriam despojados dos quinhões hereditários já aceitos. Segundo o Direito argentino, o herdeiro pode renunciar à herança, contanto que já não a tenha aceitado (CCC, art. 2.298), podendo renunciar por escritura pública ou em ata judicial (CCC, art. 2.299), sendo factível o seu ato de retratação se não tiver caducado o seu direito de opção, se a herança já não houver sido aceita por outros herdeiros e se o Estado também não tiver tomado posse dos bens (CCC, art. 2.300), anotando Graciela

---

[70] Art. 1.590 do CC/1916 – "É retratável a renúncia, quando proveniente da violência, erro ou dolo, ouvidos os interessados. A aceitação pode retratar-se, se não resultar prejuízo a credores, sendo lícito a estes, no caso contrário, reclamar a providência referida no art. 1.586".
[71] TELLES, Inocêncio Galvão. *Sucessões*: parte geral. Coimbra: Coimbra Editora, 2004. p. 67.
[72] LEROYER, Anne-Marie. *Droit des Successions*. Paris: Dalloz, 2009. p. 275.

Medina e Gabriel Rolleri que no Direito argentino a aceitação é irrevogável e a renúncia pode ser retratada acaso não vencidos os obstáculos legais que limitam sua retratação.[73]

O ato de renúncia da herança será considerado inválido e, portanto, negócio jurídico nulo sempre que incidente alguma das hipóteses abaixo elencadas, decorrendo as sete primeiras proposições do art. 166 do Código Civil:

a) Quando celebrado por pessoa absolutamente incapaz (inc. I);
b) Se for ilícito, impossível ou indeterminável o seu objeto (inc. II);
c) Se o motivo determinante, comum a ambas as partes, for ilícito (inc. III);
d) Não revestir a forma prescrita em lei (inc. IV);
e) Quando for preterida alguma solenidade que a lei considere essencial para a sua validade (inc. V);
f) Quando tiver por objetivo fraudar a lei imperativa (inc. VI);
g) Se a lei taxativamente o declarar nulo, ou proibir-lhe a prática, sem cominar sanção (inc. VII);
h) Se a renúncia foi parcial, sob condição ou a termo (CC, art. 1.808);
i) Quando repudiada herança de pessoa viva (CC, art. 426).

A declaração de nulidade evidentemente não reserva motivos para que fossem respeitados os quinhões dos coerdeiros que ocuparam o lugar daquele que renunciou em desacordo com a lei.

39.8. Renúncia em prejuízo do credor

Os credores do herdeiro renunciante, cujos créditos tenham sido constituídos antes da abertura da sucessão, podem demandar a suspensão da renúncia realizada em prejuízo de seus créditos. Trata-se de uma suspensão temporária dos efeitos da renúncia, tal qual previsto pelo art. 1.813 do Código Civil, ao permitir aos credores aceitarem a herança em nome do renunciante até 30 dias seguintes ao conhecimento da renúncia (§ 1º). Uma vez pagas as dívidas do renunciante, prevalece a renúncia quanto ao remanescente, que será devolvido aos coerdeiros sucessíveis (§ 2º). A habilitação independe do ajuizamento de uma ação revocatória ou anulatória, mas se a renúncia do herdeiro se ressentir do assentimento do seu cônjuge, com o qual é casado pelo regime da comunhão universal de bens, integrando sua meação, e se essa autorização não foi suprida pelo juiz (CC, art. 1.649), torna-se anulável o ato praticado, podendo o consorte prejudicado pleitear a anulação, até dois anos depois de dissolvida a sociedade conjugal. Essa mesma ação de anulação terá de ser proposta contra os sucessores que já aceitaram e receberam a herança repudiada.

No Direito brasileiro, o pedido de ineficácia da renúncia pode ser formulado nos mesmos autos do inventário ou em processo apenso de habilitação de crédito, comprovando seu crédito e a ausência de outros bens do renunciante que garantam a dívida. Acaso já tenha sido julgada a partilha, descabe o pedido de sub-rogação no quinhão hereditário do herdeiro devedor, devendo o credor promover ação pauliana ou de revogação ou anulação do ato de renúncia feito em fraude aos credores, não sendo de descartar, no entanto, a aplicação episódica da desconsideração da pessoa física quando ficar patente o conserto fraudatório entre o herdeiro

---

[73] MEDINA, Graciela; ROLLERI, Gabriel. *Derecho de las sucesiones*. Buenos Aires: Abeledo Perrot, 2017. p. 162.

devedor e seus coerdeiros, tudo engendrado com o único propósito de frustrar o pagamento dos haveres de seus credores. São pressupostos de procedência dessa ação que o crédito seja anterior à renúncia, que tem efeito retroativo à data da abertura da sucessão, e que o herdeiro renunciante não disponha de outros bens capazes de satisfazer suas dívidas.

Pagas as dívidas do renunciante, prevalece a renúncia no tocante ao remanescente de seu quinhão hereditário, sendo este remanescente então restituído ao monte-mor para redistribuição entre os demais coerdeiros.

O art. 2067º do Código Civil de Portugal tem semelhante previsão legal ao dispor que os credores do repudiante podem aceitar a herança em nome dele, nos termos dos arts. 606º e seguintes do mesmo Código (os quais regulam a sub-rogação do credor ao devedor), devendo a aceitação ser efetivada no prazo de seis meses, a contar do conhecimento da renúncia e eventual remanescente da herança repudiada aproveita aos herdeiros imediatos, que são aqueles chamados no lugar do renunciante, tido como se morte fosse, não se tratando de direito de representação, mas de acréscimo aos quinhões dos herdeiros remanescentes. O art. 1649º do Código de Processo Civil de Portugal regula a ação de sub-rogação estabelecendo que a aceitação da herança por parte dos credores do repudiante faz-se na ação em que, pelos *meios próprios*, os aceitantes deduzam o pedido dos seus créditos contra o repudiante e contra aqueles para quem os bens passaram em virtude do repúdio e, obtida sentença favorável, os credores podem executá-la contra a herança. Acontece que toda a movimentação processual dos credores do renunciante depende do crédito que titulam e do momento em que buscam aceitar a herança repudiada pelo herdeiro devedor, daí o direito processual português se referir à expressão *meios próprios*, pois, como diz Luís A. Carvalho Fernandes, nem sempre será possível seguir o mesmo meio, daí tratar a legislação portuguesa de diferentes caminhos, conforme as circunstâncias do caso e a natureza do crédito, pois, dentre outras possibilidades, podem ser identificadas algumas hipóteses: a) se se tratar de crédito beneficiário de direito real de garantia sobre bens já penhorados, o *meio próprio* para exercer é a ação executiva movida por credores da herança repudiada ou dos herdeiros subsequentes; b) se tiver havido declaração de insolvência do repudiante, o *meio próprio* para invocar o crédito é o processo de insolvência; c) se, entretanto, o repudiante tiver falecido e estiver em curso inventário relativo à sua herança, é esse o *meio próprio* para os credores reclamarem seus créditos.[74]

No Direito brasileiro também, na Lei de Falência e Recuperação de Empresa (Lei 11.101/2005), tenha ou não a intenção de fraudar credores, a renúncia à herança ou legado será sempre ineficaz em relação à massa falida, ainda que o contratante ignore o estado de insolvência do devedor, em prazo de até 2 (dois) anos antes da declaração da falência (art. 129, inc. V). O art. 129 e incisos da Lei de Falência e Recuperação de Empresa enumera os atos que, praticados, suscitam a ação revocatória, para que, com a declaração da ineficácia ou revogação do ato, o bem seja restituído à massa, de cujo patrimônio foi indevidamente retirado.[75]

39.9. Renúncia e meação

A herança aberta é considerada um bem imóvel (CC, art. 80, inc. II), dispondo o art. 1.647, inc. I, do Código Civil brasileiro ser vedada a alienação ou disposição de bens imóveis

---

[74] FERNANDES, Luís A. Carvalho. *Da aceitação da herança pelos credores do repudiante*. Lisboa: Quid Juris, 2010. p. 85-86.
[75] ALMEIDA, Amador Paes de. *Curso de falência e recuperação de empresa*. 26. ed. São Paulo: Saraiva, 2012. p. 210.

sem o consentimento do outro cônjuge. Visto sob esse ângulo, a renúncia da herança efetuada por um consorte capaz legalmente dependeria sempre do consentimento de seu cônjuge, exceto no regime da separação absoluta de bens (CC, art. 1.647, *caput*, e parte final do art. 1.687). Esse rigor vem sendo amenizado pela jurisprudência e pela doutrina, porquanto os bens havidos por herança somente se comunicam no regime da comunhão universal de bens, excluídos da comunhão nos demais regimes primários os bens que sobrevierem na constância do casamento por sucessão (CC, art. 1.659, inc. I; art. 1.674, inc. II; e art. 1.687), não havendo motivos para exigir o consentimento do consorte sobre a renúncia de um direito hereditário, que, embora considerado imóvel, não se comunica com a sua meação, não subsistindo qualquer motivo real que devesse impedir a livre disposição de bens já assegurada pela lei.

Arnaldo Rizzardo,[76] Luís Paulo Cotrim Guimarães,[77] Arnoldo Wald,[78] Eduardo de Oliveira Leite,[79] Zeno Veloso,[80] Caio Mario da Silva Pereira,[81] Dimas Messias de Carvalho, Dimas Daniel de Carvalho[82] e bem assim Carlos Roberto Gonçalves,[83] embora reconhecendo não estar pacificado o tema, concluem inviável a recusa à herança sem a vênia conjugal, além de Salomão de Araujo Cateb,[84] Francisco José Cahali e Giselda Maria Fernandes Novaes Hironaka,[85] Silvio Rodrigues,[86] Selma Maris Vieira de Souza,[87] Cristiano Chaves de Farias,[88] dispensando o consentimento na hipótese de união estável por se tratar de relação puramente fática, enquanto Paulo Nader[89] e Ney de Mello Almada[90] estendem a exigência do consentimento para as relações de união estável, sendo indeclinável o consentimento do cônjuge para o ato de renúncia a direito hereditário, exceto no regime da separação absoluta de bens (CC, art. 1.647), sob pena de anulação.

Estendendo um pouco mais a polêmica questão de a renúncia da herança exigir a vênia conjugal, Flávio Tartuce e José Fernando Simão, também seguidores da corrente majoritária acima declinada, acrescentam que, se o casamento for anterior ao Código Civil de 2002, se

---

[76] RIZZARDO, Arnaldo. *Direito das sucessões*. 6. ed. Rio de Janeiro: Forense, 2011. p. 73.
[77] GUIMARÃES, Luís Paulo Cotrim. *Negócio jurídico sem outorga do cônjuge sobrevivente*. São Paulo: RT, 2003. p. 45.
[78] WALD, Arnoldo. *Direito civil*: direito das sucessões. 14. ed. São Paulo: Saraiva, 2009. p. 40.
[79] LEITE, Eduardo de Oliveira. *Comentários ao novo Código Civil*: do direito das sucessões. Coord. Sálvio de Figueiredo Teixeira. Rio de Janeiro: Forense, 2003. v. XXI, p. 132.
[80] VELOSO, Zeno. *Novo Código Civil comentado*. Coord. Ricardo Fiuza. São Paulo: Saraiva. 2002. p. 1.625.
[81] PEREIRA, Caio Mário da Silva. *Instituições de direito civil*: direito das sucessões. Atualizado por Carlos Roberto Barbosa Moreira. 17. ed. Rio de Janeiro: Forense, 2009. v. VI, p. 51.
[82] CARVALHO, Dimas Messias de; CARVALHO, Dimas Daniel de. *Direito das sucessões*: inventário e partilha. 3. ed. Belo Horizonte: Del Rey, 2012. p. 26.
[83] GONÇALVES, Carlos Roberto. *Direito civil brasileiro*: direito das sucessões. 4. ed. São Paulo: Saraiva, 2010. p. 106.
[84] CATEB, Salomão de Araujo. *Direito das sucessões*. 6. ed. São Paulo: Atlas, 2011. p. 56.
[85] CAHALI, Francisco José; HIRONAKA, Giselda Maria Fernandes Novaes. *Direito das sucessões*. 3. ed. São Paulo: Revista dos Tribunais, 2007. p. 79.
[86] RODRIGUES, Silvio. *Direito civil*: direito das sucessões. Atualizado por Zeno Veloso. 25. ed. São Paulo: Saraiva, 2002. v. 7, p. 59.
[87] SOUZA, Selma Maris Vieira de. *Inventários e partilhas*: direito das sucessões. Campo Grande: Contemplar, 2012. p. 63.
[88] FARIAS, Cristiano Chaves de. *Direito das sucessões*. Coord. Giselda Maria Fernandes Novaes Hironaka e Rodrigo da Cunha Pereira. 2. ed. Belo Horizonte: Del Rey, 2007. p. 56.
[89] NADER, Paulo. *Curso de direito civil*: direito das sucessões. Rio de Janeiro: Forense, 2007. v. 6, p. 101.
[90] ALMADA, Ney de Mello. *Sucessões*. São Paulo: Malheiros, 2006. p. 99.

faz imprescindível a vênia conjugal, inclusive para o regime da separação absoluta de bens, tendo em conta que o atual art. 1.647 do Código Civil é novidade do Diploma Civil vigente, sem precedente no Código Civil de 1916, fazendo incidir o disposto no art. 2.039 do atual Diploma Civil, que ordena sejam aplicados os regimes de bens do Código Civil de 1916 aos casamentos celebrados na sua vigência.

Em minoria, a cuja corrente me filio, apontam para o sentido contrário Maria Helena Diniz,[91] lembrando tratar-se a renúncia de ato próprio de quem é herdeiro, Sebastião Amorim e Euclides de Oliveira,[92] Maria Berenice Dias,[93] Washington de Barros Monteiro,[94] Ricardo Rodrigues Gama,[95] Luiz Paulo Vieira de Carvalho[96] e Paulo Hermano Soares Ribeiro,[97] todos defendendo a dispensa da outorga de quem não é meeiro na herança de herdeiro renunciante, lembrando Luiz Paulo Vieira de Carvalho o teor do art. 17 da Resolução 35 do Conselho Nacional de Justiça, de 24 de abril de 2007, ao estabelecer que: "Os cônjuges dos herdeiros deverão comparecer ao ato de lavratura da escritura pública de inventário e partilha quando houver renúncia ou algum tipo de partilha que importe em transmissão, exceto se o casamento se der sob o regime da separação absoluta".

Em realidade, deve ser efetivamente considerado que somente na comunhão universal de bens ao cônjuge se comunicam os direitos hereditários, refletindo na meação de ambos os consortes e, por evidente, inibindo a renúncia hereditária como ato unilateral, mas, se pelo regime de bens eleito e diverso da comunhão universal, a herança não se comunica, não faz sentido exigir a outorga do consorte no ato renúncia abdicativa de direito hereditário, mesmo porque, se alguma fraude ou prejuízo for causado a qualquer credor, e credor eventual também pode ser o cônjuge, seu crédito estará sempre ressalvado pela prova do prejuízo, não, entretanto, sua condição de meeiro, porque à exceção da comunhão universal, a meação sobre herança sempre pertenceu ao herdeiro renunciante e seu ato jurídico de repúdio à herança é unilateral.

Acrescente-se a isso a circunstância de o inc. I do art. 1.647 do Código Civil exigir a vênia conjugal nos casos de alienação ou de gravame com ônus real de bens imóveis, não ocorrendo na ação unilateral de repúdio de herança qualquer ato de alienação ou de gravame, mas a renúncia pura e simples de um bem *imóvel* que o renunciante nunca quis, nunca teve e, portanto, nunca poderia alienar ou gravar aquilo que nunca lhe pertenceu.

39.10. Renúncia de herança de pessoa viva

Contrato que verse sobre herança de pessoa viva é expressamente proibido no Direito brasileiro pelo art. 426 do Código Civil, não obstante ser admitida a partilha amigável pres-

---

[91] DINIZ, Maria Helena. *Curso de direito civil brasileiro*: direito das sucessões. 21. ed. São Paulo: Saraiva, 2007. p. 75.
[92] AMORIM, Sebastião; OLIVEIRA, Euclides de. *Inventários e partilhas*: direito das sucessões. Teoria e prática. 22. ed. São Paulo: Livraria e Editora Universitária de Direito, 2009. p. 57. Esses dois autores são categóricos ao aduzirem se tratar a renúncia pura e simples abdicativa, e não translativa de direitos e, portanto, se constitui em ato pessoal do herdeiro, que não demanda outorga uxória.
[93] DIAS, Maria Berenice. *Manual das sucessões*. 2. ed. São Paulo: Revista dos Tribunais, 2011. p. 206.
[94] MONTEIRO, Washington de Barros. *Curso de direito civil*: direito das sucessões. Atualizado por Ana Cristina de Barros Monteiro França Pinto. 35. ed. São Paulo: Saraiva, 2003. v. 6, p. 52.
[95] GAMA, Ricardo Rodrigues. *Direito das sucessões*. São Paulo: Edipro, 1966. p. 87.
[96] CARVALHO, Luiz Paul Vieira de. *Direito das sucessões*. 2. ed. São Paulo: Atlas, 2015. p. 228.
[97] RIBEIRO, Paulo Hermano Soares. *Novo direito sucessório brasileiro*. São Paulo: JH Mizuno, 2009. p. 198.

crita pelos arts. 2.014 a 2.018 do mesmo Código, que acolhem a partilha por ascendente, por ato entre vivos (CC, art. 2.018), por meio de doação ou testamento. Na doação o doador está partilhando seus bens entre seus herdeiros, dispensando-os do inventário se a doação englobou todo o seu acervo patrimonial, reservando-se o doador ao menos de renda suficiente para a sua subsistência com o usufruto vitalício. Se, ao contrário, a doação não abarcou todos os bens do doador, o inventário terá de ser realizado com a abertura da sucessão do doador. Na doação pura e simples, realizada em vida, os herdeiros não precisam participar do negócio jurídico aceitando as doações, salvo se trate de herdeiros absolutamente incapazes, cuja aceitação é dispensada por ser presumida, sem qualquer imposição de encargo como contraprestação (CC, art. 543). Na doação em vida, o herdeiro ou seu representante legal, quando incapaz, pode não aceitar a doação, mas não estará com esse gesto renunciando à futura herança, porquanto remanesce sua qualidade de herdeiro, pois, por ocasião das doações feitas apenas em favor de alguns dos herdeiros, pela recusa de qualquer deles não restou observada a igualdade das legítimas, e qualquer valor doado aos coerdeiros será considerado como adiantamento de legítima, sujeito à colação ao tempo do óbito. Aberta a sucessão, pode haver a renúncia expressa, mas nesse caso os bens repudiados seriam devolvidos ao monte-mor e partilhados entre os herdeiros remanescentes. A renúncia de herança de pessoa viva continua expressamente proibida na legislação brasileira quando realizada antes da abertura da sucessão, porque o direito pátrio veda o pacto sucessório sobre uma herança que ainda não existe, senão na expectativa de quem também não tem a qualidade de herdeiro.

José da Silva Pacheco escreve ter-se por não escrita qualquer convenção que altere a ordem legal das sucessões, mesmo quando formalizada por contrato antenupcial,[98] sendo de fundamental importância essa observação, especialmente depois do advento do Código Civil de 2002, que passou a considerar o cônjuge sobrevivente como herdeiro concorrente, e, posteriormente, o Supremo Tribunal Federal veio a declarar inconstitucional o art. 1.790 do Código Civil (RE 646.721/RS e RE 878.694/MG) e ordenar que o companheiro sobrevivo é vocacionado segundo as regras do art. 1.829 do mesmo Código, induvidosamente elevando o convivente supérstite à condição idêntica à do cônjuge viúvo de herdeiro necessário.

Isso porque no regime convencional da separação de bens os consortes e conviventes não são meeiros em caso de dissolução em vida do casamento ou da união estável, mas serão herdeiros na eventualidade de o matrimônio se extinguir pela morte de um dos cônjuges ou conviventes e, nesse caso, diz a majoritária doutrina e da qual me divorcio, nem o pacto antenupcial e nem o contrato de convivência conseguem afastar o direito sucessório do consorte ou companheiro sobrevivente, de herdar sobre os bens particulares do falecido, lembrando que a herança não se confunde com a meação, ou seja, o meeiro não herda e quem herda não meeia.

Com frequência pessoas casam adotando o regime convencional da separação de bens e acreditando que seus bens são particulares e incomunicáveis, tanto no caso de divórcio como na hipótese de falecimento, atrapalhando os conceitos de meação e de herança, como se tivessem a mesma origem e os mesmos efeitos.

Não foi sem outro propósito a intenção do voto proferido pela Ministra Nancy Andrighi no célebre e contestado REsp 992.749-MS, afastando o direito sucessório concorrente de cônjuge sobrevivente casado pelo regime da separação convencional de bens, celebrado por meio de pacto antenupcial lavrado por escritura pública, entendendo não remanescer para

---

[98] PACHECO, José da Silva. *Inventários e partilhas na sucessão legítima e testamentária*. Rio de Janeiro: Forense, 1980. p. 105.

o cônjuge casado mediante separação de bens direito à meação e tampouco à concorrência sucessória, devendo ser respeitado na morte o regime de bens estipulado para o divórcio em vida,[99] pois, se o casal que escolheu o regime da separação de bens antes da vigência do Código Civil de 2002, não desejava que seu acervo patrimonial se comunicasse, não poderia imaginar que seus bens particulares poderiam vir a se comunicar ao ser o cônjuge supérstite alçado à qualidade de herdeiro concorrencial pelo Código Civil de 2002.

Essa decisão histórica foi reiterada pela Ministra Nancy Andrighi, em sua essência, no sentido de que bens particulares não seriam sucessíveis ao cônjuge sobrevivente,[100] e na sua esteira sobrevieram alguns julgamentos de tribunais estaduais, como o Agravo de Instrumento 0016744-80.2014.8.19.0000, da Quarta Câmara Cível do TJRJ, pela relatoria do desembargador Paulo Maurício Pereira, julgado em 28 de maio de 2014.[101] Contudo, essa

---

[99] 3ª T., STJ, julgado em 01.12.2009.

[100] "Direito Civil. Recurso Especial. Inventário. Cônjuge supérstite casado com o *de cujus* pelo regime da comunhão parcial de bens. Herança composta de bens particulares e bem comum. Herdeiro necessário. Concorrência com descendentes. Arts. Analisados: 1.658, 1.659, e 1.829, inc. I, do CC/2002. 1. Inventário distribuído em 24.01.2006, do qual foi extraído o presente recurso especial, concluso ao Gabinete em 27.05.2013. 2. Cinge-se a controvérsia a definir se o cônjuge supérstite, casado com o falecido pelo regime da comunhão parcial de bens, concorre com os descendentes dele na partilha dos bens particulares. 3. No regime da comunhão parcial, os bens exclusivos de um cônjuge não são partilhados com o outro no divórcio e, pela mesma razão, não o devem ser após a morte, sob pena de infringir o que ficou acordado entre os nubentes no momento em que decidiram se unir em matrimônio. Acaso a vontade deles seja a de compartilhar todo o seu patrimônio, a partir do casamento, assim devem instituir em pacto antenupcial. 4. O fato de o cônjuge não concorrer com os descendentes na partilha dos bens particulares do *de cujus* não exclui a possibilidade de qualquer dos consortes, em vida, dispor desses bens por testamento, desde que respeitada a legítima, reservando-os ou parte deles ao sobrevivente, a fim de resguardá-los acaso venha antes dele falecer. 5. Se o espírito de mudanças operadas no CC/2002 foi evitar que um cônjuge fique ao desamparo com a morte do outro, essa celeuma não se resolve simplesmente atribuindo-lhe participação na partilha apenas dos bens particulares, quando houver, porque podem eles ser insignificantes, se comparados aos bens comuns existentes e amealhados durante toda a vida conjugal. 6. Mais justo e consentâneo com a preocupação do legislador é permitir que o sobrevivente herde, em concorrência com os descendentes, a parte do patrimônio que ele próprio construiu com o falecido, não lhe tocando qualquer fração daqueles outros bens que, no exercício da autonomia da vontade, optou – seja por não ter elegido regime diverso do legal, seja pela celebração do pacto antenupcial – por manter incomunicáveis, excluindo-os expressamente da comunhão. 7. Recurso especial conhecido em parte e parcialmente provido" (REsp. 1.377.084-MG. STJ. 3ª T., julgadora Ministra Nancy Andrighi. Julgado em 08.10.2013).

[101] "Inventário. Primeiras declarações. Impugnação. Tempestividade. Colação. Correção monetária. Exclusão do cônjuge sobrevivente do rol de herdeiros. 2. Do exame do conjunto probatório, inclusive *site* deste Tribunal, não se há de falar em intempestividade da impugnação. Rejeição da preliminar. 3. Alegação de nulidade da decisão por falta de vista ao Ministério Público, em primeiro grau, que também não merece prosperar. Além da ausência de prejuízo às partes, o ilustre Procurador de Justiça em exercício nesta Câmara disse que eventual irregularidade estaria sanada pela sua manifestação. 4. Liberalidade feita pelo falecido às filhas mais velhas, devendo ser trazido à colação os valores doados e não os bens com eles adquiridos. Pacífico entendimento doutrinário neste sentido. 5. *De cujus* casado pelo regime da separação consensual de bens. O regime de separação obrigatória de bens, previsto no art. 1829, inc. I, do Cód. Civil, é gênero que congrega duas espécies: separação legal e separação consensual, uma decorrente da lei e a outra da vontade das partes, mas ambas obrigando os cônjuges, seja na vida, seja na morte. 6. Se assim não fosse, haveria a alteração do regime matrimonial de bens *post mortem*, permitindo ao cônjuge sobrevivente o recebimento de bens ao qual recusou, quando do pacto antenupcial, por vontade própria. Antecedentes jurisprudenciais. 7. Decisão mantida. Recurso desprovido."

orientação foi sendo paulatinamente modificada em posteriores julgamentos do Superior Tribunal de Justiça, como sucedeu com o REsp.1.111.095-RJ, da 4ª Turma, cujo voto condutor foi lavrado pelo Ministro Fernando Gonçalves, datado de 1º de outubro de 2009; ou com o REsp 974.241-DF, da 4ª Turma, cujo voto condutor foi lavrado pela Ministra Maria Isabel Gallotti, datado de 7 de junho de 2011; ou ainda o REsp 1.472.945-RJ, da 3ª Turma, relatado pelo Ministro Ricardo Villas Bôas Cueva, datado de 23 de outubro de 2014.

40. CESSÃO DE DIREITOS HEREDITÁRIOS

Aberta a sucessão, os herdeiros adquirem o direito à herança, considerada bem imóvel enquanto não encerrado o inventário (CC, art. 80, inc. II), através da adjudicação da universalidade da herança, em havendo um único herdeiro, ou realizada a partilha, havendo mais de um herdeiro. A herança não está fora do comércio e, muito ao contrário, diante das crescentes dificuldades econômicas,[102] é cada vez mais frequente que o universo da herança ou uma fração dela possa ser objeto de um contrato de cessão de direitos hereditários, no qual o herdeiro cedente é substituído pelo adquirente cessionário que ocupa o seu lugar na herança, embora o cedente siga conservando a qualidade de herdeiro. A cessão da herança ou de uma quota dela é um contrato formal e aleatório, pelo qual o cedente se obriga a transferir ao cessionário o conjunto de direitos patrimoniais recebidos como herdeiro e que está gravado com as dívidas do sucedido,[103] e, como expõe Juan-Faustino Domínguez Reyes, com escora na majoritária doutrina espanhola, a venda de uma herança ou de fração dela supõe um negócio coligado de venda e assunção de dívidas,[104] cuja conclusão é, inclusive, extraída do art. 1.531 do Código Civil da Espanha, ao prescrever que, e o princípio inserto no preceito jurídico alienígena pode muito bem ser aplicado ao Direito brasileiro, aquele que vende uma herança sem enumerar as coisas das quais ela é composta só está obrigado a responder por sua qualidade de herdeiro.

A cessão de direitos hereditários só cede bens hereditários e não a condição de herdeiro, ou seja, o contrato de cessão não vende nem transfere a qualidade de herdeiro do cedente, que é incessível e fica fora do objeto alienado. É ineficaz a cessão, pelo coerdeiro, de seu direito hereditário sobre qualquer bem individualmente considerado, embora nada impeça os herdeiros de requererem ao juiz do inventário autorização para a venda de bem componente do acervo hereditário, mediante alvará judicial, pelos mais variados motivos, como para evitar o perecimento da coisa, ou para amealhar recursos necessários ao custeio do inventário (CC, art. 1.793, § 3º). Essa venda de determinado bem da herança pode ser contestada por algum herdeiro e ainda assim ser deferida a pedido do inventariante ou de algum interessado, conquanto justificada a sua necessidade, também sendo frequentes as decisões judiciais que negam a alienação de bens singularizados do espólio enquanto não encerrado o inventário e pagos os tributos e as custas judiciais do inventário.[105]

---

[102] MAFFÍA, Jorge O. *Tratado de las sucesiones*. Atualizado por Lidia Beatriz Hernández e Luis Alejandro Ugarte. 2. ed. Buenos Aires: Abeledo Perrot, 2010. t. I, p. 422.
[103] LASALA, José Luís Pérez. *Curso de derecho sucesorio*. Buenos Aires: Depalma, 1989. p. 389-390.
[104] REYES, Juan-Faustino Domínguez. *La transmisión de la herencia*. Barcelona: Atelier Libros Jurídicos, 2010. p. 257.
[105] "Agravo de Instrumento. Sucessões. Inventário. Expedição de alvará para a venda de bens imóveis. Exigência de recolhimento prévio dos tributos. Inteligência do art. 1.031, § 2º, do Código de Processo Civil. Agravo não provido" (Agravo de Instrumento 70034410928, Oitava Câmara Cível, Tribunal de Justiça do RS. Relator. Desembargador Alzir Felippe Schmitz. Julgado em 29.04.2010).

Gemma Rubio Gimeno menciona uma série de situações em que uma pessoa ocupa o lugar do herdeiro sem sê-lo, como sucede em relação ao cessionário de uma herança. Em realidade, o comprador ocupa patrimonialmente a posição do herdeiro vendedor, ao passo que o herdeiro cedente fica excluído da situação patrimonial proveniente da abertura da sucessão, com exceção da contraprestação recebida pela cessão da herança,[106] uma vez que a cessão de uma herança somente realinha o adquirente, que fica na posição que teria o herdeiro cedente.

Pode ser contratada a posse e o domínio de toda a sucessão aberta, ou cada coerdeiro pode ceder seu quinhão hereditário a título oneroso ou gratuito, quando se assemelha ao contrato de doação. Essa prerrogativa de transferir sua quota hereditária em momento anterior à efetiva partilha, que se processa com o término do inventário, confere ao cedente a possibilidade de alienar seu quinhão hereditário indeterminado, não transferindo um bem certo e identificado, pois enquanto não concluída a partilha a herança representa um bem imóvel e os herdeiros são condôminos da massa hereditária, e com a cessão dos direitos o cedente apenas transfere sua posição de herdeiro, como se o cessionário fosse uma espécie de *vice-herdeiro*,[107] não dilatando o título de herdeiro para o cessionário, cujo vínculo é personalíssimo.

Como ensina Ney de Mello Almada, com essa operação o cessionário adquire a posição hereditária do cedente em todas as situações ativas e passivas e nessa condição substitui o herdeiro, sem ter ainda a noção precisa da extensão da coisa hereditária, pois comprou fração de uma universalidade de bens, sem especificar ou reservar determinados bens que compõem a herança, podendo o cessionário ser surpreendido ao receber menos ou acima do esperado.[108]

A natureza incerta da venda da pretensão a uma herança decorre da incerteza da composição hereditária do objeto negociado, que só será inteiramente conhecido depois de finalizado o inventário e identificado o quinhão hereditário cedido, salvo se trate de um único bem. Segundo ainda Ney de Mello Almada, o caráter aleatório de cessão de direitos sucessórios decorre da circunstância de não terem as partes, no momento do contrato de cessão, a noção exata da extensão da obrigação de entrega da coisa hereditária, podendo ser mais ou menos do que era esperado,[109] depois de pagas todas as dívidas do espólio, pois o cessionário sucede nas dívidas do sucedido, mas também adquire os benefícios derivados do quinhão hereditário cedido, como, por exemplo, compreender as vantagens resultantes de posterior colação, por renúncia a disposições particulares de testamento, mas não integram a cessão os direitos conferidos ao herdeiro em consequência de substituição testamentária ou de direito de acrescer (CC, art. 1.793, § 1°).

Nessa legitimação ativa o adquirente do quinhão hereditário tem legalidade para o exercício de ação de petição de herança (CC, art. 1.824), contudo, existem algumas titularidades ativas que seguem vinculadas à qualidade de herdeiro do cedente e que são inerentes ao título de herdeiro por seu caráter personalíssimo. São hipóteses de proibição de cessão hereditária as ações de filiação e a de transmissão da obrigação alimentar, sendo ambas vinculadas aos herdeiros do sucedido. Também não pode ser objeto de cessão de direitos hereditários a meação do cônjuge ou companheiro sobrevivente, que não é herança, mas direito proveniente do regime de casamento ou da união estável do sobrevivente e tampouco apólices de seguros, pois configuram créditos indenizatórios que estão igualmente fora da herança.

---

[106] GIMENO, Gemma Rubio. *La venta de herencia*. Madrid: Marcial Pons, 2003. p. 27.
[107] GIMENO, Gemma Rubio. *La venta de herencia*. Madrid: Marcial Pons, 2003. p. 27.
[108] ALMADA, Ney de Mello. *Sucessões*. São Paulo: Malheiros, 2006. p. 104-105.
[109] ALMADA, Ney de Mello. *Sucessões*. São Paulo: Malheiros, 2006. p. 105.

40.1. Características da cessão de herança

A cessão de direitos patrimoniais hereditários pode se dar a título oneroso, no que se compara ao contrato de compra e venda, entretanto, sem nenhuma equivalência ao contrato de compra e venda de coisa certa, porquanto na cessão sucessória a individuação do quinhão cedido se dá com o término do inventário e a concretização da partilha. Também pode decorrer da troca de uma coisa ou de outra cessão de direitos hereditários, comparando-se nesse caso ao contrato de permuta, ou a cessão de direitos hereditários também pode ser feita a título gratuito, configurando uma espécie de contrato de doação, igualmente sem equivalência à doação de coisa certa. O Código Civil não regulamentou a cessão de direitos hereditários, forçando a utilização subsidiária, naquilo que couber, dos dispositivos da compra e venda e da cessão de créditos.[110]

Tampouco a cessão de direitos hereditários se insere entre os atos registráveis do art. 167 da Lei dos Registros Públicos (Lei 6.015/1973), em razão de a universalidade de bens constituída pela herança ser indeterminada, só passando a ser determinada após a partilha, quando então será registrável,[111] salvo o espólio logre vender imóvel certo da herança por meio de alvará judicial, porquanto, enquanto pendente a indivisibilidade, é necessária a autorização judicial no corpo do inventário para que qualquer herdeiro possa vender determinado bem.[112]

O contrato de cessão de direitos hereditários é aleatório, porque transfere uma fração pós-comunitária, pois no momento do contrato as partes desconhecem a exata dimensão da obrigação a ser entregue, tanto que eventuais aumentos posteriormente adicionados à massa hereditária, provenientes da substituição e do direito de acrescer, não integram o contrato de cessão, salvo previsão expressa dos contratantes (CC, art. 1.793, § 1º), é consensual, formal, podendo ser a título oneroso ou gratuito.

O herdeiro prefere ao estranho para a aquisição dos direitos sucessórios, e aquele coerdeiro que for preterido na sua preferência na aquisição por igual preço, poderá exercer o seu direito de prelação depositando o preço da transação e obter para si a quota cedida ao estranho, desde que o faça no prazo de 180 (cento e oitenta) dias da transmissão (CC, art. 1.795).[113]

40.2. Cessão por escritura pública

A cessão é realizada por escritura pública de direitos hereditários (CC, art. 1.793), sendo tal escritura, quando a lei nada dispõe em contrário, essencial à validade do negócio jurídico que vise a constituição, transferência, modificação ou renúncia de direitos reais sobre imóveis (CC, art. 108). A cessão de direitos hereditários deve ser lavrada em Ofício de Notas como pressuposto de validade do negócio jurídico, sendo a herança aberta considerada um bem imóvel (CC, art. 80, inc. II), e, se não for observado o uso da escritura pública o negócio jurídico é considerado nulo (CC, art. 166, inc. IV).

A finalidade da escritura pública é dar publicidade ao ato, de molde a que chegue ao conhecimento dos coerdeiros, credores e legatários, que não podem ser prejudicados por cessões ocultas, tanto que os coerdeiros têm o direito de preferência quando a cessão se destina a terceiro estranho à sucessão (CC, art. 1.794). A inobservância da escritura pública extrai do contrato os seus efeitos jurídicos, afigurando-se nulo como contrato de cessão de direitos he-

---

[110] RIZZARDO, Arnaldo. *Direito das sucessões*. 2. ed. Rio de Janeiro: Forense, 2005. p. 99.
[111] CENEVIVA, Walter. *Lei dos Registros Públicos comentada*. 8. ed. São Paulo: Saraiva, 1993. p. 294.
[112] LOUREIRO, Luiz Guilherme. *Registros públicos*: teoria e prática. 8. ed. Salvador: JusPodivm, 2017. p. 1.172.
[113] LOUREIRO, Luiz Guilherme. *Registros públicos*: teoria e prática. 8. ed. Salvador: JusPodivm, 2017. p. 1.172.

reditários, não obstante afirme Jorge O. Maffía ser o contrato particular de cessão de direitos hereditários válido como uma promessa de cessão de direitos hereditários.[114]

Salomão de Araujo Cateb informa que na vigência do Código Civil de 1916 os tribunais admitiam a cessão de direitos hereditários por instrumento particular, embora nada impedisse que determinados bens do espólio pudessem ser vendidos mediante alvará judicial,[115] usualmente para arrecadar recursos destinados a atender os custos do inventário, para evitar a deterioração de algum bem, ou para finalizar negócio jurídico ainda iniciado pelo sucedido que viesse a falecer sem concluir a transação.

Na cessão de direitos hereditários a transmissão da propriedade cedida só se produz depois de realizado o inventário com a homologação da partilha, ou da expedição da carta de adjudicação, quando toda a herança foi transmitida para um único cessionário, não obstante os efeitos jurídicos entre os contratantes se verifique desde a sua celebração. O contrato de cessão de direitos hereditários só é factível depois de aberta a sucessão, pois pressupõe uma herança já aceita pelo cedente, sendo vedado por lei (CC, art. 426) pacto sobre herança futura, não sendo necessário abrir primeiro o inventário para depois proceder à cessão. Com a escritura pública de cessão de direitos hereditários o cessionário ocupa o lugar do cedente no processo de inventário ou na escritura pública de inventário extrajudicial e por meio do formal de partilha, ou da escritura de partilha, conforme se trate de inventário judicial ou extrajudicial, receberá o seu quinhão hereditário que foi fruto da cessão contratada. A cessão dos direitos hereditários corresponde à aceitação da herança pelo herdeiro cedente, porque só se pode ceder aquilo que nos pertence. A cessão de direitos hereditários pode ser realizada enquanto não encerrada a partilha e a correspondente transferência dos bens aos herdeiros, que deixam de ser herdeiros e passam a ser proprietários do patrimônio do sucedido, podendo contratar a venda ou doação dos bens herdados.

Para que possa ser celebrado o negócio jurídico de cessão de direitos hereditários devem ser atendidos os pressupostos do art. 104 do Código Civil: a) agente capaz; b) objeto lícito, possível, determinado ou determinável; c) forma prescrita ou não defesa em lei. No caso de incapaz que está sob tutela ou curatela, o art. 1.748, inc. II, prevê apenas que o tutor ou curador, com autorização do juiz, aceite pelo tutelado ou curatelado heranças, legados ou doações, ainda que com encargos, nada referindo acerca da cessão de direitos hereditários, e o art. 1.749, inc. II, do mesmo texto estabelece que nem com autorização judicial o tutor poderá alienar gratuitamente bens do incapaz.[116] A lei civil, no entanto, não veda expressamente que o tutor ou curador, sempre no interesse do incapaz e mediante autorização judicial, promova a cessão hereditária onerosa ou até de permuta da fração hereditária do herdeiro incapaz, vetando unicamente a disposição gratuita dos bens do menor e por decorrência também do maior incapaz (arts. 1.749, inc. II, c/c o 1.774 do CC).

40.2.1. Anuência do cônjuge ou convivente

Como outras vezes referido, a herança aberta é considerada um bem imóvel (CC, art. 80, inc. II), impondo-se, por força do art. 1.647, inc. I, do Código Civil, a autorização do outro cônjuge ou convivente para alienar ou gravar de ônus reais os bens imóveis, havendo restri-

---

[114] MAFFÍA, Jorge O. *Tratado de las sucesiones*. 2. ed. Buenos Aires: Abeledo Perrot, 2010. t. I. Atualizado por Lidia Beatriz Hernández e Luis Alejandro Ugarte, 2010. p. 427.
[115] CATEB, Salomão de Araujo. *Direito das sucessões*. 6. ed. São Paulo: Atlas, 2011. p. 28.
[116] NEVES, Rodrigo Santos. *Curso de direito das sucessões*. Rio de Janeiro: Lumen Juris, 2009. p. 65-66.

ção à livre disposição patrimonial pelo consorte. Com maior razão se a disposição patrimonial de bens comuns ou que possam integrar futura meação é feita sem remuneração (CC, art. 1.647, inc. IV) e nessa observação final do dispositivo de lei está o fundamento jurídico da completa dispensa do assentimento expresso do outro cônjuge ou convivente para a renúncia de herança em convivência ou casamento realizados pelo regime da separação total de bens, de participação final nos aquestos ou de comunhão parcial.

Conforme o sistema civil vigente, a outorga conjugal é dispensada na separação obrigatória ou na comunhão parcial de bens, e também nos casamentos realizados sob o regime da participação final nos aquestos.

Pela codificação em vigor, somente no regime da comunhão universal ocorre a comunicação de bens havidos por herança, o que não sucede em qualquer outro regime matrimonial, apregoando a lei civil justamente a exclusão dos bens havidos por sucessão no regime da comunhão parcial (CC, art. 1.659, inc. I) e no regime da participação final nos aquestos, em que só se comunicam os bens adquiridos pelo casal, a título oneroso, na constância do casamento e, sabidamente, é graciosa a aquisição hereditária.

No regime da separação obrigatória ou convencional os bens permanecerão sob a administração exclusiva de cada um dos cônjuges, que os poderá livremente alienar ou gravar de ônus reais (CC, art. 1.687), remanescendo, como visto, uma cotitularidade patrimonial sucessória unicamente no regime da comunhão universal de bens, sendo imperiosa a vênia conjugal para a validade do ato de renúncia de direito hereditário, sob pena de anulação da ação de renúncia se não for ratificada pelo consorte (CC, art. 172). A outorga conjugal é solenidade formal, considerada essencial à validade do negócio jurídico da renúncia em regime de comunhão universal, salvo tenha sido judicialmente suprido o assentimento conjugal, quando necessário (CC, art. 1.647).

Embora o art. 1.647 do Código Civil exija a outorga conjugal para todos os regimes de bens, ainda que diga respeito ao patrimônio particular dos consortes, à exceção da separação total, a prática jurídica restringe a exigência da anuência do cônjuge ao regime da comunhão universal, além de serem atendidos os requisitos do art. 104 da lei civil, inerentes ao plano de existência, validade e eficácia do negócio jurídico, desde que tal negócio tenha sido firmado por agente capaz, seu objeto seja lícito, possível, determinado ou determinável e utilizada forma prescrita ou não defesa em lei.

Na literalidade da lei, o Código Civil apenas dispensa a vênia do consorte no regime da separação total de bens, embora somente devesse exigi-la no regime da comunhão universal de bens, para dispensá-la nos demais regimes patrimoniais, como ocorre na técnica judicial, mostrando-se inócuo determinar a outorga sobre bens que não integram a meação, como sucede com os bens oriundos de herança, que não se comunicam entre os cônjuges e conviventes, salvo, como dito, no regime da comunhão universal de bens.

Tratando-se do regime da comunhão universal, para obviar que o cônjuge destrua a meação de seu consorte, a falta da outorga conjugal na escritura pública de renúncia de direito hereditário ou por termo nos autos gera a anulação do ato, observado o prazo decadencial de dois anos para o consorte preterido (CC, art. 1.649) ou seus herdeiros ajuizarem a ação anulatória.[117]

Na união estável não há nenhuma restrição para que um dos companheiros possa alienar bens imóveis ou renunciar direito hereditário, ou mesmo impor ônus imobiliário sobre seus bens, havendo completo silêncio acerca da exigência da vênia do outro convivente.

---

[117] GUIMARÃES, Luís Paulo Cotrim. *Negócio jurídico sem outorga do cônjuge ou convivente*. São Paulo: Revista dos Tribunais, 2003. p. 43.

O art. 73 do Código de Processo Civil é expresso quanto à exigência do consentimento do outro cônjuge para propor ação que verse sobre direito real imobiliário e a herança indivisa é considerada como um bem imóvel (CC, art. 80, inc. II), salvo quando casados pelo regime da separação absoluta de bens e aqui outra ressalva, porque no regime obrigatório da separação de bens a Súmula 377 do STF manda comunicar os bens aquestos. O § 3º do mesmo art. 73 estende a aplicação do seu *caput* (consentimento do outro cônjuge) à união estável, aduzindo Flávio Tartuce que a outorga do companheiro passa a ser exigida nos casos do inc. II do art. 1.647 do Código Civil, em diálogo com o art. 73, § 3º, do CPC, mas diz se filiar à corrente que defende que a outorga só pode ser exigida dos cônjuges, e não dos companheiros, em relação ao art. 1.647 do Código Civil, por ser uma norma restritiva de direitos que não comporta interpretação extensiva ou analogia e colaciona alguns arestos.[118]

---

[118] TARTUCE, Flávio. Do tratamento da união estável no Novo CPC e algumas repercussões para o direito material. Disponível em: <https://m.migalhas.com.br/coluna/familia-e-sucessoes/22109...ento-da-uniao-estavel-no-novo-cpc-e-algumas-repercussoes>. Acesso em: 1º mar. 2019.
"Apelação cível. Ação declaratória de nulidade de ato jurídico. União estável não declarada. Venda de bem imóvel a terceiro de boa-fé. Inexistência de hipótese de invalidade do negócio jurídico. Inexistência de nulidade. 1 – Ainda que seja possível vislumbrar pelas provas carreadas a existência de união estável entre apelante e primeiro apelado, a venda de bem imóvel a terceiro de boa-fé não é nula, tendo em vista que a Lei não exige a outorga uxória da companheira. 2. Não provadas nenhuma das hipóteses de invalidade do negócio jurídico previstas nos arts. 166 e ss. do CC, não há nulidades a serem declaradas" (TJMG, Apelação Cível 1.0284.07.006501-6/0011. Guarani Nona Câmara Cível. Relator Desembargador Pedro Bernardes. Julgado em 17.02.2009. DJEMG 16.03.2009).
"Direito Civil. Inaplicabilidade da Súmula 332 do STJ à união estável. Ainda que a união estável esteja formalizada por meio de escritura pública, é válida a fiança prestada por um dos conviventes sem a autorização do outro. Isso porque o entendimento de que a fiança 'prestada sem autorização de um dos cônjuges implica a ineficácia total da garantia' (Súmula 332 do STJ), conquanto seja aplicável em relação à união estável. De fato o casamento representa, por um lado, uma entidade familiar protegida pela CF e, por outro lado, um ato jurídico formal e solene, do qual decorre uma relação jurídica com efeitos tipificados pelo ordenamento jurídico. A união estável, por sua vez, embora também represente uma entidade familiar amparada pela CF – uma vez que não há, sob o atual regime constitucional, família estigmatizadas como de 'segunda classe' –, difere-se do casamento no tocante à concepção deste como um ato jurídico formal e solene. Aliás, nunca se afirmou a completa e inexorável coincidência entre os institutos da união estável e do casamento, mas apenas a inexistência de predileção constitucional ou de superioridade familiar do casamento em relação a outra espécie de entidade familiar. Sendo assim, apenas o casamento (e não a união estável) representa ato jurídico cartorário e solene que gera presunção de publicidade do estado civil dos contratantes, atributo que parece ser a forma de assegurar a terceiros interessados ciência quanto ao regime de bens, estatuto pessoal, patrimônio sucessório etc. Nesse contexto, como a outorga uxória para a prestação de fiança demanda absoluta certeza por parte dos interessados quanto à disciplina dos bens vigente, e como essa segurança só é obtida por meio de ato solene e público (como no caso do casamento), deve-se concluir que o entendimento presente na Súmula 332 do STJ – segundo o qual, a 'fiança prestada sem autorização de um dos cônjuges implica a ineficácia total da garantia' –, conquanto seja aplicável ao casamento, não tem aplicabilidade em relação à união estável. Além disso, essa conclusão não é afastada diante da celebração de escritura pública entre os consortes, haja vista que a escritura pública serve apenas como prova relativa de uma união fática, que não se sabe ao certo quando começa nem quando termina, não sendo ela própria o ato constitutivo da união estável. Ademais, por não alterar o estado civil dos conviventes, para que dela o contratante tivesse conhecimento, ele teria que percorrer todos os cartórios de notas do Brasil, o que seria inviável e inexigível" (STJ. REsp. 1.299.866/DF. Relator. Ministro Luis Felipe Salomão. Julgado em 25.02.2014).

De qualquer forma, sempre é recomendável a anuência do companheiro nas escrituras de alienação ou cominação de ônus sobre imóveis, contudo, no âmbito da renúncia de direito hereditário também não há nenhuma comunicação de bens herdados por um dos conviventes, à exceção da adoção pelos companheiros de um regime da comunhão universal, embora haja quem sustente ser inadmissível a estipulação de um regime de comunhão universal de bens entre conviventes.[119]

Na constância do matrimônio regido pela comunhão universal os bens permanecem sendo comuns, salvo venham gravados com a cláusula de incomunicabilidade, que também implica a cláusula concomitante de inalienabilidade e de impenhorabilidade (CC, art. 1.911),[120] impedindo se estabeleça a comunhão desses bens que, quando herdados, dispensam a concordância do cônjuge para a renúncia do herdeiro por se tratar de patrimônio herdado com a cláusula de incomunicabilidade gravada em testamento, configurando-se uma exceção à regra da comunicabilidade dos bens no regime da comunhão universal.

Embora a jurisprudência dispense a participação no inventário do cônjuge de herdeiro que não seja casado pelo regime da comunhão universal, pois os demais regimes nada lhe acrescem de patrimônio,[121] o art. 1.647, inc. I, do Código Civil só possibilita a alienação de bens imóveis, sem a autorização do outro consorte, no regime da separação absoluta, e o inc. I do art. 73 do CPC prevê a participação processual do cônjuge e do convivente (CPC, art. 73, § 3º) nas ações que versem sobre direitos reais imobiliários. Essa exigência torna-se uma dispensável demasia quando se tem presente a completa falta de interesse material de cônjuge ou companheiro de herdeiro que não é casado ou que não conviva pelo regime da comunhão universal de bens.

Evidentemente que, mesmo no regime da comunhão universal de bens, não se comunicam os bens herdados com cláusula de incomunicabilidade e os sub-rogados em seu lugar (CC, art. 1.668, inc. I), contudo, esse gravame não autoriza a dispensa da outorga uxória em razão de que a cessão de direitos hereditários respeita à universalidade do quinhão do herdeiro e não a bem singularizado, a propósito do qual, eventualmente, possa incidir o gravame da incomunicabilidade.

40.3. Direito de preferência

Ocorrendo a cessão de direitos hereditários de algum herdeiro, o art. 1.794 do Código Civil estabelece o direito de preferência dos coerdeiros, prescrevendo que o herdeiro não pode ceder a sua quota hereditária a pessoa estranha à sucessão, se outro coerdeiro a quiser, tanto por tanto.

---

[119] Francisco José Cahali informa que os bens pertencentes aos companheiros anteriormente à união, não podem ser objeto de contrato de convivência, ou seja, não existe a possibilidade de ser adotado o regime da comunhão universal de bens entre companheiros, embora nada impeça que eles façam entre si doações recíprocas de bens particulares (CAHALI, Francisco José. *Contrato de convivência*. São Paulo: Saraiva, 2002. p. 82).

[120] *Vide* Súmula 49 do STF: "A cláusula de inalienabilidade inclui a incomunicabilidade dos bens".

[121] "Agravo de Instrumento. Sucessões. Determinação de juntada de procuração do cônjuge de herdeira casada pelo regime da comunhão parcial de bens. Desnecessidade. Se o regime de bens excluiu qualquer direito do cônjuge da herdeira sobre os bens que lhe acrescerem o patrimônio em razão da sucessão de seu pai, não é razoável exigir que este outorgue procuração e figure como parte no inventário. Agravo provido em decisão monocrática" (Agravo de Instrumento 70047974928 da Oitava Câmara Cível do TJRS. Relator. Desembargador Luiz Felipe Brasil Santos. Julgado em 02.05.2012).

O direito de preferência dos coerdeiros, que permite que adquiram a quota hereditária em oposição à pessoa estranha à sucessão, só existe enquanto não encerrado o inventário, ou seja, enquanto aberta a sucessão e presente o condomínio indivisível e imobiliário e não transitada em julgado a partilha, devendo ser aplicadas por analogia as regras justamente referentes ao condomínio. Quer a lei seja oportunizada aos coerdeiros a aquisição da fração hereditária que está sendo onerosamente alienada para pessoa estranha à sucessão por herdeiro, indicando que ele notifique prefacialmente os demais coerdeiros para que exerçam o seu direito de preferência, de prelação ou de preempção legal. Não existe direito de preferência quando a alienação onerosa é feita em favor do meeiro ou de coerdeiro.

O condômino a quem não for dado conhecimento da cessão poderá, depositando integralmente o preço pago pelo terceiro, haver para si a quota onerosamente cedida a estranho, se o requerer no prazo decadencial de 180 dias (CC, art. 1.795), e promovendo ação de anulação de escritura de cessão de direitos hereditários que porventura tenha sido firmada com terceiro estranho à sucessão, cujo processo tramita no juízo do inventário, mas em ação sucessória própria e alheia ao processo de inventário.

O prazo decadencial de 180 dias deve ser contado do efetivo conhecimento dos herdeiros da intenção de alienação da fração sucessória, ou, se vendido para terceiro, da data em que os coerdeiros tiveram inequívoca informação da alienação. A ciência aos coerdeiros e ao viúvo ou convivente sobrevivo meeiro pode ser realizada por meio de intimação judicial ordenada pelo juízo do inventário, ou por comunicação escrita contra recibo de entrega, contendo o preço e as condições da negociação desejada realizar, indicando prazo razoável para a resposta, que de praxe é de 30 dias, não bastando simplesmente proceder ao registro imobiliário da escritura pública de cessão, cujo fato obrigaria os coerdeiros a conferirem rotineiramente junto ao registro imobiliário para evitarem a decadência do direito de preferência, e a formal presunção de que tinham conhecimento. O prazo decadencial também não pode ser contado da lavratura da escritura pública de cessão de direitos sucessórios, que, como diz Paulo Hermano Soares Ribeiro, pode ser ocultada até que se escoa o prazo e por isso aconselha colher por escrito dos coerdeiros, sempre que possível, a renúncia ao direito de preferência.[122]

Sendo vários os coerdeiros a exercerem a preferência, entre eles se distribuirá o quinhão cedido, na proporção das respectivas quotas hereditárias (CC, art. 1.795, parágrafo único), não incidindo na cessão de direito hereditário as regras contidas no parágrafo único do art. 504 do Código Civil, em razão da existência de benfeitorias realizadas por algum dos coerdeiros, ou daquele que tiver maior quinhão, até porque o condomínio nasceu em decorrência da sucessão do autor da herança e só por isso ele foi instituído e a cessão hereditária se dá sobre parte ideal dos bens e não sobre um bem do espólio certo e individuado.

O Código Civil de 1916 não contemplava o direito de preferência entre coerdeiros, e os tribunais se socorriam do julgamento por analogia ao art. 1.139 do Diploma de 1916, que proibia um condômino em coisa indivisível de vender a sua parte a estranhos, se o outro condômino a quisesse tanto por tanto, e assim assegurava sua aplicação também na cessão de direitos hereditários.

O direito de preferência só se verifica na cessão hereditária onerosa, podendo o coerdeiro interessado depositar o preço pago pelo adquirente, tanto por tanto, para tomar para si a quota inicialmente alienada para pessoa estranha à sucessão. Contudo, a preferência não se verifica na cessão hereditária gratuita, que caracteriza ato personalíssimo de liberalidade que

---

[122] RIBEIRO, Paulo Hermano Soares. *Novo direito sucessório brasileiro*. São Paulo: J. H. Mizuno, 2009. p. 139-140.

não comporta um gesto de benemerência compulsório e alheio à efetiva vontade do herdeiro cedente.

Também na permuta pode ser desconsiderado o direito de preferência quando o objeto recebido em troca pelo herdeiro cedente se tratar de bem infungível, único e insubstituível pelo coerdeiro. O recurso ao direito de preferência só será factível se o coerdeiro puder substituir, tanto por tanto, o bem a ser entregue ao herdeiro cedente, mas, se o objeto trocado permitir a substituição, não há como afastar a primazia do coerdeiro.[123]

40.4. A cessão sucessória e o direito de acrescer

A cessão de direitos hereditários agrega unicamente os bens existentes no momento da cessão, não incluindo os que sobrevierem por direito de acrescer ou por substituição (CC, art. 1.793, § 1º). Isso porque o cedente não negocia sua condição de herdeiro, cujo direito é personalíssimo e intransferível, mas tão só transmite a fração da universalidade que lhe pertence no momento da cessão. O objeto da venda exclui a enumeração dos bens hereditários e compreende unicamente os bens globalizadamente identificados dentro da herança. Não obstante a cessão sucessória abarque o quinhão hereditário existente no momento da cessão dos direitos, este quinhão originário do herdeiro cedente pode ser expandido em virtude de disposições testamentárias de efeito subsequente, oriundas do direito de acrescer (CC, art. 1.941) ou de substituição testamentária (CC, art. 1.947), que se incorporam ao patrimônio do herdeiro cedente, dado que esse acréscimo ulterior não integra e tampouco complementa a universalidade vendida. Portanto, seriam restritos os proveitos do cessionário comprador ao quinhão hereditário existente entre a abertura da sucessão e a celebração da escritura pública de cessão de direitos hereditários e a esse período se reportariam os contratantes, incluídos os frutos da universalidade cedida e deduzidos os custos proporcionais do espólio, pois a entrega dos proveitos e o reembolso de dívidas mantêm estreita conexão com a herança cedida.

Como explica Jorge O. Maffía, embora se pudesse compreender que na cessão de um direito hereditário deveria importar o recebimento também dos circunstanciais acréscimos do quinhão sucessório do cedente que repudia sua herança, porquanto os aditamentos seriam parte integrante e inseparável do direito cedido, e como o acréscimo tem efeito retroativo à abertura da sucessão, eles igualmente devem integrar o contrato de cessão, tal qual integram as dívidas que o herdeiro cedente também transferiu com sua cessão, não é, no entanto, nessa direção que se pronuncia a melhor interpretação doutrinária e jurisprudencial. Em sentido inverso, os defensores da exclusão das adições sucessórias inexistentes ao tempo da cessão de direitos hereditários dizem que a cessão não inclui senão os direitos conhecidos e existentes ao tempo do contrato e que o cedente só tinha em mira vender aquilo que imaginava possuir, não podendo adivinhar que outro herdeiro viria a renunciar posteriormente, cujo acréscimo subsequente ele ignorava completamente. Ademais, cedeu a participação hereditária e não transferiu, posto se trata seu direito hereditário de direito indisponível, inseparável de sua pessoa e que o mantém como herdeiro daquilo que por substituição ou acréscimo ingressa em seu patrimônio sucessório por conta da sua condição remanescente de herdeiro.[124]

---

[123] ALMEIDA, José Luiz Gavião de. *Código Civil comentado*: direito das sucessões. Sucessão em geral. Sucessão legítima. Coord. Álvaro Villaça Azevedo. São Paulo: Atlas, 2003. v. XVIII, p. 89.

[124] MAFFÍA, Jorge O. *Tratado de las sucesiones*. Atualizado por Lidia Beatriz Hernández e Luis Alejandro Ugarte. 2. ed. Buenos Aires: Abeledo Perrot, 2010. t. I, p. 436-437.

O § 1º do art. 1.793 do Código Civil, ao excluir da abrangência do contrato de cessão sucessória os direitos conferidos ao cedente em consequência de substituição ou de direito de acrescer, em realidade reserva em seu favor os bens hereditários resultantes de benefícios surgidos depois de celebrado o contrato de cessão. Nada impede, no entanto, de os contratantes incluírem por expressa ressalva os bens hereditários sobrevindos após a celebração do contrato e que incrementem os bens subsistentes ao tempo da escritura de cessão de direitos sucessórios, não deixando nenhuma dúvida acerca da sua inclusão, pois em contrário a cessão sucessória irá corresponder àquilo que o herdeiro cedente tinha em conta de que estava se despojando, haja vista que não cede sua qualidade de herdeiro, mas unicamente uma fração da massa de bens que sabia lhe pertencer naquele momento, não mensurando que lhe pudessem ser adicionados bens ou frações por acréscimo ou substituição testamentária.

41. RESPONSABILIDADE PELA EVICÇÃO

A evicção é a perda total ou parcial (CC, arts. 447 e 457) da coisa ante uma decisão judicial ou ato administrativo que atribui esta coisa a terceiro, alertando Flávio Tartuce[125] para decisão do Superior Tribunal de Justiça[126] que entendeu que a evicção também pode estar presente em casos de apreensão administrativa, e não necessariamente apenas em decorrência de decisão judicial.

O alienante não está obrigado a garantir a existência dos bens sucessórios aleatoriamente cedidos, pois a espécie contratual pressupõe a ausência de qualquer especificação ou individuação dos bens hereditários vendidos, não havendo, portanto, como responsabilizar o herdeiro cedente de quota sucessória pela evicção de bens singulares, que não foram objeto da cessão. Mas se a cessão envolve um único bem inventariado e objeto da cessão, entende Arnaldo Rizzardo ser viável aceitar a evicção que daria inclusive, maior seriedade ao negócio.[127]

---

[125] TARTUCE, Flávio. *Manual de direito civil*. São Paulo: Método, 2011. p. 546.
[126] REsp 259.726/RJ, 4ª T., Relator Ministro Jorge Scartezzini. Julgado em 03.08.2004.
[127] RIZZARDO, Arnaldo. *Direito das sucessões*. 2. ed. Rio de Janeiro: Forense, 2005. p. 106.

Capítulo VI
DOS EXCLUÍDOS DA SUCESSÃO LEGÍTIMA

42. CONSIDERAÇÕES INICIAIS

Como regra geral do direito sucessório, todo herdeiro tem capacidade para suceder, a título universal, toda a herança ou parte dela, ou de um determinado objeto que recebe como legatário. A capacidade para suceder é a aptidão para adquirir a titularidade dos bens transmitidos por quem falece, permitindo ao titular da vocação hereditária aceitar ou renunciar à herança. A capacidade para suceder se dá em função do vínculo sucessível de parentesco, casamento ou convivência estável, ou como herdeiro instituído pelo testador em seu testamento e nele aquinhoado com uma fração ou com a totalidade da herança, ou, então, ser beneficiado em um testamento apenas com um legado. Ademais da capacidade sucessória, o herdeiro deve ter vocação sucessória que representa o chamamento de um sucessor a uma determinada sucessão, que reconhece como fonte uma disposição legal, em função de um vínculo parental (descendente, ascendente e colateral), ou um elo afetivo conjugal ou de união estável, ou por fim, em virtude de um ato de última vontade do falecido em seu testamento, tornando-se requisitos necessários para que se opere a transmissão por causa de morte, a capacidade para suceder e a vocação hereditária.[1]

A capacidade sucessória não se confunde com a capacidade de aceitar ou de renunciar à herança, pois se trata de uma capacidade que só pode ser exercida por quem tiver o direito de aceitar ou de lançar mão da herança, vale dizer, se for destinatário de toda ou de parte da herança, da qual não foi excluído por alguma causa de indignidade ou de deserdação.

Deter a capacidade de herdeiro em nada se confunde com a capacidade civil do herdeiro, sendo conceitos totalmente distintos, até mesmo porque não é preciso ter capacidade civil para receber uma herança. Tampouco pode ser falado em incapacidade absoluta para suceder, pois não existe uma exclusão, em termos absolutos ou gerais, de toda e qualquer eventual herança, mas apenas a exclusão de certo e determinado herdeiro, sobre certa e determinada herança, ou seja, sobre os bens deixados em herança por aquela pessoa que o excluído ofendeu com algum dos atos legais e taxativamente considerados como causa de indignidade sucessória. Trata-se de uma incapacidade relativa que afeta apenas certas pessoas, em virtude de uma situação jurídica específica ocorrida entre o autor da herança e o sucessor.[2] Nesse sentido, esclarece Carlos Maximiliano inexistir uma indignidade geral, *absoluta*, pois ela será sempre *relativa* ou relacionada a determinado hereditando, sendo punidas as faltas contra ele

---

[1] LLOVERAS, Nora; ORLANDI, Olga e FARAONI, Fabían. *La sucesión por muerte y el processo sucessório*. Buenos Aires: Erreius, 2019. p. 74.
[2] LASALA, José Luis Pérez. *Tratado de sucesiones*. Santa-Fé: Rubinzal-Culzoni, 2014. t. I, p. 403.

cometidas, sem que esse ofensor deixe de receber a eventual herança de qualquer outra pessoa contra a qual ela nada fez.[3]

Em verdade, o instituto da indignidade surgiu e cresceu na história do Direito de forma desordenada, não sendo possível estabelecer uma linha de continuidade, eis que as diversas causas de indignidade surgiram de acordo com os casos concretos, introduzidos por exigências particulares, sem sequer ser determinado qual o caso mais antigo de indignidade e descrever uma sucessão cronológica entre eles.[4] Em regra, eram necessidades do momento derivadas de acontecimentos marcantes, que obrigaram os imperadores a intervir, tanto que o instituto era alheio ao *jus civile*, que representa a antiga tradição latina. Biondo Biondi arrisca a comparar a indignidade ao um círculo que se dilata progressivamente, pois os casos concretos, mesmo que sempre taxativos, fazem-se cada vez mais numerosos,[5] embora esse fenômeno não se identifique na legislação brasileira.

Para que o chamamento do herdeiro produza a plenitude de seus efeitos basta que sua convocação não esteja em contradição com alguma norma legal imperativa, que proíba ou impeça a aquisição total ou parcial da herança, ou que não penda uma condição resolutiva imposta por vontade do testador.[6]

Assim, não há falar em incapacidade daquele que detém vocação hereditária legítima, pois indicado pela lei à aquisição da herança, ou por meio de testamento que externa uma vontade escrita do autor da herança, e por cujo instrumento ele atribui ao herdeiro ou legatário uma capacidade sucessória, inclusive em benefício eventual de quem não se encontra na ordem de vocação hereditária. Entretanto, essa capacidade sucessória pode ser aniquilada pelos fatos ou por expressa manifestação do testador, dispondo a lei civil dos institutos da indignidade e da deserdação. Em situações em que um sucessor cometeu graves atos ofensivos à pessoa, à honra e aos interesses do autor da herança ou de seus familiares mais próximos, e sendo tais fatos considerados ofensivos judicialmente, acolhidos como causa de indignidade ou de deserdação, a legislação brasileira prevê como sanção civil imposta ao faltoso a privação ao direito hereditário que teria sobre os bens deixados pela pessoa que ele ultrajou.

Portanto, embora o herdeiro tivesse capacidade sucessória passiva para receber a herança ou o legado, seguindo a regra geral de que todas as pessoas vivas ou constituídas são capazes de receber herança, contanto que sobrevivam ao autor da herança, dessa herança o desamoroso será excluído. Prescreve o art. 1.798 do Código Civil estarem legitimadas a suceder as pessoas nascidas ou já concebidas no momento da abertura da sucessão, mas o herdeiro declarado indigno ou deserdado pelo testador será excluído da sucessão como resultado de uma pena civil que lhe foi judicialmente aplicada por haver injuriado ou atentado contra a vida do autor da herança ou conforme o enquadramento legal, também de seus familiares (cônjuge, companheiro, ascendente ou descendente).

Enfim, uma pessoa pode ser incapaz para praticar determinados atos da vida civil e ter capacidade para suceder, como pode ser incapaz para suceder, embora goze da plenitude de sua capacidade civil, não havendo qualquer confusão ou identidade de conceitos entre a capacidade sucessória e a capacidade civil. Tampouco o indigno ou a pessoa deserdada sofre qualquer restrição em sua capacidade civil por ter sido declarado judicialmente indigno ou deserdado. No entanto, por conta dessa declaração judicial, ele será excluído da herança da-

---

[3] MAXIMILIANO, Carlos. *Direito das sucessões*. 4. ed. Rio de Janeiro: Livraria Freitas Bastos, 1958. v. I, p. 88.
[4] BIONDI, Biondo. *Sucesión testamentaria y donación*. 2. ed. Barcelona: Bosch, 1960. p. 159.
[5] Idem, p. 160.
[6] ZANNONI, Eduardo. *Derecho de las sucesiones*. 3. ed. Buenos Aires: Astrea, 1982. t. I, p. 150.

quele a quem ele ofendeu diretamente ou que tenha ofendido a seus familiares, perdendo a capacidade sucessória sobre aquela herança específica deixada pelo ofendido que veio a falecer.

Como refere Carlos Eduardo Minozzo Poletto, o excluído do processo sucessório possui capacidade e legitimação hereditária, mas, por ter sido considerado indigno, é privado do seu direito à herança.[7]

42.1. Incapacidade e indignidade

Embora indignidade e incapacidade apresentem semelhanças, não há como nem por que as confundir, porquanto se trata de diferentes institutos. Como visto anteriormente, a regra geral é a da capacidade para suceder, bastando a pessoa física ter um vínculo afetivo ou parentesco específico com o sucedido e estar viva, ou ter sido concebida ao tempo da abertura da sucessão, como consta do art. 1.798 do Código Civil, ao estabelecer não terem capacidade para suceder as pessoas que não tenham nascido ou sido concebidas no momento da abertura da sucessão, salvo as nascidas depois da morte do sucedido por técnicas de fertilização assistida *post mortem* (CC, art. 1.800, § 4°). A pessoa jurídica também tem capacidade para receber herança por testamento, enquanto animais e seres inanimados não têm capacidade sucessória, pois são destituídos de personalidade jurídica. A incapacidade para suceder é uma exceção que independe da conduta da pessoa, pois está relacionada à ordem de vocação hereditária ou à vontade do testador, ao passo que, na indignidade, a sua exclusão é justamente uma consequência do seu proceder em relação ao autor da herança, resultado de um comportamento textualmente reprovado pela lei, que sanciona o indigno com sua exclusão da herança.

Diferente da incapacidade civil, em que a pessoa jamais recebeu a herança por nunca ter sido herdeiro, na indignidade o herdeiro perde a herança que recebeu com a abertura da sucessão e da qual foi excluído diante da procedência e do trânsito em julgado da sentença proferida na ação declaratória de indignidade que ordenou sua exclusão da sucessão do ofendido. A incapacidade de herdar não se constitui em uma pena ou sanção civil, enquanto a indignidade representa precisamente uma sanção provocada pela conduta do indigno. A incapacidade para suceder é irrenunciável, pois o incapaz não pode receber uma herança que jamais lhe foi destinada, enquanto a indignidade pode ser perdoada pelo ofendido. A incapacidade é definitiva e irremediável; ao passo que a indignidade pode ser perdoada e, por fim, o coerdeiro decai do direito de ação se transcorrerem quatro anos da abertura da sucessão sem o ajuizamento da ação declaratória de indignidade.

Outrora, eram comuns as discriminações sociais e pessoais, e, na Roma antiga, os estrangeiros, os hereges ou apóstatas, os escravos, os criminosos de lesa-majestade, os filhos espúrios, os exilados e deportados não tinham capacidade sucessória;[8] tampouco a tinham os peregrinos, as pessoas jurídicas, e, no Direito Romano de Justiniano, também não herdavam os judeus, os casados sem filhos, os solteiros e as viúvas que se casavam antes do luto, afora as pessoas incertas e os nascituros.[9]

No Direito Civil muçulmano, a mera diferença de religião estabelece uma incapacidade hereditária, pois aqueles que professam religiões distintas não podem herdar entre si, logo, o

---

[7] POLETTO, Carlos Eduardo Minozzo. *Indignidade sucessória e deserdação*. São Paulo: Saraiva, 2013. p. 246.

[8] RIZZARDO, Arnaldo. *Direito das sucessões*. 6. ed. Rio de Janeiro: Forense, 2011. p. 81.

[9] HIERRO, José Manuel Fernández. *Teoría general de la sucesión*. Sucesión legítima y contractual. Granada: Comares Editorial, 2007. p. 73.

muçulmano não herda do cristão nem do judeu e vice-versa. A primeira hipótese é para impedir uniões matrimoniais mistas e o segundo exemplo pretende proibir que um cristão ou um judeu enriqueça com bens que pertençam à comunidade muçulmana.[10]

A incapacidade sucessória pode ser absoluta nas hipóteses do art. 1.798 do Código Civil, ou relativa nos casos descritos pelo art. 1.801, incs. I a IV, e pelo art. 1.802, parágrafo único, ambos do Código Civil. A indignidade também é relativa e nesse aspecto guarda semelhança com a incapacidade ou com a falta de legitimidade para suceder por testamento, ou em relação à determinada sucessão, como acontece com: I) a pessoa que, a rogo, escreveu o testamento, nem o seu cônjuge ou companheiro, ou os seus ascendentes e irmãos; II) as testemunhas do testamento; III) o concubino do testador casado, salvo se este, sem culpa sua, estiver separado de fato do cônjuge há mais de 5 (cinco) anos (essa ressalva é uma anomalia da lei, pois quem está separado de fato há mais de cinco anos deixou de estar casado e de viver em plena comunhão de vida justamente por estar separado de fato); IV) o tabelião, civil ou militar, ou o comandante ou escrivão, perante quem se fizer, assim como o que fizer ou aprovar o testamento.

43. CONCEITO DE INDIGNIDADE

Repugna à consciência social possa uma pessoa suceder a outra e obter vantagem de seu patrimônio depois de cometer contra o autor da herança algum ato lesivo e de certa gravidade previsto em lei (CC, art. 1.814). O herdeiro considerado indigno pela autoria de alguma das poucas hipóteses taxativamente enumeradas em lei atrai a reprovação social ao seu comportamento, que pode ter sido o de atentar contra a vida, honra e liberdade daquele de quem herdaria os bens.[11]

A indignidade é uma sanção em virtude da qual o herdeiro, que tenha incorrido em determinadas ofensas contra o defunto, resta por esse gesto privado da herança.[12] Para Luiz Paulo Vieira de Carvalho, é uma sanção civil por força da qual se exclui uma pessoa do benefício sucessório de outra a quem sucedera, por haver incorrido em alguma das graves causas tipificadas pela lei,[13] ou, como ensina Fabián Elorriaga De Bonis, ao referir que a dignidade é o mérito de uma pessoa para suceder pela morte de outra, e no sentido inverso a indignidade é quando falta esse mérito em uma pessoa para suceder de outra, devido ao descumprimento dos deveres que teria para com o falecido ou porque faltou com o respeito à sua memória.[14]

Pontes de Miranda apresenta exemplar significado acerca da indignidade, facilitando, e muito, a compreensão do instituto, pois, quando alguém é declarado indigno, há em relação a ele uma exclusão, e não uma pré-exclusão, uma vez que, em princípio, todas as pessoas podem suceder e a indignidade não é uma *incapacidade sucessória*, portanto ela não pré-exclui, ela exclui, sendo certo afirmar que o indigno é capaz[15] porque tem direito à herança, mas o perde com a declaração judicial de sua indignidade.

Conforme Ney de Mello Almada, a indignidade é uma pena civil infligida ao herdeiro ou ao legatário que, dolosamente, investiu contra a vida, a honra ou contra a liberdade de tes-

---

[10] BRASA, Teresa M. Estevez. *Derecho civil musulmán*. Buenos Aires: Depalma, 1981. p. 519.
[11] ROCHA, Sílvio Luís Ferreira da. *Direito das sucessões*. São Paulo: Malheiros, 2012. p. 35-36.
[12] LASALA, José Luis Pérez. *Tratado de sucesiones*. Santa-Fé: Rubinzal-Culzoni, 2014. t. I, p. 405.
[13] CARVALHO, Luiz Paulo Vieira de. *Direito das sucessões*. 2. ed. São Paulo: Atlas, 2015. p. 234.
[14] DE BONIS, Fabián Elorriaga. *Derecho sucesorio*. 3. ed. Chile: Thomson Reuters, 2015. p. 52.
[15] PONTES DE MIRANDA, Francisco Cavalcanti. *Tratado de direito privado*. 2. ed. Rio de Janeiro: Borsoi, 1968. t. LV, p. 119.

tar do autor da herança,[16] e o efeito dessa pena civil que declara o indigno execrável para herdar, em que ele é tido como uma pessoa inexistente na sucessão, como se morta fosse, porém seus herdeiros receberão por direito próprio a parcela que lhe caberia na herança. A privação da herança é um efeito patrimonial imposto ao indigno, um castigo destinado a repreender o seu comportamento ofensivo, praticado contra o autor da herança ou contra as pessoas do seu círculo familiar mais próximo, cujos vínculos de parentesco e de proximidade afetiva são arrolados no art. 1.814 do Código Civil.

Como deixa antever esse dispositivo legal, pouco importa tenha a ofensa sido dirigida ao autor da herança, seu cônjuge, companheiro, ascendente ou descendente, sem que o legislador também tenha estabelecido qualquer limite ou restrição ao grau de parentesco, que na linha reta ascendente ou descendente vai até o último parente vivo e em qualquer grau de parentesco.

O herdeiro declarado indigno perde a legitimação para reivindicar e receber a herança, pois considerado moralmente indigno de receber a sucessão de determinado defunto ao qual agrediu, embora conserve sua aptidão para receber qualquer outra herança que não advenha dos bens deixados pela vítima que ele acometeu ou ofendeu. Luiz Paulo Vieira de Carvalho qualifica o indigno como um sucessor desamoroso, ingrato, insensível e que por isso não merece ser beneficiário dos bens deixados pelo sucedido, quer se trate de herdeiro legítimo, necessário, facultativo, anômalo,[17] herdeiro instituído por testamento ou legatário, sendo da *natureza jurídica* da indignidade essa pena civil de punir o indigno com a perda do quinhão hereditário ou do legado que lhe fora destinado por testamento.[18]

A indignidade é uma sanção civil de caráter penal e, como sucede com os textos penais, sua interpretação é restritiva, não pode ser aplicada além dos limites das pessoas declaradas judicialmente indignas, sendo ademais um instituto da sucessão legítima, ao passo que para promover a exclusão de um herdeiro necessário o testador pode recorrer ao instituto da deserdação.

44. INDIGNIDADE E DESERDAÇÃO

Indignidade e deserdação são institutos que se aproximam e se identificam na medida em que excluem algum herdeiro ou legatário da sucessão que tenha praticado contra o autor da herança algum ato considerado por lei como ofensivo à dignidade do autor da herança.

Curiosamente, a indignidade procede da deserdação, que no Direito Romano atribuía ao *de cujus* o direito de excluir de sua sucessão os seus herdeiros, de início livremente, para depois limitá-la às 14 hipóteses enumeradas pela Novela 115 de Justiniano no ano de 542.

Ao instituto da deserdação foi acrescido, posteriormente, o da *indignidade*, asseverando Colin y Capitant que a indignidade nada mais era do que uma deserdação tácita, pronunciada em juízo depois da morte do sucedido, quando as circunstâncias não lhe haviam permitido deserdar o herdeiro culpado, ou seja, sempre que não houvesse tempo de o autor da herança excluir o herdeiro por meio da expressa deserdação.[19]

---

[16] ALMADA, Ney de Mello. *Sucessões*. São Paulo: Malheiros, 2006. p. 138.
[17] Na sucessão anômala a atribuição de certos bens é endereçada a um herdeiro determinado, com preferência sobre os outros, devido à sua origem. A sucessão anômala derroga a regra geral segundo a qual a lei não considera a origem dos bens para regulamentar a sua transmissão. Constitui, portanto, uma verdadeira anomalia do direito comum (RIPERT, Georges; BOULANGER, Jean. *Derecho civil*. Sucesiones. Buenos Aires: La Ley, 1987. t. X, v. 1, p. 181-182).
[18] CARVALHO, Luiz Paulo Vieira de. *Direito das sucessões*. 2. ed. São Paulo: Atlas, 2015. p. 235.
[19] COLIN, Ambrosio; CAPITANT, Henry. *Curso elemental de derecho civil*. 3. ed. Madrid: Reus, 1988. t. VII, p. 120.

Tanto a indignidade como a deserdação constituem sanções de direito civil e importam na exclusão sucessória do herdeiro que não observou o comportamento ético e social ordenado pelos arts. 1.814 a 1.818 e 1.961 a 1.965 do Código Civil, pois repugna à consciência social que o herdeiro ou legatário receba bens de quem ofendeu. Escreve A. Santos Justo que, por sua função penal, os bens do *de cujus* eram atribuídos ao Erário e posteriormente ao Fisco, configurando-se em verdadeiro confisco e suscitando a ideia de que o indigno podia adquirir, mas não conservar a herança que lhe era confiscada, mas dependendo sempre de um ato administrativo ou judicial.[20]

Os herdeiros só podem ser privados da herança por razões previamente estabelecidas por lei, operando a indignidade para afastar herdeiro constante da ordem de vocação hereditária da sucessão legítima no momento da abertura da sucessão, ou de herdeiro ou legatário instituído ou designado por testamento, enquanto a deserdação priva um herdeiro necessário por meio da declaração judicial que reconhece a vontade do testador de despojar o herdeiro da herança para a qual ele não se comportou dignamente, por haver afrontado alguma das causas textualmente previstas em lei.

A indignidade configura-se como um instituto próprio da sucessão legítima, pertencendo a deserdação à sucessão testamentária, podendo ser estabelecidas entre os dois institutos as seguintes diferenças: a) a indignidade opera em qualquer tipo de sucessão (legítima, testamentária ou contratual), ao passo que a deserdação só opera por expressa disposição do autor da herança, e somente na sucessão testamentária; assim, alguém que não tenha sido deserdado, mas que incorreu em alguma das causas de indignidade, poderá se ver privado da herança se alguma pessoa legitimada a exercer a ação de indignidade; b) a indignidade pode recair sobre qualquer herdeiro, enquanto a deserdação refere-se apenas aos herdeiros necessários; c) as causas de indignidade têm um caráter geral e social, predominando na sua regulação o interesse público, diferente da deserdação, em que sobreleva um interesse exclusivamente familiar.[21]

Salomão de Araújo Cateb desenvolveu importante quadro comparativo entre os dois institutos para facilitar a sua compreensão e estabelecer entre ambas as figuras as suas inúmeras afinidades e algumas das suas poucas diferenças:[22]

INDIGNIDADE	DESERDAÇÃO
Afasta os herdeiros legítimos e testamentários e os legatários.	Afasta somente os herdeiros necessários.
Opera por força de lei, *numerus clausus*.	Opera por força de lei *numerus clausus*, mas por vontade do disponente, em testamento.
As causas são anteriores e posteriores.	Somente causas anteriores.
Hipóteses do art. 1.814.	Hipóteses dos arts. 1.814, 1.962 e 1.963.
Os interessados apontam as causas após o falecimento.	O hereditando aponta as causas em testamento, antes do seu falecimento.
Priva todo o direito sucessório.	Priva somente a legítima.
Os efeitos são pessoais (art. 1.816).	Os efeitos são pessoais (art. 5º, inc. XLV, da Constituição Federal de 1988).

---

[20] JUSTO, A. Santos. *Direito privado romano* – V (Direito das sucessões e doações). Coimbra: Coimbra Editora, 2009. p. 45.
[21] MARTÍNEZ, Ruperto Isidoro. *Tratado de derecho de sucesiones*. Madrid: La Ley, 2013. p. 1214.
[22] CATEB, Salomão de Araújo. *Deserdação e indignidade no direito sucessório brasileiro*. Belo Horizonte: Del Rey, 2004. p. 94.

Como explica Eduardo Zannoni, historicamente a *indignidade* e a *deserdação* apresentavam profundas diferenças, representando a deserdação, em sua mais remota origem, manifestação de punição familiar, exercida pelo *pater familias*, de início arbitrariamente, surgindo mais tarde a *indignidade* como um instituto de Direito Público e pelo qual o fisco tirava do herdeiro a herança por ele adquirida por meio do confisco.[23]

Na atualidade, os dois institutos perderam a antiga precisão de seus contornos, seja porque as causas de deserdação se mostram praticamente idênticas àquelas previstas para a indignidade, seja porque ambos os estatutos estão endereçados à exclusão de herdeiros, servindo a indignidade para a pré-exclusão e a deserdação para a pós-exclusão do herdeiro, como ilustra Pontes de Miranda ao escrever: "(...) quando alguém é indigno, há exclusão, e não pré-exclusão, a despeito da eficácia *ex tunc* da sentença, (...), pois indignidade não é incapacidade: não pré-exclui; exclui".[24]

Embora todas as causas de indignidade sejam plenamente aplicáveis à deserdação, nem todas as hipóteses de deserdação são aproveitáveis para a indignidade. Talvez a única diferença remanescente esteja no fato de que a deserdação depende da vontade do sucedido, enquanto para a indignidade é a lei que opera declarando indigno o herdeiro quando o falecido desconhecia as causas da deserdação, acreditando Eduardo Zannoni não carecer a legislação dos dois institutos, quando a única querela esteja no fato de a indignidade resolver uma vocação existente e a deserdação depender da vontade do *de cujus*, já tendo o Direito francês, o belga e o italiano abolido o instituto da deserdação para manter apenas o da *indignidade* em duas causas previstas no art. 726 e em três hipóteses reguladas no art. 727, ambos do Código Civil francês, além de dispor que a indignidade não se extingue pelo perdão do autor da herança nem pela reconciliação dos herdeiros, cuidando o art. 463 do Código Civil italiano unicamente da figura da indignidade e nada regulando sobre a deserdação.

No entanto, não representa o pensamento majoritário da doutrina brasileira, escrevendo Carlos Eduardo Minozzo Poletto que as figuras da indignidade e da deserdação, embora tenham a mesma natureza jurídica e o mesmo objeto, coexistem por possuírem aspectos objetivos e subjetivos diversos, não configurando nenhuma redundância legal a sua existência, a começar que a indignidade seria uma sanção imposta pela lei, independentemente da vontade do autor da herança ou dos demais sucessores. Por sua vez, a deserdação caracteriza nítida punição exercida pelo testador, acentuando que o fundamento ético-jurídico da indignidade é a proteção da ordem pública e social, atuando precipuamente sobre comportamentos criminosos, ainda que praticados na ordem privada, enquanto a deserdação busca proteger e prestigiar a harmonia, o respeito, o afeto e a solidariedade nas relações familiares, envolvendo, em regra, ilícitos civis ou atos moralmente condenáveis.[25]

44.1. Novas causas de indignidade sucessória

Embora todas as causas de indignidade sejam plenamente aplicáveis à deserdação, nem todas as hipóteses de deserdação são aproveitáveis à indignidade, sendo igualmente certo afirmar que o legislador brasileiro perdeu com o advento do Código Civil de 2002 uma boa oportunidade de ampliar os motivos de indignidade para determinar a exclusão sucessória de

---

[23] ZANNONI, Eduardo. *Derecho de las sucesiones*. 3. ed. Buenos Aires: Astrea, 1982. t. I, p. 222.
[24] PONTES DE MIRANDA, Francisco Cavalcanti. *Tratado de direito privado*. Atualizado por Vilson Rodrigues Alves Campinas: Bookseller, 2008. t. LV, p. 171.
[25] POLETTO, Carlos Eduardo Minozzo. *Indignidade sucessória e deserdação*. São Paulo: Saraiva, 2013. p. 436.

certos herdeiros que descansam sobre a segurança de uma legítima intangível, como acontece no abandono material e afetivo, que é capaz de excluir o direito alimentar e com expressa previsão do parágrafo único do art. 1.708 do Código Civil brasileiro,[26] mas incapaz de gerar a exclusão sucessória. Contrariamente ao Direito cubano, cujo art. 469.1 do Código Civil de 1987 reconhece como causa de incapacidade para suceder do herdeiro que nega alimentos, ou que nega *atenção* ao autor da herança, significando esse vocábulo mais do que apenas alimentos, abrangendo em seu conceito todo o grau de afeto, vigilância, proteção, amor, carinho, compreensão e entendimento, cujos valores representam além daquilo que materialmente pudesse ser proporcionado ao autor da herança, tanto que encerra Leonardo B. Pérez Gallardo afirmando ser esse conjunto de predicados tudo o que medianamente um ser humano pode fazer para que outro se sinta cuidado, acolhido e assistido.[27]

Prossegue Leonardo Pérez Gallardo reclamando da inércia e do mimetismo dos códigos civis modernos que vão se repetindo, copiando um ao outro e assim em nada eles inovam, omitindo-se de incluir novas hipóteses de indignidade sucessória, apesar de existirem circunstâncias que deveriam merecer a atuação e a própria indignação do legislador, não unicamente no âmbito da solidariedade alimentar, mas também na atenção e no afeto que por vezes pessoas precisam e esperam de seus parentes que, pela lei, herdam na linha colateral até o 4º grau de parentesco, como estabelece, por exemplo, o art. 523.4 do Código Civil da Costa Rica, quando considera indignos para suceder "os parentes compreendidos entre os herdeiros legítimos, que, achando-se o autor da herança louco ou abandonado, não cuidarem de recolhê-lo em um estabelecimento público".[28] Também a seu modo o art. 111 do Código Civil espanhol, que exclui da sucessão o progenitor condenado em sentença por crime de abuso contra o filho, ou que se opôs à investigação judicial de paternidade de seu descendente, abstendo-se inclusive de concorrer para a prática dos exames hematológicos de determinação de filiação pelo DNA, sendo suficiente a prova da resistência manifestada na demanda de investigação de paternidade, tratando-se de uma exclusão de herdeiro que se opera automaticamente, dispensando uma ação civil declaratória de indignidade, salvo que o próprio filho manifeste vontade diversa.[29]

Ainda na Espanha e diferentemente do sucedido no Brasil, cuja legislação nacional nada previu com a promulgação do Estatuto da Pessoa com Deficiência (Lei 13.146/2015), a Ley espanhola 41/2003, de *Protección Patrimonial de las Personas con Discapacidad*,

---

[26] "Apelação cível. Alimentos. Fixação. O pedido de alimentos repousa aqui no dever de solidariedade entre os parentes, previsto no art. 1.694 do CCB, visto que a demandada é sua filha. Contudo, para a fixação de alimentos mister prova da necessidade de quem pede e da possibilidade da demandada, nos termos do parágrafo primeiro do referido dispositivo legal. Considerando que a apelante mora em imóvel cedido por um filho, possui plano de saúde pago por outra filha, recebe benefício do INSS no valor de R$ 1.200,00, além de viver em união estável, descaracterizada está sua necessidade ao recebimento de socorro alimentar por parte da apelada. Mesmo que caracterizada a necessidade da autora/apelante ao recebimento de alimentos, não subsiste, na excepcionalidade do caso, há mais de 40 anos, diante do comportamento reprovável da própria apelante (que é mãe da apelada e a abandonou) qualquer vínculo afetivo para amparar o dever de solidariedade entre os litigantes, de forma que descabida seria a condenação da apelada ao pagamento de pensão em prol da apelante. Negaram provimento. Unânime" (TJRS, 8ª Câmara Cível, Apelação Cível 70059917898, Rel. Des. Luiz Felipe Brasil Santos, j. 21.08.2014).

[27] GALLARDO, Leonardo B. Pérez. En pos de necesarias reformas al derecho sucesorio en Iberoamérica. In: _____ (Coord.). *El derecho de sucesiones en Iberoamérica*. Tensiones y retos. Madrid: Reus, 2010. p. 56.

[28] Idem, p. 55.

[29] GALLARDO, Leonardo B. Pérez. En pos de necesarias reformas al derecho sucesorio en Iberoamérica. In: _____ (Coord.). *El derecho de sucesiones en Iberoamérica*. Tensiones y retos. Madrid: Reus, 2010. p. 57.

acrescentou um novo número ao art. 756 do Código Civil espanhol e criou uma nova causa de indignidade e, portanto, de incapacidade sucessória quando dispõe que: "7º Tratandose de la sucesión de una persona con discapacidad, las personas con derecho a la herencia que no le hubieren prestado las atenciones debidas, entendiendo por tales las reguladas en los artículos 142 y 146 de Código Civil".

Esclarece Ignacio Serrano García não se tratar os itens previstos no art. 756 do Código Civil espanhol de um número cerrado de episódios de indignidade, pois, ainda que não apareça no catálogo legal, deve ser ponderada qualquer outra proposição que se inclua em seus conceitos, servindo essas mesmas disposições para o instituto da deserdação.[30] Embora os arts. 142 e 146 do Código Civil espanhol refiram o abandono alimentar ou material, a essa hipótese não se restringem, mesmo porque existem parentes que herdam, mas que não estão obrigados a alimentar, sabendo-se que entre os colaterais a obrigação alimentar só vai até o segundo grau de parentesco, sendo restrito aos alimentos devidos entre irmãos. Contudo, colaterais de terceiro e quarto graus de parentesco herdam, embora não tenham obrigação material para com o autor da herança, não havendo como limitar a indignidade aos sucessíveis vinculados pela obrigação dos alimentos, pois também seria socialmente reprovável qualquer atitude de um parente que deixe deliberadamente de prestar alimentos de que necessita o alimentando portador de deficiência e, posteriormente, reclame o seu direito hereditário contra aquele cuja subsistência ele deliberadamente negligenciou durante sua vida, devendo ser igualmente registrado que pelo art. 853 do Código Civil espanhol também serão justas causas para a deserdação dos filhos e descendentes que tiverem negado, sem motivo legítimo, os alimentos ao pai ou ascendente que o deserda, ou que tenha maltratado fisicamente ou injuriado gravemente com palavras o ascendente. Recorda Ana Laura Cabezuelo Arenas que se está diante de uma das questões mais litigiosas que o direito sucessório tem suscitado nos últimos anos, em que filhos decidem pôr fim às relações com seus pais e aparecem, anos depois, somente para reclamar uma legítima da qual não se fizeram merecedores ao se desentenderem totalmente com seus progenitores.[31]

A mesma pena civil pareceria fora de propósito se esse familiar desconhecesse a vulnerabilidade e ignorasse o estado de necessidade do autor da herança, portador de deficiência física ou mental, mencionando Ignacio Serrano García que o parente, sendo considerado indigno pela falta de assistência ao ser excluído, tornaria a herança vaga por ser o único sucessível, tudo passando para o Município, que tampouco atendeu a quem precisava de atenção.

45. AÇÃO DECLARATÓRIA DE INDIGNIDADE

A indignidade não tem incidência automática, não se produz de pleno direito, porquanto prescinde de uma declaração judicial movimentada pelos interessados no seu ajuizamento e cujos promotores da ação precisam observar o prazo decadencial de quatro anos (CC, art. 1.815, § 1º). A indignidade precisa ser reconhecida em pronunciamento judicial específico para que sejam enunciados legalmente os seus efeitos por meio de uma sentença, conforme expõe o art. 1.815, *caput*, do Código Civil. Esse pronunciamento judicial não pode ser efetivado no ventre do inventário, porque depende de uma ação de declaração de indignidade,

---

[30] GARCÍA, Ignacio Serrano. *Protección patrimonial de las personas con discapacidad*. Tratamiento sistemático de la Ley 41/2003. Madrid: Iustel, 2008. p. 547-550.

[31] ARENAS, Ana Laura Cabezuelo. *Maltrato psicológico y abandono afectivo de los ascendientes como causa de desheredación* (art. 853.2 CC). Valencia: Tirant lo Blanch, 2018. p. 13.

a ser especialmente aforada para comprovação da autoria do ato de indignidade. Quando as questões de direito dependem de outras provas, de acordo com o art. 612 do Código de Processo Civil, as partes devem buscar as vias ordinárias para comprovarem os fatos relevantes, que prescindem, sempre, do devido processo legal e da garantia do direito à mais ampla defesa, especialmente tratando-se de excluir herdeiro pela ocorrência de ato de indignidade ou de deserdação. São as denominadas ações sucessórias, a serem processadas e julgadas, em regra, pelo juízo do inventário e que estão identificadas pelo art. 612 e pelo § 3º do art. 627 do Código de Processo Civil, com as ações que o CPC de 1973 designava de *ações de alta indagação*, as quais demandavam maior dilação probatória não comportada no estreito processo de inventário, justamente caracterizado como um procedimento eminentemente documental e por isso eram matérias dependentes de outras provas além da documental, que reclamavam e continuam reclamando um processo ordinário para comprovação dos fatos considerados relevantes e que não se restringem à prova documental, ficando sobrestado o processo de inventário (CPC, art. 627, § 3º).

O meio processual para declarar o indigno que incorreu em alguma das causas de exclusão da herança é pelo ajuizamento da ação declaratória de indignidade, a ser proposta no mesmo juízo do inventário em virtude do foro de atração, salvo seja de outro juiz a competência material determinada pelo Código de Organização Judiciária de cada Estado. A ação declaratória de indignidade ou de deserdação só pode ser proposta após a abertura da sucessão, pois não há falar em herança de pessoa viva (CC, art. 426), mas o seu ajuizamento não depende do ingresso do inventário tampouco da efetivação da partilha, mas, pelo contrário, a partilha é que depende do resultado da declaratória de exclusão de herdeiro, e, embora o inventário possa sofrer uma interrupção por ocasião da entrega dos bens hereditários, nada impede que o juiz ordene a reserva do quinhão hereditário do sucessor indigno.

A ação de indignidade é de caráter pessoal, com vistas a obter a declaração de indignidade, cuja consequência imediata é a exclusão do herdeiro, que então é considerado como se nunca tivesse sido, recomendando José Luis Pérez Lasala e Graciela Medina que a ação declaratória de indignidade seja cumulada com uma petição de herança, se o indigno estiver na posse dos bens inventariados, visando à reintegração dos bens do espólio.[32]

Segundo Clóvis Beviláqua, se o herdeiro excluído tiver entrado na posse efetiva da herança, deverá devolvê-la com os frutos e rendimentos percebidos desde a abertura da sucessão; primeiro, porque a indignidade começa a produzir seus efeitos desde a morte do sucedido e, depois, porque o indigno é considerado um possuidor de má-fé.[33] Nessa ação declaratória de indignidade ou de deserdação de rito ordinário, o autor deverá demonstrar a existência concreta de uma das causas expressamente previstas em lei para a exclusão do herdeiro, ocupando-se o réu de provar justamente o oposto, para que possa ou não receber o seu quinhão hereditário com o trânsito em julgado da sentença de procedência ou de improcedência da ação de exclusão da sua condição de herdeiro.

A sentença de procedência da indignidade, que favorece e aproveita a todo e qualquer herdeiro do sucedido, é parte declaratória e parte condenatória, porque perfilha a incapacidade de suceder e retroage à data da abertura da sucessão, não servindo a demanda para excluir o sucessor, mas apenas para declarar que lhe falta, desde a morte do sucedido, a qualidade de herdeiro, considerando que ele realmente nunca o foi. Sob outro enfoque, a sentença também

---

[32] LASALA, José Luis Pérez; MEDINA, Graciela. *Acciones judiciales en el derecho sucesorio*. 2. ed. Buenos Aires: Rubinzal-Culzoni, 2011. p. 350.

[33] BEVILÁQUA, Clóvis. *Direito das sucessões*. 5. ed. Rio de Janeiro: Livraria Francisco Alves, 1955. p. 67.

será condenatória ao punir o herdeiro com a sua exclusão da sucessão, ficando atento para o caráter personalíssimo da penalidade civil da indignidade e da deserdação, pois, se o indigno morrer antes ou durante o processo de declaração de sua exclusão sucessória, a ação extingue-se, uma vez que, sendo uma pena civil, por analogia à pena criminal, seus efeitos nunca passam da pessoa do criminoso. Entretanto, os conceitos de punição no Direito Civil e no Direito Penal guardam suas diferenças, não sendo necessário que a pessoa seja previamente condenada na esfera penal, contudo, sendo absolvido no juízo criminal, não mais poderá ser excluído da herança na esfera civil.

Exemplos frequentes de ações sucessórias podem ser encontrados em processos como os da ação de investigação de filiação, cumulada com petição de herança, para a qual ordena o § 3º do art. 627 do Código de Processo Civil o sobrestamento da entrega do quinhão do herdeiro admitido no inventário até o julgamento da ação, estando a decisão judicial de remessa ou não da questão às vias ordinárias de natureza interlocutória a desafiar agravo de instrumento; ou a ação declaratória de existência de união estável, caso a estável convivência já não estiver suficientemente comprovada por meio de contrato particular ou escritura pública de convivência; ou se os demais herdeiros e interessados tiverem impugnado a habilitação do convivente sobrevivente no corpo do inventário.

Esses exemplos, entre vários outros, podem ser acrescidos da ação de colação, da ação de redução de disposição testamentária, da ação de nulidade de partilha ou de ação de anulação de testamento, ou da ação de prova da *culpa mortuária*, para aqueles que defendem a incidência do art. 1.830 do Código Civil,[34] existindo situações nas quais, efetivamente, a ruptura fática dos cônjuges pode ser provocada contra a real vontade dos conúbios, por vezes por influência de familiares, ante a avançada idade do casal e assim compelindo uma separação de fato coincidente com o estado terminal de um dos consortes e desse modo afastar corpos que não se odiavam, visando com essa estratégia arredar, em realidade, o direito sucessório concorrente do cônjuge ou convivente supérstite.

45.1. Sujeito ativo

A mera prática dos atos ofensivos não tem força suficiente e autonomia para determinar a exclusão do ofensor da herança deixada pelo ofendido, fazendo-se necessário o ajuizamento da ação declaratória de indignidade. Como ilustra Flávio Tartuce,[35] a ação de indignidade pode ser proposta pelo interessado ou pelo Ministério Público, quando houver questão de ordem ou de interesse público, nos termos do Enunciado 116 do Conselho Federal de Justiça do Superior Tribunal de Justiça, da I Jornada de Direito Civil realizada em 2002.[36] A atuação

---

[34] "Recurso especial. Direito civil. Sucessões. Cônjuge sobrevivente. Separação de fato há mais de dois anos. Art. 1.830 do CC. Impossibilidade de comunhão de vida sem culpa do sobrevivente. Ônus da prova. 1. A sucessão do cônjuge separado de fato há mais de dois anos é exceção à regra geral, de modo que somente terá direito à sucessão se comprovar, nos termos do art. 1.830 do Código Civil, que a convivência se tornara impossível sem sua culpa. 2. Na espécie, consignou o Tribunal de origem a prova dos autos é inconclusiva no sentido de demonstrar que a convivência da ré com o ex-marido tornou-se impossível sem que culpa sua houvesse. Não tendo o cônjuge sobrevivente se desincumbido de seu ônus probatório, não ostenta a qualidade de herdeiro. 3. Recurso especial provido" (STJ, 4ª Turma, REsp 1.513.252/SP, Rel. Min. Maria Isabel Gallotti, j. 03.11.2015).

[35] TARTUCE, Flávio. *Direito civil*. Direito das sucessões. 9. ed. Rio de Janeiro: Forense, 2016. p. 102.

[36] Enunciado 116: "Art. 1.815 – O MP, por força do CC 1815, desde que presente o interesse público, tem legitimidade para promover ação visando à declaração da indignidade de herdeiro ou legatário". Teo-

do Ministério Público dá-se não só como fiscal da ordem jurídica, nos termos do art. 178 do CPC, nas causas em que há interesse de incapaz (CPC, inc. II, art. 178), ou intervindo como fiscal da lei, nos termos do art. 179 do CPC, como também a Lei 13.532, de 7 de dezembro de 2017, que alterou a redação do art. 1.815 do Código Civil e atribuiu legitimidade ativa ao Ministério Público para promover a ação visando à declaração de indignidade de herdeiro ou legatário, na hipótese do inc. I do art. 1.814 do Código Civil.

A título comparativo, o art. 727-1 do Código Civil francês estatui que, na ausência de algum herdeiro, a demanda de exclusão do herdeiro indigno pode ser proposta pelo Ministério Público. Tal disposição é criticada por Carlos Eduardo Minozzo Poletto por entender que a atuação do *Parquet* está voltada para o interesse público e esse interesse não pode ser condicionado à inexistência de outros herdeiros,[37] como sucede na legislação brasileira, que atribui essa legitimidade ministerial para a promoção da ação declaratória de indignidade nas hipóteses de homicídio doloso, ou tentativa deste, indiferente ao interesse ou não dos herdeiros de excluírem o indigno da herança, havendo verdadeira autonomia do Ministério Público para influir no direcionamento da herança nos casos de indignidade do inc. I do art. 1.814 do Código Civil.

Tecnicamente, antes da edição da Lei 13.532/2017, para quaisquer hipóteses de indignidade, apenas os parentes que receberiam o quinhão hereditário do indigno teriam a faculdade de demandá-lo, pois eram eles os interessados diretos, vindo em primeiro lugar seus filhos, sem esquecer o cônjuge ou convivente que, sem ser parente, também tem legitimidade ativa para promover a ação declaratória de indignidade na qualidade de herdeiro concorrente, como também deve ser reconhecida a legitimidade ativa ao herdeiro instituído por testamento. Em realidade, qualquer interessado que seja diretamente beneficiado com a sucessão pode requerer a exclusão do herdeiro ou legatário, seja por direito próprio ou por direito de representação, inclusive o testamenteiro como executor da vontade do testador.[38]

Em princípio, o Ministério Público não tem interesse em uma ação privada, como sucede na declaração judicial de exclusão da herança por indignidade, salvo defenda interesses de pessoa incapaz,[39] como o de herdeiros menores de idade, cujas limitações civis suscitam a legitimidade latente e ativa do *Parquet*,[40] posição reforçada com a edição do Enunciado 116, na I Jornada de Direito Civil, realizada entre 11 e 13 de setembro de 2002, no Superior

---

ricamente o *interesse público* contrapõe-se ao *interesse privado*, no entanto, em seu sentido lato, até o interesse individual, se indisponível, é interesse público, como ensina MAZZILLI, Hugo Nigro. *Regime jurídico do Ministério Público*. 2. ed. São Paulo: Saraiva, 1995. p. 72. Dispõe o art. 176 do CPC/2015 que o MP atuará na defesa da ordem jurídica, do regime democrático e dos interesses e direitos sociais e individuais indisponíveis. Enquanto o inc. II do art. 178 do CPC/2015 ordena atue o MP nos processos que envolvam interesse de incapaz.

[37] POLETTO, Carlos Eduardo Minozzo. *Indignidade sucessória e deserdação*. São Paulo: Saraiva, 2013. p. 338-339.

[38] GOMES, Orlando. *Sucessões*. Atualizador Mario Roberto Carvalho de Faria. 15. ed. Rio de Janeiro: Forense, 2012. p. 36.

[39] RIZZARDO, Arnaldo. *Direito das sucessões*. 6. ed. Rio de Janeiro: Forense, 2011. p. 86.

[40] "Ação declaratória de indignidade de herdeiro necessário. Homicídio do autor da herança. Legitimidade ativa do Ministério Público. Coerdeiros menores. Possibilidade. TJSP. Indignidade de herdeiro necessário. Homicídio do autor da herança. Ação declaratória. Legitimidade do Ministério Público. Inteligência do art. 1.815 do CC/2002. Coerdeiros, ademais, que são menores. Preservação de seus interesses indisponíveis. Sentença mantida. Recurso desprovido" (TJSP, Apelação Cível 0000078-83.2005.8.26.0627, Rel. Des. Claudio Godoy, j. 25.10.2011).

Tribunal de Justiça, sob a direção científica do Ministro Ruy Rosado de Aguiar.[41] Há quem se posicione contrário à intervenção ministerial, mesmo depois da edição da Lei 13.352/2017, pois, "se o sucessor imediato do herdeiro ou legatário indigno, por livre opção, não provoca a exclusão, ninguém mais poderá fazê-lo, nem mesmo o Ministério Público, ainda que a indignidade constitua crime",[42] como também se direciona Carlos Roberto Gonçalves, para quem os menores serão representados por seus emissários legais, e não pelo Ministério Público.[43]

Pablo Stolze Gagliano e Rodolfo Pamplona Filho louvam a legitimidade processual ativa do Ministério Público para o pedido de exclusão do herdeiro indigno, pois consideram que o interesse patrimonial privado envolvido não sobrepujaria o senso socialmente ético, especialmente exigido no âmbito das relações de família.[44]

Emblemático exemplo brasileiro surgiu do célebre homicídio duplo ocorrido em São Paulo, em 31 de outubro de 2002, e lembrado por consagrados autores como Luiz Paulo Vieira de Carvalho,[45] Salomão de Araújo Cateb,[46] Carlos Eduardo Minozzo Poletto,[47] Nelson Godoy Bassil Dower,[48] Pablo Stolze Gagliano e Rodolfo Pamplona Filho[49] e Flávio Tartuce,[50] relacionado à pessoa de *Suzane Louise von Richthofen*, que assassinou seus pais Marísia e Manfred Albert von Richthofen com o auxílio dos irmãos Daniel (este namorado dela à época) e Cristian Cravinhos de Paula e Silva, e o irmão de *Suzane*, o menino Andreas, à época relativamente incapaz, declarou-se em um primeiro momento desinteressado na propositura da ação de indignidade, pois sua irmã seria sua única parente mais próxima. Não obstante o sentimento nacional de indignação que vicejava quanto à omissão do irmão, que depois voltou atrás e ingressou com a ação de indignidade em face da irmã Suzane, a vontade do irmão Andreas jamais poderia ser suprida pela nomeação de um curador especial, ou pelo Ministério Público. Diante da comoção e da repercussão social que o crime ainda causa, anota Flávio Tartuce[51] ter sido proposto no Congresso Nacional o Projeto de Lei 141/2003, de autoria do Deputado do Rio de Janeiro, Paulo Baltazar, visando alterar o art. 92 do Código Penal, acrescentando, pelo inc. IV, a exclusão da herança dos herdeiros ou legatários que houvessem sido autores, coautores ou partícipes de homicídio doloso, ou tentativa deste, contra a pessoa de cuja sucessão se tratasse, seu cônjuge, companheiro, ascendente ou descendente, dispensando a sentença civil. O referido projeto foca a exclusão da herança apenas dos autores ou

---

[41] Enunciado 116: Art. 1.815 – "O Ministério Público, por força do art. 1.815 do novo Código Civil, desde que presente o interesse público, tem legitimidade para promover ação visando à declaração de indignidade de herdeiro ou legatário".

[42] CAHALI, Francisco José; HIRONAKA, Giselda Maria Fernandes Novaes. *Direito das sucessões*. 3. ed. São Paulo: RT, 2007. p. 112.

[43] GONÇALVES, Carlos Roberto. *Direito civil brasileiro*. Direito das sucessões. 4. ed. São Paulo: Saraiva, 2010. v. 7, p. 126.

[44] GAGLIANO, Pablo Stolze; PAMPLONA FILHO, Rodolfo. *Novo curso de direito civil*. Direito das sucessões. São Paulo: Saraiva, 2014. v. 7, p. 150.

[45] CARVALHO, Luiz Paulo Vieira de. *Direito das sucessões*. 2. ed. São Paulo: Atlas, 2015. nota 23, p. 242.

[46] CATEB, Salomão de Araújo. *Deserdação e indignidade no direito sucessório brasileiro*. Belo Horizonte: Del Rey, 2004. p. 59. O autor também faz referência ao crime em seu livro *Direito das sucessões*. 7. ed. São Paulo: Atlas, 2012. p. 95.

[47] POLETTO, Carlos Eduardo Minozzo. *Indignidade sucessória e deserdação*. São Paulo: Saraiva, 2013. p. 337.

[48] DOWER, Nelson Godoy Bassil. *Curso moderno de direito civil*. Sucessões. São Paulo: Nelpa, 2004. v. 6, p. 71-72.

[49] GAGLIANO, Pablo Stolze; PAMPLONA FILHO, Rodolfo. *Novo curso de direito civil*. Direito das sucessões. São Paulo: Saraiva, 2014. v. 7, p. 146.

[50] TARTUCE, Flávio. *Direito civil*. Direito das sucessões. 9. ed. Rio de Janeiro: Forense, 2016. p. 103.

[51] TARTUCE, Flávio. *Direito civil*. Direito das sucessões. 9. ed. Rio de Janeiro: Forense, 2016. p. 104.

cúmplices de homicídio voluntário ou da tentativa de homicídio (CC, inc. I, art. 1.814), e não da exclusão da herança dos autores dos crimes contra a honra (CC, inc. II, art. 1.814). Essa proposta foi apensada ao Projeto de Lei 7.418/2002, também da autoria do Deputado Paulo Baltazar, resultando no arquivamento do Projeto de Lei 141/2003, sendo aprovado com a redação levemente alterada: "a exclusão da sucessão dos herdeiros ou legatários que houverem sido autores, coautores ou partícipes de homicídio doloso ou tentativa deste contra a pessoa a quem deveriam suceder ou seu cônjuge, companheiro, ascendente ou descendente".[52]

Flávio Tartuce sublima a proposta legislativa que separa o juízo criminal do juízo cível e considera suficiente a condenação criminal para excluir da herança o herdeiro incidente em alguma das hipóteses do inc. I do art. 1.814 do Código Civil, tornando plenamente dispensável a propositura de uma ação civil declaratória de indignidade, quando pelo mesmo fato a sentença criminal já condenou o autor do crime de homicídio, sendo necessária, contudo, a dupla sentença para os crimes de denunciação caluniosa contra o sucedido, e para aqueles cometidos contra a honra do falecido, seu cônjuge ou companheiro (CC, art. 1.814, inc. II).[53]

Enfim, e de acordo com Carlos Eduardo Minozzo Poletto,[54] estão legitimados para a promoção da ação declaratória de indignidade todos aqueles que tenham interesse econômico

---

[52] Esse é o inteiro teor da justificativa do PL 7.418/2002: "A constatação da nossa triste realidade com relação à violência que vem assolando as ruas da Nação, hoje adentram os lares brasileiros com as notícias transmitidas pela mídia nacional acerca da violência gratuita que ora atinge a célula *mater* do País – a Família. Como visto, o legislador, sempre atento aos reclames sociais, revela-se preocupado com a crescente onda de violência. O caso recente noticiado com destaque em todos os meios de comunicação – o de Suzane Loise (*Louise*) Richthofen pelo assassinato dos seus genitores – Manfred e Marísia, é hoje, alvo prioritário do estudo de criminalistas, psicoterapeutas, psiquiatras e legisladores que tentam barrar a onda de violência familiar. Esse tipo de delito é gravíssimo e deve ser reprimido com penas severas, porém não deixará de existir, já que, desde os tempos bíblicos, ele ocorre, vez por outra motivado pela ganância humana ou pela insensatez dos que deveriam amar àqueles a quem o Direito salvaguarda a legitimidade da Sucessão, seja na qualidade de herdeiro ou de legatário, em vez disso expõe a fragilidade dos valores morais e humanos de uma sociedade que regula através do Estado os limites da vida familiar. A proposição altera a redação dada no art. 92 (CP) ao introduzir no texto do dispositivo novo inc. (IV), que trata especificamente sobre os efeitos extrapenais da condenação transitada em julgado, tal finalidade almeja reprimir após a sentença condenatória de forma mais apropriada a conduta ilícita – matar alguém. Assim, a inserção do inc. IV no art. 92 – Capítulo VI – Dos Efeitos da Condenação – Efeitos Genéricos e Específicos (CP), prevê esta punição após o trânsito em julgado da condenação do agente criminoso. Vale ressaltar que o nosso Diploma Civil dispõe no Livro IV – Do Direito das Sucessões – Título I – Da Sucessão em Geral – Capítulo V – Dos que não Podem Suceder: 'Art. 1.595. São excluídos da sucessão [...], os herdeiros, ou legatários: I – Que houverem sido autores ou cúmplices em crime de homicídio voluntário, ou tentativa deste, contra a pessoa de cuja sucessão se tratar;' (*o texto ainda refere o Código Civil de 1916, correspondente ao inc. I, do art. 1.814 do Código Civil de 2002*). Em razão da audácia e do destemor de autores ou cúmplices que praticam tal ato ilícito, nos fazem vivenciar a busca de novos valores morais para dar sustentação à Família, mas no horizonte só encontramos a triste constatação de tempos nefastos e perigosos, onde a criança e o jovem são vilipendiados na sua intimidade e nos seus interesses sociais, transformados em monstros urbanos letais que não titubeiam na hora de concretizar seus interesses ilícitos. Esperamos, pois, ver o presente projeto de lei aprovado, colocando-o a serviço de uma sociedade atemorizada, para que este novo instrumento iniba a ação ilícita desses agentes criminosos evitando a devastação da família, razão pela qual conclamo os Eminentes integrantes desta Casa Legislativa do Congresso Nacional para que aprovem a proposição."

[53] TARTUCE, Flávio. *Direito civil*. Direito das sucessões. 9. ed. Rio de Janeiro: Forense, 2016. p. 104.

[54] POLETTO, Carlos Eduardo Minozzo. *Indignidade sucessória e deserdação*. São Paulo: Saraiva, 2013. p. 336.

ou moral. Partindo desses dois pressupostos, podem ser considerados interessados o coerdeiro, o legatário, o colegatário, o cessionário, os substitutos testamentários, o donatário e todo aquele que seria diretamente favorecido com a exclusão do indigno, lembrando Luiz Paulo Vieira de Carvalho que o art. 1.815 do Código Civil de 2002 suprimiu a expressão *movida por quem tenha interesse na sucessão*, contida no art. 1.596 do Código Civil de 1916.[55]

O fisco ou qualquer credor, cujos direitos econômicos ou interesses morais pudessem ser prejudicados pela inércia dos demais interessados, não obstante sequer sejam herdeiros na exata concepção do termo, também estão legitimados na declaração da indignidade. Aparentemente soaria desproposital afirmar que um credor tivesse interesse material ou moral na ação de exclusão do indigno, pois, sendo credor do sucedido, vai receber seu crédito por igual, nada refletindo no seu direito a exclusão de herdeiro considerado indigno.[56] Esse raciocínio faz todo sentido quando se trata de credor do falecido e seu crédito advém do espólio, mas pode, ao revés, ser credor de algum coerdeiro e, portanto, se um dos demais coerdeiros for excluído por indignidade, os coerdeiros remanescentes podem receber quotas hereditárias maiores, se ausente herdeiro representante do indigno, aumentando consequentemente a garantia do credor.

O próprio ofensor tem legitimidade ativa para ajuizar uma ação que declare a inocorrência ou não autoria do ato de indignidade, quando nenhum legitimado propôs a ação declaratória de indignidade, optando por criar a eterna dúvida acerca da suposta autoria, perpetuando deste modo um julgamento moral sobre o acusado e gerando ao incriminado uma censura ética vitalícia que pode ter repercussão social bem mais danosa a quem se considera inocente e que jamais poderia esclarecer judicialmente o impasse se como acusado não pudesse integrar o polo ativo da ação.

O art. 1.596 do Código Civil de 1916 legitimava ao ingresso da ação *quem tivesse interesse na sucessão*, sendo nela igualmente interessado o herdeiro que quer receber seu quinhão hereditário livre de qualquer rumor de estar recolhendo herança manchada por crime que jamais cometeu, não obstante as suspeitas que sobre ele pairem, mas que nunca poderiam ser elucidadas se apenas os outros herdeiros fossem habilitados ao ajuizamento da ação de exclusão do indigno.

45.2. Sujeito passivo

A ação de indignidade pode ser demandada contra quem pode ser considerado indigno, ou melhor, contra todo aquele sucessor sobre o qual pesa a acusação da prática de algum dos atos considerados indignos e taxativamente descritos em lei, quer se trate de herdeiro direto ou legatário, ou de herdeiro instituído por testamento, bem como de um herdeiro concorrente. Em realidade, pode figurar no polo passivo qualquer pessoa que, de alguma forma pudesse se beneficiar direta ou indiretamente da herança deixada pelo ofendido, como também pode despontar no lado passivo da demanda o inventariante, quando quem promove a declaratória é o herdeiro acusado de ser indigno e que, desejando provar sua inocência, não quer correr o risco de deixar transcorrer em branco o prazo decadencial. Caso tenha existido a coautoria na

---

[55] CARVALHO, Luiz Paulo Vieira de. *Direito das sucessões*. 2. ed. São Paulo: Atlas, 2015. p. 241.
[56] Esse é o entendimento de LÔBO, Paulo. *Direito civil*. Sucessões. São Paulo: Saraiva, 2013. p. 179, quando refere que "não são legitimados a requerer judicialmente a exclusão do herdeiro os credores do *de cujus*, pois a garantia de seus créditos é dada pela herança em conjunto, independentemente de quem seja o herdeiro".

prática do comportamento de indignidade, haverá litisconsórcio passivo facultativo, podendo os réus ser acionados em conjunto ou separadamente, embora razões de economia e de celeridade processual conduzam para uma conexão processual.

Também a pessoa jurídica como herdeira de alguma disposição testamentária pode figurar no polo passivo de uma ação declaratória de indignidade, quando seu sócio, quotista ou proprietário incorrer em alguma das condutas de indignidade tipificadas expressamente em lei.[57]

Sendo a indignidade uma pena civil que não passa da pessoa do ofensor, tecnicamente a ação deve ser proposta somente depois da abertura da sucessão, indiferente ao precedente ajuizamento do inventário, e só pode ser intentada se o indigno ainda vive, pois, morrendo ele antes de iniciada a ação, seus descendentes recebem a herança, como também receberiam a herança por representação do herdeiro excluído. Como a sanção não passa da pessoa do autor indigno, este, por mera ficção legal, é tido como se tivesse morrido antes da abertura da sucessão do ofendido (CC, art. 1.816), contudo, seus descendentes herdarão por direito próprio.[58]

Na sucessão testamentária, os filhos do indigno já não tomarão o seu lugar na herança, pois no testamento não existe o direito de representação, seguindo os bens os rumos ordenados pelo testador, salvo tenha ele designado um substituto para herdar na hipótese de premorte ou de exclusão do herdeiro instituído ou legatário declarado indigno.

Ocorrendo a morte do indigno antes do ingresso da ação declaratória de indignidade, descabe o aforamento da demanda, e, se porventura a morte do indigno ocorre no transcurso da ação declaratória, teoricamente deveria ser extinta a ação sem resolução de mérito, por ausência de interesse de agir. Conforme Luiz Antônio Alves Torrano, seria indiferente o deslinde da ação, pois pouco importa se procedente ou não a ação.[59] Isto porque os sucessores do indigno são partes ilegítimas para responderem à demanda,[60] pois receberão por direito próprio se todos eles estiverem no mesmo grau de parentesco, ou herdarão por representação se estiverem em graus diferentes de parentesco, e assim sempre será, tenha o desamoroso realmente falecido, ou apenas sua morte seja fictícia diante da procedência da ação de indignidade, considerando ser incontestável que nenhuma ação de indignidade pode ser proposta contra o representante.

Tratando-se de herdeiro instituído em testamento – e nesse caso inexiste representante –, ele já pode estar na posse da herança e ter falecido posteriormente, ou pode o testador ter distribuído sua herança em legados, ou promovido a doação dos bens que estavam sob sua posse, até mesmo porque a exclusão do indigno só se configura depois do trânsito em julgado da sentença, e até esse momento ele é considerado legalmente herdeiro.

Nessas hipóteses de posse da herança ou do legado, o herdeiro pode demandar o herdeiro ou legatário que estiver indevidamente na posse da herança e cumular a ação declaratória de indignidade com a de petição de herança, para reaver a posse dos bens que devem retornar ao espólio.

---

[57] POLETTO, Carlos Eduardo Minozzo. *Indignidade sucessória e deserdação*. São Paulo: Saraiva, 2013. p. 342.
[58] HIRONAKA, Giselda Maria Fernandes Novaes. *Comentários ao Código Civil*. Parte Especial do Direito das Sucessões. Coordenação de Antônio Junqueira de Azevedo. São Paulo: Saraiva, 2003. v. 20, p. 159.
[59] TORRANO, Luiz Antônio Alves. *Indignidade e deserdação*. Campinas: Servanda, 2015. p. 233.
[60] MALUF, Carlos Alberto Dabus; MALUF, Adriana Caldas do Rego Freitas Dabus. *Curso de direito das sucessões*. São Paulo: Saraiva, 2013. p. 151.

45.3. Prazo prescricional ou decadencial

Determina o § 1º do art. 1.815 do Código Civil que o direito de demandar a exclusão do herdeiro ou do legatário indigno extingue-se em quatro anos, contados da abertura da sucessão, embora seja diferente a contagem para a ação declaratória de deserdação, que flui a partir da apresentação judicial do testamento público ou particular, e começa a ser contado da abertura judicial do testamento para o caso de o testamento ser cerrado. A ação declaratória de indignidade não pode ser proposta em vida do hereditando, até porque não existe herança de pessoa viva (CC, art. 426). Entretanto, se o ato de indignidade ocorreu depois do falecimento do autor da herança, o prazo decadencial não pode ser contado a partir da abertura da sucessão, mas deve ser computado a partir do conhecimento da violação. Havendo herdeiros menores de idade, autores como Maria Berenice Dias[61] e Rodrigo Santos Neves[62] sustentam que o prazo decadencial é suspenso e só inicia depois de todos os herdeiros menores atingirem a maioridade (CC, inc. I, arts. 198 e 208), enquanto Paulo Lôbo ressalta que o prazo decadencial da ação de indignidade não pode ser submetido à suspensão ou interrupção,[63] como deflui da interpretação do art. 207 do Código Civil,[64] tirante a exceção do art. 208 do Código Civil, que estabelece não correr a prescrição nem a decadência contra os incapazes descritos no art. 3º do Diploma Substantivo Civil (CC, inc. I, art. 198).[65]

Para a maioria dos doutrinadores contemporâneos ao vigente Código Civil, e por vezes segundo alguns dos atualizadores de obras jurídicas póstumas, corre o prazo de decadência, como pensam Carlos Alberto Dabus Maluf e Adriana Caldas do Rego Freitas Dabus Maluf,[66] Pablo Stolze Gagliano e Rodolfo Pamplona Filho,[67] Raquel Elias Sanches Ribeiro,[68] Rodrigo Santos Neves,[69] Sebastião Amorim e Euclides de Oliveira,[70] Sílvio de Salvo Venosa,[71] Claudia de Almeida Nogueira,[72] Maria Helena Diniz,[73] Paulo Nader,[74] Paulo Hermano Soares Ribeiro,[75]

---

[61] DIAS, Maria Berenice. *Manual das sucessões*. 4. ed. São Paulo: RT, 2015. p. 321.
[62] NEVES, Rodrigo Santos. *Curso de direito das sucessões*. Rio de Janeiro: Lumen Juris, 2009. p. 133.
[63] LÔBO, Paulo. *Direito civil*. Sucessões. São Paulo: Saraiva, 2013. p. 179.
[64] Art. 207 do CC: "Salvo disposição legal em contrário, não se aplica à decadência as normas que impedem, suspendem ou interrompem a prescrição".
[65] RIZZARDO, Arnaldo; RIZZARDO FILHO, Arnaldo; RIZZARDO, Carine Ardissone. *Prescrição e decadência*. Rio de Janeiro: Forense, 2015. p. 476.
[66] MALUF, Carlos Alberto Dabus; MALUF, Adriana Caldas do Rego Freitas Dabus. *Curso de direito das sucessões*. São Paulo: Saraiva, 2013. p. 150.
[67] GAGLIANO, Pablo Stolze; PAMPLONA FILHO, Rodolfo. *Novo curso de direito civil*. Direito das sucessões. São Paulo: Saraiva, 2014. v. 7, p. 165.
[68] RIBEIRO, Raquel Elias Sanches. *O instituto da indignidade e o princípio da independência das ações no novo Código Civil*. Rio de Janeiro: América Jurídica, 2002. p. 56.
[69] NEVES, Rodrigo Santos. *Curso de direito das sucessões*. Rio de Janeiro: Lumen Juris, 2009. p. 133.
[70] AMORIM, Sebastião; OLIVEIRA, Euclides de. *Inventários e partilhas*. Direito das sucessões. Teoria e prática. 22. ed. São Paulo. Livraria e Editora Universitária de Direito, 2009. p. 53.
[71] VENOSA, Sílvio de Salvo. *Direito civil*. Direito das sucessões. 3. ed. São Paulo: Atlas, 2003. v. VII, p. 78.
[72] NOGUEIRA, Claudia de Almeida. *Direito das sucessões*. 2. ed. Rio de Janeiro: Lumen Juris, 2007. p. 51.
[73] DINIZ, Maria Helena. *Curso de direito civil brasileiro*. Direito das sucessões. 21. ed. São Paulo: Saraiva, 2007. v. 6, p. 56.
[74] NADER, Paulo. *Curso de direito civil*. Direito das sucessões. Rio de Janeiro: Forense, 2007. v. 6, p. 128.
[75] RIBEIRO, Paulo Hermano Soares. *Novo direito sucessório brasileiro*. Leme: JH Mizuno, 2009. p. 218.

Inacio de Carvalho Neto,[76] Washington de Barros Monteiro,[77] Cristiano Chaves de Farias e Nelson Rosenvald,[78] Maria Berenice Dias,[79] Paulo Lôbo,[80] José Luiz Gavião de Almeida,[81] Fábio Ulhoa Coelho,[82] Gustavo Tepedino, Heloísa Helena Barboza e Maria Celina Bodin de Moraes,[83] Luiz Paulo Vieira de Carvalho,[84] Carlos Roberto Gonçalves,[85] Moacir César Pena Jr.,[86] Zeno Veloso,[87] Flávio Tartuce[88] e Carlos Eduardo Minozzo Poletto.[89] Trata-se de prazo decadencial por ser direito potestativo da pessoa legitimada de promover a ação declaratória de indignidade,[90] e completa Giselda Maria Fernandes Novaes Hironaka dizendo que os direitos potestativos se sujeitam sempre a prazos decadenciais.[91] Para Fabrício Zamprogna Matiello, uma vez transcorrido o prazo decadencial, extingue-se o direito de reclamar a exclusão do herdeiro, ficando definitivamente consolidada a posição do sucessor e seu direito ao recebimento do quinhão hereditário.[92]

No outro extremo, Arnaldo Rizzardo alude aos dois institutos, ora dizendo ocorrer a decadência, ora mencionando um *lapso prescricional contado da abertura da sucessão*,[93] enquanto Salomão de Araújo Cateb,[94] Antonio José Tibúrcio de Oliveira,[95] Eduardo de Oli-

---

[76] CARVALHO NETO, Inacio de. Exclusão da sucessão por indignidade. In: HIRONAKA, Giselda Maria Novaes (Orientação); CASSETTARI, Cristiano; MENIN, Márcia Maria (Coord.). *Direito civil.* Direito das sucessões. São Paulo: RT, 2008. v. 8, p. 73.

[77] BARROS MONTEIRO, Washington de. *Curso de direito civil.* Direito das sucessões. Atualizadora Ana Cristina de Barros Monteiro França Pinto. 35. ed. São Paulo: Saraiva, 2003. v. 6, p. 68.

[78] FARIAS, Cristiano Chaves de; ROSENVALD, Nelson. *Curso de direito civil.* Sucessões. São Paulo: Atlas, 2015. v. 7, p. 121.

[79] DIAS, Maria Berenice. *Manual das sucessões.* 4. ed. São Paulo: RT, 2015. p. 321.

[80] LÔBO, Paulo. *Direito civil.* Sucessões. São Paulo: Saraiva, 2013. p. 179.

[81] ALMEIDA, José Luiz Gavião de. *Código Civil comentado.* Direito das sucessões. Sucessão em geral. Sucessão legítima. Coordenação de Álvaro Villaça Azevedo. São Paulo: Atlas, 2003. t. XVIII, p.164.

[82] COELHO, Fábio Ulhoa. *Curso de direito civil.* São Paulo: Saraiva, 2006. v. 5, p. 239.

[83] TEPEDINO, Gustavo; BARBOZA, Heloisa Helena; MORAES, Maria Celina Bodin de. *Código Civil interpretado conforme a Constituição da República.* Rio de Janeiro: Renovar, 2014. v. IV, p. 601.

[84] CARVALHO, Luiz Paulo Vieira de. *Direito das sucessões.* 2. ed. São Paulo: Atlas, 2015. p. 243.

[85] GONÇALVES, Carlos Roberto. *Direito civil brasileiro.* Direito das sucessões. 4. ed. São Paulo: Saraiva, 2010. v. 7, p.107.

[86] PENA JR., Moacir César. *Curso completo de direito das sucessões.* Doutrina e jurisprudência. São Paulo: Método, 2009. p. 96.

[87] VELOSO, Zeno. *Novo Código Civil comentado.* Coordenação de Ricardo Fiúza. São Paulo: Saraiva, 2002. p. 1.633.

[88] TARTUCE, Flávio. *Direito civil.* Direito das sucessões. 9. ed. Rio de Janeiro: Forense, 2016. p. 111.

[89] POLETTO, Carlos Eduardo Minozzo. *Indignidade sucessória e deserdação.* São Paulo: Saraiva, 2013. p. 350.

[90] RIBEIRO, Raquel Elias Sanches. *O instituto da indignidade e o princípio da independência das ações no novo Código Civil.* Rio de Janeiro: América Jurídica, 2002. p. 56.

[91] HIRONAKA, Giselda Maria Fernandes Novaes. *Comentários ao Código Civil.* Parte Especial do Direito das Sucessões. Coordenação de Antônio Junqueira de Azevedo. São Paulo: Saraiva, 2003. v. 20, p. 151-152.

[92] MATIELLO, Fabrício Zamprogna. *Curso de direito civil.* Direito das sucessões. São Paulo: LTr, 2011. v. 6, p. 64.

[93] RIZZARDO, Arnaldo. *Direito das sucessões.* 6. ed. Rio de Janeiro: Forense, 2011. p. 86.

[94] CATEB, Salomão de Araújo. *Deserdação e indignidade no direito sucessório brasileiro.* Belo Horizonte: Del Rey, 2004. p. 78.

[95] OLIVEIRA, Antonio José Tibúrcio de. *Direito das sucessões.* Belo Horizonte: Del Rey, 2005. p. 31.

veira Leite,[96] Rui Ribeiro de Magalhães,[97] Clóvis Beviláqua, Caio Mário da Silva Pereira,[98] Nelson Godoy Bassil Dower,[99] Luiz Antônio Alves Torrano,[100] Francisco José Cahali,[101] Adiel da Silva França[102] e Marcelo Fortes Barbosa Filho defendem a figura jurídica da prescrição. Este último escreve em obra lançada ao tempo da vigência do Código Civil de 1916 não ser possível considerar o lapso temporal como de decadência, pois não estaria presente um direito potestativo destinado a modificar e fazer cessar um estado jurídico existente de sucessor, acreditando que a indignidade não deixava de existir diante do advento da prescrição, que, se fosse acatada, apenas impediria o direito de ação e sem impor qualquer contraprestação ao indigno.[103]

Comungo com aqueles que interpretam como um prazo decadencial e tomo como ponto de partida a *Exposição de Motivos* do Código Civil da autoria de Miguel Reale:

> Menção à parte merece o tratamento dado aos problemas da prescrição e decadência, que, anos a fio, a doutrina e a jurisprudência tentaram em vão distinguir, sendo adotadas, às vezes, num mesmo Tribunal, teses conflitantes, com grave dano para a Justiça e assombro das partes.
>
> Prescrição e decadência não se extremam segundo rigorosos critérios lógico-formais, dependendo sua distinção, não raro, de motivos de conveniência e utilidade social, reconhecidos pela política legislativa.
>
> Para pôr cobro a uma situação deveras desconcertante, optou a Comissão por uma fórmula que espanca quaisquer dúvidas. Prazos de prescrição, no sistema do Projeto, passam a ser, apenas e exclusivamente, os taxativamente discriminados na Parte Geral, Livro III, Título IV, Capítulo I, sendo de decadência todos os demais, estabelecidos em cada caso, isto é, como complemento de cada artigo que rege a matéria, tanto na Parte Geral como na Especial.[104]

Existem inúmeras explicações definindo os traços diferenciadores da decadência e da prescrição.[105] José Fernando Simão diz que a distinção entre prescrição e decadência passa pela diferença entre direito potestativo e direito a uma prestação que exige uma conduta do sujeito passivo. O exercício de um direito potestativo independe da vontade da outra parte da

---

[96] LEITE, Eduardo de Oliveira. *Comentários ao novo Código Civil*. Do direito das sucessões. Coordenação de Sálvio de Figueiredo Teixeira. Rio de Janeiro: Forense, 2003. v. XXI, p. 164.

[97] MAGALHÃES, Rui Ribeiro de. *Direito das sucessões no novo Código Civil brasileiro*. São Paulo: Juarez de Oliveira, 2003. p. 61.

[98] PEREIRA, Caio Mário da Silva. *Direito das sucessões*. Atualizador Carlos Roberto Barbosa Moreira. 17. ed. Rio de Janeiro: Forense, 2009. v. VI, p. 37. No entanto, na nota de rodapé 84, o atualizador esclarece haver mantido a redação original do autor e escrita antes do vigente Código Civil, cuja sistemática indica tratar-se de prazo decadencial.

[99] DOWER, Nelson Godoy Bassil. *Curso moderno de direito civil*. Sucessões. São Paulo: Nelpa, 2004. v. 6, p. 75.

[100] TORRANO, Luiz Antônio Alves. *Indignidade e deserdação*. Campinas: Servanda, 2015. p. 262.

[101] CAHALI, Francisco José; HIRONAKA, Giselda Maria Fernandes Novaes. *Direito das sucessões*. 3. ed. São Paulo: RT, 2007. p. 112.

[102] FRANÇA, Adiel da Silva. *Direito das sucessões*. Coordenação de Regina Ghiaroni. Rio de Janeiro: Freitas Bastos, 2002. p. 47.

[103] BARBOSA FILHO, Marcelo Fortes. *A indignidade no direito sucessório brasileiro*. São Paulo: Malheiros, 1996. p. 59.

[104] REALE, Miguel. *História do novo Código Civil*. Coordenação de Miguel Reale e Judith Martins-Costa. São Paulo: RT, 2005. p. 89.

[105] Ver por todos SIMÃO, José Fernando. *Prescrição e decadência*. Início dos prazos. São Paulo: Atlas, 2013. p. 165-193.

relação jurídica, trata-se de um direito cogente do seu titular, exercido independentemente da concordância ou colaboração do sujeito passivo.[106]

Citando Agnelo Amorim Filho, explica José Fernando Simão que, no exercício de um direito potestativo, o autor não pleiteia qualquer prestação do réu de dar, de fazer, de não fazer, de abster-se ou de qualquer outra espécie de obrigação, mas apenas intenta criar, extinguir ou modificar determinada situação jurídica, que independe da vontade ou da falta de vontade da parte contrária, embora o sujeito passivo da ação sofra de qualquer forma uma sujeição, por exemplo, ser excluído da herança por ser indigno de receber bens da pessoa que ele ofendeu ou seus familiares, enquanto a noção de prescrição refere-se às ações condenatórias[107] que sujeitam o réu a ter de realizar alguma prestação em favor do titular do direito.

Também com o escólio de Agnelo Amorim, refere Luiz Antonio Alves Torrano que, nas ações condenatórias e sobre as quais incide o instituto da prescrição, são reivindicadas prestações positivas ou negativas que impõem à parte adversa uma contraprestação que inexiste nos direitos potestativos. Nas demandas decadenciais não há insurgência contra um negócio jurídico ou contra uma avença pactuada, mas somente uma faculdade que a parte tem de se rebelar contra a relação jurídica.[108]

Na decadência não se verifica a contraposição de uma obrigação do sujeito passivo em favor do titular do direito, pois a decadência simplesmente retira do titular de um direito cogente a faculdade que ele tinha de provocar, em certo lapso de tempo, a alteração de alguma situação jurídica. A noção de decadência acomoda-se perfeitamente na hipótese de uma ação declaratória de indignidade, cujo ajuizamento no prazo de quatro anos, contado da abertura da sucessão, não reclama nenhuma contraprestação do indigno, embora o sujeite aos efeitos da procedência da declaratória de indignidade com a perda da sua condição de herdeiro do autor da herança. Caso fosse uma ação de anulação de casamento, para usar outro exemplo, o réu sujeitar-se-ia a ver seu matrimônio anulado, inexistindo qualquer outra contraprestação a ser prestada pelo acionado que nada poderia fazer contra a pretensão processual proposta dentro do prazo decadencial e julgada procedente.

Trata-se de uma faculdade do titular de um direito cogente, potestativo, de algum coerdeiro promover a ação declaratória de indignidade, ficando o réu em completo *estado de sujeição*,[109] pois nada pode fazer para impedir o ajuizamento da ação que não seja ter de aguardar o decurso do prazo decadencial. Em contrapartida, a prescrição põe término ao direito de ação, e, se ação for proposta dentro do prazo legal e julgada procedente, impõe ao réu uma obrigação.

45.4. Início do prazo decadencial

A declaração de indignidade não se opera de ofício, precisa ser ajuizada e revelada por sentença transitada em julgado (CC, art. 1.815), extinguindo-se o direito de demandar a exclusão em quatro anos, contados da abertura da sucessão (CC, § 1º do art. 1.815). O estabelecimento de um prazo para ajuizamento da ação declaratória de indignidade tem o propósito de não deixar que fique em aberto a possibilidade de o autor ingressar a qualquer tempo com a ação de indignidade e gerar um estado de completa insegurança jurídica para o demandado,

---

[106] SIMÃO, José Fernando. *Prescrição e decadência*. Início dos prazos. São Paulo: Atlas, 2013. p. 182.
[107] SIMÃO, José Fernando. *Prescrição e decadência*. Início dos prazos. São Paulo: Atlas, 2013. p. 184-185.
[108] TORRANO, Luiz Antônio Alves. *Indignidade e deserdação*. Campinas: Servanda, 2015. p. 260-264.
[109] SIMÃO, José Fernando. *Prescrição e decadência*. Início dos prazos. São Paulo: Atlas, 2013. p. 184.

quem durante toda a sua vida poderia estar sujeito a ter de responder à ação de indignidade e precisar devolver os bens herdados.

Também dentro desse prazo decadencial pode aquele sobre quem pesa a acusação de indignidade ajuizar ação para ser declarada a improcedência da acusação, exercendo judicialmente um interesse exclusivamente moral. Seria inquietante se a legislação não estipulasse o prazo de decadência, como seria igualmente preocupante se o acusado de ato de indignidade não pudesse tomar a iniciativa de ele promover a ação se precisar provar sua inocência diante da inércia dos outros interessados, sendo compelido a carregar o peso de uma autoria que não cometeu. O acusado pode afastar as suspeitas que sobre ele recaem provando a sua inocência, por sua iniciativa processual, não tendo de se contentar com a angustiante espera do lapso decadencial e de se sujeitar à inércia processual dos coerdeiros.

No Direito brasileiro, o prazo decadencial para a propositura da ação é de quatro anos e flui da abertura da sucessão (CC, art. 1.815, § 1º), enquanto na Argentina o prazo de caducidade é de três anos desde a abertura da sucessão, e ao legatário por igual prazo desde a entrega do legado (CCC, art. 2.284). Em Portugal, é de dois anos (CCP, art. 2.036º), considerados dois momentos distintos. Argentinos e portugueses estabelecem um prazo de caducidade, e não de decadência, como define a doutrina brasileira. Existindo herdeiros menores, há suspensão do prazo como exceção ao princípio de que os prazos decadenciais jamais se interrompem (CC, art. 208).

Há quem defenda uma drástica redução do prazo decadencial de quatro anos para dois anos (CC, do art. 1.815, § 1º), contudo, não obstante as alterações efetivadas pela Lei 13.532/2017 que acrescentou dois parágrafos ao art. 1.815 do Código Civil, o prazo decadencial dos quatro anos restou mantido tanto para a declaração de indignidade (CC, art. 1.815), como para a hipótese da declaração de deserdação (CC, art. 1.965, parágrafo único).[110]

Esse prazo de dois anos está regulamentado no art. 2.036º do Código Civil português, considerados em dois distintos momentos, ou seja, dois anos contados da abertura da sucessão, ou um ano a contar da condenação criminal do indigno, que também pode ser contado do real conhecimento do ato de indignidade. O Direito argentino também vislumbra dois momentos diversos para a contagem do triênio da caducidade; o primeiro deles parte da abertura da sucessão, mas, se o indigno for um legatário, os três anos são contados da entrega do legado.

O argumento para reduzir pela metade o lapso decadencial reside no fato de que, depois de quatro anos, o inventário já estaria concluído e a partilha definitivamente julgada, afigurando-se demasiado excessivo e capaz de gerar uma insegurança jurídica. Argumenta Eduardo de Oliveira Leite que essa dualidade de prazos sempre deveria ser interpretada em favor do interessado, e que os dois anos poderiam ser contados da condenação ou do conhecimento do fato, mas entre o primeiro evento e o segundo muito tempo pode ter transcorrido, podendo ser considerado para efeito de contagem o primeiro fato, que geralmente também resulta no conhecimento do crime e coincide com a abertura da sucessão.

---

[110] "Art. 1.815. A exclusão do herdeiro ou legatário, em qualquer desses casos de indignidade, será declarada por sentença. § 1º O direito de demandar a exclusão do herdeiro ou legatário extingue-se em quatro anos, contados da abertura da sucessão. § 2º Na hipótese do inciso I do art. 1.814, o Ministério Público tem legitimidade para demandar a exclusão do herdeiro ou legatário. (...) Art. 1.965. Ao herdeiro instituído, ou àquele a quem aproveite a deserdação, incumbe provar a veracidade da causa alegada pelo testador. Parágrafo único. O direito de provar a causa da deserdação extingue-se no prazo de quatro anos, a contar da data da abertura do testamento."

Pires de Lima e Antunes Varela[111] igualmente comentam a dualidade de prazos do art. 2.036º do Código Civil português para a instauração da ação de indignidade, em que uma delas tem como base *os fatos de mais fácil ocultação*, por ainda ser desconhecida a autoria do ato delituoso. Nesse caso, é possível aguardar um ano após o conhecimento do fato, mas na outra hipótese o prazo de um ano para o ajuizamento da declaratória conta somente após a condenação criminal do indigno.

José Fernando Simão não comunga com aqueles que dizem existir um único prazo de decadência, que começa com a abertura da sucessão, e mostra em defesa de sua argumentação a utilidade e a justeza do sistema dual de prazos do Direito português, diante da pertinência da necessária flexibilidade do prazo de decadência, o qual nem sempre deve ser contado da abertura da sucessão, pois existem hipóteses que terminam favorecendo o autor do delito quando a autoria ainda é desconhecida, merecendo destaque a seguinte passagem de sua obra:

> Se determinada pessoa mata seus pais e, de imediato, sabe-se que ela é a assassina, o prazo decadencial para o exercício do direito de exclusão se inicia efetivamente com a morte. Nada mais adequado, porque os interessados com a indignidade podem, desde logo, promover a ação com tal finalidade. Em contrapartida, imagine-se um sujeito que, de maneira ardilosa, pratica o homicídio contra seus pais de tal forma que a autoria fica oculta. O homicida lucra com seu efeito e recebe seu quinhão na herança. Certamente esta solução não é justa, nem representa segurança jurídica em sentido material. Passados quatro anos do homicídio, a polícia efetivamente descobre o criminoso. O prazo decadencial se inicia com a ciência do fato que permite a propositura da ação visando ao conhecimento da indignidade, sob pena de punir pela inércia aquele que sequer sabia que tinha um direito a exercer.[112]

O Direito brasileiro também deveria adotar o critério da contagem diversa do prazo decadencial e igualmente reduzir de quatro para dois anos o prazo de decadência, contado da abertura da sucessão quando a autoria do fato é conhecida, ou do indiciamento policial quando a autoria ficou oculta, mostrando-se realmente demasiados longos os quatro anos estipulados pelo art. 1.815 do Código Civil, justo em tempos de rápida comunicação e de facilidade na informação, com uma diversidade de instrumentos globais de conversação, escoltada toda essa evolução tecnológica por uma política de redução dos prazos judiciais que já caíram pela metade com a edição do Código Civil em 2002, harmonizando os interesses da sociedade com o progresso tecnológico e a celeridade processual, premissas perfeitamente encaixadas em um modelo dinâmico da vida urbana e bem moldadas ao gosto da rápida informação.

Não existe nenhuma possibilidade de a ação de declaração de indignidade ser ajuizada antes da abertura da sucessão definitiva ou provisória (CC, art. 28), pois não há herança de pessoa viva (CC, art. 426). Existe evidente impossibilidade jurídica do pedido quando a ação de indignidade é ajuizada antes de aberta a sucessão do ofendido. Reforça essa conclusão o fato de que em vida o indigno sempre pode vir a ser perdoado, ou reabilitado pelo ofendido e, portanto, habilitado a suceder no todo ou em parte (CC, art. 1.818), cessando o interesse jurídico para a ação.[113] Uma vez ajuizada a ação, a sentença de procedência aproveitará não apenas ao seu autor, mas a todos os demais coerdeiros, pois o excluído é tido como se morte fosse, sendo chamados em seu lugar os seus descendentes ou sucessores, que recolhem o montante de seu quinhão por direito próprio, se forem os únicos na classe, ou por direito de

---

[111] LIMA, Pires de; VARELA, Antunes. *Código Civil anotado*. Coimbra: Coimbra Editora, 2010. v. VI, p. 41.
[112] SIMÃO, José Fernando. *Prescrição e decadência*. Início dos prazos. São Paulo: Atlas, 2013. p. 224.
[113] CARVALHO, Luiz Paulo Vieira de. *Direito das sucessões*. 2. ed. São Paulo: Atlas, 2015. p. 243.

representação se houver concurso de graus entre os coerdeiros. O mesmo não acontece com relação ao legatário ou ao herdeiro instituído que foi excluído por indignidade, porque não existe o direito de representação na sucessão testamentária, mas somente a nomeação por substituição ordenada pelo testador no seu próprio testamento.

A exclusão atinge somente o herdeiro ou o legatário autor da ofensa e não repercute relativamente aos seus sucessores, mas, se forem incapazes, não poderão ser representados pelo excluído nem exercer a administração dos bens que seus descendentes herdaram em seu lugar. Caso faleça algum de seus descendentes, o excluído também não poderá ser sucessor desses bens que um filho premorto herdou em seu lugar.

Embora existam controvérsias se a ação de indignidade poderia ser proposta depois da morte do indigno ou se ela prossegue se no curso de declaratória sobrevier o falecimento do indigno, ressalta o argumento de que a morte do indigno extingue a ação iniciada, não se estendendo aos seus sucessores a sanção que é de caráter pessoal, e, sabidamente, uma pena civil ou criminal não pode ultrapassar a pessoa do criminoso,[114] tampouco pode haver uma interpretação extensiva por analogia ou paridade.

Para Clóvis Beviláqua a ação deve ser proposta durante a vida do indigno, mas, uma vez iniciada, ela prossegue mesmo depois de sua morte, recaindo seus efeitos sobre o seu herdeiro.[115] Hermenegildo de Barros e Carvalho dos Santos, ambos citados por Washington de Barros Monteiro, contestam essa possibilidade e dizem que, iniciada ou não a ação, ela se extingue com o falecimento do herdeiro indigno diante do caráter pessoal da pena que sob hipótese alguma deve passar adiante da pessoa do criminoso.[116]

Segundo Carlos Maximiliano, a morte do *desamoroso* elide a continuação da ação contra o seu herdeiro, e assim permite antever o art. 1.816 do Código Civil, ao destacar os efeitos pessoais da pena de exclusão, trazendo à sucessão os herdeiros do excluído e que sucedem em seu lugar por representação, como se ele morto fosse.[117] De nada adiantaria prosseguir com a ação de exclusão diante da morte incidental do indigno durante a tramitação do processo, pois a pena desaparece com o delinquente e seus herdeiros virão à sucessão por direito próprio ou em representação, dependendo da classe e do grau de parentesco dos demais coerdeiros. Como a culpa não se transmite, diz Ney de Mello Almada, falecendo o indigno antes do autor da herança, descabe o ajuizamento da ação de indignidade, pois nem o indigno adquiriu com a sua premoriência a qualidade de herdeiro.[118]

No Direito argentino, a conduta de indignidade pode ser tipificada mesmo depois do falecimento do ofendido, por fatos causados depois da sua morte, como na hipótese da subtração do testamento,[119] ou na de falsificação ou de ocultação do testamento, todas elas previstas no art. 2.281 do Código Civil argentino (Ley 26.994/2014) que aglutinou as causas de deserdação com as de indignidade.[120]

---

[114] MAGALHÃES, Rui Ribeiro de. *Direito das sucessões no novo Código Civil brasileiro.* São Paulo: Juarez de Oliveira, 2003. p. 61.

[115] BEVILÁQUA, Clóvis. *Direito das sucessões.* 5. ed. Rio de Janeiro: Livraria Francisco Alves, 1955. p. 65.

[116] BARROS MONTEIRO, Washington de. *Curso de direito civil.* Direito das sucessões. Atualizadora Ana Cristina de Barros Monteiro França Pinto. 35. ed. São Paulo: Saraiva, 2003. v. 6, p. 67.

[117] MAXIMILIANO, Carlos. *Direito das sucessões.* 4. ed. Rio de Janeiro: Livraria Freitas Bastos, 1958. v. I, p. 105.

[118] ALMADA, Ney de Mello. *Sucessões.* São Paulo: Malheiros, 2006. p. 145.

[119] ZANNONI, Eduardo. *Derecho de las sucesiones.* 3. ed. Buenos Aires: Astrea, 1982. t. I, p. 201.

[120] CCC da Argentina – "Art. 2.281 – Causas de indignidad. Son indignos de suceder: a) Los autores, cómplices o partícipes de delito doloso contra la persona, el honor, la integridad sexual, la libertad o la

Muitas das hipóteses de indignidade do Direito argentino não são contempladas no Direito brasileiro, em que impera um menor conjunto de causas de indignidade, mas em cuja legislação também é possível ocorrer uma ofensa à memória do sucedido, de seu cônjuge, companheiro ou de familiares mais próximos, por exemplo, no crime de calúnia do art. 138, § 2º, do Código Penal, quando a ofensa acontece contra o autor da herança depois do seu falecimento, ou contra seu cônjuge, companheiro, ascendente ou descendente, autorizando a exclusão intercorrente do herdeiro ofensor da sucessão.

Luiz Paulo Vieira de Carvalho entende ser perfeitamente possível que a ofensa ocorra depois da morte do hereditando, com relação à sua memória,[121] o que é verdade, ou contra seu cônjuge ou convivente supérstite, e acrescento que a ofensa também pode ser perpetrada depois da morte do autor da herança contra seus ascendentes ou descendentes.

Incontroverso que a morte do autor da ação declaratória de exclusão da herança do indigno não extingue a ação, sendo ele substituído no processo por seus próprios herdeiros, que assumem o seu lugar no polo ativo da demanda.

46. CAUSAS DE INDIGNIDADE

A relação jurídica sucessória atrelada à ordem de vocação hereditária pressupõe que o direito à herança responde aos vínculos de afeto e de solidariedade e, como bem explica Carlos Maximiliano, o direito de suceder está baseado na afeição real ou presumida do *de cujus*, despertando o ato da sucessão uma gratidão, amizade em respeito à pessoa do sucedido, sua vontade e preferências sucessórias que partem das suas inclinações afetivas.[122] A indignidade penaliza a maldade, a traição, a falta de respeito e de lealdade, verdadeira quebra de confiança que se estabelece com o ato indigno.[123] Trata-se uma pena civil prevista contra a prática pelo herdeiro de clara lesão à dignidade do sucedido, a ponto de afastar um direito constitucional sobre a herança do ofendido. Essa sanção só se opera por meio de sentença judicial provocada a partir de petição de exclusão de herdeiro indigno, em demanda proposta

---

propiedad del causante, o de sus descendientes, ascendientes, cónyuge, conviviente o hermanos. Esta causa de indignidad no se cubre por la extinción de la acción penal ni por la de la pena. b) Los que hayan maltratado gravemente al causante, u ofendido gravemente su memoria. c) Los que hayan acusado o denunciado al causante por un delito penado con prisión o reclusión, excepto que la víctima del delito sea el acusador, su cónyuge o conviviente, su descendiente, ascendiente o hermano, o haya obrado en cumplimiento de un deber legal. d) Los que omiten la denuncia de la muerte dolosa del causante, dentro de un mes de ocurrida, excepto que antes de ese término la justicia proceda en razón de otra denuncia o de oficio. Esta causa de indignidad no alcanza a las personas incapaces ni con capacidad restringida, ni a los descendientes, ascendientes, cónyuge y hermanos del homicida o de su cómplice. e) Los parientes o el cónyuge que no hayan suministrado al causante los alimentos debidos, o no lo hayan recogido en establecimiento adecuado si no podía valerse por sí mismo. f) El padre extramatrimonial que no haya reconocido voluntariamente al causante durante su menor edad. g) El padre o la madre del causante que haya sido privado de la responsabilidad parental. h) Los que hayan inducido o coartado la voluntad del causante para que otorgue testamento o deje de hacerlo, o lo modifique, así como los que falsifiquen, alteren, sustraigan, oculten o sustituyan el testamento. i) Los que hayan incurrido en las demás causales de ingratitud que permiten revocar las donaciones. En todos los supuestos enunciados, basta la prueba de que al indigno le es imputable el hecho lesivo, sin necesidad de condena penal."

[121] CARVALHO, Luiz Paulo Vieira de. *Direito das sucessões*. 3. ed. São Paulo: Atlas, 2017. p. 239.
[122] MAXIMILIANO, Carlos. *Direito das sucessões*. 4. ed. Rio de Janeiro: Livraria Freitas Bastos, 1958. v. I, p. 87.
[123] TARTUCE, Flávio. *Direito civil*. Direito das sucessões. 9. ed. Rio de Janeiro: Forense, 2016. p. 101.

por pessoa ativamente legitimada, e, sendo julgada procedente a ação, a sentença depois de transitada em julgado exclui o herdeiro ofensor da herança deixada pela pessoa ofendida.

A sanção civil da indignidade fundamenta-se na presunção de que a vontade do sucedido seria de excluir o indigno da sucessão, sem afastar o natural e compreensível sentimento de uma moral social invocada pelo texto legal ao homenagear a vontade daquele que, ofendido, não externou qualquer expresso perdão endereçado ao indigno.

A indignidade jamais se opera de ofício e depende sempre de uma correspondente ação declaratória ajuizada pelo rito comum (CPC, art. 318), e que melhor atende ao princípio constitucional da mais ampla e irrestrita defesa. As causas de indignidade são taxativa e exaustivamente enumeradas pelo art. 1.814 do Código Civil brasileiro, não existindo indignidade geral ou absoluta, sendo sempre relacionada a determinado ofensor que será punido pelas faltas por ele cometidas.[124] O art. 1.814 do Código Civil estabelece como causa de exclusão da sucessão legítima ou testamentária de herdeiro ou legatário quem incorrer nas seguintes hipóteses:

> I – que houverem sido autores, coautores ou partícipes de homicídio doloso, ou tentativa deste, contra a pessoa de cuja sucessão se trata, seu cônjuge, companheiro, ascendente ou descendente;
>
> II – que houverem acusado caluniosamente em juízo o autor da herança ou incorrerem em crime contra a sua honra, ou de seu cônjuge ou companheiro;
>
> III – que, por violência ou meios fraudulentos, inibirem ou obstarem o autor da herança de dispor livremente de seus bens por ato de última vontade.

Ao autor da ação de indignidade é vedado apresentar quaisquer outras causas que se afastem do expresso *numerus clausus*, e que não tenham sido estampadas nos três incisos do art. 1.814 do Código Civil, sendo estas as três únicas causas capazes de retirar do herdeiro o seu direito constitucional à herança (CF, inc. XXX, art. 5º). A exclusão por indignidade abarca atos considerados socialmente inaceitáveis porque agridem a integridade física ou moral do autor da herança, ou atentam contra a sua liberdade de testar, tenham as agressões previstas no inc. I do art. 1.814 do Código Civil sido direcionadas ao autor da herança, seu cônjuge ou companheiro, ascendentes ou descendentes, ou em relação às ofensas do inc. II, tenham elas sido apontadas contra o sucedido, seu cônjuge ou companheiro.

As causas de indignidade estão unificadas no art. 1.814 do Código Civil e não comportam nenhuma interpretação extensiva ou por analogia, ainda que a conduta resulte mais grave do que aquelas textualmente previstas em lei, sendo bastante restritivas na legislação brasileira em comparação com o direito alienígena, com um maior número de causas que de alguma maneira atentam contra os vínculos de afeto e de solidariedade, e que afinal de contas também não ensejam a vocação hereditária no direito sucessório brasileiro.

O art. 2.281 do Código Civil argentino ampliou sensivelmente as causas de indignidade, que no Código Civil argentino revogado eram igualmente restritas como no Brasil. Assim, na atualidade, além da autoria ou cumplicidade no delito doloso contra a pessoa, a honra, a integridade sexual, a liberdade ou a propriedade do autor da herança, ou de seus descendentes, ascendentes, cônjuge, convivente ou irmãos, também considera indignos aqueles que tenham maltratado gravemente o sucedido, ou ofendido gravemente a sua memória; os que tenham acusado ou denunciado o autor da herança por algum delito apenado com prisão ou reclusão,

---

[124] MAXIMILIANO, Carlos. *Direito das sucessões*. 4. ed. Rio de Janeiro: Freitas Bastos, 1958. v. I, p. 88.

exceto que a vítima do delito seja o acusador, seu cônjuge ou convivente, seu descendente, ascendente ou irmão, ou tenha obrado em cumprimento de um dever legal.

Também considera indignos de suceder aqueles que omitem a denúncia da autoria da morte dolosa do sucedido, dentro de um mês do assassinato, exceto se a justiça tenha denunciado nesse mesmo prazo por informação de terceiro ou de ofício por suas diligências. Essa causa de indignidade não alcança as pessoas incapazes nem aquelas com capacidade restringida, nem os descendentes, ascendentes, cônjuge e irmãos do homicida ou seu cúmplice (esqueceu o convivente que obviamente deve ser incluído). Também podem ser excluídos por indignidade os parentes ou o cônjuge que não tenham alcançado ao autor da herança os alimentos devidos, ou que não o tenham recolhido a um estabelecimento adequado, se o sucedido não mais podia cuidar de si mesmo. Igualmente, poderá ser excluído o pai que não reconheceu voluntariamente o sucedido como filho durante a sua menoridade, tirante o genitor casado sobre quem recai na legislação argentina, tal qual sucede no Direito brasileiro, a presunção de paternidade. Ainda ficam fora do direito sucessório o pai ou a mãe que tenham sido privados da responsabilidade parental em ordem judicial equivalente à perda do poder familiar no Direito brasileiro. Também podem ser excluídos aqueles que tenham induzido ou cooptado a vontade do autor da herança para que ele outorgasse testamento ou deixasse de fazê-lo, ou que o modificasse, assim como aqueles que falsifiquem, alterem, subtraiam, ocultem ou substituam o testamento, ou que tenham incorrido nas demais causas de ingratidão que permitem revogar as doações (CC, arts. 555 a 564, previstas pela legislação brasileira, mas não contempladas no sistema jurídico brasileiro como causa de indignidade).

O Direito espanhol também descreve um número mais amplo de causas de indignidade, cujo rol foi expandido com a Ley 41/2003, existindo sete proposições de exclusão por indignidade: 1º) Os pais que abandonam, prostituem ou corrompem seus filhos; 2º) Aquele que foi condenado em juízo por haver atentado contra a vida do testador, de seu cônjuge, descendentes ou ascendentes; 3º) Aquele que acusou o testador de delito que a lei assine pena não inferior a de presídio ou prisão maior, quando a acusação seja declarada caluniosa; 4º) O herdeiro maior de idade que, sabedor da morte violenta do testador, não a denuncia dentro de um mês à Justiça, quando esta já não o procedeu de ofício; 5º) Aquele que, com ameaça, fraude ou violência, obrigar o testador a fazer testamento ou o tenha modificado; 6º) Aquele que por iguais meios impede o outro de fazer testamento, ou revoga o testamento que ele tivesse feito, ou suplanta, oculta ou altera testamento posterior; 7º) Tratando-se da sucessão de uma pessoa sem capacidade física ou mental, as pessoas com direito à sua herança que não lhe tivessem prestado as atenções devidas, entendendo como tais as reguladas nos arts. 142 e 146 do Código Civil espanhol e cujos artigos são relacionados com o dever de prestar alimentos, merecendo especial referência o trabalho escrito por Fabiana Domingues Cardoso a despeito da indignidade no direito aos alimentos e no qual defende a privação da herança por abandono material e afetivo.[125]

46.1. Reflexões sobre novas causas de indignidade

Induvidosamente, o Direito das Sucessões foi o que sofreu o menor número de alterações com o aparecimento do Código Civil de 2002, não obstante a instituição familiar tenha apresentado significativas mudanças ao longo dos anos, e muitos desses câmbios sociofami-

---

[125] CARDOSO, Fabiana Domingues. *A indignidade no direito aos alimentos*. São Paulo: Editora Iasp, 2018. p. 350-361.

liares surgiram durante a demorada tramitação do primitivo projeto do Código Civil perante o Congresso Nacional, como outras grandes transformações sociais sucederam e seguem ocorrendo depois da promulgação do Diploma Civil. Essas importantes modificações na estrutura e no comportamento da família brasileira, como o divórcio e a paridade conjugal, ou a pluralidade dos modelos de família, a paridade da filiação, a independência financeira da mulher, o próprio envelhecimento da população e uma maior sobrevida do indivíduo, o crescimento do número de mães solteiras, os avanços da filiação extracorpórea, os casamentos homoafetivos, os casais informais, as famílias paralelas, o surgimento maciço de famílias reconstituídas, o abandono afetivo e a evidência de que essas mudanças transcorridas no tempo alternaram no seio das redes familiares os momentos de dar e de receber ajuda, e a verdade é que nada disso repercutiu no direito sucessório brasileiro que permanece praticamente com a mesma configuração e com os mesmos efeitos jurídicos presentes desde muito antes da promulgação do Código Civil de 1916.

Diante de todas essas transformações surgidas no comportamento humano, não obstante a sua relevância jurídica e social, em sede de Direito das Sucessões, não se verifica nenhum movimento doutrinário, legislativo ou jurisprudencial buscando determinar algum desajuste, desequilíbrio ou incoerência que sugerisse ampliar as hipóteses de exclusão da herança por indignidade ou por deserdação, mantendo os modelos estanques vigentes no Direito das Sucessões. Caso fosse perquirido, pesquisado ou questionado se eles continuam cumprindo com a função de proteção da família, ou se novos modelos devem surgir para realmente continuar protegendo a família que tanto mudou, e se, afinal de contas, as injúrias, os maus-tratos, o abandono material e afetivo do ascendente ou descendente, fatos que a todo momento são sinalizados nas relações familiares, apesar de sua relevância, estranhamente não encontram nenhuma repercussão no sagrado direito à legítima e à sucessão. Diferentemente do Direito brasileiro, outros sistemas jurídicos, embora mantenham um calendário fechado de causas de indignidade, adaptaram a nova realidade social e ampliaram o leque de motivos de indignidade que nem sempre implicam atos positivos realizados pelo indigno, senão que por vezes consistem, como sucede com relação ao Direito argentino, em gestos de omissões ou de abstenções.[126]

A inevitável conclusão diante do número restrito de causas de indignidade e de deserdação é que se trata, na atualidade, tal qual estão legalmente configurados, de institutos de muita pouca utilidade, justamente por deixarem de acolher condutas familiares altamente reprováveis, enquanto mantêm como herdeiros necessários descendentes, ascendentes e cônjuges que abandonam material e emocionalmente o autor da sucessão, sem que o legislador promova uma imperiosa reflexão e confira aos institutos jurídicos da indignidade e da deserdação uma interpretação mais justa e muito mais adaptada aos tempos atuais.[127]

46.2. Autoria, coautoria ou partícipe de homicídio doloso ou de tentativa

O Código Civil brasileiro prevê no art. 1.814 três causas que incorrem em indignidade, autorizando no inc. I a exclusão da sucessão daquele herdeiro ou legatário que houver sido autor, coautor ou partícipe de homicídio doloso, ou tentativa deste, contra a pessoa de cuja sucessão se trata, seu cônjuge, companheiro, ascendente ou descendente. Essa seria a mais

---

[126] LASALA, José Luis Pérez. *Tratado de sucesiones*. Santa-Fé: Rubinzal-Culzoni, 2014. t. I, p. 413.
[127] VARELA, Ángel Luis Rebolledo. Problemas prácticos de la desheredación eficaz de los descendientes por malos tratos, injurias y abandono asistencial de los mayores. In: _____ (Coord.). *La familia en el derecho de sucesiones*: cuestiones actuales y perspectivas de futuro. Madrid: Dykinson, 2010. p. 388.

grave de todas as restritas hipóteses de indignidade, em que a sucessão é aberta pela mão do herdeiro assassino, ou da sua tentativa, cuja prática é considerada igualmente dolosa, embora frustrada a intenção criminosa do agente, o fato jamais deixará de representar o mais abjeto dos delitos repugnados pela sociedade e pelo autor da herança, que tampouco aceitaria que o desamoroso criminoso pudesse sob qualquer forma ser beneficiado com a sua herança.

Entrementes, só configura indignidade o homicídio doloso, sendo indiferente se o indigno agiu com o intento ou não de apressar a aquisição da herança,[128] pois para reconhecer e proclamar judicialmente a indignidade, já dizia Carlos Maximiliano, não tem importância o móvel do crime, se cometido por excesso de cobiça ou com o intuito de precipitar o gozo do espólio, eis que a pena é cominada para o assassínio em geral atento ao aforismo jurídico alemão: *blutige Hand nimmt kein Erbe* (mão ensanguentada não pega nenhuma herança).[129]

A exclusão hereditária do indigno sucede apenas nos crimes dolosos, quando o agente quis o resultado ou assumiu o risco de produzi-lo, jamais nos crimes culposos, quando o agente deu causa ao resultado por imprudência, negligência ou imperícia (CP, art. 18), ou nos crimes praticados com excludentes de ilicitude (legítima defesa, estado de necessidade, estrito cumprimento do dever legal e exercício regular do direito (CP, art. 23), excludentes de culpabilidade como a doença mental (CP, art. 26), a embriaguez fortuita completa (CP, art. 28, § 1º), ou quando há erro na execução ou erro quanto à pessoa.

O Direito argentino considera como causas de indignidade a da *aberratio ictus* e a do *error in personam*. Na primeira, o sujeito ativo quis matar a pessoa de cuja sucessão se trata, seu cônjuge, companheiro, descendente ou ascendente, mas a interferência de um erro dirigiu a ação contra um terceiro. Na segunda hipótese, o agente quis matar um terceiro, mas o erro desviou sua conduta homicida contra o autor da herança, o cônjuge ou companheiro deste, seu descendente ou ascendente. Por diferentes motivos, explica Jorge O. Maffía, em ambos os casos, origina-se a indignidade; com relação ao primeiro, no mínimo houve a tentativa contra a pessoa de quem sucederia ou contra pessoas próximas (cônjuge, companheiro, ascendente, descendente); na segunda proposição, houve o homicídio doloso, mesmo que por erro de pessoa dirigido a terceiro.[130] Essa orientação doutrinária contrasta de frente com o sistema jurídico brasileiro, pois em uma hipótese o agente quis matar a quem ele sucederia e atingiu terceiro; no segundo caso, quis eliminar terceiro e por erro indesejado matou o autor da herança.

O mote do crime é o assassinato ou a sua tentativa como autor, coautor ou partícipe, só configurando como causa de indignidade o homicídio doloso, consumado ou tentado, quer a ação criminosa se volte contra o autor da herança, seu cônjuge ou companheiro, ascendente ou descendente, que são as pessoas mais próximas do convívio do sucedido e que foram atingidas, e o crime tem idêntico impacto e repercussão sociofamiliar.

O Código Civil de 2002 atualizou o antigo texto equivalente do art. 1.595 do Código Civil de 1916 e adaptou as expressões antes utilizadas de *autores* ou cúmplices, foram reformuladas pela Lei 7.209/1984.[131] Diferente do Código Civil português, cujo art. 2.034 exige a condenação do autor ou cúmplice de homicídio doloso, ainda que não consumado, contra o

---

[128] SOUZA, Osni de. *Código Civil interpretado*. Coordenação de Silmara Juny Chinellato. Organização de Costa Machado. 3. ed. Barueri: Manole, 2010. p. 1.480.
[129] MAXIMILIANO, Carlos. *Direito das sucessões*. 4. ed. Rio de Janeiro: Livraria Freitas Bastos, 1958. v. I, p. 89.
[130] MAFFÍA, Jorge O. *Tratado de las sucesiones*. 2. ed. Buenos Aires: Abeledo Perrot, 2010. t. I, p. 131.
[131] RIBEIRO, Raquel Elias Sanches. *O instituto da indignidade e o princípio da independência das ações no novo Código Civil*. Rio de Janeiro: América Jurídica, 2002. p. 10-11.

autor da sucessão ou contra seu cônjuge, descendente, ascendente, adotante ou adotado, ou do art. 727-1 do Código Civil francês e também o Código Civil belga, que, por igual, reclamam a prévia condenação criminal, ao contrário do Código Civil espanhol, ou do art. 2.281 do Código Civil argentino, como ainda o § 2.342 do BGB (*Bürgerliches Gesetzbuch*), bem como o sistema jurídico brasileiro, dispensando todos eles a prévia condenação criminal, sendo suficiente a sentença cível para a exclusão do herdeiro indigno.

O art. 935 do Código Civil brasileiro veta questionar acerca da existência do fato, ou sobre sua autoria, quando essas questões se achem decididas no juízo criminal. Não obstante, uma vez intentada a ação penal, o juiz da ação cível possa suspender sua tramitação até o julgamento definitivo da jurisdição penal (CPP, art. 64), sendo o sobrestamento da ação civil para aguardar o julgamento da ação penal uma faculdade, e não uma obrigação, e, uma vez reconhecidas as excludentes de ilicitude no juízo penal, descabe discuti-las no cível (CPP, art. 65).

Conforme Inacio de Carvalho Neto, se a sentença penal negou a materialidade ou a autoria do crime, também importará em coisa julgada no cível, não sendo assim se o réu foi absolvido por falta de provas, pois o fato e a autoria podem ser provados no juízo cível (CPP, art. 66). Salienta o autor a dificuldade prática decorrente da competência do Tribunal do Júri para os crimes de homicídio doloso, no qual vigora como garantia constitucional o sigilo das votações, sendo, portanto, imotivada a decisão proferida pelos jurados (CF, inc. XXXVIII, art. 5º), respondendo o júri apenas aos quesitos formulados.[132] Portanto, a sentença absolutória do júri sobre a questão do fato e da autoria, por não ser fundamentada, não tem nenhuma influência no juízo cível.[133] Se for condenado no cível e depois absolvido no crime, prevalece a absolvição que invalida a exclusão do herdeiro por indignidade que ele não praticou, sendo o inverso igualmente verdadeiro, quando foi absolvido no cível e condenado no crime.[134]

Embora inquestionável que o homicídio culposo ficou afastado de um enquadramento como causa de indignidade, assim também seria com relação à instigação ao suicídio, que deveria ser igualmente agente estranho à indignidade.[135] Contudo, existem muitos autores que reconhecem a sua equiparação ao homicídio doloso, mesmo não estando contemplada em lei.[136] Como refere Luiz Paulo Vieira de Carvalho, por meio da instigação ao suicídio ou ao homicídio, o agente provocador persegue e atinge exatamente o mesmo resultado,[137] e nessa conclusão é acompanhado por Cristiano Chaves de Farias e Nelson Rosenvald, que defendem a tese da *interpretação finalística* da norma, ou seja, a finalidade da conduta, devendo o juiz verificar a meta desejada pelo agente com o seu comportamento, e se este foi o de alcançar a morte da vítima induzida, auxiliada ou instigada ao suicídio, então atingiu o mesmo objetivo do homicídio doloso, devendo ser reputado como indigno.

No entanto, a doutrina majoritária arreda essa analogia, pois não foi uma hipótese textualmente prevista pelo legislador, muito embora ela atinja a mesma finalidade, não havendo nenhuma diferença no propósito ilícito do indigno matar ou de ele entregar a arma e na sequência instigar a vítima ao suicídio.

---

[132] FARIAS, Cristiano Chaves de; ROSENVALD, Nelson. *Curso de direito civil*. Sucessões. São Paulo: Atlas, 2015. v. 7, p. 111.
[133] CAVALIERI FILHO, Sergio. *Programa de responsabilidade civil*. 8. ed. São Paulo: Atlas, 2009. p. 538.
[134] CARVALHO, Luiz Paulo Vieira de. *Direito das sucessões*. 2. ed. São Paulo: Atlas, 2015. p. 69.
[135] BARREIRA, Dolor. *Sucessão legítima*. Rio de Janeiro: Borsoi, 1970. p. 95.
[136] PEREIRA, Caio Mário da Silva. *Direito das sucessões*. Atualizador Carlos Roberto Barbosa Moreira. 17. ed. Rio de Janeiro: Forense, 2009. v. VI, p. 32.
[137] CARVALHO, Luiz Paulo Vieira de. *Direito das sucessões*. 2. ed. São Paulo: Atlas, 2015. p. 237.

Paulo Nader aborda ainda a hipótese da eutanásia e concluiu que seria uma temeridade deixar de aplicar a pena no caso de sua configuração,[138] vista por muitos como um suicídio assistido. Outros denominam essa prática de homicídio piedoso, especialmente diante dos avanços da ciência médica na recuperação de casos antes havidos como irreversíveis, sem esquecer que, a pretexto de abreviar uma vida, haveria um incentivo à aceleração da abertura da sucessão, concluindo alguns veredictos que, embora não seja lícito acabar com a vida de outra pessoa, pode se tratar de um ato nobre.[139]

46.3. Calúnia em juízo contra o autor da herança

O inc. II do art. 1.814 do Código Civil prevê duas hipóteses de indignidade por ato de herdeiro ou legatário. A primeira delas trata da denunciação caluniosa, também chamada de *calúnia qualificada,* prevista no art. 339 do Código Penal, cujo crime ocorre quando o sujeito ativo dá causa à investigação policial ou a processo judicial, por haver denunciado em juízo, perante autoridade policial ou diante de membro do Ministério Público, pessoa que sabe que não participou da infração ou denunciando infração que sabe que não ocorreu, não sendo suficiente a acusação meramente verbal, pronunciada pelas redes sociais disponíveis na internet ou verbalizando aos quatro ventos a falsa acusação. O preceito está fundado nos naturais sentimentos de afeto e de respeito à pessoa do autor da herança e tende a evitar fatos que possam constituir um atentado a sua integridade moral ou, quando for o caso, a de seus familiares, cônjuge ou convivente.

Para a integração da figura examinada, diz Marcelo Fortes Barbosa Filho, é necessária a apresentação de uma declaração que se sabe falsa, dirigida a um juízo, imputando ao heredítando a prática de ilícito penal, ainda que seja uma contravenção penal,[140] não cogitando essa primeira parte do inc. II do art. 1.814 do Código Civil de ofensa extensiva aos ascendentes ou ascendentes do sucedido.

Não é ponto pacífico na doutrina brasileira deva a acusação caluniosa ser procedida no juízo criminal, havendo quem dela discorde, como Maria Helena Diniz, ao lecionar que, na atualidade, será indigno tanto quem fizer denunciação caluniosa no juízo criminal como em

---

[138] Etimologicamente, o termo eutanásia deriva de duas raízes gregas – *eu,* bom, e *thanatos,* morte – que expressam seu significado primário "boa morte". Segundo AGREST, Diana Cohen. *Qué piensan los que no piensan como yo?* Buenos Aires: Debate, 2008. p. 138: "Se distinguem diferentes classes de atos de eutanásia, cada um dos quais apresenta o seu próprio peso moral. No marco da literatura clássica, se denomina 'eutanásia passiva' à morte provocada por uma omissão, por exemplo, a suspensão do tratamento em pacientes terminais. Em câmbio, se denomina 'eutanásia ativa' à morte provocada por uma ação, como a administração de um tóxico. A respeito da ação, em sua acepção tradicional, esta pode ser direta, quando se subministra uma droga em uma dose letal, ou indireta, pela administração de drogas para acalmar ou tratar a dor, que, em determinadas doses poderiam deprimir o centro respiratório e provocar o adiantamento da morte. E no que concerne à voluntariedade, a eutanásia voluntária é a que se realiza a pedido do paciente. Em câmbio, a involuntária é a que se pratica sobre um paciente impotente, sem poder tomar em conta a sua vontade e nem tem percepção do que constitui seu próprio bem. Por último, a eutanásia não voluntária é a que se impõe a um paciente contra sua própria vontade, contrariando seus próprios desejos, se bem que, dado ao seu caráter homicida, se exclui de toda a consideração ética".

[139] NADER, Paulo. *Curso de direito civil.* Direito das sucessões. Rio de Janeiro: Forense, 2007. v. 6, p. 117.

[140] BARBOSA FILHO, Marcelo Fortes. *A indignidade no direito sucessório brasileiro.* São Paulo: Malheiros, 1996. p. 44.

inquérito civil ou em investigação administrativa.[141] Para Giselda Maria Fernandes Novaes Hironaka, qualquer denúncia caluniosa ou não, feita em juízo civil ou criminal, deverá ser comunicada ao membro do Ministério Público, que requererá seja instaurada a investigação cabível, podendo inclusive dar vazão à instauração de uma ação penal, devendo, portanto, ser modificados o entendimento doutrinário e a antiga jurisprudência civil acerca de a acusação caluniosa precisar ser criminal para efeitos de exclusão hereditária por indignidade, porquanto, "a lei exige que o fato imputado caluniosamente seja considerado crime sob a ótica do direito penal, e não que a denúncia tenha sido originada no juízo criminal".[142]

Inexiste qualquer exigência contida no inc. II do art. 1.814 do Código Civil de que deva a acusação caluniosa ser procedida em juízo criminal, constando no inciso uma denúncia caluniosa procedida em *juízo*, bastando a acusação por si só, que se torna justamente caluniosa porque feita sem nenhum fundamento, externando um comportamento incompatível com o afeto, respeito e solidariedade que deveriam existir entre o sucedido e o sucessor.

Cristiano Chaves de Farias e Nelson Rosenvald realçam ser suficiente a acusação caluniosa feita em juízo, não obrigatoriamente na esfera criminal, lembrando a inundação de acusações que a todo instante surgem nos conflitos conjugais[143] e, com efeito, cada vez mais se deparam aqueles que labutam na área jurídica com a percepção de quão vastas e prolíferas são as possibilidades das acusações caluniosas, especialmente no âmbito familiar, em ambientes de divórcios e de dissoluções de uniões de casais que denunciam com extrema facilidade, e por vezes com pouca responsabilidade, cônjuges e conviventes, de crimes que não foram cometidos, como facilmente um consorte ou convivente magoado colaciona em suas vinganças essas versões fantasiosas de um cenário que nunca existiu.

Conforme art. 339 do Código Penal, comete o crime de denunciação caluniosa quem: "der causa à instauração de investigação policial, de processo judicial, instauração de investigação administrativa, inquérito civil ou ação de improbidade administrativa contra alguém, imputando-lhe crime de que o sabe inocente". Segundo Julio Fabbrini Mirabete, o tipo objetivo do crime ocorre quando o sujeito ativo der causa à investigação policial ou a processo judicial, podendo partir até de denúncia anônima, mas sendo indispensável para a configuração do delito que o sujeito ativo impute falsamente a prática de um crime.[144] Rigorosamente, o crime dispensa para a sua caracterização que o agente o pratique pela via judicial, pois esta é apenas uma de suas modalidades, existindo outras tantas diferentes vias, bastando uma mera comunicação formal e até mesmo informal, partindo de uma denúncia anônima, mas realizada perante pessoas que darão curso à falsa denúncia proferida em um lugar público ou perante a imprensa.

Entrementes, para efeito de exclusão hereditária, é imprescindível que a acusação caluniosa seja realizada em juízo, não exigindo a legislação vigente que a denúncia caluniosa se dê perante o juízo criminal (CC, inc. II, art. 1.814), podendo ser diante de um juízo cível

---

[141] DINIZ, Maria Helena. *Curso de direito civil brasileiro*. Direito das sucessões. 21. ed. São Paulo: Saraiva, 2007. v. 6, p. 53-54.

[142] HIRONAKA, Giselda Maria Fernandes Novaes. *Direito das sucessões*. Coordenação de Giselda Maria Fernandes Novaes Hironaka e Rodrigo da Cunha Pereira. 2. ed. Belo Horizonte: Del Rey, 2007. p. 374, ou, ainda, em HIRONAKA, Giselda Maria Fernandes Novaes. *Comentários ao Código Civil*. Parte Especial do Direito das Sucessões. Coordenação de Antônio Junqueira de Azevedo. São Paulo: Saraiva, 2003. v. 20, p. 149.

[143] FARIAS, Cristiano Chaves de; ROSENVALD, Nelson. *Curso de direito civil*. Sucessões. São Paulo: Atlas, 2015. v. 7, p. 117.

[144] MIRABETE, Julio Fabbrini. *Manual de direito penal*. 9. ed. São Paulo: Atlas, 1996. v. 3, p. 382-383.

em uma demanda familiar ou sucessória, eleitoral, administrativa ou trabalhista, pois relevante será a falsidade da acusação, e não o lugar onde ela foi realizada. Para muitos autores é imprescindível que a acusação caluniosa ocorra no juízo criminal,[145] dos quais divirjo por não encontrar na legislação vigente nenhuma imposição nesse sentido, mas, pelo contrário, a referência é de uma acusação irrogada em qualquer juízo, lembrando Carlos Maximiliano que essa restrição não faz muito sentido ante a segunda parte do dispositivo, que torna igualmente indigno o herdeiro ou legatário que incorrer em *crime contra a honra do de cujus* e a calúnia e a injúria também se perpetram em palestras e impressos.[146]

Para efeitos de declaração judicial de indignidade com o intuito de afastar da herança o herdeiro ofensor, a acusação independe de uma prévia condenação por crime de denunciação caluniosa, bastando que os fatos tenham sido praticados antes ou depois da morte do autor da herança em ofensa à sua memória, do seu cônjuge ou do companheiro do sucedido,[147] impondo-se por igual o castigo da exclusão.

46.4. Crime contra a honra do sucedido ou a de seu cônjuge ou companheiro

A segunda hipótese legal de indignidade é a de o indigno incidir em um dos crimes contra a honra e nela apenas incide quem já foi judicialmente condenado em algum dos crimes de calúnia, difamação ou injúria (arts. 138, §§ 1º e 2º, 139, e 140 do Código Penal).

O bem jurídico tutelado é a honra do sujeito passivo, e como honra tem-se o respeito à própria personalidade da pessoa. Como escreve Heleno Cláudio Fragoso, "honra é valor social e moral da pessoa, inerente à dignidade humana".[148] A lei protege contra manifestações de pensamento que atinjam a estima social, a reputação, a dignidade e o decoro, configurando os crimes de *calúnia*, *difamação* e *injúria*, e a ação criminosa consiste justamente em ofender a honra alheia.

O crime de calúnia (CP, art. 138) é considerado o mais grave dos crimes contra a honra, pois não se atribui ao ofendido um defeito ou um vício, o que seria uma acusação vaga, mas um fato determinado, que consiste na atribuição de um fato criminoso. A ação incriminada versa em imputar a alguém falsamente a prática de um crime, devendo o fato atribuído ser tipificado como crime, não servindo a imputação de uma mera contravenção, que pode ser objeto de difamação, mas não de calúnia.[149] A calúnia é imputação falsa, que admite a exceção da verdade e permite que o agente prove que é verdade aquilo que ele alegou, excluindo, assim, o crime e afastando a declaração de indignidade. No entanto, nem toda acusação comporta a exceção da verdade, como nas ações de iniciativa privada ou quando a vítima logrou absolvição por sentença definitiva.[150]

---

[145] "Não basta, portanto, para ser considerado indigno, que o herdeiro acuse falsamente o sucessor. Essa acusação há de ser feita no juízo criminal. A imputação inverídica feita em inquérito policial, ou a outra autoridade administrativa, conquanto possa tipificar conduta criminalmente punível, não se presta ao reconhecimento da indignidade pelo inc. II do art. 1.814, que fala em acusação caluniosa em juízo" (ALMEIDA, José Luiz Gavião de. *Código Civil comentado*. Direito das sucessões. Sucessão em geral. Sucessão legítima. Coordenação de Álvaro Villaça Azevedo. São Paulo: Atlas, 2003. t. XVIII, p. 160).

[146] MAXIMILIANO, Carlos. *Direito das sucessões*. 4. ed. Rio de Janeiro: Livraria Freitas Bastos, 1958. v. I, p. 94-95.

[147] CARVALHO, Luiz Paulo Vieira de. *Direito das sucessões*. 2. ed. São Paulo: Atlas, 2015. p. 239.

[148] FRAGOSO, Heleno Cláudio. *Lições de direito penal*. Parte Especial. 4. ed. São Paulo: José Bushatsky, 1977. v. 1, p. 201.

[149] Idem, p. 209.

[150] NADER, Paulo. *Curso de direito civil*. Direito das sucessões. Rio de Janeiro: Forense, 2007. v. 6, p. 121.

Por vezes, os fatos, mesmo sendo verdadeiros, carecem de efetiva comprovação, pois se trata de uma prova difícil, senão impossível, deixando exposto e vulnerável o acusador, e disso os noticiários também estão repletos de exemplos de cônjuges em processos de separação pessoal denunciando seu parceiro de crimes geralmente relacionados com a evasão de divisas, atos de fraude, sonegações, desvio de bens e crimes de corrupção. Tais denúncias podem ser feitas em processos de família, ou diretamente ao Ministério Público, pela imprensa ou até mesmo nas redes sociais da internet, mas são fatos que, embora o denunciante até repute como verdadeiros, ele não se apercebe no calor do embate que carecem de meios de prova e se sujeitam à incidência da segunda hipótese do inc. II do art. 1.814 do Código Civil, praticando um crime contra a honra da pessoa do autor da herança, por vezes contra o seu cônjuge ou companheiro, quando se trata de um familiar, incidindo esse herdeiro na proposição da sua exclusão da herança deixada pelo ofendido, pela prática do crime de calúnia, injúria ou difamação.

O crime de difamação (CP, art. 139) consiste em atribuir a alguém a prática de determinado fato, que não constitui crime, mas que lhe ofende a reputação ou o bom nome. O bem tutelado, conforme Heleno Fragoso, tem sido denominado de *honra externa*, imputando à vítima um acontecimento ou uma conduta concreta e precisa, e não simplesmente algum vício ou defeito pessoal.[151] A lei permite apenas a exceção da verdade se a difamação é feita a funcionário público e se refere ao exercício de suas funções. Para a caracterização do crime não se exige a falsidade da imputação, que pode ter procedência ou não.

A injúria (CP, art. 140) seria a menos gravosa de todas as ofensas à honra, porque nela não há imputação de fatos, mas de vícios ou defeitos morais, e injuriar alguém seria ofender-lhe o decoro e a dignidade, calhando tomar em conta a observação feita por Heleno Fragoso, de que, a rigor, todos os crimes contra a honra ofendem basicamente o mesmo bem jurídico, distinguindo-se apenas pela gravidade objetiva da ofensa.[152] O sujeito ativo do crime emite conceito social negativo contra alguém, atingindo-o em sua honorabilidade e o delito se configura independentemente de comunicação a terceiro.[153]

46.5. Obstáculos à liberdade de testar

Outra causa de indignidade está tipificada pelo inc. III do art. 1.814 do Código Civil, quando, "por violência ou meios fraudulentos, inibirem ou obstarem o autor da herança de dispor livremente de seus bens por ato de última vontade". O fundamento do inciso é o de garantir a livre e espontânea manifestação de vontade do testador.

É preciso consignar que o inc. III do art. 1.595 do Código Civil de 1916 dispunha de forma diversa, permitindo excluir da sucessão quem, "por violência ou fraude, inibisse o testador de dispor de seus bens, em testamento ou codicilo, ou lhe obstasse a execução dos atos de última vontade". O Código Civil vigente não menciona o codicilo, mas se trata etimologicamente de um *pequeno testamento* e, portanto, permanece inserido na codificação atual, que exclui da herança quem iniba ou obstrua o autor da herança de dispor livremente de seus bens por ato de manifestação de derradeira vontade que pode perfeitamente ser expressa em um codicilo.

---

[151] FRAGOSO, Heleno Cláudio. *Lições de direito penal*. Parte Especial. 4. ed. São Paulo: José Bushatsky, 1977. v. 1, p. 212-213.
[152] Idem, p. 214.
[153] NADER, Paulo. *Curso de direito civil*. Direito das sucessões. Rio de Janeiro: Forense, 2007. v. 6, p. 121.

Zeno Veloso, em clássica obra sobre o testamento, editada ainda na vigência do Código Civil de 1916, dizia ser intento do legislador punir a violência ou dolo, coação ou artifícios usados contra o hereditando, para evitar que ele testasse, modificasse ou revogasse seu testamento ou codicilo, ou que obstasse a execução dos atos de última vontade.[154]

Nada restou diferente na doutrina de Zeno Veloso com relação ao inc. III do art. 1.814, pois reafirma ser indigno de suceder aquele que por violência ou meios fraudulentos inibir ou obstar o autor da herança de dispor livremente de seus bens por ato de última vontade, manifestado em testamento ou codicilo.[155]

Segundo Carlos Roberto Gonçalves, *inibir* é cercear a liberdade de disposição de bens e *obstar* corresponde a impedir tal disposição, representando ambas as situações formas distintas de violência ou de fraude contra a liberdade de testar do autor da herança, em que a violência se traduz em ação física e a fraude em psicológica.[156] Contudo, os termos dispostos no inc. III do art. 1.814 do Código Civil permitem inferir que o ato de inibir ou obstar a livre manifestação da vontade não representa necessariamente o uso da força física, servindo qualquer classe de força, física, moral, psicológica, havendo até mesmo quem sofra violência sexual e patrimonial, mas cujas ameaças geram irresistível temor ao testador, um mal grave e iminente, e que, por vezes, sequer percebe ser vítima de uma forma de violência que termina alterando a sua vontade e logre o agente o seu escuso propósito.

Na mesma pena civil incorre o herdeiro que usa da força contra o tabelião ou sobre as testemunhas do testamento no afã de impedir a sua feitura, pois esta seria igualmente uma via indireta atentando contra a liberdade de testar, porém não será causa de indignidade a subtração ou destruição de um testamento revogado por ter sido feito outro posterior pelo testador, considerando não ter sido de fato tolhida a sua vontade. Também não será inibida ou obstada a vontade final do testador, se o seu testamento foi declarado nulo ou anulado,[157] sendo inequívoco que a lei não sanciona a intenção, mas a efetiva consecução do ato de inibição ou de estorvo ao manifesto da vontade derradeira.

Explica Carlos Maximiliano que a lei pune tudo aquilo que atenta contra a liberdade de dispor, por violência, dolo, coação ou artifício, não só quando impede a feitura do instrumento, ou altera o que estava pronto, como o ato de exercer pressão sobre o testador, iludi-lo e fazê-lo acreditar em fatos que não são reais, além de ocultar, viciar, inutilizar ou falsificar o escrito do testador,[158] sendo indiferente que a conduta do indigno não se realize em seu próprio proveito.[159]

A legislação vigente pune com a pena de exclusão qualquer ato de herdeiro que iniba ou obste o autor da herança de dispor livremente de seus bens por ato de última vontade, ou seja, crie por qualquer forma situações que impeçam ao testador de se servir da cédula testamentária para manifestar sua derradeira vontade, não só impedindo a feitura do testamento, mas igualmente ocultando, viciando, inutilizando ou falsificando o escrito do testador, pois

---

[154] VELOSO, Zeno. *Testamentos de acordo com a Constituição de 1988*. Belém: Cejup, 1993. p. 450.

[155] VELOSO, Zeno. *Novo Código Civil comentado*. Coordenação de Ricardo Fiúza. São Paulo: Saraiva, 2002. p. 1.631.

[156] GONÇALVES, Carlos Roberto. *Direito civil brasileiro*. Direito das sucessões. 4. ed. São Paulo: Saraiva, 2010. v. 7, p. 119.

[157] LASALA, José Luis Pérez. *Tratado de sucesiones*. Santa-Fé: Rubinzal-Culzoni, 2014. t. I, p. 419-420.

[158] MAXIMILIANO, Carlos. *Direito das sucessões*. 4. ed. Rio de Janeiro: Livraria Freitas Bastos, 1958. v. I, p. 97.

[159] LOBATO, Encarna Cordero. *Derecho de sucesiones*. Prática jurídica. Coordenação de Rodrigo Bercovitz Rodríguez-Cano. Madrid: Tecnos, 2009. p. 75.

estes são formatos concretos que atentam contra a vontade do testador e, portanto, deve-se aceitar que se trata de atos que, inclusive, podem ser perpetrados depois de aberta a sucessão, por exemplo, o herdeiro que oculta ou inutiliza um testamento particular ou cerrado, e assim inviabiliza a execução da última vontade do autor da herança. Também age de forma maliciosa aquele herdeiro que oculta a existência do testamento, até mesmo na sua forma pública, que depois é descoberta e resta clarificada a atuação maliciosa daquele herdeiro que sabia da existência do testamento e deliberadamente silenciou acerca dele.

Portanto, para as hipóteses de crime contra a honra, mesmo quando já falecida a vítima, é admissível a perpetração da indignidade, pois o indigno fere o respeito ao morto e autor da herança (CP, § 2º do art. 138). Também é admissível a perpetração da indignidade no caso de obstrução à execução dos atos de última vontade, escrevendo Carlos Roberto Gonçalves que:

> Malgrado o dispositivo supratranscrito (CC, inc. III do art. 1.814) não tenha reproduzido a parte final do art. 1.595 do Código de 1916, correspondente ao citado art. 1.814 do novo diploma que incluía na punição quem obstasse à *execução* dos atos de última vontade, não se deve entender que tal possibilidade não mais exista, porque, conforme assentado pela doutrina, tão mal procede aquele que impede o autor da herança de manifestar a sua declaração de última vontade, como aquele outro que, maliciosamente, altera, falsifica, inutiliza ou oculta a cédula testamentária.[160]

José Luiz Gavião de Almeida também entende que a utilização do termo *obstar* pelo vigente Código Civil, embora faça parecer que se refira apenas ao ato de feitura do testamento, e não à sua execução, chegando ao extremo de um herdeiro permitir que o testador faça seu testamento cerrado, mas depois da morte do testador destrói a cédula, parecendo se eximir da responsabilidade e não se incapacitando para recolher a herança, seria um incontestável equívoco que abriria a porta para a indesejada fraude.[161]

Prossegue José Luiz Gavião de Almeida dizendo não ser essa a melhor interpretação, porquanto o legislador de 2002 inclusive ampliou as hipóteses de indignidade, incluindo novas situações de exclusão da herança, antes inexistentes, e, quando no inc. III do art. 1.814 trocou a palavra *fraude* pela expressão *meios fraudulentos*, também aumentou as hipóteses de exclusão de herdeiros e legatários, não sendo crível que pretendesse afastar a indignidade no caso de o herdeiro legítimo ou testamentário inutilizar, esconder ou omitir a existência do testamento de modo a obstar maldosamente a sua execução, justamente quando essa hipótese já estava no Código Civil anterior e nenhuma daquelas situações previstas no diploma anterior foi esquecida.[162]

Enneccerus, Kipp e Wolff inclusive afirmam expressamente ser indigno aquele que destruiu, deformou, deteriorou ou desapareceu com o testamento com a intenção de causar prejuízo a outro,[163] e esse procedimento de destruir, inutilizar, deformar ou fazer com que desapareça o testamento, a toda evidência, pode ser executado após a morte do testador e,

---

[160] GONÇALVES, Carlos Roberto. *Direito civil brasileiro*. Direito das sucessões. 4. ed. São Paulo: Saraiva, 2010. v. 7, p. 119.
[161] ALMEIDA, José Luiz Gavião de. *Código Civil comentado*. Direito das sucessões. Sucessão em geral. Sucessão legítima. Coordenação de Álvaro Villaça Azevedo. São Paulo: Atlas, 2003. t. XVIII, p. 162.
[162] ALMEIDA, José Luiz Gavião de. *Código Civil comentado*. Direito das sucessões. Sucessão em geral. Sucessão legítima. Coordenação de Álvaro Villaça Azevedo. São Paulo: Atlas, 2003. t. XVIII, p. 162-163.
[163] ENNECCERUS, Ludwig; KIPP, Theodor; WOLFF, Martín. *Tratado de derecho civil*. Derecho de sucesiones. 11. ed. Barcelona: Bosch, 1976. t. V, v. 2, p. 10.

portanto, passível de punição com a declaração de indignidade por haver atentado contra a manifestação derradeira da vontade do autor da herança. Entretanto, certamente não se configurará a indignidade se, por exemplo, o agente era o único beneficiado ou prejudicado pela inutilização da cédula, ou, como ensina Caio Mário da Silva Pereira, se o causador tem tempo de emendar os seus efeitos.[164] Emenda seus erros quem induziu a facção testamentária e depois a inutiliza, como quem deliberadamente silenciou acerca da existência de testamento ou omitiu sobre a existência, ou escondeu o testamento, mas ainda em tempo hábil apresenta o documento para a sua execução.

De qualquer forma, seria exagerado argumentar em favor de uma livre disposição para testar, quando existem herdeiros necessários que restringem essa livre disposição em cinquenta por cento do patrimônio do testador. A liberdade de testar incide somente sobre a porção disponível, pois sobre a indisponível não existe qualquer livre-arbítrio sobre bens considerados intangíveis para o testador. Trata-se de política legislativa voltada à proteção da família e que reserva metade da herança para os parentes mais próximos e ao cônjuge ou convivente (RE 646.721/RS e RE 878.694/MG) e libera a indisponível quando só existem herdeiros transversais. Portanto, a liberdade de testar será maior ou menor dependendo dos destinatários da herança e do seu grau de parentesco e vínculo de afetividade com o testador, que, tendo ascendentes, descendentes, cônjuge e convivente (CC, art. 1.845 e RE 646.721/RS e RE 878.694/MG), não poderá dispor de todos os seus bens.

Acerca dessa maior ou menor disposição patrimonial, a lei brasileira criou outra causa de indignidade contra quem inibe ou impõe obstáculos ao autor da herança, pela violência física ou pela fraude, de dispor livremente de seus bens por ato de última vontade, observando Jorge Mosset Iturraspe quão fértil transita a fraude nos negócios de última vontade para prejudicar ou burlar tanto alguns herdeiros, em benefício de outros, como em detrimento dos credores do testador e em benefício de seus herdeiros.[165]

Jorge O. Maffía alerta para a diferença entre a nulidade do testamento e a indignidade, que atuam em planos totalmente distintos, já que a primeira hipótese não impede o acesso do herdeiro à legítima, ao passo que a segunda priva o indigno de todo e qualquer direito hereditário, afora o fato de a nulidade poder viciar somente uma cláusula do testamento, enquanto a indignidade tem efeito total, ainda que a intenção do indigno tenha sido projetada para sobre uma determinada disposição do testamento. Da mesma forma, um segundo testamento viciado não prejudica a validade da facção testamentária precedente, enquanto a indignidade opera sobre os dois.[166]

47. EFEITOS DA INDIGNIDADE

Além de ser herdeiro ou legatário, é preciso ser digno para suceder, e as causas de indignidade previstas no art. 1.814 do Código Civil são aplicadas à sucessão legítima e à sucessão testamentária, cujos efeitos não se perdem com a morte do autor da herança, mas, antes, é com a abertura da sucessão que suas consequências jurídicas iniciam. A partir da abertura da sucessão, pode ser proposta a ação de declaração de indignidade, cuja sentença que exclui o herdeiro indigno da herança do sucedido, com o seu trânsito em julgado, gera efeitos retroati-

---

[164] PEREIRA, Caio Mário da Silva. *Direito das sucessões*. Atualizador Carlos Roberto Barbosa Moreira. 17. ed. Rio de Janeiro: Forense, 2009. v. VI, p. 34.
[165] ITURRASPE, Jorge Mosset. *Contratos simulados y fraudulentos*. Buenos Aires: Rubinzal-Culzoni, 2001. p. 24.
[166] MAFFÍA, Jorge O. *Tratado de las sucesiones*. 2. ed. Buenos Aires: Abeledo Perrot, 2010. t. I, p. 142.

vos à data da abertura da sucessão, suscitando uma eficácia *ex tunc*, passando o indigno a ser considerado como se morto fosse (CC, art. 1.816).

Também no Direito francês há retroatividade dos efeitos da sentença de indignidade, asseverando Anne-Marie Leroyer que o indigno é excluído retroativamente e perde a qualidade de herdeiro, devolvendo todos os bens que porventura estiverem em sua posse; todos os frutos e todas as receitas que absorveu desde a abertura da sucessão (CCf, art. 729), embora tenha direito ao reembolso das dívidas do espólio que ele saldou, resguardados direitos de terceiros diante da *teoria do herdeiro aparente*.[167]

47.1. Exclusão do indigno da herança

Como antes enfatizado, são pessoais os efeitos da exclusão da herança e por isso o art. 1.816 do Código Civil estabelece que os descendentes do excluído sucedem pelo direito de representação, como se ele morto fosse antes da abertura da sucessão, mas herdam por cabeça ou por direito próprio se o indigno era o único herdeiro na sua classe e grau. Inacio de Carvalho Neto diz que esses efeitos não são assim tão pessoais, porque, se o excluído for casado pelo regime da comunhão universal de bens, a sua esposa deixará de auferir sua meação sobre esses bens que ele deixou de herdar.[168] E realmente, havido o indigno como se morto fosse, pela mais pura ficção legal, seu casamento também será tido pela mesma ficção como dissolvido pelo óbito irreal, e a morte não só dissolve o matrimônio, como também o regime de bens, passando os bens diretamente para os filhos do indigno, que podem não ser filhos comuns com a esposa.

Conforme o parágrafo único do art. 1.816 do Diploma Civil, o excluído tampouco terá direito ao usufruto ou à administração dos bens que a seus sucessores couberem na herança, nem à sucessão eventual desses bens, nem seu cônjuge terá direito ao usufruto ou à administração desses bens, podendo alcançar a eventual sucessão desses bens, se os filhos que herdaram por representação forem comuns e morrerem antes da mãe e sem deixar seus próprios descendentes, que seriam os netos da avó indiretamente atingida pela exclusão hereditária do marido.

O art. 1.816 do Código Civil ressalva que o indigno é havido como morto e somente seus descendentes a ele sucedem, por direito de representação. Entretanto, se o indigno não tem descendentes, é certo que não existe o direito de representação entre os ascendentes, como também não podem herdar cônjuge ou companheiro, pois, se é ficcionalmente havido como morto, seu casamento ou a sua união estável também foi considerada extinta por ficção. Também não poderiam seus sobrinhos representá-lo, pois em realidade seriam representantes dos seus eventuais irmãos pré-falecidos. Ademais, só existe direito de representação quando herdeiros de um grau de parentesco concorrem com herdeiros de outro grau de parentesco, ou seja, irmãos do indigno concorrem à herança com os filhos do indigno, vindo estes últimos à herança pelo direito de representação. Agora, se o indigno não tem irmãos nem descendentes, ninguém poderá representá-lo, pois serão chamados à sucessão, na ordem de vocação hereditária, os ascendentes, e na classe dos ascendentes não existe direito de representação. Na falta de ascendentes, será chamado o cônjuge ou o companheiro do sucedido, e aqui também

---

[167] LEROYER, Anne-Marie. *Droit des successions*. Paris: Dalloz, 2009. p. 34.
[168] CARVALHO NETO, Inacio de. Exclusão da sucessão por indignidade. In: HIRONAKA, Giselda Maria Novaes (Orientação); CASSETTARI, Cristiano; MENIN, Márcia Maria (Coord.). *Direito civil*. Direito das sucessões. São Paulo: RT, 2008. v. 8, p. 76.

não há direito de representação. Por fim, na falta de descendentes, ascendentes, cônjuge ou companheiro, seriam vocacionados os colaterais do falecido, seus tios, ou, na falta destes, seus sobrinhos e, eventualmente, alguém poderia representar o sobrinho pré-falecido. Se, porventura, o herdeiro sobrinho é o indigno, volta-se ao mesmo ponto do *caput* do art. 1.816 do Código Civil, pois herdariam por representação os filhos do sobrinho indigno, e que, portanto, nada mais são do que os filhos do indigno e, como referido, apenas os filhos do indigno podem representá-lo na sucessão da qual ele foi excluído.

Se o indigno tem irmãos, mas não tem descendentes, herdeiros serão apenas os seus irmãos, considerando que ninguém representará o excluído, mas, ao contrário, existindo descendentes do indigno, estes herdam por representação, pois concorrem com os seus tios (irmãos do excluído), que herdam por direito próprio; porém, se não existirem irmãos do indigno, os descendentes do excluído receberão então a herança por direito próprio e por cabeça, e não mais por representação, uma vez que são os únicos na classe dos descendentes e os mais próximos em grau de parentesco com o autor da herança, eis que o indigno é considerado ficticiamente morto.

47.2. Limites dos efeitos da pena de exclusão

A exclusão do indigno é limitada à herança do ofendido, não podendo ser privado de qualquer outra herança advinda de qualquer outro parente que vier a falecer após a morte do ofendido, ou por meio de ato de última vontade, desde que não derive daquela da qual foi definitivamente afastado.[169] A pena de exclusão da herança por indignidade é perpétua para o indigno, mas dele não passa, tendo como fundamento jurídico a pretensão de que jamais o indigno se cure da afronta por ele cometida.[170] A lei trata de castigar o ofensor tirando-lhe a herança, entrementes, em tempos primórdios, não beneficiando os descendentes do indigno, como sucede na atualidade, mas confiscando os bens para o fisco, em que esses bens confiscados eram denominados *erepticios*, sem excluir que em alguns casos poderiam ser entregues para outras pessoas. Acontece que a indignidade não se opera de ofício, ela depende de sentença que a declare, cuja consequência será a perda do direito à herança deixada pelo ofendido, sendo lícito ao ofensor manter a posse direta dos bens, os quais ele terá de devolver ao espólio com o decreto judicial de sua exclusão por indignidade. Esses bens serão retirados do indigno, que eram e continuam sendo chamados de *erepticios*, sendo, no passado, confiscados pelo Estado, por meio de uma *vindicatio ereptio*,[171] retornando tais bens *erepticios*, na atualidade, ao monte-mor, para efeitos de redistribuição entre os herdeiros remanescentes e não mais sendo apossados pelo Estado.

47.3. Bens erepticios

Segundo Carlos Roberto Gonçalves, a expressão *ereptorium* (erepticios) é originada do Direito Romano, porquanto da pena de indignidade beneficiava-se o fisco, de onde resultava a erepção, ou o confisco da herança (*eripere*) dos bens hereditários,[172] e, conforme

---

[169] CARVALHO, Luiz Paulo Vieira de. *Direito das sucessões*. 2. ed. São Paulo: Atlas, 2015. p. 244.
[170] RIBEIRO, Paulo Hermano Soares. *Novo direito sucessório brasileiro*. Leme: JH Mizuno, 2009. p. 220-221.
[171] MAXIMILIANO, Carlos. *Direito das sucessões*. 4. ed. Rio de Janeiro: Livraria Freitas Bastos, 1958. v. I, p. 111.
[172] GONÇALVES, Carlos Roberto. *Direito civil brasileiro*. Direito das sucessões. 4. ed. São Paulo: Saraiva, 2010. v. 7, p. 130.

Pontes de Miranda, somente o Estado era legitimado ativo para o confisco desses bens (*bona ereptoria*),[173] fosse por meio de um ato administrativo ou judicial. Orlando Gomes menciona que os *bona ereptoria* também podiam recair, excepcionalmente, em outras pessoas que houvessem se distinguido por sua misericórdia para com o *de cujus*, ou que eram designadas por ato de última vontade.[174]

47.4. Efeitos quanto ao cônjuge ou ao convivente

O principal efeito proveniente da declaração judicial de indignidade é o de considerar, com efeito retroativo à data da abertura da sucessão, como se o indigno tivesse falecido. Isso significa que, embora se trate de um óbito por ficção, é como se seu cônjuge ou convivente fosse, com quem deveria estar casado ou convivendo pelo regime da comunhão universal de bens, pois só nesse regime o consorte ou companheiro é considerado um coerdeiro, que teria ficado viúvo e se casado, ou seria um companheiro sobrevivente, mas, estando viúvo, é porque o seu casamento se dissolveu pela morte ficcional do indigno, não havendo como herdar os bens deixados pelo autor da herança ofendido pelo indigno (que é tido como se morto fosse). Em realidade, falta ao cônjuge ou convivente *sobrevivente* capacidade sucessória, pois sua condição de coerdeiro dependia de um casamento ou de uma união estável existente, mas que se dissolveu por ficção legal, dado que seu consorte foi excluído da sucessão por ato de indignidade e havido como morto em decorrência disso.[175] Também deve ser lembrado que somente os descendentes herdam por representação do indigno, ou herdam por direito próprio se o indigno era o único da sua classe e grau de parentesco, não assim outros herdeiros do indigno, como cônjuge, companheiro ou colaterais, pois, na hipótese de existência apenas destes, os bens *ereptícios* são devolvidos ao monte-mor.

47.5. Efeitos quanto aos herdeiros testamentários e legatários

Caso o herdeiro declarado indigno tenha sido instituído por meio de testamento, ocorre o mesmo efeito da sua pura e simples exclusão da herança que lhe havia sido destinada pelo ofendido por meio de cédula testamentária. Tampouco poderão se fazer representar os descendentes do excluído, eis que inexiste o direito de representação na sucessão testamentária, mas, tão somente, o instituto da substituição, vindo os eventuais herdeiros testamentários substitutos à herança por direito próprio, e não por representação, que só existe na sucessão legítima. Caso se trate meramente de um legado, este caduca com a declaração judicial de indignidade do legatário (CC, art. 1.939, inc. IV). Sendo vários os herdeiros ou legatários instituídos pela mesma disposição testamentária, em quinhões não determinados, a quota do indigno será repartida entre os demais herdeiros instituídos, em decorrência do direito de acrescer (CC, arts. 1.941 e 1.943), mas, quando não se efetua o direito de acrescer, porque os

---

[173] PONTES DE MIRANDA, Francisco Cavalcanti. *Tratado de direito privado*. 2. ed. Rio de Janeiro: Borsoi, 1968. t. LV, p. 122.
[174] GOMES, Orlando. *Sucessões*. Atualizador Mario Roberto Carvalho de Faria. 15. ed. Rio de Janeiro: Forense, 2012. p. 32.
[175] Em sentido contrário e do qual respeitosamente discordo, argumenta CATEB, Salomão de Araújo. *Direito das sucessões*. 7. ed. São Paulo: Atlas, 2012. p. 96, que: "Casado o herdeiro excluído, o impedimento legal recai somente sobre ele, não atingindo seu cônjuge, se não provar que houve cumplicidade".

quinhões foram previamente determinados pelo testador, a quota vaga do indigno é transmitida aos herdeiros legítimos (CC, art. 1.944).

47.6. Fideicomisso

Escreve Maria Berenice Dias que, na instituição de herdeiros sucessivos do fideicomisso (CC, art. 1.951), existe a possibilidade de serem excluídos da herança por indignidade tanto o primeiro herdeiro instituído (fiduciário) como o segundo contemplado (fideicomissário) e, portanto, os sucessores deles não poderão assumir o lugar do indigno. Destarte, se for declarado indigno o fiduciário, a propriedade consolida-se no fideicomissário, e, se o fideicomissário for considerado indigno, o fiduciário será o titular final dos bens.[176]

47.7. Adiantamento de herança e colação

Aberta a sucessão, a herança transmite-se, desde logo, aos herdeiros legítimos e testamentários, ao passo que a declaração de indignidade exige um pronunciamento judicial, cuja procedência exclui o indigno da herança em efeito retro-operante, contado desde a abertura da sucessão, mesmo que a causa da indignidade tenha ocorrido após o falecimento do ofendido. Enquanto não declarada a indignidade, o ofensor é considerado herdeiro e tem a posse e administração dos bens hereditários como qualquer outro coerdeiro, contudo responde à ação de indignidade e podem os demais interessados promover alguma medida judicial, que pode se consubstanciar em uma *tutela de urgência* (CPC, art. 300) para a preservação dos bens, quando se evidenciem a probabilidade do direito e o perigo de dano ou risco ao resultado útil do processo. Com esse expediente processual, podem os demais interessados impedir que, por má-fé – pois o indigno não desconhece o risco e a probabilidade de sua exclusão da herança, tampouco ignora ter ofendido o sucedido –, o ofensor promova um deliberado esvaziamento dos bens do espólio.

Entrementes, se nenhuma medida de acautelamento for tomada, mesmo porque de direito é considerado ao menos em aparência um herdeiro, enquanto não reconhecida a sua indignidade, o ofensor conserva a sua qualidade de sucessor sob condição resolutiva, mas, uma vez declarada a indignidade e transitada a sentença em julgado, ele perde a titularidade do direito de propriedade dos bens deixados pelo sucedido, como também a posse desses bens, não podendo auferir nenhum benefício, direto ou indireto, dos bens deixados pelo hereditando.

Entre as consequências dessa retroatividade da indignidade, o excluído deixa de ter direito ao usufruto e à administração dos bens que couberem aos seus filhos, nem direito à sucessão eventual desses bens (CC, art. 1.816, parágrafo único). Como o indigno não herda, pois é tido como se morto fosse, herdam seus filhos por direito próprio, se forem os únicos herdeiros na classe dos descendentes e no mesmo grau de parentesco (ausentes irmãos do indigno), ou por representação, se existir um ou mais irmãos do excluído, não tendo o indigno o direito ao usufruto nem à administração desses bens, cujo direito de usufruto e de administração seria uma decorrência legal do exercício do poder familiar (CC, art. 1.689, incs. I e II).

Contudo, as liberalidades feitas em vida pelo hereditando ao indigno não são revogáveis depois da morte do ofendido, conforme pode ser extraído da redação do art. 2.008 do Código Civil, quando estabelece que o indigno somente está obrigado a repor o que exceder o dispo-

---

[176] DIAS, Maria Berenice. *Manual das sucessões*. 4. ed. São Paulo: RT, 2015. p. 319.

nível, de modo a permitir a conferência unicamente de eventual excesso em relação à parte disponível da herança e devolução do valor sobejante.[177]

Em suma, a indignidade transforma o ofensor em pessoa estranha à herança, mas não estará obrigada a restituir bens que recebeu do sucedido por ato entre vivos, qualquer que tenha sido o título dessa transferência, salvo que as doações tenham sido revogadas em vida pelo autor da herança, por ingratidão, caso contrário manterão sua validade, já que não estavam submetidas à colação, isto sem prejuízo da ação de redução que os herdeiros possam promover.[178]

Embora esse posicionamento se mostre incoerente com o móvel do instituto da indignidade, que é o de não permitir que, sob qualquer forma, o indigno usufrua de bens do ofendido, não obstante se trate de liberalidade das quais ele se despojou em vida, por adiantamento de herança ou por mera doação dispensando da colação, só faz reposição daquilo que excedeu a porção disponível. É o que consta do art. 2.008 do Código Civil ao dispor que o herdeiro renunciante ou o herdeiro excluído têm o dever de conferir as liberalidades *inter vivos* recebidas do autor da herança, para o fim de verificar se houve doação inoficiosa ou excesso de doação que superou a porção da legítima. Afirma Luiz Paulo Vieira de Carvalho que o excluído não perde o bem doado, a menos que tenha ocorrido a revogação da doação por ingratidão.[179]

De acordo com Antônio José de Souza Levenhagen, em comentário ao art. 1.790 do Código Civil de 1916, equivalente ao art. 2.008 do vigente Código Civil, a conferência destina-se tão somente a fazer com que a parte excedente da legítima seja reposta ao monte, a fim de ser partilhada entre os herdeiros não renunciantes e não excluídos, e esse excesso reposto será partilhado unicamente entre os efetivos e remanescentes herdeiros, dele sendo afastados os herdeiros renunciantes, os indignos e os deserdados, mas estes não perdem as doações realizadas em vida pelo ofendido e que permanecerão em seu poder,[180] ou seja, o excluído por indignidade ou por deserdação perde o quinhão hereditário, a herança por seu ato de ofensa, mas não perde a doação realizada em vida pelo ofendido e, certamente, antes da ocorrência da ofensa. Anota Zeno Veloso a justeza dessa determinação porque o preceito existente para efeito de exclusão da herança não atinge a revogação das precedentes doações, embora o doador esteja autorizado a promover a revogação da doação, por ingratidão do donatário, se este praticar algum dos atos referidos no art. 557 do Código Civil, e, no caso de homicídio doloso praticado contra o doador (CC, art. 557, inc. I), a ação caberá aos herdeiros, exceto se o ofendido houver perdoado (CC, art. 561).[181]

A mesma disposição legal consta do art. 640 do Código de Processo Civil,[182] ordenando que o excluído da herança devolva os bens ou reponha o equivalente em dinheiro daquilo que excedeu à porção disponível, mantendo em seu poder e sendo dispensado de colacionar quaisquer liberalidades recebidas em vida e originárias da porção disponível do sucedido.

---

[177] NADER, Paulo. *Curso de direito civil*. Direito das sucessões. Rio de Janeiro: Forense, 2007. v. 6, p. 124.
[178] MAFFÍA, Jorge O. *Tratado de las sucesiones*. 2. ed. Buenos Aires: Abeledo Perrot, 2010. t. I, p. 154.
[179] CARVALHO, Luiz Paulo Vieira de. *Direito das sucessões*. 3. ed. São Paulo: Atlas, 2017. p. 970.
[180] LEVENHAGEN, Antônio José de Souza. *Código Civil*. Comentários didáticos. Direito das sucessões. São Paulo: Atlas, 1995. v. 6, p. 207-208.
[181] VELOSO, Zeno. *Comentários ao Código Civil*. Do direito das sucessões. Coordenação de Antônio Junqueira de Azevedo. São Paulo: Saraiva, 2003. v. 21, p. 427.
[182] Art. 640 do CPC. "O herdeiro que renunciou à herança ou que dela foi excluído não se exime, pelo fato da renúncia ou da exclusão, de conferir, para o efeito de repor a parte inoficiosa, as liberalidades que obteve do doador."

Portanto, toda doação adiantada e pertencente à porção disponível do doador não será alcançada pelos efeitos da exclusão.

E, ainda, o § 1º do art. 640 do CPC favorece o herdeiro donatário renunciante ou excluído, com a faculdade de ele escolher, dos bens doados, tantos quantos bastem para perfazer a legítima e a porção disponível. Entretanto, alerta Paulo Cezar Pinheiro Carneiro que esse dispositivo deve ser interpretado em sintonia com o § 4º do art. 2.007 do Código Civil, e que essa liberdade de escolha desaparece quando as doações foram feitas em várias datas, pois então elas serão reduzidas a partir da última doação até a eliminação do excesso, retirando, por óbvio, a liberdade de escolha outorgada pelo art. 640 do CPC ou pelo art. 2.008 do Código Civil.[183]

Acerca da possibilidade de escolha dos bens a serem colacionados pelo herdeiro excluído por indignidade ou deserdação, conforme viabiliza o § 1º do art. 640 do Código de Processo Civil, Paulo Cezar Pinheiro Carneiro colaciona preciosas informações:

> A lei faculta ao herdeiro donatário a escolha dos bens que deverão ser colacionados. Assim, ele poderá ficar com o número de bens cujos valores somados não ultrapassem o valor da sua legítima, acrescida, desde que o *de cujus* assim tenha previsto, da metade disponível, ou seja, parte da herança que o falecido poderia dispor em testamento. O procedimento adequado para garantir o direito de escolha ao herdeiro donatário consistirá na apresentação de todos os bens ao inventário: aqueles ainda na propriedade do herdeiro serão avaliados, e os que ele não mais possuir serão conferidos pelos valores à época em que deixaram o seu patrimônio, devidamente corrigidos. Logo após, os demais herdeiros serão ouvidos, bem como o Ministério Público, se houver herdeiro incapaz, devendo o juiz decidir em seguida. Note-se, contudo, que a regra enunciada no art. 640 do CPC só será aplicável no caso de a doação dos bens ter ocorrido de forma simultânea. Isso porque o § 4º do art. 2.007 do Código Civil estabelece que, "sendo várias as doações a herdeiros necessários, feitas em diferentes datas, serão elas reduzidas a partir da última, até a eliminação do excesso". Tendo ocorrido as doações em diferentes datas, aplica-se, pois, o dispositivo do Código Civil, restando impossibilitada a escolha dos bens a serem colacionados.[184]

47.8. Usufruto e administração

O pai e a mãe (ou mesmo os pais), enquanto no exercício do poder familiar, são usufrutuários dos bens dos filhos (CC, art. 1.689, inc. I) e, por igual, têm a administração dos bens dos filhos menores sob sua autoridade (CC, art. 1.689, inc. II). Portanto, se os filhos do indigno são menores, o excluído, ascendente deles, terminaria sendo indiretamente beneficiado pela herança do sucedido, usufruindo e administrando os bens herdados por seus filhos que o representarão na sucessão do autor da herança. Tendo sido excluído do rol de herdeiros do *de cujus*, ao indigno não caberá nenhum direito direto ou indireto relacionado com a herança da qual foi afastado, constando expressamente do inc. IV do art. 1.693 do Código Civil que são excluídos do usufruto e da administração dos genitores os bens que aos filhos couberem na herança, quando os pais forem excluídos da sucessão, cuja redação se harmoniza com o parágrafo único do art. 1.816 do mesmo Diploma Civil.

---

[183] CARNEIRO, Paulo Cezar Pinheiro. *Comentários ao Código de Processo Civil*. 3. ed. Rio de Janeiro: Forense, 2003. v. IX, t. I, p. 159.
[184] CARNEIRO, Paulo Cezar Pinheiro. *Inventário e partilha*. Judicial e extrajudicial. Rio de Janeiro: Forense, 2019. p. 148.

A grande polêmica que surge diz respeito à exclusão ou não do usufruto e da administração de ambos os genitores, se só um deles foi considerado indigno e quando, sabidamente, são restritos e pessoais os efeitos jurídicos da exclusão. O parágrafo único do art. 1.816 do Código Civil é claro quanto à exclusão do usufruto e da administração apenas daquele genitor excluído da sucessão, ao passo que o inc. IV do art. 1.693 do Código Civil ordena a exclusão de ambos os genitores do usufruto e da administração dos bens que aos filhos comuns couberem na herança, da qual os dois foram legalmente excluídos, e não poderia ser diferente, pois, se um dos pais não foi julgado indigno, não há como estender-lhe a pena civil da indignidade.

Esse é o pensamento também externado por Silmara Juny Chinelato ao comentar sob o prisma do poder familiar o art. 1.693 do Código Civil, no sentido de que, atingindo a exclusão apenas a um dos pais, o que de regra acontece, e o outro for titular do poder parental, os efeitos daquela não o atingem, cabendo-lhe o exercício do usufruto e da administração dos bens herdados.[185]

Diferentemente pensa J. V. Castelo Branco, ao opinar pela nomeação de um curador para administrar os bens do menor, porque confiá-los à administração materna seria, de certo modo, confiá-los ao próprio pai, e, assim, a proibição legal não alcançaria o fim colimado.[186] Talvez na década de 1970 e por muitos anos fosse possível justificar como uma verdadeira temeridade confiar à administração da esposa os bens herdados pelos filhos por indignidade do pai, pois naquela época o marido era o chefe da sociedade conjugal e provedor da família, quando tampouco havia o divórcio, e muito menos nas dimensões atuais, sendo raras as separações e praticamente absoluta a independência financeira da mulher.

Contudo, mesmo naqueles tempos em que a esposa era considerada uma simples auxiliar do marido, poderia existir a exceção dos pais separados, estando os filhos sob a guarda materna, e nada impedindo que a mulher usufruísse e administrasse isoladamente os bens da prole conjugal, como os pais poderiam ser pessoas que jamais coabitaram. Um curador especial, porventura nomeado, precisaria prestar contas, tanto quanto a esposa poderia ser acionada a prestar contas da administração e usufruto dos bens dos filhos (dispensada apenas dos atos de simples administração e de manutenção do patrimônio dos filhos menores), sabendo, de antemão, que nem direta ou indiretamente poder permitir que o indigno do seu marido usufrua e administre os bens herdados pela prole, preservando assim, com votos de confiança e com o respaldo da paridade e independência da esposa, possa ela ficar responsável pelos quinhões hereditários recebidos por seus filhos em representação do marido considerado herdeiro indigno, sendo que pensar diferente representaria fazer vista grossa da igualdade de direitos dos cônjuges ordenada pela Constituição Federal (CF, art. 226, § 5º).

A função de administração não pode ser desempenhada pelos pais ilimitadamente, e sofre as restrições impostas pelo art. 1.691 do Código Civil, de forma que não é permitido aos pais alienar ou gravar de ônus reais os imóveis dos filhos, nem contrair, em nome deles, obrigações que ultrapassem os limites da simples administração, salvo por necessidade ou evidente interesse da prole, mediante prévia autorização do juiz.

Jorge O. Maffía, discorrendo sobre o mesmo tema no Direito argentino, conclui, na mesma linha, que a exclusão de um dos cônjuges não importa na exclusão dos dois, e que os

---

[185] CHINELATO, Silmara Juny. *Comentários ao Código Civil*. Parte Especial do Direito de Família. Coordenação de Antônio Junqueira de Azevedo. São Paulo: Saraiva, 2004. v. 18, p. 435.

[186] ROCHA, J. V. Castelo Branco. *O pátrio poder*. 2. ed. São Paulo: Livraria e Editora Universitária de Direito, 1978. p. 262.

frutos dos bens dos filhos, havidos por um dos cônjuges, devem ser considerados como bem próprio e incomunicável, a fim de não beneficiar o outro consorte.[187]

47.9. Indenização por perdas e danos

A parte final do art. 1.817 do Código Civil prescreve a cobrança pelos herdeiros, das perdas e danos que porventura tenham sofrido por algum ato ilícito causado pelo indigno. Em verdade, o legislador civilista considera válidos as alienações onerosas de bens hereditários feitas a terceiros de boa-fé e os atos de administração legalmente praticados pelo indigno antes da sentença de exclusão, embora subsista aos herdeiros, quando prejudicados, o direito de demandar por perdas e danos. Por certo, aos herdeiros temerosos aconselha o bom senso que eles tomem as medidas cautelares possíveis, bloqueando ou arrolando judicialmente os bens, enfim, procurando movimentar tutelas provisórias de urgência de caráter cautelar ou antecedente, consoante regulam os arts. 305 e seguintes do Código de Processo Civil e movidas diante da possibilidade de eventual alienação de bens do espólio pelo indigno, ou para assegurar que dinheiro, títulos e ações ou joias depositadas em bancos ou na posse do indigno fiquem sob custódia judicial. Acerca das medidas judiciais de típica precaução levadas a efeito no juízo sucessório, anota Graciela Medina[188] ser essencial demonstrar a existência de uma aparência ou verossimilhança do direito que ampare a pretensão do peticionário, o que se torna patente diante da existência ou da evidência do processos de declaração de indignidade ou de deserdação, ou dos fatos que levarão ao ajuizamento da correspondente ação de exclusão de herdeiro, justificado pelo temor de esvaziamento e pela evidência da necessidade de sua preservação para a partilha final entre os herdeiros remanescentes.

Como a sentença de exclusão por indignidade opera retroativamente, pode acontecer de o indigno haver praticado a transferência ou cessão de algum bem hereditário, preservando a lei a boa-fé desse terceiro adquirente, conquanto a transação não exale um óbvio sentimento de ocorrência de fraude ou de simulação, em notório concerto fraudatório havido entre vendedor e comprador.

Sendo uma aquisição onerosa e de boa-fé, com o efetivo desembolso pelo adquirente, o negócio jurídico, quando celebrado antes da decisão judicial de exclusão do indigno, será preservado, cometendo aos herdeiros prejudicados pela alienação do bem requer perdas e danos, por meio do direito de regresso contra o indigno que fica responsabilizado pela alienação que fez de bens que não lhe pertenciam e que, por responder a uma ação de indignidade, ou por não desconhecer a possibilidade de ser excluído da herança por indignidade, o excluído vendeu bens que não devia nem podia. Trata-se de solução idêntica adotada pelo art. 1.828 do Código Civil aos contratos feitos pelo herdeiro aparente, com vistas a evitar o desfalque patrimonial para o adquirente de boa-fé, mas assegurando aos herdeiros prejudicados a via indenizatória contra o excluído,[189] nada podendo fazer contra o adquirente de boa-fé. O indigno deve indenizar as perdas e danos decorrentes da deterioração da coisa ou aquilo que o espólio deixou de perceber por má administração do indigno, promovendo, por exemplo, uma péssima aplicação financeira, com visível prejuízo ao acervo hereditário.

---

[187] MAFFÍA, Jorge O. *Tratado de las sucesiones*. 2. ed. Buenos Aires: Abeledo Perrot, 2010. t. I, p. 156.
[188] MEDINA, Graciela. *Proceso sucesorio*. 4. ed. Buenos Aires: Rubinzal-Culzoni, 2018. t. I, p. 349.
[189] OLIVEIRA, James Eduardo. *Código Civil anotado e comentado*. Doutrina e jurisprudência. Rio de Janeiro: Forense, 2009. p. 1.368.

No entanto, deve ser, *a contrario sensu*, admitida a ação contra o terceiro adquirente a título oneroso, se estava de má-fé, e não desconhecia a exclusão do herdeiro indigno de quem comprou o bem hereditário, até porque quem não desconhece a causa de indignidade deveria ao menos ter um comportamento cuidadoso e preventivo.

Tratando-se de transferência gratuita, a negociação não será convalidada, haja vista que o terceiro, além de não ter desembolsado qualquer valor para haver o bem, acresce do fato de que a alienação gratuita ressalta a presunção de fraude e ausência de boa-fé, mesmo porque a devolução do bem não impõe nenhum prejuízo ao adquirente, privando-o apenas de um ganho.[190]

47.10. Frutos e rendimentos

Transitada em julgado a sentença declaratória de indignidade, diante do seu efeito retroativo (*ex tunc*) para a data da abertura da sucessão, desde então o indigno é considerado um possuidor de má-fé e deve restituir os frutos e rendimentos por ele recebidos, conforme determina o parágrafo único do art. 1.817 do Código Civil, com o direito de ser indenizado das despesas que despendeu com a conservação desses bens.

Silvio Rodrigues destaca justamente nesse dispositivo legal o nítido caráter retroativo da sentença de exclusão, pois, nunca tendo sido herdeiro, o excluído não pode ser beneficiado sob qualquer forma na herança que não lhe pertence, tampouco por ela ser de algum modo onerado. Não faria realmente sentido que um estranho à herança pudesse conservar os frutos colhidos sobre bens que estavam sob a sua posse enquanto aparentava ser herdeiro, até porque nunca ignorou haver dado margem à sua exclusão hereditária por ingratidão praticada contra o finado e, por isso, também não desconhece a existência de um vício que lhe impede de adquirir o domínio e a posse da herança.[191] A indignidade afeta o chamamento do herdeiro, a vocação hereditária até a sua raiz,[192] e desde o seu início, por isso o indigno é considerado um possuidor de má-fé, como expressamente consigna, por exemplo, o art. 2.037º do Código Civil de Portugal,[193] devendo o excluído restituir todos os frutos ou rendimentos dos bens já percebidos ou por perceber.

Portanto, o excluído deve devolver não apenas as coisas com seus acessórios e aumentos, como também os frutos e rendimentos, ou produtos obtidos desses bens, desde a abertura da sucessão, considerando que frutos são as utilidades econômicas que a coisa periodicamente produz, sem alteração ou perda de sua subsistência, podendo-se tratar de *frutos naturais*, quando provenientes diretamente da coisa, como a colheita ou a cria do gado que nasce; os *frutos civis*, consistentes nas rendas periódicas, estas provenientes da concessão do uso e gozo de uma coisa frutífera por outrem que não seja o proprietário, como os juros e aluguéis; e os *frutos industriais*, cuja produção decorre da atuação da atividade humana sobre a natureza.[194]

---

[190] RODRIGUES, Silvio. *Direito civil*. Direito das sucessões. Atualizado por Zeno Veloso. 25. ed. São Paulo: Saraiva, 2002. v. 7, p. 75.
[191] Idem, p. 73.
[192] LIMA, Pires de; VARELA, Antunes. *Código Civil anotado*. Coimbra: Coimbra Editora, 2010. v. VI, p. 43.
[193] Código Civil português, art. 2.037º "Efeitos da indignidade. 1. Declarada a indignidade, a devolução da sucessão ao indigno é havida como inexistente, sendo ele considerado, para todos os efeitos, possuidor de má fé dos respectivos bens".
[194] FARIAS, Cristiano Chaves de; ROSENVALD, Nelson. *Curso de direito civil*. Reais. 11. ed. São Paulo: Atlas, 2015. v. 5, p. 138-139.

Para efeitos fiscais, evoluiu o conceito de propriedade para o de patrimônio, no sentido de que toda disponibilidade de bens materiais ou força de trabalho se constitui em um patrimônio suscetível de produzir riqueza, ou seja, renda, e esse patrimônio rentável de determinada pessoa pode se constituir de uma propriedade imobiliária, de um capital mobiliário, afora a força do próprio trabalho, considerando os dois primeiros um patrimônio que, sendo hereditário e explorado prematuramente pelo indigno, impõe seja essa renda por ele restituída, com a devolução dos próprios bens geradores ou não de renda e frutos, preservando o direito de ser ressarcido dos gastos necessários que realizou para a conservação dos bens.

A restituição deve ser feita retroativamente ao dia da abertura da sucessão, inclusive se a causa de indignidade surgiu depois da morte do sucedido. Se ele não devolve os bens, os herdeiros devem promover a competente ação reivindicatória dos bens hereditários indevida e maliciosamente retidos pelo excluído; e se o excluído da herança faleceu no curso dos acontecimentos, seus descendentes se tornam coerdeiros e legítimos possuidores desses mesmos bens.

47.11. Ressarcimento de despesas

O indigno é uma pessoa estranha à sucessão e dela não tem nenhum direito, tampouco para com ela não tem nenhuma obrigação que deva assumir sem ser devidamente ressarcido. Portanto, é natural que possa exigir da sucessão os créditos por gastos que tenha efetuado em prol da herança, como, igualmente, a sucessão poderá exigir do indigno os créditos quem tem contra ele.[195] Como doutrina Dolor Barreira, aplica-se à matéria a conhecida regra geral de direito de que a ninguém é dado enriquecer-se à custa do patrimônio ou sacrifício alheios,[196] cujo regramento consta do texto legal do Código Civil de 2002 (CC, arts. 884 e 885), restringindo-se a reposição às despesas de conservação consideradas necessárias,[197] nada referindo o Código Civil sobre benfeitorias e construções. Entretanto, sugere José Luiz Gavião de Almeida[198] a aplicação do art. 1.220 do Diploma Civil, pelo qual o possuidor de má-fé será indenizado somente pelas benfeitorias necessárias, mas não lhe assiste o direito de retenção pela importância destas, nem o de levantar as voluptuárias.

47.12. Direito de representação dos descendentes do excluído

Lecionam José Luis Pérez Lasala e Graciela Medina que, ao tempo do Direito Romano, a porção do indigno ia para o Fisco, e não para os seus herdeiros, descabendo falar em direitos sucessórios dos filhos do indigno. Todavia, esse princípio romano foi perdendo força e a porção do indigno passou aos coerdeiros, ou seja, àquelas pessoas consideradas herdeiros

---

[195] LASALA, José Luis Pérez. *Código Civil y normas complementarias*. Análisis doctrinal y jurisprudencial. Sucesiones. Coordenação de Alberto J. Bueres e Elena I. A. Higthon. Buenos Aires: Hammurabi, 2007. v. 6, p. 87.

[196] BARREIRA, Dolor. *Sucessão legítima*. Rio de Janeiro: Borsoi, 1970. p. 110.

[197] "As benfeitorias necessárias estão ligadas à própria conservação da coisa e, assim, teriam forçosamente de ser feitas pelo proprietário. Caso contrário, a própria existência ou integridade da coisa estariam comprometidas. Justamente por isso, não indenizá-las seria prestigiar o enriquecimento ilícito" (OLIVEIRA, James Eduardo. *Código Civil anotado e comentado*. Doutrina e jurisprudência. Rio de Janeiro: Forense, 2009. p. 872).

[198] ALMEIDA, José Luiz Gavião de. *Código Civil comentado*. Direito das sucessões. Sucessão em geral. Sucessão legítima. Coordenação de Álvaro Villaça Azevedo. São Paulo: Atlas, 2003. t. XVIII, p. 172-173.

remanescentes, não ainda aos filhos e descendentes do indigno, pois parecia repugnante que o filho fosse receber a herança do avô, em que seu pai havia sido declarado indigno. No entanto, como referem os citados autores, essa ideia evoluiu, pois passou a se considerar que os filhos não podiam ser castigados pelas faltas de seus pais, abrindo-se a possibilidade de os filhos herdarem no lugar do pai que foi excluído por indignidade, mas apenas por direito próprio e nunca por representação, ocasião em que todos os herdeiros estão no mesmo grau de parentesco. Somente algum tempo depois passou a ser aceito o direito de os filhos do indigno receber por representação do pai excluído da herança por indignidade, sendo ele tido como se morto fosse.[199]

Partindo da premissa de serem sempre pessoais os efeitos da indignidade, os descendentes do excluído poderão representá-lo na sucessão legítima, pois o indigno é tido como se morto fosse, lembrando que não existe direito de representação na sucessão testamentária. A Lei Civil, portanto, só permite a representação do indigno por seus herdeiros em linha reta descendente, vale dizer, somente os descendentes do herdeiro excluído (filhos, netos, bisnetos, trinetos, tataranetos etc.) podem representar o herdeiro equiparado ao premorto, que foi afastado da herança por indignidade ou por deserdação. Os herdeiros em linha reta do excluído podem herdar por representação ou estirpe quando concorrem com parente de grau superior, por exemplo, os filhos do indigno recebem a herança com o irmão do indigno (tio dos representantes), ou podem receber a herança por direito próprio ou por cabeça, se concorrerem apenas com outros herdeiros do mesmo grau de parentesco, por exemplo, os filhos do excluído por indignidade concorrem à herança com os filhos dos irmãos do excluído (tios dos representantes), sendo todos eles netos do falecido, constituindo-se o rol de herdeiros de primos.

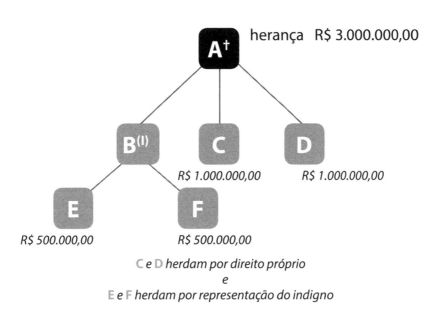

---

[199] LASALA, José Luis Pérez; MEDINA, Graciela. *Acciones judiciales en el derecho sucesorio*. 2. ed. Buenos Aires: Rubinzal-Culzoni, 2011. p. 367.

O direito de representação na indignidade somente é conferido aos descendentes do hereditando, quais sejam filhos, netos e bisnetos, e não aos demais herdeiros necessários, ascendentes e o cônjuge sobrevivente, nem aos herdeiros colaterais considerados facultativos.[200]

47.13. Premorte de representante do excluído

Com a declaração judicial de indignidade, toca aos herdeiros descendentes em linha reta do indigno recolher a herança por representação do pai, que é tido como se morto fosse. Se no futuro algum desses representantes vier a falecer antes do indigno, seu genitor e a quem ele representou na herança do ofendido ficará impedido de herdar aqueles bens recebidos por representação, ou por direito próprio, pois a legislação não quer que sob qualquer forma, direta ou indireta, o indigno se beneficie ou usufrua de uma herança da qual ele foi legalmente excluído por força da indignidade. É a dicção expressa do parágrafo único do art. 1.816 do Código Civil, ao afastar o excluído da sucessão eventual dos bens deixados pelo representado premorto, qual seja, que veio a falecer antes do indigno. Seria o exemplo da premoriência do filho do indigno, que recebeu, por representação do seu pai, o quinhão hereditário a que teria direito, se não tivesse sido excluído da herança. Com a morte prematura desse filho, sem que tivesse deixado descendentes, seus bens iriam para seus ascendentes, no caso, o genitor declarado indigno, beneficiando-se indiretamente da herança que não deve receber, porque composta de bens que integravam a sucessão da qual foi excluído. No entanto, será herdeiro dos outros bens deixados por seu filho, cuja origem não decorre do espólio dos bens deixados pelo ofendido. Destarte, se o filho premorto deixou uma casa herdada do avô, por representação do pai declarado indigno e mais um automóvel comprado com recursos pessoais desse filho, o seu pai herdará o veículo, mas não herdará o imóvel, originário do patrimônio deixado pelo ofendido.

47.14. Atos praticados pelo herdeiro aparente

Segundo definição jurídica procedida por Jordano Barea, herdeiro aparente é todo aquele que possui a herança no conceito ou qualidade de herdeiro e como tal se comporta de fato sem sê-lo de direito, quer proceda de boa ou de má-fé, desde que seu *animus heredis* se exteriorize em atos idôneos a provocar nos terceiros a crença fundada de que é um herdeiro.[201] Também se afigura impraticável considerar sob qualquer hipótese o herdeiro ofensor como um possuidor de boa-fé dos bens hereditários, porquanto ele jamais poderá ignorar, como autor da ofensa, que em seu título de herdeiro existe um vício intrínseco, capaz de invalidar sua condição de herdeiro, de modo que a boa-fé será sempre medida em relação ao terceiro.

Enquanto não julgado indigno, ao herdeiro é permitido regularmente o exercício dos direitos que lhe são inerentes, inclusive o de *cessão onerosa de direitos hereditários*, assevera Paulo Nader,[202] estabelecendo o parágrafo único do art. 1.827 do Código Civil serem eficazes as alienações feitas, a título oneroso, pelo herdeiro aparente a terceiro de boa-fé. Como denuncia a legislação vigente, será eficaz apenas a alienação onerosa realizada por herdeiro que demonstrava exercer essa condição, sem que pudesse recair ao comprador de boa-fé qual-

---

[200] CARVALHO, Luiz Paulo Vieira de. *Direito das sucessões*. 2. ed. São Paulo: Atlas, 2015. p. 251.
[201] ARROYO, Margarita Fernández. *La acción de petición de herencia y el heredero aparente*. Barcelona: Bosch, 1992. p. 239.
[202] NADER, Paulo. *Curso de direito civil*. Direito das sucessões. Rio de Janeiro: Forense, 2007. v. 6, p. 126.

quer dúvida ou suspeita acerca do negócio jurídico entabulado. Podem ser observadas duas obrigatórias premissas; a primeira delas, a evidência de que apenas as alienações onerosas podem ser alcançadas no plano eventual da boa-fé do comprador, cuja presunção evidentemente desaparece quando a alienação se deu de forma gratuita, o que seria inusual e permite não só presumir a má-fé, como também a gratuidade possibilita desfazer o negócio, haja vista que não gerou nenhum prejuízo financeiro para o beneficiário do bem, que não precisou despender qualquer centavo na sua aquisição, recebido, em realidade, por uma aparente doação realizada pelo herdeiro que, depois, foi judicialmente declarado indigno e que jamais poderia alegar que agia de boa-fé, em nenhuma circunstância, tampouco na alienação onerosa, pois o indigno é o único que não pode descartar a existência do ato de indignidade e dizer que desconhecia o risco de ser excluído da herança por indignidade.

O objetivo do legislador foi proteger o terceiro adquirente que agiu na mais absoluta boa-fé e que desconhecia por completo que o alienador não era realmente herdeiro do bem alienado, de modo que as vendas realizadas pelo *herdeiro aparente*, em relação ao adquirente, são, em princípio, válidas, sem prejuízo da ação que os herdeiros podem exercer contra o indigno para haver seus danos e prejuízos, senão se acautelaram antes requerendo medidas protetivas bloqueando os bens da sucessão que se encontram na posse e administração do indigno.

A lei abriga e beneficia os terceiros que agem de boa-fé ao contratarem com uma pessoa que, aparentemente, se investe do título de herdeiro que a legitima a realizar os atos e negócios declarados como válidos, restando unicamente o direito ao ressarcimento de parte do indigno.[203] Como aponta Marco Túlio Murano Garcia,

> (...) aquele que adquire do excluído por indignidade, antes da exclusão ou de ter conhecimento de que o mesmo está sendo acionado com tal finalidade, age com a mesmíssima boa-fé daquele que adquire de herdeiro testamentário cujo testamento venha, posteriormente, a ser rompido pela descoberta de um herdeiro necessário.[204]

Trata-se da adoção do princípio da *teoria da aparência*, consagrada pelo art. 1.817 do Código Civil e que também encontra eco no parágrafo único do art. 1.827 do Código Civil, quando regulamenta a petição de herança. A expressão *herdeiro aparente* foi introduzida pela doutrina francesa do século XIX com o objetivo de englobar em uma única categoria todos os sujeitos passivamente legitimados à petição de herança.[205]

---

[203] "Embargos de terceiro. Ação de anulação de partilha. Alienação de bem imóvel de propriedade do espólio. Herdeiros aparentes. Terceiros adquirentes de boa-fé. Eficácia da compra e venda. STJ. 2. As alienações feitas por herdeiro aparente com terceiros de boa-fé, a título oneroso, são juridicamente eficazes. Art. 1.827, parágrafo único, do CC/2002. 3. Na hipótese dos autos, o negócio jurídico foi aperfeiçoado antes do trânsito em julgado da sentença que decretou a nulidade da partilha e inexistiam, à época em que foi celebrado o contrato de compra e venda, quaisquer indícios de que o imóvel fosse objeto de disputa entre os herdeiros do espólio. 4. A retenção do recurso especial interposto, nestas condições, não acarreta o esvaziamento da utilidade da irresignação ou morosidade excessiva da prestação jurisdicional. A mera possibilidade de alienação do bem imóvel litigioso pelos terceiros adquirentes de boa-fé não constitui, na espécie dos autos, razão suficiente para afastar a aplicação do art. 542, § 3º, do CPC/1973" (AgRg na Medida Cautelar 17.349/RJ, Rel. Min. Nancy Andrighi, j. 28.06.2011).

[204] GARCIA, Marco Túlio Murano. Herdeiro aparente. In: CAHALI, Yussef Said; CAHALI, Francisco José (Org.). *Doutrinas essenciais*. Família e sucessões. São Paulo: RT, 2011. v. VI, p. 311.

[205] ARROYO, Margarita Fernández. *La acción de petición de herencia y el heredero aparente*. Barcelona: Bosch, 1992. p. 232.

Contudo, as alienações a título oneroso, as hipotecas, as servidões e todos os direitos reais sobre coisa alheia que recaiam sobre os bens imóveis hereditários, que porventura o indigno tivesse constituído como herdeiro aparente, podem ser revogados quando foram objeto de um concerto fraudulento entre ele e os terceiros que com ele contrataram. Lembra-nos Jorge Mosset Iturraspe de que, nos negócios de última vontade, por igual como sucede nos negócios entre vivos, são férteis os campos para defraudar, prejudicar ou burlar tanto alguns herdeiros, em benefício de outros, como os credores do defunto, em benefício desses mesmos herdeiros, encontrando os fraudadores uma forte predileção pelo uso abusivo das formas societárias, usando, por exemplo, a criação de uma sociedade empresária com o único objetivo de cambiar o estatuto legal da transmissão de bens pelo evento morte, e assim aplicar o estatuto societário no lugar do estatuto imperativo do Direito das Sucessões.[206]

A ideia matriz da proteção do terceiro concentra-se na forma de aquisição onerosa do bem e na boa-fé do adquirente, perdendo a validade o negócio jurídico afetado pelo concerto fraudatório realizado entre o indigno e terceiros adquirentes, no sentido de ficar evidenciado que esses terceiros conheciam a causa de indignidade que afetava a transação, dando vazão à ação pauliana,[207] com vistas a demonstrar esse conhecimento por parte do adquirente, da autoria e do ato de indignidade causado pelo herdeiro com o qual ele negocia, e que o fato não lhe era desconhecido no período intermediário sucedido entre a morte do autor da herança e o negócio inquinado de fraudatório.[208]

Os princípios da *aparência* e o da *boa-fé* deixam de ser aplicados nas transações efetuadas depois do trânsito em julgado da sentença que declarou a indignidade do herdeiro e ordenou sua exclusão retroativa da herança deixada pelo ofendido, quando então não mais subsiste o título putativo ou a figura do herdeiro aparente.

Na preleção de Silvio Rodrigues, o legislador brasileiro fez a nítida opção de validar os atos de alienação efetuados por herdeiro excluído com terceiro de boa-fé, no prevalente interesse social, pois o risco de serem anulados os atos de disposição levados a efeito pelo herdeiro excluído representaria séria ameaça à estabilidade das relações jurídicas, pois, enquanto não transcorresse o prazo de decadência, os adquirentes não estariam a salvo de ver seus direitos infirmados, desaparecendo interessados na aquisição de direitos hereditários

---

[206] ITURRASPE, Jorge Mosset. *El fraude en el derecho privado*. Buenos Aires: Rubinzal-Culzoni, 2001. t. II, p. 24-25.

[207] O efeito típico da ação pauliana é de inoponibilidade ao ato de alienação, ou seja, ele é desconsiderado em relação aos credores, mas sua declaração não importa na nulidade e, portanto, não pode ser aplicado à partilha já realizada. Nesse caso, prevalece a necessidade de uma ação de anulação de partilha, deixando sem efeito a divisão dos bens, especialmente considerando que a nulidade de uma venda repercute no conteúdo de todos os pagamentos hereditários.

[208] Merece destaque o § 1º do art. 373 do CPC, acerca da redistribuição do ônus da prova pelo juiz, seja de ofício, seja a requerimento de uma das partes, diante das peculiaridades do caso concreto relacionadas à impossibilidade ou à excessiva dificuldade de cumprir o encargo (prova diabólica), ou à maior facilidade na obtenção da prova do fato contrário. Sobre o tema escrevem BRUSCHI, Gilberto Gomes; NOLASCO, Rita Dias; AMADEO, Rodolfo da Costa Manso Real. *Fraudes patrimoniais e a desconsideração da personalidade jurídica no Código de Processo Civil de 2015*. São Paulo: RT, 2016. p. 122. Ser razoável e correto impor ao adquirente o ônus de realizar a prova de que agiu com diligência, obtendo as certidões dos distribuidores forenses do local do bem e do domicílio do alienante e, mesmo assim, não teve conhecimento da pendência da ação que poderia reduzir o alienante à insolvência, ou no caso concreto da exclusão do herdeiro por indignidade, da existência de ação de declaração judicial de sua indignidade, notadamente tratando-se de venda de cessão de direitos hereditários.

diante do justo receio de a compra ser rescindida por força de uma posterior sentença de exclusão por indignidade.[209]

Refere Hélio Borghi que não se pense que a *aparência de direito* produzirá efeitos que prejudicarão os interesses do verdadeiro titular do direito, pois este dispõe dos meios legais para impedir que alguém ilegitimado possa usurpar seus direitos, fazendo uso de medidas processuais de acautelamento dos bens hereditários. Entretanto, se, porventura, não usar ou não puder dispor de tais meios, deverá, então, respeitar a situação do terceiro que obrou de boa-fé, pois o cenário aparente propiciou a crença da licitude do negócio, para, nessa hipótese então, recorrer o titular do direito à reparação civil dos prejuízos sofridos, em face do titular aparente.[210]

Por isso, uma vez justificadamente protegido o adquirente de boa-fé, é o herdeiro aparente que responde pelos prejuízos que causou aos coerdeiros, devendo o excluído ser demandado a título de perdas de danos, abrangendo por mera ocorrência do prejuízo e dispensada qualquer prova relativa à culpa, eis que se trata de responsabilidade objetiva proveniente simplesmente dos prejuízos que provocou pelo mero ato da alienação. As perdas e danos equivalem ao prejuízo suportado pelos coerdeiros em virtude de alienação do bem ou porção de bens que lhe caberiam se não tivesse sido excluído da herança. O prejuízo corresponde ao déficit no patrimônio hereditário e ao circunstancial dano resultante da privação de ganhos gerados pelo bem alienado. Conforme Marco Túlio Murano Garcia, no tocante aos lucros cessantes, sua fixação depende da efetiva demonstração da privação do ganho em razão do ato de alienação e da verificação da sua má-fé.[211]

Entrementes, a parte final do parágrafo único do art. 1.817 do Código Civil assegura ao excluído o direito à indenização pelas despesas por ele realizadas na conservação da coisa, objetivando evitar o enriquecimento indevido em prol do beneficiado pela exclusão.[212]

47.15. O efeito da indignidade na previdência privada

O direito à aposentadoria por velhice é assegurado pela Lei da Previdência Social e pago pelo Instituto Nacional do Seguro Social (INSS), não obstante outras hipóteses fáticas possam justificar o recurso à previdência social e à precoce aposentadoria, como a morte do contribuinte e eventual invalidez e incapacidade permanente para o trabalho. O desenvolvimento da previdência privada decorre, em parte, da insegurança de parcela da população brasileira com relação ao regime oficial da previdência social que possui um patamar máximo para o pagamento do benefício, cujo teto relativamente baixo desprotege a majoritária parcela da população, cujos rendimentos quando na ativa são superiores a esse teto e não consegue manter o seu poder aquisitivo sem a aderência a uma previdência social complementar, pois temem que, no futuro, o regime oficial seja incapaz de lhes assegurar a manutenção de seu padrão de vida.[213]

O art. 202 da Constituição Federal, desde a Emenda Constitucional 20, de 15 de dezembro de 1998, e a Emenda Constitucional 103/2019, e as Leis Complementares 1.088 e

---

[209] RODRIGUES, Silvio. *Direito civil*. Direito das sucessões. Atualizado por Zeno Veloso. 25. ed. São Paulo: Saraiva, 2002. v. 7, p. 75.
[210] BORGHI, Hélio. *Teoria da aparência no direito brasileiro*. São Paulo: Lejus, 1999. p. 45.
[211] GARCIA, Marco Túlio Murano. Herdeiro aparente. In: CAHALI, Yussef Said; CAHALI, Francisco José (Org.). *Doutrinas essenciais*. Família e sucessões. São Paulo: RT, 2011. v. VI, p. 314.
[212] CARVALHO, Luiz Paulo Vieira de. *Direito das sucessões*. 2. ed. São Paulo: Atlas, 2015. p. 255.
[213] CASSA, Ivy. *Contrato de previdência privada*. São Paulo: MP Editora, 2009. p. 47-48.

109, ambas de 2001, passaram a regulamentar a matéria relativa à previdência complementar, instituindo e regulando o regime complementar e facultativo de *previdência privada*.

Conforme Manuel Soares Póvoas, a previdência privada é uma instituição paralela à previdência social, mas de caráter privado e facultativo, ao passo que a segunda é compulsória e de caráter público.[214] Fábio Lopes Vilela Berbel realça que a natureza contratual e a finalidade previdenciária induzem a classificação jurídica do plano de previdência complementar como uma espécie de seguro diante das semelhanças legais e, sobretudo, por conta da relação objetiva com o fenômeno do risco, e reforça seu argumento dizendo que a identidade entre os riscos e contingências suscetíveis de cobertura pelo plano de previdência privada e pelo seguro é inexorável.

O Plano Gerador de Benefício Livre (PGBL) e o plano Vida Gerador de Benefício Livre (VGBL) agem sobre as mesmas situações; não obstante, enquanto o primeiro caracteriza-se como plano de previdência privada, o segundo tem natureza jurídica de seguro.[215] Também escrevem nesse sentido Luiz Knigel, Márcia Setti Phebo e José Henrique Longo, ser o VGBL considerado um *seguro de vida* e o PGBL ter a natureza de pecúlio.[216] Essa mesma semelhança da previdência complementar com a figura afim do seguro é destacada por Ivy Cassa, quando menciona que as características de ambos são tão similares que o art. 73 da Lei Complementar 109/2001 estabelece que, com relação às entidades abertas, aplica-se a legislação de seguro privado, no que couber.[217] Convém destacar ainda a existência de planos abertos de previdência privada, que são oferecidos por bancos e seguradoras e podem ser adquiridos por qualquer pessoa física ou jurídica, sendo produtos comerciais existentes no mercado financeiro e com fim lucrativo, sendo fiscalizados pela Superintendência de Seguros Privados (SUSEP), e dos planos fechados de previdência privada, oferecidos pelas Entidades Fechadas de Previdência Complementar, criados por empresas, públicas ou privadas, e voltados exclusivamente para seus funcionários. Como têm finalidade assistencial, não visam lucros, sendo fiscalizados pela Superintendência Nacional de Previdência Complementar (PREVIC).[218]

Malgrado a discussão doutrinária da natureza jurídica da previdência privada, deflui dessa situação definir qual providência deve ser tomada quando na proposta de inscrição em plano de previdência privada não são indicados os beneficiários. Duas diretrizes apontam para a solução dessa omissão. Em uma delas e por analogia ao contrato de seguro, ordena a aplicação do art. 792 do Código Civil, que manda pagar a metade do capital segurado para o cônjuge ou companheiro não separado judicialmente (compreenda-se divorciado ou união estável dissolvida), e o restante aos herdeiros do segurado, obedecida a ordem de vocação hereditária do art. 1.829 do Código Civil. Ainda de acordo com o parágrafo único do art. 792 do Código Civil, na falta das pessoas indicadas no preâmbulo do dispositivo legal, serão beneficiários os que provarem que a morte do segurado privou-os dos meios necessários à subsistência.

---

[214] PÓVOAS, Manuel Soares. *Previdência privada*: planos empresariais. Rio de Janeiro: Fundação Escola Nacional de Seguros, 1991. p. 191.
[215] BERBERL, Fábio Lopes Vilela. *Teoria geral da previdência privada*. Florianópolis: Conceito, 2012. p. 130.
[216] KNIGEL, Luiz; PHEBO, Márcia Setti; LONGO, José Henrique. *Planejamento sucessório*. São Paulo: Noeses, 2014. p. 239.
[217] CASSA, Ivy. *Contrato de previdência privada*. São Paulo: MP Editora, 2009. p. 296.
[218] SILVESTRE, Marcos. *Previdência particular*. A nova aposentadoria. São Paulo: Faro Editorial, 2017. p. 166.

A segunda opção advém da Lei 8.213/1991, cujo artigo 16 indica como beneficiários do Regime Geral de Previdência Social, na condição de dependentes do segurado: inc. I – o cônjuge, a companheira, o companheiro e o filho não emancipado, de qualquer condição, menor de vinte e um anos ou inválido ou que tenha deficiência intelectual ou mental ou deficiência grave; inc. II – os pais; inc. III – o irmão não emancipado, de qualquer condição, menor de vinte e um anos ou inválido ou que tenha deficiência intelectual ou mental ou deficiência grave.

Na compreensão de Ivy Cassas, deparando com a falta de indicação do beneficiário ao pecúlio, o valor deve ser pago aos dependentes econômicos, pois considera que a previdência privada é uma extensão da previdência social destinada a manter o padrão de vida das pessoas em situação de necessidade, e isso é mais importante do que o respeito à ordem de vocação hereditária, porquanto os recursos aportados pelo participante ao plano possuem finalidade previdenciária.[219]

Assim também pensam Sebastião Amorim e Euclides de Oliveira com relação ao *seguro de vida*, ao mencionarem que o capital do seguro de vida não pertence ao espólio, pois não faz parte do patrimônio constitutivo da herança,[220] mas há quem compreenda que apenas o VGBL seria sinônimo do seguro de vida, o que afastaria da liberdade de disposição o PGBL.

Na doutrina ainda de Ivy Cassas, o VGBL foi estruturado como um seguro apenas para a absorção de uma vantagem tributária, sendo sua finalidade original de teor previdenciário e, por isso, entende que devem sempre ser respeitados os limites impostos pelo princípio da legítima, considerando dessa forma a previdência complementar como uma típica herança no caso de morte do participante do plano, tanto que uma amante poderia ser destinatária de todo o capital investido caso se tratasse de um seguro ou de um pecúlio.[221]

E, sabido que seguros de vida e pecúlios não são realmente considerados como patrimônio hereditário, restariam esses valores prioritariamente destinados aos dependentes do falecido e sem necessidade de qualquer inventário, conforme previsto pela Lei 6.858/1980, cujos pagamentos seriam feitos pela via administrativa e diretamente aos dependentes do falecido.

Na hipótese contrária, tratando-se de patrimônio sucessível deve então ser respeitada a legítima dos herdeiros necessários e, existindo herdeiro forçoso, legítimo ou testamentário excluído da herança por ato de indignidade, consigna mais uma vez Ivy Cassas que, embora inexista qualquer dispositivo legal regulando a indignidade na seara da previdência privada, tendo o sucedido indicado em vida ou não como beneficiário aquele que, posteriormente, contra ele praticou ato ofensivo à sua pessoa ou aos seus interesses, deverá ser privado do direito de receber os recursos do plano do qual seria favorecido, devendo os recursos ser deslocados para os beneficiários remanescentes. Se não existirem outros beneficiários indicados pelo participante, deve ser aplicada a ordem de vocação hereditária regrada pelo art. 1.829 do Código Civil e aplicadas as regras da sucessão.[222] Não entende, no entanto, ser pertinente que os descendentes do indigno recebam o benefício por representação ou por direito próprio no lugar do excluído, pois se trata de um contrato *intuitu personae*, no qual o participante faz a indicação pensando em favorecer estritamente a pessoa do beneficiário, mas não necessariamente os seus herdeiros.[223]

---

[219] CASSA, Ivy. *Contrato de previdência privada*. São Paulo: MP Editora, 2009. p. 121.
[220] AMORIM, Sebastião; OLIVEIRA, Euclides de. *Inventários e partilhas*. Direito das sucessões. Teoria e prática. 22. ed. São Paulo. Livraria e Editora Universitária de Direito, 2009. p. 519.
[221] CASSA, Ivy. *Contrato de previdência privada*. São Paulo: MP Editora, 2009. p. 123-124.
[222] CASSA, Ivy. *Contrato de previdência privada*. São Paulo: MP Editora, 2009. p. 125.
[223] CASSA, Ivy. *Contrato de previdência privada*. São Paulo: MP Editora, 2009. p. 125.

Não se afigura, no meu entendimento, uma solução das mais justas, pois existindo outros beneficiários indicados, até pode ser admitido que eles serão os destinatários remanescentes do capital aportado. Contudo, ausentes estes, sendo aplicáveis as regras de sucessão do Código Civil, entre esse regramento está a ordem direta de herdarem os descendentes do excluído por representação ou por direito próprio, se forem os únicos herdeiros no mesmo grau de parentesco, qual seja, ou o tema é tratado como pecúlio ou seguro e valem as regras da dependência econômica, ou o capital é tido como herança e valem as regras sucessórias em vigor, sem nenhuma exceção ou interpretação analógica, até porque, em seara de indignidade, não há espaço para a parecença.

Apenas a título de complemento, a perda da pensão da previdência social (INSS) por indignidade tem previsão expressa na Medida Provisória 664/2014, convertida na Lei 13.135/2015, cujo art. 74 estabelece a perda do direito à pensão por morte, após o trânsito em julgado, do condenado pela prática de crime de que tenha dolosamente resultado a morte do segurado. Idêntica previsão consta da Lei 8.112/1991, com relação ao sistema previdenciário dos servidores federais, podendo ser visto que a legislação previdenciária não abarcou todas as hipóteses de indignidade previstas na legislação civil. Caso o legislador desejasse prever outras hipóteses de indignidade ou de deserdação, teriam sido previstas na legislação previdenciária.[224]

47.16. Reabilitação do indigno

A qualquer tempo o indigno pode ser reabilitado pelo perdão do ofendido expressamente declarado em documento público ou particular,[225] consignando o ofendido sua inconteste concordância em permitir que ele participe de sua sucessão, não obstante as ofensas cometidas pelo perdoado.

Como visto, a reabilitação do indigno dever ser inequívoca, documentada solenemente, escreve Carlos Maximiliano, assegurando, assim, a sinceridade e a liberdade de declaração da vítima. E complementa esse autor que não basta o perdão tácito ou presumido, revelado pela conduta do falecido para com o herdeiro ofensor, porquanto a lei exige ato autêntico, externado pela lavra de um oficial público e revestido das formalidades legais de uma escritura ou de um testamento. Descarta Carlos Maximiliano o escrito particular, mesmo quando corroborado por testemunhas, tampouco escritos de próprio punho, ou quaisquer outros atos que revelem conciliação ou propósito de clemência.[226]

A indignidade somente pode ser afastada pela vontade do sucedido, em qualquer causa de indignidade, alcançando o perdão, inclusive o homicídio, caso a vítima tenha tido tempo para concedê-lo.[227] Pontes de Miranda também defende a necessidade de uma declaração expressa externando a inequívoca vontade do *de cujus* para pré-eliminar a exclusão da herança,[228] podendo ser usado o testamento em qualquer uma de suas formas ordinárias, sem nenhuma ressalva ao testamento particular. Disso deflui que, se é admitido o testamento parti-

---

[224] JORGE, Társis Nametala Sarlo. *Direitos humanos, direito de família, sucessões e previdência social*. Temas controversos. Curitiba: Instituto Memória, 2017. p. 41-53.
[225] ROCHA, Sílvio Luís Ferreira da. *Direito das sucessões*. São Paulo: Malheiros, 2012. v. 5, p. 41.
[226] MAXIMILIANO, Carlos. *Direito das sucessões*. 4. ed. Rio de Janeiro: Livraria Freitas Bastos, 1958. v. I, p. 107.
[227] TEPEDINO, Gustavo; BARBOZA, Heloisa Helena; MORAES, Maria Celina Bodin de. *Código Civil interpretado conforme a Constituição da República*. Rio de Janeiro: Renovar, 2014. v. IV, p. 605-606.
[228] PONTES DE MIRANDA, Francisco Cavalcanti. *Tratado de direito privado*. 2. ed. Rio de Janeiro: Borsoi, 1968. t. LV, p. 126.

cular, com a mesma razão também deve sê-lo o documento particular revestido das exigências do art. 221 do Código Civil,[229] não se mostrando coerente negar valor à reabilitação externada em escritura particular ou manifestação de próprio punho, corroborada por testemunhas, que em quase tudo se assemelham ao testamento particular, prescindindo unicamente da leitura perante as testemunhas. No entanto, essas mesmas testemunhas acompanham o declarante até o tabelionato para colher a autenticidade de suas firmas.

Paulo Nader também está entre aqueles doutrinadores que admitem o aproveitamento da manifestação de vontade do autor da herança quando realizada em documento particular para efeitos de reabilitação do indigno, devendo constar do documento testemunhas presenciais e assinatura aposta na presença de oficial público,[230] mesmo porque o documento com a observação desses pressupostos recebe do tabelião a chancela da autenticidade.

Nesse sentido, aponta o art. 1.818 do Código Civil ao prescrever que o perdão do ofensor depende de reabilitação expressa lavrada pelo ofendido em testamento, ou em outro ato autêntico. Se essa reabilitação não for expressa, o indigno contemplado em testamento do ofendido, quando o testador ao testar já conhecia a causa da indignidade, pode suceder no limite da disposição testamentária (CC, art. 1.818, parágrafo único).

A reabilitação tácita tem previsão no parágrafo único do art. 1.818 do Código Civil e é aceita nos limites da disposição testamentária, não devolvendo ao ofensor a clemência geral e irrestrita. Todavia, a manifestação do testador que beneficiou o indigno, mesmo depois de sofrer a ofensa, resulta para a doutrina e para a jurisprudência no entendimento de que o legislador subentende que o perdão é de fato tácito, mas que foi concedido até o montante da liberalidade conferida por meio do testamento, ou seja, nos limites da disposição testamentária, mantendo-se a indignidade com relação ao remanescente do acervo hereditário.

A reabilitação é irretratável e subsiste mesmo sendo revogado o testamento, ou este se torne inexequível, salvo o caso de nulidade do testamento ou documento autêntico em que conste o próprio ato de reabilitação,[231] por vício da vontade, proveniente de erro, dolo ou coação,[232] sendo incontroverso que descabe promover a ação de indignidade diante do expresso perdão concedido pelo ofendido, tampouco os herdeiros do ofendido têm legitimidade para revogar o perdão, que é ato pessoal do ofendido. Em contrapartida, os herdeiros podem perdoar indiretamente o ofensor, bastando deixar escoar o prazo de caducidade de quatro anos para a propositura da ação declaratória de indignidade. Pondera Paulo Nader não ser apropriado falar em reabilitação do indigno, pois só poderia ser reabilitado quem foi condenado por indignidade.[233] Respeitosamente discordo de tal conclusão, por considerar que o documento autêntico que perdoa o indigno é o mesmo instrumento que impede a propositura da ação de indignidade, operando-se a reabilitação pela mera existência do expresso perdão consignado em documento autêntico escrito pelo autor da herança, cujo documento trava e torna desnecessário o inútil desenvolvimento de uma ação declaratória de indignidade quando contra ela é oposta prova inconteste do inquestionável perdão concedido pelo ofendido ao ofensor.

---

[229] MAGALHÃES, Rui Ribeiro de. *Direito das sucessões no novo Código Civil brasileiro*. São Paulo: Juarez de Oliveira, 2003. p. 63.
[230] NADER, Paulo. *Curso de direito civil. Direito das sucessões*. Rio de Janeiro: Forense, 2007. v. 6, p. 129.
[231] TEPEDINO, Gustavo; BARBOZA, Heloisa Helena; MORAES, Maria Celina Bodin de. *Código Civil interpretado conforme a Constituição da República*. Rio de Janeiro: Renovar, 2014. v. IV, p. 606.
[232] GOMES, Orlando. *Sucessões*. Atualizador Mario Roberto Carvalho de Faria. 15. ed. Rio de Janeiro: Forense, 2012. p. 38.
[233] NADER, Paulo. *Curso de direito civil. Direito das sucessões*. Rio de Janeiro: Forense, 2007. v. 6, p. 128.

Depois de perdoar o indigno, o titular da herança não mais pode se retratar, explicando Giselda Hironaka que a razão da irretratabilidade decorre do fato de que a ausência de rancor, certa feita externada pelo ofendido, opera não apenas para o passado, mas também se projeta para frente, impedindo que atos de menor significação posteriormente praticados pelo perdoado façam a raiva do ofendido renascer e se sobrepor ao perdão concedido.[234]

Luiz Paulo Vieira de Carvalho identifica algumas das hipóteses de insubsistência do perdão, como sucede no caso de falsificação do testamento, ou no de declaração de nulidade do testamento por incapacidade do testador (CC, art. 1.860, parágrafo único – testador menor de 16 anos), e reitera as hipóteses de anulação do testamento pelo vício de consentimento do art. 1.909 do Código Civil, cujo direito de anular a disposição caduca em quatro anos, contados de quando o interessado tiver conhecimento do vício (CC, art. 1.909, parágrafo único).

O documento utilizado para reabilitar expressamente o indigno não precisa ser de conteúdo exclusivo para essa finalidade, podendo ser utilizado para a revelação de outras vontades do testador. Tanto isso é verdade que seria ilógico exigir, por exemplo, que o testamento mandado lavrar pelo testador só pudesse dispor acerca da reabilitação do indigno, vetando outras disposições testamentárias que, afinal de contas, é a manifestação de vontade a principal finalidade do testamento. Defender essa tese seria como afirmar que um testamento só serve para disposições patrimoniais e nunca para manifestações extrapatrimoniais, e, sabidamente, esse seria um rematado absurdo, pois já superada a lacuna que existia nesse sentido, no Código Civil de 1916, com o advento do art. 1.857, § 2º, do Código Civil de 2002.

O Código Civil argentino faculta ao ofendido inibir os efeitos de uma declaração de indignidade mediante uma manifestação expressa, que tanto pode ser em documento público ou particular, ou pelos efeitos da presunção de perdão emanada de uma disposição testamentária a favor do indigno, percebendo-se uma completa liberdade de forma do direito argentino e a ausência dos limites impostos pelo parágrafo único do art. 1.818 do Código Civil brasileiro, que só perdoa o indigno beneficiado por testamento, se esse perdão foi externado após a ofensa, e somente o reabilita até as fronteiras da liberalidade disposta na cédula testamentária. Existindo algum vício que tenha maculado a manifestação de vontade do ofendido que realmente não pretendeu perdoar o seu ofensor, que os interessados demonstrem a ocorrência do vício, transformando o tema em uma *questão de prova*, e não, como ocorre no Direito brasileiro, em uma *questão de forma*.[235]

O art. 2.282 do Código Civil e Comercial argentino ainda dispõe que o perdão da ofensa tem lugar quando o sucedido, em testamento posterior à ofensa pela qual poderia excluir da sua herança o ofensor por indignidade, a este beneficia, bastando esse gesto para havê-lo como perdoado de todos os efeitos da indignidade, e não apenas nos limites da disposição testamentária, como acontece no ordenamento jurídico brasileiro, salvo, é claro, que os coerdeiros provem que o ofendido desconhecia a causa e autoria da ofensa quando beneficiou o ofensor em seu testamento.

Maria Berenice Dias ensina que no adiantamento de legítima em que a doação é levada a efeito pelo testador, beneficiando o indigno depois do seu ato de indignidade, nada impede a declaração judicial de indignidade. No entanto, como o agir indevido ocorreu depois da

---

[234] HIRONAKA, Giselda Maria Fernandes Novaes. *Comentários ao Código Civil*. Parte Especial do Direito das Sucessões. Coordenação de Antônio Junqueira de Azevedo. São Paulo: Saraiva, 2003. v. 20, p. 167.

[235] CÓRDOBA, Marcos M. *Código Civil y Comercial de la Nación comentado*. Coordenação de Ricardo Luis Lorenzetti. Buenos Aires: Rubinzal-Culzoni, 2015. t. X, p. 427.

doação, sobre esses bens antecipados incide o tácito perdão do ofendido, que não desconhecia a prática do ato de desamor.[236]

Ademais, se o documento de reabilitação só foi descoberto depois da declaração de indignidade, a partilha consensual judicial ou extrajudicial é passível de anulação para que o herdeiro excluído recupere o seu quinhão hereditário no prazo de dois anos (CC, art. 179), ou que intente a competente ação rescisória, se a partilha foi judicialmente decretada.

Por fim, Maria Berenice Dias também doutrina que a reabilitação do indigno não afeta a higidez das alienações dos bens levadas a efeito pelos herdeiros que haviam recebido os bens do indigno, sendo protegidos os direitos de terceiros pela *teoria da aparência* (CC, art. 1.827). Entretanto, o indigno reabilitado pode buscar o ressarcimento de seu quinhão hereditário contra os herdeiros que se beneficiaram de sua exclusão, recebendo o valor atualizado das alienações.[237]

---

[236] DIAS, Maria Berenice. *Manual das sucessões*. 4. ed. São Paulo: RT, 2015. p. 320.
[237] DIAS, Maria Berenice. *Manual das sucessões*. 4. ed. São Paulo: RT, 2015. p. 320.

Capítulo VII
DA HERANÇA JACENTE E VACANTE

48. CONCEITO DE HERANÇA JACENTE

Seguindo a regra do art. 1.784 do Código Civil, que cuida do direito de *saisine*, pelo qual a herança se transmite automaticamente com a abertura da sucessão para os herdeiros legítimos e testamentários do sucedido, sem qualquer hiato de tempo ou solução de continuidade, pode ocorrer de não serem conhecidos, de imediato, quem seriam os sucessores da herança aberta. Pode ser que os herdeiros não sejam ainda conhecidos, pode ser que existam dúvidas sobre quem sejam os herdeiros dentre aqueles que assim se habilitam para recolher o espólio, como pode ser que simplesmente não existam sucessores do falecido.

Durante esse espaço *vazio* existente entre a morte e a aceitação da herança por seus efetivos herdeiros, havendo dúvidas sobre quem seja afinal o contemplado com o espólio, é preciso protegê-lo de eventuais usurpadores e dar continuidade à sua administração, especialmente naqueles negócios contínuos que sofrem com a demora da solução.[1] Qual seja, a herança jacente ocorre quando não há herdeiros legítimos e nem testamentários, ou, no caso de existirem, eles não se apresentem para receber a herança ou não logram justificar seus respectivos títulos ou, também, quando renunciam à sucessão.[2]

Por isso os autores costumam elucidar que herança jacente é aquela cujos herdeiros ainda não são conhecidos, diferindo da herança vaga, que não tem herdeiros,[3] ou que é jacente a herança quando não há herdeiro certo e determinado, ou se não se tem conhecimento da existência dele, ou até mesmo a herança repudiada.[4]

Se há cônjuge – e o mesmo vale para companheiro, como consignado pelo Supremo Tribunal Federal –, herdeiro descendente ou ascendente, ou mesmo colateral sucessível, notoriamente conhecido e que não renunciou à herança, esta fica sob a sua guarda, ou a do herdeiro que foi nomeado inventariante, denominando-se jacente a herança que não está sob essa guarda, conservação e administração, nem sob a guarda, conservação e administração de herdeiro testamentário, nomeado inventariante, testamenteiro ou outra pessoa que seja inventariante, se houve testamento.[5]

---

[1] MAXIMILIANO, Carlos. *Direito das sucessões*. Rio de Janeiro: Freitas Bastos, 1958. v. 1, p. 74.
[2] LLOVERAS, Nora; ORLANDI, Olga y FARAONI, Fabían. *La sucesión por muerte y el processo sucessório*. Buenos Aires: Erreius, 2019. p. 622.
[3] BEVILÁQUA, Clóvis. *Direito das sucessões*. 5. ed. Rio de Janeiro: Editora Paulo Azevedo, 1955. p. 40.
[4] LAFAYETTE. *Direito de Família*. Citado por VIOLANTE, Carlos Alberto. *Herança jacente e herança vacante*. São Paulo: Juarez Freitas, 2003. p. 9.
[5] MIRANDA, Pontes de. *Tratado de direito privado*: parte especial. Campinas: Bookseller, 2008. t. LV, p. 136.

Carlos Alberto Violante é mais sintético e igualmente esclarecedor ao referir que herança jacente é aquela que jaz, sem que se conheçam os herdeiros, ou os conhecidos a tenham renunciado, ou dela sido excluídos, por indignidade ou deserdação (sem que existam outros que recebam a herança por representação do indigno ou substituto para o deserdado).[6]

Adiciona Orlando Gomes o informe de a herança jacente poder existir tanto na sucessão legítima como na testamentária, esta última para as hipóteses de o testador não deixar cônjuge ou companheiro, descendente ou ascendente, ou se o herdeiro instituído não existir ou não aceitar a herança e não houver parente colateral sucessível conhecido,[7] enfim, uma herança aparentemente sem titular, precisando os bens que compõem o acervo hereditário ser confiados a um curador encarregado de conservá-los e administrá-los até serem entregues aos sucessores, ou se for declarada vaga a herança por total ausência de herdeiros, passando às mãos do Município (CC, art. 1.822), como determina a legislação brasileira desde o advento da Lei 8.049/1990, que alterou o art. 1.594 do Código Civil de 1916, eis que antes na herança vaga os bens eram destinados ao Estado-membro onde os bens vacantes se encontravam.

A jacência da herança é uma situação invariavelmente transitória e que comporta uma de duas soluções: i) ou aparecem os herdeiros e abre-se o inventário; ii) ou eles não aparecem e a herança jacente se converte em vacante, passando a posse e administração dos bens ao Município ou ao Distrito Federal e União, e está regulamentada pelo art. 1.819 do Código Civil, com o seguinte conteúdo: "Falecendo alguém sem deixar testamento nem herdeiro legítimo notoriamente conhecido, os bens da herança, depois de arrecadados, ficarão sob a guarda e administração de um curador, até a sua entrega ao sucessor devidamente habilitado ou à declaração de sua vacância".

Portanto, na herança jacente existe um patrimônio cujos herdeiros ainda são desconhecidos ou realmente não existem, ou foram excluídos da herança por indignidade ou deserdação, ou simplesmente não têm interesse no espólio e renunciaram à herança. Esse espólio precisa ser confiado à guarda e administração de uma pessoa da fidúcia do juiz, que haverá de nomear um curador especial, que pode ser o representante judicial de incapazes ou ausentes, nas Comarcas onde houver (CPC, art. 72, parágrafo único). Ausente tal representante, o juiz nomeará um advogado que a seu critério goza da costumeira idoneidade profissional para o exercício do encargo e este será remunerado sobre os bens por ele administrados até sua entrega aos herdeiros, se surgirem, ou à Fazenda Pública, porque declarada vaga diante da inexistência de herdeiros.

A herança jacente não tem personalidade jurídica, ela não representa o defunto e tampouco os herdeiros, constituindo-se simplesmente em uma universalidade de bens, sem qualidade para agir, adquirir direitos e contrair obrigações, mas será representada em suas relações pelo curador, a quem incumbe os atos de conservação e administração durante essa primeira fase.[8] Neste período, com a intervenção do curador serão praticadas diligências para a localização de eventuais herdeiros e entrega dos bens, ou a decretação de vacância, se, decorrido o prazo legal, não aparecerem herdeiros.[9]

---

[6] VIOLANTE, Carlos Alberto. *Herança jacente e herança vacante*. São Paulo: Juarez de Oliveira, 2003. p. 10.
[7] GOMES, Orlando. *Sucessões*. Atualizada por Mario Roberto Carvalho de Faria. 15. ed. Rio de Janeiro: Forense, 2012. p. 76.
[8] PEREIRA, Caio Mário da Silva. *Instituições de direito civil*: direito das sucessões. Atualizada por Carlos Roberto Barbosa Moreira. 17. ed. Rio de Janeiro: Forense, 2009. p. 56.
[9] DINIZ, Maria Helena. *Curso de direito civil brasileiro*: direito das sucessões. 21. ed. São Paulo: Saraiva. v. 6, 2007. p. 87.

Também pode haver jacência apenas de parte dos bens, quando existe testamento dispondo sobre parcela do patrimônio do testador, não se habilitando os herdeiros legais que deveriam recolher a herança legítima, que não foi contemplada no testamento, mas se apresentando no inventário unicamente os herdeiros testamentários. Se os herdeiros testamentários não existirem ou renunciarem à herança, então todo o acervo deixado pelo testador na sucessão legítima e na sucessão testamentária restará vacante.

Jacência e vacância são conceitos que não se confundem, pois jaz a herança enquanto são procurados os possíveis herdeiros e vaga será somente quando não aparecem herdeiros que foram exaustivamente procurados, contudo, pelo art. 1.823 do Código Civil, nem incide a fase de jacência da herança quando todos os herdeiros chamados a suceder renunciaram, quando então será declarada desde logo vacante e nem passará pela primeira fase de arrecadação, administração e procura de herdeiros.

Por conta disso, escreve Carlos Roberto Gonçalves ser vacante a herança devolvida à Fazenda Pública por se ter verificado não haver herdeiros e legatários que se habilitassem[10] durante o período de jacência, ou mesmo antes dela por antecipada renúncia coletiva.

Tornada vacante a herança, o Estado a preserva para evitar sua ruína, devendo entregá-la se ainda durante a vacância surgirem herdeiros, comprovando essa condição, ou, finalmente, sendo declarados vacantes e transferidos os bens para o domínio do Estado.

Conforme reporta Luiz Paulo Vieira de Carvalho, existiriam outras hipóteses de herança jacente que não chegam ao domínio do Estado, contudo, o patrimônio do sucedido jaz enquanto: *a)* ainda não nasceu o filho já concebido; *b)* enquanto é aguardada a constituição de pessoa jurídica beneficiada em testamento pelo universo dos bens do falecido; *c)* enquanto espera o nascimento de filho ainda não concebido, nos termos do art. 1.799, inc. I, do Código Civil.[11]

49. NATUREZA JURÍDICA

A herança jacente é tratada como um patrimônio sem titular, e não, como considerava o Direito Romano, como uma pessoa jurídica que representava a pessoa do defunto e como tal era capaz de adquirir direitos e contrair obrigações. No direito moderno, a herança jacente não representa a pessoa do *de cujus*, nem a dos herdeiros, nem tampouco constitui, por si só, pessoa incorpórea.[12] Trata-se de um patrimônio sem titular, que deve ser administrado para ser entregue ao herdeiro que apareça, ou ao Estado, constituindo-se de uma massa de bens despersonalizada que não pode ficar em abandono,[13] não podendo ser comparada a uma pessoa jurídica, pois esta tem existência duradoura e nasce da *affectio societatis*, que é o desejo de formação da comunhão, ao passo que a herança jacente não nasce da vontade dos herdeiros, que inclusive são desconhecidos e não aparecem para receber a herança, sem deslembrar que a herança jacente tem existência transitória, até que os bens sejam entregues aos herdeiros que se habilitaram ou proclamados vacantes para entrega ao Poder Público.[14]

---

[10] GONÇALVES, Carlos Roberto. *Direito civil brasileiro*: direito das sucessões. 4. ed. São Paulo: Saraiva. v. 7, 2010. p. 135.
[11] CARVALHO, Luiz Paulo Vieira de. *Direito das sucessões*. 2. ed. São Paulo: Atlas, 2015. p. 267.
[12] OLIVEIRA, Arthur Vasco Itabaiana de. *Tratado de direito das sucessões*. 3. ed. Rio de Janeiro: Livraria Jacintho, 1936. v. 1, p. 101.
[13] RODRIGUES, Silvio. *Direito civil*: direito das sucessões. Atualizada por Zeno Veloso. 25. ed. São Paulo: Saraiva, 2002. v. 7, p. 82.
[14] VIOLANTE. Carlos Alberto. *Herança jacente e herança vacante*. São Paulo: Juarez de Oliveira, 2003. p. 14.

A pessoa jurídica também está representada pela figura do curador especial, tal qual o próprio espólio é igualmente despersonalizado e é representado pelo inventariante, mas também esses dois institutos divergem entre si, porque no espólio os herdeiros são conhecidos e na herança jacente justamente o curador especial toma conta dos bens enquanto se empenha na busca dos possíveis herdeiros, atribuindo Maria Berenice Dias à herança jacente a natureza jurídica de uma entidade com *personificação anômala*, semelhante ao condomínio e à massa falida.[15]

Arnoldo Wald explica, por fim, a natureza jurídica da herança jacente, que tem por escopo a proteção de um direito pertencente a um desconhecido, como sucede em numerosos casos análogos, como no exemplo também do *nascituro* e do *ausente*, que são representados por um curador especial. Por conta disso, pode-se, pois, reconhecer na herança jacente uma *universitas juris*, um patrimônio cujo titular momentaneamente é desconhecido e que, por esse motivo, merece a proteção do Estado, que determina a nomeação de curador especial para cuidar dos seus interesses.[16] Ou, como expressa Carlos Alberto Violante, constituir-se a herança jacente em um acervo de bens não dotado de personalidade jurídica, sendo representada por um curador com capacidade processual para demandar e ser demandada na defesa de seus interesses.[17]

50. A HERANÇA JACENTE NO DIREITO ROMANO

Carlos Maximiliano explica que na antiga Roma existia um vácuo entre a morte do sucedido e a aceitação da herança e neste espaço de tempo o domínio e a posse da herança restavam no vazio, sem titularidade, e, para evitar que os bens ficassem em abandono, a herança era ficticiamente considerada uma pessoa jurídica, em condições de aumentar o ativo, com os frutos e rendimentos, podendo acionar e ser acionada.[18]

É também o pensamento de Caio Mário da Silva Pereira, de que pelo Direito Romano o herdeiro da classe dos necessários (*heredes sui et necessarii*) adquiria a herança independentemente de ato seu; os outros, mediante o ato externo (*additio*). Nesse caso, a herança percorria três trâmites distintos: com a morte, a sucessão ficava aberta (*delata*), e somente com o fato da aceitação (*acquisitio*) se integrava na titularidade do herdeiro e entre a abertura (*delatio*) e a aceitação (*acquisitio*) permanecia em estado de jacência (*hereditas iacens*).[19] Entre o tempo da abertura e da aceitação a herança era considerada uma pessoa jurídica, cuja condição de ente moral foi atribuída no Direito Romano por Justiniano, e era considerada vacante (*hereditas vacans*) quando não havia nenhum herdeiro para adquiri-la, ou, havendo, era incapaz de suceder ou a ela renunciava, sendo os bens inteiramente entregues ao *fiscus*.[20]

O denominado *hereditas jacens* era o fenômeno que ocorria quando o autor da herança não deixava herdeiros necessários, que eram aqueles que estavam sob o poder familiar (*patria potestas*) e não podiam, em princípio, renunciar à herança. Segundo Rui Ribeiro de Magalhães, no lugar deles eram chamados os *heres voluntarius*, e, no período que mediava entre a *delatio* e a *aditio* a herança era jacente, não pertencendo a ninguém. Era, verdadeiramente, *res*

---

[15] DIAS, Maria Berenice. *Manual das sucessões*. 4. ed. São Paulo: Revista dos Tribunais, 2015. p. 155.
[16] WALD, Arnold. *Direito civil*: direito das sucessões. 14. ed. São Paulo: Saraiva, 2009. v. 6, p. 46.
[17] VIOLANTE, Carlos Alberto. *Herança jacente e herança vacante*. São Paulo: Juarez de Oliveira, 2003. p. 14.
[18] MAXIMILIANO, Carlos. *Direito das sucessões*. 4. ed. Rio de Janeiro: Freitas Bastos, 1958. v. I, p. 74.
[19] PEREIRA, Caio Mário da Silva. *Instituições de direito civil*: direito das sucessões. Atualizada por Carlos Roberto Barbosa Moreira 17. ed. Rio de Janeiro: Forense, 2009. p. 14-15.
[20] ALMADA, Ney de Mello. *Sucessões*. São Paulo: Malheiros, 2006. p. 60.

nullius, à disposição de quem dela quisesse se apoderar, sem que estivesse cometendo qualquer delito de furto.[21] Diz, ainda, o referido autor que, mercê de se tornar uma coisa nula, para quem da herança livremente quisesse se apoderar, surgiu a *usucapio pro herede*, admitindo a usucapião da herança por aquele que estivesse durante um ano na sua posse, impedindo houvesse solução de continuidade quanto ao culto familiar, sendo admitido o *usucapio familiae*, que representava a sua aquisição em bloco. Posteriormente, a herança não aceita passou a ser considerada *bona vacantia* e atribuída inicialmente ao erário e depois ao Fisco.[22]

Segundo Maria Helena Diniz, modernamente, a herança jacente não representa a pessoa do *auctor successionis* e muito menos os herdeiros, nem tampouco é pessoa jurídica,[23] assentando-se a doutrina da transmissão imediata da posse e da propriedade, por meio do *princípio da saisine*, consagrado no art. 1.784 do Código Civil, pelo qual a morte de uma pessoa transfere, imediatamente, a posse e a propriedade da herança aos herdeiros.

Do Direito Romano para os dias atuais a herança jacente deixou de ser considerada uma pessoa jurídica e passou a ser compreendida como uma *universalidade de direito*, um ente despersonalizado, que pode figurar em juízo ativa ou passivamente.[24]

51. O PROCEDIMENTO JUDICIAL

Não havendo herdeiros e nem distribuição total da herança em legados, a herança poderá ser declarada vacante, mas antes deve ser procedida a imediata arrecadação dos bens deixados pelo sucedido (CPC, art. 738 e CC, art. 1.819), e nesta fase a herança é considerada jacente e ficará sob a guarda, a conservação e a administração de um curador até a respectiva entrega ao sucessor legalmente habilitado ou até a declaração de sua vacância (CPC, art. 739 e CC, art. 1.819).

A designação do curador corresponde a que durante este período o patrimônio permanece sem titular, impondo ao curador a sua administração, atuando como um auxiliar judicial. Dentro das suas funções, o curador promoverá a pesquisa da existência de herdeiros ou legatários, representando a herança em juízo ou fora dele, com a intervenção do Ministério Público (CPC, art. 739, § 1º, inc. I), e se durante a etapa de jacência se apresentar algum herdeiro, cessa a intervenção do curador passando os bens à administração do herdeiro, que abrirá o respectivo inventário. Enquanto são procurados os possíveis herdeiros, ao curador também compete promover a arrecadação de outros bens porventura existentes (inc. II), executando as medidas de conservação dos direitos da herança (inc. III), devendo ainda apresentar mensalmente ao juiz balancete da receita e da despesa (inc. IV) e prestar contas ao final de sua gestão (inc. V).

Para a boa execução de seu encargo, o curador pode ser autorizado a liquidar bens, se não existir dinheiro suficiente para atender às obrigações de conservação da herança, devendo prestar contas de tudo. Sua função se encerra com a entrega dos bens aos herdeiros, uma vez localizados, sendo então aberto o inventário, ou os bens arrecadados serão entregues ao Estado, transmudando-se de herança jacente para herança vacante, sem prejuízo de que, ainda durante certo tempo, possam os herdeiros vindicar seus direitos em ação de petição de herança.

---

[21] MAGALHÃES, Rui Ribeiro. *Direito das sucessões no novo Código Civil brasileiro*. São Paulo: Juarez de Oliveira, 2003. p. 67.

[22] MAGALHÃES, Rui Ribeiro. *Direito das sucessões no novo Código Civil brasileiro*. São Paulo: Juarez de Oliveira, 2003. p. 67.

[23] DINIZ, Maria Helena. *Curso de direito civil brasileiro*: direito das sucessões. 21. ed. São Paulo: Saraiva, 2007. v. 6, p. 87.

[24] CARVALHO, Luiz Paulo Vieira de. *Direito das sucessões*. 2. ed. São Paulo: Atlas, 2015. p. 265.

51.1. A arrecadação dos bens

Nos termos do art. 738 do Código de Processo Civil, chegando ao conhecimento do juiz a existência de uma herança que jaz, procederá à imediata arrecadação dos respectivos bens. O procedimento de arrecadação terá lugar no foro do domicílio do autor da herança (CPC, arts. 48 e 738). Se o autor da herança não tiver domicílio certo, a arrecadação será procedida no foro da situação dos bens (CPC, art. 48, parágrafo único, inc. I), ou no lugar onde ocorreu o óbito, se o autor da herança não tinha domicílio certo e possuía bens em lugares diferentes (CPC, art. 48, parágrafo único, inc. II).

Ordenava o art. 1.145 do CPC de 1973 que a arrecadação fosse procedida pelo juiz que se faria acompanhar do escrivão e do curador, mandando que os bens fossem arrolados e descritos em auto circunstanciado, e esse procedimento não foi modificado pela sistemática processual em vigor, pois o juiz segue ordenando que o oficial de justiça, acompanhado do escrivão ou do chefe de secretaria e do curador, que por ele foi nomeado, promova o arrolamento dos bens e descreva-os em auto circunstanciado (CPC, art. 740). Apenas se não puder comparecer pessoalmente, o juiz deve então requisitar à autoridade policial que proceda à arrecadação e ao arrolamento dos bens, com duas testemunhas, que assistirão às diligências (CPC, art. 740, § 1º) e se o curador ainda não foi nomeado, os bens serão confiados a um depositário, mediante simples termo nos autos, depois de compromissado (§ 2º). Enquanto o oficial de justiça e o escrivão promovem a arrecadação dos bens, o juiz, se estiver presente, ou a autoridade policial, inquirirá os moradores da casa e da vizinhança sobre a qualificação do falecido, o paradeiro de seus sucessores e a existência de outros bens, lavrando de tudo auto circunstanciado (§ 3º), pois é tarefa prefacial do julgador assegurar que todos os bens restem inventariados e sob a administração e depósito em mãos do curador, evitando que estranhos se apropriem desse patrimônio jacente e aparentemente sem dono, de molde a que nada se perca até a efetiva transmissão dos bens aos eventuais herdeiros ou ao Estado.

É tarefa complementar do juiz examinar reservadamente os papéis, as cartas missivas e os livros domésticos do autor da herança e, conforme estabelece o § 4º do art. 740 do CPC, verificando que não apresentam interesse, mandará empacotá-los e lacrá-los para serem entregues aos sucessores do falecido, ou queimados, quando os bens forem declarados vacantes. Papéis, cartas e livros domésticos não guardam valor econômico, muito embora possam ter transcendental valor de estimação e, portanto, imaterial, e por conta disto são empacotados e lacrados em respeito aos interesses dos herdeiros que ainda serão convocados. No entanto, o exame desses documentos pelo juiz também tem a finalidade de encontrar informes que ajudem não apenas na localização de herdeiros, como também na possível existência de outros bens a serem igualmente arrolados, razão pela qual também seria de bom alvitre que o juiz examinasse o computador e outros equipamentos eletrônicos que contenham bancos de dados e que pertenciam ao autor da herança, pesquisando, inclusive, nas redes sociais e sítios de comunicação, que podem fornecer preciosos subsídios acerca de parentes e amigos, em suma, pessoas que possam contribuir com o juízo fornecendo nomes e paradeiros de possíveis herdeiros.

Surgindo herdeiros, lhes serão entregues os documentos pessoais, cartas, livros e equipamentos eletrônicos que contenham bancos de dados, sendo tudo aquilo que não tenha utilidade devidamente incinerado com a declaração de vacância da herança, podendo ser reaproveitados os aparelhos eletrônicos, porquanto a redação legal do Código de Processo Civil teve em mira apenas a existência de papéis.

Descobrindo, pela inquirição de moradores da casa e vizinhos, ou pelo exame dos papéis e documentos pertencentes ao sucedido, sem prejuízo da pesquisa em seus aparelhos eletrônicos, como telefones celulares, computadores e *tablets*, e chegando ao conhecimento do juiz a existência de bens em outra Comarca, mandará expedir carta precatória a fim de serem arrecadados (CPC, art. 740, § 5º), suspendendo a arrecadação, se não houver oposição do curador, de qualquer interessado, do Ministério Público ou do representante da Fazenda Pública, acaso se apresente o cônjuge ou o companheiro, herdeiro ou o testamenteiro notoriamente conhecido para reclamar os bens (CPC, art. 740, § 6º).

51.2. A nomeação e os encargos do curador

Os bens arrecadados serão confiados à guarda, conservação e administração de um curador nomeado pelo juiz, até a respectiva entrega ao sucessor legalmente habilitado ou até a declaração de vacância (CPC, art. 739). Não estando ainda nomeado o curador, o juiz designará um depositário destes bens, que ficarão sob sua guarda e responsabilidade, procedendo-se esta guarda mediante simples termo nos autos, depois de compromissado o depositário (CPC, art. 740, § 2º). Também pode acontecer que os bens arrecadados, diante de seu grande volume e da dificuldade de sua guarda, precisem ser confiados à custódia de um depósito, contudo, sob a responsabilidade direta do curador quando já nomeado e a responsabilidade indireta do titular do depósito que locou seu espaço físico.

Compete ao curador: *a*) acompanhar as diligências de arrecadação se antes delas, e usualmente assim sucede, já tiver sido nomeado para o encargo pelo juiz; *b*) representar a herança em juízo, como autor ou como réu, ou fora dele, em questões a serem extrajudicialmente resolvidas, sempre com a intervenção do Ministério Público (CPC, art. 739, § 1º, inc. I); *c*) ter em boa guarda e conservação os bens arrecadados e promover a arrecadação de outros porventura existentes (inc. II), devendo diligenciar na pesquisa complementar acerca da existência de outros bens e que, porventura, tenham escapado ao conhecimento do juiz quando promoveu a arrecadação inicial; *d*) executar as medidas conservatórias dos direitos da herança (inc. III), atuando como um bom dirigente e administrador; *e*) apresentar mensalmente ao juiz balancete da receita e da despesa e, conseguintemente, do saldo devedor ou credor (inc. IV); *f*) prestar contas ao final de sua gestão, considerando que prestar contas significa apresentar, pormenorizadamente, parcela por parcela, a exposição dos componentes do débito e crédito resultantes de determinada relação jurídica concluindo pela apuração aritmética do saldo credor ou devedor ou de sua inexistência[25] e referente a todo o período em que o curador atuou na custódia e administração dos bens da herança jacente (inc. V).

51.3. Convocação dos herdeiros e credores

Ultimada a arrecadação dos bens da pessoa falecida e cujos herdeiros ainda não são conhecidos, toma corpo o procedimento de convocação dos eventuais herdeiros e credores do autor da herança momentaneamente jacente. A arrecadação se considera ultimada com a lavratura do auto de arrolamento dos bens, já esgotadas todas as diligências para a verificação da existência de outros bens deixados pelo falecido.[26]

A convocação dos herdeiros e credores será procedida por edital que o juiz mandará expedir, para ser publicado na rede mundial de computadores, no sítio do tribunal a que estiver

---

[25] FABRÍCIO, Adroaldo Furtado. *Comentários ao Código de Processo Civil*. Rio de Janeiro: Forense, 1990. v. VIII, t. III, p. 387-388.
[26] VIOLANTE, Carlos Alberto. *Herança jacente e herança vacante*. São Paulo: Juarez de Oliveira, 2003. p. 31.

vinculado o juízo e na plataforma de editais do Conselho Nacional de Justiça (CNJ), onde permanecerá por três meses, ou, não havendo sítio, no órgão oficial e na imprensa da comarca, por três vezes com intervalos de um mês, para que os sucessores do falecido venham a habilitar-se no prazo de seis meses, contado da primeira publicação (CPC, art. 741).

É o direito processual adaptando-se à modernidade do chamamento pela via eletrônica, que nem em sonhos poderia ser cogitado pelo Código de Processo Civil de 1973, em que os herdeiros e credores eram convocados apenas pela mídia impressa, mediante a publicação de editais em jornais de maior circulação na Comarca em que se processava a herança. Os meios eletrônicos são o instrumento mais eficiente e barato para a pesquisa e localização de circunstanciais herdeiros e credores, e têm circulação mundial e instantânea, não havendo nenhuma condição de comparar com o restrito alcance de um edital publicado em papel e em jornais locais, sendo esta opção utilizada apenas de forma subsidiária, se não houver sítio eletrônico no órgão oficial e na imprensa da Comarca, sendo então publicado o edital, em jornal, por três vezes com intervalo de um mês.[27]

Prescreve o § 1º do art. 741 do Código de Processo Civil que, verificada a existência de sucessor ou de testamenteiro em lugar certo, sua citação será pessoalmente procedida para que se habilitem nos termos dos arts. 687 a 692 do CPC, sem prejuízo do edital, e, quando o falecido for estrangeiro, o fato também será comunicado à autoridade consular, como já ocorria na vigência do revogado Código de Ritos de 1973, prestando o corpo consular valiosos subsídios na localização de parentes de estrangeiro falecido no Brasil, e se for conhecido o paradeiro dos herdeiros residentes no exterior eles serão citados por carta rogatória. A habilitação será requerida com a apresentação de documentos que evidenciem sua qualidade de sucessor ou credor do espólio deixado pelo sucedido, requerendo, então, que a herança lhe seja deferida em conformidade com a legislação em vigor. Uma vez reconhecida a habilitação do herdeiro, reconhecida a qualidade do testamenteiro ou provada a identidade do consorte ou companheiro sobrevivente, a arrecadação será convertida em inventário (CPC, art. 741, § 3º); sendo julgada, por sentença, improcedente, dessa decisão caberá o recurso de apelação.

O filho do autor da herança que em vida não foi legalmente reconhecido pelo inventariado não poderá promover diretamente a sua habilitação como herdeiro enquanto não obtiver uma sentença judicial declaratória do seu estado de filiação, em ação específica de investigação de paternidade ou de maternidade, e o mesmo sucede com o companheiro sobrevivente do sucedido, cuja habilitação depende de uma ação própria de declaração de existência de união estável e de eventual comunidade de bens, que poderá ser cumulada com petição de herança, comparecendo no polo passivo o curador da herança jacente e o ente público no estágio de vacância, ficando suspenso o processo de jacência ou vacância durante a tramitação das ações até o seu julgamento definitivo, não podendo o juiz, no entanto, suspender o procedimento de arrecadação, pois ele colocaria em risco a conservação e a administração da herança, razão de ser do instituto da herança jacente. Depois de julgada por sentença a vacância dos bens, não mais terá cabimento o processo de habilitação dos herdeiros, que deverão promover uma ação de petição de herança e recebê-la no estado em que se encontra.

Durante o processo de jacência, o juiz poderá autorizar a alienação de bens móveis, se forem de difícil ou dispendiosa conservação (CPC, art. 742, inc. I); de semoventes, quando não empregados na exploração de alguma indústria (inc. II); de títulos e papéis de crédito, havendo fundado receio de depreciação (inc. III); de ações de sociedade, quando, reclamada

---

[27] WAMBIER, Teresa Arruda Alvim *et al*. *Primeiros comentários ao novo Código de Processo Civil, artigo por artigo*. São Paulo: Revista dos Tribunais, 2015. p. 1.087.

a integralização, não dispuser a herança de dinheiro para o pagamento (inc. IV); de bens imóveis (inc. V): a) se ameaçarem ruína, não convindo a reparação; b) se estiverem hipotecados e vencer-se a dívida, não havendo dinheiro para o pagamento. A venda não será procedida se a Fazenda Pública ou o habilitando adiantar a importância para as despesas, considerando que a alienação só se efetivaria pela ausência de recursos do próprio do espólio (§ 1º). Por fim, prescreve o § 2º do art. 742 do CPC que os bens com valor de afeição, como retratos, objetos de uso pessoal, livros e obras de arte, só serão alienados depois de declarada a vacância da herança, tendo em conta que seu valor estimativo deve resistir a qualquer venda enquanto existirem esperança de localização dos herdeiros.

51.4. A habilitação dos credores

Credores do espólio poderão habilitar-se em apenso aos autos da arrecadação da herança, como acontece em relação aos inventários (CPC, art. 642, § 1º), ou propor ação de cobrança (CPC, art. 741, § 4º e CC, art. 1.821), se houver dúvidas quanto à liquidez, certeza e exigibilidade do crédito. Acerca desses créditos habilitados serão ouvidos o curador da herança e o representante do Ministério Público e, se concordes com o crédito habilitado, o juiz mandará que se faça a separação de dinheiro ou, em sua falta, de bens suficientes para o pagamento.[28] Acaso não tenha sido promovida a arrecadação da herança jacente, o credor do herdeiro, do legatário ou do autor da herança tem legitimidade para requerer a abertura do inventário (CPC, art. 616, inc. VI), que se tornará jacente enquanto procurados eventuais sucessores legítimos, tornando-se vacante se estes herdeiros forem inexistentes. Os créditos a serem pagos aos credores do falecido não poderão exceder às forças da herança (CC, arts. 1.821 e 1.792), e serão pagos, com eles concordando o curador e o Ministério Público, sem necessidade de ação própria de cobrança, que só será proposta se os credores reivindicarem seus créditos depois de proferida a sentença de vacância.

51.5. Declaração judicial de vacância

O procedimento de arrecadação da herança jacente é a primeira fase para a conservação dos bens que jazem, por ser ainda desconhecida a existência de herdeiros do falecido. Durante um ano, contado da primeira publicação do edital previsto no art. 741 do Código de Processo Civil, ficam os bens do falecido sob a custódia de um curador, aguardando a ocasional possibilidade de que apareça algum sucessor para reclamar a herança. Passado esse prazo e não havendo herdeiro habilitado nem habilitação pendente, o juiz irá declarar por sentença a vacância da herança e, uma vez transitada em julgado a sentença declaratória de vacância o cônjuge, o companheiro, os herdeiros e os credores só poderão reclamar seus direitos por ação própria.

51.6. Vacância e herdeiros colaterais

Prescreve o art. 1.822 do Código Civil que a declaração de vacância da herança não prejudicará os herdeiros que legalmente se habilitarem, mas, decorridos cinco anos da abertura da sucessão, os bens arrecadados passarão ao domínio do Município ou do Distrito Federal, incorporando-se à propriedade da União, quando situados em território federal. Significa dizer que mesmo declarados vacantes os bens deixados pelo falecido e cujos herdeiros ainda

---

[28] VASCONCELOS, Ronaldo. *Comentários ao Código de Processo Civil*. Coord. Cassio Scarpinella Bueno. São Paulo: Saraiva, 2017. v. 3, p. 415.

não são conhecidos, sejam eles herdeiros descendentes, ascendentes, cônjuge ou companheiro, e somente estes, sendo expressamente excluídos os colaterais pelo parágrafo único do art. 1.822 do Código Civil, poderiam ainda dentro do quinquênio reclamar, por meio de petição de herança, o seu quinhão hereditário.

Teoricamente, os herdeiros colaterais ficariam impedidos de reivindicar a herança depois da sentença declaratória de vacância, fato que Luiz Paulo Vieira de Carvalho reputa inconstitucional, haja vista que ofende o art. 5º, inc. XXX, da Carta Magna, que assegura a herança como direito fundamental, não havendo como afastar os colaterais quando o art. 1.829 do Diploma Civil externa a ordem legítima de vocação hereditária, sendo automaticamente convocada uma classe na falta de outra mais próxima, o que seria inclusive um retrocesso igualmente vetado.[29] Os colaterais podem ser excluídos pelo autor da herança, por serem herdeiros facultativos e não necessários, mas a expressa vontade manifestada pelo sucedido (CC, art. 1.850) não se confunde com a exclusão imposta pelo legislador no parágrafo único do art. 1.822 do Código Civil, não repristinado pelo § 2º do art. 743 do CPC e divorciado de qualquer iniciativa do falecido, não havendo como presumir que fosse essa a intenção do autor da herança, e tampouco compete ao legislador fazer idêntica interpretação, que se mostra efetivamente inconstitucional. Isso porque o legislador pretere, pelo art. 1.822, parágrafo único, do Código Civil, o herdeiro colateral da herança, sem nenhuma justificativa, apenas porque decidiu excluir a classe dos herdeiros colaterais da sucessão depois da sentença de vacância, apenas porque são herdeiros facultativos e não herdeiros necessários.

Nada realmente justifica essa exclusão, ato que, inclusive, não encontra correspondência no § 2º do art. 743 do Código de Processo Civil, o qual expressa que depois de transitada em julgado a sentença que declarou a vacância, o cônjuge, o companheiro e os herdeiros (de qualquer classe – descendentes, ascendentes ou colaterais – uns na falta dos outros), além dos credores do falecido, poderão reclamar o seu direito hereditário por ação direta de *petição de herança*. Calha observar que a legislação omite os herdeiros instituídos por testamento e os legatários, embora seja inequívoco concluir que também em relação a estes subsiste o direito de reivindicar seu quinhão hereditário em ação de petição de herança, a ser proposta contra o Município, o Distrito Federal ou a União, mas antes de decorridos os cinco anos, contados da abertura da sucessão, pois depois deste prazo se consolida a propriedade em favor do Município, Distrito Federal ou da União.

O Código Civil de 1916 fazia expressa menção no parágrafo único do art. 1.594, à exclusão por decadência do direito à herança vacante em relação aos herdeiros colaterais que não fossem notoriamente conhecidos, mas esta expressão foi retirada no parágrafo único do art. 1.822 do Código Civil de 2002 e, como visto, sequer cogitada no art. 743, § 2º, do Código de Processo Civil, estabelecendo uma derrogação tácita da norma anterior e permitindo considerar que o legislador processual instituiu um novo sistema, incompatível com o anterior, nos termos do art. 2º, § 1º, da Lei de Introdução às Normas do Direito Brasileiro.

51.7. Vacância e demais herdeiros

A herança vacante é aquela que não foi disputada, com êxito, por qualquer herdeiro, e que, judicialmente, foi proclamada de ninguém,[30] e como não tem herdeiros a herança *sem dono* é anunciada vaga e assim judicialmente declarada depois de praticadas todas as diligên-

---

[29] CARVALHO, Luiz Paulo Vieira de. *Direito das sucessões*. 2. ed. São Paulo: Atlas, 2015. p. 274.
[30] RODRIGUES, Silvio. *Direito civil*: direito das sucessões. 13. ed. São Paulo: Saraiva, 1985. v. 7, p. 46.

cias de arrecadação dos bens e pesquisa para chamamento dos possíveis herdeiros. Preceitua o art. 743, § 2º, do CPC que, mesmo depois de transitada em julgado a sentença que declarou a vacância, todos os herdeiros, necessários ou facultativos, guardada logicamente a ordem de vocação hereditária, ainda assim poderão reclamar o seu direito em petição de herança, sem ressalva dos sucessores da linha colateral, conforme capítulo *supra*, contanto que a reclamem dentro dos cinco anos transcorridos da abertura da sucessão, pois depois desse prazo o direito do herdeiro será consumido pela decadência.[31]

51.8. Vacância e renúncia

Nem sempre toda a herança se torna vacante, pois pode acontecer de o titular do patrimônio ter instituído herdeiros ou legatários por testamento, sem, contudo, dispor sobre a totalidade de seus bens, restando vagos somente os bens que se ressentem de um destinatário oriundo da ordem de vocação hereditária regulada na sucessão legítima. Desse modo, parte de seu acervo foi destinado a herdeiros instituídos e legatários e vagos se tornam somente os bens não contemplados no testamento. Se o autor da herança não tiver nenhum herdeiro descendente, ascendente, cônjuge, convivente ou colateral, e se porventura fosse casado ou unido estavelmente e já estivesse separado, de fato ou de direito, por mais de dois anos (CC, art. 1.830), são considerados vagos os bens que não foram testados, embora a separação de fato a qualquer tempo e sem intenção de retomar a relação conjugal ou convivencial seja suficiente para afastar o direito hereditário do ex-cônjuge ou do ex-convivente.

A própria herança jacente pode ter um caráter temporal pela ausência transitória de um titular atual das relações jurídicas do falecido e será provisoriamente jacente a herança cuja pessoa chamada a herdar ainda não a aceitou; ou o herdeiro não se encontra em condições de aceitá-la, porque o concebido aguarda o término da sua gestação e a fortuna de nascer com vida; ou o herdeiro testamentário tenha sido designado sob alguma condição resolutiva. Em todas essas hipóteses jaz a herança em caráter transitório, sem que se torne vacante, porque os herdeiros existem, mas podendo se tornar vacante se o herdeiro renunciar ao seu direito hereditário.

Havendo renúncia da herança pelo herdeiro da sucessão legítima ou da sucessão testamentária, da mesma forma ela deve ser declarada vacante por sentença judicial, que não tem o efeito de transferir o domínio da herança para o Poder Público beneficiado com a vacância.[32] Uma característica do direito sucessório consiste em que, repudiada a herança, necessariamente os direitos dela decorrentes passam a ser oferecidos ao herdeiro seguinte e assim sucessivamente, até passar ao Município. A renúncia da herança é um ato inteiramente voluntário e livre, é um negócio jurídico solene[33] e dirigido ao juiz do inventário manifestando o renunciante inquestionável vontade, dela sendo lavrado termo nos autos, se não preferir renunciar por meio de escritura pública (CC, art. 1.806), ou termos nos autos, lembrando que a herança aberta é considerada um bem imóvel (CC, art. 80, inc. II). Inexiste renúncia tácita da herança, não obstante possa ser, e assim prevê o Código Civil, estabelecido um prazo para a sua aceitação, cujo silêncio, uma vez decorrido o tempo determinado, não configura um ato de repúdio, mas, ao revés, externa justamente a aceitação da herança (CC, art. 1.807). A renúncia deve ser pura e simples, jamais em favor de alguém, o que caracteriza uma mera cessão de direitos

---

[31] RIBEIRO, Paulo Hermano Soares. *Novo direito sucessório brasileiro*. Leme: J.H. Mizuno, 2009. p. 244.
[32] VIOLANTE, Carlos Alberto. *Herança jacente e herança vacante*. São Paulo: Juarez de Oliveira, 2003. p. 57.
[33] VELASCO, José Ignacio Cano Martinez de. *La renuncia a los derechos*. Barcelona: Bosch, 1986. p. 295.

hereditários, dado que para transferir a herança em favor de um terceiro é preciso primeiro aceitá-la para legitimar a posterior transferência e o efeito da renúncia é retroativo ao momento da morte do autor da herança, o que justamente faz com que o aceitante da herança receba diretamente do falecido e não de quem renunciou. Consolidada a renúncia e não existindo outros herdeiros que a aceitem, ela se torna vacante.

A pessoa jurídica de Direito Público que adquire o domínio dos bens arrecadados e declarados vacantes, explica Maria Berenice Dias, não pode renunciar ao acervo herdado e o Poder Público tem a obrigação de aplicá-los em fundações destinadas ao desenvolvimento do ensino universitário, sob a fiscalização do Ministério Público (DL 8.207/1945, art. 3º).[34]

52. TRANSMISSÃO DEFINITIVA AO PODER PÚBLICO

Proferida a sentença de vacância, que é condição para que os bens passem ao domínio do Município, do Distrito Federal ou da União, a transmissão de domínio só se dará depois de decorridos cinco anos, contados da data da abertura da sucessão, quando então será pleno o domínio do ente público sobre os bens deixados pelo sucedido. É a partir do transcurso desses cinco anos que as portas se fecham para os herdeiros legítimos ou testamentários, necessários ou facultativos, conforme o § 2º do art. 743 do Código de Processo Civil de 2015, que derrogou o parágrafo único do art. 1.822 do Código Civil de 2002.

Embora a sentença de vacância declare a inexistência de herdeiros, não representa excluí-los desde logo da pretensão à herança, podendo reivindicar seus quinhões hereditários por intermédio de ação de petição de herança, e o mesmo pode ser dito em relação aos credores do falecido, que deverão se socorrer da ação de cobrança, sendo que o domínio do ente público sobre os bens declarados vagos só se consolida passados cinco anos da abertura da sucessão e desde que não reclamada com êxito a herança por algum herdeiro no precedente quinquídio.

Como o direito à herança prescreve em dez anos (CC, art. 205), os herdeiros sempre poderão reclamar seus quinhões hereditários enquanto não transcorrer o decênio, contado da abertura da sucessão, pouco importando se consolidado o pleno domínio dos bens ao ente público cinco anos depois da morte do sucedido e depois da declarada a vacância, e nesta hipótese os herdeiros receberão unicamente os bens porventura remanescentes, ao passo que, antes dos cinco primeiros anos do óbito, a propriedade dos bens deixados pelo falecido ainda não se materializou no patrimônio público e, portanto, o Município (Lei 8.049/1990) tem a posse dos bens, mas não ainda a sua propriedade e muito menos a sua livre disposição, embora o Poder Público tenha a obrigação de aplicá-los em fundações destinadas ao desenvolvimento do ensino universitário (DL 8.207/1945, art. 3º),[35] sendo muito provável que os bens do falecido sejam integralmente encontrados no patrimônio público.

---

[34] DIAS, Maria Berenice. *Manual das sucessões*. 3. ed. São Paulo: Revista dos Tribunais, 2013. p. 521.
[35] Art. 3º "Adquirindo o domínio dos bens arrecadados, a União, o Estado irá aplicá-los em fundações destinadas ou o Distrito Federal ficam obrigados ao desenvolvimento do ensino universitário, e o Ministério Público respectivo velará por essa aplicação. Parágrafo único. Observar-se-á o disposto no art. 25 do Código Civil, quando os bens forem insuficientes para a criação de institutos universitários".

Capítulo VIII
DA PETIÇÃO DE HERANÇA

53. CONCEITO DE PETIÇÃO DE HERANÇA

Existe um conjunto de ações que, embora relacionadas com o direito sucessório, não podem ser tratadas no corpo do processo de inventário, porquanto, na linguagem do parágrafo único do art. 1.000 do Código de Processo Civil de 1973, elas respeitavam à *matéria de alta indagação*. Sempre foi regra sagrada que em inventário não se produzem nem a prova testemunhal nem a pericial, e não se colhem depoimentos e, em decorrência disso, se for levantado pleito quanto à qualidade de herdeiro, a questão deve ser resolvida em ação própria e autônoma, já que a matéria, sendo de alta indagação, por depender de prova a ser colhida em ação própria, não comporta sua discussão em um processo de natureza administrativa, não sendo encontradas no inventário as figuras contrapostas de autor e réu.[1]

Esta clássica expressão extraída do CPC revogado (*alta indagação*) não foi absorvida pelo § 3º do art. 627 do Código de Processo Civil em vigor, que prescreve que, verificando o juiz que a disputa sobre a qualidade de herdeiro demanda a produção de provas que não a documental, o juiz remeterá as partes às vias ordinárias. No CPC de 1973, as ações ordinárias se prestavam a todo e qualquer litígio envolvendo matéria sucessória dependente de prova e de instrução processual, como no exemplo de herdeiro cuja filiação e paternidade ainda precisava ser investigada, ou ação na qual era preciso primeiro declarar preexistente uma união estável, para que o companheiro sobrevivente depois se habilitasse como herdeiro no inventário do parceiro premorto, existindo um leque enorme de demandas processualmente pautadas como de cunho sucessório, porque pendentes de ação própria e dependentes do inventário. São ainda exemplos não exaustivos de ações sucessórias a *ação de sonegados*, a *ação de exclusão de herdeiro por indignidade ou deserdação*, a *ação de anulação de venda de ascendente a descendente*, a *ação de nulidade de doação inoficiosa*, a *ação de redução de disposição testamentária inoficiosa*, a *ação de nulidade ou de anulação de testamento*, a *ação de anulação de partilha* e a *ação de petição de herança*, devendo todas elas ser ajuizadas em processo autônomo.

Portanto, sendo contestada a qualidade de herdeiro, ou no caso da herança vacante, necessitando o herdeiro reivindicar seu quinhão hereditário depois da sentença de vacância (CC, art. 1.822), a *ação de petição de herança* é a que compete ao herdeiro preterido para demandar o reconhecimento de seu direito sucessório e obter o pagamento da sua herança ou de parte dela[2] se concorre com outros coerdeiros.

---

[1] GOMES, Orlando. *Sucessões*. Atualizada por Mario Roberto Carvalho de Faria. 15. ed. Rio de Janeiro: Forense, 2012. p. 291.
[2] CARTAXO, Fernando Antonio da Silva. *Teoria e prática das ações de herança*. São Paulo: Leud, 2009. p. 17.

Claro que antes de promover o ajuizamento da petição de herança o herdeiro que ainda não detém o reconhecimento dessa condição pode peticionar diretamente no inventário e requerer sejam os coerdeiros intimados a dizer se aceitam e reconhecem a sua qualidade de herdeiro, dispensando, destarte, uma ação, por exemplo, de investigação de paternidade cumulada com a de petição de herança, mas se os coerdeiros negarem essa condição ele terá de obrigatoriamente promover a ação própria e autônoma e requerer, se for sua vontade, a prévia e cautelar separação de bens capaz de garantir o pagamento de seu possível quinhão hereditário.

Como refere Luiz Antônio Alves Torrano, a petição de herança pode, sim, ser cumulada com a de investigação de paternidade, mas recorda que a Súmula 149 do Supremo Tribunal Federal preceitua ser *imprescritível a ação de investigação de paternidade, mas não o ser a de petição de herança.*[3]

54. NATUREZA JURÍDICA DA AÇÃO DE PETIÇÃO DE HERANÇA

Segundo Orlando Gomes, não é propósito isolado da ação de petição de herança obter apenas o título de herdeiro, mas também de buscar a restituição de seus bens. É a ação em virtude da qual o herdeiro reclama a restituição de todos os bens hereditários ou de alguns em particular, consoante a sua qualidade de herdeiro, proposta contra os coerdeiros, ou contra quem possui o aparente título de herdeiro. Acontece que nem sempre a qualidade de herdeiro é previamente reconhecida, sendo bastante frequente que as ações de investigação de paternidade sejam cumuladas com petição de herança, pois que pretende o postulante comprovar a sua qualidade de herdeiro e, em decorrência desse reconhecimento, ver separado e pago o seu quinhão hereditário, se não for herdeiro único, ou quando o herdeiro aparente é parente de classe mais distante, como sucede, por exemplo, quando o investigante filho disputa a herança com o ascendente avô, que se habilitou na herança diante do desconhecimento, ou não, da existência de um filho que não havia sido registrado em vida pelo falecido.

A mesma ação de petição de herança pode ser objeto de um processo judicial de declaração de existência de união estável proposta por companheiro sobrevivente, cuja relação estável não foi reconhecida pelos demais herdeiros, como, por exemplo, os filhos exclusivos do falecido, obrigando o convivente supérstite a ajuizar demanda para ver reconhecida a sua condição de ex-companheiro e assim cumular seu pedido com a reserva e pagamento de seu quinhão hereditário e até mesmo da sua meação.

Pode ocorrer de o sucedido haver deixado um testamento particular desconhecido de todos, instituindo terceiro como seu herdeiro universal na falta de herdeiros necessários, promovendo este herdeiro instituído sua posterior ação de petição de herança, ajuizada contra os colaterais que se habilitaram como herdeiros facultativos porque ignoravam a existência do testamento. Flávio Tartuce acresce a hipótese de petição de herança proposta em razão de um filho nascido após o falecimento, e após o inventário e partilha dos bens que eram de seu pai,[4] cuja sistemática está prevista no art. 1.824 do Código Civil, que garante a qualquer herdeiro, preterido ou conhecido, depois de realizado o inventário, poder demandar pelo reconhecimento de seu direito sucessório a devolução de seu quinhão hereditário contra aqueles que o possuam. Nesta mesma direção se manifesta Samantha Khoury Crepaldi Dufner, ao prescrever ser a petição de herança o instrumento de concretização do direito fundamental de

---

[3] TORRANO, Luiz Antônio Alves. *Petição de herança*. Campinas: Servanda, 2013. p. 25.
[4] TARTUCE, Flávio. *Direito civil*: direito das sucessões. 10. ed. Rio de Janeiro: Forense, 2017. p. 119.

sucessão do filho concebido antes ou após o falecimento do pai, mas pela criopreservação, nascido depois de concluído o processo de seu inventário.[5]

Deve ser igualmente consignado que as ações de filiação abarcavam, no passado, unicamente os vínculos biológicos, fato que foi superado na atualidade pela construção do instituto da *filiação socioafetiva*, observando Maria Berenice Dias que o máximo a que chegava a jurisprudência era acolher a ação de paternidade ou de maternidade socioafetiva, sem, no entanto, lhe reconhecer direitos sucessórios.[6] Existem, em realidade, duas espécies distintas de demandas de filiação: uma delas objetiva o vínculo de filiação socioafetivo, cujo provimento acarreta todos os efeitos legais, com o deferimento do direito sucessório, estabelecendo o direito à *vida familiar*, e existe o direito ao conhecimento da ascendência familiar, que é o direito de conhecer a própria origem, que consiste em investigar a paternidade ou a maternidade biológicas, quando já existe outra pessoa preenchendo esse espaço parental pelo liame socioafetivo, prescrevendo o § 1º do art. 39 do Estatuto da Criança e do Adolescente se tratar de uma vinculação irrevogável, que desliga o adotado de qualquer vínculo com os pais biológicos, salvo para os impedimentos matrimoniais.

Portanto, a filiação socioafetiva decorrente da chamada *adoção à brasileira* admite a acumulação de pais, consoante o histórico julgamento do Supremo Tribunal Federal, ao apreciar, em sede de Repercussão Geral, o Recurso Extraordinário 898.060/SC, em 22 de setembro de 2016, resultando no Enunciado 622, vazado nos seguintes termos: "A paternidade socioafetiva, declarada ou não em registro público, não impede o reconhecimento do vínculo de filiação concomitante baseado na origem biológica, com os efeitos jurídicos próprios". Contudo, o mesmo não acontece se a filiação socioafetiva for proveniente da adoção resultante de doação anônima de material genético em procedimento de fecundação medicamente assistida, pois nesta adoção procedida nos termos do Estatuto da Criança e do Adolescente a multiparentalidade não é reconhecida e a legislação menorista admite apenas o direito constitucional de conhecimento à origem, sem a inclusão de nenhum outro efeito jurídico.

Enfim, a ação de petição de herança do herdeiro preterido, seja ele biológico ou socioafetivo, é, para Mónica Assandri e Júlia Rossi, a ação que tem um herdeiro que será trocado por outra pessoa que também invoca a qualidade de herdeiro ou para concorrer com ela na sucessão aberta e obter a entrega da herança.[7] Em outros termos, é o conflito entre alguém que está na posse material da herança, apoiado em um título hereditário supostamente idôneo, diz María Cristina Palacios, em relação a alguém que reclama esta posição de modo excludente, porque invoca um título melhor; ou concorrente, porque alega possuir um título hereditário de igual categoria ou alcance que de seu atual possuidor, quem, de outra parte nega ao primeiro a pretendida preferência ou concorrência.[8]

Em suma, serve a ação de petição de herança para obter a entrega total ou parcial da herança a partir do reconhecimento da qualidade de herdeiro do autor da demanda, contra quem está na posse material da herança e invoca o título de herdeiro, daí a pertinência da lição de Roberto Ruggiero, citada por Luiz Paulo Vieira de Carvalho, de que o herdeiro preterido,

---

[5] DUFNER, Samantha Khoury Crepaldi. *Direito de herança do embrião*. Porto Alegre: Nuria Fabris, 2015. p. 166.
[6] DIAS, Maria Berenice. *Manual das sucessões*. 4. ed. São Paulo: Revista dos Tribunais, 2015. p. 647.
[7] ASSANDRI, Mónica; ROSSI, Julia. *Derecho de sucesiones*. Directores Nora Lloveras, Olga Orlandi e Fabian Faraoni. Buenos Aires: Rubinzal-Culzoni, 2016. t. I, p. 210.
[8] PALACIOS, María Cristina. *Código Civil y Comercial, comentado, anotado y concordado*. Coord. Eduardo Gabriel Clusellas. Buenos Aires: Astrea, 2015. v. 7, p. 1.043.

mediante a *petitito hereditatis,* pode fazer reconhecer perante *quem quer que a conteste a sua qualidade de herdeiro e reivindicar o patrimônio* contra qualquer terceiro que tenha os bens hereditários.[9] Era a *actio petitio hereditatis* do Direito Romano e pela qual o *heres* afirmava sua qualidade de herdeiro e, por tanto, perseguia a devolução dos bens hereditários contra qualquer um que os possuísse, seja a título de herdeiro, seja como simples possuidor. A ação de petição de herança perseguia a restituição do patrimônio do falecido em seu sentido mais amplo, vale dizer, com todos os acréscimos realizados, em especial com os frutos produzidos.[10]

Conforme Orlando Gomes, a petição de herança destina-se ao reconhecimento da *qualidade sucessória* de quem a intenta, e visa, precipuamente, à positivação de um *status,* do qual deriva a *aquisição da herança.*[11] Caio Mário da Silva Pereira esclarece que, se o herdeiro excluído ou não habilitado intenta a ação contra o coerdeiro, sua pretensão não é excludente absoluta, pois concorre com o demandado na divisão da herança, mas se a sua petição de herança é proposta contra quem não tem qualidade hereditária, pode compreender a totalidade da herança.[12] Segundo Sílvio de Salvo Venosa, peticionário que for obstado por não ter sido reconhecida a sua condição jurídica de herdeiro pode recorrer à contenda judicial para a definição da sua condição de herdeiro e, consequentemente, para obter a parcela que lhe cabe na universalidade dos bens e[13] que pode ser de toda a herança ou somente parte dela.

Para Dimas Messias de Carvalho, a petição de herança é ação destinada ao herdeiro legítimo ou testamentário, bem como aos seus sucessores, a título universal ou singular, a fim de vindicar a parte da herança que lhes cabe, com os seus rendimentos ou acessórios.[14] Conforme Pablo Stolze Gagliano e Rodolfo Pamplona Filho, a petição de herança é o meio pelo qual alguém demanda o reconhecimento da sua qualidade de herdeiro, expressão esta entendida como endereçada a todo aquele a quem couber, de fato, a herança, seja herdeiro legítimo, testamentário ou mesmo o Município como sucessor anômalo.[15]

Para Augusto Ferrero Costa, a petição de herança toca ao herdeiro que não possui os bens que considera que lhe pertençam, e se dirige contra quem os possua em todo ou em parte a título sucessório, para excluí-lo ou para concorrer com ele, e agrega que a pretensão pode ser cumulada com a de declaração de herdeiro.[16]

Acerca da sua natureza jurídica, escreve Luiz Antônio Alves Torrano existirem três distintas correntes, advogando alguns a sua natureza pessoal, em razão do pedido de reconhecimento da qualidade de herdeiro em cumulação da investigação de paternidade com o de petição de herança.[17] A ação de petição de herança não é, com certeza, uma ação de estado, pois de estado é a investigação de paternidade com a qual possa ser cumulada, mesmo porque

---

[9] CARVALHO, Luiz Paulo Vieira de. *Direito das sucessões.* 2. ed. São Paulo: Atlas, 2015. p. 277.
[10] ARGÜELO, Luis Rodolfo. *Manual de derecho romano.* Historia e instituciones. 3. ed. Buenos Aires: Astrea, 2019. p. 471.
[11] GOMES, Orlando. *Sucessões.* Atualizada por Mario Roberto Carvalho de Faria. 15. ed. Rio de Janeiro: Forense, 2012. p. 274.
[12] PEREIRA, Caio Mário da Silva. *Instituições de direito civil:* direito das sucessões. Atualizada por Carlos Roberto Barbosa Moreira. 17. ed. Rio de Janeiro: Forense, 2009. v. VI, p. 59.
[13] VENOSA, Sílvio de Salvo. *Direito civil:* sucessões. 17. ed. São Paulo: Atlas, 2016. p. 121-122.
[14] CARVALHO, Dimas Messias de. *Direito das sucessões:* inventário e partilha. 4. ed. Lavras: Unilavras, 2016. p. 135.
[15] GAGLIANO, Pablo Stolze; PAMPLONA FILHO, Rodolfo. *Novo curso de direito civil:* direito das sucessões. São Paulo: Saraiva, 2014. p. 182.
[16] COSTA, Augusto Ferrero. *Tratado de derecho de sucesiones.* 9. ed. Perú: Instituto Pacífico, 2016. p. 187.
[17] TORRANO, Luiz Antônio Alves. *Petição de herança.* Campinas: Servanda, 2013. p. 24.

a herança só será concedida se julgada procedente a ação de estado, tratando-se em realidade de uma ação de natureza real e universal, pois o herdeiro não visa a um bem certo e determinado, mas a sua universalidade. É o que também escreve Orlando Gomes, para quem o autor da petição de herança tende a conseguir o *universum jus defuncti*, jamais sendo determinados bens singularizados da herança.[18]

Outros classificam a sua natureza como sendo *mista* ou *especial*, por conta da investigatória de paternidade que teria natureza pessoal, sendo de natureza real o reconhecimento da qualidade de herdeiro, enquanto outras ações tendentes a constatar a nulidade, anulação, em suma, a ineficácia de outro instrumento em que o demandado baseia sua alegação de herdeiro (testamento), são ações declaratórias. Essa versão de uma natureza mista não se sustenta na doutrina brasileira, porque a ação de petição de herança não se restringe à única possibilidade de herdeiro que investiga a sua paternidade em relação ao autor da herança, existindo várias outras hipóteses de petições de herança, como a do companheiro sobrevivente, que cumula a declaração de precedente união estável com a qualidade posterior de herdeiro, ou a de herdeiro instituído por testamento, que coaciona a cédula testamentária e reclama o universo da herança. Pode alguém reivindicar melhor direito hereditário diante da exclusão por indignidade ou deserdação do herdeiro aparente, como também pode um herdeiro colateral promover a nulidade ou anulação de testamento, com o qual o testador o instituiu como herdeiro universal, na ausência ou diante do desconhecimento da existência de herdeiros necessários.

Arnaldo Rizzardo refere a suposição da semelhança da petição da herança com a ação reivindicatória, mas que, em realidade, não se confunde com a de petição de herança, pois na reivindicatória o titular do direito busca o recebimento do próprio bem, ao passo que na petição de herança ele persegue o seu quinhão hereditário, ou até mesmo a universalidade dos bens deixados pelo falecido.[19] Na ação reivindicatória o autor da demanda demonstra que já era proprietário do bem reivindicado, ao passo que na petição de herança, pelo contrário, a origem da propriedade não está em litígio, não se discute que o falecido era seu proprietário. O objeto da controvérsia é determinar quem tem a qualidade para receber os bens que pertenciam ao sucedido e esta é a função do autor da petição de herança, no sentido de provar a sua qualidade de herdeiro.[20]

Para Salomão de Araujo Cateb, trata-se de uma ação de natureza real, por envolver interesse no recebimento de herança, que o Código Civil considera bem imóvel (CC, art. 80, inc. II),[21] tendo assim já decidido o Tribunal de Justiça do Rio Grande do Sul, em aresto colacionado por Flávio Tartuce,[22] com a seguinte redação: "a ação de petição de herança é uma ação de natureza real, para a qual só tem legitimidade ativa aquele que já é herdeiro desde antes do ajuizamento, e através da qual ele pode buscar ver reconhecido seu direito hereditário sobre bem específico que entendeu integrar o espólio, mas que está em poder de outrem".[23]

---

[18] GOMES, Orlando. *Sucessões*. Atualizada por Mario Roberto Carvalho de Faria. 15. ed. Rio de Janeiro: Forense, 2012. p. 274.
[19] RIZZARDO, Arnaldo. *Direito das sucessões*. 10. ed. Rio de Janeiro: Forense, 2018. p. 137.
[20] BOULANGER, Ripert. *Derecho civil*: sucesiones. Buenos Aires: La Ley, 1987. t. X, v. 2, p. 61.
[21] CATEB, Salomão de Araujo. *Direito das sucessões*. 7. ed. São Paulo: Atlas, 2012. p. 311.
[22] TARTUCE, Flávio. *Direito civil*: direito das sucessões. 10. ed. Rio de Janeiro: Forense, 2017. p. 117.
[23] TJRS, 8ª Câmara Cível. Rel. Des. Rui Portanova. j. 18.10.2012, ementa da Apelação Cível 70047303706: "Apelação. Investigação de paternidade. Petição de herança. Prescrição. Inocorrência. A ação de petição de herança é uma ação de natureza real, para a qual só tem legitimidade ativa aquele que já é herdeiro desde antes do ajuizamento, e através da qual ele pode buscar ver reconhecido seu direito hereditário sobre bem específico que entende deveria integrar o espólio, mas que está em poder de outrem. Com

Diferente conclusão é externada pela doutrina argentina a despeito da natureza jurídica da petição de herança, que parece se identificar com uma ação de *natureza mista*, especialmente com o advento, em 2014, do seu vigente Código Civil e Comercial, cujo art. 2.310 prescreve que: "A petição de herança procede para obter a entrega total ou parcial da herança, sobre a base do reconhecimento da qualidade de herdeiro do autor, contra aquele que está na posse material da herança, e invoca o título de herdeiro". Neste sentido, opinam alguns que se trata de uma ação pessoal, pois visa a declaração da qualidade de herdeiro e que a recuperação dos bens seria uma instância posterior e acessória, que surge como consequência do êxito da declaração de herdeiro.[24] Dessa forma, antes da entrega parcial ou total da herança, é preciso que seja desvendada a qualidade de herdeiro do autor da ação para só depois promover a entrega. O pedido de pagamento da herança somente será procedente se comprovada a condição de herdeiro. Enquanto para outros seria de natureza real, já que atende a pretensão de recuperar a posse dos bens que compõem o acervo hereditário, sendo inevitável associar esta ação com a reivindicatória, pois é certo que seu resultado final consiste na recuperação dos bens que conformam o acervo hereditário, que se encontra em mãos de um terceiro.

A doutrina argentina identifica, portanto, a natureza mista da ação de petição de herança.[25]

Tenho como acertado que a petição de herança é uma ação *real*, porque leva ao reconhecimento de um direito de propriedade sobre os bens que compõem a herança. Muito embora a ação de petição de herança seja, em regra, cumulada com algum pedido adicional, suscitando uma possível natureza mista, eis que os pleitos judiciais mesclam uma ação de estado, no caso da investigação de paternidade, ou, de certa forma, na ação de reconhecimento de união estável (embora inexista para o Direito brasileiro o estado civil de convivente), é fato que nem sempre a ação de direito real será miscigenada com uma ação de estado, mas sempre,

---

isso, e mesmo a despeito do nome dado à ação pela petição inicial ("ação de investigação de paternidade cumulada com petição de herança"), não se verifica que a presente demanda seja, de forma estrita, uma "ação de petição de herança". Pois aqui a parte autora/apelada não tinha, antes do ajuizamento da ação, já reconhecida a sua condição de herdeiro. Aqui, a parte autora/apelada pediu apenas a investigação de paternidade, e o consequente reconhecimento do seu direito hereditário. Só que o reconhecimento do direito hereditário em favor daquele que é reconhecido como filho é uma consequência direta, imediata e automática da própria procedência da investigação de paternidade. Precedentes jurisprudenciais. Em não sendo a presente ação própria e estritamente uma 'ação de petição de herança', mas apenas uma ação de investigação de paternidade, não há falar ou cogitar seja aqui aplicável o prazo específico de prescrição para a petição de herança. Não fosse por isso, ainda seria curial destacar que a jurisprudência desta Corte já firmou entendimento de que, em casos de paternidade reconhecida só depois do óbito do pai/investigado, o prazo prescricional para a ação de petição de herança só corre a partir do próprio reconhecimento da paternidade, e não desde antes da data da abertura da sucessão. Precedentes jurisprudenciais. E considerando a data do reconhecimento da paternidade, não se verifica tenha corrido por inteiro o prazo de prescrição para a petição de herança (inclusive porque julgada em conjunto com a investigação de paternidade). Por fim, no caso concreto, sequer existe partilha dos bens deixados em razão do falecimento do pai/investigado, uma vez que o inventário dele está aberto, inclusive com reserva de quinhão do investigante. E nesse contexto de paternidade recentemente reconhecida, e de inventário ainda aberto e sem partilha, inclusive com reserva de quinhão, não é possível considerar prescrito o direito do aqui apelado, de receber o seu quinhão hereditário. Negaram provimento aos apelos, por maioria".

[24] PALACIOS, María Cristina. *Código Civil y Comercial comentado, anotado y concordado*. Coord. Eduardo Gabriel Clusellas. Buenos Aires: Astrea, 2015. v. 7, p. 1047.
[25] ASSANDRI, Mónica; ROSSI, Julia. *Derecho de sucesiones*. Directores, Nora Lloveras, Olga Orlandi e Fabian Faraoni. Buenos Aires: Rubinzal-Culzoni, 2016. t. I, p. 212.

e inequivocamente, o pedido principal decorre da declaração de qualidade de herdeiro e do correlato reconhecimento a um direito de propriedade sobre bens do defunto, no todo ou em parte, e nesse sentido se faz presente a sua natureza de direito real (CC, art. 80, inc. II).

55. EXTENSÃO DA PETIÇÃO DE HERANÇA

A petição de herança tem dois incontestáveis propósitos: a) a declaração judicial da condição de herdeiro do autor da demanda e, b) a obtenção da posse e da propriedade dos bens que compõem a herança que se encontram, no todo ou em parte, indevidamente em poder de terceiros.[26] À vista da qualidade de herdeiro único ou de coerdeiro, pode o pretende à herança promover manifestação processual no ventre do inventário e provocar o herdeiro aparente, que até então ostentava o título de herdeiro, para assumir duas possíveis posturas: a) aderir à pretensão do autor e desse modo despojar-se no todo ou em parte da qualidade que detinha de herdeiro, e nesse caso o conflito se resolve admitindo a qualidade de herdeiro único ou de coerdeiro do peticionário, ou lhe toca se manifestar nos autos do inventário e; b) negar ou desconhecer a pretensão do autor, obrigando o pretendente a ajuizar uma ação de petição de herança.

Cumuladas com a ação de petição de herança surgem com frequência outras demandas, dentre as quais a mais comum é a de investigação de paternidade biológica e, mais modernamente, a ação de investigação de filiação socioafetiva. Também são usuais as ações de petição de herança de adoção *post mortem*,[27] ou a ação de declaração de existência de união estável e reconhecimento da qualidade de herdeiro do convivente sobrevivente em concorrência com os descendentes ou ascendentes, ou uma ação de anulação da partilha proposta por herdeiro que não participou do inventário e que a cumula com a ação de petição de herança. Também é exemplo a ação de petição de herança cumulada com ação de exclusão hereditária de cônjuge ou companheiro em razão da separação de fato, não mais se aplicando o art. 1.830 do Código Civil acerca da *culpa mortuária* dos dois anos de separação de fato, especialmente depois da edição da Emenda Constitucional 66/2010, que assegura o divórcio a qualquer tempo, de modo que, definitivamente, descabe discutir uma espécie de culpa suspensa no primeiro biênio da separação de fato.[28]

---

[26] FARIAS, Cristiano Chaves de; ROSENVALD, Nelson. *Curso de direito civil*: sucessões. São Paulo: Atlas, 2015. v. 7, p. 189.

[27] "Agravo Interno. Decisão monocrática que nega seguimento a agravo de instrumento por manifesta improcedência. Manutenção. Inventário. Suspensão do processo. Adequação. Adequada a suspensão do processo de inventário, quando a condição de herdeira das irmãs da falecida, parentes colaterais, está condicionada a resolução de uma ação de adoção que está tramitando, na qual poderá ser reconhecida a existência de um filho da falecida. O filho tem direito à totalidade da herança, o que afasta eventual direito hereditário dos parentes colaterais. Por isso, inclusive, que descabe, no caso, reserva de quinhão. Enfim, é a própria qualidade de herdeiros dos recorrentes que está em jogo pelo debate travado em ação de adoção que está em trâmite. Caso aquela ação seja julgada procedente, os aqui recorrentes não serão herdeiros e, por conseguinte, sequer terão legitimidade para abrir ou participar do inventário. O eventual e suposto risco na demora do inventário é menor que o risco concreto e projetável de ter de anular a partilha, caso seja julgada procedente a ação e adoção. Por isso, e apesar dos termos do art. 265, § 5º, do CPC, para a peculiaridade do caso não se mostra adequado limitar a suspensão do inventário a 01 ano. Negaram provimento" (Agravo Interno 70025855677. Oitava Câmara Cível do TJRS. Rel. Rui Portanova. j. 25.08.2008).

[28] Neste sentido, ver artigo intitulado A concorrência sucessória e o trânsito processual: a culpa mortuária. MADALENO, Rolf. *Revista Brasileira de Direito de Família*, São Paulo: IBDFAM/Síntese, v. 29, abr.-maio 2005, p. 144-151, com a seguinte passagem: "Não fica nada difícil imaginar o desequilíbrio das armas

Zeno Veloso retoma o tema do direito sucessório na *separação de fato* e alerta para a extrema dificuldade de provar que a convivência conjugal se tornou impossível pela culpa do defunto, e arremata: "Esse artigo (1.830 do CC), com suas regras e exceções, dará margem para inúmeras questões, para discussões intermináveis. Rolf Madaleno tem criticado essa difícil disputa judicial para averiguar o que chama de 'culpa mortuária' ou 'culpa funerária', ponderando que, nessa parte, o art. 1.830 representa um retrocesso".[29]

Exemplo adicional de petição de herança advém da ação declaratória de indignidade ou de deserdação para idêntica exclusão da qualidade de herdeiro e inclusão do herdeiro mais afastado que toma o lugar daquele que seria chamado em primeiro lugar, em conformidade com a ordem de vocação hereditária, acaso não fosse excluído da herança, lembrando, ainda, que a indignidade ou a deserdação não privam do direito hereditário os herdeiros do indigno ou deserdado.

Existem também as pessoas que não podem suceder por testamento, cuja relativa incapacidade as inabilita para determinadas heranças, como explicitado no art. 1.801 do Código Civil, ao prescrever que não podem ser nomeados herdeiros nem legatários: i) a pessoa que, a rogo, escreveu o testamento, nem seu cônjuge ou companheiro, ou seus ascendentes e irmãos; ii) as testemunhas do testamento; iii) o concubino do testador casado; iii) o tabelião, civil ou militar, ou o comandante ou escrivão, perante quem se fizer, assim como o que fizer ou aprovar o testamento. Caracteriza fraude à lei o fato de essas pessoas, que por disposição legal não podem suceder por testamento, diretamente ou por interpostas pessoas (CC, art. 1.802, parágrafo único), serem beneficiadas, e, se estiverem na posse dos bens do defunto, serão possuidores de má-fé. O autor da petição de herança promoverá, cumulativamente, uma ação de incapacidade para suceder por testamento (CC, art. 1.801), reivindicando ele a herança pela exclusão do herdeiro aparente.

A ação de anulação, de nulidade, de caducidade ou, em suma, de revogação de testamento, sendo julgada ineficaz a cédula testamentária, abrirá a sucessão legítima, habilitando os herdeiros que a cumulem com petição de herança, proposta por um herdeiro colateral até então desconhecido, assim como a ação de petição de herança de embrião proveniente de reprodução assistida póstuma ou a ação do cessionário que não foi incluído entre os herdeiros na partilha homologada e transitada em julgado.[30] Pode a ação de petição de herança ser proposta pelo ente estatal quando os herdeiros não são conhecidos ou renunciaram à herança, lembrando, ademais, que a petição de herança não é opção processual destinada ao legatário, que tem direito de pedir o seu legado aos herdeiros incumbidos da execução do legado, ao inventariante, ou ao testamenteiro.[31] A cumulação das ações de petição de herança encurtam a trajetória processual e agilizam o resultado útil da demanda, eis que dispensam o ingresso de

---

que travarão a discussão judicial da culpa ou da inocência do cônjuge sobrevivente, afastado por até dois anos da convivência e coabitação conjugal, afora os naturais constrangimentos decorrentes dessa inusitada situação de confronto entre mãe e filhos, viúva e enteados, sobrevivente e seus parentes afins, como, por exemplo, os seus sogros, sem descartar a disputa com sobrinhos ou tios do sucedido pela herança de um patrimônio havido de um casamento que ambos os cônjuges já haviam definitivamente abandonado".

[29] VELOSO, Zeno. Sucessão do cônjuge. In: SALOMÃO, Luis Felipe; TARTUCE, Flávio (coords.). *Direito civil*: diálogos entre a doutrina e a jurisprudência. São Paulo: Atlas, 2018. p. 716.

[30] NERY, Rosa Maria de Andrade; NERY JUNIOR, Nelson. *Instituições de direito civil*: Teoria geral do direito de sucessões. Processo judicial e extrajudicial de inventário. São Paulo: Revista dos Tribunais, 2017. v. VI, p. 68.

[31] LÔBO, Paulo. *Direito civil*: sucessões. 3. ed. São Paulo: Saraiva, 2016. p. 297-298.

uma ação inicial de reconhecimento da qualidade de herdeiro e depois um segundo processo de reclamação de quota hereditária ou do universo da herança.

A ação de petição de herança pode ser ajuizada no curso do inventário, antes da partilha ou mesmo depois de efetivada a partilha, bastando a procedência da ação de petição de herança ser cumulada, se for o caso, com a declaração da qualidade de herdeiro, mas, nesta hipótese de partilha finda, a ação terá de ser endereçada contra cada um dos herdeiros e não mais em relação ao espólio representado pelo inventariante, haja vista que o inventário foi encerrado e cada coerdeiro recebeu com a partilha o seu respectivo quinhão hereditário, desfazendo a universalidade da herança.

O êxito da ação de petição de herança reclama a prova de que o autor é herdeiro e de que os bens que reivindica pertenciam ao falecido, de quem ele é herdeiro, e que esses bens estão na posse do demandado. Se o demandado alega que os bens não pertenciam ao patrimônio do falecido, ou que foram por ele adquiridos legalmente após o inventário, a ação de petição de herança não procede.[32]

56. NOÇÃO DE HERDEIRO APARENTE

Na doutrina de José Luis Pérez Lasala, herdeiro aparente é quem se acha na posse dos bens hereditários, comportando-se como herdeiro sem sê-lo, em virtude de um título idôneo ou abstrato para adquirir a herança, porém ineficaz no caso concreto.[33]

Nelson Godoy Bassil Dower retrata o herdeiro aparente como aquele que se apresenta, à vista de todos, como verdadeiro herdeiro[34] e, obviamente, aparenta desfrutar dessa condição enquanto não confronta demanda proposta por quem se diz titular de melhor direito hereditário.

Aquele que se posiciona na qualidade de herdeiro, figurando no inventário como titular dos bens hereditários, pode estar agindo na mais completa serenidade e boa-fé, por desconhecer, por exemplo, a existência de um testamento e este herdeiro aparente é sucessor legítimo que se apresenta de acordo com a ordem de vocação hereditária na ausência de algum herdeiro mais próximo em termos de classe e grau de parentesco. Como menciona Arnaldo Rizzardo, o herdeiro aparente está na posse de bens como se fosse o legítimo sucessor do falecido, assumindo a tranquila e segura feição processual de herdeiro e nessa qualidade é visto, mas por erro, ou equívoco, ou falta de conhecimento de uma realidade ou de um fato que o afasta daquela qualidade externada no juízo do inventário.[35]

Com a procedência da ação de petição de herança é reconhecido o direito sucessório do autor e, em razão desse resultado processual é ordenada a restituição da herança, ou parte dela, ao legítimo herdeiro. Esse é o efeito automático da petição de herança, que no seu requerimento entranha o pedido de restituição da herança, sem prescindir de uma nova ação para a anulação da partilha ou a sua retificação.[36] Quanto mais cedo proposta a ação de petição de herança mais provável a restituição integral dos bens inventariados que se encontravam na posse do herdeiro aparente.

O art. 1.826 do Código Civil refere que o possuidor da herança está obrigado à restituição dos bens do acervo hereditário, fixando-se-lhe a responsabilidade segundo a sua posse tenha sido de boa ou de má-fé, consoante os arts. 1.214 a 1.222 do mesmo Diploma Civil. Disso sucede

---

[32] RODRÍGUEZ-ROSADO, Bruno. *Heredero y legitimario*. Navarra: Thomson Reuters/Aranzadi, 2017. p. 104.
[33] LASALA, José Luis Pérez. *Tratado de sucesiones*. Buenos Aires: Rubinzal-Culzoni, 2014. t. I, p. 970.
[34] DOWER, Nelson Godoy Bassil. *Curso moderno de direito civil*: sucessões. São Paulo: Nelpa, 2014. p. 97.
[35] RIZZARDO, Arnaldo. *Direito das sucessões*. 10. ed. Rio de Janeiro: Forense, 2018. p. 142.
[36] TORRANO, Luiz Antônio Alves. *Petição de herança*. Campinas: Servanda, 2013. p. 91.

que, enquanto a pessoa figura como herdeiro aparente, terceiros podem adquirir bens do espólio, a título oneroso e de boa-fé, escrevendo Carlos Roberto Gonçalves que a lei considera eficaz a alienação, não importando se o alienante, tido por todos como verdadeiro herdeiro, encontrava-se de boa ou de má-fé, pois o que ao legislador importa é a boa-fé do terceiro adquirente.[37]

Herdeiro que se encontra na posse do acervo hereditário e posteriormente é excluído da herança por ação declaratória de indignidade é herdeiro que age de boa-fé, como de má-fé poderia ser a viúva que, sabendo estar grávida do falecido esposo, silencia acerca da sua gravidez para recolher sozinha a totalidade da herança, e este é um exemplo de inquestionável má-fé, tendo sempre presente que a boa-fé se presume e a má-fé precisa ser provada. As comparações servem para pontuar que, em qualquer uma das pressuposições o terceiro adquirente está invariavelmente de boa-fé e acredita que negocia com ativo herdeiro, anotando Hélio Borghi que a aparência é justamente uma mostra enganosa, uma visão exterior não condizente com a realidade interior de uma dada situação.[38]

É o estado de fato propiciado pela falaz aparência da qualidade de herdeiro e da qual resulta um correspondente estado de direito (a aparência fazendo pressupor o direito) e justamente dessa aparência de herdeiro e consequente disposição do acervo hereditário deriva o engano das pessoas que diante dessas evidências são naturalmente levadas em sua boa-fé, pouco importando se quem foi iludido neste cenário de aparências adotou ou não medidas usuais de necessária cautela, eis que, levado apenas pela credibilidade externada pelos fatos que eram suficientes para a crença do terceiro, acrescentando María Cristina Palacios que doutrina e jurisprudência argentinas consideram esta crença na aparência uma exceção ao princípio *nemo plus iuris* (de que ninguém pode conferir a outro um direito que não possui), representando uma legitimação extraordinária àquele princípio, que se faz necessária para conferir segurança ao tráfico jurídico para proteger a confiança e tutelar a boa-fé.[39]

Diferentes serão as implicações jurídicas incidentes sobre o herdeiro aparente, dependendo se ele age de boa ou de má-fé no momento em que precisar restituir os bens do acervo hereditário, sendo equiparado ao possuidor de boa-fé se desconhecia o defeito que lhe bloqueava a aquisição da herança e estava convicto que era herdeiro do falecido.[40] Contudo, a presunção de boa-fé desaparece depois da sua citação na ação de petição de herança e ele passa a responder pelas regras concernentes à posse de má-fé e à mora (CC, art. 1.826, parágrafo único).

São válidos os atos de disposição realizados pelo herdeiro aparente e o autor da petição de herança não tem como responsabilizar o adquirente do bem extraído do acervo hereditário, pois, como refere Humberto Theodoro Júnior, para a generalidade das pessoas não há como negar seu direito de propriedade, nem subsiste razão para pô-lo em dúvida, pois quem adquire em ato negocial o bem de herdeiro aparente, fá-lo, ordinariamente, na convicção de estar adquirindo do seu legítimo dono, desde que não esteja de má-fé, e esta precisa ser provada, e desde que não se trate de aquisição a título gratuito.[41]

---

[37] GONÇALVES, Carlos Roberto. *Direito civil brasileiro*: direito das sucessões. 4. ed. São Paulo: Saraiva, 2010. v. 7, p. 151.

[38] BORGHI, Hélio. *Teoria da aparência no direito brasileiro*. São Paulo: Lejus, 1999. p. 41.

[39] PALACIOS, María Cristina. *Código Civil comercial, comentado, anotado y concordado*. Coord. Eduardo Gabriel Clusellas. Buenos Aires: Astrea, 2015. v. 7, p. 1.080.

[40] MATIELLO, Fabrício Zamprogna. *Curso de direito civil*: direito das sucessões. São Paulo: LTr, 2011. v. 6, p. 80.

[41] THEODORO JR., Humberto. A petição de herança encarada principalmente dentro do prisma do direito processual civil. *Revista dos Tribunais*, São Paulo: RT, v. 581, mar. 1984, p. 15.

Ou seja, o terceiro deve estar de boa-fé para a aplicação da teoria da aparência, que existirá sempre que o adquirente acreditar razoavelmente que o transmitente é o verdadeiro herdeiro e que, portanto, que está legitimado a celebrar o ato.[42]

57. A AÇÃO DE PETIÇÃO DE HERANÇA

Prescreve o art. 628 do Código de Processo Civil que aquele que se julgar preterido poderá demandar sua admissão no inventário, requerendo-a antes da partilha, bastando, portanto, que o herdeiro desprezado peticione no próprio inventário para requerer sua admissão como herdeiro, no entanto, se se fizer necessária a produção de provas que não a documental, o juiz remeterá o requerente às vias ordinárias, mandando reservar, em poder do inventariante, o quinhão do herdeiro excluído até que se decida o litígio (CPC, art. 628, § 2º). Já o art. 657 do CPC identifica a anulação da partilha amigável que foi lavrada em escritura ou homologada pelo juiz, e o art. 658 do CPC faz menção à rescisão de uma sentença que julgou a partilha e transitou em julgado, e dentre as hipóteses processualmente cogitadas acresce a eventual inclusão de quem não é herdeiro, ou a preterição de herdeiro (CPC, art. 658, inc. III), ou seja, herdeiro preterido pode anular o acordo homologado ou a escritura de partilha, ou rescindir a partilha julgada por sentença (CPC, art. 658).

Contudo, herdeiro não reconhecido ou que tem contestada a sua qualidade de herdeiro no inventário, não sendo suficiente a prova documental, será encaminhado pelo juiz para as vias ordinárias (CPC, arts. 627, § 3º, e 628, § 2º), onde promoverá ação de petição de herança para provar a sua qualidade de herdeiro e reivindicar sua quota hereditária, não estando sujeito ao prazo decadencial da ação rescisória, mesmo porque não foi parte no inventário, pois, como bem ensina Humberto Theodoro Júnior, não há como negar o manejo da petição de herança para quem não figurou no inventário já encerrado e com a partilha que não considerou a sua quota parte da herança.[43] Apesar de ser nula a sentença de partilha, ele não promove a ação rescisória, mas uma *ação de petição de herança* que está sujeita apenas ao prazo prescricional de dez anos, de acordo com o art. 205 do Código Civil e em conformidade com a Súmula 149 do STF.[44]

Segundo o Enunciado 183 do Fórum Permanente de Processualistas Civis, a ação rescisória de partilha com fundamento na preterição de herdeiro, prevista no inc. III do art. 658, está vinculada à hipótese do art. 628 do CPC, não se confundindo com a ação de petição de herança (CC, art. 1.824), cujo fundamento é o reconhecimento do direito sucessório e a restituição da herança por aquele que não participou, de qualquer forma, do processo de inventário e partilha.

57.1. Provimentos liminares

As alienações de bens integrantes do acervo hereditário promovidas pelo herdeiro aparente, a título oneroso e de boa-fé, são consideradas eficazes e destarte convalidadas, de modo que não retornam ao monte-mor, afirmando Rosa Maria de Andrade Nery e Nelson Nery Junior que o autor da petição de herança pode terminar sem ter acesso à posse e à propriedade

---

[42] PALACIOS, María Cristina. *Código Civil y Comercial, comentado, anotado y concordado*. Coord. Eduardo Gabriel Clusellas. Buenos Aires: Astrea, 2015. v. 7, p. 1.089.
[43] THEODORO JR., Humberto. A petição de herança encarada principalmente dentro do prisma do direito processual civil. *Revista dos Tribunais*, São Paulo: RT, v. 581, mar. 1984, p. 16.
[44] MARCATO, Antonio Carlos. *Procedimentos especiais*. 16. ed. São Paulo: Atlas, 2016. p. 206.

do acervo hereditário a que tem direito, diante da irreversível alienação dos bens do espólio a terceiros que confiaram na aparência de herdeiro do alienante.[45] Por conta dessa forte possibilidade de esvaziamento do espólio, sem que o terceiro adquirente de boa-fé precise restituir os bens por ele adquiridos (lembrando que a boa-fé existirá sempre que o adquirente creia razoavelmente que o transmitente é o verdadeiro herdeiro), e não tendo o herdeiro aparente, que alienou bens da herança, meios próprios para compensar o prejuízo por ele causado de boa ou de má-fé, concluem os autores citados serem grandes as chances de o autor da petição de herança ver frustrado o seu direito hereditário, cujo risco aconselha promova prévia medida preventiva, consistente no *sequestro conservativo* de bens que possa assumir uma função cautelar em favor do autor da ação de petição de herança para evitar futura possível lesão de seu direito hereditário.[46]

O autor da ação de petição de herança, quando busca a declaração judicial da sua qualidade de herdeiro, na sequência e como efeito natural, reivindica o pagamento da sua quota na herança, e esta demanda ele pode cumular com um pedido incidental de *tutela provisória* (CPC, art. 327, § 2º), fundada em cognição sumária, de exame menos profundo da causa e cuja decisão é baseada em juízo de probabilidade e não em juízo de certeza.[47] Essa tutela provisória visa à reserva de bens suficientes para o pagamento do quinhão hereditário pertencente ao autor da ação, ou o sequestro de todo o acervo hereditário, de molde a evitar que por alguma circunstância o herdeiro aparente se desfaça desses bens. Conforme prescreve o art. 296 do Código de Processo Civil, a tutela provisória conserva sua eficácia na pendência do processo, embora possa, a qualquer tempo, ser revogada ou modificada, mesmo porque, havendo disputa judicial entre dois herdeiros únicos, entre o aparente e o autor da petição da herança, o universo dos bens será pago ao herdeiro legal, convindo tornar inacessível o patrimônio hereditário durante a tramitação da ação de petição de herança, cujo ajuizamento implicará também na suspensão do processo de inventário até que definido quem por direito é o herdeiro universal. Tratando-se de uma tutela provisória de urgência, cautelar ou antecipada, pode ser concedida em ação antecedente ou incidental (CPC, art. 294), qual seja o autor da ação de petição de herança pode promover preliminarmente uma ação cautelar de tutela provisória para antecipar a reserva ou o sequestro dos bens do espólio, como medida preparatória da ação principal de *petição de herança*,[48] ou pode requerer no corpo da ação única e de forma incidental esse mesmo pedido cautelar de tutela provisória.

Tanto o § 3º do art. 627, como o § 2º do art. 628, ambos do CPC, e desde que a partilha ainda não tenha sido feita, permite quem quer que se julgue na condição de herdeiro e não haja sido admitido no inventário, que requeira a reserva de quinhão no ventre do processo de

---

[45] NERY, Rosa Maria de Andrade; NERY JR., Nelson. *Instituições de direito civil*: teoria geral do direito de sucessões. Processo judicial e extrajudicial de inventário. São Paulo: Revista dos Tribunais, 2017. v. VI, p. 69.

[46] NERY, Rosa Maria de Andrade; NERY JR., Nelson. *Instituições de direito civil*: teoria geral do direito de sucessões. Processo judicial e extrajudicial de inventário. São Paulo: Revista dos Tribunais, 2017. v. VI, p. 69.

[47] CÂMARA, Alexandre Freitas. *O novo processo civil brasileiro*. 3. ed. São Paulo: Atlas, 2017. p. 159.

[48] "Processo civil. Sucessões. Inventário. Ação de nulidade parcial de assento de nascimento cumulada com investigação de paternidade e petição de herança. Reserva de quinhão. Medida cautelar. Requisitos. Possibilidade. *A reserva de quinhão é medida cautelar e, portanto, sujeita aos requisitos do* fumus boni iuris *e do* periculum in mora. *O fumus boni iuris se verifica presente na propositura da ação de nulidade parcial de assento de nascimento cumulada com investigação de paternidade. O periculum in mora está caracterizado no pedido de reserva de bens, porquanto a posterior procedência do pedido de investigação de paternidade gerará o desfazimento da partilha com risco de não ser possível repor o monte partível no estado anterior.* Recurso especial conhecido e provido" (STJ. REsp. 628.724/SP. 3ª Turma. Rel. Ministra Nancy Andrighi. j. em 03.05.2005).

inventário, ainda que lhe tenha sido ordenado buscar as vias ordinárias da petição de herança, dispensando, assim, se os coerdeiros concordarem com a reserva dos bens, que necessite promover uma medida cautelar de urgência antecedente ou incidente da petição de herança, justamente para reivindicar a reserva desses bens. No entanto, o deferimento desse pedido de reserva de bens ostenta caráter cautelar e está atrelado à presença dos requisitos de *fumus boni iuris* e *periculam in mora* que pontuavam o processo cautelar do CPC de 1973 e nesse sentido o Enunciado 31 do Fórum Permanente de Processo Civil,[49] devendo o pretenso herdeiro promover a ação principal de petição de herança.

57.2. Legitimidade ativa e passiva

Alude Pontes de Miranda que quem quer que herde, legítima ou testamentariamente, pode pedir a herança se outrem a possui, com ofensa do direito do herdeiro, ou seja, os sujeitos ativos aos quais é outorgado o exercício da ação de petição de herança serão aqueles que justamente invocam um direito sucessório melhor ou igual ao que detém a herança. Vale dizer, nas palavras de Mónica Assandri e Julia Rossi, têm legitimidade ativa os titulares de uma vocação atual e que não têm a posse material da herança, e acionam quem lhes nega o chamamento preferencial ou concorrente e que obtiveram a posse da herança.[50] Assim, por exemplo, tem legitimidade ativa para o ajuizamento da ação de petição de herança o filho biológico ou socioafetivo cujo vínculo de filiação e a qualidade de herdeiro foram contestados ou omitidos por quem aparenta ser o herdeiro; ou o filho cuja adoção é postulada depois da morte do adotante, tal qual o filho da reprodução assistida *post mortem*, a companheira sobrevivente na união estável, o cessionário de herdeiro, o herdeiro instituído por testamento e uma infinidade de outras pessoas que podem exercer a ação de petição de herança, seja para reivindicar a totalidade da herança ou para compartilhar parte da herança.

Também tem sido admitido que os credores do herdeiro inativo, com vocação hereditária, promovam a ação de petição de herança em sub-rogação do herdeiro devedor, obviamente postulando o pagamento da herança nos limites do crédito que eles detêm em relação ao herdeiro devedor, não tendo, no entanto, legitimidade ativa para a petição de herança o Estado em caso de vacância, porque depois que a herança for considerada judicialmente vaga, automaticamente os bens passam para a posse do Estado, e posteriormente para o seu domínio, sendo que somente algum eventual herdeiro preterido é que pode promover a ação de petição de herança para receber a herança que havia sido considerada sem sucessor.

Para alguns, o Estado tem legitimidade quando, pela declaração da herança jacente, uma pessoa de forma fraudulenta se apossa do patrimônio, podendo o Estado promover a anulação do inventário ou a ação de petição de herança. Como também têm legitimidade os netos do autor da herança quando o filho repudia a herança ao deixar de promover a competente ação de investigação de paternidade, caso em que os netos se habilitam no lugar do pai e promovem a investigação de paternidade avoenga.

Calha questionar qual a verdadeira razão para pré-excluir dos herdeiros netos a pesquisa genética de seu avô (CC, art. 1.606), quando o art. 5º da Constituição Federal; o art. 1.596 do Código Civil e o art. 3º, parágrafo único, do Estatuto da Criança e do Adolescente infor-

---

[49] WAMBIER, Teresa Arruda Alvim *et al*. *Primeiros comentários ao novo Código de Processo Civil, artigo por artigo*. São Paulo: Revista dos Tribunais, 2015. p. 979.

[50] ASSANDRI, Mónica; ROSSI, Julia. *Derecho de sucesiones*. Directores Nora Lloveras, Olga Orlandi e Fabian Faraoni. Buenos Aires: Rubinzal-Culzoni, 2016. t. I, p. 214.

mam serem todos iguais perante a lei, sem distinção de qualquer natureza. Negar o direito de os netos investigarem a origem genética de seu pai que morreu sem ter investigado a sua paternidade seria negar o inescusável direito à identidade familiar, atributo personalíssimo e direito inerente ao neto de buscar sua identificação pessoal, social e familiar. As relações de parentesco envolvem direitos de ordem pessoal, moral e material, regulando vínculos e identidade social, restrições conjugais e afetivas, avançando no campo dos alimentos, na regulamentação da guarda e das visitas e no direito sucessório. Também interessa no cômputo do direito sucessório, porque o direito à herança é direito fundamental, assegurado pelo art. 5º, inc. XXX, da Constituição Federal, não podendo a lei negar os direitos hereditários dos netos.

Em julgamento ocorrido em 16 de junho de 2005, o Ministro Humberto Gomes de Barros, relatando, na 3ª Turma do STJ, o REsp 604.154, do Rio Grande do Sul, conduziu o voto acolhido, por unanimidade, para conhecer e dar provimento à investigação parental avoenga. Conforme o julgado, embora se ressentisse o recurso de divergência jurisprudencial e estivesse ausente dispositivo federal violado, ao contrário, é o art. 1.606 do Código Civil que viola princípios superiores e contraria a decisão do STJ, e assim admitia o recurso especial, em clara exceção à regra geral dos requisitos de ordem formal para exame dos recursos especiais, e concluía não existir qualquer proibição legal à pretensão de os netos sucessores investigarem a paternidade, inadmitindo pudesse uma interpretação levar ao absurdo, como certamente seria, se os netos não pudessem pesquisar a sua origem e os seus vínculos genéticos, quebrando a cadeia sucessória e familiar por absoluto preciosismo legal. Afinal, concluiu o julgado, o direito personalíssimo significa a transmissão genética dos caracteres herdados, com integral influência na formação da personalidade do sucessor de seu genitor.

Outro julgamento do STJ resultou do REsp. 807.849/RJ, relatado pela Ministra Nancy Andrighi, datado de 24 de março de 2010, e igualmente reconheceu como direito personalíssimo dos netos postularem a declaração judicial de sua relação avoenga, acrescentando que netos e filhos possuem direito de agir, próprio e personalíssimo, e de pleitearem declaratória de relação de parentesco em face do avô, ou dos herdeiros se premorto aquele, porque o direito ao nome, à identidade e à origem genética estão intimamente ligados ao conceito de dignidade da pessoa humana. Em 1º de dezembro de 2011, a 4ª Turma do STJ, em voto relatado pelo Ministro Marco Buzzi, no REsp. 876.434/RS, negou legitimidade processual para ação cautelar para produção antecipada de prova voltada à futura demanda investigatória de relação avoenga, proposta pela neta, não obstante o filho estivesse vivo, dizendo não existir legitimidade concorrente entre gerações de graus diferentes para postular o reconhecimento judicial de parentesco, com base em ascendência genética, existindo somente legitimidade sucessiva, de modo que as classes mais próximas, enquanto vivas, afastam as mais remotas. Contudo, não tem legitimidade ativa aquele que renunciou à herança e dela fica definitivamente excluído, a qualquer tempo e a qualquer título.[51]

No tocante à legitimidade *passiva*, a ação de petição de herança deve ser endereçada àquele que está na posse material da herança e invoca o título de herdeiro, ou, como sustenta Pontes de Miranda, a petição de herança dirige-se contra quem não tem título para herdar e possui algo que pertence à herança,[52] como também pode ser dirigida contra o possuidor dos bens hereditários e que detenha ou não o título de herdeiro ou cessionário. Em realidade, a legitimação passiva é também de qualquer coerdeiro que tenha de suportar a redução da sua quota hereditária em razão do surgimento de outro herdeiro que fora omitido ou contestado em sua qualidade de herdeiro.

---

[51] RIZZARDO, Arnaldo. *Direito das sucessões*. 10. ed. Rio de Janeiro: Forense, 2018. p. 138.
[52] MIRANDA, Pontes. *Tratado de direito privado*. 2. ed. Rio de Janeiro: Borsoi, 1968. t. 55, p. 147.

O cessionário também pode compor o polo passivo da ação de petição de herança, tal qual o administrador da falência do sucedido, ou curador da herança jacente, quando se encontram na posse dos bens do sucedido, como igualmente podem todos eles figurar no polo ativo se não estiverem na posse do acervo hereditário, prescrevendo o art. 1.827 do Código Civil que o herdeiro pode demandar os bens da herança, mesmo que a herança esteja em poder de terceiros.

Ney de Mello Almada dilucida poder figurar no polo passivo qualquer pessoa física ou jurídica, seja suposto herdeiro ou possuidor de bens da herança, mas cuja aquisição seja estranha ao direito hereditário.[53] Nada impede que mesmo herdeiro real figure como demandado por estar se apossando adiante de seu quinhão hereditário, uma vez que se encontra também na posse da quota hereditária do autor da petição de herança, figurando no polo passivo quaisquer investidas na posse do acervo hereditário, como a viúva meeira, ou a companheira do sucedido, herdeiros, legatários credores e cessionários.[54]

Por sinal, o art. 1.828 do Código Civil ilustra que demandado é o *herdeiro aparente*, quer seja ou não titular da herança ou que a tenha sob a sua posse e cuja posição aparenta ser verdadeira, mas que não espelha, em parte ou no todo, a verdade sucessória, e sua defesa é tentar demonstrar ser ele o efetivo herdeiro, ou demonstrar que os bens sob a sua posse não pertenciam ao sucedido, transmudando o debate para a propriedade dos bens e não mais para a qualidade de herdeiro do autor da petição de herança, como tampouco compete a ação contra quem possui os bens em virtude de um título de transmissão que faculte a posse, como contrato de arrendamento, depósito ou locação.[55]

58. A RESPONSABILIDADE DO HERDEIRO APARENTE

Conforme o art. 1.826 do Código Civil, o possuidor da herança está obrigado à restituição dos bens do acervo, fixando-se-lhe a responsabilidade segundo a sua posse, consoante os arts. 1.214 a 1.222 do mesmo diploma substantivo civil. Esses preceitos conferem proteção jurídica distinta ao possuidor de boa ou de má-fé, sendo considerado possuidor de boa-fé aquele que ignora a ilegitimidade da sua posse, estando seguro de que a sua posse não contém nenhuma anomalia legal e está convicto de que tem a posse e o domínio do bem, ou, se dele não é proprietário, sua posse é legítima porquanto sustentada em contrato ou direito real.[56] Gerando frutos, estes se estendem ao possuidor de boa-fé e desde que tenham sido percebidos antes do fim da presunção de boa-fé, aduzindo o parágrafo único do art. 1.826 que a presunção de boa-fé cessa a partir da citação do possuidor do acervo hereditário na ação de petição de herança.

A responsabilidade do possuidor da herança demandado na petição de herança está no fato de que ele deve restituir todos os bens do espólio, estando na posse dos bens do sucedido, de boa ou de má-fé. Quando está de boa-fé pode perceber ou manter os frutos produzidos pela coisa durante o período em que tiver durado a boa-fé e restituir ao herdeiro verdadeiro os frutos pendentes ao tempo em que justamente cessou sua boa-fé, e bem assim retornar aqueles frutos que lhe foram antecipados, como, por exemplo, o adiantamento do aluguel. Os

---

[53] ALMADA, Ney de Mello. *Sucessões*. São Paulo: Malheiros, 2006. p. 164.
[54] OLIVEIRA, Euclides de; AMORIM, Sebastião. *Inventário e partilha*: teoria e prática. 24. ed. São Paulo: Saraiva, 2016. p. 305.
[55] RODRÍGUEZ-ROSADO, Bruno. *Heredero y legitimario*. Navarra: Thomson Reuters/Aranzadi, 2017. p. 103-104.
[56] TEPEDINO, Gustavo. *Comentários ao Código Civil*: direito das coisas. Coord. Antônio Junqueira de Azevedo. São Paulo: Saraiva, 2011. v. 14, p. 170.

frutos pendentes ao tempo em que cessou a boa-fé devem ser devolvidos, mas devem ser deduzidas as despesas de produção a que tem direito, (CC, art. 1.214).[57] Os frutos normalmente pertencem ao dono da coisa, mas são destinados ao possuidor de boa-fé, como uma forma de compensá-lo por sua produtividade para que estes frutos pudessem ser colhidos e por realmente acreditar que exerça uma posse legítima, em detrimento do proprietário negligente, ou desatento em relação à utilização do bem.[58]

Entretanto, se for possuidor de má-fé, responderá por todos os frutos colhidos e percebidos, bem como pelos que por sua culpa deixou de perceber, sendo apenas ressarcido pelas benfeitorias necessárias, não lhe assistindo o direito de retenção pela importância destas.[59] Conforme doutrina exposta por Luiz Antônio Alves Torrano, a distinção entre o herdeiro aparente e o herdeiro real, para efeitos de responsabilidade do primeiro, passa pelo exame da sua posse, se foi justa ou injusta, bem como se de boa ou de má-fé.[60] A posse será justa se não for violenta, clandestina ou precária (CC, art. 1.200) e será uma posse de boa-fé se o possuidor acredita que a ninguém prejudica ao deter os bens em seu poder, mas será de má-fé se ele tem consciência dos vícios que inquinem a sua posse.

Por fim, os diferentes efeitos da responsabilidade do herdeiro aparente em relação ao herdeiro real, consoante os arts. 1.214 a 1.222 do Código Civil, devem ser analisados segundo sua posse tenha sido de boa ou de má-fé.

58.1. Como possuidor de boa-fé

O possuidor da herança está de boa-fé quando por erro de fato ou de direito se crê legítimo proprietário da sucessão cuja posse detém, acreditando piamente ser o exclusivo senhor da coisa. Ou seja, sua boa-fé decorre de um erro de fato, por exemplo, se um herdeiro mais distante toma posse da herança pela inação de um herdeiro mais próximo e com melhor direito, ele não age de má-fé; porém, opera de má-fé quando, conhecendo a existência de herdeiro mais próximo, maliciosamente silencia acerca da sua existência. Atua de boa-fé o possuidor que não tinha conhecimento da existência de outro herdeiro instituído por testamento, ou que, sendo herdeiro instituído por testamento, posteriormente o testamento que o beneficiava foi anulado; como não há má-fé no caso de um parente colateral se habilitar como herdeiro porque desconhecia a existência de um filho do sucedido que ingressou com investigatória de paternidade *post mortem*, e cuja procedência da demanda cumulada com petição de herança o torna herdeiro real e sobrinho do demandado.

Também age de boa-fé o herdeiro indigno que vende bens da herança antes da sentença de exclusão da sua qualidade de herdeiro (CC, art. 1.817).

Destarte, o possuidor de boa-fé tem direito, enquanto ela durar, aos frutos percebidos (CC, art. 1.214), lembrando que frutos são as produções orgânicas periódicas de uma coisa que dela se destacam sem diminuir-lhe a substância, determinado sua produção econômica,

---

[57] HIRONAKA, Giselda Maria Fernandes Novaes. *Comentários ao Código Civil*: parte especial do direito das sucessões. Da sucessão em geral, da sucessão legítima. Coord. Antônio Junqueira de Azevedo. São Paulo: Saraiva, 2003. v. 20, p. 199.
[58] TEPEDINO, Gustavo. *Comentários ao Código Civil*: direito das coisas. Coord. Antônio Junqueira de Azevedo. São Paulo: Saraiva, 2011. v. 14, p. 171.
[59] DABUS MALUF, Carlos Alberto; DABUS MALUF, Adriana Caldas do Rego Freitas. *Curso de direito das sucessões*. São Paulo: Saraiva, 2013. p. 177.
[60] TORRANO, Luiz Antônio Alves. *Petição de herança*. Campinas: Servanda, 2013. p. 97.

existindo os frutos *naturais*, *industriais* ou *civis*, e que os frutos são classificados como: *pendentes*; *separados*; *percebidos*; *consumidos* e *percipiendos*.[61] Contudo, os frutos pendentes ao tempo em que cessar a boa-fé devem ser restituídos, depois de deduzidas as despesas da produção e custeio, como devem ser também restituídos os frutos antecipadamente colhidos (CC, art. 1.214, parágrafo único).

O possuidor de boa-fé não responde pela perda ou deterioração da coisa, a que não der causa (CC, art. 1.217), ou seja, o possuidor de boa-fé será responsabilizado se der causa à perda ou deterioração da coisa.[62]

O possuidor de boa-fé também tem direito à indenização das benfeitorias, advertindo que respeitam aos melhoramentos, obras ou despesas que se fazem em bem móvel ou imóvel, próprio ou alheio, para conservá-lo, aumentar-lhe ou facilitar-lhe o uso ou, simplesmente, torná-lo mais agradável ou aprazível e que as benfeitorias se classificam entre *necessárias,* para a conservação do bem, úteis, se aumentam ou facilitam o uso da coisa, e *voluptuárias,* se forem de mero recreio ou deleite.[63]

As benfeitorias necessárias, úteis ou voluptuárias, se não forem pagas pelo herdeiro real, poderão, se possível, ser levantadas pelo herdeiro aparente e de boa-fé, ou exercer o direito de retenção até o reembolso, no caso das benfeitorias necessárias e úteis (CC, art. 1.219), anotando Gustavo Tepedino que o direito de retenção é o principal meio de garantia de que dispõe o possuidor de boa-fé para constranger o legítimo possuidor a pagar a indenização devida por tais benfeitorias.[64]

58.2. Como possuidor de má-fé

É considerado possuidor de má-fé aquele que, conhecendo a existência de herdeiro de vocação hereditária mais próxima, sabe que este herdeiro não se apresentou apenas porque desconhecia que a sucessão lhe seria deferida; ou que não desconhece a existência de um filho do sucedido e omite ou dissimula a sua existência. Sempre a má-fé precisará ser provada por quem a alega, porquanto, por decorrência natural até prova em contrário prevalece a presunção de boa-fé do possuidor.

Segundo lição externada por María Cristina Palacios, a conduta de má-fé se alicerça nas seguintes suposições:

1. O herdeiro aparente sabe, ou devia saber, que existem herdeiros com direito concorrente ou preferente ao seu;
2. O herdeiro aparente sabe, ou devia saber, que estes herdeiros não se apresentam na sucessão porque ignoram seu chamamento (assim entendido o conhecimento da morte do sucedido e consequente abertura do inventário e a iniciação do processo);
3. Dado este estado de conhecimento, o herdeiro aparente guarda silêncio.[65]

---

[61] NERY JR., Nelson; NERY, Rosa Maria de A. *Código Civil comentado*. 11. ed. São Paulo: Revista dos Tribunais, 2014. p. 427.

[62] TEPEDINO, Gustavo. *Comentários ao Código Civil*: direito das coisas. Coord. Antônio Junqueira de Azevedo. São Paulo: Saraiva, 2011. v. 14, p. 177.

[63] TORRANO, Luiz Antônio Alves. *Petição de herança*. Campinas: Servanda, 2013. p. 101.

[64] TEPEDINO, Gustavo. *Comentários ao Código Civil*: direito das coisas. Coord. Antônio Junqueira de Azevedo. São Paulo: Saraiva, 2011. v. 14, p. 183.

[65] PALACIOS, María Cristina. *Código Civil y Comercial, comentado, anotado y concordado*. Coord. Eduardo Gabriel Clusellas. Buenos Aires: Astrea, 2015. v. 7, p. 1.074-1.075.

O possuidor de má-fé responde por todos os frutos colhidos e percebidos, bem como pelos que, por culpa sua, deixou de perceber, desde o momento em que se constituiu de má-fé, tendo, porém, o direito de ser restituído das despesas de produção e de custeio (CC, art. 1.216). Ou seja, o herdeiro aparente que age de má-fé tem direito ao reembolso dos gastos necessários que tenha efetuado para evitar a perda dos bens ou para assegurar a conservação destes bens, tal qual faria o herdeiro real se os bens estivessem na sua posse, evitando o enriquecimento indevido por parte do herdeiro real.

Já o herdeiro de má-fé está obrigado a reparar todo dano que causou por sua atuação, como também responde pela eventual perda ou deterioração dos bens do espólio, mesmo que ela ocorra por caso fortuito, de modo acidental, entrementes, não responde pela perda ou deterioração dos bens hereditários, se estes objetos também se perderiam ou deteriorariam se estivessem na posse do herdeiro com melhor direito (CC, art. 1.218). Esclarece Gustavo Tepedino, em comentário ao art. 1.218 do Código Civil, que o possuidor de má-fé se exime da responsabilidade pela destruição da coisa se provar que o mesmo teria ocorrido se estivesse a coisa na posse do herdeiro real, sendo dele o ônus de provar a força maior e a vulnerabilidade da coisa, de modo a evitar o enriquecimento sem causa do proprietário final.[66]

Conforme art. 1.220 do Código Civil, ao possuidor de má-fé serão ressarcidas somente as benfeitorias necessárias, que também teriam de ser realizadas pelo herdeiro real se ele estivesse na posse da coisa, não lhe assistindo o direito de retenção pela importância destas, nem o de levantar as voluptuárias. As benfeitorias úteis aumentam a utilidade da coisa e a valorizam, mas não são necessárias, de modo que o herdeiro real poderia optar por não as realizar, e, por essa razão, não há qualquer direito à indenização em relação às benfeitorias em favor do possuidor de má-fé.[67]

Ainda de acordo com o art. 1.221 do Código Civil, as benfeitorias compensam-se com os danos, e só obrigam ao ressarcimento se ao tempo da evicção ainda existirem, tratando o presente dispositivo de uma compensação de créditos reciprocamente existentes entre o herdeiro aparente e o herdeiro real, só sendo ressarcida a benfeitoria se ainda existente ao tempo da retomada do bem, caso contrário, se a benfeitoria não mais existir quando a coisa for devolvida ao retomante, não mais haverá indenização a ser paga.

Por fim, o art. 1.222 do Código Civil estabelece que o reivindicante, obrigado a indenizar as benfeitorias ao possuidor de má-fé, tem o direito de optar entre o seu valor atual e o seu custo, mas o possuidor de boa-fé indenizará pelo valor atual. Ou seja, dependendo da existência de boa ou de má-fé possessória haverá distinção no critério a ser utilizado para o cálculo de indenização. Na hipótese de ressarcir o possuidor de má-fé, o devedor tem o direito de escolher entre a indenização do custo da benfeitoria necessária ou seu valor atual, posto que no momento do ressarcimento a benfeitoria pode estar custando mais ou menos do que foi despendido ao tempo de sua realização, ficando a escolha a critério exclusivo do retomante, que provavelmente optará pelo menor custo, ou seja, o herdeiro real decide se ressarce pelo valor despendido à época pelo herdeiro aparente, corrigido monetariamente, ou escolhe mandar avaliar a benfeitoria, no estado em que se encontra, no momento da devolução da coisa.[68]

---

[66] TEPEDINO, Gustavo. *Comentários ao Código Civil*: direito das coisas. Coord. Antônio Junqueira de Azevedo. São Paulo: Saraiva, 2011. v. 14, p. 179.

[67] TEPEDINO, Gustavo. *Comentários ao Código Civil*: direito das coisas. Coord. Antônio Junqueira de Azevedo. São Paulo: Saraiva, 2011. v. 14, p. 185.

[68] LOUREIRO, Francisco Eduardo. *Código Civil comentado*. Coord. Cezar Peluso. 6. ed. São Paulo: Manole, 2011. p. 1.191.

Possuidor de boa-fé	Possuidor de má-fé
Deve restituir os bens da sucessão	Deve restituir os bens da sucessão
Tem direito aos frutos percebidos	Deve responder pelos frutos colhidos
Deve restituir os frutos pendentes ao tempo em que cessar a boa-fé	Não tem direito aos frutos percebidos
Pode deduzir as despesas da produção e custeio	Pode deduzir as despesas da produção e custeio
Deve restituir os frutos colhidos com antecipação	Responde pelos frutos que por sua culpa deixou de perceber
Não responde pela perda ou destruição da coisa, se não lhe deu causa, mesmo acidental	Responde pela perda ou destruição da coisa
Tem direito à indenização das benfeitorias necessárias, úteis e voluptuárias	Só tem direito de ser ressarcido das benfeitorias necessárias
Tem direito de exercer a retenção pelo valor das benfeitorias necessárias e úteis	Não tem direito de retenção e nem de levantar as benfeitorias voluptuárias

59. PRESCRIÇÃO E DECADÊNCIA DA AÇÃO DE PETIÇÃO DE HERANÇA E CUMULADA COM INVESTIGAÇÃO DE FILIAÇÃO

Prescrição e decadência são institutos que traduzem a influência do tempo sobre o exercício dos direitos, destinando-se a impedir a eternização de conflitos na vida social, e observando Anderson Schreiber existirem duas espécies de prescrições, sendo uma delas a aquisitiva, como ocorre com a usucapião; e a outra, a extintiva.[69] A prescrição pode ser reconhecida para extinguir o próprio direito, para uma corrente, ou extinguir o direito de ação, prescrevendo o art. 332, § 1º, do Código de Processo Civil que "o juiz também poderá julgar liminarmente improcedente o pedido se verificar, desde logo, a ocorrência de decadência ou de prescrição".

Por seu turno, a decadência é aplicada aos direitos potestativos, que diz Anderson Schreiber, não dão ensejo ao nascimento de pretensão, eis que a sua realização depende apenas da vontade do seu titular, como, por exemplo, o direito de anular um negócio jurídico por vício do consentimento, de modo que nesta esfera dos direitos potestativos o legislador estabelece um prazo para o seu exercício, sob pena de extinção do próprio direito e não da ação.[70]

A decadência está vinculada à ordem pública e seus prazos não podem ser alterados pelas partes, seja para ampliá-los como para reduzi-los, sendo que, de acordo com o art. 197, incs. I e II, do Código Civil, não corre a prescrição entre cônjuges na constância da sociedade conjugal, assim não sucedendo se estiverem separados de fato, e também não corre a prescrição durante o exercício do poder familiar entre ascendente e descendente; ainda, pelo disposto no art. 198 do Código Civil, também não corre a prescrição contra os absolutamente incapazes de exercerem os atos da vida civil, como no caso dos menores de dezesseis (16) anos, e verificando, ainda, que de acordo com o § 1º do art. 240 do Código de Processo Civil, o despacho que ordena a citação, ainda que proferido por juízo incompetente, interrompe a prescrição.

---

[69] SCHREIBER, Anderson. *Manual de direito civil contemporâneo*. São Paulo: Saraiva, 2018. p. 285.
[70] SCHREIBER, Anderson. *Manual de direito civil contemporâneo*. São Paulo: Saraiva, 2018. p. 301.

Para declarar o elo de filiação não há prazo, trata-se de pretensão jurídica imprescritível, podendo ser reconhecida judicialmente a filiação a qualquer tempo, embora possa ter transcorrido tempo demasiado que retira o direito à herança, depois do transcurso de dez anos, que deveriam ser contados da data da abertura da sucessão, mas que o Superior Tribunal de Justiça, por sua 3ª Turma, vinha entendendo que o prazo prescricional para o ajuizamento da ação de petição de herança somente começaria a fluir após a declaração da paternidade, contudo, a 4ª Turma do Superior Tribunal de Justiça retomou o entendimento de que o prazo prescricional para o ajuizamento de petição de herança corre a partir da abertura da sucessão, ainda que o herdeiro não saiba dessa sua condição jurídica ou não tenha conhecimento da morte do autor da herança. Assim, retomam sua posição doutrina e jurisprudência, que durante muito tempo concluíam que o filho não reconhecido teria ação sempre para se fazer reconhecer em demanda de estado, mas que não poderia exercer pretensão à herança depois de decorridos dez anos da abertura da sucessão (CC, art. 205),[71] sendo clássico o teor da Súmula 149 do Supremo Tribunal Federal, ao enunciar que: "É imprescritível a ação de investigação de paternidade, mas não o é a de petição de herança".

O art. 27 do Estatuto da Criança e do Adolescente (ECA) igualmente dispõe que o estado de filiação é direito personalíssimo, indisponível e *imprescritível*, podendo ser exercitado contra os pais ou seus herdeiros, sem qualquer restrição, observado o segredo de Justiça.

O art. 2.311 do Código Civil e Comercial da Argentina tem dispositivo que reproduz a imprescritibilidade da petição de herança, sem prejuízo da prescrição aquisitiva que se opera em relação às coisas singulares,[72] ou seja, jamais prescreve a pesquisa processual do estado de família, que é uma ação meramente declaratória, e, como menciona Roberto Rosas, prescrita a pretensão material sucessória, o interesse de agir consistirá apenas na obtenção de uma decisão declarando a existência ou inexistência de uma relação jurídica, havendo uma clara distinção entre a declaratória de filiação e a condenatória tendente aos efeitos patrimoniais decorrentes do estado de filiação, isto é, através da petição de herança, pois esta prescreve em dez anos[73] nos termos do art. 205 do Código Civil, prazo este, que na lição de Luiz Paulo Vieira de Carvalho somente se inicia após o trânsito em julgado da sentença que reconhecer a filiação, e não da data da abertura da sucessão, pois, nos termos do art. 189 do Código Civil, *o termo inicial do lapso prescricional só começa quando direito subjetivo for lesado e não há de se falar em violação se ainda não houve o reconhecimento.*[74]

Este vinha sendo, como antes dito, o entendimento externado pelo Superior Tribunal de Justiça, que vinha justamente interpretando como termo inicial da prescrição da petição de herança, não mais como entendia a doutrina e jurisprudência que ensejou a Súmula 149 do STF, da data da abertura da sucessão, vale dizer, do dia do óbito do indigitado ascendente, mas sim do dia ou do momento em que fosse reconhecida a filiação (paternidade ou maternidade), conforme pode ser depreendido de parte da ementa a seguir reproduzida:

> 2. A ação de investigação de paternidade é imprescritível, porquanto o interesse nela perseguido está intimamente ligado com o princípio da dignidade da pessoa humana, o que não ocorre, todavia, com a ação de petição de herança (Súmula 149/STF) ou, no caso, de

---

[71] Ao tempo da vigência do Código Civil de 1916, o prazo de prescrição da petição de herança era de vinte (20) anos.
[72] Art. 2.311 – Imprescriptibilidad. La petición de herencia es imprescriptible, sin perjuicio de la prescripción adquisitiva que puede operar con relación a cosa singulares.
[73] ROSAS, Roberto. *Direito sumular*: comentários às súmulas do STF. São Paulo: RT, 1978. p. 62.
[74] CARVALHO, Luiz Paulo Vieira de. *Direito das sucessões*. 3. ed. São Paulo: Atlas, 2017. p. 288.

nulidade de partilha, que para o autor terá o mesmo efeito. Tratando-se de filho ainda não reconhecido, o início da contagem do prazo prescricional só terá início a partir do momento em que for declarada a paternidade, momento em que surge para ele a pretensão de reivindicar seus direitos sucessórios. Considerando que, na espécie, não houve o julgamento da ação de investigação de paternidade, não há que se falar na consumação do prazo prescricional para postular a repercussão patrimonial deste reconhecimento, o qual sequer teve início (REsp. 1.392.314/SC, Relator Ministro Marco Aurélio Bellizze, 3ª Turma do STJ, julgado em 06.10.2016).

Entendeu o Ministro Marco Aurélio Bellizze, e nesse sentido foi acompanhado pelos demais integrantes da 3ª Turma do STJ, que, não detendo ainda a pessoa a condição de herdeiro, não poderia postular direito hereditário por lhe faltar legitimidade para tal, logo, seria viável desatrelar a contagem do prazo prescricional da data da morte do investigado e atrelar a contagem da prescrição à data do reconhecimento da filiação, abrindo um precedente cujos posteriores julgamentos formulados pelo Superior Tribunal de Justiça vinham convalidando essa nova interpretação,[75] que, em tese, atribuía tácito poder concedido unicamente ao investigante de prorrogar para qualquer tempo, inclusive transcendendo para seus próprios sucessores, o direito de reivindicarem seu quinhão hereditário que jamais caducaria se fosse considerado se tratar de hipótese de *decadência*, eis que o pedido de herança se trataria de uma *ação constitutiva* de um direito que, para o STJ, só nasceria a partir de outra ação precedente, esta legalmente imprescritível, perpétua, como são as ações *declaratórias de filiação* (paternidade/maternidade). Fácil concluir que jamais incidiria a decadência sobre a petição de herança, senão contando o início do prazo a partir do trânsito em julgado da precedente ação declaratória de investigação de filiação, e esta é naturalmente imprescritível, por ser uma ação de estado. Basta que o filho não reconhecido em vida deixe em suspenso a sua declaratória de filiação, que ficará automaticamente suspensa a contagem da decadência (prescrição) da ação de petição de herança, prescrevendo o art. 207 do Código Civil que aos prazos de decadência não se aplicam as normas que impedem, suspendem ou interrompem a prescrição

---

[75] "Processo Civil. Recurso Especial. Interposição sob a égide do CPC/1973. Direito sucessório. Ação de petição de herança. Anterior ajuizamento da ação de investigação de paternidade. Prescrição. Termo inicial. Falta de prequestionamento. Deficiência de fundamentação. 1. A petição de herança objeto dos arts. 1.824 a 1.828 do Código Civil é ação a ser proposta por herdeiro para o reconhecimento de direito sucessório ou a restituição da universalidade de bens ou de quota ideal da herança da qual não participou. 2. A teor do art. 189 do Código Civil, o termo inicial para o ajuizamento da ação de petição de herança é a data do trânsito em julgado da ação de investigação de paternidade, quando, em síntese, confirma-se a condição de herdeiro. 3. Aplicam-se as Súmulas n. 211/STJ e 282/STF quando a questão suscitada no recurso especial não tenha sido apreciada pela Corte de origem. 4. Incide o óbice previsto na Súmula n. 284/STF na hipótese em que a deficiência da fundamentação do recurso não permite a exata compreensão da controvérsia. 5. Recurso especial parcialmente conhecido e desprovido" (STJ. 3ª Turma. REsp. 1.475.759/DF. Relator Ministro João Otávio de Noronha. Julgado em 17.5.2016).
"Agravo interno no agravo interno em Recurso Especial. Ação de petição de herança. Prescrição. Termo inicial. Trânsito em julgado da ação de investigação de paternidade. Precedentes. Agravo desprovido. 1. Tratando-se de reconhecimento 'post mortem' da paternidade, o início da contagem do prazo prescricional para o herdeiro preterido buscar a nulidade da partilha e reivindicar a sua parte na herança só terá início a partir do momento em que for declarada a paternidade, momento em que ruge para ele a pretensão de reivindicar seus direitos sucessórios. Precedentes. 2. Agravo interno desprovido" (STJ. 3ª Turma. Agravo Interno no Agravo em REsp. 1.215.185/SP. Relator Ministro Marco Aurélio Bellizze. Julgado em 22.03.2018).

pela vontade das partes , pelo que merece literal transcrição a lição de Humberto Theodoro Júnior, sob o risco de se estabelecer uma indesejada insegurança jurídica:

> Com efeito, sendo natural e logicamente cumulável a pretensão de investigação de paternidade com a de petição de herança – fato que, aliás, é corriqueiro na experiência forense –, nada explica que a prescrição da última somente possa começar a fluir depois da declaração judicial do vínculo de parentesco entre o investigante e o autor da herança. No momento em que falece o *de cujus*, nasce o direito do sucessor à herança respectiva. Se este não tem acesso a ela, a petição de herança, desde então, é uma *actio nata*, para efeitos prescricionais. Não se pode tratar a investigação de paternidade como envolvendo uma questão prejudicial externa que tenha necessariamente de ser julgada antes da propositura da petição de herança. A cumulação de ambas é natural e se estabelece para funcionar uma como fundamento da outra. (...)
>
> Diante do exposto, urge seja revista pelo STJ a posição adotada pela 3ª Turma sobre a contagem do prazo de prescrição da petição de herança. A prevalecer o critério de só fluir dito prazo depois do trânsito em julgado da sentença de reconhecimento da paternidade, estar-se-á ampliando a imprescritibilidade da investigatória para alcançar também a petição de herança. Ficaria ao puro alvedrio do interessado a fixação do termo inicial da prescrição de uma demanda essencialmente patrimonial. Por mais longa que fosse a procrastinação da propositura da investigação de paternidade, não teria início a prescrição da ação de petição de herança. Um prazo de dez anos (art. 205, do CC) poderia, sem dificuldade, transformar-se em vintenário, trintenário e até muito mais do que isto. Não se pode esquecer que, nos tempos atuais, se verifica um enérgico movimento universal contra os longos prazos de prescrição, corrente a que nosso Código de 2002 deu inteira adesão.
>
> Em outros termos, a nova tese da 3ª Turma do STJ teria o condão de atribuir ao titular do direito sucessório o poder de ampliar sem limite a prescrição decenal estatuída pela lei civil, contrariando por vias transversas, a disposição de ordem pública do art. 192 do Código Civil, que proíbe às partes a alteração dos prazos prescricionais.[76]

Diante desta orientação do STJ, poderia ser considerado que, se cumulada a investigatória com a petição de herança, sendo imprescritível a declaratória, quando reconhecida a filiação iniciaria a contagem do prazo decenal, já não bastasse que o ingresso de ambos os pedidos interrompe a própria prescrição, mas nem sempre a petição de herança vem cumulada com a ação de investigação de paternidade, muito embora possa até ser uma das ações mais comuns de cumulação da investigatória com a petição de herança, podendo ser proposta apenas a investigatória e nenhuma contagem de prazo se inicia para efeitos de decadência ou prescrição, eis que pendente o prévio reconhecimento judicial do vínculo de filiação, como pode a investigatória ser cumulada com ação de nulidade ou anulação de partilha de bens. Contudo, como acima mencionado, a 4ª Turma do STJ retomou a jurisprudência clássica de que o prazo prescricional para o ajuizamento da petição de herança corre a partir da abertura da sucessão, ainda que o herdeiro não saiba dessa sua condição jurídica ou não tenha conhecimento da morte do autor da herança, sendo imprescritível unicamente o reconhecimento do estado de filiação.

59.1. Prescrição aquisitiva da usucapião

Em realidade, pelo decurso do prazo prescricional, acaso prevalecesse a tese da imprescritibilidade da petição de herança, tal qual prevê o art. 2.311 do Código Civil argentino e vinha sendo ensaiada idêntica conclusão pela jurisprudência do STJ, agora revista, o herdeiro

---

[76] THEODORO JÚNIOR, Humberto. *Prescrição e decadência*. Rio de Janeiro: Forense, 2018. p. 47-50.

real não perde o seu título de herdeiro, pois este não se submerge em decorrência da usucapião, mas perde pela usucapião o domínio sobre os bens que integram a herança, em razão do uso ou da posse continuada dos bens do acervo hereditário durante mínimos dez anos pelo herdeiro aparente que então adquire a sua propriedade pela usucapião, ou da usucapião dos cinco anos de que trata o art. 1.240 do Código Civil, e não porque teria se tornado herdeiro com melhor direito, prescrevendo a petição de herança e não o título de herdeiro. Por conta disso, referindo-se ao direito argentino, escreve María Cristina Palacios que, nos casos de prescrição de ações acumuladas (investigação de filiação e petição de herança), de cuja resolução judicial depende o reconhecimento do título de herdeiro, ocorre que deixará de ter aplicação prática a ação de petição de herança e prevalecerá a tese da defesa de preliminar de aquisição pela usucapião, diante do prazo prescricional sobre o quinhão hereditário que o herdeiro real reivindica em decorrência do seu vínculo de filiação com o inventariado,[77] de modo que, se a viúva instituída por testamento universal se encontra na posse da herança desde a morte do marido e dez anos depois surge um filho desconhecido que ajuíza sua investigação de paternidade cumulada com petição de herança, será declarado filho sem direito aos bens hereditários usucapidos pela viúva.

---

[77] PALACIOS, María Cristina. *Código Civil y Comercial*: comentado, anotado y concordado. Buenos Aires: Astrea, 2015. Coord. Eduardo Gabriel Clusellas. v. 7, p. 1.063.

Parte II
SUCESSÃO LEGÍTIMA

Capítulo IX
DA ORDEM DE VOCAÇÃO HEREDITÁRIA

60. HERANÇA

Morta uma pessoa, o conjunto de seus direitos e de suas obrigações precisa ser transmitido a uma ou mais pessoas, que são seus herdeiros e, por terem sobrevivido ao falecido, tomam o lugar do morto na titularidade das relações jurídicas dos direitos e das obrigações materiais que ele deixou como herança proveniente da finitude de sua existência.[1]

É o conjunto das relações jurídicas do defunto que passa para seus herdeiros, formando um todo ideal, uma *universitas iuris*, que significa um complexo de coisas, direitos e obrigações, todos eles concebidos como um objeto único e que justifica a sucessão do ativo e do passivo deixados pelo falecido, recordando, inclusive, que, antigamente, a responsabilidade dos herdeiros abrangia a assunção ilimitada do seu passivo, que se tornava, pela transmissão hereditária, uma dívida pessoal dos herdeiros.

As expressões *herança* e *sucessão* não são sinônimas, como se tivessem um único significado, porquanto, no seu viés objetivo, *herança é o patrimônio do defunto, e não se confunde com o acervo hereditário constituído pela massa de bens deixados, porque pode compor-se apenas de dívidas, tornando-se passivo*,[2] que não é suscetível de divisão em partes materiais, é uma universalidade de direito. Quando a expressão *sucessão* é empregada no sentido subjetivo, aí sim pode ser havida como sinônimo de *herança*, representando uma massa de bens e encargos, de direitos e de obrigações que compunham o patrimônio do defunto e, nesse sentido, *subjetivo* ela equivale ao direito de suceder.[3]

José Luis Pérez Lasala contesta a teoria que considera a herança uma unidade (universal), e diz que ela representa simplesmente a totalidade ou a soma de bens, ou um conjunto de relações jurídicas de caráter patrimonial que pertenciam a um mesmo sujeito,[4] referindo o art. 659 do Código Civil espanhol que a *herança compreende todos os bens, direitos e obrigações de uma pessoa, que não se extinguem por sua morte*.

Apropriadamente, Luiz Paulo Vieira de Carvalho explica que aquilo que pertencia ao autor da herança não se perde, apenas se desloca em favor de outra(s) pessoa(s), continuando a existir e adequando-se aos novos titulares.[5] É princípio, inclusive, esculpido no art. 1.784 do

---

[1] MADALENO, Rolf. O fim da legítima. *Revista IBDFAM Famílias e Sucessões*, Belo Horizonte: IBDFAM, v. 16. jul.-ago. 2016, p. 32.
[2] GOMES, Orlando. *Sucessões*. Coord. Edvaldo Brito. 15. ed. Rio de Janeiro: Forense, 2012. p. 5-6.
[3] GOMES, Orlando. *Sucessões*. Coord. Edvaldo Brito. 15. ed. Rio de Janeiro: Forense, 2012. p. 5-6.
[4] LASALA, José Luiz Pérez. *Código Civil y normas complementarias*: análisis doctrinal y jurisprudencial. Buenos Aires: Hammurabi, 2007. v. 6 A, p. 50.
[5] CARVALHO, Luiz Paulo de. *Direito das sucessões*. São Paulo: Atlas, 2014. p. 20.

Código Civil, ao dispor que, aberta a sucessão, com a morte do titular, transfere-se o patrimônio de logo para os seus herdeiros, independente de qualquer manifestação da vontade deles, formando um condomínio que somente será dissolvido com o trânsito em julgado da partilha.[6]

Herança é o patrimônio deixado pelo sucedido, representado por um conjunto de direitos reais e obrigacionais, ativos e passivos,[7] pertencentes a uma pessoa que faleceu, tornando-se com o seu óbito autor de uma herança que será transmitida para seus herdeiros, no todo ou em frações, dependendo se tratar de um ou de mais herdeiros, e cuja dissolução deste condomínio se dará somente com a partilha. Para Augusto Ferrero Costa a herança é constituída pelo conjunto de bens e obrigações das quais o falecido era titular no momento de seu falecimento, incluindo tudo o que o defunto tem, ou seja, o ativo e tudo o que deve, ou seja, o passivo, de forma que a herança assim entendida, não é objeto de partilha, pois deve incidir somente sobre o ativo remanes-cente, depois de cumpridas todas as obrigações.[8]

Luiz Paulo Vieira de Carvalho conta que, em sentido amplo, por conceito de patrimônio, deve ser entendido o conjunto de bens corpóreos e incorpóreos de titularidade de uma pessoa natural ou jurídica; e, em sentido estrito e técnico, como o conjunto das relações jurídicas patrimoniais da pessoa natural ou jurídica, isto é, de seus direitos e obrigações avaliáveis pecuniariamente, lançados no mundo exterior como a projeção econômica da personalidade civil. Convertido este patrimônio em favor dos sucessores da pessoa falecida, passa a ser chamado de *herança*, acervo hereditário, monte hereditário, monte-mor, monte partível, acervo comum, mas representando sempre os direitos, pretensões e obrigações de que o morto era titular, tanto do ponto de vista ativo como passivo, menos os bens intransmissíveis, pois nem todos os bens, direitos e obrigações da pessoa física ou natural transferem-se com a morte do autor da herança, dado ao fato de que alguns direitos são personalíssimos, diretamente ligados à pessoa do seu titular e se extinguem pelo decesso de seu titular.[9]

Há direitos que não integram a herança, seja por seu *caráter vitalício*, como o usufruto, o uso, a habitação, a renda vitalícia e os direitos oriundos de acidente do trabalho; seja por seu *caráter personalíssimo*, como aqueles advindos do direito de família, como no caso do poder familiar e da tutela, sejam os oriundos de relações contratuais e consideradas *intuito personae*, como o contrato de prestação de serviços, o contrato de obra, quando assentados pelas qualidades pessoais do prestador, o contrato de comodato feito em consideração à pessoa do comodatário que faleceu; como tampouco integram a herança os bens doados com pacto de reversão e as indenizações ou prestações derivadas de seguros contratados pelo defunto, o direito real de habitação, e os depósitos bancários indistintos ou solidários, uma espécie de pacto que beneficia àquele que viver por mais tempo, em que os depósitos revertem inteiramente em seu favor, figura jurídica titulada no direito espanhol como *pacto de sobrevivência*.

61. CONCEITO DE SUCESSÃO

A expressão *sucessão* deriva do ato pelo qual uma pessoa toma o lugar de outra, investindo-se, a qualquer título, no todo ou em parte, nos direitos que lhe competiam,[10] explicando

---

[6] FARIAS, Cristiano Chaves de. Incidentes à transmissão da herança: aceitação, renúncia, cessão de direitos hereditários e petição de herança. In: HIRONAKA, Giselda Maria Fernandes Novaes; PEREIRA, Rodrigo da Cunha (coords.). *Direito das sucessões e o novo Código Civil*. Belo Horizonte: IBDFAM-Del Rey, 2004. p. 39.
[7] VENOSA, Sílvio de Salvo. *Direito civil*: direito das sucessões. 3. ed. São Paulo: Atlas, 2003. v. 7, p. 21.
[8] COSTA, Augusto Ferrero. *Tratado de derecho de sucesiones*. 9. ed. Perú: Instituto Pacífico, 2016. p. 125.
[9] CARVALHO, Luiz Paulo Vieira de. *Direito das sucessões*. São Paulo: Atlas, 2014. p. 23-47.
[10] MONTEIRO, Washington de Barros; PINTO, Ana Cristina de Barros Monteiro França. *Curso de direito civil*. 37. ed. São Paulo: Saraiva, 2009. v. 6, p. 1.

Carlos Alberto Dabus Maluf e Adriana Caldas do Rego Freitas Dabus Maluf que, no âmbito do Direito das Sucessões, o vocábulo é utilizado em um sentido mais estrito, para designar tão somente a transferência da herança ou do legado decorrente da morte de alguém ao herdeiro ou legatário, seja por força da lei, seja em virtude de testamento,[11] porquanto, sabido que a herança pode advir da lei, através da *sucessão legítima* ou em atenção à vontade do testador, por via da *sucessão testamentária*, podendo coexistir ambas as sucessões. O pressuposto da sucessão no direito sucessório é a morte do autor da herança, fato que desencadeia a sucessão pelos herdeiros convocados pela lei ou por testamento, a titularidade do patrimônio deixado pelo sucedido, pois são os herdeiros legítimos e/ou testamentários que substituem o falecido.

Para Fabián Elorriaga De Bonis, a sucessão por causa de morte, que justifica o fato de que, falecida uma pessoa, os seus bens, direitos e obrigações se transmitam a outras pessoas, tem dois relevantes fundamentos:

a) Por uma parte se trata de resolver o problema do que acontece com o patrimônio de uma pessoa com o seu falecimento. Se intenta evitar algo que não deve ocorrer, ou ao menos que seria muito prejudicial que chegasse a acontecer, e é que um patrimônio careça de titular. A partir da morte do autor da herança este conjunto de bens, direitos e obrigações transmissíveis, mediante previa aceitação, se repassa a seus herdeiros. De modo que ao morrer uma pessoa se transmite este patrimônio a seus herdeiros, a fim de dotá-lo de titularidade jurídica;

b) Em segundo lugar, deve-se ter em conta que os herdeiros são tidos no sistema jurídico chileno e apesar das críticas que possam ser feitas, como os continuadores da personalidade do defunto. A sucessão por causa de morte não só é um modo de adquirir o domínio, senão que é um mecanismo de sub-rogação pessoal, na qual os herdeiros, mediante uma ficção, passam a ocupar o lugar jurídico que tinha o defunto. Se trata de impedir que as relações jurídicas iniciadas pelo falecido em vida se interrompam definitivamente pelo evento de sua morte. É verdade que ela em certos casos será inevitável, como no matrimônio ou nos contratos celebrados em consideração à pessoa do agora falecido. Porém, onde a pessoa mesma do defunto não é determinante e imprescindível, é desejável, em virtude do princípio de conservação, que as relações jurídicas se extingam da forma inicialmente prevista, e não por um fato inesperado, como é a morte de uma das partes.[12]

O termo *sucessão*, em sentido amplo, abrange tanto a transmissão por ato *inter vivos* quanto a transmissão *causa mortis*, mas no direito sucessório abarca apenas a sucessão pelo evento morte, podendo se dar pela lei ou por testamento, ou seja, a morte é o fato desencadeador da sucessão. A sucessão se dá, por exemplo, por ato *inter vivos,* quando o comprador sucede o vendedor na propriedade de um imóvel, e *causa mortis* quando pela morte do autor da herança ocorre a transferência dos bens a título universal e se transmite a totalidade do patrimônio da pessoa falecida, em que os bens do sucedido passam em bloco ao sucessor, ou seja, todo os bens em conjunto se transmitem ao mesmo tempo de um sujeito para outro.

Em contraposição, na sucessão particular apenas alguns determinados bens são destinados ao legatário por meio do testamento realizado pelo sucedido. Tanto a sucessão universal como a particular podem ser *inter vivos* ou *mortis causae*, mas esta última encontra sua razão

---

[11] MALUF, Carlos Alberto Dabus; MALUF, Adriana Caldas do Rego Freitas Dabus. *Curso de direito das sucessões*. São Paulo: Saraiva, 2013. p. 23-24.

[12] BONIS, Fabián Elorriaga De. *Derecho sucesorio*. 3. ed. Chile: Thomson Reuters, 2015. p. 7-8.

no evento morte de uma pessoa física, que produz a extinção da sua personalidade, advertindo que uma pessoa jurídica não pode morrer, mas pode ser extinta e promovida a sua liquidação. Entre pessoas físicas não cabe a sucessão a título universal entre vivos, mas somente a sucessão a título particular, ao passo que cabe tanto a sucessão a título universal como a sucessão a título singular diante do evento morte.[13]

A incumbência fundamental do direito sucessório é determinar os efeitos que a morte produz sobre as relações jurídicas antes tituladas pelo falecido, estabelecendo quem vai continuar essas relações e de que modo o fará a partir da abertura da sucessão. A sucessão universal pressupõe a sub-rogação da posição jurídica titulada em vida pelo defunto e cujo lugar nas relações jurídicas passa a ser ocupado pelo herdeiro no tocante ao ativo dos bens deixados pelo falecido e também em relação ao passivo e até o limite das forças da herança (CC, art. 1.792). Com a sub-rogação, o herdeiro adquire os bens deixados pelo sucedido, assume suas dívidas na proporção dos bens recebidos e adquire a posse que o defunto detinha sobre os bens no momento de seu óbito.[14]

Seria impensável uma sociedade em que não existisse o direito constitucional à herança, pois essa hipótese desencadearia o caos social e a completa desordem, em que fortunas não mais teriam donos e delas se apropriariam as pessoas que estivessem fisicamente mais próximas, especuladores e espoliadores que se apoderariam dos bens daquele que morresse, em que dívidas do defunto não seriam mais pagas e certamente ninguém ousaria emprestar dinheiro ou vender a prazo correndo o risco de não mais receber e de não ter de quem cobrar, sendo certo ter presente que parentesco e sucessão estão tão intimamente unidos, e que a transferência do patrimônio que se produz com a morte do sucedido põe em manifesto a continuidade da pessoa do autor da sucessão e seu herdeiro.[15]

Por conta disso, a sucessão *causa mortis* se dá por direito próprio quando o chamado à sucessão é o herdeiro mais próximo em grau de parentesco, conforme a ordem de vocação hereditária do art. 1.829 do Código Civil, ou por representação, se com aquele herdeiro mais próximo também concorrem herdeiros de grau de parentesco mais distante, como seria a herança do pai dos primeiros e avô dos últimos, que se fazem representar na herança pela premoriência de seu próprio genitor, igualmente filho do sucedido.

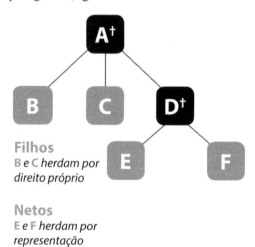

---

[13] CARPIO, Juan Manuel Badenas; MEORO, Mario E. Clemente. *Derecho de sucesiones*. Directora Josefina Alventosa Del Río e María Elena Cobiella. Valencia: Tirant lo Blanch, 2017. p. 48.
[14] LASALA, José Luis Pérez. *Tratado de sucesiones*. Buenos Aires: Rubinzal-Culzoni, 2014. t. I, p. 26-27.
[15] ZANNONI, Eduardo A. *Derecho de las sucesiones*. 3. ed. Buenos Aires: Astrea, 1982. t. I, p. 29.

62. A ORIGEM HISTÓRICA DA SUCESSÃO LEGÍTIMA

Afirma Paulo Nader ser prática antiga a transmissão de bens, existindo registros em codificações milenares, como no Código de Hammurabi de 2000 a.C, com diversas disposições sobre a herança, inclusive relativas à deserdação de filho,[16] encontrando os autores sucessionistas a base do direito sucessório e a sua evolução a partir do Direito Romano, com seu primitivo regime patriarcal, em que mais importava a sucessão da chefia doméstica do que a transmissão dos bens, em uma espécie de herdeiro único, personificado na figura do filho primogênito, depois com a sua evolução para o uso do testamento, e que, de início, era apenas um modo de excepcionar a sucessão estatutária, mas que com o tempo passou a ser o meio normal de regular a sucessão, ficando a sucessão legítima com um papel secundário.[17]

62.1. No Direito Romano

A chave do conceito moderno de direito sucessório advém do conceito de herança do Direito Romano, que na sua versão histórica mais primitiva, como também é referido por José Luis Lacruz Berdejo, a partir da morte do *pater famílias,* os filhos e a *uxor in manu* constituem uma associação voltada para o culto dos deuses domésticos e a exploração de uma unidade familiar agrária que os filhos continuam na titularidade do falecido.

Com a morte de um *pater famílias*, seus filhos e filhas se fazem *sui iuris* e tomam por direito próprio o lugar de seu pai: são os herdeiros propriamente ditos, pois adquirem o que, de certo modo, lhes pertencia potencialmente em vida de seu pai, e assim são, destarte, herdeiros de direito próprio: *heredes sui*.[18] A herança era uma unidade de bens e de pessoas dependentes do *pater famílias*, em que a viúva, que também era submetida à *potestas* do *pater famílias*, era considerada filha de seu marido e, portanto, irmã de seus filhos, e todos formavam um consórcio que ficava sob a autoridade do *pater* e todos eram herdeiros imediatos.

As Doze Tábuas regulavam o ingresso dos herdeiros pertencentes à família agnatícia sob a autoridade do *pater*, sendo que entre eles sucediam os filhos e naquele tempo o *pater* só poderia testar na ausência de filhos e mediante um ato legítimo, cuja autorização competia ao povo romano reunido em comícios. Este testamento perante os comícios seria para adotar um herdeiro, evitando, desse modo, a extinção do nome e do culto familiar. O herdeiro rende este culto aos antepassados, que configura um vínculo entre as gerações e vive no *domus*, como titular tanto dos bens quanto dos encargos, sem poder renunciar, tornando-se, portanto, um herdeiro necessário.[19]

Conforme José Carlos Moreira Alves, predominava entre os autores a teoria de que a sucessão hereditária romana era um sistema de transmissão *mortis causa*, a título universal, e o herdeiro não precisa ser designado em testamento, que era utilizado somente na falta de herdeiro, pelo qual o testador adotava um estranho que o sucederia na qualidade de filho,[20] ressaltando Giselda Maria Fernandes Novaes Hironaka que, em Roma, o herdeiro nomeado seria um continuador do culto familiar, cujas atividades eram dirigidas pelo pai de família.[21]

---

[16] NADER, Paulo. *Curso de direito civil*: direito das sucessões. Rio de Janeiro: Forense, 2007. v. 6, p. 21.
[17] CLAVERÍA, Pablo Gómez. Sucesión intestada o legal en los derechos españoles. In: MELERO, Martín Garrido (coord.). *Instituciones de derecho privado*. 2. ed. Navarra: Civitas/Thomson Reuters, 2016. v. 2. t. V, p. 39.
[18] D'ORS, A. de. *Derecho privado romano*. 9. ed. Navarra: Ediciones Universidad de Navarra, 1997. p. 305.
[19] BERDEJO, José Luis Lacruz. *Elementos de derecho civil*: sucesiones. Madrid: Dykinson, 2007. p. 8.
[20] ALVES, José Carlos Moreira. *Direito Romano*. 17. ed. Rio de Janeiro: Gen/Forense, 2016. p. 709.
[21] HIRONAKA, Giselda Maria Fernandes Novaes. *Morrer e suceder*: passado e presente da transmissão sucessória concorrente. São Paulo: Revista dos Tribunais, 2011. p. 162.

Também Fustel de Coulanges destaca ser impossível na lei antiga dos romanos e também dos gregos adquirir a propriedade isoladamente do culto, nem o culto fora da propriedade, sendo ambos inseparáveis, passando o cuidado para com os sacrifícios àquele a quem a herança reverte e arremata que, "deste princípio derivam todas as regras do direito de sucessão entre os antigos", e como o filho é o natural e necessário continuador do culto, por esse motivo também herda os bens, sendo titular de um direito hereditário "derivado das suas crenças e religião". E prossegue dizendo que "o filho não tem de aceitar nem recusar a herança. A continuação da propriedade, como a do culto, é para o filho uma obrigação tanto como um direito. Queira, ou não queira, incumbe-lhe a sucessão, qualquer que esta possa ser, e mesmo com encargos e dívidas".[22]

Fundamentalmente os romanos exibem uma preocupação dominante por assegurar a perenidade da família, que favorece ao primogênito, respondendo a um direito sucessório que perpetua o culto dos antepassados, pertencendo a propriedade dos bens ao grupo familiar que herdava praticamente a sua administração, pois a propriedade era coletiva familiar, referindo Marcelo J. Salomón encontrar-se nesta noção de propriedade familiar coletiva a origem da legítima hereditária, assim sendo concebida como se fosse uma propriedade que o herdeiro já detinha antes mesmo da morte do autor da herança e não propriamente como se fosse um direito hereditário.[23]

Contudo, menciona Luis Rodolfo Argüello, como existia um ordenamento jurídico confuso e muitas vezes contraditório, o imperador Justiniano, pelas Novelas 118 e 127, sistematizou a sucessão legítima baseada unicamente no parentesco natural ou consanguíneo, reconhecendo três ordens de herdeiros: os descendentes, os ascendentes e os colaterais e seguindo os princípios do direito pretoriano, também admite a vocação hereditária do viúvo ou da viúva e consagra em toda sua extensão a sucessão por ordens e graus.[24]

O oferecimento ou *delação* da herança entre os romanos coincide com a morte do sucedido, e os herdeiros *necessários* adquirem a herança desde o evento morte, ou desde a delação, ao passo que os herdeiros *voluntários* instituídos por testamento com uma quota da herança a recebiam desde a abertura do testamento, e, ao contrário dos herdeiros *sui*, que simplesmente aceitavam a herança como herdeiros necessários, os herdeiros testamentários aderiam à herança em um período próprio e diverso do momento da abertura da sucessão.

Os romanos reconheciam duas classes de sucessões: a sucessão *ab intestato*, em benefício dos herdeiros designados por lei, e a sucessão testamentária, derivada da vontade do defunto, provindo a palavra *testamento* de *testatio mentis*, vale dizer, testemunho de vontade.[25] Ambas as formas de designação de herdeiro (legal e testamentário) eram incompatíveis entre si, pois uma só sucedia se ausentes herdeiros e não podiam coexistir duas espécies de herdeiros. Havia, contudo, uma excessiva liberalidade testamentária do chefe da família que cometia abusos, daí surgindo restrições a essa liberalidade no propósito de proteger a família, proibindo, por exemplo, a doação de todo o patrimônio e ordenando que toda a deserdação de herdeiro fosse justificada, surgindo a partir dessas medidas a primeira origem e a efetiva base da instituição da legítima, dirigida a impedir a irrestrita liberalidade do autor da herança, sendo fixada a extensão exata da porção indisponível.

---

[22] COULANGES, Fustel de. *A cidade antiga*. 2. ed. São Paulo: Martins Fontes, 1987. p. 76.
[23] SALOMÓN, Marcelo J. *Legítima hereditária y Constituición Nacional*. Córdoba: Alveroni, 2011. p. 28.
[24] ARGÜELLO, Luis Rodolfo. *Manual de derecho romano*. 3. ed. Buenos Aires: Astrea, 2019. p. 464.
[25] CARPIO, Juan Manuel Badenas; MEORO, Mario E. Clemente. *Derecho de sucesiones*. Directora Josefina Alventosa Del Río e María Elena Cobiella. Valencia: Tirant lo Blanch, 2017. p. 54.

62.2. No Direito germânico

Em sua raiz, o direito germânico seguiu por caminhos distintos do Direito Romano, pois os povos germânicos não cultuavam os seus antepassados e, por consequência, não existiam herdeiros necessários, havendo apenas uma expectativa sucessória dos filhos sobre os bens deixados pelo ascendente falecido e inexistindo também a figura do testamento, o que tornava a sucessão legítima a única forma possível de herdar. A designação de um herdeiro decorria dos vínculos consanguíneos e se o titular de bens pretendesse beneficiar terceiro com a sua herança precisaria criar uma relação de parentesco pela via da adoção. O senhor da casa e seus filhos formavam uma comunidade patrimonial e todos os membros dessa comunidade desfrutavam coletivamente dos bens. Se a comunidade se dissolvesse pela morte do sucedido, surgia uma distribuição dos bens entre os comunheiros, à exceção de seus equipamentos de guerra, consistentes dos objetos que o homem necessitava para as expedições bélicas, considerados bens de uso pessoal, como o cavalo, as roupas e armas, o barco ou carro e sua marmita, sendo esses bens utilizados para o seu enterro ou com ele eram enterrados, existindo multas especiais para quem enterrasse com o morto objetos de outro dono.

Com a cristianização dos alemães, a Igreja assumiu os cuidados do morto na sua outra vida e o equipamento bélico do morto se converteu em aparelhamento da alma, ou dádiva da alma, e desde então o morto também recebia parte de sua herança que era entregue à igreja e aos pobres. O morto faz herdeiros aos vivos – *le mort saisit le vif*, ou, no aforisma alemão, *Der Tot erbt den lebendigen*.

Nessa época, os filhos deixam de ser comunheiros em vida do progenitor e têm apenas uma expectativa sucessória de receber com a morte do pai a parte de que haviam sido titulares no antigo modelo comunitário. Esse antigo direito de expectativa se chamava *Warterecht*, que no dizer de José Luis Pérez Lasala se constituiu na mais ancestral manifestação de reserva da legítima germânica,[26] e a aquisição da herança se produzia *ipso iure*, no momento da morte do sucedido. Portanto, a *Warterecht* correspondia à manutenção de uma quota totalmente livre para disposição em vida do sucedido, resguardada a quota a favor da Igreja.[27]

---

[26] LASALA, José Luis Pérez. *Tratado de sucesiones.* Buenos Aires: Rubinzal-Culzoni, 2014. t. I, p. 47.
[27] Anota José Luis Vidal Soler que: "A partir do século II começaram as comunidades cristãs a possuir bens materiais de forma coletiva deixando, como até então ocorria, de fazer parte do patrimônio pessoal de qualquer dos membros da Igreja. Na época da clandestinidade, a Igreja era considerada pelas leis romanas como um *collegium illicitum*. Diante das facilidades que o Direito Romano outorgava às doações *mortis causa* a favor da Igreja e as oferendas que começaram a efetuar nos cultos e sacramentos, consegue a Igreja que se comece a vislumbrar um patrimônio eclesiástico a ser administrado pelo bispo do lugar. Afastados os abusos, as rendas do patrimônio eclesiástico se dividem em quatro partes, em virtude do disposto pelas Romanos Pontífices Simplicio, esta do ano de 475 e a Gelasio do ano de 494: uma parte para o bispo, outra parte para o clero, outra para os pobres e a última para a própria Igreja" (SOLER, José Luis Vidal. *La capacidad patrimonial de la Iglesia*: sucesion testada. El supuesto especial de los llamamientos hereditários en favor del alma del testador. Navarra: Aranzadi, 2019. p. 17-18. Conta Aurelio Barrio Gallardo: "Não cabem dúvidas que o cristianismo desempenhou um papel essencial na sucessão geremânica em prol de uma liberdade de testar ainda que fosse limitada. Segundo os doutrinadores da Igreja Ocidental – São Ambrosio, São Jerônimo, São Augustín e o Papa Gregório, foi sob a influência da doutrina de Augustín que foi criada a esmola, produzindo os frutos mais estimáveis e fecundos incidentes sobre o rígido sistema sucessório germânico, dando lugar mais à frente a quota do morto, pela qual o defunto faria jus à uma recompensa celestial. 'Esta quota, consagrada a obras pías, adquiriu uma consistência quantitativa equivalente a porção hereditária reservada à prole, qual seja, em nome de Nosso Senhor Jesus Cristo, a Igreja concorria na sucessão como se fosse mais um filho do

A partilha entre os herdeiros só podia se dar depois de transcorridos trinta dias a contar da morte do autor da herança, sendo homenageado o falecido com uma festa religiosa no trigésimo dia, e durante esse período nada deveria ser alterado, permanecendo em casa a viúva e os criados, e nesse mesmo período os herdeiros ficavam protegidos dos credores do defunto.[28]

Em um primeiro momento eram chamados a herdar os descendentes, e entre estes com prioridade os filhos, sendo afastados da herança os netos se existissem filhos, e na falta de descendentes eram convocados os pais, e se estes faltavam eram chamados os irmãos, criando-se o princípio de que os parentes mais próximos afastam os mais remotos. Havia uma precedência hereditária ao tronco masculino sobre a habitação e bens de raiz em detrimento das filhas mulheres, inclusive sobre a *Warterecht* (precursor da legítima).

O testamento surgiu em uma época histórica muita mais avançada e que, primitivamente, não comportava a instituição de herdeiro, pois só servia para a disposição de bens a título singular, uma verdadeira distribuição de legados e sempre dentro da porção disponível. O testamento germânico não admitia a instituição de herdeiro, logo, quem não tivesse filhos não podia testar, tinha que adotar um filho que então herdaria seus bens e só poderia se socorrer da adoção quem não tivesse filhos consanguíneos. Com o passar do tempo e devido à influência do cristianismo, que respeitava a vontade do defunto, pois considerava o cumprimento da última vontade como um dever moral, e também por influência do Direito Canônico, foram introduzidos novos princípios ao direito sucessório germânico, como a possibilidade de testar por meio de um comissário, ou seja, uma espécie de intermediário, um representante que executaria o testamento e cuja figura deu origem à pessoa do testamenteiro.[29]

No Direito germânico, era admitida a coexistência da sucessão testamentária com a sucessão legítima, como eram admitidos os pactos sucessórios, e considerados válidos os testamentos mesmo quando uma parcela das suas cláusulas tivesse sido declarada nula ou ineficaz, fosse pela preterição de algum herdeiro ou em decorrência da deserdação de algum herdeiro.[30]

63. A SUCESSÃO LEGÍTIMA

A sucessão se chama *legítima* quando é deferida pela lei, e *testamentária* quando deferida pela vontade do homem, manifestada em testamento válido. Nos termos do art. 1.786 do Código Civil, a transmissão aos herdeiros dos direitos e das obrigações, antes tituladas por uma pessoa que falece, pode se dar por lei ou por disposição de última vontade. Não significa ter de aplicar a sucessão da lei ou a sucessão testamentária, com a escolha de uma ou de outra espécie de sucessão, ou que uma delas incide no lugar da outra, haja vista que ambas as espécies de sucessões podem coexistir plenamente, no sentido de serem processadas ao mesmo tempo e no mesmo instrumento a transmissão hereditária dos bens do defunto.

A sucessão legítima tem na lei a sua fonte imediata e, à luz do art. 1.788 do Código Civil, prevalece a sucessão legítima se o morto não deixou testamento, e o mesmo ocorrerá quanto aos bens que não forem compreendidos no testamento, e bem assim se o testamento caducar ou for julgado nulo. Portanto, a sucessão legal regula a transmissão da herança em

---

falecido, fazendo sua o *Sohneskopfteil*'" (GALLARDO, Aurelio Barrio. *La evolución de la libertad de testar en el "common law" inglês*. Navarra: Thomson Reuters/Aranzadi, 2011. p. 68-71).

[28] BRUNNER, Heinrich. *Historia del derecho germánico*. Barcelona: Labor, 1936. p. 238.
[29] BRUNNER, Heinrich. *Historia del derecho germánico*. Barcelona: Labor, 1936. p. 247.
[30] CARPIO, Juan Manuel Badenas; MEORO, Mario. E. Clemente. *Derecho de sucesiones*. Directora Josefina Alventosa Del Río e María Elena Cobiella. Valencia: Tirant lo Blanch, 2017. p. 55.

relação aos bens indisponíveis do *de cujus* e a legítima só será reservada se existirem herdeiros necessários (descendentes, ascendentes, cônjuge ou convivente – art. 1.845 do Código Civil e RExs 646.721/RS e 878.694/MG), dado que na ausência de herdeiros necessários o testador pode dispor livremente da totalidade de seus bens. Isso quer dizer que a vontade do testador é soberana, pois deverá prevalecer a maneira pela qual ele gostaria que seus bens fossem transmitidos, em estrito cumprimento à sua derradeira vontade, quando externada em testamento válido e eficaz, e desde que não lhe tenham sobrevivido herdeiros obrigatórios que restringem a liberdade do testador.

Nesse contexto, a execução do testamento com a distribuição dos bens, como ordenado pelo testador em cláusulas contidas em seu testamento, demonstra o Código Civil brasileiro um profundo respeito à derradeira manifestação de vontade do testador, enquanto alguns enxergam nesse respeito à soberana vontade do testador também uma prevalência da sucessão testamentária sobre a sucessão legal, pois ninguém mais está recomendado do que o próprio testador, para orientar a partilha de sua herança e indicar os destinatários de seus bens.

A legislação civil brasileira concede ao cidadão a faculdade de testar conforme a sua livre vontade, que deve sobreviver à sua própria existência, pois transcende sua morte, e se porventura ausente testamento, a mesma lei civil faz com que se produzam os efeitos jurídicos regidos pela sucessão legítima, sabendo de antemão que o testamento não se reflete sobre a porção indisponível do testador, pois esta pertence de pleno direito aos seus herdeiros necessários. Para Dolor Barreira não seria sensato afirmar que a sucessão testamentária prioriza a sucessão legítima, sendo mais razoável dizer que nenhuma das duas sucessões constitua regra ou exceção, pois nenhuma tem prevalência sobre a outra.[31]

Conquanto respeite as restrições da sucessão legítima regulada no direito sucessório brasileiro, com o único propósito de assegurar que os herdeiros necessários recebam pelo menos a metade dos bens deixados em herança pelo sucedido, a *legítima*, que está fundada em uma reserva patrimonial de cunho familiar, projeta que a riqueza de uma pessoa é justamente construída pelo esforço do conjunto familiar, quer dizer, é a família que coopera para a geração da riqueza desta família, e quando aquele que titula os bens falece, nada mais justo senão o ato de manter com esta família sucessível o universo dos bens, ou ao menos uma parcela destes bens que compõem o patrimônio doméstico, representada essa parcela por uma porção que não está disponível para o autor da herança e que pelo direito sucessório ela pertence de pleno direito aos herdeiros necessários.

Embora devesse sempre prevalecer a livre manifestação de vontade do autor da herança, guardadas apenas as restrições de império parcial da sucessão legítima, para a hipótese de existirem herdeiros obrigatórios, o testamento não será processado se caducar ou for declarado nulo (ou suceder seu rompimento), circunstâncias essas que permitem extrair as seguintes premissas:

1. A sucessão legítima é a sucessão da lei, e esta indica quem são os herdeiros necessários e quais são os herdeiros facultativos, recordando que a ordem de vocação hereditária atende ao princípio de que o herdeiro mais próximo em grau de parentesco afasta o mais distante, salvo o direito de representação e salvo o direito do herdeiro concorrente (cônjuge ou convivente);
2. A sucessão legal prevalece sobre a sucessão testamentária acerca dos bens correspondentes à *legítima*, que por direito pertence aos herdeiros necessários;

---

[31] BARREIRA, Dolor. *Sucessão legítima*. 2. ed. Rio de Janeiro: Borsoi, 1970. p. 29.

3. Tirante a legítima, o testador pode dispor livremente do restante dos seus bens e com eles instituir herdeiros testamentários ou legatários;
4. Contudo, volta a prevalecer a sucessão legal se o testamento caducar ou for considerado judicialmente nulo;
5. E, por fim, é possível coexistir, a um só tempo, a sucessão legítima com a sucessão testamentária.

Prescreve o art. 1.788 do Código Civil que, morrendo a pessoa sem testamento, transmite a herança aos herdeiros legítimos, ocorrendo o mesmo quanto aos bens que não forem compreendidos no testamento, e subsiste a sucessão legítima se o testamento caducar ou for julgado nulo. A sucessão legítima não deve prevalecer sempre, ela fica inclusive em segundo plano sob o olhar doutrinário, diante da liberdade que toda pessoa tem de dispor livremente de seus bens por testamento, contanto que resguarde a legítima de seus herdeiros necessários. Entrementes, se não existirem herdeiros necessários (descendentes, ascendentes, cônjuge ou convivente), pode então o testador dispor da totalidade de seu patrimônio, e consequentemente pode destiná-lo por testamento a quem bem entender.

Ausentes herdeiros necessários, prevalece a sucessão testamentária e incide a sucessão legítima nas seguintes hipóteses: a) quando não existir testamento; b) se existir testamento, mas dele não constarem herdeiros e nem legatários, porém somente disposições de ordem pessoal; c) se o testamento caducar ou for inteiramente anulado; d) quando as disposições do testamento ferirem os direitos dos herdeiros necessários, implicando a redução das disposições testamentárias até o limite da porção disponível do testador.

O ato de testar é da absoluta discricionariedade do titular do patrimônio; é ato voluntário, não obrigatório, uma faculdade que o testador pode exercer ou não, mormente em um País onde a cultura testamentária é refratária e pouco utilizada pela completa falta de costume,[32] sendo que para muitos existe inclusive um mau presságio na realização de um testamento externando uma manifestação da derradeira vontade.

Contudo, acaso superadas as crenças e os maus presságios ou preconceitos, o testamento tem sido instrumento de importante serventia, quer abranja ou não a totalidade dos bens do testador, conforme existam ou não herdeiros necessários. Existindo herdeiros necessários, o testamento pode abarcar somente a metade dos bens pertencentes ao testador, devendo a outra metade ser obrigatoriamente transmitida pela sucessão legítima, que coexistirá com a sucessão testamentária.

Conforme Paulo Nader, a caducidade se dá quando, por um fato posterior ao testamento, a cédula testamentária perde a sua eficácia pelos mais diversos motivos, como, por exemplo, pela morte prematura do beneficiário antes da abertura da sucessão,[33] de modo que o seu legado ou a sua quota hereditária caduca sem que o testador tivesse indicado um beneficiário substituto que ocupasse por direito próprio o lugar do primeiro beneficiário, sendo que o segundo legatário seria em realidade um outro beneficiário, não havendo de ser falado em caducidade, pois ele herdaria de forma direta e não por direito de representação, instituto jurídico que não existe na sucessão testamentária.

Também caduca o testamento se o herdeiro instituído ou o legatário renunciam ao benefício, ou pela não ocorrência do fato a que o benefício estava atrelado como condição,

---

[32] CASSETTARI, Christiano. *Elementos de direito civil*. 5. ed. São Paulo: Saraiva, 2017. p. 791.
[33] NADER, Paulo. *Curso de direito civil*: direito das sucessões. Rio de Janeiro: Forense, 2007. p. 38.

prevendo a codificação brasileira outras formas de caducidade do testamento marítimo (CC, art. 1.891), ou militar (CC, art. 1.895).[34]

Observa Paulo Nader que o legislador se esqueceu da hipótese de rompimento do testamento, pois tratou apenas da caducidade e da anulação, previstas no art. 1.788 do Código Civil, e que também se dá o rompimento do testamento ou ao menos de parte dele, até o montante da porção indisponível, quando: a) sobrevindo descendente sucessível ao testador, que não tinha ou não o conhecia quando testou (CC, art. 1.973) e, b) quando o testador desconhecia a existência de outros herdeiros necessários (CC, art. 1.974).[35]

Verificado o excesso da disposição testamentária, porque ultrapassa a parte disponível do testador, a legislação brasileira autoriza a redução das disposições testamentárias até o limite da parte disponível (CC, art. 1.967), prática que poderá ser processada nos próprios autos do inventário, isto se não comportar matéria de maior indagação probatória, resultando o seu deferimento na devolução do que excedeu ao acervo hereditário em complemento das legítimas (se doou 60% dos bens, haverá redução até os 50% permitidos), e se o bem não mais subsiste a devolução se dará, preferencialmente, em dinheiro e em valor aferível ao tempo da abertura da sucessão.[36]

Por fim, um testamento ainda pode provocar o implemento da sucessão legítima quando o herdeiro instituído for excluído da sucessão por indignidade, ou quando o testamento romper ou for declarado nulo ou anulado.

Jorge O. Maffía expõe algumas diferenças que podem ser determinadas entre a sucessão legítima e a testamentária:

1. Na sucessão legítima a transmissão se dá sempre a título universal, ao passo que a sucessão testamentária pode se dar a título universal, com a instituição de herdeiros, ou a título particular no tocante aos legatários;
2. Na sucessão legítima só as pessoas de existência visível, física, podem ser herdeiras, já na sucessão testamentária podem ser chamadas as pessoas de existência ideal, jurídica ou moral (CC, art. 1.799, incs. II e III), e também as inexistentes, como os filhos ainda não concebidos de pessoas indicadas pelo testador, desde que vivas estas ao abrir-se a sucessão (CC, art. 1.799, inc. I), ou concebidas até dois anos após a abertura da sucessão (CC, art. 1.800, § 4º), ou quando se tratar de fundação cuja constituição foi ordenada no testamento (CC, art. 1.799, inc. III);
3. A vocação hereditária da sucessão legítima pressupõe o vínculo de parentesco, conjugal ou convivencial (CC, art. 1.829, RE 878.694/MG e RE 646.721/RS), ao passo que na sucessão testamentária o vínculo de parentesco é indiferente, pois o chamamento pode se operar a favor de qualquer pessoa física ou jurídica;
4. A posse da herança se dá na sucessão legítima com a morte do autor da herança, enquanto na sucessão testamentária o legado só será entregue com o término do inventário (CC, art. 1.923, § 1º);
5. Na sucessão legítima sempre será transmitido o domínio pleno dos bens; na testamentária pode haver a sucessão apenas do usufruto ou da nua propriedade, ou ser operada a sucessão sob alguma condição suspensiva ou resolutiva.[37]

---

[34] NADER, Paulo. *Curso de direito civil*: direito das sucessões. Rio de Janeiro: Forense, 2007. p. 38.
[35] NADER, Paulo. *Curso de direito civil*: direito das sucessões. Rio de Janeiro: Forense, 2007. p. 38.
[36] ALMADA, Ney de Mello. *Sucessões*. São Paulo: Malheiros, 2006. p. 185.
[37] MAFFÍA, Jorge O. *Tratado de las sucesiones*. 2. ed. Buenos Aires: Abeledo Perrot, 2010. t. II, p. 652-653.

63.1. A história da legítima

Explicam Colin y Capitant prover a legítima do Direito Romano e do Direito Consuetudinário, pois ambos se propunham a proteger os interesses da família, uma vez que os bens eram considerados copropriedade e um herdeiro não poderia ser privado da sua parte condominial sem a prévia expropriação manifestada em testamento. Se o *pater familias* não quisesse deixar seus bens aos seus filhos e netos, estava obrigado a deserdá-los em seu testamento, valendo-se de termos sacramentais e se o herdeiro fosse injustamente privado da sua herança tinha o direito de anular o testamento por meio da *querella inofficiosi testamenti*. Se ele já tivesse recebido algum bem do falecido, só poderia reclamar pela diferença da sua porção hereditária, que no Direito Romano foi fixada em uma quarta parte dos bens do defunto, subindo no período de Justiniano para um terço, e para a metade no caso de existirem mais de quatro filhos.[38]

O lar era uma divindade da família de caráter funerário, cujo culto o *pater familias* estava obrigado a conservar e transmitir a seus filhos, e, dentre suas várias tarefas, em uma delas o *pater* devia manter o fogo sagrado e realizar as usuais oferendas, assim, a família era o *habitat* natural da pureza romana (*pietas*), estando o homem vinculado estreitamente à sua família e aos seus antepassados.

A legítima estava assentada nessa noção muito específica de um dever sucessório para com a família, em uma relação de proteção da família, um verdadeiro *officium,* e este era o comportamento esperado dos romanos nas suas diversas facetas sociais. A valorização desses princípios de respeito aos antepassados, à *civitas* e aos deuses, era o comportamento aguardado de um cidadão romano,[39] eis que sua vida tinha de ser de acordo com os postulados da *pietas*, em seus distintos matizes: religioso, familiar e cívico.[40] Do cidadão romano era esperado este *officium pietatis* e, sendo os bens familiares propriedade de todos, o herdeiro legitimário não podia ser despojado da sua herança senão pela deserdação por justa causa.[41] Não podia ser excluído senão por justa causa e em testamento submetido ao Colégio Centumviral, composto por cento e cinco homens que representavam o povo romano, que atuavam como guardiães da *pietas* (pureza), sendo eles que resolviam as questões sucessórias, julgando a inoficiosidade do testamento por meio da *querella inofficiosi testamenti*, proposta pelos parentes que impugnavam o testamento no qual haviam sido deserdados ou preteridos sem uma razão justa.[42]

A legítima representa no direito sucessório uma porção dos direitos hereditários, à qual a lei atribui especial reserva, como ordena o art. 1.846 do Código Civil, porquanto certa porção dos bens pertence aos herdeiros necessários do defunto, sendo deles a metade dos bens da herança, constituindo-se a legítima em uma expectativa dos herdeiros necessários.

No Direito brasileiro e em termos históricos, de acordo com as Ordenações do Reino, a legítima era de dois terços, tendo sido reduzida à metade dos bens pela Lei 1.839, de 31 de dezembro de 1907, e nessa porcentagem foi conservada pelo Código Civil de 1916.[43]

Com o transcorrer dos tempos, houve várias alterações acerca da legítima, com maiores e menores percentuais indisponíveis, foram ajustados, dependendo da quantidade de filhos, e

---

[38] COLIN, Ambrosio e CAPITANT, Henri. *Curso elemental de Derecho Civil.* 3. ed. Madrid: Reus. t. 7. 1988, p. 488-489.
[39] GÜETO, Aurora López. *Pietas romana y sucesión* mortis causa. Valencia: Tirant lo Blanch, 2016. p. 26.
[40] GÜETO, Aurora López. *Pietas romana y sucesión* mortis causa.. Valencia: Tirant lo Blanch, 2016. p. 32.
[41] COLIN, Ambrosio; CAPITANT, Henri. *Curso elemental de derecho civil.* 3. ed. Madrid: Reus, 1988. t. 7, p. 490.
[42] GÜETO, Aurora López. *Pietas romana y sucesión* mortis causa. Valencia: Tirant lo Blanch, 2016. p. 35.
[43] GUSMÃO, Sady Cardoso de. *Vocação hereditária e descendência.* Rio de Janeiro: Borsoi, 1958. p. 61-62.

foram afastados os herdeiros colaterais que se encontravam em graus mais distantes de parentesco, até o surgimento do atual sistema codificado que chegou ao estágio de liberdade para dispor livremente até metade do patrimônio do testador, que de mais não pode dispor quando deixa como herdeiros necessários descendentes, ascendentes, cônjuge ou companheiro, gozando todos de uma proteção legal de reposição pela redução quando têm a sua legítima violada.

Aduz Marcelo Truzzi Otero que a polêmica porção indisponível da legítima ou da reserva dos herdeiros obrigatórios, embora não encontre unânime acolhida mundial, é consagrada por inúmeras legislações, sendo certo que a quase totalidade dos ordenamentos jurídicos assegura uma parte do patrimônio às pessoas presumidamente caras ao autor da herança, tratando-se de legislações que se assentam na firme convicção de que a legítima, mais do que uma tutela ao direito de propriedade, ampara a própria família, cuja estrutura de fundamental importância sociofamiliar desfruta de especial proteção do Estado,[44] e assim pode ser historicamente percebido no Direito Romano e no Direito germânico que serviram como fontes de inspirações às mais diferentes legislações ocidentais e também ao Direito brasileiro, tendo anotado José Luis Pérez Lasala que a essência da sucessão universal e sua antítese, bem assim a sucessão a título particular, não podem ser entendidas e penetradas profundamente se não é indagado sobre o conceito de herança tal como desenvolvido no Direito Romano, que se constitui na chave do ordenamento sucessório moderno.[45]

Conforme Olga Orlandi, a legítima é uma instituição de direito sucessório que reconhece o direito a determinada parte dos bens da herança a certos parentes mais próximos ao falecido,[46] e também implica um limite ao poder de disposição do autor da herança, considerando que a reserva da legítima representa o império da lei sobre a liberdade de disposição do titular dos bens. Ainda de acordo com Olga Orlandi, a biografia da legítima está estruturada como uma instituição jurídica inspirada na *família*, na *propriedade* e na *sucessão,* e assevera que cada um destes três pilares ajuda a solidificar os princípios sobre os quais eles se fundamentam no campo político, social e econômico da sociedade em determinado momento histórico.[47]

A legítima é determinada por lei e neste espectro ela atua à margem da vontade do autor da sucessão, que justamente sofre esta intransponível restrição de disposição dos seus bens, dado que metade de sua herança tem destino ordenado pelo legislador e é reservada aos herdeiros obrigatórios que receberão a título universal e na ordem que a lei determina, embora nada impeça, e é corriqueiro acontecer, que os herdeiros recebam por imposição da lei a sua quota da legítima, e por disposição voluntária os bens que dela excedem.

Refere Pontes de Miranda que a legítima necessária é abstratamente separada, fora dos bens testados, e com a abertura da sucessão e com a existência de herdeiro necessário ou de herdeiros necessários, faz partir-se ao meio o monte hereditário: metade dos bens vai aos herdeiros necessários e a outra metade a quem o *de cujus* deixou beneficiado em testamento, ou aos próprios herdeiros necessários, se não houve testamento que tirasse a transmissão deles.[48]

Em relação ao sistema jurídico brasileiro, o direito à legítima do herdeiro necessário não é somente reconhecido aos parentes mais próximos, mas também ao cônjuge e ao convi-

---

[44] OTERO, Marcelo Truzzi. *Justa causa testamentária*: inalienabilidade, impenhorabilidade e incomunicabilidade sobre a legítima do herdeiro necessário. Porto Alegre: Livraria do Advogado, 2012. p. 38.
[45] LASALA, José Luis Pérez. *Curso de derecho sucesorio*. Buenos Aires: Depalma, 1989. p. 13.
[46] ORLANDI, Olga. *La legítima y sus modos de protección*. Buenos Aires: Abeledo Perrot, 2010. p. 29.
[47] ORLANDI, Olga. *La legítima y sus modos de protección*. Buenos Aires: Abeledo Perrot, 2010. p. 30.
[48] MIRANDA, Pontes de. *Tratado de direito privado*: direito das sucessões. Atualizada por Vilson Rodrigues Alves. Campinas: Bookseller, 2008. t. 55, p. 287.

vente, que passou a ser considerado herdeiro necessário a partir da apreciação pelo Supremo Tribunal Federal, em 10 de maio de 2017, do Tema 809 de Repercussão Geral (RE 878.694/MG e RE 646.721/RS) ao declarar a inconstitucionalidade do art. 1.790 do Código Civil e fixar a seguinte tese: "É inconstitucional a distinção de regimes sucessórios entre cônjuges e companheiros prevista no art. 1.790 do CC/2002, devendo ser aplicado, tanto nas hipóteses de casamento quanto nas de união estável, o regime do art. 1.829 do CC/2002".

63.2. Herdeiros legítimos

A transmissão dos bens pelo fato da morte de uma pessoa pode se dar pela *sucessão legítima* ou pela *sucessão testamentária*, sendo que na primeira hipótese os herdeiros são indicados pela legislação e identificados como herdeiros legítimos, enquanto na sucessão testamentária predomina a autonomia da vontade do testador, com os limites intangíveis da legítima.

A sucessão legítima parte da ordem de vocação hereditária estabelecida pelo art. 1.829 do Código Civil, também incluído nesse dispositivo o convivente supérstite, por força do julgamento pelo Supremo Tribunal Federal dos Recursos Extraordinários 878.694/MG e 646.721/RS que, em julgamento unitário, declarou inconstitucional o art. 1.790 do Código Civil e reconheceu o direito de o convivente hetero ou homoafetivo sobrevivente participar da herança de seu companheiro em conformidade com o regime jurídico estabelecido no art. 1.829 do Código Civil. A ordem de vocação hereditária do art. 1.829 do Código Civil manda chamar em primeiro lugar aos *descendentes*, em concorrência com o cônjuge ou companheiro sobrevivente, salvo se casado ou unido com o falecido no regime da comunhão universal, ou no da separação obrigatória de bens; ou se, no regime da comunhão parcial, o autor da herança não houver deixado bens particulares (inc. I). Na falta de descendentes, aos *ascendentes*, em concorrência com o cônjuge ou convivente (inc. II), e na ausência de ascendentes ao cônjuge ou o convivente (inc. III), e na falta de um destes aos *colaterais* (inc. IV).

Escreve Carlos Roberto Gonçalves que o Código Civil de 2002 não alterou a ordem de vocação hereditária do diploma de 1916, mas apenas incluiu o cônjuge supérstite no rol dos herdeiros necessários (CC, art. 1.845), enquanto o convivente sobrevivente foi incluído pelos dois julgamentos do Supremo Tribunal Federal (RE 878.694/MG e 646.721/RS), concorrendo o cônjuge ou convivente sobrevivente, que pertencem à *terceira classe* de vocação dos herdeiros legais, com os herdeiros das classes antecedentes (descendentes ou ascendente),[49] devendo se ter presente que o fundamento da legítima dos herdeiros necessários é de ordem familiar, evitando desigualdades e conflitos entre os descendentes, e garantindo que a riqueza gerada no seio da família que coopera para a sua formação disponham ao menos de parte desta mesma riqueza e que ela não termine inteiramente em mãos de estranhos, anotando Antoni Vaquer Aloy configurar a legítima um dever moral que impõe um limite à liberdade absoluta do testador em favor dos filhos, criada para servir no interesse da família, e encerra questionando se a legítima não estaria refletindo o mais recalcitrante individualismo, uma vez que o legitimário pode esperar tranquilamente o falecimento do sucedido, sem se preocupar com nada de suas necessidades, nem de lhe transmitir um mínimo de afeto em seus últimos dias, para receber uma parte da herança. Enfim, de que proteção da família se estaria falando, se se recebe uma parte da herança inclusive não se contribuindo com nada para o bem-estar dos membros da família do herdeiro obrigatório.[50]

---

[49] GONÇALVES, Carlos Roberto. *Direito das sucessões*. 12. ed. São Paulo: Saraiva, 2018. v. 7, p. 42.
[50] ALOY, Antoni Vaquer. Derecho a la legítima e intereses subyacentes. In: ALOY; Antoni Vaquer; GONZÁLEZ, María Paz Sánchez y CAPDEVILA, Esteve Bosch (coord.). *La libertad de testar y sus límites*. Madrid: Marcial Pons, 2018. p. 66-67.

O universo dos bens deixados pelo falecido é transmitido aos seus herdeiros, sendo herdeiro aquele que sucede a título universal e legatário o que sucede a título particular, afigurando-se significativas as diferenças existentes entre ambos os institutos. Dentro da primeira classificação dos herdeiros universais, existem os herdeiros da lei, ou chamados de legítimos, e os herdeiros testamentários, que são instituídos por testamento, em que todos eles recebem a sua respectiva quota do universo (ativo e passivo) dos bens do falecido. Entre os herdeiros legais ou da lei estão os herdeiros *necessários*, também denominados de herdeiros forçados ou de legitimários e que são os descendentes, ascendentes, cônjuge ou companheiro, e existem os herdeiros *facultativos,* que são os colaterais até o 4º grau de parentesco.

Também são herdeiros universais aqueles que são nomeados ou instituídos em um testamento, em contraponto aos legatários, pois estes recebem a título singular. Aos herdeiros necessários obedece a uma porção da herança correspondente a 50% (cinquenta por cento), percentual de que não podem ser privados. O legatário é aquele que recebe um bem em particular, concreto e determinado, ou um conjunto deles, que será subtraído da herança para ser entregue ao legatário. O legatário não participa do restante da herança, mesmo na hipótese de renúncia dos herdeiros universais de uma classe, cujo ato de renúncia importará no chamamento dos herdeiros da classe seguinte, obedecendo sempre à ordem de vocação hereditária do art. 1.829 do Código Civil, ou seja, o herdeiro substitui o defunto enquanto o legatário dele só recebe o bem que lhe foi legado.

O sucessor a título universal toma o lugar do sucedido e sintetiza em si a continuação da esfera patrimonial do falecido, e sub-roga-se na totalidade das suas relações jurídico-patrimoniais, que compreendem o ativo e o passivo dos bens deixados pelo falecido, ao contrário do legatário, que adquire apenas bens ou direitos individuais, concretos e determinados, e não responde pelo passivo da herança.[51] Podem concorrer à herança vários herdeiros e essa é inclusive a hipótese mais usual, e cada herdeiro é titular de sua quota hereditária separada da quota hereditária dos demais coerdeiros e a soma das quotas compõe a totalidade do patrimônio hereditário. Os bens deixados pelo defunto formam, em seu conjunto, uma massa patrimonial autônoma e submetida a um regime especial de administração, desfrute e disposição.

Marcelo Truzzi Otero esclarece acerca da necessária distinção entre herdeiros legítimos e necessários e alerta ser imprescindível estabelecer essa importante diferença conceitual, sob o risco de se afastar da sucessão quem efetivamente ostenta algum direito sucessório ou sob o risco de assegurá-lo a quem efetivamente não o detém.[52]

Na sequência e com o escólio de Silvio Rodrigues, Marcelo Truzzi Otero ensina que os herdeiros legítimos são aqueles relacionados na vocação hereditária, que vem a ser a relação preferencial ordenada pela lei, das pessoas chamadas a suceder o finado, enquanto os herdeiros necessários, legitimários ou reservatários são aqueles a quem a lei assegura, obrigatoriamente, uma parcela do patrimônio do *de cujus,* e complementa lembrando que os herdeiros necessários são considerados concomitantemente herdeiros legítimos, mas nem todo herdeiro legítimo é herdeiro necessário,[53] pois os colaterais não são necessários (obrigatórios), mas são herdeiros legítimos e facultativos.

---

[51] ALLUÉ, Fernando Crespo et al. *La sucesión hereditária y el juicio divisório*. Navarra: Thompson-Reuters Aranzadi, 2015. p. 49.

[52] AVALA, Gastón Augusto. *Código Civil y Comercial comentado, anotado y concordado*. Coord. Eduardo Gabriel Clusellas. Buenos Aires: Astrea, 2015. v. 7, p. 860.

[53] OTERO, Marcelo Truzzi. *Justa causa testamentária*: inalienabilidade, impenhorabilidade e incomunicabilidade sobre a legítima do herdeiro necessário. Porto Alegre: Livraria do Advogado, 2012. p. 22-23.

Portanto, segundo o sistema regulado pelo Código Civil, no que concerne à herança deixada pelo defunto, são convocados os parentes com ordem de preferência para receberem a herança, a começar pelos descendentes, em concorrência com o cônjuge ou companheiro sobrevivente, salvo se casado ou convivendo no regime da comunhão universal, ou no da separação obrigatória de bens; ou se no regime da comunhão parcial, o autor da herança não houver deixado bens particulares; na falta dos descendentes, os ascendentes, em concorrência com o cônjuge ou convivente, e se inexistentes, são então vocacionados os colaterais, somente sendo convocados os herdeiros de outra classe, na falta ou diante da renúncia dos herdeiros da classe antecedente. Desse modo, a primeira classe a ser chamada é a dos descendentes, considerando sempre a proximidade de grau de parentesco, sendo por isso convocados os filhos e se não mais existirem, serão chamados os netos, que estão em grau posterior de parentesco.

Esta é a ordem de vocação hereditária estabelecida pelo art. 1.829, que desde o advento do Código Civil de 2002 incluiu o chamamento concorrente do cônjuge, sendo que na redação originária do Código Civil o companheiro era convocado a concorrer de acordo com as regras específicas do art. 1.790 do Código Civil, que foi declarado inconstitucional pelo Supremo Tribunal Federal, pela maioria de seus Ministros, por meio dos Recursos Extraordinários 878.694/MG e 646.721/RS, ordenando que a sucessão do companheiro supérstite seja deferida nos termos do art. 1.829 do Código Civil.

Em relação a esses herdeiros da lei, indicados pelo legislador, cujo chamamento segue uma ordem de preferência proveniente de uma evidente lógica de interpretação dos sentimentos de afeição, e de maior aproximação do autor da herança em relação aos seus beneficiários, presume o legislador, com correção, presume que o defunto prefere beneficiar as pessoas que lhe são mais próximas e de vinculação mais direta, como filhos e parceiros afetivos sobreviventes (cônjuge ou convivente), e tal benefício é inerente ao sentimento de proteção, que se faz naturalmente presente quando manda chamar os filhos em primeiro lugar, e só na falta destes ordena a convocação dos netos, e depois dos bisnetos do autor da herança, e assim por diante, precedendo uns aos outros para recolherem a herança, sobrepondo-se a regra de que o herdeiro de parentesco mais próximo afasta o de consanguinidade mais distante, salvo o direito de representação.

Já na sucessão testamentária é o testador quem faz a indicação dos seus herdeiros ou legatários, ou seja, pessoas físicas ou jurídicas que ele deseja se tornem destinatárias dos seus bens para depois de sua morte, quer recebam toda a herança ou fração dela, sendo denominados de *herdeiros instituídos*, quando herdam por testamento o universo ou uma fração da herança, ou quando são contemplados com um bem específico ou com determinado benefício textualmente indicado pelo testador, o que é chamado de legado, podendo o legatário receber um ou mais de um legado e estes são pinçados do patrimônio hereditário do testador.

Conforme doutrina de Euclides de Oliveira, o chamamento dos herdeiros obedece a classes distintas, em ordem preferencial, uns excluindo os outros, salvo as hipóteses de representação de herdeiro premorto, indigno ou deserdado, e as hipóteses de concorrência sucessória do cônjuge ou conviventes sobreviventes.

A convocação para a percepção da herança é sucessiva, mas também pode se entrelaçar nos casos de concorrência entre o cônjuge ou o companheiro e determinados parentes sucessíveis.[54] Todos os familiares, descendentes, ascendentes e colaterais até o quarto grau de parentesco, além do cônjuge ou companheiro, têm vocação sucessória e todos eles são considerados herdeiros legítimos, mas nem todos são considerados herdeiros necessários, pois dessa classificação o art.

---

[54] OLIVEIRA, Euclides de. *Direito de herança*: a nova ordem da sucessão. São Paulo: Saraiva, 2005. p. 83.

1.845 do Código Civil, em sua redação original e ainda vigente, excluiu os colaterais e os companheiros, que seriam simplesmente herdeiros facultativos e não herdeiros obrigatórios. Essa interpretação foi revista pelo Supremo Tribunal Federal com o julgamento dos Recursos Extraordinários nº 878.694/MG e 646.721/RS ao declarar inconstitucional o art. 1.790 do Código Civil e equiparar todos os direitos sucessórios para as pessoas que foram casadas ou que viveram em união estável, adotando a seguinte tese: "No sistema constitucional vigente é inconstitucional a distinção de regimes sucessórios entre cônjuges e companheiros, devendo ser aplicado em ambos os casos o regime estabelecido no art. 1.829 do CC/2002, conforme tese estabelecida pelo Supremo Tribunal Federal em julgamento sob o rito da repercussão geral (Recursos Extraordinários 646.721 e 878.694). O tratamento diferenciado acerca da participação na herança do companheiro ou cônjuge falecido conferido pelo art. 1.790 do Código Civil/2002 ofende frontalmente os princípios da igualdade, da dignidade humana, da proporcionalidade e da vedação do retrocesso".

63.2.1. Sucessão testamentária

Enquanto a sucessão legítima é decorrência da lei, a sucessão testamentária se dá em obediência à vontade do defunto, externada através de um testamento pelo qual uma pessoa dispõe da totalidade ou de parte de seus bens para depois da sua morte (CC, art. 1.857), embora também possa utilizar o testamento para disposições de conteúdo extrapatrimonial. Destarte, herdeiro testamentário é aquele que foi nomeado ou instituído como herdeiro pelo testador em sua cédula testamentária como ato de derradeira vontade, prevalecendo neste aspecto a vontade do testador, conquanto reste por ele respeitada a porção indisponível, e correspondente à metade da herança, também chamada de legítima, a que têm direito os herdeiros necessários (CC, art. 1.845), inclusive o convivente sobrevivente, em conformidade com a equiparação das uniões estáveis (hetero ou homoafetivas) ao casamento para efeitos sucessórios, concluindo o Supremo Tribunal Federal, a partir dos Recursos Extraordinários 878.694/MG e 646.721/RS, que não pode haver hierarquização entre as famílias e considerando inconstitucional o art. 1.790 do Código Civil, passando, com a edição do Código Civil de 2002, o cônjuge a ser também considerado herdeiro necessário, diferente do que ocorria ao tempo do Código Civil de 1916, e com o julgamento dos Recursos Extraordinários acima referidos, também o convivente sobrevivo ingressa no rol de herdeiros necessários ao lado do cônjuge, pois, como concluiu o STF, apreciando em 10 de maio de 2017 o tema 809 de repercussão geral, não pode haver hierarquia sucessória entre as diferentes famílias. Como dispõe Paulo Lôbo:

> Relativamente ao art. 1.829, o STF fez interpretação conforme, para evitar o vazio que resultaria da declaração de inconstitucionalidade do art. 1.790, pura e simplesmente. Em razão disso, há interpretação conforme por arrastamento dos demais artigos que referem à sucessão do cônjuge, para que sejam interpretados como incluindo o companheiro, porque especificam as consequências da ordem da sucessão legítima, inclusive quanto à sucessão concorrente.
>
> Assim, são iguais os direitos dos cônjuges e companheiros relativamente à ordem de vocação hereditária (art. 1.829, inc. III), ao direito real de habitação (art. 1.831), à sucessão concorrente com os descendentes e quota mínima (art. 1.832), à sucessão concorrente com os ascendentes (art. 1.837), à qualificação como herdeiro necessário (art. 1.845).[55]

Na sucessão testamentária, o poder discricionário do testador é quase absoluto, salvo tenha em seu rastro familiar e afetivo herdeiros obrigatórios, que restringem o alcance de

---

[55] LÔBO, Paulo. *Direito civil*: sucessões. 5. ed. São Paulo: Saraiva, 2019. v. 6, p. 169.

suas liberalidades, mas este livre arbítrio é concernente à escolha dos beneficiários de seu testamento, sejam eles eleitos na qualidade de herdeiros instituídos, que se habilitam para receber toda ou fração da herança, ou sejam eles lembrados como legatários, que são aqueles destinatários de determinados e destacados bens.

O testador pode impor encargos ou condições sobre a porção disponível, mas está obrigado a preservar a metade de seus bens, denominada pela lei de porção indisponível ou *legítima*, diante da existência de algum dos herdeiros necessários identificados no art. 1.845 do Código Civil (descendentes, ascendentes e cônjuge), ou identificado nos RE 878.694/MG e RE 646.721/RS. Também não está obrigado a dispor de toda a sua porção disponível e pode testar apenas parte dela, de modo que os bens que sobram serão direcionados aos herdeiros legítimos (CC, art. 1.966).

Em sentido contrário, excedendo à quota disponível, o excesso que suplanta os cinquenta por cento de livre disposição, quando existentes herdeiros necessários, precisará retornar ao quinhão hereditário deles, primeiro por meio da redução das quotas dos herdeiros instituídos, até onde baste e se não bastar também os legados, na proporção do seu valor (CC, art. 1.967, § 1º).

Embora a sucessão testamentária opere seus efeitos a partir da abertura da sucessão, o titular do patrimônio pode promover a transmissão de seus bens mediante adiantamento de legítima (CC, art. 544), bem como proceder à partilha em vida de seus bens, contanto que não prejudique a legítima dos herdeiros necessários (CC, art. 2.018), de tudo depois fazendo constar em testamento, se assim julgar conveniente ou imperativo, para informar aos seus sucessores se tratar de herança antecipada, que deverá ou não ser colacionada pelos herdeiros por ele beneficiados em vida.

63.2.2. Herdeiros testamentários

Como prevê o art. 1.786 do Código Civil, a sucessão dá-se por lei aos herdeiros legítimos, ou por disposição de última vontade aos herdeiros testamentários, e, neste caso, toma por base as disposições de última vontade feitas em testamento pelo autor da herança, complementando Zeno Veloso que a sucessão testamentária também não deixa de ser igualmente uma sucessão legítima.[56]

Herdeiros testamentários são aqueles indicados pelo testador, quer como herdeiros instituídos, que podem receber até a totalidade dos bens pertencentes ao sucedido quando ausentes herdeiros necessários, ou apenas uma parte da herança por meio de legados atribuídos pelo testador aos legatários, que assim se farão beneficiários de um bem indicado entre o universo de bens deixados pelo sucedido. Nada impede que toda a herança seja legada pelo testador, para vários legatários, bastando que não existam herdeiros necessários, caso contrário, só poderá dispor de metade de seus bens a favor dos legatários ou de herdeiro instituído por testamento, não existindo no Direito brasileiro o legado a título universal.[57]

Os legatários não devem ser confundidos com os herdeiros testamentários ou instituídos, que são aqueles indicados como beneficiários da herança por disposição de última von-

---

[56] VELOSO, Zeno. Testamentos – Noções gerais; formas ordinárias; codicilo; formas especiais. In: HIRONAKA, Giselda Maria Fernandes Novaes; PEREIRA, Rodrigo da Cunha (coords.). *Direito das sucessões e o novo Código Civil*. Belo Horizonte: IBDFAM/Del Rey, 2004, p. 118.

[57] MADALENO, Rolf. Legados e direito de acrescer entre herdeiros e legatários. In: HIRONAKA, Giselda Maria Fernandes Novaes; PEREIRA, Rodrigo da Cunha (coords.). *Direito das sucessões e o novo Código Civil*. Belo Horizonte: IBDFAM-Del Rey, 2004, p. 308.

tade, podendo, inclusive, tratar-se de um herdeiro legítimo, que tanto recebe pela sucessão legítima como pela sucessão testamentária, sendo duplamente beneficiado. Os legatários são indicados pelo testador em seu testamento, para receberem certo e determinado bem, ou mais de um bem ou benefício, sempre a título singular e não a título universal, como acontece com o herdeiro instituído. Também nada impede que o legatário seja um herdeiro legítimo e até mesmo um herdeiro testamentário.[58]

64. HERDEIROS NECESSÁRIOS

Herdeiro necessário é o parente, o cônjuge ou o convivente designado pela lei (CC, art. 1.845), ou pela jurisprudência do STF (REs 646.721/RS e 878.694/MG), que têm direito a uma parcela mínima e correspondente à metade do acervo hereditário, chamada de *legítima* ou de *indisponível*, e da qual ele não pode ser privado sem justa causa de exclusão da herança por indignidade ou deserdação, representando a existência de herdeiros necessários uma verdadeira limitação à liberdade de testar de uma pessoa. Há herdeiros necessários nas três primeiras classes de vocação hereditária do art. 1.829 do Código Civil.

Começa pela classe dos descendentes, que excluem os herdeiros necessários das classes subsequentes dos ascendentes, do cônjuge (CC, art. 1.845) ou do convivente sobrevivente, conforme concluiu o Supremo Tribunal Federal, em 10 de maio de 2017, a partir do julgamento dos Recursos Extraordinários 646.721/RS e 878.694/MG, julgados sob a égide do regime da repercussão geral do tema 809, reconhecendo, incidentalmente, a inconstitucionalidade do art. 1.790 do Código Civil, que estabelecia direitos sucessórios diferentes dos cônjuges e companheiros, ao fixar a seguinte tese: "No sistema constitucional vigente, é inconstitucional a distinção de regimes sucessórios entre cônjuges e companheiros, devendo ser aplicado em ambos os casos o regime estabelecido no art. 1.829 do Código Civil".[59]

Não há limitação de graus de parentesco na classe dos descendentes ou na dos ascendentes, sendo chamados para herdar uns na falta de outros, a começar pelos filhos, depois os netos, bisnetos, trinetos e assim por diante; e faltando os descendentes segue-se para a classe dos ascendentes, chamando primeiro os pais, depois os avós, se os pais do defunto não mais viviam, os bisavós, trisavós e assim por diante. Faltando os ascendentes, são convocados o cônjuge ou o convivente, se não estavam separados de fato ou de direito, e os outros herdeiros igualmente legítimos, mas meramente facultativos, reconhecidos como sucessores pela legislação brasileira, estão identificados pela figura parental dos colaterais, mas somente até o quarto grau de parentesco. Embora os colaterais sejam herdeiros legítimos, não são herdeiros necessários, mas facultativos, pois não são destinatários forçosos da porção indisponível dos cinquenta por cento (50%) do acervo hereditário do sucedido e, portanto, podem ser privados da herança, bastando ao testador não os contemplar no testamento (CC, art. 1.850).

Aos herdeiros obrigatórios é resguardada a legítima, correspondente a cinquenta por cento (50%) do acervo patrimonial do autor da herança, e de cuja parcela o sucedido não pode dispor por doação, como antecipação de herança e tampouco por testamento, por haver a lei reservado esta porção da *legítima* ou *indisponível* (CC, art. 1.846) primeiro para os descendentes (naturais, adotivos ou socioafetivos), na falta destes para os ascendentes e, por

---

[58] CAHALI, Francisco José; CARDOSO, Fabiana Domingues. Sujeitos da sucessão: capacidade e legitimidade. In: HIRONAKA, Giselda Maria Fernandes Novaes; PEREIRA, Rodrigo da Cunha (coords.). *Direito das sucessões e o novo Código Civil*. Belo Horizonte: IBDFAM-Del Rey, 2004. p. 18.

[59] GONÇALVES, Carlos Roberto. *Direito das sucessões*. 12. ed. São Paulo: Saraiva, 2018. v. 7, p. 197.

último, ausentes os dois primeiros, ao cônjuge sobrevivente (CC, art. 1.845) ou ao convivente supérstite (RE 878.694/MG e RE 646.721/RS), sem prejuízo do direito concorrencial do cônjuge ou convivente supérstite.

A existência de herdeiros obrigatórios cria a figura da legítima e o chamamento cogente desses herdeiros que, deste modo, limitam a liberdade testamentária e permitem considerar que nem sempre coincidem os fundamentos da sucessão legítima com os da sucessão testamentária, pois nem sempre o autor da herança pode querer beneficiar as mesmas pessoas indicadas pela legislação como herdeiros obrigatórios, embora fosse lógico inferir que o autor da herança quisesse justamente favorecer seus parentes mais próximos, exatamente como vocacionado em lei, além do cônjuge ou convivente sobrevivente. O fundamento legal da legítima reside na defesa preponderante dos interesses familiares de princípios éticos de solidariedade familiar,[60] daí presumindo o legislador devam os herdeiros forçosos ser protegidos pela legítima hereditária.

64.1. Descendentes

Conta Dolor Barreira que a primeira classe dos herdeiros da lei, a dos *descendentes*, que fica em primeiro plano na ordem de vocação hereditária, se constitui na categoria fundamental dentre todos os que podem suceder ao morto. É assim em todos os Códigos e legislações do mundo civilizado, os quais atribuem à descendência do extinto a primazia do chamamento hereditário e o fazem por dois objetivos, sendo o primeiro deles o de alicerçar a continuidade da vida humana, e a segunda razão está em atender à vontade presumida do falecido, pois este haveria de querer ser sucedido pelas pessoas a quem dedicava o mais intenso e vivo amor.[61]

Como adverte Carlos Maximiliano, deve-se reconhecer o laço de parentesco para fins hereditários, só até onde cessa a consciência da unidade da família, consciência esta muito limitada nos graus próximos, da linha colateral,[62] que pela atual legislação brasileira não passa do 4º grau de parentesco (trisavós, trinetos, tios-avós [irmãos de avô], sobrinhos netos [netos de irmão], primos irmãos [filhos de tio irmão do pai]).[63]

Nessa mesma direção, aponta Sady Cardoso de Gusmão ser princípio universal a prioridade, na sucessão legítima, dos descendentes em relação aos demais parentes, na convocação ao direito sucessório, e que essa tradição sucessória está baseada em princípios biológicos, psicológicos, éticos e econômicos, tendentes à continuidade da propriedade e preservação do patrimônio em benefício da família, remontando ainda aos tempos da copropriedade familiar do direito romano, e advertia, ainda na década de 1950, que a ordem sucessória, em realidade, não se restringia a liames de sangue, mas às afeições presumidas do defunto e bem assim à ideia da assimilação dos herdeiros de pessoa com direito a alimentos e que eram sustentadas pelo autor da herança, como ocorre na atualidade do direito sucessório brasileiro ao creditar o direito concorrencial do cônjuge e do convivente sobrevivente na vocação hereditária (CC, art. 1.829, incs. I e II).[64]

Guardadas as passagens históricas e as premonições doutrinárias, os herdeiros pioneiros a serem chamados à sucessão são os descendentes, e entre estes primeiro os filhos, sejam eles

---

[60] ORLANDI, Olga. *La legítima y sus modos de protección*: análisis doctrinario y jurisprudencial en la dinámica del proceso sucesorio. 2. ed. Buenos Aires: Abeledo Perrot, 2010. p. 46.
[61] BARREIRA, Dolor. *Sucessão legítima*. 2. ed. Rio de Janeiro: Borsoi, 1970. p. 133.
[62] MAXIMILIANO, Carlos. *Direito das sucessões*. 4. ed. Rio de Janeiro: Freitas Bastos, 1958. v. 1, p. 141.
[63] MAXIMILIANO, Carlos. *Direito das sucessões*. 4. ed. Rio de Janeiro: Freitas Bastos, 1958. v. 1, p. 136.
[64] GUSMÃO, Sady Cardoso de. *Vocação hereditária e descendência*. Rio de Janeiro: Borsoi, 1958. p. 127-128.

biológicos, adotivos ou socioafetivos, todos recebendo por cabeça a mesma cota da herança, pois todos eles se encontram no mesmo grau de parentesco com o falecido (1º grau). A sucessão, na linha reta descendente, é *ad infinitum,* sem outro limite que não o resultante da ordem natural das coisas, escreve Sady Cardoso de Gusmão, e prossegue, "visto que a vida humana tem limites no tempo e restrições de ordem biológica, quanto à maturidade para a procriação, o que torna impossível, no estado atual da ciência pensar-se na possibilidade da linha descendente, para fins sucessórios, ir além do sétimo ou oitavo grau".[65]

Com relação à filiação socioafetiva, em setembro de 2016 o Supremo Tribunal Federal, no exame da Repercussão Geral 622, relatada pelo Ministro Luiz Fux, concluiu pela equivalência da filiação socioafetiva, descartando qualquer prevalência entre os vínculos de filiação biológico e socioafetivo, devendo ser consignado que a partilha entre os filhos se faz com igualdade de valores e por cabeça, só podendo ser cogitada alguma diferença nos montantes dos quinhões da prole, no caso de eventual sucessão testamentária, se o autor da herança decidiu beneficiar algum dos seus descendentes com sua porção disponível, eis que na intangível não há nenhuma possibilidade de qualquer tratamento sucessório desigual, e se houve alguma doação em vida, o descendente donatário é obrigado a conferir os bens doados, a fim de serem igualadas as legítimas se a doação não abarcou a porção disponível e passível de dispensa da colação.

Os descendentes são herdeiros legítimos, vocacionados pela legislação brasileira e por isso considerados herdeiros necessários, com direito à intangível legítima, de distribuição forçosa, representada pela porção indisponível, correspondente à metade do acervo do sucedido e do qual ele não tem liberdade de disposição. Como visto acima, na sucessão dos descendentes são chamados em primeiro lugar os filhos, que distribuirão a herança por *cabeça,* segundo o número de filhos herdeiros, correspondendo a cada filho uma cota da herança, sem qualquer discriminação no tocante à filiação, quer se trate de prole biológica, adotiva, socioafetiva, unilateral ou bilateral, mas, se algum deles morreu antes do genitor cuja sucessão está sendo aberta, existe o direito de representação deste filho premorto, como uma exceção à regra de que o herdeiro mais próximo em grau de parentesco exclui o de grau mais distante, salvo justamente o direito de representação (CC, art. 1.833). Assim sendo, se o falecido deixou dois filhos vivos e um premorto e este deixou dois filhos (netos do inventariado) e uma herança equivalente a novecentos mil reais (R$ 900.000,00), cada filho herdará, por cabeça ou *per capita,* trezentos mil reais (R$ 300.000,00), e os trezentos mil reais (R$ 300.000,00) restantes serão herdados pelos dois netos, por *estirpe* ou por representação, recebendo cada um deles cento e cinquenta mil reais (R$ 150.000,00)

Contudo, se todos os filhos estiverem vivos e sobreviveram ao progenitor, apenas estes herdarão por direito próprio e por cabeça, tocando a cada um dos três filhos um quinhão hereditário de trezentos mil reais (R$ 300.000,00) da herança líquida deixada pelo ascendente de novecentos mil reais (R$ 900.000,00), dado que na classe dos descendentes os parentes mais próximos em grau afastam os mais remotos, salvo o direito de representação que neste exemplo não ocorreu, pois todos os filhos do defuntos a ele sobreviveram.

Inexistindo filhos, porque são todos premorientes, então serão chamados à herança os descendentes de grau de parentesco mais distante, no caso os netos, que serão convocados à herança por direito próprio ou por cabeça, eis que acima deles não existe mais ninguém, recebendo cada neto a mesma porção hereditária, de forma que, se o falecido tinha dez netos

---

[65] GUSMÃO, Sady Cardoso de. *Vocação hereditária e descendência.* Rio de Janeiro: Borsoi, 1958. p. 133.

e todos os seus filhos morreram antes dele, cada neto receberá por cabeça dez por cento da herança do avô. Como sintetiza Dolor Barreira, existem dois claros preceitos: "um, da partilha por cabeça, referente aos filhos; e outro, com critério misto, no caso de haver outros descendentes, netos, bisnetos, trinetos, tetranetos. A divisão será feita por cabeça, se estiverem todos no mesmo grau. Sê-lo-á por tronco, ou estirpe, se estiverem em graus diversos. Para os filhos, em suma, a sucessão será sempre por cabeça. Concorram ou não eles com outros herdeiros. A distinção entre concorrentes em diversos graus, ou em igualdade de graus, só terá pertinência para os outros descendentes".[66]

64.2. Ascendentes

Ascendentes são aquelas pessoas que deram origem a outras pessoas e, na linha reta evolutiva, situam-se acima delas, escreve Sílvio Luís Ferreira da Rocha, formando os ascendentes duas linhas, uma paterna e outra materna (CC, art. 1.836, § 2º), e dividindo-se a herança deixada pelo filho em duas partes iguais, uma para o pai e outra para a mãe (ou para cada um dos pais), e, se vivo apenas um deles, a herança é inteiramente entregue ao ascendente sobrevivente, pois não há direito de representação na linha reta ascendente.[67]

Para Pontes de Miranda, ascendentes são as pessoas de que descende o *de cujus* (pai, avô, bisavô, tetravô),[68] de modo que, se não há herdeiros da classe dos descendentes, em qualquer grau de parentesco, serão chamados à sucessão os herdeiros da segunda classe sucessória, dos ascendentes, primeiro os de grau de parentesco mais próximo, a saber os pais do defunto, ainda que vivos sejam avós ou bisavós, e cuja herança será dividida em duas linhas. Somente na falta destes, porque premorientes, deserdados, indignos ou porque renunciaram à herança, serão então vocacionados os ascendentes de grau mais remoto de parentesco, começando pelos avós da linha paterna e os avós da linha materna; na falta de todos estes, serão então chamados os bisavós, concorrendo os ascendentes sempre com o cônjuge ou companheiro supérstite do falecido (CC, art. 1829, inc. II e REs. 646.721/RS e 878.694/MG).

Os herdeiros ascendentes só serão convocados à sucessão e em concorrência com o cônjuge ou companheiro sobrevivente, se não existir nenhum herdeiro descendente do falecido (CC, art. 1.836), sendo que os ascendentes também são considerados herdeiros legítimos e necessários (CC, art. 1.829, inc. II; art. 1.836 e art. 1.845), e, portanto, destinatários da porção indisponível do autor da herança.

Na classe dos ascendentes não existe o direito de representação (CC, art. 1.836, § 1º), de modo que o ascendente de grau mais próximo de parentesco afasta o ascendente de grau parental mais remoto, sem distinção de linha. Desse modo, se não há prole, herdam os genitores do sucedido por linhas, em partes iguais e por direito próprio. Se apenas um dos ascendentes diretos está vivo, este recebe a totalidade da herança, ainda que estejam vivos os avós do sucedido, e se ambos os progenitores forem premortos herdarão os avós da linha paterna e da linha materna e na falta destes os bisavós e assim sucessivamente.[69]

De tal modo que os ascendentes de grau de parentesco mais distante só serão chamados se ausentes os de grau parental mais próximo, destarte, se o falecido deixa a mãe, na linha

---

[66] BARREIRA, Dolor. *Sucessão legítima*. 2. ed. Rio de Janeiro: Borsoi, 1970. p. 150.
[67] ROCHA, Sílvio Luís Ferreira da. *Direito das sucessões*. São Paulo: Malheiros, 2012. v. 5, p. 85.
[68] MIRANDA, Pontes de. *Tratado de direito privado*: direito das sucessões. Atualizada por Vilson Rodrigues Alves. Campinas: Bookseller, 2008. t. 55, p. 299.
[69] GONÇALVES, Carlos Roberto. *Direito das sucessões*. 12. ed. São Paulo: Saraiva, 2018. v. 7, p. 181-182.

materna, e na linha paterna uma avó, a totalidade de seu acervo hereditário irá para a sua progenitora, por direito próprio, nada sendo destinado para a avó por direito sucessório legal, pois se ressente do direito de representação a classe dos ascendentes.

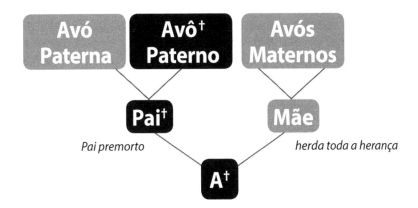

Na classe dos ascendentes, a partilha se dá por linhas e não pelo número de ascendentes sobreviventes,[70] sucedendo cada ascendente por cabeça, como acontece na sucessão dos descendentes, sendo metade da herança para a linha paterna e a outra metade para a linha materna, de forma que, se o defunto deixa pai e mãe vivos, cinquenta por cento (50%) dos bens tocam ao pai (linha paterna) e os outros cinquenta por cento (50%) tocam à mãe (linha materna). A ascendência desimporta ao direito sucessório, quer se trate de pais adotivos, biológicos ou socioafetivos, porquanto na adoção os pais biológicos se desligam dos vínculos para com seus filhos adotados por terceiros, e por arrastamento também com relação aos demais parentes, salvo as informações pertinentes aos impedimentos matrimoniais (ECA, art. 41, e CC, art. 1.521, inc. I),[71] prevalecendo o *princípio da reciprocidade*, pelo qual um sucede ao outro, dependendo de quem faleceu antes, não mais existindo qualquer distinção entre os filhos e, mais do que isso, tratando a jurisprudência e a doutrina de ampliar os gêneros de filiação com o reconhecimento e a equiparação, pelo Supremo Tribunal Federal (repercussão geral 622), da filiação ou vinculação socioafetiva que reconheceu a inexistência de hierarquia jurídica entre o liame socioafetivo e biológico, impedindo afirmar, doravante, que uma modalidade prevaleça sobre a outra.[72]

Por fim, se os genitores ascendentes concorrerem com o cônjuge ou convivente do sucedido, tocará um terço (1/3) da herança para cada herdeiro, ou seja, um terço (1/3) para o ascendente da linha paterna, um terço (1/3) para o ascendente da linha maternal (se a união for homoafetiva será um terço para cada genitor homem ou mulher), e um terço (1/3) para o cônjuge ou convivente sobrevivente (CC, art. 1.837). Contudo, o cônjuge ou convivente receberá a metade da herança, sem prejuízo da sua eventual meação, a depender do regime matrimonial de bens, se houver um só ascendente e o outro for pré-falecido, pois não existe

---

[70] DIAS, Maria Berenice. *Manual das sucessões*. 4. ed. São Paulo: Revista dos Tribunais, 2015. p. 135.
[71] ECA. Art. 41, *caput* – "A adoção atribui a condição de filho ao adotado, com os mesmos direitos e deveres, inclusive sucessórios, desligando-o de qualquer vínculo com os pais e parentes, salvo os impedimentos matrimoniais".
[72] CALDERÓN, Ricardo. *Princípio da afetividade no direito de família*. 2. ed. Rio de Janeiro: Forense, 2017. p. 225.

direito de representação na classe dos ascendentes que permitiria vocacionar os herdeiros ascendentes de grau mais distante.

64.3. Proteção do cônjuge viúvo

No direito sucessório dos primórdios, a propriedade, em especial os bens de raiz, não pertenciam ao indivíduo, mas à família, à comunidade doméstica representada pelo pai e por seus filhos, baseando-se a sucessão na transmissão deste condomínio, e o Direito alemão, por exemplo, desconhecia a sucessão em favor do cônjuge sobrevivente, e a legítima ou *reserva*, que era um conceito próprio dos costumes de inspiração germânica, era destinada aos filhos. O direito sucessório do cônjuge foi criado aos poucos, inicialmente com o usufruto pela viúva de uma parcela dos bens deixados pelo marido.[73]

Conforme Ambrosio Colin e Henri Capitant, dada a proximidade com o seu consorte, o cônjuge sempre teve mais facilidade do que qualquer outra pessoa para influir sobre o espírito do esposo mais abastado e captar sua atenção pessoal e em especial a sua vontade, ficando mais vulnerável às proposições afetivas e assim ver captada toda ou parte de sua fortuna,[74] fato que não deixa de ser coerente com a natureza humana e com suas relações afetivas, pois os efeitos econômicos de um casamento respondem aos vínculos que os sentimentos constroem e desenvolvem em um casal ao longo da trajetória de um matrimônio.

O Direito Romano só concedia ao cônjuge um direito ordinário de herdar depois de todos os parentes, e somente no caso de indigência concedia um direito hereditário excepcional ao consorte sobrevivente, concernente à quarta parte dos bens.[75] Os ordenamentos jurídicos, com o passar dos tempos, faziam nítida distinção entre proteger o grupo familiar sanguíneo, representado pelos descendentes, ascendentes e irmãos, em contraponto às pessoas do cônjuge ou da companheira do falecido. Entendia que o consorte sobrevivente merecia alguma forma de proteção, mas distanciada da concepção de uma legítima, e até mesmo ao largo do direito sucessório.[76] Com o tempo e com o intuito de proteger o cônjuge viúvo, em pensamento distante dos mecanismos da legítima, passou a ser desenvolvida e depois instituída a figura jurídica do *usufruto vidual*, correspondente a ¼ (um quarto) dos bens do sucedido, devendo ser lembrado que nos dias atuais os cônjuges contribuem para a formação de um patrimônio comum e se divorciando da ética da solidariedade que vigia quando o consorte mantinha completa dependência do cônjuge provedor. Trata-se do mesmo escopo protetivo que no início era atribuído à viúva que fosse pobre, ou que vivesse ou ficasse em uma posição social e financeira muito inferior à de seu marido, que assim seria destinatária e usufruiria da *quarta vidual*, para que tivesse meios econômicos suficientes para a sua côngrua sustentação, mas incidente apenas sobre os bens próprios do defunto,[77] em um simbólico direito protetivo muito semelhante aos *alimentos compensatórios* do direito familista, pois atuava como uma compensação ao desequilíbrio financeiro produzido pela viuvez.

No Direito espanhol, o usufruto da *quarta vidual* foi estendido aos conviventes, pois considerou o legislador espanhol que importante era a união de duas pessoas, indiferente

---

[73] HERNÁNDEZ, Lidia B.; UGARTE, Luis A. *Sucesión del cónyuge*. Buenos Aires: Editorial Universidad, 1996. p. 33.
[74] COLIN, Ambrosio; CAPITANT, Henri. *Curso elemental de derecho civil*. 3. ed. Madrid: Reus, 1988. t. 7, p. 516.
[75] ENNECCERUS, Ludwig; KIPP, Theodor; WOLFF, Martín. *Tratado de derecho civil*: derecho de sucesiones. 2. ed. Barcelona: Bosch, 1976. v. 1. t. 5, p. 53.
[76] MELERO, Martín Garrido. *Derecho de sucesiones*. 2. ed. Madrid: Marcial Pons, 2009. t. I, p. 115.
[77] MELERO, Martín Garrido. *Derecho de sucesiones*. 2. ed. Madrid: Marcial Pons, 2009. t. I, p. 117.

a sua origem formal (casamento) ou informal (união estável), e sob este prisma os direitos sucessórios deveriam ser concedidos tantos aos casais conjugais como aos não casados, contudo, o usufruto era perdido se o usufrutuário viúvo contraísse um novo matrimônio ou se passasse a viver em união estável com outra pessoa.

Presente na sucessão do cônjuge uma garantia de subsistência consubstanciada no usufruto vidual, as comunidades da *Civil Law* asseguravam uma proteção ao cônjuge viúvo diferente do Direito inglês e da *Common Law*, que não estabelecia nenhuma obrigação de as pessoas terem de sustentar economicamente seus parentes, sendo os indivíduos totalmente livres para disporem de suas propriedades, usufruindo da mais absoluta liberdade de testar, muito embora também entre os anglo-saxônicos houvesse uma variante do *usufruto vidual*, concedido para garantir a sobrevivência da esposa depois da morte do marido, e do desaparecimento da principal fonte de ingressos advindos do cabeça da família.[78]

Posteriormente, restou suprimido do Direito inglês o *usufruto da viúva* e prevaleça, na atualidade, a completa disposição patrimonial, embora o Direito inglês se ressente do instituto da herança forçosa (legítima); e da figura da quota hereditária fixa (porção indisponível/legítima), além do personagem do herdeiro necessário, o sistema da *Common Law* adotou a *Inheritance (Family Provision) Act*, de 1938, depois substituída pela *Inheritance (Provision for Family and Dependants) Act*, de 1975, em seguida modificada pela *Law Reform Sucession Act*, de 1995, mais uma vez alterada pela *Civil Parnership Act*, em 2004, que seguem preservando a liberdade de testar e o direito de uma pessoa deixar seus bens a quem quiser, mas que não podia se omitir de acolher materialmente seus dependentes financeiros, ou seja, não existe na *Common Law* o direito à legítima dos herdeiros obrigatórios, embora exista um direito de proteção de um crédito alimentar incidente sobre a herança do falecido e denominada de *family maintenance*.[79]

Ana Luiza Maia Nevares, discorrendo acerca da função sucessória protetiva do consorte viúvo, anota que o Código Civil de 1916 se baseou no parentesco consanguíneo e privilegiou a grande família patriarcal, constituída, à época de vigência do Código Civil de 1916, exclusivamente pelo matrimônio, como única forma de constituir família e marcada pela autoridade marital, e acrescenta que dentro dessa ótica o legislador buscava a conservação do patrimônio no grupo familiar, desfavorecendo quaisquer direitos sucessórios do cônjuge supérstite, que só participava da sucessão na ausência de descendentes e ascendentes, evitando um *perigo* que subsiste até os dias atuais, talvez até em maior proporção e atinente ao temor de transferência pela via sucessória da riqueza da família constituída dos *bens troncais*, a partir da morte do cônjuge titular desses bens e que terminariam nas mãos do consorte sobrevivente de um segundo matrimônio do falecido,[80] olvidando-se completamente o legislador do fenômeno crescente das famílias reconstruídas e dos dilemas que surgem com esta migração sucessória dos bens familiares.

64.3.1. O cônjuge viúvo no Código Civil de 1916

A morte de um dos cônjuges dissolve a sociedade conjugal (CC, art. 1.571, inc. I) e produz ao mesmo tempo a partilha dos bens quando o regime matrimonial assim permite, com o

---

[78] GALLARDO, Aurelio Barrio. *La evolución de la libertad de testar en el common law inglês*. Navarra: Arazandi/Thomson Reuters, 2011. p. 240.

[79] GALLARDO, Aurelio Barrio. *La evolución de la libertad de testar en el common law inglês*. Navarra: Arazandi/Thomson Reuters, 2011. p. 300.

[80] NEVARES, Ana Luíza Maia. *A tutela sucessória do cônjuge e do companheiro na legalidade constitucional*. Rio de Janeiro: Renovar, 2004. p. 4-5.

pagamento da meação do consorte sobrevivente e com a transmissão dos bens deixados pelo falecido a seus herdeiros legais e testamentários.

O cônjuge constava como herdeiro, no Código Civil de 1916, apenas na terceira classe de convocação, somente se não existissem descendentes e nem ascendentes, mas sem prejuízo da eventual meação do viúvo ou do companheiro sobrevivente, sempre dependendo do regime de bens adotado pela extinta entidade familiar. Na vigência do Código Civil revogado, o consorte sobrevivente era considerado um herdeiro meramente facultativo, de forma que o autor da herança poderia, querendo, e ausentes herdeiros necessários descendentes ou ascendentes, testar a totalidade dos seus bens para qualquer outra pessoa.

Pelo Código Civil de 1916, se fosse casado pelo regime da comunhão universal de bens, o cônjuge sobrevivente teria o direito real de habitação sobre o domicílio conjugal se o imóvel fosse o único com destinação residencial (CC/1916, art. 1.611, § 2º),[81] permanecendo esse direito enquanto o consorte supérstite não casasse novamente ou não constituísse uma nova união. Nos demais regimes de bens, o cônjuge sobrevivente tinha direito ao usufruto vidual (CC/1916, art. 1.611, § 1º), e se o consorte falecido tivesse filhos, o usufruto correspondia à quarta parte da herança e, na falta de descendentes, se os herdeiros fossem apenas os ascendentes, o usufruto era sobre a metade dos bens deixados pelo falecido. Foi o Estatuto da Mulher Casada (Lei 4.121/1962) que criou este direito ao *usufruto* do cônjuge viúvo.

O direito sucessório brasileiro acompanhou a letárgica evolução do direito estrangeiro e até mesmo os passos evolutivos demoraram muito mais tempo para chegar à legislação nacional. Herdeiros necessários sempre foram os descendentes e ascendentes, jamais o cônjuge, muito embora o Anteprojeto do Código Civil elaborado por Orlando Gomes propugnasse por declarar o cônjuge supérstite como um herdeiro necessário.

No intuito de proteger o cônjuge sobrevivente casado pelo regime da comunhão universal de bens, o § 2º do art. 1.611 do Código Civil de 1916 assegurava o *direito real de habitação* relativamente ao imóvel destinado à residência da família, desde que se tratasse do único bem daquela natureza a inventariar, pontuando Silvio Rodrigues se tratarem esses benefícios viduais de dois dispositivos imbuídos de altíssimo intento de proteção do consorte sobrevivente.[82]

Portanto, divergiam os doutos se o *usufruto vidual*, que direito real nunca foi, tanto que sequer tinha registro no álbum imobiliário, e se o *direito real de habitação* seriam direitos hereditários, quando ambos eram vistos como uma espécie de *legado temporário e concidional*, tal como defendido por Orlando Gomes;[83] ou se estes benefícios estariam alocados no âmbito do Direito de Família, como uma espécie de *crédito de alimentos*, sem a conotação de um direito hereditário, mas cujos direitos seriam movidos apenas pelo propósito dos laços de solidariedade familiar, os quais se justificavam em liames de penúria e com o intento da subsistência do cônjuge viúvo, para que este não ficasse em dificuldades financeiras.[84]

Entrementes, ao tempo do Código Civil de 1916, o cônjuge sobrevivente não era herdeiro necessário e seu direito ao *usufruto vidual* ou ao *direito real de habitação* não estava condicio-

---

[81] Art. 1.611 do CC/1916 – § 1º "O cônjuge viúvo, se o regime de bens do casamento não era o da comunhão universal, terá direito, enquanto durar a viuvez, ao usufruto da quarta parte dos bens do cônjuge falecido, se houver filhos deste ou do casal, e à metade se não houver filhos, embora sobrevivam ascendentes do de cujus".

[82] RODRIGUES, Silvio. *Direito civil:* direito das sucessões. 13. ed. São Paulo: Saraiva, 1985. v. 7, p. 85.

[83] GOMES, Orlando. *Novas questões de direito civil.* São Paulo: Saraiva, 1979. p. 293.

[84] MADALENO, Rolf. A fidelidade vidual na união estável. In: *Direito de família:* aspectos polêmicos. Porto Alegre: Livraria do Advogado, 1998. p. 70.

nado à sua carestia financeira, mas apenas à ocorrência e permanência do seu estado de viuvez, tanto que Orlando Gomes escreveu que o usufruto hereditário "não se trata, por conseguinte, de especial medida de proteção à mulher casada limitada aos casos em que, havendo herdeiros necessários, passaria a uma situação patrimonial nula com a morte do marido, que é mais comumente o dono dos bens. Tal direito não é, em última análise, apanágio de viúvas pobres".[85]

Para os cônjuges matrimoniados pelo regime da comunhão universal de bens, o § 2º do art. 1.611 do Código Civil de 1916 garantia o direito real de habitação na residência conjugal, enquanto assegurava para os casais matrimoniados nos demais regimes de bens o direito ao usufruto vidual, ao passo que, em outros países, surgiam importantes modificações no direito sucessório, como fez a Itália ao reformar o seu Direito de Família pela Lei 151, de 1975, ao acrescentar um parágrafo único ao art. 540 do Código Civil italiano para eliminar o *usufruto vidual* e instituir o viúvo como herdeiro, iniciativa que o legislador brasileiro só tomou em 2002, além de adicionar o direito real de habitação.

O Direito argentino operou as mesmas modificações realizadas no Direito italiano seis meses antes, mais precisamente em outubro de 1974, tendo em mira um único propósito, no sentido de conceber *à propriedade privada uma função social*, ao atribuir ao cônjuge supérstite a segurança da sua moradia, pois antes ele se encontrava desprotegido e sem direito a uma habitação em seus últimos anos de vida, não obstante sua casa tivesse sido adquirida com o trabalho e com o sacrifício do viúvo e do cônjuge falecido.[86] A mesma função social vislumbrou o Direito espanhol pela Ley 41, de 18 de novembro de 2003, ao criar uma nova classe de legado e outorgar como legado legal (*ex lege*) o direito de habitação sobre a moradia habitual em favor de um herdeiro legitimário portador de alguma deficiência física ou mental, não sendo este imóvel computado para efeitos de cálculo da legítima se no momento do falecimento ambos estivessem coabitando.

64.3.2. Transição sucessória do cônjuge do CC/1916 para o CC/2002

Com o advento do Código Civil de 2002, embora o cônjuge sobrevivente continue em terceiro lugar na ordem de vocação hereditária, ele se tornou um herdeiro à sucessão em concorrência com os descendentes, e, ausentes estes, também concorre com ascendentes. A concorrência sucessória do cônjuge sobrevivente com a classe dos descendentes depende do regime de seu casamento, pois não concorre com os descendentes no regime da comunhão universal de bens, ou no regime obrigatório da separação (CC, art. 1.829, inc. I), não mais importando o regime patrimonial quando chamado em concorrência com os ascendentes (CC, art. 1.829, inc. II), e herdará o universo de todos bens, independentemente do regime de casamento, quando ausentes descendentes ou ascendentes (CC, art. 1.829, inc. III). Além desse benefício concedido ao viúvo, que no comum das vezes é a esposa, por conta da maior expectativa de vida da mulher, ao consorte supérstite, qualquer que seja o regime de bens e sem prejuízo da participação que lhe caiba na herança, foi assegurado, pelo Código Civil de 2002, o direito real de habitação relativamente ao imóvel destinado à residência da família, desde que seja o único daquela natureza a inventariar (CC, art. 1.831).

Oriundo do Direito Romano, o direito real de habitação é um direito personalíssimo, que não admite a transferência de titularidade nem a alteração da sua finalidade de servir de mora-

---

[85] GOMES, Orlando. *Novas questões de direito civil*. São Paulo: Saraiva, 1979. p. 297.
[86] PÍRIZ, Enrique Arezo. *Derechos reales de habitación y de uso del cónyuge superstite*. Montevideo: Asociación de escribanos del Uruguay, 1990. p. 31.

dia apenas ao cônjuge sobrevivente, sendo vedada sua utilização para qualquer outro desígnio (CC, art. 1.414). Tal direito não é concedido de forma automática, pois precisa ser requerido pelo cônjuge ou companheiro supérstite nos autos do inventário, enquanto não realizada a partilha dos bens.[87] O cônjuge sobrevivente pode renunciar ao direito real de habitação, sem prejuízo de sua participação na herança, conforme Enunciado 271,[88] aprovado na III Jornada de Direito Civil, realizada pelo Conselho da Justiça Federal e pelo seu Centro de Estudos Jurídicos.[89]

Não obstante esse somatório de vantagens destinadas ao cônjuge viúvo, a vigente legislação brasileira elevou o posicionamento sucessório do cônjuge sobrevivente à condição de herdeiro necessário, tendo ele, também, juntamente com os herdeiros descendentes e ascendentes e o convivente sobrevivo (STF – RE 646.721/RS e RE 878.694/MG), direito à legítima, que corresponde à metade dos bens do *de cujus*, salvo no regime da comunhão universal de bens, porque o supérstite já é proprietário da metade dos bens como meeiro, e no regime da separação obrigatória de bens, que exclui o cônjuge da meação e da herança quando concorre com descendentes.

Conforme o direito sucessório regulado no Código Civil de 2002, o cônjuge supérstite casado não tem mais direito ao *usufruto hereditário* da quarta parte dos bens do consorte falecido, como previa o § 1º do art. 1.611 do Código Civil de 1916, embora o art. 1.831 do Código Civil assegure ao cônjuge sobrevivente, em qualquer regime de bens, o direito real de habitação.

Três visíveis alterações diferenciam substancialmente o Código Civil de 2002 quando seus dispositivos são comparados com os do revogado Código Civil de 1916, que assim podem ser destacadas: a) o desaparecimento do direito ao *usufruto hereditário* do cônjuge sobrevivente; b) a inclusão do cônjuge ou companheiro sobrevivente como herdeiros necessários e destinatários da legítima; c) a concessão do *direito real de habitação* ao cônjuge ou companheiro em caráter vitalício, em qualquer regime de bens.

Paulo Lôbo menciona ter sido a promoção do cônjuge sobrevivente à categoria de herdeiro necessário uma das mais significativas mudanças do direito sucessório, superando, a partir do século XX, a vetusta ideia de que o patrimônio deveria circular entre os parentes consanguíneos em detrimento do cônjuge sobrevivente, que era considerado um estranho na família sanguínea do falecido.[90] Paulo Lôbo também defende a automática equiparação dos efeitos sucessórios dos cônjuges e companheiros relativamente à ordem de vocação hereditária (CC, art. 1.829, inc. III) ao direito real de habitação (CC, art. 1.831), à sucessão concorrente com os descendentes e quota mínima (CC, art. 1.832), à sucessão concorrente com os ascendentes (CC, art. 1.837), à qualificação como herdeiro necessário (CC, art. 1.845).[91]

Esse olhar voltado para a proteção do cônjuge, com a ampliação do rol de herdeiros forçosos, e maior proteção do consorte viúvo, que geralmente é quem ajuda a construir a atual herança, na trajetória do Direito brasileiro teve a arguta visão e a sensibilidade jurídica de Orlando Gomes, que em 1963 já defendia em seu esboço do Código Civil o enquadramento legal

---

[87] CAVALCANTI, Carlos; BARRETO, Leonardo; GOMINHO, Leonardo. *Direito das sucessões e conciliação.* Maceió: UFAL, 2010. p. 44.
[88] Enunciado 271 Art. 1.831: "O cônjuge pode renunciar ao direito real de habitação nos autos do inventário ou por escritura pública, sem prejuízo de sua participação na herança".
[89] CAVALCANTI, Carlos; BARRETO, Leonardo; GOMINHO, Leonardo. *Direito das sucessões e conciliação.* Maceió: UFAL, 2010. p. 47.
[90] LÔBO, Paulo. *Direito civil*: sucessões. 4. ed. São Paulo: Saraiva, 2018. v. 6, p. 131.
[91] LÔBO, Paulo. *Direito civil*: sucessões. 5. ed. São Paulo: Saraiva, 2019. v. 6, p. 169.

do cônjuge viúvo como herdeiro necessário, constando no art. 785 do esboço do anteprojeto, ao lado dos descendentes e ascendentes, como destinatários obrigatórios de pelo menos metade da herança. O Anteprojeto Orlando Gomes previa no art. 787 a *concorrência sucessória* do cônjuge sobrevivente com os descendentes ou ascendentes, "se o falecido não fosse casado pelo regime da comunhão universal de bens, quando então teria direito a recolher 1/4 (um quarto) da herança", e além do cônjuge este mesmo esboço do anteprojeto também previa, no art. 784, a sucessão da companheira de homem solteiro, *desquitado* ou viúvo, se preexistente à morte do *de cujus* ao menos cinco anos de convivência com a companheira sobrevivente.

Nesse conjunto de reformas no direito sucessório, como menciona Tomás Rubio Garrido, o usufruto vidual era uma solução idônea para uma estrutura social estática, em que, para a sucessão de uma pessoa rica o usufruto oferecia uma boa fórmula para os parentes em linha reta do defunto conservarem o patrimônio, enquanto a viúva dispunha de uma parte destes bens para a manutenção da sua condição social, pois neste cenário o usufruto não paralisava a gestão de um patrimônio extenso e capaz de gerar rendas suficientes para a satisfação dos outros herdeiros.[92]

Em contrapartida, morasse o cônjuge casado em segundas núpcias com uma esposa mais jovem, certamente o usufruto vitalício inviabilizaria a utilização plena da propriedade herdada pelos filhos, pois, muito jovem a viúva, ela se eternizaria na propriedade como titular de um direito de usufruto ou de habitação em detrimento dos filhos do marido morto, que herdaram o imóvel.

O usufruto hereditário ou vidual não foi consagrado para os tempos coevos em que as pessoas costumam registrar vários matrimônios em suas biografias, seguidos de equivalente número de divórcios ou de dissoluções de uniões estáveis, e um somatório de filhos advindos dos diferentes relacionamentos, salvo se se tratasse de um usufruto vidual por prazo determinado, ou que fosse reduzido o percentual deste usufruto, que no Direito brasileiro chegava à quarta parte (1/4) dos bens, sendo ele dimensionado conforme a idade da consorte viúvo, de forma que, quanto mais jovem o cônjuge viúvo, menor o percentual desse usufruto.

A crise do usufruto também se deve ao aumento da expectativa de vida das pessoas e à percepção de que o desmembramento da propriedade se espraia no tempo, em permanente prejuízo dos herdeiros e do próprio usufrutuário, assim como o relacionamento do cônjuge viúvo com os filhos do falecido também vai se deteriorando, e quanto mais desgastado pior ficava para o consorte de segundas ou terceiras núpcias com o acirramento desses desentendimentos que despertam incontáveis e inevitáveis litígios, advindos de uma insuportável carga de indignação da família troncal em ter de assistir, em silêncio, a que a nova e jovem esposa do falecido, pessoa que sempre foi estranha à família, goze do direito vitalício de usufruir dos bens que ela não ajudou a construir. Também não escapou à observação do legislador que o usufruto terminava trazendo baixíssima ou nenhuma rentabilidade, e que no comum das vezes recaia apenas sobre a moradia conjugal.

Dessas insuperáveis conclusões, restou finalmente extinto no Direito brasileiro o instituto do *usufruto vidual,* que cedeu espaço para a proteção do cônjuge viúvo na sucessão legítima, desta feita com a concessão do direito hereditário *concorrente* do cônjuge e do convivente sobrevivos, em relação aos descendentes ou ascendentes do falecido, comutando o legislador brasileiro com o Código Civil de 2002 o instituto jurídico do usufruto vidual pela atribuição de uma quota hereditária que não pode ser inferior à quarta parte (1/4) da heran-

---

[92] GARRIDO, Tomás Rubio. *La partición de la herencia*. Navarra: Thomson Reuters/Aranzadi, 2017. p. 321.

ça, somente se o sobrevivente for ascendente dos herdeiros com os quais concorre (CC, art. 1.832), sem prejuízo do seu direito real de habitação (CC, art. 1.831).

A verdade é que as sensíveis mudanças verificadas na sociedade brasileira já encaminhavam naturalmente para a extinção do *usufruto vidual* e novos direitos sucessórios precisavam ser construídos para manter a adequada subsistência do consorte viúvo, como procedeu o legislador brasileiro com a edição do vigente Código Civil, que manteve a instituição do *direito real de habitação* e estendeu a sua concessão para todos os regimes matrimoniais, além de acrescentar a figura do cônjuge (depois também do convivente – STF RE 646.721/RS e RE 878.694/MG) como *herdeiros concorrentes* com descendentes e ascendentes, comutando o *usufruto vidual* por uma alíquota concedida ao cônjuge sobrevivente de pelo menos uma quarta parte (1/4) da herança (CC, art. 1.832).

Concorrendo com filhos comuns, o cônjuge sobrevivente tem garantido ao menos quarta parte (1/4) da herança, independentemente do número de filhos, o que correspondente exatamente ao mesmo percentual de vinte e cinco por cento (25%) que era previsto pelo Código Civil de 1916 para o *usufruto vidual*.

Assim, se o cônjuge concorre com apenas um filho, dispõe de cinquenta por cento (50%) da herança; se concorre com dois filhos, dispõe de trinta e três por cento (33%) da herança; se concorre com três filhos, dispõe de vinte e cinco por cento (25%) da herança; e se concorre com quatro ou mais filhos comuns, disporá dos mesmos vinte e cinco por cento (25%) da herança, havendo, em contrapartida, a partir de quatro filhos, uma redução nas quotas sucessórias da prole. Por exemplo, se forem quatro filhos além da mãe viúva, esta receberá a quota mínima de vinte e cinco por cento (25%) da herança (CC, art. 1.832), e cada um dos quatro filhos receberá dezoito vírgula setenta e cinco por cento (18,75%) da herança remanescente (75/4 = 18,75%).

Essa formulação levanta muitas objeções, na medida em que, dependendo da quantidade de filhos concorrendo à herança com a mãe, fere a igualdade dos direitos sucessórios da prole, eis que a partir do quarto filho diminui o percentual hereditário de cada filho e aumenta o percentual da genitora, que tem o limite mínimo de vinte e cinco por cento (25%) da herança como cônjuge ou convivente sobrevivente. Em outro exemplo, se forem dez filhos além da mãe, esta receberá vinte e cinco por cento (25%) da herança e cada um dos dez filhos receberá o percentual de sete e meio por cento (7,5%) da herança, sendo fácil verificar a distância que se assenta entre o quinhão hereditário do consorte viúvo e os quinhões hereditários dos filhos, que vão diminuindo conforme aumenta o número de descendentes herdeiros, ao passo que o quinhão do consorte sobrevivo é de no mínimo vinte e cinco por cento (25%) e no máximo de cinquenta por cento (50%), se concorrer com apenas um filho comum.

64.3.3. Cônjuge e convivente herdeiros e os regimes de bens

Dizia Clóvis Beviláqua que "entre marido e mulher não existe parentesco, que sirva de base a um direito hereditário recíproco. Um elo mais forte, porém, os une em sociedade tão íntima, pela comunhão de afetos, de interesses, de esforços, de preocupações, em vista da prole engendrada por ambos, que não se pode recusar a necessidade de lhes ser garantido um direito sucessório *ab intestato*, o amor presumido do *de cujus* ou a solidariedade da família, a situação do cônjuge supérstite apresenta-se sob aspectos dos mais vantajosos. E, relembrando que a fortuna do marido encontra na sábia economia da mulher um poderoso elemento de conservação e desenvolvimento".[93]

---

[93] BEVILÁQUA, Clóvis. *Direito das sucessões*. 5. ed. Rio de Janeiro: Livraria Francisco Alves, 1955. p. 111.

Prescrevia o art. 1.603, *caput*, do Código Civil de 1916 que, à falta de descendentes ou ascendentes, seria deferida a sucessão ao cônjuge sobrevivente, se, ao tempo da morte do outro, não estava dissolvida a sociedade conjugal, independent do direito ao *usufruto vidual*, se o regime de bens não fosse o da comunhão universal e, se casado pela comunhão universal o cônjuge viúvo, enquanto permanecesse viúvo, tinha assegurado o direito real de habitação, sem prejuízo da participação que lhe cabia na herança. Como visto, o regime de bens só interessava na legislação civil revogada para os direitos hereditários complementares do usufruto e do direito real de habitação, jamais para o efeito de herdar, e por duas óbvias características de diferenciação: a) o cônjuge não era herdeiro concorrente e só herdava na ausência de descendentes e ascendentes; b) e o cônjuge sobrevivente não era herdeiro necessário como eram os descendentes e ascendentes.

Com o advento do Código Civil de 2002, essa lição não mais podia ser repetida, porque a norma agora vigente faz a expressa opção de aliar ao regime matrimonial de bens a sucessão do cônjuge sobrevivente em concorrência com os descendentes,[94] como já era inclusive a proposta contida no art. 784 do Anteprojeto Orlando Gomes do Código Civil, e como igualmente constou no art. 1.852 do Projeto do Código Civil 634/75, que foi o embrião do vigente Código Civil.

Pela atual legislação sucessória, na ordem de vocação hereditária, em realidade, o cônjuge sobrevivente não é excluído da sucessão por nenhum outro herdeiro, porquanto concorre com os descendentes e ascendentes e por direito próprio na ausência de herdeiros nas duas primeiras classes, excluindo inclusive os colaterais que constam na quarta classe como herdeiros *facultativos* e que só são chamados se ausente cônjuge ou companheiro supérstite e testamento que pudesse afastá-los da herança.

A principal mudança colacionada pelo vigente Código Civil foi a de posicionar o consorte sobrevivente, que, sem ser parente, passava a suceder não apenas na terceira classe quando era e segue sendo chamado para herdar por direito próprio o universo da herança, mas que concorre como coerdeiro com os herdeiros da primeira e da segunda classe (descendentes e ascendentes) que ao cônjuge prescindem na ordem de vocação hereditária. Não apenas ocorre uma profunda reformulação no vetusto sentimento de que os bens do defunto não podiam ser transmitidos para quem não fosse parente, e cônjuge nunca foi parente, mas que diante dos valores muito antes sinalizados por Clóvis Bevilágua de que "a equidade seria gravemente golpeada se o cônjuge fosse preferido por um parente longínquo", reiterando que "a fortuna do marido encontra na sábia economia da mulher um poderoso elemento de conservação e desenvolvimento",[95] e considerando que em tempo de paridade de funções a fortuna do casamento encontra na atuação de ambos os consortes a sua construção, conservação e existência, mostra-se ilógico e injusto afastar o cônjuge, como sucedia no passado, da sucessão concorrente.

Portanto, o cônjuge pode herdar com exclusividade a totalidade dos bens ou parte deles em concorrência com descendentes e ascendentes, conforme são vocacionados os herdeiros em sintonia com a ordem de vocação hereditária estabelecida no art. 1.829 do Código Civil. Tampouco o cônjuge era considerado herdeiro necessário pelo Código Civil de 1916, o que apenas passou a ser considerado pelo Código Civil de 2002, de modo que não mais pode ser

---

[94] DANELUZZI, Maria Helena Marques Brageiro. *Aspectos polêmicos na sucessão do cônjuge sobrevivente*. São Paulo: Letras Jurídicas, 2004. p. 61.
[95] BEVILÁQUA, Clóvis. *Direito das sucessões*. 5. ed. Rio de Janeiro: Livraria Francisco Alves, 1955. p. 111.

excluído da sucessão, salvo justa causa proveniente de separação de fato, renúncia, indignidade ou deserdação.

No caso de vocação exclusiva, prescreve o art. 1.838 do Código Civil, é deferida a sucessão por inteiro ao cônjuge sobrevivente, em falta de descendentes e ascendentes, anotando Silvio Luís Ferreira da Rocha que o consorte sobrevivente já mereceu tratamento sucessório bem mais perverso, eis que antes da Lei Feliciano Pena (Lei 1.839/1907), ainda ao tempo das Ordenações do Reino, o cônjuge somente herdaria *ab intestato* se o sucedido não tivesse deixados parentes colaterais,[96] seguindo a máxima de que o patrimônio do sucedido deveria ser conservado sempre dentro da mesma família, e não na família da viúva, mas sim na família consanguínea do falecido. Por isso, e antes da Lei Feliciano Pena, se o consorte falecesse e não houvesse descendentes nem ascendentes, a sua herança iria para os colaterais, irmão, tios ou primos. Após a Lei Feliciano Pena, o cônjuge passou a constar na terceira classe dos vocacionados a herdar e na falta de descendentes ou ascendentes o consorte sobrevivente recolhia a totalidade dos bens deixados pelo cônjuge falecido, abstraída eventual meação que lhe era entregue não a título sucessório, mas em decorrência da extinção do regime de bens pela morte de um dos cônjuges e em pagamento de sua meação.

Note-se que no direito comparado surgiu uma assinalável disposição para dignificar a posição sucessória do cônjuge,[97] explicando Arnoldo Wald que essa tendência legal, doutrinária e jurisprudencial de proteger o cônjuge e o convivente como herdeiro e coerdeiro, deriva também da necessidade de reconhecer que, diante da crescente propensão de adoção de regimes de separação de bens, tornava-se necessário fortalecer a posição sucessória do cônjuge, a fim de evitar um verdadeiro enriquecimento sem causa por parte de terceiros.[98]

Valorizados no Brasil os laços de afetividade, somente com o Código Civil de 2002, em substituição aos laço de sangue, foi que o sistema legislativo brasileiro regulou o direito sucessório concorrente do cônjuge, quando outros países há muito tinham avançado nesta seara, devendo ser observados alguns pressupostos que autorizam a sucessão do cônjuge: a) o cônjuge deve ter contraído casamento válido, eis que o matrimônio inválido somente autoriza a sucessão do cônjuge na hipótese de ser considerado putativo, dado que contraído de boa-fé pelo consorte sobrevivente e cujo óbito do sucedido tenha ocorrido antes da sentença de nulidade ou de anulação e do seu trânsito em julgado; b) a sociedade conjugal deve existir ao tempo da abertura da sucessão, não podendo estar separados ou divorciados legalmente; c) havendo separação de fato, esta não pode ser superior a dois anos e tampouco ter sido causada pelo consorte sobrevivente (CC, art. 1.830), naquilo que a doutrina denominou de *culpa mortuária*.[99]

Com a reforma do Direito de Família na Itália, o cônjuge sobrevivente desfruta de uma posição privilegiada no direito sucessório italiano, deixando de ser visto como uma pessoa estranha na relação familiar por não deter vínculos de sangue, mas somente os de afeto, tendo este novo olhar representado uma verdadeira evolução normativa, passando o Direito italiano a identificar, desde 1975, o cônjuge como um destinatário da herança, fora da concorrência no caso de existirem descendentes ou ascendentes, prevalecendo, a exemplo do Direito bra-

---

[96] ROCHA, Silvio Luís Ferreira da. *Direito civil*: direito das sucessões. São Paulo: Malheiros, 2012. v. 5, p. 72.
[97] PITÃO, José Antônio de França. *A posição do cônjuge sobrevivo no actual direito sucessório português*. 4. ed. Coimbra: Almedina, 2005. p. 11.
[98] WALD, Arnoldo. *Direito civil*: direito das sucessões. 14. ed. São Paulo: Saraiva, 2009. v. 6, p. 97.
[99] MADALENO, Rolf. A concorrência sucessória e o trânsito processual: a culpa mortuária. *Revista Brasileira de Direito de Família*, São Paulo: IBDFAM/Síntese, v. 29, abr.-maio. 2005, p. 144-151.

sileiro, os seguintes requisitos: a) casamento válido ou condição de putatividade; b) ausência de divórcio.[100]

O Direito alemão também estipula a habilitação do cônjuge supérstite que herda junto com os parentes da primeira classe (descendentes), com direito a um quarto (1/4) dos bens do espólio (BGB § 1931 (i) e (ii)).[101]

Com a promulgação do Código Civil de 2002, a ordem de vocação hereditária do art. 1.829[102] se dá com o chamamento inicial dos herdeiros da classe dos descendentes (inc. I), cuja existência e aceitação da herança afasta a vocação dos herdeiros ascendentes (inc. II), mas nenhuma delas exclui o chamamento concomitante do cônjuge ou convivente sobrevivente (STF – RE646.721/RS e 878.694/MG), como verdadeira exceção à antiga vocação hereditária estanque e compartimentada,[103] que cedeu espaço para o chamamento concomitante do herdeiro concorrente, criando a máxima doutrinária de que o cônjuge concorrente herda onde não há meação e meeia onde não há herança (*quem herda não meeia e quem meeia não herda*).

Assim, por expressa exceção prevista no art. 1.829, inc. I, do Código Civil, não há herança no regime da comunhão universal de bens e tampouco no regime da separação obrigatória de bens (CC, art. 1.641), como também não há herança no regime da comunhão parcial de bens e o mesmo vale para o regime da participação final nos aquestos, se o defunto não tiver deixado bens particulares. Esta é a expressa menção contida no inc. I do art. 1.829 do Código Civil, que se aplica igualmente para a união estável depois do julgamento pelo Supremo Tribunal Federal da Repercussão Geral 809 (Recursos Extraordinários 646.721/RS e 878.694/MG), levando a concluir que o direito hereditário do cônjuge ou do convivente sobrevivente incidirá sempre sobre os *bens particulares* do autor da herança, e nos regimes da *total separação de bens,* da *comunhão parcial de bens* e no regime da *participação final nos aquestos*.

64.3.4. Meação

A morte de uma pessoa casada produz, ao mesmo tempo, a dissolução da sociedade conjugal e a abertura da sucessão do cônjuge morto. Entenda-se a *sociedade conjugal* como sinônimo de um regime patrimonial do casamento, sobre o qual incide um conjunto de regramentos estipulados no Livro de Família do Código Civil brasileiro, regulando os interesses econômicos dos cônjuges em suas relações pessoais e deles para com relação a terceiros.[104] O regime patrimonial do matrimônio, que se estende à união estável, tem quatro modelos primários estipulados no Código Civil: a) comunhão universal; b) a comunhão parcial de bens; c) a participação final nos aquestos e d) a separação total de bens *legal* ou *convencional*, sendo permitido aos contraentes, antes da celebração do casamento, lavrarem escritura pública de pacto antenupcial para a escolha ou a mescla de qualquer um dos regimes patrimoniais primários (CC, art. 1.639), assim como podem no curso do matrimônio promover a altera-

---

[100] ARCIDIACONO, Barbara et al. *La dichiarazione di successione*. 3. ed. Italia: IPSOA, 2009. p. 95-96.
[101] FISHER, Howard D. *O sistema jurídico alemão e sua terminologia*. Rio de Janeiro: Forense, 2009. p. 175.
[102] Art. 1.829. "A sucessão legítima defere-se na ordem seguinte: I – aos descendentes, em concorrência com o cônjuge sobrevivente, salvo se casado este com o falecido no regime da comunhão universal, ou no da separação obrigatória de bens (art. 1.640, parágrafo único); ou se, no regime da comunhão parcial, o autor da herança não houver deixado bens particulares".
[103] HIRONAKA, Giselda Maria Fernandes Novaes. *Comentários ao Código Civil*: do direito das sucessões. São Paulo: Saraiva, 2003. v. 20, p. 214.
[104] FERRER, Francisco A. M. *Comunidad hereditaria e indivisión posganancial*. Buenos Aires: Rubinzal-Culzoni, 2016. p. 414.

ção do regime de bens, mediante autorização judicial (CC, art. 1.639, § 2º). Basicamente os regimes de bens se diferenciam entre os que estabelecem a separação de bens, em que cada cônjuge conserva a administração e a disposição de seus bens pessoais, considerados como bens *particulares, próprios* ou *privados* e por isso considerados pelo Direito de Família como incomunicáveis, e os regimes que determinam a comunicação parcial ou total dos bens, que em realidade não se comunicam durante o casamento ou a união estável, permanecendo indivisíveis na constância da relação afetiva, dado que a sua divisão, paradoxalmente, só se dará com a dissolução do casamento ou da união estável, pela partilha na separação oficial, no divórcio, na dissolução da união estável ou em decorrência da morte real ou presumida do cônjuge ou convivente, ou seja, o fim do regime da comunidade de bens só se produz com o fim do matrimônio ou da união estável.

Nesses regimes de comunicação de bens figura o instituto da *meação,* correspondente à metade de alguma coisa,[105] presumindo que a outra metade do bem pertence a outra pessoa. No direito sucessório, morrendo um dos cônjuges ou companheiros, deve ser apurada a meação do sobrevivente, cuja metade já lhe pertence desde o casamento ou início da convivência, em conformidade com o regime de bens adotado, correspondendo a outra metade à herança, que é a meação deixada pelo falecido, e esta meação e outros bens particulares do defunto são transmitidos aos seus sucessores legítimos e testamentários.

A dissolução do regime de comunidade de bens pela morte de um dos cônjuges ou conviventes produz, como refere Francisco Ferrer, a atualização do direito de cada um dos consortes ou companheiros sobre a sua meação e dos herdeiros sobre a meação do sucedido.[106]

A meação decorre do regime de bens entre os cônjuges e não se confunde com os bens que são objeto da sucessão, pois, quando existente a meação, ela pertence ao cônjuge ou companheiro sobrevivente e não é herança. Meação e direito sucessório são institutos jurídicos distintos, sendo a meação inerente ao regime dos bens que se comunicam pelo casamento ou pelo estabelecimento de uma união estável.

Ao passo que os sucessores não meeiam pelo direito sucessório, mas herdam quinhões proporcionais ao número de herdeiros existentes, os quais recebem por direito próprio, ou por cabeça, ou por representação, ou estirpe, quando ocupam o lugar do herdeiro premorto ou excluído da herança.

Pelo atual sistema jurídico brasileiro, todo cônjuge ou convivente herda independentemente do regime matrimonial, sobre os bens particulares deixados pelo consorte ou companheiro falecido, desde que o casal não estivesse separado de direito, divorciado, nem separado de fato há mais de dois anos, salvo prova, neste caso, de que essa convivência se tornara impossível sem culpa do sobrevivente (CC, art. 1.830), ao passo que a meação é computada até o início da separação de fato ou de direito, e sobre ela não há nenhuma ingerência ou influência causal, bastando terem sido casados ou convivido em um regime de comunidade de bens.

Por seu turno, a herança recai sobre os bens particulares do defunto e, inexistindo bens particulares do *de cujus*, a comunhão parcial (ou participação final nos aquestos) estaria na mesma condição de um regime de comunhão universal,[107] ou seja, não existe nenhum bem que não seja privativo, pois todos são comuns e sobre o universo deles incide a meação do

---

[105] PEREIRA, Rodrigo da Cunha. *Dicionário de direito de família e sucessões ilustrado*. São Paulo: Saraiva, 2015. p. 456.

[106] FERRER, Francisco A. M. *Comunidad hereditaria e indivisión posganancial*. Buenos Aires: Rubinzal-Culzoni, 2016. p. 448.

[107] LIMA, Rubiane de. *Manual de direito das sucessões*. Curitiba: Juruá, 2003. p. 84.

consorte sobrevivente, dado que os bens comuns se dividem por partes iguais entre os cônjuges. O acervo sucessório é integrado apenas pelos bens particulares que pertenciam ao sucedido, acrescido da meação do defunto.

Desse modo, para determinar a composição da massa hereditária, é imprescindível resolver previamente a liquidação e repartição da meação do cônjuge sobrevivente em virtude da dissolução da sociedade conjugal, e não obstante existam quatro regimes primários de bens regulados pelo Direito de Família brasileiro, apresentando cada um deles as suas próprias características e peculiaridades, os regimes matrimoniais podem ser classificados em três grupos: a) comunitários; b) de participação; c) de separação.[108]

64.3.4.1. Regime da comunhão universal de bens

No regime da comunhão universal de bens, comunicam-se todos os bens, presentes e futuros, dos cônjuges, e suas dívidas passivas, com as exceções do art. 1.668 do Código Civil (CC, art. 1.667). Como escreve Arnaldo Rizzardo, não importa a natureza dos bens, sejam eles móveis ou imóveis, direitos ou ações, apreciáveis ou não economicamente, passam a formar um único acervo, um patrimônio comum, que se torna indivisível até a dissolução da sociedade conjugal[109] pela separação, pelo divórcio, pela morte ou ausência. Durante o tempo que media entre a dissolução do casamento e a liquidação do patrimônio conjugal, surge uma comunidade denominada pelo Direito espanhol de *postmatrimonial*, que se caracteriza pelo fato de que cada cônjuge, ou seus herdeiros no caso de inventário, ostenta uma quota em abstrato sobre a totalidade do patrimônio e não sobre cada bem específico e integrante do acervo, e esta quota se materializará a partir da liquidação dos bens e direitos que serão adjudicados ou partilhados em correspondência ou equivalência a cada quota.[110] Portanto, ocorrendo a separação de fato, a separação de direito, o divórcio ou a morte, resta dissolvida a comunicação dos bens, porém que não se liquida desde logo, subsistindo uma comunidade do tipo romano, *pro indiviso*, uma comunidade *post* matrimonial sobre a antiga massa conjugal ou convivencial e cada meeiro ostenta uma quota abstrata sobre o total dos bens que formam esta comunidade e só sobre esta comunidade se acrescem os incrementos havidos.[111]

O regime da comunhão universal de bens era o regime legal aplicado automaticamente aos que se consorciavam sem lavrarem escritura de pacto antenupcial para a eleição de outro regime de bens, ao tempo do Código Civil de 1916, e vigorou até o advento da Lei 6.515/1977 (Lei do Divórcio). A partir da Lei do Divórcio, o regime legal de bens, no silêncio dos cônjuges, passou a ser o da comunhão parcial. Com a edição do Código Civil de 2002, tornou-se legalmente possível alterar o regime de bens na constância do matrimônio (CC, art. 1.639, § 2º) e atualmente, para a adoção do regime da comunhão universal, ou de qualquer regime diverso da comunhão parcial de bens, é preciso mandar lavrar uma escritura pública de pacto antenupcial (CC, art. 1.640, parágrafo único).

No regime da comunhão universal de bens ocorre uma fusão entre os bens trazidos para o casamento pelo casal, formando uma única massa. Instaura-se um estado de indivisão de

---

[108] REDONDO, Jacinto Pablo Quinzá. *Régimen económico matrimonial*. Aspectos substantivos y conflictuales. Valencia: Tirant lo Blanch, 2016. p. 60-61.
[109] RIZZARDO, Arnaldo. *Direito das sucessões*. 10. ed. Rio de Janeiro:Forense, 2017. p. 162.
[110] CHENA, Marta Soledad Sebastián. *La liquidación de la sociedade de ganaciales*: enfoque práctico de los aspectos substantivos. Valencia: Tirant lo Blanch, 2016. p. 50.
[111] SÁNCHEZ-EZNARRIAGA, Luis Zarraluqui. *Conflictos en torno a los regímenes económicos matrimoniales*. Madrid: Bosch/Wolters Kluwer, 2019. p. 104-105.

bens, passando cada consorte a ter o direito à metade ideal do patrimônio comum e à metade das dívidas comuns. O regime vem regulamentado pelo Código Civil, nos arts. 1.667 ao 1.671, enquanto o Código Civil de 1916 disciplinava o mesmo regime da comunicação total dos bens nos arts. 262 ao 268. O regime legal brasileiro passou a ser o da comunhão parcial (Lei do Divórcio, art. 50), ao alterar o art. 258 do Código Civil de 1916 e art. 1.640 do Código Civil de 2002.

64.3.4.1.1. Bens excluídos da comunhão universal

No regime da comunhão universal, em conformidade com o art. 1.668 do Código Civil, são excluídos da comunicação:

I – os bens doados ou herdados com a cláusula de incomunicabilidade e os sub-rogados em seu lugar

A regra geral na comunhão universal de bens é a comunicação dos aprestos e aquestos, os quais ficam em um estado de indivisão entre os cônjuges durante a existência da sociedade conjugal (existência fática e não jurídica, como querem dar a entender os arts. 1.571, 1.575 e 1.576 do Código Civil, contrapondo-se aos efeitos legais da separação de fato, a qual realmente põe termo final ao regime matrimonial, como deixam ver por igual os arts. 1.672, 1.673, *caput*, e 1.723, § 1º, do Código Civil). No entanto, determinados bens não ingressam sequer no mais amplo regime de comunidade de bens, como é o caso da comunhão universal.

Nas hipóteses do inc. I do art. 1.668 do Código Civil, não se comunicam os bens doados ou herdados com a cláusula de incomunicabilidade e aqueles sub-rogados em seu lugar. No regime da comunhão universal de bens, a doação feita a um dos cônjuges se comunica ao outro, salvo a existência de cláusula restritiva de incomunicabilidade no instrumento. Portanto, em raciocínio inverso, não existindo cláusula de restrição à comunicação, os bens havidos por doação ou por herança em nome de qualquer um dos cônjuges, se convivendo e não separados de fato ou de corpos, ingressam na comunhão de bens. A cláusula de inalienabilidade imposta aos bens por ato de liberalidade implica também as cláusulas de impenhorabilidade e de incomunicabilidade (CC, art. 1.911), como nessa direção já enunciara o Supremo Tribunal Federal, ao editar a Súmula 49.

Não sendo o bem doado ao casal, por conter o ato de liberalidade gravame expresso de não comunicação ao outro cônjuge ou companheiro, o efeito desejado é o de este bem pertencer exclusivamente ao seu beneficiário, não integrando a meação do consorte. Igual efeito sucede no caso de bem havido por herança, com cláusula testamentária expressa de incomunicabilidade, com as limitações surgidas com o art. 1.848 do Código Civil no tocante aos bens da legítima, sobre a qual é necessário justificar no testamento a razão do gravame, mesmo em relação aos testamentos realizados na vigência do Código Civil de 1916 (CC, art. 2.042), criando uma capa protetora da legítima dos herdeiros necessários, que são os descendentes, ascendentes, cônjuge (CC, art. 1.845) e o convivente (STF – RE 646.721/RS e RE 878.694/MG), não sendo suficiente apontar a causa, pois ela precisa ser justa, no sentido de ser conforme a lei, a moral e os bons costumes, e estar apoiada em fatos concretos que possam ser sustentados em futura ação, em que ficará comprovado que as cláusulas sobre a legítima são indispensáveis para a preservação dos interesses do herdeiro e de sua família e não dos interesses do instituidor.

64.3.4.1.2. Bens clausulados na comunhão universal

Prescreve o art. 1.911 do Código Civil que a cláusula de inalienabilidade, imposta aos bens por ato de liberalidade, importa também as cláusulas de impenhorabilidade e de incomunicabilidade, como assim já enunciava a Súmula 49 do STF.[112] A cláusula de incomunicabilidade visa a proteger e garantir o herdeiro ou o cônjuge matrimoniado pelo regime da comunhão universal de bens contra possíveis desmandos do outro cônjuge. Embora a proibição de alienação seja imposta para toda a vida do herdeiro ou donatário, inexiste a inalienabilidade perpétua, cuja duração se estenda além da vida de uma pessoa, impedindo de geração a geração que os bens e as riquezas por eles representadas circulem, em um propósito nitidamente antieconômico, referindo Carlos Alberto Dabus Maluf que a cláusula perde sua eficácia com a morte do gravado, transferindo-se livremente o bem para seus sucessores.[113]

Escrevem Cristiano Chaves de Farias e Nelson Rosenvald que a duração da cláusula restritiva imposta em um bem transmitido por herança é de uma geração e, destarte, aquele que recebe o bem gravado terá de transmiti-lo para os seus herdeiros livre e desembaraçado, sem que possa manter o bem fora do comércio por mais tempo.[114] No mesmo sentido, Sueli Aparecida de Pieri refere ser inconcebível a persistência do gravame após o decesso daquele que o testador ou doador teve o cuidado de proteger, e conclui que a cláusula desaparece com a morte, devendo ser requerida a averbação de sua extinção no registro de imóveis.[115]

Embora na comunhão universal os bens doados ou herdados com a cláusula de incomunicabilidade não se comuniquem na meação do outro cônjuge, pois o gravame torna o bem pertencente exclusivamente ao herdeiro ou donatário gravado, o fato é que, com a morte do gravado, este bem que era de sua exclusiva propriedade e havido como bem particular ingressa na herança para pagamento aos herdeiros vocacionados pelo art. 1.829 do Código Civil,[116] com o chamamento concorrente do cônjuge ou convivente sobrevivente que não tem meação sobre o bem gravado, mas tem direito ao seu quinhão hereditário sobre este mesmo bem. O imóvel era gravado para efeitos de incomunicabilidade conjugal, mas não para implicação no direito suces-

---

[112] STF – Súmula 49. "A cláusula de inalienabilidade inclui a incomunicabilidade dos bens".
[113] MALUF, Carlos Alberto Dabus. *Cláusulas de inalienabilidade, incomunicabilidade e impenhorabilidade*. 4. ed. São Paulo: RT, 2006. p. 48.
[114] FARIAS, Cristiano Chaves de; ROSENVALD, Nelson. Disposições testamentárias e clausulação da legítima. In. HIRONAKA, Giselda Maria Fernandes Novaes; PEREIRA, Rodrigo da Cunha (coords.). *Direito das sucessões e o novo Código Civil*. Belo Horizonte: Del Rey/IBDFAM, 2004. p. 250.
[115] PIERI, Sueli Aparecida de. *O cônjuge como herdeiro necessário e concorrente*. São Paulo: Juarez de Oliveira, 2009. p. 70.
[116] "Testamento. Inalienabilidade. Com a morte do herdeiro necessário (art. 1721 do CC), que recebeu bens clausulados em testamento, os bens passam aos herdeiros deste, livres e desembaraçados. Art. 1723 do Código Civil" (STJ. 4ª Turma. REsp 80.480/SP. Rel. Ministro Rui Rosado de Aguiar. Julgado em 13.05.1996); "Processual civil e Civil. Recurso especial. Execução. Penhora. Embargos declaratórios. Omissão. Ausência. Cláusula de inalienabilidade vitalícia. Manutenção. Vigência. *Ausentes os vícios do art. 535 do CPC, rejeitam-se os embargos de declaração. A cláusula de inalienabilidade vitalícia tem vigência enquanto viver o beneficiário, passando livres e desembaraçados aos seus herdeiros os bens objeto de restrição*. Recurso especial conhecido e provido" (STJ. 3ª Turma. REsp 1.101.702/RS. Relatora Ministra Nancy Andrighi. Julgado em 22.09.2009); "Recurso Especial. Direito das Sucessões. Bem gravado com cláusula de inalienabilidade. Cônjuge que não perde a condição de herdeiro. 1. O art. 1.829 do Código Civil enumera os chamados a suceder e define a ordem em que a sucessão é deferida. O dispositivo preceitua que o cônjuge é também herdeiro e nesta qualidade concorre com descendentes (inc. I) e ascendentes (inc. II). Na falta de descendentes e ascendentes, o cônjuge herda sozinho (inc. III). Só no inc. IV é que são contemplados colaterais. 2. A cláusula de incomunicabilidade imposta a um bem não se relaciona com a vocação hereditária. Assim, se o indivíduo recebeu por doação ou testamento bem imóvel com a referida cláusula, sua morte não impede que seu herdeiro receba o mesmo bem. 3. Recurso especial provido" (STJ. 4ª Turma. REsp 1.552.553/RJ. Relatora Ministra Maria Isabel Gallotti. Julgado em 24.11.2015).

sório, em que os herdeiros necessários recebem os bens em concurso com o consorte ou convivente supérstite, que na dinâmica sucessória herda sobre todos os bens exclusivos do consorte ou companheiro falecido. Fácil chegar a esse raciocínio considerando-se que o gravado pode, por exemplo, deixar o imóvel gravado para qualquer pessoa se não tiver herdeiros necessários e o legatário receberá este bem livre de qualquer gravame, pois foi clausulado para proteção do testador, tanto que Carlos Alberto Dabus Maluf anota que o gravame perde sua eficácia com a morte do gravado, transferindo-se livremente o bem a seus sucessores,[117] e sucessores a serem chamados em primeiro lugar são os descendentes em concorrência com o cônjuge ou convivente, salvo no regime da comunhão universal de bens, apenas porque neste regime todos os bens são comuns, mas, se algum ou alguns bens não forem comuns, porque clausulados, representam então bens particulares, e quanto aos bens privados, a *mens legis* do direito concorrencial do cônjuge ou companheiro é que o sobrevivente herda, embora não meeie bem gravado.

O gravame desaparece com a extinção do matrimônio e não em razão da abertura da sucessão, tanto que o art. 1.848 do Código Civil proíbe que seja clausulada a legítima dos herdeiros necessários e, sabidamente, o cônjuge é herdeiro necessário que concorre com a classe dos descendentes ou dos ascendentes e não pode ter sua porção indisponível gravada com inalienabilidade, incomunicabilidade ou impenhorabilidade, quando estes gravames não se transmitem com a herança, eis que morrem juntamente com o gravado.[118] Conclusão semelhante pode ser extraída do regime de comunhão parcial, no qual existirão bens particulares e bens comuns, incidindo a herança apenas sobre os bens privados. Essa mesma situação sucede na comunhão universal, em que algum bem gravado com a cláusula da incomunicabilidade se constitui em um bem próprio e, portanto, sucessível, dado à máxima de que o cônjuge onde não for meeiro será herdeiro, mesmo porque o direito de herança do cônjuge não está vinculado ao eventual esforço dispensado por ele na aquisição dos bens que compõem o monte-mor,[119] pois, se esse fosse o propósito, não herdaria em qualquer um dos demais regimes existentes, justamente sobre os bens particulares construídos sem nenhum esforço do consorte sobrevivente.

Fosse viável construir teorias que ponderassem se o cônjuge ou companheiro sobrevivente recebeu por meação bens suficientes que o dispensariam de herdar sobre os bens privados, faria todo sentido a advertência levantada por Flávio Tartuce e José Fernando Simão, alertando que se aplicada uma interpretação literal de que não haveria concorrência sobre bens particulares, porque o cônjuge sobrevivo não ficou desamparado pela meação, e o re-

---

[117] MALUF, Carlos Alberto Dabus. *Cláusulas de inalienabilidade, incomunicabilidade e impenhorabilidade*. 4. ed. São Paulo: RT, 2006. p. 48.

[118] Em sentido contrário DIAS, Maria Berenice. *Manual das Sucessões*. 4. ed. São Paulo: RT. 205, p. 150: "A incomunicabilidade beneficia os herdeiros descendentes, ascendentes e até os herdeiros colaterais, pois o cônjuge é alijado da sucessão com referência aos bens. Somente quando inexistirem herdeiros antecedentes, o viúvo recebe, a título de herdeiro necessário, a integralidade da herança, inclusive os bens incomunicáveis, desaparecendo a cláusula restritiva que afetava o seu direito". Também na mesma direção oposta, CARVALHO, Luiz Paulo Vieira de. *Direito das Sucessões*. 3. ed. São Paulo: Atlas, 2017, p. 337, nota 91: "De qualquer modo, pensamos que tal assertiva só terá sentido se, verificado o caso concreto, o julgador atestar que o cônjuge sobrevivente não foi aquinhoado com nenhuma ou escassa meação, pois se na partilha lhe couber bens suficientes a estar protegido economicamente a título de meeiro, não poderá ser contemplado com bens que pertenciam ao patrimônio particular do falecido". No mesmo sentido de oposição OLIVEIRA, J. M. Leoni Lopes de. *Direito Civil*: sucessões. Rio de Janeiro: Forense, 2017. p. 327.

[119] LEITE, Glauber Salomão. *Sucessão do cônjuge sobrevivente*: concorrência com parentes do falecido. Rio de Janeiro: Lumen Juris, 2008. p. 110.

gime da comunhão universal se tornaria menos protetivo aos cônjuges do que o regime da comunhão parcial em concorrência com os descendentes.[120]

Ou no contrassenso apurado por Cristiano Chaves de Farias e Nelson Rosenvald, ao tomarem como exemplo o regime da comunhão parcial sem bens particulares, na qual não haveria nenhum direito hereditário ao cônjuge concorrente, equiparando-se a uma verdadeira comunhão universal,[121] representando uma verdadeira loteria, que se resume às seguintes hipóteses sucessórias do cônjuge ou convivente concorrente com os descendentes: a) herda quando casado ou convivendo no regime da separação convencional de bens, pois todos os bens são particulares; b) herda quando casado ou convivendo no regime da comunhão parcial, e o sucedido possuía bens particulares (que podem ser poucos ou muitos e a lei não faz nenhuma ressalva quanto ao cônjuge sobrevivente estar material e suficientemente amparado); c) herda sobre os bens particulares quando casado ou convivendo no regime da participação final dos aquestos; e d) herda sobre os bens incomunicáveis no regime da comunhão universal de bens e não herda: a.1.) quando na comunhão universal todos os bens forem comuns e tem a meação de todo o patrimônio; a.2.) no regime obrigatório da separação de bens (CC, art. 1.829, inc. I).

Deste pensamento comunga José Luiz Gavião de Almeida, ao consignar que, se o sobrevivo participa da partilha dos bens particulares na comunhão parcial, não se justifica diverso tratamento na comunhão universal que só tenha bens particulares.[122]

Para Luiz Paulo Vieira de Carvalho,[123] precisaria ser antes verificado se o sobrevivente foi suficientemente aquinhoado com sua meação, para só então optar pela sucessão sobre bem gravado, fato que não encontra respaldo na legislação vigente, pois senão o mesmo raciocínio poderia ser aleatória e casuisticamente aplicado no regime da comunhão parcial de bens, para verificar se a meação do sobrevivente sobre os bens comuns já não fora suficientemente generosa a ponto de dispensar a legítima concorrencial sobre os bens particulares do defunto. Reconhecendo a injustiça da exclusão do consorte sobrevivo dos bens particulares em razão da incidência de cláusula de incomunicabilidade, Euclides de Oliveira argumenta se estar diante de uma peculiaridade que precisará ser questionada nos tribunais, pois pode ensejar solução diversa da prevista na lei, para que se estenda em favor do cônjuge casado no regime da comunhão universal o direito de herança concorrente com descendentes, mesmo sobre bens particulares, uma vez que sobre eles não lhe cabe a meação.[124]

Zeno Veloso busca subsídios no art. 5º da Lei de Introdução às Normas do Direito Brasileiro e evoca o ideal de justiça e equidade para admitir a concorrência do sobrevivo que foi casado sob o regime da comunhão universal de bens com os descendentes se a herança apresenta bens particulares e gravados, exatamente como ocorre no regime da comunhão parcial de bens.[125]

Em arremate, o inc. I do art. 1.668 do Código Civil cria no regime da comunhão universal de bens, em que, em tese, todos os bens aprestos e aquestos deveriam ser comuns, a exceção dos bens doados ou herdados por um dos cônjuges com a cláusula de incomunica-

---

[120] TARTUCE, Flávio; SIMÃO, José Fernando. *Direito civil*: direito das sucessões. 2. ed. São Paulo: Método, 2008. v. 6, p. 169.
[121] FARIAS, Cristiano Chaves de; ROSENVALD, Nelson. *Curso de direito civil*: sucessões. 2. ed. Salvador: Jus-Podivm, 2016. p. 304.
[122] ALMEIDA, José Luiz Gavião de. *Código Civil comentado*: direito das sucessões. Sucessão em geral. Sucessão legítima. Coord. Álvaro Villaça Azevedo. São Paulo: Atlas, 2003. v. XVIII, p. 224.
[123] CARVALHO, Luiz Paulo Vieira de. *Direito das sucessões*. 3. ed. São Paulo: Atlas, 2017. p. 337.
[124] OLIVEIRA, Euclides de. *Direito de herança*: a nova ordem da sucessão. 2. ed. São Paulo: Saraiva, 2009. p. 109.
[125] VELOSO, Zeno. Sucessão do cônjuge. In: SALOMÃO, Luís Felipe; TARTUCE, Flávio (coords.). *Direito civil*: diálogos entre a doutrina e a jurisprudência. São Paulo: Atlas, 2018. p. 685.

bilidade, que em razão disso restam excluídos da comunhão, o que representa afirmar que inexiste meação sobre bens recebidos com a cláusula de incomunicabilidade. Contudo, igual situação pode ocorrer em casamento sob o regime da comunhão parcial, em que este mesmo bem gravado será desconsiderado para efeitos de meação, entretanto ingressará na herança do cônjuge sobrevivente, uma vez que a inibição ao bem gravado se restringe à qualidade de meeiro, mas não à de herdeiro, pois, como deduz Sueli de Pieri, como o cônjuge concorre com descendentes e ascendentes nos bens particulares, não há razão para privar o mesmo de concorrer no bem particular que o *de cujus* recebeu em forma de doação com cláusula de incomunicabilidade, pois esta prevalece quanto à comunicação em relação ao regime de bens.[126]

64.3.4.1.3. Bens gravados de fideicomisso

II – Os bens gravados de fideicomisso e o direito do herdeiro fideicomissário, antes de realizada a condição suspensiva

O fideicomisso vem explicitado no art. 1.951 do Código Civil, quando prescreve ser possível ao testador "instituir herdeiros ou legatários, estabelecendo que, por ocasião de sua morte, a herança ou o legado se transmita ao fiduciário, resolvendo-se o direito deste, por sua morte, a certo tempo ou sob certa condição, em favor de outrem, que se qualifica como fideicomissário".

Interferem no instituto do fideicomisso três pessoas diferentes, a saber: a) o fideicomitente, que é o testador, autor da liberalidade testamentária; b) o fiduciário, o primeiro herdeiro ou legatário, o qual atua como um intermediário do bem doado ou legado, que, por sua morte, ou por certo tempo, ou sob certa condição, restará o bem consolidado na propriedade do terceiro interveniente e, por fim, c) o fideicomissário, na realidade, o segundo instituído, a quem efetivamente o testador visou deixar o bem doado ou legado, com a morte do fiduciário ou depois de certo tempo ou quando fosse verificada certa condição.

O fiduciário é o herdeiro ou legatário que terá a obrigação de conservar a herança ou o objeto do legado, permitindo sua transmissão ao fideicomissário no momento de sua morte, advento do termo ou implemento da condição. Até a época da transmissão, o fiduciário terá a propriedade restrita e resolúvel da herança ou do legado, nos termos do art. 1.953, *caput*, do Código Civil.

Portanto, se o fiduciário atua apenas como intermediário do bem doado ou legado, porque este bem está reservado por desejo do testador ao terceiro da cadeia sucessória, o fideicomissário, logicamente o bem gravado em fideicomisso não se comunica com o cônjuge do fiduciário, cujo direito é transitório, porque a propriedade será do último (fideicomissário), e em relação ao cônjuge do fideicomissário o bem doado ou legado só irá se comunicar quando realizada a condição suspensiva (morte, certo tempo ou por certo modo), quando então o bem se consolida na sua propriedade e, por conseguinte, se não houver gravame restritivo de incomunicabilidade, também ingressará na meação do seu cônjuge se casado pela comunhão de bens.

64.3.4.1.4. Dívidas anteriores ao casamento

III – As dívidas anteriores ao casamento, salvo se provierem de despesas com seus aprestos, ou reverterem em proveito comum

Não faz sentido pretender se comuniquem as dívidas contraídas pelo cônjuge quando ainda era solteiro, as quais não reverteram em proveito comum do casal e tampouco decorre-

---

[126] PIERI, Sueli Aparecida de. *O cônjuge como herdeiro necessário e concorrente*. São Paulo: Juarez de Oliveira, 2009. p. 71.

ram de despesas para com os aprestos. As dívidas anteriores ao casamento guardam exclusiva vinculação para com quem as contraiu e não se correlacionam com o casamento; mesmo na hipótese de os bens virem a se comunicar, pelos débitos responde o devedor, na medida exata da sua meação, porque o casamento não torna a dívida comum.

O inc. III ressalva a comunicação dessas dívidas se elas foram contraídas em prol dos aprestos do casamento, como disso são exemplos os gastos despendidos com a compra de móveis e utensílios para guarnecerem a futura vivenda nupcial, ou os dispêndios com a lua de mel, e até os custos com a aquisição da moradia conjugal, mas sempre quando reverterem em proveito comum, mesmo quando assumidas por um só dos cônjuges, como na hipótese de as despesas terem sido efetuadas para os preparativos da cerimônia nupcial.

Não se comunicam as obrigações provenientes de atos ilícitos, sejam eles dolosos ou culposos, porque eminentemente pessoais, não havendo como corresponsabilizar o cônjuge isento de qualquer participação ativa no ato ilícito, e se tampouco desse ato tirou qualquer proveito.

64.3.4.1.5. Doações antenupciais

IV – As doações antenupciais feitas por um dos cônjuges ao outro com a cláusula de incomunicabilidade

A doação referida no inc. IV é aquela realizada pelo contrato antenupcial de um nubente ao outro, que, sendo onerada com a cláusula de incomunicabilidade, evidentemente não se comunica, porque, do contrário, toda doação pré-nupcial sem nenhuma restrição se tornaria bem comum diante da adoção do regime da comunhão universal de bens e, assim, o bem doado antes do casamento terminaria pertencendo ao casal por força do regime eleito da comunicação de bens, e na prática representaria uma meia-doação, ou doação de apenas a metade, porque a outra metade retornaria com o casamento ao cônjuge doador.

64.3.4.1.6. Os bens dos incs. V a VII do art. 1.659 do CC

V – Os bens referidos nos incs. V a VII do art. 1.659

É a incomunicabilidade dos bens de uso pessoal de cada cônjuge; como sucede com os proventos do trabalho pessoal de cada cônjuge (inc. VI) e as pensões, meios-soldos, montepios e outras rendas semelhantes (inc. VII).

a) Bens de uso pessoal, livros e instrumentos de profissão

Os bens de uso pessoal, assim como livros e instrumentos de profissão, revestem-se dessa aura de pessoalidade para com o cônjuge titular desses pertences, porquanto destinados ao seu uso exclusivo e só com ele guardam interesse e utilidade, como disso são exemplos as suas roupas de uso pessoal, as joias e bem assim os livros e instrumentos de profissão, já tendo decidido a jurisprudência pela partilha de uma biblioteca com um grande acervo de livros e de expressivo valor econômico, não podendo nessas condições ser considerada como bem pessoal e incomunicável.

A interpretação teleológica desse dispositivo deve ser moderada, pois devem ser apenas considerados como próprios e incomunicáveis os livros e instrumentos mínimos necessários ao exercício da profissão, porquanto a sua avaliação extensiva, inevitavelmente, levaria ao abuso, por exemplo, daquele médico proprietário de uma clínica com caros e sofisticados equipamentos e todos eles destinados ao exercício de sua profissão, como o seriam também os grandes escritórios de profissionais liberais, como engenheiros, contadores e advogados, equipados com vastas bibliotecas e computadores, todos fundamentais à atividade profissional de seu titular e daqueles que lhe servem por vínculo de trabalho, diante da infraestrutura atingida com o sucesso e crescimento na carreira.

Deverá, certamente, ocorrer a partilha desse extenso e significativo patrimônio conjugal que perdeu seu caráter de pessoalidade, diante da própria dimensão alcançada pela excelência dos préstimos da profissão do cônjuge ou convivente; contudo, esses são os resultados econômicos advindos da atividade laboral de qualquer indivíduo, e quando essa pessoa vive em sociedade matrimonial ingressam os interesses materiais do regime patrimonial, pois do contrário bastaria o consorte reinvestir todos os seus ganhos em sua caríssima infraestrutura profissional e sua atividade e bens estariam blindados da partilha conjugal.

b) Os proventos do trabalho pessoal de cada cônjuge

Antes tivesse o legislador abortado a ressalva de incomunicabilidade dos proventos do trabalho pessoal de cada cônjuge no regime da comunhão universal de bens, em cujo regime já havia expressa previsão no art. 263, inc. XIII, do Código Civil de 1916, em vez de estender sua ação para o regime da comunhão parcial. Em qualquer estatuto patrimonial instalado por decorrência do casamento ou da união estável, o patrimônio da sociedade afetiva é construído a partir dos recursos levantados com o trabalho de cada cônjuge, ou de um deles, e se adotada a fórmula de um dos consortes se empenhar na compra dos bens conjugais e o outro guardar os proventos do trabalho, quando com estes recursos o casal costuma adquirir os bens da sociedade conjugal, seria premiar o meeiro que se esquivou de amealhar bens e preferiu conservar em espécie os proventos do seu trabalho pessoal. Seria incentivar uma prática de evidente desequilíbrio das relações conjugais econômico-financeiras, mormente porque o regime de bens serve de lastro para a manutenção da célula familiar.

A injustiça do dispositivo é evidente, pois justamente no regime da comunhão universal de bens se comunicam os bens particulares, denominados aprestos, e precisamente traz para dentro da sociedade afetiva a unificação do lastro econômico do casamento, não fazendo, como já não fazia sentido ao tempo da codificação revogada (CC/1916, art. 263, inc. XIII), excluir os proventos do trabalho, e engessar os ingressos financeiros, pretéritos e futuros, só porque oriundos do trabalho pessoal.

Injusto para o cônjuge ou convivente que trabalha por contraprestação pecuniária, e que converteu as suas economias em patrimônio nupcial ou da união estável, assistir ao seu parceiro haver suas economias e aplicações financeiras como reservas consideradas crédito pessoal e incomunicável.

Desestimula a economia doméstica de valores inegavelmente amealhados no deambular das núpcias pelo esforço conjunto e pela divisão de tarefas, ou pela redistribuição das obrigações pecuniárias da família. Assim, desproporcionalmente, um dos cônjuges é obrigado a satisfazer as necessidades da habitação comum, com a educação dos filhos, as despesas ordinárias da casa, ou a conservação dos bens, e ainda nesse arranjo desigual compra os bens físicos do casamento, como a habitação, carros, enquanto o outro, que fica encarregado de depositar os proventos de seu trabalho em caderneta de poupança ou de investir em aplicações financeiras a mesma quantidade de recursos aplicados pelo seu par, se vê beneficiado pela incomunicabilidade desses créditos.

Em suma, um dos consortes paga mais contas ou compra mais bens comuns, enquanto o outro apenas trata de acumular suas reservas pessoais, advindas de seu trabalho, havidos como bens próprios e incomunicáveis, embora vertidos na constância do casamento, mas sendo considerados reservados e pessoais. Por conta dessas gritantes evidências, ordena o art. 1.347 do Código Civil espanhol a comunhão dos ingressos obtidos pelo trabalho ou indústria de qualquer dos cônjuges, seja qual for o ofício, e no Direito brasileiro é versão que não mais se sustenta, pois bens comuns são aqueles adquiridos com o esforço comum e todo o esforço usualmente é remunerado em pecúnia, e esses bens percebidos em dinheiro ou adquiridos com o dinheiro resultante do trabalho e da indústria de cada consorte estão destinados a serem partilhados por metade ao fim da comunidade afetiva.

c) As pensões, meios-soldos, montepios e outras rendas semelhantes

As pensões, meios-soldos, montepios e outras rendas assemelhadas compreendem ganhos assegurados em contrapartida de contribuições procedidas durante o exercício de atividades profissionais. São bens personalíssimos e nesta esteira devem ser incluídos como rendas semelhantes às contribuições contratadas com planos privados de previdência.

Pensão é a quantia que se paga, periodicamente, em virtude de lei, decisão judicial, ato *inter vivos* ou *causa mortis*, a alguém, visando à sua subsistência; o meio-soldo é a metade do soldo pago pelo Estado ao militar reformado; o montepio é a pensão paga pelo Estado aos herdeiros de funcionário falecido, em atividade ou não. Assim, se uma pessoa é beneficiária de montepio e vier a casar, essa vantagem pecuniária não se comunica ao seu consorte, por ser uma renda pessoal.

64.3.4.1.7. Comunicação dos frutos e administração dos bens

O art. 1.669 do Código Civil prescreve que a incomunicabilidade dos bens enumerados no art. 1.668 não se estende aos frutos, quando percebidos ou vencidos durante o casamento. Igual disposição vem contida no art. 1.660, inc. V, do Código Civil quando cuida do regime da comunhão parcial de bens, estendendo a comunicação dos frutos percebidos sobre bens igualmente incomunicáveis no regime da comunhão limitada de bens.

Entendam-se os frutos naturais como as produções espontâneas da natureza, os industriais como os produzidos pela ação do homem ou da cultura da terra e os civis como as rendas produzidas pela coisa.

Todos os frutos percebidos na vigência da sociedade conjugal são comunicáveis, mesmo quando provêm de bens particulares, e, desse modo, ingressam no regime de bens os frutos advindos de aluguéis e de toda a sorte de bens que produzam alguma espécie de ganho, seja através dos juros do capital, incomunicável, quer advenham das colheitas, das crias de animais etc.

No caso de a sociedade resolver emitir ações em pagamento dos dividendos, essas ações serão conjugais, comunicáveis e, na hipótese de a sociedade emitir ações como reinvestimento, essas novas ações serão próprias do cônjuge titular, porque representam a valorização do seu capital. Por fim, também o fundo empresarial, antigo fundo de comércio, representado por uma mais-valia derivada do resultado econômico futuro, é considerado ativo imaterial e atributo do estabelecimento empresarial, creditando a comunicação dos ganhos gerados pela mais-valia, e que no regime da comunhão universal de bens integram inequivocamente a partilha conjugal. Ou seja, o fundo de comércio de uma empresa é considerado fruto, não havendo como negar esta natureza com relação à clientela formada com o trabalho dos cônjuges ou conviventes na empresa e fora dela enquanto vigente o casamento ou a união estável em regime de comunhão.

Pelo § 2º do art. 1.663 do Código Civil, qualquer cessão do uso ou gozo a título gratuito dos bens comuns implicam colher a recíproca anuência dos cônjuges; até porque na cessão sem contraprestação não ocorre qualquer benefício para o casal, mas, antes, desgasta os bens e lhes impõem despesas na sua conservação.

Diante dessa realidade, a lei argentina criou um sistema de separação de responsabilidades para eliminar os perigos existentes com uma ruinosa administração conjugal, como acontece no Direito brasileiro, com a obrigação de ser demonstrado pelo cônjuge administrador haverem as dívidas resultado em efetivo benefício da unidade familiar.

64.3.4.1.8. Extinção da responsabilidade e do regime de bens

Conforme o art. 1.671 do Código Civil, a responsabilidade individual dos cônjuges para com os credores do outro só encerra quando extinta a comunhão e efetuada a divisão do ativo e do passivo conjugal.

Pelo art. 1.571 do mesmo diploma civil, a sociedade conjugal termina: I) pela morte de um dos cônjuges; II) pela nulidade ou anulação do casamento; III) pela separação judicial: e IV) pelo divórcio.

A morte, não há dúvida, realmente extingue o vínculo da sociedade conjugal e dá termo final ao regime de bens, porque com o óbito desaparece a existência física do consorte encerrando o casamento e abrindo-se a sucessão do cônjuge falecido, o mesmo valendo para a união estável.

Entrementes, em todas as demais hipóteses arroladas pelo art. 1.571 do Código Civil, havendo antecedente separação de fato ou de corpos, como evidentemente existirá no divórcio e como possivelmente possa existir em situação fática ou jurídica precedente à nulidade ou anulação do casamento, com efeito, que o termo final da comunicação dos bens conjugais é a separação de fato ou a judicial separação de corpos, se requerida como provimento judicial liminar (CC, art. 1.562), e não a sentença final de anulação ou nulidade do casamento ou de divórcio ou da dissolução da união estável.

O atual Código Civil não atribui, por expresso, qualquer efeito à separação de fato dos consortes ou conviventes, como se a separação fática não tivesse nenhum resultado prático sobre a relação patrimonial do casal e como se a simples separação de fato ou de corpos não fizesse cessar o regime de bens, enquanto não oficializada a anulação ou a nulidade do casamento ou o divórcio, tanto judicial como extrajudicial.

Mesmo em relação à morte, também não hão de se comunicar os bens, acaso preexista entre os cônjuges uma separação de fato, sendo de todo vetusto e anacrônico o dispositivo contido no art. 1.830 do Código Civil ao criar a culpa mortuária do cônjuge falecido no curso da separação de fato ou de corpos.

Carece de sentido jurídico e moral aplicar um regime de comunhão de bens a um casal separado de fato, ausente a *affectio maritalis*, proveniente de uma identidade de espíritos, vontades, planos, trabalho e bem comum, ou, como quer o art. 1.511 do Código Civil, vivendo em comunhão plena de vida. Repugnaria, portanto, ao direito e à moral se a separação de fato não pudesse se projetar no plano do Direito de Família, libertando o casal já separado de fato ou de corpos da comunhão de bens, muito mais quando o próprio diploma civil vigente dá mostras de compreender e apreender os efeitos da separação de fato, nos arts. 1.672, 1.673 e 1.683, ao focar por expresso a cessação da convivência (separação de fato) como o termo final do regime de bens da participação final dos aquestos.

Também contraria o art. 1.571 do Código Civil a regulação, pelo § 1º do art. 1.723 do mesmo Diploma, da união estável, permitindo que seja reconhecida se o convivente casado se acha separado de fato.

Em outros elucidativos termos, onde não há casamento não pode haver regime de bens, e se é a separação de fato, antes mesmo do que o divórcio, que liberta da coabitação, do dever de fidelidade e da comunicação patrimonial, deve o legislador ser realista e coerente para que, sustentado na lei, possa o julgador mais desavisado ou formalista deixar de julgar por ficção legal, esticando no espaço de sua sentença obrigações e vínculos que os próprios cônjuges ou mesmo os conviventes já abandonaram.

Consequentemente, morto um dos cônjuges casados pelo regime da comunhão universal de bens, não há herança pela ausência de bens particulares, quando só existentes bens comuns, muito embora muitos defendam que bens gravados com a cláusula de incomunicabilidade são bens particulares e, portanto, passíveis de serem inventariados com o cônjuge ou convivente sobreviventes em concorrência com os herdeiros da classe dos descendentes ou na classe dos ascendentes, e com razão, pois o falecido deixou algum bem privado que, por ser incomunicável não integrava a meação. Embora tenha sido propósito do legislador afastar o consorte sobrevivente da concorrência com descendentes ou ascendentes daqueles bens sobre os quais já tem a meação, e por via de consequência já estaria patrimonialmente amparado com a morte do seu cônjuge, existem regimes de comunhão universal sem nenhum bem comum, pois todos estão gravados com a incomunicabilidade, como existem regimes de comunhão parcial onde todos os bens são comuns e, igualmente, não há meação, se afigurando a máxima de o sobrevivente herdar sempre sobre os bens particulares, mesmo no regime da comunhão universal de bens, quando presentes imóveis clausulados com incomunicabilidade.

64.3.4.2. Regime da comunhão parcial

O regime da comunhão restrita, limitada ou parcial de bens é o regime do Código Civil de 2002, automaticamente adotado diante do silêncio dos cônjuges ou conviventes em formalizarem a escolha oficial de outro regime de bens. Nesse regime formam-se três massas de bens: os bens de um cônjuge, os bens do outro cônjuge e os bens comuns do casal.

A comunhão parcial cinde os bens no tempo, refere Pontes de Miranda: "O que pertencia ao cônjuge, por ocasião do casamento, dele continua a ser; igualmente, o que se sub-rogar a tais bens. Porém parte do que pertence ao segundo período também fica imune à comunicação: os bens que sobrevierem, na constância da sociedade conjugal, ao cônjuge, por doação, ou sucessão. Outrossim, os que se sub-rogarem a esses".[127]

Com as núpcias comunicam-se os bens comuns, ficando excluídos da comunhão parcial a massa de bens já pertencente a cada cônjuge ao tempo do matrimônio e os que lhe sobrevierem na constância do casamento, por doação, sucessão ou os sub-rogados em seu lugar (CC, art. 1.659, inc. I).

Dessa forma, são incomunicáveis os bens aprestos, cuja aquisição ou propriedade antecede ao casamento, e qualquer bem recebido por um dos consortes, mesmo durante o casamento, por doação ou herança, como tampouco se comunicam os bens que nestes se sub-rogarem, como acontece quando o cônjuge vende um bem incomunicável e com o produto desta venda adquire outro de igual valor, e este novo bem adquirido por sub-rogação do preço ou da permuta também não se comunica.

Diversamente será se a doação, herança ou legado forem feitos em favor de ambos os cônjuges, quando então haverá a comunicação dos bens doados ou testados em favor do casal por expressa vontade do doador ou do testador, mas essa comunicabilidade se dá em razão do Direito das Obrigações (*doação*) ou do Direito das Sucessões (*testamento*), mas não em função do Direito de Família (*regime da comunhão parcial de bens*).

São igualmente indivisíveis os bens adquiridos com valores exclusivamente pertencentes a um dos cônjuges em sub-rogação dos bens particulares (CC, art. 1.659, inc. II), quando

---

[127] MIRANDA, Pontes de. *Tratado de direito privado*. Rio de Janeiro: Borsoi, 1968. t. VIII, p. 333.

no curso do casamento um dos esposos vende bem particular seu e com o resultado financeiro dessa alienação compra outra propriedade, igualmente incomunicável por se tratar de aquisição sub-rogada, salvo no que exceder ao preço da sub-rogação.

Comete flagrante injustiça o inc. VI do art. 1.659 do Código Civil, quando imagina haver corrigido histórica falha do Código de 1916, que teria se olvidado de excluir da comunhão parcial de bens os proventos do trabalho pessoal de cada cônjuge, enquanto, estranhamente, no regime da comunhão universal de bens não se comunicam os frutos civis do trabalho ou indústria de cada cônjuge (CC/1916, inc. XIII, art. 263). Antes tivesse o legislador abortado a ressalva de incomunicabilidade dos proventos do trabalho pessoal de cada cônjuge, ainda que no regime da comunhão parcial, quando se sabe que, de regra, é do labor pessoal de cada cônjuge que advêm os recursos necessários à aquisição dos bens conjugais. Premiar o cônjuge que se esquivou de amealhar patrimônio preferindo conservar em espécie os proventos do seu trabalho pessoal é incentivar uma prática de evidente desequilíbrio das relações conjugais econômico-financeiras, mormente porque o regime matrimonial de bens serve de lastro para a manutenção da célula familiar. Injusto que o cônjuge que trabalha por contraprestação pecuniária, mas que não converteu suas economias em patrimônio nupcial, seja privilegiado pela declaração oficial de essas reservas serem consideradas crédito pessoal e incomunicável.[128]

Assim, desproporcionalmente, um dos cônjuges é obrigado a satisfazer as necessidades de alimentação, da habitação comum, as despesas com a educação dos filhos, ou a conservação do patrimônio, a compra física dos bens materiais para atender às necessidades da família, como carros, imóveis, móveis etc., enquanto o outro simplesmente deposita as suas economias do trabalho em caderneta de poupança ou as administra em qualquer das opções de aplicações financeiras, mesmo em moeda estrangeira, como legalmente permitido, tudo constando da sua declaração de renda, mas sem nenhuma preocupação com a sua divisão pela comunhão matrimonial de bens. Em suma, um dos consortes paga mais contas enquanto o outro apenas trata de acumular suas reservas pessoais, advindas de seu trabalho, havidas como próprias e incomunicáveis, embora vertidas na constância do casamento e se vier a dissolver sua sociedade conjugal e extinto o regime de bens não se comunicam os proventos do trabalho pessoal de cada cônjuge (CC, art. 1.659, inc. VI), mas apenas os frutos, ou seja, os juros advindos destes recursos (CC, art. 1.660, inc. V). Os frutos provenientes dos bens comuns, como do patrimônio particular de cada cônjuge, percebidos na constância do casamento, ou pendentes ao tempo de cessar a comunhão (CC, art. 1.660), constituem novo patrimônio, pois eles não existiam antes das núpcias e integram a meação dos consortes.

Os direitos autorais abrigam duas diferentes prerrogativas, sendo uma de natureza moral e a outra sob o prisma patrimonial. O caráter de inalienabilidade e de irrenunciabilidade conferido pelo art. 27 da Lei Autoral (Lei 9.610/1998), atribui somente ao autor o direito moral de determinar o destino e uso de sua obra. O direito moral de autor é intrínseco à sua personalidade e esse vínculo não é passível de transferência a terceiros, e com isso conserva o direito de reivindicar a paternidade da obra e de se opor a qualquer deformação ou mutilação que possa prejudicar sua criação. Ao lado dos direitos morais sobre a criação, vingam os direitos patrimoniais que permitem ao autor explorar economicamente sua obra, de modo a dela obter proveito pecuniário. O art. 39 da Lei 9.610/1998 determina que, salvo pacto antenupcial em

---

[128] MADALENO, Rolf. Do regime de bens entre os cônjuges. In: DIAS, Maria Berenice; PEREIRA, Rodrigo da Cunha (coords.). *Direito de família e o novo Código Civil*. Belo Horizonte: Del Rey, 2001. p. 168-169.

contrário, não se comunicam os direitos patrimoniais do autor, excetuados os rendimentos resultantes de sua exploração.

Também não integram a comunhão as pensões, meios-soldos, montepios e outras rendas semelhantes, todas correspondentes aos rendimentos do exercício de atividades profissionais, de contribuições realizadas durante um determinado período, para, em contrapartida, granjear na aposentadoria uma retribuição mensal e usualmente vitalícia. São realmente expressões centenárias e em desuso, tirante o termo pensão, que na esfera administrativa e previdenciária constitui renda permanente deixada por morte de funcionário público ou trabalhador na iniciativa privada, e no âmbito civil é sinônimo de obrigação alimentar estipulada nos termos do art. 1.694 do Código Civil.[129]

64.3.4.2.1. Fundos privados de pensão

Os fundos privados de pensão são benefícios de caráter personalíssimo e visam à subsistência da pessoa em certa passagem de sua vida, eis se tratar de renda pessoal e incomunicável, tal como acontece com os proventos do trabalho de cada cônjuge e, portanto, nessa linha de pensamento também não se comunicam. O sistema de previdência social brasileiro é misto, composto por um Regime Geral de Previdência Social, que é um regime público e compulsório, a cargo da autarquia Instituto Nacional de Seguro Social (INSS), que cobre a perda da capacidade de gerar meios para a subsistência até um teto máximo, mas que não se concilia com a pretensão daqueles que almejam uma renda maior. Para estes, ao lado da previdência pública foi previsto o chamado Regime Complementar, privado e facultativo, gerido por entidades abertas e fechadas de previdência. Os planos *abertos* podem ser adquiridos por qualquer interessado e são oferecidos por empresas especializadas e constituídas na modalidade de sociedades anônimas, como seguradoras e bancos, que exploram economicamente planos de benefícios de caráter previdenciário em forma de renda continuada ou pagamento único. Entidades *fechadas* de previdência complementar são exclusivamente acessíveis aos empregados de uma empresa ou de um grupo associativo, como ocorre com a Associação dos Advogados de São Paulo (AASP), com seu plano AASP Previdência, endereçado aos seus associados e os próprios planos de previdência geridos pelas Secionais da OAB. Quando o promotor do plano é uma empresa, os aportes são feitos diretamente pela pessoa jurídica para a qual o beneficiário presta os seus serviços profissionais.

Flávio Tartuce e José Fernando Simão entendem que esses fundos privados de pensão devem se comunicar, sob pena de abrir as portas da fraude às meações dos cônjuges ou conviventes, pois eles passarão a investir em fundos em vez de adquirirem imóveis, livrando assim esses valores da divisão. Ressaltam, no entanto, que, ocorrendo a conversão da aplicação em renda, uma vez atingida a idade limite, o fundo se torna incomunicável por adquirir o caráter de pensão.[130]

Tratando-se de fundo de pensão, e tendo exatamente a função de segurança futura, não podem ser considerados comunicáveis, apenas porque esses investimentos, enquanto construídos com as periódicas contribuições, pensa uma vertente doutrinária e jurisprudencial não passar de uma aplicação financeira, um ativo construído em longo prazo, existindo aqueles que se protegem do porvir investindo no ramo imobiliário, para perceber aluguéis, outros

---

[129] NADER, Paulo. *Curso de direito civil*: direito de família. Rio de Janeiro: Forense, 2006. v. 5, p. 477.
[130] TARTUCE, Flávio; SIMÃO, José Fernando. *Direito civil*: direito das sucessões. 2. ed. São Paulo: Método, 2008. v. 6, p. 168.

montam carteiras de ações para perceber dividendos e terceiros que optam por investimentos em renda fixa ou variável.[131] Pensar dessa forma seria inviabilizar qualquer investimento em fundos de pensão, porque ninguém poderia romper sua sociedade afetiva, pois sofreria o ônus de ter de partilhar sua previdência privada e abortar sua futura aposentadoria. A previdência privada está excluída da comunhão pelo inc. VII do art. 1.659 do Código Civil, quando trata das pensões, meios-soldos, montepios e *outras rendas semelhantes*.

64.3.4.2.2. Bens que ingressam na comunhão parcial

No sentido inverso, de acordo com o art. 1.660 do Código Civil, ingressam na comunhão parcial:

a) A título oneroso

I – os bens adquiridos na constância do casamento por título oneroso, ainda que só em nome de um dos cônjuges

Por título oneroso são aqueles bens adquiridos com os recursos advindos do trabalho dos cônjuges, pouco importando exerçam ambos os consortes atividade ou função remunerada ou se um deles, por acerto do casal, se dedicar à família e aos cuidados do lar, e assim assegure ao outro a integral retaguarda na administração da vivenda nupcial. É, na prática, o resultado econômico do esforço pessoal de cada consorte, desempenhando cada qual deles o seu papel específico na distribuição entre eles acertada para construírem e solidificarem a sua comunhão conjugal. A cooperação de ambos os cônjuges é legalmente presumida.

Nem todos os bens adquiridos durante o casamento de forma onerosa serão comuns, porque existem aqueles bens comprados com recursos próprios e incomunicáveis, em sub-rogação de valores preexistentes ao casamento e que não perdem o caráter de bem particular. Como também não serão partilháveis aqueles bens ingressados no patrimônio após a separação de fato ou de corpos, embora subsista a sociedade conjugal no âmbito formal, a não ser que reste demonstrado que a aquisição se deu com recursos conjugais ou por uma causa anterior à dissolução fática do matrimônio.

b) Por fato eventual

II – Os bens adquiridos por fato eventual, com ou sem o concurso de trabalho ou despesa anterior

No fato eventual está dispensado o concurso do trabalho ou o esforço em comum dos cônjuges, "bastando, portanto, que os bens sejam provenientes de circunstâncias eventuais, tais como loterias, recompensas, premiações, apostas, bingo, invenções, aluvião, entre outros, levando-se em consideração, especialmente, que tais bens tenham fundamento benéfico e lucrativo à comunhão".[132]

Casamento e união estável são entidades familiares que merecem a integral proteção estatal e não existem dois regimes diversos de comunhão parcial, tanto que o art. 1.725 do

---

[131] "Separação judicial. Partilha consensual realizada, com exclusão do plano de previdência privada. Valores depositados na constância do casamento devem observar a meação. Previdência privada está equiparada a investimento financeiro. Questões outras abrangendo título de crédito não têm pertinência, pois todos os bens, dívidas e créditos já foram partilhados. Sentença válida e eficaz. Devido processo legal observado. Apelo da separanda provido em parte. Recurso do separando desprovido" (TJ/SP. Quarta Câmara de Direito Privado. Apelação Cível 543.261-4/5-00. Relator: Des. Natan Zelinschi de Arruda. Julgado em 15.10.2009).

[132] CAMILO, Carlos Eduardo Nicoletti; TALAVERA, Glauber Moreno; FUJITA, Jorge Shiguemitsu; SCAVONE JR., Luiz Antonio (coords.). *Comentários ao Código Civil*. São Paulo: Revista dos Tribunais, 2006. p. 1.022.

Código Civil alude justamente ao regime limitado codificado e não permite inferir de sua redação qualquer razão plausível para a exclusão da comunhão dos bens adquiridos por fato eventual na união estável.

c) Doação, herança ou legado

III – Os bens adquiridos por doação, herança ou legado, em favor de ambos os cônjuges

A única exceção é a de o doador atribuir a liberalidade aos dois cônjuges, em comunhão, quando então manifesta de forma clara, expressa e inequívoca essa sua vontade, não deixando nenhuma ambiguidade de ter endereçado o bem doado aos dois cônjuges, não precisando, por evidente, ser em frações iguais. Os casos mais comuns são aqueles provenientes da doação feita pelos pais da esposa, em dinheiro, cheque ou transferência bancária para a conta do genro, ou conta conjunta e ambos utilizam o recurso para a compra de um bem imóvel sem indicar na escritura pública sua origem privativa, devendo ser entendida como uma doação em prol de ambos os cônjuges, porquanto não fizeram consignar nenhuma ressalva acerca do caráter privativo do bem, havendo quem interprete justamente no sentido contrário, de que devem constar a expressa intenção de doação conjunta. Contudo, não se constitui em uma doação conjunta quando no contrato particular de compra e venda e depois na escritura pública consta que o donatário é casado com *fulano de tal*, pretendendo este consorte a meação sobre a doação por constar seu nome no instrumento de compra e venda meramente por indicação do estado civil do donatário do imóvel.

d) Benfeitorias e acessões e incremento patrimonial societário

IV – As benfeitorias em bens particulares de cada cônjuge e/ou em bens de terceiros

As benfeitorias, quando são necessárias, têm por fim conservar o bem ou evitar sua deterioração; são úteis quando aumentam ou facilitam o uso do bem, e são consideradas voluptuárias quando destinadas ao mero deleite ou recreio, não aumentando o uso habitual do bem, embora possam torná-lo mais agradável e de elevado valor (CC, art. 96).

A benfeitoria feita em um bem próprio com dinheiro do casamento é própria, sem prejuízo de o credor ser compensado com a metade do valor, ou seja, a benfeitoria em si não se torna comum e comunicável, mas deve ser reconhecido ao outro cônjuge não titular do bem um crédito por ocasião da liquidação da sociedade conjugal. Sempre a edificação sobre bem particular será própria, sem prejuízo da recompensa ou reembolso devido à sociedade conjugal pelo emprego de bens ou fundos comuns na acessão ou nas benfeitorias. O que vai computado como comum é o valor da benfeitoria, mesmo quando edificada com dinheiro conjugal em terreno de terceiro,[133] inclusive sobre bem público, como decidiu o Ministro Luis Felipe Salomão no REsp. 1.494.302/DF, na 4ª Turma do STJ, em 13 de junho de 2017.[134]

---

[133] "Apelação Cível. Separação judicial litigiosa. Partilha de bens. Recurso adesivo. Verba honorária. Ainda que edificados em terreno de terceiro, partilham-se os valores das benfeitorias e reformas efetuadas durante o casamento no imóvel onde residiam os separandos. Tendo o autor decaído significativamente no tocante à partilha dos bens, já que a separanda concordou com a separação, impõe-se a condenação deste em verba honorária. Apelação desprovida e recurso adesivo parcialmente provido" (TJ/RS. Oitava Câmara Cível. Apelação Cível 70.006.385.066. Relator: Des. José Ataídes Siqueira Trindade. Julgado em 26.06.2003).

[134] "Recurso Especial. Ação de reconhecimento e dissolução de união estável. Partilha de direitos sobre concessão de uso de bem público. Possibilidade. 1. Na dissolução de união estável, é possível a partilha dos direitos de concessão de uso para moradia de imóvel público. 2. Os entes governamentais têm-se valido da concessão de uso como meio de concretização da política habitacional e de regularização fundiária, conferindo a posse de imóveis públicos para a moradia da população carente. 3. A concessão de uso de bens para fins de moradia, apesar de, por ela, não se alterar a titularidade do imóvel e ser con-

As benfeitorias não devem ser confundidas com as construções e plantações referidas nos arts. 1.253 a 1.259 do Código Civil, porque os melhoramentos são simplesmente obras ou despesas realizadas em bem já existente, enquanto as acessões são edificações novas, como no exemplo de um prédio erguido sobre um terreno. O reembolso não consiste na restituição do bem, mas no pagamento de uma quantidade em dinheiro que só será devida quando foram utilizados esforço ou valores conjugais e não privativos do titular do bem onde se realizou a acessão.[135]

As acessões são efetivos acréscimos, mas evidentemente não são benfeitorias, podendo levar à falsa conclusão de só serem comunicáveis quando realizadas em bens particulares e não aquelas edificadas sobre esses mesmos bens particulares (CC, art. 1.660, inc. IV), induzindo ao absurdo do manifesto enriquecimento injustificado, porquanto bastaria a um dos cônjuges ou conviventes construir, durante o estabelecimento da sua união conjugal ou de fato, em terreno de sua exclusiva propriedade, para não se comunicar a acessão, enquanto uma benfeitoria edificada nessa mesma propriedade particular integraria o patrimônio comunicável, por ter valorizado o bem particular.

e) Valorização das quotas sociais ou ações de uma empresa

Os incrementos patrimoniais recebidos por uma sociedade empresária própria também ingressam no patrimônio conjugal pela regra da acessão industrial. Não há dúvida que devem ser consideradas como privativas as empresas constituídas antes do começo da sociedade conjugal, assim como serão comuns aquelas formadas na constância do casamento, e será igualmente comum a evolução patrimonial verificada sobre sociedades privativas, a custa de bens e esforço conjugal.

Como bem demonstra Francisco Javier Gardeazábal del Río, uma empresa está sujeita com o passar do tempo às mutações dos elementos que a integram, sob as mais variadas formas. A par dos câmbios derivados da necessidade de atualizar sua finalidade, outras mudanças de maior transcendência sucedem em uma empresa, como as alterações de sua base física, consequência da necessidade ou conveniência de mudá-la para outro lugar, ou aumentar seu espaço físico por conta de sua expansão pelo crescimento, quando não se obriga a instalar novas filiais em outras localidades e abertura de novas frentes.

A empresa mantém o mesmo caráter de bem privativo e o cônjuge não será proprietário e nem comunheiro da sociedade empresária, mas terá direito a um crédito contra o titular do bem pelo aumento de valor dos bens da sociedade,[136] a ser compensando na dissolução do casamento. Pouco importa que a empresa tenha sido anteriormente constituída, ou as quotas ou as ações tenham sido adquiridas anteriormente ao matrimônio ou à formação da união

---

cedida, em regra, de forma graciosa, possui, de fato, expressão econômica, notadamente por conferir ao particular o direito ao desfrute do valor de uso em situação desigual em relação aos demais particulares. Somado a isso, verifica-se, nos normativos que regulam as referidas concessões, a possibilidade de sua transferência, tanto por ato *inter vivos* como *causa mortis*, o que também agrega a possibilidade de ganho patrimonial ao mencionado direito. 4. Na hipótese, concedeu-se ao casal o direito de uso do imóvel. Consequentemente, ficaram isentos dos ônus da compra da casa própria e dos encargos de aluguéis, o que, indubitavelmente, acarretou ganho patrimonial extremamente relevante. 5. Recurso especial não provido."

[135] SANCHEZ, Julio V. Gavidia. *La atribuición voluntaria de ganancialidad*. Madrid: Editorial Montecorvo, 1986. p. 140.

[136] DE LOS MOZOS, Jose Luis. *Comentarios al Código Civil y Compilaciones Forales*. Madrid: Editoriales de Derecho Reunidas, 1984. v. 2. t. XVII, p. 211-217.

estável, porque deve ser considerada a evolução patrimonial da sociedade empresária durante a vigência do relacionamento.

A evolução patrimonial da empresa, ou seja, a valorização das quotas ou das ações experimentada pela sociedade empresária durante o período em que os contraditores mantiveram sua união estável é patrimônio comum, que por isso deve ser partilhado, não podendo ser considerado, como ocorria na jurisprudência mais antiga, que a evolução patrimonial da empresa nada mais representava do que uma consequência lógica da própria atividade empresarial, ou seja, um acessório do principal – constituição da empresa e integralização das quotas.

Na contramão desse entendimento, manifestou-se o Superior Tribunal de Justiça no REsp. 1.173.931/RS,[137] em voto do Ministro Paulo de Tarso Sanseverino, julgado pela 3ª Turma, em 22 de outubro de 2013, entendendo ser preciso demonstrar o esforço comum, mesmo que presumido, do outro cônjuge ou convivente, pois a *valorização da cota social* seria um fenômeno econômico que dispensa o esforço laboral da pessoa do sócio detentor, olvidando-se, no entanto, o julgador de que todo o crescimento patrimonial de uma sociedade empresária tem como fonte a retenção de seus ingressos que deixam de ser distribuídos entre os sócios para serem revestidos na sociedade.

A sociedade empresária constituída pelo cônjuge ou companheiro antes do casamento também deve ser considerada como bem exclusivo e incomunicável, desde que mantenha intacto o seu primitivo capital social e sua primitiva configuração patrimonial, cujo valor de mercado, nessas estanques circunstâncias, será visto, sim, como um mero fenômeno econômico, pois ficam fora da partilha os bens que cada cônjuge já possuía antes do início da união estável ou do casamento, bem como aqueles adquiridos na constância do relacionamento, a título gratuito, por doação, sucessão ou os sub-rogados em seu lugar.

Entretanto, o que ninguém pode confundir são os conceitos de *capital social* e *patrimônio social*, porquanto, como ensina Paulo de Tarso Domingues, a sociedade não é um contrato gratuito, pois todos os sócios têm que contribuir ou obrigar-se a contribuir para a constituição da sociedade com bens ou serviços e todos têm de realizar uma entrada com a qual adquirem a qualidade de sócios, de maneira que, em sua formação inicial, a sociedade terá determinado patrimônio.[138]

Uma sociedade precisa ser constituída com um mínimo de capital social, e uma sociedade foi organizada para produzir e os sócios que constituíram esta sociedade projetam nela trabalhar e com ela crescer, tanto que, na medida do seu crescimento, surge a necessidade inclusive de adequar esse desenvolvimento patrimonial, essa verdadeira ascensão patrimonial a um novo e revigorado capital social. É por isso que capital social e patrimônio social são duas realidades visceralmente distintas. Como mostra Paulo de Tarso Domingues, o capital social de formação da sociedade visa a proporcionar a congregação de meios que permitam o incremento da atividade empresarial, o capital desempenha uma função de produtividade,[139]

---

[137] "Recurso especial. Direito civil. Família. União estável. Regime de bens. Comunhão parcial de bens. Valorização de cotas sociais. 1. O regime de bens aplicável às uniões estáveis é o da comunhão parcial, comunicando-se, mesmo por presunção, os bens adquiridos por esforço comum dos companheiros. 2. A valorização patrimonial das cotas sociais de sociedade limitada, adquiridas antes do início do período de convivência, decorrente de mero fenômeno econômico, e não do esforço comum dos companheiros, não se comunica. 3. Recurso especial provido."

[138] DOMINGUES, Paulo de Tarso. *Do capital social*: noção, princípios e funções. Coimbra: Coimbra Editora, 1998. p. 28.

[139] DOMINGUES, Paulo de Tarso. *Do capital social*: noção, princípios e funções. Coimbra: Coimbra Editora, 1998. p. 189.

considerando, então, que os sócios formaram uma estrutura de produção que, agora, depende do trabalho deles.

O capital social e todo aquele aumento de capital societário aportado pelo sócio enquanto era solteiro, e não mantinha nenhuma relação estável, é crédito que só a ele pertence, é dívida que a sociedade empresária detém para com todos os sócios. E é o direito que cada sócio tem de receber quando a sociedade se dissolver, de uma parcela de bens do patrimônio líquido da sociedade, proporcional à sua participação social, e o sócio poderá receber mais ou menos, tudo dependendo da situação líquida da sociedade.[140]

Constituída a sociedade e integralizado o patrimônio social inicial necessário a gerar a limitação de responsabilidade, sócios passam a trabalhar para aferir lucros, entendido o lucro de balanço como a diferença positiva entre o patrimônio líquido e o capital social, como podem distribuir o lucro de exercício no final do ano econômico. Este lucro, que eventualmente não é distribuído entre os sócios, mas reinvestido na sociedade, vai criando um patrimônio separado, formado pelos bens e direitos derivados do desenvolvimento da atividade empresarial, e pela retenção na sociedade dos lucros originariamente destinados aos sócios, sem esquecer que o sócio agora casado empreende seu tempo e seus esforços com vistas ao crescimento da sua empresa e o faz com o auxílio e as eventuais economias que seu cônjuge ajuda a promover.

Quando uma sociedade empresária cresce pelo trabalho paritário e presumido dos cônjuges ou conviventes, mudando visivelmente a sua constituição inicial, transformando-se pelo óbvio esforço comum, e concomitante sacrifício nupcial, externado por renúncias de tempo, de lucros, de bens, de trabalho e de dividendos que ficaram retidos na sociedade, tudo ao seu tempo e modo, permitindo aumentar o capital social, ainda que apenas com recursos internos, oriundos de lucros suspensos e de contas de retenção de dividendos, não pode haver qualquer discordância de que a capitalização desses recursos, e nem está sendo falado em incremento de novos aportes externos, é ato que tem como consequência uma incontestável *valorização proporcional da quota de cada um dos sócios*.[141]

Portanto, se os benefícios não são pagos aos sócios e passam a integrar o fundo de reserva da sociedade e a pessoa jurídica posteriormente aumenta o seu capital social com essas reservas, as novas quotas ou ações, ou mesmo o crescimento patrimonial que a sociedade experimenta com a reaplicação destes recursos, seguramente, têm o efeito da comunicabilidade, ao menos para fins de reembolso ao consorte que não participa da sociedade, sob pena de restar configurado o abjeto enriquecimento indevido, levando em conta na liquidação da partilha o valor das quotas ou das ações, que são proporcionais ao patrimônio final da empresa, da mesma forma como o cônjuge ou companheiro teria um crédito sobre as benfeitorias realizadas em bens privativos, mas com recursos do casamento.

J. Rams Albesa e J.A. Moreno Martínez qualificam o crescimento patrimonial da sociedade como uma *ascensão econômica*, em virtude da qual qualquer incremento patrimonial que se incorpore a uma empresa seguirá a qualificação do negócio ao qual se congrega, mantendo a qualidade de sociedade empresária incomunicável se constituída antes do matrimônio, mas atendendo às regras do devido reembolso ou da compensação entre patrimônios,[142] para não configurar um enriquecimento às custas do consorte ou convivente.

---

[140] DOMINGUES, Paulo de Tarso. *Do capital social*: noção, princípios e funções. Coimbra: Coimbra Editora, 1998. p. 33.
[141] CRISTIANO, Romano. *Sociedades limitadas de acordo com o Código Civil*. São Paulo: Malheiros, 2008. p. 233.
[142] ALBESA, J. RAM; MARTÍNEZ, J. A. Moreno. *El régimen económico del matrimonio*. Madrid: Dykinson, 2005. p. 310-311.

De acordo com Antonio Javier Pérez Martín, uma empresa não perde sua natureza privativa se renovou seu maquinário desgastado no transcurso dos anos, porque a nova maquinaria segue como bem privativo em sub-rogação das máquinas substituídas e as novas seguem simplesmente cumprindo a mesma função das antigas.[143] Mas outro significado tem a aquisição de máquinas novas e em volume de aquisição superior ao preexistente, porque compradas com vistas ao aumento da produção em decorrência do crescimento da empresa, ou no exemplo de uma sociedade de transporte coletivo que não só renova sua frota de ônibus, mas igualmente aumenta o número de coletivos.

f) Frutos civis e naturais

V – Os frutos dos bens comuns, ou dos particulares de cada cônjuge, percebidos na constância do casamento, ou pendentes ao tempo de cessar a comunhão

Pelo dispositivo sob exame, tornam-se comuns os frutos hauridos sobre bens ou capital particular de cada cônjuge. Frutos são o que a coisa regular e periodicamente produz sem alteração nem diminuição de sua substância,[144] quer pela produção do homem, ou da cria dos animais, quer pela cultura da terra. Frutos percebidos são aqueles já colhidos ou recebidos, e frutos pendentes são aqueles ainda unidos ao bem principal, podendo ser recolhidos.[145] É preciso que antes se liquidem os gastos efetuados para a produção dos frutos, deduzindo do total obtido os custos da produção. Os frutos da cria de gado serão aquelas cabeças que, ao ser dissolvido o casamento, excedem ao número aportado por cada cônjuge em caráter privativo, devendo ser adjudicada ao cônjuge proprietário exclusivo a mesma quantidade de cabeças de gado que trouxe para o relacionamento estável ou matrimonial, sendo partilháveis as cabeças que importaram no crescimento do capital pelo aumento do plantel. As crias que substituem os animais mortos também são consideradas como frutos e comuns também serão as crias que tenham sido concebidas antes de iniciar a sociedade conjugal, mas paridas durante o casamento.[146]

São frutos naturais as produções espontâneas da natureza, e frutos civis, as rendas que a coisa produz; como frisante exemplo, pode ser extraído dos juros pagos pelo capital aplicado pelo cônjuge em caderneta de poupança. Sendo o capital recurso particular do cônjuge ou convivente, porque anterior ao estabelecimento da união, o fato é que só se comunicam os juros.

Do mesmo modo irão se comunicar os frutos percebidos durante o casamento e oriundos da locação de um imóvel eminentemente apresto, pertencente a um dos cônjuges. Quando um dos consortes é acionista de uma sociedade anônima e suas ações são bens próprios, os frutos dessas ações são bens comunicáveis e seus dividendos ingressarão na comunhão parcial quando recebidos na constância da sociedade conjugal. O dividendo é o ganho que a assembleia de acionistas resolve distribuir, conforme surge dos balanços contábeis por ela aprovada, mas ela também é soberana para decidir pela não distribuição de dividendos.

64.3.4.2.3. Aquisição com causa anterior

Na sequência, o art. 1.661 do Código Civil dispõe serem incomunicáveis os bens cuja aquisição tiver por título uma causa anterior ao casamento e está a afirmar não ser o bastante

---

[143] MARTÍN, Antonio Javier Pérez. *Regímenes económicos matrimoniales*: constitución, funcionamiento, disolución y liquidación. Valladolid: Lex Nova, 2009. v. I, p. 610.
[144] AZPIRI, Jorge O. *Derecho de familia*. Buenos Aires: Hammurabi, 2000. p. 165.
[145] NADER, Paulo. *Curso de direito civil*: direito de família. Rio de Janeiro: Forense, 2006. v. 5, p. 480.
[146] COSTA, María Josefa Méndez. *Código Civil comentado*: doctrina, jurisprudencia, bibliografía. Derecho de familia patrimonial. Buenos Aires: Rubinzal-Culzoni, 2004. p. 137.

para tornar certos bens de caráter comum, se o seu ingresso datar de antes do casamento, porque o fato se sobrepõe ao título.

Portanto, em uma ação de usucapião cujo período de aquisição ocorreu e venceu antes do casamento, mas cuja sentença de procedência foi proferida na vigência do relacionamento, fica evidente se tratar de aquisição com título anterior. O mesmo pode ser compreendido na promessa de compra e venda integralmente quitada ao tempo de solteiro do promitente comprador, mas somente escriturada após o casamento.

Pelo art. 1.662 do Código Civil, presumem-se adquiridos na constância do casamento os bens móveis, salvo prova em contrário, demonstrada pelas notas fiscais de compra, ou por outros meios lícitos de prova, como a existência de documentos ou fotografias dos móveis devidamente datadas, ou que demonstrem serem mais antigas que a união do casal, ou ainda precedente partilha de relacionamento desfeito, comprovando se tratar de bens próprios do cônjuge ou convivente.

64.3.4.2.4. Partilha de quotas sociais

O cônjuge ou companheiro de sócio não é sócio da sociedade da qual participa o esposo ou convivente, mas ele pode ser comparado em razão da partilha de sua meação como um credor e, embora o credor do sócio não tenha o direito de ingressar à força na sociedade, ele se sub-roga nos direitos patrimoniais das quotas correspondentes à sua meação.

Para que a ruptura da sociedade afetiva de um casamento ou de uma união estável não influenciasse na atividade social da empresa, o art. 1.027 do Código Civil não concedeu ao ex-cônjuge ou aos herdeiros o direito de pedirem a dissolução do vínculo societário para que recebesse a sua meação, no caso do ex-cônjuge, ou os herdeiros os seus quinhões hereditários, tendo ordenado apenas que eles deveriam concorrer na divisão periódica dos lucros da sociedade, até que a sociedade se liquidasse, lembrando que a apuração de haveres não visa à liquidação da sociedade. Outra coisa é a retirada, morte ou afastamento de um sócio, que ocorre por conta da dissolução parcial da sociedade, pois, uma vez afastado, é reembolsado das quotas representativas de seu capital, a ser determinado em apuração de haveres, valendo o mesmo procedimento para reembolsar seu cônjuge ou convivente por ocasião da partilha dos bens comuns.

A apuração de haveres tem o propósito de definir um montante que reflita o valor real e atual devido ao sócio que se retira, e evitar qualquer locupletamento indevido da sociedade e dos sócios remanescentes,[147] lembrando que não se trata de uma avaliação aos moldes de uma empresa que esteja encerrando suas atividades, pois diferente será a avaliação de uma sociedade que está em pleno funcionamento, e que segue gerando riquezas.

A apuração de haveres representa a constituição de um crédito em favor do sócio desligado, e um reembolso para o cônjuge ou convivente, em razão da partilha dos bens comuns em decorrência do divórcio ou da dissolução da união estável, como respeita para o Direito das Sucessões um crédito destinado aos sucessores do sócio falecido e que não foram admitidos no quadro social. Essa ação pressupõe prévia partilha dos bens do casal (CPC, art. 600, II) e pressupõe que, após extremados os quinhões, tenham ficado quotas que anteriormente

---

[147] LEONARDI, Felipe Raminelli. Comentário ao REsp 1.335.619/SP. Parâmetro interpretativo para cláusula eletiva de critério para apuração de haveres em contrato de sociedade limitada. *Revista dos Tribunais*, v. 956, ano 104, jun. 2015, p. 347, citado por THEODORO JÚNIOR, Humberto. *Curso de direito processual civil*. 50. ed. Rio de Janeiro: Forense, 2016. v. II, p. 233.

estavam em nome do cônjuge ou companheiro sócio da sociedade no patrimônio do cônjuge ou companheiro que propõe a ação de apuração de haveres, se não preferir ingressar na sociedade, acaso o contrato social não estabeleça nenhuma oposição nesse sentido.[148]

O valor apurado tomará por base a situação patrimonial da sociedade no momento em que se deu a dissolução (CC, art. 1.031), valendo, obviamente, para o cônjuge ou convivente que busca o reembolso de sua meação, a data da efetiva ruptura da relação matrimonial, pela separação de fato, de corpos, pelo divórcio ou dissolução da união estável, ou pelo óbito do esposo sócio, considerando o que aconteceu em primeiro lugar, se foi a ruptura fática ou o rompimento formal e esta deverá ser a fotografia da sociedade empresária, pouco importando o que sucedeu depois, se a empresa cresceu ou se ela recrudesceu (CPC, art. 604). Esta é a data-base para a apuração dos haveres e que coincide com o fim da comunhão plena de vida dos cônjuges ou conviventes, estabelecendo o § 2º do art. 1.031 do Código Civil que o pagamento será em dinheiro e no prazo de 90 dias, a partir da liquidação, salvo acordo ou disposição contratual em contrário, pois a ideia do legislador é de não descapitalizar a sociedade empresária de uma hora para outra, embora o contrato social poderá prever prazos maiores ou menores para o pagamento.

Devedora dos haveres será a sociedade e não os sócios, que não devem constar no polo passivo da ação. Se o contrato social for omisso, o critério de apuração dos haveres será o valor patrimonial apurado em balanço de determinação, tomando por referência a data da separação fática ou oficial do relacionamento, a que ocorrer primeiro, sendo avaliados os bens e direitos do ativo, tangíveis e intangíveis, a preço de saída, também sendo avaliado o passivo, salvo se trate de sociedade simples, quando então não serão avaliados os bens incorpóreos, como a carteira de clientes dessas sociedades prestadoras de serviços.[149]

O capital social sofrerá a correspondente redução, salvo se os demais sócios suprirem o valor da meação sobre a quota (CC, art. 1.031, § 1º).

64.3.4.2.4.1. *Partilha de quotas sociais no juízo cível*

No âmbito das varas de família e das sucessões o processo de partilha serve apenas para determinar a divisão das quotas destinadas para o cônjuge de sócio que falece ou se divorcia, isso se as quotas não forem compensadas com outros bens, antevendo e evitando desta forma os possíveis conflitos gerados pelos interesses da empresa e dos demais sócios. As quotas conferem ao meeiro um direito patrimonial representado por um crédito, ainda ilíquido, mas cujo montante efetivo deverá ser levantado em sede de ação de apuração de haveres, porquanto, na precedente partilha promovida no juízo de família ou das sucessões o casal dividiu para cada cônjuge 50% (cinquenta por cento) das quotas, sendo direito do meeiro averiguar perante a sociedade o valor a que correspondem as suas quotas. O art. 1.027 do Código Civil prescreve que o ex-cônjuge de sócio não pode exigir desde logo a parte que lhe couber na quota social, mas que concorre à divisão periódica dos lucros, até que se liquide a sociedade, deixando uma mostra evidente da mera posição de credor do meeiro de quotas sociais, e cujo crédito sequer poderia ser liquidado se a própria sociedade também não fosse liquidada, privando o meeiro, na prática, de receber seus haveres, em afronta ao direito inerente de o consorte promover a efetiva divisão de seus bens conjugais, disso resultando ser direito do

---

[148] TJPR. 18ª Câmara Cível. Apelação Cível 0572865-0. Relator: Carlos Mansur Arida. Julgado em 29.07.2009.
[149] THEODORO JÚNIOR, Humberto. *Curso de direito processual civil*. 50. ed. Rio de Janeiro: Forense, 2016. v. II, p. 234.

subsócio (cônjuge de sócio) avaliar o montante das quotas por ele recebidas na prévia partilha de bens, por balanço de determinação, e, inclusive, ter o direito de promover a venda das suas quotas, e se a sociedade ou os sócios remanescentes não tiverem interesse ou meios para a aquisição dessas quotas pertencentes ao subsócio (cônjuge de sócio), tem este então o direito de requerer a dissolução da sociedade.

Portanto, os cônjuges partilham quotas na liquidação dos bens conjugais do juízo de família ou das sucessões e, posteriormente, no juízo cível será proposta a partilha das quotas que cada um titulariza. Tanto isso é verdade que, se porventura ambos os consortes fossem sócios da mesma empresa, teriam de promover uma ação de dissolução parcial de sociedade, no foro cível competente, para exercer seu direito de recesso da sociedade. Desse modo, se apenas um dos cônjuges é sócio e seu ex-consorte recebeu quotas em pagamento de sua meação, para liquidar essas quotas recebidas na partilha ou no inventário o subsócio não promoverá uma ação de dissolução parcial de sociedade, pelo singelo motivo de que não se afasta da sociedade, justamente porque dela não é sócio, mas poderá requerer a apuração de seus haveres na sociedade, que serão pagos à conta da quota social por ele titulada (CPC, art. 600, parágrafo único), direito este de apurar haveres que o Código Civil não outorgara ao subsócio (cônjuge/convivente), pois não podia exigir desde logo a parte que lhes coubesse na quota social (CC, art. 1.027).

Foi tão somente com a edição do Código de Processo Civil de 2015 que se tornou possível ao ex-cônjuge ou ex-companheiro de sócio, uma vez cessada a sociedade conjugal ou a união estável, pedir no juízo cível a liquidação da quota, para requerer a apuração de haveres por meio de um procedimento especial, figurando no polo passivo a sociedade e os sócios (CPC, art. 601), eis que o processo de divórcio e o de inventário são imprestáveis para a apuração de haveres, para efeito de liquidação das quotas, especialmente quando um dos cônjuges é mero credor e sequer ostenta a condição de sócio, sendo-lhe vedado se imiscuir na administração da sociedade, sem direito tampouco de fiscalizar a gestão social e de deliberar sobre os assuntos de interesse da sociedade.

Recebendo quotas em pagamento de quinhão hereditário ou de meação conjugal, deverão os herdeiros e/ou o ex-cônjuge de sócio ingressar com a ação de procedimento especial de apuração de haveres, para determinar em um juízo cível o exato valor da sua participação em termos de quotas, obviamente presentes no polo passivo os sócios, além da sociedade (CPC, art. 601), para depois promoverem a liquidação dessas quotas, transformando em dinheiro os seus direitos patrimoniais sucessórios ou conjugais.

Para definir o valor da quota, será considerada a situação real da empresa no momento do desligamento do sócio em decorrência do seu falecimento, ou da ruptura fática ou jurídica do casamento, sendo exatamente este o período para a determinação das vantagens que possam caber ao sócio retirante ou ao credor (herdeiro ou meeiro) de sócio.

Calha trazer a lume artigo doutrinário escrito por Mário Luiz Delgado[150] quando refere que:

> Com efeito, é a data da dissolução fática da comunhão de bens que deve constituir o marco para monetarização dos haveres do cônjuge que se retira da sociedade conjugal. A extinção da sociedade conjugal tem como efeito direto e imediato a resolução da subsociedade que

---

[150] DELGADO, Mário Luiz. As cotas sociais e o caso do cônjuge não sócio separado de fato. Disponível em: <http://www.conjur.com.br/2017-abr-09/processo-familiar-cotas-sociais-conjuge-nao-socio>. Acesso em: 17 nov. 2017.

se formou entre os cônjuges no tocante às cotas. Dessa forma, em relação ao cônjuge não sócio, a resolução ou liquidação da sociedade ocorre no momento da separação de fato, postergando-se, apenas, o pagamento dos haveres para a ocasião seguinte da partilha. Extinto o regime de bens, não há mais sociedade alguma entre os cônjuges. (...) A resolução da sociedade conjugal não se dá por ocasião da partilha dos bens comuns, mas no momento em que cessada a convivência. Com a separação de fato, o cônjuge se retira, não apenas da sociedade conjugal, mas também da subsociedade formada com o consorte em relação à empresa da qual apenas um deles integrava o quadro social.

As duas sociedades se extinguem na data da separação de fato e é esta a data em que se devem apurar os haveres. Entender o contrário, ou seja, apurar o valor das cotas no momento efetivo da partilha, que venha a ocorrer decorrido considerável lapso temporal, além de profundamente injusto em relação ao cônjuge que se manteve à frente da sociedade, nos casos em que a empresa cresceu e se desenvolveu às custas de sua exclusiva labuta, é passível, por outro lado, de ocasionar grave risco ao cônjuge não sócio que, se permanecer atrelado à sociedade, pode vir a ser chamado a responder por prejuízos futuros, decorrentes de fatos verificados muito tempo após o término da sociedade conjugal.

Entretanto, a 3ª Turma do Superior Tribunal de Justiça concluiu de forma diferente no REsp. 1.537.107/PR, datado de 17.11.2016, afirmando a relatora, Ministra Nancy Andrighi, que, quando o casamento é desfeito sem a partilha do patrimônio comum, segue hígida a unidade patrimonial e que dá acesso a ambos os ex-cônjuges à totalidade dos bens, restando a ex-esposa atrelada, por força da copropriedade exercida sobre as quotas sociais de seu ex-marido, externando a relatora que se a sociedade tivesse cerrado suas portas, ou ido à falência, essa discussão não existiria. Para definir o valor da quota será considerada a situação real da empresa no momento do desligamento do sócio, ou da ruptura fática ou jurídica do casamento, sendo exatamente esta a ocasião para a determinação das vantagens que possam caber ao sócio retirante ou o credor de sócio, explicando Hernani Estrella que: "continuando a sociedade a operar normalmente, se faz mister discriminar as operações novas das preexistentes, pois só quanto a estas é que o ex-sócio participa, assim nos ganhos como nas perdas".[151]

64.3.4.2.5. Dívidas dos cônjuges ou conviventes

A vida matrimonial impõe uma série de gastos pessoais, praticados por qualquer um dos cônjuges ou conviventes e deles com relação aos seus filhos, como a alimentação de toda a família, os custos com o estabelecimento do domicílio familiar, com a educação e formação profissional da prole, despesas com a saúde de todos os membros da família etc. As dívidas conjugais são solidárias entre os cônjuges ou conviventes (CC, art. 1.644), não importando o regime de bens que tenham elegido, seja ele de comunhão ou de separação total, ambos os consortes ou companheiros são responsáveis pelos débitos destinados à manutenção da família, como textualmente previsto no art. 1.566 do Código Civil, que regula os deveres matrimoniais de mútua assistência (inc. III) e de sustento, guarda e educação dos filhos (inc. IV), e especificamente nos arts. 1.643 e 1.644 do Código Civil, quando autorizam qualquer um dos consortes a adquirir as coisas necessárias à economia doméstica, não se imaginando tivesse o credor de um gasto excepcional e de emergência, decorrente de alguma catástrofe, acidente, ou proveniente de uma repentina operação cirúrgica, necessidade de exigir previamente a

---

[151] ESTRELLA, Hernani. *Apuração de haveres de sócio*. 2. ed. Rio de Janeiro: Forense, 1992. p. 216.

anuência do cônjuge codevedor.[152] Diante desse panorama de comunhão de contribuição nos encargos de mantença da família, conclui-se que, em verdade, não existe efetivamente um regime de separação de bens, porque mesmo neste regime deve ser regulamentada a contribuição dos cônjuges para as despesas comuns ao casal (CC, art. 1.668). As dívidas contraídas no interesse dos esposos e da sociedade familiar ingressam na esfera da responsabilidade dos cônjuges, qualquer que seja o contratante da despesa (CC, art. 1.643), pois, carecendo a sociedade conjugal de personalidade ideal, não pode ser devedora dos credores, cujo papel de devedor é assumido individualmente pelos consortes, e aos dois os débitos vinculam sempre quando contraídos em benefício da família.

64.3.4.3. Regime de participação final nos aquestos

A participação final nos aquestos toma o espaço ocupado pela letra morta do regime dotal previsto no Código Civil de 1916 e, segundo Bianca Mota de Moraes,[153] um regime de formação híbrida, com adaptação semelhante ao da separação de bens na constância do casamento, aproximando-se da configuração prevista para a comunhão parcial no momento da dissolução da sociedade conjugal. Cuida-se de um regime de separação de bens, no qual cada consorte tem a livre e independente administração do seu patrimônio pessoal, dele podendo dispor quando for bem móvel e necessitando da outorga do cônjuge se imóvel (salvo dispensa em pacto antenupcial para os bens particulares – CC, art. 1.656). Apenas na hipótese de ocorrer a dissolução da sociedade conjugal será verificado o montante dos aquestos levantados à data de cessação da convivência (CC, art. 1.683) e entenda-se como convivência fática ou jurídica, a que cessar primeiro, e cada cônjuge participará dos ganhos obtidos pelo outro a título oneroso na constância do casamento, mas, como acrescenta Débora Vanessa Caús Brandão, "não haverá, em momento algum, massa comum de bens".[154]

Vaz Ferreira fala de um *regime de comunidade diferida*,[155] estando os bens sob o domínio de cada esposo que tem aptidão para deles dispor livremente. O outro cônjuge não tem direito algum sobre esses bens, nem sequer possui meios de evitar a sua dilapidação na harmonia conjugal, por configurar nesse estágio um verdadeiro regime de separação, surgindo as compensações sobre os ganhos para equilíbrio das metades com o fim do matrimônio.

Consoante o art. 1.684 do Código Civil, não sendo factível dividir os bens em sua natureza, será calculado o valor de alguns ou de todos para reposição em dinheiro ao cônjuge não proprietário. Sua função é a de evitar o condomínio quando isso for possível, o que já seria inviável se existisse apenas um bem do casal. Para evitar o condomínio, o dispositivo sugere primeiro a equânime divisão dos bens por seus respectivos valores, e se isso não for possível nem conveniente, devem ser apurados os valores de alguns destes bens ou até de todos para a reposição em dinheiro ao cônjuge não proprietário.

Os arts. 1.685 e 1.686 do Código Civil ordenam que, no caso de morte do cônjuge, a sua meação é transmitida aos herdeiros que serão convocados de acordo com a ordem de vocação

---

[152] DE LOS MOZOS, Jose Luis. *Comentarios al Código Civil y Compilaciones Forales*. Madrid: Editoriales de Derecho Reunidas, 1984. v. 2. t. XVII, p. 400.
[153] MORAES, Bianca Mota de. Comentário ao art. 1.672 do Código Civil. In: LEITE, Heloísa Maria Daltro (coord.). *O novo Código Civil do direito de família*. Rio de Janeiro: Freitas Bastos, 2002. p. 353.
[154] BRANDÃO, Débora Vanessa Caús. *Regime de bens no novo Código Civil*. São Paulo: Saraiva, 2007. p. 230.
[155] VAZ FERREIRA, Eduardo. *Tratado de la sociedad conyugal*. 3. ed. Buenos Aires: Astrea, 1979. t. I, p. 28.

hereditária do art. 1.829 do Código Civil, e tal dispositivo legal será igualmente aplicado em relação à sucessão de convivente que falece.

64.3.4.3.1. Características do regime de participação final nos aquestos

Embora haja uma natural inclinação doutrinária em identificar no regime da participação final nos aquestos uma natureza híbrida entre o regime de completa separação de bens na constância do relacionamento, consubstanciando-se na *comunhão parcial* quando da separação do casal, é correto afirmar que não se trata de regimes absolutamente iguais, porque existem semelhanças, contudo, pontuais diferenças, como, por exemplo, o art. 1.672 do Código Civil, ao estabelecer que por ocasião da dissolução da sociedade conjugal no regime da participação final nos aquestos só serão divididos os bens adquiridos pelo casal *a título oneroso*, enquanto no regime da comunhão parcial comunicam-se os bens que sobrevierem na constância do casamento (CC, art. 1.658), pouco importando tenham sido adquiridos graciosa ou onerosamente. Outra substancial diferença entre o regime da comunhão parcial e o da participação final nos aquestos pode ser constatada da circunstância de que neste último são indiscutivelmente comunicáveis os proventos do trabalho pessoal de cada cônjuge, e também serão comunicáveis as pensões, meios-soldos, montepios e outras rendas semelhantes, como a previdência privada, porque o Código Civil não repete no regime da participação final nos aquestos as exceções de incomunicabilidade dos incs. VI e VII do art. 1.659.

Conforme o art. 1.673 do Código Civil, integram o patrimônio próprio os bens que cada cônjuge possuía ao casar e os por ele adquiridos, a qualquer título, na constância do casamento, detendo a livre administração desses bens, podendo aliená-los, sendo móveis, na constância do casamento.

Como durante a união o regime incidente é de completa separação de bens, todos os bens são próprios do seu titular, a qualquer título, quer advenham de aquisição onerosa, quer seja ela graciosa, exercendo sobre eles a livre administração. Mas há de qualquer modo uma proteção legal limitando o poder de disposição dos bens imóveis, cuja transferência unilateral é vetada, salvo convenção pactícia em contrário, na qual tratam os nubentes de ajustar expressamente a livre disposição também sobre os imóveis particulares (CC, art. 1.656).

De acordo com o art. 1.674 do Código Civil, sobrevindo a dissolução da sociedade conjugal, quantificam-se os aquestos pelo montante a ser verificado na data da dissolução do regime de bens (CC, art. 1.683). Por ocasião da partilha judicial, são excluídos da soma dos patrimônios próprios: os bens anteriores ao casamento ou sub-rogados (CC, art. 1.674, inc. I); os que sobrevierem a cada cônjuge a título gratuito, por sucessão ou liberalidade (CC, art. 1.674, inc. II); e as dívidas relativas aos bens conjugais (CC, art. 1.674, inc. III). As dívidas a serem abatidas são aquelas contraídas antes do casamento, não tendo vertido em proveito comum e tampouco aquelas contraídas em razão das núpcias.

Para apurar o montante dos aquestos, deverão ser computadas as doações feitas por um dos cônjuges, sem a necessária autorização do outro (CC, art. 1.675), por cujo fato poderá o cônjuge prejudicado ou seus herdeiros reivindicarem o bem indevidamente doado, ou compensá-lo por valor equivalente.

A doação eventual de bens sem a conivência do outro cônjuge gera ao consorte prejudicado o direito de reivindicar o bem doado, devendo para tanto ser apurado o preço do bem ao tempo da dissolução e compensado na partilha com os outros bens em divisão.

Com idêntico propósito, o art. 1.676 do Código Civil ordena a inclusão no monte partilhável dos bens, desta feita alienados em detrimento da meação, podendo o cônjuge lesado ou seus herdeiros receberem o seu valor equivalente, ou, se preferirem, reivindicá-los do terceiro comprador. Novamente se mostra igualmente difícil reivindicar o bem já transferido a terceiro por alienação não desejada pelo cônjuge lesado e cujo ato de transferência teve por escopo prejudicar a sua meação.

Os arts. 1.679, 1.680 e 1.681 do Código Civil estabelecem as presunções de titularidade das meações sobre os bens adquiridos pelo trabalho conjunto dos cônjuges, tendo cada um deles direito a uma quota igual no condomínio ou no crédito, indiferente à natureza deste bem, se móvel, imóvel ou semovente. Entretanto, o art. 1.681 do Código Civil ressalva serem os bens imóveis de propriedade do cônjuge em cujo nome constar o registro, o que significa, para Bianca Mota de Moraes,[156] reconhecer no regime da participação final nos aquestos a não incidência de presunção do esforço comum no cômputo dos bens mobiliários.

O esforço conjugado dos nubentes advém da sua mútua colaboração, integradas pelas atividades da casa, e quando existir prole também os cuidados e a dedicação aos filhos, e não valorizando apenas a atividade financeira de um dos consortes.

Segundo o art. 1.672 do Código Civil, bens comuns são aqueles adquiridos onerosamente pelo casal e não onerosamente pelo *esforço comum*, consolidando a máxima de presunção de esforço comum na aquisição dos bens, mesmo porque muitos bens são comprados com os *ganhos* conjugais, recebidos durante o matrimônio pelo trabalho e por frutos dos bens comuns ou particulares, sendo difícil provar a sua incomunicabilidade, salvo pela sub-rogação de bens particulares, ou de aquisição graciosa.

64.3.4.3.2. Regras de liquidação

Sucedendo a dissolução do regime de bens pela morte, pela separação ou pelo divórcio, manda o art. 1.683 do Código Civil sejam verificados por inventário o montante e valor dos bens aquestos, não deslembrando de incorporar ao monte o valor dos alienados em detrimento da meação (CC, art. 1.676), devendo ser liquidadas as dívidas comuns e depois os débitos apurados entre os cônjuges. Faltando dinheiro para pagamento dos créditos entre os próprios cônjuges, ou mesmo quando não for possível nem conveniente a divisão de todos os bens em natureza (CC, art. 1.684), poderão ser alienados tantos bens quantos bastem para a quitação dos débitos ou reposição em dinheiro da igualitária partilha final dos aquestos.

As dívidas também obrigam aos herdeiros, acaso a dissolução do regime decorra da morte do cônjuge ou companheiro sucedido (CC, art. 1.686), mas os sucessores não serão responsáveis pelos débitos superiores à real capacidade da herança correspondente à meação do falecido (CC, art. 1.792).

Feitas as deduções dos créditos de terceiros ou dos próprios cônjuges, o conjunto remanescente de bens constitui o cabedal partilhável dos aquestos (CC, art. 1.674), dividindo-se por metade entre os cônjuges, ou seus respectivos herdeiros, os ganhos econômicos verificados na constância do casamento. Trata-se de uma sociedade de ganhos e não de bens, onde os aportes econômicos e financeiros obtidos durante o matrimônio, a título oneroso, mesmo revertendo na compra de bens, constituem-se em vantagens materiais da sociedade conjugal.

Assim, são avaliados os bens aportados para o casamento por cada um dos cônjuges e são comparados seus valores com os bens existentes no patrimônio particular de cada consorte no momento da dissolução das núpcias. Essa diferença, em comparação com os bens

---

[156] MORAES, Bianca Mota de. *O novo Código Civil do direito de família*. Coord. Heloisa Maria Daltro Leite. Rio de Janeiro: Freitas Bastos, 2002. p. 368.

próprios ou aprestos, resulta na apuração dos ganhos e das perdas de cada esposo durante a vida conjugal, e quem ganhou menos tem um crédito contra aquele que incrementou mais ao seu patrimônio, de forma a equiparar os resultados econômico-financeiros.

64.3.4.3.3. Disposição hereditária

Enquanto vigente a sociedade conjugal, os cônjuges são proprietários individuais dos bens e a sua indivisão se mantém na constância do casamento, tratando de atender aos custos de manutenção da família constituída. Abrindo-se a sucessão pelo decesso de qualquer um dos cônjuges ou conviventes, são chamados os seus herdeiros. Conforme a lei, cada cônjuge poderá dispor, por testamento, da metade dos bens finais dos seus aquestos, observadas as limitações acerca das porções indisponíveis.

64.3.4.4. Regime da separação de bens

Na lição de Pontes de Miranda,[157] o "regime de separação é o em que os patrimônios dos cônjuges permanecem incomunicáveis, de ordinário sob a administração exclusiva de cada comparte (...). No direito anterior, a administração dos bens, ainda no regime da separação, competia ao marido, e isso desde os primitivos tempos do direito lusitano".

Nesse regime existe total independência patrimonial entre os cônjuges e ele em nada altera a propriedade dos bens dos consortes, como tampouco confere qualquer expectativa de ganho ou de disposição sobre os bens do parceiro. Cada cônjuge ou convivente conserva a propriedade dos bens já existentes em seu nome e daqueles aquinhoados na constância do relacionamento, inclusive sobre a sua administração, mantendo a exclusiva responsabilidade pelas dívidas contraídas, com a exceção dos débitos assumidos em benefício da família, contratadas com a compra de coisas necessárias à economia doméstica, ou empréstimos para esse fim (CC, art. 1.643), quando então os esposos ou companheiros respondem por este elenco de dívidas, por meio das chamadas dívidas solidárias, que competem a ambos os cônjuges ou conviventes e independentemente do regime de bens que adotaram, pois são deles os encargos com a manutenção da família e da sua habitação, afora a educação e o sustento dos filhos, quando houver, sendo inquestionável que as dívidas contraídas no interesse dos esposos e da família que construíram entrem na esfera de responsabilidade de ambos, de forma igualitária, sejam quais forem o contratante e o regime patrimonial eleito.

O regime da separação total de bens decorre da lei (CC, art. 1.641) ou de pacto antenupcial, e nele cada consorte conserva, com exclusividade, o domínio, a posse e a administração de seus bens, tanto sobre os presentes como em relação aos futuros, sendo de cada cônjuge a responsabilidade exclusiva pelos débitos por ele contraídos antes e depois do casamento e que não foram despesas destinadas ao casamento e para a família.

Pela incidência do Enunciado 377 do STF, para uma vertente doutrinária,[158] o regime da separação total de bens transforma-se em comunhão parcial dos bens, com a divisão dos

---

[157] MIRANDA, Pontes de. *Tratado de direito de família*. São Paulo: Max Limonad, 1947. v. II, p. 269.
[158] Sobre a vigência da Súmula 377 do STF, escreve Flávio Tartuce: "Caso se entenda pela revogação da referida súmula, já que o novo Código Civil não reproduz a regra do art. 259 da codificação anterior, como fazem Inácio de Carvalho Neto e Francisco José Cahali, (...). Mas estamos inclinados a apontar que a referida súmula não foi revogada, diante da vedação do enriquecimento sem causa que consta no art. 884 do atual Código Civil, como faz Rolf Madaleno. Desse modo, não se pode afastar a comunicação dos

aquestos ao tempo da dissolução da sociedade conjugal. A doutrina majoritária pugna pela subsistência da Súmula 377 do STF no regime da separação obrigatória de bens, que não foi cancelada e continua tendo aplicação, pois sua edição teve dois objetivos específicos: *a*) contornar o empecilho criado pelo art. 259 do Código Civil de 1916, que não encontra correspondente na vigente codificação (Código Civil/2002); *b*) vedar o enriquecimento sem causa constante expressamente no Código Civil em vigor, no art. 884, mantendo, destarte, viva a mesma razão para a edição, à época, da Súmula 377 do STF, para que não ocorra um enriquecimento indevido.[159]

64.3.4.4.1. Separação obrigatória de bens

Diante da infringência de qualquer dos três incisos do art. 1.641 do Código Civil, é imposto o regime compulsório da separação de bens, tendo sido curiosamente renovada a cogência do regime obrigatório de separação de bens, mesmo diante da reiterada jurisprudência aplicando a Súmula 377 do STF. O art. 1.641 do Código Civil representa um inequívoco retrocesso da lei quando os rigores do regime legal da separação de bens já haviam sido abrandados pelas lições jurisprudenciais firmadas.

Em face do direito à igualdade e à liberdade, ninguém pode ser discriminado em função do seu sexo ou da sua idade, como se estas fossem causas naturais de incapacidade civil, especialmente diante do Estatuto da Pessoa com Deficiência, que considera toda pessoa capaz, ao menos para reger sua pessoa, ainda que não possa administrar os seus bens.

64.3.4.4.2. Súmula 377 do STF

Extensos debates têm sido gerados acerca da Súmula 377 do Supremo Tribunal Federal, assim enunciada: "No regime da separação legal de bens comunicam-se os adquiridos na constância do casamento".

O objetivo da Súmula era corrigir a anomalia legislativa verificada no revogado art. 259 do Código Civil de 1916 e para ajustar a distorção verificada pelo enriquecimento indevido dos imigrantes varões, em cujo nome eram habitualmente registrados os bens e as fortunas

---

bens adquiridos pelo esforço comum, mesmo no regime da separação total. Isso, logicamente, somente quando a separação tem origem legal ou necessária, naqueles casos elencados no art. 1.641" (TARTUCE, Flávio. A venda de ascendente para descendente. Tratamento legal à luz do novo Código Civil. Evolução. In: HIRONAKA, Giselda Maria Fernandes Novaes (coord.). *A outra face do Poder Judiciário*. Belo Horizonte: Del Rey, 2005. p. 186-187.

[159] "Direito de Família. Regime da separação legal de bens. Aquestos. Esforço comum. Comunicabilidade. Súmula STF, Enunciado 377. Correntes. Código Civil, arts. 258-259. Recurso inacolhido. I – Em se tratando de regime de separação obrigatória (CC, art. 258), comunicam-se os bens adquiridos na constância do casamento pelo esforço comum. II – O Enunciado 377 da Súmula do STF deve restringir-se aos aquestos resultantes da conjugação de esforços do casal, em exegese que se afeiçoa à evolução do pensamento jurídico e repudia o enriquecimento sem causa. III – No âmbito do recurso especial não é admissível a apreciação da matéria fática estabelecida nas instâncias locais" (REsp 9.938-0/SP, Relator: Min. Sálvio de Figueiredo. Julgado em 09.06.1992). Esse aresto colhido propositadamente em período anterior à edição do vigente Código Civil, já destacava como principal fundamento de aplicação do verbete do STF o repúdio ao enriquecimento indevido, que deixou de ser um *princípio de direito* com a promulgação do atual Código Civil, para se tornar texto de lei. Neste recurso especial o relator consigna textualmente que: "Esta, a meu juízo, a melhor exegese, que se afeiçoa à evolução do pensamento jurídico, repudia o enriquecimento sem causa e dá sentido ao Enunciado 377 do STF".

conquistadas com a paritária contribuição de suas esposas, que terminavam sem nada receber a título de meação, ausente no regime de separação de bens, ficando excluídas da divisão do patrimônio que, ineludivelmente, ajudaram a construir.

Portanto, a Súmula 377 do STF tornava, na prática, letra morta o regime obrigatório da separação de bens, porque sempre haveria divisão conjugal dos aquestos adquiridos onerosamente na constância do casamento, como letra morta também se tornaram os incs. I e III do art. 1.641 do Código Civil, diante da possibilidade que têm os cônjuges de alterar o regime de bens, uma vez desaparecida a causa que determinou a adoção do regime obrigatório (CC, art. 1.639, § 2º). Com a aprovação do atual Código Civil, divide-se a doutrina para saber se a Súmula ainda vige.[160] Inclino-me pela resposta afirmativa, especialmente porque sempre foi escopo do enunciado evitar o enriquecimento sem causa ao reconhecer o direito à divisão dos bens hauridos pela conjugação de esforços na *affectio societatis* e nessa direção também caminha José Antonio Encinas Manfré, ao informar que: "a maior parte dos matrimônios sob o regime de separação legal ou imperativa é constituída de jovens casais, os quais granjeiam patrimônio no curso da sociedade conjugal. Assim, injusto seria, em princípio, não se comunicarem os bens adquiridos mediante esforço comum".[161]

Quando a legislação civil destaca especialmente em sua articulação a preocupação em reprimir o indevido enriquecimento, seria contraditório afastar os benéficos efeitos da Súmula 377, que atentaria contra o princípio do não enriquecimento ilícito se pudesse só um dos cônjuges ficar com a totalidade dos bens onerosamente adquiridos durante a relação nupcial, favorecido pelo fato de o patrimônio estar registrado em seu nome pessoal, enquanto nada fora registrado em nome de seu parceiro conjugal, quando de antemão os bens aquestos levantam a presunção de terem sido adquiridos pelo esforço comum. Ora, se a Súmula 377 do STF prestigia a colaboração do cônjuge na composição do lastro patrimonial e valoriza a cooperação imaterial entre os esposos, e entre os conviventes, a ponto de ordenar a divisão dos aquestos, não há por que afastar sua incidência em qualquer uma das hipóteses do art. 1.523 do Código Civil, com a aplicação dos efeitos do art. 1.641, quando a evidente *mens legis* pretoriana foi, principalmente, a de evitar o indevido enriquecimento. A Súmula 377 do STF segue vigendo com o advento do Código Civil de 2002, tanto que suprimida do art. 1.641, no relatório Geral da Comissão Especial do Código Civil, a expressão "sem comunhão de aquestos", no único propósito de prestigiar a Súmula 377, sendo fundamental a coparticipação imaterial dos cônjuges, porque não se premia o ócio, mas sim a lealdade, o respeito, a colaboração, o suporte moral e psíquico de um cônjuge ao outro.[162] Essa mesma diretiva tem sido aplicada às pessoas que casam com mais de setenta anos e que, estranhamente, têm sido consideradas relativamente incapazes pelo Código Civil, como já acontecia com o art. 258 do Diploma Substantivo Civil de 1916, reeditado no art. 1.641 do Diploma de 2002, depois alterado para setenta anos.

Na direção oposta à validação da Súmula 377 do STF, Francisco José Cahali[163] aponta que tem como revogado o enunciado, na medida em que o Código Civil deixou de reproduzir

---

[160] MAIA JÚNIOR, Mairan Gonçalves. *O regime da comunhão parcial de bens no casamento e na união estável*. São Paulo: RT, 2010. p. 190.
[161] MANFRÉ, José Antonio Encina. *Regime matrimonial de bens no novo Código Civil*. São Paulo: Juarez de Oliveira, 2003. p. 19.
[162] CHINELATO, Silmara Juny. *Comentários ao Código Civil*. São Paulo: Saraiva, 2004. v. 18, p. 400.
[163] CAHALI, Francisco José; CARDOSO, Fabiana Domingues; HIRONAKA, Giselda Maria Fernandes Novaes. Direito intertemporal no livro de família (regime de bens e alimentos) e sucessões. *Anais do IV Con-*

a nefasta disposição contida no art. 259 do Código Civil de 1916, embora admita o autor que no campo do Direito Intertemporal haveria eficácia residual da referida Súmula, por força do art. 2.039 do Código Civil. Tudo decorre da origem atribuída à Súmula 377 do STF, de um lado aqueles sustentando que a súmula estaria radicada na interpretação atribuída ao revogado art. 259 do Código Civil de 1916.[164] Destarte, este dispositivo seria a motivação do enunciado sumular para ordenar a comunicação dos bens futuros no silêncio do pacto antenupcial acerca dos aquestos no regime de separação de bens, ou seja, sempre que não fosse expressamente escrito no contrato pactício que os bens a serem aferidos durante o casamento também não se comunicariam no regime da separação total de bens, acabaria sendo aplicado o verbete 377 do STF. Entretanto, tem melhor assento a lição doutrinária que afasta a interpretação restritiva dada à Súmula 377 do STF, para reduzir os seus efeitos apenas às hipóteses do revogado art. 259 do Código Civil de 1916, porque o regime imperativo da separação de bens das causas suspensivas do art. 1.523 retira, em verdade, o direito de os nubentes pactuarem no regime convencional da separação de bens, que é a hipótese aventada pelo art. 259. Contudo, a aplicação da Súmula 377 vai além dos casos do art. 259, sendo que apenas este dispositivo não foi reeditado pela vigente codificação, mas que abarca por igual as hipóteses dos arts. 1.523 e 1.641 do Código Civil de 2002, que reprisaram situações de incidência obrigatória do regime de separação de bens, fazendo persistir o risco do enriquecimento sem causa, acaso o preceito sumular não seja aplicado às hipóteses lá vertidas.

Euclides de Oliveira e Sebastião Amorim aderem à prevalência da aplicação pretoriana da Súmula 377 do STF, mas apontam divergências existentes nas Turmas de Direito Privado do STJ, acerca da necessidade de precisar provar o esforço comum para a comunicação dos aquestos, mas advertem que sua aplicação para a comunicação dos aquestos não condiciona à prova de existência do esforço comum, diante da sua presunção pelo princípio de vedação do enriquecimento ilícito.[165]

Com efeito, pelo inc. I do art. 1.829 do Código Civil, não há direito concorrencial do cônjuge com os descendentes no regime da separação obrigatória de bens e nem haveria concorrência do convivente sobrevivente se iniciada a união estável com a restrição de idade,[166] estabelecida no inc. II do art. 1.641 do Código Civil e que é aplicada à união estável por analogia doutrinária e pela jurisprudência do STJ, em aresto paradigma do Ministro Massami Uyeda no REsp. 1.090.722/SP.[167] Contudo, neste mesmo julgamento prevaleceu a aplicação da Súmula 377 do STF[168] para efeitos de direito sucessório do

---

gresso Brasileiro de Direito de Família. PEREIRA, Rodrigo da Cunha (coord.). Belo Horizonte: Del Rey – IBDFAM, 2004. p. 204.

[164] CC de 1916, art. 259 – "Embora o regime não seja o da comunhão de bens, prevalecerão, no silêncio do contrato, os princípios dela, quanto à comunicação dos adquiridos na constância do casamento".

[165] OLIVEIRA, Euclides de; AMORIM, Sebastião. *Inventário e partilha*: teoria e prática. 25. ed. São Paulo: Saraiva, 2018. p. 113.

[166] A Lei 13.811, de 12 de março de 2019, atribuiu nova redação ao art. 1.520 do Código Civil proibindo o casamento de menores de 16 anos.

[167] "Recurso Especial. União estável. Aplicação do regime da separação obrigatória de bens em razão da senilidade de um dos consortes, constante do art. 1.641, inc. II, do Código Civil à união estável. Necessidade. Companheiro supérstite. Participação na sucessão do companheiro falecido quando aos bens adquiridos na constância da união estável. Observância. Inteligência do art. 1790, CC. Recurso parcialmente provido" (STJ. 3ª Turma. Relator Ministro Massami Uyeda. Julgado em 02.03.2010).

[168] Eis o trecho da ementa do REsp 1.090.722/SP, que reconhece a incidência da Súmula 377/STF: " IV – Ressalte-se, contudo, que a aplicação de tal regime deve inequivocamente sofrer a contemporiza-

convivente sobrevivente, como por igual deve prevalecer o mesmo princípio no casamento em regime obrigatório da separação de bens em razão do inc. II do art. 1.641 do Código Civil. Consequentemente, no direito sucessório a Súmula 377 do STF gera efeitos sucessórios e neutraliza a vedação contida no inc. I do art. 1.829 do Código Civil, cujo dispositivo resta inócuo diante da vigência da Súmula 377 do STF.

Luiz Paulo Vieira de Carvalho observa que a divergência jurisprudencial presente no Superior Tribunal de Justiça entre os Recursos Especiais 1.008.684 e o 1.090.722, dispensando o *esforço comum* e os Recursos Especiais 1.369.860, e o 646.259, exigindo a prova do *esforço comum* na aquisição dos bens aquestos, não se assenta na aplicação do verbete 377 do STF, mas sim se há ou não necessidade da prova do esforço comum por parte do cônjuge não adquirente do bem aquesto, para efeito de reconhecer o direito à *meação*, tanto que nos Embargos de Divergência em Recurso Especial (EREsp 1.171820 da relatoria do Ministro Raul Araújo) foi reconhecida a necessidade da comprovação do *esforço comum*.[169]

No entanto, toda essa discussão a respeito da prova ou não do esforço comum, embora na minha compreensão seja dispensável pela natural presunção do esforço comum revelado na lida doméstica conferida na retaguarda da relação afetiva, para fins sucessórios a conclusão atinente ao Direito de Família se mostra totalmente despicienda, conquanto, se não há meação nos aquestos por ausência de esforço comum, haverá direito hereditário do consorte ou convivente sobrevivente em decorrência dos bens particulares que pertenceriam exclusivamente ao falecido, uma vez que seu parceiro sobrevivente não logrou comprovar a ocorrência do esforço comum na aquisição de aquestos adquiridos em casamento sob a égide da Súmula 377 do STF.

64.3.4.4.3. Regime convencional da separação de bens

Tirante o regime obrigatório da separação total, é facultado aos nubentes e conviventes a escolha do regime convencional da separação de bens, firmado através de pacto antenupcial ou em contrato de união estável, quando os cônjuges ou companheiros desejarem conservar com exclusividade o domínio, a posse e a administração de seus bens presentes e futuros, bem como a responsabilidade pelos débitos anteriores e posteriores ao relacionamento, existindo, neste caso, dois patrimônios distintos: ou seja, o patrimônio individual de cada um dos cônjuges ou conviventes. O regime da separação de bens representa, em efeito, a ausência de um regime patrimonial, caracterizado justamente pela existência de patrimônios separados, o que na sua essência não corresponde à verdade, porque tal afirmação só faria sentido se não formassem uma entidade familiar, já que não se pode conceber uma separação de bens absoluta quando os cônjuges são obrigatoriamente submetidos às normas acerca das responsabilidades que ambos têm de atenderem aos encargos e às necessidades econômicas geradas em qualquer espécie de família.

64.3.4.4.4. Bens adquiridos durante a separação de fato ou de corpos

Dentre os *sagrados* deveres éticos do casamento, e o mesmo pode ser atribuído à união estável, embora haja quem consigne em razão da Súmula 382 do STF ser dispensável a coabi-

---

ção do Enunciado 377/STF, pois os bens adquiridos na constância, no caso, da união estável, devem comunicar-se, independente da prova de que tais bens são provenientes do esforço comum, já que a solidariedade, inerente à vida comum do casal, por si só, é fator contributivo para a aquisição dos frutos na constância de tal convivência".

[169] CARVALHO, Luiz Paulo Vieira de. *Direito das sucessões*. 3. ed. São Paulo: Atlas, 2017. p. 345-346.

tação na convivência livre, está o dever de coabitação no domicílio conjugal ou convivencial, textualmente externado para a instituição do casamento no art. 1.566, inc. II, do Código Civil.

Para Jorge Alberto Caras Altas Duarte Pinheiro, coabitar significa *viver juntos,* habitar a mesma casa ou estar com o outro cônjuge,[170] enquanto Álvaro Villaça Azevedo acresce ser a mútua convivência o principal dever de ambos os esposos, disciplinada por normas de ordem pública[171] e que no passado permitiam requerer a separação culposa diante de um malicioso abandono do lar.

Separação de fato, segundo o dicionário de Direito de Família e Sucessões, tem o mesmo sentido que a separação de corpos,[172] mas certamente não tem a mesma definição, pois casais se separam de fato sem a intervenção judicial ou extrajudicial, ao passo que formalizam sua separação de corpos por consenso em juízo ou por escritura extrajudicial, assim como podem promover uma ação unilateral com vistas a afastar de modo compulsório o outro cônjuge ou convivente da moradia comum, se bem que também serve o modelo litigioso da Lei Maria da Penha para requerer o afastamento obrigatório do cônjuge agressor, ordenado pelo juiz da vara criminal e, até mesmo, pelo delegado de polícia, quando o Município não for sede de comarca, ou pelo policial, quando o Município não for sede de comarca e não houver delegado disponível no momento da denúncia (Lei 13.827/2019), se bem que a mesma via unilateral de separação de corpos pode ser para simplesmente requerer autorização judicial para o afastamento pessoal do promovente da ação. A separação de fato já fora objeto de antiga manifestação do Supremo Tribunal Federal, no Recurso Extraordinário 77.204, como sendo o "estado existente entre os cônjuges caracterizado pela suspensão, por ato ou iniciativa de um ou de ambos os cônjuges, do relacionamento sexual ou coabitação entre eles, sem qualquer provimento judicial".

Como menciona Lúcia Stella Ramos do Lago, a separação fática ou corporal consiste, em seu elemento objetivo, na cessação material da coabitação entre os cônjuges ou conviventes, e que normalmente se concretiza com o afastamento de um dos consortes do domicílio conjugal, e no seu viés subjetivo exterioriza o ânimo unilateral ou bilateral de os cônjuges darem por terminada a sua vida em comum e, por conseguinte, extinguir todo o relacionamento matrimonial,[173] pois onde não há casamento não pode haver regime de bens, e se é o decreto separatório que liberta da coabitação, da fidelidade e da comunicação patrimonial, de há muito o legislador vem sendo realista e deixou de julgar pela ficção legal que esticava no tempo da sentença, obrigações e vínculos que os cônjuges ou conviventes já haviam abandonado da sua separação fática.

Para Jean Carbonnier, a separação corporal consiste em um relaxamento do vínculo matrimonial, mercê de uma resolução judicial que dispensa os cônjuges do dever de convivência,[174] sucedendo um provimento oficial que autoriza a separação dos corpos que por decisão conjunta ou unitária não mais pretendem coabitar. A diferença entre a separação de fato ou de corpos e o divórcio é que nas duas últimas o vínculo matrimonial persiste apenas

---

[170] PINHEIRO, Jorge Alberto Caras Altas Duarte. *O núcleo intangível da comunhão conjugal*: os deveres conjugais sexuais. Coimbra: Almedina, 2004. p. 272.

[171] AZEVEDO, Álvaro Villaça. *Dever de coabitação*: inadimplemento. 2. ed. São Paulo: Atlas, 2009. p. 117.

[172] PEREIRA, Rodrigo da Cunha. *Dicionário de direito de família e sucessões ilustrado*. São Paulo: Saraiva, 2014. p. 635.

[173] LAGO, Lúcia Stella Ramos do. *Separação de fato entre cônjuges*: efeitos pessoais. São Paulo: Saraiva, 1989. p. 9.

[174] CARBONNIER, Jean. *Derecho civil*. Barcelona: Bosch, 1960. t. I. v. II, p. 217.

em caráter formal, muito embora expresse o art. 1.511 do Código Civil brasileiro só existir casamento se houver comunhão plena de vida e esta pressupõe a coabitação.

Responde Carbonnier com relação aos efeitos patrimoniais da separação corporal dizendo que o regime matrimonial de bens desaparece e é substituído pela separação de bens que opera *ipso jure*, sem necessidade de declaração judicial, porquanto não há que ser falado em verdadeiro regime matrimonial, dado que lhe faltam os pressupostos intrínsecos, como o são a convivência, a comunidade de moradia, o sistema de vida conjugal e muito especialmente a contribuição para o levantamento dos recursos familiares, embora subsistam outros efeitos econômicos do casamento, como sucede com a obrigação de satisfazer os alimentos do cônjuge separado de fato ou de corpos, mas que segue dependente da sobrevivência alimentar.[175]

Por fim, para o direito sucessório, a separação de fato ou de corpos retira, pela falta de convivência e de coabitação, o direito à herança em razão da ruptura da vida comum, cujo fato caracteriza a ausência fática de casamento ou de união estável e com ela o epitáfio de consorte ou convivente sobrevivente.

64.3.4.4.5. A culpa mortuária do art. 1.830 do Código Civil (I)

Diferentemente dos efeitos do art. 1.611 do Código Civil de 1916, que preconizava que o direito sucessório do cônjuge viúvo apenas seria excluído *se ao tempo da morte do outro, já estivesse dissolvida a sociedade conjugal*, afigura-se totalmente distorcido e em entrechoque com a Emenda Constitucional 66/2010 o texto do art. 1.830 do Código Civil,[176] que regula a *culpa mortuária* do direito sucessório brasileiro. Consagrado no Direito brasileiro o desapego ao processo causal de separação judicial com a criação do divórcio direto pelo *princípio da ruptura*, sem prazo e sem causa, estranhamente, esse dispositivo teima em perpetuar a velha fábula do único culpado conjugal.[177]

Abre o art. 1.830 do Código Civil o exame da culpa mortuária ao prescrever que só conhece o direito sucessório do cônjuge e o mesmo vale para o convivente pelo RE 646.721/RS e o RE 878.694/MG, ambos do STF, se, ao tempo da morte do outro, não estavam separados ou divorciados judicial ou extrajudicialmente, nem separados de fato há mais de dois anos, salvo prova, neste caso, de que essa convivência se tornar impossível sem culpa do sobrevivente. A separação judicial ou extrajudicial não é essencial para o afastamento do consorte sobrevivente da herança de seu falecido cônjuge, eis que basta a preexistência de uma separação de fato ou de corpos, não podendo deslembrar que todas as separações (fato, corpos ou judicial/extrajudicial) precisam ser ininterruptas, pois sempre comportam a retomada da coabitação ou o juízo de retratação que pela reconciliação dos cônjuges restabelece inteiramente a sociedade conjugal, como se nunca tivesse se separado.

Contudo, se o casal estava de fato ou de direito separado ao tempo da morte do sucedido, na contramão da jurisprudência majoritária do STJ,[178] ressalva o art. 1.830 o direito suces-

---

[175] CARBONNIER, Jean. *Derecho civil*. Barcelona: Bosch, 1960. v. II, t. I, p. 221.
[176] CC, art. 1.830 – "Somente é reconhecido direito sucessório ao cônjuge sobrevivente se, ao tempo da morte do outro, não estavam separados de fato há mais de 2 (dois) anos, salvo prova, neste caso, de que essa convivência se tornar impossível sem culpa do sobrevivente".
[177] MADALENO, Rolf. A concorrência sucessória e o trânsito processual: A culpa mortuária. *Revista Brasileira de Direito de Família*, Porto Alegre: IBDFAM/Síntese, v. 29. abr.-maio 2005, p. 146.
[178] "Direito Civil. Família. Sucessão. Comunhão universal de bens. Sucessão aberta quando havia separação de fato. Impossibilidade de comunicação dos bens adquiridos após a ruptura da vida conjugal. 1. O cônjuge que se encontra separado de fato não faz *jus* ao recebimento de quaisquer bens havidos pelo outro

sório do sobrevivente se a separação não se deu por sua culpa, cometendo ao supérstite provar a culpa do morto pelo fim do casamento, ou, como escrevem Marcella Kfouri Meirelles Cabral e Daniela Antonelli Lacerda Bufacchi, a *prova mortuária* é capaz de fazer com que o cônjuge sobrevivo, separado há menos de dois anos, sem que haja sentença judicial transitada em julgado (ou escritura pública de separação extrajudicial), prove que a separação se deu em virtude de culpa do falecido e, assim, ter intacto seus direitos sucessórios.[179]

O tema é complexo, pois, se um casal está separado de fato há menos de dois anos, porque o marido abandonou a esposa para ir viver em união estável com outra mulher, qual das duas parceiras seria a herdeira sobrevivente, a esposa abandonada e vítima deste abandono ou a companheira, cuja união estável foi extinta pela morte do companheiro, lembrando que o § 1º do art. 1.723 do Código Civil reconhece a existência de união estável de pessoa casada desde que esteja separada de fato ou judicialmente? Nesse caso, existiriam duas herdeiras *viúvas* concorrendo à herança como herdeiras diretas ou concorrenciais, se existentes descendentes ou ascendentes. A resposta tem de ser negativa, especialmente depois da declaração de inconstitucionalidade do art. 1.790 do Código Civil pelo Supremo Tribunal Federal, que cuidou de conferir tratamento sucessório igualitário ao casamento e à união estável (RE 646.721/RS e o RE 878.694/MG), reconhecendo como suporte do direito sucessório do cônjuge ou companheiro sobrevivente a incontestável e voluntária convivência, que é a mola-mestra que motiva e justifica o regime de bens de comunicação patrimonial, porquanto, como escrevi em outra oportunidade, "o fato de o casal haver se separado sem a chancela judicial, apartando corpos, planos e vontades, já destroçou naquela mesma oportunidade a sociedade conjugal, e desta, só em plena efetividade, é que pode ser reconhecido o consequente regime de bens",[180] e na sua esteira o coerente direito sucessório, salvo duas únicas e admissíveis exceções, que

---

por herança transmitida após decisão liminar de separação de corpos. 2. Na data em que se concede a separação de corpos, desfazem-se os deveres conjugais, bem como o regime matrimonial de bens; e a essa data retroagem os efeitos da sentença de separação judicial ou divórcio. 3. Recurso especial não conhecido" (STJ. 4ª Turma. REsp 1.065.209/SP. Relator. Ministro João Otávio de Noronha. Julgado em 08.06.2010).

"Civil e processual. Sociedade conjugal. Separação de fato. Ação de divórcio em curso. Falecimento do genitor do cônjuge-varão. Habilitação da esposa. Impossibilidade. I. Não faz jus à sucessão pelo falecimento do pai do cônjuge-varão a esposa que, à época do óbito, já se achava há vários anos separada de fato, inclusive com ação de divórcio em andamento. II. Recurso especial conhecido e provido, para excluir a recorrida do inventário" (STJ. 4ª Turma. REsp 226.288/PA. Relator. Ministro Aldir Passarinho Junior. Julgado em 13.09.2000).

E em sentido contrário: "Recurso Especial. Direito Civil. Sucessões. Cônjuge sobrevivente. Separação de fato há mais de dois anos. Art. 1.830 do CC. Impossibilidade de comunhão de vida sem culpa do sobrevivente. Ônus da prova. 1. A sucessão do cônjuge separado de fato há mais de dois anos é exceção à regra geral, de modo que somente terá direito à sucessão se comprovar, nos termos do art. 1.830 do Código Civil, que a convivência se tornara impossível sem sua culpa. 2. Na espécie, consignou o Tribunal de origem que a prova dos autos é inconclusiva no sentido de demonstrar que a convivência da ré com o ex-marido tornou-se impossível sem que culpa sua houvesse. Não tendo o cônjuge sobrevivente se desincumbido de seu ônus probatório, não ostenta a qualidade de herdeiro. 3. Recurso especial provido" (STJ. 4ª Turma. REsp1.513.252/SP. Relatora. Ministra Maria Isabel Gallotti. Julgado em 03.11.2015).

[179] CABRAL, Marcella Kfouri Meirelles; BUFACCHI, Daniela Antonelli Lacerda. Sucessão do cônjuge e companheiro: questões polêmicas. In: DINIZ, Maria Helena (coord.). *Sucessão do cônjuge, do companheiro e outras histórias*. São Paulo: Saraiva, 2013. p. 23-24.

[180] MADALENO, Rolf. Efeito patrimonial da separação de fato. *Revista Jurídica*, Porto Alegre: Síntese, v. 234, abr. 1997, p. 12.

não são de todo raras, e quando postas em prática, a primeira delas visa a fraudar o direito hereditário do cônjuge ou parceiro sobrevivo, como sucede quando o cônjuge doente é transferido para a casa de seus filhos, geralmente de casamento anterior, ou hospitalizado sob a supervisão destes mesmos filhos que afastam e alienam a presença do cônjuge ou convivente atual, isso quando não pedem a interdição do moribundo e assim melhor caracterizam uma forçada separação de fato que não foi desejada por nenhum dos parceiros, mas que foi forjada pelos filhos e demais herdeiros no intuito único de construir uma situação fática involuntária, no extraordinário propósito de alegar ausência de coabitação e correlata incapacidade sucessória ativa.

Nestas situações específicas de uma separação de fato simulada pelos filhos contra a vontade dos cônjuges ou conviventes, deve prevalecer, como sentimento de justiça e a bem da verdade, a crença de que a separação não fora realmente desejada por um ou pelo outro, pois, como condição imprescindível para atuar como causa de exclusão da vocação hereditária, há de existir o elemento volitivo, consistente na falta de intenção de retomarem a sua convivência, ou, a contrário senso, na falta da intenção de se separarem, subsistindo neste caso a sociedade nupcial.

Conforme alerta Ricardo Luis Lorenzetti, só não pode haver cessação da convivência se não houve convivência, quando os consortes demonstram total falta de compromisso recíproco a respeito do seu relacionamento, e, neste caso, comete sancionar a ambos com a perda da vocação hereditária.[181]

A segunda hipótese está reportada por Paulo Nader,[182] que é a da morte do cônjuge ou do convivente durante o prazo do trânsito em julgado da sentença homologatória de separação, de divórcio consensual, ou a dissolução amigável de união estável, desde que os casais também não estivessem separados de fato ou de corpos, e, se o processo fosse litigioso, se a sentença não tivesse transitado em julgado antes da abertura da sucessão, guardadas as mesmas ressalvas da existência de precedente separação de fato ou de corpos.

De acordo com J. M. Leoni Lopes de Oliveira, existem seis distintas correntes, preconizando Euclides de Oliveira, na primeira delas, pela divisão igualitária da herança entre o cônjuge inocente e a companheira sobrevivente. Na segunda corrente, sustentada por Mário Delgado e Carlos Roberto Gonçalves, o cônjuge herdaria os bens adquiridos antes da constituição da união estável e o convivente sobrevivo herdaria sobre os bens adquiridos na constância da convivência, sobre os quais também incidiria sua meação se o regime de bens elegido permitir. Essa versão se distancia diante da inconstitucionalidade do art. 1.790 do Código Civil, dado que ela reporta exatamente a solução então indicada para o herdeiro da união estável que recolhia seu direito sucessório justamente sobre os bens comuns e não sobre os bens particulares, sendo outra a realidade vigente desde os Recursos Extraordinários 646.721/RS e 878.694/MG do STF, que aplicam o art. 1.829 à união estável, de forma que o convivente supérstite herda sobre os bens privados do morto e meeia sobre os bens comuns do casal.

A terceira corrente, encabeçada por José Francisco Cahali, Ana Luiza Maia Nevares, Christiano Cassettari, Luiz Paulo Vieira de Carvalho, Cristiano Chaves de Farias e Nelson Rosenvald, defende que o cônjuge fica excluído do direito sucessório e o companheiro recolhe a herança. Este é o pensamento do qual muitos outros doutrinadores comungam e a cuja corrente também me filio, por refugar a tese da culpa mortuária depois que toda a construção

---

[181] LORENZETTI, Ricardo Luis. *Código Civil y Comercial de la Nación comentado*. Buenos Aires: Rubinzal-Culzoni, 2015. t. X, p. 842.
[182] NADER, Paulo. *Curso de direito civil*: direito das sucessões. Rio de Janeiro: Forense, 2007. v. 6, p. 183.

doutrinária e jurisprudencial apontou para a extinção do regime de comunicação patrimonial com a física separação dos cônjuges ou conviventes, em uma consequência de lógica coerência da separação objetiva emoldurada pela Emenda Constitucional 66/2010, bastando a simples aferição da existência espontânea da separação fatual do casal, que por mútuo próprio, unilateral ou bilateral deixa de coabitar, pouco importando os motivos dessa decisão, isso para sequer entrar na discussão acerca da subsistência do instituto da separação judicial depois do julgamento, pela maioria, em 16 de maio de 2017, de acórdão da 4ª Turma do Superior Tribunal de Justiça, no REsp. 1.247.098/MS, na relatoria da Ministra Maria Isabel Gallotti, e posteriormente a 3ª Turma do STJ, no REsp. 1.431.370/SP, na relatoria do Ministro Ricardo Villas Bôas Cueva, julgado em 15 de agosto de 2017, ambos os recursos especiais entendendo que a separação judicial e, portanto, também a separação extrajudicial são juridicamente possíveis, vencido o Ministro Luis Felipe Salomão que afastava definitivamente o *fantasma do instituto da separação*,[183] como nesta mesma direção doutrinam Flávio Tartuce, Luiz Edson Fachin, Paulo Lôbo, Zeno Veloso, Álvaro Villaça Azevedo, Maria Berenice Dias, Cristiano Chaves, Nelson Rosenvald, Pablo Stolze, Rodolfo Pamplona Filho e Daniel Amorim Assumpção Neves e Rolf Madaleno, segundo levantamento realizado por Flávio Tartuce,[184] podendo ser acrescentadas as doutrinas de Rodrigo da Cunha Pereira,[185] Sérgio Barradas Carneiro[186] e Lenio Luiz Streck.[187]

Segundo Lauane Andrekowisk Volpe Camargo, realmente não se justifica a exigência do prazo imposto pelo legislador quando a separação de fato extingue os deveres conjugais e encerra o regime de bens, e se não há mais regime também não se justifica manter a qualidade de herdeiro do consorte separado de fato,[188] e condicionar a separação à comprovação da culpa do esposo sobrevivente é fazer tábula rasa da EC 66/2010. À mesma conclusão chega Maria Berenice Dias, ao sentenciar que, uma vez excluída a possibilidade de perquirição de causas, quando do término do casamento, tal fato impede que sejam identificadas culpas depois da morte de um dos cônjuges.[189]

A quarta corrente é defendida por Inacio de Carvalho Neto, no sentido de que o cônjuge herda excluindo o companheiro do direito sucessório e declarando inconstitucional o § 1º do art. 1.723 do Código Civil, ao passo que, na quinta corrente, José Luiz Gavião de Almeida obtempera que tudo depende da existência de filhos exclusivos ou comuns, ou filiação híbrida, variando as soluções conforme a origem familiar dos descendentes.

---

[183] Acerca da subsistência da separação judicial ou extrajudicial, ver: MADALENO, Rolf. O fantasma processual da separação. In: TARTUCE, Flávio; MAZZEI, Rodrigo; CARNEIRO, Sérgio Barradas (coords.). *Famílias e sucessões*. Salvador: JusPodivm, 2016. p. 419-436.

[184] TARTUCE, Flávio. *Direito civil*: direito das sucessões. 11. ed. Rio de Janeiro: Forense, 2018. p. 223.

[185] PEREIRA, Rodrigo da Cunha. Separação judicial no CPC/2015: o lobo em pele de cordeiro. In: TARTUCE, Flávio; MAZZEI, Rodrigo; CARNEIRO, Sérgio Barradas (coords.). *Famílias e sucessões*. Salvador: JusPodivm, 2016. p. 309-417.

[186] CARNEIRO, Sergio Barradas. In: TARTUCE, Flávio; MAZZEI, Rodrigo; CARNEIRO, Sérgio Barradas (coords.). *Famílias e sucessões*. Salvador: JusPodivm, 2016. p. 371-397.

[187] STRECK, Lenio Luiz. Por que é inconstitucional repristinar a separação judicial no Brasil. Disponível em: <www.conjur.com.br/2014-nov-18/lenio-streck-inconstitucional-repristina-separacao-judicial>. Acesso em: 17 fev. 2015.

[188] CAMARGO, Lauane Andrekowisk Volpe. *A separação e o divórcio após a Emenda Constitucional nº 66/2010*. Rio de Janeiro: Lumen Juris, 2014. p. 273.

[189] DIAS, Maria Berenice. *Divórcio*: Emenda Constitucional 66/2010 e o CPC. 3. ed. São Paulo: RT, 2017. p. 96.

Por último, Guilherme Calmon Nogueira da Gama, Eduardo de Oliveira Leite e Flávio Tartuce propugnam pela aplicação do Enunciado 525 do CJF, no sentido de que os arts. 1.723, § 1º, 1.790 (revogado pelo STF), 1.829 e 1.830 do Código Civil admitiam a concorrência sucessória entre cônjuge e companheiro sobreviventes na sucessão legítima quanto aos bens adquiridos onerosamente na união estável.

Para Paulo Lôbo, a imputação da culpa do falecido pela separação de fato viola um dos princípios fundamentais do Estado Democrático de Direito, que é:

> (...) o da garantia de contraditório e de ampla defesa a qualquer acusado ou litigante (art. 5º, LV, da Constituição); o falecido não pode exercê-los nem contraditar a acusação de culpa. Essa incongruente exigência normativa foi apodada de "culpa mortuária" por Rolf Madaleno (2005, p. 146-9), que estende no tempo os efeitos do regime de bens, contrariando o princípio do art. 1.511 do Código Civil, que estabelece que o casamento depende da comunhão plena de vida.[190]

Ao Direito argentino tampouco é estranha a separação de fato, cujo art. 2.437 do seu Código Civil e Comercial dispõe que o divórcio, a separação de fato sem vontade de se unir e a decisão judicial de qualquer tipo que implica a cessação da convivência, excluem o direito hereditário entre os cônjuges. E mais, diferente do Direito brasileiro, constante do art. 1.830 do Código Civil, a separação de fato exclui o direito sucessório sem nenhum requisito subjetivo que implique provar quem deu causa à separação, prevalecendo o critério objetivo da separação como causa de exclusão da ordem de vocação hereditária, em comportamento processual coerente com a eliminação da culpa pela ruptura como causa de separação.

É por raciocínio lógico que se movimenta a doutrina nacional, como são exemplos Vitor Frederico Kümpel e Carla Modina Ferrari, ao assentarem que, com o advento da Emenda Constitucional 66/2010, agregado da viabilidade da constituição de união estável em prazo menor aos dois anos mencionados para a culpa mortuária, "não faz sentido que alguém comprovadamente separado e que já vive com outra pessoa há, por exemplo, um ano e meio, reivindique sua qualidade de herdeiro. O correto, portanto, é que a separação de fato comprovada extinga a qualidade de herdeiro ou cônjuge".[191]

Situação diferente e curiosa é a concorrência da esposa de quem o sucedido estava faticamente separado com sua companheira, com a qual vivia em união estável desde quando rompeu de fato seu casamento pelo simples e silencioso abandono do lar. Sua esposa figurava e seguiu figurando como beneficiária da previdência privada, tendo se olvidado de indicar a convivente sobrevivente como beneficiária do fundo previdenciário a ser rateado com a primitiva esposa, à semelhança do que acontece na previdência social, mas nessa hipótese, e assim decidiu o STJ no REsp. 1.715.485/RN, da 3ª Turma, julgado em 27 de fevereiro de 2018 e relatado pelo Ministro Ricardo Villas Bôas Cueva,[192] se trata de uma pensão por morte, de caráter assistencial, e não de um direito sucessório.

---

[190] LÔBO, Paulo. *Direito civil*: sucessões. 4. ed. São Paulo: Saraiva, 2018. p. 135.
[191] KÜMPEL, Vitor Frederico; FERRARI, Carla Modina. *Tratado notarial e registral*. São Paulo: YK Editora, 2017. v. 3, p. 720.
[192] "Recurso Especial. Civil. Negativa de prestação jurisdicional. Inexistência. Previdência privada. Suplementação de pensão por morte. Indicação de beneficiário no plano. Omissão. Companheira. Óbito do participante. Inclusão posterior. Possibilidade. Valor da benesse. Prejuízo ao fundo previdenciário. Ausência. Rateio entre a ex-esposa e a convivente. União estável. Demonstração. Finalidade social do contrato. Regime de previdência oficial. Equiparação. 1. Recurso especial interposto contra acórdão

64.3.4.4.4.6. Prova da culpa mortuária

Em sendo imprescindível demonstrar a culpa separatória do cônjuge ou companheiro falecido, para assegurar a herança do sobrevivente sedizente inocente, ou na hipótese mais factível, para que o consorte viúvo demonstre que a sua separação de fato do esposo, de cuja sucessão se trata, se deu contra a vontade do casal, mas sim por estratégias de alienação do consorte, e engendradas pelos coerdeiros, com efeito que a qualidade ou não de herdeiro do esposo sobrevivo é matéria de prova que se ressente do devido processo.

Por isso, verificando o juiz que a disputa sobre a qualidade de herdeiro a que alude o inc. III do art. 627 do CPC demanda produção de provas que não a documental, remeterá a parte às vias ordinárias e sobrestará, até o julgamento da ação, a entrega do quinhão que na partilha couber ao herdeiro admitido (CPC, art. 627, § 3º), procedimento que o Código de Processo Civil de 1973 tratava como *matéria de alta indagação*.

---

publicado na vigência do Código de Processo Civil de 1973 (Enunciados Administrativos ns 2 e 3/STJ). 2. Cinge-se a controvérsia a saber se é possível a inclusão de companheira como beneficiária de suplementação de pensão por morte quando existente, no plano de previdência privada fechada, apenas a indicação da ex-esposa do participante. 3. A pensão por morte complementar consiste na renda a ser paga ao beneficiário indicado no plano previdenciário em decorrência do óbito do participante ocorrido durante o período de cobertura, depois de cumprida a carência. A princípio, a indicação do beneficiário é livre. Todavia, não pode ser arbitrária, dada a finalidade social do contrato previdenciário. 4. A Previdência Complementar e a Previdência Social, apesar de serem autônomas entre si, pois possuem regime distintos e normas intrínsecas, acabam por interagir reciprocamente, de modo que uma tende a influenciar a outra. Assim, é de rigor a harmonização do sistema previdenciário como um todo. 5. Nos planos das entidades fechadas de previdência privada, é comum estabelecer os dependentes econômicos ou os da previdência oficial como beneficiários do participante, pois ele, ao aderir ao fundo previdenciário, geralmente possui a intenção de manter o padrão de vida que desfruta na atividade ou de amparar a própria família, os parentes ou as pessoas que lhe são mais afeitas, de modo a não deixá-los desprotegidos economicamente quando de seu óbito. 6. A designação de agraciado pelo participante visa facilitar a comprovação de sua vontade para quem deverá receber o benefício previdenciário suplementar na ocorrência de sua morte; contudo, em caso de omissão, é possível incluir dependente econômico direto dele no rol de beneficiários, como quando configurada a união estável, sobretudo entre os indicados e o incluído tardiamente. 7. Para fins previdenciários, a comprovação da união estável pode se dar por qualquer meio robusto e idôneo de prova, não se esgotando no contrato escrito registrado ou não em cartório (preferencial para disciplinar o regime e a partilha de bens, conforme o art. 5º da Lei nº 9.278/1996) ou na sentença judicial declaratória. Precedentes. 8. Tendo em vista a finalidade assistencial da suplementação de pensão por morte, não pode haver o favorecimento do cônjuge separado em detrimento do companheiro do participante. A união estável é reconhecida constitucionalmente como entidade familiar, pressupondo o reconhecimento da qualidade de companheiro a inexistência de cônjuge ou o término da sociedade conjugal (arts. 1.723 a 1.727 do CC). Efetivamente, a separação se dá na hipótese de rompimento do laço de afetividade do casal, ou seja, ocorre quando esgotado o conteúdo material do casamento. 9. A inclusão da companheira, ao lado da ex-esposa, no rol de beneficiários da previdência privada, mesmo no caso de omissão do participante quando da inscrição no plano, promoverá o aperfeiçoamento do regime complementar fechado, à semelhança do que já acontece na previdência social e nas previdências do servidor público e do militar nos casos de pensão por morte. Em tais situações, é recomendável o rateio igualitário do benefício entre o ex-cônjuge e o companheiro do instituidor da pensão, visto que não há ordem de preferência entre eles. 10. Havendo o pagamento de pensão por morte, seja a oficial ou o benefício suplementar, o valor poderá ser fracionado, em partes iguais, entre a ex-esposa e a convivente estável, haja vista a possibilidade de presunção de dependência econômica simultânea de ambas em relação ao falecido. 11. Recurso especial não provido."

É o foro próprio para discutir a culpa ou a inocência *funerária*, cuja instrução processual demandaria toda a ordem de provas documentais ou testemunhais, como seria o caso de um precedente processo de separação de corpos requerido pelo consorte dito inocente e vítima de agressão física ou de adultério praticados em vida pelo agora defunto e autor da herança em discussão, aduzindo Mário Luiz Delgado[193] que estas provas processuais preexistentes poderão ser tomadas por empréstimo e utilizadas no incidente no qual se discuta a manutenção ou não do direito sucessório, sendo inequívoco que essa discussão jamais poderá ser realizada e muito menos judicialmente decidida no processo de inventário, salvo existisse sentença preliminar reconhecendo a culpa do morto, e já transitada em julgado.

Mencionam Euclides de Oliveira e Sebastião Amorim ser deslocado do processo de inventário aventar a discussão do direito sucessório do cônjuge sobrevivo, cuja demanda exige o ingresso nas vias ordinárias, por constituir questão de alta indagação, pendente de adequada instrução probatória que se torna impossível nos estreitos lindes de um processo de inventário,[194] acrescendo Sílvio Venosa que a matéria irá paralisar o inventário, podendo ser previsto que muito se digladiarão descendentes e cônjuge sobrevivente, cônjuge separado de fato e companheiro de união estável para atingirem a declaração de exclusão ou admissão de herdeiro, sendo inconteste que este embate jamais poderá ser processualmente instruído e judicialmente declarado no bojo do inventário,[195] como tampouco a discussão enfrentada fosse para o efeito de excluir herdeiro por ato de indignidade ou de deserdação, até mesmo porque, na essência, os propósitos de exclusão da qualidade de herdeiro se identificam.

65. COMPANHEIRO

A sucessão do companheiro sobrevivente era regulada pelo art. 1.790 do Código Civil, considerando que a união estável ascendeu ao *status* de entidade familiar com o advento da Constituição Federal de 1988, reafirmado pelo art. 1.723 do Código Civil de 2002. Desde a vinda do Código Civil de 2002, era forte a altercação doutrinária acerca da discrepância legal que se fazia presente entre os direitos sucessórios reservados ao cônjuge sobrevivente em comparação com aqueles destinados ao companheiro supérstite, sendo nítida e, para muitos, incompreensível, tamanha desconexão de efeitos jurídicos. Prova disso é que sempre houve muitos pronunciamentos doutrinários e judiciais declarando constitucional essa discrepância e, de início, outras decisões provenientes de menor número de tribunais brasileiros declarando inconstitucional qualquer discriminação presente entre os direitos sucessórios do companheiro sobrevivente em confronto com os direitos reservados ao cônjuge, assim como no mesmo sentido se direcionavam alguns posicionamentos doutrinários.

Era uma oposição ao art. 1.790 do Código Civil, nem sempre unânime e muito menos homogênea, dado que muitos concordavam com alguns aspectos do referido artigo, acedendo ao seu *caput* e aos dois primeiros incisos (CC, art. 1.790, incs. I e II), mas discordavam frontalmente do inc. III, que reservava para o sobrevivente da união estável apenas 1/3 da herança

---

[193] DELGADO, Mário Luiz. Controvérsias na sucessão do cônjuge e do convivente: uma proposta de harmonização do sistema. In: DELGADO, Mário Luiz; ALVES, Jones Figueirêdo (coords.). *Novo Código Civil*: questões controvertidas no direito de família e das sucessões. São Paulo: Método, 2005. v. 3, p. 424.

[194] OLIVEIRA, Euclides; AMORIM, Sebastião. *Inventário e partilha*: teoria e prática. 25. ed. São Paulo: Saraiva, 2018. p. 174.

[195] VENOSA, Sílvio de Salvo. *Direito civil*: sucessões. 17. ed. São Paulo: Atlas, 2017. p. 151.

quando ele concorresse com quaisquer outros parentes ascendentes ou colaterais, em clara e inexplicável desvantagem em cotejo com a vocação hereditária da viúva do casamento.

Com o julgamento definitivo, publicado no *Diário Oficial* em 6 de fevereiro de 2018, do Recurso Extraordinário 878.694/MG, o Supremo Tribunal Federal, apreciando o tema 809 da repercussão geral, nos termos do voto do Relator, Ministro Luís Roberto Barroso, fixou tese nos seguintes termos:

> É inconstitucional a distinção de regimes sucessórios entre cônjuges e companheiros prevista no art. 1.790 do CC/2002, devendo ser aplicado, tanto nas hipóteses de casamento quanto nas de união estável, o regime do art. 1.829 do CC/2002.

Lavrada a correspondente ementa do Recurso Extraordinário 878.694/MG, que também abarcou o Recurso Extraordinário 646.721/RS, este pautado pelo Ministro Marco Aurélio, ficou assim redigida sua versão final:

> Direito Constitucional e civil. Recurso Extraordinário. Repercussão geral. Inconstitucionalidade da distinção de regime sucessório entre cônjuges e companheiros. 1. A Constituição brasileira contempla diferentes formas de família legítima, além da que resulta do casamento. Nesse rol incluem-se as famílias formadas mediante união estável. 2. Não é legítimo desequiparar, para fins sucessórios, os cônjuges e os companheiros, isto é, a família formada pelo casamento e a formada por união estável. Tal hierarquização entre entidades familiares é incompatível com a Constituição de 1988. 3. Assim sendo, o art. 1790 do Código Civil, ao revogar as Leis números 8.971/1994 e 9.278/1996 e discriminar a companheira (ou o companheiro), dando-lhe direitos sucessórios bem inferior aos conferidos à esposa (ou ao marido), entra em contraste com os princípios da igualdade, da dignidade humana, da proporcionalidade como vedação à proteção deficiente, e da vedação do retrocesso. 4. Com a finalidade de preservar a segurança jurídica, o entendimento ora firmado é aplicável apenas aos inventários judiciais em que não tenha havido trânsito em julgado da sentença de partilha, e às partilhas extrajudiciais em que ainda não haja escritura pública. 5. Provimento do recurso extraordinário. Afirmação, em repercussão geral, da seguinte tese: "No sistema constitucional vigente, é inconstitucional a distinção de regimes sucessórios entre cônjuges e companheiros, devendo ser aplicado, em ambos os casos, o regime estabelecido no art. 1.829 do CC/2002".

Como antes antecipado, a decisão também foi proferida no julgamento do RE 646.721/RS, em que igualmente foi reconhecida a repercussão geral, concluindo pela ausência de hierarquia entre as diferentes entidades familiares, sendo ambas merecedoras de idêntica proteção e pronunciamento expresso da inconstitucionalidade do art. 1.790 do Código Civil e, como menciona Giselda Maria Fernandes Novaes Hironaka, ao proclamar a inexistência de hierarquia constitucional entre as formas de família, o julgamento do RE 878.694/MG promoveu, em consequência, a equiparação do tratamento sucessório, de forma absolutamente igualitária.[196]

O julgamento da repercussão geral que fixou a tese da inconstitucionalidade da distinção de regimes sucessórios entre cônjuges e companheiros provocada pelo art. 1.790 do Código Civil gerou indagações acerca da sua aplicação, se seria restrita ao art. 1.829 do Código Civil, ou se o julgamento perpassa pelos vários outros dispositivos que também deveriam ser

---

[196] HIRONAKA, Giselda Maria Fernandes Novaes. Inconstitucionalidade do art. 1.790 do Código Civil. In: SALOMÃO, Luis Felipe; TARTUCE, Flávio (coords.). *Direito civil*: diálogos entre a doutrina e a jurisprudência. São Paulo: Atlas, 2018. p. 771.

aplicados à união estável, como: a) o direito real de habitação relativamente ao imóvel destinado à residência da família, e reservado legalmente apenas ao cônjuge sobrevivente (CC, art. 1.831); b) se o convivente sobrevivente em concorrência com os descendentes também terá direito ao quinhão igual ao dos que sucederem por cabeça, não podendo a sua quota ser inferior à quarta parte da herança, se for ascendentes dos herdeiros com que concorrer (CC, art. 1.832); c) ou se na falta dos descendentes, são chamados os ascendentes, em concorrência com o convivente sobrevivente (CC, art. 1.836), onde o grau mais próximo excluiu o mais remoto, sem distinção de linhas (§ 2º) e se, havendo igualdade em grau e diversidade em linha, os ascendentes da linha paterna herdam a metade, cabendo a outra aos da linha materna (§ 2º); d) se o convivente sobrevivente concorrer com ascendentes em primeiro grau, se lhe toca um terço da herança, ou a metade se houver um só ascendente ou se maior for aquele grau (CC, art. 1.837); e) se na falta de descendentes e ascendentes, a sucessão será deferida por inteiro ao convivente sobrevivente (CC, art. 1.838); f) e se o convivente sobrevivo é considerado herdeiro necessário (CC, art. 1.845) e se, por isto, qualquer doação importa adiantamento do que lhe cabe por herança (CC, art. 544).

Tais questionamentos integram um conjunto de dúvidas suscitadas via embargos de declaração, ganhando destaque o art. 1.845 do Código Civil, por considerar a viúva conjugal herdeira forçosa e igualmente destinatária da porção indisponível, mas este dispositivo não arrola o companheiro sobrevivente como herdeiro necessário, que era considerado simplesmente um herdeiro facultativo e, portanto, poderia ser descartado da herança e, em especial, da porção indisponível reservada por lei aos descendentes, ascendentes e cônjuge (CC, art. 1.845), sendo fundamental extrair o posicionamento final da Corte Suprema, que encerrou o julgamento em 10 de maio de 2017, para definir se com a tese firmada no RE 878.694/MG de equiparação constitucional da(o) companheira(o) ao cônjuge e reconhecida a inconstitucionalidade do art. 1.790 do Código Civil, com isto e por consequência natural o companheiro também recolhe sozinho a herança na ausência de descendentes e de ascendentes, e se torna herdeiro necessário (CC, art. 1.845), e, ainda, se passa a exercer o direito real vitalício de habitação, como ocorre com o cônjuge, conforme art. 1.831 do Código Civil, e não mais apenas enquanto não constituir novo relacionamento (Lei 9.278/1996, art. 7º, parágrafo único), e se deixa de concorrer com os colaterais até o quarto grau e, finalmente, se precedente doação feita ao companheiro importa em adiantamento do que lhe cabe por herança.

Este o grande dilema surgido com o julgamento dos RE's 878.694/MG e 646.721/RS (temas 809 e 498), porquanto não existe unanimidade na equiparação integral das figuras do casamento e da união estável, havendo quem defenda que o sistema sucessório do casamento estaria escorado em normas e princípios diferentes daqueles regramentos que orientam a sucessão na união estável.[197]

Foram opostos embargos de declaração pelo IBDFAM e pela ADFAS perante o STF em razão das conclusões trazidas pelos RE 878.694/MG e 646.721/RS. Segundo uma dessas correntes, o legislador constituinte deixou induvidosa sua preferência pela instituição do matrimônio e estabeleceu regras mais favoráveis ao cônjuge em detrimento do companheiro sobrevivente, bastando confrontar as disposições do revogado art. 1.790 com as do art. 1.829, ambos do Código Civil, para verificar que o companheiro sobrevivente participava da sucessão do outro apenas com relação aos bens adquiridos onerosamente na vigência da união estável, e não sobre o acervo particular do sucedido, como ocorre no casamento. O conviven-

---

[197] FARIAS, Cristiano Chaves de; ROSENVALD, Nelson. *Curso de direito civil*: sucessões. 4. ed. Salvador: JusPodivm, 2018. v. 7, p. 358.

te sobrevivo não tinha direito à legítima, ao direito real de habitação, à quota mínima de 1/4 (um quarto) da herança se fosse ascendente dos herdeiros, recebia somente a metade do que receberiam os descendentes exclusivos do falecido, e recebia 1/3 (um terço) da herança se concorresse com quaisquer outros parentes até o quarto grau, enquanto o cônjuge supérstite recolhe a herança sozinho na ausência de descendentes e ascendentes.

Existem aqueles que argumentam que a liberdade patrimonial deve ser assegurada na união estável para afastar o companheiro sobrevivente do rol de herdeiros necessários, como fez o Ministro Luiz Edson Fachin, em seu voto prolatado no RE 878.694/MG, diferenciando direito sucessório de meação e, com escora na lição de Álvaro Villaça Azevedo, lembrando ser essencial *proteger todas as formas de constituição familiar sem dizer o que é melhor*. Conclui Edson Fachin que a propalada *liberdade patrimonial* dos conviventes já é assegurada com o não reconhecimento do companheiro como herdeiro necessário, sendo ainda possível, portanto, afastar os efeitos sucessórios por testamento, muito embora finalize seu voto dando provimento ao recurso extraordinário sob exame, para que sejam aplicados ao casamento e à união estável as mesmas regras do art. 1.829 e seguintes do Código Civil de 2002.

Por sua vez, o Ministro Luís Roberto Barroso não esconde que existem diferenças entre o matrimônio e a união estável, que são organizações familiares distintas, e, caso não o fossem, não haveria sentido tratá-las em trechos distintos da Constituição, nem ser afirmado que a lei deve facilitar a conversão da união estável em casamento, contudo, a questão posta em debate diz com a ilegitimidade da *hierarquização das formas de família*, dado que não pode haver nenhuma diferença entre as entidades familiares para fins de proteção estatal, e conclui em seu voto que "só será legítima a diferenciação de regimes entre casamento e união estável se não implicar hierarquização de uma entidade familiar em relação à outra, desigualando o nível de proteção conferido aos indivíduos".

Anderson Schreiber concorda por igual, que existem discrepâncias que caracterizam a união estável em confronto com o matrimônio, com pontos de convergência como: a) a convivência pública, continua e duradoura; b) o escopo de compartilhamento de um projeto de vida comum; e c) a formação espontânea e informal, conferindo neste último propósito a dessemelhança entre os dois institutos, porquanto, a união estável se constitui de forma *espontânea* e *informal*, ao passo que o casamento é todo ele disciplinado por *solenidade* e *publicidade* no ato de sua constituição.[198]

Assim, as únicas diferenças remanescentes com o julgamento dos RE's 646.721/RS e 878.694/MG respeitam às normas de solenidade do casamento em confronto com a informalidade da união estável, havendo, contudo, completa equiparação no tocante às regras sucessórias, de alimentos e de regimes de bens, e qualquer efeito jurídico diferenciado entre os dois institutos configurará arbitrariedade e consequente inconstitucionalidade.

José Fernando Simão está entre aqueles que se rendem à evidência de que o julgamento do STF não implicou a equiparação absoluta entre o casamento e a união estável, pois seguem existindo diferenças inapagáveis, mas, naquilo que respeita à criação, comprovação e extinção entre os dois institutos jurídicos, de modo que só é *constitucional* a diferença quando da concepção, comprovação e extinção da união estável em checagem com o matrimônio, contudo, em relação aos seus efeitos jurídicos, as duas espécies de famílias não podem ser distinguidas, sob pena de arbitrariedade e consequente inconstitucionalidade.[199]

---

[198] SCHREIBER, Anderson. *Manual de direito civil contemporâneo*. São Paulo: Saraiva, 2018. p. 908-909.
[199] SIMÃO, José Fernando. E então o STF decidiu o destino do art. 1.790 do CC? (parte 2). Disponível em: <http://www.conjur.com.br/2016-dez-25/processo-familiar-entao-stf-decidiu-destino-artigo-1790-cc--parte>. Acesso em: 28 jul. 2017.

José Fernando Simão demonstra a constitucionalidade das formas, estando reservado para a configuração do casamento todo o seu rito formal de habilitação, celebração e registro, ao passo que a união estável reporta a um simples fato da vida, devendo ser uma relação pública, contínua e duradoura, com o objetivo de constituir família, mas destituída de habilitação prévia, celebração e muito menos de registro obrigatório, dispensando inclusive qualquer contrato escrito.[200] A comprovação do matrimônio é feita pela correspondente certidão de casamento, ao passo que a união estável pode ser demonstrada por contrato escrito, escritura pública, ou apenas por meio de testemunhas, e sua extinção se dá pela morte de qualquer dos cônjuges ou conviventes, pela invalidade genérica do casamento (nulidade ou anulação) e pelo divórcio para os matrimoniados, enquanto a união estável termina pela separação formal ou informal dos conviventes, e todas essas diferenças são igualmente reconhecidas como próprias de cada entidade familiar, e nesse aspecto claramente constitucionais.[201]

Ilegítimos serão seus efeitos jurídicos porventura concedidos com contornos diferenciados e assimétricos, e, neste caso, havidos por inconstitucionais, dado que, doravante, todas as regras sucessórias aplicáveis aos cônjuges são igualmente aplicáveis aos conviventes e não devem ser diferentes os efeitos jurídicos pertinentes ao Direito de Família,[202] pois, como referiu o Ministro Luís Roberto Barroso nos RE's 878.694/MG e 646.721/RS, "se o legislador civil entendeu que o regime previsto no art. 1.829 do CC/2002 é aquele que melhor permite ao cônjuge viver sua vida de forma digna após o óbito de seu parceiro, não poderia, de forma alguma, estabelecer regime diverso e menos protetivo para o companheiro" e isto vale pela mesma lógica do direito sucessório para o direito familista, tanto que, por volta de 1984, Orlando Gomes escrevia visionariamente, mas sem ser pioneiro, que: "o rigor da legitimidade da união para o gozo de benefícios ou para o cumprimento de deveres cede diante da necessidade de assistir ao maior número e de fixar responsabilidades. Na prestação dos auxílios, a figura da *companheira* surge no cenário jurídico equiparada à da esposa, atribuindo-se, assim, à união livre efeitos análogos aos do casamento, e reconhecendo-se a existência de uma família natural que os Códigos sacrificavam, ignorando pura e simplesmente o fato, como se não existisse".[203]

---

[200] SIMÃO, José Fernando. E então o STF decidiu o destino do art. 1.790 do CC? (parte 2). Disponível em: <http://www.conjur.com.br/2016-dez-25/processo-familiar-entao-stf-decidiu-destino-artigo-1790-cc--parte>. Acesso em: 28 jul. 2017.

[201] SIMÃO, José Fernando. E então o STF decidiu o destino do art. 1.790 do CC? (parte 2). Disponível em: <http://www.conjur.com.br/2016-dez-25/processo-familiar-entao-stf-decidiu-destino-artigo-1790-cc--parte>. Acesso em: 28 jul. 2017.

[202] "Recurso Especial. Civil. Processual Civil. Direito de Família e das Sucessões. Distinção de regime sucessório entre cônjuges e companheiros. Impossibilidade. Art. 1.790 do Código Civil de 2002. Inconstitucionalidade. STF. Repercussão geral reconhecida. Art. 1.829 do Código Civil de 2002. Princípios da igualdade, dignidade humana, proporcionalidade e da razoabilidade. Incidência. Vedação ao retrocesso. Aplicabilidade. 1. No sistema constitucional vigente é inconstitucional a distinção de regimes sucessórios entre cônjuges e companheiros, devendo ser aplicado em ambos os casos o regime estabelecido no art. 1.829 do CC/2002, conforme tese estabelecida pelo Supremo Tribunal Federal em julgamento sob o rito da repercussão geral (Recursos Extraordinários ns 646.721 e 878.694). 2. O tratamento diferenciado acerca da participação na herança do companheiro ou cônjuge falecido conferido pelo art. 1.790 do Código Civil/2002 ofende frontalmente os princípios da igualdade, dignidade humana, da proporcionalidade e da vedação do retrocesso. 3. Ausência de razoabilidade do discrímen à falta de justo motivo no plano sucessório. 4. Recurso especial provido" (STJ. REsp 1.332.773/MS. Relator. Ministro Ricardo Villas Bôas Cueva. 3ª Turma. Julgado em 27.06.2017).

[203] GOMES, Orlando. A modernização do direito de família. In: *O novo direito de família*. Porto Alegre: Sergio Antonio Fabris Editor, 1984. p. 7.

Lamentavelmente, os Códigos brasileiros seguiram ignorando esses mesmos fatos durante mais de trinta anos, até que o Plenário do STF, por maioria, vencidos os Ministros Dias Toffoli, Marco Aurélio e Ricardo Lewandowski, que votaram negando provimento ao recurso no julgamento do RE 878.694/MG, iniciado em agosto de 2016 e encerrado em 10 de maio de 2017, cujo acórdão foi publicado em 6 de fevereiro de 2018, apreciando o tema 809 da repercussão geral, nos termos do voto do Ministro Relator Luís Roberto Barroso fixou a tese de que "É inconstitucional a distinção de regimes sucessórios entre cônjuges e companheiros prevista no art. 1.790 do CC/2002, devendo ser aplicado, tanto nas hipóteses de casamento quanto nas de união estável, o regime do art. 1.829 do CC/2002".

Destarte, declarada a inconstitucionalidade do art. 1.790 do Código Civil, que tratava da sucessão do companheiro, havendo bens adquiridos a título oneroso durante a união estável e convivendo como parceiros quando da morte de um deles, sobre estes bens o companheiro supérstite retirará a sua eventual meação, se assim permitir o regime de bens existente entre os conviventes, e concorrerá com os descendentes ou os ascendentes do falecido, conforme a ordem de vocação hereditária do art. 1.829 do Código Civil, sobre os bens particulares do companheiro morto, salvo no regime da comunhão universal de bens ou no da separação obrigatória (CC, art. 1.641),[204] ou se, no regime da comunhão parcial, o autor da herança não houver deixado bens particulares.

Na sucessão do convivente é extraída a circunstancial meação do sobrevivente sobre os bens adquiridos onerosamente na constância do relacionamento, tornando-se a meação do falecido herança exclusiva dos descendentes ou ascendentes, sem nenhum concurso da companheira sobrevivente sobre esta meação, ao passo que os bens particulares serão herdados pelos descendentes ou ascendentes em concorrência com o companheiro sobrevivo, tudo atento aos arts. 1.829, incs. I e II, e 1.830 do Código Civil (com ressalvas ao absurdo da *culpa mortuária*), com o direito real de habitação do art. 1.831 do Código Civil, cabendo ao convivente sobrevivo quinhão igual aos dos descendentes que sucederem por cabeça, não podendo sua quota ser inferior à quarta parte da herança, se for ascendente dos herdeiros com que concorrer (CC, art. 1.832), e, na falta de descendentes, concorre com os ascendentes, nos termos dos arts. 1.836 e 1.837 do Código Civil.

O Código Civil de 2002 havia desfigurado completamente a condição de herdeiro do convivente, que antes era regulada pelas Leis 8.971/1994 e 9.278/1996 e que mantinham notório equilíbrio entre os direitos sucessórios do cônjuge em comparação com os mesmos direitos sucessórios do companheiro, como inclusive mencionou o Ministro Luís Roberto Barroso, a partir do item 20 do seu voto como relator do RE 878.694/MG:

> 20. A Constituição de 1988, como se viu, constitui o marco de uma importante mudança de paradigma em relação ao conceito – social e constitucional de família. A família passa a ser protegida não como um 'bem em si', mas como meio para que as pessoas possam se

---

[204] Importante consignar que o art. 1.641 do Código Civil, embora endereçado ao casamento, mereceu aplicação analógica do regime da separação obrigatória de bens para a hipótese do seu inc. II, em precedente jurisprudencial consubstanciado no Recurso Especial 1.090.722/SP, relatado pelo Ministro Massami Uyeda, na 3ª Turma do STJ, em julgamento datado de 2 de março de 2010, quando ainda vigia o art. 1.790 do CC, com a seguinte ementa: "Recurso especial. União estável. Aplicação do regime da separação obrigatória de bens, em razão da senilidade de um dos consortes, constante do art. 1.641, inc. II, do Código Civil, à união estável. Necessidade. Companheiro supérstite. Participação na sucessão do companheiro falecido quanto aos bens adquiridos na constância da união estável. Observância do art. 1.790, CC. Recurso parcialmente provido".

realizar, o que independe da configuração de família adotada. Entretanto, como se verá, o Código Civil de 2002 não foi capaz de acompanhar essa evolução no tratamento do regime sucessório aplicável aos companheiros e aos cônjuges.

21. Após a Constituição de 1988 e antes da edição do CC/2002, o regime jurídico da união estável foi objeto de duas leis específicas, as Leis nº 8.971, de 29.12.1994 e nº 9.278, de 10.02.1996. A primeira delas (Lei nº 8.971/1994) praticamente reproduziu o regime sucessório estabelecido para os cônjuges no CC/1916, vigente à época. Desse modo, (i) estabeleceu que o companheiro seria terceiro na ordem sucessória (atrás dos descendentes e dos ascendentes); (ii) concede-lhe direito de usufruto idêntico ao do cônjuge sobrevivente, e (iii) previu o direito do companheiro à meação quanto aos bens da herança adquiridos com sua colaboração. Embora esta Lei não tenha tomado o companheiro como herdeiro necessário (era apenas herdeiro legítimo), tal regramento em nada diferia daquele previsto para o cônjuge, que também não era herdeiro necessário no CC/2016.

22. A diferença entre os dois regimes sucessórios era basicamente a ausência de direito real de habitação para o companheiro. Tal direito era concedido somente aos cônjuges casados sob o regime da comunhão universal, apenas enquanto permanecessem viúvos, e, ainda assim, só incidia sobre o imóvel residencial da família que fosse o único daquela natureza a inventariar. Porém, logo essa diferença foi suprimida. A Lei nº 9.278/1996, ao reforçar a proteção às uniões estáveis, concede direito real de habitação aos companheiros. E o fez sem exigir o regime de comunhão universal de bens, nem que o imóvel residencial fosse o único de tal natureza. Ou seja, a legislação existente até a entrada em vigor do Código Civil de 2002 previa um regime jurídico sucessório até mesmo mais favorável ao companheiro do que ao cônjuge.

23. As leis relativas ao regime sucessório nas uniões estáveis foram, portanto, progressivamente concretizando aquilo que a CF/1988 já sinalizava: cônjuges e companheiros devem receber a mesma proteção quanto aos direitos sucessórios, pois, independentemente do tipo de entidade familiar, o objetivo estatal da sucessão é garantir ao parceiro remanescente meios para que viva uma vida digna. Conforme já adiantado, o Direito Sucessório brasileiro funda-se na noção de que a continuidade patrimonial é fator fundamental para a proteção, para a coesão e para a perpetuação da família.

IV.2. A desequiparação de regimes sucessórios trazida pelo art. 1.790 do CC/2002.

24. Essa evolução, no entanto, foi abruptamente interrompida pelo Código Civil de 2002. O Código trouxe dois regimes sucessórios diversos, um para a família constituída pelo matrimônio, outro para a família constituída por união estável. Com o CC/2002, o cônjuge foi alçado à categoria de herdeiro necessário (art. 1.845), o que não ocorreu – ao menos segundo o texto expresso do CC/2002 – com o companheiro. Assim, caso se interprete o Código Civil em sua literalidade, um indivíduo, caso integre uma união estável, poderá dispor de toda a herança, sem que seja obrigado a destinar qualquer parte dela para seu companheiro ou companheira.

25. Além disso, o CC/2002 não previu direito real de habitação para o companheiro, embora o tenha feito para o cônjuge (art. 1.831, CC/2002). Passou-se, então, a debater se o companheiro ainda teria esse direito com base na Lei nº 9.278/1996 ou se ele teria sido revogado pelo novo Código Civil. O mais curioso é que, relativamente ao direito real de habitação do cônjuge, o CC/2002 incorporou os requisitos mais brandos que a Lei nº 9.278/1996 previa para as uniões estáveis. Ou seja, melhorou a situação do cônjuge, dando a ele os direitos atribuídos ao companheiro, mas nada disse em relação a este último.

26. O grande marco na involução na proteção do companheiro foi, porém, o art. 1.790 do CC/2002, questionado nesta ação direta, que dispôs sobre o regime da sucessão legítima nas uniões estáveis de forma diversa do regime geral previsto legal previsto no art. 1.829 do mesmo Código em relação ao cônjuge.

A doutrina da época igualmente exaltava a edição das Leis 8.971/1994 e 9.278/1996, que trouxeram transformações aos direitos sucessórios do convivente sobrevivo, inclusive ampliando esses direitos com a Lei 9.278/1996, escrevendo Basílio de Oliveira que, "partindo da premissa certa de que a Lei 9.278/1996 não ab-rogou a Lei 8.971/1994, visto que teve por finalidade acrescentar direitos, temos um novo quadro de direitos sucessórios 'causa mortis' que se equipara aos direitos sucessórios do cônjuge sobrevivente, embora com fundamentos outros que são previstos nas sobreditas leis disciplinadoras da união estável".

Sobrevindo o Código Civil de 2002, com vigência a partir de 10 de janeiro de 2003 (CC, art. 2.044), com a edição do art. 1.790 houve um brusco retrocesso nos direitos sucessórios do convivente em confronto com os direitos sucessórios reservados legalmente ao cônjuge viúvo, ou uma *desequiparação de regimes sucessórios*, para usar a expressão cunhada pelo Ministro Luís Roberto Barroso no RE 878.694/MG, contudo, foi necessário o transcurso de 14 (quatorze) anos para que fosse declarada a patente inconstitucionalidade do art. 1.790 do Código Civil, que não estava pacificada entre os tribunais brasileiros, os quais se dividiam entre a declaração de constitucionalidade ou de inconstitucionalidade do art. 1.790 do Código Civil, com os mais diversos posicionamentos fáticos e jurídicos para chegarem a uma ou outra manifestação final, sob a alegação de que durante muitos anos terminou prevalecendo a constitucionalidade do art. 1.790 do Código Civil, sob o argumento de que em nenhum momento a Carta Magna estabelece que os companheiros devem ter os mesmos direitos assegurados aos cônjuges, e, fosse essa a intenção do constituinte, não seria preciso prever a conversão da união estável em casamento, mas tão somente declarar que união estável e casamento se equivaleriam.

Neste panorama agora meramente histórico, o Tribunal de Justiça do Paraná declarou a inconstitucionalidade apenas do inc. III do art. 1.790 do Código Civil, ao passo que o Tribunal de Justiça de Santa Catarina se opôs à redução dos direitos sucessórios do companheiro a partir do art. 1.790 do Código Civil e, portanto, concluiu pela inconstitucionalidade de todo o respectivo dispositivo legal. Para o Tribunal de Justiça do Rio Grande do Sul, a Carta da República não equiparou a união estável ao casamento, julgando, por maioria, a constitucionalidade do art. 1.790 do Código Civil, como igualmente procedeu, também por maioria, o Tribunal de Justiça de São Paulo, ao passo que o Tribunal de Justiça de Minas Gerais declarou a constitucionalidade dos incs. III e IV do art. 1.790 do Código Civil, ao contrário do Tribunal de Justiça do Rio de Janeiro, que entendeu pela inconstitucionalidade do inc. III do art. 1.790 do Código Civil, em oposição ao Tribunal de Justiça do Espírito Santo, cuja maioria declarou a constitucionalidade do art. 1.790 do Código Civil, assim como o Tribunal de Justiça de Goiás se posicionou pela aplicação integral do art. 1.790 do Código Civil, por entender que a diferenciação trazida pela lei não feria os princípios constitucionais, contudo não houve julgamento de incidente de inconstitucionalidade, tal qual votou o Tribunal de Justiça do Distrito Federal, pela constitucionalidade do inc. III do art. 1.790 do Código Civil, e o Tribunal de Justiça de Sergipe julgou o art. 1.790 do Código Civil inconstitucional e, por fim, o STJ, sem externar um posicionamento final, tendia pela inconstitucionalidade do art. 1.790, incs. III e IV, do Código Civil.[205]

A doutrina estava dividida tal qual a própria jurisprudência dos tribunais brasileiros, pois estes, majoritariamente, entendiam que o art. 1.790 do Código Civil era inteiramente constitucional, em contraponto das manifestações de Maria Berenice Dias, Cristiano Chaves

---

[205] Cenário Jurisprudencial Atual sobre a Inconstitucionalidade das Diferenças no Tratamento Sucessório de Cônjuges e Companheiros. Disponível em: <http://www.editoramagister.com/doutrina_24213422_cenario_jurisprudencial_atual_sobre_a_inconstitucionalidade_das_diferencas_no_tratamento_sucessorio_de_conjuges_e_companheiros.aspx>. Acesso em: 21 mar. 2018.

de Farias, Nelson Rosenvald, Luiz Paulo Vieira de Carvalho, Paulo Lôbo, Arnoldo Wald, Zeno Veloso, Carine Silva Diniz, Pablo Stolze Gagliano e Rodolfo Pamplona Filho, todos inclinados pela inconstitucionalidade tanto do *caput* como dos quatro incisos do art. 1.790 do Código Civil, seja porque o cônjuge teria mais direitos, acreditando outros que maior volume de direitos tinham sido reservados aos conviventes.

Flávio Tartuce defendia a inconstitucionalidade somente do inc. III do referido dispositivo de lei, entendendo que seria desarrazoado e desproporcional colocar o companheiro sobrevivente em concorrência sucessória com os parentes colaterais até o quarto grau.[206] Outros autores, como Francisco José Cahali, Sílvio de Salvo Venosa, Carlos Roberto Gonçalves e Eduardo de Oliveira Leite, sustentavam que as óbvias impropriedades do art. 1.790 do Código Civil não lhe retiravam a constitucionalidade.[207]

Tarlei Lemos Pereira, em densa obra acerca do direito sucessório dos conviventes, já adiantava a inconstitucionalidade do art. 1.790 do Código Civil e apregoava a aplicação das mesmas regras jurídicas do cônjuge supérstite, procedendo-se, dizia Tarlei, à equiparação no caso concreto, conforme os ditames constitucionais e o disposto no art. 4º da Lei de Introdução às Normas do Direito Brasileiro,[208] que manda o juiz decidir o caso de acordo com a analogia, os costumes e os princípios gerais de direito diante da omissão legislativa.

Por fim, concluiu a Corte Suprema no julgamento do RE 878.694/MG pela inexistência de qualquer hierarquia entre as diferentes entidades familiares e do direito à igual proteção legal de todas as famílias, o que torna inconstitucional o art. 1.790 do Código Civil, pois viola o *princípio da dignidade da pessoa humana*, produz lesão ao *princípio da proporcionalidade* na modalidade de proibição à proteção deficiente e da vedação ao *princípio do retrocesso*, no sentido de que não sejam desmontados direitos e garantias que já haviam encontrado guarida na Constituição, ou em legislação infraconstitucional e gerando, assim, uma inaceitável insegurança jurídica, sendo igual dever do Estado não abolir certas instituições e direitos anteriormente criadas, reconhecendo ao companheiro sobrevivente o seguinte regime sucessório: i) o companheiro sobrevivo concorre com os descendentes, salvo no regime da comunhão universal, ou no da separação obrigatória de bens (CC, art. 1.641 e art. 1.829, II); ou se, no regime da comunhão parcial, o autor da herança não houver deixados bens particulares (CC, art. 1.829, inc. I); ii) com os ascendentes, em qualquer regime de bens (CC, art. 1.829, inc. II); iii) herda a totalidade da herança na ausência de descendentes ou ascendentes (CC, art. 1.829, inc. III); iv) seu direito sucessório somente é reconhecido se, ao tempo da morte do outro, não estavam separados de fato (sendo questionável a questão da culpa mortuária deste mesmo art. 1.830 do CC); v) ao convivente sobrevivente é assegurado, sem prejuízo da participação que lhe caiba na herança, o direito real de habitação relativamente ao imóvel destinado à residência da família, desde que seja o único daquela natureza a inventariar (CC, art. 1.831); vi) em concorrência com os descendentes caberá ao convivente sobrevivo quinhão igual ao dos que sucederem por cabeça, não podendo sua quota ser inferior à quarta parte da herança, se for ascendente dos herdeiros com que concorrer (CC, art. 1.832); vii) concorrendo com ascendente em primeiro grau, ao convivente tocará 1/3 (um terço) da herança; caber-lhe-á a

---

[206] DUTRA, Elder Gomes. A inconstitucionalidade da vocação hereditária do companheiro: verdadeiro calvário até sua declaração pelo Supremo Tribunal Federal. *Revista IBDFAM Famílias e Sucessões*, Belo Horizonte: IBDFAM, v. 19, jan.-fev. 2017, p. 74-75.
[207] OLIVEIRA, J. M. Leoni Lopes de. *Direito civil*: sucessões. Rio de Janeiro: Forense, 2018. p. 403-404.
[208] PEREIRA, Tarlei Lemos. *Direito sucessório dos conviventes na união estável*: uma abordagem crítica ao art. 1.790 do Código Civil Brasileiro. São Paulo: Letras Jurídicas, 2013. p. 254-255.

metade desta se houver um só ascendente, ou se maior for aquele grau (CC, art. 1.837); viii) em falta de descendentes e ascendentes, será deferida a sucessão por inteiro ao convivente sobrevivente (CC, art. 1.838); ix) o companheiro é herdeiro necessário, ao lado dos descendentes, os ascendentes e o cônjuge (CC, art. 1.845).

66. A LEGÍTIMA DOS HERDEIROS NECESSÁRIOS

Legítima é a porção de bens da qual o testador não pode dispor por havê-la reservado a lei a determinados herdeiros (descendentes, ascendentes e o cônjuge), além do companheiro supérstite, este, à conta dos RE's 646.721/RS e 878.694/MG, chamados de necessários ou de herdeiros forçosos, aos quais pertence, de pleno direito, a metade dos bens da herança, podendo o testador dispor livremente da outra metade dos seus bens. A legítima dos herdeiros necessários é intangível e esta intangibilidade compreende não somente a proibição de privar os legitimários do seu pagamento, como também veda a sua redução, e a proibição de afetá-la com gravames, e de estabelecer condições ou designação de administrador, e se de alguma forma comprometer ou gravar as legítimas elas serão havidas como não escritas,[209] como será nula toda renúncia ou transação sobre a futura legítima oriunda da herança de pessoa viva, sem descuidar que o art. 426 do Código Civil veda contratar herança de pessoa viva.

Dentro de uma concepção mais antiga e ligada ao Direito Romano, a legítima tinha como decorrência a ideia de que os bens pertenciam à coletividade familiar, assim como à família pertenciam todos os direitos e todas as obrigações e, embora tudo pertencesse ao grupo familiar e nada individualmente aos integrantes que compunham a família, a administração dos bens e os poderes diretivos do grupo familiar recaiam sobre o *pater familiae*. Assim, a propriedade primitiva, embora fosse uma propriedade coletiva, que seria a origem da legítima hereditária, não estava livre da usurpação por parte do patriarca que por vezes deixava de ser meramente o administrador para tornar-se dono dos bens, excedendo em seu poder paterno ao se desfazer das propriedades. Esses excessos ocorridos, deixando famílias inteiras na indigência devido à prodigalidade e liquidação do patrimônio levado a efeito por alguns chefes de família, provocaram a reação das instituições da república romana, que impuseram diversas restrições e defesas em proteção dos distintos componentes familiares, criando a figura jurídica da legítima dirigida a impedir esses males.[210]

Para o Direito brasileiro, e assim sucede em tantos outros sistemas jurídicos, a legítima hereditária, como acima visto, é um freio imposto ao livre-arbítrio de testar, posto que exclui da faculdade de disposição do testador a metade de seu patrimônio, o qual, por previsão legal, se destina aos seus herdeiros obrigatórios (CC, art. 1.845: descendentes, ascendentes, cônjuge), e ao companheiro, entendimento do STF em decorrência dos julgamentos dos Recursos Extraordinários 646.721/RS e 878.694/MG, não obstante haja opiniões concluindo em contrário.

A propósito, herdeiros necessários são aqueles a quem a lei assegura uma parcela do patrimônio do falecido, parcela esta que respeita à metade dos bens do *de cujus* e designada de legítima, porção indisponível ou reservada, em contraponto à parcela disponível composta da outra metade, abstraindo, sempre, a eventual meação do consorte ou convivente remanescente.

---

[209] PRETE, Octavio Lo. *Acciones protectoras de la legitima*. Buenos Aires: Hammurabi, 2009. p. 56.
[210] SALOMÓN, Marcelo J. *Legítima hereditária y Constitución Nacional*: examen constitucional de la herencia forzosa. Córdoba: Alveroni, 2011. p. 31.

Nem todos os herdeiros legítimos são herdeiros necessários, mas, com efeito, os herdeiros necessários são herdeiros legítimos, daí não se confundindo a legítima com os herdeiros legítimos, porquanto a legítima é sim, destinada aos herdeiros da lei, mas reservada aos herdeiros legítimos, preferenciais, identificados no rol descrito pelo art. 1.845 do Código Civil, e o convivente em razão do pronunciamento majoritário do STF no julgamento do RE 878.964/MG, não sendo considerados herdeiros necessários os herdeiros colaterais, embora sejam reconhecidos pela lei como herdeiros legítimos, mas facultativos e não obrigatórios, uma vez que podem ser excluídos da herança, bastando que o testador disponha da totalidade de seus bens em favor de um ou mais herdeiros instituídos por meio de testamento.

Na ausência de herdeiros necessários o autor da herança terá liberdade irrestrita para dispor de seu patrimônio em testamento,[211] posto que a legítima hereditária conta com uma proteção legal destinada a impedir que certos direitos hereditários se vejam alterados pelo atuar das pessoas envolvidas na relação legitimária, que são o autor da herança e seus herdeiros obrigatórios, os quais não podem ser privados de menos do que a metade dos bens do sucedido, salvo por uma justa causa de exclusão da herança por deserdação, ou pelas razões que a lei considere suficientemente graves para declarar indigno o herdeiro necessário.

A legítima não é calculada apenas sobre a herança, ou seja, os bens que a pessoa deixou ao tempo de sua morte, mas também sobre o valor das doações que o sucedido efetuou em vida, sendo abatidas as dívidas do defunto e os custos de seu funeral (CC, art. 1.847).

66.1. A legítima como um *officium pietatis*

A legítima se apoia sobre a noção de um dever alimentar, o *officium pietatis* da legítima romana, entendendo o legislador que um chefe de família não tem o direito de despojar de todos os seus bens a quem ele tenha dado à vida ou àqueles a quem ele ainda a deve, sendo justamente este o motivo pelo qual foram excluídos da noção de herdeiros necessários os irmãos e as irmãs e demais colaterais, pois entendia o clássico direito que um homem nada deve aos seus irmãos, aos quais ele não deu vida e deles tampouco a recebeu.[212]

Esse propósito alimentar é o mesmo que demove o sistema da *commow law*, embora no Direito anglo-saxão não exista propriamente um direito à legítima, mas apenas um direito semelhante a alimentos (*family provision*) destinado ao cônjuge e parentes que ainda dependem financeiramente do sucedido.

Conforme Aurelio Barrio Gallardo, "a peça angular do direito inglês vigente não se estriba na ausência de legítima, mas na existência de um crédito efetivo sobre a herança do falecido, através do *personal representative,* que é chamado de pensão familiar".[213]

Como pode ser facilmente deduzido das explicações até agora colacionadas, o direito sucessório à legítima, em especial, está inteiramente estruturado no *dever de solidariedade* que se apresenta entre os membros de uma família, e que em seu olhar sucessório, com viés constitucional, é justamente o escopo do direito à sucessão, que guarda esta função de proteção integral da pessoa humana, prevista no art. 1º, inc. III, da Carta Federal e, nessa pers-

---

[211] OTERO, Marcelo Truzzi. *Justa causa testamentária*: inalienabilidade, impenhorabilidade e incomunicabilidade sobre a legítima do herdeiro necessário. Porto Alegre: Livraria do Advogado, 2012. p. 25.

[212] COLIN, Ambrosio; CAPITANT, Henri. *Curso elemental de derecho civil*. 3. ed. Madrid: Reus, 1988. t. VII, p. 497.

[213] GALLARDO, Aurélio Barrio. *El largo hacia la libertad de testar*: de la legítima al derecho sucesorio de alimentos. Madrid: Dykinson, 2012. p. 296.

pectiva, vista como um *princípio da solidariedade* que guardam os familiares diante apenas da sua proximidade parental ou afetiva, consagrando uma sucessão obrigatória mínima e que assegura uma porção da herança para estes herdeiros necessários, mas, como observa Ana Luiza Maia Nevares, a lei sucessória garante uma mera e seca igualdade hereditária formal entre os sucessores, a partir apenas da paridade de direitos hereditários, sem que seja buscada e pesquisada qualquer peculiaridade pessoal do sucessor,[214] não importando seja financeiramente dependente ou independente; afetivamente vinculado ao autor da herança ou dele afetivamente distanciado, podendo chegar à completa indiferença, sendo uma pessoa presente ou totalmente ausente da vida do autor da herança, ou, por fim, uma pessoa capaz ou, ao revés, vulnerável, incapaz ou deficiente, porquanto em qualquer uma destas situações esse herdeiro forçoso, quer seu título decorra do parentesco próximo ou da viuvez, tem inexoravelmente assegurada a sua porção hereditária indisponível.

66.2. Restrições à liberdade de testar

A legítima hereditária foi construída em conformidade com a configuração específica e as particulares concepções econômicas e sociais imperantes em cada país ou região, e diante dos costumes e práticas que cada povo adotou como opção de regulamentação de seu direito sucessório.[215] São extremamente variadas as legislações sobre a legítima hereditária, segundo as díspares tradições culturais e jurídicas dos povos que conceberam ou recepcionaram a legítima em seu direito sucessório. Assim, por exemplo, no Direito islâmico a porção indisponível alcança 2/3 (dois terços) dos bens, enquanto no Direito continental varia de 1/4 (vinte e cinco por cento – 25%); 1/3 (um terço – 33%), 1/5 (cinquenta por cento – 50%) ou 2/3 (sessenta e seis por cento – 66%) dos bens, ao passo que no Direito anglo-saxão da Inglaterra, País de Gales e Estados Unidos inexiste o direito à legítima, mas apenas o direito a alimentos (*family provision*), que também tem previsão, por exemplo, no México, Canadá, Costa Rica, Panamá, Guatemala, Honduras e Nicarágua. No Direito nórdico, composto por países como a Dinamarca, Finlândia, Islândia, Noruega e Suécia, os direitos relativos à legítima são variáveis, sendo que na Finlândia e Noruega apenas os filhos e seus descendentes são herdeiros necessários de 50% (cinquenta por cento) dos bens, enquanto na Islândia a legítima integra 2/3 (dois terços) da herança, ao passo que na Suécia são legitimários os filhos, o cônjuge e conviventes de pares homo ou heterossexuais. Nos países da tradição jurídica romano-germânica, 50% (cinquenta por cento) dos bens da herança compõem a legítima, mas, em alguns, como a Holanda, a França e Luxemburgo, os ascendentes não são considerados herdeiros necessários. Nos países comunistas como a China, Rússia e Cuba só os dependentes econômicos são herdeiros necessários e a sua quota hereditária corresponde à metade do quinhão.

Entre nós prevalecem as restrições à soberania da vontade do testador, que, possuindo herdeiros necessários, só pode dispor de metade dos seus bens por testamento, devendo preservar, em função dos deveres de afeto familiar, a porção legítima de seus herdeiros forçosos, como é da tradição continental romana, que reconhece uma liberdade de testar, mas que não a considera absoluta, pois prioriza a proteção dos parentes mais próximos, do cônjuge ou convivente, se com ele convivia ao tempo da abertura da sucessão.

---

[214] NEVARES, Ana Luiza Maia. Fundamentos da sucessão. In: *Manual de direito das famílias e das sucessões*. 3. ed. Rio de Janeiro: Processo, 2017. p. 660.

[215] SALOMÓN, Marcelo J. *Legítima hereditária y Constitución Nacional*: examen constitucional de la herencia forzosa. Córdoba: Alveroni, 2011. p. 25.

Também o art. 1.789 do Código Civil brasileiro determina que, havendo herdeiros necessários, o testador só poderá dispor de metade da herança, sendo viável ao testador impor cláusulas restritivas sobre sua porção disponível, porém, sendo-lhe vedadas quaisquer restrições à legítima do herdeiro necessário sem a correlata demonstração do real e fundado motivo, como sublinha o art. 1.848 do Código Civil, que obriga ao testador declarar no testamento a justa causa que o inspirou a gravar a legítima de seus herdeiros forçosos, porquanto, como escreve Marcelo Truzzi Otero, não eram poucos os defensores da abolição de toda e qualquer restrição sobre a legítima, permitindo, no entanto, o legislador de 2002, o estabelecimento de cláusula de inalienabilidade, de impenhorabilidade e de incomunicabilidade sobre a legítima dos herdeiros necessários mediante o apontamento de justa causa pelo testador, que não é um direito absoluto e ilimitado, porquanto se restringe apenas à legítima do herdeiro necessário, e exige a lei demonstração de real e fundado motivo.[216] Seriam vários os fundamentos que justificariam as cláusulas restritivas da legítima, embora os alicerces para a inalienabilidade, menciona Marcelo Truzzi Otero, para a impenhorabilidade ou para a incomunicabilidade da legítima não sejam necessariamente idênticos, ou seja, o motivo que justifica a inalienabilidade pode não motivar a incomunicabilidade, assim, o gravame da incomunicabilidade diante da desconfiança da lealdade da nora não significa estender para a os demais gravames, como se o herdeiro fosse sempre o mau administrador dos seus bens, ou que ele fosse um dissipador do patrimônio.[217]

66.3. Justa causa

Ao testador é dada ampla liberdade para gravar a sua parte disponível com as cláusulas restritivas que bem entender, ou dela dispondo como melhor lhe convier, ao contrário, ele não alcança esta liberdade quando se trata de estabelecer cláusulas limitadoras sobre a porção indisponível, a qual de direito pertence aos herdeiros necessários e que, conforme dispõe o art. 1.848 do Código Civil, o testador só poderá inserir cláusulas restritivas sobre a legítima se houver justa causa, como justa causa pode surgir de um herdeiro necessário dado a dilapidar com extrema facilidade o patrimônio, pondo em risco a subsistência de seus dependentes diante da sua visível prodigalidade. Por sinal, a dilapidação do próprio patrimônio, com o conseguinte prejuízo que a conduta do pródigo possa acarretar para seus dependentes filhos e cônjuge ou convivente, tem igual peso que a restrição de disposição sobre a legítima, eis que a liberdade de testar ou de dilapidar seus bens sem freios ante a existência de dependentes financeiros ou de herdeiros necessários representaria uma atuação antissocial, um exercício abusivo do direito de propriedade.[218]

Ainda acerca das cláusulas restritivas e comentando o art. 1.848 do Código Civil, escreve Pedro Lino de Carvalho Júnior ser possível gravar com as cláusulas de inalienabilidade, impenhorabilidade e de incomunicabilidade, de forma cumulativa ou separadamente, com a ressalva de que, por expressa disposição de lei, a cláusula de inalienabilidade contém as demais, não sendo o inverso verdadeiro,[219] e, portanto, os gravames de impenhorabilidade e

---

[216] OTERO, Marcelo Truzzi. *Justa causa testamentária*: inalienabilidade, impenhorabilidade e incomunicabilidade sobre a legítima do herdeiro necessário. Porto Alegre: Livraria do Advogado, 2012. p. 53-55.
[217] OTERO, Marcelo Truzzi. *Justa causa testamentária*: inalienabilidade, impenhorabilidade e incomunicabilidade sobre a legítima do herdeiro necessário. Porto Alegre: Livraria do Advogado, 2012. p. 92.
[218] GALLARDO, Aurelio Barrio. *El largo camino hacia la liberdad de testar*: de la legítima al derecho sucesorio de alimentos. Madrid: Dykinson, 2012. p. 426.
[219] CARVALHO JR., Pedro Lino de. Das cláusulas restritivas da legítima: In: *Temas atuais de direito e processo de família*. Rio de Janeiro: Lumen Juris, 2004. p. 625.

de incomunicabilidade, ao sentir do autor não puxam obrigatoriamente os demais gravames, como faz compreender o art. 1.911 do mesmo diploma substantivo.

Importa, no ponto, considerar que a justa causa deve ser expressamente declarada na cédula testamentária, levando em conta a condição pessoal de cada herdeiro com ela onerado, apontando fatos concretos que deverão ser judicialmente comprovados se posteriormente for questionada a restrição imposta sobre a porção disponível. Deixando o testador de justificar os motivos que o levaram a clausurar a disponível com restrições de uso, estas serão desconsideradas judicialmente por sentença, recebendo o herdeiro instituído os bens inteiramente livres e desembaraçados de quaisquer ônus (CC, art. 2.042), sendo dever do registrador recusar o registro ao deparar com alguma doação em adiantamento de legítima com a imposição de cláusulas que não tenha sido devidamente justificadas, e se não mais for possível a rerratificação, pela morte ou incapacidade de uma das partes, entende Eduardo Pacheco Ribeiro de Souza que a questão deve ser submetida a juízo, se interessar às partes, para decidir se subsistem as restrições.[220]

Para Cristiano Chaves de Farias e Nelson Rosenvald, não seria razoável permitir ao autor da herança o poder absoluto e ilimitado de, imotivadamente, indisponibilizar o patrimônio transmitido aos herdeiros necessários, até porque, se a legítima pertence aos herdeiros necessários de pleno direito, não poderia sofrer restrições decorrentes da vontade do autor, e terminam afirmando não ser admissível a clausulação da legítima com motivos frívolos, morais ou emocionais, pois, não havendo uma motivação clara e consistente, razoável, não se pode restringir a legítima,[221] concluindo Marcelo Truzzi Otero que a ausência da justa causa franqueia ao magistrado, de ofício ou a requerimento do interessado, o direito de proclamar a nulidade da disposição testamentária no próprio procedimento de abertura, registro e cumprimento do testamento ou mesmo nos autos do inventário, independentemente de ação específica para essa finalidade, diante de um texto constante da cédula testamentária envolto de frágeis argumentos.[222]

66.4. Exclusão da legítima

A legítima é um direito que certos parentes próximos do autor da herança, o cônjuge ou o convivente sobreviventes (este por analogia) têm sobre determinada porção da herança e que por isso ficam resguardados de suas liberalidades, salvo a justa causa da exclusão da herança por indignidade ou por deserdação. Quer dizer, o direito sucessório de determinadas pessoas, identificadas como herdeiras necessárias, não poderá ser afetado por liberalidades contidas em disposições testamentárias do falecido, como por via de doações inoficiosas, são consideradas as doações que excederem à de que o doador, no momento da liberalidade, poderia dispor em testamento (CC, art. 549). Naquilo que exceder a livre disposição do doador opera-se a nulidade e somente sobre a parcela excedente, e, havendo diversas doações, a doação inoficiosa recairá sobre as últimas doações,[223] reduzindo o excesso até atingir o limite

---

[220] SOUZA, Eduardo Pacheco Ribeiro de. *As restrições voluntárias na transmissão de bens imóveis*: cláusulas de inalienabilidade, impenhorabilidade e incomunicabilidade. São Paulo: Quita Editorial, 2012. p. 61.
[221] FARIAS, Cristiano Chaves de; ROSENVALD, Nelson. *Curso de direito civil*: sucessões. 2. ed. Salvador: JusPodivm, 2016. p. 455.
[222] OTERO, Marcelo Truzzi. *Justa causa testamentária*: inalienabilidade, impenhorabilidade e incomunicabilidade sobre a legítima do herdeiro necessário. Porto Alegre: Livraria do Advogado, 2012. p. 101.
[223] LOTUFO, Renan. *Código Civil comentado*: contratos em geral até doação. São Paulo: Saraiva, 2016. v. 3. t. I, p. 311.

da porção disponível, que pertence aos herdeiros necessários (CC, art. 1.789). Para Arnaldo Marmitt estaria pacificada a possibilidade de reconhecimento da inoficiosidade em ação promovida tanto em vida do doador como após sua morte, em face do caráter de atualidade, e não de mera expectativa que tem os herdeiros.[224]

Enfim, importa registrar que o chamamento hereditário da lei ou do testamento pressupõe limites à livre disposição dos bens que toda pessoa tem, cuja restrição se sustenta na proteção familiar, princípios e valores legalmente priorizados em benefício dos descendentes, ascendentes, cônjuge e convivente, que não tenham casado ou convivido pelo regime da comunhão universal de bens, ou pelo regime obrigatório da separação de bens.

66.4.1. Exclusão pela indignidade

Existem herdeiros que, embora sejam necessários, são descartados da sucessão por serem indignos de recebê-la, assim como não têm direito à herança aqueles que a renunciaram. Contudo, são situações diferentes, dada a circunstância de a herança ser automaticamente transmitida aos herdeiros do falecido, sem questionar, em um primeiro momento, se além da condição de herdeiro existia entre o autor da herança e o sucessor mais que um mero vínculo de parentesco, uma relação conjugal ou de união estável, mas se entre o sucedido e o sucessor se fazia presente e pungente uma relação de concreta afetividade, solidariedade e afinidade. A rigor, a simples ausência desses vínculos de real aproximação e afeição deveriam bastar para impedir ou inibir o acesso aos bens do autor da herança, reconhecendo que a indiferença, o descaso e o abandono deveriam ser algumas das reprováveis condutas que a sociedade repugna, mas que a legislação ainda não as considera juridicamente reprováveis, e suficientes para excluir o sucessor faltoso como uma pessoa indigna de herdar, ou de ser beneficiado com algum legado que lhe teria sido previamente reservado em testamento pelo falecido.

O herdeiro indigno figura na ordem sucessória pelo princípio da *saisine*, entrementes, será excluído da herança diante do eventual ingresso, no prazo decadencial de quatro anos, contado da abertura da sucessão, de uma ação declaratória de indignidade, escorada em alguma das expressas e escassas causas previstas como *numerus clausus* de indignidade no art. 1.814 do Código Civil. Embora a legislação brasileira seja bastante econômica e até mesmo retrógrada no elenco acanhado de hipóteses de cabimento da exclusão da herança por atos de indignidade, a legislação estrangeira, muito mais evoluída, prevê um número mais abrangente de proposições de exclusão da herança por indignidade e algumas legislações unificaram a indignidade com o instituto da deserdação da sucessão testamentária. Assim e só para exemplificar, porquanto pertinente com o estudo da legítima, afora as motivações fáticas capazes de permitir a exclusão da herança no Direito Civil brasileiro, que seriam o *homicídio doloso, tentado ou consumado, a denunciação caluniosa em juízo contra o autor da herança e o ato que, violenta ou fraudulentamente, impeça a livre disposição dos bens por ato de última vontade*, a legislação alienígena também identifica como razões complementares de indignidade o abandono material daqueles parentes, cônjuge ou convivente que não tenham prestado alimentos ao sucedido, e que tampouco o recolheram a estabelecimento onde pudesse ser acolhido e convenientemente atendido em sua insuperável indigência, diante do seu estado de abandono, como por igual será afastada da sucessão o genitor extraconjugal que não reconheceu voluntariamente seu filho enquanto vivo (como

---

[224] MARMITT, Arnaldo. *Doação*. Rio de Janeiro: AIDE, 1994. p. 232.

preveem o Código Civil, no parágrafo único do art. 1.609 e o parágrafo único do art. 26 do Estatuto da Criança e do Adolescente).

O direito estrangeiro também exclui da herança o progenitor que tenha sido privado do seu poder familiar e que tenha incidido em qualquer situação de ingratidão (Código Civil e Comercial da Argentina, art. 2.281[225] – Ley 26.994/2014), de um extenso rol de motivações que nem de longe se aproxima do restrito, insuficiente, injusto, envelhecido e estanque rol de causas de indignidade e deserdação vistos no Código Civil de 1916 e represtinados com uma leve maquiagem no Código Civil de 2002.

66.4.1.1. Indignidade ou inexistência de vocação hereditária do cônjuge ou do convivente

O cônjuge ou o convivente como herdeiros necessários podem ser excluídos da herança por qualquer dos atos arrolados no Código Civil brasileiro como causas de indignidade ou de deserdação, não representando o *status* de cônjuge ou convivente qualquer obstáculo para que o viúvo seja afastado da sucessão do autor da herança, chamando aqueles que seguem legitimados para suceder na ordem vocacional, que seriam os colaterais, ou que com o cônjuge ou convivente sobrevivente concorrem nos termos do art. 1.829 do Código Civil (descendentes ou ascendentes). Contudo, e por evidente, a exclusão por indignidade pressupõe o prévio e correspondente direito hereditário, pois situações podem existir nas quais deixou de existir ou nunca existiu a efetiva vocação hereditária do cônjuge ou do convivente, e que respeitam àquelas hipóteses nas quais precede à morte a antecedente separação de fato do casal, ou em que o matrimônio ou a união estável representam atos jurídicos viciados e desprovidos de boa-fé de parte do consorte ou convivente sobrevivo, sendo o primeiro, por exemplo, bígamo e seu casamento foi declarado nulo, e o segundo mantinha uma relação estável paralela e, portanto, também não gerando efeitos jurídicos.

66.4.2. *Exclusão pela deserdação*

No Direito Romano existiu por primeiro a deserdação pela qual o autor da herança tinha o direito de excluir seus herdeiros de sua sucessão, de forma inteiramente livre, para depois

---

[225] CCC Argentina – Art. 2.281. "Causas de indignidade. Son indignos de suceder: a) los autores, cómplices o partícipes de delito doloso contra la persona, el honor, la integridad sexual, la libertad o la propriedad del causante, o de sus descendientes, ascendientes, cónyuge, conviviente o hermanos. Esta causa de indignidad no se cubre por la extinción de la acción penal ni por la de la pena; b) los que hayan maltratado gravemente al causante, u ofendido gravemente su memoria; c) los que hayan acusado o denunciado al causante por un delito penado con prisión o reclusión, excepto que la víctima del delito sea el acusador, su cónyuge o conviviente, su descendiente, ascendiente o hermano, o haya obrado en cumplimiento de un deber legal; d) los que omiten la denuncia de la muerte dolosa del causante, dentro de un mes de ocurrida, excepto que antes de ese término la justicia proceda en razón de otra denuncia o de oficio. Esta causa de indignidad no alcanza a las personas incapaces ni con capacidad restringida, ni a los descendientes, ascendientes, cónyuge y Hermanos del homicida o de su cómplice; e) los parientes o el cónyuge que no hayan suministrado al causante los alimentos debidos, o no lo hayan recogido en establecimiento adecuado si no podía valerse por si mismo; f) el padre extramatrimonial que no haya reconocido voluntariamente al causante durante su menor edad; g) el padre o la madre del causante que haya sido privado de la responsabilidad parental; h) los que hayan inducido o coartado la voluntad del causante para que otorgue testamento o deje de hacerlo, o lo modifique, así como los que falsifiquen, alteren, sustraigan, oculten o sustituyan el testamento; i) los que hayan incurrido en las demás causales de ingratitud que permiten revocar las donaciones. En todos los supuestos enunciados, basta la prueba de que al indigno le es imputable el hecho lesivo, sin necesidad de condena penal".

apenas permiti-la nas hipóteses limitativamente enumeradas, originando, mais tarde, o instituto da indignidade, que nada mais representava do que uma tácita deserdação, pronunciada pela justiça depois da morte do *de cujus*, quando as circunstâncias não lhe haviam permitido deserdar o herdeiro culpado, pois as causas de indignidade eram as mesmas da deserdação e produziam análogos efeitos, tendo o Código Civil francês, por exemplo, suprimido o instituto da deserdação.[226]

Cristiano Chaves de Farias e Nelson Rosenvald informam que a Itália e a Bélgica também tratam os dois institutos conjuntamente e concluem que teria sido melhor o codificador brasileiro ter apreciado a indignidade e a deserdação a um só tempo, porque os casos deflagradores são muito aproximados.[227] À mesma conclusão chegou igualmente o legislador argentino, ao regulamentar apenas o instituto da indignidade que serve como gatilho de uma anomalia que se verifica circunstancialmente na vocação sucessória.

A deserdação é endereçada ao herdeiro necessário do art. 1.845 do Código Civil e neste rol está incluído o convivente, por decorrência lógica dos julgamentos proferidos pelo STF (RE's 646.721/RS e 878.694/MG), a quem a legislação vigente reserva a metade dos bens do autor da herança, e que só pode dispor livremente da outra metade de seu patrimônio, eis que os outros cinquenta por cento do patrimônio global pertencem de pleno direito aos descendentes, ascendentes, cônjuge ou convivente, seguindo rigorosamente a ordem de vocação hereditária, salvo que este herdeiro necessário tenha sido validamente excluído da sucessão mediante ato jurídico unilateral do testador, submetido ao competente processo judicial de declaração judicial de deserdação, que tal qual o rito de exclusão da indignidade também deve ser uma ação a ser proposta no prazo decadencial de quatro anos, contado da abertura da sucessão.

A deserdação sempre tem início mediante declaração de vontade do autor da herança, por meio de cláusula escrita em testamento e que se opera exclusivamente em relação aos herdeiros necessários, ao contrário do instituto da indignidade, que abrange todos os sucessores do hereditando, sejam eles herdeiros necessários ou facultativos.[228] As causas de deserdação estão previstas nos arts. 1.962 e 1.963 do Código Civil e incluem as hipóteses de indignidade mencionadas no art. 1.814 do mesmo Diploma Substantivo Civil, devendo o testador referir a expressa declaração de causa e somente dentre aquelas previstas na lei, que são taxativas, verdadeiro *numerus clausus* que não comporta interpretação analógica, embora em outros países as causas de indignidade e de deserdação sejam mais amplas e atualizadas, deixando o Direito brasileiro uma desconfortável e frustrante sensação de que desconhece a realidade das relações familiares, especialmente em tempos de constante violência familiar, de toda a índole e para todas as direções, que não condiz com os gestos de solidariedade e de afetividade familiar, cujos valores justamente deveriam nortear o universo das relações intrafamiliares, pois são os mecanismos que impulsionam o direito à legítima, concretizando, por sua reciprocidade entre sucedidos e sucessor, os princípios da proteção familiar e da dignidade à pessoa humana.

A relação jurídica sucessória justamente responde aos vínculos de afeto e de solidariedade, assim como a assistência social e o direito aos alimentos também são direitos fundamen-

---

[226] COLIN, Ambrosio; CAPITANT, Henri. *Curso elemental de derecho civil*. 3. ed. Madrid: Reus, 1988. t. VII, p. 120-121.

[227] FARIAS, Cristiano Chaves de; ROSENVELD, Nelson. *Curso de direito civil*: sucessões. 2. ed. Salvador: JusPodivm, 2016. p. 141.

[228] CARVALHO, Luiz Paulo Vieira de. *Direito das sucessões*. 3. ed. São Paulo: Atlas, 2017. p. 739.

tais na solidariedade familiar, tanto que, em regra, o patrimônio de uma pessoa não é apenas resultado de seu trabalho individual, mas também fruto da colaboração de seu cônjuge, companheiro e filhos, os quais, se não ajudaram diretamente na aquisição dos bens, certamente estimularam com o seu afeto e com a sua solidariedade, e sempre na medida de suas forças, para que as riquezas familiares pudessem ser acumuladas, de forma que a herança significa a justa recompensa de todo este esforço conjunto e presente no seio da família.

67. NATUREZA JURÍDICA DA LEGÍTIMA

Conta Marcelo Truzzi Otero que a quase totalidade dos ordenamentos jurídicos assegura uma parte do patrimônio aos herdeiros necessários (CC, art. 1.845), firmes na convicção de que a legítima ampara a própria família, cuja estrutura desfruta da primazia constitucional como base estatal e que por isso merece a especial proteção do Estado, e complementa, "a legítima constitui, pois, uma das formas tutelares do Estado para com a família, impedindo que o desatino, o desmando ou a falta de consciência prevaleçam sobre o afeto e a solidariedade que devem nortear o universo das relações familiares".[229] Certo em sua pontual referência no tocante à gêneses da legítima, de antemão pode ser igualmente extraído ser a porção indisponível uma via de duas mãos, considerando que ela homenageia o afeto e a solidariedade como nortes das relações familiares, mas devendo admitir que, a contrário senso, ela também pode ser repensada quando os herdeiros necessários são rotundamente ausentes e praticam consciente abandono afetivo, com completa falta de solidariedade em relação ao autor da herança, em uma inapelável mostra de verdadeiro escárnio e de total desconsideração para com a pessoa que, abandonada em sua vida, agora, depois de morto, dele estas pessoas ausentes e indiferentes reivindicam o incontestável direito à legítima, e que a legislação manda entregar ou pagar, dependendo se tratar de um *pars valoris* ou de um *pars hereditatis*, mas que, se dependesse do autor da herança, possivelmente ele daria destino totalmente diverso desta metade de seus bens que a legislação vigente lhe retira toda a liberdade de dispor.

Essa legítima considerada destinada aos herdeiros necessários do sucedido e da qual o titular dos bens não pode dispor (porção indisponível), salvo justa causa de deserdação, é considerada por Mabel del Arbol e Silvia Gramigni como um direito de ordem pública, que tutela um interesse familiar e que impõe um dever permanente, que transcende à própria vida, de assistência entre os membros da família e cuja solidariedade revela "cooperação, colaboração, desenvolvimento e a realização pessoal e grupal de cada um dos integrantes da família".[230]

Ausentes em vida esses laços de solidariedade familiar, material e afetiva, dado que na realidade fática eles jamais existiram, ou foram prestados de forma tão escassa, efêmera e injustificável, não seria justo que os herdeiros faltosos ainda seguissem tendo a respectiva, obrigatória e necessária vocação hereditária, apenas porque a lei os convoca a herdarem sobre uma porção considerada exageradamente intangível, assim como não seria justo conservar o direito sucessório de um herdeiro que pratica atos de violência intrafamiliar, em qualquer de suas versões, física, psíquica, moral, sexual e econômica, ou que praticasse qualquer outro ato

---

[229] OTERO, Marcelo Truzzi. *Justa causa testamentária*: inalienabilidade, impenhorabilidade e incomunicabilidade sobre a legítima do herdeiro necessário. Porto Alegre: Livraria do Advogado, 2012. p. 38.

[230] ARBOL, Mabel; GRAMIGNI, Silvia. Causales de indignidad y de desheredación: Problemas de família con efectos en el derecho sucesorio. In: FODOR, Sandra; ARBOL, Mabel del (coords.). FLAH, Lily R. (dir.). *Los desafios del derecho de família en el siglo XXI*. Buenos Aires: Errepar, 2011. p. 392-393.

de omissão atentatório à integridade ou dignidade pessoal do autor da herança, seus descendentes, ascendentes, cônjuge ou companheiro.[231]

José Luis Lacruz Berdejo já mantinha reservas com relação ao direito incondicional à legítima, ressalvadas as restritas hipóteses de indignidade ou de deserdação, isso porque as razões de defesa da legítima, escoradas na posição *igualitária dos filhos*, ou de outros descendentes e que de maneira geral os componentes de uma família estão a serviço da sobrevivência do grupo familiar, nos dias atuais são teses que não mais se justificam, pois ambas têm em comum e presente a ideia de uma família com certa superioridade institucional que se sobrepõe à figura do sucedido, e foram ideias construídas em outro contexto social, muito diferente do atual, pois se refere às famílias estáveis, em que a decomposição do núcleo familiar era rara e excepcional.

Eram famílias com projeção econômica agrícola, ou de pequenas empresas de cunho familiar, de dependência da chefia conjugal do marido e que comungavam de uma curta expectativa de vida, que sequer contemplavam a mudança da sua estrutura interna, nem a longevidade e tampouco as transformações econômicas, fazendo todo sentido nesse panorama sociofamiliar a defesa e preservação da intangível e indispensável legítima. Contudo, essas perspectivas não foram assimiladas pela sociedade hodierna e por todos os lados se criam movimentos propugnando por uma nova orientação e pela profunda reforma do regramento sucessório, com a supressão ou revisitação do conceito e dos princípios da complexa legítima.[232]

67.1. Legítima como *pars hereditatis* ou como *pars valoris*

Tecnicamente, a legislação brasileira não descreve com clareza a natureza jurídica da legítima, se ela representa um *pars hereditatis* do Direito germânico, ou um *pars valoris* do Direito Romano. Caracterizada a legítima como um *pars valoris*, sua razão se estriba em considerá-la como uma dívida do espólio para com o herdeiro necessário, enquanto pela teoria da *pars hereditatis* o herdeiro forçoso tem direito a que se lhe atribua uma parte dos bens pertencentes ao falecido.

Visto por outro ângulo, a legítima como um *pars valoris* representaria não um direito a uma parte dos bens, como acontece na *pars hereditatis*, mas sim um direito sobre uma determinada porção da herança e não exatamente aos bens deixados pelo falecido, mas um crédito sobre esses bens, que não se limita àqueles deixados na abertura da sucessão, abarcando também os bens doados em vida pelo sucedido.

A polêmica acerca da natureza jurídica da legítima tem ocupado a doutrina estrangeira que muito se debate em caracterizar o legitimário como um herdeiro ou simplesmente como o titular de um direito de crédito frente aos bens da herança, ou, visto sobre outras luzes, se a forma de pagamento do herdeiro necessário deverá ser satisfeita em bens ou se, ao contrário, esta obrigação pode ser realizada abonando a cada legitimário o valor de sua parte em dinheiro da herança e até mesmo com dinheiro extra-hereditário,[233] e sempre que pago em

---

[231] ARBOL, Mabel; GRAMIGNI, Silvia. Causales de indignidad y de desheredación: Problemas de família con efectos en el derecho sucesorio. In: FODOR, Sandra; ARBOL, Mabel del (coords.). FLAH, Lily R. (dir.). *Los desafios del derecho de familia en el siglo XXI*. Buenos Aires: Errepar, 2011. p. 407.

[232] BERDEJO, José Luis Lacruz. *Sucesiones*. 3. ed. Madrid: Dykinson, 2007. v. V, p. 311.

[233] GARCIA, Teodora F. Torres; LUELMO, Andrés Dominguez. La legítima en el Código Civil (I). In: GARCIA, Teodora F. Torres (coord.). *Tratado de legítimas*. Barcelona: Atelier Libros Jurídicos, 2012. p. 25.

metálico, a critério e escolha exclusiva do herdeiro, este direito de crédito se transforma em um *pars valoris*.[234]

Em resumo, a *pars hereditatis* representaria uma *parte dos bens* inventariados, enquanto a *pars valoris* representa uma *parte do valor dos bens*, pela qual o legitimário detém um direito de crédito sobre o espólio, realizável em dinheiro e proporcional ao valor dos bens inventariados e frente ao legitimário os herdeiros legais seriam meros devedores de uma quantia, sem que o legitimário tenha direito aos bens. Essa é a versão que vem criando corpo na legislação estrangeira, em especial na União Europeia, com o Reglamento Europeo de Sucesiones 650/2012, a ser aplicado como um direito sucessório único a vinte e cinco Estados membros dos vinte e oito que compõem a União Europeia, dele não participando a Dinamarca, o Reino Unido e a Irlanda.

Existe todo um movimento doutrinário, legislativo e jurisprudencial ansiando por revisar com profundidade o regramento das reservas hereditárias, buscando atualizar a sua redação para fazê-la, como diz Araceli Donado Vara,[235] mais acorde com a sociedade contemporânea, como também se inicia no Brasil com alguns movimentos de modernização e atualização do direito sucessório.[236]

A Ley 2, de 14 de junho de 2006, de Direito Civil da Galícia, em seu art. 243 se inclinou por estabelecer a legítima dos descendentes na quarta parte do crédito hereditário líquido que será dividido entre os filhos ou seus representantes, concluindo que o legitimário não é herdeiro, e que, para ser herdeiro, como tal ele deve ser instituído em testamento, mas que o legitimário adquire um direito personalíssimo de credor dos demais herdeiros (espólio), contudo, carece de ação real para reclamar sua legítima, cujo pagamento poderá ser feito em bens ou em dinheiro do espólio, ou com dinheiro vindo de fora do espólio, podendo este herdeiro credor pedir a anotação preventiva do registro de garantia do seu crédito mediante a prenotação do seu crédito no Registro de Imóveis e sobre os bens imóveis da herança.

Obviamente, cresce este agir doutrinário de um evidente repensar a despeito da autonomia privada e da restrição imposta por lei aos países que limitam a liberdade de testar, e que blindam parte dos bens do autor da herança, por considerarem que uma parcela dos seus bens, a *legítima*, é forçosamente reservada aos seus herdeiros necessários, e cujo direito se assenta sobre bases construídas sobre um dever moral e social que tem uma pessoa de prover as exigências econômicas de sua família, ainda que adiante da sua morte, concluindo que a porção indisponível ajuda a robustecer a família e que, portanto, é um fator de estabilidade social.[237]

Movimento doutrinário inerente ao direito sucessório e cuja tendência certamente começou com a eliminação das discriminações que antigamente pendiam a respeito dos filhos extraconjugais, como também tem sido marcada na legislação alienígena com uma forte inclinação de redução das quotas das legítimas, ou como sucede no Brasil com a inclusão de direitos hereditários ao cônjuge e ao convivente em concorrência com descendentes e ascendentes. As próprias mudanças surgidas no Brasil com o Estatuto da Pessoa com Deficiência acenam para algum reflexo no direito sucessório em relação ao reconhecimento prioritário ou

---

[234] GARCIA, Teodora F. Torres; LUELMO, Andrés Dominguez. La legítima en el Código Civil (I). In: GARCIA, Teodora F. Torres (coord.). *Tratado de legítimas*. Barcelona: Atelier Libros Jurídicos, 2012. p. 26.
[235] VARA, Araceli Donado. El cónyuge viudo y las limitaciones dispositivas de la herencia. In: *Ordenación económica del matrimonio y de la crisis de pareja*. Valencia: Tirant lo Blanch, 2018. p. 178.
[236] *Vide*, a propósito, MADALENO, Rolf. O fim da legítima. *Revista IBDFAM Famílias e Sucessões*, Belo Horizonte, v. 16, jul.-ago. 2016, p. 31-72.
[237] LO PRETE, Octávio. *Acciones protectoras de la legítima*. Buenos Aires: Hammurabi, 2009. p. 23.

diferenciado de uma legítima, e que para um futuro desdobramento legislativo possa, quiçá, permitir que um ascendente direcione a legítima para os filhos que realmente não dispõem de condições de crescimento pessoal e profissional devido às suas limitações físicas ou mentais, alertando Olga Orlandi para os sistemas jurídicos de raiz anglo-saxônica e, inclusive, de vários Códigos latino-americanos que consagram a liberdade testamentária, impondo como limites apenas a salvaguarda das necessidades concretas daqueles que efetivamente dependem do sucedido, em resguardo apenas e efetivo do interesse da dependência e da solidariedade familiar.[238]

Existe inquestionável e estreita vinculação entre o Direito de Família e o Direito das Sucessões, não havendo nenhum exagero em afirmar que o direito sucessório é uma inequívoca continuação do direito familista. Apesar dos importantes câmbios sociológicos surgidos durante as últimas décadas, anotam Juan Manuel Badenas Carpio e Mario E. Clemente Meoro que segue predominando um direito sucessório de genérica proteção dos familiares mais próximos do defunto, sem questionar da real necessidade, mas que herdam apenas porque são parentes próximos ou porque mantêm vínculos afetivos que geram o *status* de herdeiros necessários, estando incondicionalmente protegidos pela reserva de uma importante parcela dos bens do falecido.

Nos últimos tempos, têm despontado acalorados debates acerca da preservação do sistema da legítima diante da crise que sobre elas se vivencia e cujo sistema interfere na autonomia privada, despontando toda uma inclinação por sua paulatina ou seletiva supressão, por vezes com alterações legislativas que identificam na legítima um mero *pars valoris*, qual seja um crédito e portanto a legítima pode ser *comutada*.

68. COMUTAÇÃO DA LEGÍTIMA

Por comutação da legítima entenda-se todo o acordo ou ato pelo qual o herdeiro necessário satisfaz seu direito imperativo à legítima com bens e direitos extra-hereditários,[239] promovendo, em realidade, uma permuta da seu quinhão hereditário incidente sobre os bens inventariados e à título de legítima, pelo pagamento em dinheiro que pode ou não, advir dos bens inventariados.

Conforme descreve Tomás Garrido, em regra e historicamente, a legítima deveria ser paga com bens da herança, atento a um princípio muito em voga em outro momento do direito sucessório, quando prevalecia a *intangibilidade qualitativa da legítima*, e que na Espanha, com as reformas constitucionais derivadas da configuração igualitária do matrimônio e da filiação, provocaram o aperfeiçoamento do Código Civil, com a edição, em 13 de maio de 1981, da Ley 11, permitindo que o testador pudesse adjudicar todos os bens hereditários ou parte deles a alguns dos filhos ou descendentes, ordenando que seja paga em dinheiro a porção hereditária dos demais herdeiros necessários (CC espanhol, art. 841), ou seja, determina o testador que a legítima de herdeiros possa ser permutada com o pagamento em pecúnia, afastando certos herdeiros obrigatórios dos bens hereditários e adjudicando seus bens aos demais herdeiros.

Conforme Tomás Rubio Garrido, a comutação da legítima em nada agride o princípio da *intangibilidade qualitativa da legítima*, pois sua prática nada mais representa do que um

---

[238] ORLANDI, Olga. *La legítima y sus modos de protección*: análisis doctrinario y jurisprudencial en la dinâmica del proceso sucesorio. 2. ed. Buenos Aires: Abeledo Perrot, 2010. p. 56.

[239] GARRIDO, Tomás Rubio. *La partición de la herencia*. Navarra: Thomson Reuters Aranzadi, 2017. p. 325.

modo normal de satisfação da legítima, previsto pelo legislador espanhol desde 1889, mesmo porque o testador não poderia, ao revés, privar os herdeiros necessários da faculdade de comutarem sua legítima por dinheiro.[240]

Como esclarece Carlos Vattier Fuenzalida, a razão do pagamento da legítima em dinheiro radica na conservação de todos os bens ou de parte deles, que assim permanecem indivisos, permitindo a continuidade e a preservação de uma sociedade empresária ou de uma atividade agrícola, ou, em suma, de qualquer exploração ou organização econômica,[241] de modo que a comutação da legítima por dinheiro enlaça com a função social do direito de herança, bem assim com a função social do direito de propriedade e com a função social da sociedade empresária e de qualquer atividade econômica.

A permuta da legítima por *metálico* traz em seu contexto importante solução para garantir a continuidade da exploração econômica que, sabidamente, nem sempre permite sua continuação diante das peculiaridades pessoais de cada herdeiro, especialmente quando entre eles não existe nenhuma afinidade de propósitos e muito menos quando sequer guardam parentesco direto ou afinidades pessoais, fato bastante comum quando a viúva concorre na herança com os filhos exclusivos do falecido.

O Direito brasileiro não se aparta do princípio do pagamento em dinheiro extra-hereditário de uma legítima que não comporta cômoda divisão, como pode ser visto no § 1º do art. 2.019 do Código Civil, quando autoriza reste sustada a venda judicial de bens insuscetíveis de divisão cômoda, se um ou mais herdeiros requererem a sua adjudicação, repondo aos outros, em dinheiro, a diferença, após avaliação atualizada, e, obviamente, havendo discordância quanto o valor a ser pago pela permuta, a controvérsia deverá ser dirimida pelo juízo do inventário.

A aplicação deste art. 2.019 e seus parágrafos em triangulação com os arts. 2.014 e 2.018 do mesmo Diploma Substantivo Civil que respeitam à vontade do testador na indicação dos bens e valores que devem compor os quinhões hereditários, permitem que ele mesmo delibere como prevalecerá a partilha de seus bens, sendo inclusive válida a partilha feita por ascendente, por ato entre vivos ou de última vontade, contanto que não prejudique a legítima dos herdeiros necessários, e prejuízo não haverá se os herdeiros necessários receberem seus quinhões em dinheiro, tratando-se de dispositivos entranhados na legislação nacional, cuja aplicação permite uma transmutação da legítima em uma quota de valor.

Não obstante o § 1º do art. 2.019 do Código Civil admita a possibilidade do pagamento em dinheiro da legítima, sobre bem que não comportaria sua cômoda divisão, forçando a sua atribuição a um ou outro herdeiro, com a consequente indenização econômica dos demais herdeiros, permitindo deduzir que apenas nessas hipóteses de impossibilidade de divisão cômoda é que caberia o pagamento em metálico, a tão só possibilidade expressamente prevista na legislação brasileira, mostra que não se subverte o sistema jurídico da legítima sucessória ao transformar o direito sucessório do herdeiro necessário em um direito de crédito.

Não é possível perder de vista que o conceito de divisão cômoda não se esgota apenas na proposição de que certo bem não comporta sua divisão entre todos os herdeiros, eis que no outro lado dessa expressão situam-se todas aquelas hipóteses nas quais o testador não vê com bons olhos a manutenção de um condomínio forçado, quando presentes interesses claramente antagônicos, ou quando no caso de uma sociedade empresária faltariam aos herdeiros

---

[240] GARRIDO, Tomás Rubio. *La partición de la herencia*. Navarra: Thomson Reuters Aranzadi, 2017. p. 333.
[241] FUENZALIDA, Carlos Vattier. *El pago en metálico de la legítima de los descendientes*. Madrid: Reus, 2012. p. 18.

a necessária *affection societatis*, pondo em risco a continuidade do empreendimento, sendo imperioso permitir que o testador oferte ao herdeiro afastado, e em contrapartida ao seu quinhão necessário, uma compensação econômica, sem com isto prejudicar a sua legítima.

69. A LEGÍTIMA DO DIREITO COMPARADO

A legítima é mundialmente pensada visando à manutenção do grupo familiar, por cujo escopo o testador não pode dispor de metade dos seus bens, por havê-la reservado a lei aos herdeiros chamados de forçosos ou necessários, no Brasil representados pelos descendentes, ascendentes, cônjuge e companheiro sobrevivente (CC, art. 1.845 e RE's 646.721/RS e 878.694/MG). A legítima atende ao princípio da continuidade biológica (e a socioafetiva), que deve seguir pela continuação patrimonial com foco na proteção da família, levando em consideração que a natureza teria feito essencialmente iguais todos os irmãos, e que se o progenitor tivesse a liberdade de testar a um só dos filhos isso quebraria esta igualdade.

Entrementes, sem quebrar a natureza de proteção da unidade do grupo familiar, o estudo da legítima pode ser comparado diante de dois grandes sistemas jurídicos que se dividem entre o anglo-saxão e o continental.

69.1. Direito islâmico

No Direito islâmico o autor da herança só tem a livre disposição de 1/3 (um terço) dos bens, pertencendo os 2/3 (dois terços) restantes aos herdeiros necessários, a quem o testador sequer pode deserdar.

69.2. Direito anglo-saxão

No Direito anglo-saxão não existe o direito à legítima, mas apenas direitos semelhantes aos alimentos (*family provision*), ao passo que na Escócia a legítima existe apenas sobre 1/3 dos bens móveis, e na Irlanda a legítima é um típico *pars valoris*, ou direito a um crédito de 1/3 da herança. Nos Estados Unidos, os filhos não têm direito à legítima, mas só aos alimentos, e o cônjuge supérstite tem legítima de 1/3 à metade da herança. Com a criação do *family provision* aberto para qualquer dependente do sucedido, o juiz fixa uma provisão de bens necessários para o dependente alimentar sobreviver ou para levar um nível de vida semelhante ao que desfrutava na constância do relacionamento, em uma espécie de alimentos compensatórios ou uma compensação econômica.

69.3. Direito continental

No Direito continental a legítima varia de 1/4 (25%), 1/3 (33%), 1/2 (50%) a 2/3 (75%) dos bens deixados pelo sucedido. Assim, nos países com Direito Romano-germânico, como Itália e Brasil, a legítima corresponde a 50% da herança, enquanto na Polônia, embora a legítima também represente 50% da herança, é considerada um *pars valoris*, como também sucede na Dinamarca, ou seja, um mero crédito do herdeiro necessário. Na Holanda, Luxemburgo e França os ascendentes não são considerados herdeiros necessários e tampouco são computados os bens doados em vida para igualar as legítimas. Na Finlândia só os filhos são considerados herdeiros necessários de 50% dos bens, e na Islândia a legítima é de 2/3 da herança, ao passo que na Noruega são legitimários apenas os filhos e seus descendentes e na Suécia são herdeiros necessários os filhos e o cônjuge ou convivente sobrevivente, tanto da união hetero como da homoafetiva. Nos países sul-americanos a legítima seria considerada um *pars bonorum,* e nos países comunistas (China, Rússia e Cuba), só os dependentes econômicos são herdeiros necessários e sua quota é correspondente à metade do quinhão hereditário. O Tribunal Constitucional alemão declara constitucionalmente protegida a legítima e dela os herdeiros não podem ser privados, nem a legítima pode depender de uma prévia situação de dependência econômica ou de uma situação de necessidade, pois a herança tem garantia constitucional, como é igualmente garantida pela Carta Política no Brasil.

70. REVISÃO DA LEGÍTIMA

Fato que marca o direito imperativo da legítima em prol dos herdeiros necessários é a solidariedade familiar, e sua existência vem da crença de ser injusto que os filhos ou demais descendentes, os ascendentes, ou outras pessoas afetivamente próximas do sucedido pudessem ser apartadas da sucessão, baseando-se sua concessão no argumento do *officium pietatis*, estando o testador moralmente obrigado a deixar para seus herdeiros próximos uma parte dos seus bens.

Desse modo, a legítima se justificaria: a) pela solidariedade familiar e b) pela proteção da família. Contudo, existem países que estão à frente do tempo e promoveram uma verdadeira revolução na revisão dos fundamentos da legítima. O ordenamento jurídico espanhol colaciona distintas abordagens acerca da legítima, assim, na Catalunha ela é um *pars valoris*, verdadeiro crédito e atribuída somente aos filhos e descendentes, correspondente à quarta parte da herança dos pais. Em Mallorca e Menorca são legitimários os filhos e ulteriores descendentes, e na falta destes os pais e sempre o cônjuge viúvo sobre a sua quota de usufruto. A quota dos filhos varia conforme o número de legitimários, enquanto em Ibiza e Formentera o viúvo não é herdeiro necessário e a legítima é um *pars valoris bonorum*, ou seja, um direito de crédito que conta com a garantia real dos bens da herança.

Na Galícia são herdeiros necessários os filhos e demais descendentes sobre um quarto da herança, concebida como um direito de crédito, sendo a viúva ou o companheiro sobrevivente legitimários apenas de uma quota do usufruto. No país Basco, pela Ley 5/2015, os descendentes são legitimários de um terço da herança.[242]

Com o defensável argumento de que a sociedade vem evoluindo juntamente com o aumento da expectativa de vida das pessoas, aliado ao incremento significativo das famílias reconstituídas e um sem-número de câmbios econômicos, Galícia e Catalunha alteraram os fundamentos da legítima, devendo ser considerado que a circunstância de a Carta Federal reconhecer o direito à herança não representa reconhecer constitucionalmente o seu destinatário, e tampouco quanto o herdeiro deve herdar, pois essas regras são determinadas pelo Código Civil, em cujo texto foi criado o instituto da legítima e, portanto, não seria inconstitucional suprimir a legítima.

O Direito das Sucessões deve conciliar a liberdade de dispor com a necessária proteção da família, e uma das maneiras de realizar essa conciliação é revisitar o sistema das legítimas, cuja rígida pauta ordenada por lei, desde os mais primórdios tempos de codificação no Brasil, em realidade não produz nenhum efetivo equilíbrio de direitos que não seja o da determinação de que todos os descendentes devem ser destinatários dos mesmos direitos, e que todos eles devem receber a mesma quota hereditária.

---

[242] MORENO, María de los Reyes Sánchez; GUARDIOLA, Salvador García. Aspectos notariales de la sucesión. In: DEL RÍO, Josefina Alventosa; COBIELLA, María Elena Cobas (coords.). *Derecho de sucesiones.* Valencia: Tirant Lo Blanch, 2017. p. 749-750.

O Direito de Família e o Direito Sucessório têm entre eles uma induvidosa integração, não se mostrando adequado e atualizado que apenas o Direito de Família evolua e que o Direito das Sucessões permaneça absolutamente estático, como se a sociedade civil não tivesse passado por importantes mudanças ao longo das décadas transcorridas desde as Ordenações no Brasil, como se a autonomia privada só tivesse avançado no domínio do Direito de Família e sem nenhum avanço no campo das sucessões, em cuja ciência jurídica justamente significaria reconhecer uma maior liberdade de testar, não se afigurando acertado possam os casais transigir sobre as questões matrimoniais e não possam transigir sobre as questões sucessórias, como se nesta última seara ainda sobrevivesse um interesse absoluto de ordem pública e como se a família tivesse evoluído e estivesse em razão dessa evolução se privatizando apenas na constância do relacionamento estável ou conjugal e perdendo sua autonomia com a morte de qualquer dos cônjuges ou conviventes; e como se efeitos jurídicos projetados pelos cônjuges em seus pactos matrimoniais deixassem de ser negócios de família pelo evento morte, ou, dito de outra forma, como se a morte apagasse todos os interesses projetados para a constância e para a transcendência do relacionamento.

Infelizmente ainda prevalece, por total inércia ou falta de interesse do legislador em repensar o direito sucessório brasileiro, este antigo sistema de freios à liberdade de testar, ordenando o art. 1.846 do Código Civil pertencer aos herdeiros necessários (CC, art. 1.845, descendentes, ascendentes, cônjuge e pelos RE's 646.721/RS e 878.964/MG o companheiro sobrevivente), de pleno direito, a metade dos bens da herança, que é constituída da legítima, e a legítima não pode ser incluída no testamento (CC, art. 1.857, § 1º).

Havendo herdeiros necessários, o primeiro limite imposto pela lei brasileira é o ato de limitar a liberdade de testar, e esta vedação tem por efeito reduzir pela metade a autonomia privada do testador. Portanto, que fique claramente entendido existirem dois freios, um deles identificado na restrição da liberdade de testar, que deixa de ser ampla e irrestrita quando existem herdeiros necessários, e o segundo freio que quantifica essa restrição à metade dos bens pertencentes ao testador.

A legislação nacional não estabelece nenhuma diferença ou hierarquia entre os herdeiros necessários, pois considera todos eles: filhos, netos, bisnetos e demais descendentes, ou pais, avós ou bisavós e demais ascendentes, e cônjuge ou companheiro sobreviventes, seguindo a ordem de vocação hereditária, como legítimos destinatários de metade dos bens deixados pelo falecido, pouco importando a realidade e a proximidade destes vínculos, e pouco importando os novos modelos e os valores que devem ser reconhecidos diante da presente dinâmica familiar, cujas relações de solidariedade e reciprocidade estão intimamente ligadas à subsistência destes valores, ou seja, deveria ser necessariamente herdeiro quem merece e precisa.

Conta a realidade dos fatos que na família de hoje predomina o distanciamento e que filhos não assumem seus encargos com pais vulneráveis, os quais com frequência os abandonam diante do vertiginoso ritmo de vida, sendo inquestionável que a legítima não pode encontrar sua base apenas nos vínculos de parentesco, de casamento e de união estável, como mera garantia de sustento, mas deve ter seus albores reconhecidos no princípio da solidariedade familiar, e este princípio não é sinônimo de um direito de alimentos ou de subsistência, até porque nem sempre a dependência está presente na herança necessária, pois filhos normalmente já são financeiramente independentes e cônjuges viúvos e companheiros sobreviventes são usualmente destinatários de meação, sem descurar do fato de que alimentos têm um caráter eventual e temporal e a legítima tem o caráter de permanência.

Portanto, se a legítima está sustentada na solidariedade familiar, ela pode ser perfeitamente dispensada para os ascendentes e justamente quando eles concorrem e afastam o cônjuge ou convivente sobrevivente, isso porque, ordinariamente, os pais, avós ou bisavós já têm a vida financeira estabilizada e as suas necessidades não são de molde a concorrer com a herança que deveria ser entregue ao cônjuge ou convivente sobrevivos, que construiu a riqueza conjugal ao lado do falecido ou que o ajudou a preservá-la.

Também pode ser questionado o direito incondicional à legítima daquele neto ou bisneto que, distante, não mantém nenhuma relação de proximidade com os seus avós e muito menos com os bisavós, e cujo direito à legítima eles reivindicam unicamente em nome da representação de seus pais ou avós pré-falecidos, nada guardando o seu chamamento hereditário com o esboço de uma recíproca convivência, extraída de uma candente solidariedade familiar, sendo totalmente coerente reconhecer quão ausente se mostra qualquer suposta solidariedade entre vidas desafortunadamente distantes e indiferentes, fato que provoca o curial abandono dos idosos nos últimos anos de suas vidas.

A legítima foi bandeira defendida quando os filhos eram legalmente diferenciados conforme os vínculos afetivos de seus pais e impedia que filhos extraconjugais fossem tratados de maneira desigual em razão da morte dos pais, referindo Carlos Pérez Ramos que a legítima se trata apenas de uma aparência de igualdade, pois, para repartir entre vários indivíduos de uma família uma herança com verdadeira igualdade, teria de se partir de alguns dados cujo conhecimento somente estava ao alcance dos pais, e que há grande erro em considerar na construção do direito à legítima a ideia de que a natureza fez todos os filhos iguais, quando mera observação da realidade aponta as diferentes personalidades, ações, reações, sentimentos, envolvimentos, interações ou disfunções, fora as diferenças de talentos, de méritos e de condições financeiras pessoais, que fazem com que o sistema legitimário obrigatório impeça a efetiva distribuição equitativa do patrimônio do falecido[243] e crie pontuais e dissimuladas distorções, e que expressam uma repartição apenas quantitativamente igualitária.

Ainda conforme Carlos Pérez Ramos, a legítima teria como fundamento a proteção da família, mas proteger a família é dar aos filhos condições para que possam, quando adultos, trabalhar como pessoas honradas e úteis à sociedade, e, portanto, nada mais devem e precisam exigir de seus pais, que não estão obrigados a lhes deixar heranças e nem a guardarem o encargo adicional de enriquecerem a sua prole. Um segundo argumento, diz este mesmo autor, estaria relacionado com a política econômica e social, pois a legítima favoreceria a movimentação da propriedade, aumentando o número de pequenos proprietários e terminando com os latifúndios, mas esquecem os partidários da legítima que pequenas propriedades podem dar lugar à explorações econômicas ineficientes.

Outro argumento em defesa da legítima estaria na participação da família na construção do patrimônio, sendo que nem sempre os integrantes da família realmente ajudaram a construir o cabedal econômico, sendo bastante frequente o afastamento dos filhos, por exemplo, de um primeiro relacionamento, cujo lugar é ocupado por enteados ou filhos de uma nova união, assim como filhos de vínculos exclusivamente genéticos, que foram criados a vida toda dentro de outro lar, com pais registrais e socioafetivos e que na morte do genitor bio-

---

[243] RAMOS, Carlos Pérez. La autonomía de la voluntad en las sucesiones y la libertad de testar. In: RUIZ, Aguilar; GUAJARDO-FAJARDO, Arjona; MANSILLA, Cerdeira Bravo de (coords.). *Autonomía privada, família y herencia en el siglo XXI*: cuestiones actuales y soluciones de futuro. Madrid: Thomson Reuters/Arazandi; *Revista Arazandi de Derecho Patrimonial,* n. 33, 2014, p. 110.

lógico se arvoram do direito de reclamarem uma legítima que não ajudaram a construir sob qualquer aspecto e argumento.[244]

Nada obstante, a legítima se mostra igualmente obsoleta diante da atual realidade de que a primitiva e estática sociedade agrária, difundida ao tempo da edição do Código Civil brasileiro de 1916, passou com o transcurso do tempo para uma sociedade urbana e dinâmica, saindo da família ampla para uma família nuclear, e de um patrimônio familiar, quase sempre herdado, para um patrimônio conquistado pelo esforço pessoal de quem construiu sua própria riqueza, surgindo abalizadas vozes e reiterados movimentos legais em prol da completa liberdade de testar, nem que fosse em relação aos bens conquistados e reservada a legítima para os bens recebidos por herança familiar.

Não deixa de causar espanto o fato de que a morte de um dos genitores impede que todos os bens conquistados pelo casal fiquem com o consorte ou companheiro sobrevivente, posto que metade desses bens vão, obrigatoriamente, para os filhos ou para os demais herdeiros necessários. E filhos não raramente ausentes na relação familiar e que pela legislação familista podem e deveriam ser deserdados de um direito alimentar, mas que não serão excluídos da herança, porque a legislação brasileira não prevê o abandono afetivo como causa de exclusão hereditária de filho que ignora a existência de seus pais.

Filhos cuja maldade os demovem também à prática da alienação parental de seus pais idosos, mas, sobretudo, de seus filhos, cujos netos eles excluem da convivência com os avós, sem que a legislação brasileira sequer cogite de uma possível causa de deserdação e exclusão da sagrada legítima, que teima em marcar espaço neste nem tão novo cenário familiar, em que intangíveis se tornaram as relações sociais, familiares e afetivas, que tampouco restam compensadas apenas pelo exercício judicial do direito de visitas avoengos que em nada compensam o afastamento afetivo dos netos causado pelos filhos.

Enquanto a legislação brasileira parou literalmente no tempo e no encalço das mudanças da legítima, outros regimes jurídicos, como os da Alemanha, Itália, França e Espanha, têm produzido relevantes avanços jurídicos e legais, visando à proteção de outros valores sociais e familiares, como o da conservação de uma empresa familiar, com vistas ao superior interesse da família na preservação desta fonte de sustento e no prevalente interesse social que impeça a fragmentação ou até mesmo a dissolução ou falência de uma sociedade empresária familiar, tendo esses países encontrado alternativas criativas de satisfação da legítima, definida como um *pars valoris* que pode ser paga com dinheiro da herança ou com recursos do próprio herdeiro.

Um candente exemplo pode ser extraído da legislação italiana, que em 2006 introduziu o *patto di famiglia* no art. 68 e ss. do *Codice Civile*, como instrumento de negociação de transmissão da riqueza familiar, ou como outras comunidades jurídicas se servem das chamadas *sucessões anômalas*, das contas bancárias solidárias, do *trust*, das doações em vida, das previdências privadas e de participações sociais na constituição de sociedades familiares, tudo engendrado no propósito de ganhar fôlego na sucessão contratual.[245]

---

[244] RAMOS, Carlos Pérez. La autonomía de la voluntad en las sucesiones y la libertad de testar. In: RUIZ, Aguilar; GUAJARDO-FAJARDO, Arjona; MANSILLA, Cerdeira Bravo de (coords.). *Autonomía privada, família y herencia en el siglo XXI*: cuestiones actuales y soluciones de futuro. Madrid: Thomson Reuters/Arazandi; *Revista Arazandi de Derecho Patrimonial*, n. 33, 2014, p. 111-112.

[245] SILVA, Nuno Ascensão. Em torno das relações entre o direito da família e o direito das sucessões. o caso particular dos pactos sucessórios no direito internacional privado. In: OLIVEIRA, Guilherme de (coord.). *Textos de direito de família para Francisco Pereira Coelho*. Coimbra: Imprensa da Universidade de Coimbra, 2016. p. 448.

Também na Grécia, com a *Lei Onassis*, lembra Nuno Ascensão Silva, sempre que um cidadão grego casa com um forasteiro, este pode renunciar à herança daquele, incluindo a legítima, através de um contrato que precisa ser celebrado no país estrangeiro do domicílio ao tempo de tal renúncia.[246]

Outros exemplos surgem de algumas comunidades independentes da Espanha, que atribuíram maior proteção patrimonial às pessoas com deficiência e, embora elas reconheçam o direito constitucional à propriedade privada e à herança, não se afastam da percepção de que esses direitos precisam estar conectados com os superiores valores da dignidade da pessoa, e concluir serem invioláveis os direitos inerentes ao livre desenvolvimento da personalidade humana como legítimo fundamento da ordem política e da paz social, sabendo que qualquer limite imposto à liberdade de disposição, que constitui conteúdo essencial do direito de propriedade, terá de levar em conta a sua função social.

De acordo com Pamplona Corte Real, citado por Nuno Ascensão Silva,[247] o direito sucessório continua preso em um *imobilismo* legislativo que o tem feito se distanciar da realidade socioeconômica que lhe subjaz, apesar de um fio condutor que entrelaça o Direito de Família ao Direito das Sucessões e que, portanto, igualmente conecta o pacto conjugal com o pacto sucessório, por mais que a letra insensível da lei (CC, art. 426) teime em discordar. É cada vez mais crescente a difusão da autonomia do autor da herança, escreve Nuno Ascensão Silva, tudo a impor uma maior liberdade de testar, fato que terá efeitos irrecusáveis no âmbito da sucessão legitimária, a sugerir a remoção dos obstáculos que em muitos sistemas jurídicos, e o brasileiro é um vivo exemplo, continuam a travar o desenvolvimento da sucessão contratual.[248]

Conforme Encarna Serna Meroño, a legítima por si só não cumpre nenhuma função social, senão que ela se converteu em um grave obstáculo para o livre e independente desenvolvimento da pessoa no momento mais delicado de sua vida, que é o da velhice, quando a liberdade de disposição do seu patrimônio, justamente desempenha uma função primordial para o qual ela foi criada e que é a função de subvencionar as atenções que a vida reclama, servindo de substrato econômico para que a pessoa possa se desenvolver plena e dignamente até o momento de sua morte, e por isso a autora defende que a liberdade de testar é, na atualidade, o instrumento mais idôneo para ajustar o patrimônio à finalidade que o preceito deve cumprir, que é o de atender às necessidades daquele que construiu a sua riqueza pessoal ou conjugal, a qual deve servir somente para a proteção daquele segmento da família que realmente necessite deste cabedal mantido como lastro de segurança, na medida do que a pessoa necessita, e só a existência deste fato, ou a encarnação desta pessoa, gerará uma efetiva justificativa para o uso limitado dos bens.[249]

---

[246] SILVA, Nuno Ascensão. Em torno das relações entre o direito da família e o direito das sucessões. o caso particular dos pactos sucessórios no direito internacional privado. In: OLIVEIRA, Guilherme de (coord.). *Textos de direito de família para Francisco Pereira Coelho*. Coimbra: Imprensa da Universidade de Coimbra, 2016. p. 452, nota de rodapé 33.

[247] SILVA, Nuno Ascensão. Em torno das relações entre o direito da família e o direito das sucessões. o caso particular dos pactos sucessórios no direito internacional privado. In: OLIVEIRA, Guilherme de (coord.). *Textos de direito de família para Francisco Pereira Coelho*. Coimbra: Imprensa da Universidade de Coimbra, 2016. p. 447-448.

[248] SILVA, Nuno Ascensão. Em torno das relações entre o direito da família e o direito das sucessões. o caso particular dos pactos sucessórios no direito internacional privado. In: OLIVEIRA, Guilherme de (coord.). *Textos de direito de família para Francisco Pereira Coelho*. Coimbra: Imprensa da Universidade de Coimbra, 2016. p. 448.

[249] MEROÑO, Encarna Serna. Los derechos sucesorios de los hijos en los nuevos modelos familiares. In: VARELA, Angel Luis Rebolledo (coord.). *La familia en el derecho de sucesiones*: cuestiones actuales y perspectivas de futuro. Madrid: Dykinson, 2010. p. 254-255.

70.1. Argumentos a favor da legítima

Para Marcelo J. Salomón, a legítima tem fundamentos morais, sociais e políticos e se baseia na existência de um vínculo consanguíneo entre parentes próximos, de onde deriva a obrigação de conteúdo patrimonial consistente na legítima como forma de proteger a integridade da família. Essa obrigação natural estaria amparada no sentimento de piedade e afeto paterno exteriorizado igualmente através da obrigação alimentar, sendo inconcebível que a família ficasse sem recursos com a morte do progenitor, não merecendo nenhum amparo legal aquele ascendente que beneficiasse pessoas estranhas com seus bens em detrimento de seus filhos. A família seria o pilar e a base da sociedade, devendo preponderar a defesa e conservação da célula familiar e certamente essa família se manteria unida e reconhecendo a autoridade do pai, esposo e companheiro sabendo que seus bens e suas economias, que são frutos de seu trabalho, serão repartidos, necessariamente, entre os membros da família, parecendo igualmente evidente que todos os componentes da família contribuirão para a preservação do acervo familiar, sendo a legítima considerada instrumento de proteção e de promoção econômica da família, e o reconhecimento da contribuição que os familiares prestaram para a construção do patrimônio do falecido.

Seriam, em substância, três grandes fundamentos de defesa da legítima hereditária: a) a presumida vontade do autor da herança de que seus herdeiros mais próximos e necessários recebam sua herança; b) um fundamento político, alicerçado na distribuição equitativa da propriedade e; c) o fundamento social da proteção da família.[250]

Mas toda esta teoria acerca da pertinência da legítima em prol dos herdeiros necessários como uma presunção da própria vontade do testador desaparece quando surge um filho anterior ao casamento e de cujo consórcio não houve prole, sendo que a viúva meeira terá reduzido o patrimônio conjugal pela metade, a depender do seu regime matrimonial e considerando que este filho, muitas vezes criado em família socioafetiva ou registral, será destinatário único da legítima deixada pelo morto que nunca exerceu a função de pai deste herdeiro que se apresenta como único detentor da legítima.

Como ensina Encarna Serna Meroño, o sistema de legítimas tinha como sua justificativa a proteção dos vínculos familiares e do patrimônio familiar, considerado essencial para a manutenção da união conjugal ou convivencial, e para estabelecer uma igualdade entre os filhos, não obstante esta igualdade entre irmãos seja criticada pelo fato de as especificidades familiares poderem gerar muitas injustiças diante da obrigatória equiparação dos quinhões hereditários.[251]

A autora admite existir relevante parcela da sociedade contrária à mudança radical do sistema de legítimas, cuja política sucessória está arraigada na consciência coletiva como fruto de uma longeva cultura social e pela qual os descendentes não podem ser afastados da herança pelo testador sem uma causa específica de exclusão,[252] que leve a atos de indignidade ou de deserdação, como acontece no sistema legal brasileiro, e onde ainda são mantidos vivos os dois institutos jurídicos destinados à exclusão de herdeiros.

---

[250] SALOMÓN, Marcelo J.O. *Legítima hereditária y Constitución Nacional*: examen constitucional de la herencia forzosa. Córdoba: Alveroni, 2011. p. 49-53.

[251] MEROÑO, Encarna Serna. Los derechos sucesorios de los hijos en los nuevos modelos familiares. In: VARELA, Angel Luis Rebolledo (coord.). *La família en el derecho de sucesiones*: cuestiones actuales y perspectivas de futuro. Madrid: Dykinson, 2010. p. 244.

[252] MEROÑO, Encarna Serna. Los derechos sucesorios de los hijos en los nuevos modelos familiares. In: VARELA, Angel Luis Rebolledo (coord.). *La família en el derecho de sucesiones*: cuestiones actuales y perspectivas de futuro. Madrid: Dykinson, 2010. p. 254.

70.2. Pontos de reforma

Segundo ainda Encarna Serna Meroño, o rumo do Direito das Sucessões é aquele que tem uma força de inércia superior a qualquer outro conjunto de normas jurídicas, dado ao fato de que qualquer reflexão sobre a morte impõe respeito e coíbe pensar em propor consequências distintas daquelas tradicionais e que são de todos conhecidas, exigindo sempre uma cautela adicional para reformar qualquer aspecto do direito sucessório.[253]

Até mesmo por isso, seria extremamente difícil impor a radical extinção do direito à legítima, como compreendeu o Direito alemão e como igualmente concluíram alguns ordenamentos regionais espanhóis, que não ficaram, no entanto, imóveis e indiferentes às mudanças sobre a sucessão, acerca da legítima hereditária dos herdeiros necessários. Sem extinguir o instituto da legítima, o que causaria densa reação social e reações contrárias, induvidosamente incumbem profundas reflexões a despeito do sistema da legítima, que ainda se faz vivamente presente na legislação brasileira e segue sendo tratada da mesma forma como foi concebida na arvorecência do século XX.

Algumas legislações civis autônomas do Estado espanhol promoveram modificações significativas no sistema das legítimas, cujas reformas se propõem a adequar a legislação às realidades sociais atuais, como acontece com o aumento da expectativa de vida; com a existência de uma taxa maior de divórcios, que distanciam os filhos de seus pais; com o fato de a legítima ser considerada um *pars hereditaris*, e assim prejudicar a superveniência de uma empresa, ou embaraçar um empreendimento familiar em razão da morte do titular da sociedade empresária. Assim visto, pelo fato de que em muitos dos relacionamentos familiares nunca existiu, em realidade, qualquer interação ou solidariedade familiar entre seus componentes, ou com a constatação de que o cônjuge sobrevivente, quem de ordinário colabora na formação do patrimônio familiar, resta abruptamente ceifado de metade dos bens conjugais, e que a legítima endereçada aos herdeiros necessários interfere na manutenção do padrão socioeconômico da família remanescente e cria dificuldades financeiras para uma vida do consorte sobrevivente que tem se tornado cada vez mais longa.

70.2.1. Redução da legítima

Pensando nessas variantes, muitas legislações têm repensado e redimensionado os efeitos da legítima, como sucedeu na comunidade espanhola de Aragão em 1999, ao reduzir a quantidade da legítima e criar uma *legítima coletiva*, que pode ser individualizada ou concentrada em apenas um destinatário, discriminando a todos os demais, e outorgando ao testador uma importante discricionariedade, coerente com a autonomia privada e a sua efetiva e completa liberdade de testar, a fim de evitar possíveis injustiças, lembrando Daniela Russowsky Raad a influência por vezes esquecida do art. 1.513 do Código Civil quando externa ser defeso a qualquer pessoa, de direito público ou privado, interferir na comunhão de vida instituída pela família, e que este dispositivo legal reflete justamente o princípio da mínima intervenção.[254]

Em 2006, a Galícia considerou que apenas os descendentes e o cônjuge viúvo não separado são herdeiros necessários da quarta parte dos bens do falecido, sendo facultado pagar

---

[253] MEROÑO, Encarna Serna. Los derechos sucesorios de los hijos en los nuevos modelos familiares. In: VARELA, Angel Luis Rebolledo (coord.). *La família en el derecho de sucesiones*: cuestiones actuales y perspectivas de futuro. Madrid: Dykinson, 2010. p. 255.

[254] RAAD, Daniela Russowsky. *O exercício da autonomia privada no direito sucessório*: uma reflexão a partir da eficácia do regime da separação de bens. Rio de Janeiro: Lumen Juris, 2018. p. 22.

a legítima como um *pars valoris bonorum,* com dinheiro hereditário ou extra-hereditário. Na Catalunha, uma lei de 2008 manteve a legítima como atribuição sucessória, contudo, excluiu da colação obrigatória os bens doados dez anos antes da morte do autor da herança, salvo se o doador tenha imposto o dever de colação. Assim como na Alemanha, e também assim sucede na Espanha, cuja Ley 7/2003 alterou o Código Civil espanhol para permitir ao testador manter indivisa uma empresa, ou manter em uma determinada pessoa ou herdeiro o controle de uma sociedade empresária, pagando a legítima dos herdeiros necessários em dinheiro da herança ou com recursos pessoais, podendo estabelecer um prazo de até cinco anos para o pagamento, contado o termo da morte do testador, e deste modo evitando conflitos empresariais entre os sucessores, e permitindo o desenvolvimento da sociedade empresária que resta confiada aos cuidados e à administração de determinado herdeiro, o qual, aos olhos do testador, seria o herdeiro(s) talhado(s) para dar sequência ao empreendimento.[255]

Um primeiro ponto para reflexão acerca do estabelecimento de reformas no sistema das legítimas está em excluir os ascendentes do rol de herdeiros necessários, sendo esta uma das grandes deficiências de imposição da legítima quando ausentes filhos ou outro grau de descendentes, eis que cinquenta por cento dos bens do falecido, cujo acervo foi construído, em regra, com o auxílio do cônjuge ou convivente sobrevivente, são compulsoriamente herdados pelos ascendentes do consorte falecido em detrimento do supérstite.

Ascendentes que podem ser os pais ou os avós do sucedido, mas se trata de pessoas que habitualmente já alcançaram a sua estabilidade patrimonial, sendo mais provável que faleçam antes do consorte ou companheiro sobrevivente, impondo que os bens por eles herdados restem partilhados com os cunhados da viúva do consorte premorto, chegando ao paradoxo de os irmãos do morto precederem à cunhada viúva no recebimento da herança deixada por seu marido, apenas porque não tiveram descendentes e sua herança foi para os ascendentes, e destes para os irmãos do falecido.

Outro fato que causa espécie reside na circunstância de que os pais herdarão bens construídos pelo esforço do casamento ou da união estável, oriundos do labor dos cônjuges ou conviventes, cuja restrição legal de não poder dispor de uma rígida e indefasável legítima impede que o testador a destine ao seu consorte viúvo, pois evita uma pessoa de dispor livremente de seus bens, e de estabelecer as suas próprias recompensas valorando os critérios fáticos da sua dinâmica e singular experiência de vida.

70.2.2. *Solidariedade familiar*

É preciso pensar acerca dos fundamentos hodiernos do sistema de legítimas, no sentido de adaptá-lo à nova realidade social que conclama um novo direito sucessório.[256] É certo que entre o Direito de Família e o Direito das Sucessões existe uma natural afinidade, sendo igualmente inconteste que a marca imperativa da legítima em prol dos herdeiros *necessários* é a *solidariedade familiar*.

Os laços de solidariedade familiar não se limitam à prestação alimentícia, pois também implicam uma assistência moral edificada na ajuda espiritual, na cooperação e atenção, no

---

[255] ORLANDI, Olga. *La legítima y sus modos de protección*: análisis doctrinario y jurisprudencial en la dinámica del proceso sucesorio. 2. ed. Buenos Aires: Abeledo Perrot, 2010. p. 307.

[256] BALMASEDA, Oscar Monje; YAGÜE, Francisco Lledó. Reforma del sistema legitimario y el principio de libertad de testar. In: YAGÜE, Francisco Lledó; VANRELL, Maria Pilar Ferrer; LANA, José Angel (dirs.). *El patrimonio sucesorio*: reflexiones para un debate reformista. Madrid: Dykinson, 2014. t. I, p. 655-656.

acompanhamento e nos cuidados típicos de todas aquelas condutas havidas como solidárias, e que naturalmente derivam da tão só existência de um liame familiar, seja ele proveniente do casamento, da união estável ou dos vínculos de parentesco.

A meditação obrigatória para uma reformulação cirúrgica do direito sucessório está em questionar se é justo, na atualidade, restringir a liberdade de testar quando os filhos e outros parentes igualmente próximos vivem completamente distanciados do autor da herança, a quem ignoram e alienam, mas que, desafortunadamente, o alienado autor da herança está obrigado a deixar uma parte de seus bens para os alienadores que o abandonaram afetiva e materialmente, quadro fático que, por outro lado, não se vislumbra quando o autor da herança tinha um caráter amargurado, isolando-se dos filhos conjugais depois de haver se isolado e alienado dentro de uma nova entidade familiar.

Mabel Del Arbol e Silvia Gramigni questionam se é justo manter intocável o direito à legítima quando os esperados laços de solidariedade familiar nunca existiram, ou cuja duração foi efêmera, dissimulada, faticamente tão escassa que poderia ser considerada como inexistente. Mesmo assim, essas pessoas próximas e ao mesmo tempo distantes são necessárias unicamente como credoras, contudo dispensáveis por ausência de qualquer solidariedade, mas seguem tendo vocação hereditária, porque a lei e não o sucedido quer que eles adquiram a herança daquele de quem se afastaram do convívio e de qualquer resquício mínimo de atenção pessoal,[257] embora não fuja à consciência de ser preciso indagar em cada caso concreto qual foi o contexto em que se rompeu a relação familiar.

Ausentes os traços de solidariedade conjugal e familiar de afetos que não são compartilhados, o patrimônio, como fruto do esforço de toda a vida de um ser humano, seguramente conquistado com a ajuda moral e material dos familiares não apenas próximos, mas sobremodo presentes, afigura-se despropositado que bens restem herdados por parentes afetiva e deliberadamente distantes, autores de um rol de condutas impróprias e no contrafluxo de um conceito de solidariedade familiar.[258]

Injustamente, o patrimônio do falecido passará a pertencer às pessoas que não mereciam se beneficiar deste acervo, e pior, pessoas às quais, certamente, o sucedido não teria querido beneficiar, causando espécie que a solidariedade familiar do Direito de Família encontre solução diversa da solidariedade familiar projetada pelo Direito das Sucessões, como se pudesse a solidariedade existir em uma direção e ser omissa na outra.[259]

Legítima e solidariedade familiar estão baseados no *officio pietatis* do Direito Romano, que a considerava uma obrigação nata dos parentes em linha reta descendente ou ascendente. Certamente a família hodierna tem características diferentes da família existente ao tempo do Código Civil de 1916, e sua inspiração romanista, quando eram outros os valores da solidariedade intergeracional a justificarem a transmissão hereditária do patrimônio.[260]

---

[257] ARBOL, Mabel del; GRAMIGNI, Silvia. Causales de indignidad y de desheredación: problemas de familia con efectos en el derecho sucesorio. In: FODOR, Sandra; ARBOL, Mabel del (coords.); FLAH, Lily R. (dir.). *Los desafíos del derecho de familia en el siglo XXI*. Buenos Aires: Errepar, 2011. p. 398.

[258] ARBOL, Mabel del; GRAMIGNI, Silvia. Causales de indignidad y de desheredación: problemas de familia con efectos en el derecho sucesorio. In: FODOR, Sandra; ARBOL, Mabel del (coords.); FLAH, Lily R. (dir.). *Los desafíos del derecho de familia en el siglo XXI*. Buenos Aires: Errepar, 2011. p. 398. p. 424.

[259] ARBOL, Mabel del; GRAMIGNI, Silvia. Causales de indignidad y de desheredación: problemas de familia con efectos en el derecho sucesorio. In: FODOR, Sandra; ARBOL, Mabel del (coords.); FLAH, Lily R. (dir.). *Los desafíos del derecho de familia en el siglo XXI*. Buenos Aires: Errepar, 2011. p. 398. p. 424.

[260] BALMASEDA, Oscar Monje; YAGÜE, Francisco Lledó. Reforma del sistema legitimario y el principio de libertad de testar. In: YAGÜE, Francisco Lledó; VANRELL, Maria Pilar Ferrer; LANA, José Angel (dirs.). *El patrimonio sucesorio*: reflexiones para un debate reformista. Madrid: Dykinson, 2014. t. I, p. 660.

A existência da legítima vem da crença de ser injusto que os descendentes e ascendentes, ou vínculos afetivos do casamento e da união estável pudessem ficar apartados da sucessão obrigatória com o seu viés *pietista* da *solidariedade familiar,* que é constantemente desmentida e que muitas vezes só existe na boa vontade da lei, ao mandar reservar, sagrada e intocável, a metade dos bens do autor da herança em favor dos herdeiros necessários.

Intangível o sistema das legítimas projetado para proteger e retribuir com bens a solidariedade prestada dentro dos círculos familiares mais próximos, reservando uma porção indisponível em quantidades igualitárias em favor dos descendentes, ascendentes, cônjuge ou companheira, como se todos tivessem as mesmas necessidades e como se todos tivessem o mesmo comportamento.

Como refere Encarnación Roca i Trías, a herança não deriva de um princípio moral, podendo a legítima até ser considerada como um direito da lei, mas nunca poderá ser vista como um direito moral, porque ninguém está legitimado para reclamar a titularidade de alguns bens de cuja aquisição não participou.[261] Considere-se o exemplo dos filhos que abandonaram seus pais, ou daqueles que passaram a vida usufruindo afanosamente daquilo que seus pais construíram e nada fizeram para que seus progenitores pudessem construir o que agora usufruem.

Considere-se o imoral exemplo do parágrafo único do art. 1.609 do Código Civil brasileiro, reprisado no parágrafo único do art. 26 do Estatuto da Criança e do Adolescente, de pais que reconhecem filhos mortos apenas para deles receberem a herança, ou reverta-se o mesmo raciocínio para filhos registrais e socioafetivos que, à exemplo do apóstolo Pedro, rejeitam o progenitor socioafetivo e registral para herdarem do pai cromossômico.

Segundo Encarnación Roca i Trías, a lei até pode criar um direito de participar pela via sucessória da riqueza criada pelo defunto, mas somente para aquelas pessoas que participaram da construção deste patrimônio sucessório, ou que de fato se encontrem em estado de necessidade, protegidos pelo *princípio da efetiva solidariedade intergeneracional*.[262]

A doutrina aponta para duas hipóteses de subsistência da figura do herdeiro necessário: a) o cônjuge ou convivente superveniente; b) os descendentes que se encontrem em estado de necessidade. Para o cônjuge ou convivente supérstite, conforme Encarnación Roca i Trías, mediante a atribuição de um usufruto e participando dos bens gerados durante o seu relacionamento afetivo, mas somente se foi adotado um regime de completa separação de bens, pois não parece moralmente explicável que um cônjuge ou companheiro que obteve a meação dos aquestos ainda tenha uma compensação prestada em uma espécie de legítima vidual.

O Direito inglês substituiu, em 1938, a liberdade absoluta de testar pelo sistema do *family provisions*, que não se compara a uma pensão alimentícia para filhos menores de idade ou afetados pela incapacidade física ou mental, em cujas hipóteses o juiz separa uma provisão de bens necessários para este dependente sobreviver ou levar um nível de vida semelhante ao que usufruía na constância da vida familiar, como se fossem alimentos *compensatórios*.

70.3. Argumentos contra a legítima

Do ponto de vista familiar a legítima tem sido defendida sob o argumento de os filhos terem o direito de desfrutar do patrimônio dos seus pais, como dele desfrutaram pelo viés da dependência alimentar, enquanto financeiramente dependentes dos seus progenitores, per-

---

[261] TRIAS, Encarnación Rosa i. *Libertad y família*. Valencia: Tirant lo Blanch, 2014. p. 233.
[262] TRIAS, Encarnación Roca i. *Libertad y família*. Valencia: Tirant lo Blanch, 2014. p. 233.

manecendo a solidariedade familiar de uma geração para a outra. O sistema de legítimas está justificado pelo argumento de proteção dos vínculos familiares, sendo o patrimônio da família essencial para a manutenção da união entre diferentes gerações de uma mesma família, além de assegurar uma igualdade dos descendentes em caso de falecimento dos pais, não obstante esta igualdade de tratamento nem sempre se faça perceber na relação dos filhos para com seus pais.

No entanto, como refere Carlos Pérez Ramos, a defesa da proteção da família, na crença da igualdade dos filhos, encerra, em verdade, uma monstruosa desigualdade dentro da família, pois desconhece as efetivas necessidades de cada linhagem,[263] pois há filhos que herdam quando já tem uma idade avançada, e, como já construíram a sua própria riqueza, apenas acumulam uma outra fortuna que não cumpre nenhuma função de proteção.

Trata-se de uma aparente igualdade, pois, para repartir uma herança entre vários indivíduos de uma família, com verdadeira carga de igualdade, teria de se partir de dados e especificidades que apenas o progenitor tem o efetivo e exato conhecimento, já que o discurso da igualdade parte do erro de considerar que a natureza faz iguais todos os filhos, quando a simples observação dos fatos já mostra as diferenças de capacidade de esforços e de resultados, que fazem do sistema legitimário uma *camisa de força* que impede a distribuição equitativa do patrimônio.[264]

É do domínio público que nem todos os filhos possuem os mesmos méritos, as mesmas aptidões, a mesma capacidade física e intelectual, que os colocam em igualdade de condições na obtenção da sua independência financeira, como tampouco todos os filhos têm a mesma dedicação, como também não outorgam a mesma atenção aos seus pais, de modo que a revisão do sistema da legítima reforçaria a autoridade dos pais, e seus rebentos ao menos pensariam duas vezes antes de se afastarem e abandonarem seus pais.

A liberdade ilimitada de testar evita o fracionamento do patrimônio familiar e impede a subdivisão excessiva da propriedade ou de uma sociedade empresária, dado que a existência do simples parentesco não serve como remédio para o sempre complicado equilíbrio de resolução dos conflitos societários existentes entre os sócios e membros de uma família. Os planos estratégicos de uma sociedade empresária nem sempre estão identificados com os planos sucessórios dos herdeiros obrigatórios, lembrando César Camisón Zornoza e Alejandro Ríos Navarro que a principal causa dos problemas existentes nas empresas familiares é a falta de compreensão de que família e empresa são instituições diferentes, com valores e princípios díspares, e que, portanto, as decisões de cada uma delas devem ser mantidas separadas a fim de prevenir que as dissensões pessoais afetem negativamente na produção e desenvolvimento da sociedade.[265]

Há vozes em movimentos legais, doutrinários e jurisprudenciais clamando pela necessidade de reforma do sistema das legítimas, cujos brados acreditam resulte imperioso revisar

---

[263] RAMOS, Carlos Pérez. La autonomia de la voluntad en las sucesiones y la libertad de testar. In: RUIZ, Aguilar; GUAJARDO-FAJARDO, Arjona; MANSILLA, Cerdeira Bravo de (coords.). *Autonomia privada, família y herencia en el siglo XXI*: cuestiones actuales y soluciones de futuro. Madrid: Thomson Reuters/Arazandi; *Revista Arazandi de Derecho Patrimonial* 33, 2014, p. 110.

[264] RAMOS, Carlos Pérez. La autonomia de la voluntad en las sucesiones y la libertad de testar. In: RUIZ, Aguilar; GUAJARDO-FAJARDO, Arjona; MANSILLA, Cerdeira Bravo de (coords.). *Autonomia privada, família y herencia en el siglo XXI*: cuestiones actuales y soluciones de futuro. Madrid: Thomson Reuters/Arazandi; *Revista Arazandi de Derecho Patrimonial* 33, 2014, p. 110.

[265] ZORNOZA, César Camisón; NAVARRO, Alejandro Ríos. *El protocolo familiar*: metodologias y recomencaiones para su desarrollo e implantación. Valencia: Tirant lo Blanch, 2016. p. 108.

o instituto para alcançar caminhos mais idôneos, ou ao menos para flexibilizá-lo, sem necessariamente ter de eliminar o sistema jurídico das legítimas destinadas aos descendentes, mas, talvez, reduzir seus percentuais e aumentar a porção disponível do falecido,[266] conquanto também possam ser pontualmente afastadas certas classes de legitimários, e dentre os que forem chamadas nas classes remanescentes como herdeiros necessários, também estes devem ser selecionados para permanecerem apenas aqueles efetivamente necessitados. Uma das principais causas para implantar uma liberdade ilimitada de testar seria a de permitir a reconstrução da *família raiz*, ou seja, a família continuadora da vida comum e que segue ao lado do filho, a família capaz de construir e administrar o patrimônio doméstico, existindo filhos que precisam ser descartados da sucessão obrigatória por serem incapazes de preservá-la em benefício da sociedade e do grupo familiar, afetando com suas inseguranças, ganância e prodigalidade o sólido poder de direção de que necessita a sociedade empresária para continuar exercendo a sua relevante função social.

Dentro de uma gama de sugestões de reforma do sistema das legítimas, o Direito aragonês desenvolveu a *legítima coletiva*, a qual, embora destinada aos descendentes, pode ser individualizada e destinada a um só herdeiro, discriminando a todos os demais e criando uma poderosa discricionariedade ao testador que com maior liberdade de disposição pode atribuir a legítima ao filho efetivamente dependente financeiro, que poderia ou não se tratar de um filho deficiente, e que restaria desassistido com a morte de seu progenitor.

Na Galícia a legítima foi reduzida à quarta parte dos bens do testador, assegurando que o sucedido ainda possa ordenar que o pagamento da legítima se dê com bens da herança ou com dinheiro que nem precisa ser pecúnia hereditária, ou seja, o testador poderá ordenar que o pagamento da legítima se dê com dinheiro extra-hereditário, transformando a legítima em um crédito contra a herança e não em uma obrigatória participação nos bens sucessíveis.

Na Catalunha foi mantida a legítima, contudo, atenuada, dispensando da colação os bens doados nos dez anos anteriores à morte do sucedido, salvo que expressamente tenham sido doados com a condição de serem imputados à legítima do donatário. Há quem sugira que o direito à legítima só se dê até os 25 anos de idade dos filhos, cujo período de vida corresponde ao tempo de investimento que os pais fazem para a educação e formação da sua prole. Outros sustentam que a legítima só seria devida durante a menoridade dos filhos, ou, se maiores, apenas se forem mental ou fisicamente incapazes, havendo igualmente proposição para que a legítima não passe dos descendentes de primeiro grau.

É outra a realidade social e são outros os modelos de família, não se mostrando desarrazoado limitar a legítima aos filhos e descendentes e no montante respeitante à quarta parte do patrimônio sucessório, não sendo igualmente descartável a noção de uma legítima *coletiva*, destinada aos descendentes desassistidos ou com deficiências físicas ou mentais. Com essa mesma intenção de direcionar a legítima aos que dela são realmente necessitados, devem ser aumentadas as causas de indignidade e de deserdação dos herdeiros ingratos e afetivamente desertores, afigurando-se igualmente absurdo que um filho que não conviveu com seu pai biológico (pois vivia com seu genitor socioafetivo e registral) tenha direito a uma porção da legítima construída com o auxílio de um filho que sempre esteve presente e que sempre manteve uma saudável, afetiva e dinâmica relação de filiação com seus pais, sendo cada vez maiores as alienações físicas, afetivas e assistenciais dos filhos que amiúde se olvidam completamente dos seus pais e não raro estendem este isolamento aos netos do autor da herança.

---

[266] PRETE, Octavio Lo. *Acciones protectoras de la legítima*. Buenos Aires: Hammurabi, 2009. p. 29.

O ser humano e a sociedade evoluíram e adiante disso aumentou a expectativa de vida das pessoas, sendo que os filhos quando se tornam herdeiros já alcançaram sua própria independência financeira, construindo suas riquezas pessoais, sendo certo que o maior investimento proporcionado pelos pais é o acesso dos filhos aos estudos, visto que a transmissão de riqueza não mais se concentra na propriedade ou na administração de uma empresa familiar herdada, mas sim no legado que transmitiram aos filhos em termos de educação, caráter, ética, conhecimento e formação profissional.

Obrigação dos pais é a de eles darem condições aos filhos para que queiram e possam trabalhar, tornando-se pessoas honradas, afortunadas e, quando prontas, se tornam úteis à sociedade, não devendo um filho exigir mais dos seus pais, salvo que espontaneamente pródigos sejam os progenitores, mas não porque deles possam exigir alguma coisa mais.[267]

A liberdade de testar não pode ser restringida com a morte, quando ela é ilimitada em vida, não existindo nenhuma obrigação moral à legítima de bens quando justamente a liberdade de testar é que faz justiça ao testador que não tem todos os seus herdeiros necessários na mesma escala de estima.

70.4. A natureza *pars valoris* da legítima e a sociedade empresária

A revisão da instituição da legítima está prenhe de propostas que sugerem a obrigação da sua efetiva mudança, contudo, o tema ainda se afigura amplo e impregnado de tabus que dificultam mudanças precisas, e que, embora ainda não implementadas, também não escondem a importância e a necessidade de outorgar ao testador uma autonomia real como conhecedor da dinâmica de sua família e de seus herdeiros, para que possa ordenar com inteira liberdade a sucessão de seus bens, da maneira que estime mais conveniente, sem que o legislador restrinja sua liberdade de testar além daquilo que hodiernamente possa e deva ser considerado adequado.

Calha considerar a própria relatividade da presunção de o autor da herança desejar que seus bens sejam destinados aos seus parentes mais próximos e na ordem vocacional consolidada pela legislação nacional (CC, art. 1.829), demonstrando-se absolutamente verdadeira essa premissa, somente se o titular do patrimônio não equacionar uma distribuição diferente de seus bens através de um testamento, pois se tivesse efetiva autonomia patrimonial poderia testar a totalidade dos seus bens sem nenhuma restrição legal em relação à porção indisponível.

Diante dessa lógica, acaso existisse real liberdade patrimonial com efeitos *post mortem*, o legislador somente presumiria que o autor da herança desejava beneficiar seus descendentes e demais herdeiros com vinculação afetiva próxima se o testador não outorgasse qualquer testamento ordenando de forma diferente, pois a ele bastaria deixar prevalecer a sucessão legítima, com a ordem de vocação hereditária do art. 1.829 do Código Civil, que chama justamente os parentes mais próximos.

Contudo, essa presunção legal de o testador querer beneficiar pessoas que lhe estejam afetivamente mais próximas desaparece se ele dispõe em cédula testamentária beneficiando outras pessoas, cujo ato de dispor livremente da totalidade de seus bens deveria ser um direito de todo autor de designar em testamento, quem seria merecedor de suceder os seus bens, mas,

---

[267] RAMOS, Carlos Pérez. La autonomia de la voluntad en las sucesiones y la libertad de testar. In: *Autonomía privada, família y herencia en el siglo XXI*: cuestiones actuales y soluciones de futuro. Navarra: Thomson Reuters/Aranzadi, 2014. p. 111.

como ainda existe a legítima, se torna imprestável presumir que o morto almejava beneficiar seus parentes mais próximos conforme a ordem de vocação legal.

Um bom ponto de partida para reestruturar o direito sucessório está em reescrever a *natureza jurídica* da legítima, cuja operação se centraliza em determinar o seu conteúdo qualificativo, de modo a apurar se ela é recebida como decorrência natural da aquisição da qualidade de *herdeiro* e assim ser atribuído à herança um caráter de *pars hereditatis*, com direito do herdeiro a um quinhão hereditário representado por bens que compõem o acervo deixado pelos falecido; ou se a sua natureza aspira à concepção de um *pars bonorum*, cuja qualificação dá direito a uma quota dos bens hereditários líquidos, mas sem responder pelas dívidas do espólio, como sucede no legado; ou se a legítima tem a natureza de um *pars valoris bonorum*, vista como um crédito contra o espólio, que autoriza o seu pagamento em dinheiro, embora esse crédito seja garantido pelos bens da herança; e, por fim, se a legítima seria um *pars valoris* e nesse caso o legitimário não seria um herdeiro, mas um credor dos herdeiros e o pagamento deste crédito poderá ser feito com bens ou com dinheiro que tampouco precisa pertencer ao espólio.

A verdadeira razão do pagamento da legítima em metálico, conforme Carlos Vattier Fuenzalida, radica na conservação de todo ou em parte dos bens hereditários indivisos na sucessão,[268] tendo trânsito a sua concepção naqueles casos em que interessa ao autor da herança preservar a carga dos bens de seu acervo pessoal, para que continuem prestando as funções ou atividades que lhes são inerentes, como, por exemplo, uma empresa agrícola, cujo campo não pode ser fracionado entre os herdeiros sob o risco de perder a sua finalidade, e não mais permitir a sua exploração econômica frente à fragmentação das áreas de terra, com a desfiguração de suas dimensões iniciais, tendo em conta que nem todos os herdeiros intencionam plantar em suas frações de campo, permitindo concluir que determinados herdeiros, embora forçosos, se transmudam em credores do espólio, mais precisamente credores de uma empresa de características familiares, permitindo que a empresa agrícola ou comercial siga exercendo a sua função social, tornando viável planejar e assegurar a continuidade e a conservação desta empresa agrícola ou mercantil de cunho eminentemente familiar.

Não foi sem outra razão que a Espanha, a Itália, a França e a Alemanha modernizaram o seu direito sucessório para manter indivisa uma organização econômica pertencente ao autor da herança, construindo a viabilidade da substituição da legítima pelo seu correspondente pagamento em dinheiro, que nem precisa ser dinheiro da herança, embora possa ser numerário produzido pela empresa herdada, que desse modo enlaça, sem solução de continuidade, seus objetivos sociais e empresariais, reforçando a economia do país, que tem nas empresas de família o principal instrumento de produção de riqueza.[269]

Significa concluir que o testador pode ordenar em sua cédula testamentária a adjudicação de uma empresa familiar *mercantil* ou agrícola, ou quaisquer outros bens, no todo ou em parte, para os herdeiros de sua predileção como herdeiros empreendedores e que estão administrativamente habilitados para continuarem no comando dos negócios, e determinar o pagamento em dinheiro dos quinhões hereditários dos demais sucessores necessários.

Na Espanha, a Ley 7/2003 de Reforma da Ley de Sociedades de Responsabilidade Limitada modificou o Código Civil espanhol em alguns aspectos do Direito das Sucessões, para

---

[268] FUENZALIDA, Carlos Vattier. *El pago en metálico de la legítima de los descendientes*. Madrid: Reus, 2012. p. 17.
[269] PERAZZO, Martín; ZABALE, Ezequiel. *Sociedades de família*: derecho de información y cobro de dividendos. Rosario: Nova Tesis Editorial Jurídica, 2017. p. 66.

permitir que o testador mantenha indivisa uma empresa,[270] ou mantenha na titularidade de uma ou mais pessoas o controle de uma sociedade de capital, pagando aos herdeiros necessários sua legítima em dinheiro, extraído da herança ou não, inclusive podendo parcelar o pagamento em até cinco anos, a contar da morte do testador e evitar conflitos no desenvolvimento da empresa, ou para evitar a fragmentação de uma propriedade rural.[271]

Conforme esclarece Natalia Álvarez Lata, na sucessão *mortis causa* de uma sociedade empresária não está em jogo somente a autonomia privada do sócio falecido, mas ingressam questões relacionadas com as normas do contrato social da empresa, sejam elas legais ou estatutárias, e é nesse jogo duplo que está condicionada a livre transmissão das ações ou quotas deixadas pelo sócio morto.[272] O interesse demonstrado pelo criador da empresa familiar na continuidade da sua atividade, o que fica demonstrado por seu empenho em remover todos os obstáculos que se apresentam com a sucessão de gerações e de administradores, provocam a criação de mecanismos legais que impeçam a solução de continuidade da atividade empresária e permitam diferenciar entre gestão e titularidade, em que o controle pudesse se perder diante das dificuldades naturais que surgem com a entrada de numerosos herdeiros que se tornam gestores.

Nessa perspectiva, o Direito espanhol permite a planificação sucessória da empresa familiar e consente ao fundador da empresa direcionar a sociedade ao herdeiro mais bem preparado para a administração da empresa, quebrando a rigidez da proibição de pactuar herança de pessoa viva regulada no art. 1.271, 2º, do Código Civil espanhol, cujo dispositivo de lei é correspondente ao art. 426 do Código Civil brasileiro. É justamente com essa finalidade de assegurar a permanência da entidade familiar que o empresário pode planificar a sua sucessão por testamento, por contrato societário ou pelos estatutos sociais, bem como por um *protocolo familiar*, outorgando importantes vantagens para o empresário e seus futuros herdeiros, com a flexibilidade conferida pela sucessão contratual que encontra na perpetuação da atividade empresária um objeto jurídico claramente lícito e moral.

Conforme Tatiana Cucurull Poblet, o pacto sucessório sobre empresas familiares é um eficaz instrumento jurídico para a sucessão geracional utilizada para evitar a possível fragmentação da sociedade empresária,[273] sendo uma das opções o uso do *protocolo familiar*, descrito por uns como um código ético *moral*, para outros *jurídico*, com eficácia contratual, e no qual são descritas regras internas de funcionamento, e que são estipuladas por todos os membros da família que integram a empresa, ou que venham a integrar a sociedade empresária no futuro, e cuja principal finalidade é a de assegurar a sucessão da empresa, tendo um duplo sentido, um deles de evitar possíveis conflitos, e ao mesmo tempo impulsionar o crescimento e a continuidade do ente jurídico entre os familiares.[274]

---

[270] Refere Purificación Cremades García: "Que na Europa, segundo o Instituto da Empresa Familiar, o ciclo geracional se produz nos seguintes termos: 65% supera a primeira geração; 25% a segunda geração; 9% a terceira e 1% a quarta geração ou mais gerações" (GARCÍA, Purificación Cremades. *Sucesión* mortis causa *de la empresa familiar*: la alternativa de los pactos sucesorios. Madrid: Dykinson, 2014. p. 131).

[271] ORLANDI, Olga. *La legítima y sus modos de protección*: análisis doctrinario y jurisprudencial en la dinámica del proceso sucesorio. 2. ed. Buenos Aires: Abeledo Perrot, 2010. p. 307.

[272] LATA, Natalia Álvarez. Empresa familiar y planificación sucesoria: un acercamiento a los protocolos familiares como instrumentos de esa ordenación. In: VARELA, Ángel Luis Rebolledo (coord.). *La família en el derecho de sucesiones*: cuestiones actuales y perspectivas de futuro. Madrid: Dykinson, 2010. p. 556.

[273] POBLET, Tatiana Cucurull. *El protocolo familiar* mortis causa. Madrid: Dykinson, 2015. p. 207.

[274] POBLET, Tatiana Cucurull. *El protocolo familiar* mortis causa. Madrid: Dykinson, 2015. p. 114.

70.5. O *patto di famiglia* do Direito italiano

O Direito italiano introduziu, com a Lei 55, de 14 de fevereiro de 2006, o instituto do *patto di famiglia*, como um novo instituto contratual para atender às necessidades relacionadas com a transição da empresa entre as gerações, superando a dificuldade presente na proibição exagerada dos pactos sucessórios (CC, art. 426). O pacto de família é um mecanismo contratual de exceção ao princípio de proibição aos pactos sucessórios que segue sendo a regra geral. A finalidade do *patto di famiglia* é a de facilitar a transmissão da empresa familiar ou das quotas sociais e assim contribuir para a continuidade do empreendimento. Pelo *patto di famiglia* o empresário transfere, no todo ou em parte, a titularidade da empresa a favor de um ou de alguns dos seus descendentes, e estes assumem, por seu turno, o dever de liquidar em favor dos demais coerdeiros os seus respectivos quinhões hereditários por meio do pagamento do correspondente preço, permitindo a utilização de instrumentos muito mais adequados do que aqueles ordenados pela lei ou pela justiça.[275]

Como diz Carlo Pilia, sem substituir o matrimônio e seus pactos antenupciais, contratos de convivência e o testamento, o *patto di famiglia*, que também deve utilizar a escritura pública, conquista crescentes espaços destinados à autonomia privada dentro da disciplina do Direito de Família,[276] conciliando, com o caminho natural perseguido pela caminhada sem volta do Direito brasileiro, em direção à efetiva disponibilidade dos direitos de família e, no seu natural encalço, também no Direito das Sucessões, protegendo certos interesses patrimoniais familiares e garantir por igual as relações familiares diante de seus eventuais conflitos. Pelo *patto di famiglia*, dispõe o Código Civil italiano, o empresário transfere totalmente ou em parte as suas quotas sociais a um ou mais descendentes, em verdadeira exceção à regra de proibição de pactuar herança futura, que segue vedada no art. 458 do Código Civil italiano, representando o *patto di famiglia* uma derrogação explícita desta proibição de contratos sobre herança de pessoa viva, quando a legislação tedesca exclui da colação e da ação de redução as quotas sociais pactuadas, assegurando, assim, a destinação em vida da sucessão empresarial.

Fabrizio Volpe explica ser a razão da reforma italiana do *patti sucessori* o intento de garantir a estabilidade e a continuidade do empreendimento por meio de direcionamento do bem produtivo, e ao mesmo tempo salvaguardar as normas do direito sucessório, acatando solicitações doutrinárias que reivindicavam a necessidade de um remédio para a instabilidade das transferências sucessórias, tendo como escopo inovador da Lei 55/2006 a criação de um regime sucessório especial, destinado a facilitar a transmissão familiar de bens produtivos, considerando a função social e a continuação da empresa, e permitindo ao empreendedor planejar a transferência geracional do seu empreendimento, estipulando um acordo com o qual a sociedade ou sua participação societária venha a ser atribuída a um ou a alguns de seus familiares.[277]

A autonomia privada disposta no art. 1.513 do Código Civil brasileiro assume um papel relevante nos acordos de convivência e de casamento, e como resolução efetiva para as crises

---

[275] PILIA, Carlo. Autonomía privada, família y herencia: el instrumento contractual para definir las relaciones y resolver los conflitos. In: *Autonomia privada, família y herencia en el siglo XXI*: cuestiones actuales y soluciones de futuro. Navarra: Thomson Reuters/Aranzadi, 2014. p. 158.

[276] PILIA, Carlos. Autonomía privada, família y herencia: el instrumento contractual para definir las relaciones y resolver los conflitos. In: *Autonomia privada, família y herencia en el siglo XXI*: cuestiones actuales y soluciones de futuro. Navarra: Thomson Reuters/Aranzadi, 2014. p. 158.

[277] VOLPE, Fabrizio. *Il Codice Civile comentário*: patto di famiglia. Milano: Giuffrè Editore, 2012. p. 4-6.

conjugais, como deve servir de útil instrumento no sistema jurídico da *legítima* no que diz com os efeitos patrimoniais na sucessão hereditária compulsória, conquanto se inaugure uma maior autonomia privada que permita converter o pacto sucessório em uma relação jurídica obrigatória e exigível.

Com o pacto sucessório o empresário elege a quem quer transferir a titularidade e o cessionário se obriga a pagar em dinheiro aos outros herdeiros o valor correspondente às suas quotas na empresa, favorecendo a transmissão de bens produtivos de forma mais racional, impedindo a pulverização da empresa, sua paralisação, ou qualquer ameaça de extinção da sociedade empresária, evitando inclusive, que intermináveis discussões judiciais sobre posições hereditárias terminem comprometendo a adequada transmissão *mortis causa* da empresa familiar e assegurando a continuidade da atividade empresarial.

A França suprimiu a legítima dos ascendentes e criou a figura da renúncia antecipada à ação de redução, justamente para favorecer a transmissão de empresas e patrimônios familiares, renunciando o herdeiro destinatário antecipadamente aos demais bens. As empresas familiares francesas podem transmitir a sucessão *mortis causa* da sociedade:

a) pela sucessão legítima, quando o autor da herança falece sem deixar testamento e os herdeiros adquirem o ativo e passivo da sociedade, resultando certo risco para a sociedade ante a ausência de consenso entre os herdeiros no gerenciamento da empresa familiar; b) estabelecendo a transmissão da totalidade da sociedade empresária e atribuindo a titularidade do ente jurídico a um descendente através de testamento, tratando o beneficiário de indenizar os demais no excesso da disposição; ou b.1.) o autor da herança consegue em vida um acordo entre os herdeiros sobre a partilha de seu patrimônio com a renúncia antecipada à ação de redução que superar a quota hereditária disponível, obrigando-se o herdeiro beneficiário a indenizar aos demais herdeiros pelo excesso recebido, não impondo a restituição da coisa recebida, tornando-se meros credores do herdeiro beneficiado (CC francês, art. 924).

70.6. O *pars valoris bonorum* no Brasil

No Brasil, o art. 2.019 do Código Civil carrega em seu espírito a natureza do instituto da legítima como sendo um *pars valoris bonorum*, ao prever que a porção indisponível dos herdeiros necessários possa ser paga em bens ou em dinheiro, inclusive com dinheiro extra-hereditário, garantindo a cada herdeiro necessário o valor de seu quinhão proporcional, em bens ou em moeda nacional, de forma a preservar a unidade do patrimônio representado pela sociedade empresária, sem que suas quotas e o seu ativo, representado pelo seu capital social, seja fracionado e diluído em menor número de bens imóveis, ou em quotas sociais de menor valor econômico, principalmente mantendo em família a exploração do empreendimento, sem solução de continuidade, desde a administração antes exercida pelo testador, consolidando para as próximas gerações a exploração econômica concentrada nas mãos de um ou de alguns de seus herdeiros necessários, ou não, sendo vontade do testador que assim se suceda, porquanto seus outros filhos ou herdeiros necessários não lhe demonstram em vida a mesma propensão e gosto pela atividade societária.

O § 1º do art. 2.019 do Código Civil é apenas uma mostra concreta do princípio do pagamento em metálico extra-hereditário de uma legítima que não comporta cômoda divisão, ou porque, como igualmente expressa o art. 2.014 do Código Civil, uma legítima que autoriza ao testador indicar os bens e valores que devem compor os quinhões hereditários dos herdeiros necessários. Por sua vez, o art. 2.018 do Código Civil externa ser válida a partilha feita por ato de última vontade, contanto que não prejudique a legítima dos demais herdeiros necessários e que, em contrapartida, tampouco prejudique a precípua vontade do testador de manter, por manifesto de sua derradeira vontade, íntegra a atividade familiar societária e a unicidade dos imóveis que compõem o patrimônio social da empresa, cujas ações ou quotas sociais, ou cujos imóveis matriculados em nome do falecido ou da sociedade, o testador não desejaria que fossem fracionados pela volúpia de herdeiros, cujo grande volume e dispersão de interesses disformes dos herdeiros entre si desconectados poderia provocar a perda ou a redução da força, extensão e unidade de produção da sociedade empresária.

71. AS REGRAS LEGAIS DA CONVOCAÇÃO HEREDITÁRIA NA SUCESSÃO LEGÍTIMA

O falecimento de uma pessoa dá lugar à abertura de sua sucessão e ao chamamento à sua herança de todos aqueles que sobre ela tenham direitos, e, se a aceitam, se sub-rogam na posição jurídica antes ocupada pelo falecido, em relação aos seus direitos e às suas obrigações que não se extinguiram com a sua morte. Por isso mesmo refere Aluísio Santiago Júnior que o significado da palavra *sucessão*, em seu sentido estrito, é a transmissão dos bens da pessoa que falece aos seus herdeiros, legítimos ou testamentários.[278]

Existem duas formas de sucessão, uma em virtude da lei, denominada de sucessão *legítima*, a outra que se dá por disposição testamentária, chamada de sucessão *testamentária*, na qual prevalece a vontade do testador, guardadas as restrições de disposição de última vontade na dependência de existirem herdeiros necessários e, portanto, titulares da porção indisponível que lhes pertence por lei, de pleno direito, e da qual o testador não pode dispor, fazendo uso tão somente da outra metade de seus bens e alcunhada de porção *disponível*.

Aponta Gerardo Hernández que nas origens do direito sucessório sequer existia a figura do testamento e a lei distribuía a herança entre certos herdeiros, e adiciona que não existia nenhuma restrição de distribuição, e tampouco de eleição da herança, mas que, com o uso do testamento seguiu-se o sistema das legítimas e a livre disposição de apenas metade dos bens, criando-se duas teorias entre a sucessão legítima, existindo em uma a vontade *presumida* de disposição da propriedade, relativo à sucessão legítima, e no outro extremo a sucessão testamentária, na qual existe uma vontade *expressa* de disposição da propriedade, e assim ocorre no Brasil, havendo uma preferência pela sucessão legítima, baseada nos laços de sangue e de afeto, em detrimento da sucessão testamentária que é tida como de segunda ordem.[279]

Pelo sistema da legítima, a herança é contabilmente dividida em uma porção de livre disposição e a outra de endereçamento obrigatório aos herdeiros forçosos, tirando a liberdade de o testador dispor da integralidade de seus bens, mas lhe conferindo, em contrapartida, a liberdade de escolher seus herdeiros, se assim quiser, fora dos seus vínculos de sangue e de coabitação afetiva conjugal ou de uma união estável.

Existem vários sistemas legitimários que oscilam dos 4/5 da herança, outros que a restringem a 2/3, e sistemas que a reduzem pela metade, como sucede no Brasil, como existem países que não regulam a legítima e assim o testador pode dispor da totalidade de seu patrimônio, enquanto alguns desses países compensam a ausência da legítima com uma proteção familiar em forma de pensão alimentícia, como se fosse uma espécie de legítima de caráter

---

[278] SANTIAGO JR., Aluísio. *Direito das sucessões*: aspectos didáticos. Doutrina e jurisprudência. Belo Horizonte: Inédita, 1997. p. 23.

[279] HERNÁNDEZ, Gerardo J. Bosques. El razonamiento de la libertad testamentaria y la porción legítima. El razonamiento de la libertad testamentaria y la porción legítima. In: ZORRILLA, David Martínez; VIAL-DUMAS, Manuel (coords.). *Las múltiples caras de la herencia*. Barcelona: Huygens Editorial, 2017. p. 127-128.

eminentemente assistencial, como, por fim, existem sistemas jurídicos que restringem o alcance dos herdeiros necessários, como, por exemplo, vinculando a legítima à menoridade dos filhos, ou à sua incapacidade física ou mental.

Sendo a sucessão legítima aquela derivada da lei, em atenção ao vínculo familiar ou afetivo, pois são arrolados como herdeiros legítimos os parentes (descendentes, ascendentes e colaterais) e o cônjuge ou convivente pelo liame conjugal ou de convivência estável, já em relação à sucessão testamentária, esta brota da manifesta e inequívoca vontade do testador, sendo igualmente certo que a existência do testamento não exclui a sucessão legítima e nem vice-versa, podendo uma e outra coexistirem, pois existem herdeiros necessários e herdeiros testamentários, além do fato de que podem existir bens excedentes, que não foram contemplados no testamento, ou bens de cláusulas testamentárias que caducaram e que, portanto, ingressam na sucessão legítima, embora oriundas da sucessão testamentária.

O fato é que a sucessão legítima vislumbra a proteção primordial dos membros da família do falecido, mas esta é a visão do legislador, ao passo que outro pode ser o sentimento do testador, daí que diziam Georges Ripert e Jean Boulanger estar centrado o problema da transmissão sucessória na determinação das pessoas que serão chamadas a recolher os bens de uma pessoa falecida,[280] pois existem muitas considerações de ordem objetiva que podem e devem ser feitas, como existem ponderações de ordem subjetiva que devem ser levadas em conta diante da experiência vivida por cada pessoa que falece e deixa bens e herdeiros. Basta ver que cada país legisla e adapta o direito sucessório em sintonia com a sua compreensão do que represente um sistema coerente de sucessão hereditária e sua realidade sociológica em virtude do estreitamento e da independência financeira do grupo familiar.

O critério prevalente na legislação brasileira é o da função assistencial da legítima, escorada nos vínculos de proximidade familiar e afetiva, agregado aos graus de dependência material, a ponto de ser assegurada a metade dos bens do defunto a esses herdeiros que lhe eram mais próximos em termos de parentesco e de conjugalidade.

Para Manuel Vial-Dumas, a engrenagem do direito sucessório prospecta a proteção da família que começa muito antes da morte de um progenitor[281] ou de um cônjuge, e que a Constituição brasileira considera a família como sendo a base da sociedade, e nem poderia deixar de ser, porquanto as pessoas se introduzem no mundo através da família e dela transcendem, em real dever e empenho nos seus vínculos de proteção e de solidariedade. Essa missão dos pais é que os impele a construir e a administrar um patrimônio familiar que serve de amparo aos seus dependentes, de sorte que a morte do titular dos bens importa na sua partilha, segundo os cânones sociais e jurídicos, como deste espírito faz parte a reserva da legítima.

O sistema sucessório brasileiro codificado determina que a herança seja transmitida legalmente aos membros da família, segundo a ordem de vocação hereditária que respeita ao grau de parentesco, imaginando o legislador que neste comando está atendendo à presumida vontade do sucedido. Assim, o somatório dos bens deixados pelo defunto forma uma massa ou uma universalidade de bens.

A sucessão é atribuída ao parente mais próximo do defunto e os chamamentos se dão pela *ordem de vocação hereditária*, e dentro desta ordem de chamada de acordo com as

---

[280] RIPERT, Georges; BOULANGER, Jean. *Tratado de derecho civil*: sucesiones. Buenos Aires: La Ley, 1987. v. 1. t. X, p. 79.

[281] VIAL-DUMAS, Manuel. La herencia en la tradición jurídica occidental, algunos momentos estelares. In: ZORRILLA, David Martínez; VIAL-DUMAS, Manuel (coords.). *Las múltiples caras de la herencia*. Barcelona: Huygens Editorial, 2017. p. 27.

classes, o parentesco é contado por *graus*, ou seja, por gerações, destarte, na classe dos descendentes são chamados em primeiro lugar os filhos, cujo primeiro grau de parentesco é o mais próximo, e estes concorrem na sucessão com o cônjuge ou convivente sobrevivo. Faltando os filhos, são chamados os netos, por direito próprio ou por representação, se concorrerem com outros filhos ainda vivos do autor da herança. Ausentes descendentes de qualquer grau de parentesco, também na linha reta de consanguinidade são convocados os ascendentes, a começar pelos de grau mais próximo de parentesco, também em concorrência com o cônjuge ou convivente sobrevivente. Se não existirem descendentes e nem ascendentes, a sucessão legítima se dará com a transmissão da totalidade da herança para o cônjuge ou convivente supérstite, e se ausentes estes, serão então vocacionados os colaterais até o quarto grau de parentesco por direito próprio e até o terceiro grau por direito de representação, considerando que os colaterais não são herdeiros necessários como acontece com os descendentes, ascendentes, o cônjuge e o convivente (CC, art. 1.845 e STF, RE's 646.721/RS e 878.694/MG), de forma que os colaterais podem ser excluídos da herança através de testamento válido que contemple outros herdeiros, estes designados por testamento, com a universalidade da herança.

Postas essas premissas iniciais, cumpre reproduzir as regras básicas da sucessão legítima:

1. O herdeiro mais próximo recebe por direito próprio e afasta o herdeiro mais distante em grau de parentesco, salvo o direito de representação;
2. O direito de representação existe na linha reta descendente e sem limite de graus;
3. Na linha colateral o direito de representação só vai até o terceiro grau de parentesco;
4. O direito de representação não existe na classe dos ascendentes;
5. O direito de representação não existe na renúncia à herança;
6. O direito de representação existe na indignidade e na deserdação;
7. O indigno e o deserdado são excluídos da herança e tidos como se mortos fossem;
8. Não subsistindo herdeiros em linha reta na classe dos descendentes, todos do mesmo grau de parentesco, porque premortos, renunciantes, indignos ou deserdados, serão chamados por direito próprio (ou por cabeça) e não mais por representação (ou estirpe) os herdeiros da mesma classe, mas do grau subsequente.

71.1. O montante da legítima

Prescreve o art. 1.789 do Código Civil que, havendo herdeiros necessários (CC, art. 1.845 – descendentes, ascendentes, cônjuge e STF, RE's 646.721/RS e 878.694/MG – convivente), o testador só poderá dispor da metade da herança, enquanto o art. 1.846 do mesmo Diploma Civil refere pertencer aos herdeiros necessários, de pleno direito, a metade dos bens da herança, constituindo a legítima.

A diferença da disponibilidade total ou parcial dos bens em vida pelo autor da herança está na existência ou não de herdeiros forçosos, pois, existindo estes (CC, art. 1.845 e RE 646.721/RS e RE 878.694/MG) o testador está obrigado a preservar a metade dos bens que não podem ser por ele doados em vida ou testados para depois de seu óbito, porquanto preceitos de ordem pública restringem a liberdade do testador, e como refere Orosimbo Nonato, a instituição da reserva ou da legítima é racional, pois é a lei alargando os interesses da família contra possíveis desregramentos do *pater*.[282]

---

[282] NONATO, Orosimbo. *Estudos sobre sucessão testamentária*. Rio de Janeiro: Forense, 1957. v. II, p. 356.

Por força do art. 1.846 do Código Civil, não pode o testador com herdeiros necessários dispor de mais da metade dos bens da herança, constituindo a legítima, e assim existe uma metade *disponível* e outra completamente *indisponível*, e para apurar o valor da legítima indisponível calcula-se o valor dos bens existentes na abertura da sucessão, abatidas as dívidas e as despesas do funeral, adicionando, em seguida, o valor dos bens sujeitos à colação (CC, art. 1.847).

Contudo, não há herança quando toda ela está absorvida pelas dívidas deixadas pelo morto, representando o *monte-mor* a soma de todos os bens do testador, a parte ativa do patrimônio do defunto, abatido seu passivo para encontrar o *monte líquido* e deste monte líquido precisa ser abstraída eventual meação do cônjuge ou convivente sobrevivente. Se o testador fez doações aos descendentes, cônjuge ou convivente, consideradas como adiantamento de legítima o valor destas doações precisa ser conferido, sob pena de sonegação e que se acresce ao monte líquido por metade se corresponder à doação realizada aos filhos por ambos os seus progenitores (CC, art. 1.847).

Conforme Arnaldo Rizzardo, deve ser procurado o total da herança bruta; depois calculam-se as dívidas e despesas, abatendo-se do total, para encontrar um líquido ativo ao qual são adicionadas as liberalidades ou doações feitas em vida pelo testador, como prescreve o art. 544 do Código Civil ao estabelecer que *a doação de ascendentes a descendentes, ou de um cônjuge a outro, importa adiantamento do que lhes cabe por herança,*[283] e o valor dos bens conferidos (colacionados) será computado na parte indisponível, sem aumentar a disponível (CC, art. 2002, parágrafo único), ou seja, os valores conferidos se somam à porção indisponível que deverá ser igualmente dividida entre os herdeiros necessários.

71.1.1. Cálculo da legítima

Para melhor compreensão do cálculo da legítima, considere-se um pai que adianta em pagamento da legítima de seus dois filhos R$ 500.000,00 (quinhentos mil reais) em bens, e ao falecer deixa um patrimônio hereditário de outros R$ 2.000.000,00 (dois milhões de reais), de sorte que a sua herança líquida, supondo já tenham sido abatidas as dívidas e encargos, será de R$ 2.500.000,00 (dois milhões e quinhentos mil reais), que será a herança a ser partilhada em igualdade de quinhões com seus herdeiros necessários, resguardadas as especificidades do art. 1.829 do Código Civil no tocante à filiação comum, exclusiva ou híbrida, protegido o regime de bens e o direito concorrencial, pois nestes R$ 2.500.000,00 pode haver meação de, por exemplo, R$ 1.250.000,00, restando como herança os outros R$ 1.250.000,00 e se os filhos já receberam em adiantamento da legítima R$ 500.000,00, aos dois restam R$ 750.000,00, sendo o quinhão líquido de cada filho de R$ 375.000,00.

Segundo o art. 818 do Código Civil espanhol, para fixar a legítima se atenderá ao valor dos bens existentes ao tempo da morte do testador, com dedução das dívidas e encargos, que não podem ser aqueles encargos impostos por testador em seu testamento, e ao valor líquido apurado dos bens será acrescido o valor das doações colacionáveis. Tirando do bruto as dívidas e encargos resultará o monte-mor líquido e deste monte-mor líquido surgirá o valor da legítima, e se a dedução de um sobre o outro resultar em zero ou inferior a zero, restam para a colação os adiantamentos da legítima, pois estas se tornaram inoficiosa, como inoficiosas ou excessivas serão as doações se na sua soma excederem à metade dos bens a serem inventariados.

---

[283] RIZZARDO, Arnaldo. *Direito das sucessões*. 10. ed. Rio de Janeiro: Forense, 2018. p. 155.

Também não existe herança se as dívidas deixadas pelo defunto forem superiores aos bens inventariados, pois não remanescerá bem algum diante de um passivo pelo qual os credores suplantam com os seus créditos o ativo deixado pelo falecido, e se em vida o autor da herança não fez doações colacionáveis, também não haverá legítima para ser reivindicada por herdeiros necessários. Contudo, para fixar a quantia da legítima, deverá ser apurado o valor do monte-mor, isto é, os bens e direitos que restaram (*relicto*) com o falecimento do autor da herança e deste valor deverão ser subtraídas as dívidas do falecido, que não tenham sido extintas em razão do seu óbito, assim como as dívidas contraídas em razão do óbito, e que os espanhóis denominam de *cargas de la herencia*, representadas pelos gastos decorrentes do falecimento do sucedido, qual seja, passivos que nascem por causa da morte, como são considerados dos gastos do funeral ou a cremação, as custas do inventário (custas, impostos e taxas), e honorários do advogado do espólio. Não são computados os legados e outros encargos fixados no testamento, e deverão ser acrescidos os valores das doações efetuadas pelo autor da herança.

Assim visto, à soma do *relictum* (que são os bens existentes no patrimônio do autor da sucessão à data da sua morte) são acrescidos os valores dos bens *donatum*, que são os doados em vida pelo falecido, cuja operação precisa ser procedida para efeitos de colacionamento dos bens antes doados e equalização das legítimas, sendo inclusive informadas as doações que pelo autor da herança foram dispensadas da colação, pois elas precisam ser agregadas ao cálculo para efeito de apuro das legítimas.

Com essa operação da soma dos bens deixados com a soma dos bens colacionáveis tem-se: a) conhecimento do montante dos bens deixados pelo morto; b) oportunidade de promover as correções das doações inoficiosas, ou seja, proceder à redução dos valores doados e que excedem a porção disponível; c) promover o cálculo das legítimas, respeitando os bens doados até o montante exato da disponível, e d) promover o inventário da herança líquida depois de abatidas as dívidas do autor da herança e do espólio e abstraídos os bens dispensados da colação e que não excederam o montante da porção disponível de todos os bens deixados com a morte do autor da herança e daqueles que por ele foram doados em vida, com e sem dispensa da colação.

Em síntese, a herança compreende todos os bens, direitos e obrigações que não se extinguem com a morte, e, portanto, integram o ativo bruto os bens e direitos transmissíveis *mortis causa* de que fora titular o autor da herança no momento de seu falecimento, explicando Jorge Duarte Pinheiro que a legítima é calculada conforme o art. 2.162º do Código Civil de Portugal, computando-se o valor dos bens existentes no patrimônio do autor da sucessão à data da sua morte (*relictum*), ao valor dos bens doados (*donatum*), mais as despesas da colação e as dívidas da herança, de modo que os bens deixados por testamento ou doados por morte integram o *relictum*, porque a transmissão da propriedade só ocorre com a morte do autor das liberalidades, ao passo que os bens doados em vida integram o *donatum* e os legados integram o *relictum*.[284]

Voltando ao cálculo da legítima, uma vez realizadas as operações de soma dos bens deixados com a morte e mais a soma dos bens doados, se procede ao cálculo da legítima, ou seja as quotas hereditárias que competem a cada herdeiro necessário (descendentes, na falta destes os ascendentes, além do cônjuge ou convivente sobrevivo). Portanto, se o falecido, por exemplo, deixou bens remanescentes ao tempo de seu óbito representando um patrimônio de seis milhões de reais (R$ 6.000.000,00) e as doações em vida somam outros quatro milhões de reais (R$ 4.000.000,00), o total do patrimônio hereditário bruto alcança dez milhões de reais (R$ 10.000.000,00). Desses dez milhões de reais, a meação da esposa em regime de

---

[284] PINHEIRO, Jorge Duarte. *Direito da família e das sucessões*. Lisboa: ADFDL, 2008. v. III, p. 40-41.

comunhão universal é de cinco milhões de reais (R$ 5.000.000,00). Os outros cinco milhões de reais (R$ 5.000.000,00) representam a herança bruta. Tendo dois filhos, e se as dívidas do espólio com enterro, custos do inventário, impostos, taxa judiciária e honorários advocatícios atingem quatrocentos mil reais (R$ 400.000,00), o patrimônio hereditário fica em quatro milhões e seiscentos mil reais (R$ 4.600.000,00).

Até a metade deste valor do monte-mor (R$ 2.300.000,00) o autor da herança pode dispor livremente, inclusive dispensando da colação, lembrando que o falecido pode dispensar seus herdeiros necessários da colação, mas não pode impedir que se computem os valores (bens) doados para cálculo da legítima. Se em vida o morto doou um milhão cento e cinquenta mil reais (R$ 1.150.000,00) para cada um dos seus dois filhos, as doações alcançam dois milhões e trezentos mil reais (R$ 2.300.000,00) e, portanto, estas doações em vida ficam estritamente dentro da porção disponível (dispensadas ou não da colação), restando para o inventário, se dispensadas da colação, a partilha de outros dois milhões e trezentos mil reais (R$ 2.300.000,00), e cada filho receberá um milhão cento e cinquenta mil reais (R$ 1.150.000,00), que vão se agregar aos outros um milhão cento e cinquenta mil reais (R$ 1.150.000,00) que cada um deles recebeu como doação em vida. Acaso o autor da herança tivesse doado em vida dois milhões e seiscentos mil reais (R$ 2.600.000,00), teria ultrapassado a disponível em trezentos mil reais (R$ 300.000,00), e o excesso de trezentos mil reais (R$ 300.000,00) precisaria ser reduzido e devolvido ao espólio.

Resumo:

Total do patrimônio conjugal	R$ 10.000.000,00
Meação da viúva	R$ 5.000.000,00
Monte-mor bruto	R$ 5.000.000,00
Despesas inventário	R$ 400.000,00
Monte-mor líquido	R$ 4.600.000,00
Doações dois filhos	R$ 2.300.000,00
Bens a partilhar	**R$ 2.300.000,00**

Pagamentos:

Meação da viúva	R$ 5.000.000,00
Meação do falecido	R$ 5.000.000,00
Adiantamentos	**R$ 2.300.000,00**
Indisponível dos filhos	**R$ 2.300.000,00**
Despesas do espólio	**R$ 400.000,00**
Total do espólio	R$ 5.000.000,00

Como alerta Sílvio de Salvo Venosa, para efeitos de cálculo da legítima precisa ser considerado que nem sempre a meação corresponderá à metade dos bens,[285] pois podem haver bens incomunicáveis até no regime da comunhão universal, adotado em pacto antenupcial. A meação obviamente varia em conformidade com o regime de bens abraçado pelos cônjuges ou conviventes, sendo mais usual o regime legal da comunhão parcial de bens, no qual se comunicam os bens adquiridos na constância do relacionamento, com as exceções do art. 1.659 do Código Civil, e todos os bens que não se comunicarem com o parceiro sobrevivo ingressam no exame contábil da sucessão. Entretanto, no regime da completa separação con-

---

[285] VENOSA, Sílvio de Salvo. *Direito civil*: sucessões. 17. ed. São Paulo: Atlas, 2017. v. 6, p. 175.

vencional de bens não existe meação alguma e o cônjuge ou companheiro sobrevivo não será meeiro e nem herdeiro, por expressa exclusão prevista no art. 1.829, inc. I, do Código Civil, não sucedendo o mesmo efeito jurídico no regime obrigatório da separação de bens (CC, art. 1.641) por obra da incidência da Súmula 377 do STF, salvo que os cônjuges ou conviventes firmem pacto antenupcial ou contrato de convivência adotando também, como fórmula adicional, o regime convencional da separação de bens, ratificando a sua recíproca vontade de que seus bens pessoais não se comuniquem, afastando os efeitos da Súmula 377 do STF.[286]

71.2. Sucessão anômala que não ingressa na legítima

Contudo, alguns bens não se transferem com a morte do autor da herança, porque são direitos personalíssimos que se extinguem com o óbito do seu titular, mas existem outros que são classificados como sendo uma anomalia ou que respeitam à uma *sucessão anômala*. A sucessão anômala derroga a regra geral segundo a qual a lei considera a origem dos bens para regulamentar a sua transmissão. Tem-se, então, uma forma irregular de sucessão, como ocorre nos casos de valores consistentes em saldo de salários, saldos das contas individuais do Fundo de Garantia por Tempo de Serviço (FGTS) e do Fundo de Participação PIS-PASEP, além de restituições relativas ao Imposto sobre Renda e demais tributos recolhidos por pessoa física, saldos de contas bancárias até certo limite, de cadernetas de poupança e de contas de fundos de investimento, desde que não existam, na sucessão, outros bens sujeitos a inventário[287] e cujos valores e rubricas são atribuídos aos dependentes do falecido, que são os filhos e cônjuge ou convivente que dele dependiam economicamente e que assim figuram como dependentes perante a Previdência Social, e não a todos os herdeiros como irmanamente sucede no inventário.[288]

Também não integra o cálculo da herança a indenização por seguro de vida realizado pelo autor da herança se ele designou o beneficiário para receber a indenização, salvo tenha se olvidado da indicação, ou se por alguma razão esta indicação não prevaleceu. Prescreve o art. 792 do Código Civil que, na falta de designação da pessoa ou beneficiário, o capital segurado será pago por metade ao cônjuge (ou convivente) não separado judicialmente (ou de fato), e o restante aos herdeiros do segurado, obedecida a ordem de vocação hereditária, lembrando Adilson José Campoy ser objetivo do *contrato de seguro* proteger economicamente aqueles a quem o segurado entendeu carecedores dessa proteção para além da sua morte, detendo um preponderante caráter previdenciário, que não pode ser ameaçado pela mais remota possibilidade de que se preste para outra finalidade que não aquela pretendida pelo segurado, e, portanto, não será aplicado o art. 1.829 do Código Civil, e sim o art. 792 do Código Civil, de forma que a viúva não separada de fato ou de direito receberá a metade do valor e a outra metade será partilhada

---

[286] "Família. Regime de bens. Alteração. Impossibilidade. Regime de separação obrigatória de bens. Pedido formulado que se interpreta como afastamento dos efeitos da Súmula 377 do STF. Sentença que concede a modificação é *extra petita*. Modificação de ofício para manter o regime de bens. Admissão da vontade dos cônjuges com natureza de pacto antenupcial. Efeito *ex tunc*. Preservação de situações consolidadas anteriormente e os interesses de terceiros. Recurso parcialmente provido." (Apelação Cível 1010566-50.2018.8.26.0037 da Sétima Câmara de Direito Privado do TJSP. Relator Luiz Antonio Costa. Julgado em 25 de setembro de 2019).

[287] DINIZ, Maria Helena. *Curso de direito civil brasileiro*: direito das sucessões. 32. ed. São Paulo: Saraiva, 2018. v. 6, p. 128-129.

[288] OLIVEIRA, Euclides; AMORIM, Sebastião. *Inventário e partilha*: teoria e prática. 25. ed. São Paulo: Saraiva, 2018. p. 43.

entre os herdeiros conforme a ordem de vocação hereditária sem direito concorrencial da viúva sobre a parcela do seguro destinado aos descendentes e ascendentes com os quais concorre.[289]

71.3. Porção indisponível

Existe uma parcela correspondente à metade dos bens de uma pessoa física que precisa ser reservada para os herdeiros necessários (descendentes, ascendentes, cônjuge ou convivente), chamada de *legítima* ou porção indisponível, e da qual o autor da sucessão não pode dispor livremente, eis que se trata de uma porção de bens que a lei reservou para estes herdeiros declinados de *forçosos* ou *necessários*.[290]

Sua gênese se inspira em um critério objetivo da procedência dos bens, e, como refere Xavier O'Callaghan Muñoz, seria a manifestação de uma verdadeira origem troncal dos bens, qual seja, se trata de um conjunto de bens que não saiam do ramo familiar e de onde procederam, tudo no interesse de proteger certas pessoas, com determinados bens que pertenceram aos seus parentes,[291] existindo, inclusive, duas classes distintas de reservas, sendo uma delas a reserva *vidual,* destinada a preservar uma parcela dos bens em prol da consorte sobrevivo, e a outra denominada de reserva *troncal* ou linear, que segue a linha de onde os bens procederam, mas que no direito sucessório brasileiro se espraia para além da linha reta sucessória, quando o art. 1.845 do Código Civil arrola o consorte supérstite como herdeiro necessário ou legitimário.

É o mesmo entendimento que o Supremo Tribunal Federal estende ao companheiro sobrevivo, a partir do RE 878.694/MG, da relatoria do Ministro Luís Roberto Barroso, pondo fim à desigualdade que ainda predominava no plano sucessório. Contudo, se bem observado, embora cada qual das duas reservas citadas tenham distintas direções, sendo uma na linha vertical (a reserva troncal) e a outra a linha horizontal (a reserva vidual), é inconteste que ambas as reservas, na atualidade da evolução do Direito das Sucessões brasileiro, revigoradas com a promulgação do Código Civil de 2002, ao extinguir a figura jurídica do *usufruto vidual* do art. 1.611, § 1º do Código Civil de 1916, e substituindo o usufruto vidual pelo *direito hereditário concorrente* do cônjuge sobrevivo, do art. 1.829, incs. I e II, do Código Civil, terminou o legislador por alcançar idêntico propósito de proteger patrimonialmente a viúva e os filhos, ou aos ascendentes na falta, ausência ou renúncia dos descendentes.

Da metade denominada de *indisponível*, que foi legalmente reservada para os herdeiros necessários do sucedido, o autor da herança não pode dispor sob nenhum pretexto, salvo em condições especiais, para gravá-la por justificada exceção, declinando no seu testamento o motivo que o animou a limitar o direito de propriedade do herdeiro necessário, mas cuja restrição poderá ser contestada pelo herdeiro interessado, tratando de declarar em juízo a ineficácia da disposição testamentária que ensaiou restringir a sua legítima.[292] Os herdeiros necessários não podem ser privados da sua legítima, salvo tenham sido deserdados ou excluídos da sucessão por indignidade, mas também não podem pretender efetivar a consumação da reserva antes da morte do reservista (autor da herança), eis que carecem desse direito diante da ausência de herança de pessoa viva (CC, art. 426).

---

[289] CAMPOY, Adilson José. *Contrato de seguro de vida*. São Paulo: Revista dos Tribunais, 2014. p. 111-112.
[290] MAGALHÃES, Rui Ribeiro de. *Direito das Sucessões no novo Código Civil brasileiro*. São Paulo: Juarez de Oliveira, 2003. p. 111.
[291] MUÑOZ, Xavier O'Callaghan. *Compendio de derecho civil*: derecho de sucesiones. Madrid: Editoriales de Derecho Reunidas, 1982. t. V, p. 61.
[292] BRUTAU, José Puig. *Fundamentos de derecho civil*. Barcelona: Bosch, 1991. v. 3. t. V, p. 7.

A outra metade dos bens pode ser livremente testada e é denominada de porção disponível, contudo, se o autor da herança não deixou herdeiros necessários, ele pode dispor da totalidade dos seus bens. Essa quota disponível será computada sempre sobre a herança e não sobre a meação do cônjuge sobrevivente, e a meação deverá ser abatida para efeitos de cálculo da legítima, que será apurada depois de igualmente abatidas as dívidas do espólio. Para facilitar a compreensão, considere que, depois de abatidas as dívidas conjugais, o patrimônio do casal importe em R$ 1.000.000,00 (hum milhão de reais), sendo que metade desse valor de bens adquiridos na constância do casamento represente a meação de R$ 500.000,00 (quinhentos mil reais). Os outros R$ 500.000,00 (quinhentos mil reais) seriam a meação do falecido, dos quais R$ 250.000,00 representam a porção indisponível, ou a *legítima* dos herdeiros necessários, que a eles deve ser preservada, e os restantes R$ 250.000,00 (duzentos e cinquenta mil reais) compõem a porção disponível, que pode ser livremente testada pelo autor da sucessão, ou ser objeto de antecipação de herança, mediante doação realizada ainda em vida.

Existindo somente herdeiros colaterais não há qualquer restrição ao autor da herança quanto a exercer a plena disposição sobre os seus bens, que não precisam ser reservados, dada a inexistência ou ausência de herdeiros necessários, podendo a pessoa valer-se de um testamento para destinar a totalidade de seu patrimônio para terceiros, isto se ele não quiser beneficiar seus parentes colaterais, que já são herdeiros facultativos até o quarto grau de parentesco (CC, art. 1.839), bastando deixar de testar seus bens, como também pode provocar a realização concomitante da sucessão legal com a sucessão testamentária, deixando, por exemplo, que seus herdeiros colaterais herdem parte da sua herança via sucessão legítima, e destinando outra parcela para a sucessão testamentária, assim beneficiado pessoas físicas ou jurídicas que não figuram na sua ordem de vocação hereditária, observando que, como neste caso hipotético não existem herdeiros necessários, o autor da herança pode distribuir livremente seus bens entre a sucessão legítima e a sucessão testamentária, como, por exemplo, dispondo em testamento apenas vinte por cento (20%) de seu acervo hereditário e ficando os oitenta por cento (80%) restantes para serem partilhados pela sucessão legítima entre seus herdeiros colaterais, como também poderia realizar a equação inversa.

Na lição de Xavier O´Callaghan Muñoz, a legítima se extingue nas seguintes hipóteses: a) quando morre o legitimário e não existam outros herdeiros necessários; b) quando não existam bens hereditários; c) quando só existam herdeiros necessários que tenham sido excluídos da herança por indignidade ou deserdação e d) quando os herdeiros necessários tenham renunciado às suas legítimas, mas cujo ato de renúncia só pode ser expressado com a morte do autor da herança.[293]

É somente com a morte do *reservista* (autor da herança que tem herdeiros necessários) que se produzem os efeitos jurídicos da legítima, e os herdeiros necessários adquirem então os bens reservados que existam ao tempo da abertura da sucessão, pelo que poderão exigir a entrega dos bens reservados e promover a colação daqueles antecipados pelo autor da sucessão.

71.4. Porção disponível

Explicando a natureza dos direitos dos herdeiros necessários, Pontes de Miranda escreve que, com a abertura da sucessão, a existência de herdeiros necessários "faz partir-se ao meio o monte hereditário: metade vai aos herdeiros necessários e a outra metade a quem o *de*

---

[293] MUÑOZ, Xavier O'Callaghan. *Compendio de derecho civil*: derecho de sucesiones. Madrid: Editoriales de Derecho Reunidas, 1982. t. V, p. 69.

cujus deixou, em testamento, ou aos próprios herdeiros necessários, se não houve testamento que tirasse a transmissão deles".[294]

A porção disponível, no Direito brasileiro, corresponde à metade da herança, que se constitui de parte dos bens de que o testador pode dispor livremente, ainda que tenha herdeiros necessários e, se estes inexistem, assiste ao autor da sucessão a faculdade de dispor da totalidade dos seus haveres, sem nenhuma restrição, salvo, complementam Carlos Alberto Dabus Maluf e Adriana Caldas do Rego Freitas Dabus Maluf, as limitações impostas nos arts. 1.798, 1.799, inc. I, e 1.801 do Código Civil,[295] pois não podem suceder pessoas ainda não nascidas ou sequer concebidas (CC, art. 1.798), embora possam ser beneficiadas em testamento (CC, art. 1.799, inc. I), como existem restrições hereditárias em relação a pessoas que de alguma forma participaram da elaboração do testamento (CC, art. 1.801).

A parte indisponível, prescreve o art. 1.847 do Código Civil, é calculada "sobre o valor dos bens existentes na abertura da sucessão, abatidas as dívidas e as despesas do funeral, adicionando-se, em seguida, o valor dos bens sujeitos à colação". Destarte, como explica Sílvio de Salvo Venosa, a avaliação do que o sucedido pode dispor é sobre o ativo da herança, abatendo as dívidas, para que surja a herança líquida depois de colacionados os bens doados em vida para efeito de conferência (CC, art. 2.002).[296]

Desse modo, se um pai de família deixa esposa e dois filhos e um patrimônio conjugal comum de R$ 1.000.000,00, metade desse valor corresponde à meação da viúva, restando como herança outros R$ 500.000,00. Dessa herança precisam ser abatidas as dívidas e os custos do funeral, mas, supondo que inexistissem dívidas pendentes, mas apenas as despesas do funeral e os custos do inventário no montante de R$ 40.000,00, a herança líquida seria de R$ 460.000,00, porquanto, "herança não é outra coisa senão o que deixa o sucedido, depois de satisfeitos seus credores, pois só haverá herança se os débitos não absorverem todo o acervo hereditário" (CC, art. 1.792).[297]

Ao saldo de R$ 460.000,00 deve ser adicionado o valor dos bens que precisam ser colacionados, mas, como no presente exemplo nada foi doado em adiantamento de herança, a herança líquida pode ser repartida em duas metades de R$ 230.000,00, correspondendo uma delas à legítima (porção indisponível) e a outra metade à porção disponível e da qual podem ser feitas as liberalidades do testador.

Em um segundo exemplo, utilizando os mesmos valores e acrescentando uma antecipação de herança de R$ 300.000,00, o monte-mor eleva para R$ 760.000,00 e as duas porções (indisponível e disponível) somam cada uma R$ 380.00,00, devendo ser verificado se a totalidade das liberalidades não ultrapassou o limite dos R$ 380.000,00, sob pena de redução das doações inoficiosas. Esta redução poderá ser total, se a doação afeta a legítima em sua totalidade, e será parcial se apenas uma parte da doação afeta a porção indisponível.[298]

Existe todo um movimento doutrinário e alguns ensaios legais em prol da total liberdade de testar, criando cada vez menos restrições que seguem no caminho inverso do atual, no

---

[294] MIRANDA, Francisco Cavalcanti Pontes de. *Tratado de direito privado*. Atualizada por Vilson Rodrigues Alves. Campinas: Bookseller, 2008. t. 55, p. 287.
[295] MALUF, Carlos Alberto Dabus; MALUF, Adriana Caldas do Rego Freitas Dabus. *Curso de direito das sucessões*. São Paulo: Saraiva, 2003. p. 242.
[296] VENOSA, Sílvio de Salvo. *Direito civil*: sucessões. 17. ed. São Paulo: Atlas, 2017. v. 6, p. 176.
[297] MALUF, Carlos Alberto Dabus; MALUF, Adriana Caldas do Rego Freitas Dabus. *Curso de direito das sucessões*. São Paulo: Saraiva, 2003. p. 243.
[298] PONS, Jorge Herrero. *Práctica en derecho de sucesiones en el Código Civil y Comercial*. Buenos Aires: Ediciones Jurídicas, 2017. p. 50.

sentido de atribuir maior liberalidade ao testador e menor incidência quantitativa e qualitativa em relação à legítima, a qual, para muitos autores, deveria ser reconhecida somente em certas circunstâncias e também em menor percentual, surgindo ao redor do mundo argumentos de caráter individual, familiar, político e de utilidade social em prol da irrestrita liberdade de testar, com um distanciamento da legítima e do rol de herdeiros necessários.[299]

Ney de Mello Almada defende a procedência da instituição da legítima e afirma que sua extinção significaria relegar ao *de cujus* a faculdade de deserdar seus próximos, bastando omiti-los em testamento,[300] assim como outros doutrinadores entendem devam os parentes mais próximos, inclusive o parceiro sobrevivente ser protegidos legalmente por sua relação com o sucedido, outorgando-lhes direito sobre uma parte dos bens do ativo hereditário.[301] Em suma, os defensores da legítima veem na liberdade de testar um ato contrário à unidade da família, abrindo espaço para a consecução de possíveis abusos e injustiças praticadas por um pai e marido contra seus descendentes e consorte sobrevivente, fomentando inveja entre irmãos e a eles outorgando diferentes direitos e distintas posições hereditárias.

Caio Mário da Silva Pereira lembra que, ao tempo da votação do Código Civil de 1916, fora proposta ementa ao Projeto Beviláqua, abolindo qualquer restrição à liberdade de testar, o que provocou acirrados debates, mas sendo rejeitada a proposição na Câmara dos Deputados, merecendo os aplausos do saudoso jurista, porquanto, arremata Caio Mário, que a liberdade mitigada que foi consagrada no Código Civil de 1916 e repetida no Código Civil de 2002, é o sistema que melhor atenderia aos interesses da família, pois o instituto da reserva hereditária concilia ao mesmo tempo a liberdade e a solidariedade no âmbito do Direito das Sucessões.[302]

Existiria um confronto institucional entre herança e propriedade, em relação aos parentes e pessoas que integram mais de perto o núcleo familiar e a tendência normativa e doutrinária que aponta para uma maior liberdade dispositiva *mortis causa*, e neste contexto se movimenta o repensar da efetiva necessidade desta que seria a teimosa proteção constitucional do direito à herança, que vai de encontro ao direito de propriedade e ao da plena liberdade de disposição e que está representado pelo livre exercício da autonomia privada.

Este é um tema que no Brasil também começa a despertar diferentes opiniões, umas a favor e outras contra a proteção familiar por via da garantia da legítima, e com a defesa do instituto da legítima, a propalada garantia institucional da herança, da qual os herdeiros necessários não podem ser privados e tampouco a sua percepção pode ser condicionada a uma prévia situação de necessidade, em virtude dos princípios da solidariedade familiar e de proteção da família. Exemplo desse movimento pode ser encontrado na lição de Ana Luiza Maia Nevares, quando argumenta que a solidariedade constitucional só terá ampla realização sucessória se as regras da sucessão legal tiverem em mira as diferentes necessidades, interesses, exigências, qualidade individuais, condições econômicas e posições sociais daqueles que compõem o núcleo familiar,[303] e que deixe o legislador de acolher um critério abstrato de

---

[299] HERNÁNDEZ, Gerardo J. Bosques. El razonamiento de la libertad testamentaria y la porción legítima. In: ZORRILLA, David Martínez; VIAL-DUMAS, Manuel (coords.). *Las múltiples caras de la herencia*. Barcelona: Huygens Editorial, 2017. p. 130.
[300] ALMADA, Ney de Mello. *Direito das sucessões*. 2. ed. São Paulo: Brasiliense, 1991. v. 1, p. 262.
[301] MELERO, Martín Garrido. *Derecho de sucesiones*. Madrid: Marcial Pons, 2009. t. 1, p. 104.
[302] PEREIRA, Caio Mário da Silva. *Instituições de direito civil*: direito das sucessões. Revista e atualizada por Carlos Roberto Barbosa Moreira. 25. ed. Rio de Janeiro: Forense, 2018. v. VI, p. 173-175.
[303] NEVARES, Ana Luiza Maia. *A sucessão do cônjuge e do companheiro na perspectiva do Direito Civil-Constitucional*. 2. ed. São Paulo: Atlas, 2015. p. 48.

solidariedade apenas porque um parente é enquadrado em um nicho predeterminado por lei como pertencente à categoria de herdeiro necessário.

Mesmo assim, têm surgido várias reformas no direito sucessório da Espanha, da França, da Holanda, da Itália, da Argentina e da Alemanha, variando seus efeitos jurídicos dentre estes países, eis que alguns propugnaram a redução das quotas legitimárias; outros investiram com a viabilidade da renúncia antecipada da herança, ou admitindo o pagamento em metálico da legítima (dinheiro hereditário ou extra-hereditário) por determinados herdeiros que seguiriam atuando em sociedade empresarial familiar, ao contrário de outros que seriam compensados com o pagamento monetário de seus quinhões por não terem interesse ou talento para atuação na empresa. Muitas legislações estão ampliando as causas legais de exclusão hereditária por indignidade ou deserdação,[304] quando se trata, por exemplo, de manifesta e continuada ausência de relação familiar entre o autor da herança e seus herdeiros legitimários, em maltrato psicológico e abandono afetivo, como prevê o art. 853.2 do Código Civil espanhol, mas sempre quando a causa é imposta exclusivamente ao herdeiro necessário, dado que muitas vezes a alienação parental pode partir do próprio autor da herança, com seu caráter agrio e equidistante dos filhos e herdeiros.

72. VOCAÇÃO HEREDITÁRIA

Na sucessão legítima são chamados a receber a herança deixada pelo falecido aquelas pessoas, antes umas do que outras, que atendem aos vínculos consanguíneos e/ou afetivos que as ligam ao sucedido, às quais a lei confere a preferência na vocação, chamando os parentes em concorrência com o cônjuge viúvo ou com o convivente sobrevivo (STF, RE's 646.721/RS e 878.694/MG), seguindo uma ordem expressa de classes (descendentes, ascendentes, cônjuge/convivente, colaterais), os graus de proximidade e as linhas de parentesco.

No sistema sucessório do antigo Direito Romano, já em sua terceira etapa de evolução, regulado então por Justiniano, na novela 118 do ano 543, e completada pela novela 127 do ano 548, escreve Jorge O. Maffía que existiam quatro classes de herdeiros vocacionados, conservando o cônjuge seu direito *bonorium possessio*, mas sendo chamados em primeiro lugar os *descendentes*, que afastavam os de grau mais distante, salvo o direito de representação; em segundo lugar os *ascendentes*, na ausência de descendentes, os irmãos germanos, e por representação os sobrinhos, filhos de irmãos germanos pré-falecidos; em terceiro lugar estavam os *meios-irmãos* (irmãos unilaterais) e os filhos destes; e e em quarto lugar eram convocados os demais parentes colaterais na falta de algum daqueles compreendidos nas ordens anteriores de chamamento.[305]

No Direito brasileiro, que segue o Direito Romano, os herdeiros legítimos são os indicados no art. 1.829 do Código Civil, sendo rigorosamente chamados pelo critério de proximidade do vínculo familiar e o do vínculo afetivo, distribuindo os herdeiros em classes preferenciais, concorrentes ou excludentes, e existindo três ordens de herdeiros: *parentes*, *cônjuge* ou *companheiro* e o Estado, sendo que entre os parentes as classes seguem a seguinte preferência: descendentes, ascendentes e colaterais até o quarto grau (CC, art. 1.839), e entre os parentes, o grau de parentesco, primeiro na linha reta e só depois na linha colateral, com

---

[304] BALMASEDA, María Ángeles Egusquiza. *Sucesión mortis causa de la familia recompuesta (de la reserva vidual a la fiducia sucesoria)*. Navarra: Thomson Reuters-Aranzadi, 2015. p. 38.

[305] MAFFÍA, Jorge O. *Tratado de las sucesiones*. Atualizada por Lidia Beatriz Hernández e Luis Alejandro Ugarte. 2. ed. Buenos Aires: Abeledo Perrot, 2010. t. II, p. 654.

estrita obediência a uma regra hierárquica de *classes* e de *graus*, porque uma classe de herdeiros (por exemplo, descendentes) afasta a outra classe de herdeiros (havendo descendentes restam afastados os ascendentes) e dentro da mesma classe os parentes de grau mais próximo afastam os parentes de grau mais distante (filhos afastam netos da herança), salvo o direito de *representação*, no qual os filhos de herdeiro descendente premorto herdam por estirpe (representação) deste pré-falecido.

Portanto, se Antonio morre e deixa os filhos José e Pedro, mas Pedro morreu antes do pai e este deixa os seus filhos Ricardo e Geraldo, estes dois netos do morto (Ricardo e Geraldo) representam o pai premorto (Pedro) na herança de Antonio e recebem o mesmo quinhão hereditário que Pedro receberia se não tivesse morrido prematuramente, e que no presente exemplo corresponde aos mesmos 50% (cinquenta por cento) da herança que seria recebida por José.

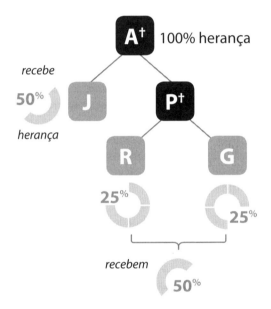

72.1. Delação

Com respeito à ordem de vocação hereditária, Maria Helena Diniz dispõe que a morte de alguém provoca a verificação da existência, primeiro, de eventual testamento deixado pelo sucedido, indicando como será partilhado seu patrimônio e, em caso negativo, ou se faleceu sem que tenha solenizado sua derradeira vontade, ou se dispôs apenas sobre parte dos bens em testamento válido, ou se seu testamento caducou, ou ainda se ele foi considerado ineficaz ou nulo, ou se haviam herdeiros necessários, a lei promoverá a distribuição dos bens deixados pelo morto, convocando certas pessoas para receberem a herança, tudo em conformidade com a ordem de chamamento estabelecida em lei pela *ordem de vocação hereditária* (CC, art. 1.829).

Com a morte da pessoa e deixando ela bens de herança, há uma ordem de preferência para o chamamento de herdeiros e legatários, que sucederão o falecido na titularidade das suas relações jurídicas. Essa fase é denominada de *chamamento* de herdeiros e de legatários, observando José de Oliveira Ascensão existir doutrina que utiliza o termo *devolução*, como se fosse palavra sinônima, de igual significado e designação, mas que não são faces da mesma moeda, pois *vocação* é a atribuição do direito de suceder e *devolução* é a fase que se verifica, em princípio, em benefício de quem tem título de herdeiro, quando então os bens são colocados à disposição do chamado, sendo possível que a devolução se dê antes da vocação.[306]

A diferença entre *vocação* e *delação* é explicada em suas sutilezas por José Luis Lacruz Berdejo, quando refere que não basta ser chamado para ser herdeiro, é preciso oferecer à pessoa vocacionada a herança e deste chamamento transcorrer a aceitação desta herança. O oferecimento da herança é a delação, um passo a mais, pois toda delação pressupõe a vocação, contudo, nem toda vocação pressupõe a delação, eis que a delação se inicia exatamente quando o herdeiro chamado tem a oportunidade de aceitar a herança que ele termina recebendo, é ato seu deliberar se aceita ou não, mas não é ato condicionado à sua vontade ser chamado para suceder,[307] dado que o seu chamamento depende da existência de parentesco com o falecido e da proximidade de linha e grau de parentesco, ou depende da vontade do testador na instituição testamentária. A vocação depende do testador, do parentesco, do casamento ou da união estável, enquanto a delação depende do herdeiro.

72.2. Vocação originária

São chamados à sucessão aqueles que gozam de prioridade na hierarquia dos sucessíveis, tendo anteposição os descendentes aos ascendentes, e o cônjuge ou o companheiro antes do colateral até o quarto grau. Entre os descendentes, primeiro aquele de grau mais próximo de parentesco, em concorrência com o cônjuge ou convivente, tirante algumas ressalvas a serem destacadas quando mais adiante for versada a sucessão dos descendentes, e salvo o direito de representação de filho pré-falecido. Assim, herdam os filhos e se afastam os netos, mas se os filhos não quiserem ou não puderem aceitar a herança ou se todos são pré-falecidos, são chamados os netos por direito próprio.

O sucessível titular da designação prevalente, explica Jorge Duarte Pinheiro,[308] tem de sobreviver ao falecido e tem de ter personalidade jurídica, pois não se produz vocação em benefício, *v.g.*, de animais domésticos. Contudo, o nascituro pode suceder, condicionado o seu direito sucessório a nascer com vida, como tampouco tem vocação sucessória o herdeiro julgado indigno ou deserdado.

A vocação sucessória parte de duas fontes, que são a lei e o testamento, podendo ser uma vocação *originária ou subsequente; pura* ou *voluntária,* que por sua vez pode ser *condicional, a termo ou modal*; única ou *múltipla; direta* ou *indireta; imediata ou derivada; comum* ou *anômala*.[309]

A vocação originária é aquela que se verifica na data da morte do sucedido, e esta é a regra do direito sucessório, em que são chamados os herdeiros da lei ou do testamento, e a subsequente é a que se concretiza em um momento posterior, que se verifica quando os primeiros herdeiros sucessíveis não puderam ou não quiseram aceitar a sucessão, como no exemplo do único filho que renuncia e a herança é devolvida ao neto do morto, se ele for o único legítimo de sua classe, ou se todos os outros da mesma classe renunciarem à herança, como subsequente é a vocação do sucessível instituído ou nomeado sob condição suspensiva.[310]

A vocação pura é a vocação da lei, ao passo que a vocação voluntária pode estar sujeita à condição, termo ou encargo impostos em testamento. Sendo a vocação única, quando o sucedido

---

[306] ASCENSÃO, José de Oliveira. *Direito civil*: sucessões. 4. ed. Coimbra: Coimbra, 1989. p. 139.
[307] BERDEJO, José Luis Lacruz. *Sucesiones*. Atualizada por Joaquín Rams Albesa. 3. ed. Madrid: Dykinson, 2007. p. 30.
[308] PINHEIRO, Jorge Duarte. *Direito da família e das sucessões*. Lisboa: AAFDL, 2008. v. IV, p. 16.
[309] PINHEIRO, Jorge Duarte. *Direito da família e das sucessões*. Lisboa: AAFDL, 2008. v. IV, p. 25.
[310] PINHEIRO, Jorge Duarte. *Direito da família e das sucessões*. Lisboa: AAFDL, 2008. v. IV, p. 26.

é chamado a suceder em um único título e em uma única qualidade sucessiva, como herdeiro da lei ou do testamento, ao passo que na vocação múltipla ele é chamado pela lei e pelo testamento.[311]

Conforme Jorge Duarte Pinheiro, dá-se a vocação direta quando alguém é chamado à sucessão unicamente em atenção à relação que existe entre o sucedido e o *de cujus,* e há vocação indireta quando alguém é chamado à sucessão em consideração da ligação existente entre o sucessível e o *de cujus*. A vocação direta mais uma vez é a regra, são os herdeiros diretamente convocados a sucederem e na vocação indireta não há esta relação direta do vocacionado com o sucedido, como, por exemplo, uma situação na qual o irmão herdeiro repudia e o tio é chamado a suceder, restando patente que este chamamento decorre unicamente da ligação que se estabelece entre tio e o sobrinho falecido, em uma relação distanciada de qualquer proximidade familiar, diferente da vocação subsequente, em que este vínculo familiar ainda é claramente presente e próximo, sabido que os vínculos mais próximos de família sempre tiveram preponderante valor na transmissão hereditária.[312]

A vocação imediata é aquela que foi adquirida originariamente pelo sucessível, ao passo que a vocação derivada é aquela que foi adquirida pelo sucessível na sequência do chamamento à sucessão de outro *de cujus*, ou seja, implica a abertura de duas sucessões, sucedendo a morte do segundo *de cujus* sem que ele tenha exercido o direito de suceder o que lhe foi atribuído pelo primeiro *de cujus*, sendo então chamado um terceiro herdeiro à segunda sucessão.[313]

Por fim, a vocação comum é a vocação normal, originária, pura e imediata e a vocação anômala é aquela que se desvia do padrão de normalidade,[314] própria daquelas situações em que o legislador optou por regras diferenciadas e diversas da sucessão legítima ou testamentária, reguladas por legislação especial, que distribuem bens e valores deixados pelo falecido quebrando a rigidez da ordem de vocação hereditária.[315]

Imperam alguns princípios na ordem de vocação hereditária:

  1º princípio – O herdeiro mais próximo afasta o mais distante;

  2º princípio – Salvo o direito de representação de herdeiro premoriente;

  3º princípio – O direito de representação dá-se na linha reta descendente;

  4º princípio – Não existe representação na linha ascendente;

  5º princípio – Na linha colateral a representação só vai até o 3º grau de parentesco;

  6º princípio – Não existe representação na renúncia;

  7º princípio – Existe representação (ou sucessão por direito próprio, a de depender do caso) na indignidade e na deserdação;

  8º princípio – Esgotada uma classe por ausentes herdeiros chama-se os da classe seguinte.

72.3. Vocação hereditária e sucessão anômala

Conforme José de Oliveira Ascensão, aberta a sucessão serão chamados à titularidade das relações jurídicas do falecido aqueles que gozam de prioridade na hierarquia dos sucessíveis e que são os herdeiros e os legatários do sucedido,[316] mas lembra Sílvio Luís Ferreira da

---

[311] PINHEIRO, Jorge Duarte. *Direito da família e das sucessões*. Lisboa: AAFDL, 2008. v. IV, p. 28.
[312] PINHEIRO, Jorge Duarte. *Direito da família e das sucessões*. Lisboa: AAFDL, 2008. v. IV, p. 32.
[313] PINHEIRO, Jorge Duarte. *Direito da família e das sucessões*. Lisboa: AAFDL, 2008. v. IV. p. 33-34.
[314] PINHEIRO, Jorge Duarte. *Direito da família e das sucessões*. Lisboa: AAFDL, 2008. v. IV. p. 34.
[315] RIBEIRO, Paulo Hermano Soares. *Novo direito sucessório brasileiro*. Leme: Mizuno, 2009. p. 421.
[316] ASCENSÃO, José de Oliveira. *Direito civil*: sucessões. 4. ed. Coimbra: Coimbra Editora, 1989. p. 138.

Rocha que, na sucessão irregular ou anômala, a ordem de vocação hereditária não é obedecida, como ocorre na sucessão de bens situado no Brasil, mas pertencentes a estrangeiro casado com brasileira e com filhos brasileiros, mas em cujo caso há a possibilidade de aplicação da lei do país do autor da herança se ela for mais favorável ao cônjuge sobrevivente (CF, art. 5º, XXXI, e LINDB, art. 10, § 1º); ou na hipótese de deferimento aos dependentes habilitados perante a Previdência Social (Lei 6.858/1980, regulamentada pelo Decreto 85.845/1981 e pelo art. 20, inc. IV, da Lei 8.036/1990, regulamentada pelo Decreto 99.684/1990) sendo beneficiados os dependentes e não os sucessores: 1) das verbas trabalhistas; 2) dos saldos das contas do FGTS e do PIS-PASEP; 3) da restituição do Imposto de Renda; 4) dos saldos das contas bancárias, das cadernetas de poupança e das contas de fundos de investimentos, de pequeno valor, desde que não existam na sucessão outros sujeitos (CPC, art. 666), 5) da indenização decorrente do seguro obrigatório de veículos por falecimento de pessoa em acidente a ser paga ao cônjuge ou companheiro sobrevivente,[317] só seguindo a ordem de vocação hereditária prevista em lei na hipótese da falta destes dependentes habilitados perante a Previdência Social.

Com relação à sucessão anômala ou irregular, esclarece Maria Helena Diniz que:

> O levantamento será feito, em primeiro lugar, pelos dependentes ou pelos sucessores que têm também a qualidade de dependentes, sem necessidade de autorização judicial, bastando que façam a solicitação junto às pessoas físicas ou jurídicas responsáveis pelo pagamento dos valores. O recebimento de tais valores opera-se administrativamente, bastando comprovação do saldo e apresentação da certidão de dependência fornecida pelo INSS, acompanhada de declaração de inexistência de outros bens a inventariar. Mesmo havendo dependente menor, a solicitação será feita sem intervenção judicial, pois a sua quota ficará depositada em caderneta de poupança, rendendo juros e correção monetária, e somente será disponível após o menor completar 18 anos, salvo autorização do magistrado para aquisição de imóvel destinado à residência do menor e de sua família ou para dispêndio necessário à sua subsistência e educação (Lei nº 6.858/1980, art. 1º, § 1º, e Decreto nº 85.845/1981, art. 6º. (...) Não havendo dependente habilitado perante a Previdência, para o levantamento será necessário alvará judicial, indicando os sucessores para tanto. (...) Se inexistirem dependentes ou sucessores, os valores reverterão em favor do Fundo de Previdência e Assistência Social, do Fundo de Garantia do Tempo de Serviço ou do Fundo de Participação PIS-PASEP, conforme se tratar de quantias devidas pelo empregador ou de contas do FGTS e do Fundo PIS-PASEP (Lei nº 6.858/1980, art. 1º, § 2º, e Decreto nº 85.845/1981, art. 7º).[318]

73. VÍNCULOS DE PARENTESCO

É impossível promover a ordem de vocação hereditária pondo em prática o chamamento dos herdeiros de quem falece, sem interpretar as relações de parentesco suscitadas no Livro de Direito de Família por meio dos arts. 1.591 a 1.595, já tendo dito Jean Carbonnier que o Direito das Sucessões é o Direito de Família *mortis causa*, daí concluindo María Martínez Martínez não fazer o menor sentido, sendo inclusive paradoxal, que tantas modificações dos modelos familiares imperantes na sociedade atual e no Direito de Família via Códigos e decisões jurisprudenciais, não tenham provocado câmbios paralelos no Direito das Sucessões.[319]

---

[317] ROCHA, Sílvio Luís Ferreira da. *Direito das sucessões*. São Paulo: Malheiros, 2012. v. 5, p. 63-64.
[318] DINIZ, Maria Helena. *Curso de direito civil brasileiro*. 32. ed. São Paulo: Saraiva, 2018. v. 6, p. 130.
[319] MARTÍNEZ, María Martínez. *La sucesión intestada*: revisión de la institución y propuesta de reforma. Madrid: Boletín Oficial del Estado, 2016. p. 32.

Na falta de herdeiros testamentários a lei defere a totalidade da herança aos parentes do defunto, à viúva ou viúvo, companheira ou companheiro sobreviventes, seguindo um sistema de ordem de preferência ou de hierarquia das relações e graus de parentesco (CC, arts. 1.591 a 1.595), e a relevância da afinidade para o cônjuge ou o convivente.

De acordo com o art. 1.591 do Código Civil, são parentes em linha reta as pessoas que estão umas para com as outras na relação de ascendentes e descendentes e parentes em linha colateral ou transversal, até o quarto grau, as pessoas provenientes de um só tronco, sem descenderem uma da outra (CC, art. 1.592). Assim visto, na linha reta ou direta, descendem os parentes uns dos outros, e cada geração forma um grau de parentesco, compondo este conjunto de graus a linha, ou seja, o conjunto de gerações sucessivas dentro de uma família em que um parente descende do outro e forma um grau de parentesco. A linha reta ascendente pode ser paterna ou materna na relação heterossexual, mas pode ser materna e materna ou paterna e paterna na relação homoafetiva, como pode ser unilateral na adoção por um só genitor, ou quando ausente o registro do segundo genitor.

Enquanto isso, a linha colateral oblíqua ou transversal está constituída pelo conjunto de pessoas que não descendem umas das outras, porém, procedem de um tronco comum (CC, art. 1.592), qual seja, têm entre si algum ascendente comum, como, por exemplo, dois irmãos que não descendem um do outro, mas que são parentes porque o tronco comum deles são os pais (pai e mãe se forem irmãos germanos ou bilaterais), ou só um pai ou só uma mãe em comum se forem irmãos unilaterais. Merece destaque o parágrafo único do art. 1.609 do Código Civil e reprisado no art. 26, parágrafo único, do Estatuto da Criança e do Adolescente (Lei 8.069/1990), os quais proíbem o reconhecimento de filiação *post mortem* de filho que não tenha deixado descendentes, de molde a impedir que um pai reconheça seu filho morto apenas pela cupidez de receber a sua herança.

O chamamento dos parentes já foi realizado até o décimo grau, sendo depois reduzido para o sexto grau de parentesco, até por fim ser diminuído, em 1946, pelo Dec.-lei 9.461, para o quarto grau de parentesco e assim mantido pelo vigente Código Civil, com o acréscimo do direito sucessório concorrente do cônjuge viúvo e do direito concorrente do convivente sobrevivente, com a igualdade jurídica de direitos sucessórios do convivente sobrevivo aos do cônjuge viúvo, a partir do julgamento pelo Supremo Tribunal Federal dos RE's 646.721/RS e 878.694/MG, na relatoria do Ministro Luís Roberto Barroso e aplicável às relações heteroafetivas e homoafetivas.

O sistema de chamamento à sucessão legítima do Código Civil se assenta no parentesco e no casamento ou na união estável, e leva em consideração a *classe*, a *ordem* e o *grau* de parentesco. Dentro da classe de parentesco existem três direções: i) *descendentes*; ii) *ascendentes* e iii) *colaterais*, sendo esses últimos chamados depois do cônjuge ou convivente. Dentro de cada classe rege o princípio da proximidade de grau de parentesco com o falecido, atenuado pelo direito de *representação*, que tem lugar na sucessão dos descendentes, e na sucessão dos colaterais, mas somente até o terceiro grau de parentesco (CC, arts. 1.851; 1.852 e 1.853).

Na classe dos ascendentes inexiste o direito de representação (CC, art. 1.852) e a sucessão se dá por linhas (CC, art. 1.836, § 2º), juntamente com o cônjuge ou convivente sobrevivente, nos termos do art. 1.829, inc. II, do Código Civil. Como destaca Thiago Felipe Vargas Simões,[320] a vocação hereditária dos ascendentes estriba-se em razões de reforçada afetividade, cuja observação vai ao encontro do dizer de María Martínez Martínez, que, ao

---

[320] SIMÕES, Thiago Felipe Vargas. *A filiação socioafetiva e seus reflexos no direito sucessório*. São Paulo: Fiuza, 2008. p. 134.

tratar do parentesco aludindo aos descendentes, ascendentes e colaterais, afirma que devem ser incluídos não apenas os parentes consanguíneos ou biológicos, como também os adotivos e aqueles nascidos mediante técnicas de reprodução humana assistida[321] e, particularmente, para o sistema jurídico brasileiro devem ser incluídos os descendentes e ascendentes socioafetivos depois do julgamento pelo STF, em 2016, do RE 898.060/SC, acolhendo a possibilidade da multiparentalidade no cenário jurídico brasileiro,[322] cujo tema de repercussão geral 622 teve a relatoria do Ministro Luiz Fux.[323]

73.1. Classes

O direito sucessório brasileiro adota o sistema romano de ordens e graus de parentesco para a sucessão legítima e que convive ao lado da sucessão testamentária. Na falta de herdeiros testamentários a lei defere a herança aos parentes do defunto, ao viúva ou à viúva, à companheira ou ao companheiro sobrevivos, aos colaterais e ao Estado, compreendendo uma série de vínculos de possíveis sucessores, familiares, cônjuge ou convivente, e o Estado, que na falta dos primeiros herda por meio do Município ou do Distrito Federal (CC, arts. 1.822 e 1.844). Conforme assinala o art. 1.829 do Código Civil, serão chamados à herança, em primeiro lugar, os descendentes, em concorrência com o consorte ou convivente sobrevivo, dependendo do regime de bens adotado, e, na falta de descendentes, serão chamados os ascendentes, também em concorrência com o cônjuge ou convivente, mas agora indiferente do regime de bens e antes dos colaterais, sucederá em todos os bens, e independentemente do regime de bens adotado, o cônjuge ou o convivente supérstite.

Na sucessão da lei a transmissão dos bens do defunto se dá a título universal, enquanto na sucessão testamentária é possível transmitir a título universal e também ou somente a título singular, contudo, na sucessão legítima os únicos que podem ser sucessores são as pessoas que detêm um vínculo de parentesco, conjugal ou convivencial, enquanto na sucessão testamentária o parentesco ou a afinidade são irrelevantes, porquanto o chamamento pode ser operado em relação a qualquer pessoa física ou jurídica que tenha sido beneficiada em testamento pelo testador, em cuja sucessão prevalece a livre vontade do testador.

A escala familiar no Direito de Família brasileiro não coincide, obrigatoriamente, com a escala de família do Direito das Sucessões, eis que seus conceitos se alargam ou se encolhem em algumas relações jurídicas típicas de uma e de outra dimensão jurídica, como sucede, por exemplo, na obrigação de alimentos em confronto com os vínculos de sucessão, pois ao passo que o parente no terceiro grau pode ser herdeiro, em contraponto não pode ser obrigado a prestar alimentos, cuja obrigação se esgota no segundo grau de parentesco (CC, art. 1.697).

Na sucessão legítima prevalece a vontade da lei, que designa a ordem de chamamento dos herdeiros e nela são levados em conta os vínculos pessoais que ligam o autor da herança

---

[321] MARTÍNEZ, María Martínez. *La sucesión intestada*: revisión de la institución y propuesta de reforma. Madrid: Boletín Oficial del Estado, 2016. p. 88.
[322] CALDERÓN, Ricardo. *Princípio da afetividade no direito de família*. 2. ed. Rio de Janeiro: Forense, 2017. p. 219.
[323] Nesse sentido o Enunciado 642 da VIII Jornada de Direito Civil do STJ, levada a efeito em 26 e 27 de abril de 2018, dentre outros enunciados igualmente voltados para o direito sucessório, estabeleceu que: "Nas hipóteses de multiparentalidade, havendo o falecimento do descendente, com o chamamento de seus ascendentes à sucessão legítima, se houver igualdade em grau e diversidade em linha entre os ascendentes convocados a herdar, a herança deverá ser dividida em tantas linhas quantos sejam os genitores".

com as pessoas às quais a lei confere a vocação sucessória, fundada na preferência dos parentes segundo a linha descendente, depois a ascendente ou em terceiro lugar a colateral, sempre de acordo com a proximidade de grau entre descendentes e ascendentes, e cada classe só é chamada depois de se esgotar o chamamento na classe antecedente.

O Código Civil brasileiro organiza uma ordem de chamamento que se inicia pela linha reta descendente, vocacionando como sucessíveis os descendentes do morto que formam uma classe e dentro desta classe há uma variação de graus, alguns mais próximos ao *de cujus*, como são os filhos, e outros mais remotos em termos de graus de parentesco, como são os netos, bisnetos ou trinetos.[324] Os integrantes da classe dos ascendentes, pais, avós, bisavós e assim por diante, só serão convocados na falta de descendentes e os colaterais até o quarto grau de parentesco formam a última classe e herdam tão somente na falta de descendentes, ascendentes, cônjuge e companheiro (RE's 646.721/RS e 878.694/MG).

O Código Civil de Portugal tem legislação semelhante à brasileira e, conforme o art. 2.133º, a classe dos sucessíveis segue a seguinte ordem de chamamento: a) cônjuge e descendentes; b) cônjuge e ascendentes; c) irmãos e seus descendentes; d) outros colaterais até o quarto grau; e) o Estado.

Desse modo, tanto em Portugal como no Brasil prevalece a vocação da classe dos descendentes, chamando um grau na frente do outro, porque o parente de grau mais próximo afasta o de grau mais distante. Assim, se à data da sua morte o *de cujus*, falece sem deixar testamento, e deixa como parente mais próximo a sua *mãe* (A) e a sua *neta* (C), será chamada à herança a *neta* (C, que é parente em 2º grau), e não a sua *mãe* (A, que é parente em 1º grau), precisamente porque a *neta*, como descendente que é, pertence à primeira (1ª) classe de sucessíveis (a dos descendentes), enquanto a mãe, apesar do grau *mais próximo* de parentesco, pertence à segunda (2ª) classe dos sucessíveis (a dos ascendentes).[325]

Do contrário, seguindo a ordem de vocação preferencial dos herdeiros existentes em linha reta descendente, os filhos são chamados em primeiro lugar, e os filhos herdam sempre por direito próprio ou por cabeça, dividindo a herança em partes iguais. Se concorrem filhos com descendentes de outros filhos (irmãos) que tivessem falecido antes do autor da herança, os primeiros (filhos) herdam por direito próprio e os segundos (netos) herdam por direito de representação (CC, art. 1.835). Os netos e demais descendentes herdarão por direito de representação quando concorrerem com filhos, dividindo entre eles (netos representantes) o quinhão que pertencia ao representado, pois, de acordo com o art. 1.854 do Código Civil, os representantes só podem herdar, como tais, o que herdaria o representado, se vivo fosse.

Na classe dos *descendentes*, falecendo o autor da herança e deixando filhos, pais e netos, sempre herdarão os filhos em detrimento dos netos e dos pais, seguindo a ordem de vocação dos *descendentes* e segundo o grau de parentesco, porque, quando vários herdeiros pertencem à mesma classe, por exemplo, à classe dos *descendentes*, a preferência se estabelece pela proximidade do grau de parentesco. Assim, os filhos eliminam (afastam) os netos, os bisnetos e todos demais descendentes, salvo o direito de representação, como também eliminam (afastam) todos os ascendentes e todos os colaterais, exatamente como prescreve o art. 1.833 do Código Civil, no sentido de que *entre os descendentes, os em grau mais próximo excluem os mais remotos, salvo o direito de representação*, e, por sua vez, na classe dos ascendentes, os pais eliminam os avós, bisavós e os colaterais.

---

[324] NADER, Paulo. *Curso de direito civil*: direito das sucessões. Rio de Janeiro: Forense, 2007. v. 6, p. 1.890.
[325] LIMA, Pires de; VARELA, Antunes. *Código Civil anotado*. Coimbra: Coimbra Editora, 2010. v. VI, p. 221.

Nessas duas classes dos *descendentes* e dos *ascendentes*, sendo estes chamados na falta daqueles, desde a edição do Código Civil de 2002, existe um desvio à regra da proximidade de classe e de graus com o chamamento concorrencial do cônjuge ou do convivente sobrevivo, estes pertencentes à terceira classe. O cônjuge ou o convivente sobrevivos só herdam a totalidade da herança na falta de descendentes ou de ascendentes, daí o dizer doutrinário de que o cônjuge (CC, art. 1.829) e o convivente (RE's 646.721/RS e 878.694/MG) surgem na nova escala de sucessíveis, ora como membros da primeira (1ª) classe, concorrendo com os descendentes, ora como membros da segunda (2ª) classe, concorrendo com os ascendentes, ou se habilitando isoladamente à herança quando ausentes herdeiros das classes precedentes (descendentes e ascendentes).[326]

Como sabido, filhos adotados, filhos de casamento inválido, filhos da inseminação artificial e filhos socioafetivos estão equiparados por completo aos filhos biológicos, pois são todos considerados filhos naturais e, como filhos, concorrem o cônjuge ou o convivente sobreviventes e como herdeiros legitimários só quando forem chamados como herdeiros únicos e, portanto, universais, o que acontece quando não existem herdeiros descendentes e nem herdeiros ascendentes e muito menos direito concorrencial.

73.2. Contagem de graus

Conforme prescreve o art. 1.594 do Código Civil, contam-se, na linha reta, os graus de parentesco pelo número de gerações, e, na colateral, também pelo número delas, subindo de um dos parentes até o ascendente comum, e descendo até encontrar o outro parente. É por graus que se conta o parentesco, e cada grau é formado pela distância de uma a outra geração, que a ela se liga ou segue imediatamente.[327]

Os descendentes no primeiro grau da linha reta inferior são os filhos, e em seguida vêm os netos, bisnetos, trinetos, tetranetos ou tataranetos e daí em diante outros descendentes, como pentanetos, sendo quase impossível que apareçam como sucessores diretos, eis que representariam seis gerações diferentes, e como conclui Sady Cardoso de Gusmão, ultrapassaria os limites naturais da vida humana no tempo, ainda que pudesse ser considerada a longevidade de alguns poucos indivíduos, sem contar com a impossibilidade de procriação na velhice extrema.[328]

Chama-se de parentesco a relação existente entre pessoas unidas ou vinculadas pelo mesmo sangue, ou parentesco consanguíneo, embora não seja a única forma de estabelecer o vínculo parental, pois também é reconhecido o parentesco civil da adoção, e o parentesco sociológico, oriundo dos liames de afeto, e o parentesco por afinidade, quando cada cônjuge ou companheiro é aliado aos parentes do outro pela conexão de afinidade, que se limita aos ascendentes, aos descendentes e aos irmãos do cônjuge ou companheiro e que na linha reta não se extingue com a dissolução do casamento ou da união estável (CC, art. 1.595, §§ 1º e 2º).

73.2.1. Proximidade de grau e divisão da herança

Há duas regras na ordem de suceder ligadas ao grau de parentesco, e que são a *proximidade de grau* e a *divisão da herança por partes iguais* entre os parentes do mesmo grau (CC, arts. 1.834 e 1.835), advertindo-se que o parente mais próximo (filho) afasta o mais distante (neto), salvo o direito de representação (netos no lugar do pai premorto). Portanto, a

---

[326] LIMA, Pires de; VARELA, Antunes. *Código Civil anotado*. Coimbra: Coimbra Editora, 2010. v. VI. p. 221.
[327] BARREIRA, Dolor Uchoa. *Sucessão legítima*. Rio de Janeiro: Borsoi, 1970. p. 61.
[328] GUSMÃO, Sady Cardoso de. *Vocação hereditária e descendência*. Rio de Janeiro: Borsoi, 1958. p. 90.

proximidade de grau é a regra geral e a representação a exceção, que só tem lugar na classe dos descendentes, e na dos colaterais somente até o terceiro grau, também se fazendo presente o instituto da representação nos casos da premoriência, nos de exclusão da herança por indignidade e de deserdação, não existindo o direito de representação na renúncia da herança.

A proximidade entre os parentes é determinada pelo número de gerações e, de acordo com o art. 1.594 do Código Civil, cada geração forma um grau de parentesco, que seriam os degraus que permitem formar uma *escada* imaginária (linha) reta ascendente ou linha reta descendente, que une os distintos parentes, conforme deflui da leitura do art. 1.591 do Código Civil, ao descrever o parentesco em linha reta dentre as pessoas que estão uma para com as outras na relação ascendente e descendente.

Já o parentesco por linhas leva a duas direções, um delas é a linha reta, que é constituída pelos graus das pessoas que descendem umas das outras (avô, pai, filho, neto, bisneto e etc.), e esta linha reta pode ser descendente ou ascendente. Em segundo lugar está a linha colateral, que une as pessoas que, sem serem descendentes ou ascendentes umas das outras, procedem de um mesmo tronco comum, ou seja, de uma pessoa que enlaça irmãos, sobrinhos, tios e primos.

Desse modo, nas linhas são contados tantos graus quantas forem as gerações e para a contagem de graus na linha colateral é preciso subir até o tronco comum (o elo) que une os parentes transversais (por exemplo, irmãos, porque o elo do parentesco deles são seus pais), daí descendo até onde se deseja fazer a contagem de graus, como explicita o art. 1.594 do Código Civil – são contadas as gerações, subindo de um dos parentes até o ascendente comum e descendo até encontrar o outro parente.

Assim, por exemplo, para saber o grau de parentesco entre dois primos é preciso subir até os avós, que são o elo comum e depois descer até o outro primo, ou para saber o grau de parentesco entre dois irmãos, é preciso partir da contagem de graus existente entre o tronco comum presente entre eles, que é o pai (ou mãe) (pois só são irmãos por terem em comum o mesmo pai), de modo que se deve partir de um grau e subir até o outro (uma geração) até o tronco comum (tc), e descer mais uma geração até chegar ao irmão, computando duas gerações, o que equivale afirmar que irmãos são parentes colaterais em segundo grau, e distam três graus de parentesco de tios ou sobrinhos e quatro graus de distância entre primos, sendo que após o quarto grau não mais existem vínculos de parentesco (CC, art. 1.592).

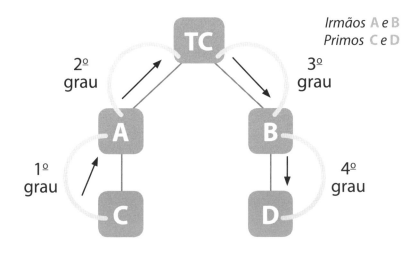

(TC) Tronco Comum

A segunda regra é a da divisão em partes iguais dos parentes que se acharem na mesma classe (CC, art. 1.834) e no mesmo grau, (CC, art. 1.835), salvo a exceção do *duplo vínculo* do art. 1.841 do Código Civil, que trata da sucessão entre irmãos germanos e unilaterais, sucedendo então, cada um dos herdeiros da mesma classe e do mesmo grau de parentesco, por cabeça, ou por direito próprio. Assim, se, por exemplo, morre um pai que deixa dois filhos, cada um deles recebe metade da herança, isso se não houver concurso da viúva casada pelo regime da comunhão universal de bens, ou pela separação obrigatória de bens (CC, art. 1.829, inc. I).

Deve ser ressalvado o direito de representação, pois se um dos dois filhos citados no exemplo acima morreu antes do pai e deixou seus próprios filhos, netos do autor da herança, esses netos receberão em conjunto o quinhão que seria do pai premorto. Se houver renúncia de todos os herdeiros da mesma classe e do mesmo grau (filhos), serão chamados os do grau seguinte (netos), que herdarão por cabeça ou por direito próprio, e não por estirpe ou representação, pois se só estão sendo chamados os netos, todos eles se encontram no segundo grau de parentesco e não concorrem com nenhum filho que se encontra no primeiro grau de parentesco (só há direito de representação quando herdeiros de um grau concorrem com herdeiros de outro grau de parentesco, pois quando todos os herdeiros estão no mesmo grau de parentesco, todos eles herdam por direito próprio). Mas, sendo vários filhos e só alguns deles renunciam, a renúncia de apenas uma parte dos filhos impede o direito de representação e herdam apenas os filhos remanescentes que não renunciaram (CC, art. 1.811).

Há uma exceção à regra da divisão em partes iguais no art. 1.841 do Código Civil, ao dispor que, concorrendo à herança do falecido irmãos bilaterais com irmãos unilaterais, cada um destes herdará metade do que cada um daqueles herdar. Essa matéria será vista em capítulo próprio quando tratarmos da vocação hereditária dos colaterais, e resguarda a ressalva do *duplo vínculo*, pelo qual, embora sejam irmãos no mesmo primeiro grau de parentesco, o irmão bilateral ganhará o dobro da herança do irmão unilateral. Chama-se *duplo vínculo* o parentesco por parte do mesmo pai e da mesma mãe, conjuntamente falando, ou dos mesmos pais ou das mesmas mães quando for considerada a ascendência homoafetiva, ou seja, em suma, os irmãos têm os mesmos pais.

O vínculo simples se identifica se o parentesco é somente em relação a um pai ou a uma mãe, e nesse caso os irmãos são unilaterais ou meio-irmãos, porque são parentes apenas pela linha materna ou pela linha paterna, ou seja, são irmãos porque são filhos do mesmo pai ou da mesma mãe, entendendo muitos autores existir uma evidente inconstitucionalidade do art. 1.841 do Código Civil ao conferir quinhões inteiros aos irmãos germanos e meio quinhão sucessório aos irmãos unilaterais, mas cujo argumento é claramente equivocado,[329] porque não se trata de um tema de desigualdade ou igualdade de tratamento dos filhos, que realmente não podem ser discriminados (CF, art. 227, § 6º).

Trata-se da circunstancial desigualdade de direitos entre irmãos, que não foi tratado pela Carta Política brasileira, uma vez que a rigor não existe nenhuma discriminação, eis que os meio-irmãos estão sendo chamados para herdarem na linha colateral, pois são parentes entre si em segundo grau, herdando um irmão do outro, e não filhos que estão herdando do mesmo pai ou da mesma mãe, e que são parentes na linha reta descendente, em primeiro grau, mas em relação ao autor da herança, que é o pai ou a mãe dos filhos herdeiros.

---

[329] MELLO, Felipe Viana de. *Manual de direito das sucessões*. Rio de Janeiro: Lumen Juris, 2018. p. 139.

Trata-se, portanto, de uma sucessão de irmãos (morreu um irmão e os outros irmãos estão herdando porque o defunto não tinha descendentes, nem ascendentes e tampouco cônjuge ou companheiro).

Não se trata, portanto, de aplicação do princípio da não discriminação em razão do nascimento, com a sua concreta aplicação no âmbito restrito da filiação, restando óbvio que não existe um igualitarismo dos direitos sucessórios, haja vista que irmãos bilaterais quando em concorrência sucessória com irmãos unilaterais, nem de longe representam situações jurídicas homogêneas e equiparáveis.

O propósito dessa aparente discriminação é o de evitar a mistura dos bens com o novo casamento ou relacionamento estável do cônjuge ou convivente sobrevivente, cujos filhos supervenientes podem pugnar pelo patrimônio construído com o primeiro cônjuge, tornando-se sucessíveis tanto os irmãos bilaterais como os unilaterais, sendo todos herdeiros do pai que morreu e que teve duas famílias e filhos em ambas, contudo, com esposas diferentes, não sendo admissível que ocorra uma mistura de bens, buscando o legislador evitar a saída de bens construídos em um e outro âmbito familiar.

O Código Civil espanhol colaciona idêntica regra no art. 949, ao dispor que concorrendo irmãos de pai e mãe com meios irmãos, àqueles receberão o dobro do quinhão destes, referindo Hector Lafaille que, durante a Idade Média, existia uma série de exceções que significavam verdadeiros privilégios sucessórios que não atendiam ao rigor do princípio de vocação prioritária por linhas, classes e graus, e cujas preferências estavam vinculadas à ordem política ou social dominante naquela época, mas acresce que tudo, na atualidade, está abolido, à exceção do *duplo vínculo* entre irmãos germanos e uterinos, e que, bem examinado o regramento, quando a lei declara que o irmão germano recebe o dobro daquilo que recebe o irmão unilateral, nada mais faz do que reconhecer a superioridade de um nexo mais estreito e mais digno a ser considerado, nada guardando a regra de motivação política ou social, mas sendo, sim, uma consequência que deflui do próprio parentesco que considera a origem dos bens que compõe a herança.[330]

Contudo, essa desigualdade de quinhões entre os irmãos germanos e unilaterais que pertencem à mesma classe e ao mesmo grau, mas que não são herdeiros descendentes e sim herdeiros colaterais, a bem da verdade, não impera em todas as legislações, sendo tratados diferentemente. Também existem legislações que estabelecem discriminações diretas na sucessão de descendentes, calcadas apenas no gênero do herdeiro ou na sua classe social, como ocorre, por exemplo, no Direito islâmico, no qual os herdeiros se dividem em dois grupos: i) herdeiros *fard* e ii) herdeiros *asab*, tendo os herdeiros *asab* direito sucessível somente se restar algo da herança depois da partilhadas as quotas fixas dos herdeiros *fard*.

Os herdeiros *asab* possuem uma vocação hereditária subordinada à partilha prévia das quotas hereditárias que correspondem aos herdeiros *fard*. Algumas situações pontificam a discriminação existente, pois a mulher herda a metade do que corresponde à herança do marido, e as filhas repartem entre elas, como *fard*, dois terços (2/3) da herança, mas se tiverem irmãos elas perdem a condição de herdeiras *fard* e passam a ser herdeiras *asab*. Os meio-irmãos herdam um sexto (1/6) da herança.

Os herdeiros *asab* se dividem em três grupos: i) o primeiro é formado pelos chamados *asab por si mesmos*, composto por todos herdeiros homens, filhos, netos, pai, avô paterno, primos, irmãos consanguíneos, filhos de primos, tios, tio avô, sem qualquer limite de grau

---

[330] LAFAILLE, Hector. *Curso de derecho civil*: sucesiones. Buenos Aires: Biblioteca Jurídica Argentina, 1933. t. II, p. 18.

e estes herdam com primazia na falta de outros herdeiros *fard*, seguindo a regra de o mais próximo em grau de parentesco afastar o mais distante, e, destarte, se existem filhos, estes excluem o pai e os outros descendentes; ii) o segundo grupo é formado pelos *asab por outros*, que são as mulheres, que eram herdeiras *fard* mas se tornaram herdeiras *asab* pela existência de irmãos varões no mesmo grau de parentesco e preferentes; e iii) o terceiro grupo formado pelos *asab com outros*, que são as primas e as irmãs consanguíneas, que herdam como *asab* acaso exista uma irmã bilateral que herde como *fard*.[331]

73.3. Linhas de parentesco

Escreve Paulo Nader ter o legislador brasileiro formulado as noções de parentesco na linha reta (CC, art. 1.591) e na linha colateral (CC, art. 1.592), sendo que na primeira se verificam relações de parentesco entre ascendente e descendente,[332] em que umas pessoas descendem das outras, herdando sem qualquer limite de graus, seguindo o comando de que o herdeiro mais próximo em grau de parentesco com o defunto afasta o herdeiro de grau mais distante.

Prossegue Paulo Nader explicando que na linha reta *descendente* o vínculo é considerado de cima para baixo, o gerador em face da pessoa gerada (do pai para o filho), enquanto na linha reta *ascendente* ocorre justamente o contrário, a contagem é feita de baixo para cima (do filho para o pai e assim por diante), ao passo que na linha *colateral* um parente não descende do outro, mas ambos provêm de um tronco comum (TC), ou seja, irmãos têm os mesmos progenitores ou apenas um deles, tios e sobrinhos têm como tronco comum os avós, e primos igualmente têm como tronco comum o elo dos avós.[333]

São chamados à herança, em primeiro plano, os sucessíveis da linha reta *descendente*, com o mais próximo grau de parentesco, que são os filhos, e de forma indistinta, sem mais os privilégios do passado, em que o varão tinha preferência sobre a mulher, os filhos mais velhos ficavam à frente dos mais jovens (primogenitura), ou os filhos conjugais herdavam em detrimento dos filhos extramatrimoniais e adotivos.

Portanto, a ordem de suceder segue a diversidade de linhas e que se encontra dividida em quatro seções, começando pela primeira delas, que é a linha reta *descendente*, em concorrência com o cônjuge ou convivente sobrevivente, depois a linha reta ascendente, em concorrência com o cônjuge ou convivente sobrevivo, depois a linha vertical entre cônjuges e conviventes e, por fim, na linha oblíqua ou colateral.

Pelo direito sucessório brasileiro, a sucessão *intestada* (sem testamento) é deferida, de acordo com a ordem de vocação hereditária do art. 1.829, inc. I, do Código Civil, à linha reta descendente formada pelos filhos, netos, bisnetos e assim por diante, em um sistema vocacional no qual os parentes de grau mais próximo eliminam os de grau mais distante, salvo o direito de representação, recebendo todos os descendentes do mesmo grau igual quinhão hereditário. Os descendentes são considerados herdeiros necessários (CC, art. 1.845) e detentores obrigatórios da legítima correspondente à cinquenta por cento (50%) dos bens líquidos

---

[331] MOTILLA, Agustín. *La eficacia en España del derecho de familia islámico*: adaptación al derecho español de los Códigos marroquí, argelino y tunecino. Granada: Editorial Comares, 2018. p. 50.
[332] NADER, Paulo. *Curso de direito civil*: direito das sucessões. Rio de Janeiro: Forense, 2007. v. 6, p. 180.
[333] MOTILLA, Agustín. *La eficacia en España del derecho de familia islámico*: adaptación al derecho español de los Códigos marroquí, argelino y tunecino. Granada: Editorial Comares, 2018. p. 50.
NADER, Paulo. *Curso de direito civil*: direito das sucessões. Rio de Janeiro: Forense, 2007. v. 6, p. 180.

do falecido. Os descendentes filhos concorrem com a(o) viúva(o) ou a(o) companheira(o) sobrevivente, dependendo do regime de bens adotado, e incidindo o direito hereditário do cônjuge ou convivente sobrevivos sobre os bens particulares deixados pelo autor da herança, além do pagamento de sua eventual meação sobre os bens considerados comuns.

Na linha reta descendente sempre devem ser chamados em primeiro lugar os filhos do falecido, que herdam por direito próprio ou por cabeça, dividindo a herança em partes iguais, em concurso com o cônjuge ou convivente sobrevivos, quer sejam filhos do casamento, da união estável, naturais, adotivos, socioafetivos, da inseminação artificial, ou da multiparentalidade, pois entre eles não mais prevalecem os discrimines existentes antes da Carta Federal de 1988 (CF, art. 227, § 6º; CC, art. 1.596 e Lei 8.069/1990 ECA, art. 20).

Os netos e demais descendentes (bisnetos, trinetos, tataranetos), quando concorrem com os filhos, herdam por estirpe ou representação, e aqueles por cabeça ou por direito próprio, e se só concorrem netos porque os filhos são premortos ou renunciaram à herança, herdam então por direito próprio por se tornarem os herdeiros sucessíveis mais próximos do defunto em grau de parentesco, em face da premoriência ou da renúncia dos filhos à herança. Aqueles que herdarem por representação não receberão mais do que herdaria o representado se pudesse ou quisesse ter herdado, e dentro de cada estirpe (representação) a distribuição dos quinhões será em valores iguais, quais sejam: um pai falece e deixa os filhos A, B e C, estando o filho A vivo; o filho B é premorto e por isso será representado por seus dois filhos D e E, netos do autor da herança; tendo C sido excluído da herança por indignidade, seus três filhos F, G e H, igualmente netos do autor da herança, representarão o filho indigno.

Considerando uma herança líquida de novecentos mil reais (R$ 900.000,00), A receberá trezentos mil reais (R$ 300.000,00); os netos D e E, representantes de B, receberão cada um cento e cinquenta mil reais (R$ 150.000,00); e os netos F, G e H, representarão o indigno C, recebendo cada um deles um quinhão de cem mil reais (R$ 100.000,00).

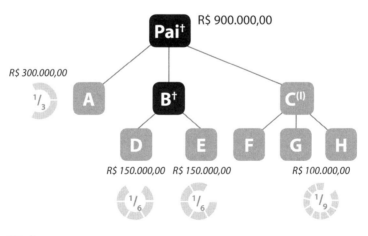

(I) Indigno

Contudo, sobrevivendo um só dos pais, este sucederá ao filho em toda a herança, com a exceção do direito concorrencial do cônjuge ou convivente sobrevivo, se convivia com o defunto ao tempo de sua morte, ou seja, só a mãe e a viúva do falecido a ele sobreviveram, pois o pai havia pré-falecido ao sucedido, a herança será partilhada à razão de metade (R$ 450.000,00) para a mãe do falecido e a outra metade (R$ 450.000,00) para o consorte ou companheira sobrevivente.

Se o falecido deixou a herança líquida de bens particulares no montante de novecentos mil reais (R$ 900.000,00), além do pai e da mãe vivos e nenhum deles tenha sido privado dos seus direitos hereditários, não existindo descendentes, a herança será partilhada em três partes iguais, sendo um terço (R$ 300.000,00) para o pai, um terço (R$ 300.000,00) para a mãe e a terça parte final (R$ 300.000,00) para o cônjuge ou companheiro supérstite.

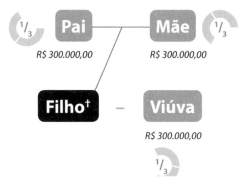

Faltando os pais do defunto, pois pré-falecidos, sua herança será fracionada entre o cônjuge ou convivente sobrevivente, que receberá a metade (CC, art. 1.837), e a outra metade será partilhada entre os avós, sendo metade para a linha paterna e a outra metade para a linha materna e quanto maior for o grau de parentesco dos parentes sucessíveis o cônjuge ou companheiro sobrevivos sempre receberão a metade (CC, art. 1.837).

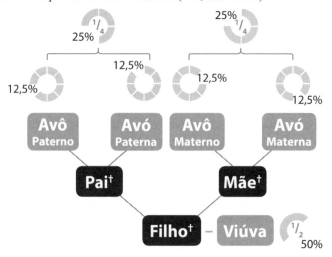

Na falta de descendentes e de testamento instituindo herdeiros, os *ascendentes* herdarão a totalidade da herança, pois no Brasil, diferente de outras legislações, eles também ostentam a condição de herdeiros necessários, sendo que entre os ascendentes a divisão da herança se dá por linhas, e em conformidade com a proximidade de grau de parentesco, sem direito de representação, que não existe na classe dos ascendentes. Dessa forma, um ascendente de grau mais distante só herdará se não existir nenhum parente de grau mais próximo, ou seja, se o morto deixou pai e mãe, metade da herança cabe à linha paterna e a outra metade toca à linha materna, e se os pais do falecido morreram antes, só nessa hipótese herdarão os avós por direito próprio e por divisão de linhas, indo metade da herança para os avós paternos e a outra metade da herança para os avós maternos, supondo não haja concorrência sucessória do cônjuge ou convivente sobrevivo.

Desta forma, por exemplo, havendo uma herança líquida de um milhão de reais (R$ 1.000.000,00), quinhentos mil reais (R$ 500.000,00) irão para a linha materna, e os outros quinhentos mil reais (R$ 500.000,00) irão para a linha paterna, mas, na falta dos pais serão chamados por direito próprio os avós e a divisão segue sendo realizada por linhas: duzentos e cinquenta mil reais (R$ 250.000,00) irão para a avó materna e outros duzentos e cinquenta mil reais (R$ 250.000,00) para o avô materno; os restantes quinhentos mil reais (R$ 500.000,00) serão repartidos entre a linha ascendente paterna, na razão de duzentos e cinquenta mil reais (R$ 250.000,00) para a avó paterna e os restantes duzentos e cinquenta mil reais (R$ 250.000,00) para o avô paterno.

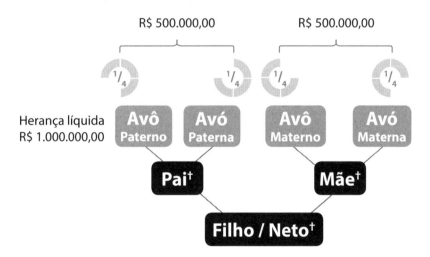

Agora, se o neto era solteiro e sua avó paterna era premorta, da herança líquida de um milhão de reais (R$ 1.000.000,00) o avô sobrevivente da linha paterna receberá o total do quinhão hereditário destinado à linha paterna, no montante de quinhentos mil reais (R$ 500.000,00), e os outros quinhentos mil reais (R$ 500.000,00) pertencentes à linha materna serão partilhados a razão de duzentos e cinquenta mil reais (R$ 250.000,00) para cada avô materno.

Ausentes descendentes e ascendentes, a herança será inteiramente devolvida ao cônjuge (CC, art. 1.829, inc. III), ou ao convivente sobrevivente (STF – RE 646.721/RS e RE 878.694/MG), traçando uma espécie de linha horizontal de relacionamento entre cônjuges ou conviventes, os quais também são considerados herdeiros necessários (CC, art. 1.845) com direito à reserva da legítima, resguardada eventual meação, dependendo do regime de bens adotado ou imposto (CC, art. 1.641 e art. 1.829, inc. I). A equiparação do convivente sobrevivo ao cônjuge viúvo decorre do julgamento pelo Supremo Tribunal Federal dos Recursos Extraordinários 646.721/RS e 878.694/MG, em 10 de maio de 2017, tendo o STF, por maioria (7x3), declarado inconstitucional o art. 1.790 do Código Civil, e de cujo julgamento restou fixado o tema 809 de repercussão geral, que passa a ser observado pelos tribunais, no sentido de igualar o direito sucessório no casamento e na união estável, nos seguintes termos: "no sistema constitucional vigente é inconstitucional a diferenciação de regime sucessório entre cônjuges e companheiros devendo ser aplicado em ambos os casos o regime estabelecido no art. 1.829 do Código Civil".

Paulo Lôbo, com referência aos efeitos jurídicos da declaração de inconstitucionalidade do art. 1.790 do Código Civil, menciona que:

> Relativamente ao art. 1.829, o STF fez interpretação conforme, para evitar o vazio que resultaria da declaração de inconstitucionalidade do art. 1.790, pura e simplesmente. Em razão disso, há interpretação conforme por arrastamento dos demais artigos que referem à sucessão do cônjuge, para que sejam interpretados como incluindo o companheiro, porque especificam as consequências da ordem da sucessão legítima, inclusive quanto à sucessão concorrente.
>
> Assim, são iguais os direitos dos cônjuges e companheiros relativamente à ordem de vocação hereditária (art. 1.829, inc. III), ao direito real de habitação (art. 1.831, à sucessão concorrente com os descendentes e quota mínima (art. 1.832), à sucessão concorrente com os ascendentes (art. 1.837), à qualificação como herdeiro necessário (art. 1.845).
>
> Permanecem os efeitos sucessórios distintos, decorrentes dos regimes matrimoniais de bens, para o casamento, e os regimes de bens adotados pelos companheiros na união estável. Conforme esclarece o enunciado 641 das Jornadas de Direito Civil (CJF/STJ), adotado em 2018, "é constitucional a distinção entre os regimes, quando baseada na solenidade do ato jurídico que funda o casamento, ausente na união estável.[334]

---

[334] LÔBO, Paulo. *Direito civil*: sucessões. 5. ed. São Paulo: Saraiva, 2019. v. 6, p. 169.

Por sua vez, observa Felipe Viana de Mello, nos seus comentários ao julgamento do RE 878.694/MG, que o STF modulou os efeitos da decisão e assegurou a sua aplicação apenas às partilhas ainda não realizadas, sob pena de causar insegurança jurídica aos casos já apreciados em definitivo pelo Judiciário.[335]

74. A ORDEM DE VOCAÇÃO HEREDITÁRIA

Falecendo uma pessoa, seus parentes, o cônjuge e o companheiro são chamados a herdar, sendo transferidos aos herdeiros da lei, se ausente testamento, os bens deixados pelo defunto, de acordo com a proximidade do parentesco, na linha reta decrescente, e depois, se ausentes estes, na linha reta crescente, ambas em concorrência com o cônjuge ou convivente sobrevivos, ou só a estes se inexistirem os outros, ou se todos renunciarem à herança, observado o princípio de que o herdeiro mais próximo em grau de parentesco elimina o mais distante, salvo o direito de representação.

Segundo J. M. Leoni Lopes de Oliveira, a lei impõe uma ordem de vocação ou chamamento dos herdeiros, determinada pelo art. 1.829 do Código Civil, começando pelos descendentes em *concorrência* com o cônjuge ou companheiro sobrevivente (RE 646.721/RS e RE 878.694/MG); em segundo lugar, na falta ou renúncia dos descendentes, chama os *ascendentes*, em *concorrência* com o cônjuge ou o companheiro sobrevivo (RE 646.721/RS e RE 878.694/MG); em terceiro lugar é chamado o cônjuge ou o companheiro supérstite (RE 646.721/RS e RE 878.694/MG); e na falta de cada um destes, em quarto lugar, chama à herança os colaterais, até o quarto grau de parentesco, deferindo a herança, a partir daí, ou na ausência de colaterais, para o Poder Público (CC, art. 1.844).[336]

A substituição do usufruto vidual pela inclusão do consorte sobrevivente como herdeiro concorrencial, foi, sem dúvida, a maior mudança verificada no direito sucessório brasileiro com o advento do Código Civil de 2002. O *usufruto vidual* do Código Civil de 1916 foi instituído primeiramente pelo art. 17 do Dec.-lei 3.200/1941, em prol da mulher brasileira casada com estrangeiro (LINDB, art. 10, § 1º, e CF, art. 5º, inc. XXXI), que não pelo regime da comunhão universal, e reeditado pelo Estatuto da Mulher Casada (Lei 4.121/1962), que acrescentou o § 1º ao art. 1.611 do Código Civil de 1916, concedendo como usufruto vidual vinte e cinco por cento (25%) dos bens do cônjuge falecido, se houvesse filhos comuns, e o usufruto de cinquenta por cento (50%) dos bens na falta de filhos.

Pela vigente legislação, o cônjuge figura nas três primeiras classes de vocação hereditária, sendo herdeiro concorrente nas duas primeiras classes, e herdeiro único ou universal na terceira ordem de vocação hereditária, e tanto em relação ao cônjuge como em relação ao convivente hetero ou homoafetivo (RE 646.721/RS e RE 878.694/MG), em uma situação no mínimo contraditória, quando em confronto com a Carta Política de 1988, que havia elevado a posição jurídica da mulher, em especial da mulher casada, com a outorga, no plano constitucional, de iguais direitos e obrigações (art. 5º, inc. I).

Contudo, e se for considerado que estatisticamente é a mulher quem sobrevive ao companheiro, no plano infraconstitucional, o cônjuge e o convivente sobrevivos (RE 646.721/RS e RE 878.694/MG) foram alçados à condição de coerdeiros nas três primeiras classes dos sucessíveis, e não mais apenas na terceira classe, como era regulado no Código Civil de 1916 em relação ao chamamento hereditário do cônjuge viúvo, de forma que o cônjuge viúvo ou o

---

[335] MELLO, Felipe Viana de. *Manual de direito das sucessões*. Rio de Janeiro: Lumen Juris, 2018. p. 168-169.
[336] OLIVEIRA, J. M. Leoni Lopes de. *Direito civil*: sucessões. Rio de Janeiro: Forense, 2017. p. 303.

convivente sobrevivo concorrem com os descendentes do falecido, que pertencem à primeira classe de herdeiros universais convocados; concorrem com os ascendentes do falecido na segunda classe de herdeiros universais, e levantam toda a herança como herdeiros universais, na falta das duas classes antecedentes.

O benefício do usufruto vidual concedido ao cônjuge supérstite pelo Código Civil de 1916, visava a criar um amparo financeiro com características de suporte alimentar,[337] e cuja alíquota era entre vinte e cinco por cento (25%) e cinquenta por cento (50%), dependendo da existência ou não de filhos, mas não só de filhos comuns, e, dependendo da existência de qualquer descendente (neto, bisneto etc.),[338] fosse ele exclusivo ou comum aos cônjuges.[339]

Para parte da doutrina, o cônjuge sobrevivo, que não fosse casado pelo regime da comunhão universal, era destinatário de um direito sucessório *ex lege*, era um usufrutuário, um legatário do usufruto de vinte e cinco a cinquenta por cento dos bens deixados pelo morto, mas jamais seria proprietário ou herdeiro da propriedade dos bens que compunham a herança, não podendo, portanto, tampouco investir-se por autoridade própria na posse dos bens, dado que a sua condição de usufrutuário era temporária (enquanto durasse a viuvez), ao passo que a condição de herdeiro é perpétua.[340]

Com o advento do Código Civil de 2002, o cônjuge deixa de ser um legatário, pois, pelo Código Civil de 1916, ele só seria herdeiro na falta de sucessíveis descendentes ou ascendentes, e passa a concorrer assim com o convivente sobrevivo como coerdeiro, em concurso com os descendentes ou ascendentes, e ambos (cônjuge e convivente supérstites) se habilitam a recolher o universo da herança apenas quando forem vocacionados na terceira classe. Com as alterações introduzidas pela vigente codificação e auxiliados pela jurisprudência do Supremo Tribunal Federal (RE 646.721/RS e RE 878.694/MG), eles deixam de ser herdeiros facultativos e se tornam herdeiros necessários (CC, art. 1.845, e REs 646.721/RS e 878.694/MG), alçando todas as preferências e todos os postos sucessíveis, desde que o consorte ou o convivente sobrevivo, ao tempo da morte do outro, não estivessem separados de fato há mais de dois anos (CC, art. 1.830).

É de ser francamente considerado que a *concorrência* sucessória impõe uma posição visivelmente mais favorável ao cônjuge e ao convivente sobrevivos, pois, além de serem herdeiros necessários por arrasto, concorrem com descendentes, dependendo do regime de bens adotado no casamento ou na união estável, ou, concorrem com os ascendentes na falta de descendentes, contudo, quando concorrem com os ascendentes independem do regime de bens adotado entre consortes e conviventes.

Gritante se mostra a intenção do legislador em privilegiar o consorte supérstite na atual ordem de vocação hereditária ao estabelecer a concorrência sucessória dele e do convivente (RE 646.721/RS e RE 878.694/MG), nas duas primeiras classes de vocação hereditária, devendo ser ressaltado que o regime de bens só tem relevância e efeitos jurídicos se o concurso hereditário se der em relação a filhos, dissipando-se qualquer efeito jurídico vinculado ao regime de bens, se concorrerem apenas com descendentes do defunto situados a partir do segundo grau de parentesco em diante.

---

[337] TEPEDINO, Gustavo. *Usufruto do cônjuge viúvo*. 2. ed. Rio de Janeiro: Forense, 1991. p. 51.
[338] Para GOMES, Orlando. *Sucessões*. 4. ed. Rio de Janeiro: Forense, 1981. p. 71: "Quando, porém, concorre com filho do falecido, o usufruto deveria recair na *metade dos bens*, tal como ocorre se o concurso se estabelece com ascendentes, por duvidosa a presunção".
[339] NEVARES, Ana Luiza Maia. *A sucessão do cônjuge e do companheiro na perspectiva do direito civil-constitucional*. 2. ed. São Paulo: Atlas, 2015. p. 57.
[340] GOMES, Orlando. *Sucessões*. 4. ed. Rio de Janeiro: Forense, 1981. p. 69.

Arnoldo Wald explica as razões pelas quais o legislador de 2002 elevou a posição sucessória do cônjuge sobrevivente, tirando-o das penumbras da condição de herdeiro então só existente na terceira classe, caso ausentes herdeiros descendentes ou ascendentes, para substituir sua frágil posição de mero legatário *ex lege* de um difícil e complicado *usufruto vidual*, para não apenas alçá-lo a uma melhor proteção patrimonial, mas, sobretudo, para proteger o consorte viúvo, melhorando a sua posição na ordem de vocação hereditária, adquirindo o *status* de herdeiro obrigatório (CC, art. 1.845) e o direito de concorrer como coerdeiro com descendentes e ascendentes do falecido, lembrando que esta preocupação não existia ao tempo da vigência do Código Civil de 1916, pois naquela época prevalecia o regime da comunhão universal de bens e, neste caso, o cônjuge não herdava, como na atualidade ele não herda se casado em comunhão universal (CC, art. 1.829, inc. I).[341]

Arnoldo Wald encontra na progressiva emancipação financeira da mulher uma prática cada vez mais corrente de adoção de regimes matrimoniais que afastam a comunidade de bens, tornando-se imperioso fortalecer, como procedeu o Código Civil de 2002, a posição sucessória do cônjuge, a fim de evitar um verdadeiro enriquecimento sem causa por parte de terceiros.[342]

Mesmo porque o antigo direito ao usufruto vidual gerava seguidos problemas de ordem prática, lembrando Pablo Stolze Gagliano e Rodolfo Pamplona Filho, que, mormente nas situações em que não houvesse bom e cordial relacionamento entre a viúva ou o viúvo e os demais herdeiros, o usufruto gerava dissidências, discórdias e litígios.[343] Sabido ademais, que, na atualidade, é cada vez mais frequente a constituição de famílias mosaicas ou reconstruídas, subsistindo filhos de casamentos e uniões precedentes que muito contribuem para gerar novos, reiterados e invencíveis confrontos sucessórios. Explicam os mencionados autores que eram muitas as dificuldades na aplicação do instituto do usufruto vidual, ocorrendo de os bens componentes do acervo serem alienados pelos herdeiros à revelia do usufrutuário, fazendo-se necessária a apuração de indenização (AgRg no REsp 472.465/SP, Rel. Min. Vasco Della Giustina) em prol do viúvo usufrutuário, e por cujas razões, doutrina e jurisprudência louvavam a extinção do *usufruto vidual*, diante da dificuldade da sua aplicação,[344] mantendo apenas o direito real de habitação e substituindo o usufruto pela concorrência sucessória, exatamente como procedeu a vigente codificação.

Não é preciso muito esforço para detectar a fileira de problemas causados pela concessão judicial indistinta do usufruto vidual. Começa que a sua prática bloqueava a livre disposição dos bens herdados, e estes ficavam presos pelo usufruto que se estendia sobre a totalidade dos bens deixados em herança, havendo sempre muito discussão acerca das vantagens do instituto e do caráter alimentar do usufruto vidual, permitindo sua dispensa quando o viúvo recebesse bens considerados suficientes para garantir a sua subsistência pessoal.

Discutiram os doutos a possibilidade de concentração do usufruto em um único ou em certos e determinados bens, previamente definidos, de modo a não causar o usual embaraço dos herdeiros, que viam seus bens hereditários vitaliciamente vinculados ao cônjuge credor do usufruto vidual, ao menos enquanto não constituísse novo relacionamento. E, prin-

---

[341] WALD, Arnoldo. *Direito civil*: direito das sucessões. 14. ed. São Paulo: Saraiva, 2009. p. 92.
[342] WALD, Arnoldo. *Direito civil*: direito das sucessões. 14. ed. São Paulo: Saraiva, 2009. p. 97.
[343] GAGLIANO, Pablo Stolze; PAMPLONA FILHO, Rodolfo. *Novo curso de direito civil*: direito das sucessões. São Paulo: Saraiva, 2014. v. 7, p. 226.
[344] GAGLIANO, Pablo Stolze; PAMPLONA FILHO, Rodolfo. *Novo curso de direito civil*: direito das sucessões. São Paulo: Saraiva, 2014. v. 7, p. 226-227.

cipalmente, discutiram a completa irracionalidade de estender o usufruto vidual a bens que não tivessem a sua aquisição ligada ao casamento ou à união estável, gerando imensuráveis prejuízos e incontáveis injustiças criadas a partir de breves relacionamentos estáveis e com poucos bens, mas que conferiam à companheira sobreviva o usufruto sobre toda a herança do falecido. Assim, vinham sendo causados constrangimentos para os descendentes que deveriam, por lei, garantir o usufruto para o cônjuge ou companheiro sobrevivente, muito embora os bens tivessem sido adquiridos antes da união, talvez com a participação da primeira esposa do sucedido, e genitora dos herdeiros descendentes, que se viam constrangidos a garantir o usufruto da segunda esposa de seu pai.

O atual Código Civil, acertadamente, mantém apenas o direito real de habitação e extirpa o usufruto vidual que se compensa com a inclusão do supérstite na ordem necessária de vocação hereditária concorrencial.[345]

Desta forma, as disposições do vigente Código Civil relativas à ordem de vocação hereditária se aplicam a toda sucessão aberta depois de sua vigência, em 11 de janeiro de 2003 (CC, art. 2.044), nos seguintes termos (CC, art. 1.829):

> I – aos descendentes, em concorrência com o cônjuge (convivente) sobrevivente, salvo se casado (convivendo) este com o falecido no regime da comunhão universal, ou no da separação obrigatória de bens; ou se, no regime da comunhão parcial, o autor da herança não houver deixado bens particulares;
>
> II – aos ascendentes, em concorrência com o cônjuge (convivente);
>
> III – ao cônjuge (convivente) sobrevivente;
>
> IV – aos colaterais.

74.1. Descendentes

O Código Civil de 2002 regulou a igualdade de direitos sucessórios dos herdeiros da linha reta descendente e reformulou o conteúdo que prevalecia no Código Civil de 1916, ao dispor no texto vigente que, em todos os casos, com as exceções expressas, o viúvo ou a viúva do casamento, e o mesmo deve ser interpretado para o convivente sobrevivente (RE 646.721/RS e RE 878.694/MG), serão chamados à sucessão em concorrência com os descendentes sobre os bens particulares deixados pelo autor da herança, dado que sobre os bens comuns o cônjuge ou convivente supérstite já têm direito à meação, criando um dogma de que *onde o viúvo meeia ele não herda e onde ele herda ele não meeia*.

Os descendentes são os herdeiros por excelência, pois em quase todos os Códigos e em quase todas as legislações do mundo civilizado eles figuram em primeiro plano na chamada à sucessão, aduzindo Dolor Barreira serem convocados sempre em primeiro lugar e visando a dois claros objetivos: primeiro, o de alicerçar a continuidade da vida humana sobre energias novas e vigorosas; o segundo, atender à vontade presumida do *de cujus*, pois este haveria de querer ser sucedido por seus descendentes, aos quais dedicava mais intenso e vivo amor.[346]

Os descendentes adquirem por direito próprio se todos, além da evidência de pertencerem à mesma classe, obrigatoriamente constarem no mesmo grau de parentesco, ou seja, todos os herdeiros chamados são filhos, e, portanto, não concorrem com os netos do falecido,

---

[345] MADALENO, Rolf. O novo direito sucessório brasileiro. In: _____. *Direito de família em pauta*. Porto Alegre: Livraria do Advogado, 2004. p. 112-113.

[346] BARREIRA, Dolor Uchoa. *Sucessão legítima*. 2. ed. Rio de Janeiro: Borsoi, 1970. p. 133.

que são os filhos de irmãos pré-falecidos, os quais viriam à sucessão em representação de seus pais e irmãos dos filhos sobreviventes.

Os descendentes são ainda herdeiros necessários, o que significa considerar que o autor da herança não pode dispor, livremente, de mais do que metade dos seus bens, posto que a outra metade pertence de pleno direito aos herdeiros necessários.

A classe dos descendentes abrange filhos, netos, bisnetos, trinetos, tetranetos ou tataranetos e assim por diante, lembrando Sady Cardoso de Gusmão ser quase impossível a coexistência de pessoas de seis gerações diferentes.[347]

Seguindo os filhos que se encontram no primeiro grau de parentesco na hierarquia do chamamento na linha reta inferior, encontram-se os netos, que estão no segundo grau de parentesco, mas cuja vocação direta só se dará se não sobreviver nenhum filho, eis que os parentes de grau mais próximo excluem da herança os parentes de grau mais remoto, salvo o direito de representação, de modo que os filhos afastam os netos, bisnetos, trinetos e todos os demais descendentes, com a exceção da representação de herdeiro premorto, que na linha reta descendente vai até o infinito.

Com o advento da Constituição Federal de 1988, restou proibida qualquer discriminação em razão da origem da filiação, sendo todos considerados filhos (CF, art. 227, § 6º; CC, art. 1.596, ECA, art. 20), sejam eles oriundos da filiação biológica, adotiva, socioafetiva ou da concernente à técnica de reprodução assistida, sem distinção de sexo, idade ou filiação.

Sobre a filiação oriunda da reprodução assistida, referem Josefina Alventosa de Río e María Elena Cobas Cobiell que a investigação biomédica e a medicina clínica revolucionaram a fecundação *in vitro* no final dos anos setenta do século XX e que as novas tecnologias se agrupam em quatro técnicas: (a) assistência direta à fertilização: inseminação artificial, fertilização *in vitro*, transferência embrionária e transferência intratubárica de gametas; (b) facilitação à assistência da fertilização: criopreservação de gametos, bancos de sêmen e óvulos e estimulação hormonal do ovário; (c) intervenções sobre o embrião e eventualmente sobre o feto: criopreservação (banco de embriões), gestação em útero emprestado; (d) hipóteses em cirurgia e engenharia genética: clonação,[348] eleição do sexo,[349] etc. A inseminação depois da morte do marido ou companheiro exige o consentimento escrito (CC, art. 1.597), e sua realização traz como consequência jurídica o reconhecimento da filiação em relação ao autor da herança e também o reconhecimento dos direitos sucessórios, sendo, portanto, herdeiro necessário como filho do falecido, concluindo as referidas doutrinadoras que uma posição contrária vulneraria o princípio da igualdade da filiação, porque trataria de maneira desigual os filhos nascidos por essas técnicas de reprodução assistida *post mortem*, resultando em dis-

---

[347] GUSMÃO, Sady Cardoso de. *Vocação hereditária e descendência*. Rio de Janeiro: Borsoi, 1958. p. 90.

[348] Conforme ROCHA, Renata da. *O direito à vida e a pesquisa com células-tronco. Limites éticos e jurídicos*. Rio de Janeiro: Elsevier, 2008. p. 57: "A clonagem é a técnica por meio da qual se reproduz, por síntese artificial assexuada, um organismo ou parte dele, tendo por base um único substrato genético, podendo ser classificada, conforme sua aplicação e seus fins, em reprodutiva ou terapêutica".

[349] O item 5 da Resolução CFM 2168/2017 dispõe que: "As técnicas de RA (reprodução assistida) não podem ser aplicadas com a intenção de selecionar o sexo (presença ou ausência de cromossomo Y) ou qualquer outra característica biológica do futuro filho, exceto para evitar doenças no possível descendente." MARINHO, Angela de Souza M. T. *Reprodução humana assistida no direito brasileiro. A polêmica instaurada após o novo Código Civil*. Porto Alegre: Sergio Antonio Fabris Editor, 2010. p. 138, escreve que: "Dessa forma, é possível afirmar que a norma deontológica que norteia a utilização das técnicas de reprodução medicamente assistida deixa claro a impossibilidade do emprego de referidas técnicas com fins eugênicos, admitindo tão somente manipulação e/ou intervenção para fins terapêuticos."

criminatório cerceamento dos direitos hereditários de um filho nascido abaixo das técnicas de reprodução assistida.[350]

Voltando à filiação em geral, observam Pires de Lima e Antunes Varela, que a herança destinada aos descendentes beneficia em igualdade de condições toda classe de filhos naturais ou civis e os de outra origem (CC, art. 1.593), ou seja, tanto os filhos nascidos de pais comuns,[351] como os unilaterais, nascidos à margem do casamento ou da união estável, assim como os filhos adotivos do autor da herança e os socioafetivos.

É como pondera Mairan Gonçalves Maia Júnior de que a natureza da origem do vínculo de parentesco não é relevante para determinação dos efeitos sucessórios, que dependem, apenas, do reconhecimento da relação de filiação para que surja o direito à herança, em igualdade de condições com todos os demais descendentes.[352]

Acerca da filiação socioafetiva Flávio Tartuce faz um completo apanhado doutrinário e jurisprudencial e cita os enunciados aprovados em *Jornadas de Direito Civil*, oriundo o primeiro deles da *I Jornada de Direito Civil*, realizada no ano de 2002, o Enunciado 103, que representou o embrião doutrinário da socioafetividade, com a seguinte redação: "O Código Civil reconhece, no art. 1.593, outras espécies de parentesco civil além daquele decorrente da adoção, acolhendo, assim, a noção de que há também parentesco civil no vínculo parental proveniente quer das técnicas de reprodução assistida heteróloga relativamente ao pai (ou mãe) que não contribuiu com seu material fecundante, quer da paternidade socioafetiva, fundada na posse do estado de filho".[353]

O segundo enunciado, menciona Flávio Tartuce, é o de número 256, proveniente da *III Jornada* em 2004, e assim ementado: "A posse do estado de filho (parentalidade socioafetiva) constitui modalidade de parentesco civil".[354]

Na *IV Jornada de Direito Civil*, realizada em 2006, foi aprovado o Enunciado 339 assim redigido: "A paternidade socioafetiva, calcada na vontade livre, não pode ser rompida em detrimento do melhor interesse do filho".

Na *V Jornada de Direito Civil*, realizada em 2011, o Enunciado 519 dispôs que: "O reconhecimento judicial do vínculo de parentesco em virtude da socioafetividade deve ocorrer a partir da relação entre pai(s) e filho(s), com base na posse do estado de filho, para que produza efeitos pessoais e patrimoniais".

Destaca Flávio Tartuce o forte impacto sociojurídico colacionado pelo reconhecimento da socioafetividade pelo Supremo Tribunal Federal, que, em 2016, analisou a sua repercussão geral no Recurso Especial 898.060/SC, da relatoria do Ministro Luiz Fux, firmando a seguinte tese no Enunciado 622: "A paternidade socioafetiva, declarada ou não em registro, não impede o reconhecimento do vínculo de filiação concomitante, baseada na origem biológica, com os efeitos jurídicos próprios".[355]

---

[350] DEL RÍO, Josefina Alventosa; COBIELLA, María Elena Cobas. Biodireito u sucesión *mortis causa*. In: _____ (Coord.). *Derecho de sucesiones*. Valencia: Tirant lo Blanch, 2017. p. 1.200 e 1.231.
[351] LIMA, Pires de; VARELA, Antunes. *Código Civil anotado*. Coimbra: Coimbra/Wolters Kluwer, 2010. v. VI, p. 230.
[352] MAIA JÚNIOR, Mairan Gonçalves. *Sucessão legítima*: as regras da sucessão legítima, as estruturas familiares contemporâneas e a vontade. São Paulo: Thomson Reuters/RT, 2018, p. 425.
[353] TARTUCE, Flávio. *Direito civil*: direito das sucessões. 11. ed. Rio de Janeiro: Forense, 2018. v. 6, p. 145.
[354] TARTUCE, Flávio. *Direito civil*: direito das sucessões. 11. ed. Rio de Janeiro: Forense, 2018. v. 6, p. 145.
[355] TARTUCE, Flávio. *Direito civil*: direito das sucessões. 11. ed. Rio de Janeiro: Forense, 2018. v. 6, p. 146.

Visto sob o olhar constitucional igualitário da filiação, o julgamento do Supremo Tribunal Federal dá existência jurídica à filiação socioafetiva, e atribui equivalência hierárquica à filiação biológica, de forma que uma espécie de filiação não pode se sobrepor sobre a outra, enquanto, curiosamente, outras legislações são completamente arredias à multiparentalidade e encontram espaço na certidão de nascimento para o registro de apenas dois pais, que podem ser hetero ou homoafetivos, mas não mais de dois pais, sem ligar para a soma de genitores, embora não seja possível cumular progenitores nos vínculos de adoção, cujo rígido regramento atribui a condição de filho ao adotado em relação ao adotante, desligando-o de qualquer vínculo com seus pais biológicos (ECA, art. 41, *caput*, do ECA), e fiel à ordem legal de que um filho só poder ter no máximo dois pais, dispondo o art. 49 do Estatuto da Criança e do Adolescente que tampouco a morte dos adotantes restabelece o poder familiar dos pais biológicos, e o art. 48 do ECA só admite o direito de o adotado poder conhecer a sua origem biológica, mas sem que esta descoberta atribua qualquer efeito jurídico patrimonial ou extrapatrimonial entre o adotado e seus progenitores biológicos.

O fato é que cada filho, indiferentemente da origem de sua filiação, herda por direito próprio, por cabeça ou *per capita* (são todas expressões equivalentes), e cada um deles tem o direito de receber quinhão hereditário de valor idêntico ao que vai caber aos demais coerdeiros descendentes, seus irmãos, quando compete na sucessão com outro descendente do mesmo grau de parentesco.

Portanto, se um pai falece viúvo e deixa cinco milhões de reais (R$ 5.000.000,00) de herança líquida, e cinco (5) filhos, cada um destes cinco (5) filhos herda por cabeça, por direito próprio, ou *per capita*, um milhão de reais (R$ 1.000.000,00), ou seja, a divisão da herança é feita *per capita*, em cinco (5) quotas iguais, mas, havendo a hipótese da sobrevivência de quatro (4) filhos e de dois (2) netos, estes filhos de um filho do sucedido e a ele pré-falecido, estes netos herdarão por representação ou estirpe do pai deles, ao qual representam recebendo uma única quota hereditária, dividindo um milhão de reais (R$ 1.000.000,00) entre os dois e recebendo cada um deles quinhentos mil reais (R$ 500.000,00), pois estão mais afastados em grau de parentes em relação ao autor da herança que é o avô deles.[356]

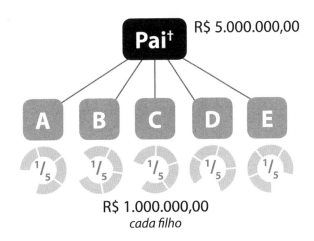

---

[356] BARREIRA, Dolor. *Sucessão legítima*. Rio de Janeiro: Borsoi, 1970. p. 148.

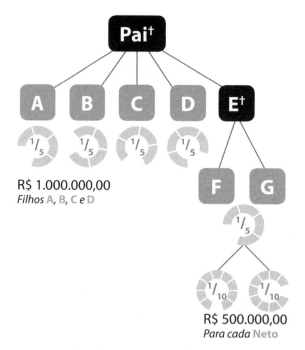

No entanto, se somente sobreviverem netos, todos eles herdarão por direito próprio, ou cabeça, pois em face do falecido os netos se tornaram os herdeiros vivos mais próximos em grau de parentesco, considerando que seus genitores já são todos premortos.

Com os filhos e descendentes concorre, como pode ser visto pelo art. 1.829, inc. I, do Código Civil, o cônjuge ou o convivente (RE 646.721/RS e RE 878.694/MG), por decorrência do seu direito legitimário de herdeiro concorrente, caso estivesse coabitando com o falecido ao tempo da sua morte, como também previsto pelo Direito argentino, cujo art. 2.433 do CCyCN preceitua que: se herdam os descendentes, o cônjuge tem no acervo hereditário a mesma parte que um filho.

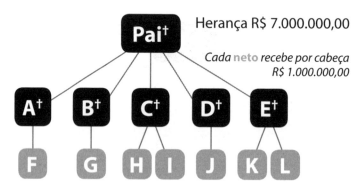

74.1.1. Filiação sucessória sem herança

Retomando aos arts. 48 e 49 do Estatuto da Criança e do Adolescente, prescreve o segundo destes dois dispositivos legais (ECA, art. 49), que a morte do adotante não restabelece o poder familiar dos pais naturais, como ordena o art. 48 do ECA, que o adotado tem o direito de conhecer a sua origem biológica, mas sem atribuir efeito jurídico sucessório.

Segundo Luciano Rossato, Paulo Lépore e Rogério Cunha, o direito de conhecer a origem biológica reflete unicamente o direito de personalidade, com repercussão pontual, por exemplo, nos impedimentos matrimoniais, que permanecem em relação à família natural mesmo após a adoção por família substituta.[357]

Diferentes os efeitos do Enunciado 622, oriundo do Recurso Especial 898.060/SC, que admite o cúmulo dos vínculos de ascendência, para acrescentar ascendentes socioafetivos aos preexistentes pais biológicos, dado que a chamada *adoção à brasileira* não guarda os mesmos efeitos jurídicos que regulamentam a adoção oficial regulamentada pelo Estatuto da Criança e do Adolescente.

Criou-se a partir da doutrina e da jurisprudência um tratamento diferenciado de filiação adotiva do ECA e a *adoção à brasileira*, que o direito estrangeiro denomina de *adoção ou reconhecimento de complacência* e por conta do falso registro, o reconhecedor está consciente da falta de relação biológica com o reconhecido.[358]

Para a adoção socioafetiva e informal, o Supremo Tribunal Federal construiu outra interpretação ao permitir a cumulação dos vínculos de parentesco, como já procedia o Superior Tribunal de Justiça quando o filho socioafetivo quisesse investigar a sua ascendência biológica para efeitos sucessórios e registrais. Na adoção oficial do Estatuto da Criança e do Adolescente a condição de filho dada ao adotado com relação ao(s) adotante(s) é irrevogável e inacumulável, desligando-o de qualquer vínculo com os seus pais e parentes biológicos.

Vive o direito sucessório brasileiro verdadeiro impasse ou, no mínimo, um contrassenso jurídico, que beira ao tratamento inconstitucional, com dois pesos e duas medidas no trato da multiparentalidade, estabelecendo nítida diferença entre a filiação socioafetiva da *adoção à brasileira* em confronto com a adoção formal institucionalizada pelo Estatuto da Criança e do Adolescente (Lei 8.069/1990).

Embora se trate de duas formas diferentes de adoção (uma formal e outra informal), mas com idêntica assunção de vínculos socioafetivos, já que em nenhuma delas existe o elo biológico pela repercussão geral do STF (Enunciado 622 do RE 898.060/SC), a filiação adotiva do Estatuto da Criança e do Adolescente seguirá irreversível e destoando dos efeitos jurídicos oriundos da *adoção à brasileira*, que será reversível ou cumulativa, pois, dependendo do caso em concreto, e dos interesses usualmente patrimoniais que estão em jogo, o vínculo biológico poderá ser acumulado com a filiação socioafetiva, gerando o efeito da *multiparentalidade*, mesmo que a busca do reconhecimento de filiação seja apenas motivada por interesses materiais, em clara oposição à adoção estatutária, que jamais retomará a ascendência genética, salvo para conhecimento da origem natural da filiação, sem qualquer outro efeito jurídico, como aliás deveriam ser todas as formas de adoções, fossem elas *estatutárias* ou provenientes da *adoção* à brasileira ou *perfilhação de complacência*.

Nenhuma exceção ou qualquer forma de discriminação deveria existir entre os filhos consanguíneos e os adotivos estatutários ou de complacência, no entanto, vige no sistema jurídico brasileiro certa instabilidade no campo da adoção informal em contraste com a adoção formal (estatutária), cujas normas estabelecem os necessários mecanismos de garantia e de segurança jurídica e a proteção de todos os interesses em conflito.

---

[357] ROSSATO, Luciano Alves; LÉPORE, Paulo Eduardo; CUNHA, Rogério Sanches. *Estatuto da Criança e do Adolescente*: Lei 8.069/1990. Comentário artigo por artigo. 6. ed. São Paulo: RT, 2014. p. 226.
[358] CAMPOS, Juan Antonio Fernández. Reconocimientos de complacencia: verdad biológica y actos propios en la determinación de la filiación. In: HAYA, Silvia Tamayo (Coord.). *La maternidad y la paternidad en el siglo XXI*. Granada: Comares, 2015. p. 2.

Contudo, como escreve Christiano Cassettari, as regras sucessórias devem ser aplicadas na parentalidade socioafetiva, devendo os parentes socioafetivos, sem distinção de vínculos formais ou informais, ser equiparados aos biológicos no tocante ao direito sucessório.[359]

Na mesma direção aponta Mauricio Cavallazzi Póvoas, ao mencionar que os direitos sucessórios no caso de múltipla filiação, contraditoriamente, só serão possíveis na *adoção à brasileira*, na qual devem ser reconhecidos todos os efeitos jurídicos, inclusive sucessórios, entre os filhos e seus pais e entre seus demais parentes, seguindo a ordem de vocação hereditária do art. 1.829 do Código Civil em sua vertente multiparental, de forma que, se um filho, tem dois pais e uma mãe e vem a falecer, deixando também uma esposa, a sua herança de quatro milhões de reais (R$ 4.000.000,00) será distribuída de forma igualitária entre o cônjuge sobrevivo e seus três genitores, dois biológicos e um socioafetivo, à razão de um milhão de reais (R$ 1.000.000,00) para cada herdeiro (três ascendentes e um cônjuge) à razão de vinte e cinco por cento (25%) ou seja, um quarto da herança (1/4) para cada coerdeiro.[360]

Larissa Nunes Mota é da mesma opinião com relação à filiação socioafetiva, dizendo existir um liame sucessório recíproco entre pais e filhos, herdando uns dos outros, além dos parentes colaterais até o quarto grau, conforme disposto na ordem de vocação hereditária, sendo convocados para a herança os parentes das três ou mais famílias do adotado pela via informal, sejam eles pais biológicos ou não,[361] aludindo a autora apenas à adoção informal (de complacência), que ocorre quando alguém registra em nome próprio filho biológico de outrem e cuja prática é de alta incidência no Brasil,[362] e que diverge da adoção legal do Estatuto da Criança e do Adolescente unicamente em termos de formalidade e de legalidade, pois a informal também seria ilegal e criminosa (crime de falsidade ideológica), gerando, entretanto, efeitos materiais diferentes e discriminatórios, pois há sucessão legítima dos pais biológicos na *adoção à brasileira*, ao passo que inexiste sucessão legítima na adoção *estatutária*, porquanto o filho adotivo é herdeiro de seus pais adotivos, e nunca mais será herdeiro dos

---

[359] CASSETTARI, Christiano. *Multiparentalidade e parentalidade socioafetiva*: efeitos jurídicos. 3. ed. São Paulo: Atlas, 2017. p. 137.

[360] PÓVOAS, Mauricio Cavallazzi. *Multiparentalidade*: a possibilidade de múltipla filiação registral e seus efeitos. 2. ed. Florianópolis: Conceito, 2017. p. 118-120.

[361] MOTA, Larissa Nunes. *Adoção multiparental no direito brasileiro*: fundamentações e efeitos jurídicos. Goiânia: UFG, 2015. p. 86.

[362] PAULA, Tatiana Wagner Lauand de. *Adoção à brasileira*: registro de filho alheio em nome próprio. Curitiba: JM Livraria Jurídica, 2007. p. 67.

seus progenitores biológicos, dos quais ele se desligou com a adoção formal, podendo apenas promover a investigação genética para conhecer a sua origem no exercício constitucional de seu direito fundamental da personalidade, sem nenhum efeito material complementar.[363]

Ricardo Calderón, mais cauteloso, afirma que, malgrado a decisão do STF (Repercussão Geral 622) sobre a possibilidade jurídica da multiparentalidade, a questão ainda perturba doutrina e jurisprudência, sem ser possível afirmar que esteja definitivamente solucionada, gerando dúvidas quando seu conteúdo milita unicamente na seara patrimonial.[364]

Em precedente texto jurídico mencionei que, quando a busca da origem genética tem o propósito exclusivamente sucessório, também pode acontecer de o investigante já haver se habilitado no inventário de seu ascendente socioafetivo. Esta pessoa não pode ter tido dois pais fáticos ou registrais e também pretender herdar do ascendente consanguíneo, com quem nunca teve vínculos de afeto e nenhuma relação de filiação, pois não calha ao bom senso que recolha a herança material de dois pais. Esta é a interpretação, a contrário senso, extraída do parágrafo único do art. 1.609 do Código Civil, que permite o reconhecimento da filiação *post mortem* somente se o filho deixou descendentes, que então serão seus herdeiros. O reconhecimento da filiação póstuma resulta em um exclusivo e imerecido benefício sucessório para o ascendente que foi completamente omisso em reconhecer em vida a perfilhação de seu filho morto, e este mesmo princípio deve ser analogicamente aplicado à investigatória póstuma da filiação. A lei quer evitar que o interesse pecuniário anime o pai ao reconhecimento materialista da paternidade, mas se ele perfilhou o filho falecido em vida, nada obsta que recolha a herança. É vedação de cunho moral, porque, para o texto da lei, é antiético um pai reconhecer seu filho já morto e sem descendentes só para receber a herança. Igual propósito aparece no caminho inverso, quando é investigada a origem biológica de ascendente falecido, preexistindo relação de filiação com genitor registral ou socioafetivo, pois também neste gesto só está contido o propósito material de recolher a herança de um segundo genitor, este de vínculo estritamente biológico, destituído de qualquer envolvimento afetivo, e justamente quando não mais persiste qualquer possibilidade de construir um elo de afeto e de convivência de um filho vivo com seu pai genético morto.[365]

74.2. Ascendentes

Conforme antes visto, existem quatro ordens de herdeiros, a saber: (i) descendentes do defunto em concorrência com o cônjuge ou o convivente sobrevivos, e somente se conviviam

---

[363] "Apelação Cível. Ação de investigação de paternidade. Concordância do pai e filho biológicos em manter o registro que espelha a paternidade socioafetiva. Pedido que se restringe ao reconhecimento da paternidade biológica. Sem condenação em honorários em razão da ausência de conflito de interesses. Comprovada a paternidade biológica após 40 anos do nascimento do filho e inexistindo interesse de anular ou retificar o atual registro de nascimento, cabível tão somente o reconhecimento da paternidade biológica, sem a concessão de direito hereditário ou retificação de nome. É que, se certa a paternidade biológica, o seu reconhecimento, sem a concessão dos demais direitos decorrentes do vínculo parental e inexistindo prejuízo e resistência de quem quer que seja, não viola o ordenamento jurídico. Ao contrário. Em casos como esse, negar o reconhecimento da verdade biológica chega a ser uma forma de restrição dos *direitos da personalidade* do indivíduo, cujo rol não exaustivo (art. 11 e seguintes do Código Civil). Caso em que tão somente se reconhece a paternidade biológica, sem a concessão de qualquer outro efeito jurídico. O reconhecimento pode ser averbado no registro de nascimento. Considerando a ausência de lide e a verdadeira inexistência de partes, tal qual os procedimentos de jurisdição voluntária, não cabe a fixação de honorários advocatícios. São devidas as custas. Deram provimento." (TJRS, Apelação Cível 70031164676, Oitava Câmara Cível, Relator Desembargador Rui Portanova, julgado em 17.09.2009).

[364] CALDERÓN, Ricardo. *Princípio da afetividade no direito de família*. 2. ed. Rio de Janeiro: Forense, 2017. p. 383.

[365] MADALENO, Rolf. Filiação sucessória. *Revista Brasileira de Direito das Famílias e Sucessões*, Porto Alegre, v. 1, p. 40, dez./jan. 2008.

ao tempo do decesso do autor da herança; (ii) ascendentes do defunto em concorrência com o consorte ou companheiro supérstites, e novamente apenas se conviviam ao tempo da morte do autor da herança; (iii) o cônjuge ou o convivente sobrevivos, igualmente se conviviam ao tempo do óbito; e (iv) os colaterais, se ausentes ou renunciarem todos os herdeiros que os antecedem na ordem de vocação hereditária.

Portanto, em segundo lugar na ordem de vocação hereditária, e somente na falta ou renúncia dos descendentes, são chamados os ascendentes, uns na falta dos outros, sempre considerando a proximidade de grau de parentesco, preferindo os pais aos avós ou outros ascendentes, dentro da regra de o parente mais próximo afastar o mais distante, sem direito de representação na linha reta ascendente.

Como toda regra tem a sua exceção, o inverso também pode ser verdadeiro no sentido de um parente mais próximo ser excluído da sucessão por indignidade ou deserdação, e que assim é tido como se morto fosse, compelindo ao chamamento do parente mais distante, não obstante viva o indigno ou deserdado. Afora isto, em relação a alguns ascendentes, como isto também ocorre na sucessão dos colaterais, há situações em que a legislação os trata de maneira mais favorável e os chama em primeiro lugar, em uma posição sucessória preferencial, como também assim o faz com determinados herdeiros colaterais igualmente privilegiados. Este tratamento distinto pode ser percebido entre os ascendentes, cuja divisão para efeitos sucessórios de chamamento se dá entre as duas linhas paterna e materna, transmitindo metade dos bens para a linha materna e a outra metade dos bens para a linha paterna, embora possa existir em concorrência um cônjuge ou convivente, fato que força a divisão por três (1/3 para cada um) mas somente se o falecido deixou cônjuge ou convivente sobrevivo com o qual convivia ao tempo da abertura da sua sucessão.

Contudo, para efeitos práticos de raciocínio e desenvolvimento segmentado das diferentes etapas da vocação hereditária dos eventuais herdeiros, considere-se unicamente a existência dos pais, sem cônjuge ou convivente sobrevivente, e mais quatro avós, dois deles posicionados na linha paterna e os outros dois dispostos na linha materna de parentesco.

Como os pais do falecido a ele sobreviveram tais quais os avós, a herança será dividida apenas entre os progenitores sobreviventes, dirigindo-se metade da herança líquida para a linha materna e a outra metade da herança líquida para a linha paterna, ou seja, cinquenta por cento (50%) para cada linha ascendente. Porém, se sobrevive somente a mãe do falecido, eis que o pai já era pré-falecido, além de sobreviverem os quatro avós do autor da herança, na classe dos ascendentes não existe o direito de representação, e, portanto, nenhum avô irá representar o pai, eis que a totalidade da herança pertence apenas à progenitora sobrevivente, como herdeira universal que é por estar no grau mais próximo de parentesco, enquanto os avós se encontram no segundo grau de parentesco e assim distando uma geração da mãe do falecido.

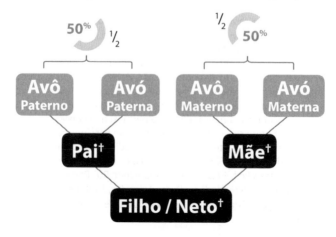

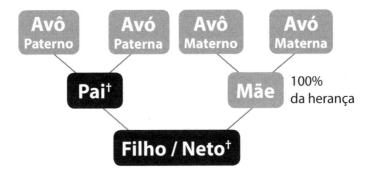

Contam Ambrosio Colin e Henri Capitant que esta regra de divisão por linhas pertence ao direito consuetudinário e ao adágio *paterna paternis*, por conta do qual não era desejável que os bens adquiridos em regra pelo ascendente paterno passassem a um ascendente materno, e que esta prática alicerçada nos costumes foi inicialmente aplicada aos bens móveis e depois estendida para toda a sucessão.[366]

Entre os ascendentes sucessores a serem chamados em primeiro lugar estão o pai e a mãe (ou dois pais ou as duas mães na hipótese de uma união homoafetiva), e ambos excluem, cada um em sua linha, os demais ascendentes, mas concorrem com o cônjuge ou o convivente sobrevivente, além de excluir os colaterais. Os ascendentes do mesmo grau sucedem *per capita* (por cabeça), ou por direito próprio e reitera-se que não existe o instituto jurídico da representação na classe dos ascendentes (CC, art. 1.852).

Porém, se o filho morre sem deixar ascendente, seja ele biológico, adotante, oriundo de inseminação artificial, ou socioafetivo (fático ou registral), a esse filho sucederá somente o progenitor que o reconheceu, por expressa vedação legal ao reconhecimento de ascendência *post mortem* por propósitos meramente pecuniários.

Neste sentido externam os parágrafos únicos dos arts. 1.609, do Código Civil, e 26, do Estatuto da Criança e do Adolescente, como já prescrevia o parágrafo único do art. 357 do Código Civil de 1916, vetando todos *o reconhecimento posterior ao falecimento do filho que não deixou descendentes*.

74.2.1. Ascendência e reconhecimento post mortem

A despeito desta proibição de reconhecimento de filho morto com desígnio nitidamente argentário, escreve Caio Mário da Silva Pereira ser pretensão do legislador preservar o ato de reconhecimento de qualquer influência cúpida, subsistindo um impedimento de cunho eminentemente moral, pois quer a lei evitar que o interesse pecuniário anime o pai ao cumprimento do dever, mas se ele perfilhou o filho ainda em vida, nada obsta recolha a herança, embora não haja expressa proibição de que o avô do neto morto recolha a herança, uma vez que, dentro da ordem natural dos acontecimentos, o avô não poderia supor fosse sobreviver ao neto.[367]

---

[366] COLIN, Ambrosio; CAPITANT, Henri. *Curso elemental de derecho civil*. 3. ed. Madrid: Reus, 1988. t. 7, p. 31.
[367] PEREIRA, Caio Mário da Silva. *Reconhecimento de paternidade e seus efeitos*. 7. ed. atual. por Heloísa Helena Barboza e Lucia Maria Teixeira Ferreira. Rio de Janeiro: Forense, 2015. p. 370-371.

Neste caso, sendo herdeiro o avô e vindo ele a falecer, quem herdaria seus bens seria justamente o pai do filho premorto, que por aquele não foi perfilhado em vida, imperando, por razões de ordem moral, uma espécie de *indignidade sucessória* deste pai ausente, que acabaria sendo beneficiado com os bens deixados pela morte do filho que em vida ele nunca reconheceu, tampouco registrou.

Semelhante dispositivo de lei pode ser encontrado no art. 1.856º do Código Civil de Portugal, que assim dispõe: *a perfilhação posterior à morte do filho só produz efeitos em favor dos seus descendentes*, o que difere, em parte, do teor do art. 1.609, parágrafo único do Código Civil brasileiro, que é igual ao parágrafo único do art. 26 do Estatuto da Criança e do Adolescente, os quais não admitem a perfilhação de filho morto e sem descendentes, enquanto o Direito português admite sempre a perfilhação de filho morto, mas ressalva que seus efeitos jurídicos só se direcionam em favor dos descendentes, se obviamente existirem, mas não produzindo nenhum efeito jurídico em favor do ascendente que, tardiamente perfilha filho depois da sua morte.

Diferentemente da legislação brasileira, a lei portuguesa não descarta a perfilhação *post mortem*, tampouco descarta a concreta possibilidade de surgirem descendentes *a posteriori*, brotados de uma investigatória de paternidade, ou de uma inseminação artificial de embriões criopreservados.

Francisco Pereira Coelho e Guilherme de Oliveira comentam o art. 1.856º do Código Civil de Portugal, que regula os efeitos jurídicos na perfilhação *post mortem*, e dizem nestes seus comentários de doutrina que:

> Esta possibilidade pode parecer estranha, na medida em que, por um lado, o filho não terá qualquer benefício com o estabelecimento da paternidade e, por outro lado, o filho vai adquirir um estado jurídico depois de se ter extinguido a sua personalidade jurídica (art. 68º, n. 1). Além disto, poderia recear-se que o perfilhante quisesse tirar proveito da retroactividade que acompanha a perfilhação, para se apresentar como herdeiro do filho, ou tirar qualquer outro benefício patrimonial, depois de ter omitido o acto no momento em que o filho terá precisado dele. A nossa lei, como outras (art. 126 da lei espanhola e art. 255 da lei italiana), admitiu o reconhecimento do filho pré-falecido, certamente com base na ideia de que o reconhecimento se limita a exprimir juridicamente uma realidade biológica indelével que ocorreu; mas teve o cuidado de impedir que o perfilhante pudesse tirar vantagens. Ou seja, a perfilhação do filho premorto é válida e eficaz, mas esta eficácia só se verifica em relação a descendentes do perfilhado. Se o perfilhado não tiver descendentes, a perfilhação fica sem produzir efeitos; não excluindo que surjam descendentes mais tarde, designadamente através de uma investigação judicial da paternidade, ou de uma gestação subsequente com base em sémen do falecido ou em embriões conservados que ele produziu antes de morrer.[368]

Por sua vez, o art. 126 do Código Civil espanhol refere que o reconhecimento de filho já falecido só surtirá efeitos se o consentirem seus descendentes por si ou por seus representantes legais, compreendendo o sistema jurídico ibérico que o consentimento para a tardia perfilhação que não mais pode ser consentida pelo filho premorto, terá de ser aceita pelos seus próprios filhos, netos do perfilhante. Para María José Vaquero Pinto subjaz do art. 126 do Código Civil espanhol a ideia de que se o filho premorto não deixou descendentes, há suspeita *absoluta* de que o perfilhante quer somente tirar proveito econômico deste tardio

---

[368] COELHO, Francisco Pereira; OLIVEIRA, Guilherme de. *Curso de direito de família*. Coimbra: Coimbra Editora, 2006. v. II, t. I, p. 173.

reconhecimento e no caso de existirem descendentes esta suspeita do mero proveito econômico se torna *relativa*. Para dissipar esta suspeita, a legislação espanhola exige o consentimento das pessoas interessadas, não obstante fosse muito mais singelo afastar qualquer forma de suspeição, fosse ela absoluta ou relativa, bastando privar o perfilhante dos direitos sucessórios.[369]

Algumas legislações mais adiantadas concedem a preferência sucessória ao cônjuge sobrevivente em detrimento dos ascendentes, passando por cima da preferência que existe no Brasil, de compartilhar a herança entre os ascendentes e o cônjuge ou convivente sobrevivo, em legítima concorrência sucessória, concedendo um terço (1/3) para cada um e em concurso de sucessíveis (pai, mãe e cônjuge/convivente).

Concorrendo apenas com um ascendente de primeiro grau, ou se maior for aquele grau, caberá ao cônjuge ou convivente (RE 646.721/RS e RE 878.694/MG) a metade da herança e a outra metade irá para o progenitor sobrevivente. Faltando ambos os pais do autor da herança segue o consorte sobrevivo com cinquenta por cento (50%) dos bens sucessíveis, e os outros cinquenta por cento (50%) serão partilhados por cabeça, entre as linhas materna e paterna, a razão de doze e meio por cento (12,5%) para cada um dos avós, ou vinte e cinco por cento (25%) para os avós da linha materna e os outros vinte e cinco por cento (25%) para os avós da linha paterna.

Sobrevivendo um único progenitor e o cônjuge supérstite, cada um deles herdará cinquenta por cento (50%) da herança, como o consorte ou convivente sobrevivente sempre será destinatário de cinquenta por cento (50%) dos bens, devendo os outros cinquenta por cento (50%) ser partilhados por linhas e por cabeça, qual seja, concorrendo o viúvo com os avós do falecido, cada um dos quatro avós receberá doze e meio por cento (12,5%) dos bens, em que a linha materna recebe vinte e cinco por cento (25%), e a linha paterna outros vinte e cinco por cento (25%), totalizando ambas as linhas os cinquenta por cento (50%).

Finalmente, se premorto qualquer um dos avós, *v.g.* o avô paterno, a avó paterna sobrevivente receberá vinte e cinco por cento (25%), e cada um dos avós maternos receberá *per capita* doze e meio por cento (12,5%) ou em outros termos, a linha materna receberá vinte e cinco por cento (25%), em que cada um dos avós maternos ficará com doze e meio por cento (12,5%) (CC, art. 1.837).

Outra indagação a ser apontada respeita aos bens herdados pelos pais do falecido, e se esta herança que eles recebem em razão do óbito do filho se comunica entre os progenitores. Isto dependerá do regime de bens por eles adotado, pois, se casados pela comunhão universal, os bens doados ou herdados se comunicam, salvo tenha sido imposta a cláusula de incomunicabilidade (CC, art. 1.668, inc. I). Contudo, se o regime for o da comunhão parcial de bens, aqueles havidos por herança não se comunicam, como também não se comunicariam os bens no regime obrigatório da separação de bens, não fosse a hígida exceção da Súmula 377 do STF.

Tampouco se comunicam os bens recebidos pelos cônjuges ou conviventes por doação ou herança no regime da participação final dos aquestos, consoante expressa exclusão contida no inc. II do art. 1.674 do Código Civil, sendo que estes bens havidos por liberalidade,

---

[369] PINTO, María José Vaquero. La filiación extramatrimonial. In: TOLSADA, Mariano Yzquierdo; CASAS, Matilde Cuena (Coord.). *Tratado de derecho de la familia*. 2. ed. Navarra: Thomson Reuters Aranzadi, 2017. v. V, p. 340.

não são considerados aquestos e, portanto, assumem um caráter estritamente pessoal e não admitem participação.[370]

Dependendo do regime de bens nomeado pelos cônjuges e sucedendo de um dos progenitores ter casado novamente ou constituído uma convivência estável, falecendo um filho seu, de quem herda bens que integram seu patrimônio conjugal, se o regime adotado for de comunicação de bens, por exemplo, o da comunhão universal, a madrasta ou o padrasto do autor desta herança poderá ser beneficiado com os bens do enteado falecido. Como sempre será favorecido com a morte do cônjuge ou convivente, o padrasto ou a madrasta supérstite, ao participar como herdeiro concorrente sobre os bens particulares do parceiro falecido, isto se o regime de bens assim permitir, ocorre uma indigesta mistura de bens que passam de uma família para outra família.

Esta é uma possibilidade que se tornou comum desde o advento do vigente Código Civil brasileiro, ao substituir o usufruto vidual do cônjuge sobrevivente pelo direito hereditário concorrencial incidente sobre os bens particulares deixados pelo autor da herança.

Com a morte posterior dos herdeiros ascendentes, os bens que eles herdaram de seus filhos, netos, bisnetos, trinetos ou tataranetos serão partilhados entre os seus respectivos descendentes, seguindo a ordem de vocação hereditária que manda chamar em primeiro plano os descendentes, conforme o grau de parentesco, por cuja regra os de grau mais próximo afastam os descendentes de grau mais distante, salvo o direito de representação.

Arnaldo Rizzardo faz alusão ao direito sucessório dos ascendentes no casamento putativo de seus filhos, observando que a boa-fé gera efeitos jurídicos matrimoniais em relação aos cônjuges e aos seus filhos (CC, art. 1.561), mas a boa-fé em nada interfere no direito sucessório dos ascendentes dos cônjuges envolvidos em um casamento inválido, como tampouco refletiria no direito sucessório dos descendentes destes mesmos consortes, porquanto os descendentes sempre serão filhos e os ascendentes dos cônjuges sempre serão pais, e sempre herdarão quando chamados pela ordem sucessória, haja vista que o direito à herança sobrevém do parentesco e não do matrimônio válido, e que ademais disto, a putatividade matrimonial só interessa para a aplicação de seus efeitos jurídicos nas inter-relações nupciais, com a proteção do esposo de boa-fé e com a não proteção jurídica do consorte que casou de má-fé e seus reflexos na meação e alimentos.[371]

O mesmo autor também aborda, para efeitos didáticos, a sucessão dos pais adotivos e a sucessão nos bens dos pais biológicos, e, embora não existam mais diferenças e efeitos jurídicos entre pais biológicos e pais adotivos, como tampouco subsistem diferenças e efeitos jurídicos em relação aos pais socioafetivos, pois todas as três ordens de filiação têm iguais efeitos jurídicos, como reforçam o art. 227, § 6º, da Constituição Federal e os arts. 1.596 do Código Civil e 20 do Estatuto da Criança e do Adolescente e, por seu turno, prescreve textualmente o art. 49 do Estatuto da Criança e do Adolescente, que *a morte dos adotantes não restabelece o poder familiar dos pais naturais*, de forma que jamais, na adoção estatutária, os pais biológicos poderão herdar de seus filhos mortos, que em vida haviam sido adotados.

Herdeiros serão os pais adotivos na falta de descendentes, no entanto, desde o julgamento pelo plenário do Supremo Tribunal Federal, na relatoria do Ministro Luiz Fux, em setembro de 2016, do RE 898.060/SC, tema de repercussão geral 622, em que acolheu expressamente a possibilidade da multiparentalidade, e com ela a prevalência da paternidade

---

[370] ZEBULUM, José Carlos. *O regime de participação final nos aquestos*. Rio de Janeiro: Renovar, 2010. p. 149.
[371] RIZZARDO, Arnaldo. *Direito das sucessões*. 10. ed. Rio de Janeiro: Forense, 2018. p. 194-195.

socioafetiva, em detrimento da paternidade biológica, ou até mesmo admitindo a acumulação ou coexistência de ambas as paternidades e/ou maternidades, gerando direito sucessório nunca antes imaginado, como leciona Ricardo Calderón, o reconhecimento de outras espécies de filiação (socioafetiva e multiparental) e o respeito à isonomia entre as entidades familiares influenciaram diversos cenários sucessórios.[372]

E, num destes cenários, é igualmente factível que, morrendo filho multiparental, com pais biológicos e socioafetivos, todos eles se habilitem à sucessão do filho morto, mas, com efeito, que fica a ressalva e vedação do art. 49 do Estatuto da Criança e do Adolescente, no sentido de que a adoção estatutária jamais permitirá a retomada da ascendência biológica.

74.3. Cônjuge

Originariamente, o direito sucessório alemão não contemplava a esposa, porquanto a propriedade e em especial os bens de raiz pertenciam à família e, com a morte do pai, eram os filhos os titulares dos bens. Era um direito sucessório baseado muito mais em um condomínio dos membros da família do que em uma sucessão propriamente dita.[373] Prevalece no Direito alemão a ideia de a titularidade sucessória derivar do parentesco de sangue, contudo, em regra, o cônjuge foi a pessoa mais próxima do autor da herança, compartilhando o casal as suas vidas, e este fato demove a conceder ao sobrevivente algumas seguridades que sejam suficientes para a sua subsistência, ao passo que a família consanguínea do morto tem interesse em receber na íntegra o patrimônio paterno, e propõe o sistema jurídico alemão uma conciliação entre seus interesses sucessórios e a ideia de conceder ao cônjuge supérstite um *usufruto*, enquanto a propriedade passa aos filhos e reverte inteiramente para a família consanguínea.

No Direito brasileiro, desde a vigência do Código Civil de 2002, em razão do art. 1.829, o cônjuge supérstite, e agora também o convivente a partir do julgamento pelo plenário do Supremo Tribunal Federal, dos Recursos Extraordinários 646.721/RS e 878.694/MG, com repercussão geral, na relatoria do Ministro Luís Roberto Barroso, que reconheceu a inconstitucionalidade do art. 1.790 do Código Civil, se encontram cônjuge e convivente sobrevivos investidos em uma posição destacada em relação à sucessão legítima, não somente porque passam a ser considerados herdeiros necessários,[374] mas porque também viram ampliado o leque de vocações como herdeiros concorrentes, participando da herança deixada pelo parceiro morto nas duas primeiras classes de chamamento dos herdeiros universais descendentes e ascendentes, com os quais concorrem como coerdeiros, mas somente figurando como herdeiros exclusivos quando convocados como herdeiros universais, uma vez ausentes descendentes e ascendentes.

Encontram-se cônjuge e convivente em uma posição sucessória muito mais privilegiada com a edição do Código Civil de 2002, representando uma codificação mais protetora se comparada com o Código Civil de 1916, quando o cônjuge só seria herdeiro se ausentes descendentes ou ascendentes e incomparável com a legislação vigente.

---

[372] CALDERÓN, Ricardo. *Princípio da afetividade no direito de família*. 2. ed. Rio de Janeiro: Forense, 2017. p. 376.
[373] KIPP, Theodor; ENNECCERUS, Ludwig; WOLF, Martin. *Tratado de derecho civil*: derecho de sucesiones. Trad. Helmut Coing. Barcelona: Bosch, 1976. v. 1, t. V, p. 8.
[374] GANDINI, João Agnaldo Donizeti; JACOB, Cristiane Bassi. A vocação hereditária e a concorrência do cônjuge com os descendentes ou ascendentes do falecido (art. 1.829, I, do Código Civil de 2002). *Revista Jurídica*, Porto Alegre, v. 322, p. 65, ago. 2004.

Retrocedendo um pouco mais no tempo, a posição sucessória do viúvo também está infinitamente melhor se vista sob o prisma do sistema jurídico anterior ao Código Civil de 1916, quando a sucessão ainda era regida pelas Ordenações Filipinas, que posicionavam o viúvo em quarto lugar na linha sucessória, só herdando se inexistissem descendentes, ascendentes ou colaterais até o décimo grau de parentesco.

Esta ordem sucessória só foi alterada com a promulgação da Lei Feliciano Pena (Decreto 1.839/1907) invertendo a vocação hereditária do cônjuge, que passou a ocupar a terceira classe sucessória, ao mesmo tempo que reduziu o parentesco dos colaterais sucessíveis para o sexto grau.[375]

E, quanto ao companheiro sobrevivente, seus direitos eram praticamente inexistentes, porquanto a este nem se cogitava que pudesse herdar de alguma forma do seu parceiro informal, e pré-falecido, nem mesmo no antigo direito sucessório saxão do princípio do século XIII, desenvolvido de maneira a comparar a ordem genealógica com o *corpo humano*, construído a partir de um direito denominado de *Sachsenspiegel*, em que na parte mais alta do corpo humano, na cabeça, eram posicionados como herdeiros o marido ou a esposa, mas deveriam ser legalmente casados, e o restante dos parentes seguia na direção da representação dos ombros e mãos, terminando a linhagem nas unhas. Esta minuciosa descrição seguia um preceito: *os que estão colocados em igual distância entre as unhas e a cabeça, recebem igual herança. Os que se encontram mais próximos têm preferência para herdar.*[376]

Para Maria Ángeles Egusquiza Balmaseda, este processo de assentamento da estrutura familiar nuclear tem sido uma das preocupações presentes em todos os ordenamentos jurídicos, no sentido de conferirem ao cônjuge viúvo um *status* sucessório justo e adequado àqueles que compartilharam uma vida em comum e se socorreram mutuamente, de modo que seja o casal destinatário do patrimônio obtido e administrado conjuntamente – seja com o apoio material ou apenas moral, com o qual um consorte brindou ao outro na constância do relacionamento e deste modo colaborou na execução da fortuna conjugal –, sendo o reconhecimento material também igualmente proporcional à duração do casamento.[377]

A reflexão do legislador de 2002, ao substituir o *usufruto vidual* pela concorrência sucessória do cônjuge, foi realizada no propósito de tornar o viúvo destinatário e merecedor de parte da fortuna construída antes ou durante o casamento, assegurando que o supérstite herdasse onde não houvesse meação, por ser mais justa a divisão das riquezas com aquela pessoa com a qual o sucedido compartilhou a sua vida matrimonial, e que de alguma forma recebeu a colaboração de seu consorte na construção da fortuna, ciente de que a principal fonte de obtenção da renda consiste no trabalho desenvolvido pelos cônjuges durante a convivência matrimonial, quando eles obtêm bens que serão objeto da transmissão sucessória.

Segundo Zeno Veloso, esta qualidade de herdeiro necessário atribuída ao cônjuge sobrevivo não foi fruto do acaso, ou de mera simpatia, mas resultado de uma lenta e segura evolução, que já vinha sugerida pelas mais autorizadas vozes da doutrina brasileira, além de representar a solução seguida nas legislações mais avançadas.[378]

---

[375] BIAZI, Danielle Portugal de; CURY NETO, Davi. Sucessão concorrente do cônjuge-viúvo e do companheiro sobrevivente. In: DINIZ, Maria Helena (Coord.). *Sucessão do cônjuge, do companheiro e outras histórias*. São Paulo: Saraiva, 2013. p. 63.
[376] HATTENHAUER, Hans. *Conceptos fundamentales del derecho civil*. Barcelona: Ariel, 1987. p. 173.
[377] BALMASEDA, Maria Ángeles Egusquiza. *Sucesión mortis causa de la familia recompuesta* (de la reserva vidual a la fiducia sucesoria). Pamplona: Aranzadi/Thomson Reuters, 2015. p. 48.
[378] VELOSO, Zeno. *Direito hereditário do cônjuge e do companheiro*. São Paulo: Saraiva, 2010. p. 28.

Carlos Eduardo de Castro Palermo refere que a vocação hereditária fixada no Direito brasileiro, a exemplo de outros ordenamentos jurídicos alienígenas, lastreada no enlace conjugal, a ninguém ofusca, mas muito ao revés, obtém sua força da própria fragilidade do casamento que resiste aos acidentes de percurso, e apesar das tentações do divórcio, é fundamental que o cônjuge sobrevivente subsista dignamente pelo resto de sua vida.[379]

É o Estado criando mecanismos de proteção do cônjuge e tirando dele este peso que teria com a sobrecarga de garantir subsistência ao consorte viúvo, apenas variando de uma codificação para a outra entre a atribuição de direitos *viduais*, como sucedeu no Código Civil de 1916, e de direitos sucessórios como inovou no Código Civil de 2002, sem se descurar do equilíbrio na concessão de um direito que previa o usufruto vidual da *quarta parte* dos bens do cônjuge falecido, se o regime do casamento não era o da comunhão universal, se houvesse filhos, e à *metade*, se não houvesse filhos (CC/1916, art. 1.611, § 1º), excluindo esta proteção vidual no regime da comunhão universal, porque o cônjuge do defunto tinha direito à meação.

No sistema contemporâneo e não sendo o casamento pelo regime da comunhão universal ou da separação obrigatória de bens, concorre o cônjuge ou convivente sobrevivo com descendentes, cabendo ao cônjuge ou ao convivente sobrevivente quinhão igual ao dos que sucederem por cabeça, não podendo a sua quota ser inferior à *quarta parte* da herança, se for ascendente dos herdeiros com que concorrer (CC, art. 1.832).

Também teve em mira, com a manutenção do direito real de habitação, a percepção de que, na maior parte dos inventários, o patrimônio familiar de valor mais expressivo está representado pela moradia conjugal que segue habitada pelo consorte sobrevivente e pelos filhos até a sua independência pessoal e financeira, tendo igualmente considerado que as rupturas dos casamentos pelo *chamado da natureza* ocorrem na faixa dos 60 a 65 anos de idade, com filhos usualmente crescidos e financeiramente independentes, e que nesta quadra dos acontecimentos já não mais dependem para a sua sobrevivência dos benefícios e favores dos pais. Induvidosamente estes fatores têm pesado significativamente para a reformulação do direito sucessório no mundo ocidental, se bem que não com tanta ênfase no Direito brasileiro, que ainda se ressente da adesão às alterações sucessórias mais radicais, mas que representam um bom e conveniente começo para reescrever o direito sucessório nacional.

O cônjuge sobrevivo será herdeiro concorrente sobre os bens particulares deixados pelo consorte falecido, e basicamente, só herda em concorrência com descendentes ou ascendentes sobre os bens *particulares* do defunto, nada herdando onde for meeiro, direito este respeitante ao regime de bens que são considerados comuns. Diz Glauber Salomão Leite ter sido tentativa do legislador atribuir ao cônjuge herança sobre os bens a que ele não tem direito como meeiro, com o fito de conferir proteção jurídica que ultrapasse sua participação no patrimônio comunitário, qual seja, recolhe herança onde não tem meação, mas não será herdeiro daqueles bens sobre os quais já registra seu direito de meação,[380] tanto que no regime da comunhão universal de bens o cônjuge sobrevivente não concorre como herdeiro, tal qual não concorre no regime da separação obrigatória de bens (CC, art. 1.829, inc. I).

Em seu voto no Recurso Extraordinário 646.721/RS, o Ministro Marco Aurélio cita trecho extraído do voto do Ministro Luís Roberto Barroso, que, por sua vez, no voto que proferiu como relator do Recurso Extraordinário 878.694/MG, ao apreciar a inconstitucionalidade

---

[379] PALERMO, Carlos Eduardo de Castro. *O cônjuge e o convivente no direito das sucessões*. São Paulo: Juarez de Oliveira, 2007. p. 38.
[380] LEITE, Glauber Salomão. *Sucessão do cônjuge sobrevivente*: concorrência com parentes do falecido. Rio de Janeiro: Lumen Juris, 2008. p. 132.

do art. 1.790 do Código Civil, mencionou a lição de Wilson Ricardo Ligiera[381] e destacou que o propósito do legislador, ao regulamentar a sucessão no casamento, foi de não deixar o cônjuge desamparado, quando não tivesse direito à meação, porquanto o consorte viúvo não pode ficar privado dos recursos necessários para seguir com a sua vida de forma digna, e, por isto, o foco do benefício sobre os bens particulares em que não incide qualquer direito do cônjuge supérstite à meação, chegando ao ponto de esta finalidade de assistência material ser identificada na sexta das dez premissas levantadas pelo Ministro Luiz Edson Fachin no voto que proferiu no Recurso Extraordinário 646.721/RS, cujo traço comum entre o casamento e a união estável seria a marca do afeto e da *entreajuda*.

Contudo, quanto ao usufruto vidual que terminou extinto com o surgimento do Código Civil de 2002, afirma Ana Luiza Maia Nevares que se tratava de uma proteção insuficiente e estática ao cônjuge sobrevivente, embora fosse um mecanismo jurídico proveitoso ao impedir que os bens passassem para a família do consorte sobrevivo, que só detinha sobre eles o usufruto vidual, circunstância radicalmente modificada com o direito sucessório concorrencial do Código Civil de 2002.[382]

A concorrência sucessória é vista por Giselda Hironaka como uma clara evolução de proteção,[383] assim como Inacio de Carvalho Neto identifica na concorrência sucessória – a mudança do benefício vidual por um direito sucessório – uma das grandes vantagens surgidas com a vigente codificação civil, ao substituir o mero usufruto pelo direito à parcela da herança dos bens particulares do *de cujus*, cujo direito só pode ser aplicado para as sucessões abertas a partir de 11 de janeiro de 2003 (CC, art. 2.041).[384]

Na oitava premissa do voto externado no Recurso Extraordinário 646.721/RS do STF, para o Ministro Luiz Edson Fachin os direitos sucessórios podem ser afastados por testamento e a liberdade na conjugalidade informal não estaria em atribuir menos direitos sucessórios aos conviventes, pois diferentes do casamento, mas, sim, oferecer a possibilidade de, voluntariamente, excluir os efeitos sucessórios, dando a clara e exata noção de que o direito sucessório concorrencial é direito visivelmente disponível e de cunho patrimonial e não existencial, guardando seu pensamento coerência doutrinária com as lições de Laura Alascio Carrasco quando menciona o Direito Civil da Catalunha e aduz serem válidos os pactos sucessórios cujas cláusulas renunciem reciprocamente à quarta vidual do usufruto ou de propriedade, como agora acontece na sucessão brasileira, inclusive sobre a sucessão da legítima, fosse ela a título gratuito ou oneroso.[385]

Conforme antes salientado, a proteção do consorte sobrevivo podia ser concedida pelos benefícios viduais, como procedia o Código Civil de 1916, ou pelos decantados benefícios sucessórios do Código Civil de 2002, não mais se importando que os bens pertencentes a uma linha familiar ingressassem no patrimônio privativo do cônjuge sobrevivente, encontrando nesta atual modelagem uma fórmula de proteção do viúvo, que estaria fora dos mecanismos

---

[381] LIGIERA, Wilson Ricardo. *A incompreendida constitucionalidade da sucessão na união estável no Código Civil brasileiro*. São Paulo: RT, 2015. v. 3.

[382] NEVARES, Ana Luiza Maia. *A sucessão do cônjuge e do companheiro na perspectiva do direito civil-constitucional*. 2. ed. São Paulo: Atlas, 2015. p. 90.

[383] HIRONAKA, Giselda Maria Fernandes Novaes. In: AZEVEDO, Antônio Junqueira de (Coord.). *Comentários ao Código Civil*: parte especial – do direito das sucessões. São Paulo: Saraiva, 2003. v. 20, p. 214.

[384] CARVALHO NETO, Inacio de. *Direito sucessório do cônjuge e do companheiro*. São Paulo: Método, 2007. p. 125.

[385] CARRASCO, Laura Alascio. *Los pactos sucesorios en el derecho civil catalán*. Barcelona: Atelier, 2016. p. 104.

da chamada *quarta vidual,* instituída por Justiniano em abril do ano de 536, como uma maneira de prover as necessidades do cônjuge supérstite e também de indenizá-lo em casos de separação onde não existisse o dote.[386]

As condições para o cônjuge herdar e que são iguais para o convivente depois do julgamento pelo STF, com repercussão geral, do RE 646.721/RS e do RE 878.694/MG, conforme consta do art. 1.830 do Código Civil, é no sentido de que subsista o matrimônio, porquanto, *somente é reconhecido o direito sucessório do cônjuge sobrevivente se, ao tempo da morte do outro, não estavam separados judicialmente, nem separados de fato há mais de 2 (dois) anos, salvo prova, neste caso, de que essa convivência se tornara impossível sem culpa do sobrevivente.*

E este vínculo conjugal, na exata asserção do art. 1.511 do Código Civil, exige uma *convivência plena*, haja vista ser o fundamento do direito hereditário do cônjuge a projeção do afeto conjugal, da vida em comum, de maior ou menor tempo, e de um dever de socorro projetado expressamente para depois do passamento do consorte provedor.

74.3.1. *O divórcio* post mortem

Em processo sob o patrocínio profissional do advogado mineiro Rodrigo da Cunha Pereira, a Sétima Câmara Cível do Tribunal de Justiça de Minas Gerais, na Apelação Cível 1.0000.17.071266-5/001, sendo relator o desembargador Osvaldo Oliveira Araújo Firmo, em julgamento concluído em 29 de maio de 2018, à unanimidade, entendeu que a morte do cônjuge no curso da ação de divórcio não acarreta a perda do objeto da ação se já era manifesta a vontade dos consortes de se divorciarem, e cuja homologação da dissolução do casamento dependia exclusivamente da atuação judiciária quando transcorreu a morte do marido, não podendo o cônjuge sobrevivente ser prejudicado ou beneficiado em decorrência da omissão judicial quanto à precedente homologação do processo de divórcio. A sentença indeferiu a declaração *post mortem* do divórcio, com efeito retroativo à data do óbito, sob o fundamento de tratar-se de direito personalíssimo e de uma ação intransmissível, e por isso o juiz de primeira instância julgou extinto o processo sem resolução do mérito.

Entre outros motivos, o espólio apelou argumentando ser cabível a declaração do divórcio *post mortem*, pedido que só não foi apreciado por ineficiência da prestação jurisdicional, atentando contra o art. 4º do Código de Processo Civil,[387] devendo ser aplicados por analogia, os fundamentos para o julgamento de adoção *post mortem*.

Como mencionado no corpo do acórdão, a controvérsia reside em dizer qual dos motivos ocorreu primeiro: se prevalece a manifestação das partes acerca da vontade de se divorciarem, expressa em pedido litigioso de divórcio, e com manifesta concordância da parte demandada pela concessão antecipada da dissolução do casamento, e que terminou não sendo chancelada em tempo pelo Poder Judiciário; ou se a morte de um dos cônjuges, ocorrida durante a tramitação do processo tem a força de provocar a extinção do pedido de divórcio que ainda não havia sido decretado, provocando destarte, os efeitos sucessórios e previdenciários de partilha de bens e de pensão previdenciária. Em seu voto o relator refere ser intransmissível a ação de divórcio, que deve ser exercida pessoalmente pelos cônjuges, mas ressalva que ambos haviam, inclusive, pedido a antecipação do decreto de divórcio, como direito

---

[386] MELERO, Martín Garrido. *Derecho de sucesiones*. 2. ed. Barcelona: Marcial Pons, 2009. t. 1, p. 114.

[387] CPC – "Art. 4º As partes têm o direito de obter em prazo razoável a solução integral do mérito, incluída a atividade satisfativa".

potestativo que é, podendo ser concedido de plano pelo juiz, especialmente quando em sua contestação a parte requerida não se opôs ao divórcio. Discorre o voto a circunstância de que a apelada já mantinha outro relacionamento e se apresentava como *solteira*, passando a sustentar, contraditoriamente, a subsistência do casamento com a notícia da morte intercorrente do marido, vislumbrando, como diz o voto, uma situação jurídica mais vantajosa, na condição de beneficiária de pensão previdenciária paga pelo INSS e de herdeira de todo o acervo, em concorrência com os ascendentes do falecido.

Conclui o julgador que repugna ao princípio geral da boa-fé processual, regulamentado no art. 5º do Código de Processo Civil, a manipulação do processo com um propósito dissociado de qualquer substrato de direito material, apenas para a obtenção de situações jurídicas intangíveis, concluindo que a morte do apelante não importou a perda do objeto da ação de divórcio, pois o casamento terminara antes, por vontade inconteste dos cônjuges, diferido apenas o ato de sua homologação, posto que era inclusive desejo de ambos os cônjuges.

Em relação ao direito sucessório, a decretação *post mortem* do divórcio, com efeito retroativo à data do óbito afasta qualquer indevida pretensão do cônjuge supérstite de se habilitar como meeiro e como herdeiro concorrente ou universal.

74.3.2. A natureza jurídica do direito sucessório concorrencial

Conforme explana José Antonio Álvarez Caperochipi, o *Estado Social e Democrático de Direito* reconhece o direito à herança como parte de proteção constitucional da família e da sua intimidade, e, é através da herança que se cumpre a sua função social,[388] existindo ao lado do herdeiro o legatário, que tem direito a algum bem da herança, sendo o legatário um mero adquirente de direitos patrimoniais, e nisto esgotam suas relações com o efetivo sucessor do falecido.

Prossegue José Antonio Álvarez Caperochipi afirmando ser a herança uma massa de bens afeta à sua função social de dar continuidade e de permitir o desfrute, pelo herdeiro, do patrimônio deixado pelo falecido, sendo a herança uma massa de bens em processo de liquidação, e cuja característica essencial da qualidade de ser herdeiro é a de ser um sucessor universal dos bens, em conformidade com a vocação da lei, e em contraste com a figura de um legatário ou de um herdeiro instituído na sucessão testamentária.[389]

O herdeiro recebe a generalidade dos bens e dos direitos do falecido, à exceção dos destinados aos circunstanciais legatários, assim como algumas relações que lhe são pessoais e as suas dívidas, qual seja, um sucessor universal substitui o *de cujus* na titularidade de seus bens, direitos e obrigações, ao revés do legatário, que é um precursor de uma nomeação em concreto de uma coisa ou de um grupo de coisas. A diferença entre a herança e o legado está em que, enquanto a primeira é geral e abstrata, o segundo é particular e concreto.[390]

A essencialidade da condição de herdeiro está ligada historicamente a um *officium pietatis*, cujo propósito não é outro senão o de dar continuidade à entidade familiar, até porque a condição de herdeiro não familiar é uma exceção à regra e essa exceção quando ocorre vem expressa em testamento, porquanto, na vocação sucessória legal, são unicamente chamados

---

[388] CAPEROCHIPI, José Antonio Álvarez. *Curso de derecho hereditario*. Madrid: Civitas, 1990. p. 29.
[389] CAPEROCHIPI, José Antonio Álvarez. *Curso de derecho hereditario*. Madrid: Civitas, 1990. p. 31-32.
[390] CARPIO, Juan Manuel Badenas; MEORO, Mario E. Clemente. El derecho de sucesiones: marco teórico y jurisprudencial. In: DEL RÍO, Josefina Alventosa; COBIELLA, María Elena Cobas (Coord.). *Derecho de sucesiones*. Valencia: Tirant Lo Blanch, 2017. p. 58.

como herdeiros os parentes consanguíneos com vinculação familiar e em respeito à proximidade destes laços familiares. O consorte viúvo não é considerado herdeiro no Direito alemão, mas é visto apenas como destinatário de um *benefício de sobrevivência*, consistente no usufruto de uma porção dos bens deixados pelo falecido.

O cônjuge sempre teve e segue tendo no Direito brasileiro a sua ordem de vocação, constando na terceira classe dos herdeiros sucessíveis, eis que herdam em primeiro plano os *descendentes*, faltando estes, os *ascendentes* em segunda chamada e, somente no terceiro estágio de convocação ingressam os *cônjuges* ou *conviventes*. Verdade que o Código Civil de 2002 criou a figura jurídica do *direito sucessório concorrente*, destinada ao cônjuge ou ao convivente que, ao tempo da morte do outro, não estava separado judicial ou extrajudicialmente, nem separado de fato há mais de dois anos, salvo prova, neste caso, de que essa convivência se tornara impossível sem culpa do sobrevivente (CC, art. 1.830).

O chamamento do cônjuge a suceder *mortis causa* ao seu consorte, encontra-se em terceiro lugar na ordem de vocação hereditária desde a Lei 1.839, de 31 de dezembro de 1907, mas não era assim no Direito anterior, que o colocava em quarto lugar, logo após os parentes colaterais.

Como refere Orlando Gomes, o cônjuge passou para o terceiro lugar na ordem de vocação hereditária em lei depois confirmada pelo Código Civil de 1916.[391] Como herdeiro universal, o cônjuge ou o convivente sobrevivo encontra seu clímax sucessório no art. 1.829, inc. III, combinado com o art. 1.838 do Código Civil, ao estabelecer que, não existindo descendentes nem ascendentes, herda o cônjuge ou o convivente sobrevivo, excluindo todos os parentes colaterais (STF – RE 646.721/RS e RE 878.694/MG).

O Código Civil de 2002, mirando para o fato de a solidariedade conjugal também contribuir para o fortalecimento da família enlutada, deliberou por modificar o chamamento sucessório e lhe conferir uma nova faceta legal, ao substituir o direito do cônjuge viúvo ao usufruto vidual, conforme estava previsto nos incs. I e II do art. 1.611 do Código Civil de 1916, pelo *direito concorrencial* do art. 1.829, incs. I e II, ambos os incisos em sintonia com os arts. 1.832, 1.836, 1.837 e 1.838 do Código Civil em vigor, atribuindo ao cônjuge e ao convivente sobrevivo um *status* de herdeiro concorrente ao lado da posição que já detinha de herdeiro universal.

O atual legislador optou por mudar a dinâmica do direito sucessório vigente e decidiu ampliar o chamamento dos descendentes e dos ascendentes, que passariam a concorrer com o cônjuge ou convivente sobrevivo, concedendo sem a menor sombra de dúvida um direito de visível conotação protetiva, projetado para prestar assistência financeira incidente em momento posterior ao término da vida em comum, ceifada pela morte de um dos cônjuges ou conviventes. Não fosse a legislação em vigor especialmente moldada para dispor o cônjuge sobrevivente em uma redoma de proteção patrimonial, de cunho nitidamente assistencial, descendentes ou ascendentes quase sempre presentes na vocação hereditária tornariam bastante distante, senão quase impossível a expectativa sucessória do consorte, que só é chamado como herdeiro na terceira classe sucessível. Portanto, a qualificação dos bens, se privados ou comuns, tem transcendência significativa apenas no direito concorrencial, nunca a respeito do direito hereditário do cônjuge ou convivente sobrevivente quando chamado diretamente à herança por inexistirem herdeiros necessários na classe dos descendentes e dos ascendentes.

O chamamento hereditário do cônjuge como herdeiro único e universal é independente do regime de bens adotado no casamento ou na união estável, e no direito concorrencial,

---

[391] GOMES, Orlando. *Sucessões*. 4. ed. Rio de Janeiro: Forense, 1981. p. 66.

quando em concurso com os descendentes ele receberá uma parcela patrimonial incidente sobre os bens particulares do sucedido, salvo se casado ou convivendo no regime da comunhão universal de bens, ou no da separação obrigatória de bens (CC, art. 1.641, inc. II, e art. 1.829, inc. I).

Para responder a esta distinção entre *benefício conjugal* e *sucessão hereditária*, María Josefa Méndez Costa[392] explica que a proteção conjugal é concedida exatamente quando se consideram bens que o consorte sobrevivente não contribuiu para que fossem amealhados, a partir da compreensão de que aquilo que enriquece a um membro do casal, o faz com respeito a ambos em virtude da solidariedade, o que não acontece com os bens comunicáveis que refletem o regime de bens adotado. Desse modo, o cônjuge sobrevivo concorre à vista do dever de solidariedade sobre os bens privativos do defunto e meeia sobre os bens comuns, representando cada direito um efeito diverso, como diferente também será o efeito da sucessão universal do cônjuge ou convivente quando vocacionado a recolher a totalidade da herança e indiferente ao regime de bens.

A função social da herança deferida ao cônjuge ou convivente não está longe daquilo que o Direito de Família estrangeiro consagrou sob o pseudônimo de *alimentos compensatórios*, com os quais conservou recursos a serem aportados para o consorte carente de meios suficientes para a sua côngrua sustentação, diante do seu estado de viuvez. Transpondo este princípio eminentemente protetivo para o Direito das Sucessões, ele acaba por guardar a mesma função dos *alimentos compensatórios* do direito familista, apenas que agora sob o enfoque sucessório, no mesmo escopo de compensar o desequilíbrio econômico surgido desta feita pela viuvez e aportando recursos oriundos dos bens deixados pelo defunto.

Desde o Direito de Justiniano, o viúvo só era chamado na falta de colaterais de décimo grau, e a evolução histórica do direito sucessório do cônjuge mostra, no curso de seus avanços, a clara distinção entre o que seria um direito *protetivo* em contraponto a um direito *hereditário*. Distinção de direitos que já existia no Direito germânico, presidido pela ideia básica de manter os bens dentro da família fundada em laços de sangue e que não considerava o cônjuge como herdeiro, embora o fizesse participar como meeiro dos bens adquiridos durante o casamento.[393]

Alterado o direito sucessório do consorte no curso dos tempos, a ordem de sua vocação hereditária alcançou seu salto brasileiro de qualidade quando tomou a posição dos colaterais do falecido, e a legislação cuidou de responder a uma preferência lógica dos afetos do sucedido, ao ignorar por completo qualquer tipificação do regime patrimonial quando não existissem descendentes ou ascendentes, ou quando eles renunciassem coletivamente, incidindo outros efeitos jurídicos quando o cônjuge sobrevivo concorre com herdeiros da primeira e da segunda classe de sucessores.

As relações econômicas existentes entre os cônjuges não desaparecem com a morte de um deles, pois a lei atribui ao sobrevivente *direitos sucessórios* na acepção pura da expressão, e atribui *direitos viduais* que vão adiante da sua condição de herdeiro legitimário, e que são concedidos dependendo de com quem o cônjuge ou convivente concorra na sucessão.

Neste sentido, por exemplo, o art. 1.321 do Código Civil espanhol confere o direito de *predetracción* ao cônjuge viúvo, que poderá usufruir das roupas de cama, mesa e banho,

---

[392] COSTA, María Josefa Méndez. *La exclusión hereditaria conyugal*. 2. ed. Buenos Aires: Rubinzal-Culzoni, 2009. p. 18.
[393] HIERRO, José Manuel Fernández. *Teoría general de la sucesión*: sucesión legítima y contractual. Granada: Comares, 2007. p. 385.

do mobiliário e dos utensílios que constituem o enxoval da vivenda comum dos esposos, e que não serão computados na sua herança, como também disporá da moradia familiar, tudo projetado com o objetivo de melhorar a condição do cônjuge viúvo por meio destes *direitos viduais,* regulados pelo direito sucessório com o intuito de estabelecer um equilíbrio entre o casamento e sua dissolução pela morte de um dos consortes.

De fato, o Código Civil inclui o viúvo do casamento e o sobrevivo da união estável (STF – RE 646.721/RS e RE 878.694/MG) entre os herdeiros obrigatórios e destinatários da legítima, embora também desfrutem do direito real de habitação e do direito de concorrerem na herança com descendentes ou ascendentes, variando sua quota-parte conforme seus vínculos de filiação para com os descendentes e, neste caso, o cônjuge ou o convivente concorrentes não são sucessores universais, mas herdeiros *singulares e atípicos,*[394] da mesma forma como o consorte viúvo era herdeiro atípico quando, pelo Código Civil de 1916, ele era destinatário do direito de usufruto de vinte e cinco por cento (25%) até cinquenta por cento (50%) dos bens deixados pelo falecido cônjuge, dependendo da existência de filhos, e criando sempre este equilíbrio entre os *direitos viduais* e os *direitos sucessórios* em que, quanto maiores os benefícios sucessórios menores seriam os benefícios viduais e vice-versa.

O Código Civil de 1916, no § 1º do art. 1.611, atribuía ao cônjuge viúvo, se o regime de bens não fosse o da comunhão universal, e enquanto durasse a viuvez, o benefício vidual do *usufruto* da quarta parte dos bens do cônjuge falecido, se houvesse filhos do morto ou do casal, e à metade, se não houvesse filhos, e compensava o viúvo casado pela comunhão universal, enquanto vivesse e permanecesse viúvo, com o benefício do direito real de habitação relativo ao imóvel destinado à residência da família (CC/16, art. 1.611, § 2º).

Acerca destes benefícios presentes no Código Civil revogado, escreve Rita de Cássia de Oliveira Reis que, no Código Civil de 1916, o cônjuge sobrevivente só se titulava como herdeiro na ausência de descendentes e ascendentes e que esta condição desfavorável, comparada ao diploma vigente, só foi parcialmente alterada pela Lei 4.121/1962 (Estatuto da Mulher Casada), em que o cônjuge passou a *concorrer* com os herdeiros da sucessão em linha reta, tendo o Estatuto da Mulher Casada instituído o direito à herança concorrente do *usufruto vidual*, quando, casado em regime de separação de bens, o consorte viúvo não possuísse patrimônio ou recursos próprios para a sua sobrevivência, e o direito *real de habitação* no caso de haverem adotado o regime da comunhão universal de bens, observando, por fim, a autora que, na vigência do Código Civil de 1916, o consorte sobrevivente ascendeu à condição de *herdeiro concorrente de usufruto* e não à condição de *herdeiro necessário*.[395]

Importante aferir que o direito sucessório do cônjuge sobrevivente só seria conferido enquanto durasse a viuvez, não mais prevalecendo este direito diante de um novo casamento do consorte viúvo e destinatário dos benefícios viduais do *usufruto* e do direito *real de habitação* e que, a rigor, nunca carregaram a natureza de herança, mas sim, o título de *benefícios viduais* cassados, se interrompido o estado de viuvez, enquanto a herança jamais poderia ser requisitada ou destituída à vista da mudança do estado civil do herdeiro.

---

[394] RODRÍGUEZ, Maria Pilar Montes. El modo de mejorar al máximo la posición del cónyuge viudo en el testamento. In: BALMASEDA, Óscar Monje (Coord.). *El patrimonio sucesorio*: reflexiones para un debate reformista. Madrid: Dykinson, 2014. t. I, p. 1.006.

[395] REIS, Rita de Cássia de Oliveira. Aspectos del desarrollo histórico del sistema de herencia en Brasil del Código Civil de 1916 al de 2002. In: ZORRILLA, David Martínez; VIAL-DUMAS, Manuel (Coord.). *Las múltiples caras de la herencia*. Barcelona: Huygens Editorial, 2017. p. 98.

Carlos Maximiliano colaciona em suas lições doutrinárias parte desta trajetória dos benefícios viduais ao escrever que:

> Como prerrogativa hereditária só provém da qualidade de cônjuge, pouco importa que este seja pobre ou rico, dotado ou não, casado com separação ou comunhão de bens. [...] O art. 1.774 do Projeto do Código Civil dava, ao supérstite entre os consortes, parte igual à de um filho, e o art. 1.775, à de ascendente. O assunto foi largamente controvertido no seio da comissão de jurisconsultos convocada pelo Ministro da Justiça para rever o trabalho do Professor Beviláqua. A fim de conciliar as opiniões divergentes, Barradas propôs caber à viúva, se não tivesse havido comunhão de bens e lhe faltassem meios para se manter, o usufruto do patrimônio do casal, nestas proporções: da quarta parte, se existissem descendentes; metade, se irmãos ou sobrinhos disputassem o espólio. Cessaria este benefício desde que ela convolasse novas núpcias.[396]

Esclarece Gustavo Tepedino que o usufruto vidual exigia três pressupostos: (a) que o cônjuge sobrevivente não fosse casado com o falecido pelo regime da comunhão universal de bens; (b) que ao tempo da morte não estivesse dissolvida a sociedade conjugal; e (c) que existissem outros herdeiros necessários ou que, não os possuindo, não tivesse o cônjuge sido contemplado, pelo testamento, com a propriedade da herança. E complementa, informando que este usufruto vidual protegia o consorte sobrevivo dos infortúnios da viuvez, que o colhia, as mais das vezes, já no avançar da idade.[397]

Prossegue Tepedino sustentando que a concessão do usufruto vidual tinha o escopo do benefício alimentar a quem se encontrasse desamparado,[398] e de cujo pensamento também comungava Silvio Rodrigues, ao referir ser intuito do usufruto vidual amparar a esposa, que, casada pelo regime da separação, poderia ficar à míngua por morte do marido, e cujo benefício só era outorgado se o cônjuge do defunto não tivesse meação, eis que sendo meeiro não necessitava de amparo.[399]

Referi em artigo escrito na década de 1990, que o usufruto vidual respondia a um momento histórico e às circunstâncias sociais de outro tempo, e definia o usufruto como uma instituição de caráter familiar, com o objetivo de manter o grupo familiar coeso, afetiva e patrimonialmente, ao redor do ascendente que sobrevivera e que mantinha uma posição econômica forte, frente aos filhos, e assim se mantinha enquanto não falecesse o supérstite, viabilizando que o consorte sobrevivente consolidasse uma posição de autoridade sobre sua pessoa e sobre os bens que lhe ficavam à disposição.[400]

Alicia Real Perez ressalta as características singulares e exclusivas do usufruto vidual, porquanto o usufrutuário ficará na posse dos bens, usará estes bens e deles irá extrair seus frutos e rendimentos, sem alterar a sua forma e o seu destino econômico, devendo respeitar sua substância e o capital, isto porque o direito real de usufruto recaía sobre coisas cuja propriedade pertencia a outros.[401] Eram causas de extinção do usufruto vidual: (a) a morte do viúvo usufrutuário; (b) a renúncia expressa que constasse em escritura pública ou por termo

---

[396] MAXIMILIANO, Carlos. *Direito das sucessões*. 4. ed. Rio de Janeiro: Freitas Bastos, 1958. v. 1, p. 170-171.
[397] TEPEDINO, Gustavo. *Usufruto do cônjuge viúvo*. 2. ed. Rio de Janeiro: Forense, 1991. p. 49-50.
[398] TEPEDINO, Gustavo. *Usufruto do cônjuge viúvo*. 2. ed. Rio de Janeiro: Forense, 1991. p. 51.
[399] RODRIGUES, Silvio. *Direito civil*: direito das sucessões. 13. ed. São Paulo: Saraiva, 1985. v. 7, p. 84-85.
[400] MADALENO, Rolf. A fidelidade vidual na união estável. In: _____. *Direito de família*: aspectos polêmicos. Porto Alegre: Livraria do Advogado, 1998. p. 69.
[401] PEREZ, Alicia Real. *Usufructo universal del cónyuge viudo en el Código Civil*. Madrid: Editorial Montecorvo, 1988. p. 61.

nos autos; (c) um novo matrimônio ou uma nova convivência; (d) a perda pela indignidade; e (e) pela prescrição pelo transcurso de dez anos contados da abertura da sucessão.

Este mesmo usufruto vidual foi regulamentado para o companheiro sobrevivente pelo art. 2º, incs. I e II, da revogada Lei 8.971/1994,[402] cuja concessão era mais ampla que aquela atribuída ao cônjuge, pois no instituto da convivência estável e informal pouco importava o regime de bens.[403]

Comentando o *usufruto vidual* conferido ao companheiro sobrevivo pela Lei 8.971/1994, Guilherme Calmon Nogueira da Gama diz se tratar de repetição da regra adotada pelo art. 1.611, § 1º, do Código Civil de 1916, embora com desprezo à melhor técnica e redação legislativa, e acrescenta que o benefício buscava propiciar ao companheiro um amparo material justamente por não adquirir direito sucessório de propriedade, pois este era transmitido aos herdeiros de uma das duas classes anteriores.[404]

Prossegue Guilherme Calmon Nogueira da Gama aduzindo em seus pioneiros ensinamentos que:

> Vê-se que o legislador se preocupou com o destino do companheiro sobrevivente que não adquirirá a propriedade de qualquer um dos bens do *de cujus*, pela sucessão legítima. Diante da circunstância de o sobrevivente não herdar, e considerando o regime de bens (na época, o único), a lei buscou protegê-lo, atribuindo o direito real de usufruto em parte ideal do patrimônio deixado. Trata-se de solução legal para o caso de o companheiro supérstite não herdar, tampouco ter direito à meação da universalidade do patrimônio do falecido (diante da proibição da existência de regime da comunhão parcial e, evidentemente, universal de bens).

Promulgado o Código Civil de 2002, desaparece o direito real de usufruto do cônjuge ou companheiro sobrevivo, e, sendo revogado o Código Civil de 1916, e com ele o art. 1.611, §§ 1º e 2º, e uma vez também derrogada a Lei 8.971/1994, e seu art. 2º, este pelo art. 1.790 do Código Civil de 2002, prevalece em um primeiro momento, com exclusividade somente para o cônjuge, o direito concorrencial do art. 1.829, incs. I e II (mais os arts. 1.831, 1.832, 1.836 e 1.837) e, depois, pela decisão majoritária do Supremo Tribunal Federal (RE 646.721/RS e RE 878.694/MG) surge por extensão analógica o direito sucessório concorrente para o convivente sobrevivo hetero ou homoafetivo, em julgamento com repercussão geral que declarou a inconstitucionalidade do art. 1.790 do Código Civil.

Equiparados para efeitos sucessórios cônjuge e convivente supérstites, perfeitamente sustentável argumentar que no atual estágio legislativo, o art. 1.829, e seus incs. I e II, combinados com os arts. 1.831, 1.832, 1.836 e 1.837, conferem ao cônjuge e ao convivente sobrevivos (RE 646.721/RS e RE 878.694/MG) um amparo material, justamente por eles não

---

[402] Lei 8.971/1994 – "Art. 2º As pessoas referidas no artigo anterior participarão da sucessão do(a) companheiro(a) nas seguintes condições:
I – o(a) companheiro(a) sobrevivente terá direito enquanto não constituir nova união, ao usufruto de quarta parte dos bens do *de cujus*, se houver filhos deste ou comuns;
II – o(a) companheiro sobrevivente terá direito, enquanto não constituir nova união, ao usufruto da metade dos bens do *de cujus*, se não houver filhos, embora sobrevivam ascendentes;
III – na falta de descendentes e de ascendentes, o(a) companheiro(a) sobrevivente terá direito à totalidade da herança".

[403] CRISPINO, Nicolau Eládio Bassalo. *A união estável e os negócios entre companheiros e terceiros*. Belo Horizonte: Del Rey, 2009. p. 201.

[404] GAMA, Guilherme Calmon Nogueira da. *O companheirismo*: uma espécie de família. São Paulo: RT, 1998. p. 393.

adquirirem um efetivo direito sucessório ante a presença de algum dos herdeiros das duas classes anteriores de herdeiros, a dos descendentes ou ascendentes.

Cônjuges ou conviventes só serão herdeiros universais quando ausentes descendentes e ascendentes e com irrelevância ao regime de bens; neste sentido prescreve o art. 1.838 do Código Civil. Antes do Código Civil de 2002, cônjuges e conviventes eram apenas destinatários de um benefício vidual e estas mesmas características de benefício vidual reserva o vigente Código Civil no atual direito concorrencial dos cônjuges ou dos conviventes quando herdam com os sucessores descendentes ou ascendentes.

Não tem respaldo legal a sucessão concorrencial no regime da comunhão universal de bens, como também não tem encontro legal o direito concorrencial no regime da separação obrigatória de bens, incidindo o quinhão hereditário do consorte sobrevivente unicamente sobre os *bens particulares* do falecido, quando e se existirem, e o direito é concedido com o incontestável propósito assistencial.

Miguel Reale aduz em sua justificativa como ex-coordenador da gestação do Código Civil de 2002, ter sido a adoção do regime legal da comunhão parcial de bens, surgido com a Lei do Divórcio em 1977, o motivo pelo qual foi substituído no sistema jurídico brasileiro o benefício do usufruto vidual pelo benefício da sucessão concorrencial, e acrescenta que seria injustificável que a sucessão concorrencial fosse aplicada no regime da comunhão universal, pois nele se comunicam todos os bens presentes e futuros dos cônjuges.[405] Afirmava Miguel Reale que só poderia existir o benefício sucessório onde o amparo do cônjuge viúvo ainda não existisse, ou onde o supérstite corresse o risco de ficar desamparado, por isto a previsão de sua incidência apenas sobre os bens particulares do morto, pois sobre estes não existia o direito à meação.

José Francisco Basílio de Oliveira refere que o usufruto do casamento teve o intuito protetivo de amparar a mulher casada pelo regime de separação de bens e que poderia ficar à míngua por morte do marido, e acrescenta:

Em primorosa monografia, intitulada "A fidelidade vidual na união estável", o ilustre e culto advogado Rolf Madaleno, professor de Direito de Família na Unisinos, São Leopoldo, RS, acrescenta sobre o tema que: "O usufruto vidual respondia naquela época a um momento histórico e às circunstâncias sociais daquele tempo; sendo previsto na quase totalidade das legislações, podia ser definido como uma instituição de caráter familiar, precipuamente, por seu objetivo de manter o grupo familiar coeso, afetiva e patrimonialmente, ao redor do ascendente que sobrevivera e que mantinha uma posição econômica forte, frente aos filhos. É denominado até os dias de hoje como *'usufruto de fidelidade'*, com natureza voltada ao direito familiar, e a exigir do viúvo uma *vida silenciosa*, como refere Alicia Real Perez, já que priva o viúvo do usufruto, se não observar uma espécie de *castidade mortuária*. Sua função é manter a unidade familiar, enquanto não falecem ambos os cônjuges, e viabiliza que o cônjuge supérstite consolide uma posição de autoridade sobre a sua pessoa e sobre os bens que lhe ficam à disposição, mantendo a unidade familiar.

O usufruto vidual é um direito *causa mortis* personalíssimo, inalienável e intransmissível que, não obstante criado para amparar o cônjuge sobrevivente (e também o convivente sobrevivo da união estável), objetiva principalmente o socorro e amparo à mulher que possui maior expectativa de vida, segundo as estatísticas".[406]

---

[405] REALE, Miguel. *História do novo Código Civil*. São Paulo: RT, 2005. p. 114. (Biblioteca de Direito Civil, Estudos em Homenagem ao Professor Miguel Reale, coord. Miguel Reale e Judith Martins-Costa, 1).

[406] OLIVEIRA, José Francisco Basílio de. *Concubinato*: novos rumos. Rio de Janeiro: Freitas Bastos, 1997. p. 189-190.

O usufruto vidual do casamento ou do *concubinato*, cuja expressão era largamente utilizada antes da Constituição Federal de 1988 (CC/1916, art. 1.611, § 1º e Lei 8.971/1994, art. 2º, incs. I e II), não pesquisava a condição econômico-financeira do consorte ou do concubino sobrevivente, pois não era requisito para a concessão do direito a circunstância de ser pobre e desvalido, conferindo-lhe sempre, no mínimo, uma quarta parte dos bens particulares do falecido, até a metade dos seus bens conforme a hipótese de haver ou não filhos do falecido, sendo o usufruto vidual identificado como um legado *ex lege*, um benefício conferido ao cônjuge ou *concubino* excluído da ordem de vocação hereditária pela existência de descendentes e ascendentes com direito à sucessão. E mais, o benefício só era outorgado se o regime de bens não fosse o da comunhão universal, pois, neste caso, o cônjuge do defunto tinha direito à sua meação e não necessitava de amparo, em uma época histórica da sociedade conjugal brasileira na qual imperava o regime legal da comunhão universal de bens. A intenção do legislador da época era a de evitar o desamparo do cônjuge casado em outro regime que não fosse o da comunhão, e o usufruto prevalecia enquanto persistisse o estado de viuvez, não se confundindo o benefício vidual com um direito alimentar.

Para o Ministro Moreira Alves, o legado de usufruto era *ex lege*, consoante podia ser extraído do Recurso Extraordinário 88.915/SP, julgado em 10 de agosto de 1978:

> [...] não pode se condicionar ao fato de estar a viúva sem meios de subsistência, pois o legislador generalizou uma legítima sob esse ângulo, incondicional: tenha ou não tenha a viúva meios com que prover a existência, tenha ou não lhe deixado o cônjuge esses meios por outra forma, o sobrevivente, desde que casado não no regime de comunhão universal, concorrerá com os demais herdeiros legitimários *cum filiis vocari*.[407]

Poderia o cônjuge cuidar do mesmo benefício através de um legado testamentário, emanando idêntico ato volitivo, contudo, fê-lo o legislador, por força de lei (CC/1916, art. 1.611, § 1º), ao instituir o *usufruto legal*, que tratava de direito sucessório, mas sem afetar a legítima dos herdeiros necessários.

Defendia João de Oliveira Filho a natureza de *direito sucessório* do usufruto vidual do cônjuge sobrevivo, porquanto, a quarta vidual incidia sobre os bens deixados pelo consorte falecido e dizer quarta parte dos bens do morto era o mesmo que dizer quarta parte da herança do cônjuge falecido, tanto que o usufruto vidual ficou no título "Da sucessão legítima" e no capítulo "Da ordem de vocação hereditária" do Código Civil de 1916,[408] como por igual se encontra, na atualidade, o *direito concorrencial* do consorte supérstite regulado no título "Da sucessão legítima" e no capítulo "Da ordem da vocação hereditária" do Código Civil de 2002.

Tratava-se de um legado de usufruto *ex lege*, condicionado ao estado de viuvez do legatário e que onerava a sucessão, sendo o viúvo, portanto, ao tempo do usufruto *ex lege* um herdeiro legítimo, chamado em igualdade de grau com os descendentes. E este cônjuge ou companheiro sobrevivente que era herdeiro do direito de usufruto sobre os bens particulares do defunto, salvo no regime da comunhão universal de bens, é o mesmo herdeiro que concorre na sucessão dos bens privados deixados pelo consorte ou companheiro falecido, salvo no

---

[407] Acórdão publicado in: BUSSADA, Wilson. *Código Civil brasileiro interpretado pelos tribunais*. Rio de Janeiro: Liber Juris, 1994. v. 5, t. II, p. 124.
[408] OLIVEIRA FILHO, João de. Usufruto do cônjuge viúvo. Interpretação do § 1º do art. 1.611 do Código Civil brasileiro. In: CAHALI, Yussef Said; CAHALI, Francisco José (Coord.). *Família e sucessões*. São Paulo: RT, 2011. v. VI, p. 489. (Coleção Doutrinas Essenciais).

regime da comunhão universal ou no regime da obrigatória separação de bens (CC, art. 1.829, inc. I, e art. 1.641, inc. II), mas, a ordem hierárquica de sucessão estabelecida nesse mesmo dispositivo legal só vigora para uma classe situada em posição inferior e na ausência da classe antecedente ou por força de testamento.

Induvidoso que o cônjuge ou o convivente sobrevivos seguem sendo favorecidos de um benefício vidual, instituído *ex lege*, que independe da vontade do outro cônjuge, como poderiam ser patrocinados pelo testamento do defunto, e igualmente o seriam em concurso com descendentes ou ascendentes, sem que esse testamento afastasse a sucessão do cônjuge sobrevivente, nos termos do inc. III do art. 1.829 do Código Civil.

Ao tempo de vigência do usufruto vidual o cônjuge e o convivente sobreviventes concorriam com descendentes ou ascendentes como legatários da lei, e a sua quota de usufruto era calculada sobre todos os bens do acervo hereditário, assim como pela sistemática do Código Civil de 2002, cônjuge e convivente sobrevivos concorrem com uma quota que não pode ser inferior à quarta parte da herança, se for ascendente dos herdeiros com que concorrer (CC, art. 1.832), podendo refletir sobre a legítima dependendo do número de herdeiros.

Ademais destes fatos, claramente perceptível que na *sucessão concorrencial* não prevalece o dogma sucessório de que os parentes mais próximos preferem aos mais afastados, como sucede no rígido regramento da ordem de vocação hereditária, verdadeira cláusula pétrea do direito sucessório, quando procura distribuir a herança entre aqueles que tinham maiores vínculos parentais e afetivos para com o falecido.

Herdeiro é quem sucede a título universal, ou sobre uma quota deste universo de bens e tanto durante a regência do Código Civil de 1916, como na vigência do Código Civil de 2002, naquele Código com o *usufruto vidual* e neste Código pelo direito *concorrencial*, o cônjuge ou o convivente sobrevivos e beneficiários adquirem um direito concedido *causa mortis*, um legado adicional e *ex lege*, conferido por força de lei, assim como por força de lei era o legado *ex lege* ao usufruto vidual.

Roberto de Ruggiero comentando análogo sistema existente no Direito italiano questionava se poderia ser atribuída a qualidade de herdeiro ao cônjuge destinatário de uma quota de usufruto e não de propriedade e qual seria, portanto, a natureza jurídica desse direito de usufruto e interrogava, ainda, se o cônjuge viúvo seria herdeiro no caso de concorrência, respondendo ele nos seguintes termos:

Herdeiro é quem sucede em *universum ius* do defunto ou em uma quota do mesmo; quem tem o usufruto de todos ou de parte dos bens não sucede na totalidade, senão em uma relação singular; a qualidade de herdeiro, uma vez adquirida, é perpétua e indelével; a de usufrutuário, em câmbio, é essencialmente temporal; a lei não fala de herança do cônjuge, senão dos direitos a ele atribuídos. É, pois, um legatário *ex lege*, e como tal, não tem *saisine* hereditária nem responde pelas dívidas *ultra vires hereditatis*; assim que não necessita recorrer ao benefício de inventário.[409]

Vistas estas premissas e, embora a vocação sucessória prevista no Código Civil de 2002 ordene um chamamento simultâneo de descendentes e do cônjuge ou convivente (RE 646.721/RS e RE 878.694/MG), ou de ascendente, cônjuge ou convivente, prevalecendo a regra máxima de os parentes mais próximos afastarem os mais distantes, salvo o direito de representação, não é factível afirmar que o cônjuge e o convivente sobrevivos sejam herdeiros juntamente com todos os parentes do sucedido (descendentes ou ascendentes), mas somente

---

[409] RUGGIERO, Roberto de. *Instituciones de derecho civil*. 4. ed. Madrid: Editorial Reus, 1978. v. 2, t. II, p. 437-438.

na ausência de descendentes ou de ascendentes é que o cônjuge ou o convivente sobreviventes se qualificam como herdeiros universais, e sempre serão chamados antes dos colaterais, sendo antes disto, quando concorrem com descendentes ou ascendentes, meros sucessores *ex lege*, pois foram chamados em concurso com os herdeiros universais do falecido.

Lembra Wilson J. Comel que a concorrência do cônjuge sobrevivente com os descendentes do *de cujus* vai depender do regime de bens, o que não acontece com os descendentes que herdam em qualquer hipótese, presos apenas à regra da proximidade do grau de parentesco, com a exceção do direito de representação, tornando distinta a natureza jurídica do direito de herdeiro concorrente e a posição jurídica de herdeiro necessário, o qual não pode ser afastado da sucessão sem justa causa.[410]

Cônjuge e convivente não são herdeiros necessários quando concorrem com descendentes ou ascendentes, mas herdeiros eventuais, *irregulares*, eis que no concurso com descendentes dependem do regime de bens e da existência de bens particulares do sucedido, acrescentando Wilson J. Comel ser possível denunciar a existência de dois tipos de herdeiros: os necessários (legítimos), que são os descendentes e os ascendentes e o herdeiro não necessário, porque circunstancial, que é o cônjuge[411] ou o companheiro sobrevivos.

74.3.3. Benefícios viduais e direitos sucessórios

Referem Mariló Gramunt e Gemma Rubio que os instrumentos de proteção privada do cônjuge ou convivente evitam a sobrecarga do Estado e dizem que o casamento, e o mesmo pode ser dito em relação à união estável, cumprem uma finalidade social em forma de solidariedade não somente conjugal como também pós-conjugal, quer nas situações de crise em vida de seus membros, como no caso de extinção do vínculo pela morte.[412]

E de fato, somente como preocupação dos cônjuges e dos conviventes existe no âmago dessa relação, com fortes vínculos de solidariedade, uma concepção de cooperação para toda a vida e para depois da vida, sendo pauta constante desses relacionamentos os aspectos econômicos de subsistência da família em crescimento e dos cônjuges na sua fase de recrudescimento e extinção da sua existência.

Bastante marcante é a intervenção do Estado na construção de mecanismos legais que assegurem a solidariedade conjugal em tempos de crise e de sua extinção, criando estruturas de proteção para o divórcio, como os alimentos compensatórios, para assegurar o nível de vida presente no casamento, como existem ao largo dos tempos e da biografia do direito familista e sucessório outros tipos de atribuições viduais e sucessórias com esta mesma função assistencial. Podem estas medidas variar com a história da evolução social e jurídica, mas sem se perder no seu propósito de externar a proteção conjugal, de modo que, por vezes, conferem direitos de maior amplitude e noutras direitos de menor extensão; boa amostra disto pode ser certificada na transição do Código Civil de 1916 para o seu substitutivo de 2002, e a

---

[410] COMEL, Wilson J. Cônjuge sobrevivente, herdeiro concorrente. In: CAHALI, Yussef Said; CAHALI, Francisco José (Coord.). *Família e sucessões*. São Paulo: RT, 2011. v. VI, p. 555-556. (Coleção Doutrinas Essenciais).

[411] COMEL, Wilson J. Cônjuge sobrevivente, herdeiro concorrente. In: CAHALI, Yussef Said; CAHALI, Francisco José (Coord.). *Família e sucessões*. São Paulo: RT, 2011. v. VI, p. 556. (Coleção Doutrinas Essenciais).

[412] GRAMUNT, Mariló; RUBIO, Gemma. Instrumentos de protección de la pareja superviviente en el Derecho Civil de Cataluña. In: GARCÍA, T. F. Torres (Coord.). *Estudios de derecho de sucesiones*. Madrid: La Ley, 2014. p. 573.

passagem do benefício vidual do *usufruto* para o benefício vidual da concessão de *propriedade*, incidindo sempre sobre bens particulares e sobre os quais não sobrevêm meações.

Qual, portanto, a inovação colacionada pelo Código Civil em 2002, no tocante à proteção do cônjuge sobrevivente ao substituir o direito real de usufruto vidual pelo atual direito de propriedade? Wilson J. Comel afirma que a novidade está mais na transformação da natureza jurídica dos bens amealhados pelo cônjuge sobrevivente, em que o direito real de usufruto passa a direito de propriedade, em caráter pleno e definitivo e de plena disponibilidade, sem mais a condição de "enquanto durar a viuvez", e diz que a situação anterior, dependendo das circunstâncias, era até mais favorável ao cônjuge sobrevivente, porque a sua quota usufrutuária não podia ser menor que a quarta parte, ao passo que, na atualidade, concorrendo com quatro herdeiros exclusivos do falecido terá direito a uma quinta parte somente ou menos, se maior for o número de filhos exclusivos do *de cujus*.[413]

Mas, substancialmente, a diferença de um benefício para o outro reside entre o direito real limitado do Código Civil de 1916 e a plena propriedade do Código Civil de 2002, com a vantagem de no sistema atual os bens não retornarem aos herdeiros da linha sucessória do falecido, como sucedia pela eleição do sistema troncal que prevalecia na legislação brasileira de 1916.

Esta diferença entre os *benefícios viduais* e os *direitos hereditários* pode ser igualmente vista ao ser comparado o sistema sucessório com o da reserva vidual de raízes fundadas no Direito Romano.

74.3.4. A reserva troncal

A reserva troncal, também denominada linear, extraordinária, especial ou singular,[414] visa a evitar que os bens possuídos por uma família passem a título gratuito a mãos estranhas em razão dos enlaces matrimoniais e mortes prematuras.[415] Está vivamente presente nos arts. 811 e 812 do Código Civil espanhol, quando o primeiro dispositivo prescreve que *o ascendente que herdar de seu descendente bens que este houvesse adquirido por título oneroso de outro ascendente, ou de um irmão, se acha obrigado a reservar os que tivesse adquirido por força da lei em favor dos parentes que estejam dentro do terceiro grau e pertençam à linha de onde os bens procedem.* Já o art. 812 do Código Civil espanhol prescreve que *os ascendentes sucedem com exclusão de outras pessoas nas coisas doadas por eles a seus filhos ou descendentes premortos, quando os mesmos objetos doados existam na sucessão*, ao passo que o art. 968 do Código Civil espanhol consigna que: *adiante da reserva imposta no art. 811, o viúvo que passe a um segundo casamento estará obrigado a reservar aos filhos e descendentes do primeiro a propriedade de todos os bens que tenha adquirido de seu falecido consorte por testamento, por sucessão legítima, doação ou qualquer outro título oneroso, não porém a sua meação.*

---

[413] Cônjuge sobrevivente, herdeiro concorrente. In: CAHALI, Yussef Said; CAHALI, Francisco José (Coord.). *Família e sucessões*. São Paulo: RT, 2011. v. VI, p. 557. (Coleção Doutrinas Essenciais).

[414] IZQUIERDO, Beatriz Verdera. Estudio general de la reserva troncal. In: SÁNCHEZ, Antonio Cabanillas et al. (Coord.). *Estudios jurídicos en homenaje al profesor Luis Díez-Picazo*. Madrid: Thomson-Civitas, 2003. t. IV, p. 5.557.

[415] VARA, Araceli Donado. El cónyuge viudo y las limitaciones dispositivas de herencia. In: LASARTE, Carlos; CERVILLA, María Dolores (Coord.). *Ordenación económica del matrimonio y de la crisis de pareja*. Valencia: Tirant Lo Blanch, 2018. p. 179.

A aplicação de reserva troncal pode ser impedida por testamento, como os reservatários podem renunciar ao seu direito de reserva desses bens originados de sua família, mas, sobremodo, o seu espírito de evitar que bens pertencentes a uma família passem bruscamente e a título gratuito para outra família está vivo e ativo nos pactos antenupciais, ou nos contratos convivenciais que optam pela livre eleição do regime convencional da total separação de bens, manifestando os futuros cônjuges no pacto antenupcial, ou os conviventes no contrato de convivência, de modo inequívoco, que não desejam que seus bens particulares passem às mãos de pessoas estranhas ao seu restrito círculo familiar, seja pelo casamento ou pelo evento morte, afigurando-se totalmente pertinente o parecer jurídico de Miguel Reale e Judith Martins-Costa de que:

> 22. Com efeito, pensamos que não faria o menor sentido (i) assegurar-se constitucionalmente às pessoas a proteção de sua dignidade, na qual se inclui a autodeterminação; (ii) garantir-se a tutela de sua personalidade; (iii) possibilitar-se aos cônjuges a lícita escolha do regime da separação total de bens; (iv) facultar-se que expressem tal ato de autonomia em pacto antenupcial, dotado de publicidade e eficácia de oponibilidade perante terceiros; (v) alterar-se, respeitantemente ao Código de 1916, a regra relativa à outorga conjugal para a alienação de bens, dispensando-se a outorga conjugal quando da alienação ou constituição de ônus reais sobre imóveis; (vi) determinar-se, no Código, que a vida do casal é regida pelo "princípio da exclusividade", sendo defeso a terceiros ou ao Estado interferir nas escolhas licitamente feitas quanto aos aspectos patrimoniais e extrapatrimoniais da vida familiar; para, ao final, dar-se ao indigitado art. 1.829, inc. I, interpretação que contraria todas aquelas premissas e nega efeitos práticos do regime de bens licitamente escolhido. Cremos, mesmo, que tal interpretação contraria as "balizas de licitude" dos negócios jurídicos postas no art. 187 do Código Civil, de modo especial as da finalidade econômico-social do negócio e da boa-fé.
>
> 22.1. Certamente importaria em manifesta distorção da finalidade econômico-social do pacto antenupcial pelo qual se optou pela separação total, promover-se, *post mortem*, e com base em exegese literal e assistemática de texto legal, a comunicabilidade dos bens que fora licitamente afastada no pacto antenupcial licitamente ajustado.[416]

Ao tempo do Código Civil de 1916, e pela via do usufruto vidual, o Direito brasileiro adotava na sucessão concorrencial do cônjuge sobrevivente o direito sucessório *troncal*, diferentemente da atualidade, em que vige um direito dominical, mas que conservam nas duas situações, embora semanticamente opostas, a mesma projeção sempre antevista pelo legislador passado e atual, de dar amparo financeiro ao consorte viúvo. Esta mutação do direito de usufruto para o direito de propriedade teve seu movimento prefacial na França,[417] que pôs em

---

[416] REALE, Miguel; MARTINS-COSTA, Judith. Casamento sob o regime da separação total de bens, voluntariamente escolhido pelos nubentes. Compreensão do fenômeno sucessório e seus critérios hermenêuticos. A força normativa do pacto antenupcial. *Revista Trimestral de Direito Civil – RTDC*, ano 6, v. 24, p. 219-220, out./dez. 2005.

[417] Segundo BERMANN, George A.; PICARD, Etienne. *Introdução ao Direito francês*. Rio de Janeiro: Forense, 2011. p. 340: "Se o falecido tiver filhos além de cônjuge sobrevivente, este último pode escolher entre o usufruto do espólio total e um quarto dos bens do espólio. No entanto, se um dos filhos não for prole do falecido e do cônjuge sobrevivente, o cônjuge sobrevivo só pode ter um quarto dos bens do espólio. Se o falecido tiver os dois pais vivos, bem como um cônjuge sobrevivente, o cônjuge sobrevivente herdará metade dos bens do cônjuge sobrevivente, com cada um dos pais recebendo uma parcela de um quarto. Se apenas um dos pais estiver vivo, o cônjuge sobrevivente herdará três quartos dos bens do espólio, com o pai ou mãe sobrevivente recebendo o quarto restante. Na falta de filhos ou pais, o

dúvida a utilidade do usufruto, eis que a ideia de conservação dos bens na família do falecido não passava de um anacronismo e precisava ser revisitada para atender aos fundamentos modernos do direito sucessório, tendo em conta o estreitamento do círculo familiar e a tendência do direito moderno de admitir o cônjuge sobrevivente como partícipe da plena propriedade em concurso com os herdeiros consanguíneos.[418]

A vocação do cônjuge sobrevivente na legislação francesa guardava fortes reflexos na conservação dos bens na família de origem, fazendo com que durante longo tempo o legislador francês hesitasse em melhorar a posição sucessória do consorte sobrevivente, cuja vocação hereditária era bastante enfraquecida, só herdando antes do Estado,[419] e não era absolutamente diferente no Brasil.[420]

O Direito brasileiro sempre teve em mira os benefícios do consorte viúvo como o *usufruto vidual* e o *direito real de habitação*, ambos previstos no Código Civil de 1916, com incidência dependente do regime matrimonial de bens, substituído o usufruto, com o advento do Código Civil de 2002, pelo direito *de propriedade* sobre uma quota hereditária que o cônjuge ou convivente sobrevivos concorrem com os descendentes ou ascendentes, sob a condição de não estarem separados de fato ou de direito ao tempo da abertura da sucessão (CC, art. 1.830).

Direitos sucessórios não estão condicionados à situação econômica do sobrevivente, mas dependentes apenas do estado de viuvez e incidentes apenas sobre os bens particulares do falecido, menos nos regimes da comunhão universal de bens (embora possam existir bens particulares na comunhão universal) e no regime obrigatório da separação de bens (CC, art. 1.829, inc. I, e art. 1.641, inc. II). Este direito legitimário do cônjuge ou do convivente, e de cunho assistencial, foi concedido pelo legislador diante da imprevisibilidade do evento morte, guardando semelhança em seus propósitos com os *alimentos compensatórios* do divórcio, mas que sob nenhum aspecto se confunde com a sucessão obrigatória e incondicional do cônjuge ou convivente, quando são chamados na terceira classe sucessória como herdeiros necessários se ausentes os herdeiros descendentes ou ascendentes.

Este preceito do direito concorrencial previsto nos incs. I e II do art. 1.829 do Código Civil introduz no Direito brasileiro uma ordem específica de sucessão para determinada classe de bens, que incide somente sobre os bens particulares do falecido, mostrando-se diferente da sucessão forçosa, que atinge indistintamente a totalidade dos bens do defunto e independe do regime de bens ou de outras condicionantes.

Ao declinar o cônjuge e agora o convivente, este por força do RE 646.721/RS e do RE 878.694/MG, como sucessores concorrentes dos descendentes ou dos ascendentes, o legislador brasileiro criou uma ordem sucessória de acatamento obrigatório, mas que mantém o mesmo e claro propósito assistencial, semelhante à legítima, mas que dela se diferencia, dado que este direito de sucessor universal e incondicional o cônjuge e o convivente sobrevivos só atingem quando ausentes herdeiros legítimos das duas classes precedentes (CC, art. 1.838).

---

cônjuge sobrevivente herda todos os bens do espólio, tendo prioridade sobre os irmãos do falecido. [...] Além disso, o art. 764 do Código Civil permite que o cônjuge reclame um direito de uso e residência no domicílio no qual estava morando na época da morte do falecido".

[418] HERNÁNDEZ, Lidia B.; UGARTE, Luis A. *Sucesión del cónyuge*. Buenos Aires: Editorial Universidad, 1996. p. 66.

[419] MICHEL, Adriana Jacobi. Sucessões. In: COSTA, Thales Morais da (Coord.). *Introdução ao direito francês*. Curitiba: Juruá, 2009. v. 2, p. 284.

[420] MEINERO, Fernando Pedro. *Sucessões internacionais no Brasil*. Curitiba: Juruá, 2017. p. 201.

Na ordem de vocação hereditária do art. 1.829 do Código Civil, a sucessão é deferida aos descendentes como herdeiros legitimários, que recebem por cabeça, com eles concorrendo o cônjuge ou o convivente supérstite, menos no regime da comunhão universal ou no da separação obrigatória; ou se na comunhão parcial não existirem bens particulares (inc. I), recebendo o consorte sobrevivo quinhão igual ao do descendente sucessor legítimo, mas cuja quota-parte não será inferior à quarta parte da herança se for ascendente dos herdeiros com que concorrer (CC, art. 1.832), justamente em razão da solidariedade assistencial que filhos compartilham assistindo à eventual redução dos seus quinhões hereditários na dependência do número de irmãos.

Os direitos concorrentes dos cônjuges ou companheiros supérstites só se concretizam sobre determinados bens e em algumas hipóteses, que não se compatibilizam com a posição incondicional de herdeiro necessário, nem mesmo quando o atual direito vidual da *concorrência sucessória* implica a transmissão hereditária e formal outorga de título da propriedade. Esta foi a opção encontrada pelo legislador do Código Civil de 2002, para superar as dificuldades enfrentadas com a concessão apenas do usufruto, que importava na transmissão por título meramente lucrativo e permitia a comutação do usufruto do cônjuge viúvo, por conta do que os herdeiros podiam satisfazer o usufruto vitalício do viúvo, endereçando-lhe uma renda vitalícia, a entrega do produto de determinados bens, ou pagando-lhe um capital em dinheiro.

Somente na sucessão legítima convivem herdeiros obrigatórios com herdeiros facultativos e com herdeiros concorrentes, caracterizando três categorias diferentes e marcadas de herdeiros (legítimos, concorrenciais e facultativos), com elevação de direitos apenas em relação aos herdeiros necessários, uma vez que somente os herdeiros obrigatórios ou os facultativos adquirem o universo da herança, sem quaisquer restrições ou limitações por ministério da lei.

Existem outros exemplos de benefícios viduais no Direito comparado, que estendem a proteção conjugal de matrimônios estáveis, condicionados a uma fidelidade *post mortem*. Posição espelho pode ser extraída do Código Civil da Catalunha, relativamente ao direito de propriedade conferido ao cônjuge sobrevivente sobre o enxoval conjugal, abarcando os bens de uso doméstico, conquanto tenham valor moderado (roupas, mobiliário e utensílios) e também o direito ao *año de viudedad* ou ano de viuvez, contado o prazo a partir da abertura da sucessão e visto como uma solução de urgência para o período mais atribulado da viuvez, concedendo um direito a alimentos indiferentemente às necessidades efetivas da pessoa viúva, além do direito de uso da vivenda familiar.

Sem prejuízo destas compensações sucessórias também existe o direito à quarta vidual, igualmente concedido para arrostar os efeitos da cessação da comunidade de vida, a fim de que o consorte supérstite não reste em piores condições, podendo todos estes benefícios, porque são negociáveis, ser comutados por um pagamento único com bens do espólio.[421]

Estabelece o art. 839 do Código Civil da Espanha que os herdeiros poderão satisfazer ao cônjuge sua parte de usufruto, disponibilizando-lhe uma renda vitalícia, ou o produto de determinados bens ou aportando um capital em dinheiro e que assim podem proceder por mútuo acordo, ou na falta deste, sujeitar-se a uma ordem judicial. Já o art. 840 do Código Civil espanhol dispõe que, quando o cônjuge viúvo concorre com filhos só do falecido, poderá

---

[421] GRAMUNT, Mariló; RUBIO, Gemma. Instrumentos de protección de la pareja superviviente en el derecho civil de Cataluña. In: GARCÍA, T. F. Torres (Coord.). *Estudios de derecho de sucesiones*. Madrid: La Ley, 2014. p. 587.

exigir que o seu direito de usufruto lhe seja satisfeito, à escolha dos filhos, que podem lhe atribuir um capital em dinheiro ou um lote de bens hereditários.

Também no sistema jurídico brasileiro o usufruto vidual podia ser comutado mediante a adjudicação de certos bens do espólio, senão pelo domínio deles, então pelo usufruto da moradia nupcial, isto se os herdeiros não optassem pelo pagamento de uma parcela única, liberando os bens remanescentes de um contraproducente usufruto de prazo indeterminado. O cônjuge supérstite podia exercer livremente a faculdade da permuta e podia até mesmo renunciar ao seu direito de usufrutuário. Já os herdeiros tinham a faculdade da eleição da modalidade de negociação, decidindo se o fariam pela via da troca ou pelo pagamento único ou mesmo parcelado em dinheiro.

Na atualidade, prevalece o direito concorrencial do cônjuge ou convivente ao lado do direito real de habitação, cujos benefícios seguem guardando igual desiderato de manutenção do consorte dentro do mesmo modo de vida que tinha na constância e ao amparo do relacionamento conjugal ou convivencial, pendente seu direito do regime de bens escolhido e condicionado à própria existência da convivência plena, que precisa estar presente ao tempo da abertura da sucessão, permitindo concluir que, se havia casamento havia solidariedade e direito ao benefício vidual. Ao passo que os herdeiros necessários das duas classes iniciais, dos descendentes e dos ascendentes, não podem ser destituídos de sua legítima caso não estivessem convivendo ou se relacionando afetivamente com o sucedido ao tempo do óbito, e nada lesa seu direito hereditário, que só perde por comprovada indignidade ou deserdação.

A concorrência sucessória reflete típico direito vidual que não se confunde com o direito sucessório puro, reservado ao cônjuge ou convivente, com direito à legítima intangível e sucessível, mas somente quando o cônjuge ou convivente for convocado na terceira classe de herdeiros, em rigorosa atenção à ordem de vocação hereditária, e com fiel obediência à hierarquia das classes de chamamento à herança. Antes do cônjuge e do convivente antecedem em preferência como herdeiros necessários os descendentes e ascendentes, com os quais o cônjuge ou o convivente concorrem na sucessão, e somente sobre os bens particulares do morto, onde não exista meação, assim como ambos são afastados da concorrência nos regimes da comunhão universal e no da separação legal de bens (CC, arts. 1.641 e 1.829, inc. I), sendo possível vislumbrar neste quadro de convocação uma exceção ao princípio da intangibilidade da legítima, expressado pelos arts. 1.846[422] e 1.848, § 1º,[423] do Código Civil de 2002.

Fosse a concorrência um direito sucessório equivalente à legítima e, certamente, o seu pagamento não poderia ficar condicionado a determinados regimes de bens, como tampouco poderia ser limitado aos bens particulares do falecido, e muito menos variar o valor do quinhão hereditário segundo a origem de filiação dos descendentes com os quais o cônjuge está concorrendo. O cônjuge é herdeiro necessário quando não existam descendentes e ascendentes e sua legítima será pelo menos correspondente à metade dos bens sucessíveis, sejam eles próprios ou comuns. Concorrendo com descendentes legítimos, a sua porção hereditária será uma parte igual à de cada descendente, não podendo a sua quota ser inferior à quarta parte da herança, se for ascendente dos herdeiros com que concorrer (CC, art. 1.832) e concorrendo com ascendentes receberá entre 1/3 (um terço) ou metade se houver um só ascendente, ou se

---

[422] Art. 1.846 do CC/2002 – "Pertence aos herdeiros necessários de pleno direito, a metade dos bens da herança, constituindo a legítima".

[423] Art. 1.848, § 1º, do CC/2002 – "Não é permitido ao testador estabelecer a conversão dos bens da legítima em outros de espécie diversa".

maior for aquele grau (CC, art. 1.837), nada sendo computado sobre a meação do falecido (CC, art. 1.829, inc. I), sobre a qual o viúvo não tem nenhuma vocação hereditária, tornando-se a meação do morto herança exclusiva dos descendentes, que assim privam da legítima os ascendentes, o cônjuge ou convivente, cujas legítimas só serão atendidas caso inexistam descendentes ou toda a classe dos descendentes renuncie.

Ausentes descendentes e ascendentes o cônjuge herda o universo dos bens sucessíveis, ao mesmo tempo em que exclui os colaterais (CC, art. 1.838), mas se existirem descendentes ou ascendentes, o cônjuge e o convivente concorrem com parcela da herança e sob certas condições.

Escreve Euclides de Oliveira que, ao assegurar o direito de concorrência do cônjuge sobrevivente com os descendentes, na sequência o legislador estabelece as exceções às hipóteses de casamento no regime da comunhão universal e no da separação obrigatória de bens, ou "se no regime da comunhão parcial, o autor da herança não houver deixado bens particulares"[424] e afirma ter ficado claro no texto da lei que não há herança concorrente onde houver meação, como ocorria com o Código Civil de 1916, onde o casamento sob o regime da comunhão universal afastava o direito do cônjuge sobrevivente ao usufruto sobre fração dos bens deixados pelo autor da herança.[425]

É preciso discernir quando o cônjuge ou convivente está sendo chamado sozinho à sucessão, como herdeiro único e universal, e quando concorre com outras ordens hereditárias, pois na primeira hipótese receberá apenas sobre os bens particulares e no máximo sobre um quarto dos bens próprios do sucedido, em concurso com os descendentes, lembrando que os legitimários não podem ser privados da sua legítima. Trata-se de verdadeira exceção à regra sucessória, de que uma classe de herdeiros exclui os herdeiros das outras classes e que o herdeiro de grau mais próximo de parentesco afasta o herdeiro de grau mais distante, sendo esta outra exceção à natureza e origem dos bens que compõem a herança, pois nada justifica separar distintas massas dentro do patrimônio do falecido, salvo na exceção da concorrência do cônjuge com descendentes e com ascendentes, em que se distinguem bens próprios de bens comuns, marcando estreita correlação com o regime de bens que vigorava na relação de casamento ou de união estável. Para que este direito excepcional seja assegurado,[426] não pode existir separação de fato ou de direito entre o falecido e seu parceiro por ocasião da abertura da sucessão.

No concurso com descendentes ou com ascendentes, herdeiros universais são estes e não o cônjuge ou convivente, porque são aqueles e não estes que recebem sobre todos os direitos e obrigações deixadas pela morte de uma pessoa, enquanto o parceiro sobrevivente herda apenas se existirem bens particulares do defunto e, ao contrário dos sucessores universais, não se sub-roga na posição jurídica do falecido, salvo que seja chamado a herdar diante da ausência das duas primeiras classes sucessíveis. Basta perguntar se o cônjuge ou o convivente respondem como herdeiros pelas dívidas do morto, se este só deixou como herança ativa bens comunicáveis e com incidência meatória.

Podem cônjuge e convivente responder como meeiros, mas como herdeiros responderão apenas os descendentes ou ascendentes. Em nada difere o quinhão hereditário do cônjuge ou do convivente sobreviventes, apurado somente sobre os bens particulares deixados pelo sucedido por consequência de um legado *ex lege*, imposto pelo legislador, tal qual sucedia

---

[424] OLIVEIRA, Euclides de. *Direito de herança*: a nova ordem da sucessão. 2. ed. São Paulo: Saraiva, 2009. p. 103.
[425] OLIVEIRA, Euclides de. *Direito de herança*: a nova ordem da sucessão. 2. ed. São Paulo: Saraiva, 2009. p. 108.
[426] MELLO, Felipe Viana de. *Manual de direito das sucessões*. Rio de Janeiro: Lumen Juris, 2018. p. 102.

na vigência do Código Civil de 1916, com o legado *ex lege* do usufruto vidual, apenas com a sutil diferença, e sem nenhuma relevância prática, de que os bens agora herdados pelo viúvo não mais retornam à linha troncal, mudando unicamente a política socioeconômica do direito sucessório ao trocar o sistema troncal do usufruto pelo da propriedade concorrencial.

Quando a doutrina procura explicar essas mutações surgidas no direito sucessório, em que o sistema troncal mantinha a propriedade na família de origem e garantia pelo mero *usufruto* a subsistência material do consorte viúvo, a nova função social desses mesmos direitos sucessórios se manifesta a favor da concessão da propriedade privada, identificando a herança como um direito fundamental e oferecendo a sensação de que as estruturas sociais, jurídicas e econômicas sofreram uma importante transformação, quando em realidade seguem desempenhando um papel que apenas remodela a propriedade privada na atual dinâmica sucessória, contudo, conserva a mesma intenção de garantir a subsistência institucional do parceiro sobrevivente.[427]

Esses direitos viduais são e sempre foram benefícios renunciáveis, como renunciáveis são todos os direitos concedidos por lei, ao menos que esta renúncia seja contrária ao interesse e à ordem pública ou realizada em prejuízo de terceiro, fatos que não sucedem na renúncia de um direito vidual como dele são exemplos o usufruto e o benefício concorrencial. Somente a legítima dos descendentes que são chamados em primeiro lugar, conserva suas características de direito inviolável e irrenunciável, como manteria iguais características caso fossem chamados à herança os ascendentes pela ausência dos herdeiros da classe anterior.

Esclarecedora referência faz María Martínez Martínez, quando aponta que esse protagonismo de o cônjuge ser chamado na sucessão de seu parceiro afetivo está presente em boa parte do Direito europeu e no Direito latino-americano, sendo que muitos incluem o viúvo ou a viúva na primeira ordem, à frente dos descendentes ou ascendentes, outros em concurso com aqueles, mas em todas as legislações o sobrevivente não tem nenhuma participação hereditária sobre os bens comuns e acrescenta que o Código Civil da Catalunha prevê a tradicional quarta vidual com plena propriedade, igual como agora antevê a legislação brasileira, sem conferir ao viúvo a qualidade de herdeiro, mas o beneficia na suposição de ele carecer de meios econômicos suficientes para a sua côngrua sustentação, considerando o padrão social que em vida havia mantido com o consorte morto, em confronto com o patrimônio sucessível.[428]

Tratando-se de um benefício vidual, o cônjuge e o convivente sobreviventes podem dele abdicar, como poderiam fraudar esse direito e desistir da própria herança universal, encenando ou promovendo a sua separação fática ou oficial, cujo movimento abdicativo seria bem mais singelo do que uma formal renúncia que pudessem documentar previamente em um pacto antenupcial, ou em documento autêntico. Historicamente, desses mesmos benefícios desistia o consorte viúvo, em verdadeiros negócios jurídicos conjugais quando promovia comutações para evitar o usufruto vidual.

74.3.5. O pacto antenupcial e o contrato sucessório

Embora o Direito brasileiro seja prolífero na previsão e regulação de mecanismos contratuais com vistas à comunicação patrimonial entre cônjuges e conviventes, e igualmente

---

[427] HIERRO, José Manuel Fernández. *Teoría general de la sucesión*: sucesión legítima y contractual. Granada: Comares, 2007. p. 20.
[428] MARTÍNEZ, María Martínez. *La sucesión intestada*: revisión de la institución y propuesta de reforma. Madrid: Boletín Oficial del Estado, 2016. p. 228.

rico em figuras jurídicas destinadas a planejar a sucessão patrimonial do provedor da família, encarregando-se o próprio legislador de forçar proteções sucessórias por meio de benefícios viduais, o ordenamento jurídico brasileiro é totalmente avesso e reticente quando trata de prever e de viabilizar pactos de sucessão.

Os contratos sucessórios são concebidos, em sentido amplo, como qualquer convenção cujo objeto seja a herança de pessoa viva,[429] e também conhecidos como *pacta corvina*, são negócios jurídicos bilaterais e irrevogáveis acerca de uma sucessão.[430]

Ainda desbravando seus caminhos e as suas soluções, o *planejamento sucessório* é ciência relativamente recente, que compreende um conjunto de projeções realizadas em vida, para serem cumpridas como manifestação de um querer especial, sobrevindo a morte do idealizador, sendo então cumprida sua vontade em sintonia com seus antecipados desígnios, tudo com vistas ao bem comum de seus herdeiros, construindo um ambiente de pacífica transição da titularidade da herança, e contribuindo o planejamento da sucessão para a melhor perenização do acervo do espólio.[431]

Contudo, viceja no sistema jurídico brasileiro um verdadeiro e inexplicável dogma da máxima de ser proibido *contratar herança de pessoa viva*, conforme expressa disposição legal contida no art. 426 do Código Civil,[432] que já constava *ipsis litteris* no art. 1.089 do Código Civil de 1916.

J. M. Carvalho Santos comentando o art. 1.089 do Código Civil de 1916, referia ser absoluta a proibição dos pactos sucessórios, em razão dos princípios que a justificam, acrescida a vedação da pactuação sob o princípio de que ninguém poderia dispor de bens e direitos que não estivessem ainda em seu patrimônio e, especificamente sobre os pactos antenupciais disse serem inadmissíveis os pactos sucessórios, mas ressalvou em sua doutrina as duas exceções lembradas por Clóvis Beviláqua: (a) de ser lícito aos cônjuges regularem a sua sucessão recíproca; (b) de poderem os pais, por ato entre vivos, partilhar seus bens com seus filhos.[433]

J. M. Carvalho Santos declina três motivos que reputa gravíssimos e que aconselham a proibição do pacto sucessório:

> Em primeiro lugar, os pactos sucessórios são, em essência, contrários aos bons costumes e origem de consequências prejudiciais, despertando sentimentos imorais, como seja o desejo da morte da pessoa, a quem pertence o patrimônio visado no contrato, podendo mesmo, com o correr dos tempos, tornarem-se aqueles sentimentos em tentação para o crime, levando o interessado ao extremo da eliminação daquele de cuja herança se trata. Esses inconvenientes verificam-se em qualquer hipótese: quer se trate de *pactos renunciativos* (*de non sucedendo*), quer se trate de *pactos aquisitivos* (*de sucedendo*).

---

[429] CRUZ, Guilherme Braga da. Pacto sucessório na história do Direito português. *Revista da Faculdade de Direito da Universidade de São Paulo*, São Paulo, v. 60, 1965, apud MONTEIRO FILHO, Carlos Edison do Rêgo; SILVA, Rafael Cândido da. A proibição dos pactos sucessórios: releitura funcional de uma antiga regra. *Revista de Direito Privado – RDPriv*, São Paulo, v. 72, p. 170, 2016.

[430] MONTEIRO FILHO, Carlos Edison do Rêgo; SILVA, Rafael Cândido da. A proibição dos pactos sucessórios: releitura funcional de uma antiga regra. *Revista de Direito Privado – RDPriv*, São Paulo, v. 72, p. 170, 2016.

[431] MADALENO, Rolf. Planejamento sucessório. *Revista IBDFAM Famílias e Sucessões*, Belo Horizonte, v. 1, p. 12, jan./fev. 2014.

[432] CC/2002 – "Art. 426. Não pode ser objeto de contrato a herança de pessoa viva".

[433] SANTOS, J. M. Carvalho. *Código Civil brasileiro interpretado*. 4. ed. Rio de Janeiro: Freitas Bastos, 1951. v. XV, p. 192-194.

Em segundo lugar, os pactos sucessórios dariam margem, se tolerados, para ilidir as disposições legais, que em razão de interesse de ordem pública, reservam os direitos hereditários a determinadas pessoas, ou privam outras, no todo ou em parte, da faculdade de conseguir a herança de um defunto, por isso que aquele a quem a herança pertence poderia, com a liberalidade da convenção, desrespeitar a lei, tirando a herança, de quem por lei, não podia dela ficar privado, ou atribuindo-a a outros, que, por lei, nunca poderiam herdar.

Em terceiro lugar, finalmente, os pactos sucessórios contrariam o princípio da liberdade essencial às disposições de última vontade, que devem ser essencialmente revogáveis, até o momento da morte do disponente.[434]

Realmente, a disposição de herança de pessoa viva é, em princípio, vedada pela ordem pública, sendo o ato conhecido como *pacta corvina*,[435] aludindo Araken de Assis ao declínio de sua proibição perante legislações estrangeiras, como ocorre com o Direito alemão, que rompeu com esta tradição que segue incólume no Direito brasileiro desde o antigo Direito Romano.[436]

Araken de Assis põe em franca dúvida os motivos pelos quais ainda subsistem razões técnicas, econômicas e sociais proibindo os pactos sucessórios, que têm por objeto regular relações que se originem e se individualizem em decorrência da morte de alguém e acrescenta, como na mesma direção ensinava J. M. Carvalho Santos, que a sua vedação estaria no fato de o contrato sucessório ensejar sentimentos imorais, embalando expectativas mórbidas acerca da morte de um dos figurantes ou de algum parente dos contratantes.[437]

Observa existirem três espécies de contratos sucessórios, a começar pelos pactos aquisitivos (*de sucedendo*),[438] por meio dos quais alguém institui outra pessoa seu herdeiro ou legatário, por sinal, coisa que o próprio legislador já faz quando cria o legado *ex lege* e institui os herdeiros necessários e facultativos. Depois há os pactos dispositivos, que não constituem negócios *mortis causa*, mediante os quais o herdeiro aliena ou promete alienar a futura herança e, por fim, os pactos abdicativos (*de non sucedendo*), subespécie dos dispositivos, por meio dos quais o herdeiro renuncia ao seu quinhão em favor de outro sucessor.[439]

---

[434] SANTOS, J. M. Carvalho. *Código Civil brasileiro interpretado*. 4. ed. Rio de Janeiro: Freitas Bastos, 1951. v. XV, p. 196-197.

[435] Conforme SIMÃO, José Fernando. Análise das regras do contrato de sociedade quando da morte dos sócios e a vedação da existência do pacto sucessório. *Revista Imes*, p. 47, jan./jun. 2005, *apud* MONTEIRO FILHO, Carlos Edison do Rêgo; SILVA, Rafael Cândido da. A proibição dos pactos sucessórios: releitura funcional de uma antiga regra. *Revista de Direito Privado – RDPriv*, São Paulo, v. 72, p. 170, 2016: "O nome do pacto sucessório advém da palavra corvo, designação comum a diversas grandes aves da espécie corvídeos, especialmente aquelas do gênero *corvus*, de plumagem negra e que são encontradas em todos os continentes, com exceção da América do Sul. O corvo é uma ave carnívora que se alimenta basicamente de seres mortos, sendo, portanto, necrófago. A analogia que se faz é justamente com relação aos hábitos alimentares do corvo (animais mortos) e o objeto do contrato (herança de pessoa viva). O negócio jurídico com tal objeto indicaria o desejo, os votos de morte para aquele de quem a sucessão se trata. Tal como os corvos, que esperam a morte de suas vítimas para se alimentarem, os contratantes estariam avidamente aguardando o falecimento para se apossarem dos bens da herança".

[436] ASSIS, Araken de et al. In: ALVIM, Arruda; ALVIM, Thereza (Coord.). *Comentários ao Código Civil brasileiro*. Rio de Janeiro: Forense, 2007. v. V, p. 139.

[437] ASSIS, Araken de et al. In: ALVIM, Arruda; ALVIM, Thereza (Coord.). *Comentários ao Código Civil brasileiro*. Rio de Janeiro: Forense, 2007. v. V, p. 141.

[438] ASSIS, Araken de et al. In: ALVIM, Arruda; ALVIM, Thereza (Coord.). *Comentários ao Código Civil brasileiro*. Rio de Janeiro: Forense, 2007. v. V, p. 142.

[439] ASSIS, Araken de et al. In: ALVIM, Arruda; ALVIM, Thereza (Coord.). *Comentários ao Código Civil brasileiro*. Rio de Janeiro: Forense, 2007. v. V, p. 143.

Colin e Capitant tocam na ferida da proibição do pacto sucessório, afirmando ser muito grave permitir a uma pessoa dispor de sua herança em favor de outra por um ato irrevogável e ligar-se assim, talvez muito antes da sua morte, quando tantos acontecimentos imprevistos podem surgir e modificar o propósito,[440] não obstante outras legislações repulsem a cega e genérica aplicação desta velha concepção romana.

Era costume na antiga França a utilização dos convênios sucessórios para inserir suas cláusulas em pactos nupciais, em que eram ditadas disposições acerca da transmissão da herança para o cônjuge ou filhos, com natureza jurídica semelhante à de um contrato de doação, mas dele se diferenciando por não transmitir nenhum bem em vida ao instituído, porém se referindo unicamente à herança do disponente que instituiu um sucessor e não um donatário.[441]

O Direito brasileiro absorveu, sem ressalvas, a orientação legal francesa e proibiu os pactos sucessórios, sem qualquer critério crítico ou alguma reflexão mais apurada, e vedou igualmente a renúncia da herança antes da morte do *de cujus*, como tampouco admitiu qualquer promessa de renúncia.

Miguel Maria Serpa Lopes já chamava a atenção a este flagrante e impensado equívoco do legislador brasileiro ao generalizar, sem qualquer meditação, a proibição do pacto sucessório, e lembrava que sequer o Código Napoleão fora tão intransigente ao estabelecer duas pequenas exceções: 1) a doação matrimonial de todo ou de parte da sucessão do doador; e 2) a partilha entre vivos feita pelo ascendente.

Complementa dizendo que a *sucessão futura* representa uma importante massa de bens e, até a abertura da sucessão, os direitos dos herdeiros são meramente eventuais, pois o doador não está impedido de dispor durante a sua vida de forma onerosa acerca dos seus bens para outra pessoa.[442]

Age o legislador nacional de forma precipitada e sem nenhum juízo crítico, causando verdadeira insegurança jurídica, de maneira especial depois de o inc. I, do art. 1.829, do Código Civil de 2002 ter gerado o direito à herança sobre os bens particulares do sucedido, mesmo no casamento pelo regime convencional da separação de bens, por cuja escolha pactícia demonstram os cônjuges sua óbvia intenção de permanência dos bens nas suas respectivas famílias de origem.

A controvérsia fática é decorrência do art. 426 do Código Civil, que proíbe qualquer convenção sobre a herança de pessoa viva e, aparentemente, veda os contratos rotulados de *pacta corvina*, de forma que a espontânea adoção por pacto antenupcial, de um regime de separação de bens, embora afaste a meação dos cônjuges, seria meio inidôneo para arredar o consorte sobrevivente do direito hereditário incidental sobre os bens particulares do cônjuge falecido, quando concorresse na herança com descendentes ou ascendentes do morto, salvo no regime obrigatório da separação de bens (CC, art. 1.641).[443]

Para Fabiana Domingues, o art. 426 do Código Civil afasta de plano a possibilidade de constar em pacto antenupcial qualquer cláusula sobre a herança dos cônjuges, quer na modalidade dispositiva, que atribui uma herança futura ao parceiro supérstite sobre os bens particulares do falecido, quer na forma de renúncia,[444] pela qual os cônjuges abdicam antecipadamente da herança oriunda da futura morte do consorte.

---

[440] COLIN, Ambrosio; CAPITANT, Henri. *Curso elemental de derecho civil*. 3. ed. Madrid: Reus, 1988. t. 7, p. 668.
[441] COLIN, Ambrosio; CAPITANT, Henri. *Curso elemental de derecho civil*. 3. ed. Madrid: Reus, 1988. t. 7, p. 670.
[442] LOPES, Miguel Maria de Serpa. *Curso de direito civil*. 6. ed. Rio de Janeiro: Freitas Bastos, 1996. v. III, p. 77-78.
[443] MADALENO, Rolf. A crise conjugal e o colapso dos atuais modelos de regime de bens. *Revista Brasileira de Direito de Família e Sucessões*, Porto Alegre, v. 25, p. 24, dez./jan. 2012.
[444] CARDOSO, Fabiana Domingues. *Regime de bens e pacto antenupcial*. São Paulo: Método, 2011. p. 183.

O pacto sucessório permite a duas ou mais pessoas convencionarem a sucessão por morte de qualquer uma delas, mediante a instituição de um ou mais herdeiros, e a atribuição de bens.[445] No entanto, a genérica proibição do pacto sucessório nem sempre atende ao melhor direito, mesmo quando invocada a regra do art. 1.784 do Código Civil, de a herança só ser transmitida com o óbito, conciliado esse artigo com o parágrafo único do art. 1.804 do Código Civil, que só admite a renúncia da herança efetivamente aberta, e em cujo contexto legal consta a vedação da sucessão dita contratual.

Como visto, pela lei brasileira só seria possível renunciar a uma herança aberta, sendo escopo desta proibição genérica de contratar em pacto antenupcial sobre herança de pessoa viva impedir a renúncia antecipada de um direito, embora os cônjuges possam renunciar a esta mesma herança tão logo se produza a morte do consorte, sem olvidar que a cega proibição nem mesmo era absoluta no Direito brasileiro, existindo as duas exceções denunciadas por Clóvis Beviláqua e reproduzidas por J. M. Carvalho Santos.

Semelhante exceção contém o Código Civil alemão no art. 312, de que a proibição do pacto sucessório não alcança aos futuros herdeiros legítimos, em relação à parte hereditária legal ou sobre a reserva de qualquer um deles, admitindo o Direito alemão as renúncias antecipadas e a instituição contratual, mesmo quando realizada fora do contrato de casamento.[446]

Essa interdição, como acima mencionado, decorre do fato de as convenções sucessórias serem, em tese, contrárias aos bons costumes e ensejarem sentimentos imorais, embalando expectativas mórbidas acerca da morte de um dos figurantes e tolhendo a liberdade de testar.[447]

Dois básicos argumentos impulsionariam a proibição dos pactos sucessórios e podem assim ser sumariados: (i) resultaria odioso e imoral especular sobre a morte de alguém para obter vantagem patrimonial, podendo suscitar o desejo da morte pela cobiça de haver os bens; (ii) o pacto sucessório restringe a liberdade de testar.

À vista desses fatores, é proibido contratar a herança de cônjuge em convenção antenupcial,[448] porém, é imperioso concluir que nada realmente se apresenta como odioso ou imoral no fato de os cônjuges em vida abdicarem de eventuais heranças conjugais. Primeiro, porque o próprio regime da separação de bens tem o inequívoco propósito de afastar a comunhão de bens, e, em efeito muito mais próximo dos cônjuges, em realidade mediato, porquanto incidente sobre a meação dos bens construídos diariamente na constância do casamento, repre-

---

[445] CARRASCOSA, Pedro del Pozo; ALOY, Antoni Vaquer; CAPDEVILA, Esteve Bosch. *Derecho civil de Cataluña*: derecho de sucesiones. Madrid: Marcial Pons, 2009. p. 301.
[446] LOPES, Miguel Maria de Serpa. *Curso de direito civil*. 6. ed. Rio de Janeiro: Freitas Bastos, 1996. v. III, p. 78.
[447] ASSIS, Araken de et al. In: ALVIM, Arruda; ALVIM, Thereza (Coord.). *Comentários ao Código Civil brasileiro*. Rio de Janeiro: Forense, 2007. v. V, p. 141.
[448] "Recurso Especial. Sucessão. Cônjuge supérstite. Concorrência com ascendente, independente o regime de bens adotado no casamento. Pacto antenupcial. Exclusão do sobrevivente na sucessão do *de cujus*. Nulidade da cláusula. Recurso improvido. 1. O Código Civil de 2002 trouxe importante inovação, erigindo o cônjuge como concorrente dos descendentes e dos ascendentes na sucessão legítima. Com isso, passou-se a privilegiar as pessoas que, apesar de não terem qualquer grau de parentesco, são o eixo central da família. 2. Em nenhum momento o legislador condicionou a concorrência entre ascendente e cônjuge supérstite ao regime de bens adotado no casamento. 3. Com a dissolução da sociedade conjugal operada pela morte de um dos cônjuges, o sobrevivente terá direito além de seu quinhão na herança do *de cujus*, conforme o caso, à sua meação, agora sim regulado pelo regime de bens adotado no casamento 4. O art. 1.655 do Código Civil impõe a nulidade da convenção ou cláusula do pacto antenupcial que contravenha disposição absoluta de lei. 5. Recurso improvido." (STJ, REsp 954.567/PE, Relator Ministro Massami Uyeda, 3ª Turma, julgado em 10 de maio de 2011).

sentando a renúncia de futura e incerta herança uma simples extensão desse incontroverso escopo de separar os bens particulares de cada cônjuge, quanto mais a abdicação de uma herança ainda remota e de mera especulação, mas ela ficaria condicionada a um sem-número de futuras circunstâncias fáticas que a tornam muito mais remota e prescindível do que seria a meação.

Carlos Edison do Rêgo Monteiro Filho e Rafael Cândido da Silva reportam os pactos sucessórios abdicativos como instrumentos válidos e irreversíveis quando veiculados a título gratuito e até mesmo oneroso, dizendo que no primeiro caso, a renúncia decorre de mera liberalidade e sucede de forma recíproca, renunciando os cônjuges à sucessão futura um do outro no pacto antenupcial, enquanto no modelo oneroso haverá uma contrapartida pela renúncia, como, por exemplo, alguma soma em dinheiro, bens ou direitos,[449] e, neste aspecto, atendendo à *ratio legis* do direito concorrencial, cujo propósito é não deixar o parceiro sobrevivente materialmente desassistido, podendo os noivos ou cônjuges (quando contratam durante o casamento) pactuarem uma compensação financeira pela renúncia de uma herança concorrencial e com esta compensação financeira assegurar a subsistência do sobrevivente.

Quando se trata de questionar a excessiva intervenção estatal, não está descontextualizado dessa perspectiva de autonomia privada o acórdão da Ministra Nancy Andrighi, no Resp 992.749/MS, quando afastou da sucessão o cônjuge sobrevivente casado pelo regime convencional da separação de bens, concluindo ser preciso interpretar o inc. I do art. 1.829 do Código Civil em harmonia com os demais dispositivos de lei e respeitados os valores jurídicos da dignidade humana e da livre manifestação de vontade, pois *não se pode ter após a morte o que não se queria em vida*.[450] Como na mesma linha de pensamento seguiu a 6ª Câmara de Direito Privado do Tribunal de Justiça de São Paulo, em voto do Des. Percival Nogueira, ao afastar no Agravo de Instrumento 0224175-94-2011.8.26.0000 o direito hereditário de viúva casada com o falecido pelo regime pactuado da separação de bens, arrematando que, considerá-la herdeira concorrencial necessária significaria admitir a colisão entre os arts. 1.829, inc. I, e 1.687 do Código Civil.[451]

Essa é a única e lógica conclusão advinda de duas pessoas que casam escolhendo o regime da absoluta separação de bens, pois se de modo inequívoco não queriam que seus bens se misturassem meando com a dissolução em vida do casamento, muito menos o desejaram herdando com a dissolução do casamento decorrente da morte de um dos consortes, sequer imaginando casais leigos, diante, em regra, dos parcos conhecimentos jurídicos e de uma natural lógica de raciocínio, que o regime eleito da separação de bens não pudesse gerar efeitos com a morte de um dos esposos.

Quando os cônjuges ignoram que o pacto antenupcial restringe direitos hereditários garantidos em lei, eles criam falsas expectativas creditadas ao contrato antenupcial, cujos

---

[449] MONTEIRO FILHO, Carlos Edison do Rêgo; SILVA, Rafael Cândido da. A proibição dos pactos sucessórios: releitura funcional de uma antiga regra. *Revista de Direito Privado – RDPriv*, São Paulo, v. 72, p. 180, 2016.

[450] REsp 992.749/MS, STJ, 3ª Turma, Rel. Ministra Nancy Andrighi, julgado em 01.12.2009: "Impositiva a análise do art. 1.829, inc. I, do CC/02, dentro do contexto do sistema jurídico, interpretando o dispositivo em harmonia com os demais que enfeixam a temática, em atenta observância dos princípios e diretrizes teóricas que lhe dão forma, marcadamente, a dignidade da pessoa humana, por meio da autonomia da vontade, da autonomia privada e da consequente autorresponsabilidade, bem como da confiança legítima, da qual brotou a boa-fé; a eticidade, por fim, vem complementar o sustentáculo principiológico que deve delinear os contornos da norma jurídica [...]".

[451] "Inventário. Casamento. Segundas núpcias. Pacto Antenupcial. Regime. Separação total de bens. Participação da viúva como herdeira necessária. Impossibilidade. Viúva casada com o *de cujus* pelo regime da separação de bens não é herdeira necessária em concorrência com os descendentes. Decisão mantida. Agravo a que se nega provimento." (julgado em 20.10.2011).

intérpretes da lei teimam em não afastar os indesejados impactos da regra sucessória em vigor sobre o direito concorrencial do cônjuge e do convivente, que são meros sucessores *irregulares*, e, com esta contumaz proibição, criam preocupações econômicas que, depois da morte do consorte, viram custos e frustrações.[452]

Urge atualizar as conclusões legais sobre os efeitos jurídicos do pacto sucessório, ainda espelhado em outra realidade social, atrelado a um passado que não considerava o cônjuge viúvo e muito menos o sobrevivente da união estável como herdeiros concorrentes, tampouco como herdeiros necessários, como efetivamente não o são quando convocados em direito concorrencial com a classe dos descendentes ou dos ascendentes, só sendo chamada uma classe na falta da outra, e nas duas primeiras classes da ordem de vocação hereditária os herdeiros necessários e eles são os herdeiros universais, são vocacionados em concurso com o consorte ou convivente apenas como sucessores *irregulares* e não como sucessores universais.

Estender o regime da separação de bens para adiante da meação e admitir a renúncia contratual da herança conjugal em pacto sucessório, externada a renúncia em ato de antecipada abdicação, nada apresenta de odioso e de imoral, como não é igualmente odioso e imoral renunciar à meação. O ato de renúncia pactícia da herança futura tampouco instiga a atentar contra a vida do cônjuge ou do convivente e muito menos estimula a cobiça em haver os bens do consorte; também não restringe a liberdade de testar. Muito pelo contrário, amplia essa liberdade ao permitir afastar um herdeiro *irregular* de um planejamento sucessório a que o consorte se apressa por meio do regime da separação de bens, para excluir o meeiro e por outras vias legais o indesejado herdeiro concorrencial, sem deslembrar que os pactos renunciativos como negócios jurídicos bilaterais são atos factíveis e irrevogáveis que diferem do testamento, que é negócio unilateral e revogável.[453]

Não há tanto rigor assim na proibição de contratar sobre herança de pessoa viva, como exemplos podem ser encontrados já na doutrina clássica e dominante, que imperava ao tempo de vigência do Código Civil de 1916, como acima foram destacados os ensinamentos de J. M. Carvalho Santos, Clóvis Beviláqua e Miguel Maria de Serpa Lopes, ou mais modernamente, como sucede na rotina dos contratos constitutivos de sociedades empresárias, quando elas regulam em seus estatutos ou em seus atos de constituição os direitos decorrentes do falecimento dos sócios e proíbem o ingresso no quadro societário do consorte sobrevivente ou de outros herdeiros.[454]

Nada impede que o contrato social preveja o ingresso de certa classe de herdeiros nos quadros sociais, não sendo por isto estranha a ausência no contrato social de previsão de afastamento de cônjuge ou convivente na sociedade empresária, dado o aspecto pessoal das quotas sociais e cujo direito não se transmite pela lei.[455]

Carlos Edison do Rêgo Monteiro Filho e Rafael Cândido da Silva realçam esta potencialidade prática dos pactos sucessórios, asseverando que as legislações normalmente admitem que o contrato social preveja a impossibilidade de ingresso de pessoas estranhas ao quadro

---

[452] KNIGEL, Luiz. O desafio da família empresária nas uniões civis de seus sucessores. In: PRADO, Roberta Nioac (Coord.). *Empresas familiares, governança corporativa, governança familiar, governança jurídica*. São Paulo: Saraiva-FGV, 2011. p. 107.

[453] MONTEIRO FILHO, Carlos Edison do Rêgo; SILVA, Rafael Cândido da. A proibição dos pactos sucessórios: releitura funcional de uma antiga regra. *Revista de Direito Privado – RDPriv*, São Paulo, v. 72, p. 178.

[454] MAFFÍA, Jorge O. *Tratado de las sucesiones*. Buenos Aires: Abeledo Perrot, 2010. t. I, p. 23.

[455] SILVEIRA, Marco Antonio Karam. *A sucessão* causa mortis *na sociedade limitada*: tutela da empresa, dos sócios e de terceiros. Porto Alegre: Livraria do Advogado, 2009. p. 86.

social, sem a autorização dos demais sócios, preservando a *affectio societatis*,[456] e restando aos herdeiros preteridos em contrato ou em protocolos formais reivindicarem a correspondente apuração de haveres.

Sem oferecer alternativas para os casais que não querem baralhar seus bens pessoais, o legislador vira as costas para as angústias das pessoas com patrimônio particular e para aquelas famílias empresárias que buscam caminhos para a unicidade de seu patrimônio familiar,[457] mas que, por falta de soluções pragmáticas, precisam planificar a transmissão de seus bens particulares e das suas sociedades empresárias, quase sempre recorrendo a intrincados *planejamentos sucessórios* para tentar assegurar a continuidade e o bom governo da sociedade empresária familiar e para preservar o acervo privado da sociedade conjugal. Preocupação extensível aos terceiros credores e investidores da sociedade familiar e aos próprios sócios, que querem conferir à administração da sociedade empresária uma razoável previsibilidade aos atos de continuidade da direção da empresa,[458] não confundindo o ente jurídico com a família do empresário, nem com seus agregados, tampouco com as uniões afetivas de seus sócios.

O complexo e caro planejamento sucessório envolvendo estatutos sociais, empresas *holdings*, acordos de quotistas e de acionistas regrando o exercício do direito de voto, ou o controle societário, a gestão familiar, o direito de preferência na alienação de quotas e de ações para familiares e terceiros, além dos testamentos e das doações modais com cláusula de reversão, os gravames, contratos de casamento ou de união estável,[459] por enquanto, é o planejamento sucessório que tem servido como um instrumento alternativo para atender às expectativas materiais que contrastam com a legislação civil que, sem explicar muito bem, não admite pactos sucessórios de renúncia de sucessão concorrente.

Descura-se o legislador brasileiro de um exame mais perfunctório da natureza jurídica dos pactos matrimoniais e dos contratos sucessórios, acerca dos efetivos efeitos do *pacta corvina*, que se distanciam inteiramente dos seus reais propósitos quando o legislador proíbe qualquer contrato ou pacto acerca de herança de pessoa viva (pacto sucessório), perdendo a legislação brasileira e, com ela, a doutrina e a jurisprudência, a oportunidade de granjear avanços na releitura dessa antiga regra que nega os lícitos desígnios dos contratos matrimoniais, e, no caminho inverso do moderno Direito argentino, que criou uma nova *ordem moral* ao revisar seus conceitos nessa mesma seara jurídica, no art. 1.010 do seu vigente Código Civil,[460] excepcionando as convenções sucessórias quando elas se referirem a entes produ-

---

[456] MONTEIRO FILHO, Carlos Edison do Rêgo; SILVA, Rafael Cândido da. A proibição dos pactos sucessórios: releitura funcional de uma antiga regra. *Revista de Direito Privado – RDPriv*, São Paulo, v. 72, p. 181.

[457] KNIGEL, Luiz. O desafio da família empresária nas uniões civis de seus sucessores. In: PRADO, Roberta Nioac (Coord.). *Empresas familiares, governança corporativa, governança familiar, governança jurídica*. São Paulo: Saraiva-FGV, 2011. p. 106.

[458] CARRASCOSA, Pedro del Pozo; ALOY, Antoni Vaquer; CAPDEVILA, Esteve Bosch. *Derecho civil de Cataluña*: derecho de sucesiones. Madrid: Marcial Pons, 2009. p. 303.

[459] PRADO, Roberta Nioac. O desafio da família empresária nas uniões civis de seus sucessores. In: _____. *Empresas familiares, governança corporativa, governança familiar, governança jurídica*. São Paulo: Saraiva-FGV. 2011. p. 46-47.

[460] CCC argentino. "*Art. 1.010 – Herencia futura. La herencia futura no puede ser objeto de los contratos ni tampoco pueden serlo los derechos hereditarios eventuales sobre objetos particulares, excepto lo dispuesto en el párrafo siguiente u otra disposición legal expresa. Los pactos relativos a una explotación productiva o a participaciones societarias de cualquier tipo, con miras a la conservación de la unidad de la gestión empresaria o a la prevención de conflictos, pueden incluir disposiciones referidas a futuros*

tivos e perseguirem a prevenção da solução de conflitos conjugais societários, sem afetar a legítima hereditária e os direitos dos cônjuges e de terceiros.

Sobre essa flexibilização do Direito argentino, escreve Marcos A. Córdoba que:

> A evolução jurídica tende a encontrar um objeto fim da transmissão hereditária, diversa daquela imperante à época do Código Civil francês, que resultou como fonte originária da primeira parte da norma contida no art. 1.010 do CCC argentino, e assim hoje o art. 1.010 do Código Civil argentino, em seu segundo ponto, admite exceção à proibição. Sua motivação resulta como consequência da evolução verificada nos países cuja estrutura jurídica coincide com a argentina.[461]

Pactos matrimoniais são projetados para momentos de crise e de ruptura conjugal, que podem suceder em vida ou inevitavelmente pela morte, e não mais se justifica ficar o legislador brasileiro atrelado ao Código Civil de Napoleão, editado em 1804, dispondo acerca da genérica proibição de contratar herança de pessoa viva e, assim, evitar com intransigência a proibição do suposto *pacta corvina,* imaginando estar evitando a odiosa expectativa pela morte do parceiro, quando pela renúncia antecipada em pacto antenupcial o consorte não torce pela morte do seu cônjuge, pois nenhum benefício econômico lhe agrega a assunção do estado de viuvez, como igualmente concluem Carlos Edison do Rêgo Monteiro Filho e Rafael Cândido da Silva ao prescreverem que: "O pacto renunciativo não atrai a esperança de morte daquele cuja sucessão se trata. Ao revés, os herdeiros permanecem os mesmos, com exceção do cônjuge, que muito mais preferirá a vida do que a morte de seu consorte".[462]

Pactos matrimoniais devem atender, em respeito ao princípio da liberdade contratual, a todas as questões futuras, conquanto lícitas, recíprocas e suficientemente esclarecidas, acerca dos aspectos econômicos do casamento ou da união estável, permitindo que seus efeitos se produzam durante o matrimônio ou com sua dissolução pelo divórcio ou pela morte, conquanto as cláusulas imponham absoluta igualdade de direitos e de obrigações entre os cônjuges e conviventes no tocante ao seu regime econômico familiar e sucessório, merecendo profunda ponderação a constatação de que a *autonomia privada*, ao respeitar o livre desenvolvimento da personalidade da pessoa humana, confere amplo poder discricionário nas relações patrimoniais dos cônjuges e conviventes, tampouco restringe suas decisões existenciais quando, por exemplo, permite que casais escolham selar seus relacionamentos pelo casamento ou pela via da união estável.

Em prol da autonomia privada, o art. 1.513 do Código Civil chega corretamente ao extremo de vedar a intervenção de qualquer pessoa de direito público ou de direito privado na comunhão de vida instituída pela família e, segundo Samir Namur, são os próprios sujeitos da relação afetiva que constroem, quanto à convivência e patrimônio, o conteúdo de sua relação; por isso, a lei deve ser a própria ausência da lei e essa convivência é assunto exclusivo do casal, que atua como o seu próprio legislador.[463]

Cada vez mais casais querem e precisam prever antecipadamente as consequências negativas ou positivas de uma ruptura dos seus relacionamentos afetivos e justamente a consecução

---

derechos hereditarios y establecer compensaciones en favor de otros legitimarios. Estos pactos son válidos, sean o no parte el futuro causante y su cónyuge, si no afectan la legítima hereditaria, los derechos del cónyuge, ni los derechos de terceros".

[461] CÓRDOBA, Marcos A. In: LORENZO, Miguel Federico de; LORENZETTI, Pablo (Coord.); LORENZETTI, Ricardo Luis (Dir.). *Código Civil y Comercial de la Nación comentado*. Buenos Aires: Rubinzal-Culzoni, 2015. t. V, p. 740.
[462] MONTEIRO FILHO, Carlos Edison do Rêgo; SILVA, Rafael Cândido da. A proibição dos pactos sucessórios: releitura funcional de uma antiga regra. *Revista de Direito Privado – RDPriv*, São Paulo, v. 72, p. 192, 2016.
[463] NAMUR, Samir. *Autonomia privada para a constituição da família*. Rio de Janeiro: Lumen Juris, 2014. p. 160.

de pactos pré-matrimoniais, com lícitas convenções sucessórias, mesmo quando abdicativas, são instrumentos que permitem aos cônjuges e conviventes conciliar seus interesses econômicos e existenciais, e revelam a utilidade dos pactos sucessórios na concretização e na projeção da personalidade da pessoa humana, mesmo que os efeitos sejam produzidos para depois da existência física da pessoa, pois eles transcendem a existência da pessoa humana. Contratos sucessórios abdicativos definitivamente não atentam contra nenhuma ordem pública, e no exemplo dos países que admitem a renúncia de futura herança, mormente quando é só concorrencial e não universal, ou que flexibilizam suas restrições sobre acordos de herança futura, o fazem justamente visando o interesse público que existe, por exemplo, na conservação de uma empresa que é colocada acima da nulificação dos pactos sucessórios, pois seu objetivo é dar prioridade ao desenvolvimento econômico, com a criação e manutenção de empregos e o pagamento de impostos.

Recorda Carmen Bayod López que o pacto sucessório não corresponde a um testamento irrevogável, mas a uma disposição por causa de morte que produz um vínculo obrigatório e atual entre o instituidor e a contraparte que recebe a sua vontade, e acrescenta que, a essência dessa vinculação consiste em que o instituidor fica privado de suas faculdades de disposição *mortis causa* (qualquer ato que o contradiga será inválido), porém, não perde a sua capacidade de disposição *inter vivos*; pode dispor de seus bens, sempre que seus atos não prejudiquem as legítimas expectativas do herdeiro ou legatário,[464] mesmo porque pactos antenupciais de renúncia de herança conjugal não se constituem em avença que atente contra o Direito natural, ou que contenha algo impossível e irrenunciável, como sugere o art. 426 do Código Civil ao negar, sem a correspondente justificativa, que as pessoas estipulem a extensão de seus direitos sucessórios na proporção de seus recíprocos interesses.

Débora Gozzo escreve em clássica obra editada na década de 1990, na vigência do Código Civil de 1916, que a proibição oriunda do art. 1.089 da lei civil de 1916 (correspondente ao art. 426 do CC/2002), admite exceções como a da doação *causa mortis* e a faculdade acenada aos consortes de disporem reciprocamente sobre suas sucessões em contratos antenupciais. Acrescenta que predominava a compreensão doutrinária de que no negócio jurídico pactício antenupcial podiam ser inseridas cláusulas regulamentando direitos sucessórios, desde que nelas não fossem afrontadas normas de ordem pública.[465]

Comentando a vedação pactícia sucessória, Karime Costalunga diz que ela "atinge, frontalmente, o princípio da exclusividade; e em consequência, acaba por ferir lícita autodeterminação em matéria patrimonial, contradizendo a própria finalidade do regime da separação de bens".[466]

Embora os pactos não servissem para instituir herdeiros, pois da sua nomeação se encarrega impositivamente o Código Civil quando estabelece a ordem de vocação hereditária, a par do uso do testamento quando permite que a instituição dos herdeiros emane do testador, afigura-se induvidoso que os pactos antenupciais, como contratos sucessórios, servem tanto para instituir herdeiros como para afastá-los da herança concorrencial de um cônjuge em relação ao outro, do mesmo modo que cônjuges e conviventes podem renunciar às suas meações, mantendo idêntico poder de livre disposição, tudo estipulado em escritura pública de pacto

---

[464] LÓPEZ, Carmen Bayod. Las novedades en materia de pactos sucesorios en la ley aragonesa de sucesiones por causa de muerte (Ley 1/1999 de 24 de febrero). In: SÁNCHEZ, Antonio Cabanillas et al. (Coord.). *Estudios jurídicos en homenaje al profesor Luís Díez-Picazo*. Madrid: Thomson-Civitas. t. IV, p. 5.123.

[465] GOZZO, Débora. *Pacto antenupcial*. São Paulo: Saraiva, 1992. p. 85.

[466] COSTALUNGA, Karime. O art. 1.829 do Código Civil e a Constituição: proposta de uma análise estrutural e axiológica. In: DELGADO, Mário Luiz; ALVES, Jones Figueirêdo (Coord.). *Novo Código Civil*: questões controvertidas no direito de família e das sucessões. São Paulo: Método, 2005. v. 3, p. 411.

antenupcial, escritura pública de renúncia sucessória, ou em escritura pública de convivência, só não podendo dispor sobre matérias que afetem aos filhos, ou que coloquem um dos consortes em uma drástica situação desproporcional.

74.3.6. Os negócios jurídicos entre cônjuges e conviventes

Conforme Alma María Rodríguez Guitián, o Direito Civil Navarro (Espanha), prevê o princípio da liberdade contratual entre cônjuges e diz que no desenvolvimento deste preceito os consortes têm a faculdade de pactuar garantias de caráter real e pessoal a favor do outro cônjuge, além de levar a cabo atribuições patrimoniais a benefício do cônjuge, mercê de convenções matrimoniais como doações, celebração de pactos sucessórios, renúncias de direitos, fixação de dote, estabelecimento de pactos sobre usufruto de fidelidade e qualquer disposição em razão do casamento, inclusive a renúncia de pensão compensatória.[467]

O Direito de Família protege a autonomia da vontade dos consortes e conviventes quando admite sejam convencionados acordos nas relações afetivas horizontais, especialmente aquelas de conteúdo econômico, embora não descarte convenções de cunho existencial, sendo inconteste que cônjuges e conviventes podem optar livremente, em três momentos distintos, pelo exercício de sua autonomia privada, quer ela seja exercitada antes do casamento, pelo pacto antenupcial; seja durante o matrimônio, quando decidem redefinir ou reestruturar suas convenções iniciais e o fazem no casamento pela via judicial, ou por escritura ou contrato particular no caso de existir uma união estável, alterando o regime de bens e outras pontuais avenças; ou convencionam ao final da relação, durante a crise matrimonial, quando então transformam as suas dissidências em entendimentos ou composições consensuais, transportadas para divórcios e dissoluções de uniões fáticas judiciais ou extrajudiciais com ampla liberdade de disposição.

São ajustes denominados como *negócios jurídicos* e realizados entre cônjuges ou conviventes, superando antigos ranços conceituais do casamento ser uma intocável *instituição*, ou ao menos uma mistura entre contrato e instituição. Mesmo assim e sob toda a intervenção estatal, jamais os consortes foram impedidos de organizar suas relações pessoais e econômicas, como melhor lhes aprouvesse, materializando suas vontades por acordos de separação, divórcio e dissolução de união estável, sempre em momentos de colapso e de ruptura conjugal,[468] quando presentes sentimentos de insegurança ou de euforia matrimonial, sem que fossem empecilhos para a homologação ou para a escrituração das rupturas oficiais; como não existem realmente impedimentos consistentes, que inibam a pactuação de contratos de renúncia aos futuros e eventuais direitos sucessórios concorrenciais.

Samir Namur refere que nem todas as relações familiares exercem uma *função social* dependente da proteção estatal, sendo preciso saber separar esse papel social de efeito *existencial* dos relacionamentos afetivos daqueles de conteúdo patrimonial,[469] ocorrendo amiúde, manifestações dispositivas dos consortes e conviventes mesclando harmoniosamente direitos materiais com os existenciais.[470]

---

[467] GUITIÁN, Alma María Rodríguez. *Los pactos de pre-ruptura conyugal*. Navarra: Thomson Reuters/Aranzadi, 2018. p. 83.
[468] TRIAS, Encarna Roca i. *Libertad y familia*. Valencia: Tirant Lo Blanch, 2014. p. 83.
[469] NAMUR, Samir. *Autonomia privada para a constituição da família*. Rio de Janeiro: Lumen Juris, 2014. p. 97.
[470] NAMUR, Samir. *Autonomia privada para a constituição da família*. Rio de Janeiro: Lumen Juris, 2014. p. 96.

Em outro trecho de seu livro, Samir Namur reforça suas conclusões doutrinárias acrescendo que:

> Atualmente, imperioso compreender que a base da família é apenas a proteção da manifestação de vontade afetiva do indivíduo, devendo as relações patrimoniais ser reguladas pelo direito obrigacional e real. Desse modo, pessoas livres e em situação de pleno discernimento são obviamente livres para contratar, para dispor de seus patrimônios. Como as relações patrimoniais entre familiares são relações patrimoniais como quaisquer outras (com a mesma lógica, mesmos elementos) a tônica deve ser a mesma. Excetuam-se desse conjunto aquelas relações que, ainda que tenham conteúdo patrimonial, são inspiradas pelo valor da solidariedade e repercutem diretamente na esfera existencial, quanto ao sustento da pessoa, tais como os alimentos e a sucessão *mortis causa* dos bens.[471]

Embora pareça que Samir Namur relute acerca da extensão da autonomia privada, sugerindo freios quando ela interferira nos aspectos subjetivos da existência das pessoas, não parece ser esta a tendência verificada no âmbito das experiências judiciais e doutrinárias, que defendem o amplo poder de disposição dos cônjuges sobre seus direitos de crédito e sobre as suas expectativas materiais. Remonta neste particular ao ideário francês, que considerava qualquer pacto contrário às leis e aos bons costumes, em uma época na qual a autonomia privada não podia servir de subterfúgio para diminuir a autoridade do marido nem alterar uma suposta ordem natural das coisas que, no passado cada vez mais distante assignava papéis às pessoas em função de seu sexo (atividades de gênero),[472] sendo aquela a epopeia histórica de uma decantada *supremacia masculina*, verdadeiro preconceito que se ainda não o foi, ao menos deveria ter sido erradicado do sistema jurídico brasileiro desde a conquista constitucional da igualdade conjugal.

Com os olhos dessa limitação não é como enxerga a quase totalidade do Direito continental, como disto é um bom exemplo a autonomia privada dos cônjuges no sistema jurídico alemão, cujo parágrafo 1408 (1) do BGB (*Bürgerliches Gesetzbuch*)[473] se atém a admitir a existência dos contratos matrimoniais (*Ehevertrag*), sem assinalar seus limites de validade.

A respeito disso aponta Alma María Rodríguez Guitián que, não obstante o parágrafo 1408 (1) do BGB aluda a um conceito de contrato matrimonial muito restrito, na prática o sistema jurídico alemão se utiliza de um julgamento muito mais amplo, que abarca toda a classe de acordos sobre as consequências econômicas do divórcio, como a partilha do patrimônio dos esposos; a manutenção alimentar pós-divórcio; a compensação dos direitos de pensão (a autora se refere ao reparto igualitário no divórcio da pensão por aposentadoria, invalidez ou incapacidade laboral); a atribuição da vivenda conjugal e dos bens móveis[474] e inclusive nos seus aspectos sucessórios.

Como igualmente tem previsão o Direito aragonês (Espanha), ao permitir dentre as diversas opções de pactos sucessórios o *pacto de renúncia*, visto como uma modalidade de pacto que tem como finalidade a que ambos os cônjuges renunciem à herança do consorte

---

[471] NAMUR, Samir. *Autonomia privada para a constituição da família*. Rio de Janeiro: Lumen Juris, 2014. p. 180.
[472] GALLARDO, Aurelio Barrio. *Autonomía privada y matrimonio*. Madrid: Reus, 2016. p. 113.
[473] "§ 1408 *Convenções matrimoniais, liberdade contratual*
(1) Os cônjuges podem regular suas relações patrimoniais mediante contrato (convenções matrimoniais), em especial extinguindo ou modificando o regime econômico da celebração do casamento.
(2) Em convenções matrimoniais, os cônjuges podem excluir também mediante pacto expresso a compensação de pensões. A exclusão é ineficaz se durante o ano seguinte ao outorgamento das convenções matrimoniais se apresenta uma demanda de divórcio."
[474] GUITIÁN, Alma María Rodríguez. *Los pactos de pre-ruptura conyugal*. Navarra: Thomson Reuters/Aranzadi, 2018. p. 84.

que vier a falecer em primeiro lugar. A cláusula de renúncia está regulada pelo art. 84.1 da Lei de Sucessões aragonesa, ao dispor serem *válidos os pactos de renúncia ou transação sobre a herança futura entre o renunciante ou renunciantes e a pessoa de cuja sucessão se trate.*

Explica Carmen Bayod López que a diferença dos pactos positivos é que, no pacto de renúncia, o disponente é precisamente o próprio herdeiro ou legatário que renuncia à sua expectativa e à sua efetiva designação, liberando o sucedido do vínculo que lhe impedia de dispor de seus bens de outra maneira, e aduz que os pactos de renúncia podem abarcar todos os direitos sucessórios do renunciante ou parte deles, seja a título gratuito ou oneroso e sujeitar-se inclusive à condição, sendo possível renunciar até mesmo à legítima.[475]

Quando cônjuges pactuam casamentos com regimes consensuais de separação de bens, certamente querem evitar de todas as formas a comunicação do seu patrimônio troncal para com o da família de seu consorte, tanto na dissolução do matrimônio pelo divórcio como na hipótese da morte em que exista a imposição sucessória, pois estes casais não almejam que seus bens lineares ou troncais restem em mãos do cônjuge ou convivente sobrevivente, especialmente quando a eles sobrevivam seus descendentes ou ascendentes, aos quais retornam os bens como representantes consanguíneos do núcleo familiar. Somente quando ausentes herdeiros vocacionados em primeiro e em segundo lugar é que o consorte sobrevivo será chamado a recolher a herança como um herdeiro universal, e somente neste estágio fático é que desaparecem ou desinteressam os efeitos da renúncia meatória e sucessória constantes dos pactos antenupciais.

Nem seria demasia asseverar acerca do alcance da autonomia privada em matéria familiar e a figura do *negócio jurídico familiar*, que objetiva a constituição, modificação, extinção e regulamentação de uma relação jurídica familiar,[476] sendo extremamente fácil verificar a presença da autonomia dos cônjuges no sistema jurídico brasileiro quando, decididamente, são eles que, por exemplo, reconhecem se os bens são comuns ou privativos. Tem pertinência reproduzir lição exarada por Mário Luiz Delgado quando escreve que o cônjuge concorre excepcionalmente com herdeiros de primeira e de segunda classe, mas que ele é sucessor da terceira classe, lembrando que *concurso* significa o chamamento de pessoas com qualificações jurídicas diversas, trazendo como reforço de argumento o que dispõe o art. 1.810 do Código Civil, ao ordenar que, se um herdeiro renuncia à herança, a parte do renunciante acresce à dos outros herdeiros da *mesma classe* ou é devolvida aos da *classe subsequente*, sendo o renunciante o único de sua classe.[477]

Também Renata Raupp Gomes comunga do mesmo pensamento quando escreve que:

> Madaleno possui interessante opinião sobre a concorrência, dizendo-a mera evolução do anterior sistema de 1916, referindo-a como um direito familiar de índole assistencial, estratificado na codificação revogada sob a forma de direito real de habitação ou usufruto vidual. De cunho eminentemente familiar – e não sucessório –, tais institutos refletiam precipuamente a preocupação assistencial com o sobrevivo, traduzindo-se em direito real de habitação – quando o regime de casamento fosse o de comunhão universal ou usufruto

---

[475] LÓPEZ, Carmen Bayod. Las novedades en materia de pactos sucesorios en la ley aragonesa de sucesiones por causa de muerte (Ley 1/1999 de 24 de febrero). In: SÁNCHEZ, Antonio Cabanillas et al. (Coord.). *Estudios jurídicos en homenaje al profesor Luís Díez-Picazo*. Madrid: Thomson-Civitas, 2003. t. IV, p. 5.136.

[476] TORRES, Marta Figueroa. *Autonomía de la voluntad, capitulaciones matrimoniales y pactos en previsión de ruptura em España, Estados Unidos y Puerto Rico*. Madrid: Dykinson, 2016. p. 61.

[477] DELGADO, Mário Luiz. Controvérsias na sucessão do cônjuge e do convivente. In: DELGADO, Mário Luiz; ALVES, Jones Figueirêdo (Coord.). *Novo Código Civil*: questões controvertidas no direito de família e das sucessões. São Paulo: Método, 2005. v. 3, p. 422.

de ¼ (concorrendo com descendentes) ou ½ (concorrendo com ascendentes) dos bens do falecido quando o regime fosse qualquer outro.

Realmente, não se deve confundir a posição de herdeiro necessário do cônjuge ou companheiro com a sua inserção concorrencial com descendentes e ascendentes na ordem da vocação hereditária. Assiste razão ao referido autor quando afirma que submeter o direito do cônjuge em concorrência com descendentes a certos regimes de bens ou mesmo vincular a quantificação de seu quinhão à origem e número de descendentes com os quais concorre é o suficiente para extrair dessa condição seu caráter assistencial que nega feição sucessória ao benefício legal da concorrência, dentro outros motivos, pela regra da intangibilidade da legítima (art. 1.846, CCB/02). Lado outro, na concorrência com ascendentes a determinação de 1/3 ou da metade do patrimônio hereditário parece reeditar, ainda que tratando agora de titularidade e não mais de direito real sobre coisa alheia, a regra protetiva do usufruto vidual do Código Civil revogado.

Corroborando-se as reflexões de Madaleno, entende-se que a concorrência tanto com descendentes quanto com ascendentes pode ser tranquilamente afastada por pacto ante-nupcial ou contrato de convivência.[478]

Inclina-se para esta mesma direção Valéria Julião Silva Medina, ao observar que, em conformidade com a Lei 13.140/2015 (Lei da Mediação), ao dispor sobre a mediação, em seu art. 3º situa que *pode ser objeto de mediação o conflito que verse sobre direitos disponíveis ou sobre direitos indisponíveis que admitam transação*, como é possível a transação, sem a menor sombra de dúvida, nas questões que tratem dos aspectos patrimoniais dos direitos de família.[479]

A consolidação da igualdade constitucional dos cônjuges e conviventes foi claramente responsável pelo aumento do âmbito de liberdade de atuação dos esposos e companheiros, ao mesmo tempo que foi ajudando a superar a natural repugnância que deitava sobre esta mesma noção de autonomia externada em contratos antenupciais, e que no passado tinham pouco trânsito entre os casais brasileiros. Os pactos antenupciais e os contratos convivenciais vêm sendo cada vez mais utilizados pelos pares afetivos, estendendo o seu conteúdo que, anteriormente, se limitava a eleger os regimes primários de bens para o casamento. A autonomia privada dos cônjuges e conviventes se encontra, na atualidade, fortemente assentada no sistema jurídico continental, sendo extremamente amplo o conteúdo dos pactos matrimoniais com suas cláusulas e convenções materiais consignadas antes, durante e para depois da ruptura do casamento pelo divórcio ou para a previsão de falecimento de um dos consortes.

Para Tainara Issler Spies, mais forte do que a autonomia privada dos cônjuges é o *princípio da confiança* aplicável a todos os negócios jurídicos, inclusive os de Direito de Família, que estão presentes no contrato de convivência e no pacto antenupcial, como instrumentos jurídicos de organização das relações patrimoniais entre os parceiros, e termina dizendo que: *se o cônjuge supérstite ocupa indevidamente a posição de herdeiro do de cujus, como preconiza a doutrina majoritária, permite-se que se esquive da vontade manifestada do perfazimento do pacto antenupcial.*[480]

Negócios jurídicos familiares realizados entre cônjuges e conviventes têm sido largamente admitidos quando contêm disposições de ordem patrimonial, dentro da perspectiva

---

[478] GOMES, Renata Raupp. *A função social da legítima no direito brasileiro*. Rio de Janeiro: Lumen Juris, 2019. p. 145.

[479] MEDINA, Valéria Julião Silva. *Processo de família e o novo CPC*: prática processual *versus* direito material. Curitiba: Juruá, 2017. p. 154.

[480] SPIES, Tainara Issler. O regime da separação de bens e seus aspectos jurídicos. In: NORONHA, Carlos Silveira (Coord.). *Reexaminando as novas formações estruturais do ente familiar na atualidade*. Porto Alegre: Sulina, 2018. p. 344-345.

de *contratualização* do Direito de Família entre pessoas adultas, com inquestionável capacidade e autonomia de decisão, não importando sua prática em uma suposta *mercantilização dos vínculos conjugais*, como tampouco que ela siga sendo proibida porque a sua admissão significa algo ruim para os casais, sendo em realidade, demasiado que, nesta seara familista e sucessória, ainda possa prevalecer a exagerada proteção dos cônjuges e conviventes que terminam sendo comparados aos consumidores ou empregados que enfrentam empresários.

Desequilíbrios sempre existiram e seguirão existindo entre as posições conjugais contratuais, tanto antes, como durante ou depois do matrimônio, mas deve o intérprete da lei partir da noção de plena capacidade de obrar dos cônjuges e conviventes, como de regra ela é presumida para qualquer pessoa adulta que vive em uma sociedade desenvolvida, e dentro de um processo de igualdade de oportunidades e de igualdade de protagonismos dos membros de uma união afetiva, os quais são cada vez mais independentes, e cada vez mais a outrora *dependência econômica* tem se tornado uma regra da mais absoluta exceção.[481]

Cônjuges e conviventes podem livremente projetar para o futuro a renúncia de um regime de comunicação de bens, como podem projetar para o futuro a renúncia expressa ao direito concorrencial dos incs. I e II do art. 1.829 do Código Civil brasileiro, sempre que concorram na herança com descendentes ou ascendentes do consorte falecido. A renúncia de direitos hereditários futuros não só não afronta o art. 426 do Código Civil (*pacta corvina*), como diz notório respeito a um mero benefício vidual, passível de plena e prévia abdicação, que, obviamente, em contratos sinalagmáticos precisa ser reciprocamente externada pelo casal, constando como um dos capítulos do pacto antenupcial ou do contrato de convivência, condicionado ao evento futuro da morte de um dos parceiros e da subsistência do relacionamento afetivo por ocasião da morte de um dos consortes e sem precedente separação de fato ou de direito.

74.3.7. Os pactos negativos ou de renúncia

Os pactos pré-nupciais podem ser celebrados pelos futuros cônjuges antes do casamento, como podem modificá-los depois do matrimônio (CC, art. 1.639, § 2º), tal qual podem os conviventes firmá-los antes ou durante o seu relacionamento, para determinar as consequências pessoais, subjetivas e materiais provenientes da separação, do divórcio, da dissolução de união estável ou da morte dos pactuantes. São projetados para tempos de crise ou de ruptura do casamento ou da convivência estável, e uma vez sobrevindo o conflito matrimonial ou a dissolução do relacionamento pelo decesso ou pelo divórcio, o pacto antenupcial trata de prescrever com anterioridade os efeitos materiais e imateriais da discórdia ou da viuvez. O pacto antenupcial é um contrato cuja eficácia resta submetida à condição de que em um momento futuro se produza a crise matrimonial ou a sua ruptura, detendo um caráter preventivo das consequências jurídicas derivadas do rompimento.[482]

O atual estágio da autonomia privada dos cônjuges e conviventes é fruto da simetria dos seus direitos e das suas obrigações, em contraste ao período de trevas do direito familista dos tempos em que era proibida qualquer forma de contratação entre os esposos, imaginando o Estado que protegia a mulher casada de qualquer pressão a que seu esposo pudesse submetê-la em prejuízo de seus interesses conjugais.[483]

---

[481] GIMENO, Gemma Rubio. *Autorregulación de la crisis de pareja* (una aproximación desde el Derecho Civil catalán). Madrid: Dykinson, 2014. p. 18.
[482] ESCRIBANO, Celia Martínez. *Pactos patrimoniales*: práctica jurídica. Madrid: Tecnos, 2011. p. 79.
[483] Explicitando a natureza jurídica do casamento na década de 1990, CHAVES, Antonio. *Tratado de direito civil*: direito de família. 2. ed. São Paulo: RT, 1991. v. 5, t. 1, p. 67, com escólio em Betti, escrevia que os

Nora Lloveras, Olga Orlandi e Fabian Faraoni, comentando o vigente Código Civil e Comercial da Argentina, enfatizam a tendência mundial de flexibilizar a proibição de pactos sobre herança futura, particularmente com o claro objetivo de favorecer a constituição e a gestão das empresas familiares, e acrescentam que a família hodierna recupera a sua importância econômica como unidade de produção de bens e de serviços por intermédio da empresa familiar.[484]

Por meio da Ley 25/2010, o legislador catalão introduziu no Código Civil da Catalunha (Espanha) os *pactos de previsão de futura ruptura*, outorgados pelos cônjuges ou conviventes, e que podem ser constituídos por escritura pública ou em convenções matrimoniais, como obra acabada do progressivo reconhecimento da autonomia da vontade na regulamentação das relações patrimoniais entre cônjuges e companheiros, baseado na harmonia construída nos relacionamentos afetivos da atualidade, de modo a assegurar que uma futura ruptura matrimonial seja o menos contenciosa e devastadora possível.[485]

A Compilação de Direito Civil de Aragão, também na Espanha, regula a sucessão estipulada em pactos matrimoniais ou escrituras públicas, cujo art. 65 enumera as modalidades de pactos admitidos, que podem ser *positivos* ou de instituição, ou *negativos* ou de renúncia. O contrato sucessório é totalmente diferente do testamento, cuja designação testamentária do sucessor não tem nenhuma relevância antes da morte do *de cujus* e a pessoa chamada a suceder carece de qualquer direito ou de qualquer expectativa de direito enquanto não falece o testador. Entretanto, o pacto sucessório prescinde da assinatura de ambos os cônjuges ou conviventes, sendo aceitas pelos dois as imposições por eles convencionadas em contrato sinalagmático e por isto resulta impossível a sua revogação unilateral, eis que o contrato vincula a ambos os contratantes.[486]

Estes pactos antenupciais podem fazer referência aos aspectos pessoais e econômicos dos cônjuges, como podem corresponder às suas funções e obrigações parentais e tratar ainda dos aspectos sucessórios dos pactuantes. O *pacto sucessório* permite estender os efeitos econômicos contratados pelos cônjuges para além do divórcio e prever a incidência de seus efeitos pelo fato da morte, como sucede nos pactos sucessórios norte-americanos, cujo conteúdo pactício pode envolver a transmissão de bens ao consorte sobrevivente, como pode conter compensações financeiras por renúncias que os cônjuges realizem.

No pacto sucessório *positivo* o cônjuge institui seu parceiro ou terceiro como seu sucessor, quer a título universal ou a título singular, como herdeiro instituído ou legatário, com eficácia diferida para o momento da morte, ou pode apenas conferir ao cônjuge a qualidade de sucessor concorrendo com outros sucessores, mas nada estipulando em torno do alcance e da extensão patrimonial que irá suceder, precisando ser obviamente respeitadas as legítimas dos herdeiros necessários. O pacto sucessório *negativo* ou de renúncia em nada afeta a vedação do art. 426 do Código Civil a despeito do *pacta corvina*, haja vista que a renúncia hereditária por antecipação não abarca qualquer gesto abjeto de cobiça e expectativa pela morte do titular

---

negócios patrimoniais deveriam ser separados dos negócios familiares, dada natureza extrapatrimonial do casamento, pois seus efeitos patrimoniais seriam de importância secundária ante os interesses superiores do núcleo familiar, cujos valores não poderiam ser subsumidos pelos aspectos econômicos do matrimônio, sob pena de afrouxamento e desintegração do casamento.

[484] LLOVERAS, Nora; ORLANDI, Olga; FARAONI, Fabian. *Derecho de sucesiones*. Buenos Aires: Rubinzal-Culzoni, 2016. t. I, p. 82.
[485] TORRES, Marta Figueroa. *Autonomía de la voluntad, capitulaciones matrimoniales y pactos en previsión de ruptura em España, Estados Unidos y Puerto Rico*. Madrid: Dykinson, 2016. p. 232-233.
[486] ZUBIAUR, Leire Imaz. *La sucesión paccionada en el derecho civil vasco*. Madrid: Marcial Pons, 2006. p. 333.

dos bens, pois como antes dito, a sua prévia abdicação não traz nenhum benefício ao herdeiro renunciante.

A possibilidade de renúncia antecipada em pacto sucessório com cláusulas insertas em pacto antenupcial, em contrato sucessório ou em uma escritura pública de união estável, ou até mesmo mandada lavrar pelos cônjuges na constância do casamento, não está, definitivamente, entre aquelas proibições sugeridas pela leitura desinteressada do art. 426 do Código Civil brasileiro, bastando atribuir o real valor e alcance da autonomia privada dos cônjuges e conviventes, e atentar para a circunstância de que a proposição de renúncia preventiva dos direitos hereditários se limita, por sua natureza jurídica, aos *benefícios viduais* do direito do cônjuge ou do convivente, quando concorrem como coerdeiros com descendentes e ascendentes. Não tem a extensão de permitir a renúncia antecipada do cônjuge ou do convivente quando são vocacionados como herdeiros diretos e únicos, verdadeiros sucessores universais chamados a herdar o universo dos bens do falecido diante da inexistência ou desistência hereditária de seus descendentes ou ascendentes.

Trata-se de direito que se encontra dentro da esfera de disponibilidade dos cônjuges e companheiros que podem abdicar desses benefícios sucessórios viduais de conteúdo assistencial, impostos pelo legislador de 2002, como legados *ex lege* e cuja renúncia os cônjuges podem avençar em escrituras especialmente lavradas, que só produzem eficácia se, ao tempo da abertura da sucessão, ainda persista a comunidade de vida do matrimônio, pois tanto a separação fática como a dissolução oficial do casamento produzem a ineficácia dos direitos e a perda de objeto da renúncia sucessória.

Sem que se possa saber, em condições normais de saúde, qual dos consortes morreria em primeiro lugar, firmam a convenção em equilíbrio de condições e abdicam reciprocamente desse benefício sucessório do legado *ex lege*, não se estendendo a renúncia contratual à vocação sucessória do cônjuge ou do convivente quando chamados à herança como herdeiros universais e necessários, não fazendo sentido equiparar essa qualidade pura de herdeiro quando cônjuge e companheiro sobrevivos são alçados à herança em mero concurso como *sucessores irregulares*.

Se um casal opta pelo regime da separação de bens, a autonomia da vontade segue a mesma lógica de não compartilhar patrimônio quando o casamento termina pela morte de um dos cônjuges, e não há como imaginar que a vontade deste par se contente em limitar a incomunicabilidade patrimonial apenas para a ruptura em vida da união afetiva e que aceite possa ser diferente quando a dissolução da relação afetiva se dá pela morte de um deles.

Tem mais uma vez pontual pertinência o pensamento doutrinário externado por Tainara Issler Spies:

> A pessoa que casa pela separação convencional de bens, em regra, não projeta dividir seu patrimônio amealhado com o cônjuge supérstite. Há uma inversão de valor e de lógica, porque se de fato este casal quiser separar a herança e não comunicá-la terá de fazer um adendo ao pacto de separação ou retirar percentual da herança do supérstite mediante testamento.[487]

Na interpretação do ordenamento jurídico brasileiro seriam vetados contratos ou pactos antenupciais projetando a herança de pessoa viva (CC, art. 426), como concluiu a 3ª Turma do Superior Tribunal de Justiça, no REsp 1.472.945/RJ, datado de 23 de outubro de 2014, da relatoria do Ministro Ricardo Villas Bôas Cueva, ao mencionar que o pacto antenupcial não

---

[487] SPIES, Tainara Issler. O regime da separação de bens e seus aspectos jurídicos. In: NORONHA, Carlos Silveira (Coord.). *Reexaminando as novas formações estruturais do ente familiar na atualidade.* Porto Alegre, 2018. p. 352.

poderia produzir efeitos após a morte por inexistir no ordenamento pátrio previsão de ultratividade do regime patrimonial apta a emprestar eficácia póstuma ao regime matrimonial.

É que o fato gerador no direito sucessório é a morte de um dos cônjuges, não existindo no ordenamento pátrio previsão de ultratividade do regime patrimonial capaz de emprestar eficácia póstuma ao regime matrimonial, como se o casamento não se dissolvesse pelo divórcio ou pela morte, sendo que em qualquer uma das duas hipóteses tem término o regime de bens, e sem que a legislação brasileira realmente proíba a adição de *cláusula sucessória* ao pacto antenupcial ou aos contratos matrimoniais, não se afigurando impeditivo convencionar precedente renúncia a típico benefício vidual, com natureza jurídica de direito *assistencial* e não sucessória.

O evento morte prenuncia a condição contratada de renunciar preventivamente aos bens sucessíveis de quem faleceu e cuja sucessão concorrencial tem o incontestável escopo de conteúdo *assistencial*, como pode ser extraído deste mesmo REsp 1.472.945/RJ, quando na sua ementa o Ministro Relator Ricardo Villas Bôas Cueva prescreve que o inc. I do art. 1.829 do Código Civil confere ao cônjuge viúvo *o mínimo necessário para uma sobrevivência digna* e isto, definitivamente, não pode ser visto como herança, mas deve ser enxergado pela finalidade que tem, como um benefício vidual como sempre foi da intenção do legislador desde a instituição do usufruto vidual.

Fosse realmente reprimido contratar herança de pessoa viva também seria proibido aos sócios de uma empresa de responsabilidade limitada consignar no contrato social a vedação da incorporação ou não dos herdeiros na sociedade, como seria então vetado ao consorte ou ao convivente excluir do trâmite sucessório uma parte importante do seu patrimônio por meio de um contrato de seguro de vida, ou através de uma expressiva e direcionada previdência privada.[488]

Para espancar qualquer resquício de dúvida é plausível certificar toda a precedente argumentação com a reprodução literal do item 68 (sessenta e oito), do voto proferido pelo Ministro Luís Roberto Barroso, como relator do Recurso Extraordinário 878.694/MG, julgado pelo Plenário do Supremo Tribunal Federal, em 10 de maio de 2017, ao ser declarada a *inconstitucionalidade da distinção do regime sucessório entre cônjuges e companheiros*, expressando o relator a seguinte e elucidativa manifestação:

> 68. É importante observar, porém, que a declaração de inconstitucionalidade da distinção dos regimes sucessórios entre cônjuges e companheiros, prevista no art. 1.790 do CC/2002, não impede uma futura atuação do legislador no sentido de garantir a possibilidade de exercício da autonomia da vontade pelos companheiros (e também pelos cônjuges). Desde que mantenha a equiparação de regimes sucessórios entre o casamento e a união estável como regra geral, o Poder Legislativo poderá criar regime sucessório diverso, ao qual os companheiros poderão optar, em vida, mediante acordo escrito. Nesse caso, porém, para que não se viole a presente decisão, será preciso fixar-se que, não havendo convenção, será aplicável à união estável o regime estabelecido no art. 1.829 do CC/2002.[489]

Portanto, e por igual, também aos olhos da mais elevada Corte brasileira não existe realmente qualquer limite fático ou legal que impeça cônjuges e conviventes de pactuarem suas renúncias sucessórias e de se livrarem, definitivamente, desse verdadeiro *fantasma* que assombra as relações afetivas desde a edição do Código Civil de 2002, efeito jurídico agora agravado pelo Recurso Extraordinário 878.694/MG, julgado em conjunto com o Recurso Extraordinário 646.721/RS, e com repercussão geral, declarando inconstitucional o art. 1.790

---

[488] TRÍAS, Encarnación Roca i. *Libertad y familia*. Valencia: Tirant Lo Blanch, 2014. p. 210.
[489] BARROSO, Luís Roberto. Item 68 do voto do RE 878.694/MG, em 10 de maio de 2017.

do Código Civil, que, antes, desequiparava, para fins sucessórios, os cônjuges e os companheiros, e abria uma rota de fuga para aqueles que queriam evitar a sucessão compulsória concorrencial, qual seja, o mesmo objetivo que agora alguns perseguem sugerindo o estreito caminho do *contrato de namoro qualificado* para não cogitar de efeitos jurídicos.[490]

Vive a sociedade uma autêntica revolução ideológica e são os cônjuges ou conviventes que, de comum acordo, decidem se seus bens serão comuns ou privativos, ficando à inteira conveniência do casal a configuração presente e futura de seu ativo, não mais existindo espaço e tolerância para continuar duvidando da capacidade dos cônjuges e dos companheiros de decidirem por si mesmos.[491]

Por fim, não existindo realmente nenhuma disposição legal que proíba previsões de caráter sucessório nos pactos matrimoniais para o caso de falecimento de qualquer um dos membros do par afetivo, conquanto a renúncia ou o acréscimo de bens em direito concorrencial não afetem nem prejudiquem as legítimas dos herdeiros necessários, os acordos devem seguir observando o contrato protocolar da escritura pública e seus pressupostos formais, e como todo contrato lícito, nele não pode concorrer qualquer vício de consentimento como a intimidação, a coação, o erro, ou o dolo, se fazendo presente a boa-fé dos contratantes, no sentido de que tenham a clara informação sobre os bens que cada um deles tem, para que cada um deles saiba com exatidão a que está renunciando, sem ser preciso ter a perfeita informação do valor de cada um dos bens, mas uma estimativa aproximada do patrimônio, de modo a que possam garantir a informação adequada e necessária para que as partes firmatárias do acordo matrimonial emitam um consentimento válido e eficiente,[492] considerando que, tirante o regime da separação total de bens, consortes e conviventes abdicam, em regra, de bens particulares que não ajudaram a construir.

De qualquer sorte, adotando eles o regime convencional da separação de bens, ao tomarem essa resolução de renúncia recíproca dos direitos sucessórios concorrenciais, convencionam com a mesma amplitude e a autonomia que lhes permitiram abdicar de eventuais meações.

74.4. Companheiro

Sempre foram bastante diversificadas as causas sociais, religiosas, econômicas e jurídicas das uniões livres, ou para usar a expressão do passado, as relações de concubinato, apontando Edgard de Moura Bittencourt diversos fatores que influenciaram na constituição desses relacionamentos, que andavam à margem do casamento e que no campo econômico tiveram como fator de forte disseminação o período da Revolução Industrial do século XIX quando, nas grandes aglomerações de operários, conheceu-se o extremo da pobreza,[493] existindo, no passado, a proibição do divórcio como fator igualmente motivador das uniões informais.

A lenta redenção do concubinato só encontrou sua carta de alforria com a Constituição Política de 1988, que cunhou a expressão *união estável*, nome doravante adotado para legitimar as uniões informais, que, em um primeiro momento, identificavam as relações afetivas entre um homem e uma mulher, conquanto não fossem relacionamentos adulterinos, tampouco incestuo-

---

[490] SILVA, Leonardo Amaral Pinheiro da. *Pacto dos namorados*. Rio de Janeiro: Lumen Juris, 2018. p. 94.
[491] GALLARDO, Aurelio Barrio. *Autonomía privada y matrimonio*. Madrid: Reus, 2016. p. 129 e 140.
[492] GARZÓN, María Dolores Cervilla. *Los acuerdos prematrimoniales en previsión de ruptura*: un estudio de derecho comparado. Valencia: Tirant Lo Blanch, 2013. p. 103-117.
[493] BITTENCOURT, Edgard de Moura. *O concubinato no direito*. 2. ed. Rio de Janeiro: Editora Jurídica e Universitária, 1989. v. 1, p. 28-29.

sos, com estabilidade e durabilidade, vivendo ou não sob o mesmo teto, embora na atualidade a coabitação seja a regra geral e a não coabitação a exceção, com a intenção de constituir família.[494]

Houve a pluralização da família e um reconhecimento prefacial da equiparação da união estável ao casamento, a cujo patamar a união informal foi alçada com a edição da Constituição Federal de 1988 e das Leis 8.971/1994 e 9.278/1996, em uma verdadeira ode aos vínculos de afeto. A propósito, prescreve o § 3º do art. 226 da Carta Política de 1988 que, "para efeito da proteção do Estado, é reconhecida a união estável entre o homem e a mulher como entidade familiar, devendo a lei facilitar sua conversão em casamento".

No campo doutrinário, Belmiro Pedro Welter realça que a única diferença entre casamento e união estável era aquela pertinente à sua prova, pois esta não era pré-constituída como no matrimônio, que emitia a certidão oficial do casamento,[495] sendo esta a única diferença ainda existente entre o casamento e a união estável depois do julgamento pelo Plenário do Supremo Tribunal Federal, do Recurso Extraordinário 878.694/MG, conforme pode ser extraído de diversas passagens do voto do relator Ministro Luís Roberto Barroso, quando inicia afirmando que:

> 43. [...] Se o papel de qualquer entidade familiar constitucionalmente protegida é contribuir para o desenvolvimento da dignidade e da personalidade dos indivíduos, será arbitrária toda diferenciação de regime jurídico que busque inferiorizar um tipo de família em relação a outro, diminuindo o nível de proteção estatal aos indivíduos somente pelo fato de não estarem casados. Desse modo, a diferenciação de regimes entre casamento e união estável somente será legítima quando não promover a hierarquização de uma entidade familiar em relação à outra.
>
> 44. Por outro lado, se a diferenciação entre os regimes basear-se em circunstâncias inerentes às peculiaridades de cada tipo de entidade familiar, tal distinção será perfeitamente legítima. É o caso, por exemplo, da diferença quanto aos requisitos para a comprovação do casamento e da união estável. O casamento é um instituto formal, solene, e permite às partes comprovarem o estado civil de casadas com a mera exibição da certidão matrimonial, independentemente de prova de convivência. Na verdade, duas pessoas poderiam se conhecer e se casar em período de tempo muito curto, e não haveria qualquer questionamento quanto ao estado civil de ambas. Da mesma forma, se os cônjuges entenderem que não há mais razões para o casamento perdurar, é preciso que passem por um procedimento igualmente formal e solene, ao fim do qual poderão exibir uma certidão que comprove o novo estado civil.
>
> 45. Diferentemente, a união estável pressupõe (como demonstra o próprio nome) que as partes estejam em uma relação constante e prolongada no tempo, com a finalidade de constituição de família. Este último elemento é o traço que a distingue, por exemplo, de outros tipos de relações amorosas informais. No entanto, não há formalidade para a constituição da união estável: ela decorre dos fatos da vida. É verdade que as partes podem comparecer a um cartório e registrar sua existência, mas esse registro será declaratório, e não constitutivo. Se a união estável existir, seu registro apenas refletirá um fato anterior. Já se não houver verdadeiramente uma união estável, o registro não passará de uma declaração falsa, pois não servirá para criá-la.
>
> 46. É justamente nesse ponto que se pode identificar o motivo pelo qual o texto constitucional optou por facilitar a conversão da união estável em casamento. Entra em cena a questão da segurança jurídica [...].

Também disse isso Ibrahim Fleury de Camargo Madeira Filho ao observar que casamento e união estável tinham direitos materiais equivalentes, dispostos pelos arts. 1.694 e seguintes do Código Civil (embora assim não o fosse no respeitante aos direitos sucessórios que eram desequiparados entre cônjuges e conviventes desde o advento do Código Civil/2002),

---

[494] PEREIRA, Rodrigo da Cunha. *Concubinato e união estável*. 7. ed. Belo Horizonte: Del Rey, 2004. p. 28-29.
[495] WELTER, Belmiro Pedro. *Estatuto da união estável*. 2. ed. Porto Alegre: Síntese, 2003. p. 38.

contudo, entre os dois institutos jurídicos perdurava importante diferença no plano processual quanto à prova pré-constituída do vínculo familiar, pois pessoas casadas dispõem de certidão de casamento[496] e conviventes não, contudo, como disse o Ministro Luis Felipe Salomão na ementa do REsp 1.337.420/RS, na 4ª Turma do STJ:

Com a Constituição Federal de 1988, uma nova fase do direito de família e, consequentemente, do casamento, surgiu, baseada num explícito poliformismo familiar, cujos arranjos multifacetados foram reconhecidos como aptos a constituir esse núcleo doméstico chamado família, dignos da especial proteção do Estado, antes conferida unicamente àquela edificada a partir do casamento. Na medida em que a própria Carta Magna abandona a fórmula vinculativa da família ao casamento e passa a reconhecer, exemplificativamente, vários tipos interpessoais aptos à constituição da família, emerge, como corolário, que, se os laços que unem seus membros são oficiais ou afetivos, torna-se secundário o interesse na forma pela qual essas famílias são constituídas.

Antes da vigência da Lei 8.971, de 29 de dezembro de 1994, não havia na legislação brasileira o deferimento de direito sucessório do convivente, sendo que a Lei 9.278 de 10 de maio de 1996, acrescentou o direito real de habitação ao convivente sobrevivente. De acordo com o art. 2º da Lei 8.971/1994, a companheira comprovada de um homem solteiro, separado judicialmente, divorciado ou viúvo, que com ele viva há mais de cinco anos, ou dele tenha prole, e, da mesma forma, o companheiro de mulher solteira, separada judicialmente, divorciada ou viúva (Lei 8.971/1994, art. 1º, parágrafo único), participarão da sucessão do companheiro ou companheira nas seguintes condições: (i) com direito ao usufruto da quarta parte dos bens do *de cujus* se houver filhos deste ou comuns, enquanto não constituir nova família; (ii) com direito ao usufruto da metade dos bens do *de cujus*, se não houver filhos, embora sobrevivam ascendentes enquanto não constituir nova união; (iii) na falta de descendentes e de ascendentes, o companheiro ou companheira sobreviventes terão direito à totalidade da herança.

Escreveu Rodrigo da Cunha Pereira que o direito sucessório dos companheiros estava definido tendo como espelho o direito sucessório dos cônjuges e bastava a prova da relação caracterizando a união estável para que o companheiro supérstite se habilitasse no inventário do falecido.[497]

Em seu voto como relator do RE 878.694/MG, o Ministro Luís Roberto Barroso (item 21 do voto) disse que a Lei 8.971/1994 praticamente reproduziu o regime sucessório estabelecido para os cônjuges no Código Civil de 1916, colocando o companheiro no terceiro plano da ordem sucessória, atrás dos descendentes e ascendentes, além de conceder o direito de usufruto nas mesmas condições legais previstas para o consorte viúvo e previu o direito do companheiro à meação quanto aos bens da herança adquiridos com sua colaboração, lembrando que nem o cônjuge nem o companheiro eram considerados herdeiros necessários na vigência do diploma civil revogado, subsistindo como diferença apenas a ausência do direito real de habitação sobre o imóvel residencial, que era concedido ao cônjuge casado pela comunhão universal de bens, mas que não estava previsto em favor do companheiro sobrevivo, e que depois também foi concedido ao convivente em qualquer regime de bens pela Lei 9.278/1996.

Portanto, entre a Carta Política de 1988 e a Lei 9.278 de 1996, transcorreram oito anos nos quais os direitos concedidos aos cônjuges e aos companheiros foram sendo equilibrados, exarando a sensação de que ambas as instituições deveriam receber a mesma proteção quanto aos direitos sucessórios, acrescendo o Ministro Luís Roberto Barroso, no item 23 (vinte e três) de seu voto no RE 878.694/MG, que o direito sucessório brasileiro estaria fundado na

---

[496] MADEIRA FILHO, Ibrahim Fleury de Camargo. *Conversão da união estável em casamento*. São Paulo: Saraiva, 2014. p. 74.

[497] PEREIRA, Rodrigo da Cunha. *Concubinato e união estável*. 7. ed. Belo Horizonte: Del Rey, 2004. p. 118-119.

noção de que a continuidade patrimonial é fator fundamental para a proteção, coesão e perpetuação da família.

Contudo, o legislador de 2002 tratou de modo diferente os companheiros com relação ao direito constitucional à herança, ao estabelecer regras díspares para os companheiros no art. 1.790 do Código Civil em comparação aos direitos sucessórios concedidos aos cônjuges pelo art. 1.829 do mesmo diploma civil, registrando Zeno Veloso toda a sua inconformidade com o conteúdo inconstitucional do tratamento legal conferido ao companheiro sobrevivente em comparação ao tratamento adjudicado ao consorte, escrevendo que o legislador de 2002 promoveu um notável recuo ao deixar o companheiro em posição infinitamente inferior com relação àquela ostentada pelo cônjuge – inexistindo razão jurídica, motivo histórico, causa sociológica que justifique mudança tão radical.[498]

No item 26 do RE 878.694/MG, o Ministro Luís Roberto Barroso referiu que o grande marco desta verdadeira involução na proteção do companheiro, qual seja, o marco do retrocesso surgido com a edição do art. 1.790 do Código Civil ao criar duas gritantes diferenças entre os regimes sucessórios de cônjuge e companheiro, primeiro restringindo a participação hereditária do companheiro aos bens adquiridos onerosamente e a segunda diferença ao reduzir significativamente o quinhão hereditário do convivente sobrevivo em comparação ao quinhão do cônjuge viúvo, sem desconsiderar o posicionamento privilegiado dos herdeiros colaterais que, até o quarto grau podiam se habilitar para recolher dois terços da herança, deixando para o convivente sobrevivente uma terça parte dessa mesma herança.

Diante de tantas discrepâncias, Belmiro Pedro Welter clamava que os tribunais pátrios corrigissem esse lamentável equívoco perpetrado pelo legislador, julgando inconstitucional o art. 1.790 do Código Civil,[499] não sendo esta, contudo, uma reação uníssona dos tribunais brasileiros, tampouco da doutrina nacional, sendo que julgadores e doutrinadores dividiam seus julgamentos e suas conclusões entre a constitucionalidade e a inconstitucionalidade do art. 1.790 do Código Civil, alguns apenas criticando o desequilíbrio de efeitos jurídicos entre a sucessão do cônjuge e a do companheiro, sem considerar inconstitucional o dispositivo legal, mas muitos outros reconhecendo como sendo legítima a superposição do casamento sobre o instituto da união estável, cuja polêmica que perdurou por longo tempo terminou com o julgamento pelo Supremo Tribunal Federal do Recurso Extraordinário 878.694/MG, em 10 de maio de 2017, por maioria – julgado em conjunto com o Recurso Extraordinário 646.721/RS, relativamente às uniões estáveis.

Para outros, a inconstitucionalidade não deitava sobre o todo do art. 1.790 do Código Civil, mas somente no seu inc. III, como defendia Flávio Tartuce, ao se atribuir somente um terço da herança ao convivente sobrevivo quando concorresse com ascendentes e colaterais do falecido, mas, estando tudo definitivamente superado diante da decisão do Supremo Tribunal Federal.[500]

Dentre os julgamentos que sustentavam a total inconstitucionalidade do art. 1.790 do Código Civil, Flávio Tartuce indica os do Tribunal de Justiça do Rio Grande do Sul; do Tribunal de Justiça de São Paulo; e do Tribunal de Justiça de Sergipe, os quais defendiam a inconstitucionalidade porque sustentavam que o art. 1.790 do Código Civil trazia *menos direitos sucessórios aos companheiros*; ao passo que em outros julgamentos o TJSP declara-

---

[498] VELOSO, Zeno. Do direito sucessório dos companheiros. In: DIAS, Maria Berenice; PEREIRA, Rodrigo da Cunha (Coord.). *Direito de família e o novo Código Civil*. 4. ed. Belo Horizonte: Del Rey, 2005. p. 242-247.
[499] WELTER, Belmiro Pedro. *Estatuto da união estável*. 2. ed. Porto Alegre: Síntese, 2003. p. 220.
[500] TARTUCE, Flávio. *Direito civil*: direito das sucessões. 11. ed. Rio de Janeiro: Forense, 2018. v. 6, p. 313.

va a inconstitucionalidade do art. 1.790 do Código Civil, porque ele concedia *mais direitos sucessórios aos companheiros*, privilegiando a união estável em detrimento do casamento.[501]

Depois Flávio Tartuce declina os julgados que reconheciam a inconstitucionalidade somente do inc. III do art. 1.790 do Código Civil, citando, como exemplos, dois acórdãos do Tribunal de Justiça de São Paulo (Agravo de Instrumento 654.999.4/7, Acórdão 4034200, da 4ª Câmara de Direito Privado, Rel. Des. Teixeira Leite, j. 27.08.2009, e Agravo de Instrumento 609.024.4/4, Acórdão 3618121, 8ª Câmara de Direito Privado, Rel. Des. Caetano Lagrasta, j. 06.05.2009) e um do Rio Grande do Sul (Agravo de Instrumento 70027138007, 8ª Câmara Cível, Rel. Des. José Ataídes Siqueira Trindade, j. 18.12.2008), e, os julgados que entendiam pela *inexistência de qualquer inconstitucionalidade* do art. 1.790 do Código Civil, como o aresto do Tribunal de Justiça do Distrito Federal (Recurso 2009.00.2.001862-2, Acórdão 355.492, 1ª Turma Cível, Rel. Des. Natanael Caetano) e o do Tribunal de Justiça de São Paulo (Agravo de Instrumento 589.196.4/4, Acórdão 3474069, 2ª Câmara de Direito Privado, Bragança Paulista, Rel. Des. Morato de Andrade, j. 03.02.2009).[502]

Lembra Flávio Tartuce que, pelo art. 97 da Constituição Federal, Câmaras ou Turmas isoladas dos tribunais brasileiros estão proibidos de reconhecerem isoladamente a inconstitucionalidade de leis, cuja tarefa seria dos Órgãos Especiais e Plenos das Cortes Estaduais, como alguns deles já haviam se pronunciado em um sentido e no outro. Cita Flávio Tartuce que a Corte Especial do Tribunal de Justiça do Paraná adotara a premissa da inconstitucionalidade apenas do inc. III do art. 1.790 do Código Civil (TJPR, Incidente de Declaração de Inconstitucionalidade 536.589-9/01), enquanto o Pleno do Tribunal de Justiça de Sergipe declarou a inconstitucionalidade de todo o art. 1.790 do Código Civil e de seus incisos (Incidente de Inconstitucionalidade 8/2010), e na mesma linha concluiu o Pleno do Tribunal de Justiça do Rio de Janeiro (TJRJ, Arguição de Inconstitucionalidade 00326554020118190000), ao passo que o Órgão Especial do Tribunal de Justiça do Rio Grande do Sul, por maioria, concluiu pela constitucionalidade do art. 1.790 do Código Civil, diante da inexistência de igualdade plena entre a união estável e o casamento (Incidente 7002939037-4), externando igual pensamento o Órgão Especial do Tribunal de Justiça do Estado de São Paulo (Processo 0434423-72.2010.8.26.0000 – 990.10.434423-9), enquanto a Corte Superior do Tribunal de Justiça de Minas Gerais declarou a inconstitucionalidade do inc. III do art. 1.790 do Código Civil (Processo 0322132-50.2006.8.13.0512), e à mesma conclusão chegou o Tribunal de Justiça de Santa Catarina, através de seu Órgão Especial (2008.064395-2), vencendo a tese da constitucionalidade no Tribunal de Justiça do Espírito Santo (Incidente de Inconstitucionalidade no Agravo de Instrumento 024099165979), com prevalência da *tese de constitucionalidade* de todo o art. 1.790 do Código Civil.[503]

Escreveu o Ministro Luís Roberto Barroso em seu voto proferido no RE 878.694/MG, que, no Superior Tribunal de Justiça, a controvérsia acerca da constitucionalidade do art.

---

[501] "Inventário. Partilha. Meação da companheira. Decisão que aplica o art. 1.790, inc. II, do Código Civil. Determinação de concorrência entre a companheira e os filhos do *de cujus* quanto aos bens adquiridos na constância da união, afora a meação. Inconformismo. Alegação de ofensa ao art. 226, § 3º, da CF/1988. Concessão de direitos mais amplos à companheira que à esposa. Acolhimento da arguição de inconstitucionalidade. Questão submetida ao Órgão Especial. Incidência dos arts. 481, do CPC, e 97, da CF/1988. Aplicação da Súmula Vinculante n. 10, do STF. Recurso conhecido, sendo determinada a remessa dos autos ao Órgão Especial, nos termos do art. 657, do Regimento Interno desta Corte." (TJSP, Agravo de Instrumento 598.268.4/4, Acórdão 3446085, 9ª Câmara de Direito Privado, Barueri, Rel. Des. Grava Brasil, j. 20.01.2009, *DJESP* 10.03.2009).

[502] TARTUCE, Flávio. *Direito civil*: direito das sucessões. 11. ed. Rio de Janeiro: Forense, 2018. v. 6, p. 313-320.

[503] Informações extraídas do livro de TARTUCE, Flávio. *Direito civil*: direito das sucessões. 11. ed. Rio de Janeiro: Forense, 2018. v. 6, p. 321-327.

1.790 do Código Civil havia sido suscitada nos Recursos Especiais 1.291.636, 1.318.249 e 1.135.354, contudo, não houve decisão final de mérito, pois, explica mais uma vez Flávio Tartuce, o Órgão Especial do STJ concluiu que a matéria era afeita ao Supremo Tribunal Federal,[504] que reconheceu a repercussão geral no RE 646.721/RS, que tinha como foco a aplicação do art. 1.790 do Código Civil às uniões homoafetivas, enquanto o RE 878.694/MG tratou de união estável de casal heteroafetivo, concluindo que não existe elemento de discriminação que justifique o tratamento diferenciado entre cônjuge e companheiro estabelecido pelo art. 1.790 em confronto com o art. 1.829, ambos do Código Civil.[505]

Após esta tormentosa trajetória enfrentada pelos tribunais brasileiros dividindo-se entre a constitucionalidade e a inconstitucionalidade do art. 1.790 do Código Civil, ou ao menos de parte dele, pois para alguns tribunais haveria somente a inconstitucionalidade do inc. III, faltando ao fim e ao cabo o pronunciamento do Supremo Tribunal Federal para definir se seria correto estabelecer alguma hierarquia constitucional entre as formas de constituir família e se, existindo esta hierarquia familiar, poderiam ser estabelecidos direitos sucessórios diferentes para os companheiros sobreviventes em relação aos direitos sucessórios previstos para os cônjuges supérstites, aduziu o Ministro Luís Roberto Barroso, no item 36 (trinta e seis) de seu voto no RE 878.694/MG, existirem de fato várias diferenças entre o casamento e a união estável, no tocante ao seu modo de constituição, de comprovação e de extinção, mas que a questão posta no julgamento do tema 809 da repercussão geral, é saber se é possível extrair do art. 226 da Constituição Federal alguma hierarquia que autorize a instituição de regimes sucessórios diferentes para o casamento e para a união estável, fixando a tese de que: *"No sistema constitucional vigente, é inconstitucional a distinção de regimes sucessórios entre cônjuges e companheiros, devendo ser aplicado em ambos os casos, o regime estabelecido no art. 1.829 do CC/2002"*.

Conforme o Ministro Luís Roberto Barroso, as diferenças existentes entre o casamento e a união estável residem na forma de sua constituição, onde a união estável depende da verificação de uma situação de fato, em que inexiste um documento único que a constitua e que sirva de prova definitiva (item 46 do voto), sucedendo disto um menor índice de segurança jurídica quando comparado ao matrimônio oficial, que pode ser comprovado pela mera exibição da certidão de casamento (item 44 do voto), daí se justifica a expressão constitucional de facilitação da conversão da união estável em casamento, cujo termo exterioriza o desejo estatal de garantir maior segurança jurídica nas relações sociais (item 48 do voto).

No item 49 de seu voto como relator do RE 878.694/MG o Ministro Luís Roberto Barroso arremata que:

> 49. Como decorrência lógica da inexistência de qualquer hierarquia entre as diferentes entidades familiares e do direito a igual proteção legal de todas as famílias, é inconstitucional o art. 1.790, do Código Civil, ao prever regimes sucessórios distintos para o casamento e para a união estável. Se o legislador civil entendeu que o regime previsto no art. 1.829 do CC/2002 é aquele que melhor permite ao cônjuge viver sua vida de forma digna após o óbito de seu parceiro, não poderia, de forma alguma, estabelecer regime diverso e menos protetivo para o companheiro.

Esse acórdão do RE 878.694/MG modulando os efeitos determinou que somente teria aplicação para os processos em que não houve partilha transitada em julgado,[506] merecendo destaque

---

[504] TARTUCE, Flávio. *Direito civil*: direito das sucessões. 11. ed. Rio de Janeiro: Forense, 2018. v. 6, p. 328.
[505] MELLO, Cleyson de Moraes. *Direito civil*: sucessões. Rio de Janeiro: Freitas Bastos, 2017. p. 136.
[506] PACHECO, José da Silva. *Inventários e partilhas na sucessão legítima e testamentária*. 20. ed. rev. e atual. por Mario Roberto Carvalho de Faria. Rio de Janeiro: Forense, 2018. p. 28.

a improcedência de dúvida suscitada pelo Oficial do Registro de Imóveis de São Paulo, Capital, argumentando que o testador não poderia dispor da totalidade de seu patrimônio depois do julgamento, pelo Supremo Tribunal Federal, dos Recursos Extraordinários 646.721/RS e 878.694/MG, deixando companheira que dele seria herdeira necessária, não obstante tenham sido adquiridos em condomínio, todos os bens na constância da convivência. A companheira sobrevivente seria condômina de metade dos bens, mas também seria herdeira concorrente da outra metade constituída pelos bens que estavam registrados em nome do condômino testador e ex-companheiro.

Em seu julgamento de improcedência da dúvida, datado de 20 de abril de 2018, e publicado no *DJe* de 25 de abril de 2018, a juíza Tania Mara Ahualli reconheceu que a companheira sobrevivente já tinha sido suficientemente protegida em sua subsistência pessoal ao ser condômina de metade dos imóveis que estavam sendo inventariados, sendo vontade do testador, que deve ser preservada, que a outra metade desses imóveis fosse destinada integralmente aos seus herdeiros descendentes ou ascendentes, como certamente planejou em seu testamento em uma época na qual a companheira sobreviva não era coerdeira de bens particulares, priorizando a disposição de última vontade do testador, pois, se o direito do cônjuge ou convivente à herança concorrente pode ser excluído, caso à época da morte existissem fundamentos para a propositura do divórcio ou existisse a separação de fato, e este ato dependeria da iniciativa unilateral de qualquer um dos consortes ou conviventes, expressada em testamento pelo falecido, não poderia ser igualmente considerada e respeitada se, afinal de contas, a preocupação do legislador ao criar este verdadeiro *legado ex lege* do direito concorrencial foi atendida pelo *de cujus* ao atribuir à companheira sobrevivente a metade exata de seus bens, o que realizou em regime de condomínio, sem nenhuma razão para beneficiá-la com mais um quinhão incidente sobre a quota condominial do sucedido. Direito que sequer a companheira sobrevivente reivindicou, sendo a dúvida suscitada pelo Oficial do Registro de Imóveis, dado que o comportamento da convivente supérstite foi de absoluto respeito ao *princípio da confiança* ou da boa-fé da parceira, que agiu de maneira coerente com a estabilidade econômica e financeira que já lhe havia sido assegurada pelo parceiro falecido.

O Supremo Tribunal Federal, apreciando o tema 809 da repercussão geral, por maioria e nos termos do voto do Ministro Relator Luís Roberto Barroso, deu provimento ao Recurso Extraordinário 878.694/MG, para reconhecer de forma incidental a inconstitucionalidade do art. 1.790 do Código Civil de 2002, para ser aplicado, tanto nas hipóteses de casamento quanto nas de união estável, o regime do art. 1.829 do Código Civil de 2002, vencidos os Ministros Dias Toffoli, Marco Aurélio e Ricardo Lewandowski, que votaram negando provimento ao recurso e, portanto, reconhecendo a constitucionalidade do art. 1.790 do Código Civil de 2002.

O fato é que os casais encontravam na insegurança jurídica da constituição fática de uma união estável a devida compensação da segurança jurídica de o convivente sobrevivo poder ser excluído do direito sucessório, tendo agora o Supremo Tribunal Federal aproximado ainda mais os efeitos jurídicos das duas espécies mais comuns de constituição de família, eis que, desde o julgamento do RE 878.694/MG, também o convivente supérstite é coerdeiro do sucedido juntamente com os descendentes ou ascendentes do autor da herança, gerando, para muitos, uma insegurança sucessória, considerando que não mais se faria viável afastar o parceiro da herança, como antes ele era facilmente abduzido pela instituição de um testamento no qual o companheiro pré-falecido beneficiava terceiros com a sua herança.

74.4.1. *O concubinato, a união estável putativa e as relações paralelas*

A vida a dois, sem serem casados, era indicada pela palavra concubinato, como se fosse um crime, escreve Fernando Torres-Londoño, desclassificando e diferenciando as pessoas devido à conotação de condição ilícita[507] de relações que dificilmente chegariam ao casamento, mesmo porque, muitas delas tinham surgido a partir de pessoas que, casadas, haviam se desquitado e não poderiam casar novamente.

Na etimologia grega, o concubinato significa dormir com certa pessoa, copular, ter relação sexual, de molde que, historicamente, a concubina é considerada a amante do homem casado, sendo aquele associado ao adultério.[508]

Como diz Samir Namur, a expressão concubinato traz intensa carga de estigmas morais, um verdadeiro sentido depreciativo para toda a cultura ocidental,[509] ficando por isto mesmo sempre abaixo do matrimônio, à sua margem, estigmatizado como algo proibido, contrário aos bons costumes.

A expressão *união estável* aportou na linguagem jurídica com o advento da Carta Política de 1988, cujo art. 226, § 3º, espraiou a proteção estatal para além do casamento, de modo a também abarcar o instituto da união estável, mudando a terminologia que tradicionalmente era utilizada para identificar a mesma relação informal até então chamada de *concubinato*. Valendo-se ainda do termo *concubinato*, Silvio Rodrigues aludiu o seu crescente prestígio, sendo encarado como um casamento de fato e lembra que toda a tendência presente na década de 1970, de encará-lo como fenômeno de existência real, fez com que a jurisprudência lhe atribuísse paulatinos efeitos na órbita do Direito,[510] efeitos estes depois consagrados com a Constituição Federal de 1988, renomeando a instituição familiar para *união estável*, com o claro propósito de afastar o sentido pejorativo atribuído ao concubinato, e cujo estigma não mais poderia subsistir diante das significativas mudanças surgidas no campo do direito familista.[511]

Nos primeiros tempos após a Carta Política de 1988, o termo *concubinato* continuou sendo utilizado pelos operadores do Direito, que continuavam se referindo ao concubinato e pouco se utilizando da expressão *união estável*, que, ocasionalmente, era referida como mera variação de linguagem, uma expressão sinônima, como o era a palavra *companheirismo*. A propósito disto, escreveu Belmiro Pedro Welter que boa parcela da doutrina não via diferença de conteúdo entre as duas expressões,[512] valendo-se o meio jurídico de duas espécies de concubinato, uma delas chamada de *concubinato impuro*, relacionado entre amantes e aqueles impedidos de casar, e a outra denominada de *concubinato puro*, para aquelas pessoas que não eram casadas, tampouco tinham impedimento para o matrimônio, mas apenas preferiam uma união informal e vivida à semelhança do casamento.

Com o advento do Código Civil de 2002, o seu art. 1.723 definiu a união estável como sendo uma entidade familiar, configurada na convivência pública, contínua e duradoura, estabelecida com o objetivo de constituir família, entre um homem e uma mulher, ou entre duas pessoas do mesmo sexo (STF/2011, ADPF 132 e ADI 4.277), ao passo que o art. 1.727 do Código Civil estabeleceu que as relações não eventuais entre duas pessoas impedidas de

---

[507] TORRES-LONDOÑO, Fernando. *Concubinato, Igreja e escândalo na colônia*. São Paulo: Edições Loyola, 1999. p. 30.

[508] SIMÃO, José Fernando. In: LAGRASTA NETO, Caetano; SIMÃO, José Fernando (Coord.); BENETI, Sidnei Agostinho (Consultor). *Dicionário de direito de família*. São Paulo: Atlas, 2015. v. 1, p. 222.

[509] NAMUR, Samir. *A desconstrução da preponderância do discurso jurídico do casamento no direito de família*. Rio de Janeiro: Renovar, 2009. p. 162.

[510] RODRIGUES, Silvio. *O divórcio e a lei que o regulamenta*. São Paulo: Saraiva, 1978. p. 13.

[511] GAMA, Guilherme Calmon Nogueira. *O companheirismo*: uma espécie de família. São Paulo: RT, 1998. p. 99.

[512] WELTER, Belmiro Pedro. *Estatuto da união estável*. 2. ed. Porto Alegre: Síntese, 2003. p. 72.

casar, constituem concubinato, ou seja, serão amantes se um deles ou ambos forem casados e não estiverem separados de fato ou de direito.

Estas expressões *concubinato puro* e *concubinato impuro* despareceram do vocabulário jurídico brasileiro pelo seu completo desuso e de todo inapropriado, pois todo o concubinato se tornou impuro por ser sinônimo de amasiamento, salvo que um dos conviventes ignore o estado civil do outro ou ignore que o outro siga casado e que mantenha em paralelo duas relações afetivas e familiares, consubstanciadas nas figuras de um casamento seguido de uma outra união informal; ou de duas uniões informais e concomitantes, não sob a mesma habitação mas paralelas, mantidas ao mesmo tempo mas em lares distintos, com estruturas e funcionamentos independentes, com ou sem o conhecimento do outro convivente.

O impedimento para uma nova união não se encontra no estado civil da pessoa, a qual pode ser casada ou manter uma relação de união estável, mas desde que esteja faticamente separada do cônjuge,[513] dado que o § 1º do art. 1.723 do Código Civil ressalva expressamente o reconhecimento da existência de uma união estável entre pessoas que, embora casada qualquer uma delas, ou ambas, elas se achem separadas de fato ou de direito e, uma vez cessada a convivência conjugal, a relação convivencial se consolida.

O princípio da monogamia encontra eco no art. 1.521, inc. IV, do Código Civil, quando proíbe novo casamento de pessoa casada, sob pena de nulidade das segundas núpcias (CC, art. 1.548, inc. II), enquanto não desfeitas as primeiras núpcias. Por isto repugna ao Direito o reconhecimento de quaisquer efeitos jurídicos às uniões simultâneas ou paralelas, quer eles decorram do Direito de Família ou do Direito das Sucessões. Como informam Nelson Rosenvald e Cristiano Chaves de Farias, o concubinato é tratado pelo ordenamento positivo como uma relação meramente obrigacional (sociedade de fato), caracterizada entre pessoas que estão impedidas de casar,[514] aqui considerado qualquer impedimento matrimonial absoluto.

Entretanto, a doutrina e a jurisprudência dos tribunais estaduais se dividem entre a atribuição de efeitos jurídicos para os relacionamentos estáveis concomitantes, defendendo alguns a ocorrência da boa-fé de parte do companheiro, que precisaria desconhecer a existência de uma família paralela e antecedente, levada a efeito por seu parceiro. Este segmento doutrinário admite a atribuição de efeitos jurídicos ao denominado concubinato putativo e apenas na proteção do parceiro que, de boa-fé, desconhecia a coexistência de outra relação familiar mantida por seu par. Outros juristas e julgados defendem o reconhecimento dos efeitos jurídicos mesmo quando o convivente não desconhece a existência de uma família precedente e paralela, e o faz em respeito à longa e estável duração desta segunda união, que não se desfigura da estabilidade à mostra de sua longa duração. Entrementes, tem prevalecido na doutrina e na jurisprudência e de forma quase unânime perante o Superior Tribunal de Justiça, salvo uma única exceção para fins de alimentos,[515] o não reconhecimento da simultaneidade familiar e como consequência, têm sido negados efeitos patrimoniais advindos do direito familista,[516]

---

[513] MADALENO, Rolf. *Direito de família*. 8. ed. Rio de Janeiro: Forense, 2018. p. 1.210.

[514] ROSENVALD, Nelson; FARIAS, Cristiano Chaves de. *Curso de direito civil*: sucessões. 2. ed. Salvador: JusPodivm, 2016. v. 7, p. 356.

[515] Este precedente para efeito exclusivamente alimentar é o REsp 1.185.337/RS, julgado na 3ª Turma do STJ, em 20 de março de 2015, sendo relator o Ministro João Otávio de Noronha, que manteve a obrigação alimentar arbitrada pelo TJRS para a concubina idosa que os recebeu por mais de quarenta anos.

[516] FACCENDA, Guilherme Augusto. *Uniões estáveis paralelas*. Rio de Janeiro: Lumen Juris, 2014. p. 119.

embora possam se admitir circunstancialmente, os efeitos patrimoniais na forma do direito obrigacional, com suporte na Súmula 380 do STF, para a partilha do patrimônio adquirido pelo efetivo e comprovado esforço comum.[517]

A propósito do casamento ou da união estável simultânea putativa em que se destaca a boa-fé objetiva do companheiro que desconhecia a existência do impedimento matrimonial precedente, ou que desconhecia uma antecedente união estável igualmente paralela, tem assento a doutrina de Daniel Alt da Silva, quando propugna pela ampla declaração de efeitos jurídicos, mesmo quando ausente a clandestinidade das relações, pois ele reconhece efeitos jurídicos ao menos em relação ao concubino de boa-fé, o que já seria uma boa alternativa para superar o paradigma estatal da monogamia.[518]

Do mesmo modo Letícia Ferrarini advoga uma revisão desta cega obediência oriunda de uma cultura ocidental de respeito intransigente à monogamia, negando a realidade da diuturna existência de múltiplas conjugalidades que são frutos de um fenômeno sociológico próprio da sociedade contemporânea.[519]

Por fim, Ana Carolina Brochado Teixeira e Renata de Lima Rodrigues também relativizam o princípio da monogamia e conclamam uma abordagem diferenciada para aquelas uniões concomitantes, sejam elas putativas ou não, mas todas devem ser valorizadas pelo Direito, não apenas pela boa-fé de seus membros, mas em virtude dos valores do afeto e da solidariedade. Estimas humanas que também são protegidas por Nelson Rosenvald e Cristiano Chaves de Farias, os quais as identificam como fundamento contemporâneo da relação familiar e por isto prescindem de um olhar mais cuidadoso da doutrina e da jurisprudência,[520] tais relacionamentos não podem mais ficar à mercê de uma interpretação obrigacional da fria sociedade de fato, e, se estas relações estáveis concomitantes foram permeadas pelo adicional da confiança durante a convivência até o falecimento de um dos pares, ao menos a boa-fé precisa ser destinatária dos efeitos sucessórios atinentes ao conjunto de sobreviventes que o defunto polígamo involuntariamente abandonou.

74.5. Os colaterais

Colaterais são os parentes que, embora oriundos do mesmo tronco ancestral, não provêm diretamente uns dos outros, como sucede com irmãos, tios, sobrinhos e primos. Acham-se na linha colateral ou transversal, ensina Carlos Maximiliano, de maneira que, ao calcular o seu grau de parentesco, se percorrem duas linhas: primeiro, à direta ascendente até encontrar o antepassado comum; depois a descendente até ir ter ao lugar do parente que se compara.[521] Portanto, para saber o grau de parentesco entre dois primos, filhos dos respectivos irmãos, é preciso subir até o ascendente comum, que os vincula (avô dos primos e pai dos irmãos, tio dos primos) e depois descer até o outro primo.

---

[517] STF – "Súmula 380 – Comprovada a existência de sociedade de fato entre os concubinos, é cabível a sua dissolução judicial, com a partilha do patrimônio adquirido pelo esforço comum".
[518] SILVA, Daniel Alt da. *Família simultânea*: uma abordagem à luz da autonomia privada. Rio de Janeiro: Lumen Juris, 2016. p. 78.
[519] FERRARINI, Letícia. *Famílias simultâneas e seus efeitos jurídicos*: pedaços da realidade em busca da dignidade. Porto Alegre: Livraria do Advogado, 2010. p. 95.
[520] ROSENVALD, Nelson; FARIAS, Cristiano Chaves de. *Curso de direito civil*: sucessões. 2. ed. Salvador: JusPodivm, 2016. v. 7, p. 357-358.
[521] MAXIMILIANO, Carlos. *Direito das sucessões*. 4. ed. Rio de Janeiro: Freitas Bastos, 1958. v. I, p. 172.

Esta classe de herdeiros, como informa Arthur Vasco Itabaiana de Oliveira, já no ano de 1936, é a que mais sofreu profundas modificações desde a Lei 1.839 de 31 de dezembro de 1907 (Lei Feliciano Pena), quando foi transferida da terceira classe dos sucessíveis para a quarta, como também por ter sido limitada a sucessão deles ao sexto grau de parentesco, quando, anteriormente, tinha lugar o direito sucessório dos colaterais até o décimo grau de parentesco.[522]

O Código Civil de 1916 manteve a sucessão dos colaterais até o sexto grau de parentesco, sendo que, em 1939, o Dec.-lei 1.907 fixou o direito sucessório dos colaterais até o segundo grau; em 1945, o Dec.-lei 8.207 fixou o direito sucessório dos colaterais até o terceiro grau; e, em 1946, o Dec.-lei 9.461 estendeu o direito sucessório dos colaterais até o quarto grau, e, prossegue J. M. Leoni Lopes de Oliveira, o atual Código Civil manteve o direito sucessório dos colaterais até o quarto grau de parentesco.[523]

Os autores do Código Civil alemão tomaram do Direito austríaco o chamado *sistema de parentes*, que chama em primeiro lugar os descendentes do falecido, depois os pais e seus descendentes, que seriam os irmãos do sucedido, depois os avós e seus descendentes, que seriam os tios do falecido, formando cada grupo uma ordem de parentesco. Pode ser visto por este sistema de parentesco que os irmãos do morto são chamados à sucessão se o *de cujus* não deixa descendentes e se os seus ascendentes, pais do falecido e de seus irmãos, também tenham falecido. Nesta hipótese, os irmãos, que são parentes colaterais, passam à frente dos ascendentes avós, diferentemente do sistema sucessório brasileiro, em que os ascendentes são chamados sempre na falta de descendentes. Os herdeiros transversais são herdeiros facultativos e, no sistema sucessório brasileiro, somente são vocacionados se inexistirem descendentes, ascendentes, cônjuge ou convivente, e, se o sucedido não dispôs por testamento a totalidade de seus bens para terceiros. Os herdeiros colaterais estão na quarta ordem de chamamento, vindo depois dos descendentes, ascendentes, cônjuge ou companheiro, não figurando como herdeiros necessários no rol do art. 1.845 do Código Civil.

No sistema alemão, se ambos os pais do falecido sobrevivem, eles recolhem a totalidade da herança e seus outros filhos, os irmãos do defunto, ficam de fora da herança; porém, se quem morreu foi a mãe ou o pai, ingressam na herança os descendentes daquele progenitor falecido, em uma espécie de representação. Dessa forma, se são filhos bilaterais herdam tanto da mãe quanto do pai premorto, mas se forem filhos unilaterais herdam somente da mãe ou do pai pré-falecido e a cujo ascendentes se vinculam.

De acordo com o art. 1.592 do Código Civil, são parentes em linha colateral ou transversal, até o quarto grau, as pessoas provenientes de um só tronco, sem descenderem uma da outra, e o art. 1.839 do Código Civil ordena que, ausente cônjuge sobrevivente e o mesmo vale para convivente sobrevivo, nas condições do art. 1.830 (não estarem separados de fato ou de direito), serão chamados a suceder os colaterais até o quarto grau, lembrando que a linha colateral começa sempre no segundo grau de parentesco, que são os irmãos, cujo tronco comum são seus pais e com os quais os filhos estão na relação de parentesco de primeiro grau.

A legislação vigente limitou o parentesco colateral ao quarto grau, ao contrário do que ocorre na linha reta, por entender que depois do quarto grau de parentesco existe um enorme

---

[522] OLIVEIRA, Arthur Vasco Itabaiana de. *Tratado de direito das sucessões*. 3. ed. Rio de Janeiro: Livraria Jacintho, 1936. v. I, p. 195.
[523] OLIVEIRA, J. M. Leoni Lopes de. *Direito civil*: sucessões. Rio de Janeiro: Forense, 2017. p. 379.

fosso de distanciamento entre o sucedido e seus colaterais tão afastados, deixando de existir qualquer relação real de afeto e de solidariedade que justificaria o direito sucessório. É diferente de outros países, como na França, por exemplo, que ainda reconhece o parentesco colateral até o sexto grau,[524] ou como na Alemanha, que não obsta o direito à herança o parentesco distante com o falecido e, portanto, sem limite de grau.[525]

Ainda sob o império do Código Civil de 1916, Celso Affonso Garreta Prats escreveu que na sucessão dos colaterais, nos termos do art. 1.613 (art. 1.840 do CC/2002), os mais próximos excluem os mais remotos, ressalvado o direito de representação conferido aos filhos de irmãos, quando com seus tios concorrem. E acresce que na linha colateral são identificadas as seguintes ordens de parentesco: (a) irmãos, parentes de 2º grau; (b) sobrinhos e tios, parentes de 3º grau; e (c) primos, tios avós e sobrinhos netos, parentes de 4º grau.

Na sucessão dos colaterais podem ocorrer três situações distintas: (a) a sucessão dos parentes de irmãos, com benefício da dupla linhagem de parentesco; (b) a sucessão dos parentes de terceiro grau, tios e sobrinhos, com preferência para os sobrinhos do falecido, em prejuízo dos tios, embora ambos sejam do mesmo grau de parentesco; (c) a sucessão dos primos, com igualdade de direitos entre todos os chamados à sucessão.[526]

Segundo o art. 1.840 do Código Civil, na classe dos colaterais também segue sendo aplicada a mesma regra de que o herdeiro mais próximo afasta o de grau mais distante, salvo o direito de representação que é concedido exclusivamente aos filhos de irmãos. Existe similar disposição no parágrafo único do art. 2.439 do Código Civil e Comercial da Argentina, ao estabelecer que os irmãos e descendentes de irmãos deslocam os demais colaterais, cujo dispositivo legal prestigia o direito de representação para que irmãos pré-falecidos possam ser representados na herança por seus filhos, que são os sobrinhos do inventariado, seguindo a mesma regra da exceção do direito de representação presente quando filhos de herdeiro premorto recolhem o quinhão hereditário do representado. No Direito brasileiro, de acordo com o art. 1.854 do Código Civil, os representantes só podem herdar, como tais, o que herdaria o representado, se vivo fosse, e consignado que na linha transversal somente se dá o direito de representação em favor dos filhos de irmãos do falecido (sobrinhos), quando com irmãos deste concorrerem (CC, art. 1.853).

Wilson de Oliveira descreve, para desfecho, algumas regras estabelecidas no direito sucessório e que devem ser seguidas quanto à vocação dos colaterais:

> Primeira – Na classe dos colaterais, os mais próximos excluem os mais remotos, salvo o direito de representação concedido aos filhos de irmãos.
>
> Segunda – Herdam os parentes do mesmo grau em igualdade de condições, não se considerando se o parentesco decorre da linha paterna ou materna.
>
> Terceira – Concorrendo à herança do falecido, irmãos bilaterais ou germanos e irmãos unilaterais, cada um destes herdará a metade do que cada um daqueles herdar.
>
> Quarta – Não concorrendo à herança irmão bilateral, herdarão, em partes iguais, os unilaterais.
>
> Quinta – Na falta de irmãos, herdarão os filhos destes e, não os havendo, os tios.

---

[524] CHELLES, Iagmar Senna. In: GHIARONI, Regina (Coord.). *Direito das sucessões*. Rio de Janeiro: Freitas Bastos, 2004. p. 114.

[525] FISHER, Howard D. *O sistema jurídico alemão e sua terminologia*. Rio de Janeiro: Forense, 2013. p. 175.

[526] PRATS, Celso Affonso Garreta. *Sucessão hereditária*: vocação dos colaterais. Um estudo histórico, sociológico e jurídico da família ao longo do direito sucessório. São Paulo: Atlas, 1983. p. 59.

Como recorda Antonio José Tibúrcio de Oliveira, no concurso sucessório entre tios e sobrinhos, constante do *caput* do art. 1.843 do Código Civil, prevalece verdadeira exceção à regra geral de que os parentes do mesmo grau herdam conjuntamente, pois coloca os sobrinhos à frente dos tios do falecido, embora sobrinhos e tios sejam parentes de terceiro grau do autor da herança.[527] Em realidade, embora tios e sobrinhos sejam parentes transversais em terceiro grau, o legislador preferiu o chamamento dos sobrinhos, que herdarão por direito próprio ou por cabeça, preservada sempre a desigualdade dos quinhões conforme forem filhos de irmãos bilaterais ou unilaterais (CC, art. 1.843, § 2º),[528] em detrimento dos tios, e, somente se inexistirem sobrinhos, é que os tios serão chamados à sucessão.

Tampouco existe nessa hipótese o direito de representação, que só ocorre no concurso de irmãos com sobrinhos e não entre tios e sobrinhos, havendo consciente e expressa derrogação da regra pela qual os colaterais do mesmo grau devem herdar em igualdade de condições. No entanto, tratando-se de sucessão transversal, em que há concorrência entre tios do terceiro grau e sobrinhos-netos do quarto grau de parentesco, os tios preferem aos sobrinhos, herdando por cabeça e prevalecendo a regra do art. 1.840 do Código Civil. A preferência dos sobrinhos em relação aos tios decorre de dois motivos que são indicados por José Antonio Álvarez Caperochipi, sendo um deles a questão afetiva que penderia mais na direção descendente, e, o segundo, para evitar a pulverização demasiada dos bens inventariados se fossem partilhados entre tios e sobrinhos.[529]

Luiz Paulo Vieira de Carvalho refere que os sobrinhos se sobrepõem aos tios e recolhem a herança sozinhos e por direito próprio, salvo se houver testamento excluindo todos os colaterais (CC, art. 1.850), isso porque os sobrinhos, como forças mais novas, têm mais necessidade de amparo econômico.[530] Para que não fique nenhuma sombra de dúvida, Carlos Maximiliano esclarece que: se concorrer sobrinho, filho de irmão, com um tio do morto, o tio é excluído; se concorre sobrinho, filho de irmão, com um tio do sobrinho, irmão do falecido, herdam os dois.[531]

Flávio Tartuce indica lição de José Fernando Simão para situar que a preferência hereditária dos sobrinhos em prejuízo dos tios tem sua origem no Direito Romano, mais especificamente nas Novelas CXVIII (543 d.C.) e CXXVII (548 d.C.) de Justiniano, também vinculada à noção de que o falecido teria uma relação afetiva mais estreita com seus sobrinhos (filhos de sua irmã ou irmão) do que com seu tio (irmão de seu pai ou de sua mãe), e que além disso, o sobrinho, por ser mais jovem e estar iniciando a vida, em contraponto ao tio, mais velho e com sua vida financeira já resolvida, acolheria melhor esse auxílio provindo da herança do falecido.[532]

Na sequência arremata José Fernando Simão que:

> Entretanto, para finalizar a questão, deve-se lembrar que apesar da existência do fundamento histórico, no direito brasileiro, desde a vigência do CC/1916, em havendo só sobrinhos do falecido, estes herdam por direito próprio e não por representação (art. 1.843, § 1º, do CC). Conclui-se, portanto, que o fundamento histórico se afasta do direito posto, mas, de qualquer forma, os sobrinhos do morto herdam 100% dos bens quando concorrerem com o tio do morto em razão da expressa previsão legal.

---

[527] OLIVEIRA, Antonio José Tibúrcio de. *Direito das sucessões*. Belo Horizonte: Del Rey, 2005. p. 192.
[528] RIBEIRO, Paulo Hermano Soares. *Novo direito sucessório brasileiro*. Leme: JH Mizuno, 2009. p. 376.
[529] CAPEROCHIPI, José Antonio Álvarez. *Curso de derecho hereditario*. Madrid: Civitas, 1990. p. 163.
[530] CARVALHO, Luiz Paulo Vieira de. *Direito das sucessões*. 3. ed. São Paulo: Atlas, 2017. p. 461.
[531] MAXIMILIANO, Carlos. *Direito das sucessões*. 4. ed. Rio de Janeiro: Freitas Bastos, 1958. v. 1, p. 174.
[532] TARTUCE, Flávio. *Direito civil*: direito das sucessões. 11. ed. Rio de Janeiro: Forense, 2017. v. 6, p. 249.

De qualquer modo, reconhecemos que se o falecido não concordar com a determinação legal, poderá fazer um testamento beneficiando seu tio em detrimento de seu sobrinho, já que o colateral é herdeiro facultativo e não necessário.[533]

Sexta – Se concorrerem à herança somente filhos de irmãos falecidos, herdarão esses por cabeça. Nessa hipótese, não há concurso de graus, pois se habilitam para a herança unicamente os filhos dos irmãos do falecido, seja porque seus pais são pré-falecidos e, portanto, são chamados à herança por cabeça, já que não sobreviveu ninguém acima dos sobrinhos, ou porque todos os irmãos sobrevivos do morto renunciaram à herança e, sabidamente, na renúncia não existe o direito de representação (CC, art. 1.856).

Sétima – Se concorrerem filhos de irmãos bilaterais com filhos de irmãos unilaterais, cada um destes herdará a metade do que herdar cada um daqueles.

Oitava – Se todos forem filhos de irmãos bilaterais, ou todos de irmãos unilaterais, herdarão por igual.

Nona – Se concorrerem à herança do falecido tios e sobrinhos desse, serão os tios excluídos (*vide* quinta regra *supra*).

Décima – Se não houver colaterais como irmãos (2º grau), sobrinhos (3º grau) e tios (3º grau), herdarão os colaterais do 4º (quarto) grau: tios-avós, sobrinhos-netos e primos,[534] sendo que além do 4º (quarto) grau transversal de parentesco não mais existe vocação hereditária, como no passado – ao tempo das Ordenações, quando os efeitos sucessórios alcançavam o 10º (décimo) grau de parentesco e preferindo os colaterais em detrimento do cônjuge,[535] e depois reduzida a vocação hereditária na linha colateral pela Lei Feliciano Pena (Lei 1.839, de 31 de dezembro de 1907), para o 6º (sexto) grau de parentesco;[536] na sequência, inspirado em motivos de ordem política, o Dec.-lei 1.907, de 26 de dezembro de 1939, limitou o direito hereditário colateral ao 2º (segundo) grau, para, finalmente, confinar a sucessão legal na linha colateral ao 4º (quarto) grau de parentesco, salvo sejam os parentes transversais do 5º (quinto) grau em diante beneficiados pelo defunto pela via da sucessão testamentária.

Regramento idêntico contém o art. 2147º do Código Civil português, ao rezar que: *na falta de herdeiros de classes anteriores, são chamados à sucessão os restantes colaterais até o quarto grau, preferindo sempre os mais próximos.*

---

[533] TARTUCE, Flávio; SIMÃO, José Fernando. *Direito civil*: direito das sucessões. 2. ed. São Paulo: Método, 2008. p. 263.

[534] OLIVEIRA, Wilson de. *Sucessões*: teoria, prática e jurisprudência. 2. ed. Belo Horizonte: Del Rey, 2004. p. 55-58.

[535] MALUF, Carlos Alberto Dabus; MALUF, Adriana Caldas do Rego Freitas Dabus. *Curso de direito das sucessões*. São Paulo: Saraiva, 2013. p. 225.

[536] MALUF, Carlos Alberto Dabus; MALUF, Adriana Caldas do Rego Freitas Dabus. *Curso de direito das sucessões*. São Paulo: Saraiva, 2013. p. 226, historiam a trajetória da vocação hereditária dos colaterais, lembrando que o Código Civil de 1916 vocacionava os colaterais até o 6º grau, mas esse dispositivo foi modificado pelo Dec.-lei 1.907, de 26 de dezembro de 1939, que reduziu a sucessão dos colaterais para o 2º grau de parentesco, que abarcaria somente os irmãos do falecido, mas que, com a cessação do regime ditatorial, o Dec.-lei 8.207, de 22 de novembro de 1945, revogou o Dec.-lei 1.907, de 1939, fixando a vocação hereditária colateral no 3º grau, mas que o Dec.-lei 9.461, de 15 de julho de 1946, revogando o art. 1.612 do Código Civil de 1916, estabeleceu que, na falta de cônjuge sobrevivente, ou se manifestasse sua incapacidade para suceder, seriam chamados à sucessão os colaterais até o 4º grau, como permanece até hoje igualmente regrado pelo Código Civil de 2002.

74.5.1. Irmãos bilaterais em concurso com irmãos unilaterais

Já o art. 1.841 do Código Civil repristina o art. 1.614 do Código Civil de 1916, e ordena que, concorrendo à herança do falecido irmãos bilaterais com irmãos unilaterais, cada um destes herdará metade do que cada um daqueles herdar.

Irmãos bilaterais ou germanos são aqueles que descendem do mesmo tronco materno e paterno, procedendo de duas linhas: a materna e a paterna. São filhos do mesmo pai e da mesma mãe, ao passo que os irmãos unilaterais descendem de uma só linha: a materna ou a paterna. São filhos do mesmo pai ou apenas da mesma progenitora e são irmãos porque têm a mesma mãe ou o mesmo pai, de modo que, se tiverem o mesmo pai são denominados *consanguíneos* e se tiverem a mesma mãe são denominados *uterinos*.

Idêntico regramento consta do art. 2.440 do Código Civil e Comercial da Argentina, determinando que, na concorrência entre irmãos bilaterais e irmãos unilaterais, cada um destes herda a metade do que herdará cada um daqueles, e que, nos demais casos, os colaterais que concorrem herdarão em partes iguais, como igualmente regulamenta o art. 2146º do Código Civil de Portugal,[537] cujo dispositivo inclusive aglutina o direito de representação dos sobrinhos que no Código Civil brasileiro está disciplinado em um artigo independente (CC, art. 1.843), merecendo aplausos o poder de síntese do codificador português.

Este artigo estabelece que os filhos unilaterais herdarão a metade dos bens e que os bilaterais receberão o dobro do que tocar aos unilaterais. Existe uma fórmula simples para calcular o montante do quinhão hereditário de cada irmão, atribuindo o quociente 2 (dois) para os irmãos bilaterais e o quociente 1 (um) para os irmãos unilaterais.

Desta forma, se a herança deixada por um irmão for de um milhão de reais (R$ 1.000.000,00) e a ele sobreviveram três irmãos, sendo um deles bilateral, porque tem o mesmo pai e a mesma mãe, e outros dois unilaterais, porque têm o mesmo pai (ou a mesma mãe), ao irmão germano é atribuído o quociente 2 (dois), e a cada um dos irmãos unilaterais é atribuído o quociente 1 (um). Considerando o valor líquido da herança de um milhão de reais (R$ 1.000.000,00), este montante deve ser dividido pela soma dos quocientes atribuídos a cada herdeiro (um irmão bilateral peso 2; e dois irmãos unilaterais peso 1 para cada um deles (2+1+1=4), totalizando a soma dos algarismos o valor 4).

Assim sendo, a herança de R$ 1.000.000,00 ÷ 4 = R$ 250.000,00 (o valor da herança líquida é dividido pelo quociente 4).

Este resultado de R$ 250.000,00 deve ser multiplicado pelo quociente atribuído a cada herdeiro: como o bilateral tem o quociente 2 (dois), porque recebe o dobro dos unilaterais, R$ 250.000,00 × 2 = R$ 500.000,00; e como cada herdeiro unilateral tem o quociente 1 (um), porque recebe a metade do que recebe o irmão germano, R$ 250.000,00 × 1 = R$ 250.000,00 para cada um dos unilaterais. Em resumo: R$ 500.000,00 para o irmão bilateral + R$ 250.000,00 para cada irmão unilateral = R$ 500.000,00; somando a partilha R$ 1.000.000,00, em que o irmão bilateral herda R$ 500.000,00 e cada irmão unilateral herda R$ 250.000,00. Transportando este raciocínio para percentuais, o irmão germano ficará com cinquenta por cento (50%) da herança e cada irmão unilateral herdará vinte e cinco por cento (25%) totalizando os três irmãos remanescentes a soma de cem por cento (100%) da herança.

---

[537] Código Civil de Portugal – "Art. 2.146.º Concorrendo à sucessão irmãos germanos e irmãos consanguíneos ou uterinos, o quinhão de cada um dos irmãos germanos, ou dos descendentes que os representem, é igual ao dobro do quinhão de cada um dos outros".

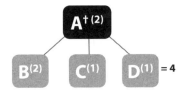

Herança
R$ 1.000.000,00 ÷ 4 = R$ 250.000,00

B = R$ 250.000,00 × 2 = R$ 500.000,00
C = R$ 250.000,00 × 1 = R$ 250.000,00
D = R$ 250.000,00 × 1 = R$ 250.000,00

(1) Irmão unilateral
(2) Irmão bilateral

E não está correto como alguns doutrinadores aduzem em razão da aparente inconstitucionalidade do art. 1.841 do Código Civil, afirmando que cada irmão deveria receber o mesmo quinhão hereditário de R$ 333.333,33, ou que a diversidade de vínculos encobriria uma discriminação entre irmãos e sobrinhos em razão da filiação não matrimonial.[538]

Esta proporcionalidade proveniente do *privilégio de duplo sangue* também será aplicada no caso de se habilitarem por representação os filhos de irmãos pré-falecidos, que nesta qualidade recebem o que o seu progenitor receberia na concorrência com irmãos bilaterais ou unilaterais.[539] Se existirem somente irmãos unilaterais, todos eles herdam por igual (CC, art. 1.842), ou se o concurso entre herdeiros se ativer apenas a irmãos bilaterais, também nesse caso todos eles herdam por igual.

Essa diferença na quantificação final dos quinhões hereditários entre irmãos bilaterais e unilaterais tem sido alvo de críticas doutrinárias, referindo Paulo Lôbo que o art. 1.841 do Código Civil discrimina os irmãos que não advêm dos mesmos pais, e que esta discriminação seria inconstitucional, por violar o art. 227, § 6º, da Carta Política.[540] É também a conclusão externada por Iagmar Senna Chelles ao comentar o art. 1.841 do Código Civil, que ela considera flagrantemente inconstitucional, uma vez que o art. 227, § 6º, da Constituição Federal veda qualquer discriminação em face dos filhos, assegurando-lhes os mesmos direitos, quaisquer que sejam suas origens, figurando, dentre estes direitos, aqueles referentes à herança igualmente partilhada entre todos os irmãos.[541]

Pablo Stolze Gagliano e Rodolfo Pamplona Filho colacionam os argumentos de Cláudio Grande Jr., que, igualmente, diz serem inconstitucionais os arts. 1.841 e 1.843 do Código Civil, pois os irmãos unilaterais são tão irmãos como os bilaterais e os adotivos, sendo muito mais clara a Carta Federal quando expressa terem todos os filhos os mesmos direitos.[542]

---

[538] COSTA, Augusto Ferrero. Citando VATTIER, Carlos Fuenzalida. *Tratado de derecho de sucesiones*. 9. ed. Peru: Instituto Pacífico, 2016. p. 620.

[539] CAHALI, Francisco José; CARDOSO, Fabiana Domingues. Sucessão do colateral. In: CASSETTARI, Christiano; MENIN, Márcia Maria (Coord.); HIRONAKA, Giselda M. F. Novaes (Orientação). *Direito civil*: direito das sucessões. São Paulo: RT, 2008. v. 8, p. 120.

[540] MELLO, Felipe Viana de. *Manual de direito das sucessões*. Rio de Janeiro: Lumen Juris, 2018. p. 138.

[541] CHELLES, Iagmar Senna. In: GHIARONI, Regina (Coord.). *Direito das sucessões*. Rio de Janeiro: Freitas Bastos, 2004. p. 117.

[542] GAGLIANO, Pablo Stolze; PAMPLONA FILHO, Rodolfo. *Novo curso de direito civil*: direito das sucessões. São Paulo: Saraiva, 2014. v. 7, p. 244.

Do mesmo modo se expressa Euclides de Oliveira, ao invocar o princípio de igualdade na filiação, que se estende aos parentes além do pai e filho, alcançando também os colaterais.[543]

Maria Berenice Dias afirma ter pecado o legislador de 2002, ao conceder de forma desarrazoada o dobro do quinhão aos irmãos bilaterais, se existirem irmãos unilaterais, e que seria um resquício da discriminação de que era alvo a filiação precedente à Constituição Federal, e que a doutrina teima em não reconhecer a inconstitucionalidade na concessão de direitos diferenciados a irmãos e sobrinhos, devendo ser havidos como letras mortas os arts. 1.841 e 1.843 do Código Civil.[544]

Eduardo de Oliveira Leite é igualmente enfático na censura que faz ao art. 1.841 do Código Civil, relativamente ao *privilégio duplo* do irmão bilateral quando concorre à herança com irmão unilateral, cujos dispositivos afrontariam o princípio constitucional que proíbe o tratamento discriminatório entre os filhos de qualquer origem, e acresce que a realidade já havia banido esse sistema de categorização dos filhos, sendo, portanto flagrante a inconstitucionalidade do presente dispositivo legal que, acreditava, seria revisto por corajosa jurisprudência.[545]

Luciano Figueiredo e Roberto Figueiredo deitam severas críticas ao art. 1.841 do Código Civil, pois dizem que ele afasta por completo o critério da afetividade, pautando-se em um anacronismo discriminatório.[546]

Clóvis Beviláqua já considerava injusta essa disposição do *privilégio duplo*,[547] apelidada por Arthur Vasco Itabaiana de Oliveira de *privilégio do duplo sangue*,[548] referindo Clóvis a existência de quatro sistemas diferentes: (a) o do Código Civil brasileiro de 1916 (depois repetido no CC/2002, no art. 1.841), idêntico ao sistema francês pelo qual o irmão germano recolhe uma parte dupla da que cabe aos uterinos ou consanguíneos, sendo imitado pelo Direito italiano, português, espanhol e mexicano; (b) o sistema que distingue a origem dos bens, devolvendo aos irmãos uterinos os bens de origem materna, e aos consanguíneos os de procedência paterna; (c) o sistema da lei pátria, que afastava os irmãos unilaterais, quando existissem bilaterais; e (d) o sistema da completa igualdade entre os irmãos de vínculo simples e duplo.[549]

Comentando o art. 2.440 do Código Civil e Comercial argentino, similar ao 1.841 do Código Civil brasileiro, María Cristina Palacios diz se tratar de uma exceção à regra de igual tratamento ante idêntico grau de parentesco, existindo inúmeras manifestações doutrinárias censurando esse dispositivo de lei e verberando pela sua inconstitucionalidade, justamente porque estaria tratando de maneira desigual irmãos que deveriam ter os mesmos direitos sucessórios, e acrescenta que esta distinção é aceita em quase todas as legislações, citando, como exemplos, os Códigos francês, espanhol, italiano, português, mexicano, colombiano, peruano, chileno, boliviano e inglês.[550]

---

[543] OLIVEIRA, Euclides de. *Direito de herança*: a nova ordem da sucessão. 2. ed. São Paulo: Saraiva, 2009. p. 140.
[544] DIAS, Maria Berenice. *Manual das sucessões*. 4. ed. São Paulo: RT, 2015. p. 153.
[545] LEITE, Eduardo de Oliveira. In: TEIXEIRA, Sálvio de Figueiredo (Coord.). *Comentários ao novo Código Civil*: do direito das sucessões. Rio de Janeiro: Forense, 2003. v. XXI, p. 250-251.
[546] FIGUEIREDO, Luciano; FIGUEIREDO, Roberto. *Direito civil*: família e sucessões. Salvador: JusPodivm, 2014. v. 14, p. 636. (Coleção Sinopse).
[547] BEVILÁQUA, Clóvis. *Direito das sucessões*. 5. ed. Rio de Janeiro: Livraria Francisco Alves, 1955. p. 123.
[548] OLIVEIRA, Arthur Vasco Itabaiana de. *Tratado de direito das sucessões*. 3. ed. Rio de Janeiro: Livraria Jacintho, 1936. v. I, p. 198.
[549] BEVILÁQUA, Clóvis. *Direito das sucessões*. 5. ed. Rio de Janeiro: Livraria Francisco Alves, 1955. p. 124.
[550] PALACIOS, María Cristina. In: CLUSELLAS, Eduardo Gabriel (Coord.). *Código Civil y Comercial comentado, anotado y concordado*. Buenos Aires: Astrea, 2015. v. 8, p. 340.

A despeito da polêmica que gera essa norma que indica que os irmãos de vínculo simples e, portanto, unilaterais, recebam a metade que os irmãos de duplo vínculo recebem quando concorrem entre si à sucessão de outro irmão, ela não tem merecido comentários de grande parcela dos autores sucessionistas brasileiros.

Isto em parte se explica porque o regramento já constava no art. 1.614 do Código Civil de 1916, quando imperava a plenos pulmões a mais completa discriminação entre os filhos legítimos, legitimados, ilegítimos e adotivos. Se bem que não se trata de igualar sucessores de progenitor mas sim de irmão, o que desfigura a ideia de que haveria discriminação do legislador, e a partir dessa percepção emanam diferentes pronunciamentos doutrinários, sendo incontroverso que, ao tempo do Código Civil revogado, o tema não despertava maior interesse, tendo surgido justamente com a edição da Carta Política de 1988, quando diversos autores levantaram a inconstitucionalidade dos arts. 1.841 e 1.843 do Código Civil e outros nada disseram, permitindo conjecturar que concordem com a pertinência da aplicação do *privilégio do duplo sangue*, diante da constitucionalidade dos arts. 1.841 e 1.843, estando, entre esses últimos, autores como Arnaldo Rizzardo, Paulo Nader, Moacir César Pena Jr., Cleyson de Moraes Mello, Dimas Messias de Carvalho, Washington de Barros Monteiro, Carlos Alberto Dabus Maluf e Adriana Caldas do Rego Freitas Dabus Maluf, Nelson Godoy Bassil Dower, Salomão de Araújo Cateb, Rodrigo Santos Neves, Orlando Gomes, Carlos Roberto Gonçalves, Débora Gozzo e Sílvio de Salvo Venosa, Giselda Maria Novaes Hironaka, Rosa Maria de Andrade Nery e Nelson Nery Junior, Mario Roberto Carvalho de Faria, Paulo Hermano Soares Ribeiro, Caio Mário da Silva Pereira, Antonio José Tibúrcio de Oliveira e Maria Helena Diniz, embora existam outros autores que também enfrentem o temário sob o viés da constitucionalidade dos arts. 1.841 e 1.843 do Código Civil.

O Superior Tribunal de Justiça reconheceu a constitucionalidade do art. 1.841 no REsp 1.203.182/MG em que, concorrendo à herança do falecido irmãos bilaterais com irmãos unilaterais, cada um deles herdará metade do que cada um daqueles herdar.[551] Mais pródiga se mostra a doutrina que reconhece a absoluta pertinência e a constitucionalidade dos dispositivos legais, dizendo Zeno Veloso que a solução aventada pelo art. 1.841 do Código Civil se justifica, porque o irmão bilateral é irmão duas vezes e, por esse fato, deve receber quota hereditária dobrada da que couber ao irmão unilateral,[552] cuja tese também é defendida por Rubiane de Lima, ao mostrar que a diferenciação entre irmãos bilaterais e unilaterais, efeito que se estende também ao direito de representação (CC, art. 1.843), segue a regra de partes desiguais na herança.[553]

---

[551] "Recurso Especial. Direito Civil. Sucessão. Inventário. Depósito judicial dos aluguéis auferidos de imóvel do espólio. Concorrência de irmão bilateral com irmãs unilaterais. Inteligência do art. 1.841 do Código Civil. 1. Controvérsia acerca do percentual da herança cabível em favor das irmãs unilaterais no inventário do *de cujus*, que também deixou um irmão bilateral a quem indicara em testamento como herdeiro único. 2. Discussão judicial acerca da validade do testamento. 3. Possibilidade de o irmão bilateral levantar a parte incontroversa dos aluguéis do imóvel deixado pelo *de cujus*. 4. Necessidade, porém, de depósito judicial da parcela controvertida. 5. Cálculo do valor a ser depositado em conformidade com o disposto no art. 1.841 do Código Civil ('Concorrendo à herança do falecido irmãos bilaterais com irmãos unilaterais, cada um destes herdará metade do que cada um daqueles herdar'). 6. Recurso Especial provido." (REsp 1.203.182/MG, 3ª Turma do STJ, Relator Ministro Paulo de Tarso Sanseverino, julgado em 19.09.2013).
[552] VELOSO, Zeno. In: FIUZA, Ricardo (Coord.). *Novo Código Civil comentado*. São Paulo: Saraiva, 2002. p. 1.659.
[553] LIMA, Rubiane de. *Manual de direito das sucessões de acordo com o novo Código Civil*. Curitiba: Juruá, 2003. p. 91.

Tomando como dado histórico, a lição Celso Affonso Garreta Prats ao pontuar que:

> À primeira vista, poderia parecer que o Código tenha apenas beneficiado os irmãos germanos. Tal na verdade não ocorre, pois o dispositivo, inovando, tomou posição diversa da orientação tradicional de nosso direito. Houve, na verdade, benefício para os irmãos *unilaterais*. [...] Uma questão, no entanto, é colocada. Haveria razão para tratamento desigual entre irmãos bilaterais e unilaterais? *Hermenegildo de Barros*, após alinhar três correntes a respeito da matéria, quais sejam, aquela que, vinculada ao Direito Justinianeu, arreda os irmãos unilaterais, ou meios-irmãos, na existência de irmãos bilaterais; aquela, mais extremada que trata todos os irmãos em igualdade de condições, pouco importando a duplicidade de linhas, e, finalmente, aquela seguida pelos nosso Código Civil (1916), afirma:
>
> "Incontestavelmente, porém, o sistema mais aceitável é o do meio-termo entre a equiparação completa de irmãos bilaterais e unilaterais e a exclusão absoluta destes por aqueles. Esse meio-termo é o sistema que atribui ao irmão bilateral uma parte dupla da que é atribuída na herança do irmão unilateral, por partir da consideração de que ao parentesco duplo ou dobra deve corresponder uma parte hereditária também dobrada".

A seguir, após indicar alguns países que adotaram tal sistema, conclui o mesmo autor:

> Este é também o sistema do Código, considerado, sem dúvida o mais racional e justo, porque, embora seja mais viva, como é natural, a afeição entre irmãos bilaterais, ninguém deixará de reconhecer a existência de alguma afeição entre estes e seus irmãos unilaterais, por serem todos procedentes do mesmo pai ou da mesma mãe.[554]

Igualmente clássica a doutrina de Dolor Barreira em comento ao art. 1.614 do Código Civil de 1916 e anterior à reviravolta constitucional da equalização e não discriminação da prole, e diz o lente que:

> Não se pode negar aplausos ao critério adotado por nossa lei, cuja justiça é irrecusável. Na verdade, os irmãos uterinos ou consanguíneos, ou seja, os que são só irmãos pela linha materna, ou pela linha paterna, foram beneficiados, pois antigamente nada recebiam. É evidente que os germanos são entre si mais ligados, porque presos dos dois lados. Ao parente bilateral, assim, deve caber porção *dobrada* da que couber ao unilateral.[555]

Felipe Viana de Mello atribuiu o privilégio do duplo vínculo ao fato de ser mais comum, na atualidade, em que as pessoas casam e recasam gerando filhos de origem bilateral ou unilateral, que exista uma criação mais próxima com a prole bilateral e que isso possa gerar certo grau de afastamento natural da prole unilateral,[556] mas destaca não se tratar de preceito inconstitucional, porque os irmãos não são parentes em linha reta para todos receberem o mesmo quinhão hereditário. Essa também é a opinião de Ney de Mello Almada, quando justifica essa regra do duplo sangue pelo fato de atender à presunção de menor liame afetivo entre unilaterais do que entre germanos.[557]

A ideia de o irmão inteiro receber o dobro da herança paga ao meio-irmão não decorre propriamente da maior afetividade ou de aproximação, pois, segundo Eduardo A. Zanonni, é razoável essa distorção dos quinhões entre irmãos de vínculo duplo com irmãos de vínculo

---

[554] PRATS, Celso Affonso Garreta. *Sucessão hereditária*: vocação dos colaterais. Um estudo histórico, sociológico e jurídico da família ao longo do direito sucessório. São Paulo: Atlas, 1983. p. 60.
[555] BARREIRA, Dolor. *Sucessão legítima*. 2. ed. Rio de Janeiro: Borsoi, 1970. p. 164.
[556] MELLO, Felipe Viana de. *Manual de direito das sucessões*. Rio de Janeiro: Lumen Juris, 2018. p. 138-139.
[557] ALMADA, Ney de Mello. *Direito das sucessões*. 2. ed. São Paulo: Brasiliense, 1991. v. 1, p. 328.

simples, pois recebem em razão de sua origem, sendo correto que os meios-irmãos sucedam por linhas, tomando os consanguíneos os bens que vieram do defunto de seu pai e os uterinos os bens que vieram por sua mãe. A solução contrária, que consistiria em aplicar a regra geral de concorrência por cabeça, seria incongruente, pois colocaria os irmãos de vínculo simples em melhor situação hereditária que teriam os irmãos entre si.[558]

Trata-se, ademais, de uma meia-verdade, porque nem todo irmão bilateral mantém menor distância afetiva do seu meio-irmão, mas não significa dizer que essa possível aversão, discriminação ou distanciamento não exista, pois se bem visto, é bastante usual que filhos do primeiro casamento tenham restrições em relação aos filhos surgidos do segundo matrimônio de seu progenitor, seja por se sentirem rejeitados no novo lar formado por seu pai ou por sua mãe, seja porque já tendo se tornado adultos, vêm suas atenções reduzidas pelo ascendente que tem filhos temporãos, ou até mesmo porque foram afastados do convívio com o outro genitor pelo ascendente guardião em atos igualmente comuns de alienação parental.

Essa imagem de o irmão colateral bilateral ser privilegiado na sucessão em razão da maior estreiteza de seus vínculos afetivos para com o autor da herança está atrelada aos vestígios do Direito Romano, em cuja norma o irmão de pai e mãe excluía o meio irmão da sucessão do defunto,[559] espraiando-se a sua adoção por diversas legislações que adotam esse mesmo sistema de conferir ao meio-irmão, em concorrência com irmão de duplo vínculo, a metade da herança deste.

Em realidade, quando morre um irmão e deixa bens, seu espólio é composto por bens que construiu durante a sua vida e usualmente também recebe bens provenientes do patrimônio de seus pais, e é esse o acervo a ser inventariado entre seus irmãos, mostrando-se justo que os irmãos bilaterais recebam o dobro porque descendem, como acontece com o falecido, do mesmo pai e da mesma mãe, ao passo que o irmão unilateral consanguíneo ou uterino herdará sobre os bens do genitor comum, e no futuro, se já não o foi, sucederá da sua outra origem igualmente unilateral, paterna ou materna e que não guarda vínculos de parentesco ou *tronco comum* com o meio-irmão autor da herança que agora recebe por metade.

Daí escrever Pontes de Miranda não existir "razão para que se distinga da porção herdada pelos irmãos bilaterais a porção herdada pelos irmãos unilaterais. A distinção é só quantitativa. A *portio* é que está em causa; e não o direito à herança. Se todos os irmãos são bilaterais, ou se todos são unilaterais, a quota é a mesma",[560] e essa mesma observação acerca da impropriedade terminológica do vigente art. 1.841 do Código Civil de 2002 (correspondente ao art. 1.614 do Código Civil de 1916), é levantada por Guilherme Calmon Nogueira da Gama, apontando o foco legal para a quantificação dos quinhões hereditários que cada irmão receberá do irmão sucedido.[561]

É como alude José Luiz Gavião de Almeida ao expressar não se tratar de uma discriminação entre filhos, mas de herança recolhida entre irmãos, em que uns se ligam por duas vertentes (bilaterais) e outros por uma só (unilaterais). Tal situação importa em constatar que serão contemplados em grau maior pelo maior número do parentesco que ostentam.[562]

---

[558] ZANNONI, Eduardo A. *Derecho civil*: derecho de las sucesiones. 3. ed. Buenos Aires: Astrea, 1983. t. II, p. 152-153.
[559] LASALA, José Luis Pérez. *Curso de derecho sucesorio*. Buenos Aires: Depalma, 1989. p. 460.
[560] MIRANDA, Pontes de. *Tratado de direito privado*: parte especial. 2. ed. Rio de Janeiro: Borsoi, 1968. t. LV, p. 242.
[561] GAMA, Guilherme Calmon Nogueira da. *Direito civil*: sucessões. São Paulo: Atlas, 2003. p. 145.
[562] ALMEIDA, José Luiz Gavião de. In: AZEVEDO, Álvaro Villaça (Coord.). *Código Civil comentado*: direito das sucessões em geral – sucessão legítima. São Paulo: Atlas, 2003. v. XVIII, p. 242.

Para J. M. Leoni Lopes de Oliveira, esse sistema da quota hereditária dobrada do irmão bilateral nada carrega de inconstitucional, porque não se trata de sucessão de filhos, que estão garantidos pelo princípio constitucional da isonomia em qualquer origem ou natureza da filiação, mas, se trata de sucessão entre irmãos, na qual não prevalece o princípio constitucional da igualdade.[563]

Raciocínio igualmente externado por Luiz Paulo Vieira de Carvalho, ao rejeitar a inconstitucionalidade dos arts. 1.841 e 1.843, § 2º, do Código Civil, porque o art. 227, § 6º da Carta Magna proíbe a discriminação de direitos entre filhos do morto e não entre irmãos do falecido, tal qual a garantia infraconstitucional da percepção de idênticos direitos sucessórios se dá em relação aos descendentes do autor da herança e não em relação aos colaterais desse.[564]

Claudia de Almeida Nogueira também refere não se tratar de norma inconstitucional,[565] como na mesma linha se posicionam Inacio de Carvalho Neto e Érika Harumi Fugie, lembrando que a impertinência do privilégio do *duplo sangue* já havia sido discutida ao tempo da vigência do art. 1.614 do Código Civil de 1916, cujo dispositivo é paradigma do 1.841 do Código Civil de 2002, inexistindo relação paternofilial entre irmãos, pois seria inconstitucional se a regra determinasse que filhos *legítimos* herdassem o dobro dos filhos *ilegítimos*, sendo absolutamente justo que irmãos bilaterais recebam o dobro do que cabe ao irmão ligado por laço simples de pai ou de mãe.[566]

Também Flávio Tartuce refuta qualquer pecha de inconstitucionalidade ao art. 1.841 do Código Civil, que, inclusive, destaca se tratar de norma referente a irmãos, e não a filhos, não sendo o caso de invocar o art. 227, § 6º, da CF/1988, e o art. 1.596 do CC/2002, que tratam da igualdade entre os descendentes de primeiro grau, e reforça se tratar de norma encontrada nos mesmos moldes e efeitos em diversos diplomas estrangeiros.[567]

Segundo a doutrina espanhola de Santiago Hidalgo García, poderiam existir certas dúvidas acerca do caráter discriminatório dessa distinção hereditária entre irmãos de vínculo dobrado e de vínculo simples, sendo um dos motivos que ensejaram o legislador espanhol a adotar essa regra é o de que, comumente, o patrimônio do falecido pode estar composto por bens recebidos tanto do ascendente comum como do que não o é, e quis o legislador evitar que um irmão de vínculo simples tivesse acesso a bens que procedessem do ascendente que não é comum, prevalecendo o *princípio troncal* da sucessão, que considera a procedência dos bens, mas ressalva que esta origem exclusiva pode se dar ou não, pois pode acontecer que todos os bens deixados pelo defunto procedam exclusivamente do ascendente comum,[568] entrementes, fugindo da possibilidade de ser procedida eventual apuração probatória ou pericial para o esclarecimento da origem dos bens inventariados, as legislações preferiram adotar o critério objetivo do privilégio do duplo vínculo.

É também a hipótese do art. 2.440 do Código Civil e Comercial da Argentina, que se ocupa da concorrência na sucessão de irmãos de duplo vínculo e os meios-irmãos, com a

---

563 OLIVEIRA, J. M. Leoni Lopes de. *Direito civil*: sucessões. Rio de Janeiro: Forense, 2017. p. 383.
564 CARVALHO, Luiz Paulo Vieira de. *Direito das sucessões*. 3. ed. São Paulo: Atlas, 2017. p. 459.
565 NOGUEIRA, Claudia de Almeida. *Direito das sucessões*. 2. ed. Rio de Janeiro: Lumen Juris, 2007. p. 131.
566 CARVALHO NETO, Inacio de; FUGIE, Érika Harumi. *Código Civil novo comparado e comentado*: direito das sucessões. Curitiba: Juruá, 2002. v. VII, p. 76.
567 TARTUCE, Flávio. *Direito civil*: direito das sucessões. 11. ed. Rio de Janeiro: Forense, 2017. v. 6, p. 247.
568 GARCIA, Santiago Hidalgo. Las legítimas. In: GARCIA, Santiago Hidalgo; ALLUÉ, Fernando Crespo; MIGOYA, Francisco Fernández-Prida e ESCRIBANO, Celia Martínez. *La sucesión hereditaria y el juicio divisorio*. 2. ed. Navarra: Thomson Reuters/Aranzadi, 2015. p. 300-301.

mesma regra de estes receberem a metade daqueles de duplo vínculo, e a mesma diretiva é aplicada quando filhos de irmãos bilaterais concorrem com filhos de irmãos unilaterais, pois, como refere Jorge O. Maffía, repetindo a lição de Eduardo A. Zanonni, aplicar a solução contrária da regra geral de concorrência por cabeça seria incongruente, pois colocaria os irmãos de vínculo simples em melhor situação hereditária do que a que teriam os irmãos entre si.[569]

De qualquer forma, consoante o disposto no § 3º do art. 1.843 do Código Civil, esse privilégio do duplo vínculo se circunscreve aos irmãos e aos sobrinhos, filhos daqueles, não se estendendo além destes, como deflui do § 2º do mesmo art. 1.843, ao estabelecer a mesma prerrogativa do sangue duplo no caso de concurso de filhos de irmãos bilaterais com filhos unilaterais. Contudo, ressalva o citado § 3º, *se todos forem filhos de irmãos bilaterais, ou todos de irmãos unilaterais, herdarão por igual*.

É a hipótese do chamamento hereditário de primos que se encontram no 4º (quarto) grau de parentesco, dos quais alguns são filhos de um irmão unilateral do falecido e outros são filhos de um irmão bilateral, e nesse caso a regra do duplo vínculo desaparece, pois, prescreve o § 3º do art. 1.843 do Código Civil que todos receberão por cabeça e, portanto, idênticos quinhões, desconsiderando a qualidade de seus pais, que entre si e tanto faz, podem ser irmãos germanos ou unilaterais. Assim também dispõem os arts. 954 e 955 do Código Civil espanhol, ao estabelecer o primeiro dos artigos declinados que, não havendo cônjuge supérstite, nem irmãos, nem filhos de irmãos, sucederão à herança do defunto os demais parentes dele em linha colateral até o quarto (4º) grau, e o outro dispositivo arremata, ordenando que *a sucessão destes colaterais se verificará sem distinção de linhas nem preferência entre eles por razão do duplo vínculo*.

75. O MUNICÍPIO

Conforme dispõe o art. 1.844 do Código Civil, não sobrevivendo cônjuge ou companheiro, nem parente algum sucessível, que seriam os colaterais até o quarto (4º) grau de parentesco, ou tendo eles renunciado à herança, nem existindo testamento, a herança se devolve ao Município ou ao Distrito Federal, se localizada nas respectivas circunscrições, ou à União, quando situada em território federal.

Como ensina Caio Mario da Silva Pereira, o Estado (Município) não é herdeiro, não lhe sendo reconhecido o direito de *saisine*, ou seja, não ingressa na posse e propriedade da herança pelo fato da abertura da sucessão, eis que depende de uma sentença de vacância que declare vagos os bens deixados pelo falecido e sua devolução à Fazenda Pública.[570]

Portanto, na falta de pessoas que tenham direito de herdar, tratará o Município de recolher a herança depois que ela for judicialmente declarada vaga, conforme redação ditada ainda ao tempo do Código Civil de 1916, que, em sua configuração original, de acordo com a ordem de vocação hereditária do art. 1.603, destinava os bens vagos à conta do Estado, prescrevendo o art. 1.619 também do Código Civil de 1916, que, não sobrevindo cônjuge, nem parente algum sucessível, ou tendo eles renunciado à herança, esta era devolvida ao Município ou ao Distrito Federal, se localizada nas respectivas circunscrições, ou à União, quando situada em território federal.

---

[569] MAFFÍA, Jorge O. *Tratado de las sucesiones*. Buenos Aires: Abeledo Perrot, 2010. t. II, p. 781.
[570] PEREIRA, Caio Mário da Silva. *Instituições de direito civil*: direito das sucessões. 25. ed. rev. e atual. por Carlos Roberto Barbosa Moreira. Rio de Janeiro: Forense, 2018. v. VI, p. 161.

Segundo lição de Pontes de Miranda, primitivamente, o que não ia aos herdeiros legítimos ou testamentários restava na comunidade[571] e, sob a regência do diploma civil revogado, o Estado era herdeiro como herdeiros eram os outros que o antecediam na ordem de vocação hereditária do art. 1.603 do Código Civil de 1916.

O Estado era o último dos herdeiros legítimos, acresce Pontes de Miranda, a quem a transmissão da posse e do domínio só se dava depois da declaração da vacância, consignando em juízo a inexistência de outros herdeiros e, uma vez pagas as dívidas do falecido.[572]

Washington de Barros Monteiro escreveu que a doutrina, na época de aplicação do Código Civil de 1916, discutia acerca da natureza do direito sucessório do Estado, divergindo se seria um direito de ocupação, de império, ou um direito sucessório, filiando-se o direito pátrio à índole de se tratar de um direito sucessório concedido ao Estado, em reconhecimento da colaboração prestada ao autor da herança na aquisição e conservação da sua riqueza, e, recolhendo a herança na qualidade de herdeiro legítimo, tinha o Estado a obrigação de aplicá-la em fundações destinadas ao incremento do ensino universitário.[573]

Diferentemente, o Direito espanhol atribui a natureza sucessória ao direito hereditário do Poder Público, embora de forma dessemelhante da doutrina italiana secundada por Luigi Mengoni, ao afirmar que a razão da sucessão do Estado está justamente no seu *jus imperii*, seu poder supremo de dispor, no lugar de qualquer outra pessoa a coletar da herança.[574]

Segundo Carlos Maximiliano, o Estado herdava sempre, mas contestava a licitude de o Congresso Nacional atribuir aos Estados o direito de suceder e ao mesmo tempo determinar que os proventos resultantes de tal benefício fossem aplicados em casas de ensino ou de caridade, pois esta imposição legal violaria a autonomia regional, e sugeria que esse impasse fosse contornado, ordenando-se que o espólio coubesse diretamente aos estabelecimentos de educação ou hospitalares, e não se regulasse a sucessão legítima ao seu bel-prazer.[575]

O Código Civil espanhol, que trata da sucessão do Estado nos arts. 956, 957 e 958, com a redação atribuída pela Lei 15, de 2 de julho de 2015, suprimiu a tradicional repartição em três partes da herança vacante, estabelecendo que uma delas ingressará no Tesouro Público, e as outras duas para a assistência social, elidindo a referência anterior, que destinava um terço da herança às instituições municipais de beneficência, de instrução, de ação social ou às instituições profissionais de caráter público ou privado do domicílio do defunto, cujo fundamento era o mesmo vislumbrado pelo Direito brasileiro ao destinar a totalidade da herança em retribuição ao Município, por haver possibilitado ao sucedido o acúmulo patrimonial por ele transmitido.[576] A outra terça parte era destinada às instituições profissionais às quais o defunto tinha pertencido e a última terça parte era destinada à caixa de amortização da dívida pública.

No Brasil, toda essa discussão restou totalmente superada com a promulgação do Código Civil de 2002, deixando o Poder Público de ser obrigado a aplicar a herança em fundações

---

[571] MIRANDA, Pontes de. *Tratado de direito privado*: parte especial. 2. ed. Rio de Janeiro: Borsoi, 1968. t. LV, p. 244.
[572] MIRANDA, Pontes de. *Tratado de direito privado*: parte especial. 2. ed. Rio de Janeiro: Borsoi, 1968. t. LV, p. 246.
[573] MONTEIRO, Washington de Barros. *Curso de direito civil*: direito das sucessões. 13. ed. São Paulo: Saraiva, 1977. p. 91.
[574] MENGONI, Luigi. *Delle successioni legitime*. Bologna: Zanichelli Editore, 1985. p. 135.
[575] MAXIMILIANO, Carlos. *Direito das sucessões*. 4. ed. Rio de Janeiro: Freitas Bastos, 1958. v. 1, p. 181-182.
[576] DINIZ, Maria Helena. *Curso de direito civil brasileiro*: direito das sucessões. 32. ed. São Paulo: Saraiva, 2018. v. 6, p. 196.

destinadas a desenvolver o ensino universitário, como exigia o art. 3º do revogado Dec.-lei 8.207/1945.[577]

A Lei 8.049, de 20 de junho de 1990, alterou a ordem de chamamento para afastar o Estado e destinar os bens arrecadados e declarados vacantes ao Município, ou ao Distrito Federal, se localizados nas respectivas circunscrições, ou à União, quando situados em território federal, sendo modificados os arts. 1.594, 1.603 e 1.619 do Código Civil de 1916.

Como explica Maria Helena Diniz, o Poder Público não mais consta do rol dos herdeiros apontados na ordem de vocação hereditária do art. 1.829 do vigente Código Civil, trata-se de um *sucessor irregular,* pois herdeiros da lei são os descendentes, ascendentes, cônjuge ou companheiro e os colaterais até o quarto (4º) grau de parentesco.[578] Ausentes os herdeiros vocacionados por lei, ou, existindo, eles renunciarem à herança, e se o falecido tampouco deixou testamento válido e eficaz, o direito sucessório será transmitido ao Município ou ao Distrito Federal, se os bens estiverem localizados nessas respectivas circunscrições, ou serão destinados à União, quando situados em território federal (CC, art. 1.844).

Diferentemente dos herdeiros arrolados no art. 1.829 do Código Civil, ao Poder Público não é reconhecido o direito de *saisine*, lhe sendo vedado entrar na posse e na propriedade da herança com a abertura da sucessão (CC, art. 1.784), tanto que sequer a declaração de vacância da herança prejudicará os herdeiros que legalmente se habilitarem, e, decorridos cinco anos da abertura da sucessão, os bens arrecadados passarão ao domínio do Município ou do Distrito Federal, ou se incorporarão ao domínio da União (CC, art. 1.822).

Os bens jacentes são transferidos ao ente público no momento da declaração da vacância, não se aplicando o princípio da *saisine*, nem mesmo a declaração de vacância retira o direito de os herdeiros demandarem o reconhecimento de seu direito sucessório para obterem a restituição da herança, ou parte dela (CC, art. 1.824), eis que somente os herdeiros colaterais ficam excluídos da sucessão se não se habilitarem até a sentença de declaração de vacância (CC, art. 1.822, parágrafo único), contudo, depois de transitada em julgado a sentença que declarou a vacância, o cônjuge, o companheiro, os herdeiros e os credores só poderão reclamar o seu direito por ação direta de petição de herança (CPC, § 2º, do art. 743).

O Poder Público está impedido de renunciar à herança vacante, mencionando Carlos Alberto Violante que as normas jurídicas disciplinadoras da herança jacente e da herança vacante são imperativas, não dando margem à possibilidade de haver renúncia pelo Poder Público à aquisição dos bens vacantes na sucessão legítima.[579]

Deixando o Estado de ser um sucessor legítimo, pois recebe os bens do falecido apenas em virtude da inexistência ou desistência dos herdeiros, os bens que ficam vagos foram antes arrecadados pelo Poder Judiciário e administrados por um curador durante a fase de jacência, na qual são envidados esforços na procura dos possíveis herdeiros, que por direito devem recolher a herança como sucessores legítimos, e, se inexistentes estes, ou se existentes renunciarem à herança, procede-se à declaração judicial de vacância dos bens deixados pelo falecido (CC, arts. 1.819 a 1.823), sendo transferidos ao ente público depois de satisfeitas as obrigações pendentes, uma vez que a morte do autor da herança não extingue suas dívidas pessoais, tampouco a herança jacente elide o pagamento do imposto de transmissão *causa mortis*.

---

[577] DINIZ, Maria Helena. *Curso de direito civil brasileiro*: direito das sucessões. 32. ed. São Paulo: Saraiva, 2018. v. 6, p. 196.

[578] DINIZ, Maria Helena. *Curso de direito civil brasileiro*: direito das sucessões. 32. ed. São Paulo: Saraiva, 2018. v. 6, p. 195.

[579] VIOLANTE, Carlos Alberto. *Herança jacente e herança vacante*. São Paulo: Juarez de Oliveira, 2003. p. 95.

O instituto da herança jacente está regulado pelos arts. 1.819 a 1.823 do Código Civil e o procedimento de arrecadação da herança jacente até os efeitos do trânsito em julgado da sentença que declarou a vacância dos bens está regulado pelos arts. 738 a 743 do Código de Processo Civil, observando Flávio Tartuce que esses procedimentos previstos no Código de Processo Civil são realizados por um *ente despersonalizado,* constituído do conjunto de bens (ativo e passivo), que primeiro forma a herança jacente e que depois se transmuda com a ausência ou renúncia dos sucessores da lei em herança vacante.[580]

Enquanto jacente, a herança ficará sob a guarda, a conservação e a administração de um curador, até que se habilite um sucessor ou que seja transferida ao Poder Público quando declarada a sua vacância. Conforme Cristiano Chaves de Farias e Nelson Rosenvald, essa curadoria é função institucional atribuída à Defensoria Pública, nos termos do art. 4º, inc. XVI, da Lei Complementar 80/1994 (Lei Orgânica da Defensoria Pública), e inexistindo Defensor Público lotado na Comarca, o juiz nomeará um curador (CPC, art. 739), que atuará nos termos dos arts. 159, 160 e 161 do Código de Processo Civil.[581]

Em realidade, a herança jacente não somente atua como um obrigado tributário a respeito das obrigações de que foi titular o falecido, bem como ela se constitui em uma unidade econômica, em uma espécie de patrimônio separado e suscetível de obrigações tributárias advindas da transmissão dos bens que compõem essa unidade econômica. Basta lembrar que existem heranças jacentes que continuam desenvolvendo atividades econômicas e seguem obrigadas ao cumprimento das suas obrigações tributárias formais relacionadas com a contabilidade e a documentação de sua atividade econômica e, enquanto ativas devem prestar as informações próprias que são devidas à Fazenda Pública por todas as pessoas físicas e jurídicas que atuam em regime de atribuição de renda.

Por fim, antes da declaração de vacância, o Poder Público não adquire a propriedade dos bens que integram a herança jacente, de modo que nesse intervalo, estão sujeitos à usucapião, constando em precedentes do Superior Tribunal de Justiça: o Recurso Especial 253.719/RJ, relatado pelo Ministro Ruy Rosado de Aguiar, em 26 de setembro de 2000, na 4ª Turma, com a seguinte ementa: *Usucapião. Herança jacente. O bem integrante de herança jacente só é devolvido ao Estado com a sentença de declaração da vacância, podendo, até ali, ser possuído ad usucapionem. Precedentes. Recursos não conhecidos.* Outro precedente é da lavra do Ministro Nilson Naves, com a seguinte ementa: *Herança (vacância). Usucapião. Acórdão (fundamento não atacado). Segundo a orientação do STJ, exige-se sentença declaratória de vacância para que os bens se incorporem ao patrimônio público* (REsp 19.015, *DJ* de 15.03.1993).

Existe um terceiro precedente da relatoria do Ministro Ari Pargendler, no REsp 36.959/SP, da 3ª Turma do STJ, datado de 24 de abril de 2001, em cujo voto o relator menciona que os precedentes do STJ são no sentido de que o Estado não adquire a propriedade dos bens que integram a herança jacente, até que seja declarada a vacância. E, de fato, o STJ vem reiteradamente decidindo nessa mesma direção, conforme pode ser visto em acórdão mais recente, este relatado pelo Ministro Sidnei Beneti, no AgRg no Agravo de Instrumento 1.212.745/RJ, da 3ª Turma, julgado em 19 de outubro de 2010.[582]

---

[580] TARTUCE, Flávio. *Direito civil:* direito das sucessões. 11. ed. Rio de Janeiro: Forense, 2018. v. 6, p. 61.
[581] FARIAS, Cristiano Chaves de; ROSENVALD. Nelson. *Curso de direito civil:* sucessões. 4. ed. Salvador: JusPodivm, 2018. v. 7, p. 285.
[582] "Agravo Regimental. Agravo de Instrumento. Herança Jacente. Usucapião. Falta de argumentos novos. Mantida a decisão anterior. Matéria já pacificada nesta Corte. Incidência da Súmula 83. I – Não tendo

Isso porque o ente público só adquire o domínio dos bens cinco anos após a abertura da sucessão e depois da sentença de declaração da vacância, diferentemente dos sucessores legítimos que, pelo princípio da *saisine*[583] sucedem no exato momento da morte do inventariado (CC, arts. 1.822 e 1.784, respectivamente),[584] vindicando Antonio Carlos Marcato a conjugação de dois pressupostos necessários à incorporação dos bens vagos ao patrimônio público: (i) a declaração judicial da vacância; (ii) o decurso do prazo de cinco anos da abertura da sucessão.[585]

Estudo mais detalhado acerca da *herança jacente* pode ser realizado no Capítulo VII, *supra*, entrementes, acresce consignar que a prolação da sentença de vacância não prejudicará os herdeiros que legalmente se habilitarem, mas, somente depois de decorridos cinco anos da abertura da sucessão é que os bens arrecadados passarão ao domínio do Município ou do Distrito Federal, se localizados nas respectivas circunscrições, incorporando-se ao domínio da União quando situados em território federal (CC, art. 1.822).[586]

76. O HERDEIRO EMBRIÃO OU NASCITURO

Na década de 1950 escrevia Carlos Maximiliano que, para ser capaz de suceder era mister que no momento da morte do *de cujus* já existisse o herdeiro, ao menos como embrião, portanto, que tivesse sido concebido, criando para o embrião um direito futuro (*Zukunftsrecht*), suspenso e condicionado a que nascesse com vida.

Com o nascimento, o direito não somente se consolida, mas também retrotrai, a favor da criança até o dia do óbito do *de cujus*, tendo direito aos frutos e rendimentos. No entanto, se o embrião vem à luz morto, herda o sucessor imediato, completa Carlos Maximiliano, não é herdeiro para todos os efeitos e nada transmite aos seus sucessores se nasce morto, considera-se como se jamais tivesse existido.[587]

Arthur Vasco Itabaiana de Oliveira refere que a abertura da sucessão se dá no momento da morte do *de cujus*, quando justamente o vivo é chamado a tomar o lugar do morto em suas relações jurídicas transmissíveis,[588] e cuja afirmação é enfaticamente secundada por Pontes de Miranda, ao aludir que os herdeiros têm de estar vivos ou já concebidos, no momento em que ocorre a morte do *de cujus*.[589]

---

a parte apresentado argumentos novos capazes de alterar o julgamento anterior, deve-se manter a decisão recorrida. II – O bem integrante de herança jacente só é devolvido ao Estado com a sentença de declaração da vacância, podendo, até ali, ser possuído *ad usucapionem*. Incidência da Súmula 83/STJ. Agravo improvido."

[583] "Ao ente público não se aplica o princípio da *saisine*. Segundo entendimento firmado pela c. Segunda Seção, a declaração de vacância é o momento em que o domínio dos bens jacentes se transfere ao patrimônio público. Ocorrida a declaração de vacância após a vigência da Lei 8.049, de 20.06.1990, legitimidade cabe ao Município para recolher os bens jacentes. Recurso especial conhecido e provido." (REsp 100.290/SP, Relator Ministro Barros Monteiro, 4ª Turma, julgado em 14.05.2002)

[584] VIOLANTE, Carlos Alberto. *Herança jacente e herança vacante*. São Paulo: Juarez de Oliveira, 2003. p. 81.

[585] MARCATO, Antonio Carlos. *Procedimentos especiais*. 16. ed. São Paulo: Atlas, 2016. p. 384.

[586] ARAÚJO, Fabio Caldas de. *Curso de processo civil*: procedimentos especiais. São Paulo: Malheiros, 2017. t. III, p. 504.

[587] MAXIMILIANO, Carlos. *Direito das sucessões*. 4. ed. Rio de Janeiro: Freitas Bastos, 1958. v. 1, p. 117-127.

[588] OLIVEIRA, Arthur Vasco Itabaiana de. *Tratado de direito das sucessões*. 3. ed. Rio de Janeiro: Livraria Jacintho, 1936. v. 1, p. 71.

[589] MIRANDA, Pontes. *Tratado de direito privado*: parte especial. 2. ed. Rio de Janeiro: Borsoi, 1968. t. LV, p. 199.

Trata-se de uma regra longeva, que remonta ao Direito Romano, a de exigir que as sucessões se abram somente em favor das pessoas que tenham existência, ao menos no estado de filhos concebidos no momento do falecimento do *de cujus*, um direito clássico de que os bens do morto são recolhidos por aqueles que vivam na ocasião de seu falecimento,[590] e nessa direção orienta-se o art. 1.798 do Código Civil brasileiro[591] e o Enunciado 267 do CJF: "A regra do art. 1.798 do Código Civil deve ser estendida aos embriões formados mediante o uso de técnicas de reprodução assistida, abrangendo, assim, a vocação hereditária da pessoa humana a nascer cujos efeitos patrimoniais se submetem às regras previstas para a petição da herança".

O clássico Direito italiano tampouco destoa desse ensinamento, ao afirmar que aqueles que não foram concebidos, ou a criança que não nasceu, não podem reclamar um direito que depende da sua existência, pois aquele que ainda não começou a existir no momento da abertura da sucessão não pode suceder, lembrando G. Baudry-Lacantinerie e Alberto Wahl que houve um período que sequer podia herdar a criança que não tivesse sido batizada.[592]

Possuem induvidosa aptidão para receber pela sucessão legítima ou testamentária as pessoas nascidas ou concebidas, devendo essa capacidade ser aferida no exato momento da morte do autor da herança. Os direitos sucessórios do nascituro, concebido no ventre materno e em processo de gestação, tem sua legitimação sucessória condicionada ao seu nascimento com vida, como expressa o art. 2º do Código Civil brasileiro.[593]

Para a doutrina trata-se de legitimação condicional, cujos direitos sucessórios serão titularizados ao nascer com vida do embrião, pois se vier ao mundo natimorto, seus direitos que estavam reservados não se consolidam, embora estejam resguardados os seus direitos da personalidade, como o direito ao nome, à imagem e à sepultura, como reafirma o Enunciado 1, da *I Jornada de Direito Civil* – "A proteção que o Código defere ao nascituro alcança no que concerne aos direitos da personalidade, tais como: nome, imagem e sepultura".[594]

Eduardo Dantas e Marianna Chaves explicam que a reprodução *post mortem* pode assumir três diferentes formas: (a) inseminação; (b) fertilização; e (c) transferência embrionária, sendo as duas primeiras controvertidas, quando ausente autorização do homem para o uso de seu esperma, ao passo que na transferência embrionária existe necessariamente essa autorização que usualmente é conferida para ser utilizada em vida, havendo uma tendência mundial de proibir a inseminação póstuma.[595] Assim, por meio da inseminação artificial é possível utilizar o esperma do homem falecido obtido previamente; enquanto a crioconservação permite que a inseminação seja procedida muito tempo depois do falecimento.

Não há de ser falado em nascituro enquanto o óvulo fertilizado *in vitro* não tiver sido implantado no útero materno, porque somente após a implantação se iniciará a gravidez e o

---

[590] RIPERT, George; BOULANGER, Jean. *Tratado de derecho civil*: sucesiones. Buenos Aires: La Ley, 1987. t. X, 1ª parte, p. 54.
[591] CC/2002 – "Art. 1.798. Legitimam-se a suceder as pessoas nascidas ou já concebidas no momento da abertura da sucessão".
[592] BAUDRY-LACANTINERIE, G.; WAHL, Alberto. *Trattato teorico-pratico di diritto civile*: delle successioni. Milano: Casa Editrice Dottor Francesco Vallardi, 1900. v. 1, p. 141.
[593] CC/2002 – "Art. 2º A personalidade civil da pessoa começa com o nascimento com vida; mas a lei põe a salvo, desde a concepção, os direitos do nascituro".
[594] FARIAS, Cristiano Chaves de; FIGUEIREDO, Luciano; ERHARDT JÚNIOR, Marcos; DIAS, Wagner Inácio Freitas. *Código Civil para concursos*. Salvador: JusPodivm, 2013. p. 1.397.
[595] DANTAS, Eduardo; CHAVES, Marianna. *Aspectos jurídicos da reprodução humana assistida*: comentários à Resolução 2.121/2015 do Conselho Federal de Medicina. Rio de Janeiro: GZ, 2018. p. 159-161.

ciclo humano de nascer, crescer, reproduzir e morrer, porque não sendo implantado no útero, como fato biológico imprescindível para a constituição do ser humano, o embrião poderá ser mantido *in vitro* durante muito tempo, tornando-se irrelevante a sua fertilização.[596] Somente a implantação do ovo no útero materno garante a iniciação à vida, porque o embrião humano congelado, apesar de merecer proteção jurídica, não pode ser considerado nascituro, só o sendo no momento em que se encontre no ventre materno.[597]

Na sequência da legislação civil, o art. 1.799 do Código Civil admite a capacidade sucessória passiva testamentária de filhos ainda não concebidos, de pessoas indicadas pelo testador, desde que vivas estas ao abrir-se a sucessão, e o art. 1.800 do mesmo Diploma prescreve no § 3º que, nascendo com vida o herdeiro esperado, ser-lhe-á deferida a sucessão, com os frutos e rendimentos relativos à deixa testamentária, a partir da morte do testador, e o § 4º, subsequente, admite uma tolerância de dois anos de espera após a abertura da sucessão para a concepção do herdeiro indicado em testamento. Condicionado ao nascimento com vida do nascituro, pois antes disso ninguém poderá aceitar ou repudiar a herança em seu nome, salvo postular medidas que assegurem a conservação dos bens, até que se verifique o parto sobre o qual pende a condição de nascer com vida do herdeiro legítimo ou do herdeiro fideicomissário (CC, art. 1.592).

Verdade está que as modernas técnicas de reprodução humana assistida deram origem a diversas relações sociais e jurídicas que ainda não estão inteiramente previstas ou reguladas pelo ordenamento jurídico brasileiro, como a possibilidade de uma pessoa ser concebida depois da morte de um ou de ambos os seus progenitores, com reflexos diretos no direito sucessório que assim desmonta a evidência superada de que um herdeiro descendente teria de ser ao menos concebido quando da abertura da sucessão.

Conforme Dario Alexandre Guimarães Nóbrega, uma pessoa pode ser concebida depois da abertura da sucessão, por meio do emprego de gametas do falecido, previamente criogenados, mas esse nascituro não estaria legalmente legitimado a suceder, por sua concepção ser posterior ao óbito do autor da herança.[598]

O uso da técnica de fecundação assistida possibilita a concepção de um filho, que Maricela Gonzáles Pérez de Castro não chama de *póstumo*, mas sim de *superpóstumo*, pois a técnica rompe com os esquemas de filiação tradicional em que o filho póstumo era aquele nascido depois da morte de seu progenitor, mas que havia sido por ele concebido ainda em vida e que, na atualidade, a gestação pode ter lugar muito tempo depois de ser produzida a extração dos gametas ou de se obter o embrião.[599]

Embora o direito familista satisfaça com o uso da ciência o desejo da mulher de conceber um filho depois da morte de seu companheiro e o desejo do falecido de ver imortalizada a sua memória por intermédio da concepção desse filho,[600] confrontando o art. 1.798 do Có-

---

[596] ALMEIDA, Silmara J. A. Chinelato e. *Tutela civil do nascituro*. São Paulo: Saraiva, 2000. p. 11.
[597] MADALENO, Rolf. Da posse em nome do nascituro. *Revista Brasileira de Direito das Famílias e Sucessões*, Porto Alegre, v. 7, p. 8, dez./jan. 2009.
[598] NÓBREGA, Dario Alexandre Guimarães. A reprodução humana assistida *post mortem* e o direito sucessório do concebido. Uma interpretação constitucional da legitimidade sucessória a partir do princípio da isonomia. *Revista Brasileira de Direito das Famílias e Sucessões*, Porto Alegre, v. 20, p. 39-40, fev./mar. 2011.
[599] CASTRO, Maricela Gonzáles Pérez de. *La verdad biológica en la determinación de la filiación*. Madrid: Dykinson, 2013. p. 269.
[600] CASTRO, Maricela Gonzáles Pérez de. *La verdad biológica en la determinación de la filiación*. Madrid: Dykinson, 2013. p. 270.

digo Civil, que reclama a concepção no momento da abertura da sucessão, com os arts. 1.799 e 1.800 do Código Civil, que admitem para efeitos de sucessão testamentária a hipótese de um sucessor concebido até dois anos depois da abertura da sucessão, e mais o art. 1.592 do Código Civil, que permite a instituição do fideicomisso em favor de pessoa não concebida no momento do óbito do autor da herança,[601] quando tudo é visto sob o olhar do direito sucessório, não se extrai a mesma segurança jurídica.

Ainda merece registro o inc. III do art. 1.597 do Código Civil, que presume terem sido concebidos na constância do casamento *os filhos havidos por fecundação artificial homóloga, mesmo que falecido o marido*, acrescendo o Enunciado 106 do Conselho da Justiça Federal, justamente editado para condicionar essa técnica à preexistência de expressa autorização do progenitor:[602] "Para que seja presumida a paternidade do marido falecido, ao se submeter a uma das técnicas de reprodução assistida com o material genético do falecido, esteja ela na condição de viúva, é obrigatório que haja autorização escrita do marido para a utilização do seu material genético após a sua morte."

Com sobrada segurança jurídica regulada pelo livro do direito familista brasileiro, pode o homem autorizar o uso de seu material genético para que a sua esposa ou companheira promova a inseminação medicamente assistida e assim possa gerar um filho que sequer havia sido concebido ao tempo do óbito deste pai da criança a ser gestada, e que irá nascer em momento posterior ao falecimento do genitor, observando que o art. 1.597, inc. III, do Código Civil, tirando o efeito pragmático da *presunção* de paternidade se a criança nascer nos 300 (trezentos) dias após a morte do presumido pai, não estabelece nenhum outro limite temporal para que ocorra essa concepção *superpóstuma*, e que justamente é assim denominada pelo fato de poder ser realizada muito tempo depois da morte do progenitor.

Dado interessante respeita à legislação inglesa que, na versão de 2008 da *Human Fertilization and Embriology Act*, passou a presumir a vontade do varão de que seus gametas sejam utilizados depois de seu falecimento se a morte acontece no transcorrer de um tratamento de fertilidade,[603] sucedendo aqui uma analogia com o processo de adoção *post mortem* previsto no ordenamento jurídico brasileiro, de que o falecido, por iniciar o processo de adoção, só não pôde concluí-lo por seu súbito decesso.

Outra sorte de embaraços jurídicos é criada no campo da sucessão testamentária, quando admite a indicação por testamento, e como herdeiros eventuais, de filhos ainda não concebidos, desde que vivos estes ao abrir-se a sucessão (CC, art. 1.799, inc. I). E se decorridos dois anos após a abertura da sucessão, não for concebido o herdeiro esperado, os bens reservados, salvo disposição em contrário do testador, caberão aos herdeiros legítimos.

Afirmam doutos ser importante o estabelecimento de um prazo, pois não seria viável esperar, *sine die*, que se realizasse a fecundação ou se transferissem à viúva ou à companheira sobreviva os embriões. Sugerem que se desse a descendência póstuma um prazo relativamente curto, para que o nascido fosse devidamente integrado em sua família e recebesse o seu

---

[601] COLOMBO, Cristiano. *Da reprodução assistida homóloga post mortem e o direito à sucessão legítima*. Porto Alegre: Verbo Jurídico, 2012. p. 223.
[602] FISCHER, Karla Ferreira de Camargo. A incidência do sistema de presunção *pater ist est* na inseminação artificial *post mortem*: efeitos e possibilidades no direito de família contemporâneo. In: TEPEDINO, Gustavo; FACHIN, Luiz Edson (Org.). *Diálogos sobre direito civil*. Rio de Janeiro: Renovar, 2012. v. III, p. 257.
[603] ACEVEDO, María de las Mercedes Ales Uría. *El derecho a la identidad en la filiación*. Valencia: Tirant Lo Blanch, 2012. p. 237.

nome paterno e a sua herança,[604] pois já seria suficientemente doloroso que um projeto parental excluísse o ideal da biparentalidade e da convivência com o progenitor morto, convivendo essa criança com uma deliberada orfandade.[605]

É perfeitamente compreensível que os avanços tecnológicos confrontem com a insuficiência de tempo para adequá-los aos vigentes esquemas legais, sendo notório o atraso da lei em comparação com os progressos da biologia, existindo no ordenamento jurídico brasileiro poucas referências acerca das técnicas de reprodução humana assistida, sendo uma delas o art. 1.597 do Código Civil, incs. III, IV e V,[606] existindo nova referência no art. 5º da Lei 11.105/2005, que somente admite a utilização dos embriões congelados para fins de pesquisa e terapia, caso eles não tenham sido empregados no procedimento de reprodução assistida,[607] e mais a Resolução 2.168/2017 do Conselho Federal de Medicina e o Provimento 52, de 14 de março de 2016, da Corregedoria Nacional de Justiça do CNJ, que, ao mencionarem as hipóteses de reprodução assistida póstuma, exigem que o consentimento do marido ou companheiro se faça por instrumento público, assim permitindo o registro e a expedição da certidão de nascimento da criança gerada por técnica de reprodução assistida póstuma e sem necessidade de ordem judicial.[608]

Em contraponto ao vazio legislativo brasileiro, na Espanha, a Ley 35 contempla, desde 1988, a possibilidade de uma mulher ser fecundada mediante inseminação artificial, com o sêmen congelado de seu marido ou companheiro, dando lugar a uma relação de filiação entre o nascido e o pai prefalecido, chegando a ser ensaiada a inconstitucionalidade do art. 9º da Ley 35/1988, que foi afastada pelo Tribunal Constitucional espanhol sob o argumento de que a Constituição não protege unicamente o modelo biparental e matrimonial de família,[609] como por igual ocorre no Brasil com a proteção constitucional da família monoparental e informal.

Admitida a inseminação póstuma, não deve haver nenhuma discriminação ao filho assim gestado e que deve ter acesso garantido a todos os direitos legalmente previstos aos filhos diante do princípio da igualdade acolhida pela norma constitucional.[610]

Defasado, o art. 1.798 do Código Civil parte apenas do pressuposto de que existe a concepção do herdeiro *post mortem* quando falece o autor da herança, sendo tarefa da gestante informar a sua gravidez no inventário, e, se for o caso, postular as medidas de preservação do quinhão hereditário do filho já concebido.

Contudo, o inc. III do art. 1.597 do Código Civil permite que o progenitor consinta que sua parceira seja inseminada com seu sêmen depois do seu falecimento, não estando claro se

---

[604] CASTRO, Maricela Gonzáles Pérez de. *La verdad biológica en la determinación de la filiación*. Madrid: Dykinson, 2013. p. 279.
[605] YAGÜE, Francisco Lledó. *Fecundación artificial y derecho*. Madrid: Tecnos, 1988. p. 192.
[606] Enunciado 105 do CJF: "As expressões 'fecundação artificial', 'concepção artificial' e 'inseminação artificial' constantes, respectivamente, dos incs. III, IV e V do art. 1.597 deverão ser interpretadas como 'técnica de reprodução assistida'".
[607] GAMA, Guilherme Calmon Nogueira da. *Herança legítima* ad tempus: tutela sucessória no âmbito da filiação resultante de reprodução assistida póstuma. São Paulo: Thomson Reuters/ RT, 2017. p. 47.
[608] GAMA, Guilherme Calmon Nogueira da. *Herança legítima* ad tempus: tutela sucessória no âmbito da filiação resultante de reprodução assistida póstuma. São Paulo: Thomson Reuters/ RT, 2017. p. 53.
[609] DELGADO, Juan José Iniesta. La filiación derivada de las formas de reproducción humana asistida. In: TOLSADA, Mariano Yzquierdo; CASAS, Matilde Cuena (Dir.). *Tratado de derecho de la familia*. 2. ed. Navarra: Thomson Reuters/Aranzadi, 2017. v. V, p. 991.
[610] CHINELATO, Silmara Juny. In: AZEVEDO, Antônio Junqueira de (Coord.). *Comentários ao Código Civil*: parte especial. São Paulo: Saraiva, 2004. v. 18, p. 54.

esta criança precisa nascer nos 300 (trezentos) dias subsequentes à dissolução da sociedade conjugal por morte (CC, art. 1.597, inc. II).

Enrique Varsi Rospigliosi considera imprescindível, para efeitos de presunção da paternidade, que o filho póstumo nasça dentro dos 300 (trezentos) dias seguintes à dissolução do matrimônio pelo evento morte do progenitor, e assevera que os filhos *superpóstumos* (concebidos e nascidos depois da morte do progenitor) não gozam da presunção de paternidade,[611] pois o falecimento do sucedido não coincide com a gravidez da companheira sobrevivente, sugerindo Francisco Lledó Yagüe, por sua vez, que seja informada aos interessados na herança a autorização para a operação de inseminação e que esta se dê no tempo da presunção de paternidade de 300 (trezentos) dias, para que a herança reste indivisa durante o período da concepção e do nascimento com vida do herdeiro póstumo.[612]

Eduardo A. Sambrizzi ao comentar o revogado Código Civil argentino, faz curiosa e impactante observação em relação à pseudoconcepção e ao prazo para presunção da paternidade de pai falecido, cujas regras seguem sem qualquer alteração e avanço no Direito brasileiro, aduzindo que o herdeiro deve ao menos ter sido concebido no momento da abertura da sucessão (CC, art. 1.798), conclui:

> O herdeiro deve ao menos estar concebido, seja dentro ou fora do seio materno. Não é necessário, portanto, que o filho concebido tenha estado ao tempo do falecimento do autor da herança, implantado no útero materno, sendo suficiente que tenha sido concebido, e incluso, ainda que estivesse crioconservado em estado de embrião, e que nascera depois dos 300 dias posteriores ao falecimento de seu pai, o que é compreensível se se adverte sua qualidade de pessoa humana desde a concepção, e, portanto, sujeito de direitos. Não obstante, não deixamos de reconhecer que esta última solução cria uma indesejável incerteza, pela dependência que se produz com relação aos direitos sucessórios que se produzem com o nascimento, o qual pode demorar um tempo prolongado, e que se traduzirá em uma série de complicações de caráter sucessório, especialmente com relação à divisão da herança com os restantes dos herdeiros. Pelo que resultaria conveniente estabelecer, com a finalidade de evitar incerteza relacionada com os bens sucessórios, um limite ao direito de herdar por parte das pessoas-embriões que não se achem no ventre materno ao tempo da morte do autor da sucessão, determinado pela fixação de um período de tempo máximo para o nascimento, contado da morte do sucedido.[613]

Tema complexo, Caio Mario da Silva Pereira, com os achegos colacionados por Heloisa Helena Barboza e Lucia Maria Teixeira Ferreira na atualização de sua obra, resume a polêmica dos filhos havidos por procriação artificial *post mortem*, questionando se os filhos concebidos ou que só entrem em gestação após a morte do pai têm direito a sua sucessão, não se tratando de reconhecer um filho já nascido, mas do efeito sucessório de um filho nascido depois da morte do seu pai e que não existia porque não havia sido concebido, ou que sequer se encontrava em gestação, no caso de o embrião ainda não ter sido implantado no útero materno.[614]

---

[611] ROSPIGLIOSI, Enrique Varsi. *El moderno tratamiento legal de la filiación extramatrimonial*. 2. ed. Lima: Jurista Editores, 2010. p. 242.
[612] ROSPIGLIOSI, Enrique Varsi. *El moderno tratamiento legal de la filiación extramatrimonial*. 2. ed. Lima: Jurista Editores, 2010. p. 205.
[613] SAMBRIZZI, Eduardo A. *La filiación en la procreación asistida*. Buenos Aires: El Derecho, 2004. p. 219.
[614] PEREIRA, Caio Mário da Silva. *Reconhecimento de paternidade e seus efeitos*. 7. ed. atual. por Heloisa Helena Barboza e Lucia Maria Teixeira Ferreira. Rio de Janeiro: Forense, 2015. p. 423.

As respostas variam, existindo orientação vertida para o Enunciado 267 da *III Jornada de Direito Civil*, promovida em 2004 pelo Centro de Estudos Judiciários do Conselho da Justiça Federal: *"A regra do art. 1.798 do Código Civil deve ser estendida aos embriões formados mediante o uso de técnicas de reprodução assistida, abrangendo, assim, a vocação hereditária da pessoa humana a nascer cujos efeitos patrimoniais se submetem às regras previstas para a petição da herança".*

Angélica Ferreira Rosa e José Sebastião de Oliveira comungam das conclusões levantadas pelo Enunciado 267, mas alertam ser imprescindível o estabelecimento de prazos para fins de herança, já que nada impede que essa técnica possa ser feita em tempo considerável após a morte da mãe ou do pai, e o inventário teria se findado, e acrescem que a filiação socioafetiva tem sido reconhecida como *post mortem* e que tampouco a existência de uma filiação registral ou biológica impede a multiparentalidade, e se essa filiação posterior existe, não há como refugar a tutela da dignidade da pessoa humana.[615]

Em suma, há aqueles que não admitem o direito de sucessão, outros somente se a sucessão for testamentária, não superando o prazo de dois anos, e uma terceira vertente que não vê qualquer restrição de tempo frente ao *princípio constitucional da isonomia*,[616] que impõe a estrita igualdade de tratamento de todos os filhos e sem diferenciar nenhuma forma de nascimento.

Dario Alexandre Guimarães Nóbrega também defende a interpretação constitucional da paritária filiação (CF, art. 227, § 6º), que veda qualquer forma de discriminação para a técnica de inseminação artificial homóloga, com dispensa, inclusive, do prévio consentimento escrito do marido fornecedor dos gametas, pois se ele permitiu a extração e o congelamento do seu material genético, não pode pretender excluir esse filho da sucessão por sua exclusiva vontade, salvo pela indignidade sucessória (CC, art. 1.814),[617] o que seria impraticável contra um filho que sequer fora concebido ou que nascera antes do óbito do seu pai.

Karla Ferreira de Camargo Fischer também tem maior tolerância com relação ao prévio consentimento para a inseminação póstuma e sugere a verificação casuística para pesquisar se existem indícios de um consentimento tácito do falecido para bem tutelar os direitos que podem ser afetados.[618]

Em posição contrária, Guilherme Calmon Nogueira da Gama afirma nada significar o fato de o marido ou o companheiro haver congelado seu material genético, sendo imprescindível a sua expressa manifestação autorizando o acesso à técnica reprodutiva póstuma, cuja declaração escrita pode se dar pela forma pública ou por instrumento particular e lembra que a Resolução 2.168/2017 do Conselho Federal de Medicina prevê a confecção de documento para colher o consentimento livre e esclarecido do casal em qualquer caso de acesso ao pro-

---

[615] ROSA, Angélica Ferreira; OLIVEIRA, José Sebastião de. *O novo estatuto da filiação*. Rio de Janeiro: Lumen Juris, 2017. p. 152-153.
[616] PRADO, Neiva Maria. Reprodução humana assistida homóloga *post mortem* e o direito à filiação e sucessão. *Revista Brasileira de Direito das Famílias e Sucessões*, Porto Alegre, v. 32, p. 11, fev./mar. 2013.
[617] NÓBREGA, Dario Alexandre Guimarães. A reprodução humana assistida *post mortem* e o direito sucessório do concebido. Uma interpretação constitucional da legitimidade sucessória a partir do princípio da isonomia. *Revista Brasileira de Direito das Famílias e das Sucessões*, Porto Alegre, v. 20, p. 57, fev./mar. 2011.
[618] FISCHER, Karla Ferreira de Camargo. A incidência do sistema de presunção *pater ist est* na inseminação artificial *post mortem*: Efeitos e possibilidades no direito de família contemporâneo. In: TEPEDINO, Gustavo; FACHIN, Luiz Edson (Org.). *Diálogos sobre direito civil*. Rio de Janeiro: Renovar, 2012. v. III, p. 268.

cedimento de reprodução assistida (item I, n. 4),[619] e, nesse sentido, também orienta o Enunciado 106 do Conselho da Justiça Federal.

Segundo expressa Silmara Juny Chinelato, não é admissível presumir que alguém queira ser pai depois de morto, sem sua expressa manifestação de vontade, devendo o sêmen ser destruído diante da falta de autorização para a inseminação póstuma.[620]

O Direito brasileiro adota a corrente *natalista*, afirmando que a personalidade da pessoa natural começa no momento do nascimento com vida (CC, art. 2º), mas ressalva os direitos do nascituro desde a sua concepção, e, dentre os direitos resguardados do nascituro está a sua legitimidade para suceder se nascer com vida, sendo nomeado um curador para amparo de seus interesses se o pai falecer, estando grávida a mulher e não tendo o poder familiar (CC, art. 1.779) e se a mulher estiver interditada, seu curador será o do nascituro (CC, art. 1.779, parágrafo único), e, conforme o art. 650 do Código de Processo Civil, se um dos herdeiros for nascituro, seu quinhão será reservado em poder do inventariante até o seu nascimento.

Para Luiz Paulo Vieira de Carvalho, o nascituro tem direitos desde a sua concepção e não apenas expectativas de direito caso nasça com vida, e cita como exemplos desses direitos, o direito à vida e ao pré-natal (CF, arts. 5º, *caput*, e 227, inc. I; CP, arts. 121 a 127; ECA, arts. 7º e 8º), o direito ao reconhecimento (CC, art. 1.609, parágrafo único, e ECA, art. 26, parágrafo único), o de ser donatário (CC, art. 542), o direito à herança legal ou testamentária (CC, arts. 1.798 e 1.799, inc. I, e 1.800, § 3º), o direito aos alimentos gravídicos (Lei 11.804/2008), o direito a ser curatelado (CC, art. 1.779), o direito de ser protegido no inventário do progenitor (CPC, art. 650), o direito à reparação civil (AgRG no AREsp 403.761, do STJ, 2ª Turma, Relator Ministro Antonio Herman Benjamin, julgado em 05.12.2013),[621] e o direito à indenização por danos morais do REsp 399.028/SP, datado de 26 de fevereiro de 2002.[622]

Existem diferentes doutrinas a respeito da personalidade jurídica e, ao lado da natalista, está a *concepcionista*, pela qual a personalidade jurídica é atribuída desde a concepção,[623] salientando Luiz Paulo Vieira de Carvalho que o concepturo ainda não foi concebido, não inseminado ou implantado no ventre materno, e, portanto, diferente do nascituro, que já foi concebido e está em desenvolvimento no útero materno.[624] Assim visto, na sucessão legítima, consoante o art. 1.798 do Código Civil, só estaria legitimado a suceder a pessoa viva ou concebida, vale dizer, em desenvolvimento no ventre materno ao tempo da abertura da sucessão, enquanto na sucessão testamentária, pelo art. 1.799, inc. I, os filhos ainda não concebidos, os *concepturos*, poderiam ser indicados pelo testador e teriam dois anos após a abertura da sucessão para nascer ou ser concebidos (CC, art. 1.800, § 4º).

Daí a pertinência da dúvida suscitada por Estevão Gutierrez Brandão Pontes quando pergunta se quem tem direito à herança seria o *nascituro*, que está dentro do útero, ou o embrião, presente fora do útero, na pipeta ou congelado,[625] explicando Gonzalo Figueroa Yáñez

---

[619] GAMA, Guilherme Calmon Nogueira da. *Herança legítima* ad tempus: tutela sucessória no âmbito da filiação resultante de reprodução assistida póstuma. São Paulo: Thomson Reuters/ RT, 2017. p. 51-52.

[620] CHINELATO, Silmara Juny. In: AZEVEDO, Antônio Junqueira de (Coord.). *Comentários ao Código Civil*: parte especial. São Paulo: Saraiva, 2004. v. 18, p. 54.

[621] CARVALHO, Luiz Paulo Vieira de. *Direito das sucessões*. 3. ed. São Paulo: Atlas, 2017. p. 168-169.

[622] SCHREIBER, Anderson. *Manual de direito civil contemporâneo*. São Paulo: Saraiva, 2018. p. 100.

[623] MADALENO, Rolf. Da posse em nome do nascituro. *Revista Brasileira de Direito das Famílias e das Sucessões*, Porto Alegre, v. 7, p. 9, dez./jan. 2009.

[624] CARVALHO, Luiz Paulo Vieira de. *Direito das sucessões*. 3. ed. São Paulo: Atlas, 2017. p. 171.

[625] PONTES, Estevão Gutierrez Brandão. *Células tronco, bebês de proveta e lei*: onde há vida. Uma análise legal, jurisprudencial e científica parapsicológica. Curitiba: JM Livraria Editora, 2011. p. 145.

que o embrião se converterá *naquele que está por nascer* somente ao se implantar na parede uterina, único ambiente apropriado para desenvolver o programa genético que o caracteriza.[626] Haveria um prazo para a filiação póstuma, que seria estimado entre os 300 (trezentos) dias da presunção de paternidade do art. 1.597, inc. II, do Código Civil, ou os nove meses da concepção ocorrida no momento da abertura da sucessão, para a vocação hereditária legítima do art. 1.798 do Código Civil, ou este tempo seria o de dois anos após a abertura da sucessão para a concepção do sucessor indicado em testamento. Não pairam dúvidas quanto ao reconhecimento dos direitos sucessórios dos filhos havidos por inseminação artificial póstuma, pairando incertezas quanto à inconveniência de extrapolar os prazos indicados entre 300 (trezentos) dias e dois anos, e, na mensuração do tempo, na sua dosimetria é que conflitam os articulistas, como acontece com María Cárcaba Fernández, quando sugere transcorra um prazo máximo de seis meses para que seja informada a gestação,[627] pois se não forem observados os curtos prazos, qualquer partilha poderia vir a ser alterada, dado que a qualquer momento poderia surgir um herdeiro. Ou, como recomenda Tycho Brahe Fernandes, o prazo dos 300 (trezentos) dias para a sucessão póstuma de presunção de paternidade de nascituro concebido por ocasião da abertura da sucessão, qual seja, residente no ventre materno, em processo de gestação, ou, ainda, restaria o prazo de dois anos para os filhos não concebidos ao tempo da abertura da sucessão, sem presunção de paternidade, por se tratar de prole eventual de terceiros contemplados pela sucessão testamentária, e que, em tese, não poderia contemplar filhos do próprio testador.[628]

Ana Cláudia Silva Scalquette também demonstra preocupação com prazos excessivos para a habilitação de filhos havidos por inseminação artificial póstuma em referência aos direitos dos coerdeiros que ficariam eternamente na expectativa da realização de uma condição suspensiva do possível ou anunciado nascimento dos possíveis irmãos, sendo uma das suas sugestões o prazo de dois anos do § 4º do art. 1.800, que até serviria para decadência da deixa testamentária do beneficiado biologicamente estranho ao testador, mas em sendo seu filho e, portanto, a autora não descarta que o testador indique seu próprio rebento como beneficiário da sua cédula testamentária, este descendente póstumo perderia o direito à legítima e esta consequência jurídica, se aceita, traria gravosos efeitos constitucionais.[629] A mesma autora indica a alternativa contida no inc. II do art. 5º da Lei 11.105/2005 (Lei de Biossegurança), quando permite, para fins de pesquisa e terapia, a utilização de células-tronco embrionárias obtidas de embriões humanos que, congelados, depois de três anos não foram utilizados, e que a rigor ainda poderiam ser implantados para gerar um ser humano, e este seria o prazo fatal, mas que Ana Scalquette, particularmente considera longo para os coerdeiros aguardarem e curto para o genitor sobrevivente ainda enlutado, se submeter ao procedimento necessário para que a criança fosse gerada.[630]

Preocupada em estabelecer um prazo no qual transcorra a fecundação entre a morte do esposo ou companheiro e o amadurecimento da decisão de parte da viúva ou sobrevivente que

---

[626] YÁÑEZ, Gonzalo Figueroa. *Derecho civil de la persona*: del genoma al nascimiento. Chile: Editorial Jurídica de Chile, 2007. p. 131.

[627] FERNÁNDEZ, María Carcaba. *Los problemas jurídicos planteados por las nuevas técnicas de procreación humana*. Barcelona: JM Bosch, 1995. p. 95.

[628] FERNANDES, Tycho Brahe. *A reprodução assistida em face da bioética e do Biodireito*: aspectos do direito de família e do direito das sucessões. Florianópolis: Diploma Legal, 2000. p. 94.

[629] SCALQUETTE, Ana Cláudia Silva. *Estatuto da reprodução assistida*. São Paulo: Saraiva, 2010. p. 214.

[630] SCALQUETTE, Ana Cláudia Silva. *Estatuto da reprodução assistida*. São Paulo: Saraiva, 2010. p. 215-216.

teria de decidir em um período especialmente difícil, a Ley 35/1988 (*Ley de Técnicas y Reproducción Humana Asistida*) da Espanha aumentou esse prazo de seis para doze meses após o óbito, admitindo a presunção se o filho nasce nos 300 (trezentos) dias contados da abertura da sucessão, e, se nascer depois deste prazo, precisará ser proposta investigatória de paternidade, pois como ensina Antonio Javier Pérez Martín, sempre caberá a ação de reclamação de paternidade pedindo que seja declarado pai o falecido marido, se puder ser demonstrado que a fecundação *post mortem* se efetuou com o seu material genético e fora do prazo da presunção.[631]

Sérgio Abdalla Semião, embora não sugira nenhum prazo para garantia dos direitos sucessórios do filho póstumo, diz que embrião não é nascituro e que o legislador brasileiro pretendeu proteger unicamente o nascituro e não o embrião criopreservado, que não teria legitimação para suceder enquanto estivesse fora do útero ou congelado.[632]

João Álvaro Dias é igualmente reticente com os prazos e, particularmente, com a admissão da fecundação *post mortem*, mas adverte que a sua aceitação comporta necessariamente sujeitar-se a suas legais consequências[633] e estas, reputo a de que um filho póstumo poderá vindicar seus direitos sucessórios a qualquer tempo e nas condições que os encontre depois de certo tempo e sem as cautelas sugeridas por Francieli Pisetta, que admite a utilização de técnicas de reprodução assistida homólogas póstumas, cujas crianças oriundas dessas técnicas precisam ter preservados seus direitos em respeito ao princípio da igualdade, contudo, propõe o estabelecimento de prazos para segurança jurídica dos coerdeiros.[634]

Penso que toda a imposição de prazo para assegurar os direitos sucessórios legítimos do filho fecundado *post mortem* se mostra incoerente e inaceitável sob o argumento de proteção dos interesses dos coerdeiros, notadamente quando a restrita igualdade de tratamento da prole não permite estabelecer qualquer comportamento diverso em razão da forma e tempo de nascimento, se antes ou depois da morte do autor da herança. Não obstante isso, são igualmente sensíveis as ponderações levantadas por Anna de Moraes Salles Beraldo quando considera imprescindível a criação de lei brasileira que fixe um lapso temporal para a implantação do embrião ou material reprodutivo congelado do falecido marido ou companheiro, com expressa autorização deixada pelo finado esposo para sua utilização póstuma, que fosse um tempo suficiente para a reflexão e execução do procedimento, cujo limite impediria o prolongamento indefinido da situação e evitaria o nascimento de um filho desamparado patrimonialmente e em desigualdade em relação aos seus irmãos, contudo, adverte que, se houvesse violação da norma, o filho póstumo não poderia mesmo assim sofrer discriminações, devendo ser considerado herdeiro necessário, independentemente da época do nascimento.[635]

É tal qual expõe de forma pragmática Carolina Valença Ferraz que, pela exegese dos arts. 1.798 e 1.799 do Código Civil, a proteção ao direito hereditário do ser humano *in vitro* está contemplada, pois, para a legitimação sucessória, a lei civil reclama a prévia concepção, mas outorga a sucessão testamentária para a pessoa inexiste – o *concepturo* – que sequer habita o útero materno ao tempo da abertura da sucessão e os efeitos do reconhecimento de

---

[631] MARTÍN, Antonio Javier Pérez. *Tratado de derecho de familia*. Valladolid: Lex Nova, 2010. v. VI, p. 875.
[632] SEMIÃO, Sérgio Abdalla. *Biodireito & direito concursal*: aspectos científicos do direito em geral e da natureza jurídica do embrião congelado. 2. ed. Belo Horizonte: Del Rey, 2013. p. 223.
[633] DIAS, João Álvaro. *Procriação assistida e responsabilidade médica*. Coimbra: Coimbra Editora, 1996. p. 41.
[634] PISETTA, Francieli. *Reprodução assistida homóloga* post mortem: aspectos jurídicos sobre a filiação e o direito sucessório. Rio de Janeiro: Lumen Juris, 2014. p. 147.
[635] BERALDO, Anna de Moraes Salles. *Reprodução humana assistida e sua aplicação* post mortem. Rio de Janeiro: Lumen Juris, 2012. p. 132.

direito sucessório do nascituro devem ser aplicados por analogia à pessoa humana em situação de laboratório.[636]

Portanto, se no período obscuro da completa disparidade de efeitos jurídicos dos filhos brasileiros, que eram classificados entre filhos legítimos e ilegítimos e subdivididos entre naturais, adulterinos e incestuosos, depois da Carta Federal de 1988, como pondera Guilherme Calmon Nogueira da Gama, será inaceitável, pois *qualquer lei que venha a ser editada e que pretenda estabelecer a inexistência de direito sucessório em favor do filho havido por técnica de reprodução assistida heteróloga* (ou homóloga) *deverá ser declarada inconstitucional por clara afronta ao disposto no art. 227, § 6º, da Constituição de 1988.*[637]

Vale reproduzir a indignação de Maria Berenice Dias quando se debate com certa tendência brasileira de se dar mais valor à ficção jurídica do que ao princípio constitucional da igualdade assegurada à filiação, pois nada justifica excluir o direito sucessório do herdeiro concebido *post mortem*[638] e, acrescento eu, nascido a qualquer tempo e não somente quando já concebido ao tempo da abertura da sucessão de seu progenitor, exatamente como defende Eduardo de Oliveira Leite se tratar de uma situação anômala que herde uma criança que ainda não tivesse sido concebida ao tempo da morte de seu pai, e, se não existe legislação prevendo o seu direito sucessório, seria inviável admitir a sua capacidade hereditária passiva se só foi concebida depois de morto o seu progenitor, contrariando o art. 1.798 do Código Civil.[639]

No entanto, o filho de um terceiro, e nada impede fosse filho do próprio testador, pode nascer ou ser concebido até dois anos depois da morte do testador, e mesmo que nasça depois dos dois anos continuará sendo filho póstumo, ou superpóstumo como mencionam os espanhóis, e tem o direito constitucional de receber sua herança (CF, art. 5º, inc. XXX), e sobre cuja pessoa não podem deitar os efeitos negativos das condutas de seus pais.

Como conclui Samantha Khoury Crepaldi Dufner, na harmonização dos dispositivos legais vigentes no Brasil (CF, art. 5º, inc. XXX; CC, arts. 1.594, 1.597, 1.798 e 1.829), aos quais podem ser acrescentados os arts. 1.799 e 1.800 também do Código Civil, surge o seguinte entendimento acerca da procriação póstuma:

O embrião nascido a qualquer tempo após o falecimento do pai, por procriação homóloga, é filho por força da presunção de paternidade – incs. III e IV do art. 1.597. Na qualidade de filho é detentor de todo complexo de direitos que a lei assegura a ele, porque não há nenhuma distinção de tratamento ou direitos – art. 227, parágrafo 6º, Constituição Federal – pouco importando se surgido pelas vias naturais ou pela via artificial ou pela adoção; é o corolário da máxima da igualdade de que todos são iguais perante a lei. Nesse compêndio de direitos, situa-se o direito de herança garantido, em primeiro lugar, aos filhos ou descendentes de primeiro ou outro grau e classe – art. 1.829, inc. I, CC e art. 5º, inc. XXX, CF – que excluem na ordem de vocação todos os demais herdeiros. A depender do regime de bens, no entanto, o cônjuge poderá com eles concorrer (*também o companheiro RE 878.694/MG e RE 646.721/RS*).[640]

---

[636] FERRAZ, Carolina Valença. *Biodireito*: a proteção jurídica do embrião *in vitro*. São Paulo: Verbatim, 2011. p. 85.
[637] GAMA, Guilherme Calmon Nogueira da. *A nova filiação*: o biodireito e as relações parentais. Rio de Janeiro: Renovar, 2003. p. 936.
[638] DIAS, Maria Berenice. *Manual das sucessões*. 3. ed. São Paulo: RT, 2013. p. 125.
[639] LEITE, Eduardo de Oliveira. In: TEIXEIRA, Sálvio de Figueiredo (Coord.). *Comentários ao novo Código Civil*: do direito das sucessões. Rio de Janeiro: Forense, 2003. v. XXI, p. 110.
[640] DUFNER, Samantha Khoury Crepaldi. *Direito de herança do embrião*. Porto Alegre: Núria Fabris, 2015. p. 128.

Embora poucos países, como Espanha e Inglaterra, legislem sobre os aspectos sucessórios da fecundação *post mortem* e a grande maioria dos ordenamentos jurídicos nada, ou praticamente muito pouco ordene sobre os aspectos sucessórios da procriação medicamente assistida, o fato é que boa parcela da doutrina também se mostra arredia, e até mesmo nega o reconhecimento de efeitos jurídicos à gestação de um herdeiro após a morte de seu genitor, como no começo fizeram Espanha e Inglaterra na ânsia de evitar fraudes,[641] existindo legislações que, avessas, proíbem a prática da fecundação póstuma, e, quando avançam no campo do direito sucessório, restringem-se a uma única hipótese da ocorrência da nidação ao tempo da morte do *auctor sucessionis*, sem reconhecer direitos à filiação *superpóstuma*, cujo embrião concebido *in vitro* não foi previamente, ao falecimento do marido, implantado no útero da esposa.

Mas, como desabafa Maria Berenice Dias, é difícil dar mais valor a uma ficção jurídica do que ao princípio constitucional da igualdade,[642] pois a realidade é que de nada serve proibir se este filho póstumo nasce contra a proibição da lei, ou porque foi gestado contra a lei do seu país de origem, ou porque viajou para outro país onde seja admitida a fecundação póstuma,[643] e, portanto, a criança gerada tem direito de vindicar os efeitos jurídicos próprios dessa sua condição inequívoca de filho, e negá-los seria retornar aos tempos obscuros da filiação espúria.

Como diz Jorge Duarte Pinheiro, sempre que nasce uma criança mediante o uso de uma técnica de PMA (Procriação Medicamente Assistida) é necessário proceder à determinação jurídica da respectiva filiação, independentemente de aquele uso ter sido ou não conforme às regras e aos princípios do ordenamento jurídico.[644] E se não mais presente a presunção porque ultrapassados os 300 (trezentos) dias do art. 1.597, inc. II, do Código Civil, terá acesso à investigação de paternidade e se também findo o inventário dos bens de seu presumido progenitor, cumulará sua investigatória com a ação de petição de herança, como faria um filho não registrado por seu progenitor biológico ao promover, com qualquer idade e ressalvadas algumas premissas de cunho legal e moral, a sua investigação de paternidade, poderá promovê-la em acúmulo processual com a ação de petição de herança se aberto o inventário, ou com a anulação da partilha se o inventário já estava findo, sem descurar dos atuais dez anos da prescrição patrimonial (CC, art. 205 e Súmula 149 do STF), com as ressalvas da suspensão da prescrição contra herdeiro menor de 16 anos, que é considerado incapaz (CC, arts. 3º, 197, inc. II, e 198, inc. I).

Por pura ilustração comparativa, calha tomar por exemplo o art. 2075º do Código Civil português, que admite o ajuizamento, a qualquer tempo, da ação de petição da herança, sem prejuízo das regras da usucapião, e o art. 2076º, que admite o endereçamento da ação de petição da herança a terceiro adquirente dos bens da herança, sem prejuízo da responsabilidade do herdeiro disponente pelo valor dos bens alienados, sendo improcedente a ação se o terceiro adquiriu os bens de herdeiro aparente, por título de boa-fé, estando também o alienante de boa-fé, pois afinal de contas desconhecia a existência de um herdeiro póstumo, o que não impede o ressarcimento para evitar o enriquecimento injustificado do herdeiro alienador.

---

[641] ACEVEDO, María de las Mercedes Ales Uría. *El derecho a la identidad en la filiación*. Valencia: Tirant Lo Blanch, 2012. p. 241.
[642] DIAS, Maria Berenice. *Manual das sucessões*. 3. ed. São Paulo: RT, 2013. p. 125.
[643] MAGALHÃES, Sandra Marques. *Aspectos sucessórios da procriação medicamente assistida homóloga post mortem*. Coimbra: Coimbra Editora, 2010. p. 93.
[644] PINHEIRO, Jorge Duarte. *Direito da família e das sucessões*. 3. ed. Lisboa: AAFDL, 2007. p. 217.

Sandra Marques Magalhães assim resume as hipóteses possíveis de uma sucessão póstuma:

> Na hipótese de se encontrar em curso o inventário, habilitar-se-á para compor o quadro de sucessores e participar da partilha que vier a ser feita; se findo o inventário e ultimada a partilha, a tutela da vocação sucessória propugnada será efetivada mediante petição de herança [...].
>
> A petição de herança é a ação que tutela a posição jurídica do herdeiro, proposta para reconhecimento dessa qualidade e "com o propósito de recuperar, no todo ou em parte, o que constituir o patrimônio hereditário," com "seus acessórios e rendimentos, desde a morte do *de cujus*". Dessa forma, aqui se ajusta a hipótese da pessoa que nasce e é reconhecida juridicamente como filha do *autor sucessionis* após o óbito deste transcorrido o prazo legal da presunção do vínculo parental entre eles.[645]

Pairam, para desfecho, algumas considerações pontuais, fazendo coro ao ensinamento de Guilherme Calmon Nogueira da Gama, quando protege a boa-fé do herdeiro que alienou os bens hereditários por desconhecer a existência nunca antes noticiada de um herdeiro póstumo ou *superpóstumo*, pois concebido depois ou muito tempo depois da morte do autor da herança, e, considera este como sendo um herdeiro real e não aparente, como real e não aparente era a sua posse e propriedade dos bens por ele sucedidos.[646] Assim que esses herdeiros legítimos que foram originariamente chamados à sucessão ante o desconhecimento de filho póstumo, que seria coerdeiro ou herdeiro universal, adquirem a propriedade hereditária nos termos do art. 1.360 do Código Civil[647] – qual seja, qualificada como *ad tempus*.

E assim explica Guilherme Calmon Nogueira da Gama:

> 50) *A propriedade adquirida pelos herdeiros legítimos originariamente chamados à sucessão deve ser qualificada como propriedade* ad tempus *e, assim, se sujeitar à regra do art. 1.360 do Código Civil.*
>
> 51) Nos casos de filho póstumo relativamente à sucessão legítima, o proprietário *ad tempus* – herdeiro originariamente chamado para suceder – perderá a propriedade em favor do herdeiro legítimo póstumo, caso o bem ainda esteja em poder daquele.
>
> 52) Diversamente do ex-proprietário *ad tempus*, o terceiro adquirente do bem, por título anterior à resolução da propriedade *ad tempus*, será considerado proprietário perfeito (perpétuo), cabendo à pessoa do herdeiro legítimo póstumo haver o valor do bem do ex-proprietário *ad tempus*.
>
> Não há que se cogitar de evicção em relação ao terceiro adquirente do bem, porquanto a sua propriedade adquirida legitimamente (CC, art. 1.360) não poderá ser revogada, diferentemente do que ocorreria relativamente ao ex-proprietário *ad tempus* caso o bem ainda estivesse no seu patrimônio.

---

[645] MAGALHÃES, Sandra Marques. *Aspectos sucessórios da procriação medicamente assistida homóloga post mortem*. Coimbra: Coimbra Editora, 2010. p. 172-173.

[646] GAMA, Guilherme Calmon Nogueira da. *Herança legítima* ad tempus: tutela sucessória no âmbito da filiação resultante de reprodução assistida póstuma. São Paulo: RT, 2017. p. 169.

[647] CC/2002 – "Art. 1.360. Se a propriedade se resolver por outra causa superveniente, o possuidor, que a tiver adquirido por título anterior à sua resolução, será considerado proprietário perfeito, restando à pessoa, em cujo benefício houve a resolução, ação contra aquele cuja propriedade se resolveu para haver a própria coisa ou o seu valor".

53) A sucessão legítima dos herdeiros originariamente vocacionados na sucessão aberta pela morte do autor da sucessão na qual, posteriormente, se verifica a existência de filho decorrente de reprodução assistida póstuma é modo de aquisição de propriedade *ad tempus*.

54) A propriedade revogável por causa superveniente é hipótese de propriedade real, e não de propriedade aparente.

55) Há maior proteção jurídica ao terceiro adquirente com base nos efeitos da propriedade *ad tempus* comparativamente aos efeitos da propriedade aparente.

56) No estágio atual do Direito Civil brasileiro, não há restrição temporal para a concepção, a gestação e o nascimento da criança originária de técnica de reprodução assistida póstuma na sucessão legítima aberta por morte do pai ou da mãe que desenvolveu projeto parental com seu cônjuge ou companheiro.

57) A solução que harmonize os princípios constitucionais da dignidade e da igualdade material do filho póstumo, do direito à herança em favor dos herdeiros existentes/nascituros na época da abertura da sucessão e da segurança jurídica dos terceiros adquirentes de bens que integravam a herança conduz à qualificação da modalidade de propriedade *ad tempus* em favor dos herdeiros originariamente vocacionados nos casos de sucessão legítima na qual haja, posteriormente, o surgimento de filho póstumo do autor da sucessão.

Enfim, é o herdeiro de que trata o art. 1.824 do Código Civil, que pode, a qualquer tempo, contanto não tenha prescrito o seu direito patrimonial, nos termos do art. 1.824 do Código Civil, em ação de petição de herança, demandar o reconhecimento de seu direito sucessório para obter a restituição da herança ou de parte dela, contra quem na qualidade de herdeiro (real), ou mesmo sem título, a possua, podendo inclusive, buscar o rompimento do testamento, nos termos do art. 1.973 do Código Civil, salvo se o testamento é respeitante unicamente à porção disponível.[648] Desconhecendo o herdeiro real a existência do herdeiro póstumo aplicam-se-lhes os efeitos da teoria da boa-fé subjetiva, ordenada nos arts. 1.214 a 1.222 do Código Civil e ele se transmuda em herdeiro aparente.[649]

77. A SUCESSÃO DOS DESCENDENTES EM CONCORRÊNCIA COM O CÔNJUGE OU COMPANHEIRO

Segundo o inc. I do art. 1.829 do Código Civil, a sucessão legítima defere-se aos descendentes, em concorrência com o cônjuge ou com o companheiro sobrevivente (RE 646.721/RS e RE 878.694/MG), salvo se casado ou convivendo com o falecido no regime da comunhão universal, ou no regime da separação obrigatória de bens (CC, art. 1.641, inc. II), ou se, no regime da comunhão parcial, o autor da herança não houver deixado bens particulares.

A lei chama primeiro à sucessão os herdeiros necessários da classe dos descendentes, em concorrência com o cônjuge ou o convivente sobrevivo, sendo convocados ao mesmo tempo duas classes de sucessores – a dos descendentes em aglomeração com a classe do cônjuge ou do companheiro sobreviventes, se estes existirem e condicionados à subsistência da convivência, não podendo existir entre cônjuges ou conviventes uma separação fática, desejando o legislador que também seja sem culpa do sobrevivente e culpa do defunto, o que

---

[648] COLOMBO, Cristiano. *Da reprodução assistida homóloga* post mortem *e o direito à sucessão legítima*. Porto Alegre: Verbo Jurídico, 2012. p. 237.

[649] COLOMBO, Cristiano. *Da reprodução assistida homóloga* post mortem *e o direito à sucessão legítima*. Porto Alegre: Verbo Jurídico, 2012. p. 237.

a doutrina entendeu denominar como *culpa mortuária*, e não poderia a separação de fato ter duração superior a dois anos (CC, art. 1.830).

O direito concorrencial do parceiro afetivo com a classe dos descendentes também está condicionado ao regime de bens e à existência de bens particulares deixados pelo defunto, sendo incontroverso reconhecer que herdeiros universais serão apenas os descendentes, ao passo que o cônjuge ou o companheiro sobreviventes, além de não serem herdeiros universais, herdarão somente sobre os bens particulares do morto.

Interessante confrontar o direito concorrencial do cônjuge ou do convivente com o art. 1.791 do Código Civil, quando ordena que a herança deve ser deferida como um todo unitário, ainda que vários sejam os herdeiros. Herdeiros em primeira convocação são os descendentes, que recebem a herança como um todo unitário, contudo, este enunciado que defere a herança como um *todo unitário* sofre uma verdadeira exceção quando os descendentes concorrem com o cônjuge ou com o convivente sobreviventes, uma vez que somente os descendentes herdam sobre o universo dos bens deixados pelo falecido, ao passo que o seu consorte ou convivente supérstite herdará somente sobre eventuais bens particulares, tendo em vista que o cônjuge ou o convivente não herdam sobre os bens comuns, pois deles recebem somente a sua meação.

Assim, se o morto tinha seiscentos mil reais (R$ 600.000,00) líquidos de bens comunicáveis e outros seiscentos mil reais (R$ 600.000,00) líquidos de bens particulares, tendo deixado dois filhos, além do cônjuge viúvo, de um casamento em comunhão parcial de bens, o consorte sobrevivente receberá trezentos mil reais (R$ 300.000,00) em pagamento da sua meação sobre os bens comuns, e cada um dos dois filhos receberá cento e cinquenta mil reais (R$ 150.000,00) de herança sobre estes mesmos bens comuns e comunicáveis. Já em relação aos bens particulares do defunto, não há direito à meação do parceiro sobrevivo, mas ele se habilita como coerdeiro juntamente com os dois filhos, recebendo cada um dos três coerdeiros (cônjuge sobrevivo e dois filhos) um quinhão hereditário de duzentos mil reais (R$ 200.000,00).

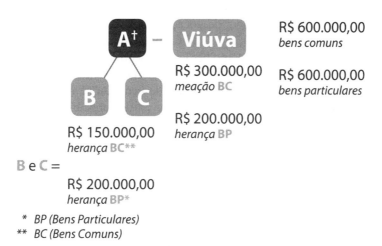

* BP (Bens Particulares)
** BC (Bens Comuns)

Igual concorrência existe no Direito argentino, cujo art. 2.433 do Código Civil e Comercial de 2014 estabelece que o cônjuge terá no acervo hereditário a mesma parte que um filho quando herda com os descendentes e ressalva que, em todas as hipóteses em que o viúvo ou a viúva é chamado em concorrência com os descendentes, não tem participação alguma na divisão dos bens comuns adquiridos com o sucedido. Mas, diferente do Direito brasileiro, a legislação argentina, no art. 2.436 do CCC, não reconhece a sucessão concorrente do cônjuge sobrevivente no casamento *in extremis*, com cônjuge que padece de uma enfermidade que comporta risco de morte, se o autor da herança morre dentro dos trinta dias subsequentes ao matrimônio, em desenlace fatal previsível, salvo se o casamento seja precedido de uma união estável com os requisitos do art. 510 do Código Civil e Comercial argentino, dentre os quais, que mantivessem uma convivência estável durante um período não inferior a dois anos, e assim procede o Direito argentino no propósito de evitar um casamento cuja única intenção foi a de captar um herança e, portanto, de interesse puramente econômico.

Induvidosamente, o cônjuge sobrevivente, com o advento do Código Civil de 2002, escalou postos privilegiados na ordem sucessória brasileira como nunca antes alcançados em toda a história do direito sucessório nacional, bastando ver que, na vigência do Código Civil de 1916, o cônjuge não era herdeiro necessário; não concorria com os descendentes; nem com os ascendentes; só tinha direito ao usufruto ou ao direito real de habitação, dependendo do regime de bens do casamento, e cujo benefício vidual não concedia nenhum direito dominical (de propriedade).

A concorrência sucessória do consorte sobrevivo guarda seu viés humanitário, porque evita que o viúvo ou a viúva, ou o convivente sobrevivo passem de um bem-estar para a mendicância, sendo difícil acreditar, conforme afirma Alfonso Murillo Villar, que o defunto quisesse que seus bens passassem a outras mãos e que seu cônjuge supérstite caísse em estado de indigência.[650]

E esse regime jurídico ordenado para o cônjuge no art. 1.829 do Código Civil também deve compreender o companheiro sobrevivo, diante da decisão do Supremo Tribunal Federal, com repercussão geral, no RE 646.721/RS e no RE 878.694/MG, que reconheceram a inconstitucionalidade de todo o art. 1.790 do Código Civil, e não apenas do seu inc. III, como muitos juristas e julgadores defendiam.

Portanto, todo o direito concorrencial do consorte supérstite deve ser estendido ao convivente sobrevivo, tanto para os relacionamentos heteroafetivos como para os homoafetivos.

Importa considerar então que, convocados à herança os herdeiros descendentes, que são indicados em primeiro lugar, na ordem de vocação hereditária como herdeiros exclusivos, mesmo assim, prescreve o art. 1.829, inc. I, do Código Civil e o STF nos RE 646.721/RS e RE 878.694/MG, deva ser chamado como herdeiro concorrente com os descendentes o cônjuge ou companheiro sobrevivente, salvo se casado com o falecido no regime da comunhão universal, ou no regime da separação obrigatória de bens, ou se no regime da comunhão parcial, o autor da herança não houver deixado bens particulares, e essa é a dicção também do Enunciado 270 do CJF.[651]

A lógica sucessória concorrente do cônjuge sobrevivente é a de concorrer com os herdeiros da primeira classe somente se existirem bens exclusivos e incomunicáveis do defunto, pois onde existirem bens particulares serão herdeiros os descendentes em concorrência com

---

[650] VILLAR, Alfonso Murillo. La influencia del derecho de familia en la posición del cónyuge supérstite en el orden de llamamientos en la sucesión ab intestato: evolución histórica. In: MARÍN, María Teresa Duplá; ORIA, Patricia Panero (Coord.). *Fundamentos del derecho sucesorio actual*. Madrid: Marcial Pons, 2018. p. 501.

[651] Enunciado 270 do CJF: "O art. 1.829, inc. I, só assegura ao cônjuge sobrevivente o direito de concorrência com os descendentes do autor da herança quando casados no regime da separação convencional de bens, ou se casados nos regimes da comunhão parcial ou participação final nos aquestos, o falecido possuísse bens particulares, hipóteses em que a concorrência se restringe a tais bens, devendo os bens comuns (meação) ser partilhados exclusivamente entre os descendentes".

o cônjuge ou o companheiro sobrevivente, e onde houver meação deixada pelo falecido, essa massa de bens será herança exclusiva dos herdeiros da primeira classe (descendentes) ou da segunda classe (ascendentes), mas sem o concurso do parceiro sobrevivo do defunto, que recolhe pelo casamento ou pela união estável e por subordinação do Direito de Família a sua própria meação dos bens comunicáveis.

A regra-matriz para o direito sucessório concorrente do cônjuge ou companheiro sobreviventes está contida no art. 1.830 do Código Civil ao estabelecer ser reconhecido o seu direito sucessório, se, ao tempo da morte do outro cônjuge ou companheiro não estavam separados judicialmente, nem separados de fato há mais de dois anos, salvo prova, neste caso, de que essa convivência se tornara impossível sem culpa do sobrevivente.

Exige a lei como pressuposto ao direito sucessório concorrente, tanto para o cônjuge como para o companheiro sobrevivente, a comunhão afetiva em sua plenitude, no momento do falecimento de um dos cônjuges ou parceiros, para que o outro sobrevivo se habilite como herdeiro concorrencial. E a isso se adicionam as dificuldades complementares, porquanto, deveriam configurar e vivenciar um casamento ou uma união estável em comunhão afetiva e espiritual plena ao tempo da abertura da sucessão, de forma que a morte tenha sido a causa da dissolução natural do casamento ou da união informal.

Caso estivessem legalmente separados ou divorciados, já não mais existiria relacionamento familiar, tampouco subsistiria qualquer direito sucessório do cônjuge ou do convivente sobrevivo, pois o relacionamento havia sido anteriormente rompido, como idênticos efeitos de ruptura retroativa podem ser verificados pela simples separação de fato do casal. Para a ocorrência de real separação de fato, se faz imprescindível que os cônjuges ou companheiros não mais coabitem sobre o mesmo teto, não sendo possível confundir a separação de fato com a separação de leitos, esta, presente quando casais dão termo informal ao seu relacionamento sexual e, embora sigam residindo na mesma habitação, buscam leitos situados em peças distintas da residência familiar.[652]

Como o Código Civil data de 2002, e com vigência a partir de janeiro de 2003, o art. 1.830 do Diploma Civil não fez menção à separação e ao divórcio extrajudiciais que, na atualidade, estão regulamentados pelo Código de Processo Civil de 2015, e, quando o Código Civil foi sancionado, também não existia no ordenamento jurídico brasileiro a figura da separação extrajudicial, que somente foi introduzida no sistema jurídico brasileiro pela Lei 11.441, de 05 de janeiro de 2007.[653]

77.1. Culpa mortuária (II)

Desde o advento da Emenda Constitucional 66/2010, que a culpa foi abolida dos processos de separação judicial brasileiros, lastreados que eram, na apuração da causa pelo fim do casamento e com reflexos jurídicos no plano pessoal e material da sociedade conjugal judicialmente desfeita. Registre-se, ademais, que desde a implementação e regulamentação do instituto do divórcio pela Lei 6.515/1977, jamais foi permitida a aferição judicial da culpa nos processos diretos de divórcio, como tampouco existe processo de divórcio por conversão, como também jamais foi permitida a discussão de culpa nas ações de dissolução de união

---

[652] MADALENO, Rolf. *Novas perspectivas no direito de família*. Porto Alegre: Livraria do Advogado, 2000. p. 104.
[653] CAMARGO, Lauane Andrekowisk Volpe. *A separação e o divórcio após a Emenda Constitucional nº 66/2010*. Rio de Janeiro: Lumen Juris, 2014. p. 275.

estável, servindo o critério da culpa para exame exclusivo dos processos de separação judicial litigiosa ajuizados usualmente no auge da crise matrimonial.

Ao tempo da entrada em vigor do Código Civil, isto em janeiro de 2003, também já estava consolidada a teoria da incidência dos efeitos jurídicos provenientes da separação de fato ou de corpos, em cujo período igualmente tornava sem sentido pesquisar as causas da separação informal dos cônjuges, quando a própria legislação brasileira afastava o exame das causas separatórias depois de um ano de fática separação. Logo, se com um ano de separação de fato ou de corpos descabia examinar a culpa de qualquer dos cônjuges em processo de separação judicial, também não fazia sentido importar para o direito sucessório a *culpa mortuária*, e muito menos aumentar o raio de pesquisa causal para os dois anos anteriores à separação judicial ou à separação de fato (CC, art. 1.830).

Há modos mais civilizados de findar judicialmente um casamento, ou uma relação de união informal, sendo incontroverso que a formal ruptura dos laços afetivos conjugais acontece quando os cônjuges deixam de conviver em uma comunhão plena de vida (CC, art. 1.511), podendo desaparecer a comunhão plena com um simples e silencioso abandono do lar.[654]

Descabida, portanto, qualquer abertura temporal, tampouco de dois anos para a pesquisa judicial da culpa, muito menos em processo no qual pessoas vivas iriam testemunhar contra a memória do morto, e culpá-lo das mazelas da ruptura fática do relacionamento afetivo. Desfeita a convivência no plano dos fatos, com maior razão se providenciava sua ruptura no mundo do Direito, sendo que em qualquer uma das duas hipóteses (separação de fato ou de direito), o parceiro sobrevivente não mais carrega a condição de sucessor, lembrando Maria Berenice Dias que existe um duplo fundamento para afastar essa teimosa condição de verificação da culpa *post mortem* para a circunstancial geração de efeitos jurídicos sucessórios, sendo um deles a consagração jurisprudencial e doutrinária de ser a separação de fato aquela que enseja o rompimento da comunicação de bens, não tendo como subsistirem os efeitos da comunicação patrimonial no direito sucessório se estes mesmos efeitos jurídicos não mais subsistem no direito familista, notoriamente depois do banimento da culpa com a Emenda Constitucional 66/2010, que tornou insustentável advogar a defesa da pesquisa causal após a morte de um dos cônjuges ou conviventes.[655]

Cumpre apenas admitir uma suposição fática bastante comum a ser considerada como uma exceção dos efeitos jurídicos da separação de fato, cuja hipótese aventada precisa ocorrer por vontade pessoal de qualquer um dos consortes quando toma a iniciativa de romper informalmente o relacionamento afetivo ao abandonar o domicílio conjugal, ou quando promove, por via judicial, o afastamento *manu militari* de seu parceiro. Essa nem tão incomum possibilidade acontece amiúde, quando parentes próximos de um dos cônjuges buscam burlar os efeitos sucessórios que recaem em benefício do cônjuge ou companheiro sobrevivo, afastando fisicamente o consorte ou convivente moribundo da companhia de seu cônjuge ou parceiro. Fazem isto expulsando o parceiro da moradia comum, ou carregando o cônjuge ou parceiro moribundo para seus próprios domínios, provocando, pensada e deliberadamente, a ruptura fática dos consortes ou companheiros, que não tinham a intenção de se separar, mas que, debilitados, impotentes ou vulneráveis, se veem incapazes de impedir a abrupta e forçada ruptura da convivência, posta em prática apenas para descaracterizar a subsistência da união e convivência ao tempo do óbito do parceiro doente e fragilizado, afastando o direito

---

[654] MADALENO, Rolf. A concorrência sucessória e o trânsito processual: a culpa mortuária. *Revista Brasileira de Direito de Família*, Porto Alegre, p. 145, abr./maio 2005.
[655] DIAS, Maria Berenice. *Divórcio*. 3. ed. São Paulo: RT, 2017. p. 94.

sucessório do sobrevivo sob o argumento da preexistência fática de uma separação, arquitetada de forma maquiavélica, e projetada para eliminar o direito sucessório e a correlata vocação hereditária do cônjuge ou companheiro sobrevivente.

77.2. Efeitos jurídicos na concorrência sucessória

Inquestionavelmente, o cônjuge é herdeiro necessário de acordo com o art. 1.845 do Código Civil, como herdeiros necessários são os descendentes e os ascendentes, cada um deles sendo convocado na sua ordem de nomeação, sobrevindo os descendentes em primeiro lugar e, na inexistência ou renúncia dessa classe de herdeiros, serão então chamados os ascendentes como herdeiros da segunda convocação vocacional, e de novo, na falta ou renúncia dos ascendentes será então e tão somente chamado o cônjuge ou o companheiro sobrevivente como herdeiro universal, e necessário (STF – RE 646.721/RS e 878.694/MG que, em repercussão geral considerou *inconstitucional a distinção de regimes sucessórios entre cônjuges e companheiros, devendo ser aplicado, em ambos os casos, o regime estabelecido no art. 1.829 do CC/2002*).

Enquanto é chamado para concorrer com descendentes ou com ascendentes, que o antecedem na ordem de vocação hereditária, o consorte ou convivente sobrevivente é um beneficiário vidual, cujo benefício tem um caráter assistencial e condicionado, pois só será reconhecido se, ao tempo da morte do outro, não estavam separados judicialmente, extrajudicialmente, divorciados, tampouco separados de fato a qualquer tempo, e por livre decisão conjunta ou unilateral, e não por mais de dois anos como sugere o art. 1.830 do Código Civil, pois a separação de fato, a separação, o divórcio e a dissolução da união estável acarretam a ausência de legitimidade do cônjuge e do convivente para sucederem e os excluem da sucessão.[656]

Como prescreve o art. 1.831 do Código Civil, ao cônjuge e também ao convivente sobrevivente (STF – RE 646.721/RS e 878.694/MG), qualquer que seja o regime de bens, será assegurado, sem prejuízo da participação (*benefício*) que lhe caiba na herança, o direito real de habitação relativamente ao imóvel destinado à residência da família, desde que seja o único daquela natureza a inventariar.

Como, pelo art. 1.829 do ordenamento jurídico civil, o cônjuge e o convivente, em concurso com os descendentes, só participam sobre bens privados do falecido, não há que ser considerado herdeiro concorrente o supérstite que era casado pelo regime da comunhão universal, pois neste regime só será meeiro;[657] tampouco no regime obrigatório da separação de bens, pois neste regime não será meeiro nem herdeiro, contudo, será sucessor sobre eventuais bens particulares deixados pelo falecido no regime da comunhão parcial, no regime da participação final nos aquestos, e no regime da separação convencional de bens, e, também, será meeiro dos bens comuns, porventura existentes nos regimes da comunhão parcial de bens e no regime da participação final nos aquestos, não existindo meação no regime convencional

---

[656] NEVARES, Ana Luiza Maia. *A tutela sucessória do cônjuge e do companheiro na legalidade constitucional*. Rio de Janeiro: Renovar, 2004. p. 157-158.
[657] Embora se trate do regime da comunhão universal de bens, no qual, em tese, todos os bens deveriam se comunicar, podem existir bens que são considerados exclusivos do falecido, como, por exemplo, os bens doados ou herdados com cláusula de incomunicabilidade (CC, art. 1.668, inc. I); as doações antenupciais feitas por um dos cônjuges ao outro com a cláusula de incomunicabilidade (CC, art. 1.668, inc. IV), e os bens referidos nos incs. V a VII do art. 1.659 (CC, art. 1.668, inc. V).

de separação de bens, embora possa existir meação no regime obrigatório da separação de bens em decorrência da aplicação da Súmula 377 do STF.

Vige na doutrina brasileira uma divergência acerca do direito concorrencial do cônjuge ou convivente sobrevivos no regime da participação final nos aquestos, isso porque se trata de um regime matrimonial que funciona como se fosse um regime de separação de bens na constância do relacionamento, que se transforma em um regime de comunhão parcial de bens por ocasião da dissolução ou da ruptura da relação, e nesse particular se identifica com o regime da comunhão parcial, e, nesta direção, aponta o Enunciado 270 do Conselho da Justiça Federal.[658]

Por obra dessa bipartição temporal do regime da participação final nos aquestos, alguns doutrinadores defendem que o tratamento sucessório a ser concedido ao cônjuge ou convivente concorrente no regime da participação final nos aquestos deve ser idêntico e aplicado por analogia, ao regime da comunhão parcial,[659] sendo também essa a minha compreensão do

---

[658] Enunciado 270 do CJF: "O art. 1.829, inc. I, só assegura ao cônjuge sobrevivente o direito de concorrência com os descendentes do autor da herança quando casados no regime da separação convencional de bens ou, se casados nos regimes da comunhão parcial ou participação final nos aquestos, o falecido possuísse bens particulares, hipóteses em que a concorrência se restringe a tais bens, devendo os bens comuns (meação) ser partilhados exclusivamente entre os descendentes".

[659] Assim pensam autores como NICOLAU, Gustavo Rene. *Direito civil: sucessões*. 4. ed. São Paulo: Atlas, 2011. p. 66; DINIZ, Maria Helena. *Curso de direito civil brasileiro: direito das sucessões*. 32. ed. São Paulo: Saraiva, 2018. v. 6, p. 152; MELLO, Felipe Viana de. *Manual de direito das sucessões*. Rio de Janeiro: Lumen Juris, 2018. p. 88; CASSETTARI, Christiano (Coord.); HIRONAKA, Giselda M. F. Novaes (Orientação). *Direito civil: direito das sucessões*. São Paulo: RT, 2008, v. 8, p. 111; PENA JR., Moacir César. *Curso completo de direito das sucessões: doutrina e jurisprudência*. São Paulo: Método, 2009. p. 132; GAGLIANO, Pablo Stolze; PAMPLONA FILHO, Rodolfo. *Novo curso de direito civil: direito das sucessões*. São Paulo: Saraiva, 2014. p. 211; OLIVEIRA, Euclides de. *Direito de herança: a nova ordem da sucessão*. 2. ed. São Paulo: Saraiva, 2009. p. 110; FARIAS, Cristiano Chaves de; ROSENVALD, Nelson. *Curso de direito civil: sucessões*. 4. ed. Salvador: JusPodivm, 2018. v. 7, p. 326; MALUF, Carlos Alberto Dabus; MALUF, Adriana Caldas do Rego Freitas Dabus. *Curso de direito das sucessões*. São Paulo: Saraiva, 2013. p. 205; LÔBO, Paulo. *Direito civil: sucessões*. 4. ed. São Paulo: Saraiva, 2018. v. 6, p. 147; FARIA, Mario Roberto Carvalho de. *Direito das sucessões: teoria e prática*. 8. ed. Rio de Janeiro: Forense, 2017. p. 44; PIERI, Sueli Aparecida de. *O cônjuge como herdeiro necessário e concorrente*. São Paulo: Juarez de Oliveira, 2009. p. 77; LEITE, Glauber Salomão. *Sucessão do cônjuge sobrevivente: concorrência com parentes do falecido*. Rio de Janeiro: Lumen Juris, 2008. p. 143; PALERMO, Carlos Eduardo de Castro. *O cônjuge e o convivente no direito das sucessões*. São Paulo: Juarez de Oliveira, 2007. p. 50; MAGALHÃES, Rui Ribeiro de. *Direito das sucessões no novo Código Civil brasileiro*. São Paulo: Juarez de Oliveira, 2003. p. 97; GANDINI, João Agnaldo Donizeti; JACOB, Cristiane Bassi. A vocação hereditária e a concorrência do cônjuge. In: CAHALI, Yussef Said; CAHALI, Francisco José (Coord.). *Família e sucessões*. São Paulo: RT, 2011. v. VI, p. 595. (Coleção Doutrinas Essenciais); PEREIRA, Caio Mário da Silva. *Instituições de direito civil: direito das sucessões*. 25. ed. atual. por Carlos Roberto Barbosa Moreira. Rio de Janeiro: Forense, 2018. p. 138; NEVES, Rodrigo Santos. *Curso de direito das sucessões*. Rio de Janeiro: Lumen Juris, 2009. p. 203; CARVALHO, Dimas Messias de. *Direito das sucessões: inventário e partilha*. 4. ed. Lavras: Unilavras, 2016. p. 192; RIBEIRO, Paulo Hermano Soares. *Novo direito sucessório brasileiro*. Leme: JH Mizuno, 2009. p. 315; GONÇALVES, Carlos Roberto. *Direito civil brasileiro: direito das sucessões*. 12. ed. São Paulo: Saraiva, 2018. p. 177; CAHALI, Francisco José; HIRONAKA, Giselda Maria Fernandes Novaes. *Direito das sucessões*. 3. ed. São Paulo: RT, 2007. p. 170; DIAS, Maria Berenice. *Manual das sucessões*. 4. ed. São Paulo: RT, 2015. p. 180; DANELUZZI, Maria Helena Marques Braceiro. *Aspectos polêmicos na sucessão do cônjuge sobrevivente*. São Paulo: Letras Jurídicas, 2004. p. 88; VELOSO, Zeno. *Direito hereditário do cônjuge e do companheiro*. São Paulo: Saraiva, 2010. p. 46; OLIVEIRA, Euclides de; AMORIM, Sebastião. *Inventário e partilha*: teoria

tema, dado que a ideia do legislador foi de contemplar o consorte sobrevivo com o benefício sucessório somente onde não houvesse meação, incidindo a concorrência unicamente sobre os bens particulares do falecido, sendo evidente que haveria uma quebra da unidade sistemática do Código Civil, e uma inexplicável demasia ao acumular benefícios sucessórios exclusivamente no regime da participação final nos aquestos, em contradição ao sistema aplicado nos demais regimes mistos e apenas porque omissa a sua referência no inc. I do art. 1.829 do Diploma Civil.

Incidiria uma inexplicável sobrecarga imposta aos herdeiros universais ao fazer incidir o direito sucessório concorrente do consorte ou companheiro sobreviventes, tanto sobre os bens particulares como sobre a meação do falecido, quando a compreensão doutrinária é clara e pontual, no sentido de o legislador ordinário desejar afastar a sucessão do cônjuge ou convivente sobreviventes quando estes já se encontram protegidos pela meação.[660]

Merece realce a reflexão colacionada por Sueli Aparecida de Pieri, que acredita não ter havido intencional omissão do legislador, mas mero esquecimento ao deixar de mencionar o regime da participação final nos aquestos no inc. I do art. 1.829 do Código Civil.[661]

Ou, como muito bem sentenciado por Luciano de Camargo Penteado, quando lembrou ter o legislador civil omitido de referir o regime da participação final nos aquestos no art. 1.829, inc. I, fato que permitiria, em uma interpretação meramente literal, em face da omissão, concluir pelo reconhecimento do direito à herança do cônjuge sobre todo o acervo hereditário, meação e bens particulares; contudo, em homenagem a uma compreensão sistemática do dispositivo em destaque, discordava dessa interpretação dizendo que:

> Reconhecer o direito do cônjuge, casado no regime da participação final dos aquestos, à herança sobre todo o acervo hereditário criaria uma diferenciação de tratamento injustificada entre os regimes de comunhão, pois, como visto, há uma semelhança substancial entre o

---

e prática. 25. ed. São Paulo: Saraiva, 2018. p. 103; OLIVEIRA, Euclides. Concorrência sucessória e a nova ordem da vocação hereditária. *Revista Brasileira de Direito de Família*, Porto Alegre, v. 29, p. 35, abr./maio 2005; GOMES, Orlando. *Sucessões*. 15. ed. atual. por Mario Roberto Carvalho de Faria. Rio de Janeiro: Forense, 2012. p. 58; NEVARES, Ana Luiza Maia. *A sucessão do cônjuge e do companheiro na perspectiva civil-constitucional*. 2. ed. São Paulo: Atlas, 2015. p. 93; GIORGIS, José Carlos Teixeira. Os direitos sucessórios do cônjuge sobrevivo. *Revista Brasileira de Direito de Família*, Porto Alegre, v. 29, p. 123, abr./maio 2005; KÜMPEL, Vitor Frederico; FERRARI Carla Modina. *Tratado notarial e registral*. São Paulo: YK Editora, 2017. v. 3, p. 707; ALMEIDA, Jeronimo Basil. A sucessão do cônjuge sobrevivente. In: NORONHA, Carlos Silveira (Coord.). *As novas perspectivas do direito das sucessões em tempos de modernidade e pós-modernidade*. Porto Alegre: Sulina, 2011. p. 224; NERY, Rosa Maria de Andrade; NERY JUNIOR, Nelson. *Instituições de direito civil*. São Paulo: RT, 2017. v. VI, p. 82; FIGUEIREDO, Luciano; FIGUEIREDO, Roberto. *Direito civil*: família e sucessões. Salvador: JusPodivm, 2014. p. 621; RÉGIS, Mário Luiz Delgado. Controvérsias na sucessão do cônjuge e do convivente. Será que precisamos mudar o Código Civil? *Revista Brasileira de Direito de Família*, Porto Alegre, v. 29, p. 211, abr./maio 2005; SIMÕES, Thiago Felipe Vargas. *A filiação socioafetiva e seus reflexos sucessórios*. São Paulo: Fiuza, 2008. p. 122; CASSETTARI, Christiano. *Elementos de direito civil*. 5. ed. São Paulo: Saraiva, 2017. p. 812; CARVALHO NETO, Inacio de; FUGIE, Érika Harumi. *Código Civil novo, comparado e comentado*: direito das sucessões. Curitiba: Juruá, 2002. p. 65; OLIVEIRA, Antônio José Tibúrcio de. *Direito das sucessões*. Belo Horizonte: Del Rey, 2005. p. 171; e PENTEADO, Luciano de Camargo. *Manual de direito civil*: sucessões. São Paulo: RT, 2014. p. 102-103.

[660] NEVARES, Ana Luiza Maia. *A sucessão do cônjuge e do companheiro na perspectiva do direito civil-constitucional*. 2. ed. São Paulo: Atlas, 2015. p. 102.

[661] PIERI, Sueli Aparecida de. *O cônjuge como herdeiro necessário e concorrente*. São Paulo: Juarez de Oliveira, 2009. p. 77.

regime da participação final com o da comunhão parcial, pelo menos sob a óptica do fim da sociedade conjugal com a morte. Tendo direito à meação, dispensável é sua participação na herança dos bens comuns, que ocorreria em detrimento dos descendentes, herdeiros preferenciais, e constituiria em proteção exagerada do cônjuge. Deve-se buscar uma solução que compatibilize os interesses do cônjuge (inclua-se o convivente por força dos REs 646.721/RS e 878.694/MG do STF) e dos descendentes, e que siga a lógica da proteção adequada adotada pelo art. 1.829 do C C/2002.

Dessa forma, por integração analógica, e mantendo a *ratio legis* do dispositivo, entendemos que deve ser aplicado ao cônjuge casado no regime da participação final nos aquestos a mesma norma prevista para o cônjuge (ou convivente) meeiro parcial, qual seja, direito à herança somente sobre os bens particulares, em concorrência com os descendentes do autor da herança. Essa solução compatibiliza os interesses das partes e está de acordo com a sistemática da sucessão legítima adotada pelo CC/2002.[662]

No outro extremo, em contraponto, estão aqueles autores que destacam que o art. 1.829, inc. I, foi pontual ao ordenar a concorrência do consorte viúvo somente sobre os bens particulares nos regimes da comunhão parcial e no da separação convencional de bens e que não fez nenhuma alusão ao regime da participação final nos aquestos, de modo que, se não exceptuou a sucessão nesse regime apenas para os bens particulares, impraticável interpretar por extensão ao regime da comunhão parcial com o qual se identifica. Consequentemente, para essa vertente doutrinária, no regime da participação final nos aquestos o consorte sobrevivo herda sobre todos os bens deixados pelo morto, ou seja, sobre os privados e sobre os bens comuns, havendo sobre estes uma dupla vantagem do supérstite, pois também herdaria sobre bens comunicáveis, que são aqueles adquiridos onerosamente na constância do relacionamento (CC, art. 1.672) e de onde já extrairá a sua meação, e ainda teria direito a um quinhão sucessório concorrencial adicional, incidente sobre os bens comuns e sobre os bens particulares.

Embora discorde desta vertente doutrinária, sob o argumento colacionado por Paulo Nader, no sentido de que sobre os bens comunicáveis o cônjuge sobrevivo dispõe de sua meação e não seria plausível que, além de concorrer nos bens particulares também adquirisse uma quota na meação deixada pelo falecido,[663] entretanto, são partidários dessa corrente autores como Luiz Paulo Vieira de Carvalho, J. M. Leoni Lopes de Oliveira, José Luiz Gavião de Almeida, Inacio de Carvalho Neto, Arnoldo Wald, este em sentido mais amplo, pois defende a tese de ser a melhor interpretação do art. 1.829, inc. I, do Código Civil, reconhecer no regime da comunhão parcial e por analogia ao sistema também no regime da participação final nos aquestos, o direito à sucessão do cônjuge sobrevivente quando houver bens particulares deixados pelo falecido, e um direito incidente sobre todo o acervo hereditário – e não apenas sobre os bens particulares do sucedido,[664] o que parece ser também o entendimento de Giselda Maria Fernandes Novaes Hironaka quando escreve que:

---

[662] PENTEADO, Luciano de Camargo. *Manual de direito civil*: sucessões. São Paulo: RT, 2014. p. 102-103.
[663] NADER, Paulo. *Curso de direito civil*: direito das sucessões. Rio de Janeiro: Forense, 2007. v. 6, p. 187.
[664] CARVALHO, Luiz Paulo Vieira de. *Direito das sucessões*. 3. ed. São Paulo: Atlas, 2017. p. 371; OLIVEIRA, J. M. Lopes de. *Direito civil*: sucessões. Rio de Janeiro: Forense, 2017. p. 333; ALMEIDA, José Luiz Gavião de. In: AZEVEDO, Álvaro Villaça. *Código Civil comentado*: direito das sucessões – sucessão em geral – sucessão legítima. São Paulo: Atlas, 2003, v. XVIII, p. 227; CARVALHO NETO, Inacio de. *Direito sucessório do cônjuge e do companheiro*. São Paulo: Método, 2007. p. 130-131; WALD, Arnoldo. *Direito civil*: direito das sucessões. 14. ed. São Paulo: Saraiva, 2009. v. 6, p. 99.

Relativamente ao regime da *separação convencional* de bens, no entanto, não existem quaisquer ressalvas impostas pelo legislador que, tendo se calado, parece que teria admitido a concorrência do cônjuge sobrevivo na primeira ordem de vocação hereditária, ocorrendo situação semelhante em relação ao *regime da participação final dos aquestos*.[665]

Deste pensamento comunga Flávio Tartuce, pois também ele enxerga no regime da participação final nos aquestos esse olhar diferenciado, estando entre aqueles que equiparam o regime da participação final nos aquestos ao regime da comunhão parcial, e, igualmente, acredita que ele se aproxime de uma separação convencional, o que justificaria a concorrência sobre todo o acervo deixado pelo sucedido, que seria considerado um patrimônio privado e pendente da prova do efetivo esforço comum para a sua aquisição, e não de um esforço meramente presumido do consorte ou convivente sobrevivente, e em cujo regime, inclusive, não considera a existência de eventual meação, mas sim um direito de crédito do outro consorte,[666] cuja ideia de existência de um crédito e não de uma meação também é compartilhada por José Carlos Teixeira Giorgis[667] e por Silmara Juny Chinelato.[668]

Ainda com relação ao esforço comum, existe uma movimentação jurisprudencial do Superior Tribunal de Justiça promovendo a releitura da Súmula 377/STF, que transmudava automaticamente o regime obrigatório da separação de bens em um regime de comunhão parcial de bens. Contudo, no julgamento dos Embargos de Divergência em REsp 1.623.858/MG, da relatoria do Ministro Lázaro Guimarães, datado de 23 de maio de 2018, a Segunda Seção do STJ entendeu que essa conversão da separação obrigatória para um regime de comunicação de aquestos não seria automática, nem por mera *presunção*, mas dependente da prova do efetivo esforço comum.[669] E essa também parece ser a opinião de João Agnaldo Donizeti Gandini e Cristiane Bassi Jacob, quando consideram se tratar de bens particulares aqueles

---

[665] HIRONAKA, Giselda Maria Fernandes Novaes. *Morrer e suceder*: passado e presente da transmissão sucessória concorrente. São Paulo: RT, 2011. p. 367.
[666] TARTUCE, Flávio. *Direito civil*: direito das sucessões. 11. ed. Rio de Janeiro: Forense, 2018. v. 6, p. 190.
[667] GIORGIS, José Carlos Teixeira. Os direitos sucessórios do cônjuge sobrevivo. *Revista Brasileira de Direito de Família*, Porto Alegre, v. 29, p. 123, abr./maio 2005.
[668] CHINELATO, Silmara Juny. In: AZEVEDO, Antônio Junqueira de (Coord.). *Comentários ao Código Civil*. São Paulo: Saraiva, 2004. v. 18, p. 369: "Se houvesse coerência no conjunto de normas que compõem esse novo regime de bens, deveria ser claro o que faz parte da *meação, como direito real*, e o que constitui *participação nos ganhos*, como *direito obrigacional, crédito* de um cônjuge em relação ao patrimônio próprio partilhável do outro".
[669] "Embargos de divergência no Recurso Especial. Direito de Família. União estável. Casamento contraído sob causa suspensiva. Separação obrigatória de bens (CC/1916, art. 258, inc. II; CC/2002, art. 1.641, inc. II). Partilha. Bens adquiridos onerosamente. Necessidade de prova do esforço comum. Pressuposto da pretensão. Moderna compreensão da Súmula 377/STF. Embargos de divergência providos. 1. Nos moldes do art. 1.641, inc. II, do Código Civil de 2002, ao casamento contraído sob causa suspensiva, impõe-se o regime da separação obrigatória de bens. 2. No regime de separação legal de bens, comunicam-se os adquiridos na constância do casamento, desde que comprovado o esforço comum para sua aquisição. 3. Releitura da antiga Súmula 377/STF (*No regime de separação legal de bens, comunicam-se os adquiridos na constância do casamento*), editada com o intuito de interpretar o art. 259 do CC/1916, ainda na época em que cabia à Suprema Corte decidir em última instância acerca da interpretação da legislação federal, mister que hoje cabe ao Superior Tribunal de Justiça. 4. Embargos de divergência conhecidos e providos, para dar provimento ao recurso especial."

adquiridos antes do matrimônio e todos aqueles que na constância das núpcias não tiveram o efetivo esforço do consorte.[670]

Há ainda uma terceira manifestação, esta externada por José Apolinário de Miranda,[671] para quem, no regime da participação final nos aquestos, sobrevindo a morte de um dos consortes ou conviventes, todos os bens adquiridos onerosamente durante o casamento ou durante a união estável serão aquestos e, portanto, ingressam na meação, e, desse modo, não se comunicam no direito sucessório, já que o regime não foi lembrado no art. 1.829, inc. I do Código Civil, adotando posicionamento doutrinário diametralmente oposto àqueles que entendem que a omissão do regime no art. 1.829, inc. I do Código Civil provoca, justamente, a assunção do cônjuge ao direito hereditário sobre todo o acervo. Assim, para José Apolinário Miranda, a mesma omissão retira do consorte ou do convivente sobrevivo qualquer direito hereditário, o que não condiz com a realidade, porque o morto pode ter deixado bens anteriores ao relacionamento, que se identificam como sendo bens próprios e incomunicáveis, como incomunicáveis poderiam ser quaisquer bens adquiridos gratuitamente, por herança ou por doação na constância do relacionamento, e seriam igualmente computados como bens particulares, permitindo localizar duas diferentes origens de bens aprestos e aquestos que não se comunicam, e que, portanto, sobre eles o consorte ou o companheiro supérstite herdaria em concorrência com os descendentes ou ascendentes segundo o Enunciado 270 do Conselho da Justiça Federal.

Alguns autores, entretanto, não informam se aderem à corrente majoritária desse Enunciado 270 do Conselho da Justiça Federal, para fazer incidir a sucessão concorrencial do cônjuge ou convivente somente sobre os bens particulares no regime da participação final nos aquestos, ou se ao revés, concordam com a corrente minoritária, que ordena a incidência hereditária sobre a totalidade dos bens deixados pelo sucedido quando vigente o regime da participação final nos aquestos, como fazem Fabrício Zamprogna Matiello, Eduardo de Oliveira Leite, Débora Gozzo e Sílvio de Salvo Venosa, Wilson de Oliveira, Silvio Rodrigues, Cleyson de Moraes Mello, Salomão de Araújo Cateb (embora este autor comente em artigo doutrinário de sua autoria a equiparação sucessória do regime da participação final nos aquestos ao regime da comunhão parcial),[672] Ney de Mello Almada, Paulo Nader, Rubiane de Lima, Nelson Godoy Bassil Dower, Arnaldo Rizzardo, Washington de Barros Monteiro, Claudia de Almeida Nogueira e Silvio Luís Ferreira da Rocha.[673]

---

[670] GANDINI, João Agnaldo Donizeti; JACOB, Cristiane Bassi. A vocação hereditária e a concorrência do cônjuge com os descendentes ou ascendentes do falecido (art. 1.829, I, do Código Civil de 2002). *Revista Jurídica*, Porto Alegre, v. 322, p. 63, ago. 2004.

[671] MIRANDA. José Apolinário de. *Direito das sucessões visto pelo partidor*. Mato Grosso: Artemis Editora, 2009. p. 345.

[672] CATEB, Salomão de Araujo. Concorrência do cônjuge e dos descendentes. In: NOGUEIRA, Luiz Fernando Valladão (Coord.). *Regime de bens*: direito de família e sucessões. Belo Horizonte: Del Rey, 2015. p. 69.

[673] MATTIELLO, Fabrício Zamprogna. *Curso de direito civil*: direito das sucessões. São Paulo: LTr, 2011. v. 6; LEITE, Eduardo de Oliveira. In: TEIXEIRA, Sálvio de Figueiredo (Coord.). *Comentários ao novo Código Civil*: do direito das sucessões. Rio de Janeiro: Forense, 2003. v. XXI; GOZZO, Débora; VENOSA, Sílvio de Salvo. In: ALVIM, Arruda; ALVIM, Thereza (Coord.). *Comentários ao Código Civil brasileiro*: do direito das sucessões. Rio de Janeiro: Forense, 2004. v. XVI; OLIVEIRA, Wilson. *Sucessões*: teoria, prática e jurisprudência. 2. ed. Belo Horizonte: Del Rey, 2004; RODRIGUES, Silvio. *Direito civil*: direito das sucessões. 25. ed. atual. por Zeno Veloso. São Paulo: Saraiva, 2002. v. 7; MELLO, Cleyson de Moraes. *Direito civil*: sucessões. Rio de Janeiro: Freitas Bastos, 2017; VENOSA, Sílvio de Salvo. *Direito civil*: sucessões. 17. ed. São Paulo: Atlas, 2016; CATEB, Salomão de Araujo. *Direito das sucessões*. 7. ed. São Paulo: Atlas, 2012;

77.2.1. Cônjuge ou convivente em concorrência com os descendentes

Segundo o art. 1.832 do Código Civil, quando o cônjuge ou o convivente (RE 646.721/RS e RE 878.694/MG) sobreviventes concorrem com os descendentes do falecido, terão direito a uma quota igual à dos que sucederem por cabeça, mas sua quota não poderá ser inferior à quarta parte (1/4) da herança, se for ascendente dos herdeiros com quem concorre. Portanto, se falece o marido ou o companheiro e sobrevive a esposa ou a convivente, tendo ambos três filhos e uma herança de um milhão de reais (R$ 1.000.000,00), cabe a cada filho um quarto (1/4) da herança, e a mesma quarta parte toca à viúva ou convivente sobreviva, o que, em números financeiros, representa duzentos e cinquenta mil reais (R$ 250.000,00) para cada herdeiro e para o parceiro sobrevivo, não sendo necessário questionar a origem da filiação do sobrevivente, porque até o número de três filhos deixados pelo sucedido, ou menos do que três rebentos, a quota hereditária comportará a igualitária divisão com o consorte supérstite.

Portanto, se o morto deixou dois filhos e a viúva e uma herança no valor de um milhão de reais (R$ 1.000.000,00), cada filho e a viúva receberão um terço (1/3) da herança, ou 33,33% (trinta e três por cento), superando a quota mínima de um quarto (1/4) ou 25% (vinte e cinco por cento) da herança do exemplo anterior.

Contudo, quando o número de herdeiros for superior a três, para assegurar a quota mínima de um quarto (1/4) da herança assegurada ao cônjuge ou convivente sobrevivente (CC, art. 1.832), já será preciso averiguar se o parceiro sobrevivo é ascendente dos herdeiros com os quais irá concorrer.

Se, por exemplo, o sucedido deixou quatro filhos, a viúva e um milhão de reais (R$ 1.000.000,00) de herança, e se a parceira sobreviva for ascendente comum dos quatro filhos, haverá uma distorção dos quinhões hereditários e, em vez de cada herdeiro (filhos e viúva) receber como quinhão hereditário 20% (vinte por cento) da herança, a viúva progenitora terá direito ao quinhão hereditário mínimo de um quarto (1/4) ou 25% (vinte e cinco por cento) da herança, representando no exemplo numérico a quantia de duzentos e cinquenta mil reais (R$ 250.000,00), e cada um dos quatro filhos comuns ao casamento extinto pela morte receberá um quinhão hereditário proporcional aos 75% (setenta e cinco por cento) restantes da herança, ou seja, cada filho receberá uma quota hereditária correspondente a 18,75% (dezoito vírgula setenta e cinco por cento) da herança, que, em valores, representam cento e oitenta e sete mil e quinhentos reais (R$ 187.500,00), de um total de um milhão de reais (R$ 1.000.000,00) deixados pelo defunto.

Desse modo, cada um dos quatro filhos comuns herda cento e oitenta e sete mil e quinhentos reais (R$ 187.500,00), que, multiplicados por quatro filhos, totalizam setecentos e cinquenta mil reais (R$ 750.000,00), acrescidos da quota mínima de um quarto (1/4) para a viúva, de duzentos e cinquenta mil reais (R$ 250.000,00), por ser ela ascendente dos herdeiros com os quais concorre (CC, art. 1.832).

ALMADA, Ney de Mello. *Sucessões*. São Paulo: Malheiros, 2006; NADER, Paulo. *Curso de direito civil*: direito das sucessões. Rio de Janeiro: Forense, 2007. v. 6; LIMA, Rubiane. *Manual de direito das sucessões*. Curitiba: Juruá, 2003; DOWER, Nelson Godoy Bassil. *Curso moderno de direito civil*. São Paulo: Nelpa, 2004. v. 6; RIZZARDO, Arnaldo. *Direito das sucessões*. 10. ed. Rio de Janeiro: Forense, 2017; MONTEIRO, Washington de Barros. *Curso de direito civil*: direito das sucessões. 35. ed. atual. por Ana Cristina de Barros Monteiro França Pinto. São Paulo: Saraiva, 2003. v. 6. 2003; NOGUEIRA, Claudia de Almeida. *Direito das sucessões*. 2. ed. Rio de Janeiro: Lumen Juris, 2007; ROCHA, Sílvio Luís Ferreira da. *Direito das sucessões*. São Paulo: Malheiros, 2012. v. 5.

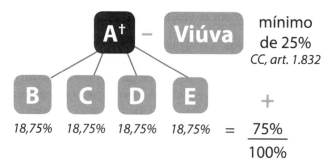

Na regra da quota mínima partilhável do consorte ou convivente sobrevivo sobre o monte partilhável, contanto se trate de descendentes comuns e não de descendentes exclusivos, olvidou-se o legislador da terceira hipótese pertinente à *filiação híbrida*.

Ainda acerca da quota mínima do ascendente comum, explica Giselda Hironaka tratar-se de uma opção do legislador ao presumir que, cedo ou tarde, sobrevindo o seu falecimento, essa quota mínima terminaria sendo partilhada aos mesmos descendentes com os quais o cônjuge supérstite concorreu. Completa Giselda Hironaka dizendo que o legislador se esqueceu de que o cônjuge ou o convivente sobrevivo não estão obrigados a conservar a herança por eles recebida para integrar o futuro acervo hereditário dos seus descendentes.[674]

Até três filhos comuns, a partilha com o ascendente sobrevivente será equânime, recebendo cada um uma quarta parte (três filhos comuns e cônjuge sobrevivo),[675] mas a partir do quarto filho, se todos forem filhos comuns, a herança será dividida entre cinco pessoas e deve ser assegurada a quota mínima de um quarto (1/4) ou 25% do monte-partilhável para o consorte ou companheiro sobrevivente e partilhados os setenta e cinco por cento (75%) restantes entre os quatro filhos concorrentes.

Deslembrou-se o legislador das cada vez mais difundidas famílias *mosaicas*, com filhos decorrentes das famílias de origem com os filhos surgidos nas famílias reconstruídas, restando esta lacuna na lei com as filiações *comuns, exclusivas* e *híbridas*, permitindo um sem-número de arranjos e interpretações doutrinárias e jurisprudenciais, e até hoje sem soluções pacificadoras, sugerindo formulações matemáticas que procuram conferir resultados tranquilizadores e equalizadores do que poderia ser uma partilha justa em cada caso concreto.

Sobre esses procedimentos matemáticos que viriam em auxílio ao direito sucessório, escreve Giselda Maria Fernandes Novaes Hironaka ser impossível tentar, a um só tempo, conciliar os ditames legais com uma equação matemática de resolução da dimensão dos quinhões destinados a cada um dos herdeiros descendentes que concorrem por vezes com ascendente comum, com ascendente *híbrido*, ou em relação de filiação exclusiva do sucedido e que extrai do consorte sobrevivente a garantia da quota hereditária mínima de uma quarta parte (1/4).[676]

Na filiação *híbrida* concorrem com o cônjuge sobrevivente (ou convivente supérstite) os filhos comuns ao casal e os filhos exclusivos do falecido, quando, por exemplo, o falecido deixa dois filhos do primeiro relacionamento e um da segunda união, totalizando três filhos, dois dos quais são exclusivos do sucedido, e um é comum ao consorte sobrevivo.

---

[674] HIRONAKA, Giselda Maria Fernandes Novaes. *Morrer e suceder*: passado e presente da transmissão sucessória concorrente. São Paulo: RT, 2011. p. 371.
[675] MEDEIROS, Gustavo André Guimarães. A concorrência sucessória do cônjuge nos casos de filiação híbrida. *Revista Brasileira de Direito das Famílias e Sucessões*, Porto Alegre, v. 25, p. 79, dez-jan. 2012.
[676] HIRONAKA, Giselda Maria Fernandes Novaes. *Morrer e suceder*: passado e presente da transmissão sucessória concorrente. São Paulo: RT, 2011. p. 371.

Como se trata de uma filiação mista e não exclusiva, embora não incida a quota mínima de um quarto (1/4) do monte-partilhável em prol do companheiro sobrevivo, porque não é ascendente de toda a prole, ainda assim fará jus a um quarto (1/4) da herança, pois concorre somente com três filhos (dois exclusivos e um comum), e a cada filho herdeiro toca uma exata quarta parte (1/4) da herança ou vinte e cinco por cento (25%) dos bens.

Agora, se fossem dois filhos exclusivos do morto e dois filhos comuns oriundos da segunda relação conjugal, novamente se faz presente uma filiação *híbrida*, e mais uma vez sem a incidência da parte final do art. 1.832 do Código Civil, pois o consorte sobrevivo não é ascendente de todos os coerdeiros filhos. Nessa hipótese, o cônjuge concorrente receberia um quinto (1/5) ou 20% da herança, em concorrência com cada um dos quatro filhos (dois exclusivos e dois comuns), que também receberiam – cada um deles – um quinto (1/5) da herança ou vinte por cento (20%) do monte partível.

Não haveria direito à quota mínima de vinte e cinco por cento (25%) da herança (CC, art. 1.832) por se tratar de uma filiação *híbrida* ou *mista*, e se o valor do monte-mor fosse, em um exemplo numérico, de um milhão de reais (R$ 1.000.000,00), cada um dos quatro herdeiros filhos, juntamente em concurso com a viúva, receberia por cabeça, a quantia de duzentos mil reais (R$ 200.000,00).

Surgiram, depois da edição do diploma civil em vigor, três correntes doutrinárias que buscam responder ao questionamento contido no art. 1.832 do Código Civil, para saber se deve ser aplicada a regra da quota mínima na hipótese de ocorrência, bastante comum, de uma filiação *mista* ou *híbrida*.

De acordo com as lições de Gustavo André Guimarães Medeiros, a primeira corrente considera todos os descendentes do falecido como sendo também descendentes do cônjuge sobrevivo, reservando sempre a quota mínima para o cônjuge viúvo ou para a companheira sobrevivente, aduzindo que esta solução representaria sempre um prejuízo para os descendentes exclusivos do sucedido, pois não são sucessores do consorte concorrente que assim deixará apenas para seus próprios e exclusivos descendentes essa porção a maior que recebeu como quota mínima, sem esquecer da clareza da parte final do art. 1.832 do Código Civil, que só reserva a quota mínima na hipótese de ascendência comum de toda a prole.[677]

A segunda corrente defende a proposta de que, existindo filiação *híbrida*, todos os descendentes devem ser considerados como filhos exclusivos do falecido e o cônjuge ou convivente sobrevivo receberia uma quota idêntica a cada filho, sem nenhuma reserva da quota mínima de um quarto (1/4) do monte partível, recaindo nessa hipótese o prejuízo sobre o consorte ou convivente supérstite, pois não seria destinatário da reserva mínima de um quarto (1/4) da herança, embora tivesse filhos comuns com o falecido.[678]

A terceira corrente tem o propósito de conciliar a regra da quota mínima de um quarto (1/4), com a regra da igualdade dos quinhões dos filhos, contudo, ainda segundo Gustavo Medeiros, esta solução seria inconstitucional, pois infringiria a norma do art. 227, § 6º, da Constituição Federal e atentaria contra o art. 1.834 do Código Civil, já que dispositivo constitucional proíbe o tratamento discriminatório entre filhos, e o dispositivo infraconstitucional assegura os mesmos direitos sucessórios aos filhos, e, pela proposição feita, cada filho comum terminaria recebendo um quinhão hereditário menor do que receberia cada filho exclusivo, uma vez que a quarta parte da reserva mínima seria extraída do submonte destinado aos filhos comuns.

---

[677] MEDEIROS, Gustavo André Guimarães. A concorrência sucessória do cônjuge nos casos de filiação híbrida. *Revista Brasileira de Direito das Famílias e Sucessões*, Porto Alegre, v. 25, p. 80-81, dez./jan. 2012.

[678] MEDEIROS, Gustavo André Guimarães. A concorrência sucessória do cônjuge nos casos de filiação híbrida. *Revista Brasileira de Direito das Famílias e Sucessões*. Porto Alegre, v. 25, p. 81-82, dez./jan. 2012.

Idêntico imbróglio jurídico foi agora superado com a declaração de inconstitucionalidade do art. 1.790 do Código Civil pelo Supremo Tribunal Federal (RE 646.721/RS e RE 878.694/MG), mandando aplicar o art. 1.829 do Código Civil, também, para a sucessão do companheiro sobrevivente. Diferentes fórmulas matemáticas foram desenvolvidas para equalizar a concorrência sucessória do cônjuge ou do convivente diante da existência de filiação híbrida, com a particularidade de que, na união estável, o companheiro sobrevivente herdava sobre a meação do falecido e teria direito a uma quota equivalente à dos filhos, também se eles fossem comuns, e à metade do valor se a prole fosse exclusiva do sucedido, havendo igualmente esquecimento do legislador sobre a filiação híbrida.

Gabriele Tusa propôs a adoção de uma solução matemática que atendesse aos dois incisos do art. 1.790, ao mesmo tempo valendo-se de um critério da proporcionalidade. Essa *Fórmula Tusa* criada para incidir na concorrência sucessória do convivente sobrevivo na filiação híbrida, e que não teria como ser utilizada nos casos de concorrência sucessória do cônjuge[679] (na atualidade, a concorrência entre cônjuge e convivente é igualitária), buscava conciliar a sucessão do convivente sobrevivente quando concorresse na sucessão com filhos exclusivos do falecido e também quando estivessem presentes filhos comuns,[680] mas que se tornou, como antes dito, letra morta diante da inconstitucionalidade do art. 1.790 do Código Civil, declarada pela maioria do Plenário do Supremo Tribunal Federal, ao ordenar fossem cônjuges e conviventes sobrevivos juridicamente equiparados para efeitos sucessórios, aplicando para ambos o art. 1.829 do Código Civil.[681]

---

[679] MEDEIROS, Gustavo André Guimarães. A concorrência sucessória do cônjuge nos casos de filiação híbrida. *Revista Brasileira de Direito das Famílias e Sucessões*, Porto Alegre, v. 25, p. 90, dez./jan. 2012.

[680] TUSA, Gabriele. Sucessão do companheiro e as divergências na interpretação dos dispositivos referentes ao tema. In: HIRONAKA, Giselda Maria Fernandes Novaes (Coord.). *A outra face do Poder Judiciário*: decisões inovadoras e mudanças de paradigmas. Belo Horizonte: Del Rey, 2007. v. 2, p. 313-341.

[681] "Recurso especial. Direito Civil. Sucessão. Casamento e união estável. Filhos comuns e exclusivos. Bem adquirido onerosamente na constância da união estável. Regimes jurídicos diferentes. Art. 1.790, incs. I e II, do CC/2002. Inconstitucionalidade declarada pelo STF. Equiparação. CF/1988. Nova fase do Direito de Família. Art. 1.829, inc. I, do CC/2002. Incidência ao casamento e à união estável. Marco temporal. Sentença com trânsito em julgado. Assistência judiciária gratuita. Ausência dos requisitos. Súmula 7/STJ. Violação ao princípio da identidade física do juiz. Não ocorrência. 1. A diferenciação entre os regimes sucessórios do casamento e da união estável promovida pelo art. 1.790 do Código Civil de 2002 é inconstitucional. Decisão proferida pelo Plenário do STF, em julgamento havido em 10.05.2017, nos RE 878.694/MG e RE 646.721/RS. 2. Considerando-se que não há espaço legítimo para o estabelecimento de regimes sucessórios distintos entre cônjuges e companheiros, a lacuna criada com a declaração de inconstitucionalidade do art. 1.790 do CC/2002 deve ser preenchida com a aplicação do regramento previsto no art. 1.829 do CC/2002. Logo, tanto a sucessão de cônjuges como a sucessão de companheiros devem seguir, a partir da decisão desta Corte, o regime atualmente traçado no art. 1.829 do CC/2002 *(RE 878.694/MG, relator Ministro Luís Roberto Barroso)*. 3. Na hipótese, há peculiaridade aventada por um dos filhos, qual seja, a existência de pacto antenupcial – em que se estipulou o regime da separação total de bens – que era voltado ao futuro casamento dos companheiros, mas que acabou por não se concretizar. Assim, a partir da celebração do pacto antenupcial, em 4 de março de 1997 (fl. 910), a união estável deverá ser regida pelo regime da separação convencional de bens. Precedente: REsp 1483863/SP. Apesar disso, continuará havendo, para fins sucessórios, a incidência do 1.829, inc. I, do CC. 4. Deveras, a Segunda Seção do STJ pacificou o entendimento de que 'o cônjuge sobrevivente casado sob o regime de separação convencional de bens ostenta a condição de herdeiro necessário e concorre com os descendentes do falecido, a teor do que dispõe o art. 1.829, inc. I, do CC/2002, e de que a exceção recai somente na hipótese de separação legal de bens fundada no art. 1.641 do CC/2002'. 5. É firme a jurisprudência do STJ, no sentido de que 'o princípio da identidade física do juiz não possui caráter abso-

Definindo-se, portanto, que a herança sobre a qual o cônjuge ou o convivente sobreviventes concorrem é o conjunto de bens *particulares* que foram deixados pelo falecido,[682] porquanto, onde houver meação que incide sobre os bens comuns não há direito sucessório do parceiro supérstite. Também não há direito sucessório do cônjuge ou convivente sobrevivos no regime da separação obrigatória de bens (CC, art. 1.641); no regime da comunhão universal, quando não existam bens particulares, e nos regimes da comunhão parcial e da participação final nos aquestos, quando o morto não deixa bens particulares, mas somente bens comuns.

Conforme antes visto, de acordo com o art. 1.832 do Código Civil, se o consorte ou convivente supérstites são ascendentes comuns de todos os descendentes, resta assegurada a quota mínima de ¼ da herança sobre os bens particulares para o parceiro sobrevivo, sendo os ¾ restantes partilhados em igualdade de quinhões entre os filhos comuns. Contudo, se só concorrem filhos exclusivos do defunto, não incide a quota mínima do cônjuge ou companheiro sobrevivente, que receberá quinhão igual ao dos que sucederem por cabeça.

77.2.1.1. A reserva da quarta parte na concorrência com o cônjuge ou convivente

Não geram maiores polêmicas os efeitos sucessórios concorrenciais do cônjuge ou convivente sobrevivos nas hipóteses de descendência *comum* e de descendência *exclusiva*, surgindo questionamentos nos casos de descendência *híbrida*, ou *mista*, que não foram previstos pelo legislador.

Na linha vocacional descendente, o legislador protegeu o cônjuge sobrevivente que seria genitor de todos os descendentes, garantindo-lhe uma quota mínima de um quarto (1/4) dos bens particulares do falecido, e assim procedeu o legislador para proteger o cônjuge sobrevivente que se torna o *chefe de família* e passa a desempenhar sozinho os deveres de sustento e cuidado dos filhos comuns, e sendo ascendente de todos os demais herdeiros, o patrimônio não deixará a família, pois, futuramente, os descendentes receberão a parte legítima, quando da morte do ascendente sobrevivente.[683] Esta quota privilegiada só fará diferença reduzindo

---

luto, podendo ser mitigado em situações de afastamento legal do magistrado e desde que não implique prejuízo às partes' (REsp 1476019/PR, Rel. Ministro Ricardo Villas Bôas Cueva, 3ª Turma, julgado em 06.02.2018, *DJe* 15.02.2018), bem como que 'sua eventual violação acarreta tão somente nulidade relativa, exigindo-se a comprovação oportuna do prejuízo da parte' (AgRg no REsp 1489356/RS, Rel. Ministro Felix Fischer, 5ª Turma, julgado em 14.11.2017, *DJe* 22.11.2017). 6. Recurso especial parcialmente provido." (STJ, 4ª Turma, REsp 1.318.249/GO, Relator Ministro Luis Felipe Salomão, julgado em 06.03.2018).

[682] "Recurso especial. Civil. Direito das Sucessões. Cônjuge sobrevivente. Regime de comunhão parcial de bens. Herdeiro necessário. Existência de descendentes do cônjuge falecido. Concorrência. Acervo hereditário. Existência de bens particulares do *de cujus*. Interpretação do art. 1.829, inc. I, do Código Civil. Violação ao art. 535 do CPC. Inexistência. 1. Não se constata violação ao art. 535 do Código de Processo Civil quando a Corte de origem dirime, fundamentadamente, todas as questões que lhe foram submetidas. Havendo manifestação expressa acerca dos temas necessários à integral solução da lide, ainda que em sentido contrário à pretensão da parte, fica afastada qualquer omissão, contradição ou obscuridade. 2 Nos termos do art. 1.829, inc. I, do Código Civil de 2002, o cônjuge sobrevivente, casado no regime de comunhão parcial de bens, concorrerá com os descendentes do cônjuge falecido somente quando este tiver deixado bens particulares. 3. A referida concorrência dar-se-á exclusivamente quanto aos bens particulares constantes do acervo hereditário do *de cujus*. 4. Recurso especial provido." (STJ, REsp 1368123/SP, Relator Ministro Sidnei Beneti, Relator para o Acórdão Ministro Raul Araújo, Segunda Seção, julgado em 22.04.2015, *DJe* 08.06.2015).

[683] PENTEADO, Luciano de Camargo. *Manual de direito civil*. Sucessões. São Paulo: Revista dos Tribunais, 2014. p. 105.

os quinhões hereditários dos descendentes comuns quando forem em número maior de três. Ou seja, a rigor, a regra da quota mínima destinada ao ascendente de todos os herdeiros com os quais concorre só adquire relevância numérica quando existem a partir de quatro filhos, pois, nesta hipótese, o viúvo ou sobrevivo genitor receberá vinte e cinco por cento (25%) da herança (CC, art. 1.832), e os setenta e cinco por cento (75%) restantes serão partilhados em quatro quinhões iguais de dezoito vírgula setenta e cinco por cento (18,75%) para cada um dos quatro filhos comuns.

Posteriormente, com o falecimento da viúva, seus filhos, que também são filhos de seu finado esposo, herdariam, em princípio, se nada fosse gasto e tudo fosse preservado pela viúva, aquela diferença verificada entre o quinhão hereditário da viúva e os quinhões pagos a cada descendente, salvo se o consorte sobrevivo se desfizesse em vida desses recursos.

O princípio constitucional da igualdade de tratamento dos filhos (CF, art. 227, § 6º, CC, art. 1.596 e ECA, art. 20) resta preservado quando a prole comum não supera o número de três filhos além do ascendente sobrevivente, pois cada herdeiro (filhos e consorte sobrevivo) recebe vinte e cinco por cento (25%) da herança, e também está igualmente preservado quando existirem mais de quatro filhos comuns, pois todos seguem recebendo entre eles, irmãos bilaterais, os mesmos quinhões hereditários que apenas se distanciam percentualmente da quota hereditária mínima de vinte e cinco por cento (25%) destinada ao cônjuge viúvo, e que é legalmente assegurada ao companheiro sobrevivente pelo art. 1.832 do Código Civil e pelo STF, no meu entender, com os Recursos Extraordinários 646.721/RS e 878.694/MG.

Diferenças começam a surgir nos casos de filiação híbrida, em que concorrem na herança com o cônjuge ou companheiro sobrevivente, tanto filhos comuns do falecido com o sobrevivente, como filhos exclusivos do falecido, cuja hipótese não foi prevista pelo legislador, e que é bastante comum nestes novos tempos das família mosaicas, não sendo nada infrequente o consorte ou companheiro supérstite concorrer ao mesmo tempo com descendentes comuns e descendentes exclusivos (filhos do primeiro e do segundo relacionamento do morto), tendo surgido variadas e destacadas fórmulas matemáticas buscando conciliar a quantificação da quota mínima com os quinhões dos herdeiros filhos.

E nisso reside o problema posto com a existência de uma filiação híbrida, para saber como conciliar os interesses sucessórios relativos à igualdade dos quinhões hereditários dos filhos em sintonia com o direito do consorte sobrevivo de receber sua quota mínima de vinte e cinco por cento (25%), até porque podem existir os mais diferentes arranjos de filiação mista.

Como destaca Giselda Hironaka, a solução fica ao encargo do intérprete e do aplicador do direito, que selecionará o critério que julgar mais adequado, correndo-se o risco, insuperável, de surgirem soluções distintas para casos semelhantes ou assemelhados.[684]

A doutrina oferece três soluções: (i) identificar todos os descendentes comuns e exclusivos como descendentes *comuns* e deferir a quota mínima da quarta parte (1/4) para o cônjuge ou companheiro sobrevivente; (ii) ao revés, identificar todos os descendentes comuns ou exclusivos como *exclusivos*, e não aplicar a reserva da quarta parte (1/4) em prol do cônjuge ou convivente sobrevivente; e (iii) subdividir a herança em duas partes e dividir cada parte segundo a quantidade de descendentes de cada grupo (comuns e exclusivos) e abater apenas da sub-herança dos descendentes comuns a quota mínima de um quarto (1/4),[685] considerando que sempre haverá desigualdade constitucional nos quinhões destinados aos filhos.

---

[684] HIRONAKA, Giselda Maria Fernandes Novaes. *Morrer e suceder*: passado e presente da transmissão sucessória concorrente. São Paulo: RT, 2011. p. 409.
[685] ROCHA, Sílvio Luís Ferreira da. *Direito das sucessões*. São Paulo: Malheiros, 2012. v. 5, p. 78.

Giselda Hironaka, a quem deve ser creditada a expressão da *descendência híbrida*, desdobra aquela que seria a terceira das três propostas:

> Deriva do critério que prevê a divisão do monte partível em dois submontes, um proporcionalmente correspondente ao número de descendentes comuns e outro proporcionalmente correspondente ao número de descendentes exclusivos, aplicando-se a cada um deles, e a seu turno, as regras próprias. Ao submonte dos comuns aplicar-se-ia a regra da concorrência com os descendentes comuns (resguardando-se a quarta parte a favor do cônjuge viúvo [ou convivente], ascendente deles); ao submonte dos exclusivos aplicar-se-ia a regra da concorrência com os descendentes exclusivos (dividindo-se em iguais porções, sem a obrigatoriedade de resguardar, minimamente, a quarta parte).[686]

Aceitos estes cálculos, haveria uma diferença percentual entre os quinhões dos filhos exclusivos em comparação aos filhos comuns, em que estes veriam reduzidos seus quinhões hereditários para honrar a quota mínima do ascendente sobrevivente.

Na segunda proposta, o consorte ou convivente não terá direito à quota mínima se os filhos comuns e exclusivos forem em número de quatro ou mais descendentes a serem chamados em nome próprio, pois, até o limite de três filhos (por exemplo, um comum e dois exclusivos), e mais o cônjuge sobrevivente, cada um deles receberia vinte e cinco por cento (25%) dos bens particulares, ficando garantida a quota mínima do art. 1.832 do Código Civil. Mas se fossem quatro filhos ou mais, pela fórmula sugerida, restaria ignorado o direito à quota mínima do sobrevivente, e todos os filhos (comuns e exclusivos) receberiam o mesmo quinhão hereditário, saindo prejudicado o cônjuge ou convivente sobrevivo que não receberia sua quota mínima, mesmo que fosse progenitor genético de três filhos e genitor socioafetivo do quarto filho que, embora exclusivo, foi criado pela viúva desde o seu nascimento, porque sua mãe, por exemplo, morreu no parto em que o deu à luz.

A segunda proposta seria implacável, havendo filiação híbrida desapareceria a quota mínima do sobrevivo e os descendentes não seriam prejudicados no montante dos seus quinhões hereditários, que seriam constitucionalmente iguais e proporcionais ao número de descendentes chamados a herdar por cabeça.

Dessa forma, se o falecido deixou bens particulares no valor de um milhão de reais (R$ 1.000.000,00) e quatro filhos (dois exclusivos e dois comuns), além da esposa, cada filho e, por igual a viúva, receberá uma quota hereditária de duzentos mil reais (R$ 200.000,00), apurada somente sobre os bens particulares.

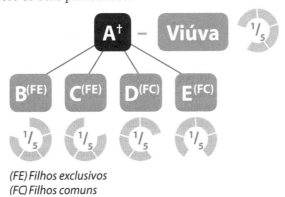

(FE) Filhos exclusivos
(FC) Filhos comuns

---

[686] HIRONAKA, Giselda Maria Fernandes Novaes. *Morrer e suceder*: passado e presente da transmissão sucessória concorrente. São Paulo: RT, 2011. p. 412.

Neste mesmo exemplo, caso fosse considerada a quota mínima para a viúva, ela receberia duzentos e cinquenta mil reais (R$ 250.000,00) e cada um dos quatro filhos receberia cento e oitenta e sete mil e quinhentos reais (R$ 187.500,00).

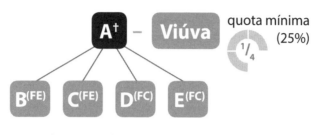

Cada um receberia 18,75%

(E) Filhos exclusivos
(C) Filhos comuns

Na proposta da *proporcionalidade*, esta herança sobre os bens particulares de um milhão de reais (R$ 1.000.000,00), por exemplo, com dois filhos exclusivos e outros quatro filhos comuns, importaria em dividir a herança em duas partes (dois submontes) de quinhentos mil reais (R$ 500.000,00) cada um. Em um submonte destinado aos filhos exclusivos não incide a quota mínima de um quarto (1/4) e a divisão se daria por cabeças, em quotas iguais para os dois filhos, mais o consorte sobrevivente, recebendo cada um deles (filhos e viúva) a quantia de cento e sessenta e seis mil, seiscentos e sessenta e seis reais (R$ 166.666,66). No segundo submonte, o sobrevivente tem direito à quota mínima de um quarto (25%) e receberá cento e vinte e cinco mil reais (R$ 125.000,00) e cada um dos quatro filhos comuns receberá noventa e três mil, setecentos e cinquenta reais (R$ 93.750,00).

Mais uma vez devem ser destacadas as preocupações práticas levantadas por Giselda Hironaka, quando adverte que a lei não consegue dar um norte para qualquer uma das três propostas, pois em todas elas está presente uma única hipótese, a de que qualquer decisão é passível de recurso diante dos resultados financeiros díspares,[687] mas é possível vislumbrar na pesquisa doutrinária algumas inclinações, havendo aqueles que, como Arnaldo Rizzardo,[688] Luciano de Camargo Penteado,[689] Euclides de Oliveira e Sebastião Amorim,[690] Zeno Veloso,[691]

---

[687] HIRONAKA, Giselda Maria Fernandes Novaes. *Morrer e suceder*: passado e presente da transmissão sucessória concorrente. São Paulo: RT, 2011. p. 415.

[688] RIZZARDO, Arnaldo. *Direito das sucessões*. 10. ed. Rio de Janeiro: Forense, 2018. p. 189.

[689] PENTEADO, Luciano de Camargo. *Manual de direito civil*: sucessões. São Paulo: RT, 2014. p. 105.

[690] OLIVEIRA, Euclides de; AMORIM, Sebastião. *Inventário e partilha*: teoria e prática. 25. ed. São Paulo: Saraiva, 2018. p. 105, propugnam por uma solução de caráter restritivo e assim se manifestam: "Para evitar essa situação evidentemente complexa e de questionável juridicidade, pode-se interpretar a disposição do citado art. 1.832 em caráter restritivo, ou seja, de que o cônjuge (ou convivente) somente terá assegurada a quarta parte da herança se for ascendente de todos os herdeiros com que concorrer. Assim, havendo outros herdeiros em concurso, ao cônjuge (ou convivente) caberá quota igual a cada um dos descendentes, sem reserva daquela fração mínima. Tal solução, além da manifesta simplificação da partilha, resguarda o direito de igualdade dos filhos na percepção de seus quinhões hereditários".

[691] VELOSO, Zeno. *Direito hereditário do cônjuge e do companheiro*. São Paulo: Saraiva, 2010. p. 51.

Mario Roberto Carvalho de Faria,[692] Paulo Lôbo,[693] Cristiano Chaves de Farias em coautoria com Nelson Rosenvald,[694] Flávio Tartuce,[695] Carlos Alberto Dabus Maluf em coautoria com Adriana Caldas do Rego Freitas Dabus Maluf,[696] Glauber Salomão Leite,[697] Carlos Roberto Gonçalves,[698] Pablo Stolze Gagliano em coautoria com Rodolfo Pamplona Filho,[699] e Rodrigo Santos Neves,[700] defendem a segunda proposta, que considera todos os filhos como se fossem *exclusivos* e não confere a reserva da quota mínima de um quarto (1/4) dos bens particulares do morto ao cônjuge sobrevivente (CC, art. 1.832), constituindo-se em uma esmagadora maioria doutrinária, igualmente acolhida pelos tribunais, tendo resultado, durante a *V Jornada de Direito Civil*, promovida pelo Conselho da Justiça Federal e pelo Superior Tribunal de Justiça em 2011, no Enunciado 527, com a seguinte redação: "*Na concorrência entre o cônjuge e os herdeiros do de cujus, não será reservada a quarta parte da herança para o sobrevivente no caso de filiação híbrida*".

O Enunciado 527 da *V Jornada de Direito Civil* expressa, em realidade, o pensamento majoritário em razão da quantificação da quota do cônjuge ou convivente quando concorre com a descendência híbrida, e cuja tendência já podia ser vislumbrada no levantamento informal promovido por Francisco José Cahali e posteriormente publicado em livro que escreveu em coautoria com Giselda Maria Fernandes Novaes Hironaka, no qual os referidos autores apresentaram um *quadro indicativo de divergência doutrinária*, uma verdadeira escavação de opiniões coletadas com a colaboração de Christiano Cassettari, Eduardo Avian, Elisa Messias Paolucci e Fabiana Domingues.[701]

Nessa pesquisa, especificamente com relação ao art. 1.832 do Código Civil, Francisco José Cahali indagava se na *filiação híbrida* haveria ou não a reserva da quota mínima de um quarto (1/4) dos bens ao consorte sobrevivente, e já respondia negativamente (sem reserva), acrescendo que a partilha se daria por cabeça, sendo secundado por: Caio Mario da Silva Pereira, Christiano Cassettari, Flávio Tartuce, Guilherme Calmon Nogueira da Gama, Gustavo René Nicolau, Inacio de Carvalho Neto, Jorge Shiguemitsu Fujita, Luiz Paulo Vieira de Carvalho, Maria Berenice Dias, Maria Helena Diniz, Maria Helena Marques Braceiro Daneluzzi,

---

[692] FARIA, Mario Roberto Carvalho de. *Direito das sucessões*: teoria e prática. 8. ed. Rio de Janeiro: Forense, 2017. p. 106, refere que: "Cônjuge concorrendo com descendentes, dos quais seja ascendente de alguns e, de outros, não. Não existe previsão legal para essa situação. Entendemos que, nesse caso, a herança será dividida por cabeça, recebendo o cônjuge quinhão igual aos demais descendentes. O legislador declarou que o cônjuge somente tem direito a quota mínima de ¼ (um quarto) quando for ascendente de todos os descendentes com os quais concorre".
[693] LÔBO, Paulo. *Direito civil*: sucessões. 4. ed. São Paulo: Saraiva, 2018. p. 153.
[694] FARIAS, Cristiano Chaves de; ROSENVALD, Nelson. *Curso de direito civil*: sucessões. 4. ed. Salvador: JusPodivm, 2018. v. 7, p. 339.
[695] TARTUCE, Flávio. *Direito civil*: direito das sucessões. 11. ed. Rio de Janeiro: Forense, 2017. p. 195.
[696] MALUF, Carlos Alberto Dabus; MALUF, Adriana Caldas do Rego Freitas Dabus. *Curso de direito das sucessões*. São Paulo: Saraiva, 2013. p. 210.
[697] LEITE, Glauber Salomão. *Sucessão do cônjuge sobrevivente*: concorrência com parentes do falecido. Rio de Janeiro: Lumen Juris, 2008. p. 156.
[698] GONÇALVES, Carlos Roberto. *Direito civil brasileiro*: direito das sucessões. 12. ed. São Paulo: Saraiva, 2018. v. 7, p. 180.
[699] GAGLIANO, Pablo Stolze; PAMPLONA FILHO, Rodolfo. *Novo curso de direito civil*: direito das sucessões. São Paulo: Saraiva, 2014. v. 7, p. 234.
[700] NEVES, Rodrigo Santos. *Curso de direito das sucessões*. Rio de Janeiro: Lumen Juris, 2009. p. 215.
[701] CAHALI, Francisco José; HIRONAKA, Giselda Maria Fernandes Novaes. *Direito das sucessões*. 3. ed. São Paulo: RT, 2007. p. 188.

Mário Delgado, Mario Roberto Carvalho de Faria, Rodrigo da Cunha Pereira, Rolf Madaleno, Sebastião Amorim em coautoria com Euclides de Oliveira e Zeno Veloso.

Em sentido oposto, propugnando pela reserva da quota mínima de um quarto (1/4) dos bens particulares do falecido pronunciaram-se, à época, Francisco José Cahali, José Fernando Simão e Sílvio de Salvo Venosa. Não opinou Eduardo de Oliveira Leite, enquanto Giselda Maria Fernandes Hironaka referia também não ter posição firme e definitiva, e acrescia que a solução certamente viria pela mudança da lei ou pela consolidação de súmula.[702]

Como de fato terminou se consolidando a ideia de afastamento da quota mínima quando o cônjuge ou convivente concorre com descendência híbrida, ficando visíveis os prejuízos ou as diferenças dos quinhões hereditários a partir de quatro ou mais descendentes, não só pelos argumentos longamente expendidos por todos os doutrinadores antes citados, mas porque, conceder a quota mínima implicaria restringir direitos dos descendentes, e conceder privilégio para o cônjuge, até porque a lei só previu a quota mínima quando o consorte sobrevivente fosse ascendente de todos os herdeiros descendentes, tudo no sentido de evitar injustiças e inconstitucionalidades que prejudicariam alguns descendentes em benefício de outros, e porque, tampouco as fórmulas matemáticas resolveriam a desigualdade sucessória que se estabeleceria entre descendentes comuns e exclusivos, indo a sua utilização de encontro ao art. 1.834 do Código Civil e também contra o art. 227, § 6º, da Carta Federal.

Podem ser acrescidos outros argumentos plenamente defensáveis, que viriam ao encontro do Enunciado 527 da *V Jornada de Direito Civil*, vaticinado por Giselda Hironaka, que sempre foi contrária à utilização de fórmulas matemáticas que afastariam o sacrifício de algum dos herdeiros descendentes quando em concurso com o cônjuge ou convivente sobreviventes, e dentre estes argumentos adicionais figura o REsp 1.617.501/RS e do qual foi relator o Ministro Paulo de Tarso Sanseverino, julgado pela Terceira Turma do STJ, em 11 de junho de 2019, restando endossada e consolidada a adoção do Enunciado 527, no sentido de não reservar a quarta parte da herança para o cônjuge ou convivente sobreviventes que concorrem com filhos híbridos.[703]

---

[702] CAHALI, Francisco José; HIRONAKA, Giselda Maria Fernandes Novaes. *Direito das sucessões*. 3. ed. São Paulo: RT, 2007. p. 189-190.

[703] "Recurso Especial. Direito civil. Sucessão. Inventário. União estável. Concorrência híbrida. Filhos comuns e exclusivos. Art. 1790, incisos I e II, do CC/2002. Inconstitucionalidade declarada pelo STF. Aplicação ao cônjuge ou convivente supérstite do art. 1.829, inciso I do CC/2002. Doação. Ausência de reconhecimento da violação da metade disponível. Súmulas 282/STF e 7/STJ. 1. Controvérsia em torno da fixação do quinhão hereditário a que faz jus a companheira, quando concorre com um filho comum e, ainda, outros seis filhos exclusivos do autor da herança. 2 (...). 3. Insubsistência da discussão do quanto disposto nos incisos I e II do art. 1.790, do CCB, acerca do quinhão da convivente – se o mesmo que o dos filhos (desimportando se comuns ou exclusivos do falecido) –, pois declarado inconstitucional, reconhecendo-se a incidência do art. 1.829 do CCB. 4. (...) 5. Necessária aplicação do direito à espécie, pois, reconhecida a incidência do art. 1.829, I, do CCB e em face da aplicação das normas sucessórias relativas ao casamento, aplicável o art. 1.832 do CCB, cuja análise deve ser, de pronto, realizada por esta Corte Superior, notada-mente em face da quota mínima estabelecida ao final do referido dispositivo em favor do cônjuge (e agora companheiro), de 1/4 da herança, quando concorre com seus descendentes. 6. A interpretação mais razoável do enunciado normativo do art. 1.832 do Código Civil é a de que a reserva de 1/4 da herança restringe-se à hipótese em que o cônjuge ou companheiro concorrem com os descendentes comuns. Enunciado 527 da Jornada de Direito Civil. 7. A interpretação restritiva dessa disposição legal assegura a igualdade entre filhos, que dimana do Código Civil (art. 1.834 do CCB) e da própria Constituição Federal (art. 227, § 6º, da CF), bem como o direito dos descendentes exclusivos não verem seu patrimônio injustificadamente reduzido mediante interpretação extensiva da norma. 8. Não haverá falar em reserva quando a concorrência se estabe-

Conforme Glauber Salomão Leite, a partilha por cabeça na concorrência da descendência híbrida prioriza os filhos do falecido em detrimento do cônjuge ou convivente, e conclui que haveria total incoerência na eventual inversão do sistema sucessório se os herdeiros da primeira classe fossem sacrificados em benefício de um herdeiro que apenas integra a terceira classe dos vocacionados e vem recolher parte da herança como um herdeiro irregular.[704]

Cometendo rememorar que a ordem de vocação sucessória chama em primeiro lugar os descendentes, mas em concurso com o cônjuge ou convivente sobreviventes, contudo, herdeiros da primeira classe, legalmente enquadrados como herdeiros necessários e universais são os descendentes, dado que só na falta ou renúncia de todos os descendentes seriam então chamados os herdeiros necessários ascendentes que se encontram no segundo grau da ordem de vocação hereditária.

Se, por exemplo, todos os descendentes renunciassem, mesmo assim não seriam o cônjuge e o convivente concorrentes considerados herdeiros remanescentes e universais, destinatários da universalidade de bens, dos particulares e dos adquiridos na convivência a qualquer título (doação, compra e venda, herança, fato eventual); nem poderiam ser herdeiros universais, pois são considerados herdeiros *concorrentes* ou *irregulares*, já que os herdeiros universais a serem vocacionados em segundo lugar são os ascendentes, que também concorrem com o consorte ou companheiro sobrevivo e que tomam o lugar dos descendentes, que eram os primeiros herdeiros universais e necessários.

O cônjuge ou o companheiro sobrevivos somente poderiam ser cogitados como herdeiros universais quando também estivessem ausentes quaisquer ascendentes, obrigando o chamamento deles na terceira classe de convocação, tendo presente que a universalidade de direitos a ser transmitida com a sucessão aos herdeiros necessários envolve todos os bens deixados pelo *de cujus*.[705] A universalidade é o complexo de relações jurídicas de uma pessoa, dotada de valor econômico (CC, art. 91), mas este complexo de bens não é obrigatoriamente destinado ao herdeiro concorrente.

Assim, herdeiros universais chamados com prioridade são os descendentes, e herdeiros irregulares, especiais ou concorrentes são o cônjuge ou o convivente sobrevivos, lembrando que existem três ordens distintas de herdeiros: (i) *herdeiros necessários*; (ii) *herdeiros concorrentes*; e (iii) *herdeiros facultativos*.

Os herdeiros especiais concorrentes, ou *irregulares*, diferem dos herdeiros necessários (descendentes ou ascendentes em concurso), porque podem, inclusive, ser afastados da herança pela separação de fato, pela separação legal, pelo divórcio ou pela dissolução da união estável, e, quando concorrem com os descendentes, só recebem sobre os bens particulares, se estes existirem ao tempo da abertura da sucessão do cônjuge ou companheiro premorto.

Os herdeiros irregulares ou concorrenciais teriam dificuldades práticas no processamento da colação quando o autor da herança adiantasse a legítima aos seus descendentes, os quais alegariam ter sido ela extraída dos bens comuns e sobre os quais inexiste direito sucessório

---

lece entre o cônjuge/companheiro e os descendentes apenas do autor da herança ou, ainda, na hipótese de concorrência híbrida, ou seja, quando concorrem descendentes comuns e exclusivos do falecido. 9. Especificamente na hipótese de concorrência híbrida o quinhão hereditário do consorte há de ser igual ao dos descendentes. 10. Recurso especial parcialmente provido."

[704] LEITE, Glauber Salomão. *Sucessão do cônjuge sobrevivente*: concorrência com parentes do falecido. Rio de Janeiro: Lumen Juris, 2008. p. 156.

[705] DEGRAZIA, Evandro Rômulo. *Sonegados e colação*: a busca do equilíbrio sucessório. Rio de Janeiro: Lumen Juris, 2014. p. 108.

do consorte ou convivente sobrevivos, uma vez que eles só herdam em concurso com os descendentes, e sobre os bens particulares do defunto, tampouco teriam direito à colação se não remanescessem bens particulares por ocasião da abertura da sucessão.

Assim visto, se um pai doa seus bens em vida para seus filhos, só estes, que são os herdeiros necessários universais, têm o direito de requerer a igualdade das legítimas, até porque se a herança concorrente do cônjuge ou convivente fosse equivalente à legítima dos herdeiros necessários descendentes, esse direito não poderia estar condicionado a determinados regimes de bens, tampouco à quantificação do quinhão hereditário do cônjuge ou do convivente sobrevivente, que pode variar segundo a origem da filiação (CC, art. 1.832) e conforme o montante dos bens particulares que são os únicos sobre os quais o consorte viúvo ou o companheiro sobrevivo concorrem com os herdeiros descendentes, não há como conciliar que bens transferidos para os filhos como adiantamentos de legítimas foram realmente extraídos dos bens particulares do autor da herança e não de sua meação.

A toda evidência, o direito sucessório irregular e concorrente do cônjuge ou convivente sobrevivo se trata de um *benefício vidual* cumutativo, que, a partir da promulgação do Código Civil de 2002, passou a ser um benefício sucessório de propriedade e não mais de uso ou de usufruto, mas segue sendo uma liberalidade conferida por lei, um legado *ex lege* como apelidado pelo doutrina, e que pode restar aniquilado pelos encargos do espólio, mas que não pode se sobrepor sobre a legítima dos descendentes, com direito constitucional ao recebimento de quinhões hereditários rigorosamente iguais, o que não sucede obrigatoriamente, com o consorte ou com o convivente sobrevivos, que só terão preservada a quota mínima de um quarto (1/4) se forem ascendentes de todos os descendentes, e não de apenas alguns ou pior ainda, quando não forem progenitores de nenhum descendente. Este convivente ou cônjuge sobrevivo é destinatário de um legado *ex lege*, concedido pelo legislador com a garantia de uma quota mínima em uma única hipótese, que é a de concorrer com seus próprios descendentes, não em uma descendência exclusiva do defunto e muito menos em uma descendência mista.

Para essas duas outras situações desaparece a quota mínima do cônjuge ou convivente sobreviventes, e todos descendentes, sejam eles exclusivos ou mistos, herdarão por cabeça, para outorgar ao cônjuge/convivente sobrevivente um quinhão hereditário igual ao dos descendentes que com ele sucedem por direito próprio, exatamente como se fosse um filho a mais, tudo realizado nos estritos termos do art. 227, § 6º, da Carta Política, e do art. 1.834 do Código Civil, cujos dispositivos podem ser reforçados, para efeitos de argumentação, com o acréscimo do art. 1.937 do Código Civil, ao prescrever deva a coisa legada ser entregue, com seus acessórios, no lugar e estado em que se achava ao falecer o testador, passando ao legatário com todos os encargos que a oneram, e do art. 1.967, também do Código Civil, que cuida da redução proporcional do legado inoficioso, o qual não pode prejudicar a legítima intangível dos herdeiros universais.

Desde a Carta Política de 1988 desapareceram quaisquer diferenças que tanto marcaram a filiação passada, preconceituosamente subdividida entre *legítima* e *ilegítima,* devendo todos os descendentes receberem o mesmo quinhão hereditário.

Maior clareza tem o art. 2.433 do Código Civil e Comercial da Argentina, quando dispõe que na concorrência com descendentes (não importa se comuns, exclusivos ou híbridos), o cônjuge tem sobre o acervo hereditário a mesma parte que um filho e que, em todos os casos em que o sobrevivente é chamado em concorrência com descendentes, o consorte sobrevivente não tem nenhuma participação na divisão dos bens comuns deixados com o óbito do cônjuge, e que também passarão aos seus filhos em partes iguais, ou aos filhos destes se aqueles forem pré-falecidos, vindo então os netos à sucessão por direito de representação sobre a quota hereditária do filho premorto.

77.2.1.2. Concorrência sucessória na Súmula 377 do STF

O regime da completa separação de bens é bifurcado entre o denominado regime convencional da separação de bens e o regime legal ou obrigatório da separação, sendo que o primeiro é fruto da livre manifestação de vontade dos cônjuges ou conviventes, que demandam a escolha desse regime em pacto antenupcial ou em um contrato de convivência, e, o segundo é imposição da lei – regime da separação compulsória de bens imposto pelo art. 1.641, inc. II, do Código Civil.[706]

No regime legal ou obrigatório da separação de bens não concorre a livre manifestação da vontade dos noivos, pois se os cônjuges estão enquadrados em alguma das três hipóteses levantadas pelo art. 1.641 do Código Civil, o matrimônio deles não será nulo, tampouco anulável, mas, por terem casado contrariando os impedimentos legais, suas núpcias serão convalidadas sob a regência de um regime de separação de bens legalmente imposto, gerando cada um dos três incisos do art. 1.641 do Código Civil as mais acirradas críticas e contestações, passando por argumentos que levantam a inutilidade prática da sua aplicação, ao menos em relação aos incs. I e III, diante da viabilidade de os regimes matrimoniais poderem ser alterados na constância do casamento (CC, art. 1.639, § 2º), uma vez superada a causa ou o fato gerador da penalidade e indo até a aplicação da Súmula 377 do STF.

O art. 1.641 do Código Civil de 2002 é réplica do art. 258 do Código Civil de 1916, guardadas as respectivas proporções, mas sem desfigurar a sua essência, e, na década de 1960, o Supremo Tribunal Federal interpretou a finalidade dos arts. 258 e 259 do Código Civil,[707] extraindo dessas discussões a edição da Súmula 377 do Supremo Tribunal Federal, com a seguinte ementa: Súmula 377 – *No regime de separação legal de bens, comunicam-se os adquiridos na constância do casamento.*

Sobrevindo o Código Civil de 2002, o art. 259 do Código Civil de 1916 não foi repristinado, como sucedeu com o art. 258 também do Código Civil de 1916, do qual derivou sua versão similar, reproduzida no art. 1.641 do Código Civil de 2002, debruçando-se juristas e julgadores acerca da caducidade ou não da Súmula 377/STF.

Extensos debates seguem sendo gerados até a atualidade acerca da vigência da Súmula 377/STF, havendo entendimento majoritário da doutrina e da jurisprudência, inclusive do STJ, concluindo por sua aplicação às hipóteses previstas no art. 1.641 do Código Civil de 2002, de maneira que todo regime de separação obrigatória de bens se transmudaria automaticamente, com o emprego da Súmula 377/STF, em um regime de comunhão parcial, com a comunicação de todos os bens adquiridos onerosamente na constância do casamento, e, por parcial analogia, também assim deveria acontecer em relação à união estável. Mas, esta lógica não valia para a união estável, porquanto o Superior Tribunal de Justiça impunha tratamento diferente e, reiteradamente, exigia a efetiva prova do esforço comum para ordenar a comunicação dos bens adquiridos onerosamente no curso do relacionamento estável,[708] resul-

---

[706] CC/2002 – "Art. 1.641. É obrigatório o regime da separação de bens no casamento: I – das pessoas que o contraírem com inobservância das causas suspensivas da celebração do casamento; II – da pessoa maior de 70 (setenta) anos; III – de todos os que dependerem, para casar, de suprimento judicial".

[707] CC/1916 – "Art. 259. Embora o regime não seja o da comunhão de bens, prevalecerão, no silêncio do contrato, os princípios dela, quanto à comunicação dos adquiridos na constância do casamento".

[708] "Direito de Família. União estável. Companheiro sexagenário. Separação obrigatória de bens. Art. 258, parágrafo único, inc. II, do Código Civil de 1916. 1. Por força do art. 258, parágrafo único, inc. II, do Código Civil de 1916 (equivalente, em parte, ao art. 1.641, inc. II, do Código Civil de 2002), ao casamento de sexagenário, se homem, ou cinquentenária, se mulher, é imposto o regime de separação obrigatória de bens.

Por esse motivo, às uniões estáveis é aplicável a mesma regra, impondo-se seja observado o regime de separação obrigatória, sendo o homem maior de sessenta anos ou mulher maior de cinquenta. 2. Nesse passo, apenas os bens adquiridos na constância da união estável, e desde que comprovado o esforço comum, devem ser amealhados pela companheira, nos termos da Súmula 377 do STF. 3. Recurso especial provido." (REsp 646.259/RS, 4ª Turma do STJ, Relator Ministro Luis Felipe Salomão, julgado em 22.06.2010).

"Ementa civil. Ação de reconhecimento e dissolução de união estável c/c partilha de bens. Companheiro sexagenário. Art. 1.641, inc. II, do Código Civil (Redação anterior à dada pela Lei 12.344/2010). Regime de bens. Separação legal. Impossibilidade de se prestigiar a união estável em detrimento do casamento. Necessidade de prova do esforço comum. Inexistência. Benfeitoria excluída da partilha. Recurso desprovido. 1. Devem ser estendidas, aos companheiros, as mesmas limitações previstas para o casamento, no caso de um dos conviventes já contar com mais de sessenta anos à época do início do relacionamento, tendo em vista a impossibilidade de se prestigiar a união estável em detrimento do casamento. 2. De acordo com o art. 1.641, inc. II, do Código Civil, com a redação anterior à dada pela Lei 12.344/2010 (que elevou essa idade para setenta anos, se homem), ao nubente ou companheiro sexagenário, é imposto o regime de separação obrigatória de bens. 3. Nesse caso, ausente a prova do esforço comum para a aquisição do bem, deve ele ser excluído da partilha. 4. Recurso especial desprovido." (REsp 1.369.860/PR, 3ª Turma do STJ, Relator Ministro João Otávio de Noronha, julgado em 19.08.2014).

"Recurso Especial. Civil e processual civil. Direito de Família. Ação de reconhecimento e dissolução de união estável. Partilha de bens. Companheiro sexagenário. Art. 1.641, inc. II, do Código Civil (Redação anterior à Lei 12.344/2010). Regime de bens. Separação legal. Necessidade de prova do esforço comum. Comprovação. Benfeitoria e construção incluídas na partilha. Súmula 7/STJ. 1. É obrigatório o regime de separação legal de bens na união estável quando um dos companheiros, no início da relação, conta com mais de sessenta anos, à luz da redação originária do art. 1.641, inc. II do Código Civil, a fim de realizar a isonomia no sistema, evitando-se prestigiar a união estável no lugar do casamento. 2. No regime de separação obrigatória, apenas se comunicam os bens adquiridos na constância do casamento pelo esforço comum, sob pena de se desvirtuar a opção legislativa, imposta por motivo de ordem pública. 3. Rever conclusões das instâncias ordinárias no sentido de que devidamente comprovado o esforço da autora na construção e realização de benfeitorias no terreno de propriedade exclusiva do recorrente, impondo-se a partilha, demandaria o reexame de matéria fático-probatória, o que é inviável em sede de recurso especial, nos termos da Súmula 7 do Superior Tribunal de Justiça. 4. Recurso especial não provido." (REsp 1.403.419/MG, 3ª Turma do STJ, Relator Ministro Ricardo Villas Bôas Cueva, julgado em 11.11.2014).

"Civil. Agravo regimental no agravo em recurso especial. União estável. Partilha. Bens adquiridos na constância da convivência. Necessidade de demonstração do esforço comum. Precedente. Alterar a conclusão da instância ordinária de que não houve a demonstração do esforço comum na aquisição do patrimônio. Reexame de provas. Necessidade. Incide a Súmula 7 do STJ. Agravo regimental não provido. 1. A 3ª Turma do STJ, por ocasião do julgamento do Recurso Especial 1.403.419/MG, julgado aos 11.11.2014, da relatoria do Ministro Ricardo Villas Bôas Cueva, firmou o entendimento de que a Súmula 377 do STF, isoladamente, não confere ao companheiro o direito de meação aos frutos produzidos durante o período de união estável independentemente da demonstração do esforço comum. 2. Alterar a conclusão do Tribunal a quo de que não houve a comprovação do esforço comum na aquisição ou manutenção do patrimônio do ex-companheiro falecido demanda o reexame do conjunto fático-probatório dos autos, o que não é possível de ser feito em recurso especial, a teor da Súmula 7 do STJ. 3. Agravo regimental não provido." (AgRg no Agravo em REsp 675.912/SC, 3ª Turma do STJ, Relator Ministro Moura Ribeiro, julgado em 02.06.2015).

"Embargos de divergência no Recurso Especial. Direito de Família. União estável. Companheiro. Sexagenário. Separação obrigatória de bens (CC/1916, art. 258, inc. II; CC/2002, art. 1.641, inc. II). Dissolução. Bens adquiridos onerosamente. Partilha. Necessidade de prova do esforço comum. Pressuposto da pretensão. Embargos de divergência providos. 1. Nos moldes do art. 258, inc. II, do Código Civil de 1916, vigente à época dos fatos (matéria atualmente regida pelo art. 1.641, inc. II, do Código Civil de 2002) à união estável de sexagenário, se homem, ou cinquentenária, se mulher, impõe-se o regime da separação obrigatória de bens. 2. Nessa hipótese, apenas os bens adquiridos onerosamente na constância da união estável, e desde que comprovado o esforço comum na sua aquisição, devem ser objeto de partilha. 3. Embargos de tando desse conjunto de julgamentos a tese 6 da *Jurisprudência em Teses*, editada pelo STJ e cuja 50ª edição tratou da união estável.[709]

Assim, para o casamento e não para a união estável, o regime obrigatório da separação de bens não gerava nenhuma restrição sobre o direito à meação, diante da incidência de qualquer uma das violações do art. 1.641 do Código Civil, sendo o cônjuge sempre meeiro dos bens amealhados onerosamente durante o matrimônio.[710]

Para efeitos de meação, a incidência da Súmula 377/STF faria *letra morta* do regime legal da separação de bens e, todo o casamento que se identificasse com algum dos três incisos do art. 1.641 do Código Civil, daria, com a dissolução das núpcias, direito à meação dos aquestos por presunção do esforço comum, sendo inconteste que jamais dará direito de o viúvo ser coerdeiro quando concorre com descendentes comuns ou exclusivos do autor da herança.

77.2.1.2.1. Prova do esforço comum

O Superior Tribunal de Justiça tem desenvolvido uma orientação em relação à união estável, de condicionar o direito à meação do convivente sobrevivo à prova do efetivo esforço comum empreendido por ambos os consortes, para a aquisição onerosa dos bens aquestos, como pode ser conferido nos Embargos de Divergência em REsp 1.623.858/MG,[711] permitindo antever, especialmente depois dos Recursos Extraordinários julgados pelo Plenário do Supremo Tribunal Federal, 646.721/RS e 878.604/MG, e até mesmo do REsp 1.332.773/MS, julgado pelo STJ,[712] vedando tratamento diferenciado acerca da participação na herança do

---

divergência conhecidos e providos para negar seguimento ao recurso especial." (Embargos de divergência em REsp 1.171.820/PR, Segunda Seção do STJ, Relator Ministro Raul Araújo, julgado em 26.08.2015).

[709] Tese 6 – *Jurisprudência em Teses* – STJ: "*Na união estável de pessoa maior de setenta anos (art. 1.641, II, do CC/02), impõe-se o regime da separação obrigatória, sendo possível a partilha de bens adquiridos na constância da relação, desde que comprovado o esforço comum*".

[710] "Civil. Processual civil. Recurso Especial. Inventário. Meação. Cônjuge supérstite. Separação legal de bens. 1. O acórdão recorrido que adota a orientação firmada pela jurisprudência do STJ não merece reforma. 2. Recurso especial conhecido e não provido." (STJ, REsp 1.623.858/MG, Relatora Ministra Nancy Andrighi, julgado em 26.09.2017).

[711] "Embargos de divergência no Recurso Especial. Direito de Família. União estável. Casamento contraído sob causa suspensiva. Separação obrigatória de bens (CC/1916, art. 258, inc. II; CC/2002, art. 1.641, inc. II). Partilha. Bens adquiridos onerosamente. Necessidade de prova do esforço comum. Pressuposto da pretensão. Moderna compreensão da Súmula 377/STF. Embargos de divergência providos. 1. Nos moldes do art. 1.641, inc. II, do Código Civil de 2002, ao casamento contraído sob causa suspensiva, impõe-se o regime da separação obrigatória de bens. 2. No regime de separação legal de bens, comunicam-se os adquiridos na constância do casamento, desde que comprovado o esforço comum para sua aquisição. 3. Releitura da antiga Súmula 377/STF (*No regime de separação legal de bens, comunicam-se os adquiridos na constância do casamento*), editada com o intuito de interpretar o art. 259 do CC/1916, ainda na época em que cabia à Suprema Corte decidir em última instância acerca da interpretação da legislação federal, mister que hoje cabe ao Superior Tribunal de Justiça. 4. Embargos de divergência conhecidos e providos, para dar provimento ao recurso especial." (STJ, Embargos de Divergência em REsp 1.623.858/MG, Segunda Seção, Relator Ministro Lázaro Guimarães, julgado em 23.05.2018).

[712] "Recurso Especial. Civil. Processual Civil. Direito de Família e das Sucessões. Distinção de regime sucessório entre cônjuges e companheiros. Impossibilidade. Art. 1.790 do Código Civil de 2002. Inconstitucionalidade. STF. Repercussão geral reconhecida. Art. 1.829 do Código Civil de 2002. Princípios da igualdade, dignidade humana, proporcionalidade e da razoabilidade. Incidência. Vedação ao retrocesso. Aplicabilidade. 1. No sistema constitucional vigente é inconstitucional a distinção de regimes sucessórios entre cônjuges e companheiros, devendo ser aplicado em ambos os casos o regime estabelecido

companheiro ou cônjuge falecido, para evitar qualquer forma de discriminação, e por ofender os princípios da igualdade, da dignidade humana, da proporcionalidade e da vedação ao retrocesso, que, a seguir nesta linha de pensamento, a tendência seria de exigir também para o casamento a prova do efetivo esforço comum para a aquisição dos bens aprestos e correlata aplicação da Súmula 377 do STF.

Caso o STJ não estenda a obrigação da prova do esforço comum nas hipóteses conjugais de incidência do art. 1.641 do Código Civil, liberando apenas o cônjuge de provar o esforço comum, haverá um tratamento sucessório desigual e rechaçado pelo Supremo Tribunal Federal, porquanto o consorte será meeiro dos aquestos e coerdeiro dos aprestos diante da aplicação da Súmula 377/STF que transmuda seu regime de separação obrigatória em comunhão parcial de bens, ao passo que o convivente sobrevivo, não provando o esforço comum, não seria meeiro dos aquestos nem coerdeiro concorrente dos aprestos em razão da exceção sucessória do art. 1.829 do Código Civil.

Para Eduardo de Oliveira Leite, a previsão de afastamento do direito concorrente no regime obrigatório da separação de bens deveria ser estendida ao regime convencional da separação de bens, de modo a excluir da concorrência na herança o cônjuge sobrevivente nas duas versões do regime de separação de bens (obrigatório e convencional), guardando coerência como um todo o sistema civil brasileiro,[713] e em cuja direção também foi Paulo Dias de Moura Ribeiro, ao referir ser a melhor exegese aquela que entende não ser possível a alteração dos efeitos jurídicos do regime matrimonial *post mortem* na separação convencional de bens, devendo ser mantida a coerência com a vontade manifestada pelos cônjuges durante toda a vida em comum de não comunicarem seus bens.[714]

O Superior Tribunal de Justiça igualmente consolidou a interpretação de que o regime convencional da separação de bens não se agrega, tampouco se identifica com o regime legal da separação de bens, sendo incontroverso que na separação convencional de bens o cônjuge ou convivente sobrevivente (RE 646.721/RS e RE 878.694/MG) herda em concorrência com os descendentes sobre os bens particulares deixados pelo sucedido.[715]

---

no art. 1.829 do CC/2002, conforme tese estabelecida pelo Supremo Tribunal Federal em julgamento sob o rito da repercussão geral (Recursos Extraordinários números 646.721 e 878.694). 2. O tratamento diferenciado acerca da participação na herança do companheiro ou cônjuge falecido conferido pelo art. 1.790 do Código Civil/2002 ofende frontalmente os princípios da igualdade, da dignidade humana, da proporcionalidade e da vedação ao retrocesso. 3. Ausência de razoabilidade do discrímen à falta de justo motivo no plano sucessório. 4. Recurso especial provido." (REsp 1.332.773/MS, 3ª Turma do STJ, Relator Ministro Ricardo Villas Bôas Cueva, julgado em 27.06.2017).

[713] LEITE, Eduardo de Oliveira. In: TEIXEIRA, Sálvio de Figueiredo (Coord.). *Comentários ao novo Código Civil*: do direito das sucessões. 5. ed. Rio de Janeiro: Forense, 2009. v. XXI, p. 276.

[714] RIBEIRO, Paulo Dias de Moura. Polêmicas na sucessão do cônjuge: separação convencional de bens. In: SALOMÃO, Luis Felipe; TARTUCE, Flávio (Coord.). *Direito civil*: diálogos entre a doutrina e a jurisprudência. São Paulo: Atlas, 2017. p. 723.

[715] "Recurso Especial. Direito das Sucessões. Inventário e partilha. Regime de bens. Separação convencional. Pacto antenupcial por escritura pública. Cônjuge sobrevivente. Concorrência na sucessão hereditária com descendentes. Condição de herdeiro. Reconhecimento. Exegese do art. 1.829, inc. I, do CC/02. Avanço no campo sucessório do Código Civil de 2002. Princípio da vedação ao retrocesso social. 1. O art. 1.829, inc. I, do Código Civil de 2002 confere ao cônjuge casado sob a égide do regime de separação convencional a condição de herdeiro necessário, que concorre com os descendentes do falecido independentemente do período de duração do casamento, com vistas a garantir-lhe o mínimo necessário para uma sobrevivência digna. 2. O intuito de plena comunhão de vida entre os cônjuges (art. 1.511 do Código Civil) conduziu o legislador a incluir o cônjuge sobrevivente no rol dos herdeiros necessários (art.

Solução a ser aventada para terminar com a insegurança jurídica instalada com o advento do Código Civil brasileiro em 2002, transformando o cônjuge supérstite, e, depois, pela jurisprudência da Corte Constitucional, também transformando o convivente sobrevivo, ambos em herdeiros concorrentes sobre os bens particulares do defunto, sem margem de afastamento desse direito concorrencial pela via dos contratos sucessórios ou dos pactos antenupciais. Como antes visto, inexistem, verdadeiramente, razões concretas que impeçam a renúncia recíproca de cônjuges e conviventes da herança concorrente, como bom exemplo resulta da legislação portuguesa, cuja Lei 48, de 14 de agosto de 2018, com vigência a contar de 1º de setembro de 2018, aditou relevantes alíneas aos arts. 1700º e 2168º do Código Civil português e acrescentou o novo art. 1707º-A, ao mesmo Código Civil, para possibilitar aos cônjuges declararem a sua recíproca renúncia à herança em convenção antenupcial.

78. A SUCESSÃO DOS ASCENDENTES EM CONCURSO COM O CÔNJUGE OU CONVIVENTE SOBREVIVENTES

O Código Civil assenta os descendentes no primeiro plano da ordem de vocação hereditária (CC, art. 1.829, inc. I), que se constitui na categoria fundamental ou primeira, como disse Dolor Barreira,[716] dentre todos os que podem suceder ao morto, tanto que são chamados em primeiro lugar, ainda que em concurso com o cônjuge ou companheiro sobrevivente. Contudo, não havendo descendentes ou renunciando todos eles à herança, em conformidade com o inc. II do art. 1.829 do Código Civil, são chamados à sucessão os ascendentes. Na lição clássica de Carlos Maximiliano, são denominadas *ascendentes* as pessoas das quais procede o falecido, quais sejam, seus pais, avós, bisavós, trisavós, tetravós (vulgarmente chamados

---

1.845), o que reflete irrefutável avanço do Código Civil de 2002 no campo sucessório, à luz do princípio da vedação do retrocesso social. 3. O pacto antenupcial celebrado no regime de separação convencional somente dispõe acerca da incomunicabilidade de bens e o seu modo de administração no curso do casamento, não produzindo efeitos após a morte por inexistir no ordenamento pátrio previsão de ultratividade do regime patrimonial apta a emprestar eficácia póstuma ao regime matrimonial. 4. O fato gerador no direito sucessório é a morte de um dos cônjuges e não, como cediço no direito de família, a vida em comum. As situações, porquanto distintas, não comportam tratamento homogêneo, à luz do princípio da especificidade, motivo pelo qual a intransmissibilidade patrimonial não se perpetua *post mortem*. 5. O concurso hereditário na separação convencional impõe-se como norma de ordem pública, sendo nula qualquer convenção em sentido contrário, especialmente porque o referido regime não foi arrolado como exceção à regra da concorrência posta no art. 1.829, inc. I, do Código Civil. 6. O regime da separação de bens escolhido livremente pelos nubentes à luz do princípio da autonomia de vontade (por meio do pacto antenupcial), não se confunde com o regime da separação legal ou obrigatória de bens, que é imposto de forma cogente pela legislação (art. 1.641 do Código Civil), e no qual efetivamente não há concorrência do cônjuge com o descendente. 7. Aplicação da máxima de hermenêutica de que não pode o intérprete restringir onde a lei não excepcionou, sob pena de violação do dogma da separação dos Poderes (art. 2º da Constituição Federal de 1988). 8. O novo Código Civil, ao ampliar os direitos do cônjuge sobrevivente, assegurou ao casado pela comunhão parcial cota na herança dos bens particulares, ainda que os únicos deixados pelo falecido, direito que pelas mesmas razões deve ser conferido ao casado pela separação convencional, cujo patrimônio é, inexoravelmente, composto somente por acervo particular. 9. Recurso especial não provido." (REsp 1.472.945/RJ, 3ª Turma do STJ, Relator Ministro Ricardo Villas Bôas Cueva, julgado em 23.10.2014).

[716] BARREIRA, Dolor. *Sucessão legítima*. 2. ed. Rio de Janeiro: Borsoi, 1970. p. 132.

de tataravós) e assim indefinidamente,[717] não importando qual seja a natureza da relação de filiação direta ou intermediária existente entre pais, avós, bisavós e assim por diante.

Os ascendentes de igual grau e da mesma linha (paterna ou materna) recebem por cabeça, e, se forem de linhas diferentes, porém do mesmo grau de parentesco, recebem por linhas, em que a metade da herança corresponde aos ascendentes paternos e a outra metade da herança pertence aos ascendentes maternos.

Diante da filiação e ascendência multiparental, podem existir mais de dois progenitores, de forma que, se houver vários ascendentes de igual grau pertencentes à mesma linha, devem dividir a herança por cabeças; assim, se o morto tinha dois pais (um biológico e outro socioafetivo) e uma mãe, cinquenta por cento (50%) da herança vai para a linha paterna e os outros cinquenta por cento (50%) vão para a linha materna e a divisão se dará, considerando, como exemplo, uma herança líquida de trezentos mil reais (R$ 300.000,00), em que cento e cinquenta mil reais (R$ 150.000,00) irão para a linha paterna e os outros cento e cinquenta mil reais (R$ 150.000,00) irão para a linha materna.

Dos cento e cinquenta mil reais (R$ 150.000,00) da linha paterna, cada progenitor biológico e socioafetivo receberá setenta e cinco mil reais (R$ 75.000,00) e a progenitora única, situada na linha materna receberá integralmente a quantia de cento e cinquenta mil reais (R$ 150.000,00).

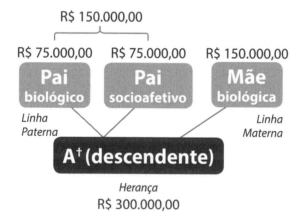

Pode não existir uma divisão de linhas por gênero, quando, por exemplo, o sucedido é filho de uma casal homoafetivo, sendo partilhada a sua herança entre os seus dois progenitores homoafetivos masculinos ou femininos, metade para cada um deles, ou no exemplo *supra*, cento e cinquenta mil reais (R$ 150.000,00) para cada progenitor e se fossem três pais, cada um deles receberia por cabeça cem mil reais (R$ 100.000,00); e se fossem quatro progenitores do mesmo gênero, cada um deles receberia setenta e cinco mil reais (R$ 75.000,00).

Os ascendentes estão posicionados na segunda classe da ordem de vocação hereditária, em uma importância secundária, cujo propósito da destinação da herança guarda objetivos diametralmente opostos aos objetivos desencadeados pela herança em prol dos descendentes. Ocorre que, usualmente, os antecedentes já construíram a sua vida familiar e econômica e dependem menos do patrimônio hereditário para seu desenvolvimento e para a sua manutenção pessoal. Tanto essa premissa faz sentido que, no registro histórico do direito sucessório, os herdeiros colaterais do falecido preferiam aos seus ascendentes, contando José Luis Pérez Lasala que a exclusão dos ascendentes pelos irmãos foi o regime mais comum entre os povos

---

[717] MAXIMILIANO, Carlos. *Direito das sucessões*. 4. ed. Rio de Janeiro: Freitas Bastos, 1958. v. 1, p. 165.

antigos, prevalecendo depois novos critérios que levaram em consideração a maior presença do *carinho*, que em primeiro lugar descende, e que só depois ascende e também por conta do princípio da *reciprocidade,* sentimento que normalmente preside o direito sucessório, resultando lógico e natural admiti-lo para o caso da inexistirem descendentes.[718]

Há um argumento adicional a ser considerado, no sentido de os filhos serem auxiliados com os recursos de seus pais na formação de suas fortunas, ocorrendo, com muita frequência, de os progenitores contribuírem com dinheiro ou com conselhos para a formação das fortunas da prole, e se os irmãos atuais concorressem à sucessão, ficariam em melhores condições que os irmãos que nascessem depois, sendo por este motivo muito mais aconselhável que os pais sejam os herdeiros exclusivos dos seus filhos precocemente falecidos, a fim de que possam conservar a herança deixada por um descendente, para depois restituí-la em igualdade entre todos os irmãos ou filhos remanescentes.[719]

Prescreve o art. 1.836 do Código Civil que, na falta de descendentes, são chamados à sucessão os ascendentes, em concorrência com o cônjuge (CC, art. 1.829, inc. II), ou com o convivente sobrevivo (STF – RE 646.721/RS e RE 878.694/MG), tratando-se a vocação hereditária de um chamado sucessivo, pois só serão convocados os ascendentes se não existirem descendentes, ou se os descendentes renunciarem coletivamente à herança, ou se dela forem excluídos por indignidade ou deserdação.

Contudo, também pode se constituir em um chamamento misto, pois em concorrência com os ascendentes pode ser chamado o cônjuge ou convivente sobrevivente, quando um destes existe e tem direito à herança diante da constância e coexistência do casamento ou da união estável ao tempo da abertura da sucessão.

Como bem observa J. M. Leoni Lopes de Oliveira, o cônjuge ou convivente será coerdeiro ou herdeiro se forem atendidos os pressupostos estabelecidos pelo art. 1.830 do Código Civil, quais sejam: (a) não estar separado judicial ou extrajudicialmente; (b) não estar separado de fato; e (c) não ter sido considerado indigno ou deserdado[720] (inclusive pelos motivos constantes do parágrafo único do art. 1.609 do Código Civil, e do parágrafo único do art. 26 do Estatuto da Criança e do Adolescente).

Os ascendentes herdam pelo grau mais próximo de parentesco que exclui o grau de parentesco mais remoto, sem distinção de linhas, especialmente porque, na classe dos ascendentes, não existe o direito de representação (CC, art. 1.836, § 1º), e, havendo igualdade em grau e diversidade em linha, os ascendentes da linha paterna herdam a metade, cabendo a outra metade aos da linha materna.

Vivendo pais e avós, herdam os pais, ou só um deles se o outro já é falecido e restam excluídos os avós porque tampouco existe o direito de representação na classe dos ascendentes.

A ordem de vocação hereditária dos ascendentes compreende os pais do falecido, sejam eles biológicos, registrais, socioafetivos, adotivos ou da procriação medicamente assistida, cuja relação de filiação e ascendência pode comportar uma relação hetero ou homoafetiva, biparental, unilateral ou pluriparental, sendo a herança entre ascendentes distribuída por cabeças e dividida por linhas.

Assim, por exemplo, de uma herança de um milhão de reais (R$ 1.000.000,00) tocará a metade para a linha paterna e a outra metade para o ascendente da linha materna. Na falta dos pais do defunto, os ascendentes mais próximos em grau de parentesco e que concorrem

---

[718] LASALA, José Luis Pérez. *Tratado de sucesiones*. Buenos Aires: Rubinzal-Culzoni, 2014. t. II, p. 65.
[719] LASALA, José Luis Pérez. *Tratado de sucesiones*. Buenos Aires: Rubinzal-Culzoni, 2014. t. II, p. 66.
[720] OLIVEIRA, J. M. Leoni Lopes de. *Direito civil: sucessões*. Rio de Janeiro: Forense, 2018. p. 359.

por partes iguais, ainda que sejam de diferentes linhas são os avós, sendo dividida a herança em duas metades, se vivos os ascendentes maternos e paternos, e se atribui uma metade para os avós maternos, de quinhentos mil reais (R$ 500.000,00) da mesma herança estimada no exemplo acima, de um milhão de reais (R$ 1.000.000,00), e a outra metade de quinhentos mil reais (R$ 500.000,00) para os avós paternos.

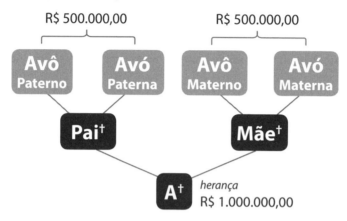

E, se sobrevivem ao defunto somente uma avó materna e dois avós paternos, a divisão igualmente se dará por linhas, na qual, os dois avós paternos herdarão quinhentos mil reais (R$ 500.000,00), tocando duzentos e cinquenta mil reais (R$ 250.000,00) para cada avô paterno, e os outros quinhentos mil reais (R$ 500.000,00) serão herdados unicamente pela avó materna. Em realidade, se sobrevivessem todos os quatro avós, dois do lado paterno e outros dois do lado materno, cada avô receberia uma quarta parte da herança (1/4) e cada linha paterna ou materna receberia a metade da herança (1/2) ou seja, cinquenta por cento (50%).

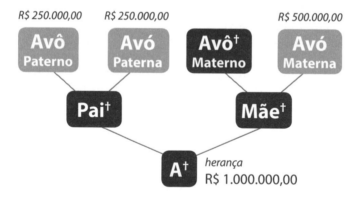

A vocação hereditária dos ascendentes, em conformidade com a vigente legislação brasileira se rege pelos seguintes princípios:

a) Proximidade de grau, sem que haja lugar para o direito de representação em consequência, os pais serão herdeiros em primeiro lugar dentre os ascendentes, por metade entre eles (pai e mãe), e quando um deles seja premorto ao filho, ou não queira ou não possa aceitar a herança, sua parte acrescerá a do outro progenitor, que será herdeiro da totalidade da herança, salvo haja concurso com o cônjuge ou com convivente sobrevivo do autor da herança. No caso em que ambos os pais sejam pré-falecidos ou não queiram ou não possam aceitar a herança, esta passa ao grau seguinte, que é o dos avós;

b) A distribuição se dá pelas linhas paterna e materna, ou paterna e paterna, ou ainda materna e materna, para não olvidar dos efeitos sucessórios nas relações homoafetivas, tampouco quando se trate da multiparentalidade (dentro de cada grau, a herança se reparte primeiro por linhas e dentro de cada linha em partes iguais). Se, porventura, o autor da herança precede de uma ascendência multiparental, com dois pais – sendo um biológico e outro socioafetivo – e uma mãe, por exemplo, a herança será partilhada em três linhas, sendo duas paternas e uma materna, a razão de 1/3 para cada linha, caso o sucedido não tenha deixado cônjuge ou convivente sobrevivo;

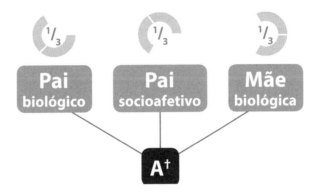

c) Distribuição por partes iguais dentro de cada linha e grau: dentro de cada grau a herança se reparte por linhas, assim, se não existem os pais, mas somente três avós, dois maternos e um paterno, a herança se reparte em uma metade para os avós maternos e a outra metade para o avô paterno, mas se este avô paterno renuncia, a sua parte acresce à dos dois avós maternos que ficam com a totalidade da herança, se o sucedido não tinha cônjuge ou convivente supérstite;

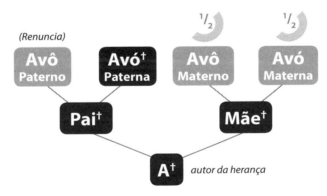

d) Pode haver concurso com o cônjuge ou com o convivente sobrevivente, independentemente do regime de bens, agora incidente sobre todo o acervo hereditário deixado pelo falecido, e não mais somente sobre os seus bens particulares nesta hipótese, e depois da tese 498 de repercussão geral do STF,[721] o cônjuge e também agora o convivente sobrevivos herdam em concurso com os ascendentes, em qualquer regime de bens, pois no concurso com ascendentes o regime de bens já não tem nenhuma influência ou reflexo sobre o direito

---

[721] STF – "Tese 498: É inconstitucional a distinção de regimes sucessórios entre cônjuges e companheiros prevista no art. 1.790 do CC/2002, devendo ser aplicado, tanto nas hipóteses de casamento quanto nas de união estável, o regime do art. 1.829 do CC/2002 (RE 646.721/RS e RE 878.694/MG)".

sucessório do supérstite, dependendo apenas da existência ou não de meação, conforme o regime patrimonial adotado, de forma que, morrendo o filho e tendo ele deixando dois pais vivos, além da sua esposa, e uma herança de um milhão de reais (R$ 1.000.000,00), cada um deles – progenitores e viúva – receberá 1/3 da herança (R$ 333.333,33), mas, se o defunto deixou somente mãe e esposa vivas, cada uma destas duas receberá a metade da herança, e se o *de cujus* não deixou pais, mas somente seus quatro avós e a viúva, tocará para a viúva a metade da herança ou seja, cinquenta por cento (50%) da herança, e os outros cinquenta por cento (50%) da herança serão divididos por linhas, a razão de doze e meio por cento (12,5%) para cada um dos quatro avós, sendo vinte e cinco por cento (25%) para a linha materna e os outros vinte e cinco por cento (25%) para a linha paterna (CC, art. 1.836, § 2º) – em que cada avô recebe doze e meio por cento (12,5%).

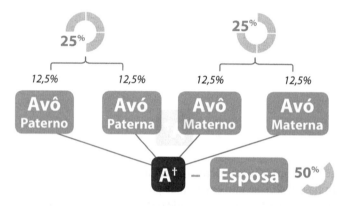

Dita o *caput* do art. 1.836 do Código Civil que, diante da falta de descendentes, são chamados à sucessão os ascendentes, em concorrência com o cônjuge ou com o convivente (STF – RE 646.721/RS e RE 878.694/MG) sobreviventes, como igual regramento consta do inc. II do art. 1.829 do Código Civil, só que desta feita o legislador não condicionou a concorrência entre ascendentes e cônjuge ou convivente supérstites ao regime de bens adotado no casamento, ou na união estável, fazendo incidir o direito sucessório concorrencial do parceiro sobrevivo sobre a totalidade da herança, e não apenas sobre os bens particulares do falecido, como acontece quando o cônjuge ou convivente concorre com descendentes e ainda dependendo do regime de bens contratado entre o autor da herança e seu parceiro sobrevivo.

Portanto, faltando descendentes ou renunciando todos eles, são chamados à herança os ascendentes, em concurso com o cônjuge ou convivente sobrevivos, se o autor da herança era casado ou vivia em união estável quando de seu falecimento.

No concurso sucessório com os ascendentes, o regime de bens só tem importância para efeitos de apuração da meação do parceiro sobrevivente, e uma vez abstraída a sua meação, os bens remanescentes se constituem na herança deixada pelo falecido e esta herança será partilhada entre os ascendentes, em concurso com o cônjuge ou convivente supérstites, quando houver cônjuge ou convivente remanescente, e se também estiverem presentes os pressupostos legais (CC, art. 1.830) observadas as seguintes regras:

i) o grau mais próximo de parentesco ascendente afasta o de grau mais distante e, portanto, se o falecido deixou pais vivos e avós, herdam os pais e são afastados os avós que se encontram em grau mais distante de parentesco, não havendo limite de grau de parentesco para suceder;

ii) a partilha se dá por linhas, o que consiste em dividir a herança em duas partes ou alíquotas iguais, sendo uma delas direcionada à linha materna e a outra parte endereçada à linha paterna (CC, art. 1.836, § 2º), devendo ambos os ascendentes se encontrar no mesmo grau de parentesco, ou seja, se sobrevivem ao falecido o pai e a mãe, cada um deles herda a metade da herança, supondo ausente cônjuge ou convivente, mas se só sobrevive a mãe e os avós paternos, prevalece a regra de que o herdeiro mais próximo afasta o de grau mais remoto, sem distinção de linhas (CC, art. 1.836, § 1º), logo a herança irá integralmente para a progenitora do sucedido;

iii) na classe dos ascendentes não existe o direito de *representação* (CC, art. 1.852), e por isso o ascendente só pode herdar por direito próprio, nunca em representação de algum ascendente pré-falecido, por exemplo, um avô representando o pai (filho) do falecido.

Conforme prescreve o art. 1.837 do Código Civil, o cônjuge ou o convivente sobrevivente receberá um terço de toda a herança se concorrer com ascendentes em primeiro grau (pai e mãe do morto), mas receberá a metade da herança se houver um só ascendente genitor, como, por exemplo, sobreviveu ao marido morto a sogra, eis que o sogro é premorto, pouco importando sobrevivam ascendentes de grau mais distante, dado que herdeiros serão somente a sogra (mãe do falecido) e a viúva (esposa do falecido), esta como herdeira concorrente (CC, art. 1.836), cabendo metade para cada uma e nada recebendo os avós e demais ascendentes, uma vez que o herdeiro mais próximo excluiu o mais remoto, sem distinção de linhas (CC, art. 1.836, § 1º).

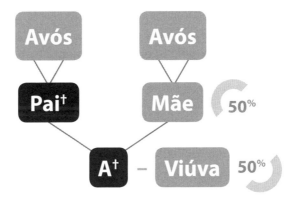

78.1. Direito real de habitação do cônjuge ou convivente sobrevivo (I)

Por fim, conforme o art. 1.831 do Código Civil, ao cônjuge ou ao convivente sobrevivente (RE 646.721/RS e RE 878.694/MG), qualquer que seja o regime de bens, será assegurado, sem prejuízo da participação que lhe caiba na herança, o direito real de habitação relativamente ao imóvel destinado à residência da família, desde que seja o único daquela natureza a inventariar.

Esse direito real de habitação que se constituiu em evidente *benefício hereditário ex legis*, porquanto imposto pela lei na proteção do consorte ou convivente sobrevivos, incide em qualquer circunstância e em qualquer situação, e deve ser assegurado o seu exercício ao parceiro sobrevivente, quer o sobrevivo concorra com herdeiros descendentes híbridos ou exclusivos, quer o sobrevivente concorra com herdeiros ascendentes; ou quer seja o cônjuge ou o convivente sobrevivo diretamente vocacionado, chamado como herdeiro universal em terceiro lugar na ordem de vocação hereditária, porque ausentes descendentes e ascendentes; quer tenha o imóvel destinado para habitação sido objeto de disposição testamentária para terceiro, sendo que este terceiro deverá respeitar o direito real de habitação do cônjuge ou convivente sobrevivo.

Antes dos julgamentos dos Recursos Extraordinários 646.721/RS e 878.694/MG, pelo Plenário do Supremo Tribunal Federal, o direito real de habitação do convivente sobrevivo estava regulamentado pelo parágrafo único do art. 7º da Lei 9.278/1996, que assegurava ao convivente sobrevivente, uma vez dissolvida a união estável por morte de um dos conviventes, o direito real de habitação, enquanto vivesse ou não constituísse nova união ou casamento, relativamente ao imóvel destinado à residência da família, havendo o entendimento doutrinário e jurisprudencial de que este parágrafo único do art. 7º da Lei 9.278/1996 não havia sido expressamente revogado pelo art. 2.045 do Código Civil, e que, tampouco dispusera de forma diferente o art. 1.831 do Código Civil em sua literal e integral redação, de modo que o *benefício hereditário ex legis* do direito real de habitação seguia hígido e plenamente aplicável aos relacionamentos estáveis dissolvidos pela morte de um dos companheiros,[722] tendo o Ministro Luís Roberto Barroso feito a seguinte observação no item 25 de seu voto no RE 878.694:

> 25. Além disso, o CC/2002 não previu direito real de habitação para o companheiro, embora o tenha feito para o cônjuge (art. 1.831, CC/2002). Passou-se, então, a debater se o companheiro ainda teria esse direito com base na Lei 9.278/1996 ou se ele teria sido revogado pelo novo Código Civil. O mais curioso é que, relativamente ao direito real de habitação do cônjuge, o CC/2002 incorporou os requisitos mais brandos que a Lei 9.278/1996 previa para as uniões estáveis. Ou seja, melhorou a situação do cônjuge, dando a ele os direitos atribuídos ao companheiro, mas nada disse em relação a este último.

78.2. Indignidade de ascendente pelo não reconhecimento e abandono do filho (CC, art. 1.609, parágrafo único)

Prescreve o parágrafo único do art. 1.609 do Código Civil, com dispositivo correspondente no parágrafo único do art. 26 do Estatuto da Criança e do Adolescente (Lei 8.069/1990), ser possível reconhecer um filho antes do seu nascimento, mas que depois da morte desse filho o seu reconhecimento só será admitido se o falecido deixar descendentes.[723]

---

[722] "Direito Civil. Sucessão. Direito real de habitação. Companheiro sobrevivente. Possibilidade Vigência do art. 7º da Lei 9.278/1996. Recurso improvido. 1. Direito real de habitação. Aplicação ao companheiro sobrevivente. Ausência de disciplina no Código Civil. Silêncio não eloquente. Princípio da especialidade. Vigência do art. 7º da Lei 9.278/1996. Precedente: REsp 1.220.838/PR, Relator Ministro Sidnei Beneti, 3ª Turma, julgado em 19.06.2012, *DJe* 27.06.2012. 2. O instituto do direito real de habitação possui por escopo garantir o direito fundamental à moradia constitucionalmente protegido (art. 6º, *caput*, da CRFB). Observância, ademais, ao postulado da dignidade da pessoa humana (art. 1º, inc. III, da CRFB). 3. A disciplina geral promovida pelo Código Civil acerca do regime sucessório dos companheiros não revogou as disposições constantes da Lei 9.278/1996 nas questões em que verificada a compatibilidade. A legislação especial, ao conferir direito real de habitação ao companheiro sobrevivente, subsiste diante da omissão do Código Civil em disciplinar tal direito àqueles que convivem em união estável. Prevalência do princípio da especialidade. 4. Recurso improvido." (REsp 1156744/MG, Rel. Ministro Marco Buzzi, 4ª Turma, julgado em 09.10.2012, *DJe* 18.10.2012).

[723] CC – "Art. 1.609 [...] parágrafo único. O reconhecimento pode preceder o nascimento do filho ou ser posterior ao seu falecimento, se ele deixar descendentes".

Trata-se de modalidade adicional de exclusão da herança por indignidade do sucessor ascendente que, em vida, ignorou inteiramente a existência de filho que jamais registrou como seu, e que provavelmente, só pretendia registrar como seu descendente para poder herdar os seus bens. Essa causa de indignidade não está catalogada no sistema jurídico brasileiro dentre os motivos que, *numerus clausulus*, justificam a exclusão de herdeiro necessário da herança por indignidade ou que permitam o prévio afastamento de herdeiro necessário por deserdação em testamento. Com essa determinação, o legislador se coloca no lugar do falecido, supondo que ele mesmo, conhecendo os motivos, teria deserdado o seu sucessor, ou não lhe teria deixado herança, fosse parente ou estranho.[724]

O instituto da indignidade está regulado pelos arts. 1.814 a 1.818 do Código Civil, prevendo como motivos de exclusão de herdeiro qualquer uma das hipóteses descritas nos três incisos do art. 1.814 do Código Civil, acrescidas das proposições de deserdação também descritas como *numerus clausulus* nos arts. 1.961 a 1.963 do Código Civil, não constando como causa de indignidade ou de deserdação o abandono material e afetivo de um filho, cuja exclusão hereditária está descrita e prevista nos parágrafos únicos dos arts. 1.609 do Código Civil e 26 do Estatuto da Criança e do Adolescente, contudo, como motivo em separado, movido pela repulsa que causa ao legislador permitir que um progenitor recolha a herança de um filho que em vida ele literalmente rejeitou.

A mesma regra restritiva dos direitos sucessórios do perfilhante tardio constam do art. 1856º do Código Civil de Portugal[725] e do art. 2.281, *f*, do Código Civil e Comercial da Argentina, tratando o Direito português, à semelhança do regramento brasileiro, de excluir o ascendente indigno sem fazer menção textual ao instituto da indignidade, e, assim, coloca em discussão se a exclusão do genitor que abandonou afetiva e materialmente seu filho prescinde ou não de uma ação sucessória específica de exclusão hereditária por indignidade, porquanto, no Direito argentino há expressa menção e identificação com o instituto da indignidade.

Na doutrina de Francisco Pereira Coelho e Guilherme de Oliveira está dito que a lei portuguesa se limitou a aceitar o reconhecimento de uma realidade biológica, tendo o cuidado de impedir que o perfilhante pudesse tirar vantagens econômicas da perfilhação de filho premorto,[726] e cuja preocupação também foi externada pelo legislador brasileiro em duas distintas oportunidades.

Curiosos efeitos decorrem dessa proibição de a perfilhação serôdia não gerar efeitos jurídicos em relação ao progenitor relapso e omisso, se porventura o filho falecido não deixou descendentes, pois talvez o legislador devesse ser mais específico, para aplicar os mesmos efeitos da pena civil da indignidade, cuja pena não passa da pessoa do indigno e talvez por isto esteja correto o Direito argentino, quando considera textualmente como indigno o genitor que não perfilhou seu filho em vida.

Uma vez considerado indigno, o genitor relapso não herdará os bens deixados pelo filho perfilhado depois da morte, embora a perfilhação devesse gerar os demais efeitos jurídicos, como os vínculos de parentesco, por exemplo, pois que, deste modo, se o filho premorto

---

[724] DODDA, Zulma Aurora. In: CLUSELLAS, Eduardo Gabriel (Coord.). *Código Civil y Comercial comentado, anotado y concordado*. Buenos Aires: Astrea, 2015. v. 7, p. 880.

[725] CC Portugal – "Art. 1.856.º A perfilhação posterior à morte do filho só produz efeitos em favor dos descendentes".
CCC Argentina – "Art. 2.281. Son indignos de suceder: [...] f) El padre extramatrimonial que no haya reconocido voluntariamente al causante durante su menor edad".

[726] COELHO, Francisco Pereira; OLIVEIRA, Guilherme de. *Curso de direito da família*. Coimbra: Coimbra Editora, 2006. v. II, t. I, p. 173.

deixa bens, mas não deixa descendentes e seus únicos herdeiros seriam os avós ou os irmãos paternos, e como são pessoais os efeitos da exclusão (CC, art. 1.816), ao menos os avós paternos, ou na falta deles os irmãos paternos se tornariam herdeiros e o excluído tampouco teria direito ao usufruto ou à administração dos bens que couberem aos herdeiros, nem à sucessão eventual desses bens (CC, art. 1.816, parágrafo único).

De longa data dispõe o Direito argentino[727] como causa de indignidade sucessória do progenitor que este não tivesse reconhecido voluntariamente seu filho durante sua menoridade, e seria igualmente indigno se o mesmo progenitor não tivesse prestado alimentos e assistência ao filho, conforme a sua condição e fortuna, resultando, portanto, em duas causas distintas de exclusão da herança por indignidade: (a) uma por não reconhecer voluntariamente o filho extraconjugal (pois o casamento pressupõe a ascendência biológica); (b) a outra, pelo fato de qualquer um dos pais não prestar alimentos e assistência psicológica aos filhos, indiferentemente se trate de prole conjugal ou extraconjugal, existindo uma mitigação jurisprudencial da pena de indignidade se o genitor tivesse pelo menos acolhido o filho pela *posse de estado*, embora não o tivesse registrado oficialmente.[728]

78.3. Ascendentes biológicos, adotivos e socioafetivos e a multiparentalidade

O princípio da isonomia entre os filhos está consagrado pelo art. 227, § 6º, da Constituição Federal, sendo igualmente amparada a filiação da *afeição* a partir do Recurso Extraordinário 898.060/SC, julgado pelo Supremo Tribunal Federal, em 21 e 22 de setembro de 2016, e dele resultando o Enunciado 622, com a seguinte ementa: *A paternidade socioafetiva, declarada ou não em registro público, não impede o reconhecimento do vínculo de filiação concomitante baseado na origem biológica, com os efeitos jurídicos próprios.*

Maria Goreth Macedo Valadares conceitua a multiparentalidade como a existência de mais de um vínculo na linha ascendente de primeiro grau, do lado materno ou paterno, desde que acompanhado de um terceiro elo e, ocorrendo este fato, necessário pelo menos três pessoas no registro de nascimento de um filho[729] e, obviamente, vão se multiplicando os vínculos parentais na medida em que vão se afastando os graus de parentesco, pois serão três progenitores, por exemplo, seis avós e doze bisavós, e assim por diante.

Já referiam Jussara Suzi Ferreira e Konstanze Röhrmann, que o modelo oitocentista da bilateralidade familiar clássica mergulha na obsolescência, porquanto há muito deixou de atender às atuais condições estruturais da família pós-moderna e que as famílias pluriparentais, também conhecidas como famílias mosaicas, resultam da pluralidade das relações parentais, e que agora, diferentemente do passado, quando a família núcleo sequer podia ser desfeita e que, rara e dificilmente, sofria ruptura, as famílias mosaicas são justamente fruto de novos núcleos familiares que são refeitos e permitem a continuação da família pela recomposição que tem como suporte e edificação os valores imateriais do amor e do afeto.[730]

---

[727] Dispunha o art. 3.296 do Código Civil revogado: *"Es indigno de suceder al hijo, el padre o la madre que no hubiera reconocido voluntariamente durante la menor edad o que no le haya prestado alimentos y asistencia conforme a su condición y fortuna".*

[728] BORDA, Guillermo A. *Tratado de derecho civil*: sucesiones. Buenos Aires: Editorial Perrot, 1994. t. I, p. 97.

[729] VALADARES, Maria Goreth Macedo. *Multiparentalidade e as novas relações parentais*. Rio de Janeiro: Lumen Juris, 2016. p. 55.

[730] FERREIRA, Jussara Suzi Borges Nasser; RÖRHMANN, Konstanze. As famílias pluriparentais ou mosaicos. In: V CONGRESSO BRASILEIRO DE DIREITO DE FAMÍLIA. Anais... Belo Horizonte: IBDFAM, 2006, p. 507-509. (Coord. Rodrigo da Cunha Pereira).

Escreve Fernando Gaburri que o Supremo Tribunal Federal, ao apreciar o RE 898.060/SC, reconheceu a tese da *pluriparentalidade* ao considerar que a existência de um vínculo socioafetivo não excluiu o vínculo biológico, de forma que uma pessoa pode ter um pai biológico, um pai socioafetivo e uma mãe, por exemplo, e acrescenta que o julgado tem repercussão prática e direta no direito sucessório, pois o filho será herdeiro de três progenitores, quando toda a construção do direito hereditário na classe ascendente foi erigido com suporte em duas linhas ancestrais e não em três ou quatro linhas ascendentes,[731] como tradicionalmente a memória cultural da família se erigia com suporte na bilateralidade.

E, realmente, o tema está regulado a partir do art. 1.836 do Código Civil, quando dispõe que, na falta de descendentes, são chamados à sucessão os ascendentes, em concorrência com o cônjuge sobrevivente, em que o mais próximo exclui o mais remoto, sem distinção de linhas (§ 1º), e havendo igualdade em grau e diversidade em linha, os ascendentes da linha paterna herdam a metade, cabendo a outra aos da linha materna (§ 2º).

Como visto, sem cônjuge ou convivente concorrente, metade da herança toca à linha paterna e a outra metade cabe à linha materna, e concorrendo com ascendente em primeiro grau, ao cônjuge ou convivente caberá 1/3 (um terço) da herança; caber-lhe-á a metade desta se houver um só ascendente, ou se maior for aquele grau (CC, art. 1.837).

Filhos também podem ser herdeiros de ascendentes componentes de uma união homoafetiva e, portanto, constituída de duas linhas paternas ou de duas linhas maternas, e essas hipóteses tampouco foram cogitadas pelo legislador, e isto é perfeitamente compreensível, se for considerado que o vigente Código Civil foi gestado na década de 1970, e aprovado três dezenas de anos depois, com alterações mínimas e em uma época que sequer poderiam ser culturalmente cogitadas famílias construídas a partir de uma identidade de gêneros, embora essas relações fossem uma realidade social dissimulada, e muito menos que casais homoafetivos pudessem conceber por técnicas de inseminação artificial ou adotar filhos.

Mauricio Cavallazzi Póvoas registra alguns precedentes dos tribunais brasileiros acerca do reconhecimento da multiparentalidade,[732] sendo um desses precedentes uma demanda em que duas mulheres companheiras, que depois também casaram, requereram a declaração judicial de reconhecimento de ascendência multiparental, de modo que a filha fosse registrada em nome das duas genitoras casadas e de um pai biológico, com a participação de seis avós, sendo provida, pela Oitava Câmara Cível do Tribunal de Justiça do Rio Grande do Sul, a Apelação Cível 70062692876, relatada pelo magistrado José Pedro de Oliveira Eckert, em julgamento datado de 12 de fevereiro de 2015.[733]

---

[731] GABURRI, Fernando. *Direito civil para sala de aula*: direito das sucessões. Curitiba: Juruá, 2018. v. 7, p. 123.

[732] PÓVOAS, Maurício Cavallazzi. *Multiparentalidade*: a possibilidade de múltipla filiação registral e seus efeitos. 2. ed. Florianópolis: Conceito, 2017. p. 132.

[733] "A ausência de lei para regência de novos – e cada vez mais ocorrentes fatos sociais decorrentes das instituições familiares, não é indicador necessário de impossibilidade jurídica do pedido. É que 'quando a lei for omissa, o juiz decidirá o caso de acordo com a analogia, os costumes e os princípios gerais de direito' (art. 4º da Lei de Introdução ao Código Civil). Caso em que se desconstitui a sentença que indeferiu a petição inicial por impossibilidade jurídica do pedido e desde logo se enfrenta o mérito, fulcro no art. 515, § 3º, do CPC. Dito isso, a aplicação dos princípios da 'legalidade', 'tipicidade' e 'especialidade', que norteiam os 'Registros Públicos', com legislação originária pré-constitucional, deve ser relativizada, naquilo que não se compatibiliza com os princípios constitucionais vigentes, notadamente a promoção do bem de todos, sem preconceitos de sexo ou qualquer outra forma de discriminação (art. 3, inc. IV

No outro precedente citado por Mauricio Cavallazzi Póvoas,[734] também oriundo do Tribunal de Justiça do Rio Grande do Sul, o pedido era para que constasse do registro de nascimento a existência de dois pais, sendo um biológico (falecido) e o outro o pai adotivo, tendo o juiz de primeira instância ordenado a subtração do pai biológico e substituição pelo pai adotivo, e de cuja sentença houve apelação distribuída sob o número 70064909864 à Oitava Câmara Cível, sendo relator o desembargador Alzir Felippe Schmitz, em julgamento datado de 16 de julho de 2015, que proveu o recurso para mandar averbar no assento de nascimento da apelante, em nome da multiparentalidade, a dupla ascendência paterna do pai biológico e do progenitor adotivo.[735]

Uma vez aceita pelo Supremo Tribunal Federal, ao apreciar o Recurso Extraordinário 898.060/SC, a tese 622, de repercussão geral da multiparentalidade, como mostra Luiz Paulo Vieira de Carvalho, a paternidade socioafetiva e a paternidade consanguínea, situam-se, doravante, no mesmo plano e podem ser reconhecidas e cumuladas,[736] sendo igualmente múltiplos os seus efeitos jurídicos, também no que concerne aos direitos sucessórios.

Ricardo Calderón reconhece que um dos aspectos mais polêmicos provenientes da multiparentalidade reside na possibilidade de um filho herdar de dois pais e de uma mãe e não somente de dois ascendentes, como prevê a legislação vigente, fugindo do tradicional, como, no caminho inverso, três progenitores podem herdar de um filho previamente falecido, aduzindo que poderá ser de três ou mais progenitores, devendo ser respeitado o princípio da igualdade na filiação, que não diverge quando comporta uma filiação de plúrima ascendência, não se mostrando lúcido permitir que filho não tenha direito à herança, como, em contraponto seria igualmente incompreensível que algum dos múltiplos progenitores deixasse de ter direito à herança, sugerindo, com escólio na lição de Luiz Paulo Vieira de Carvalho, que a divisão entre os ascendentes deva ser realizada com respeito à divisão por linhas, prevista no art. 1.836 do Código Civil, sendo metade para a linha paterna e metade para a linha materna.[737]

No estudo da ordem de vocação hereditária do art. 1.829 do Código Civil, na linha sucessória ascendente, falecendo o filho sem deixar descendentes, aplicam-se os arts. 1.836 e 1.837 do Código Civil, ou seja, são chamados os ascendentes, se for o caso, em concurso com

---

da CF/1988), bem como a proibição de designações discriminatórias relativas à filiação (art. 227, § 6º, CF) objetivos e 'princípios fundamentais' decorrentes do princípio fundamental da dignidade da pessoa humana. Da mesma forma, há que se julgar a pretensão da parte, a partir da interpretação sistemática conjunta com demais princípios infraconstitucionais, tal como a doutrina da proteção integral do princípio do melhor interesse do menor, informadores do Estatuto da Criança e do Adolescente (Lei 8.069/1990), bem como, e especialmente, em atenção do fenômeno da afetividade, como formador de relações familiares e objeto de proteção estatal, não sendo o caráter biológico o critério exclusivo na formação de vínculo familiar. Caso em que no plano fático, é flagrante o ânimo de paternidade e maternidade, em conjunto, entre o casal formado pelas mães e do pai, em relação à menor, sendo de rigor o reconhecimento judicial da 'multiparentalidade', com a publicidade decorrente do registro público de nascimento. Deram provimento. (Segredo de justiça)."

[734] PÓVOAS, Mauricio Cavallazzi. *Multiparentalidade*: a possibilidade de múltipla filiação registral e seus efeitos. 2. ed. Florianópolis: Conceito, 2017. p. 134.

[735] "Apelação Cível. Ação de adoção. Padrasto e enteada. Pedido de reconhecimento da adoção com a manutenção do pai biológico. Multiparentalidade. Observada a hipótese da existência de dois vínculos paternos, caracterizada está a possibilidade de reconhecimento da multiparentalidade. Deram provimento ao apelo."

[736] CARVALHO, Luiz Paulo Vieira de. *Direito das sucessões*. 3. ed. São Paulo: Atlas, 2017. p. 324.

[737] CALDERÓN, Ricardo. *Princípio da afetividade no direito de família*. 2. ed. Rio de Janeiro: Forense, 2017. p. 232-234.

o cônjuge ou convivente sobrevivente, sem direito de representação (CC, art. 1.852) de forma que o ascendente de grau mais próximo de parentesco afasta o de grau mais remoto (CC, art. 1.836, § 1º), o que na prática sucessória significa afirmar que os pais excluem da sucessão os avós, ou a falta, por exemplo, de um pai premorto (parente em primeiro grau), não provoca a convocação sucessória dos avós paternos (parentes em segundo grau), eis que toda a herança tocará à progenitora remanescente, em concurso com o cônjuge ou com o convivente sobrevivo, se uma dessas figuras afetivas de fato existiu na vida do autor da herança.

O § 2º do art. 1.836 do Código Civil estabelece que, havendo igualdade em grau e diversidade em linha, os ascendentes da linha paterna herdam a metade, cabendo a outra metade aos da linha materna, o que significa aduzir que a herança será distribuída aos dois pais herdeiros, como é clássico, quando cada um deles recebe a metade da herança se não houver concurso com cônjuge ou convivente sobrevivente.

Também pode acontecer de os pais do autor da herança serem pré-falecidos e, uma vez ausentes herdeiros descendentes, serão chamados à herança os avós do falecido, sendo dois da linha paterna e dois da linha materna, se forem todos vivos, recebendo cada um deles vinte e cinco por cento (25%) da herança, pois metade do espólio toca para a linha paterna e a outra metade para a linha materna. Pode acontecer que tenham sobrevivido somente os avós maternos e um avô paterno, mas como a divisão se dá por linhas e não por cabeça, os avós maternos herdam cinquenta por cento (50%) dos bens, sendo vinte e cinco por cento (25%) para o avô materno e os outros vinte e cinco por cento (25%) para a avó materna, e na linha paterna o avô paterno remanescente herda os outros cinquenta por cento (50%) restantes da herança.

Soluções não aventadas pelo codificador surgem em razão da multiparentalidade, com diferentes hipóteses acontecendo na distribuição da herança, mas cujas soluções não foram previstas em lei, cometendo à doutrina e à jurisprudência oferecerem os subsídios para o deslinde das situações fáticas que possam aparecer.

Fernando Gaburri entre os que pioneiramente tratam do tema sucessório, elabora alguns exemplos práticos:

i) Se um filho falece e deixa dois pais, sendo um deles biológico e o outro socioafetivo, e uma mãe, e como concluiu o Tribunal de Justiça de Minas Gerais, na Apelação Cível 1.0024.03.186.459-8/001, da 4ª Câmara Cível, na relatoria do Desembargador Moreira Diniz, em julgamento datado de 23 de março de 2007, sobre quais seriam os efeitos jurídicos sucessórios de uma pluriparentalidade aplicáveis ao caso telado, um encaminhamento possível seria o de deferir metade da herança (50%) para a linha paterna, em que cada pai recebe vinte e cinco por cento (25%), e a outra metade (50%) para a linha materna;

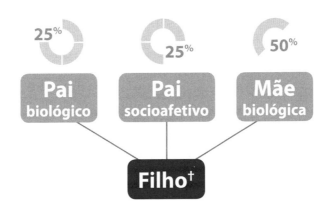

ii) A outra hipótese ventilada por Fernando Gaburri seria a de considerar os vínculos biológicos como destinatários de uma metade, indo dela vinte e cinco por cento (25%) para o pai biológico e outros vinte e cinco por cento (25%) para a mãe biológica, e os cinquenta por cento remanescentes (50%) para o genitor socioafetivo, cuja solução se afigura descartável pelo fato de gerar desigualdade sucessória entre os ascendentes;

iii) A terceira proposição seria a de dividir a herança em três partes iguais, tocando um terço (1/3) para cada ascendente, referindo Fernando Gaburri ser esta possibilidade aquela que goza de maior simpatia da doutrina.[738]

Pode ocorrer, ainda, que o filho pré-falecido sem descendentes, deixe sobrevivo cônjuge ou companheiro, além de seus progenitores, devendo neste caso ser aplicado o art. 1.837 do Código Civil, em seu aspecto constitucional de assegurar a paridade hereditária, e pelo qual cada herdeiro recebe exatamente o mesmo quinhão hereditário que seria, segundo aventado pelo legislador, com o pagamento do percentual de um terço (1/3) ou trinta e três vírgula trinta e três por cento (33,33%) para o pai, um terço (1/3) ou trinta e três vírgula trinta e três por cento (33,33%) para a mãe, e um terço (1/3) ou trinta e três vírgula trinta e três por cento (33,33%) para o consorte ou companheiro sobrevivo.

Isso porque o legislador não previu a multiparentalidade que, no exemplo acima utilizado, acresce mais um pai, de modo que serão três progenitores coerdeiros além do convivente

---

[738] GABURRI, Fernando. *Direito civil para sala de aula*: direito das sucessões. Curitiba: Juruá, 2018. p. 124-125.

ou cônjuge sobreviventes, sendo ao todo quatro herdeiros, três ascendentes e um companheiro ou cônjuge concorrente, tocando um quarto (1/4) ou vinte e cinco por cento (25%) para cada herdeiro, a saber: um quarto (1/4) ou vinte e cinco por cento (25%) para o companheiro sobrevivo; um quarto (1/4) ou vinte e cinco por cento (25%) para o pai biológico; um quarto ou vinte e cinco por cento (25%) para o pai socioafetivo e, um quarto (1/4) ou vinte e cinco por cento (25%) para a mãe.

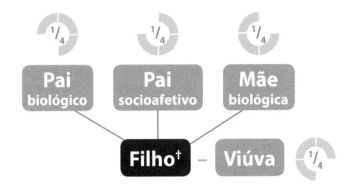

Outra configuração hereditária possível de ser aventada decorre da morte do autor da herança que deixa três progenitores (um biológico e outro socioafetivo e a mãe biológica) e todos eles são premortos, sobrevivendo unicamente os seis avós, sendo dois da linha paterna (avós A, B, C e D) e um da linha materna (avós E e F) Nesta hipótese, a distribuição da herança será de um terço (1/3) para A e B, um terço (1/3) para C e D, e um terço (1/3) para E e F; ou, sob outro enfoque: um sexto (1/6) para cada um dos seis avós. Contudo, supondo fosse premorto o avô materno E, a partilha se daria então na razão de um terço (1/3) para A e B, um terço (1/3) para C e D, e um terço (1/3) para F.

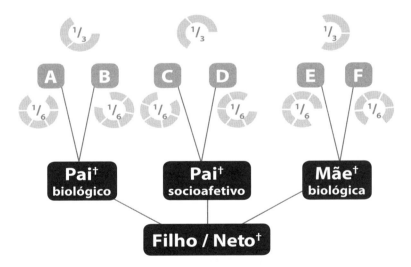

Fernando Gaburri controverte outra possibilidade para a mesma proposição do concurso do cônjuge com o trio de ascendentes, que seria a de garantir um terço (1/3) ou trinta e três vírgula trinta e três por cento (33,33%) da herança para o cônjuge ou convivente sobrevivente, e os dois terços (2/3) ou sessenta e seis vírgula sessenta e seis por cento (66,66%) restantes seriam divididos entre os três progenitores, tocando vinte e dois vírgula vinte e dois por cento (22,22%) para cada um deles, a saber: vinte e dois vírgula vinte e dois por cento (22,22%) para o pai biológico; vinte e dois vírgula vinte e dois por cento (22,22%) para o pai socioafetivo, e vinte e dois vírgula vinte e dois por cento (22,22%) para a mãe biológica, ressalvando desde logo o autor que esta solução desatende o espírito da partilha igualitária determinada pelo art. 1.837 do Código Civil, porquanto apenas assegura a terça parte para o consorte sobrevivo.[739]

Observa Daniela Braga Paiano que estas novas situações de multiparentalidade não foram cogitadas pelo legislador e que precisa ser procedida a modificação da legislação vigente, sugerindo a inclusão de um parágrafo único ao art. 1.837 do Código Civil: *Concorrendo com ascendentes em primeiro grau, ao cônjuge casado* (ou convivente) *com pessoa que tenha três genitores multiparentais, a divisão da herança será feita em quinhões iguais.*[740]

E, não existindo legislação que regulamente as hipóteses e os efeitos jurídicos das famílias mosaicas, observa Priscila Matzenbacher Tibes Machado, tudo deve ser muito bem avaliado caso a caso, com vistas à verificação de sua ocorrência, partindo sempre do filho para o pai, não se confundindo com a figura dos padrastos e das madrastas que exercem função diversa dos papéis parentais.[741]

Igual e aguçada observação é realizada por Christiano Cassettari, quando menciona ser preciso ter cautela no pleito dos efeitos sucessórios *post mortem*, especialmente quando o autor da herança nunca conviveu com o pai biológico em decorrência de ter sido criado por outro genitor registral e dele já ter recebido a herança.[742]

Idêntica preocupação controverte Heloisa Helena Gomes Barboza, ao prescrever criterioso juízo no reconhecimento do parentesco com base na socioafetividade, pois encobre terceiros que não estão necessariamente envolvidos na relação socioafetiva,[743] justificando, por certo, a preocupação que pessoalmente externei ao escrever que não pode ser considerado genitor o ascendente biológico de mera concepção, tão só porque forneceu o material genético para a concepção e nascimento do filho que nunca desejou criar.[744]

É o que Rui Portanova denomina de *investigatória abusiva*,[745] e própria daquelas ações de investigação de filiação nas quais filhos que se tornaram adultos, subitamente, renunciam

---

[739] GABURRI, Fernando. *Direito civil para sala de aula*: direito das sucessões. Curitiba: Juruá, 2018. p. 128.
[740] PAIANO, Daniela Braga. *A família atual e as espécies de filiação*: da possibilidade jurídica da multiparentalidade. Rio de Janeiro: Lumen Juris, 2017. p. 194.
[741] MACHADO, Priscila Matzenbacher Tibes. Multiparentalidade. In: TEIXEIRA, Ana Carolina Brochado; RIBEIRO, Gustavo Pereira Leite (Coord.). *Manual de direito das famílias e das sucessões*. 3. ed. Rio de Janeiro: Processo, 2017. p. 342.
[742] CASSETTARI, Christiano. *Multiparentalidade e parentalidade socioafetiva*: efeitos jurídicos. 3. ed. São Paulo: Atlas, 2017. p. 137.
[743] BARBOZA, Heloisa Helena Gomes. Efeitos jurídicos do parentesco socioafetivo. In: PEREIRA, Rodrigo da Cunha (Coord.). *Família e solidariedade*: teoria e prática do direito de família. Rio de Janeiro: Lumen Juris/IBDFAM, 2008. p. 229.
[744] MADALENO, Rolf. Filiação sucessória. In: PEREIRA, Rodrigo da Cunha (Coord.). *Família e solidariedade*: teoria e prática do direito de família. Rio de Janeiro: Lumen Juris/IBDFAM, 2008. p. 400.
[745] "Apelação Cível. Investigação de paternidade cumulada com anulação de partilha. Filiação socioafetiva. Prefaciais. Caso em que as prefaciais de nulidade da sentença, tal como suscitadas pela parte apelante, vão superadas, na forma do art. 282, § 2º, do CPC. Mérito: O investigante teve conhecimento de que seu pai biológico seria o demandado quando estava com 6 anos de idade. Contudo, após 40 anos desse conhecimento e 20 anos da morte do suposto pai biológico (sempre criado por seus pais registrais), intentou a presente demanda com fins única e evidentemente patrimoniais. Tal pretensão mostra-se inviável, não só pela pura e real intenção do autor, como também pela existência de filiação socioafetiva entre o autor

ao vínculo com a família que durante toda a vida esteve ao seu lado e agem deste modo em descumprimento da obrigação constitucional que tinham de amparar os pais na velhice, carência ou enfermidade,[746] unicamente movidos por interesses argentários, cujas demandas permitem supor que esses investigantes adultos, além de desprezarem a relação paterno-filial que norteou todas as suas vidas, buscam outros interesses e valores que pouco ou nada têm a ver com garantir a "inserção em um núcleo familiar no qual podem desenvolver relação de afeto, aprender e apreender valores sociais, receber e dar amparo na hora de dificuldade [...]".[747]

Para essas investigatórias abusivas e de restrito cunho econômico-financeiro descabe atribuir efeitos jurídicos diante do mero direito ao conhecimento da *ancestralidade* (ECA, art. 48), sem nenhum outro efeito jurídico, em especial à sucessão do genitor de cunho mera e restritamente biológico, ressentindo de qualquer função ou papel parental que foi durante toda a existência do investigante preenchido por outro progenitor socioafetivo, e por vezes também registral.

Não pode ser perdido de vista que, se a Lei considera no art. 1.609, parágrafo único do Código Civil, e no art. 26, parágrafo único, do Estatuto da Criança e do Adolescente, ser imoral o reconhecimento de filho falecido que não deixou descendentes, porque esse registro só teria propósitos sucessórios, por obra da analogia regulada no art. 4º, da Lei de Introdução às Normas do Direito Brasileiro, também deve ser considerado imoral um filho, que estreitou laços afetivos com o seu progenitor registral e socioafetivo, possa pretender investigar uma ascendência consanguínea depois da morte do ascendente genético, apenas para postular efeitos materiais sucessórios,[748] pois como já advertia Guilherme de Oliveira, *a descoberta da verdade biológica não é um imperativo absoluto do sistema analisado: o decurso do prazo cala a revelação da progenitura e a relevância jurídica do parentesco*,[749] pois pai é aquele que ajuda e alimenta e não aquele que apenas concebeu o filho.

79. A SUCESSÃO DO CÔNJUGE OU DO CONVIVENTE SOBREVIVENTE

Já foi anteriormente assinalado que depois dos descendentes e dos ascendentes, seja porque não existiam, renunciaram ou foram excluídos da sucessão, e antes dos colaterais (CC, art. 1.829), é chamado à sucessão o cônjuge viúvo ou o companheiro sobrevivo – por obra dos Recursos Extraordinários 646.721/RS e 878.694/MG, que declararam inconstitucional a distinção de regimes sucessórios entre cônjuges e companheiros, para ambos os casos, deve ser aplicado o regime estabelecido no art. 1.829 do Código Civil. O posicionamento do cônjuge e do convivente sobrevivos como herdeiros universais equipara no âmbito do

---

e seus pais registrais a impedir a quebra desse vínculo. Além disso, a prova da paternidade biológica (por meio do exame pericial de DNA) não foi realizada em função da impossibilidade técnica de se averiguar (somente com material colhido entre os vivos) se o autor era mesmo filho do réu, sendo ambos hoje falecidos. De resto, também não houve negativa injustificada da parte ré (irmã do investigado) em comparecer para a coleta de material genético, de modo que não se pode aplicar a ela a presunção de paternidade em relação ao réu. Logo, é de rigor o acolhimento do apelo para julgar improcedente a demanda. Deram provimento ao apelo, superada a análise das questões prefaciais." (TJRS, Apelação Cível 70074005844 da Oitava Câmara Cível, Relator Desembargador Rui Portanova, julgado em 28.06.2018).

[746] PORTANOVA, Rui. *Ações de filiação e paternidade socioafetiva*. 2. ed. Porto Alegre: Livraria do Advogado, 2018. p. 113.
[747] PORTANOVA, Rui. *Ações de filiação e paternidade socioafetiva*. 2. ed. Porto Alegre: Livraria do Advogado, 2018. p. 115-116.
[748] MADALENO, Rolf. *Direito de família*. 8. ed. Rio de Janeiro: Forense, 2018. p. 516.
[749] OLIVEIRA, Guilherme de. *Critério jurídico da paternidade*. Coimbra: Almedina, 1998. p. 460.

direito sucessório as duas espécies de entidades familiares, quando o próprio Diploma Civil melhorou sobremaneira a convocação do cônjuge ou do companheiro, ao ordenar seu chamamento como coerdeiros concorrentes de herdeiros descendentes ou ascendentes, e em termos absolutos quando cônjuges ou companheiros são chamados na terceira classe de convocação diante da ausência de descendentes e ascendentes.

Ao consorte ou companheiro sobreviventes será deferida a sucessão universal qualquer que haja sido o regime de bens do seu casamento, ou da estável convivência, tenha sido ela hetero ou homoafetiva, sempre na falta de descendentes ou ascendentes do *de cujus*. Esta mesma regra consta do *caput* do art. 1.838 do Código Civil, ao ordenar seja deferida a sucessão por inteiro ao cônjuge sobrevivente, ou, ao companheiro sobrevivo, que também foi alçado à categoria de herdeiro necessário (CC, art. 1.845 e STF – RE 646.721/RS e 878.694/MG), cometendo reproduzir a lição de Paulo Lôbo quando escreve que, em consequência do julgamento do STF, decorre:

> 3) por arrastamento, pelo mesmo princípio da igualdade sucessória, a interpretação em conformidade com a Constituição dos demais artigos do Livro do Direito das Sucessões do Código Civil que aludam a direito sucessório do cônjuge, para ser interpretados como abrangentes do companheiro.
>
> Relativamente ao art. 1.829, o STF fez interpretação conforme, para evitar o vazio que resultaria da declaração de inconstitucionalidade do art. 1.790, pura e simplesmente. Em razão disso, há interpretação conforme por arrastamento dos demais artigos que referem à sucessão do cônjuge, para que sejam interpretados como incluindo o companheiro, porque especificam as consequências da ordem da sucessão legítima, inclusive quanto à sucessão concorrente.
>
> Assim, são iguais os direitos dos cônjuges e companheiros relativamente à ordem de vocação hereditária (art. 1.829, inc. III), ao direito real de habitação (art. 1.831), à sucessão concorrente com os descendentes e quota mínima (art. 1.832), à sucessão concorrente com os ascendentes (art. 1.837), à qualificação como herdeiro necessário (art. 1.845).
>
> Permanecem os efeitos sucessórios distintos, decorrentes dos regimes matrimoniais de bens, para o casamento, e os regimes de bens adotados pelos companheiros na união estável. Conforme esclarece o Enunciado 641 das Jornadas de Direito Civil (CJF/STJ), adotado em 2018, "é constitucional a distinção entre os regimes, quando baseada na solenidade do ato jurídico que funda o casamento, ausente na união estável".[750]

Ou seja, as diferenças presentes entre o casamento e a união estável permanecem unicamente no campo da sua formatação, entre a formalidade do matrimônio e a informalidade na constituição de uma união estável, assim, uma vez estabelecida qualquer uma das duas entidades familiares merecedoras da proteção constitucional, resta inconstitucional – menciona a tese do Recurso Extraordinário 878.694/MG – *[...] a distinção de regimes sucessórios entre cônjuges e companheiros, devendo ser aplicado, em ambos os casos, o regime estabelecido no art. 1.829 do CC/2002.*

79.1. A sucessão do cônjuge ou companheiro estrangeiro

Ainda com o intuito de proteção do consorte sobrevivente e por extensão analógica também ao companheiro supérstite, dispõem o art. 5º, inc. XXXI da Constituição Federal,[751]

---

[750] LÔBO, Paulo. *Direito civil*: sucessões. 5. ed. São Paulo: Saraiva, 2019. v. 6, p. 169.
[751] CF – "Art. 5º [...] XXXI – a sucessão de bens de estrangeiros situados no País será regulada pela lei brasileira em benefício do cônjuge ou dos filhos brasileiros, sempre que não lhes seja mais favorável a lei pessoal do *de cujus*".

e o § 1º do art. 10 da Lei de Introdução às Normas do Direito Brasileiro (Dec.-lei 4.657/1942), que a sucessão de bens de estrangeiro, situados no Brasil, será regulada pela lei brasileira em benefício do cônjuge ou dos filhos brasileiros, ou de quem os represente, sempre que não lhes seja mais favorável a lei pessoal do *de cujus*, aduzindo o art. 23, inc. II, do Código de Processo Civil, cometer à autoridade judiciária brasileira, com a exclusão de qualquer outra, em matéria de sucessão hereditária, proceder à confirmação de testamento particular e ao inventário e à partilha de bens situados no Brasil, ainda que o autor da herança seja de nacionalidade estrangeira ou tenha domicílio fora do território nacional.

Omissa a Constituição Política do Império do Brasil de 1891, contudo, a partir da Constituição de 1934, a proteção sucessória do cônjuge ou de filhos brasileiros de bens de estrangeiro existentes no Brasil já estava regulada, antes mesmo da antiga Lei de Introdução ao Direito Civil de 1942, como pode ser visto no art. 134 da Constituição Federal de 1934, dispositivo depois reproduzido no art. 152 da Carta Federal de 1937, sendo que a Constituição de 1946, posterior à Lei de Introdução ao Código Civil não modificou o critério em sua substância, ao atender ao mesmo pensamento no seu art. 165 e por igual o art. 150, § 33 da Carta Política de 1967, explicando Pinto Ferreira que a locução do texto constitucional é ampla, abrangendo a sucessão legítima ou testamentária.[752]

Observa Fernando Pedro Meinero que esta ordem de aplicar a lei mais favorável ao cônjuge e por arrasto ao convivente, e aos filhos brasileiros, impõe ao juiz interveniente, no processo sucessório aberto no Brasil, uma tarefa de comparação entre o Direito nacional e o Direito estrangeiro, não tendo sido indicado pelo legislador o caminho a ser seguido, mas impôs a tarefa de o julgador encontrar, entre dois direitos conectados ao caso, aquele que for mais favorável aos herdeiros.[753]

Segundo Oscar Tenório, o sistema do Direito brasileiro é o da lei domiciliar para reger as sucessões, mas se a lei do domicílio do falecido for mais vantajosa aos herdeiros, em um confronto com a lei brasileira, esta será aplicada, prevalecendo o princípio da *unidade da sucessão* e da *universalidade do juízo*,[754] mas se a lei do domicílio do sucedido for menos favorável ao cônjuge sobrevivente e aos filhos, então os bens situados no Brasil serão partilhados nos termos da lei brasileira.[755]

Eduardo Espinola e Eduardo Espinola Filho ponderam serem inúmeros os estrangeiros casados com brasileiras, residentes no Brasil, e que aqui adquirem fortuna, embora conservem a nacionalidade de origem, e suas esposas continuam brasileiras, como brasileiros são seus filhos aqui nascidos, sugerindo ambos os autores a hipótese de um casamento pelo regime da total separação de bens (a obra é anterior ao vigente Código Civil), e, falecendo o marido, poderiam os bens ser destinados aos colaterais, acaso não pudesse ser aplicada a

---

[752] FERREIRA, Pinto. *Comentários à Constituição Brasileira*. São Paulo: Saraiva, 1989. v. 1, p. 128.

[753] MEINERO, Fernando Pedro. *Sucessões internacionais no Brasil*. Curitiba: Juruá, 2017. p. 193.

[754] Conforme SERPA LOPES, Miguel Maria de. *Comentário à Lei de Introdução ao Código Civil*. 2. ed. Rio de Janeiro: Freitas Bastos, 1959. v. 2, p. 268: "Um outro aspecto, assinalado por Vico, é o de se não confundir o problema da *unidade de sucessão* com o da *unidade de jurisdição*. Unidade de sucessão, ensina o ilustre internacionalista, significa uma só lei determinando a forma e as pessoas às quais se tem de transmitir o patrimônio; não quer dizer *um só juiz*, de vez que, ao contrário, ela deverá ser aplicada pelos juízes dos lugares onde se encontrem os bens situados. Ressalta, entretanto, que comumente a lei e a jurisdição marcham unidas, em harmonia, de tal modo que os sistemas de unidade da lei consagram também a universalidade do juízo, submetendo-o a um só julgador, e fazendo aplicação do que denominam *juízo universal*, o que ocorre na maioria das legislações".

[755] TENÓRIO, Oscar. *Direito internacional privado*. Rio de Janeiro: Freitas Bastos, 1957. p. 362-363.

legislação que mais beneficiasse o cônjuge viúvo e aos filhos brasileiros,[756] como sucede na atualidade, com a legislação brasileira em relação à concorrência sucessória do consorte e do convivente sobre os bens particulares do falecido.

Contudo, os apátridas – mulher estrangeira ou filhos de estrangeiro – quando tiverem por lei pessoal a lei brasileira, não podem invocar, na sucessão do marido ou do pai estrangeiro, ou da mãe estrangeira o privilégio da lei sucessória que só beneficia brasileiros, mesmo aqueles que se naturalizaram.[757]

Agora, em contraponto, quanto aos bens situados no estrangeiro, mesmo que o falecido fosse brasileiro, é o juiz estrangeiro o encarregado de resolver as questões sucessórias, explica Luiz Paulo Vieira de Carvalho, e só o notário estrangeiro deve funcionar no inventário e partilha administrativos.[758]

Explanam André de Carvalho Ramos e Erik Frederico Gramstrup ser o fundamento desse dispositivo proteger a família brasileira, evitando que a sucessão lhe seja prejudicial e assim afetando sua qualidade de vida e sustento,[759] como é da praxe do ordenamento jurídico nacional desde a prática imperial de proteção da família ou dependentes do provedor que falece.

Mas, esse tratamento privilegiado exige: (i) sucessão de estrangeiro; (ii) bens situados no Brasil e não no exterior; (iii) existência de cônjuge ou convivente ou filhos brasileiros; e (iv) uso da lei mais favorável, seja a lei brasileira ou ainda a *lei pessoal* do falecido, que pode ser a lei da sua nacionalidade ou ainda a lei do seu domicílio, interessando a que for mais favorável aos brasileiros,[760] podendo surgir conflitos dos mais variados no interesse do consorte ou convivente em confronto com os direitos sucessórios dos filhos quando próprios, comuns ou híbridos, e a reserva da quota mínima (CC, art. 1.832), e filhos, entenda-se, de qualquer origem ou quem os represente, como netos ou bisnetos.

79.2. A separação de fato ou de corpos e a sucessão legítima

Para que o cônjuge ou o companheiro sucedam, é pressuposto inafastável que, ao tempo da morte do outro, não estivessem separados de fato,[761] ou de corpos há mais de 2 (dois) anos,

---

[756] ESPINOLA, Eduardo; ESPINOLA FILHO, Eduardo. *A Lei de Introdução ao Código Civil Brasileiro*. 2. ed. atual. por Silva Pacheco. Rio de Janeiro: Renovar, 1995. v. 3, p. 11-12.
[757] MIRANDA, Pontes de. *Comentários à Constituição de 1946*. 2. ed. São Paulo: Max Limonad, 1953. v. V, p. 141.
[758] CARVALHO, Luiz Paulo Vieira de. *Constituição Federal comentada*: 30 anos CF. Rio de Janeiro: Forense, 2018. p. 137.
[759] RAMOS, André de Carvalho; GRAMSTRUP, Erika Frederico. *Comentários à Lei de Introdução às Normas do Direito Brasileiro – LINDB*. São Paulo: Saraiva, 2016. p. 211.
[760] RAMOS, André de Carvalho; GRAMSTRUP, Erika Frederico. *Comentários à Lei de Introdução às Normas do Direito Brasileiro – LINDB*. São Paulo: Saraiva, 2016. p. 211.
[761] RANGEL, Rafael Calmon. *Partilha de bens na separação, no divórcio e na dissolução da união estável*. São Paulo: Saraiva, 2016. p. 78-84, faz interessante crítica à tese da cessação dos efeitos jurídicos dos regimes de comunicação de bens com a separação de fato, e aponta algumas situações práticas nas quais os efeitos legais visivelmente se prorrogam enquanto não dissolvidas as núpcias e com ela o regime patrimonial, como, por exemplo, no instituto do bem de família, pois não poderiam existir dois deles em prol de um casal não separado formalmente, não tendo a separação de fato o condão de dissolver o regime de bens, que seria efeito anexo à sentença que decreta o divórcio ou a separação judicial. Observa que um casal separado de fato não pode promover a partilha dos bens comuns, sem antes oficializar o fim da entidade familiar, como tampouco a prescrição corre no período da separação de fato do casal (CC, art. 197, inc. I); assim também a obrigação da prestação de contas dos bens comuns; como seguem comuns as dívidas decorrentes do exercício da administração do patrimônio comum e contraídas no pe-

salvo prova, neste caso, de que essa convivência se tornara impossível sem culpa do sobrevivente (CC, art. 1.830) ou legalmente separados ou divorciados.

Ao tempo do Código Civil de 1916, o cônjuge viúvo e somente ele, sem espaço para idêntica disposição em prol da companheira(o), também não sucedia se estivesse *desquitado*, mas certamente herdava diante da simples separação de fato que não exercia no passado nenhuma influência e nenhum efeito jurídico sobre o regime de bens, que só terminava com a morte ou com o desquite, em resultado bem diferente dos efeitos jurídicos da atualidade.

Ney de Mello Almada é enfático ao reconhecer que o cônjuge inocente, que não deu causa ao dissídio nupcial, não será privado da herança durante os 2 (dois) anos da separação fática ou de corpos de que trata o art. 1.830 do Código Civil, e adiciona que sua inocência poderá ser provada até mesmo no inventário, se repousar sobre prova documental, ficando interrompida a contagem dos 2 (dois) anos se sucedeu eventual reconciliação do casal.[762]

Em sentido contrário teoriza Fernando Gaburri, para quem o texto do art. 1.830 quando invoca a prova da *culpa mortuária* não se harmoniza com a Emenda Constitucional 66/2010, a qual não só retirou o requisito temporal para o divórcio, como afastou a pesquisa da culpa para a decretação da separação judicial litigiosa, isto sem deslembrar que a mesma disposição legal agora deve ser aplicada por analogia ao instituto da união estável (RE 646.721/RS e RE 878.694/MG), e que, para a ruptura da convivência estável jamais foi permitida a prova da culpa como exame de causa, como tampouco existiu no âmbito do divórcio, pois, como bem disse Fernando Gaburri, não há mais requisição de tempo mínimo de separação fática ou de corpos como pressuposto para o decreto ou a escritura de divórcio,[763] estando de há muito falido o sistema binário para a ruptura definitiva do casamento (separação e divórcio).

Obviamente, cônjuges separados de fato, de corpos, judicialmente ou de forma administrativa, por conta da extinção consensual de relação de união estável, da separação consensual e do divórcio extrajudiciais, não havendo nascituro ou filhos incapazes (Lei 11.441/2007 e CPC, art. 733), podem se reconciliar por ato regular em juízo ou por escritura pública, e de imediato retomam integralmente a sociedade afetiva, e com ela o direito recíproco de sucederem, devendo a reconciliação ser averbada no Registro Civil (Lei dos Registros Públicos, art. 29, § 1º, *a*).

Como alerta Zeno Veloso, a situação se agrava se o consorte inocente e separado de fato já convive com outra pessoa em união estável, e ele poderia moral e legalmente se apresentar como viúvo do cônjuge que faleceu no curso dos 2 (dois) anos de fática separação do casal.[764] Fica extremamente complicado pretender provar a eventual culpa do defunto e a inocência do viúvo quando, embora tenha sido a morte de um dos cônjuges que oficialmente dissolveu o casamento, informalmente, a precedente separação fática já havia rompido o elo que justificaria os efeitos materiais de um casamento que exige sempre, como pressuposto de validade, a efetiva realização de comunhão plena de vida (CC, art. 1.511), a qual desaparece por completo pela simples separação de fato do casal.

Diversamente, o Código Civil espanhol é pontual em seu art. 834, harmonizado com o art. 945, ambos com a redação atribuída pela Ley 15, de 2 de julho de 2015, os quais deferem o direito sucessório apenas ao consorte que não se achava separado legalmente ou de fato, se concorrer com filhos ou descendentes, o viúvo terá direito ao usufruto de um terço (1/3)

---

ríodo da separação de fato, gerando efeitos e impacto sobre eventuais ações de família movidas pelos ex-casais, em cenários de *mancomunhão, comunhão ordinária e condomínio*.

[762] ALMADA, Ney de Mello. *Sucessões*. São Paulo: Malheiros, 2006. p. 176.
[763] GABURRI, Fernando. *Direito civil para a sala de aula*: direito das sucessões. Curitiba: Juruá, 2018. p. 129.
[764] VELOSO, Zeno. *Direito hereditário do cônjuge e do companheiro*. São Paulo: Saraiva, 2010. p. 135.

dos bens destinados a melhora, não estabelecendo quaisquer prazos intermediários e muito menos condicionando à apuração de responsabilidades dos cônjuges, salvo que os consortes separados de fato tenham mediado uma reconciliação notificada ao juízo da separação.

Como explica Juan Antonio Fernández Campos, a finalidade da reforma espanhola de 2005, com a alteração dentre outros dispositivos, do art. 834 do Código Civil espanhol a respeito da legítima vidual, foi eliminar toda referência à culpabilidade de algum dos cônjuges na separação, é dizer, acabar com o último vestígio ainda vigente do modelo de separação-sanção do Direito espanhol,[765] e que no sistema jurídico brasileiro foi extinto com a Emenda Constitucional 66/2010, embora alguns teimem em manter viva a pesquisa da culpa, quando o art. 1.830 do Código Civil cria uma espécie de *sopro de vida* para a pesquisa da culpa ainda durante 2 (dois) anos de fática separação.

Já para o Direito português, o cônjuge não será chamado a suceder, apenas se à data da morte do autor da herança se encontrar divorciado ou separado judicialmente de pessoa e bens, por sentença que já tenha transitado em julgado ou venha a transitar em julgado, ou, ainda, se a sentença de divórcio ou de separação vier a ser proferida posteriormente àquela data, nos termos do n. 3, do art. 1785º do Código Civil português.

Giselda Maria Fernandes Novaes Hironaka admite possa o cônjuge sobrevivo herdar mesmo estando separado de fato há menos de 2 (dois) anos (CC, art. 1.830), desde que consiga provar que a ruptura da vida em comum não ocorreu por culpa sua e extrai da leitura desse artigo, quatro possíveis hipóteses: I – o defunto foi o culpado pela separação de fato; II – o sobrevivente foi o culpado pela separação de fato; III – ambos foram culpados pela separação de fato; e IV – não houve culpa de quem quer que seja pela separação de fato; e afasta o direito sucessório do consorte sobrevivo se foi o único culpado pelo rompimento, ou se também deu causa culposa à ruptura.[766]

E, de fato, a real finalização da sociedade conjugal pode se dar em diferentes circunstâncias, quer pela separação livremente consentida entre os cônjuges, seja pela culpa recíproca, ou pela atuação culposa exclusiva de um ou do outro consorte, mas em qualquer uma dessas ocorrências considero inviável ir no encalço de uma *culpa mortuária*, mormente de mais longa duração de até 2 (dois) anos, não obstante reconheça ser comum familiares afastarem casais de segundas ou posteriores núpcias, isolando um dos cônjuges, apenas para caracterizar um fática separação, e com este expediente truculento, falacioso e fraudulento, tentar afastar o consorte sobrevivo da sucessão daquele que faleceu em primeiro lugar, especialmente quando surgem doenças e estados terminais que prenunciam a morte e a previsível abertura da sucessão, e que fragilizam a pessoa que perde o comando e a autoridade para impedir que seus parentes o afastem do seu parceiro afetivo, sendo prudente, nesses casos, fazer a clara distinção entre *separação de fato* e *cessação da convivência*, porquanto, certamente, o casal pode ter sido forçado a se distanciar fisicamente, sendo mantidos reféns da truculência de terceiros, e nesse cenário jamais poderá ser dito que entre eles cessou a afetiva e desejada convivência, eis que não atingida e afetada a sua *affectio maritalis*.

Tirante esta hipótese de evidente fraude ao direito sucessório do consorte ou companheiro que literalmente foi expurgado da sua relação, em tempo muito próximo ou coinciden-

---

[765] CAMPOS, Juan Antonio Fernández. La inacabada reforma de la legitima del cónyuge viudo. In: VARELA, Ángel Luis Rebolledo (Coord.). *La familia en el derecho de sucesiones*: cuestiones actuales y perspectivas de futuro. Madrid: Dykinson, 2010. p. 265.

[766] HIRONAKA, Giselda Maria Fernandes Novaes. In: HIRONAKA, Giselda Maria Fernandes Novaes; PEREIRA, Rodrigo da Cunha (Coord.). *Direito das sucessões e o novo Código Civil*. Belo Horizonte: Del Rey, 2004. p. 93-94.

te com o falecimento do consorte moribundo, sem ter os cônjuges ou conviventes indefesos e vulneráveis como resistir, combater ou evitar a sua indesejada e compulsória separação fatual, nas demais circunstâncias aventadas por Giselda Hironaka, respeitadas as opiniões divergentes, penso não ser fidedigno que se pretenda convocar para a herança legítima o cônjuge que deliberadamente rompeu sua convivência, com culpa ou mesmo sendo inocente, mas que não mais convivia e coabitava com seu parceiro, sendo incontestável que nesse relacionamento deixou de existir o ânimo comunitário exigido pelo art. 1.511 do Código Civil, sem prejuízo da máxima popular de que *quando um não quer dois não fazem*, pois de longo tempo não mais se discute que a separação de fato, sem a retomada da convivência, produz a efetiva e precedente separação dos cônjuges ou conviventes.[767]

Como esclarece Santiago Hidalgo García, a separação de fato responde a uma situação voluntariamente estabelecida e não por circunstâncias alheias à vontade dos cônjuges que determinaram a sua separação de fática ou de corpos, e esta sugere, queiram ou não, o desaparecimento da *affectio maritalis*, o que não ocorre nos casos de afastamento pelo instituto jurídico da ausência (CC, arts. 22 a 39), ou nas hipóteses de morte presumida (CC, art. 7º), quando muito provável o óbito da pessoa, porquanto, nesses dois acontecimentos fáticos, o consorte não perde seus direitos sucessórios.[768]

Conforme escrevi em outro momento acadêmico, abre a vigente codificação civil o exame da *culpa funerária,* ao prescrever só conhecer o direito sucessório do cônjuge sobrevivente se, ao tempo da morte do outro, não estavam separados judicialmente, nem separados de fato há mais de dois anos, salvo prova, nesse caso, de que a convivência se tornara impossível sem culpa do sobrevivente. É a pesquisa oficial da culpa mortuária passados até dois anos da fática separação, quando toda a construção doutrinária e jurisprudencial já apontava para a extinção do regime de comunicação patrimonial com a física separação dos cônjuges, especialmente depois do advento da Emenda Constitucional 66/2010, em uma consequência de lógica coerência da separação objetiva pela mera aferição da transcrição do tempo, que por si mesmo sepulta qualquer antiga comunhão de vida.[769]

Tenha-se presente que a separação de fato é aquela que se identifica com a cessação efetiva da convivência física e que fundamentalmente, implica a ausência de vontade de um ou de ambos

---

[767] "Direito Civil. Família. Sucessão. Comunhão universal de bens. Inclusão da esposa de herdeiro nos autos do inventário, na defesa de sua meação. Impossibilidade de comunicação dos bens adquiridos após a ruptura da vida conjugal. Recurso especial provido. 1. Em regra, o recurso especial originário de decisão interlocutória, proferida em inventário, não pode ficar retido nos autos, uma vez que o procedimento se encerra sem que haja, propriamente, decisão final de mérito, o que impossibilitaria a reiteração futura das razões recursais. 2. Não faz jus à meação dos bens havidos pelo marido na qualidade de herdeiro do irmão, o cônjuge que se encontrava separado de fato quando transmitida a herança. 3. Tal fato ocasionaria enriquecimento sem causa, porquanto o patrimônio foi adquirido individualmente, sem qualquer colaboração do cônjuge. 4. A preservação do condomínio patrimonial entre cônjuges após a separação de fato é incompatível com orientação do nosso Código Civil, que reconhece a união estável estabelecida nesse período, regulada pelo regime da comunhão parcial de bens (CC, art. 1.725). 5. Assim, em regime de comunhão universal, a comunicação de bens e dívidas deve cessar com a ruptura da vida comum, respeitado o direito de meação do patrimônio adquirido na constância da vida conjugal. 6. Recurso especial provido." (STJ, 4ª Turma, REsp 555.771/SP, Relator Ministro Luis Felipe Salomão, julgado em 05.05.2009).

[768] GARCÍA, Santiago Hidalgo. La sucesión intestada. In: _____. *La sucesión hereditaria y el juicio divisorio*. 2. ed. Navarra: Thomson Reuters/Aranzadi, 2015. p. 306.

[769] MADALENO, Rolf. A concorrência sucessória e o trânsito processual: a culpa mortuária. *Revista Brasileira de Direito de Família*. Porto Alegre, v. 29, p. 146-147, abr./ maio 2005.

os cônjuges de continuarem mantendo uma comunidade de vida matrimonial ou convivencial. Encontra-se divorciada do tempo a regra escrita e a orientação jurídica de que o regime de bens só termina com a morte ou com a efetiva e formal separação ou divórcio dos cônjuges, e nunca pela separação de fato ou de corpos, haja vista o REsp. 1.477.937/MG ao prescrever que na partilha comunicam-se não apenas o patrimônio líquido, mas também as dívidas e os encargos existentes até o momento da *separação de fato*, consagrando assim esta como o termo final da comunicação de bens e da própria existência de um casamento ou de uma união estável.

A separação informal e a de corpos são ocorrências bastante frequentes na atual realidade afetiva e conjugal, como igualmente frequentes são as uniões informais, e ninguém mais ousa afirmar que só possam ser reconhecidos efeitos jurídicos para o casamento, e que esses efeitos jurídicos só surgiriam depois do trânsito em julgado da separação ou do divórcio, sendo inegável que o tempo atribui eficácia jurídica tanto aos casais formais como aos informais, tanto quando se unem, como quando se apartam, sendo forçoso concluir que, em uma separação de fato, quando nenhum dos cônjuges está disposto a retomar as núpcias, essa separação informal só pode ser qualificada como oriunda do desejo comum de ambos os parceiros e isto independe da dissolução formal.

A separação de fato a qualquer tempo, estando presente a inércia reconciliatória dos consortes ou conviventes é uma faceta claramente negativa que se contrapõe a qualquer pretensão sucessória do cônjuge sobrevivente, que assim carece de vocação hereditária, como carece dessa mesma vocação o filho biológico que foi adotado segundo o regramento estatutário (ECA); como também carece dessa mesma vocação sucessória o ascendente que reconhece o filho biológico depois de morto, que não tenha deixado descendentes (CC, art. 1.609, parágrafo único e ECA, art. 26, parágrafo único) e tantos outros exemplos de carência sucessória.

Em concordância com o art. 2.436 do Código Civil e Comercial da Argentina, diferentemente do Direito brasileiro, o consorte sobrevivente tampouco tem vocação hereditária se o autor da herança morre dentro dos trinta dias depois de haver contraído o matrimônio em consequência de enfermidade existente no momento da celebração das núpcias, que fosse conhecida pelo supérstite e de desenlace fatal previsível, salvo que o casamento seja precedido de uma união estável. É a hipótese do casamento *in extremis* (CC, art. 1.540), realizado perante seis testemunhas, as quais têm até dez dias depois da solenidade para comparecer perante a autoridade judicial mais próxima, para pedir que lhes tome por termo a declaração com os elementos contidos no art. 1.541 do Código Civil, de modo e convalidar a ocorrência do casamento, sem qualquer ressalva ao direito sucessório do supérstite.

79.2.1. *A separação de fato ou de corpos e a sucessão testamentária*

As considerações até agora levantadas em resistência aos termos do art. 1.830 do Código Civil, que cria a figura da *culpa mortuária*, refletem os efeitos de uma sucessão legítima ventilada pelo art. 1.829 do mesmo diploma civil, nos incs. I, II e III.

Matéria que não foi aventada pelo legislador e que ao seu tempo e modo guarda conexão com a sucessão legal do cônjuge, fundada na presunção de que a subsistência do relacionamento afetivo somente gera o direito sucessório ao cônjuge ou convivente sobrevivente, porque desse relacionamento intacto deriva a existência de uma presunção de afeto e um suposto dever moral de assistência, cujos valores só permanecem se perseverar a convivência efetiva do casal, e desaparecem diante de qualquer situação de ruptura dos cônjuges ou companheiros.[770]

---

[770] CAMPOS, Juan Antonio Fernández. La inacabada reforma de la legítima del cónyuge viudo. In: VARELA, Ángel Luis Rebolledo (Coord.). *La familia en el derecho de sucesiones*: cuestiones actuales y perspectivas de futuro. Madrid: Dykinson, 2010. p. 272.

A dúvida que se impõe respeita à sucessão testamentária quando o cônjuge ou convivente realiza seu testamento e nele instituiu um legado, ou instituiu seu cônjuge ou companheiro como legatário ou herdeiro, unicamente em razão do casamento ou da mútua e estável convivência, e, no entanto, falece durante a separação de fato ou durante a tramitação de seu divórcio, sem ter tido tempo ou condições de revogar a sua cédula testamentária para excluir seu consorte da condição de beneficiário. Ou, tendo se divorciado ao tempo do seu falecimento, ainda assim seria de presumir que a vontade do testador permanece a mesma, quando expressamente deixou claro em seu testamento que buscava beneficiar e proteger a figura de seu cônjuge, quando o próprio legislador exclui da sucessão o consorte ou companheiro separado de fato, de direito ou divorciado. Convalidar o legado ou a herança expressamente instituída pelo testamento à pessoa do seu cônjuge, e em razão do seu casamento, que depois restou dissolvido, não atentaria contra a vontade do testador ao prorrogar uma vontade que se desconectou do contexto existente ao tempo da facção testamentária. Se o divórcio ou a separação de fato são fatos que se bastam para afastar os direitos sucessórios que só são concedidos diante de um matrimônio válido e existente ao tempo do falecimento, sendo a vigência do matrimônio e a comunhão de vida as condições naturais de concessão da sucessão vidual, como respeitar cláusula testamentária que se defronta com o divórcio ou a anulação do casamento?

Para María Del Mar Manzano Fernández, sustentar que um legado feito em favor do cônjuge no momento da redação do testamento, sendo que cônjuge estava divorciado ao tempo de seu falecimento, e mesmo assim imaginar que o testamento manteria a sua eficácia, seria um erro que, além de não encontrar nenhum apoio no direito positivo, lesiona direitos de terceiros, que seriam os outros herdeiros legítimos, e atentaria contra a vontade do testador, presumindo algo que ele não disse.[771]

A mesma autora não desconhece as previsões legais que viabilizam a exclusão sucessória do cônjuge favorecido ou não em testamento, e que são: (i) a revogação do testamento anterior, outorgando um novo que modifique em todo ou em parte as disposições feitas em prol do consorte; (ii) a declaração de indignidade ou, entre nós, de deserdação do cônjuge ou convivente como herdeiros necessários; e (iii) a interpretação da vontade testamentária, quando esta interpretação resulte na percepção de que a real vontade do testador não foi a de favorecer ao designado se no momento de seu falecimento tivesse deixado de ser cônjuge.[772]

Conforme María Del Mar Manzano Fernández, não é preciso que o testador que, separado de fato, de direito, divorciado ou que tenha oficialmente dissolvido sua estável convivência, tenha em tempo hábil, e enquanto mentalmente lúcido, realizado novo testamento, para revogar a deixa que instituía seu cônjuge ou companheiro como legatário ou herdeiro quando seu casamento ainda era hígido e não tinha em mente a dissolução de seu relacionamento afetivo. Segundo ainda María Del Mar Manzano Fernández,[773] deve ser dado ao testamento que não teve tempo de ser revogado, a mesma interpretação que se daria, com suporte na legislação, inclusive a brasileira, de que o consorte sobrevivo perde a sua quota hereditária se deixou de conviver ou coabitar com o autor da herança antes da abertura da sucessão (CC, art. 1.830 e CC espanhol, arts. 834 e 945), mesmo que não exista qualquer ressalva na cédula

---

[771] FERNÁNDEZ, María Del Mar Manzano. *Incidencia de las crisis matrimoniales en la sucesión del ex cónyuge*. Navarra: Thomson Reuters/Aranzadi, 2018. p. 45.
[772] FERNÁNDEZ, María Del Mar Manzano. *Incidencia de las crisis matrimoniales en la sucesión del ex cónyuge*. Navarra: Thomson Reuters/Aranzadi, 2018. p. 49.
[773] FERNÁNDEZ, María Del Mar Manzano. *Incidencia de las crisis matrimoniales en la sucesión del ex cónyuge*. Navarra: Thomson Reuters/Aranzadi, 2018. p. 49.

testamentária condicionando o benefício à sobrevivência do matrimônio, até porque, quando o autor da herança testou ele acreditava piamente que continuaria casado até morrer e não cogitava da sua circunstancial separação fática, e muito menos de seu súbito óbito. Por isto, entende a autora que a orientação adequada da configuração do erro está na formação da vontade e não no erro de declaração ou da manifestação proferida ao tempo do testamento:

> A designação do cônjuge como tal implica que o falecido estava convencido de que seu matrimônio continuaria até a morte, sem ocorrer um possível divórcio. Por isso entende que a formulação parte da configuração de um erro na formação da vontade, e não na sua declaração.
>
> Declara o testador o querido, porém o desejado se declara por erro, não um erro de uma circunstância presente, mas um erro de uma previsão de futuro. É a chamada causa falsa a que faça referência ao fio da interpretação do testamento, que pode se referir as circunstâncias do presente ou do passado, porém também futuras. A este erro também devem ser comparados aqueles casos em que o falecido não tomou absolutamente em consideração determinadas conjunturas que se produziram mais tarde e cujo conhecimento lhe teriam induzido a testar de outro modo, constituindo o denominado contramotivo. É causa falsa determinante, a crença de subsistência do vínculo conjugal nas mesmas circunstâncias em que se encontrava no momento de outorga do testamento. O testador pensou que seguiria casado e em normal convivência até o seu falecimento. Para Gómez Calle resulta irrelevante a forma pela qual o testador tenha designado a seu cônjuge, tanto se a referência a sua qualidade de consorte tenha sido completada com a sua identificação nominal ou não, pois em ambos os casos está pensando em favorecer a quem é seu cônjuge ou companheiro, seu parceiro ao tempo de testar.[774]

Deve se ter sempre presente que o testamento é um ato de manifestação unilateral da última vontade do testador, geralmente sem diálogo e, como escreve Sebastião José Roque, muitas vezes, elaborado por um espírito dominado por sentimentos, emoções ou paixões,[775] presentes ao tempo da facção testamentária e cuja motivação pode ter desaparecido sem que o testador tivesse tempo ou mantivesse a capacidade para alterar sua primitiva vontade, que pode ter sido corrompida por novos fatos surgidos depois de realizado seu testamento, os quais retiraram a toda evidência o sentido e o propósito da primitiva deixa testamentária, desconectando aquela vontade escrita de outro contexto fático que, na atualidade, seria a efetiva e derradeira aspiração do testador se ele tivesse tido tempo de alterar seu testamento.

Arthur Vasco Itabaiana de Oliveira instrui que as cláusulas testamentárias são, por vezes, obscuras ou ambíguas e, por isto, suscetíveis de diferentes interpretações, prevalecendo a que melhor assegure a observância da vontade do testador, e na sequência, o autor reproduz algumas regras de interpretação, prevalecendo antes a vontade do que as palavras.[776]

Não é sem razão que o art. 112 do Código Civil determina que *nas declarações de vontade se atenderá mais à intenção nelas consubstanciadas do que o sentido literal da linguagem* e o art. 114 do mesmo regramento pátrio ordena que *os negócios jurídicos benéficos e a renúncia interpretam-se estritamente*.

A tudo acresce o próprio art. 1.899 do Código Civil ao estabelecer que, *quando a cláusula testamentária for suscetível de interpretações diferentes, prevalecerá a que melhor as-*

---

[774] FERNÁNDEZ, María Del Mar Manzano. *Incidencia de las crisis matrimoniales en la sucesión del ex cónyuge*. Navarra: Thomson Reuters/Aranzadi, 2018. p. 46.
[775] ROQUE, Sebastião José. *Direito das sucessões*. São Paulo: Ícone, 1995. p. 102.
[776] OLIVEIRA, Arthur Vasco Itabaiana de. *Tratado de direito das sucessões*. 3. ed. Rio de Janeiro: Livraria Jacintho, 1936. v. II, p. 134-135.

segure a observância da vontade do testador, pois, se é verídico que a formalidade do testamento garante a pureza e a espontaneidade da declaração de vontade do testador, ao mesmo tempo que produz a certeza e autenticidade do seu outorgamento, como negócio jurídico que é, a sua relevância jurídica só surge com a morte do testador e com a correlata apresentação e interpretação de seu testamento, devendo o testamento ser visualizado em seu contexto pessoal, familiar e social, considerando o ambiente em que o testador vivia, e as circunstâncias pessoais que o envolviam, valendo para identificar sua vontade as expressões próprias, para que todas essas nuances permitam uma interpretação *gramatical* e igualmente *lógica*, pois uma não se dissocia da outra, eis que, afinal de contas, se o testador não externou a validade da cláusula testamentária que beneficia seu *cônjuge* mesmo que sobreviesse seu divórcio ou separação, é lícito concluir se trate de uma determinação testamentária no mínimo *contraditória* outorgar bens ao cônjuge que deixou de ser seu parceiro afetivo, não sendo nada usual testar para o companheiro, com expressa *condição resolutória* de que devem preservar as condições de cônjuge ou de companheiro ao tempo da abertura da sucessão. Usual é o consorte ou companheiro ser instituído herdeiro ou legatário do testador de forma *pura e simples*,[777] mas obviamente por ser esposo ou convivente, e na presunção de que assim continuassem sendo cônjuges até o infortúnio da morte do testador.

Por conta desses vícios que eventualmente a vontade real pode sofrer, refere Zeno Veloso que, em seara de testamento, comete à responsabilidade do juiz, com inteligência e paciência, em uma operação retrospectiva, desobscurecer as expressões, aclarar as ideias, expungir o escrito de dúvidas e libertar a efetiva vontade que aprisiona o testador.[778]

79.3. Ação declaratória da culpa mortuária

A separação de fato, de corpos ou de direito, sem qualquer estabelecimento de prazo e análise de culpa, seria, na minha percepção, razão bastante para afastar da sucessão o cônjuge cujo casamento se tornou meramente cartorário, uma vez rompido o relacionamento sem que qualquer dos cônjuges tivesse se movimentado no propósito de recompor a relação afetiva, pouco importando, nesse caso, se a ruptura contou com a vontade e iniciativa de um ou do outro, ou de ambos, pois conta como fato relevante apenas a intenção de ruptura e a de não mais reatarem. Esse silencioso gesto unilateral ou conjunto é a prova mais viva e eficaz do término inequívoco da relação de um casal, e da completa irrelevância e ineficácia jurídica da existência de um prazo mínimo de separação fática, como da idêntica irrelevância e ineficácia de coletar uma prova da inocência do parceiro sobrevivente, e da incontestável culpa do falecido, como nessa direção acena o descontextualizado art. 1.830 do Código Civil.

No entanto, se for preciso teimosa e contraditoriamente comprovar em juízo a culpa do cônjuge morto e a inocência do sobrevivo, lembrando que não há exame causal na união estável, salvo exista prova escrita e incontestável, a disputa sobre a qualidade de herdeiro demanda *produção de provas* que não a documental, devendo o juiz do inventário remeter as partes para as vias ordinárias e sobrestará, até o julgamento da ação, a entrega do quinhão que na partilha couber ao herdeiro eventualmente admitido,[779] ou derradeiramente excluído da sucessão.

---

[777] CAPEROCHIPI, José Antonio Álvarez. *Curso de derecho hereditario*. Madrid: Civitas, 1990. p. 245.
[778] VELOSO, Zeno. In: AZEVEDO, Antônio Junqueira de (Coord.). *Comentários ao Código Civil*. São Paulo: Saraiva, 2003. v. 21, p. 207.
[779] TARTUCE, Flávio. *O novo CPC e o direito civil*: impactos, diálogos e interações. São Paulo: Método, 2015. p. 510.

Embora o art. 1.830 do Código Civil não preveja, tampouco exista previsão expressa nas hipóteses *numerus clausulus* existentes de exclusão da herança por indignidade ou deserdação (CC, arts. 1.814 a 1.818 e 1.961 a 1.965), é fato incontrovertido que a pesquisa da *culpa mortuária*, se debitável ao cônjuge autor da herança ou ao sobrevivente, se não da autoria de ambos, porque recíproca, não poderá ser processada e instruída no ventre do processo de inventário (CPC, arts. 612 e 627, § 3º),[780] pois é tema que depende de prova da culpa pela separação do casal, incitando o que o Código de Processo Civil de 1973 denominava de matéria de *alta indagação*, podendo ser utilizados os expedientes processuais das ações judiciais declaratórias de *indignidade* ou de *deserdação*, as quais reclamam sempre, para efeito de exclusão de herdeiro, que se processe em juízo a prévia ação de exclusão de herdeiro ou legatário perante o juízo do inventário, declarando, por sentença, que a separação de fato se deu por culpa do consorte sobrevivo que, diante desta sentença e do seu trânsito em julgado, perde a sua vocação hereditária.

Poderia ser aplicado por analogia o rito processual da ação de exclusão de herdeiro por indignidade ou de deserdação, ajuizada uma destas ações com escora nos arts. 1.815 e 1.965 do Código Civil, observado o prazo decadencial de quatro (4) anos, do § 1º do art. 1.815, e do parágrafo único do art. 1.965, ambos do Código Civil. Entretanto, nada foi antevisto pelo legislador brasileiro especificamente, para a promoção judicial da *exclusão hereditária conjugal*, sendo simples compreender que essa declaração de culpa não poderá ser documentada em precedente ação de separação judicial litigiosa ou em antecedente divórcio, movida qualquer uma dessas duas ações ao tempo em que o autor da herança ainda era vivo, pois que, transitando em julgado a sentença da ação proposta, em contrafluxo ao espírito da Emenda Constitucional 66/2010, deixaria de produzir efeitos jurídicos a separação de fato, e esta daria lugar obrigatório à precedente ação de separação judicial ou à de divórcio, e, consequentemente, um fim oficial ao casamento. Mas, se porventura não houvesse sentença de separação ou de divórcio, porque o cônjuge faleceu no curso de uma dessas duas ações, o consorte remanescente não disporia de um documento válido e eficaz para comprovar a culpa do falecido, e nessa hipótese o processo de divórcio daria lugar ao inventário e à necessidade de comprovar a culpa do morto.[781]

---

[780] CPC – "Art. 612. O juiz decidirá todas as questões de direito desde que os fatos relevantes estejam provados por documentos, só remetendo para as vias ordinárias as questões que dependerem de outras provas".

CPC – "Art. 627. [...] § 3º Verificando que a disputa sobre a qualidade de herdeiro a que alude o inc. III demanda produção de provas que não a documental, o juiz remeterá a parte às vias ordinárias e sobrestará, até o julgamento da ação, a entrega do quinhão que na partilha couber ao herdeiro admitido".

[781] "Apelação Cível. Ação de divórcio. Morte do autor antes da prolação da sentença. Caráter personalíssimo da ação. Extinção do processo, sem julgamento do mérito que se impõe. Perda superveniente do interesse processual do cônjuge remanescente. Precedentes deste e. TJRJ. Sentença reformada. Recurso provido na forma do art. 557, § 1º – A do CPC." (TJRJ, Apelação Cível 00263645220118190023, Décima Quinta Câmara Cível, Relator Fernando Cerqueira Chagas, julgado em 03.06.2013).

"Ação rescisória. Divórcio. Morte de um dos cônjuges. Fato ocorrido durante o processo. Notícia do falecimento juntada aos autos após o trânsito em julgado da sentença. Fato novo. Art. 485, inc. VII, do Código de Processo Civil. Sentença de decretação do divórcio desconstituída para declarar o novo estado civil do requerente como viúvo. Ação rescisória julgada procedente. 1. Após a sentença extintiva do vínculo conjugal, o requerente teve ciência de que a requerida viera a falecer na data de 05.07.2011, antes mesmo de ser proferida a sentença, situação em que informou e requereu ao juízo a extinção do feito, apresentando-se a certidão de óbito. 2. Se no tramitar da ação de divórcio um dos cônjuges falece antes da sentença, o cônjuge sobrevivente passa à condição de viúvo, restando prejudicado o pedido

María Josefa Méndez Costa discorda da aplicação por analogia das consequências do processo de indignidade e entre nós também da ação declaratória de deserdação, para a exclusão sucessória do esposo ou companheiro sobrevivos e separados de fato, já que a exclusão por indignidade implica uma sanção por um comportamento agravante, que causa indignação, ao passo que a separação de fato é um episódio público e notório que produz efeitos jurídicos, que, no entanto, no Direito brasileiro estão atrelados à autoria da culpa, mas sem a gravidade de uma indignidade ou deserdação.

Embora a pena da exclusão sucessória por indignidade ou por deserdação reflita um impacto sociofamiliar de maior contundência, o rito e o prazo decadencial seriam por analogia exatamente os mesmos, advindos, se for inevitável, de um procedimento ordinário e contencioso, que impõe a comprovação dos fatos que permitirão demonstrar a culpa do morto ou do cônjuge sobrevivo.[782]

79.4. A isonomia constitucional do cônjuge e do convivente

Desde a sua vigência em 11 de janeiro de 2003, a sucessão do companheiro estava regulada pelo art. 1.790 do Código Civil, mas, antes, o direito sucessório da união estável estava regulamentado pelo art. 2º da Lei 8.971/1994, estabelecendo que o convivente sobrevivente participaria da sucessão do outro conquanto precedesse uma convivência mínima de cinco anos, podendo o prazo ser encurtado, diante do nascimento de filho comum.[783]

A Lei 9.278/1996 construiu uma nova configuração para o reconhecimento da união estável, afastando a comprovação de um prazo mínimo de convivência, bastando fosse demonstrada uma coexistência afetiva duradoura, pública e contínua, e essa entidade familiar deveria se dar entre um homem e uma mulher, e estabelecida com o objetivo de constituição de família.

Na legislação pioneira de 1994, foi instituído o benefício ao usufruto de quarta parte dos bens do *de cujus*, se tivessem filhos comuns, e enquanto o sobrevivo não formasse nova união, e o sobrevivente teria o usufruto da metade dos bens do *de cujus*, se não houvesse filhos, embora sobrevivessem ascendentes e, na falta de descendentes e ascendentes, o companheiro supérstite teria direito à totalidade da herança.

Pelo texto da Lei 8.971/1994, o companheiro sobrevivo assumia posição similar à do cônjuge, ao herdar em terceiro lugar na ordem de vocação hereditária, tal qual o cônjuge viúvo era convocado a herdar na falta de descendentes ou ascendentes do consorte pré-falecido.

---

para a decretação do divórcio. 3. Diante do quadro delineado nos autos resta patente a existência de fato novo suficiente à reforma da sentença. 4. Parecer Ministerial acolhido. Ação rescisória julgada procedente." (TJTO, Ação Rescisória 50071977420128270000, Relator Ronaldo Eurípedes de Souza, julgado em 10.04.2013).

[782] COSTA, María Josefa Méndez. *La exclusión hereditaria conyugal*. 2. ed. Buenos Aires: Rubinzal-Culzoni, 2009. p. 201.

[783] FARIA, Mario Roberto Carvalho de. *Os direitos sucessórios dos companheiros*. Rio de Janeiro: Lumen Juris, 1996. p. 58-59. Este autor já se rebelava contra o estabelecimento de prazo mínimo de cinco anos para configuração da união estável, que poderia ocorrer soberanamente em prazo inferior, pois dizia que a união fática estava muito mais vinculada ao *animus* dos conviventes, do que propriamente ao tempo de sua duração. *A intenção dos partícipes é fator primordial para que a relação se torne estável. Muito mais importante do que o espaço de tempo. Muitas relações que perduram vários anos na clandestinidade e outras, com um prazo inferior, apresentam-se sem deixar qualquer margem de dúvida como uma união estável. Falta bom senso à fixação de prazo certo. Prejudica as pessoas mais idosas, impossibilitadas de procriar, ocorrendo o falecimento de uma delas, antes de atingido o prazo quinquenal.*

Posteriormente, a Lei 9.278/1996 reconheceu o direito real de habitação ao convivente sobrevivente, quanto ao imóvel comum aos companheiros, criando o legislador um privilégio sucessório em prol do companheiro supérstite, cujo direito não existia para o viúvo do casamento, e o companheiro sobrevivente podia cumular os direitos de usufruto e de habitação, ao passo que a viúva ou o viúvo do matrimônio teriam um benefício ou outro, não podendo somá-los, tudo dependendo do regime de bens do casamento.[784]

Com o advento das duas leis concubinárias (Lei 8.971/1994 e 9.278/1996), restava formalmente desenhada a integral proteção da família, em suas três dimensões constitucionais, independentemente da forma como a entidade familiar foi constituída, fosse pelo casamento, pela união estável ou pela comunidade integrada por qualquer dos pais e seus descendentes, esta última convencionada chamar de família monoparental. Era a legislação extravagante consagrando a ampla definição de família, como base da sociedade, a ela garantida a especial proteção estatal.[785]

Entretanto, a partir de 11 de janeiro de 2003, com a vigência diferida do Código Civil de 2002, o direito sucessório na união estável passou a ser regulado pelo art. 1.790 do Código Civil, salvo se a abertura da sucessão se desse em data anterior, ainda sob a hierarquia da Lei 8.971/1994 e da Lei 9.278/1996, com base no art. 1.787 do Código Civil, que ordena que a sucessão e a legitimação para suceder serão regulados pela lei vigente ao tempo da abertura da sucessão, mantendo vinculante a lei revogada para regular os óbitos ocorridos em data anterior à promulgação do Código Civil brasileiro.

Assim, se a sucessão foi aberta antes de dezembro de 1994, não há direito sucessório entre os companheiros, uma vez que nenhuma das leis estava em vigor, mas se a morte se deu depois de dezembro de 1994, até maio de 1996, era aplicada a Lei 8.971/1994 e os companheiros só teriam o direito de propriedade e o usufruto, e, se o falecimento do companheiro ocorresse após 13 de maio de 1996, deveriam ser aplicadas as Leis 8.971/1994 e 9.278/1996, naquilo que fossem compatíveis, tendo o parceiro sobrevivente direito de herança, de usufruto e de habitação, conforme o caso concreto.

Por fim, se a abertura da sucessão ocorresse após a vigência do Código Civil de 2002, ou seja, a partir de 11 de janeiro de 2003 (CC, art. 2.044), deveria incidir o art. 1.790 do Código Civil, existindo no sistema jurídico brasileiro duas ordens distintas de vocação hereditária, sendo uma delas prevista para o caso do falecido viver em união estável, e nesta hipótese o direito sucessório era regulado pelo art. 1.790 do Código Civil, cujo regramento consta nas Disposições Gerais do Livro V do Direito das Sucessões, e, a segunda, para o caso de o autor da herança ter sido casado, quando então, o direito sucessório seria regulado pelo art. 1.829 do Código Civil, e cujo dispositivo está situado no título que trata da Sucessão Legítima, no Livro das Sucessões.

Era o Código Civil diferenciando e afastando as entidades familiares, ao abrir duas ordens de vocações hereditárias, a depender de o morto haver deixado companheiro sobrevivente ou cônjuge viúvo, pois se vivesse em união estável, o sistema legal previa a sucessão concorrente do convivente sobrevivente, cujos direitos hereditários incidiriam sobre a meação do defunto, ao passo que se o autor da herança fosse casado, os direitos hereditários da viúva concorrente incidiriam sobre os bens particulares do falecido, por ele amealhados antes do matrimônio.

---

[784] VELOSO, Zeno. *Direito hereditário do cônjuge e do companheiro*. São Paulo: Saraiva, 2010. p. 160.
[785] PEREIRA, Tarlei Lemos. *Direito sucessório dos conviventes na união estável*: uma abordagem crítica ao art. 1.790 do Código Civil brasileiro. São Paulo: Letras Jurídicas, 2013. p. 37.

Pelo art. 1.790 do Código Civil, o convivente sobrevivo participaria na sucessão do outro quanto aos bens adquiridos onerosamente na vigência da união estável, nas condições seguintes:

> I – se concorresse com filhos comuns, teria direito a uma quota equivalente à que por lei fosse atribuída ao filho;
>
> II – se concorresse com descendentes só do autor da herança, tocar-lhe-ia a metade do que coubesse a cada um daqueles;
>
> III – se concorresse com outros parentes, teria direito a um terço (1/3) da herança; e
>
> IV – não havendo parentes sucessíveis, teria direito à totalidade da herança.

Além deste tratamento visivelmente distinto e discriminatório entre cônjuges e conviventes, o impacto sucessório patrimonial dependeria muito do histórico da construção do patrimônio pessoal. Isso porque os efeitos patrimoniais sucessórios aplicáveis ao casamento e à união estável dependeriam muito da biografia econômica do relacionamento do casal, pois, se uma pessoa tivesse desposado seu cônjuge pelo regime da separação convencional de bens, com a morte do consorte a viúva herdaria, em concurso com descendentes ou ascendentes, sobre todos os bens do defunto, cujo espólio era constituído unicamente por bens privados e amealhados pelo autor da herança na trajetória do matrimônio.

Agora, se constituísse uma união estável pelo mesmo regime da separação convencional de bens com uma pessoa de idade mais avançada, e se ele não adquirisse nenhum patrimônio durante a convivência, e toda a sua riqueza fosse anterior ao matrimônio, a companheira sobrevivente não teria meação, tampouco herança, pois esta só incidia sobre os bens adquiridos onerosamente na constância da união estável.

Esses dois clássicos exemplos ilustram a ideia de que a existência de duas ordens distintas de vocação hereditária provocava tensas contendas familiares e largas discussões doutrinárias e jurisprudenciais, variando entre a constitucionalidade ou a inconstitucionalidade do art. 1.790 do Código Civil.

Discussão iniciada com o advento do vigente Código Civil, terminou com a unificação dos efeitos jurídicos sucessórios do casamento e da união estável, a partir dos julgamentos, pelo Plenário do Supremo Tribunal Federal, dos Recursos Extraordinários 646.721/RS e 878.694/MG, ao declarar, como ensina Paulo Lôbo:

1) a inconstitucionalidade do art. 1.790 do Código Civil, considerado inválido e ineficaz para as sucessões abertas desde 11 de janeiro de 2003;
2) a interpretação em conformidade com a Constituição, máxime do princípio da igualdade jurídica, do art. 1.829, sem redução de seu texto, no sentido de que, onde alude a cônjuge dever ser interpretado como abrangente ao companheiro;
3) por arrastamento, pelo mesmo princípio da igualdade sucessória, a interpretação em conformidade com a Constituição dos demais artigos do Livro do Direito das Sucessões do Código Civil que aludam a direito sucessório do cônjuge, para ser interpretados como abrangentes do companheiro. [...]

> Assim, são iguais os direitos dos cônjuges e companheiros relativamente à ordem de vocação hereditária (art. 1.829, inc. III), ao direito real de habitação (art. 1.831), à sucessão concorrente com os descendentes e quota mínima (art. 1.832), à sucessão concorrente com os ascendentes (art. 1.837), à qualificação como herdeiro necessário (art. 1.845).[786]

---

[786] LÔBO, Paulo. *Direito civil*: sucessões. 5. ed. São Paulo: Saraiva, 2019. p. 169.

A insegurança jurídica gerada pelo tratamento legal atribuído à sucessão do cônjuge e do companheiro desenvolveu um ruidoso interesse pelo estudo e utilização do *planejamento sucessório*, pois, como o convivente sobrevivo não era herdeiro necessário, já que estava topicamente afastado do rol dos sucessores necessários do art. 1.845 do Código Civil, ele podia ser afastado da sucessão por meio de um simples testamento no qual o testador designava um terceiro como seu sucessor universal, mas não assim em relação ao cônjuge viúvo, interessando, aos que casavam em regime de separação de bens, criar mecanismos que também pudessem excluir o consorte da condição de herdeiro obrigatório.

Com o advento do Código Civil de 2002 e dispondo o art. 1.790 sobre os direitos sucessórios dos companheiros, muitas vozes se levantaram apregoando que a codificação civil representava verdadeiro retrocesso no direito sucessório dos conviventes, se comparados seus direitos com os direitos hereditários previstos nas Leis 8.971/1994 e 9.278/1996, surgindo uma corrente propugnando pela *constitucionalidade* do tratamento desigual entre cônjuges e companheiros para efeitos sucessórios; outra linha de pensamento defendendo a *inconstitucionalidade* desse tratamento desigual entre cônjuges e companheiros, e um posicionamento intermediário defendendo a inconstitucionalidade apenas do inc. III do art. 1.790 do Código Civil, por colocar o companheiro sobrevivente em uma posição sucessória inferior à de um parente colateral, apesar de ter vivido tão próximo e intimamente ao lado do autor da herança; essa seria a única nota destoante em comparação com o direito sucessório do cônjuge viúvo, pois este herda a totalidade da herança na falta de descendentes ou ascendentes do falecido.

Como menciona Walsir Edson Rodrigues Júnior, para os defensores da legitimidade do tratamento sucessório diferenciado entre cônjuges e companheiros, era a própria Constituição Federal que autorizava a distinção ao proclamar que, para efeito de proteção do Estado, é reconhecida a união estável como entidade familiar, devendo a lei facilitar sua conversão em casamento (CF, art. 226, § 3º), sendo patente que se trata de institutos dessemelhantes.[787]

Na linha oposta estavam os que reconheciam a distinção existente entre casamento e união estável, e encontravam diferenças na formação das duas entidades afetivas, mas unicamente na maneira de constituí-las, como concluiu o Enunciado 641 das *Jornadas de Direito Civil* de 2018, ao estabelecer que "é constitucional a distinção entre os regimes, quando baseada na solenidade do ato jurídico que funda o casamento, ausente na união estável".

Basicamente uma relação, o casamento é formal e informal a união estável, sendo ainda facultativo converter a convivência estável em justas núpcias, mas não como pensam muitos, que seria para atribuir maior segurança jurídica à relação afetiva informal, não sendo escopo do legislador constituinte, disse Gustavo Tepedino, criar famílias de primeira e de segunda classe.[788]

Destarte, o direito sucessório incidente na união estável ordenou que a vocação sucessória do *caput* do art. 1.790 do Código Civil, e respectivos incs. I, II, III e IV, passasse a ser substituída pelo art. 1.829 do Código Civil, que trata da vocação hereditária do cônjuge sobrevivo, de acordo com o julgamento do Plenário do Supremo Tribunal Federal, iniciado em agosto de 2016, para aferir a inconstitucionalidade do art. 1.790 *caput* e os seus respectivos incisos que assim dispunham:

---

[787] RODRIGUES JÚNIOR, Walsir Edson. Da (in)constitucionalidade do tratamento desigual entre cônjuges e companheiros para fins sucessórios. In: _____. *Temas atuais de direito das famílias e das sucessões*. Belo Horizonte: RTM, 2014. p. 441.

[788] RODRIGUES JÚNIOR, Walsir Edson. Da (in)constitucionalidade do tratamento desigual entre cônjuges e companheiros para fins sucessórios. In: _____. *Temas atuais de direito das famílias e das sucessões*. Belo Horizonte: RTM, 2014. p. 413-414.

Art. 1.790 A companheira ou o companheiro participará da sucessão do outro, quanto aos bens adquiridos onerosamente na vigência da união estável, nas condições seguintes:

I – se concorrer com filhos comuns, terá direito a uma quota equivalente à que por lei for atribuída ao filho;

II – se concorrer com descendentes só do autor da herança, tocar-lhe-á a metade do que couber a cada um daqueles;

III – se concorrer com outros parentes sucessíveis, terá direito a 1/3 (um terço) da herança;

IV – não havendo parentes sucessíveis, terá direito à totalidade da herança.

Os Recursos Extraordinários 646.721/RS e 878.694/MG, este último relatado pelo Ministro Luís Roberto Barroso, que também foi designado para lavrar o acórdão daquele, consideraram inconstitucional a distinção de regimes sucessórios existente entre cônjuges e companheiros e ordenaram fossem aplicados, em ambos os casos, o regime sucessório estabelecido pelo art. 1.829 do Código Civil de 2002, pois que a distinção sucessória entre as duas entidades familiares ofende frontalmente os princípios da igualdade, da dignidade humana, da proporcionalidade e da vedação do retrocesso (REsp 1.332.773/MS, relator Ministro Ricardo Villas Bôas Cueva, julgado em 27.06.2017).

Consta da ementa do Recurso Extraordinário 878.694/MG, da relatoria do Ministro Luís Roberto Barroso que:

> Direito Constitucional e Civil. Recurso Extraordinário. Repercussão geral. Inconstitucionalidade da distinção de regime sucessório entre cônjuges e companheiros. 1. A Constituição brasileira contempla diferentes formas de família legítima, além da que resulta do casamento. Nesse rol incluem-se as famílias formadas mediante união estável. 2. Não é legítimo desequiparar, para fins sucessórios, os cônjuges e os companheiros, isto é, a família formada pelo casamento e a formada por união estável. Tal hierarquização entre entidades familiares é incompatível com a Constituição de 1988. 3. Assim sendo, o art. 1.790 do Código Civil, ao revogar as Leis 8.971/1994 e 9.278/1996 e discriminar a companheira (ou companheiro), dando-lhe direitos sucessórios bem inferiores aos conferidos à esposa (ou ao marido), entra em contraste com os princípios da igualdade, da dignidade humana, da proporcionalidade como vedação à proteção deficiente, e da vedação do retrocesso. 4. Com a finalidade de preservar a segurança jurídica, o entendimento ora firmado é aplicável apenas aos inventários judiciais em que não tenha havido trânsito em julgado da sentença de partilha, e às partilhas extrajudiciais em que ainda não haja escritura pública. 5. Provimento do recurso extraordinário. Afirmação, em repercussão geral, da seguinte tese: *"No sistema constitucional vigente, é inconstitucional a distinção de regimes sucessórios entre cônjuges e companheiros, devendo ser aplicado, em ambos os casos, o regime estabelecido no art. 1.829 do CC/2002".*

79.4.1. *A modulação dos efeitos e o art. 1.787 do CC*

Com o Supremo Tribunal Federal declarando inconstitucional o art. 1.790 do Código Civil, e ordenando fosse aplicado também para a sucessão entre conviventes o art. 1.829 do Código Civil, que era específico para o casamento, no item 4 (quatro) da ementa do acórdão do Recurso Extraordinário 878.694/MG, datado de 10 de maio de 2017, cujo extrato de ata foi publicado em 15 de maio de 2017,[789] constando textualmente, e calha mais uma vez reiterar, que:

---

[789] Extrato de ata: Decisão: O Tribunal, apreciando o tema 809 da repercussão geral, por maioria e nos termos do voto do Ministro Relator, deu provimento ao recurso, para reconhecer de forma incidental a inconstitucionalidade do art. 1.790 do CC/2002 e declarar o direito da recorrente a participar da heran-

4. Com a finalidade de preservar a segurança jurídica, o entendimento ora firmado é aplicável apenas aos inventários judiciais em que não tenha havido trânsito em julgado da sentença de partilha, e às partilhas extrajudiciais em que ainda não haja escritura pública.

Como visto na ementa do RE 878.694/MG, o STF entendeu por modular os efeitos da decisão, explicando Fernando Gaburri que a solução alcançada pelo Plenário do Supremo Tribunal Federal incide somente sobre os processos judiciais em que, na data de 15 de maio de 2017 (data da publicação da ata de julgamento) não tenha havido trânsito em julgado da sentença de partilha, e às partilhas extrajudiciais em que, a contar da mesma data, ainda não haja escritura pública.[790]

Conforme Fernando Gaburri, a modulação dos efeitos da decisão em sede de controle de constitucionalidade difuso e concreto não tem por fundamento a supremacia da Constituição, mas a ponderação entre a norma constitucional violada e os valores da boa-fé e da segurança jurídica.[791]

Isto porque a modulação regulamentada pelo art. 27 da Lei 9.868, de 10 de novembro de 1999,[792] conflita com o art. 1.787 do Código Civil, quando estabelece que a sucessão e a legitimação para suceder são regulados pela lei vigente ao tempo da abertura da sucessão. Dessa forma, ao modular os efeitos da decisão tomando como termo a data da publicação da ata de julgamento que declarou inconstitucional o art. 1.790 do Código Civil há notório confronto com o art. 1.787 do Código Civil, que disciplina serão todas as questões pertinentes à herança reguladas pela lei vigente ao tempo da abertura da sucessão legítima. No meu modo de entender, afigura-se nula a modulação que atribui eficácia ao julgamento de inconstitucionalidade do art. 1.790 do Código Civil, a partir da publicação do extrato de ata, e que desconsidera os termos do art. 1.787 do Código Civil quando dispõe prevaleça a lei vigente à data da abertura da sucessão.

Um exemplo ajuda a entender os efeitos jurídicos incidentes, consoante o regramento civil do art. 1.787 do Código Civil, em gritante contraste com a modulação do STF, considerando, para tanto, que duas pessoas vivam desde jovens, em união estável, e juntas construam o patrimônio comum e comunicável, não dispondo nenhuma delas de bens particulares e anteriores à convivência estável.

O varão falece antes de 15 de maio de 2017 (data da publicação da ata de julgamento do STF), e deixa um filho comum, fruto da relação afetiva de ambos. Caso fosse aplicado o art. 1.790 do Código Civil, cuja vigência precedeu ao RE 878.694/MG e à declaração de sua

---

ça de seu companheiro em conformidade com o regime jurídico estabelecido no art. 1.829 do Código Civil de 2002, vencidos os Ministros Dias Toffoli, Marco Aurélio e Ricardo Lewandowski, que votaram negando provimento ao recurso. Em seguida, o Tribunal, vencido o Ministro Marco Aurélio, fixou tese nos seguintes termos: "É inconstitucional a distinção de regimes sucessórios entre cônjuges e companheiros prevista no art. 1.790 do CC/2002, devendo ser aplicado, tanto nas hipóteses de casamento quanto nas de união estável, o regime do art. 1.829 do CC/2002". Ausentes, justificadamente, os Ministros Dias Toffoli e Celso de Mello, que votaram em assentada anterior, e, neste julgamento, o Ministro Luiz Fux, que votou em assentada anterior, e o Ministro Gilmar Mendes. Não votou o Ministro Alexandre de Moraes, sucessor do Ministro Teori Zavascki, que votara em assentada anterior. Presidiu o julgamento a Ministra Cármen Lúcia. Plenário, 10.5.2017.

[790] GABURRI, Fernando. *Direito civil para sala de aula*: direito das sucessões. Curitiba: Juruá, 2018. p. 140.
[791] GABURRI, Fernando. *Direito civil para sala de aula*: direito das sucessões. Curitiba: Juruá, 2018. p. 140.
[792] "Art. 27. Ao declarar a inconstitucionalidade de lei ou ato normativo, e tendo em vista razões de segurança jurídica ou de excepcional interesse social, poderá o Supremo Tribunal Federal, por maioria de dois terços de seus membros, restringir os efeitos daquela declaração ou decidir que ela só tenha eficácia a partir de seu trânsito em julgado ou de outro momento que venha a ser fixado."

inconstitucionalidade, em conformidade com o art. 1.787 do Código Civil, em sintonia com os princípios esposados também no art. 2.041 do Código Civil, a companheira sobrevivente receberia sua meação sobre os bens onerosamente adquiridos na constância da convivência e concorreria com o filho comum na herança, cujo quinhão hereditário incidiria sobre a meação do sucedido (CC, art. 1.790, inc. I), recebendo a companheira sobrevivente, entre meação e herança setenta e cinco por cento (75%) dos bens por ambos hauridos durante a convivência.

Neste sentido, caso prevaleça a modulação em detrimento do art. 1.787 do Código Civil, no mesmo exemplo, a companheira sobreviva receberá sua meação e nenhuma herança, pelo fato de o falecido não possuir bens particulares (CC, art. 1.829, inc. I), resultando a seguinte equação sucessória: a companheira recebe sua meação e o filho herda a meação do pai pré-falecido.

Com relação ao art. 1.787 do Código Civil que, na prática do direito sucessório, apenas externa o *princípio da saisine*, escreve Sílvio de Salvo Venosa se tratar de uma regra clássica em matéria temporal quanto à aplicação da lei hereditária, e completa dizendo que a regra sob comento seria inclusive dispensável perante o texto constitucional de que *a lei não prejudicará o direito adquirido, o ato jurídico perfeito e a coisa julgada* (CF, art. 5º, XXXVI), e na mesma direção prescreve o art. 6º da Lei de Introdução às Normas do Direito Brasileiro.[793] Acrescenta Sílvio de Salvo Venosa ser inviável combinar ou mesclar duas leis em matéria de sucessão,[794] bastando verificar que o art. 2.041 do Código Civil é muito específico ao ordenar que não se aplicam as disposições do Código Civil de 2002, relativas à ordem da vocação hereditária, à sucessão aberta antes de sua vigência, prevalecendo o disposto pelo Código Civil de 1916. Ora, até o julgamento do RE 878.694/MG, a jurisprudência e a doutrina se dividiam ao considerar constitucional ou inconstitucional o art. 1.790 do Código Civil.

Um tema de *direito material* que durante quinze anos teve interpretação razoável, só sendo agora apontada a inconstitucionalidade desse dispositivo legal, fechando questão sobre a discussão que antes pairava sobre a validade dessa norma jurídica agora declarada incompatível com o ordenamento pátrio, e tão razoável era diferenciar as duas entidades familiares, que o Ministro Ricardo Lewandowski disse em seu voto no RE 646.721/RS, que, a seu ver, *o constituinte distinguiu no art. 226, § 3º, esses dois institutos da união estável e do casamento, no que tange à formalidade, à invalidação, à eficácia, à dissolução, ao regime patrimonial e sucessório*, o que justificaria o tratamento individualizado, sendo plenamente aceitável que as novas regras respeitem o ato jurídico perfeito, o direito adquirido e a coisa julgada e, sobretudo, respeitem o princípio da *saisine* do art. 1.784 do Código Civil, e que se aperfeiçoa com o obrigatório respeito ao disposto pelo art. 1.787 do Código Civil, tudo em irrestrita homenagem à segurança jurídica, para desse modo emprestar eficácia *ex nunc* ao julgamento do STF, até porque a interpretação dada ao art. 1.790 do Código Civil nesses quinze anos desde a sua edição sempre foi conforme a Constituição.

Neste sentido, podem ser conferidos os ensinamentos de Bruno Taufner Zanotti acerca da eficácia retroativa (*ex tunc* ou a modulação dos efeitos para o passado), aduzindo que a modulação possui limites, porque os atos praticados com base na lei inconstitucional não são automaticamente desfeitos.[795]

Como refere Venceslau Tavares Costa Filho, parece razoável invocar a presunção de legalidade do art. 1.790 do Código Civil, não havendo como presumir a nulidade dessa nor-

---

[793] VENOSA, Sílvio de Salvo. *Código Civil interpretado*. 3. ed. São Paulo: Atlas, 2013. p. 2.072.
[794] VENOSA, Sílvio de Salvo. *Código Civil interpretado*. 3. ed. São Paulo: Atlas, 2013. p. 2.072.
[795] ZANOTTI, Bruno Taufner. *Controle de constitucionalidade para concursos*. 2. ed. Salvador: JusPodivm, 2012. p. 293.

ma jurídica, havendo que ser falado apenas em anulabilidade com eficácia *ex nunc*, de forma que o novo entendimento seja aplicado somente às sucessões abertas depois de prolatada a célebre decisão do STF, gerando assim, a efetiva segurança jurídica e a legítima confiança nas instituições,[796] lembrando que, de acordo com o art. 927, § 3º do Código de Processo Civil, *na hipótese de alteração de jurisprudência dominante do Supremo Tribunal Federal e dos tribunais superiores ou daquela oriunda de julgamento de casos repetitivos, pode haver modulação dos efeitos da alteração no interesse social e no da segurança jurídica.*

Em comentário ao § 3º do art. 927 do CPC, a doutrina informa que *modular* efeitos de uma decisão judicial ou da jurisprudência dominante de um tribunal, normalmente, significa que aquele novo entendimento deve aplicar-se dali para frente, mas que pode ser temporal e ser aplicado a partir de um determinado momento.[797]

No meu modo de pensar é preciso respeitar, em nome da segurança jurídica, que é de interesse social, o disposto no art. 1.787 do Código Civil, para só aplicar a nova compreensão de inconstitucionalidade do art. 1.790 do Código Civil para as sucessões abertas a partir do julgamento pelo Plenário do STF, do RE 878.694/MG, pois, afinal de contas, sequer houve a preocupação pelo STF de suspender os processos de inventário que se encontravam em julgamento nas instâncias de primeiro e segundo grau, quando a mais elevada Corte reconheceu a *repercussão geral* da matéria pertinente ao tema 809, nos seguintes termos:

> Possui caráter constitucional a controvérsia acerca da validade do art. 1.790 do Código Civil, que prevê ao companheiro direitos sucessórios distintos daqueles outorgados ao cônjuge pelo art. 1.829 do mesmo Código.

Não há como fazer vistas grossas ao respeito à segurança jurídica em relação àqueles que, mortos durante a validade e pertinência do art. 1.790 do Código Civil, nada promoveram para a garantia dos efeitos jurídicos daquele dispositivo então plenamente eficaz, cuja confiança jurídica precisa ser acatada em memória daqueles que não mais podem reverter os efeitos modificados depois de seu decesso, e essa segurança jurídica não pode ser abalada em um Estado de Direito, no qual prevalece, igualmente, a regra de validade do art. 1.787 do Código Civil, no sentido de a sucessão e a legitimidade para suceder serem reguladas pela lei vigente ao tempo da abertura da sucessão e, se a solução de hoje não é mais a solução de ontem, aquela se encontra cristalizada com a morte do autor da herança, e os efeitos retroativos *ex tunc* da modulação da inconstitucionalidade pelo STF não passarão despercebidos e imunes. Pelos termos da modulação que foi, inclusive, alvo de embargos declaratórios, valeriam as decisões transitadas em julgado e as escrituras assinadas às quais foram aplicados os efeitos jurídicos do art. 1.790 do Código Civil, cujos processos e procedimentos não foram sustados durante a repercussão geral, mas não mais valeriam àqueles processos e procedimentos cuja demora processual ou o vacilo extrajudicial impediram seu trânsito em julgado ou sua conclusão administrativa.

Convém nesta quadra da argumentação colacionar as considerações doutrinárias levantadas por François Ost, e que bem dimensionam a importância do respeito à segurança jurídica:

---

[796] COSTA FILHO, Venceslau Tavares. STF deve modular efeitos de decisão que derrubou art. 1.790 do Código Civil. *Conjur*. Disponível em: <https://www.conjur.com.br/2017-out-02/direito-civil-atual-stf-modular-efeitos-decisao-derrubou-artigo-1790-codigo-civil>. Acesso em: 18 set. 2018.

[797] WAMBIER, Teresa Arruda Alvim; CONCEIÇÃO, Maria Lúcia Lins; RIBEIRO, Leonardo Ferres da Silva; MELLO, Rogerio Licastro Torres de. *Primeiros comentários ao novo Código de Processo Civil*: artigo por artigo. São Paulo: Thomson Reuters/RT, 2015. p. 1.320.

Com efeito, se se trata de anular uma regra cuja ilegalidade era flagrante desde a origem, a retificação retroativa não é verdadeiramente uma surpresa; ela não faz mais do que restabelecer uma legalidade que nunca deveria ter sido perturbada. Mas quando a invalidação retroativa não é mais do que o resultado de uma longa hesitação jurídica bruscamente concluída por uma mudança de jurisprudência, compreende-se que o ataque à segurança jurídica se agrave e que as reticências se acumulem. Impiedosa e intemporal [...], tal como a estátua do Comendador da legalidade, a exceção de ilegalidade esmaga tudo à sua passagem: *pereat mundus, fiat iustitia*.[798]

79.5. O casamento putativo

O cônjuge pode herdar em concorrência com os descendentes, com os ascendentes, ou como herdeiro universal na ausência ou renúncia dos descendentes e ascendentes, os quais são sempre vocacionados, respectivamente, em primeiro e em segundo lugar. Para que o cônjuge ou o companheiro sobreviventes sejam chamados à herança como herdeiros concorrentes ou universais, é imprescindível exista um casamento válido e eficaz, ou uma efetiva e estável convivência, nos exatos e expressos termos recolhidos do art. 1.511 do Código Civil, em que haja comunhão plena de vida.

Conforme dispõe o art. 1.832 do Código Civil, somente será reconhecido o direito sucessório ao cônjuge sobrevivente se, ao tempo da morte do outro, não estavam separados de fato ou de direito, mas há que preceder uma relação estável de matrimônio ou de informal convivência, presente em regra, a coabitação, que é da essência da convivência afetiva.

Embora por vezes o casamento se apresente anulável ou mesmo nulo, gerará eficácia, descreve o art. 1.561 do Código Civil, se tiver sido contraído de boa-fé por ambos os cônjuges ou conviventes, pois que, em relação a estes, como aos filhos, produzirá todos os efeitos até o dia da sentença anulatória. Prescreve ainda o § 1º do mesmo dispositivo civil, que se apenas um dos cônjuges estava de boa-fé ao celebrar as núpcias, somente a ele e aos filhos aproveitarão os efeitos civis, e se ambos estavam de má-fé ao celebrarem o matrimônio, os seus efeitos civis só aos filhos aproveitarão (§ 2º).

Almachio Diniz explica que a figura do *casamento putativo* é uma ficção jurídica assentada na boa-fé, pela qual um ou ambos os cônjuges ignoram os motivos que opunham a sua união, tendo origem no Direito canônico e, embora nulo ou anulável, quando contraído na crença da ausência de qualquer impedimento, produz todos os efeitos jurídicos em relação aos contraentes quando imbuídos da boa-fé e aos filhos destes, mas sendo ineficiente para o consorte ou consortes que tenham procedido de má-fé.[799]

Como menciona María Del Mar Manzano Fernández, o que se proclama no casamento putativo não é outra coisa que a *irretroatividade* da sentença de nulidade ou anulação do matrimônio, cujos efeitos serão aplicados excepcionalmente, em efeitos *ex nunc*, sempre que se apresentem os pressupostos necessários da boa-fé e da ausência de fática ou separação legal (jurídica ou administrativa), o que representa afirmar que a invalidade opera para o futuro e não para o passado em prol do consorte de boa-fé.[800]

---

[798] OST, François. *O tempo do direito*. Lisboa: Instituto Piaget, 1999. p. 194.
[799] DINIZ, Almachio. *Institutas de direito civil brasileiro*: nullidades e annullações do casamento. São Paulo: Livraria Acadêmica Saraiva, 1928. p. 285.
[800] FERNÁNDEZ, María Del Mar Manzano. *Incidencia de las crisis matrimoniales en la sucesión del ex cónyuge*. Navarra: Thomson Reuters/Aranzadi, 2018. p. 43.

Casamento putativo é o que sendo nulo ou anulável, foi, todavia, contraído em boa-fé por ambos os cônjuges ou por um só deles e, em atenção à boa-fé dos consortes a lei protege a união e dá-lhe todos os efeitos civis do casamento válido, até a sentença de declaração de invalidade.[801] A boa-fé do casamento putativo precisa ser judicialmente demonstrada, seja ela bilateral ou unilateral, e sempre é possível estender sua existência e apuração para uma relação de união estável putativa, quando, por exemplo, a companheira desconhecia a pre-existência de um casamento desposado por seu companheiro que, tampouco desfez de fato essas núpcias e levava as duas relações ao mesmo tempo, sem que a companheira conhecesse seu estado civil e a constância e interação do seu casamento.

Como mostra Belmiro Pedro Welter, dependendo do caso, pode haver mais de uma união estável, quando presente a putatividade, ocorrendo a boa-fé de um ou de ambos os companheiros, devendo os efeitos jurídicos ser vistos sob o prisma do direito familista, examinando caso a caso, para a aplicação dos mesmos efeitos jurídicos da boa-fé aplicáveis ao casamento.[802]

Em contrapartida, o cônjuge que estava de má-fé, ciente dos impedimentos, perderá todas as vantagens havidas do outro consorte, não obstante adstrito a todas as promessas feitas em pacto antenupcial, assim como cederá metade dos bens, dependendo do regime matrimonial adotado, sendo o cônjuge de boa-fé destinatário do direito à sucessão do outro, caso este morra enquanto se processa a ação de invalidade do matrimônio, sendo certo que, na atualidade, em relação aos filhos, o casamento inválido produz todos os direitos e, dentre estes, também os sucessórios.

Como pondera Yussef Said Cahali, o cônjuge sobrevivo tem direito à sucessão do outro, quer estivesse o falecido imbuído de boa ou de má-fé, contanto que a sucessão tenha sido aberta antes de julgada a nulidade ou a anulação do casamento, porém, se culpado, o cônjuge supérstite não poderá auferir qualquer proveito do matrimônio anulado, pois perde retroativamente o direito sobre a sucessão do outro, ou deverá restituí-la aos herdeiros imediatos.[803]

Entretanto, para que o cônjuge de boa-fé tenha direito à sucessão do consorte falecido, concorrendo com descendentes, ascendentes ou sucedendo por direito próprio, não pode se achar separado de fato ou de direito do sucedido, não se aplicando as ressalvas contidas no art. 1.830 do Código Civil, referentes à pesquisa da *culpa mortuária*, embora vozes em contrário se manifestem pela pertinência dessa espécie de período neutro da separação fática, como doutrina, por exemplo, Dimas Messias de Carvalho, ao transcrever o Enunciado 33,[804] extraído do 1º Encontro Estadual de Magistrados de Varas de Família e das Sucessões realizado em 10 de novembro de 2017 pelo Tribunal de Justiça de São Paulo.[805]

Contudo, com o desaparecimento do conceito de culpa pela separação e que sequer era pesquisada no processo de divórcio, com mais razão depois dos efeitos trazidos pela Emenda Cons-

---

[801] FERNÁNDEZ, María Del Mar Manzano. *Incidencia de las crisis matrimoniales en la sucesión del ex cónyuge*. Navarra: Thomson Reuters/Aranzadi, 2018. p. 286.
[802] WELTER, Belmiro Pedro. *Estatuto da união estável*. 2. ed. Porto Alegre: Síntese, 2003. p. 101-102.
[803] CAHALI, Yussef Said. *O casamento putativo*. 2. ed. São Paulo: RT, 1979. p. 136-137.
[804] "Enunciado 33. A partir da Emenda Constitucional 66/2010, que passou a admitir divórcio sem prazo mínimo de casamento e sem discussão de culpa, tornou-se inconstitucional a previsão do art. 1.830 do Código Civil, parte final, no sentido de que o direito sucessório do cônjuge sobrevivente poderia se estender além de dois anos da separação de fato se provado que a convivência se tornara impossível sem culpa dele. Em consequência, decorridos dois anos de separação de fato, extingue-se esse direito, sem possibilidade de prorrogação."
[805] CARVALHO, Dimas Messias de. *Direito das sucessões*: inventário e partilha. 5. ed. São Paulo: Saraiva, 2018. p. 166-167.

titucional 66/2010, que retirou prazos e causas do processo de ruptura das relações conjugais, fica completamente sem sentido neutralizar os efeitos da separação de fato durante dois anos.

79.6. A poligamia, a poliafetividade e o direito sucessório

O poliamorismo ou poliamor, já de longo tempo escreveram Pablo Stolze Gagliano e Rodolfo Pamplona Filho, seria uma teoria psicológica que começava a se descortinar para o Direito, admitindo a coexistência de duas ou mais relações afetivas concomitantes, nas quais os partícipes se conhecem e se aceitam uns aos outros, em uma relação múltipla e aberta.[806]

Para Marcos Alves da Silva, estas seriam as manifestações mais significativas que vinham sendo apontadas na direção de superação da monogamia como princípio estruturante do estatuto jurídico da família,[807] cujas confrontações iniciais buscavam efeitos para as relações simultâneas, como mostra a densa jurisprudência dos tribunais brasileiros, surgindo depois delas um outro movimento fático e doutrinário com o cenário das relações poliafetivas.

Rafael da Silva Santiago conclui que o poliamorismo demanda alguns procedimentos inerentes à sua identidade e existência, a começar pelo pressuposto da *plena honestidade*, e isto pressupõe que todas as pessoas envolvidas na relação plural têm total ciência da situação e se sentem confortáveis com ela, lembrando ser justamente este o seu diferencial em confronto com a monogamia, pois é o amor, o desejo ou a paixão por mais de uma pessoa e o desejo de uma convivência entre três ou mais pessoas a configuração dos *muitos amores* ou do poliamor.[808]

Eram os primeiros ensaios no Brasil a respeito da poligamia, que é legalmente aceita em quarenta e sete países,[809] embora não seja admitida no Direito brasileiro que prima pelo *princípio da monogamia*, sancionando no passado com penas restritivas de liberdade para o crime de adultério, que estava regulado no art. 240 do Código Penal e depois revogado pela Lei 11.106/2005.

Embora refutadas pela sociedade brasileira, as famílias poliafetivas vinham sendo noticiadas na mídia nacional a partir de uma escritura pública de reconhecimento de união afetiva a três, lavrada na cidade de Tupã, no Estado de São Paulo em 2012,[810] surgindo uma segunda escritura no Rio de Janeiro, em 2015, documentando uma união apelidada de *trisal* e uma terceira em 2016, na cidade de São Vicente, no litoral de São Paulo. Os meios eletrônicos ainda divulgam uma quarta hipótese de *poliamorismo*, supostamente registrada em um processo que tramitou na Comarca de Porto Velho, no Estado de Rondônia, sob o n. 001.2008.005553-1, perante a 4ª Vara de Família e Sucessões, e cuja sentença foi proferida pelo juiz Adolfo Theodoro Naujorks Neto, datada de 13 de novembro de 2008, a qual julgou procedente o pedido para declarar que o falecido manteve união estável concomitante ao casamento desde o ano de 1979 até a sua morte em 17 de dezembro de 2007, e assim ordenou a divisão do patrimônio adquirido pelo sucedido em três partes iguais.

---

[806] GAGLIANO, Pablo Stolze; PAMPLONA FILHO, Rodolfo. *Novo curso de direito civil*: direito de família. São Paulo: Saraiva, 2011. v. VI, p. 459.

[807] SILVA, Marcos Alves da. *Da monogamia*: a sua superação como princípio estruturante do direito de família. Curitiba: Juruá, 2013. p. 189.

[808] SANTIAGO, Rafael da Silva. *Poliamor e direito das famílias*: reconhecimento e consequências jurídicas. Curitiba: Juruá, 2015. p. 138.

[809] ESTIVILL, Josep María Fugardo. Sucesiones transfronterizas. In: PALMA, Víctor M. Garrido de (Coord.). *Instituciones de derecho privado*: sucesiones. 2. ed. Navarra: Thomson Reuters/Aranzadi, 2016. t. V, p. 670.

[810] BARROS, Ana Cristina Sousa Ramos. Famílias paralelas e poliamor: conceito e caracterização. In: RODRIGUES JÚNIOR, Walsir Edson (Org.). *Direito das famílias e das sucessões*: novas tendências. Belo Horizonte: D'Plácido, 2017. p. 44.

Esse processo, no entanto, não respeita realmente a uma família poliafetiva ou *trisal*, mas a uma relação paralela ao casamento, ainda que a esposa tivesse conhecimento da existência de um relacionamento concomitante entretido durante anos a fio por seu falecido esposo; efetivamente, se trata de uma figura jurídica diversa, que não se confunde com uma união poliafetiva, esta representada por uma relação estável com mais de duas pessoas, permitindo projetar uma variedade de arranjos entre um homem e duas mulheres; ou entre duas mulheres e dois homens; ou entre três mulheres e três homens, convivendo e coabitando cada um desses grupos familiares em desejada harmonia.

Conforme lição de Cláudia Mara de Almeida Rabelo Viegas, a relação poliafetiva se constitui em um único vínculo jurídico familiar existente entre mais de duas pessoas, que se unem pela afetividade e solidariedade, dividindo objetivos comuns, não se confundindo com a bigamia, tampouco com a poligamia, pois não existem dois casamentos, como também não se trata de uma família simultânea, aventando-se simplesmente de três ou mais companheiros que mantêm um relacionamento poliafetivo e que formam uma família que vive sob o mesmo teto como outra qualquer.[811]

Seria o exemplo da literatura de Jorge Amado em *Dona Flor e Seus Dois Maridos*, ou no episódio do funkeiro Mr. Catra, amplamente divulgado na imprensa, que, morto aos 49 anos de idade, deixou trinta e dois (32) filhos, alguns de criação, e três (3) relacionamentos. Quando confrontados com casos de poliamor, lembra a imprensa[812] que será um desafio para a Justiça, pois a lei considera apenas um companheiro para efeitos de herança, e ainda em conformidade com o regime de bens, eis que, em um primeiro plano são convocados os descendentes em concorrência com um cônjuge ou um convivente sobrevivente, e não em concorrência com três companheiras sobrevivas, o que representaria partilhar a herança de Mr. Catra entre os seus trinta e dois filhos (32) e mais uma companheira, a primeira delas, se o regime de bens permitir, sucedendo ao todo trinta e três (33) pessoas.

O Conselho Nacional de Justiça (CNJ), em julgamento datado de 26 de junho de 2018, decidiu impedir, por oito (8) votos a seis (6), que os cartórios de todo o País lavrassem qualquer documento que declarasse a união estável entre mais de duas pessoas, prevalecendo o entendimento do Ministro do STJ, Relator e Conselheiro João Otávio de Noronha, de que o sistema legal brasileiro, e este olhar partiria da própria Constituição Federal, apenas reconhece a existência de casais monogâmicos, por isso não seria possível que cartórios registrassem a união poliafetiva, em consonância com expressiva parcela da doutrina, que considera a monogamia a base da união dos cônjuges, e assim permite que se estabeleça somente entre os dois (2) consortes uma estreita solidariedade.[813]

Outros julgadores e doutrinadores argumentam ser tarefa do Estado auxiliar as pessoas na efetivação dos seus projetos pessoais de vida, na busca da felicidade, e que a forma de fruição dessa felicidade é uma opção de cada um, segundo seus juízos, tendências, diferenças e desejos, e esta é uma questão eminentemente pessoal,[814] não sendo estranho ao próprio Superior Tribunal de Justiça a admissão precedente, de um *concubinato* de longa duração, reco-

---

[811] VIEGAS, Cláudia Mara de Almeida Rabelo. *Famílias poliafetivas*: uma análise sob a ótica da principiologia jurídica contemporânea. Belo Horizonte: D'Plácido, 2017. p. 275.

[812] Mulheres e 32 filhos podem dividir bens de funkeiro Mr. Catra. Relação de poliamor e prole numerosa do funkeiro representam desafio na partilha de sua herança. *Folha de S. Paulo*, 14 set. 2018. Disponível em: <https://www1.folha.uol.com.br/ilustrada/2018/09/mulheres-e-32-filhos-podem-dividir-bens-de-funkeiro-mr-catra.shtml>. Acesso em: 25 set. 2018.

[813] MARTINEZ, Wladimir Novaes. *A poligamia no direito previdenciário*. São Paulo: LTr, 2016. p. 120.

[814] PADILHA, Elizângela. *Novas estruturas familiares*: por uma intervenção mínima do Estado. Rio de Janeiro: Lumen Juris, 2017. p. 124.

nhecendo e preservando, unicamente para efeitos de subsistência, por solidariedade humana, um direito alimentar excepcional a uma idosa concubina.[815]

Entrementes, somente o tempo dirá se age com acerto o Conselho Nacional de Justiça, por votos de sua maioria, ou se a Justiça se encontra com os votos vencidos, que não negam o direito de as pessoas viverem conformes com a sua realidade e na busca da sua efetiva felicidade, e destarte, reconhecer que esses relacionamentos plúrimos geram efeitos jurídicos também no âmbito sucessório, como geram efeitos na legislação francesa.[816]

A mera escrituração de uma relação de poliamor não suscita por si mesma qualquer implicação jurídica, pois não passa de uma manifesta declaração escrita de existência de uma relação plúrima, que os declarantes consideram o seu modelo ideal de entidade familiar, cometendo ao Poder Judiciário avaliar, caso a caso, os efeitos jurídicos dessas uniões ainda bastante inusuais.

Cristiano Chaves de Farias entende que o Conselho Nacional de Justiça extrapolou de suas funções ao deliberar em 26 de junho de 2018, proibir a lavratura, pelos Cartórios, das escrituras poliamoristas, pois negar sua escrituração reduz a dignidade dos envolvidos e afronta a autonomia das pessoas.[817]

---

[815] "Recurso Especial. Concubinato de longa duração. Condenação a alimentos. Negativa de vigência de Lei Federal. Caso peculiaríssimo. Preservação da família *versus* dignidade e solidariedade humanas. Sustento da alimentanda pelo alimentante por quatro décadas. Decisão. Manutenção de situação fática preexistente. Inexistência de risco para a família em razão do decurso do tempo. Comprovado risco de deixar desassistida pessoa idosa. Incidência dos princípios da dignidade e solidariedade humanas. Dissídio jurisprudencial. Inexistência de similitude fático-jurídica. 1. De regra, o reconhecimento da existência e dissolução de concubinato impuro, ainda que de longa duração, não gera o dever de prestar alimentos a concubina, pois a família é um bem a ser preservado a qualquer custo. 2. Nada obstante, dada a peculiaridade do caso e em face da incidência dos princípios da dignidade e solidariedade humanas, há de se manter a obrigação de prestação de alimentos a concubina idosa que os recebeu por mais de quatro décadas, sob pena de causar-lhe desamparo, mormente quando o longo decurso do tempo afasta qualquer risco de desestruturação familiar para o prestador de alimentos. 3. O acórdão recorrido, com base na existência de circunstâncias peculiaríssimas – ser a alimentanda septuagenária e ter, na sua juventude, desistido de sua atividade profissional para dedicar-se ao alimentante; haver prova inconteste da dependência econômica; ter o alimentante, ao longo dos quarenta anos em que perdurou o relacionamento amoroso, provido espontaneamente o sustento da alimentanda –, determinou que o recorrente voltasse a prover o sustento da recorrida. Ao assim decidir, amparou-se em interpretação que evitou solução absurda e manifestamente injusta do caso submetido à deliberação jurisprudencial. 4. Não se conhece da divergência jurisprudencial quando os julgados dissidentes tratam de situações fáticas diversas. 5. Recurso especial conhecido e desprovido." (STJ, REsp 1.185.337/RS, Relator Ministro João Otávio de Noronha, 3ª Turma, julgado em 17.03.2015).

[816] ESTIVILL, Josep María Fugardo. Sucesiones transfronterizas. In: PALMA, Víctor M. Garrido de (Coord.). *Instituciones de derecho privado*: sucesiones. 2. ed. Navarra: Thomson Reuters/Aranzadi, 2016. t. V, p. 672: "1. Quando a primeira esposa é regida por sua lei pessoal francesa e a segunda e o marido podem contrair matrimônio poligâmico segundo sua lei pessoal, o segundo casamento será reconhecido na França. A primeira esposa não poderá solicitar a anulação deste matrimônio, porém a segunda esposa não goza do direito à pensão alimentícia e carece de direitos sucessórios e de aposentadoria. 2. Quando a segunda esposa se rege pela lei francesa fica submetida às previsões que emanam do seu estatuto legal pessoal, pelo que, com suporte no art. 147 do *Code Civil*, existirá um impedimento absoluto para que possa contrair matrimônio em regime de poligamia. O casamento contraído deve ser considerado nulo e contrário à ordem pública. Esta hipótese ocorre naqueles casos em que o estado civil do outro cônjuge não está registrado em seu país e não é possível verificar a ausência de impedimentos. 3. Se nenhuma das esposas é de nacionalidade francesa e a poligamia está permitida por sua lei pessoal, cada uma delas pode ser chamada à sucessão e esta solução não afeta os direitos sucessórios correspondentes aos filhos do sucedido".

[817] FARIAS, Cristiano Chaves de. O valor e a eficácia das escrituras das uniões poliafetivas. In: _____. *Famílias e sucessões*: polêmicas, tendências e inovações. Belo Horizonte: IBDFAM, 2018. p. 696-697.

Talvez sirvam ao amadurecimento da consciência jurídica brasileira as experiências europeias, especialmente a rotina espanhola, que convive mais amiúde com a cultura poligâmica oriental, mesmo porque, quando o Sahara era uma província espanhola, adverte Josep María Fugardo Estivill, as instituições como o *repúdio islâmico* e a poligamia foram reconhecidas pela Espanha e praticadas legalmente em solo espanhol, tanto que o Direito muçulmano fez parte do ordenamento jurídico espanhol, que se nutria dos preceitos emanados da legislação religiosa, de normas de fonte canônica e de preceitos precedentes do Direito muçulmano.[818]

Prossegue o referido autor mencionando que os Estados realmente não estão obrigados a reconhecer o matrimônio poligâmico, porém, podem aceitá-lo em seu âmbito de proteção da família matrimonial, e que, na apreciação de ordem pública, deve se ter muito cuidado, pois poderia a mulher sair prejudicada, eis que, se não se admite que possam herdar a segunda ou terceira esposa simultâneas, por não se aceitar a validade de seu matrimônio por incompatibilidade com os valores constitucionais espanhóis, estarão sendo limitados os seus direitos,[819] e não somente de cunho sucessório, pois na sua esteira vêm o direito aos alimentos, à meação, e os direitos oriundos da previdência social, e assim por diante.

79.6.1. Famílias simultâneas

Conceito diverso de famílias poliafetivas ou poligâmicas, se legalmente casado um homem convive com duas ou mais mulheres, situando-se, no plano fático e jurídico, aquilo que, diante da larga existência de tal arranjo, é denominado de famílias *simultâneas, paralelas* ou *concomitantes*, que não coabitam sob o mesmo teto, e sim em residências distintas, e de cujos relacionamentos paralelos nem sempre uma sabe da existência da outra, ou seja, nem sempre é do conhecimento da esposa ou da concubina que o parceiro mantém outra família afetiva, embora a praxe demonstre não ser algo fácil de dissimular e disto guardar segredo, mesmo porque, conforme José Luiz Gavião de Almeida, no art. 1.723, § 1º do Código Civil, ao proibir a constituição de uma união estável quando presentes os impedimentos do art. 1.521 do Código Civil, o legislador teve como objetivo evitar o incesto e as situações contrárias à moral e aos bons costumes.[820]

Na esfera da família plural, diz Letícia Ferrarini, é preciso definir os pressupostos mínimos para a sua caracterização, em meio aos diferentes arranjos de conjugalidades paralelas, pois nem todas merecem a proteção estatal, devendo ser aprioristicamente afastadas as uniões simultâneas restritas ao relacionamento sexual extraconjugal esporádico e clandestino[821] e, embora Daniel Alt da Silva admita que a simultaneidade familiar não tem espaço no meio jurídico, pelo menos nos tribunais superiores, confessa ser ambição da moderna doutrina familista conquistar maior autonomia, liberdade e uma menor intervenção estatal na vida privada,[822] permitindo vivam as pessoas mais livres e menos vigiadas.

Segundo Carlos Eduardo Pianovski Ruzyk, a coexistência familiar na seara da conjugalidade plural, embora possa ser vista historicamente como exceção, não significa que

---

[818] ESTIVILL, Josep María Fugardo. Sucesiones transfronterizas. In: PALMA, Víctor M. Garrido de (Coord.). *Instituciones de derecho privado*: sucesiones. 2. ed. Navarra: Thomson Reuters/Aranzadi, 2016. t. V, p. 671.
[819] ESTIVILL, Josep María Fugardo. Sucesiones transfronterizas. In: PALMA, Víctor M. Garrido de (Coord.). *Instituciones de derecho privado*: sucesiones. 2. ed. Navarra: Thomson Reuters/Aranzadi, 2016. t. V, p. 670.
[820] ALMEIDA, José Luiz Gavião de. *Direito civil*: família. Rio de Janeiro: Campus Jurídico, 2008. p. 139.
[821] FERRARINI, Letícia. *Famílias simultâneas e seus efeitos jurídicos*: pedaços da realidade em busca da dignidade. Porto Alegre: Livraria do Advogado, 2010, p. 107.
[822] SILVA, Daniel Alt da. *Família simultânea*: uma abordagem à luz da autonomia privada. Rio de Janeiro: Lumen Juris, 2016. p. 47.

esteja, de antemão, alheia a qualquer eficácia jurídica,[823] defendendo Ana Carolina Brochado Teixeira e Renata de Lima Rodrigues a noção de *função familiar* entre pessoas que se encontram unidas pela afetividade e reciprocidade, permitindo uma à outra a elevação e desenvolvimento de sua personalidade onde existam esses núcleos de pessoas que cumpram essa função estruturadora na vida de seus membros, e por isto mesmo, mencionam não existirem razões para excluir da tutela do direito familista a proteção desses núcleos, mesmo que sejam dúplices, pois, se afinal de contas cumprem a mesma função familiar, qual a razão para terem regimes jurídicos diversos?[824]

Samir Namur reconhece que a tutela das famílias simultâneas caminha por terreno acidentado, mas que o seu principal argumento de defesa é o atendimento aos princípio constitucional da dignidade da pessoa humana, e que a proteção do amor e do afeto deve preceder à proteção do patrimônio e da segurança jurídica, e sugere a consideração isolada de cada caso, diante da larga resistência doutrinária e jurisprudencial acerca do reconhecimento de efeitos jurídicos às famílias concomitantes.[825]

Aliás, foi examinando caso a caso que o Superior Tribunal de Justiça, cuja orientação jurisprudencial tende em não atribuir quaisquer efeitos jurídicos à convivência paralela ao primeiro casamento, ou à primeira união estável, reconheceu no REsp 1.185.337/RS, o direito aos alimentos à concubina que formou sólida e longeva convivência por mais de quarenta anos com um homem casado e não separado de fato.

Supondo, assim, que a orientação jurisprudencial e a doutrina brasileira enveredassem pelo respeito ao exercício plenipotenciário da autonomia privada, em um modelo familiar efetivamente aberto e plural, sendo, portanto, ilegítima a intervenção estatal quando a relação fosse composta por pessoas plenamente capazes, poderiam ser projetados os efeitos sucessórios dessas relações poliafetivas. Os direitos sucessórios entre os filhos das duas relações não apresentariam nenhuma distinção jurídica, e, falecendo o progenitor que a todos fosse comum, a divisão de seu espólio se daria por cabeça, e, se o defunto deixou duas companheiras, sendo uma delas a viúva e a outra uma convivente de longa data, malgrado as conclusões dos Recursos Especiais 646.721/RS e 878.694/MG, cada parceira sobrevivente representaria mais uma cabeça que seria acrescida ao número de herdeiros filhos, ressalvado, por óbvio, o direito à meação e os eventuais regimes de bens contratados, pois pode perfeitamente o morto ter sido casado pelo regime da comunhão universal com a sua esposa e ter contratado um regime de completa separação de bens com sua companheira com quem mantinha um relacionamento em paralelo.

Nesse caso, a esposa não herda pelo art. 1.829, inc. I, do Código Civil (regime da comunhão universal de bens), e a companheira paralela herda sobre os bens aprestos (particulares) do falecido, refletindo, inclusive, sobre a meação do cônjuge, mas a convivente não teria direito à meação em razão do regime eleito da separação de bens.

Podem ambas as relações ser regidas pelo regime da comunhão parcial de bens, diante do silêncio e da inexistência de contrato de união estável ou/e de pacto antenupcial, e ambas serão meeiras dos aquestos e coerdeiras dos bens particulares deixados pelo defunto, em concorrência com todos os filhos do sucedido. Também pode suceder de o regime de ambos

---

[823] RUZIK, Carlos Eduardo Pianovski. *Famílias simultâneas*: da unidade codificada à pluralidade constitucional. Rio de Janeiro: Renovar, 2005. p. 237.
[824] TEIXEIRA, Ana Carolina Brochado; RODRIGUES, Renata de Lima. *O direito das famílias entre a norma e a realidade*. São Paulo: Atlas, 2010. p. 120.
[825] NAMUR, Samir. A tutela das famílias simultâneas. In: TEPEDINO, Gustavo; FACHIN, Luiz Edson (Org.). *Diálogos sobre direito civil*. Rio de Janeiro: Renovar, 2008. v. II, p. 595.

os relacionamentos afetivos ser o da separação obrigatória de bens, em razão da idade do sucedido (CC, art. 1.641, inc. II), no qual nenhuma das sobreviventes teria direito à meação, tampouco à herança, pois esta será de propriedade exclusiva dos descendentes, sendo pouco provável que ao cônjuge septuagenário tenham sobrevivido ascendentes e, portanto, na ausência de herdeiros das classes precedentes (descendentes ou ascendentes) herdariam as sobreviventes (cônjuge e companheira), em partes iguais, ou duas companheiras se o falecido não tivesse casado com nenhuma delas.

79.7. A sucessão e a dissolução do casamento ou da convivência

Casamento e convivência estão condicionados a uma comunhão plena de vida e esta comunhão integral de vida conclama, em regra, salvo raríssimas exceções, a mostra inequívoca de uma coabitação. Destarte, estando cônjuges ou conviventes separados de fato ou de direito, desaparece o direito sucessório daquele que foi cônjuge ou que foi convivente, mas que se separou de fato de seu parceiro, autor da herança, pouco tempo antes de ele morrer, e que se separou com a clara intenção de desarticular a sua relação afetiva ou conjugal, sem nenhuma intenção e sem qualquer registro de movimentação direcionada à reconciliação.

79.7.1. O concurso sucessório concomitante do cônjuge e do convivente

É viável que uma pessoa casada viva em união estável por ter rompido de fato o seu casamento e constituído outro relacionamento afetivo, desta feita na modalidade de uma união estável, conforme expressa permissão contida no § 1º do art. 1.723 do Código Civil, quando esse dispositivo de lei ressalva a possibilidade de uma pessoa casada viver em união estável se estiver separada de fato, ou legalmente apartada de seu cônjuge.

O direito não mais se coaduna com a exigência do art. 1.830 do Código Civil, de só reconhecer o direito sucessório do cônjuge sobrevivente se, ao tempo da morte do outro, não estavam separados legalmente, nem separados de fato há mais de dois (2) anos, salvo prova da culpa do morto pela separação.

A separação de fato de uma pessoa casada não obsta ao reconhecimento de uma posterior convivência estável, pois o que a lei não admite é a concomitância das relações de conjugalidade, que caracteriza o concubinato previsto no art. 1.727 do Código Civil.[826]

Para o cônjuge ou o convivente sobrevivente herdarem é pressuposto básico que a morte do autor da herança ocorra na constância plena do casamento ou da união estável, como externa o art. 1.511 do Código Civil, ao expor seu conceito de matrimônio, que, em essência, pouco difere dos termos de união estável.

É preciso que convivessem como esposos ou companheiros ao tempo da abertura da sucessão, coabitando como regramento geral, ou geograficamente distanciados somente com tolerância a uma justificada separação que ingressa no âmbito da exceção, quando, por exemplo, cada cônjuge trabalha em uma cidade diferente e distante uma da outra.

Separações de fato decorrentes de exigências de saúde, profissionais ou contra a vontade dos consortes servem como exceção à regra geral da coabitação, pois, no caso contrário, qualquer separação fática, em qualquer tempo, motivada pela quebra da *affectio societatis* importaria na inequívoca derrocada da relação afetiva, pois lhe faltaria o pressuposto maior da convivência plena de vida.

---

[826] MAIA JÚNIOR, Mairan Gonçalves. *Sucessão legítima*: as regras da sucessão legítima, as estruturas familiares contemporâneas e a vontade. São Paulo: RT, 2018. p. 603.

Malgrado as divergências enraizadas com relação à *culpa mortuária*, é ponto incontroverso que uma pessoa casada e de fato separada, que já convive com outra pessoa em união estável, não gera sob forma alguma o direito a duas sucessões, em que uma seria do consorte de quem o morto estava separado de fato, a qualquer tempo, embora gerasse o direito sucessório do convivente sobrevivente e com o qual o defunto convivia no momento do óbito.

Tampouco pode ser reconhecido o direito sucessório do consorte separado de fato há menos de dois anos, por ser inocente, e ao mesmo tempo reconhecer o direito sucessório do convivente sobrevivo, com quem o defunto convivia em união estável há menos de dois anos. Não existem por assim dizer *duas viúvas*, sendo uma inocente e atrelada ao casamento, mas separada de fato por culpa exclusiva do defunto há menos de dois anos, como tampouco existe a herdeira sobrevivente da união estável, em um cenário no qual as duas herdariam em concorrência, uma com a outra, imaginando que o autor da herança deixasse duas mulheres sobrevivas, uma herdeira porque não teve culpa pela separação de fato conjugal e a outra herdeira por ser a companheira que coabitava com o falecido.

Mairan Gonçalves Maia Júnior exercita as possíveis soluções caso pudesse ser admitido, por força da aplicação do art. 1.830 do Código Civil, o concurso concomitante do cônjuge separado de fato há menos de dois anos e do convivente, e como se daria a participação de ambos.[827] Desde logo, adverte que o Código Civil é completamente omisso a respeito, e o legislador de 2002 sequer cogitou do concurso de duas coerdeiras *afetivas*, quando ainda vigente o art. 1.790 do Código Civil, e o Enunciado 525 da *V Jornada de Direito Civil* STJ-CJF autoriza conceder a herança para a companheira sobre os bens aquestos onerosos e para a esposa em estágio de separação de fato ingressariam os bens aprestos ou particulares.

Uma vez prevalecendo o RE 646.721/RS e o RE 868.974/MG do STF, que declararam inconstitucional o art. 1.790 do Código Civil, caso concorressem ambos os parceiros afetivos do defunto (esposa e companheira), os dois herdariam sobre os bens particulares do autor da herança, concorrendo por cabeça com os eventuais descendentes, com todas as particularidades previstas nos arts. 1.829, inc. I; 1.830; 1.831 e 1.832 do Código Civil. O regime de bens da separação obrigatória é igualmente aplicável na convivência, assim como a culpa também precisaria ser estendida ao casamento de fato, pois nada impede que uma pessoa vivendo em união livre abandone há menos de dois anos a parceira, e o faça por sua exclusiva culpa, por haver decidido casar com outra mulher.

Ainda incide o direito real de habitação, que deve ser assegurado ao parceiro ou ao cônjuge sobrevivos, sem maiores percalços jurídicos, porque a habilitação sucessória do cônjuge precedente se dá pelo evento separação de fato há mais de dois anos, sem culpa do sobrevivente e se faticamente separados, e, se a viúva conjugal não coabitava com o autor da herança, ela não faz jus ao direito real de habitação.

Também entra no cômputo do quinhão hereditário do cônjuge e do convivente concorrentes sucessórios a existência de filhos comuns, híbridos ou exclusivos, para efeitos da contagem da quota mínima da quarta parte da herança (1/4) (CC, art. 1.832).

Na falta de descendentes, são chamados à sucessão os ascendentes, em concorrência com o cônjuge sobrevivente (CC, art. 1.836) e, concorrendo o cônjuge com ascendente em primeiro grau, receberá um terço (1/3) da herança, mas receberá a metade (50%) da herança se houver um só ascendente, ou se maior aquele grau (CC, art. 1.837).

---

[827] MAIA JÚNIOR, Mairan Gonçalves. *Sucessão legítima*: as regras da sucessão legítima, as estruturas familiares contemporâneas e a vontade. São Paulo: RT, 2018. p. 603.

Qual solução seria mais equânime subsistindo ambos os pais do falecido: a companheira e a esposa receberiam a terça parte (1/3) prevista no art. 1.837 do Código Civil, cabendo um sexto (1/6) para cada uma, ou, ao contrário, sobrevivendo os pais do morto e duas parceiras a divisão se daria na base de um quarto (1/4) ou vinte e cinco por cento (25%) para cada cabeça (dois pais, mais esposa e companheira)?

Por fim, faltando descendentes e ascendentes, a sucessão seria deferida por inteiro ao cônjuge e ao convivente sobreviventes, tocando metade para cada um? Seria uma hipótese impensável, pois a separação de fato, salvo raras exceções, rompe definitivamente com a comunhão plena de vida, pressuposto fundamental para subsistência do casamento ou da união estável, de forma que, depois de a Emenda Constitucional 66/2010 proibir qualquer perquirição da culpa ou da pesquisa processual dos motivos da separação fática, a tão só existência de uma separação de fato desejada por um dos cônjuges ou conviventes e não contestada pelo outro é suficiente para desautorizar qualquer pretensão sucessória concorrente do cônjuge ou do convivente já faticamente separado.

79.8. O direito real de habitação (II)

Daniel Blikstein faz importante apanhado histórico do direito real de habitação sobre imóvel familiar, que no Brasil foi introduzido pela Lei 4.211, de 27 de agosto de 1962, denominada de Estatuto da Mulher Casada, criada com o objetivo de proteger a mulher casada das intempéries patrimoniais conjugais, embora o direito real de habitação fosse destinado ao cônjuge sobrevivente, cujo direito foi regulado em dois parágrafos acrescidos ao art. 1.611, do Código Civil de 1916, sendo que um deles tratava do direito real de habitação e o outro cuidava do usufruto vidual.[828]

Em termos gerais e extraterritoriais, o direito real de habitação na legislação brasileira e na comparada, pode ser encontrado desde o Direito medieval, com clara influência do Direito canônico, existindo uma preocupação em assegurar a sobrevivência da vivenda nupcial, particularmente em razão da morte de um dos cônjuges e que era mais usual atingisse o varão. Especialmente quando existiam filhos menores, atemorizava a desgraça da morte do cônjuge, a cujo temor se unia o medo da perda da moradia, e se o consorte sobrevivente ainda fosse idoso e enfermo, esses problemas adquiriam uma gravidade ainda mais dramática.[829]

Por vivenda familiar entenda-se aquela que constitui a residência normal da família, em que habitam, de maneira estável e permanente, os esposos ou conviventes e filhos, quando existente prole e enquanto dependente dos pais. É o lugar onde se desenvolve a convivência familiar e onde residem os cônjuges, parceiros estáveis e seus filhos.

O direito real de habitação do cônjuge sobrevivente tem aplicação em diversos países como Itália, Portugal e Uruguai, e no Direito brasileiro está ordenado no art. 1.831 do Código Civil, visto como um benefício sucessório assegurado ao cônjuge ou ao convivente sobrevivente, quando um ou outro concorre com outros herdeiros, sem prejuízo da participação que caiba ao sobrevivo na herança, em qualquer que seja o regime de bens, sendo destinado à residência da família, desde que seja o único daquela natureza a inventariar.

O art. 1.414 do Código Civil elucida que o direito de habitar gratuitamente a casa alheia, impede que ela seja alugada ou emprestada para terceiros, mas que seja simplesmente ocu-

---

[828] BLIKSTEIN, Daniel. *O direito real de habitação na sucessão hereditária*. Belo Horizonte: Del Rey. 2012. p. 193.
[829] PÍRIZ, Enrique Arezo. *Derechos reales de habitación y de uso del cónyuge supérstite*. Montevideo: Asociación de Escribanos del Uruguay, 1990. p. 23-24.

pada pelo beneficiário e sua família. O titular do direito de habitação não pode ceder ou modificar a destinação residencial do imóvel, nem mesmo torná-la mista e se estende a tudo o que integra o imóvel,[830] tampouco pode cedê-la ou colocá-la em locação, como neste sentido já decidiu o Superior Tribunal de Justiça no Recurso Especial 1.654.060/RJ, julgado em 2 de outubro de 2018, pela 3ª Turma e na relatoria da Ministra Nancy Andrighi.[831]

Diferentemente, Sérgio Iglesias Nunes de Souza entende que o titular do direito de habitação poderá exercê-lo aliado à sua profissão, se não for inadequado para o seu uso e se for imprescindível para o seu próprio sustento, mas mantendo a morada como sua característica principal,[832] como sucede, por exemplo, com um profissional liberal que atende sua clientela em seu endereço residencial.

No sistema jurídico brasileiro trata-se de um benefício sucessório *ex lege*, concedido ao cônjuge ou convivente sobrevivo (RE 646.721/RS e 878.694/MG), ou seja, respeita a uma permissão dada pela norma jurídica para a ocupação gratuita de casa que pode ser alheia no todo ou em parte, haja vista que o consorte supérstite pode ter o domínio de parte da moradia por força do seu regime de bens, e mesmo assim fruir de toda a residência diante do direito real de habitação que então recai sobre a meação do defunto.

No Direito alienígena a preocupação em assegurar a moradia da família transcende o direito sucessório e avança sobre o direito familiar, antes de tudo como um direito social que a Carta Política brasileira prevê no seu art. 6º, contudo, sem maiores consequências práticas e legais, ao passo que a Constituição da Espanha desenvolve, em seu art. 39, o *princípio da proteção social, econômica e jurídica da família*, não vislumbrando a moradia familiar como um direito individual, mas coletivo, porquanto, é da constituição familiar que derivam as expecta-

---

[830] ROMITTI, Mário Müller; DANTAS JÚNIOR, Aldemiro Rezende. In: ALVIM, Arruda; ALVIM, Thereza (Coord.). *Comentários ao Código Civil brasileiro*. Rio de Janeiro: Forense, 2004. v. XIII, p. 43.

[831] "Civil. Processual civil. Ação de inventário. Omissão e obscuridade. Inocorrência. Direito real de habitação. Companheiro sobrevivente. Aplicação dos mesmos direitos e dos mesmos deveres atribuídos ao cônjuge sobrevivente. Celebração de contrato de locação ou comodato do imóvel objeto do direito de uso. Impossibilidade. Constatação, ademais, de que a titular do direito não reside no local. Analogia entre direito real de habitação e o bem de família. Ausência de prequestionamento. Súmula 211/STJ. Dissídio jurisprudencial. Premissas fáticas distintas. 1. Ação distribuída em 28.04.2006. Recurso especial interposto em 29.05.2013 e atribuído à Relatora em 25.08.2016. 2. O propósito recursal consiste em definir, para além da alegada negativa de prestação jurisdicional, se é admissível que o companheiro sobrevivente e titular do direito real de habitação celebre contrato de comodato com terceiro. 3. Não há violação ao art. 535, incs. I e II, do CPC/1973, quando se verifica que o acórdão recorrido se pronunciou precisamente sobre as questões suscitadas pela parte. 4. A interpretação sistemática do art. 7º, parágrafo único, da Lei 9.278/1996, em sintonia com as regras do CC/1916 que regem a concessão do direito real de habitação, conduzem à conclusão de que ao companheiro sobrevivente é igualmente vedada a celebração de contrato de locação ou de comodato, não havendo justificativa teórica para, nesse particular, estabelecer-se distinção em relação à disciplina do direito real de habitação a que faz jus o cônjuge sobrevivente, especialmente quando o acórdão recorrido, soberano no exame dos fatos, concluiu inexistir prova de que a titular do direito ainda reside no imóvel que serviu de moradia com o companheiro falecido. 5. Não se admite o recurso especial quando a questão que se pretende ver examinada – analogia do direito real de habitação em relação ao bem de família – não foi suscitada e decidida pelo acórdão recorrido, nem tampouco foi suscitada em embargos de declaração. Súmula 211/STJ. 6. A dessemelhança fática entre os paradigmas e o acórdão recorrido impedem o conhecimento do recurso especial pela divergência jurisprudencial. 7. Recurso especial parcialmente conhecido e, nessa extensão, desprovido."

[832] SOUZA, Sérgio Iglesias Nunes de. In: FUJITA, Jorge Shiguemitsu; SCAVONE JR., Luiz Antonio; CAMILLO, Carlos Eduardo Nicoletti; TALAVERA, Glauber Moreno (Coord.). *Comentários ao Código Civil*: artigo por artigo. 3. ed. São Paulo: RT, 2014. p. 1.327.

tivas legais como o desfrute de uma moradia, não sendo sem outro motivo que o art. 90.*C.* do Código Civil espanhol dispõe que o acordo de separação ou de divórcio conterá cláusula acerca da atribuição do uso da vivenda e dos bens domésticos e que, na falta de acordo dos cônjuges, prescreve o art. 91 do Código Civil espanhol que o juiz determinará as medidas relacionadas aos filhos e à vivenda familiar, sendo que, de forma categórica, e sem qualquer margem à dúvida, dispõe o art. 96 do mesmo Diploma Civil espanhol que, ainda diante da ausência de acordo dos consortes, o uso da moradia familiar e dos objetos de uso ordinário que a ela correspondem, serão atribuídos aos filhos e ao cônjuge em cuja companhia ficarão com o divórcio.

Enquanto o direito estrangeiro regulamenta a utilização da moradia familiar para situações de crise conjugal, identificando a residência como um bem familiar a serviço do grupo que nela habita, com o claro intuito de proteger os protagonistas mais vulneráveis da cena familiar, esse mesmo escopo só encontra guarida no Direito brasileiro por meio do instituto do direito real de habitação aplicado ao direito sucessório, porém, com prazo indeterminado, até a morte do consorte ou do convivente sobrevivo, independentemente do regime matrimonial,[833] e indiferente se o sobrevivo constituiu ou formou um novo relacionamento, e, indolente, ainda, à existência de filhos menores ou deficientes, os quais não estão protegidos pelo direito real de habitação que se restringe ao cônjuge ou convivente sobrevivente.

Na Espanha, a Ley 41/2003 promoveu diversas reformas em matéria sucessória, isto com a finalidade de aumentar ou melhorar os direitos dos incapazes, inclusive modificando o instituto da colação, no sentido de dispensá-la para efeitos de cálculo da legítima, de doação, de um legado, ou de um direito de habitação sobre a vivenda habitual, quando concedido em favor de um legitimário incapaz, em cuja especial circunstância não será computada essa doação ou esse legado para cálculo das legítimas, se, no momento do falecimento, doador/autor da herança e herdeiro incapaz estiverem vivendo no imóvel, sem prejuízo dos direitos do cônjuge sobrevivente e que coexistam com o direito de habitação.[834]

Conforme Cristina de Amunátegui Rodríguez, o conteúdo atribuído ao art. 822 do Código Civil espanhol pela Ley 41/2003 teve como finalidade garantir ao incapaz legitimário o uso da vivenda para o caso de morte de algum dos seus progenitores, direito este especialmente importante para aqueles episódios em que o único bem existente no acervo é a moradia familiar.[835]

---

[833] "Possessória. Direito real de habitação. Imóvel com destinação residencial. 1. A sentença julgou procedente ação de reintegração de posse movida por herdeiros do falecido marido da ré, afastando o direito real de habitação. 2. O art. 1.831 do CC reconhece o direito real de habitação ao cônjuge viúvo, independentemente do regime matrimonial de bens, exigindo que o imóvel que serve de residência seja o único com essa natureza, independentemente de ser ou não herdeiro e da existência de condôminos. 3. É fato incontroverso que a ré, viúva, reside no imóvel e que este é o único bem residencial, razão pela qual não cabe a reintegração de posse pretendida pelo herdeiro do falecido e enteado da ré." (Apelação Cível 0003271-82.2009.8.26.0137, Relator Desembargador Alexandre Lazzarini, julgado em 01.03.2011).

[834] CC espanhol – "Art. 822. *La donación o legado de un derecho de habitación sobre la vivienda habitual que su titular haga a favor de un legitimario persona con discapacidad, no se computará para el cálculo de las legítimas si en el momento del fallecimiento ambos estuvieren conviviendo en ella.*
Este derecho de habitación se atribuirá por ministerio de la Ley en las mismas condiciones al legitimario discapacitado que lo necesite y que estuviera conviviendo con el fallecido, a menos que el testador hubiera dispuesto otra cosa o lo hubiera expresamente, pero su titular no podrá impedir que continúen conviviendo los demás legitimarios mientras lo necesiten. El derecho a que se refieren los dos párrafos anteriores será intransmisible. Lo dispuesto en los dos primeros párrafos no impedirá la atribución al cónyuge de los derechos regulados en los artículos 1406 y 1407 de este Código, que coexistirán con el de habitación".

[835] RODRÍGUEZ, Cristina de Amunátegui. Aspectos controvertidos del legado de habitación previsto por el artículo 822 del Código Civil. In: OVIEDO, Margarita Herrero (Coord.). *Estudios de derecho de sucesiones*. Madrid: La Ley, 2014. p. 146.

O direito real de habitação limita o direito de propriedade e afasta qualquer pretensão à cobrança de aluguel, asseverando Adriana Caldas e Carlos Alberto Maluf, que, para o cônjuge supérstite fazer jus a esse direito, é indispensável que o imóvel não lhe caiba na partilha de bens, pois em contrário exercerá o seu próprio direito de propriedade e, bem assim, este direito real de habitação deve constar expressamente do formal de partilha, sendo objeto de averbação no registro de imóveis,[836] como prevê o art. 167, 7 da Lei dos Registros Públicos (Lei 6.015/1977).

De acordo com o art. 1.831 do Código Civil, o imóvel sobre o qual recai o direito real de habitação deve ser o único apto a oferecer residência ao cônjuge ou convivente e sua família,[837] só podendo ser falado em direito real de habitação caso sobrevivam ao falecido descendentes ou ascendentes, pois, do contrário, a herança por inteiro será recolhida pelo cônjuge ou convivente supérstite, que herdará o domínio da antiga moradia comum.

Quando existirem outros imóveis residenciais há de ser verificado se eles guardam condições suficientes para satisfazer às necessidades habitacionais do cônjuge ou convivente supérstite, pois ainda que existam outros bens imóveis destinados para moradia, eles não impedirão o direito real de habitação sobre bem que era ocupado pelo casal, quando em realidade, existe um só imóvel que pode servir de moradia ao supérstite que estava habituado a certas características geográficas atinentes à localização do imóvel, de conforto e de espaço, cuja preocupação pode ser percebida no Direito lusitano pelo art. 1707º-A, acrescentado ao Código Civil português pela Lei 48/2018, em cujas alíneas vai modulando o direito real de habitação na dependência de onde o imóvel alternativo se encontre, se no mesmo ou em outro *concelho* que seria distrito em que se localiza a moradia, a ponto de ordenar que o direito real de habitação não será conferido se o cônjuge sobrevivo tiver casa própria no *concelho* (distrito) da casa da morada da família, ou nos *concelhos* (distritos) limítrofes se aquela se situar nos *concelhos* (distritos) de Lisboa ou Porto.[838]

Para Mario Roberto Carvalho de Faria, o legislador pecou ao preterir do direito real de habitação a condição dos filhos menores ou deficientes e dos pais idosos que residiam com o sucedido, e desconsiderou o princípio da solidariedade familiar, e o da dignidade da pessoa humana, olvidando-se dos herdeiros vulneráveis, que têm dificuldades para encontrar meios de obter uma residência.[839]

A Lei 48 de 14 de agosto de 2018, estabeleceu no item 3 do art. 1707º-A, aditado ao Código Civil português, que: "sendo a casa de morada de família propriedade do falecido, o cônjuge sobrevivo pode nela permanecer, pelo prazo de cinco anos, como titular de um direito real de habitação e de um direito de uso do recheio".

Como visto, diferentemente do Direito brasileiro, que assegura o direito real de habitação vitalício e indiferente à eventual reestruturação afetiva, econômica e financeira do parceiro supérstite, o Direito português limita esse direito real de habitação a cinco anos se o cônjuge viúvo contar com menos de sessenta e cinco (65) anos de idade à data da abertura da sucessão,

---

[836] MALUF, Adriana Caldas do Rego Freitas Dabus; MALUF, Carlos Alberto Dabus. *Curso de direito das sucessões*. São Paulo: Saraiva, 2013. p. 204.

[837] MAIA JÚNIOR, Mairan Gonçalves. *Sucessão legítima*: as regras da sucessão legítima, as estruturas familiares contemporâneas e a vontade. São Paulo: RT, 2018. p. 598.

[838] Art. 1707º-A, n. 6, do Código Civil de Portugal.

[839] FARIA, Mario Roberto Carvalho de. *Direito das sucessões*: teoria e prática. 8. ed. Rio de Janeiro: Forense, 2017. p. 132.

pois, se contava com essa idade ao tempo do óbito do autor da herança, o direito real de habitação se torna vitalício, exigindo o Direito português que o sobrevivo procure por seu esforço pessoal o soerguimento material e certamente emocional do luto que se estabeleceu, garantindo por um razoável prazo o teto do viúvo ao custo da restrição do uso da propriedade daqueles que herdaram o domínio do imóvel concedido em benefício temporário ao consorte supérstite.

Acresce no item quatro (4) do mesmo artigo que: "excepcionalmente, e por motivos de equidade, o tribunal pode prorrogar o prazo previsto no número anterior considerando, designadamente, a especial carência em que o membro sobrevivo se encontre, por qualquer causa".

Estabelece no item cinco (5) do art. 1.707º do Código Civil de Portugal, que: "os direitos previstos no n. 3 caducam se o interessado não habitar a casa por mais de um ano, salvo se a razão dessa ausência não lhe for imputável".

Ressalva no item seis (6) que: "os direitos previstos no n. 3 não são conferidos ao cônjuge sobrevivo se este tiver casa própria no concelho da casa de morada da família, ou neste ou nos concelhos limítrofes se esta se situar nos concelhos de Lisboa ou do Porto".

Ainda delibera sobre o direito real de habitação português, ao acrescer no item sete (7) que: "esgotado o prazo em que beneficiou do direito de habitação, o cônjuge sobrevivo tem o direito de permanecer no imóvel na qualidade de arrendatário, nas condições gerais de mercado, e tem direito a permanecer no local até à celebração do respectivo contrato, salvo se os proprietários satisfizerem os requisitos legalmente estabelecidos para a denúncia do contrato de arrendamento para habitação, pelos senhorios, com as devidas adaptações".

Ao passo que no item nove (9) assegura ao cônjuge sobrevivo o direito de preferência em caso de alienação do imóvel, durante o tempo que o habitar e a qualquer título.

Não sobram dúvidas de que o Direito português se apresenta mais próximo de uma igualdade real dos cônjuges, reconhecendo o direito real de habitação por tempo determinado e com as exceções ora apontadas, e neste aspecto se mostra mais consentâneo em conciliar a *autonomia privada* com os *direitos fundamentais*, ao apontar uma inevitável revisão de uma concessão *ex lege* (ordenada pelo legislador com a propriedade alheia), e vitalícia de um benefício que nem sempre se mostra realmente necessário e, por vezes, até mesmo se apresenta como abusivo.

Não sem outra razão que se ressente o direito sucessório brasileiro de uma profunda reflexão e revisão de seus propósitos que parecem congelados no tempo, como em boa hora argumenta Ana Luiza Maia Nevares, ao propor exatamente uma releitura do direito real de habitação, para que se faça imperiosa a necessidade de serem analisadas as condições pessoais do beneficiário.[840]

Segundo Ana Luiza Maia Nevares, a família do século XXI é diferente da família da década de 1970, quando ainda não existia o divórcio no ordenamento jurídico brasileiro, e, quando promulgada a Lei do Divórcio em 1977, sua concessão ainda era restrita a um único divórcio, nem era possível acenar com algum esboço de igualdade entre homens e mulheres. Diante das radicais mudanças verificadas na sociedade brasileira desde o advento da Lei do Divórcio, seguido pela Carta Política em 1988, calha questionar se ainda subsiste na sociedade brasileira a mesma função que antes era extraída da concessão do direito real de habitação (embora no Código Civil de 1916 ela fosse limitada aos casamentos convolados pelo regime da comunhão universal de bens, sendo destinado para os demais regimes patrimoniais o usufruto vidual). Ana Luiza Maia Nevares arremata, portanto, que em muitas situações fáticas

---

[840] NEVARES, Ana Luiza Maia. Uma releitura do direito real de habitação previsto no art. 1.831 do Código Civil. In: TEPEDINO, Gustavo; MENEZES, Joyceane Bezerra de (Coord.). *Autonomia privada, liberdade existencial e direitos fundamentais*. Belo Horizonte: Fórum, 2019. p. 454.

não há necessidade alguma de garantir o direito de moradia ao consorte sobrevivo, seja porque ele já é proprietário de imóvel próprio, seja porque herda bens e direitos que lhe garantem a moradia, desaparecendo a função social do direito real de habitação.[841]

O direito real de habitação suscita alguns exemplos dignos de registro doutrinário, como faz José Maria Leoni Lopes de Oliveira ao aventar a hipótese de o imóvel habitacional ter sido legado a terceiro por meio de um testamento,[842] situação em que realmente o legatário teria de respeitar o direito real de habitação destinado ao cônjuge viúvo, ou ao convivente supérstite, eis que o legado precisa suportar o outro legado, este *ex lege*, produto da vontade do legislador de assegurar a subsistência da moradia ao parceiro sobrevivo e cujo direito à moradia é assegurado pela Carta Federal, em seu art. 6º, como sendo um direito social fundamental.

Aduz José Janguiê Bezerra Diniz serem os direitos sociais a efetividade do princípio da dignidade da pessoa humana, representando a garantia constitucional que permita ao cidadão brasileiro ter assegurado o mínimo para ter uma vida digna.[843]

Priscila Corrêa da Fonseca afirma que, existindo mais de um imóvel residencial a inventariar, sendo meeiro ou não, herdeiro ou não, o cônjuge ou o convivente sobreviventes, terão sempre o direito real de habitação sobre o imóvel em que residiam um ou outro com o parceiro falecido, desde que não tenham o consorte ou o companheiro sobrevivo sido contemplados, no inventário, com outro imóvel que possa lhes servir de moradia,[844] concessão outorgada pelo Estado em benefício *ex lege*, que vê nesse mecanismo de proteção do cônjuge ou convivente uma fórmula de evitar a sobrecarga do próprio Estado, cumprindo, portanto, uma finalidade social em forma de solidariedade pós-conjugal, tanto em situação de crise em vida de seus membros, como em situações de extinção do vínculo pela morte.[845]

O Superior Tribunal de Justiça tem sido convocado a solucionar pendências jurídicas carregadas, por vezes, de visceral rejeição e hostilização familiar que se instala entre os herdeiros e consortes sobreviventes de um novo casamento ou de uma nova união afetiva do autor da herança, como corriqueiramente se apresentam inúmeras situações bastante comuns no dinâmico relacionamento afetivo, que desde o advento do divórcio permite legalmente uma sucessão de casamentos, assim como reconhece os mesmos efeitos jurídicos ao estabelecimento de renováveis e estáveis convivências.

No REsp 1.134.387/SP, relatado na 3ª Turma pela Ministra Nancy Andrighi, em voto datado de 16 de abril de 2013, o Superior Tribunal de Justiça concluiu que o direito real de habitação deve ser conferido mesmo quando só existirem descendentes exclusivos do falecido.[846] Mas, no Agravo Regimental no Recurso Especial 1.436.350/RS, da 3ª Turma do STJ, relatado pelo Ministro Paulo de Tarso Sanseverino e julgado em 12 de abril de 2016, não foi

---

[841] Idem. Ob. cit., p. 456.
[842] OLIVEIRA, J. M. Leoni Lopes de. *Direito civil*: sucessões. Rio de Janeiro: Forense, 2017. p. 343.
[843] DINIZ, José Janguiê Bezerra et al. *Constituição Federal Comentada*. Rio de Janeiro: Forense, 2018. p. 354.
[844] FONSECA, Priscila M. P. Corrêa da. *Manual do planejamento patrimonial das relações afetivas e sucessórias*. São Paulo: RT, 2018. p. 189.
[845] GRAMUNT, Mariló; RUBIO, Gemma. Instrumentos de protección de la pareja superviviente en el derecho civil de Cataluña. In: OVIEDO, Margarita Herrero (Coord.). *Estudios de derecho de sucesiones*. Madrid: La Ley, 2014. p. 573.
[846] "Direito Civil. Direito de Família e Sucessão. Direito real de habitação do cônjuge sobrevivente. Reconhecimento mesmo em face de filhos exclusivos do *de cujus*. 1. O direito real de habitação sobre o imóvel que servia de residência do casal deve ser conferido ao cônjuge/companheiro sobrevivente não apenas quando houver descendentes comuns, mas também quando concorrerem filhos exclusivos do *de cujus*. 2. Recurso Especial improvido."

reconhecido o direito real de habitação quando o imóvel residencial não mais pertencia inteiramente à autora da sucessão, não havendo como impor o ônus do uso gratuito a terceiros coproprietários do imóvel, sob pena de lhes violar o direito de propriedade, quando preexistia à abertura da sucessão um condomínio imobiliário.[847]

Obviamente, se o imóvel ocupado pelo casal por comodato de terceiros, que são proprietários do imóvel, podendo ser os próprios filhos do sucedido que receberam o imóvel por doação em vida, reservando o usufruto ao pai que recasou, descabe lhes impingir o direito real de habitação, e os proprietários se habilitam a promover a competente ação de reintegração de posse se, notificado a desocupar o imóvel, o cônjuge ou convivente supérstite relutar em abandoná-lo. Por sua vez, o Superior Tribunal de Justiça já decidiu no REsp 1.654.060/RJ, relatado pela Ministra Nancy Andrighi e julgado pela 3ª Turma, em 2 de outubro de 2018, que o titular do direito real de habitação não pode ofertar o imóvel para uso de terceiros mediante locação ou comodato.[848]

---

[847] "Civil. Direito real de habitação. Inoponibilidade a terceiros coproprietários do imóvel. Condomínio preexistente à abertura da sucessão. Artigo analisado: 1.611, § 2º, do CC/1916. 1. Ação reivindicatória distribuída em 07.02.2088, da qual foi extraído o presente recurso especial, concluso ao Gabinete em 19.03.2010. 2. Discute-se a oponibilidade do direito real de habitação da viúva aos coproprietários do imóvel em que ela residia com o falecido. 3. A intromissão do Estado-legislador na liberdade das pessoas disporem dos respectivos bens só se justifica pela igualmente relevante proteção constitucional outorgada à família (art. 203, I, da CF/1988), que permite, em exercício de ponderação de valores, a mitigação dos poderes inerentes à propriedade do patrimônio herdado, para assegurar a máxima efetividade do interesse prevalente, a saber, o direito à moradia do cônjuge supérstite. 4. No particular, toda a matriz sociológica e constitucional que justifica a concessão do direito real de habitação ao cônjuge supérstite deixa de ter razoabilidade, em especial porque o condomínio formado pelos irmãos do falecido preexiste à abertura da sucessão, e não em decorrência deste evento. 5. Recurso especial conhecido e provido." (STJ, REsp 1.184.492/SE, 3ª Turma, Relatora Ministra Nancy Andrighi, julgado em 01.04.2014). "Direito das Sucessões. Recurso Especial. Sucessão aberta anteriormente à vigência do Código Civil de 2002. Companheira sobrevivente. Direito real de habitação não reconhecido no caso concreto. 1. Em matéria de direito sucessório, a lei de regência é aquela referente à data do óbito. Assim, é de se aplicar ao caso a Lei 9.278/1996, uma vez que o Código Civil ainda não havia entrado em vigor quando do falecimento do companheiro da autora, ocorrido em 19.10.2002. 2. Não há direito real de habitação se o imóvel no qual os companheiros residiam era propriedade conjunta do falecido e de mais doze irmãos. 3. O direito real à habitação limita os direitos de propriedade, porém, quem deve suportar tal limitação são os herdeiros do *de cujus*, e não quem já era proprietário do imóvel antes do óbito e havia permitido sua utilização a título de comodato. 4. Recurso especial não provido." (STJ, 4ª Turma, REsp 1.212.121/RJ, Relator Ministro Luis Felipe Salomão, julgado em 03.12.2013).

[848] "Civil. Processual civil. Ação de inventário. Omissão e obscuridade. Inocorrência. Direito real de habitação. Companheiro sobrevivente. Aplicação dos mesmos direitos e dos mesmos deveres atribuídos ao cônjuge sobrevivente. Celebração de contrato de locação ou comodato do imóvel objeto do direito de uso. Impossibilidade. Constatação, ademais, de que a titular do direito não reside no local. Analogia entre o direito real de habitação e o bem de família. Ausência de prequestionamento. Súmula 211/STJ. Dissídio jurisprudencial. Premissas fáticas distintas. 1. Ação distribuída em 28.04.2006. Recurso especial interposto em 29.05.2013 e atribuído à Relatora em 25.08.2016. 2. O propósito recursal consiste em definir, para além da alegada negativa de prestação jurisdicional, se é admissível que o companheiro sobrevivente e titular do direito real de habitação celebre contrato de comodato com terceiro. 3. Não há violação ao art. 535, incs. I e II, do CPC/1973, quando se verifica que o acórdão recorrido se pronunciou precisamente sobre as questões suscitadas pela parte. 4. A interpretação sistemática do art. 7º, parágrafo único, da Lei 9.278/1996, em sintonia com as regras do CC/1916 que regem a concessão do direito real de habitação, conduzem à conclusão de que ao companheiro sobrevivente é igualmente vedada a celebração de contrato de locação ou de comodato, não havendo justificativa teórica para, nesse particular, estabelecer-se distinção em rela-

No Código Civil de 1916, o direito real de habitação era unicamente assegurado ao cônjuge casado pelo regime da comunhão universal de bens (CC/1916, art. 1.611, § 2º), que, diante do regime da comunhão plena dos bens, dispondo de toda uma meação, não gozava do direito ao usufruto vidual de mais que uma quarta parte (1/4) dos bens inventariados.

Conforme Mairan Gonçalves Maia Júnior, o direito real de habitação como concedido pela lei brasileira não pode ser suprimido por disposição testamentária do titular do imóvel, como de fato não pode, mas, como se trata de um benefício, pode ser previamente renunciado pelo consorte ou convivente sobreviventes, em uma escritura de pacto antenupcial para a hipótese do casamento, ou em uma escritura de convivência para as uniões estáveis, ou em qualquer escritura de renúncia, quando não renunciarem por termo nos autos do inventário ou na escritura de inventário extrajudicial, acrescentando Mairan Gonçalves Maia Júnior se tratar de disposição de direito patrimonial e, portanto, de natureza disponível, podendo, por esse motivo, ser objeto de renúncia por parte do cônjuge ou do convivente, sem prejuízo de seus direitos hereditários,[849] como concluiu o Enunciado 271 da *III Jornada de Direito Civil*.[850]

Antes do julgamento pelo Plenário do Supremo Tribunal Federal, do RE 878.694/MG, o art. 1.831 do Código Civil não concedia o direito real de habitação ao convivente, eis que era benefício restrito ao cônjuge, embora o direito real de habitação do convivente sobrevivo estivesse expressamente previsto e houvesse sido reconhecido pelo parágrafo único do art. 7º da Lei 9.278, de 10 de maio de 1996, enquanto ele vivesse ou não constituísse nova união ou casamento. Era um benefício condicionado ao convivente sobrevivente não constituir novo relacionamento estável, nem se casar, restrição que inexiste no art. 1.831 do Código Civil e cujo dispositivo é, na atualidade, igualmente aplicável à união estável, como consequência da inconstitucionalidade do art. 1.790 do Código Civil declarada pelo STF.

Para Zeno Veloso, a atual redação do art. 1.831 do Código Civil não se mostra justa nem ele encontra razão para se manter o direito real de habitação se o cônjuge sobrevivente constituir nova família, e o mesmo pode ser dito do convivente sobrevivo, sendo que Zeno Veloso, inclusive, propõe a alteração do art. 1.831 do Código Civil com o acréscimo da condicional *enquanto permanecer viúvo ou não constituir união estável*,[851] como, por sinal, era a redação do parágrafo único do art. 7º da Lei 9.278/1996, projetada para o direito real de habitação aplicável à união estável e que não foi repristinada pelo Código Civil de 2002, cujo texto legal sequer previu esse direito para a convivência estável.

Trata-se de uma espécie de fidelidade *post mortem* que precisaria ser observada como condição resolutória de uma nova relação de casamento ou de convivência iniciada pelo cônjuge ou companheiro sobrevivente, fato que o direito alienígena resolve concedendo o

---

ção à disciplina do direito real de habitação a que faz jus o cônjuge sobrevivente, especialmente quando o acórdão recorrido, soberano no exame dos fatos, concluiu inexistir prova de que a titular do direito ainda reside no imóvel que serviu de moradia com o companheiro falecido. 5. Não se admite o recurso especial quando a questão que se pretende ver examinada – analogia do direito real de habitação em relação ao bem de família – não foi suscitada e decidida pelo acórdão recorrido, nem tampouco foi suscitada em embargos de declaração. Súmula 211/STJ. 6. A dessemelhança fática entre os paradigmas e o acórdão recorrido impedem o conhecimento do recurso especial pela divergência jurisprudencial. 7. Recurso especial parcialmente conhecido e, nessa extensão, desprovido."

[849] MAIA JÚNIOR, Mairan Gonçalves. *Sucessão legítima*: as regras da sucessão legítima, as estruturas familiares contemporâneas e a vontade. São Paulo: RT, 2018. p. 600.

[850] Enunciado 271 – "Art. 1.831. O cônjuge pode renunciar ao direito real de habitação nos autos do inventário ou por escritura pública, sem prejuízo de sua participação na herança".

[851] VELOSO, Zeno. In: FIUZA, Ricardo (Coord.). *Novo Código Civil comentado*. São Paulo: Saraiva, 2002. p. 1.651.

benefício vidual de habitação para o sobrevivente durante *um ano de viuvez*, reconhecido no art. 231-31 do Código Civil da Catalunha.

Comentando esse dispositivo, Mariló Garamunt e Gemma Rubio referem se tratar de um benefício que confere proteção legal à imprevisibilidade da morte, e é esta incerteza que o direito busca proteger, sendo que o tempo posterior à morte do consorte é o tempo de reorganização econômico-familiar, que independe do regime de bens e dos direitos sucessórios atribuídos por lei ao sobrevivente, mas que somente corresponde à cobertura das necessidades imediatas e, sem ser uma solução patrimonial, mas apenas uma solução provisória e de urgência, intenta que cubra um tempo de certa confusão e enquanto se determinam outros direitos de maior alcance, e se resolva a titularidade sobre a vivenda conjugal.[852]

Tampouco o Direito brasileiro disciplina acerca da eventual perda do direito real de habitação pelo cônjuge ou companheiro sobrevivente caso ele não exercite tal direito, e calha perquirir se seria possível obter a declaração judicial de perda desse direito pela inércia de seu titular.

Vitor Hugo de Melo e Aline Lampert Rocha Pagliosa admitem, em virtude de o Supremo Tribunal Federal, ao apreciar o tema 809 da repercussão geral e declarar inconstitucional o art. 1.790 do Código Civil, para, doravante, ser aplicado também para a união estável o sistema jurídico previsto no art. 1.829 do mesmo Diploma Substantivo e com ele, por arrasto, também o art. 1.831 do Código Civil que cuida do direito real de habitação, que, tanto para o casamento como para a união estável é possível defender a extinção do direito real de habitação pelo não exercício desse direito, diante das regras de conduta previstas nos arts. 113, 187 e 422 do Código Civil no tocante aos desdobramentos da boa-fé objetiva, todos acrescidos do art. 5º do Código de Processo Civil que, por igual, requisita um comportamento lastreado na boa-fé objetiva processual de qualquer pessoa que participe de algum processo e que, embora o direito real de habitação como benefício sucessório possua um caráter *vitalício*, deve ser promovida uma interpretação analógica do direito real de habitação com as regras aplicáveis ao *usufruto*,[853] tal qual ordena o próprio art. 1.416 do Código Civil, ao estabelecer o aproveitamento à *habitação*, naquilo que não for contrário à sua natureza, nas disposições relativas ao usufruto,[854] e que é possível aproveitar as regras do usufruto ao direito de habitação, pres-

---

[852] GRAMUNT, Mariló; RUBIO, Gemma. Instrumentos de protección de la pareja superviviente en el derecho civil de Cataluña. In: OVIEDO, Margarita Herrero (Coord.). *Estudios de derecho de sucesiones*. Madrid: La Ley, 2014. p. 580.

[853] "Apelação Cível. Posse (Bens Imóveis). Ação reivindicatória. Direito real de habitação. Bem imóvel. Residência. Novo casamento. Inocorrência de causa extintiva. Reforma da sentença hostilizada. I. Nos termos do art. 1.831, do Código Civil, ao cônjuge sobrevivente é assegurado o direito real de habitação, cujas causas de extinção são as mesmas previstas para o usufruto. Inteligência do art. 1.416 c/c o art. 1.410, ambos do CC/2002. II. Assim, no caso concreto, o fato de o cônjuge supérstite ter contraído novo matrimônio não acarretou a extinção do direito em estudo. Nesse andar, a disposição do parágrafo único, do art. 7º, da Lei 9.278/1996 é própria do instituto da união estável, não se aplicando, portanto, ao caso concreto, em que a ré era casada com o extinto. III. Na hipótese, a prova dos autos demonstra que o casal residia, desde 1990, no imóvel *sub judice*, sendo irrelevante o fato de a ré ser autora em ação de usucapião que tem por objeto outro bem imóvel, à luz dos precedentes do STJ. IV. Destarte, deve ser reconhecido o direito real de habitação da demandada, impondo-se a improcedência da ação reivindicatória movida pela filha do *de cujus*, a quem tocou a propriedade do imóvel por força do inventário. V. Com a reforma da decisão, os ônus sucumbenciais serão arcados integralmente pela autora, uma vez que ausente decaimento por parte da ré. Apelo provido. Unânime." (Apelação Cível 70075667006, Vigésima Câmara Cível, TJRS, Relator Des. Dilso Domingos Pereira, julgado em 29.11.2017).

[854] CC/2002 – "Art. 1.416. São aplicáveis à habitação, no que não for contrário à sua natureza, as disposições relativas ao usufruto".

crevendo então o art. 1.410, inc. VIII, do Código Civil,[855] que o usufruto se extingue pelo não uso, ou pela não fruição da coisa em que o usufruto recai.[856] É a lição da atual doutrina, ao mencionar "que tendo o usufruto, em regra, finalidade assistencial, o desinteresse do usufrutuário não apenas faz presumir a renúncia deste, mas coloca em risco a própria expectativa do nu-proprietário de receber a coisa de volta ao final".[857]

A declaração da perda do direito real de habitação pelo seu não exercício e por analogia ao direito de usufruto se fará em ação sucessória de *declaração* da perda do direito real de habitação, a ser distribuída e processada em apenso ao processo e ao juízo do inventário. A mesma norma já preexistia no art. 748 do Código Civil de 1916, ao ordenar fossem aplicadas à habitação, no que não lhe contrariar a natureza, as disposições concernentes ao usufruto, contudo, na lição doutrinária da época não se perdia o direito de habitação pelo seu não uso, e por analogia ao usufruto, referindo Ney Rosa Goulart e Paulo Eduardo Ferreira Seffrin que, "pelo não uso da coisa usuária ou habitada, o titular não pode perder o seu direito, que, no caso, é imprescritível, remanesce escapo à prescrição extintiva ou liberatória".[858]

79.9. Direito à totalidade da herança

Seguindo a ordem de vocação hereditária do art. 1.829, inc. III, do Código Civil, que regula tanto a sucessão do cônjuge como a do convivente sobrevivente (RE 646.721/RS e RE 878.694/MG – tema 809 da repercussão geral), faltando descendentes ou ascendentes, a herança será deferida inteiramente ao cônjuge ou companheiro supérstite (CC, art. 1.838).

Segundo Mairan Gonçalves Maia Júnior, as regras das Ordenações Filipinas já não favoreciam o cônjuge, que só era chamado a suceder após os colaterais do 10º grau e desde que

---

[855] "Agravo de Instrumento. Posse. Ação de extinção de direito real de habitação. Gratuidade de justiça. Impossibilidade de suportar as despesas processuais sem comprometer o próprio sustento. Carência do autor, a autorizar a ajuda do Estado, demonstrada pela cópia da CTPS do agravante, a qual comprova estar desempregado desde julho de 2011 e, atualmente, acumulando dívidas. Decisão de primeiro grau, reformada, para conceder ao recorrente o benefício da justiça gratuita. Antecipação de tutela. Levantamento de gravame. Provimento final. Possibilidade. Exigência de verossimilhança da alegação, atestada por prova inequívoca, e o receio de dano irreparável ou de difícil reparação para a concessão da tutela antecipada (art. 273, inc. I, do CPC/1973). Aplicam-se ao direito real de habitação, no que couber, as disposições concernentes ao usufruto. Extinção do direito real de habitação pelo não uso por parte do beneficiário, conforme autorizado pelo art. 1.410, inc. VIII, do CCB. Verossimilhança das alegações do autor, filho da falecida titular registral do bem, com concordância da parte adversa no levantamento do gravame, pois não tem mais interesse em residir no imóvel. Risco de dano irreparável a justificar a urgência do requerente no cancelamento da restrição para viabilizar a alienação do imóvel, pois teve seu nome inscrito em órgão de proteção a crédito, por dívidas inadimplidas. Depósito em juízo da metade do produto que obtiver com a venda do imóvel, conforme ofertado pelo próprio recorrente, a fim de garantir a reversibilidade da decisão. Interlocutória reformada. Deram provimento ao Agravo de Instrumento. Unânime." (Agravo de Instrumento 70056494198, Décima Oitava Câmara Cível do TJRS, Relator Desembargador Nelson José Gonzaga, julgado em 28.11.2013).

[856] MELO, Vitor Hugo de; PAGLIOSA, Aline Lampert Rocha. A perda do direito real de habitação pelo companheiro sobrevivente devido ao não exercício do direito através de ação declaratória. *Revista Nacional de Direito de Família e Sucessões*, v. 25, p. 58-79, 2018.

[857] ROMITTI, Mário Müller; DANTAS JÚNIOR, Aldemiro Rezende. In: ALVIM, Arruda; ALVIM, Thereza (Coord.). *Comentários ao Código Civil brasileiro*: do direito das coisas. Rio de Janeiro: Forense, 2004. v. XIII, p. 36.

[858] GOULART, Ney Rosa; SEFFRIN, Paulo Eurides Ferreira. *Usufruto, uso e habitação*. Rio de Janeiro: Forense, 1986. p. 52.

estivesse casado ao tempo da abertura da sucessão, privilegiando na prática a sucessão em prol dos parentes mais distantes, e não era diferente em outros ordenamentos estrangeiros, como no caso do Código Civil francês de 1804, que privilegiava os colaterais até o 12º grau de parentesco, em detrimento do cônjuge sobrevivente.[859]

O Código Civil de 1916 reconhecia a sucessão do cônjuge na terceira ordem de vocação hereditária, embora não contemplasse a figura do convivente, considerando que o direito sucessório do companheiro sobrevivo só nasceu com a Carta Federal de 1988, afirmando Luciano de Camargo Penteado ser legítima a convocação do cônjuge ou convivente na terceira ordem de chamada, como herdeiro universal diante da ausência, exclusão ou desistência de descendentes ou ascendentes, pois o parceiro sobrevivente é a pessoa com quem o falecido tinha laços afetivos mais próximos depois dos vínculos afetivos e parentais relacionados com seus descendentes e ascendentes, não se vislumbrando nenhuma razão para chamar os colaterais antes do cônjuge,[860] como não havia nenhuma razão para privilegiar o viúvo do casamento em detrimento do supérstite da união estável, tanto que declarada pelo Supremo Tribunal Federal a inconstitucionalidade do art. 1.790 do Código Civil, por encontrar e ordenar a simetria de direitos e de deveres entre as duas instituições familiares no campo do direito sucessório.

Conforme Arthur Vasco Itabaiana de Oliveira, em obra datada da década de 1930, a lei, ao chamar à sucessão do falecido o cônjuge sobrevivente, depois dos ascendentes e antes dos colaterais, seguiu os princípios da equidade natural, quais sejam, as consequências normais de uma afeição presumida, e os deveres necessários que nascem da mais perfeita comunhão de existência, porque a vida conjugal, conclui o autor em seu clássico livro, é a coparticipação das desgraças, dos sofrimentos, das privações, dos prazeres fugitivos da vida e das felicidades do lar, promovendo o legislador, com a edição da Decreto 1.839, de 31 de dezembro de 1907, uma necessária reorganização da vocação hereditária considerada a partir dos vínculos de parentesco, de afeição e de dependência econômico-financeira.[861]

E se no passado, assim como na atualidade, o consorte ou o convivente sobrevivo seguem sendo chamados à herança, um ou outro, como um herdeiro universal, mas somente depois dos descendentes e dos ascendentes, porque seguem hígidos os mesmos princípios que nortearam o legislador do começo do século passado, e que permitem concluir que a sucessão concorrencial do Código Civil de 2002 não transmuda o cônjuge ou o companheiro sobrevivos em um herdeiro universal que estaria como tal posicionado em três diferentes classes.

Quando o cônjuge ou o convivente concorrem com descendentes ou ascendentes, trata-se unicamente de um legatário *ex lege*, assim considerado como um herdeiro irregular ou concorrencial, porque só serão herdeiros, na exata acepção e significado do termo, na hipótese de inexistirem, se forem excluídos ou renunciarem todos os descendentes e ascendentes, em cuja ocasião serão convocados por se encontrarem na terceira ordem de vocação hereditária.

Este, inclusive, é o pensamento externado por Mário Luiz Delgado, ao prescrever que o cônjuge permanece como herdeiro da terceira classe e, embora concorra excepcionalmente com herdeiros de primeira e segunda classes, é sucessor somente da terceira classe, porquanto, *concurso* significa o chamamento de pessoas com qualificações jurídicas diversas, e não se trata de uma classificação meramente terminológica, com relevantes reflexos, podendo ser

---

[859] MAIA JÚNIOR, Mairan Gonçalves. *Sucessão legítima*: as regras da sucessão legítima, as estruturas familiares contemporâneas e a vontade. São Paulo: RT, 2018. p. 511-513.
[860] PENTEADO, Luciano de Camargo. *Manual de direito civil*: sucessões. São Paulo: RT, 2014. p. 111.
[861] OLIVEIRA, Arthur Vasco Itabaiana de. *Tratado de direito das sucessões*. 3. ed. Rio de Janeiro: Livraria Jacintho, 1936. v. I, p. 192.

tomado como exemplo o art. 1.810 do Código Civil, quando um dos herdeiros renuncia à herança, a parte do renunciante acresce à dos outros herdeiros da mesma classe ou é devolvida aos da classe subsequente, sendo o renunciante o único de sua classe e se o cônjuge concorre com um filho e este renuncia à herança, a parte deste filho acrescerá à do cônjuge, somente se este for considerado herdeiro da primeira classe, ou será devolvida aos ascendentes, herdeiros da segunda classe, com os quais o cônjuge passará a concorrer, se considerado, como é, herdeiro da terceira classe.[862]

Lembra Martín Garrido Melero historiando o Direito espanhol, e não foi diferente no Direito brasileiro, que os ordenamentos jurídicos, tanto atuais como do passado, sempre distinguiram a proteção do grupo familiar consanguíneo (descendentes, ascendentes e irmãos) em confronto com o amparo do parceiro afetivo do autor da herança, sendo fato que o companheiro sobrevivo sempre foi protegido, porém, o sistema de proteção foi idealizado muitas vezes fora da instituição da legítima ou à sua margem,[863] como no sistema jurídico brasileiro sucedeu ao tempo do Código Civil de 1916, por cujo ordenamento jurídico o consorte viúvo não recebia o domínio dos bens se houvesse herdeiros descendentes ou ascendentes, mas somente um benefício vidual que variava conforme o regime de bens, entre o usufruto vidual e o direito real de habitação e assim prossegue o legislador contemporâneo com o benefício vidual do direito concorrencial, só existindo a legítima do cônjuge ou do companheiro sobreviventes quando ausentes herdeiros descendentes e ascendentes.

Pode ser dito que o Direito brasileiro também optou por um duplo sistema de proteção, regulando um direito legitimário quando convoca o cônjuge ou convivente supérstites ao chamá-los na terceira classe de herdeiros universais, ou a eles confere um legado imposto por lei e a eles concede, em certas circunstâncias, um direito dominial.

Por conta disto, escreve Mairan Gonçalves Maia Júnior que, sendo o cônjuge chamado em terceiro lugar como herdeiro legítimo único, e este seu chamamento afasta os colaterais, nesta ocasião, o consorte supérstite recolhe a totalidade da herança, independentemente da natureza e da origem dos bens, ressalvada apenas a possibilidade de existência de testamento, dispondo da parte disponível, e se o companheiro ou cônjuge sobrevivo for o herdeiro único e universal, sequer haverá partilha, devendo os bens sucessíveis serem adjudicados em favor do sobrevivo, por carta de adjudicação, se escolhido o inventário judicial, ou por escritura pública se adotada a sua versão extrajudicial.[864]

Quando o cônjuge ou o convivente (repercussão geral – tema 809) vem ao inventário como herdeiro necessário e universal, nos termos do art. 1.845 do Código Civil, a ele é reservada a legítima, porção indisponível do patrimônio integral deixado pelo *de cujus* e não apenas os bens particulares, o que acontece quando ele concorre em certos e determinados regimes de bens com os herdeiros legítimos descendentes, ou quando concorre como herdeiro *irregular* (concorrencial) com ascendentes e não como herdeiro universal porque ausentes descendentes e ascendentes. Como acrescenta Mairan Gonçalves Maia Júnior, chamado à sucessão como herdeiro único, à míngua de descendentes e ascendentes, lhe caberá toda a porção da legítima, que pode ser um mínimo de cinquenta por cento (50%), a denominada porção indisponível, porque

---

[862] DELGADO, Mário Luiz. Controvérsias na sucessão do cônjuge e do convivente. Uma proposta de harmonização do sistema. In: DELGADO, Mário Luiz; ALVES, Jones Figueirêdo (Coord.). *Novo Código Civil*: questões controvertidas no direito de família e das sucessões. São Paulo: Método, 2005. v. 3, p. 422.
[863] MELERO, Martín Garrido. *Derecho de sucesiones*. 2. ed. Madrid: Marcial Pons, 2009. t. I, p. 113.
[864] MAIA JÚNIOR, Mairan Gonçalves. *Sucessão legítima*: as regras da sucessão legítima, as estruturas familiares contemporâneas e a vontade. São Paulo: RT, 2018. p. 561.

os outros cinquenta por cento (50%) da chamada porção disponível, podem ser objeto de disposição testamentária,[865] ou somente parte desta disponível consoante o livre-arbítrio do testador que não está obrigado a dispor e distribuir toda a sua porção disponível e pode simplesmente dela dispor livremente em um espaço existente entre o nada dela e toda ela.

Essa clara existência no direito sucessório de uma dupla proteção do consorte ou convivente supérstite buscou se desatrelar de quaisquer vínculos protetivos preexistentes, ou não, nos diferentes regimes de bens e destes os benefícios sucessórios estão inteiramente apartados, dado que o próprio direito sucessório construiu pelo sistema dos benefícios viduais o contrapeso destinado a evitar situações consideradas injustas para a proteção do cônjuge ou do companheiro sobreviventes, e como arremata Martin Garrido Melero, o paulatino desaparecimento dos direitos econômicos matrimoniais deu lugar ao estabelecimento no direito sucessório de atribuições legais para proteger o cônjuge, porém, fora dos mecanismos da legítima.[866]

Assim, não existindo descendentes nem ascendentes do falecido, o cônjuge ou o convivente receberão toda a herança, independentemente do regime de bens (CC, art. 1.838), inclusive sobre os bens recebidos a qualquer título pelo cônjuge falecido, indiferentemente à origem destes bens, sendo, no entanto, excluído da herança se estiver separado de fato ou de direito.

A separação de fato deve ser contada a qualquer tempo e não somente após dois anos (CC, art. 1.830), sem culpa própria pela separação, pois a separação de fato gera de imediato os seus efeitos jurídicos e dentre estes está o da contígua cessação de qualquer efeito econômico do casamento e da união estável, sendo descabida a pesquisa judicial da *culpa mortuária* quando a Emenda Constitucional 66/2010 afastou do processo brasileiro a discussão da culpa pela derrocada matrimonial e, sabido que no instituto da união estável jamais existiu qualquer espaço plausível para identificar responsáveis pela ruptura de uma entidade familiar informal, estando implicitamente revogado o art. 1.830 do Código Civil.[867]

Não fosse considerada como termo final dos direitos sucessórios a separação de fato ou de direito, em qualquer uma de suas modalidades judicial ou extrajudicial, se chegaria ao absurdo de ter de dividir a herança entre duas *viúvas*, uma do casamento e a outra da união estável constituída pelo falecido depois da sua fática separação, como expressamente é permitido pelo § 1º do art. 1.723 do Código Civil, que reconhece como entidade familiar a união estável entre duas pessoas, mesmo quando uma delas, ou ambas, em sendo casadas, se acharem separadas de fato ou de direito.

Como defende Inacio de Carvalho Neto, o casamento, e o mesmo se presta para a união estável, se dissolve com o fim da convivência, e não com a separação formal, sendo inadmissível a habilitação concomitante do cônjuge separado de fato e do companheiro que coabitava com o autor da herança, a incidir hipoteticamente, uma espécie de dúplice concorrência sucessória, habilitando-se ao mesmo tempo o cônjuge e o convivente como herdeiros, para

---

[865] MAIA JÚNIOR, Mairan Gonçalves. *Sucessão legítima*: as regras da sucessão legítima, as estruturas familiares contemporâneas e a vontade. São Paulo: RT, 2018. p. 562.

[866] MELERO, Martín Garrido. *Derecho de sucesiones*. 2. ed. Madrid: Marcial Pons, 2009. t. I, p. 114.

[867] "Direito Civil. Família. Sucessão. Comunhão universal de bens. Sucessão aberta quando havia separação de fato. Impossibilidade de comunicação dos bens adquiridos após a ruptura da vida conjugal. 1. O cônjuge que se encontra separado de fato não faz jus ao recebimento de quaisquer bens havidos pelo outro por herança transmitida após decisão liminar de separação de corpos. 2. Na data em que se concede a separação de corpos, desfazem-se os deveres conjugais, bem como o regime matrimonial de bens; e a essa data retroagem os efeitos da sentença de separação judicial ou divórcio. 3. Recurso especial não conhecido." (STJ, 4ª Turma, REsp 1.065.209/SP, Relator Ministro João Otávio Noronha, julgado em 08.06.2010).

ambos sucederem em concurso com os descendentes ou os ascendentes, ou dividindo a herança em dois montes, destinando um deles ao consorte e o outro monte ao companheiro, caso ausentes descendentes ou ascendentes, como se o morto tivesse deixado as propaladas duas *viúvas*, uma com a qual convivia ao tempo da abertura da sucessão e a outra que por ele foi abandonada no período não superior a dois anos antes do seu falecimento (CC, art. 1.830).

São requisitos, para o chamamento do cônjuge ou do companheiro sobrevivos, identificar:

a) existência de vínculo matrimonial ou de união estável no momento anterior imediato ao do falecimento do autor da herança, não existindo casamento se declarado nulo ou anulado, salvo o pressuposto do casamento putativo a gerar efeitos jurídicos em favor do consorte ou convivente de boa-fé (CC, art. 1.561), contanto que iniciado antes da morte de um dos cônjuges o processo judicial de invalidade das núpcias, e desde que durante a sua tramitação tenha se estabelecido uma separação de fato ou de corpos (CC, art. 1.562) entre os *cônjuges* litigantes, mas se o cônjuge viúvo for o que agiu de má-fé, os herdeiros colaterais ou testamentários poderão requerer a devolução dos bens deixados para que se conservem no espólio do inventariado;[868]

b) que não exista separação de fato por qualquer tempo, e não somente pelo prazo mínimo de dois anos, como sugere o art. 1.830 do Código Civil, a despeito de a pesquisa da culpa mortuária vedada desde o advento da Emenda Constitucional 66/2010, salvo tenha ocorrido alguma cena pontual de violência doméstica, com a ordem de afastamento temporário do cônjuge ofensor, sendo que a reconciliação dos cônjuges durante a separação reincorpora o consorte na sua posição de sucessor *abintestato*, servindo como prova irrefutável do restabelecimento do casamento o *ato regular em juízo*, de que trata o art. 1.577 do Código Civil, bastando, entretanto, para provar tanto a separação como a reconciliação eventual do casal, qualquer meio de prova capaz de acreditar a realidade confrontada, correspondendo ao cônjuge supérstite a prova da reconciliação ou de que a interrupção do matrimônio foi motivada por causas profissionais ou involuntárias, e que obrigaram a separação temporária dos cônjuges, mas se a reconciliação só se deu depois do divórcio transitado em julgado, a recuperação da posição de sucessor *abintestato* só será possível através da celebração de um novo matrimônio entre os antigos cônjuges.[869]

79.9.1. O cônjuge ou convivente sobrevivente como herdeiro necessário

Herdeiros necessários, diz Luciana Ferriani, são aqueles que não podem ser afastados da sucessão por testamento com a simples vontade do falecido, pois seu afastamento somente poderá acontecer nos casos de ingratidão e de deserdação expressa e taxativamente previstos em lei,[870] como também sucedia ao tempo do Código Civil de 1916, mas em maior amplitude, em que o consorte viúvo era considerado mero herdeiro facultativo e passível de ser excluído da herança por ato do testador ao beneficiar terceiros com sua herança disponível.

---

[868] CARRASCO, Carmen González. La sucesión intestada. In: RODRÍGUEZ-CANO, Rodrigo Bercovitz (Coord.). *Derecho de sucesiones*: práctica jurídica. Madrid: Tecnos, 2009. p. 559.

[869] CARRASCO, Carmen González. La sucesión intestada. In: RODRÍGUEZ-CANO, Rodrigo Bercovitz (Coord.). *Derecho de sucesiones*: práctica jurídica. Madrid: Tecnos, 2009. p. 562.

[870] FERRIANI, Luciana de Paula Assis. *Sucessão do companheiro*. São Paulo: Saraiva, 2010. p. 134.

O sistema da legítima traça razões de ordem moral, fundadas na solidariedade familiar, em que não seria moralmente defensável que se permitisse a um pai se olvidar de sua prole para beneficiar e enriquecer terceiros, sendo vista a legítima como uma instituição de proteção da família, associada a um sentimento de justiça que obriga a manter a igualdade entre os filhos, sendo dever moral e social de uma pessoa prover as exigências econômicas de sua família, mesmo para além da sua existência, eis que a legítima ajuda a robustecer a família e, portanto, seria um fator de estabilidade sociofamiliar.[871]

Superada a ideia básica de manter os bens dentro da família estribada em laços de sangue, em que o consorte sobrevivo não era considerado herdeiro, dado que antes de ser chamado à herança lhe prediam como herdeiros os colaterais consanguíneos do defunto, ao viúvo eram unicamente reconhecidos os benefícios viduais do usufruto e do direito real de habitação. Com o vagar dos anos surge um processo de ascensão dos direitos do cônjuge viúvo, lento e paulatino, durante séculos, chegando atualmente, para algumas legislações, à sua expressão máxima de que ninguém tem título mais legítimo do que o viúvo para receber os bens hereditários, reconhecendo que o matrimônio estabelece entre as pessoas um vínculo mais forte que o do sangue, e que na sociedade moderna prima a família nuclear sobre a família linear ou troncal.[872]

Não há como desconsiderar que, em relacionamentos afetivos longos e estáveis, nos quais o patrimônio familiar foi construído pelo esforço conjunto dos cônjuges ou conviventes, especialmente nos tempos coevos em que ambos, em regra, exercem trabalho remunerado externo, existe um interesse e uma preocupação dos casais em reforçar a posição do cônjuge viúvo na direção familiar, não sendo por outra razão que crescem as facções testamentárias direcionando a porção disponível para as mãos do consorte ou parceiro sobrevivente.

Mas este é um movimento conhecido e corriqueiro, previsto e permitido pelo legislador, conquanto reste resguardada a porção indisponível que, como legítima, está legalmente reservada para os filhos ou demais descendentes que se encontram na primeira ordem de vocação sucessória. Induvidosamente, o instituto da legítima, que precisa ser repensado, implica uma restrição à liberdade de testar, surgindo vozes doutrinárias que propugnam pela suavização do sistema superado da legítima, e sugerem a sua relativização, especialmente em relação ao cônjuge ou convivente sobrevivo, no sentido de que a legítima dos filhos só seja levantada com o falecimento de ambos os cônjuges e não somente de um deles, como sucede na atualidade como única alternativa.[873]

O legislador padronizou aquela que supõe seria za vontade presumível do defunto, como menciona Martín Garrido Melero, os ordenamentos jurídicos estabeleceram uma vontade *standard* do autor da herança, genérica e não concreta, pouco importando se os filhos, o cônjuge ou qualquer das pessoas chamadas à sucessão carecem de relação afetiva e de proximidade com o falecido, pois serão sempre chamados à sucessão caso não incorram nas raríssimas causas de indignidade ou de deserdação, e uma mostra muito clara dessa padroni-

---

[871] PRETE, Octavio Lo. *Acciones protectoras de la legítima*. Buenos Aires: Hammurabi, 2009. p. 23.
[872] HIERRO, José Manuel Fernández. *Teoría general de la sucesión*: sucesión legítima y contractual. Granada: Comares, 2007. p. 385-387.
[873] VARELA, Ángel Luis Rebolledo. La actualización del derecho sucesorio español ante los cambios sociológicos y jurídicos de la familia: conclusiones de una investigación. In: VARELA, Ángel Luis Rebolledo (Coord.). *La familia en el derecho de sucesiones*: cuestiones actuales y perspectivas de futuro. Madrid: Dykinson, 2010. p. 33.

zação resulta do grande número de testamentos contendo cláusulas em favor dos cônjuges ou conviventes em detrimento dos quinhões hereditários dos filhos.[874]

Para Raquel Helena Valesi, dentro da família nuclear não restam dúvidas de que o sistema jurídico brasileiro vê relevância na preservação do patrimônio do autor da herança nas pessoas de seus familiares mais próximos, mas assim entendida a primazia dos descendentes, salvo o direito de representação,[875] ficando o cônjuge à frente dos colaterais, mas atrás dos descendentes e ascendentes, e este foi o maior avanço no direito sucessório brasileiro, enquanto outros sistemas jurídicos abraçam e perseguem distintos câmbios sociais, nos quais o cônjuge viúvo avançou muito mais do que no sistema jurídico brasileiro.

Esse debate sobre os direitos legitimários começa a dar seus primeiros passos no Brasil, e também segue em aberto e avançando mais rapidamente em outros ordenamentos jurídicos, mas, vivenciando uma tímida discussão na doutrina brasileira, não obstante as significativas mudanças da sociedade brasileira alertem e direcionem para a inevitável readequação ou, para muitos, para a integral supressão dos direitos legitimários ainda conferidos por lei (CC, art. 1.845) para descendentes, ascendentes, cônjuge e convivente (RE 646.721/RS e RE 878.694/MG.

O direito sucessório francês, por exemplo, com a reforma introduzida pela Lei de 23 de junho de 2006, melhorou a situação hereditária do cônjuge sobrevivente, que em alguns aspectos se assemelha ao direito sucessório brasileiro, mas ainda faz reservas à origem dos ativos recebidos pelo falecido de seus pais, reservando a metade deles para os irmãos do defunto.[876]

Adriana Jacobi Michel explica que a vocação do cônjuge sobrevivente no direito de sucessões francês guarda os reflexos culturais na conservação dos bens na família de origem, razão pela qual o legislador francês manteve enfraquecida a vocação hereditária do consorte sobrevivente, embora o cônjuge supérstite não figure na ordem dos sucessores, o legislador concedeu direitos que variam em função do tipo de herdeiro com o qual ele deverá concorrer.[877]

Este é o sistema *troncal* que o Código Civil francês de 1804 tinha consagrado no art. 747, com o direito de retorno de bens dados por um ascendente ao seu descendente que morreu, e cujo objetivo era o de garantir a preservação da propriedade na mesma linhagem, materna ou paterna, de modo que os bens não passassem para a mãe se tivessem vindo do pai,[878] e este sistema defensivo vem sendo quebrado nos mais diferentes ordenamentos.

Mais revelador ainda se mostra o direito sucessório da Catalunha, cuja política legislativa foi a que mais favoreceu o cônjuge viúvo e o sobrevivente da união estável, os quais são chamados como herdeiros antes dos ascendentes, e inclusive, concorrem com os descendentes que se encontram na primeira ordem hereditária, priorizando a família nuclear em detrimento da família extensa. Esta é uma política do legislador catalão adotada desde a Ley de Sucesión Intestada de 1987, no propósito de melhorar a posição do cônjuge sobrevivente na sucessão sem testamento, avançando sobre a ordem de sucessão dos ascendentes, inclusive extinguindo qualquer diferença entre as uniões conjugais hetero e homoafetivas a partir da Ley 10, de 15 de julho de 1998 (Ley de Uniones Estables de Pareja), que passou a tratar por igual cônjuge e convivente com independência de sua orientação sexual, tal qual ocorreu no

---

[874] MELERO, Martín Garrido. *Derecho de sucesiones*. 2. ed. Madrid: Marcial Pons, 2009. t. 1, p. 59-60.
[875] VALESI, Raquel Helena. *Efetividade de acesso à legítima pelo registro civil*. Rio de Janeiro: Processo, 2019. p. 214.
[876] BERMANN, George A.; PICARD, Etienne. *Introdução ao direito francês*. Rio de Janeiro: Forense, 2011. p. 340.
[877] MICHEL, Adriana Jacobi. In: COSTA, Thales Morais da (Coord.). *Introdução ao direito francês*: direito das Sucessões. Curitiba: Juruá, 2009. v. 2, p. 284-290.
[878] LEROYER, Anne-Marie. *Droit des successions*. Paris: Dalloz, 2009. p. 153.

sistema jurídico brasileiro com arrimo na ADPF 132/RJ e na ADI 4.277/DF julgadas em 2010 pelo Supremo Tribunal Federal e na Resolução 175, de 14 de maio de 2013, do Conselho Nacional de Justiça ao disporem sobre a habilitação de casamento civil, ou de conversão da união estável em casamento entre pessoas do mesmo sexo.[879]

Conforme o art. 442-3.2 do Código Civil da Catalunha,[880] o cônjuge herda na falta de descendentes e, se concorre com estes, tem direito ao usufruto universal da herança, ou o direito de exercer a opção de comutação prevista no art. 442-5.1 do Código Civil da Catalunha,[881] mas isto não significa dizer que o cônjuge ou convivente só herdam se o autor da herança morre sem descendência, isto porque, simplesmente, os descendentes não chegam a ser herdeiros, seja porque voluntariamente renunciam à herança, ou por causas alheias à sua vontade, como no caso de falecerem antes do genitor e não deixarem prole, ou ainda nas hipóteses de exclusão da herança por indignidade ou por deserdação.

Segundo María Martínez Martínez, a anteposição do cônjuge aos ascendentes é uma opção atual bastante razoável, e a citada autora inclusive sugere que o consorte herde antes até que os pais do sucedido, podendo ser reconhecido aos genitores do defunto algum direito de alimentos ou de usufruto, em caso de necessidade e de dependência financeira.[882]

Transcorreu longo tempo até que as legislações se desprendessem desse peso histórico representado pela postergação do cônjuge a quase todas as classes de parentes do defunto, sucedendo à sua frente os descendentes, ascendentes e até mesmo os colaterais, alçando o Direito Civil brasileiro a qualificação do cônjuge e agora também a do convivente sobrevivente, em razão dos julgamentos pelo Pleno do Supremo Tribunal Federal do RE 646.721/RS e do RE 878.694/MG, por atração, à condição de herdeiros *necessários*.

Explica Karime Costalunga que a regra vigente teve origem em proposição de Orlando Gomes, justificando que a situação patrimonial da mulher casada que se tornasse viúva era bastante difícil, pois com a Lei 883/1949, uma vez dissolvido o casamento pela morte, os filhos adulterinos podiam ser reconhecidos e, como a viúva não era herdeira necessária, acabaria sendo excluída da sucessão.[883]

Ainda de acordo com Karime Costalunga, foram duas as razões para enquadrar o cônjuge supérstite como herdeiro necessário ao lado dos descendentes e ascendentes:

i) a primeira como consequência da mudança do regime legal de bens, de comunhão universal conforme o Código Civil de 1916, para o da comunhão parcial de bens,

---

[879] GABURRI, Fernando. *Direito das sucessões*. Curitiba: Juruá, 2018. p. 129.

[880] CCC – "Art. 442-3.2. *Si el causante muere sin hijos no otros descendientes, la herencia se defiere al cónyuge viudo o al conviviente en unión estable de pareja superveniente. En este caso, los padres del causante conservan el derecho a legítima*". Conforme TABOADA, Jesús Gómez. *Derecho de sucesiones de Cataluña*: teoría y práctica. Valladolid: Lex Nova/Thomson Reuters, 2102. p. 368. Esta legítima dos pais é restrita apenas aos progenitores, pois não é estendida aos demais ascendentes (avós, bisavós etc.), consiste na quarta parte do ativo hereditário.

[881] CCC – "Art. 442-5.1. *El cónyuge viudo o el conviviente en unión estable de pareja superviviente puede optar por conmutar el usufructo universal por la atribución de una cuarta parte alícuota de la herencia e, además, el usufructo de la vivienda conyugal o familiar*".

[882] MARTÍNEZ, María Martínez. *La sucesión intestada*: revisión de la institución y propuesta de reforma. Madrid: Agencia Estatal Boletín Oficial del Estado, 2016. p. 315.

[883] COSTALUNGA, Karime. O art. 1.829 do Código Civil e a Constituição. Proposta de uma análise estrutural e axiológica. In: DELGADO, Mário Luiz; ALVES, Jones Figueirêdo (Coord.). *Novo Código Civil*: questões controvertidas no direito de família e das sucessões. São Paulo: Método, 2005. v. 3, p. 409.

com o advento da Lei do Divórcio (Lei 6.515/1977), prevendo dividir somente os aquestos, e afastando os bens herdados, doados ou neles sub-rogados; e

ii) a segunda justificativa seria a da absoluta equiparação do homem e da mulher,[884] cuja motivação particularmente não me convence, porquanto, se o legislador teve em mira proteger mais a mulher do que o homem, considerando a maior existência de viúvas do que viúvos, visto serem as mulheres mais longevas, cai por terra todo o discurso da igualdade, ficando nítido o intento claramente protetivo da mulher, como sempre foi antes da Carta Federal de 1988 e como mais aguda restou esta mesma proteção, pois agora, diferente de 1916, a mulher que é mais longeva se adiantou aos colaterais para ser herdeira universal, quando chamada na terceira classe de herdeiros, uma vez ausentes descendentes ou ascendentes, e desde o advento do Código Civil de 2002, ela muito mais do que os homens, concorre como coerdeira *irregular* com todas as classes de herdeiros que a precedem (descendentes e ascendentes).

Como elucida Maria Helena Marques Braceiro Daneluzzi, ao ser incluído o cônjuge sobrevivente no rol dos herdeiros necessários, a exemplo dos descendentes e ascendentes contemplados no art. 1.721 do Código Civil de 1916, ele passa a ter direito à legítima, restringindo o titular de domínio também em relação ao cônjuge e não somente quando existissem descendentes ou ascendentes, tendo como escopo assegurar ao viúvo a reserva da legítima, tanto que o art. 1.846 do Código Civil estabelece que *havendo herdeiros necessários, o testador só poderá dispor de metade da herança.*[885]

Pelo vigente Código Civil o cônjuge e agora também o convivente (RE 646.721/RS e RE 878.694/MG) passam a ser herdeiros concorrentes com os descendentes e ascendentes, salvo se casado ou coabitando com o falecido no regime da comunhão universal, ou no da separação obrigatória de bens, constituindo-se em um herdeiro necessário, ou herdeiro legitimário quando chamado na sua respectiva posição legal como herdeiro universal (CC, art. 1.845), lembrando pertencer aos herdeiros necessários, de pleno direito, a metade dos bens da herança, a qual se constitui da legítima (CC, art. 1.846).

Durante a vigência do Código Civil de 1916, o cônjuge e não o companheiro sobrevivente, a quem não socorria nenhum direito, era considerado unicamente como um herdeiro *facultativo* e não necessário, de modo que poderia ser excluído da herança do esposo falecido mediante a simples lavratura de um testamento pelo qual o testador deixasse a totalidade de sua herança para pessoa diversa de algum dos herdeiros facultativos, ou mesmo para qualquer um de seus herdeiros necessários com a automática ou expressa exclusão do seu consorte, circunstância que foi descartada pelo Código Civil de 2002, cujo art. 1.845 alçou o cônjuge viúvo à condição de herdeiro *necessário* e, portanto, não mais pode ser excluído da legítima, nem mesmo por testamento, e a mesma condição de herdeiro necessário restou estendida ao companheiro sobrevivente, a partir da declaração de inconstitucionalidade do art. 1.790 do Código Civil, originária do julgamento, pelo Supremo Tribunal Federal, do Recurso Extraordinário 646.721/RS e do Recurso Extraordinário 878.694/MG.

---

[884] COSTALUNGA, Karime. O art. 1.829 do Código Civil e a Constituição. Proposta de uma análise estrutural e axiológica. In: DELGADO, Mário Luiz; ALVES, Jones Figueirêdo (Coord.). *Novo Código Civil*: questões controvertidas no direito de família e das sucessões. São Paulo: Método, 2005. v. 3, p. 410.

[885] DANELUZZI, Maria Helena Marques Braceiro. *Aspectos polêmicos na sucessão do cônjuge sobrevivente*. São Paulo: Letras Jurídicas, 2004. p. 220-221.

Há duas grandes orientações sobre a natureza jurídica da legítima, uma que poderia ser denominada de *clássica*, que não é preponderante na doutrina, mas se encontra em conformidade com a teoria da *pars hereditatis*, em que o legitimário é um *herdeiro forçoso*, que tem direito a uma parte dos bens da herança, ao lado da teoria da *pars bonorum*, que pode ser considerada como majoritária, e por cujos fundamentos o direito à legítima é um direito a uma parte líquida dos bens da herança, ou seja, a uma parte do ativo patrimonial, uma vez descontadas as dívidas deixadas pelo falecido e a qualquer título; e uma terceira posição doutrinária entende que a legítima é uma quota de valor do ativo patrimonial líquido, realizável *in natura*, que se encontra garantida por uma especial afetação sobre os bens, e neste sentido a herança seria um *pars valoris bonorum*, que tem a natureza de um direito real de realização do valor dos bens sucessíveis,[886] e, neste caso, o legitimário é um simples credor da herança, pois só tem direito a um valor abstrato correspondente à sua legítima.[887]

79.9.2. O art. 1.830 do Código Civil

Conforme visto anteriormente, o art. 1.830 do Código Civil reconhece o direito sucessório do cônjuge separado de fato por menos de dois anos completos, conquanto não tenha o supérstite sido responsável pela ruptura fática do matrimônio.

E de acordo com a lição de J. M. Leoni Lopes de Oliveira, a exigência de separação de fato por mais de dois anos conflita com várias normas, como disto seria exemplo o art. 1.801, inc. III, do Código Civil, quando condiciona que o concubino seja nomeado herdeiro ou legatário, que o testador casado esteja separado de fato do consorte há mais de *cinco anos*. Ou colide com o art. 1.572, § 1º, do Código Civil, que admite a separação judicial sem a atribuição de culpa, por simples ruptura fática há mais de *um ano*, concluindo o citado autor que se afigura exagerada a exigência de dois anos de fática separação, muito mais quando a apuração da culpa restou afastada do sistema jurídico pátrio com a Emenda Constitucional 66/2010.[888]

Visivelmente conflitantes, seguir esses diferentes dispositivos, e o Código Civil iria se transformar em uma verdadeira *colcha de retalhos*, com exigências incoerentes, difusas e confusas, especialmente quando a Emenda Constitucional 66/2010 extirpou do processo de separação judicial a pesquisa causal do fim de casamento, lembrando que o divórcio litigioso e assim também a ação litigiosa de dissolução de união estável jamais exigiram a pesquisa processual da culpa, instituto que era restrito ao processo da separação judicial litigiosa, que terminou sendo execrada da processualística nacional.

Assim sendo, uma vez presente a simples separação fática conjunta, pela qual um dos cônjuges ou conviventes sai de casa sem a oposição e com a aquiescência ou conformidade do outro consorte ou companheiro, e que a esse fato nenhum deles se opõe, está consagrada a separação pela notória e silenciosa manifestação de consenso, sem irresignação de nenhum os lados, demonstrando que cônjuges ou conviventes não mais desejavam viver como se casados ou conviventes, indiferentemente ao transcurso de um, dois ou cinco anos, pois o registro do tempo é irrelevante, notadamente quando o próprio § 1º do art. 1.723 do Código Civil reconhece a existência de uma união estável entre uma pessoa casada que se ache separada de fato, a qualquer tempo, sem vindicação de período mínimo de um ano, dois ou cinco anos.

---

[886] RODRÍGUEZ-ROSADO, Bruno. *Heredero y legitimario*. Navarra: Thomson Reuters/Aranzadi, 2017. p. 116-117.

[887] PITÃO, José António de França. *A posição do cônjuge sobrevivo no actual direito sucessório português*. Coimbra: Almedina, 2005. p. 30.

[888] OLIVEIRA, J. M. Leoni Lopes de. *Direito civil*: sucessões. Rio de Janeiro: Forense, 2017. p. 374.

Como menciona Paulo Lôbo, a imputação da culpa viola um dos princípios fundamentais do Estado Democrático de Direito, que é o da garantia do contraditório e o da ampla defesa a qualquer acusado[889] e, no caso concreto, a ação teria de ser direcionada ao cônjuge morto para tratar da abjeta *culpa mortuária*.

Conforme anteriormente reportado, se inadmissível qualquer tempo de separação de fato, que dirá por quase dois longos e incoerentes anos, como sugere o art. 1.830 do Código Civil, a despeito de a pesquisa da culpa mortuária ser vedada desde o advento da Emenda Constitucional 66/2010, salvo tenha ocorrido alguma cena pontual de violência doméstica, com uma ordem de afastamento temporário do cônjuge ofensor e por influência da Lei Maria da Penha (Lei 11.340/2006), a demonstrar a nítida e incontestável causa provocada pelo consorte ofensor, sendo que a reconciliação dos cônjuges durante a separação reincorpora o consorte na sua posição de sucessor *abintestato*, servindo como prova irrefutável do restabelecimento do casamento o *ato regular em juízo*, de que trata o art. 1.577 do Código Civil, bastando, entretanto, para comprovar tanto a separação como a reconciliação eventual do casal qualquer meio de prova capaz de acreditar a realidade confrontada, correspondendo ao cônjuge supérstite a mostra processual da reconciliação ou de que a interrupção do matrimônio foi motivada por causas profissionais ou involuntárias, mas que obrigaram a separação temporária dos cônjuges, mas, se a reconciliação só se deu depois do divórcio transitado em julgado, a recuperação da posição de sucessor *abintestato* só será possível por meio da celebração de um novo matrimônio entre os antigos cônjuges.

Mairan Gonçalves Maia Júnior também faz algumas referências ao art. 1.830 do Código Civil e pontua que a separação de fato está em sintonia com outras normas de Direito de Família, como causa de perda da legitimidade sucessória do cônjuge, e o mesmo serve ao convivente, pelo desaparecimento da comunhão plena de vida (CC, art. 1.511), podendo ser demonstrada por qualquer meio de prova em direito admitida, quer através de comprovantes de mudança de domicílio, recibos de pagamentos de aluguel residencial, de contas de luz, de água, dentre outras, e até mesmo por meio de um boletim de ocorrência em que resta retratado o afastamento da vivenda comum por qualquer um dos cônjuges ou conviventes e prossegue o referido autor sustentando que, inclusive o Superior Tribunal de Justiça, já respaldou a qualidade de consorte herdeiro do viúvo separado de fato há menos de dois anos.

Entrementes, agrega algumas considerações, a começar pela impropriedade da discussão da culpa em sede sucessória, especialmente depois da EC 66/2010 capacitando, para fins de dissolução da sociedade afetiva, a mera manifestação de não continuar convivendo com seu cônjuge ou convivente, e se ainda fosse admitido pesquisar culpa, sua discussão seria em ação sucessória própria, de rito comum, por não se compatibilizar com a natureza e o fundamento do processo de inventário, causando a exigência do tempo uma profunda perplexidade, e encerra o respeitado lente sua preleção acerca do tempo bianual de separação fática recordando o REsp 1.065.209/SP, da relatoria do Ministro João Otávio de Noronha, na 4ª Turma do STJ, julgado em 8 de junho de 2010, por cujo acórdão está dito em sua ementa que, se a separação de fato decorresse de medida liminar de separação de corpos, a partir da efetivação da medida, o cônjuge perderia a sua legitimidade sucessória, em virtude de retroagirem os efeitos da sentença da separação judicial ou do divórcio a essa data[890] e nesse particular reside a gênese ou natureza da ausência de coabitação, pois quando duas pessoas não mais querem viver como

---

[889] LÔBO, Paulo. *Direito civil*: sucessões. 4. ed. São Paulo: Saraiva, 2018. v. 6, p. 135.
[890] MAIA JÚNIOR, Mairan Gonçalves. *Sucessão legítima*: as regras da sucessão legítima, as estruturas familiares contemporâneas e a vontade. São Paulo: RT, 2018. p. 523-525.

um casal, pois ausente sua *affectio societatis*, essa manifestação de término da comunhão plena de vida se dá com a ruptura fática, não fazendo nenhuma diferença eventual intervenção judicial, pois os efeitos retro-operantes da separação de corpos não decorre de um aspecto jurídico diferenciado e inerente à antiga medida cautelar prevista no Código de Processo Civil de 1973, pois que o motivo único sempre foi e sempre será o da perfeita compreensão de que o casamento ou a união estável terminam quando um dos personagens, ou mesmo os dois deixam de querer viver como se casados ainda fossem, e com sua ruptura fática deixam estreme de dúvidas de que a sua separação física se deu em resposta à precedente separação sentimental.

O fundamento da vocação hereditária do cônjuge inocente da separação judicial era, antes da Emenda Constitucional 66/2010, o reconhecimento pela sua ilibada conduta ajustada ao estatuto matrimonial que impunha deveres e sanções por seu descumprimento, para que nada gerasse qualquer ruído ou alguma perturbação à harmonia matrimonial, mas esses valores são atualmente uma mera recomendação judicial sem nenhum efeito condenatório.

Dentro de uma tendência cada vez mais significativa da escolha por regimes matrimoniais de separação de bens, os consortes sobrevivos do passado cedem cada vez mais lugar às viúvas com possibilidades econômicas, como jamais antes imaginado pelo legislador brasileiro, produzindo uma tendência de inegável repaginamento do direito que se encaminha para a inafastável redução de tantos e questionáveis benefícios viduais.

80. A SUCESSÃO DOS COLATERAIS

Na falta de parentes na linha reta descendente ou ascendente e se também não houver cônjuge ou companheiro sobrevivente (CC, art. 1.839), nas condições estabelecidas no art. 1.840 do Código Civil serão chamados a suceder os colaterais até o quarto grau (CC, art. 1.839). Os parentes colaterais não têm um chamamento imperativo protegido pela legítima, como acontece com os ascendentes, descendentes, cônjuge e companheiro sobrevivos, mas são chamados sim, como herdeiros facultativos, podendo ser excluídos de toda a herança ou de parte dela, dependendo da existência e da extensão de testamento deixado pelo autor da herança. Isto porque se o autor da herança redigiu testamento instituindo outra(s) pessoa(s) como seu(s) herdeiro(s) universal(is), os colaterais carecerão de vocação hereditária, porquanto serão excluídos pelo herdeiro(s) testamentário(s), e como não são herdeiros necessários, tampouco estão obrigados com o direito de colação.[891]

Primeira ressalva deve ser feita com relação à convocação sucessória do cônjuge ou do convivente, consoante as ressalvas da separação de fato e da decantada pesquisa da *culpa mortuária*, cujo direito à sucessão não pode realmente ser vislumbrado dentro de um período de *vacância* que mediaria aos dois anos de uma separação fática de proteção ao cônjuge inocente, como faz entender o art. 1.830 do Código Civil.

Como pontuado anteriormente, a pura e simples separação de fato ou de corpos põe fim ao casamento e põe igualmente termo ao suposto direito sucessório do cônjuge ou convivente sobreviventes, mas que não mais coabitava com o falecido quando do seu óbito, pouco importando precedesse ao falecimento uma separação de fato de menos de dois anos.

Merece breve destaque comparativo o art. 945 do Código Civil espanhol, cuja redação atual decorre da Ley 15, de 8 de julho de 2005, o qual estabelece que o cônjuge não será chamado a suceder os bens do defunto se estava separado judicialmente ou de fato, sem qualquer

---

[891] PONS, Jorge Herrero. *Práctica de derecho de sucesiones en el Código Civil y Comercial*. Buenos Aires: Ediciones Jurídicas, 2017. p. 335.

ressalva de tempo ou de motivos, embora exija que a separação de fato tenha ocorrido por mútuo consenso dos consortes, afastando quaisquer outras separações fáticas propícias ao equívoco e à dúvida, e excluindo a separação de fato unilateral. Calha registrar o antigo brocardo popular de que, *quando um não quer dois não fazem*, não havendo como sustentar que uma separação fática por consenso reclame a expressa manifestação de ambos os cônjuges ou conviventes, pois o casamento termina por igual, mesmo contra a vontade daquele parceiro que seguia alimentando o desejo de prosseguir sua relação afetiva, mas que sabe, como é próprio da natureza humana, que se trata e sempre, de uma coisa de dois e consabido que o direito sucessório regula a transmissão de bens e não a reparação de sentimentos e frustrações pessoais.

Colaterais são os parentes que não têm procedência direta, pois não descendem uns dos outros, embora descendam do mesmo tronco ancestral, e em vez de se acharem na linha direta vertical, estão na linha transversal, sendo preciso percorrer duas linhas para o cálculo do grau, diz Pontes de Miranda, subindo-se, na linha vertical, ou direta, até se chegar ao ascendente que é o antepassado comum (*e.g.* o pai, o avô, o bisavô, o trisavô ou mais parentes) e descendo na outra linha vertical, até encontrar o parente de que se procura saber o grau de ligação.[892]

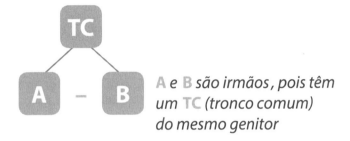

A e B *são irmãos, pois têm um* TC *(tronco comum) do mesmo genitor*

Carlos Maximiliano identifica os *colaterais* como sendo os parentes do mesmo tronco ancestral, mas que não provêm diretamente uns dos outros, como sucede com os irmãos, tios, sobrinhos e primos, achando-se todos eles na *linha transversal*, de maneira que, ao calcular o seu grau de parentesco, se percorrem duas linhas: primeiro, a direta ascendente até encontrar o antepassado comum, ou o tronco comum; depois, a descendente até ir ter ao lugar do parente que se compara, sendo que o direito de suceder entre os colaterais vai somente até o quarto grau de parentesco.[893]

Na mesma linha doutrinária histórica está Arthur Vasco Itabaiana de Oliveira quando alude que os colaterais sucedem na falta de cônjuge sobrevivente, sendo que o mais próximo em grau de parentesco afasta o mais remoto, salvo o direito de representação concedido aos filhos de irmãos e que diferentemente da linha reta que se prolonga ao infinito, a linha transversal vai apenas até o quarto grau, e, portanto, só se estende até o tio-avô, ao sobrinho-neto, e ao primo-irmão e que, por fim, na linha colateral sucedem por *cabeça* os irmãos, eis que o direito de representação somente é concedido aos sobrinhos, filhos de irmãos, conforme o art. 1.840 do Código Civil de 2002 e o art. 1.622 do Código Civil de 1916.[894]

Na doutrina mais contemporânea, Orlando Gomes refere que os colaterais sucedem na falta de cônjuge supérstite e a jurisprudência da Corte Constitucional acrescenta o convivente

---

[892] MIRANDA, Pontes de. *Tratado de direito privado*. 2. ed. Rio de Janeiro: Borsoi, 1968. t. LV, p. 241.
[893] MAXIMILIANO, Carlos. *Direito das sucessões*. 4. ed. Rio de Janeiro: Livraria Freitas Bastos, 1958. v. 1, p. 172.
[894] OLIVEIRA, Arthur Vasco Itabaiana de. *Tratado de direito das successões*. 3. ed. Rio de Janeiro: Livraria Jacintho, 1936. v. I, p. 197.

sobrevivo (RE 646.721/RS e RE 878.694/MG), sendo considerados cônjuges e companheiros como herdeiros necessários (CC, art. 1.845 e REs 646.721/RS e 878.694/MG do STF), em cuja classe, os mais próximos excluem os mais remotos, salvo o *direito de representação* concedido aos filhos de irmãos, de forma que herdam em primeiro lugar os *irmãos* do morto e, em segundo os *tios* ou *sobrinhos*, estes quando não formam *estirpe*, vale dizer, quando não vêm à sucessão por direito de representação, precedendo os de terceiro grau aos de quarto grau.

Darcy Arruda Miranda comenta que os colaterais serão chamados não somente na falta de descendentes, ascendentes, cônjuge ou convivente sobreviventes (este em razão dos REs 646.721/RS e 878.694/MG), mas também quando qualquer um deles incorrer na incapacidade, ou seja, renunciar (CC, art. 1.806); ser excluído da herança por indignidade ou por deserdação (CC, arts. 1.814/1.818 e 1.961/1.965); ou se existir no caso do cônjuge ou do convivente uma ruptura fática do relacionamento (CC, art. 1.830).[895]

Os irmãos são colaterais de segundo grau e são eles os mais próximos nesta linha, e com eles concorrem os *sobrinhos*, excluindo os *tios*, também parentes em terceiro grau,[896] de modo que, se existirem tios e sobrinhos ao mesmo tempo, serão chamados os sobrinhos, que, sendo mais jovens, presume o legislador tenham maior necessidade.

Tomando como base o Código Civil de 1916, que, em sede de direito sucessório muito pouco diverge do Código Civil de 2002, Washington de Barros Monteiro aduzia viger na classe dos colaterais o princípio de que herdeiro mais próximo exclui o mais remoto, estando estampado este comando no art. 1.613 do Diploma Civil revogado de 1916, e consagrado no art. 1.840 do vigente Diploma Substantivo Civil, com a ressalva apenas ao *direito de representação,* que somente é reconhecido aos filhos de irmãos, que são os sobrinhos, única exceção, de modo que se o falecido deixa irmãos (parentes em segundo grau) e tios (parentes em terceiro grau), os irmãos arredam os tios, por serem os colaterais mais próximos e por isso só eles recolhem a herança.[897]

Mas, se o sucedido deixa dois irmãos vivos e dois sobrinhos, estes filhos de outro irmão pré-falecido, herdam todos, sendo que os dois irmãos sobreviventes herdam por cabeça ou por direito próprio, tocando a cada um, um terço (1/3) da herança líquida e os dois sobrinhos herdam por *estirpe*, ou por *direito de representação*, recolhendo a herança que, em tese, pertenceria ao pai deles, pré-falecido, tocando um sexto (1/6) para cada sobrinho, ou seja, a terça parte (1/3) que seria do pai deles será dividida a razão de metade, vale dizer, um sexto (1/6) para cada sobrinho, não por direito próprio mas por direito de representação.

Segundo Silvio Rodrigues, o direito de representação se restringe aos sobrinhos quando representam um irmão pré-falecido, mas, se, entretanto, os sobrinhos forem falecidos, seus filhos, sobrinhos-netos do *de cujus*, nada herdam, a despeito de serem parentes em quarto grau, porque como determinava o art. 1.613 do Código Civil de 1916 (CC/2002, art. 1.840), o direito de representação só é concedido aos filhos, e não aos netos de irmãos.[898]

Antônio José de Souza Levanhagen faz a mesma observação, ao referir que, em concorrendo irmãos do *de cujus* e sobrinhos (filhos de irmãos falecidos), herdarão os irmãos por cabeça e os sobrinhos por estirpe, porém, no caso de concorrência de tios e sobrinhos do falecido, sendo ambos parentes em 3º grau do falecido, sendo impossível aplicar a regra de

---

[895] MIRANDA, Darcy Arruda. *Anotações ao Código Civil brasileiro*. São Paulo: Saraiva, 1986. p. 656.
[896] GOMES, Orlando. *Sucessões*. 4. ed. Rio de Janeiro: Forense, 1981. p. 62.
[897] MONTEIRO, Washington de Barros. *Curso de direito civil*: direito das sucessões. 13. ed. São Paulo: Saraiva, 1977. p. 88.
[898] RODRIGUES, Silvio. *Direito civil*: direito das sucessões. 13. ed. São Paulo: Saraiva, 1985. v. 7, p. 89.

o parente mais próximo em grau de parentesco afastar o mais remoto, pois ambos estão no mesmo grau da linha transversal (3º), uma das correntes doutrinárias excluía o tio, porque o sobrinho tinha a seu favor o direito de representação, quando concorresse com irmãos do *de cujus*, mas a corrente oposta repele essa proposta porque o direito de representação só existe quando o sobrinho concorre com irmão do morto e não com o tio do defunto.

Haveria ainda uma terceira corrente admitindo ambos (tio e sobrinho) na sucessão, contudo, a orientação mais favorável pendia por favorecer o sobrinho, não pela estirpe, porque não há representação no concurso com tio, mas por conta do art. 1.617 do Código Civil de 1916, equivalente ao art. 1.843 do vigente Diploma Substantivo Civil, ordenando que, *em falta de irmãos, herdarão os filhos destes*, e este dispositivo revogado foi aperfeiçoado no art. 1.843 do atual Código Civil, dispondo que: *Na falta de irmãos, herdarão os filhos destes, e, não os havendo, os tios.*[899]

Esse art. 1.843 do Código Civil, explica Giselda Maria Fernandes Novaes Hironaka, cuja redação diverge do artigo correspondente ao revogado Código Civil de 1916 (art. 1.617), deixa na atualidade, ao contrário da omissão anterior, a nítida preferência do legislador pelos herdeiros mais jovens em detrimento dos mais velhos, fazendo a herança ser deferida primeiro aos sobrinhos do morto e, apenas na falta destes, aos seus tios, tudo em virtude da continuidade da vida humana, sendo convocados os tios e sobrinhos de qualquer uma das duas linhas materna e paterna de parentesco.[900]

É o mesmo pensamento externado por Eduardo de Oliveira Leite, de se justificar essa regra pela intenção do legislador, tal como procedeu em relação aos descendentes em detrimento dos ascendentes, de proteger a categoria de herdeiros mais jovens e, por isso mesmo, com maiores necessidades de auxílio econômico,[901] como é em regra o jogo da vida, em que as pessoas vão cursando sua trajetória de ascendência profissional e de independência material, com as ordinárias exceções.

Enfim, a ordem de sucessão entre os colaterais, por proximidade de parentesco, pode ser identificada nas seguintes situações:

i) irmãos são parentes de 2º grau;
ii) sobrinhos e tios são parentes de 3º grau;
iii) primos, tios-avós e sobrinhos netos são parentes do 4º grau e neles se limita a ordem de chamamento, e estes só serão vocacionados por direito próprio, jamais por representação, o que significa dizer que qualquer um deles só sucederá ao falecido se for o parente mais próximo em grau de parentesco e diante da inexistência, renúncia ou exclusão dos parentes de grau mais próximo.

Paulo Lôbo sustenta que, diante da declaração do Supremo Tribunal Federal, da inconstitucionalidade do art. 1.790 do Código Civil, o companheiro também herda antes dos parentes colaterais, colocando uma *pá de cal* sobre o polêmico art. 1.790 do Código Civil, cujo inc. III só concedia ao companheiro sobrevivente um terço (1/3) da herança se ele concorresse

---

[899] LEVENHAGEN, Antônio José de Souza. *Código Civil*: comentários didáticos. Direito das sucessões. 3. ed. São Paulo: Atlas, 1995. v. 6, p. 60.

[900] HIRONAKA, Giselda Maria Fernandes Novaes. In: AZEVEDO, Antônio Junqueira de. *Comentários ao Código Civil*: parte especial – do direito das sucessões. São Paulo: Saraiva, 2003. v. 20, p. 246.

[901] LEITE, Eduardo de Oliveira. In: TEIXEIRA, Sálvio de Figueiredo (Coord.). *Comentários ao novo Código Civil*: do direito das sucessões. Rio de Janeiro: Forense, 2003. v. XXI, p. 256.

com outros parentes sucessíveis (ascendentes e colaterais), em nítida desvantagem quando comparado com o cônjuge que sempre herdava antes dos colaterais (CC, art. 1.829, inc. III), mostrando-se boa parte da doutrina implacável com as diferenças criadas pelo codificador de 2002, entre as ordens de vocação hereditária existentes para os dois modelos de família, o casamento e a união estável.

Este tratamento sucessório desigual representava verdadeiro retrocesso social, tendo dito Tarlei Lemos Pereira que o inc. III do art. 1.790 do Código Civil consagrava enorme injustiça, porquanto um colateral de 4º grau, por exemplo, um único primo do falecido poderia receber o dobro do que tocasse ao convivente de vários anos, se fossem considerados apenas os bens adquiridos durante a relação, ou muito mais do que isso, se houvesse bens adquiridos em tempo anterior ao relacionamento.[902]

Bom termômetro do sentimento de indignação doutrinária também ressai da lição de Reinaldo Franceschini Freire, ao prescrever ser injustificável a posição adotada pelo legislador do Código Civil de 2002, ao privilegiar parentes colaterais de até o 4º grau (primos, tios-avós, sobrinhos-netos) em detrimento do companheiro sobrevivente, quando muitas vezes esses parentes raramente mantinham contato com o falecido, enquanto o companheiro sobrevivente estava ligado ao falecido pelos vínculos do amor, do companheirismo, e da afetividade.[903]

Apreciação também levada a efeito, dentre vários outros, por Guilherme Calmon Nogueira da Gama;[904] Zeno Veloso;[905] Inacio de Carvalho Neto;[906] Euclides de Oliveira;[907] Carlos Roberto Gonçalves;[908] Gustavo Rene Nicolau;[909] Sílvio de Salvo Venosa;[910] Cleyson de Moraes Mello, cuja crítica disse representar o inc. III do art. 1.790 do Código Civil uma ofensa aos princípios constitucionais da *dignidade da pessoa humana* e da *igualdade*, sob o prisma do art. 226, § 3º, da Carta da República, que prevê tratamento paritário entre o casamento e a união estável;[911] Moacir César Pena Jr., dizendo ser repugnante e injusto saber que tios-avós, primos, sobrinhos-netos, irmãos, sobrinhos e tios do falecido receberiam uma parte maior na herança do que o próprio companheiro;[912] Débora Gozzo e Sílvio de Salvo Venosa;[913] Caio

---

[902] PEREIRA, Tarlei Lemos. *Direito sucessório dos conviventes na união estável*: uma abordagem crítica ao art. 1.790 do Código Civil brasileiro. São Paulo: Letras Jurídicas, 2013. p. 205.

[903] FREIRE, Reinaldo Franceschini. *Concorrência sucessória na união estável*. Curitiba: Juruá, 2009. p. 142.

[904] GAMA, Guilherme Calmon Nogueira da. *Direito civil*: sucessões. São Paulo: Atlas, 2003. p. 119.

[905] VELOSO, Zeno. *Direito hereditário do cônjuge e do companheiro*. São Paulo: Saraiva. 2010. p. 181: *Haverá alguma pessoa neste país, jurista ou leigo, que assegure que tal solução é boa e justa? Por que privilegiar a esse extremo vínculos biológicos, ainda que remotos, em prejuízo dos laços do amor, da afetividade? Por que os membros da família parental, em grau tão longínquo, devem ter preferência sobre a família afetiva (que em tudo é comparável à família conjugal do hereditando?*

[906] CARVALHO NETO, Inacio de. *Direito sucessório do cônjuge e do companheiro*. São Paulo: Método, 2007. p. 190.

[907] OLIVEIRA, Euclides de. *Direito de herança*: a nova ordem da sucessão. 2. ed. São Paulo: Saraiva, 2009. p. 175.

[908] GONÇALVES, Carlos Roberto. *Direito civil brasileiro*: direito das sucessões. 12. ed. São Paulo: Saraiva, 2018. v. 7, p. 196.

[909] NICOLAU, Gustavo Rene. *Direito civil*: sucessões. 4. ed. São Paulo: Atlas, 2011. p. 82.

[910] VENOSA, Sílvio de Salvo. *Direito civil*: sucessões. 17. ed. São Paulo: Atlas, 2017. v. 6, p. 161.

[911] MELLO, Cleyson de Moraes. *Direito civil*: sucessões. Rio de Janeiro: Freitas Bastos, 2017. p. 135.

[912] PENA JR., Moacir César. *Curso completo de direito das sucessões*: doutrina e jurisprudência. São Paulo: Método, 2009. p. 145.

[913] GOZZO, Débora; VENOSA, Sílvio de Salvo. In: ALVIM, Arruda; ALVIM, Thereza (Coord.). *Comentários ao Código Civil brasileiro*: do direito das sucessões. Rio de Janeiro: Forense, 2004. v. XVI, p. 53.

Mário da Silva Pereira;[914] Luciano Figueiredo e Roberto Figueiredo;[915] Paulo Nader;[916] Pablo Stolze Gagliano e Rodolfo Pamplona Filho;[917] Fabrício Zamprogna Matiello;[918] Claudia de Almeida Nogueira;[919] Dimas Messias de Carvalho;[920] Aldemiro Rezende Dantas Júnior, para quem o revogado art. 1.790 do Código Civil era ofensivo ao Texto Constitucional;[921] Ana Luiza Maia Nevares;[922] Luiz Paulo Vieira de Carvalho, quando afirma sempre ter defendido a inconstitucionalidade do art. 1.790, *caput* e incs. I, II e III, do Código Civil;[923] Carine Silva Diniz;[924] Cristiano Chaves de Farias e Nelson Rosenvald;[925] Maria Berenice Dias[926] e, em sentido contrário, dentre outros, José Luiz Gavião de Almeida[927] e Eduardo de Oliveira Leite.[928]

Todas essas inconformidades e aflições resultaram no julgamento pelo Pleno do Supremo Tribunal Federal, em 10 de maio de 2017, do tema 809 do Recurso Extraordinário 878.694/MG e do RE 646.721/RS, com as seguintes considerações:

> 28. A <u>segunda diferença</u> entre as ordens de vocação hereditária nos dois regimes é que, em regra, quando o companheiro tem direito à sucessão, seu quinhão é muito inferior ao que lhe seria conferido caso fosse casado com o falecido. Nesse ponto particular, a situação dos presentes autos é simbólica. No caso concreto, a recorrente vivia em união estável, em regime de comunhão parcial de bens, até que seu companheiro veio a falecer. O falecido não possuía descendentes nem ascendentes, mas apenas três irmãos. Pelo regramento do CC/2002, em referida hipótese, a companheira recebe apenas um terço dos bens adquiridos onerosamente durante a vigência da união, enquanto os irmãos recebem *todos* os demais bens. No entanto, se, diversamente, a recorrente fosse casada com o falecido, ela teria direito a todo o monte sucessório.

---

[914] PEREIRA, Caio Mário da Silva. *Instituições de direito civil*: direito das sucessões. 25. ed. atual. por Carlos Roberto Barbosa Moreira. Rio de Janeiro: Forense, 2018. v. VI, p. 146.

[915] FIGUEIREDO, Luciano; FIGUEIREDO, Roberto. *Direito civil*: família e sucessões. Salvador: JusPodivm, 2014. p. 643.

[916] NADER, Paulo. *Curso de direito civil*: direito das sucessões. Rio de Janeiro: Forense, 2007. v. 6, p. 196.

[917] GAGLIANO, Pablo Stolze; PAMPLONA FILHO, Rodolfo. *Novo curso de direito civil*: direito das sucessões. São Paulo: Saraiva, 2014. v. 7, p. 237.

[918] MATIELLO, Fabrício Zamprogna. *Curso de direito civil*: direito das sucessões. São Paulo: LTr, 2011. v. 6, p. 99.

[919] NOGUEIRA, Claudia de Almeida. *Direito das sucessões*: comentários à parte geral e à sucessão legítima. 2. ed. Rio de Janeiro: Lumen Juris, 2007. p. 186.

[920] CARVALHO, Dimas Messias de. *Direito das sucessões*: inventário e partilha. 5. ed. São Paulo: Saraiva, 2018. p. 214.

[921] DANTAS JÚNIOR, Aldemiro Rezende. Concorrência sucessória do companheiro sobrevivo. *Revista Brasileira de Direito de Família*. Porto Alegre, v. 29, p. 141, abr./maio 2005.

[922] NEVARES, Ana Luiza Maia. *A sucessão do cônjuge e do companheiro na perspectiva do direito civil-constitucional*. 2. ed. São Paulo: Atlas, 2015. p. 120.

[923] CARVALHO, Luiz Paulo Vieira de. *Direito das sucessões*. 3. ed. São Paulo: Atlas, 2017. p. 414.

[924] DINIZ, Carine Silva. A salvaguarda dos direitos dos cônjuges e dos companheiros na perspectiva civil-constitucional. In: TEIXEIRA, Ana Carolina Brochado; RIBEIRO, Gustavo Pereira Leite (Coord.). *Manual de direito das famílias e das sucessões*. 3. ed. Rio de Janeiro: Processo, 2017. p. 697.

[925] FARIAS, Cristiano Chaves de; ROSENVALD, Nelson. *Curso de direito civil*: sucessões. 4. ed. Salvador: JusPodivm, 2018. v. 7, p. 363.

[926] DIAS, Maria Berenice. *Manual das sucessões*. 5. ed. São Paulo: RT, 2018. p. 169.

[927] ALMEIDA, José Luiz Gavião de. In: AZEVEDO, Álvaro Villaça (Coord.). *Código Civil comentado*: direito das sucessões – sucessão em geral – sucessão legítima. São Paulo: Atlas, 2003. v. XVIII, p. 71.

[928] LEITE, Eduardo de Oliveira. In: TEIXEIRA, Sálvio de Figueiredo (Coord.). *Comentários ao novo Código Civil*: do direito das sucessões. Rio de Janeiro: Forense, 2003. v. XXI, p. 53.

29. De forma ainda mais contrária à lógica do Direito das Sucessões, a distribuição citada acima seria a mesma, caso, ao invés de irmãos o falecido houvesse deixado apenas um tio-avô, um primo, ou um sobrinho-neto. Esses receberiam todos os bens adquiridos gratuitamente, todos os adquiridos antes da união estável, e mais dois terços daqueles adquiridos onerosamente durante a união estável. É que, nos termos do Código Civil, os colaterais até o quarto grau são parentes sucessíveis (art. 1.729, inc. III c/c art. 1.839). Acerca dessa escolha legislativa vale destacar a fina percepção de Zeno Veloso:

"A lei não está imitando a vida, nem está em consonância com a realidade social, quando decide que uma pessoa que manteve a mais íntima e completa relação com o falecido, que sustentou com ele uma convivência séria, sólida, qualificada pelo *animus* de constituição de família, que com o autor da herança protagonizou, até a morte deste, um grande projeto de vida, fique atrás de parentes colaterais dele, na vocação hereditária".

Daí a inconstitucionalidade do art. 1.790 do Código Civil, de forma que, cônjuge e companheiro sobrevivos precedem na sucessão aos colaterais, devendo ser observadas, na sucessão dos transversais, como pondera Celso Affonso Garreta Prats, três distintas situações que podem surgir:[929]

1. A sucessão dos parentes do *segundo grau* (irmãos), com benefício da dupla linhagem de parentesco (CC, art. 1.841) e direito de representação.
2. A sucessão dos parentes do *terceiro grau*, com preferência para os sobrinhos do falecido, em prejuízo dos tios (CC, art. 1.843), embora ambos sejam do mesmo grau.
3. A sucessão dos parentes do *quarto grau*, com igualdade de direitos entre todos os chamados à sucessão (CC, art. 1.839).

80.1. Irmãos bilaterais e unilaterais

Quando à herança concorrerem irmãos bilaterais com irmãos unilaterais, cada um destes herdará metade do que cada um daqueles herdar (CC, art. 1.841), sendo chamados de irmãos germanos ou bilaterais os que têm o mesmo pai e a mesma mãe e unilaterais os filhos do mesmo pai, com mães diferentes, ou os da mesma mãe, mas de pais diferentes.

Os do lado paterno são denominados irmãos *paternos* ou *consanguíneos*, e os do lado da mãe, irmãos *maternos* ou *uterinos*.[930] Muitos contestam o que denominam de *tratamento desigual entre irmãos bilaterais e unilaterais*, como faz Maria Berenice Dias dizendo se tratar de *perverso resquício da discriminação de que era alvo a filiação chamada ilegítima ou espúria*, e conclui se tratar de uma *arcaica repulsa à fraternidade unilateral*, e adiciona que a doutrina insiste em não enxergar a inconstitucionalidade na concessão de direitos diferenciados a irmãos e sobrinhos, sob o fundamento de que a estes não se estendem as normas constitucionais que garantem a igualdade e chega a sugerir se considere *letra morta* o art. 1.841 do Código Civil.[931]

À mesma conclusão chega Paulo Lôbo, de ser inconstitucional o art. 1.841 do Código Civil, sendo vedada a discriminação, pois, se os filhos do *de cujus* herdam em igualdade, independentemente de serem comuns em relação ao cônjuge ou convivente sobrevivente (bi-

---

[929] PRATS, Celso Affonso Garreta. *Sucessão hereditária*: vocação dos colaterais. Um estudo histórico, sociológico e jurídico da família ao longo do direito sucessório. São Paulo: Atlas, 1983. p. 59.
[930] MIRANDA, Darcy Arruda. *Anotações ao Código Civil brasileiro*. São Paulo: Saraiva, 1986. p. 657.
[931] DIAS, Maria Berenice. *Manual das sucessões*. 5. ed. São Paulo: Thomson Reuters/RT, 2018. p. 149.

laterais), ou exclusivos dele (unilaterais), não há amparo constitucional para a sobrevivência da desigualdade.[932]

Para Eduardo de Oliveira Leite, o legislador perdeu uma oportunidade ímpar de resgatar o princípio da igualdade constitucional, e diz ser de flagrante inconstitucionalidade a regra do art. 1.841 do Código Civil, quando atribui aos irmãos bilaterais o dobro da herança e reserva para os unilaterais a metade do que ganham os primeiros, e por fim, pensa que a jurisprudência vai resgatar e consertar este que seria um gritante e histórico erro.[933]

Realmente houve histórico equívoco no tratamento discriminatório que existia no ordenamento jurídico brasileiro com relação aos filhos conjugais, e os extraconjugais, que também haveriam de ser muitas das vezes, filhos unilaterais de relações adulterinas ou de nova formação afetiva de casamentos desfeitos. Antes do advento da Carta Política de 1988, em regra, os filhos legítimos excluíam totalmente da herança os filhos naturais, situação que depois foi melhorada, para lhes atribuir a metade do que correspondia ao filho legítimo. Para justificar esta desigualdade, era ponderado que essa prática obedecia a fins de grande utilidade social, pois defendia a instituição do matrimônio, base da família e, ao cabo, preservava a própria sociedade, e, como argumento adicional, este de cunho econômico, de que a prática da discriminação se sustentava, dado o fato de que os filhos legítimos ou conjugais participavam ativamente na formação do patrimônio familiar e, portanto, deveriam ter preferência sobre os seus benefícios, esquecendo-se de que esses mesmos filhos conjugais eram os que desfrutavam com exclusividade desse mesmo patrimônio.[934]

Como registro histórico e tratando ainda da sucessão de filhos bilaterais ou unilaterais, que não mais podem ser discriminados e não de uma sucessão entre os colaterais, que é tema totalmente diverso, e cuja aparente discriminação foi levantada por alguns poucos juristas, em realidade, para vários outros doutrinadores essa discriminação não se afigura, razão pela qual calha trazer para lembrança e para melhor reflexão as lições de Eduardo Espínola e Eduardo Espínola Filho, quando afirmavam, ainda na década de 1930, consoante o regramento jurídico então vigente, que, havendo filho legítimo ou legitimado, só à metade do que a este couber em herança terá direito o filho natural reconhecido na constância do casamento.[935]

Orlando Gomes e Nelson Carneiro também pesquisaram a condição sucessória do filho espúrio no Direito pátrio ainda anterior ao Código Civil de 1916, cujo direito privado no Brasil-Colônia estava submetido às Ordenações do Reino, que não conferiam direitos hereditários aos filhos espúrios, embora eles tivessem direito à sucessão testamentária,[936] evoluindo seus direitos na sucessão legítima de uma total segregação na qual os irmãos unilaterais nada recebiam e ficando toda a herança para os germanos, e passando pelo direito de receberem a metade da herança que recebiam os filhos matrimoniais, chegando ao direito atual, que impede e objeta qualquer forma de discriminação na sucessão de filhos quando seus pais falecem, mas não quando quem vem à óbito é um irmão que tinha ou não, o mesmo pai e a mesma mãe,

---

[932] LÔBO, Paulo. *Direito civil*: sucessões. 4. ed. São Paulo: Saraiva, 2018. v. 6, p. 177.
[933] LEITE, Eduardo de Oliveira. In: TEIXEIRA, Sálvio de Figueiredo (Coord.). *Comentários ao novo Código Civil*: do direito das sucessões. Rio de Janeiro: Forense, 2003. v. XXI, p. 250-251.
[934] RODRÍGUEZ, Mauricio Tapia. Evolución y perspectivas del derecho sucesorio chileno. In: GALLARDO, Leonardo B. Pérez (Coord.). *El derecho de sucesiones em Iberoamérica*: tensiones y retos. Madrid: Reus, 2010. p. 128.
[935] ESPÍNOLA, Eduardo; ESPÍNOLA FILHO, Eduardo. *Tratado de direito civil brasileiro*. Rio de Janeiro: Freitas Bastos, 1939. v. 1, p. 691.
[936] GOMES, Orlando; CARNEIRO, Nelson. *Do reconhecimento dos filhos adulterinos*. Rio de Janeiro: Forense, 1958. v. I, p. 135-136.

diferindo os vínculos colaterais entre irmãos germanos e irmãos unilaterais, conforme tenham tido o mesmo pai e a mesma mãe, ou os mesmos pais, ou apenas sejam irmãos por vínculos filiais com somente uma linha ascendente, pois conforme Massimo Bianca os irmãos e irmãs são germanos se descendem dos mesmos genitores, no entanto, serão unilaterais por parte de pai (consanguíneo) ou por parte de mãe (uterino),[937] e quando há disputa de irmãos e irmãs unilaterais com bilaterais, cada um dos primeiros recebe a metade da quota que se segue a cada um dos germanos.[938]

Essa mesma regra já constava do art. 1.614 do Código Civil de 1916, contudo, antes da vigência do Código Civil de 1916, os irmãos unilaterais consanguíneos ou uterinos sequer eram convocados a suceder se existissem irmãos germanos, que então recebiam a totalidade da herança, estando naquele tempo sim, sendo aplicada uma legislação preconceituosa, que arredava da herança os irmãos unilaterais e os tratava com uma desigualdade de todo incompreensível, porquanto eram irmãos que deveriam herdar de irmãos pela falta de descendentes, ascendentes ou de cônjuge do falecido, anotando Celso Affonso Garreta Prats existirem três diferentes interpretações:

i) a que exclui os meios-irmãos da herança;
ii) a que trata com igualdade de direitos sucessórios os irmãos unilaterais e bilaterais; e
iii) as que conferem o dobro da herança aos bilaterais e a metade aos unilaterais.[939]

Discriminação que no direito sucessório islâmico surge com maior carga misógina, no qual as irmãs consanguíneas só herdam na falta de ascendentes, descendentes e irmãos e a mulher recebe um quarto (1/4) ou vinte e cinco por cento (25%) dos bens do marido se não tiver filhos e doze e meio por cento (12,5%), ou seja, um oitavo (1/8) dos bens se existirem filhos, e a filha bilateral recebe a metade (50%) se é a única filha e dois terços (2/3) se concorre com outras irmãs, mas se o morto também deixa um filho varão, este receberá o dobro dos bens que recebem as mulheres e o mesmo acontece com a filha paterna.[940]

Trata-se do *privilégio de duplo sangue*, de que gozam os bilaterais ou germanos,[941] sendo representado cada irmão bilateral pelo algarismo 2 (dois) e cada irmão unilateral representado pelo algarismo 1 (um); e uma vez sendo dividida a herança pela soma desses algarismos, o quociente encontrado é multiplicado pelos respectivos algarismos representativos dos

---

[937] BIANCA, Massimo. *Diritto civile*. 4. ed. Milano: Giuffrè Editore, 2005. v. 2, p. 19.
[938] BIANCA, Massimo. Ob. cit., p. 720.
[939] PRATS, Celso Affonso Garreta. *Sucessão hereditária*: vocação dos colaterais. São Paulo: Atlas, 1983. p. 60.
[940] BRASA, Teresa M. Estevez. *Derecho civil musulmán*. Buenos Aires: Depalma, 1981. p. 512.
[941] "Recurso Especial. Direito Civil. Sucessão. Inventário. Depósito judicial dos aluguéis auferidos de imóvel do espólio. Concorrência de irmão bilateral com irmãs unilaterais. Inteligência do art. 1.841 do Código Civil. 1. Controvérsia acerca do percentual da herança cabível em favor das irmãs unilaterais no inventário do 'de cujus', que também deixou um irmão bilateral a quem indicara em testamento como herdeiro único. 2. Discussão judicial acerca da validade do testamento. 3. Possibilidade de o irmão bilateral levantar a parte incontroversa dos aluguéis do imóvel deixado pelo 'de cujus'. 4. Necessidade, porém, de depósito judicial da parcela controvertida. 5. Cálculo do valor a ser depositado em conformidade com o disposto no art. 1.841 do Código Civil (Concorrendo à herança do falecido irmãos bilaterais com irmãos unilaterais, cada um destes herdará metade do que cada um daqueles herdar). 6. Recurso especial provido." (STJ, REsp 1.203.182/MG, 3ª Turma, Relator Ministro Paulo de Tarso Sanseverino, julgado em 19.09.2013).

irmãos bilaterais e unilaterais, ao que diz Arthur Vasco Itabaiana de Oliveira, surge a quota hereditária de cada um.[942]

Exemplo: concorrem à herança quatro irmãos, sendo dois bilaterais (A e B) e dois unilaterais (C e D), cuja soma (2+2+1+1=6) alcança 6, a saber A vale 2; B vale 2; C vale 1 e D vale 1).

A herança líquida é de oito milhões de reais, sendo que os bilaterais recebem o dobro do que recebem os unilaterais, de forma que: oito milhões (R$ 8.000.000,00) divididos pelo quociente seis (6) representa a quantia de R$ 1.333.333,33, de forma que: A receberá pelo peso dois (2) x R$ 1.333.333,33 = R$ 2.666.666,66; B receberá pelo peso dois (2) x R$ 1.333.333,33 = R$ 2.666.666,66; C receberá pelo peso um (1) x R$ 1.333.333,33 = R$ 1.333.333,33; e D pelo peso um (1) x R$ 1.333.333,33 = R$ 1.333.333,33, totalizando os quatro quinhões dos R$ 8.000.000,00 sucessíveis.

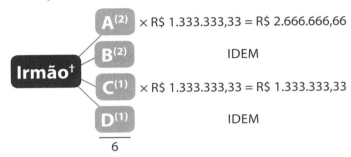

(1) Irmão unilateral
(2) Irmão bilateral

Ou, para usar o didático exemplo reproduzido por Luiz Paulo Vieira de Carvalho:[943]

> *A, sem cônjuge ou companheiro, descendentes ou ascendentes, falecido intestato, deixou herança líquida no valor de R$ 240.000,00, e quatro herdeiros legais, a saber B e C (irmãos bilaterais) e D e E (irmãos unilaterais). Para calcular o quinhão de cada um, deve ser colocado ao lado de cada irmão bilateral (B e C) o algarismo dois (2) e ao lado de cada irmão unilateral (D e E) o algarismo um (1). Em seguida somam-se os algarismos (6) e divide-se a herança líquida pelo resultado encontrado. O resultado da divisão, isto é, o quociente encontrado, será multiplicado pelo algarismo correspondente a cada herdeiro, apurando-se assim o valor cabível a cada um deles. A herança líquida (R$ 240.000,00) é dividida por seis (soma dos algarismos): R$ 40.000,00. O resultado da divisão é multiplicado pelo algarismo correspondente a cada sucessor.*
>
> **B (bilateral)** = 2 X 40.000,00 = R$ 80.000,00
> **C (bilateral)** = 2 X 40.000,00 = R$ 80.000,00
> **D (unilateral)** = 1 X 40.000,00 = R$ 40.000,00
> **E (unilateral)** = 1 X 40.000,00 = R$ 40.000,00

Na sucessão entre irmãos bilaterais e irmãos unilaterais, lembra J. M. Leoni Lopes de Oliveira, a partilha se dá por quotas e não por cabeça, visto que a divisão por cabeça pres-

---

[942] OLIVEIRA, Arthur Vasco Itabaiana de. *Tratado de direito das sucessões*. 3. ed. Rio de Janeiro: Livraria Jacintho, 1936. v. I, p. 198.
[943] CARVALHO, Luiz Paulo Vieira de. *Direito das sucessões*. 3. ed. São Paulo: Atlas, 2017. p. 460.

supõe uma partilha em partes iguais, o que não ocorre na hipótese do art. 1.841 do Código Civil,[944] que nada carrega de inconstitucional, e que só seria inconstitucional se continuasse, como era no passado, ordenando que os filhos legítimos herdassem o dobro do que herdassem os filhos ilegítimos, e aí sim haveria desigualdade entre os filhos, mas nada proíbe em termos de desigualdade entre irmãos que são desiguais em sua origem.

Citando Hermenegildo de Barros, Garreta Prats concluiu ser o sistema adotado até hoje pela legislação brasileira o mais coerente e aceitável, ao atribuir ao irmão bilateral uma parte dupla da que é atribuída na herança ao irmão unilateral, partindo da consideração de que sendo o parentesco duplo, deve corresponder uma parte hereditária também dobrada.[945]

Por isto que o art. 1.841 do Código Civil não está em contradição com o art. 1.596 do próprio Código Substantivo Civil, e muito menos com o art. 227 da Constituição Federal, e só iria de encontro a esses dispositivos legais se estivessem concorrendo com quinhões diferentes à herança do genitor comum, como descendentes do falecido, contudo, concorrem como herdeiros *colaterais*, isto é, se habilitam na herança como irmãos e não como filhos, ora irmãos germanos ora irmãos unilaterais, porque descendem sim, de um tronco comum que pode ser do mesmo pai e da mesma mãe, ou apenas de um desses ascendentes e disto resulta a regra que não configura nenhuma discriminação.

Quem abriu a sucessão não foi o genitor comum, mas sim um irmão dos diferentes filhos gerados pelo mesmo pai e pela mesma mãe (irmãos bilaterais), ou apenas gerados pelo mesmo pai ou pela mesma mãe (irmãos unilaterais), e este regramento também é adotado pelo Direito português em seu art. 2146º; pelo art. 752 do Código Civil francês; pelo art. 571, inc. II, do Código Civil italiano; pelo art. 2.440 do Código Civil e Comercial argentino; pelo art. 990 do Código Civil do Chile; pelo art. 949 do Código Civil espanhol; pelo art. 752 do Código Civil da República Dominicana;[946] e pelo art. 1.047 do Código Civil da Colômbia.

Trata-se de norma atenta aos câmbios sociais e à realidade cada vez mais frequente das famílias mosaicas ou recompostas, em uma sociedade cujo sistema jurídico admite sem quaisquer freios ou imposições o acesso ao divórcio e o direito à felicidade de quem pretende ou não continuar casado, e de quem pretende ou não constituir outra ou outras famílias.

Muitos doutrinadores que se opõem ao privilégio do *duplo vínculo* se queixam que, em tempos de igualdade da filiação não faz mais sentido e se mostra sobremodo inconstitucional tratar filhos iguais com direitos distintos e que todos deveriam ser chamados à sucessão com partes iguais.

Com relação ao Código Civil da Colômbia, escreve Milena Acevedo Prada que a discrepância das quotas hereditárias entre irmãos carnais e os meios-irmãos pode ser considerada como resultado de um sopro sócio-histórico que definia os meios-irmãos como membros de uma família diferente do defunto e submetida historicamente a padrões de valoração cultural que tende a menosprezá-los, diante de uma igualmente histórica proteção da instituição do matrimônio, mas que esta compreensão corresponde a uma desigualdade injustificada, descurando-se se tratar de uma vocação hereditária fraternal ou seja, entre irmãos, que só pode ter como suporte ou fundamento o parentesco, sem interessar a forma como eles foram procria-

---

[944] OLIVEIRA, José Maria Leoni Lopes de. *Direito civil*: sucessões. Rio de Janeiro: Forense, 2018. p. 383.
[945] Idem. Ob. cit. p. 60.
[946] CCRD: "Art. 752 – *La partición de la mitad de las ¾ partes que corresponden a los hermanos y hermanas, con arreglo al artículo precedente, se debe hacer por iguales partes si proceden del mismo matrimonio; si son de matrimonio diferente la división se opera por mitad entre las dos líneas, materna y paterna del difunto; los hermanos carnales figuran en las dos líneas, y los uterinos y consanguíneos cada uno en su línea respectiva".*

dos, quer dizer, se provêm do mesmo pai ou de ambos os progenitores, porquanto, para ser irmão basta ser filho do mesmo pai ou da mesma mãe, sem que seja exigido sê-lo de ambos.[947]

Este tema podia ter muito mais relevância no passado, quando não havia o divórcio e as pessoas usualmente ficavam vinculadas a um único casamento, e a existência de meios-irmãos muito mais em regra sucedia de relacionamentos adulterinos, e nos quais os filhos antes denominados de *espúrios*, não só não tinham direito à herança, como por igual não mantinham vida familiar com o pai e seus irmãos bilaterais.

Por isso mesmo observa Martín Garrido Melero que justamente o instituto do divórcio impôs a existência de famílias reconstruídas e nas quais convivem filhos de um casal, com filhos de outro relacionamento e filhos comuns que são meios-irmãos dos outros filhos, e que também impôs a existência de *famílias destruídas*, nas quais um dos seus membros que tenha tido filhos passa a construir outras famílias com outros filhos e rompe com seus primeiros filhos, que são meios-irmãos dos filhos havidos na sua nova relação conjugal ou convivencial.

De modo que a sociedade civil se encontra, prossegue Martín Garrido Melero, vivendo em diferentes realidades, onde alguns meios-irmãos vão conviver intensamente com os outros filhos de seus pais e, em outras situações, podem inclusive nem se conhecer. Daí questiona o referido lente sobre qual seria a efetiva distinção a proceder, devendo medir o direito sucessório de acordo com o grau de relacionamento: ou o legislador estabelece normas baseado em um comportamento médio, *standart*, ou, ao revés, decide casuisticamente, proposta esta que o autor não aconselha, pois sempre foi dito que as normas sobre sucessão legal devem ser genéricas e não baseadas em uma investigação das relações afetivas do defunto e da sua família. Assim retorna à pergunta inicial: como estabelecer uma norma geral quando as realidades podem ser muito diferentes?[948] Por fim, responde o próprio autor discordando da solução que iguala irmãos germanos a irmãos unilaterais para fins sucessórios, ou que fossem encontrados outros sistemas que levassem mais em conta a previsível e concreta vontade do falecido.[949]

O fato é que o dispositivo sob comento regula a concorrência sucessória entre irmãos bilaterais e irmãos unilaterais, em relação ao inventário dos bens de outro irmão, e esse art. 1.841 do Código Civil não cogita do concurso entre irmãos em relação à herança deixada pelo progenitor deles, em cuja hipótese qualquer resultado material diferente seria inconstitucional, por ferir de morte o princípio de que todos os filhos devem receber o mesmo quinhão hereditário, o que não significa dizer que todos os irmãos também devem receber o mesmo quinhão hereditário, tampouco existe qualquer disposição legal ordenando que os irmãos de duplo sangue devam receber os mesmos quinhões que receberam os irmãos de parentesco unilateral.

De acordo com o art. 1.841 do Código Civil, os irmãos de vínculo simples, ou unilaterais, recebem a metade que os de duplo vínculo, cuidando o dispositivo de regrar a concorrência sucessória de irmãos em relação aos meios-irmãos na sucessão de outro irmão de ambos, de forma que, se a duas pessoas corresponde receber a mesma herança, porém uma delas está representada por um só sujeito, e a outra por duas pessoas, conclui Marcos M. Córdoba que o primeiro não divide e recebe o todo, e os outros herdarão a metade daquilo que corresponde ao seu representado.[950]

---

[947] PRADA, Milena Acevedo. La inconsistente distinción entre hermanos carnales y de simple conjunción en el derecho hereditario colombiano. *Revista Especializada de Direito Civil*, Buenos Aires, v. 2, p. 203-204, 2018.
[948] MELERO, Martín Garrido. *Derecho de sucesiones*. 2. ed. Madrid: Marcial Pons, 2009. t. I, p. 69.
[949] MELERO, Martín Garrido. *Derecho de sucesiones*. 2. ed. Madrid: Marcial Pons, 2009. t. I, p. 69.
[950] CÓRDOBA, Marcos M. In: LORENZETTI, Ricardo Luis (Dir.). *Código Civil y Comercial de la Nación comentado*. Buenos Aires: Rubinzal-Culzoni, 2015. t. X, p. 846.

Jorgelina Guilisasti comentando o art. 2.440 do Código Civil e Comercial da Argentina, que corresponde ao art. 1.841 do Código Civil brasileiro, refere que segue mantida no ordenamento jurídico argentino a diferença entre irmãos de duplo vínculo (bilaterais) e os de um só vínculo (unilaterais), em que os primeiros herdam o dobro dos segundos, sendo preciso computar o dobro ao irmão bilateral e lhe adicionar duas porções da massa, como se fossem dois herdeiros. Desta maneira, o germano sempre receberá o dobro que o unilateral; assim, por exemplo, se há um irmão bilateral e outro unilateral, refere a citada autora, se considera a concorrência de três herdeiros, recebendo o primeiro dois terços e o segundo um terço da herança,[951] como, por sinal, já ensinava Luigi Mengoni, *se concorrono un fratello germano e un fratello unilaterale, il primo prende due terzi dell'eredità, il secondo um terzo*.[952]

Conforme Mairan Gonçalves Maia Júnior a solução preconizada pelo art. 1.841 do Código Civil vigente é constitucional e elege a posição intermediária entre a exclusão dos irmãos unilaterais da sucessão, cuja solução era adotada pelas Ordenações, atribuindo, portanto, igualdade de tratamento entre irmãos germanos e unilaterais, sem violar o *princípio da isonomia*, pois fundado em critério que identifica situações jurídicas distintas entre os irmãos com duplo vínculo ou com vínculo único de parentesco,[953] sem deslembrar que um dos fundamentos da ordem de vocação hereditária segue sempre uma presunção de carinho do falecido para com os seus herdeiros, recaindo essa proximidade primeiro nos descendentes, e na sua falta nos ascendentes, no cônjuge ou companheiro e ausentes estes, entre os irmãos, presumindo o legislador sejam mais fortes os vínculos de *duplo sangue*, em que são irmãos por parte de pai e mãe, não sucedendo o mesmo nos vínculos unitários, ou que haveria maior carinho entre os *irmãos por inteiro*, do que entre os *meios-irmãos*.[954]

Essa versão do vínculo afetivo reforçado é criticada por Débora Gozzo e Sílvio de Salvo Venosa, que nela enxergam motivo de discriminação, porquanto há irmãos unilaterais que se amam mais do que bilaterais,[955] o que pode ser uma exceção, embora não seja a regra geral, contudo, também não é a causa única de adoção do princípio do duplo vínculo, apesar de na maior parte dos casos os vínculos duplos serem mais intensos do que os vínculos unilaterais, como acontece corriqueiramente, nas famílias reconstituídas e nas quais, guardadas as sempre existentes exceções, as relações de convivência dos filhos do primeiro casamento não são igualmente vivas e idênticas às relações com os filhos do segundo ou do terceiro relacionamento, pois geralmente são tratados como os filhos da *ex* ou os filhos da *outra*.

Segundo Luigi Mengoni, certamente a diferente intensidade do vínculo de parentesco e, portanto, do afeto que une os irmãos bilaterais e os irmãos unilaterais, é um dado que o legislador levou em conta na formação da norma,[956] devendo ser acrescentada mais uma razão para essa diferença de quotas hereditárias entre consanguíneos e uterinos, pois, usualmente, os bens do colateral sucedido procedem da linha materna e da linha paterna, quando aos meios-irmãos só uma dessas linhas será comum, sendo divididos os bens do defunto em

---

[951] GUILISASTI, Jorgelina. In: KRIEGER, Walter F. (Coord.). *Código Civil y Comercial comentado, anotado y concordado*. Buenos Aires: Astrea, 2015. v. 3, p. 568.
[952] MENGONI, Luigi. *Delle successioni legitime*. Bologna: Zanichelli Editore, 1985. p. 51.
[953] MAIA JÚNIOR, Mairan Gonçalves. *Sucessão legítima*: as regras da sucessão legítima, as estruturas familiares contemporâneas e a vontade. São Paulo: Thomson Reuters/RT, 2018. p. 628.
[954] LASALA, José Luis Pérez. *Tratado de sucesiones*. Buenos Aires: Rubinzal-Culzoni, 2014. t. II, p. 72.
[955] GOZZO, Débora; VENOSA, Sílvio de Salvo. In: ALVIM, Arruda; ALVIM, Thereza. *Comentários ao Código Civil brasileiro*: do direito das sucessões. Rio de Janeiro: Forense, 2004. v. XVI, p. 215.
[956] MENGONI, Luigi. *Delle successioni legitime*. Bologna: Zanichelli Editore, 1985. p. 51.

duas linhas e aqueles que provêm de ambas as linhas herdam o dobro daqueles que provêm somente de uma das linhas, preservando uma espécie de sucessão *troncal* que conserva os bens na família de origem.

Deste pensamento comunga Felipe Viana de Mello dizendo ser mais comum irmãos bilaterais terem uma criação mais próxima, por viverem comumente no mesmo lar, enquanto os provenientes do pai ou da mãe serem domiciliados em local distinto, o que pode gerar um afastamento natural, embora permaneça um certo grau de afetividade.[957]

Para arremate, ensina Pablo Gómez Clavería que a regra da repartição em função do vínculo duplo ou único somente apresenta efeitos práticos quando concorrem alguns irmãos de vínculo duplo com outros de vínculo simples, mas se todos os irmãos forem de vínculo duplo, ou se todos forem de vínculo unitário, pouco importando se da linha materna ou da linha paterna, não haverá lugar para distinguir entre porções simples ou dobradas, eis que todos não mais concorrem por quotas mas por cabeça (CC, art. 1.843, § 3º).[958]

80.2. Irmãos unicamente unilaterais

É exatamente o que em seus próprios termos prescreve o art. 1.842 do Código Civil, ao estabelecer que, *não concorrendo à herança irmão bilateral, herdarão, em partes iguais, os unilaterais*. Sendo todos irmãos unilaterais ou todos eles bilaterais, cada um deles herda por cabeça e não mais por quota, como sucedia quando concorriam bilaterais com irmãos unilaterais. Tampouco importa a origem do parentesco unilateral, se oriundo da linhagem materna ou da linha paterna, eis que o Código Civil afirma que, inexistindo irmão germano concorrendo à herança, o monte será partilhado igualmente entre os herdeiros irmãos unilaterais, sejam consanguíneos (paternos) ou uterinos (maternos),[959] indicando Mairan Gonçalves Maia Júnior não mais ser aplicada a antiga regra *paterna paternis, materna maternis*, segundo a qual, os herdeiros pelo vínculo paterno herdariam somente os bens decorrentes do patrimônio paterno, e os herdeiros maternos herdariam somente os bens do patrimônio materno.[960]

80.3. Concorrência de tios com sobrinhos e parentes do 4º grau

Consta no *caput* do art. 1.843 do Código Civil que, na falta de irmãos, herdarão os filhos destes, e não os havendo, os tios. Trata-se da sucessão dos colaterais de terceiro grau, que engloba os sobrinhos (filhos de irmãos) e os tios. O direito de representação na classe dos colaterais só existe em relação aos sobrinhos, que o Código Civil identifica como sendo os *filhos dos irmãos* (CC, art. 1.843 e § 1º, § 2º e § 3º), estabelecendo o art. 1.840 do Diploma Substantivo Civil a exceção do direito de representação concedido somente aos *filhos de irmãos* (sobrinhos) e somente existindo o direito de representação quando os sobrinhos (filhos de irmãos) concorrem com irmãos (tios) sobreviventes.

Assim, por exemplo, morre o irmão A, que deixa os irmãos B, C e D, sendo que D é pré-falecido e pai dos sobrinhos E e F, e uma herança líquida de novecentos mil reais (R$ 900.000,00). Deste modo, herdarão na via transversal por ausentes descendentes, ascenden-

---

[957] MELLO, Felipe Viana de. *Manual de direito das sucessões*. Rio de Janeiro: Lumen Juris, 2018. p. 138.
[958] CLAVERÍA, Pablo Gómez. *Instituciones de derecho privado*: Sucesiones. 2. ed. Navarra: Civitas/Thomson Reuters, 2015. p. 228.
[959] PRATS, Celso Affonso Garreta. *Sucessão hereditária*: vocação dos colaterais. Um estudo histórico sociológico e jurídico da família ao longo do direito sucessório. São Paulo: Atlas, 1983. p. 63.
[960] MAIA JÚNIOR, Mairan Gonçalves. *Sucessão legítima*: as regras da sucessão legítima, as estruturas familiares contemporâneas e a vontade. São Paulo Thomson Reuters/RT, 2018. p. 630.

tes, cônjuge ou convivente, e por direito próprio ou cabeça, os irmãos sobreviventes B e C, cada um deles recebendo um quinhão hereditário de trezentos mil reais (R$ 300.000,00), e herdarão por representação ou estirpe os sobrinhos E e F (filhos do irmão premorto D), recebendo cada um metade do quinhão ou seja, cento e cinquenta mil reais (R$ 150.000,00), totalizando os restantes trezentos mil reais (R$ 300.000,00) da herança.

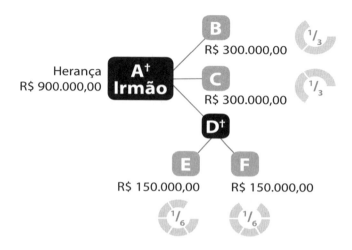

Tios e sobrinhos são parentes de terceiro grau, mas quando concorrem sobrinhos com tios e estando ambos no terceiro grau de parentesco, prefere o *caput* do art. 1.843 do Código Civil chamar como herdeiros os sobrinhos em detrimento dos tios, considerando que a afeição em relação aos sobrinhos seria maior do que para com os tios.[961] Na concorrência entre sobrinhos e tios, o art. 1.617 do Código Civil de 1916 não era assim tão claro como ocorre com o *caput* do art. 1.843 do Código Civil de 2002, pois explicitava o dispositivo anterior correspondente que, *em falta de irmãos, herdarão os filhos destes*, e não continha o aditivo do atual art. 1.843 que explica que os tios só herdarão se inexistirem sobrinhos. Essa disposição incompleta permitia que uma corrente doutrinária sustentasse, inclusive, que os sobrinhos, quando chamados em concurso com os tios, herdavam por representação e não por cabeça, como herdariam os tios, pertencendo tudo a um passado que não mais encontraria campo para qualquer resquício de dúvida.

Mesmo assim, para a época, embora a doutrina e a jurisprudência se inclinassem por privilegiar os sobrinhos com a herança em detrimento dos tios, em texto escrito ao tempo de vigência do Código Civil de 1916, Dolor Barreira sustentava que:

> Forçoso é proclamar, porém, que o assunto é deveras controvertido, entre os nossos juristas. Alguns sustentam que não podem os sobrinhos invocar, no caso, o direito de representação, porque tal direito só se dá, na linha transversal, em favor de filhos de irmão falecido, quando concorrem com irmãos deste, segundo é dito no art. 1.622 do Código Civil (1916). Diante disso, há de ser considerado que os sobrinhos e os tios são todos parentes do mesmo grau, que é o terceiro. Não existe, assim, entre eles maior distância ou proximidade de parentesco colateral, que levasse uns a excluir os outros. Logo, parte entre eles, igualmente, a herança (Código Civil, arts. 1.603, inc. IV, e 1.613). Outros entendem que o caso foi previsto de modo

---

[961] DINIZ, Maria Helena. *Curso de direito civil brasileiro*: direito das sucessões. 32. ed. São Paulo: Saraiva, 2018. v. 6, p. 193.

específico por aquele art. 1.617. Essa disposição principia dizendo que, *em falta de irmãos, herdarão os filhos destes.* "Derrogam-se, em favor dos sobrinhos" – conclui a lição de Clóvis Beviláqua – "a regra do art. 1.613. Na linha colateral os mais próximos excluem os mais remotos e os que se acham no mesmo grau concorrem com direitos iguais. Todavia, tratando--se de sobrinhos, estes excluem os tios do sucedendo, embora se acham no mesmo grau".[962]

Daí a pertinência da elucidação promovida por José Luiz Gavião de Almeida ao afirmar ter sido feliz o atual Código Civil ao pôr fim a uma discussão antes existente, e acrescentar ao dispositivo vigente a locução de que, à falta dos sobrinhos, herdarão os tios, quando o Código Civil de 1916 dizia apenas que, à falta de irmãos, herdariam os filhos destes e que, diante da secura do artigo revogado, era possível sustentar que os tios não estavam excluídos da sucessão e, portanto, em muitas ocasiões, os tios do falecido concorriam dividindo a herança com os sobrinhos do sucedido.[963]

Esse princípio agora encontrado com toda clareza na redação do *caput* do art. 1.843 do Código Civil, ensina Eduardo de Oliveira Leite, *abre a favor dos sobrinhos uma exceção à regra de que os colaterais do mesmo grau herdam igualmente.*

Induvidosamente, os sobrinhos do falecido, que também estão em terceiro grau de parentesco, como se encontram os tios do sucedido, preferem a estes, e, embora estejam no mesmo grau parental, os tios são excluídos da sucessão em benefício dos sobrinhos, cuja regra se justifica no propósito inerente do legislador de proteger os herdeiros mais jovens e com maior necessidade de auxílio econômico.[964]

De acordo com o § 1º do art. 1.843 do Código Civil, se concorrerem à herança somente filhos de irmãos falecidos, o que representaria a existência apenas de sobrinhos do autor da herança, cada um desses sobrinhos herdará por direito próprio, ou por cabeça, de modo que, se o morto deixou novecentos mil reais (R$ 900.000,00) de herança líquida e somente os sobrinhos A, B e C (pois seus pais, irmãos do defunto são pré-falecidos), cada um desses sobrinhos receberá trezentos mil reais (R$ 300.000,00), ou seja, trezentos mil reais (R$ 300.000,00) para o sobrinho A; trezentos mil reais (R$ 300.000,00) para o sobrinho B, e trezentos mil reais (R$ 300.000,00) para o sobrinho C.

Contudo, mesmo que além dos sobrinhos A, B e C tenha sobrevivido algum tio do inventariado, como antes visto, por obra do *caput* do art. 1.843 do Código Civil, os tios do defunto restam afastados da herança, para que somente os sobrinhos a recebam, mesmo estando sobrinhos e tios do morto no terceiro grau de parentesco.

Já em conformidade com o § 2º do art. 1.843 do Código Civil, retoma aqui a regra prevista para os irmãos bilaterais em concurso hereditário com os irmãos unilaterais, em que os germanos recebem o dobro dos unilaterais (CC, art. 1.841). O § 2º do art. 1.843 respeita ao concurso sucessório de sobrinhos (filhos de irmãos) bilaterais com sobrinhos (filhos de irmãos) unilaterais, que são *primos* entre si, sendo que cada um desses primos unilaterais herdará a metade do que herdar cada um daqueles primos bilaterais.

Segundo Eduardo A. Zannoni, é razoável que concorram a receber com igual quantia e extensão em razão de sua origem, pois a solução em contrário, que consistiria em aplicar a

---

[962] BARREIRA, Dolor. *Sucessão legítima*. 2. ed. Rio de Janeiro: Borsoi, 1970. p. 166, nota de rodapé 250.
[963] ALMEIDA, José Luiz Gavião de. In: AZEVEDO, Álvaro Villaça (Coord.). *Código Civil comentado*: direito das sucessões – sucessão em geral – sucessão legítima. São Paulo: Atlas, 2003. v. XVIII, p. 244.
[964] LEITE, Eduardo de Oliveira. In: TEIXEIRA, Sálvio de Figueiredo (Coord.). *Comentários ao novo Código Civil*: do direito das sucessões. Rio de Janeiro: Forense, 2003. v. XXI, p. 256.

regra geral de concorrência por cabeça, seria incongruente, já que colocaria os primos de vínculo simples em melhor situação hereditária que teriam os irmãos entre si[965] (*vide* art. 1.841 do Código Civil).

Comentando a sucessão dos colaterais, Carlos Alberto Bittar escreve que nessa classe a sucessão ainda atinge os sobrinhos-netos, que são os parentes de quarto grau, mas que daí em diante não há mais direitos sucessórios, como realça o art. 1.839 do Código Civil, ao limitar a sucessão somente por direito próprio dos sobrinhos-netos,[966] que são os parentes que se encontram no quarto grau de parentesco em relação ao tio-avô e autor da herança. Em verdade, são parentes do quarto grau: os primos entre si, os tios-avós, com referência aos sobrinhos--netos e os sobrinhos-netos com referência aos tios-avós.

Segundo lição de Celso Affonso Garreta Prats, que tratou em singular monografia acerca da sucessão dos colaterais:

> Se não existirem tios, ainda segundo a prerrogativa de graus, serão chamados os parentes do quarto grau. Na ausência de norma específica a respeito, sucedem todos *per capita*, sem que haja, quer para os primos, quer para os tios-avós e sobrinhos-netos, qualquer privilégio quanto à dupla linhagem. Já ensinava Lobão: "Conforme a mais sólida opinião, a duplicidade do vínculo de parentesco não se atende além de irmãos e filhos de irmãos para efeito algum jurídico". Não há também, nestes casos, o direito de representação, para o caso de pré-falecimento de quaisquer dos herdeiros que seriam chamados. Inexistindo ainda preferência, podem ser chamados à herança, concorrendo em seus direitos, todos os parentes do quarto grau (primos, tios-avós e sobrinhos-netos). A hipótese na verdade parece remota, porém não é de todo improvável.[967]

Finalmente, se todos os herdeiros colaterais forem filhos de irmãos bilaterais ou todos de irmãos unilaterais, herdarão por igual (CC, art. 1.843, § 3º), não existindo nessa situação esboçada o benefício do duplo parentesco, ou da duplicidade de linhas, em que irmãos ou sobrinhos bilaterais possuem parentesco com o morto nas duas linhas (paterna e materna) e concorrem com irmãos unilaterais, de unicidade de linha (ou só possui genitor comum na linha paterna ou só na linha materna). Destarte, se na sucessão só concorrem filhos de irmãos bilaterais do morto ou, apenas filhos unilaterais do falecido, cada um deles recebe a mesma parte da herança que os demais irmãos, ou seja, todos são bilaterais ou todos os herdeiros são unilaterais, e todos herdam por cabeça e recebem o mesmo quinhão hereditário.

Resta para registro final consignar que, ao tempo das Ordenações, os colaterais eram chamados a suceder até o décimo grau de parentesco, sob a crítica doutrinária de Clóvis Beviláqua, que afirmava que: "além do sexto grau, já não se distingue o parente do simples conterrâneo, tão enfraquecidos se acham os laços de sangue, afeição e solidariedade".[968]

Já no texto do primitivo Código Civil de 1916, herdavam os colaterais até o sexto (6º) grau, sendo reduzido para o quarto (4º) grau pelo Dec.-lei 9.461, de 1946 e assim foi repristinado no art. 1.839 do Código Civil de 2002.

---

[965] ZANNONI, Eduardo A. *Manual de derecho de las sucesiones*. 2. ed. Buenos Aires: Astrea, 1989. p. 436.
[966] BITTAR, Carlos Alberto. *Direito das sucessões*. Rio de Janeiro: Forense Universitária, 1992. p. 56.
[967] PRATS, Celso Affonso Garreta. *Sucessão hereditária*: vocação dos colaterais. Um estudo histórico, sociológico e jurídico da família ao longo do direito sucessório. São Paulo: Atlas, 1983. p. 70.
[968] BEVILÁQUA, Clóvis. *Projeto do Código Civil brasileiro*: anais da Comissão Especial da Câmara dos Deputados. Imprensa Nacional, 1902. v. 6, *apud* PRATS, Celso Affonso Garreta. *Sucessão hereditária*: vocação dos colaterais. Um estudo histórico, sociológico e jurídico da família ao longo do direito sucessório. São Paulo: Atlas, 1983. p. 55.

Como observam Francisco Cahali e Fabiana Domingues Cardoso, os colaterais são considerados herdeiros *facultativos*, pois não compõem o rol dos herdeiros *necessários* (CC, art. 1.845), de modo que, para excluí-los da herança basta que o testador disponha de seu patrimônio sem os contemplar (CC, art. 1.850).[969]

Não sobrevivendo cônjuge ou companheiro, nem parente algum sucessível, ou tendo eles renunciado à herança, esta se devolve ao Município ou ao Distrito Federal, se localizada nas respectivas circunscrições, ou à União, quando situada em território federal (CC, art. 1.844), no que respeita ao instituto jurídico da *herança jacente* e *herança vacante* (CC, arts. 1.819 a 1.823 e CPC, arts. 738 a 743), passando a herança ao domínio do Poder Público após cinco anos da abertura da sucessão, na falta de consorte ou companheiro sobrevivente e de parente sucessível até o quarto (4º) grau, devendo ser declarada vacante a herança por sentença judicial.

O Poder Público deixou de ser considerado herdeiro com o advento do Código Civil de 2002, não lhe sendo reconhecido o direito de *saisine*, pois não entra na posse e na propriedade da herança com a abertura da sucessão, sendo inevitável a precedente sentença de vacância pela falta de sucessores das classes vocacionadas no art. 1.829 do Código Civil. Conforme Maria Helena Diniz, o Poder Público é um *sucessor irregular* daquele que faleceu sem deixar herdeiro legítimo ou testamentário.[970]

---

[969] CAHALI, Francisco José; CARDOSO, Fabiana Domingues. *Direito das sucessões*. São Paulo: RT, s.d. v. 8, p. 119.

[970] DINIZ, Maria Helena. *Curso de direito civil brasileiro*: direito das sucessões. 32. ed. São Paulo: Saraiva, 2018. v. 6, p. 195.

Capítulo X
DOS HERDEIROS NECESSÁRIOS

81. CONCEITO DE HERDEIROS NECESSÁRIOS

O legislador criou um sistema sucessório com duas espécies de sucessões e denominou uma delas de *sucessão testamentária*, na qual prevalece a vontade do testador, uma vez observadas as regras relacionadas à existência de herdeiros obrigatórios, e a outra de *sucessão legítima*, pela qual a lei ordena quem serão os herdeiros favorecidos segundo a ordem de vocação hereditária criada a partir de critérios que priorizam os vínculos mais próximos de afetividade da pessoa cuja sucessão foi aberta.

Uma não exclui essencialmente a outra e elas podem estabelecer entre si uma fórmula conciliatória, dependendo da existência de herdeiros necessários, pois se existirem somente herdeiros facultativos, é possível distribuir toda a sucessão por testamento. Em realidade, transitam no direito sucessório dois clássicos critérios hereditários, sendo que na sucessão legítima, decorrente de determinação legal, o legislador supôs a preferência do autor da herança por uma sucessão baseada nos vínculos de sangue, acreditando que o autor da herança iria preferir reconhecer a certas pessoas, que lhe eram muito próximas, um direito sobre determinada parte dos seus bens, que ficam ao resguardo da sua liberdade de disposição. Este é o regime da legítima, endereçado aos herdeiros legais, ou legítimos, que, pela ordem de vocação hereditária, são os descendentes, ascendentes, cônjuge ou companheiro e colaterais, e, embora todos sejam herdeiros legais, nem todos são herdeiros necessários, mas somente aqueles arrolados no art. 1.845 do Código Civil e para muitos também o convivente sobrevivente depois do julgamento pelo Supremo Tribunal Federal dos Recursos Extraordinários 646.721/RS e 878.694/MG.

Conforme explica Hector Lafaille, no primitivo Direito Romano, ao tempo das XII Tábuas, a vontade do autor da herança era soberana e ele desfrutava de toda a liberdade de disposição de seus bens, tanto em vida como para depois da sua morte, contudo, com o progresso do direito pretoriano e o avanço da civilização, não podia haver lei alguma que amparasse um pai de família que deixasse seus filhos na indigência, a ponto de privá-los dos alimentos, surgindo dessa preocupação a figura da *legítima pars bonorum*.[1]

Conta Hector Lafaille que, antigamente, a legítima também era vista como um *fideicomisso tácito*, pois quem recebia uma fortuna de seus antepassados a conservava como um usufrutuário, para transmiti-la mais tarde aos seus descendentes e disso surge a instituição

---

[1] LAFAILLE, Hector. *Curso de derecho civil*: sucesiones. Buenos Aires: Biblioteca Jurídica Argentina, 1933. t. II, p. 143.

da *herança troncal*, que no sistema jurídico brasileiro teve notória influência com o usufruto vidual, regulado pelo art. 1.611, § 1º, do Código Civil de 1916, depois substituído pelo direito sucessório concorrencial do atual ordenamento jurídico brasileiro, pelo qual o cônjuge supérstite somente usufruía dos bens sem que lhe fosse transmitido o domínio sobre os bens que permaneciam na família de origem, mas ressalva que a legítima é uma instituição de outra ordem, pois os bens que a compõem não advêm obrigatoriamente do acervo familiar do defunto, mas também foi construído com o trabalho do autor da herança e do seu consorte.[2]

Aliás, um dos argumentos de defesa da legítima é a de que certos parentes, em uma comunidade familiar extensa, como sucedia nas famílias brasileiras do passado, o descendente herdeiro com o falecimento do autor da herança recebia a quota que lhe pertencia por haver participado da comunidade familiar e também por haver de maneira direta ou indireta ajudado a construir o acervo hereditário, e assim quando o pai falecia deixava para os filhos o acervo que a todos era comum.

A legítima hereditária impõe uma significativa restrição porcentual sobre a faculdade de disposição do autor da herança, que não pode, tanto em vida como por testamento, tendo herdeiros forçosos, deixar mais de cinquenta por cento para terceiros, pois pelo menos a metade de seus bens deve ser destinada por lei aos seus herdeiros obrigatórios. Essa determinação legal não pode ser mudada pela vontade do testador, tendo o legislador criado, em realidade, um sistema de semiliberdade, pois é o legislador e não o titular do patrimônio que indica os beneficiários de pelo menos a metade dos bens do testador, a chamada porção indisponível. Há uma correlação de forças entre o regime da herança forçada e o regime da liberdade testamentária, em que esta última permite ao titular de um patrimônio dele dispor amplamente, sem estabelecer quaisquer limitações.

Em consonância com o art. 1.789 do Código Civil, havendo herdeiros necessários, o testador só poderá dispor da metade da herança. Significa dizer que o patrimônio de quem tem herdeiros obrigatórios se parte em duas porções iguais, sendo uma delas *disponível* e a outra *indisponível,* pois pertencente aos seus herdeiros legitimários, que são ligados ao autor da sucessão por vínculos de parentesco, de matrimônio ou de união estável, embora ainda exista dissenso doutrinário para concluir se, diante da tese de repercussão geral oriunda dos Recursos Extraordinários 646.721/RS e 878.694/MG, o companheiro sobrevivente também seria automaticamente considerado herdeiro necessário, ou se a sua inclusão no rol de herdeiros necessários do art. 1.845 dependeria de uma política legislativa a ser ainda implementada.

São herdeiros necessários aqueles a quem a lei (CC, art. 1.845) reserva nos bens do defunto uma porção da qual não podem ser privados, sem justa causa de deserdação, anotando Carlos Maximiliano ter a sucessão legítima raízes construídas sobre a preocupação social com a unidade e a solidariedade familiar, pois quem põe no mundo um ente, está obrigado a velar pelo seu futuro, pela sua felicidade, sendo, portanto, justo que um filho seja herdeiro necessário do pai, enquanto o neto reclama o que deveria caber ao seu progenitor. Completa Carlos Maximiliano arguindo que a lei e a moral asseguram a preferência do direito sucessório no afeto e na riqueza dos descendentes com seus antepassados, também existindo afeto em relação aos colaterais, nem que tivesse surgido durante a infância, e que tampouco deixa de inspirar afeto o cônjuge, que foi um companheiro dedicado nos bons e nos maus tempos, colaborador na formação da fortuna,[3] mas os colaterais e tampou-

---

[2] LAFAILLE, Hector. *Curso de derecho civil*: sucesiones. Buenos Aires: Biblioteca Jurídica Argentina, 1933. t. II, p. 143.

[3] MAXIMILIANO, Carlos. *Direito das sucessões*. 4. ed. Rio de Janeiro: Freitas Bastos, 1958. v. 1, p. 132.

co cônjuge eram considerados herdeiros forçosos ao tempo do Código Civil revogado, sendo que a ascendência do cônjuge à condição de herdeiro necessário surgiu com o Código Civil de 2002, e o companheiro, que no meu entendimento já ocupa a mesma posição por atração dos julgamentos pelo STF dos RE 646.721/RS e 878.694/MG, ou em breve também ocupará o mesmo caminho tão logo se assentem doutrina e jurisprudência ajustando os rumos a serem trilhados depois do histórico julgamento pelo Plenário do Supremo Tribunal Federal dos citados Recursos Extraordinários.

Conforme lição de Olga Orlandi, *herdeiros legítimos* são aqueles chamados na sucessão *ab intestato* (descendentes, ascendentes, cônjuge, companheiro e colaterais), e *herdeiros necessários*, *forçosos* ou *legitimários* (titulares da porção indisponível) são aqueles que têm direito à legítima, arrolados no art. 1.845 do Código Civil de 2002, como sendo os descendentes, ascendentes e o cônjuge, que o legislador entendeu merecerem maior proteção do autor da herança, por conta da sua maior proximidade familiar, e cujo amparo também é projetado contra casual arbítrio do testador, que assim fica impedido de dispor da totalidade de seu patrimônio sempre que tiver herdeiros forçosos,[4] pois, como reza o art. 1.846 do Código Civil, o herdeiro necessário tem direito à metade dos bens da herança, e esta metade se constitui da *legítima*, em conformidade com o art. 1.847 do Código Civil, devendo ser calculada sobre o valor dos bens existentes na abertura da sucessão, abatidas as dívidas e as despesas do funeral, adicionando, na sequência, os bens sujeitos à colação.

Observa Mario Delgado existir uma divisão tripartite dos títulos sucessórios, a saber, *sucessão legítima, sucessão testamentária* e *sucessão necessária, forçosa ou legitimária.*[5] Em realidade, existe a sucessão legítima (oriunda da lei) e a sucessão testamentária (advinda do testamento, da última vontade manifestada pelo testador), e existem diferentes espécies de herdeiros, ou seja, os *herdeiros legítimos, necessários, facultativos* e os herdeiros *instituídos* por testamento.

Têm direito à sucessão legítima todos aqueles chamados à sucessão *intestada*, sem testamento, em conformidade com a ordem determinada pelo art. 1.829 do Código Civil de 2002:

> (i) os *descendentes,* em concurso com o cônjuge ou o companheiro sobrevivos, salvo se casado com o falecido no regime da comunhão universal, ou no da separação obrigatória de bens, e salvo se, no regime da comunhão parcial, o autor da herança não houver deixado bens particulares; (ii) os *ascendentes*, em concurso com cônjuge ou companheiro sobrevivos; (iii) o *cônjuge* ou o *companheiro*, e (iv) os *colaterais*.[6]

Há vocação hereditária legítima quando alguém falece sem testamento, ou quando uma pessoa deixa testamento, contudo, não contempla na cédula a totalidade de seus bens e arreda algum ou alguns dos seus bens do testamento; ou quando o testamento caduca, se rompe no todo ou em parte, bem assim quando é declarada a invalidade do testamento, e quando bens do falecido não são contemplados no testamento ou dele são excluídos, sendo então destinados exclusivamente aos herdeiros legítimos indicados na lei (CC, art. 1.788).

---

[4] HIRONAKA, Giselda Maria Fernandes Novaes. *Comentários ao Código Civil*: parte especial do direito das sucessões. Da sucessão em geral, da sucessão legítima. Coord. Antônio Junqueira de Azevedo. São Paulo: Saraiva, 2003. v. 20, p. 249.

[5] DELGADO, Mário Luiz. O cônjuge e o companheiro deveriam figurar como herdeiros necessários? *Revista IBDFAM Família e Sucessões*, Belo Horizonte: IBDFAM, v. 23, set./out. 2017, p. 34.

[6] CAFFERATA, Jose Ignacio. *Legítima y sucesión intestada*. Buenos Aires: Astrea, 1982. p. 30.

Segundo Mário Delgado, o sucessor legitimário, forçoso ou necessário tem direito à *legítima*, que é calculada não apenas com base no valor dos bens existentes à data da abertura da sucessão, mas também sobre o valor dos bens doados e sujeitos à colação,[7] pressupostos subjetivos legais que contrastam com os direitos destinados aos *herdeiros facultativos* que não têm nenhum desses direitos, como a reserva de uma porção indisponível e a impossibilidade de serem excluídos da herança, salvo por indignidade ou deserdação, posto que para a exclusão dos herdeiros, por serem facultativos, basta ao autor da herança distribuir por testamento a totalidade de seus bens para terceiros.

A legítima é um direito sucessório protegido pela lei sobre determinada porção da herança e não se confunde com a vocação hereditária que a mesma lei atribui aos descendentes, ascendentes, cônjuge ou companheiro e colaterais, sendo todos eles herdeiros apontados pela lei, mas somente reconhecidos como herdeiros necessários ou obrigatórios os descendentes, ascendentes e cônjuge e, de acordo com parte da doutrina, também o companheiro sobrevivo, os quais não serão afetados por desprendimentos resultantes de doações procedidas em vida ou por meio de testamentos que extrapolem a porção indisponível, mesmo porque a legítima não é calculada apenas sobre os bens deixados pelo autor da herança no momento de seu óbito, mas também sobre as doações que ele realizou em vida.

De acordo com o art. 1.846 do Código Civil brasileiro, pertence aos herdeiros necessários, de pleno direito, a metade dos bens da herança, constituindo-se da legítima, ou seja, os herdeiros identificados como *necessários* ou *obrigatórios*, necessária e obrigatoriamente serão destinatários de pelo menos metade da herança líquida deixada pelo falecido, que só poderá dispor livremente da outra metade dos seus bens, pois deita sobre o seu patrimônio pessoal uma restrição à liberdade de disposição do seu acervo patrimonial quando o autor da herança deixa descendentes, ascendentes ou cônjuge (CC, art. 1.845), nada impedindo, antes da declaração de inconstitucionalidade do art. 1.790 do Código Civil pelo Plenário do STF, por meio dos RE 646.721/RS e 878.694/MG, que ele pudesse dispor de todos os seus bens se somente tivesse deixado companheiro sobrevivo, porque a sucessão hereditária do companheiro estava inteiramente regulamentada pelo art. 1.790 do Código Civil, mas levantou vozes doutrinárias e consolidou jurisprudências denunciando o que definiam como uma odiosa discriminação no trato da vocação hereditária do cônjuge em comparação à vocação hereditária do convivente.

Conforme Bruno Rodríguez-Rosado, para alguns juristas a legítima seria um *pars hereditatis* e o legitimário um *herdeiro obrigatório*, que tem direito a que se lhe atribua por este título uma parte dos bens que correspondem ao autor da herança; mas, para uma segunda vertente, surgida em meados do século XX, considerada majoritária, a legítima atribui um direito a uma porção de bens, ou seja, o direito a uma parcela do ativo patrimonial, depois de descontadas as dívidas do sucedido, sendo a herança, portanto, um *pars bonorum* que atribuiria ao herdeiro o direito de receber uma quota líquida do patrimônio sucessível.

Para uma terceira vertente, a legítima seria uma quota de valor do ativo patrimonial líquido, realizável *in natura* e por essa característica ela seria um *pars valoris bonorum*, com a natureza de um direito real de realização do valor, aduzindo que tal posição se encontra muito próxima da chamada *pars bonorum*, no sentido de que a legítima não seria uma parte dos bens, mas em realidade uma parte do valor dos bens. E, por fim, uma última posição de-

---

[7] DELGADO, Mário Luiz. O cônjuge e o companheiro deveriam figurar como herdeiros necessários? *Revista IBDFAM Família e Sucessões*, Belo Horizonte: IBDFAM, v. 23, set./out. 2017, p. 34.

nominada, de *pars valoris*, sugere que o herdeiro legitimário tem um mero direito de crédito realizável em dinheiro, sobre uma determinada proporção ao valor dos bens inventariados.[8]

81.1. O convivente como herdeiro necessário?

O art. 1.845 do Código Civil estabelece que são herdeiros necessários os descendentes, os ascendentes e o cônjuge, não tendo sido incluído no taxativo rol dos herdeiros necessários o companheiro sobrevivente, que podia, portanto, ser excluído da sucessão, bastando que o autor da herança, na falta de descendentes, ascendentes ou cônjuge, ou diante da expressa renúncia destes, contemplasse terceiros com a totalidade de seus bens em cláusula testamentária, ou, possuindo o testador descendentes ou ascendentes, dispusesse por testamento da sua porção disponível, para contemplar tanto aos seus próprios descendentes, ascendentes ou inclusive terceiros, em detrimento do seu companheiro sobrevivente, que não fora arrolado como herdeiro obrigatório pelo codificador no art. 1.845 do Código Civil.

Fábio Ulhoa Coelho escreveu que o Código Civil tratou diferentemente a família fundada no matrimônio em comparação com a família constituída pela união estável e as discriminou ao conferir mais vantagens ora ao cônjuge, ora ao convivente, e, ao fazê-lo, incorreu em inconstitucionalidades que precisavam ser consertadas pela tecnologia jurídica.[9]

Entretanto, vozes opostas defendiam a constitucionalidade de um tratamento diferenciado entre cônjuges e companheiros, apregoando a constitucionalidade de todo o art. 1.790 do Código Civil, em clara oposição aos defensores da total inconstitucionalidade do mesmo artigo de lei, enquanto uma terceira corrente doutrinária sustentava que somente o inc. III do art. 1.790 era inconstitucional,[10] sendo que depois do dia 10 de maio de 2017, após a maioria do Plenário do Supremo Tribunal Federal haver firmado posição pela inconstitucionalidade do art. 1.790 do Código Civil, se tornou completamente irrelevante levar à frente as diferentes teses jurídicas discutidas na cena doutrinária e jurisprudencial brasileiras, diante do julgamento definitivo dos Recursos Extraordinários 878.694/MG, sobre união estável heteroafetiva, e o 646.721/RS, sobre sucessão em relacionamento estável homoafetivo, ambos com repercussão geral reconhecida (temas 809 e 498, respectivamente), e cujo texto legal censurado estipulava efeitos jurídicos sucessórios diversos entre cônjuge e companheiro, tendo votado pela incons-

---

[8] RODRÍGUEZ-ROSADO, Bruno. *Heredero y legitimario*. Navarra: Thomson Reuters/Aranzadi, 2017. p. 118-119.

[9] COELHO, Fábio Ulhoa. *Curso de direito civil*. São Paulo: Saraiva, 2006. v. 5, p. 259.

[10] Apenas para registro histórico, reproduzo aresto do TJRS: "Agravo de instrumento. Inventário. Sucessão da companheira. Abertura da sucessão ocorrida sob a égide do novo Código Civil. Aplicabilidade da nova lei, nos termos do art. 1.787. Habilitação em autos de irmão da falecida. Caso concreto, em que merece afastada a sucessão do irmão, não incidindo a regra prevista no 1.790, inc. III, do CC, que confere tratamento diferenciado entre companheiro e cônjuge. Observância do princípio da equidade. Não se pode negar que tanto à família de direito, ou formalmente constituída, como também àquela que se constituiu por simples fato, há que se outorgar a mesma proteção legal, em observância ao princípio da equidade, assegurando-se igualdade de tratamento entre cônjuge e companheiro, inclusive no plano sucessório. Ademais, a própria Constituição Federal não confere tratamento iníquo aos cônjuges e companheiros, tampouco o faziam as Leis que regulamentavam a união estável antes do advento do novo |Código Civil, não podendo, assim, prevalecer a interpretação literal do art. Em questão, sob pena de se incorrer na odiosa diferenciação, deixando ao desamparo a família constituída pela união estável, e conferindo proteção legal privilegiada à família constituída de acordo com as formalidades da lei. Preliminar não conhecida e recurso provido" (TJRS. Sétima Câmara. Agravo de Instrumento 70020389284. Relator Desembargador Ricardo Raupp Ruschel. Julgado em 12.09.2007).

titucionalidade os Ministros Luís Roberto Barroso, Luiz Edson Fachin, Rosa Weber, Luiz Fux, Celso de Mello, Cármen Lúcia e Alexandre de Moraes, e por sua constitucionalidade os Ministros Dias Toffoli, Marco Aurélio e Ricardo Lewandowski.[11]

Publicado o acórdão que declarou a inconstitucionalidade do art. 1.790 do Código Civil e assim fixou a tese de repercussão geral de que no sistema constitucional vigente deve ser aplicado o regime sucessório estabelecido no art. 1.829 do Código Civil para os direitos sucessórios dos cônjuges e dos companheiros, sendo que o IAB (Instituto dos Advogados Brasileiros), o IBDFAM (Instituto Brasileiro de Direito de Família)[12] e a ADFAS (Associação de Direito de Família e das Sucessões), atuando todos como *amicus curiae*, opuseram embargos de declaração ao acórdão do RE 646.721/RS questionando a aplicabilidade do art. 1.845 do Código Civil às uniões estáveis homoafetivas e às uniões estáveis heteroafetivas no RE 878.694/MG, uma vez que por meio desse dispositivo de lei o legislador considera o cônjuge herdeiro necessário, mas nada sendo mencionado acerca do companheiro sobrevivo, e que em nome da segurança jurídica, a Suprema Corte precisaria esclarecer se a tese de repercussão geral também alcança, dentre outros dispositivos legais, o art. 1.845 do Código Civil, que dispõe sobre a reserva hereditária e se, por conseguinte, o companheiro sobrevivo também deve ser considerado como herdeiro obrigatório ou necessário.

Os embargos de declaração nos Recursos Extraordinários 874.694/MG e 646.721/RS, no que importa ao ponto, foram desprovidos, sob o argumento de o acórdão recorrido não apresentar omissão a corrigir, pois o art. 1.845 do Código Civil não foi objeto da repercussão geral reconhecida pelo Plenário do STF e não houve discussão a respeito da integração do companheiro ao rol de herdeiros necessários, de forma que inexiste omissão a ser sanada. Ou seja, a repercussão geral foi reconhecida apenas quanto à aplicabilidade do art. 1.829 do Código Civil às uniões estáveis, uma vez que a questão constitucional ficou restrita ao art. 1.790 do Código Civil, não havendo que ser falado em omissão do acórdão embargado por ausência de manifestação com relação ao art. 1.845 ou qualquer outro dispositivo do Código Civil e que não foram abrangidos pelo Recurso Extraordinário.[13]

Doutrinadores, como Rodrigo da Cunha Pereira e Mário Luiz Delgado, sustentam que o julgamento da inconstitucionalidade do art. 1.790 do Código Civil não autoriza atribuir ao companheiro sobrevivente o *status* de herdeiro necessário, porquanto o art. 1.845 do Código Civil trata de nítida norma restritiva de direitos e sua enumeração é taxativa ao arrolar como herdeiros obrigatórios somente os descendentes, ascendentes e o cônjuge sobrevivo.

---

[11] BAPTISTA, Izabel Cristina de Medeiros. A inconstitucionalidade do artigo 1.790 do Código Civil e a equiparação sucessória do cônjuge e do companheiro. In: NORONHA, Carlos Silveira; DIAS, Ádamo Brasil (orgs.). *Temas de família e de sucessões na atualidade*: revisão dogmática em resposta às demandas da sociedade contemporânea. Porto Alegre: Sapiens, 2018. p. 208-210.

[12] Além do IBDFAM, questionando a aplicabilidade às uniões estáveis do art. 1.845 e de outros dispositivos do Código Civil, também opuseram embargos de declaração o Instituto dos Advogados Brasileiros e a Associação de Direito de Família e das Sucessões (ADFAS).

[13] "Direito Constitucional. Embargos de Declaração em Recurso Extraordinário. Repercussão Geral. Aplicabilidade do art. 1.845 e outros dispositivos do Código Civil às uniões estáveis. Ausência de omissão ou contradição. 1. Embargos de declaração em que se questiona a aplicabilidade, às uniões estáveis, do art. 1.845 e de outros dispositivos do Código Civil que conformam o regime sucessório dos cônjuges. 2. A repercussão geral reconhecida diz respeito apenas à aplicabilidade do art. 1.829 do Código Civil às uniões estáveis. Não há omissão a respeito da aplicabilidade de outros dispositivos a tais casos. 3. Embargos de declaração rejeitados" (Plenário do STF. Emb. Decl. no Recurso Extraordinário 878.694/MG. Relator Ministro Roberto Barroso. Julgado 19 a 25 de outubro de 2018).

Ademais, o direito fundamental à herança não pode ser visto apenas sob a ótica do herdeiro, mas deve se pautar também pelos interesses do autor da herança, considerando que o exercício da autonomia privada integra o núcleo da dignidade da pessoa humana e restringir a liberdade testamentária do autor da herança, para incluir o convivente sobrevivo dentre os herdeiros obrigatórios, representaria um completo descompasso com a realidade social, marcada pela interinidade dos vínculos conjugais e, com efeito, nessa direção apontam os embargos de declaração rejeitados, já que em momento algum o Supremo Tribunal Federal se manifestou acerca da aplicação do art. 1.845 do Código Civil à sucessão da união estável, e disse expressamente o relator Ministro Luís Roberto Barroso, nos embargos declaratórios opostos, que a inclusão do companheiro no rol dos herdeiros necessários não foi discutida em nenhum dos dois Recursos Extraordinários (646.721/RS e 878.694/MG), acreditando Zeno Veloso e diversos outros juristas, que se manifestaram em mensagens informais trocadas em grupo da Diretoria do IBDFAM, que cairia no vazio a decisão do STF se o companheiro não fosse naturalmente considerado herdeiro necessário, e que doravante, também constando sua existência por analogia no texto do art. 1.845 do Código Civil, acreditavam Maria Berenice Dias, Rodrigo Toscano de Brito e Flávio Tartuce que, pela *tese* firmada pelo STF, o companheiro sobrevivo seria herdeiro necessário. Contudo, para Flávio Tartuce, este tema só restará pacificado com uma Súmula específica a ser editada pelo Superior Tribunal de Justiça, nos termos do art. 927 do CPC, enquanto para Giselda Hironaka deve ser promovida uma urgente e necessária reforma legislativa para incluir o companheiro sobrevivente na lista taxativa dos herdeiros necessários do art. 1.845 do Código Civil.

Segundo Mário Luiz Delgado, não compete à doutrina ou à jurisprudência regulamentar a união estável a ponto de lhe atribuir os efeitos da sociedade conjugal, o que implicaria, na prática, transformar a união estável em casamento e contra a vontade dos conviventes, devendo se ter presente que o STF se limitou a declarar a inconstitucionalidade do art. 1.790 do Código Civil, e que em momento algum o Supremo Tribunal Federal transformou o companheiro em herdeiro necessário, ressaltando que as leis gozam de presunção de legitimidade e de constitucionalidade e, destarte, se o STF não se manifestou sobre o art. 1.845 do Código Civil, que em sua redação originária excluiu o companheiro sobrevivente do elenco de herdeiros necessários, deve ser presumida a constitucionalidade deste dispositivo legal, ao menos até que o STF volte a se manifestar sobre o tema e questione a qualidade de herdeiro necessário do unido estavelmente, que por enquanto permanece restrita aos descendentes, aos ascendentes e ao cônjuge, sem abarcar o companheiro sobrevivo.[14]

O rol do art. 1.845 do Código Civil é taxativo e atualmente existem apenas três classes de herdeiros necessários, sendo que somente a lei pode excluir ou alargar esse rol, e não pode o intérprete, por mais autorizado que o seja, nem o autor da herança retirar qualquer herdeiro do seu elenco, ampliando ou restringindo o seu conteúdo, não sendo tampouco permitido ao juiz fazê-lo, afigurando-se, além disso tudo, imperioso reconhecer a diversidade de regimes legais entre os institutos do matrimônio e da união estável.[15]

---

[14] DELGADO, Mário Luiz. A sucessão na união estável após o julgamento dos embargos de declaração pelo STF: o companheiro não se tornou herdeiro necessário. Disponível em: <https://www.migalhas.com.br/dePeso/16,MI291015,21048-A+sucessao+na+uniao+estavel+apos+o+julgamento+dos+embargos+de>. Acesso em: 11 dez. 2018.

[15] DELGADO, Mário Luiz. O cônjuge e o companheiro deveriam figurar como herdeiros necessários? *Revista IBDFAM Família e Sucessões*, Belo Horizonte: IBDFAM, v. 23, set./out. 2017, p. 38.

Tem pertinência o argumento expendido por J. M. Leoni Lopes de Oliveira quando refere que:

> Apesar de o art. 1.845 não fazer menção ao companheiro, considere-se que o art. 1.850 do CC, ao tratar da possibilidade de o testador afastar herdeiros de seus direitos sucessórios através de testamento, se limitou a elencar os colaterais, não se referindo ao companheiro: "para excluir da sucessão os herdeiros colaterais, basta que o testador disponha de seu patrimônio sem os contemplar". Se o companheiro fosse herdeiro facultativo também poderia ser afastado da sucessão por testamento, e o art. 1.850 não o mencionou nessa possibilidade. Logo, numa interpretação a *contrario sensu*, o companheiro não pode ser afastado da sucessão por testamento.[16]

Retomando a lição de Mário Luiz Delgado, contrário à condição de herdeiro necessário do convivente sobrevivo, ele refere que, mesmo dentre aqueles que defendem a completa equiparação dos efeitos jurídicos do matrimônio com a união estável, são forçados a reconhecer a subsistência de algumas diferenças normativas entre as duas entidades familiares, não sendo possível abraçar a tese de uma equiparação total, absoluta e irrestrita entre cônjuge e companheiro.[17]

São diferentes as normas de formalidade do casamento em contraste com as de informalidade do companheirismo, porquanto a constituição e a dissolução de cada uma das duas entidades familiares respeitam distintos procedimentos, tais como diversas são as fórmulas processuais para a hipótese de alteração do regime de bens no casamento, e extraprocessuais são os caminhos para a mudança do regime patrimonial na união estável, assim como diversos são os procedimentos destinados à cessação da convivência em cotejo com o caminho traçado para o divórcio, porquanto, dispensada qualquer formalidade em convivência destituída de filhos, bens e dependência financeira, enquanto que os caminhos se emparelham quando inevitável consolidar efeitos jurídicos presentes em ambas as instituições.

Na visão de Mário Luiz Delgado, seria fácil concluir que a declaração de inconstitucionalidade do art. 1.790 do Código Civil, por si só, não tem o dom de promover total equiparação entre o casamento e a união informal, subsistindo um inescondível tratamento díspar entre os dois institutos e em diversos de seus aspectos, e que sobrevivem algumas diferenças entre união estável e casamento.[18]

Conclui Mário Luiz Delgado que o companheiro ainda não é e nem pode ser considerado um *herdeiro necessário* à vista apenas de uma aplicação por simbiose dos julgamentos de repercussão geral atinentes aos Recursos Extraordinários 646.721/RS e 878.694/MG, enquanto não ocorrer, se é que ocorrerá, alguma mudança legislativa para alterar o art. 1.845 do Código Civil e acrescentar o convivente sobrevivente no rol dos seus herdeiros forçosos (descendentes, ascendentes e cônjuge), e para ilustrar sua tese e reforçar sua argumentação, o articulista oferece quatro argumentos que lastreiam o seu entendimento:

Argumento 1: a qualificação de cônjuge ou de companheiro decorre do atendimento ou não de formalidades ou de requisições exigidas por lei. No casamento, formalidades e sole-

---

[16] OLIVEIRA, J. M. Leoni Lopes de. *Direito civil*: sucessões. Rio de Janeiro: Forense, 2017. p. 423.
[17] DELGADO, Mário Luiz. O cônjuge e o companheiro deveriam figurar como herdeiros necessários? *Revista IBDFAM Família e Sucessões*, Belo Horizonte: IBDFAM, v. 23, set./out, 2017, p. 48.
[18] DELGADO, Mario Luiz. O cônjuge e o companheiro deveriam figurar como herdeiros necessários? *Revista IBDFAM Família e Sucessões*, Belo Horizonte: IBDFAM, v. 23, set./out. 2017, p. 48.

nidades integram a substância do ato, sem as quais aquele não ingressa no plano de validade. Na união estável, inexistem formalidades exigíveis como requisito de ingresso ao plano da validade, ainda que os conviventes desejem formalizar a relação. O que importa é a convivência no plano dos fatos, com as qualificadoras exigidas pela lei. Da mesma forma o *status* de herdeiro necessário também decorre do preenchimento dessas formalidades próprias do casamento, dispondo a lei de forma explícita, que somente quem possua o estado civil de "casado" portará o título de sucessor legitimário, ostentando a qualificadora restritiva da liberdade testamentária. E sob esse raciocínio, pode-se afirmar que a situação jurídica de herdeiro necessário guarda relação direta com as formalidades do casamento, única entidade familiar com a aptidão a modificar o estado civil, de maneira que a interpretação a favor de uma não inclusão do companheiro como herdeiro necessário seria admissível com base nas próprias distinções decorrentes das normas de formalidade.

Argumento 2: o art. 1.845 é nítida forma restritiva de direitos. O direito fundamental à herança não pode ser visto apenas sob a ótica do herdeiro, mas deve se pautar também pelos interesses do autor da herança, pois o exercício da autonomia privada integra o núcleo da dignidade da pessoa humana. A designação legitimária é dever imposto ao autor da sucessão de reservar parte de seus bens a determinados herdeiros. A norma institui restrição ao livre exercício da autonomia privada, restringe, sem dúvida, a sua liberdade de disposição, constituindo, por isso, exceção no ordenamento jurídico e, conforme as regras ancestrais de hermenêutica, não se pode dar interpretação ampliativa à norma restritiva. Normas restritivas de direito devem ser interpretadas sempre de forma restrita. O rol do art. 1.845, portanto, é taxativo! Da mesma forma que só a lei pode retirar qualquer herdeiro daquele elenco, somente a lei pode ampliar o seu conteúdo, não sendo permitido ao intérprete fazê-lo.

Argumento 3: restringir a liberdade testamentária do autor da herança, no caso, mostra absoluto descompasso com a realidade social, marcada pela interinidade dos vínculos conjugais. Notadamente nas uniões informais, que se formam e se dissolvem mais facilmente que o casamento. Sem falar na insegurança jurídica que resultaria da necessidade de reconhecimento judicial *post mortem* da união estável, muitas vezes em relação de simultaneidade com um casamento válido, como se dá em grande parte das famílias recompostas.

Argumento 4: o STF não se manifestou, em momento algum, sobre a aplicação do art. 1.845 à sucessão da união estável. Os debates travados durante o julgamento nos levam a concluir que o STF não só não quis assegurar esse *status* ao companheiro, como expressamente ressalvou a prevalência da liberdade do testador, na sucessão da união estável. Confira-se, a propósito, o seguinte trecho do voto do Ministro Edson Fachin:

> Como oitava premissa, emerge o argumento quanto à existência de desigualdade no elemento subjetivo que conduz alguém a optar pela união estável e não pelo casamento. Sob esse argumento, quem vive em união estável pretendia maior liberdade. União estável, porém, não é união livre. União estável pressupõe comunhão de vida. Eventual desigualdade quanto à pressuposição de maior liberdade na união estável, por ser união informal, não justifica menor proteção às pessoas em regime de convivência do que àquelas casadas. Se a informalidade da constituição da relação, a qual, repise-se, exige comunhão de vida para ser família, pudesse justificar direitos diferentes ou em menor extensão, também restaria afastada a incidência de regime de comunhão de bens, quanto aos efeitos *inter vivos*. Na sucessão, a liberdade patrimonial dos conviventes já é assegurada com o não reconhecimento do companheiro como herdeiro necessário, podendo-se afastar os efeitos sucessórios por

testamento. Prestigiar a maior liberdade na conjugalidade informal não é atribuir, *a priori*, menos direitos ou direitos diferentes do casamento, mas sim, oferecer a possibilidade de, voluntariamente, excluir os efeitos sucessórios. (RE 646.721, Ministro Edson Fachin, p. 57).[19]

No caminho inverso trafega consistente grupo de doutrinadores, todos eles entendendo completamente desarrazoado não acatar a expressa declaração do Supremo Tribunal Federal de inequívoca inconstitucionalidade do art. 1.790 do Código Civil, quando em cujos claros termos expostos pelo Ministro Luís Roberto Barroso referiu que *uma diferenciação entre os regimes sucessórios do casamento e da união estável promovida pelo art. 1.790 do Código Civil de 2002 viola o princípio da dignidade da pessoa humana e que outorgar ao companheiro direitos sucessórios distintos daqueles conferidos ao cônjuge pelo art. 1.829 representaria uma proteção insuficiente ao princípio da dignidade humana em relação aos casais que vivem em união estável.*

Efetivamente, não faria sentido e nem seria legítimo desequiparar, para fins sucessórios, os cônjuges e os companheiros, isto é, uma família, preservando vantagens para uma entidade e não outorgando exatamente os mesmos privilégios para a outra entidade que justamente conquistou, com os Recursos Extraordinários 646.721/RS e 878.694/MG, o respeito aos *princípios da igualdade, da dignidade humana, da proporcionalidade como vedação à proteção deficiente e o da vedação do retrocesso*, não soçobrando nenhuma margem para qualquer ensaio discriminatório, mesmo que sob o discurso da ausência de previsão legal, ou de nova e expressa declaração do Supremo Tribunal Federal acerca da inconstitucionalidade do art. 1.845 do Código Civil, mesmo porque o art. 1.845 do Código Civil não é inconstitucional, mas, sim, incompleto, restritivo na medida em que não contempla o convivente sobrevivo como herdeiro igualmente obrigatório, e antes nem poderia, pois outro dispositivo legal regulava a sucessão do companheiro, contudo, no exato instante em que este artigo é declarado inconstitucional pelo Supremo Tribunal Federal, que justamente é a Corte Judicial encarregada de interpretar a Carta Política, perderia qualquer coerência lógica e jurídica seguir promovendo ressalvas e restrições de direitos entre as duas entidades familiares, que em tudo se identificam com respeito aos seus efeitos jurídicos sucessórios, embora divirjam apenas na forma de sua constituição, pois, como ensina Carlos Maximiliano, "a analogia consiste em aplicar a uma hipótese não prevista em lei a disposição relativa a um caso semelhante, e, portanto, descoberta a razão íntima, fundamental, decisiva de um dispositivo, o processo analógico transporta-lhe o efeito e a sanção a hipóteses não previstas, se nelas se encontram elementos idênticos aos que condicionam o fim do caso contemplado pela norma existente".[20]

Tendo sido declarada a inconstitucionalidade do art. 1.790 do Código Civil e ordenada a equiparação da união estável ao casamento para efeitos sucessórios, impedindo haja qualquer hierarquia entre as duas entidades familiares, mesmo que guardem diferenças de formatação entre elas, isso não importa, eis que prescreve o art. 4º da Lei de Introdução às Normas do Direito Brasileiro (LINDB) que, sendo a lei omissa, o juiz decidirá o caso de acordo com a analogia, os costumes e os princípios gerais de direito, pois, como escrevem André de Carvalho Ramos e Erik Frederico Gramstrup:

---

[19] DELGADO, Mário Luiz. O cônjuge e o companheiro deveriam figurar como herdeiros necessários? *Revista IBDFAM Família e sucessões*, Belo Horizonte: IBDFAM, v. 23, set./out. 2017, p. 53-54.
[20] MAXIMILIANO, Carlos. *Hermenêutica e aplicação do direito*. 21. ed. Rio de Janeiro: Forense, 2017. p. 190-191.

> Se dois casos em comparação são semelhantes em certos aspectos, isso significa que também são diferentes em outros; se fossem idênticos, não haveria motivo para invocar a analogia – eles seriam simplesmente regulados pela mesma norma, tornando ocioso o recurso à analogia. Se é o caso de aplicar analogia, os dois casos têm necessariamente semelhanças e diferenças. Ao raciocinar por analogia, o intérprete afirma que as semelhanças são mais relevantes do que as diferenças, de modo que se justifica a construção de regra similar por afinidade de razões. Se as diferenças fossem sentidas como mais importantes, então não haveria espaço para a analogia. Ela está, portanto, baseada em um juízo de valor (preponderância das semelhanças e relativa insignificância das diferenças), e não em argumento puramente lógico.[21]

Exatamente essas as sutilezas das duas entidades familiares que guardam completa semelhança em seus aspectos pessoais concernentes à convivência diuturna de uma família informal, que não se diferencia em seus hábitos e comportamento social de uma família formal, residindo suas dessemelhanças unicamente na formalidade ou informalidade de sua formatação, e nisso se encerram as propaladas diferenças, que ainda existiam em relação aos efeitos jurídicos que agora restaram igualados pela rubrica da inconstitucionalidade, declarada pelo Supremo Tribunal Federal, do art. 1.790 do Código Civil e, logicamente, de tudo que contraria a referida *tese* emanada do STF, mesmo porque são famílias dotadas da mesma dignidade e respeito.[22]

A despeito desta identidade de entidades, o Governo do Chile editou, em 21 de abril de 2015, a Ley 20.830, que respeita aos acordos de união civil dos conviventes do mesmo ou de distinto sexo e cujo art. 16 estabelece que *cada convivente civil será herdeiro intestado e legítimo do outro e concorrerá em sua sucessão da mesma forma e gozará dos mesmos direitos que correspondam ao cônjuge sobrevivente*, podendo ver com toda nitidez se tratar do respeito aos mesmos direitos onde existem os mesmos efeitos, conquanto subsistisse o relacionamento ao tempo da abertura da sucessão, como também no sistema jurídico brasileiro o convivente sobrevivo é igualmente destinatário do direito real de habitação.

Flávio Tartuce não tem dúvidas de que, com a decisão do Supremo Tribunal Federal sobre a inconstitucionalidade do art. 1.790 do Código Civil, o convivente foi alçado à condição de herdeiro necessário, mesmo não estando expressamente previsto no rol do art. 1.845 do Código Civil, e neste seu artigo doutrinário invoca as opiniões igualmente abalizadas de Anderson Schreiber e Ana Luiza Nevares, no sentido de haver equiparação das duas entidades familiares somente para fins de *normas de solidariedade*, caso das regras sucessórias, de alimentos e de regime de bens, mas que, em relação às *normas de formalidade*, como as relativas à existência protocolar da união estável e do casamento, aos requisitos para a ação de alteração do regime de casamento (CC, art. 1.639, § 2º, e art. 734 do CPC) e às exigências de outorga conjugal, efetivamente a equiparação não é total.[23]

Como sustentar o entendimento prevalente do STF, que equiparou o regime sucessório do companheiro ao regime sucessório do cônjuge, e ao final defender o argumento de serem

---

[21] RAMOS, André de Carvalho; GRAMSTRUP, Erik Frederico. *Comentários à Lei de Introdução às Normas do Direito Brasileiro – LINDB*. São Paulo: Saraiva, 2016. p. 48-49.
[22] VELOSO, Zeno. *Código Civil comentado*. Coord. Ricardo Fiúza e Beatriz Tavares da Silva. 6. ed. São Paulo: Saraiva, 2008. p. 1.955.
[23] TARTUCE, Flávio. O companheiro como herdeiro necessário. Disponível em: <https://www.migalhas.com.br/FamiliaeSucessoes/104.MI284319.310470+companheiro+como+herdeiro+necessario>. Acesso em: 11 dez. 2018.

institutos com idênticos propósitos e direitos? Não obstante díspares procedimentos concernentes unicamente ao feitio de constituição de entidade familiar, que sequer respeita um direito intrínseco e subjetivo, mas unicamente caminhos legalmente ofertados para o desenvolvimento de uma e outra entidade familiar, mas que, mesmo assim, sem nenhuma lógica jurídica, nega a inclusão do companheiro sobrevivo no rol natural dos herdeiros obrigatórios, ao lado do cônjuge viúvo, importaria em uma inexplicável *desequiparação* entre os dois institutos, neste que representa mais um de seus efeitos jurídicos que existem para o consorte, e que por analogia se estendem ao convivente sobrevivente, até mesmo porque, como tradição do vigente direito sucessório brasileiro, se atribui o caráter de legitimário às pessoas que mantiveram vínculos próximos de parentesco ou de afetividade com o autor da herança, e não há como desequiparar os afetos presentes no matrimônio e na convivência estável.

Afinal de contas, se um dos maiores motivos para o decreto da inconstitucionalidade do art. 1.790 do Código Civil deitava sobre a aberração do seu inc. III, que atribuía 2/3 da herança aos colaterais e pessoas literalmente estranhas aos vínculos familiares e afetivos, permitindo enriquecer estranhos às expensas da família, só esta razão já justificaria a condição de legitimário do convivente sobrevivente, recordando que a Carta Política confere especial proteção à família, não havendo motivos para privar o convivente da legítima, pois, como defende Antonia Nieto Alonso, *não parece racional nem justo que, quando o falecido tenha convivido com outra pessoa e criado uma relação familiar, que a falta de vínculo jurídico e de parentesco suponha uma discriminação em confronto com uma união familiar matrimonial.*[24]

81.1.1. Montante da legítima

O art. 1.846 do Código Civil assegura aos legitimários um direito de sucessão limitado a pelo menos a metade dos bens da herança, da qual não podem ser privados sem justa causa de indignidade ou de deserdação, e que se constitui da legítima ou porção indisponível.

Legítima é a porção do patrimônio individual que por morte de qualquer pessoa obrigatoriamente cabe a seus parentes assim privilegiados por lei,[25] e tem como fundamento o fato de que os filhos seriam continuadores da personalidade do pai e que entre eles não poderiam ocorrer desigualdades geradoras de conflitos, acrescido do fato de que a riqueza herdada foi gerada no seio da família, com a cooperação de cada um dos legitimários, ao passo que os detratores da legítima argumentam que desta riqueza os legitimários já usufruíram durante a existência física do sucedido, e que, justamente por isso, sua derradeira vontade deveria ser respeitada para que fizesse o que bem entendesse daquilo que a ele pertence, já não bastasse ter em conta que limitar a liberdade de testar implicaria um mecanismo de perpetuação do poder econômico em mãos da família.[26]

No sistema jurídico sucessório brasileiro a legítima é de metade (50%) da herança líquida e a porção disponível, ou *metade restante* dos bens do sucedido, é aquela que corresponde exatamente a outra metade (50%) dos bens deixados pelo defunto.

---

[24] ALONSO, Antonia Nieto. Uniones extramatrimoniales: derechos sucesorios y atribuiciones *post mortem* de naturaliza familiar y social. In: VARELA, Ángel Luis Rebolledo (coord.). *La família en el derecho de sucesiones*: cuestiones actuales y perspectivas de futuro. Madrid: Dykinson, 2010. p. 114.

[25] MAXIMILIANO, Carlos. *Direito das sucessões*. 4. ed. Rio de Janeiro: Livraria Freitas Bastos, 1958. v. 1, p. 350.

[26] GARCÍA, Santiago Hidalgo. Las legítimas. In: *La sucesión hereditaria y el juicio divisorio*. 2. ed. Navarra: Thomson Reuters/Aranzadi, 2015. p. 198.

Segundo lição de Mairan Gonçalves Maia Júnior, a fixação da legítima, que no direito brasileiro foi estabelecida pelo art. 2º do Decreto 1.839, de 31 de dezembro de 1907, e mantida pelos Códigos Civis de 1916 e de 2002, enquanto ao tempo das Ordenações o percentual correspondente à legítima era de um terço (1/3).[27]

A legítima é mundialmente pensada para a manutenção do grupo familiar, motivo pelo qual o testador dela não pode dispor, por havê-la o legislador reservado aos herdeiros denominados de forçosos ou necessários. A legítima atende ao princípio da continuidade biológica e deve ser agregado ao da continuidade socioafetiva, e seus percentuais variam, representando dois terços (2/3, ou 66%) no Direito islâmico, enquanto no Direito Continental ela oscila entre um quarto (1/4, ou 25%), um terço (1/3, ou 33%), metade (1/2, ou 50%), e dois terços (2/3, ou 75%) dos bens deixados pelo sucedido, ao passo que no Direito anglo-saxão não existe o direito à legítima, mas apenas direitos semelhantes aos alimentos (*family provision*), que além disso têm previsão no México, Canadá, Costa Rica, Panamá, Guatemala, Honduras e Nicarágua.[28]

Também existem legítimas reguladas em percentuais escalonados conforme a quantidade de filhos, como sucede com o art. 13 do Código Civil da República Dominicana, que desautoriza qualquer doação superior a cinquenta por cento (50%), se o testador tiver um único filho ou descendente; de um terço (1/3), se deixa dois filhos ou descendentes, e de um quarto (1/4), se deixa três filhos ou mais, sejam filhos ou qualquer grau de descendentes, informando Artagnan Pérez Méndez não serem herdeiros reservatários (forçosos) os irmãos e irmãs e tampouco os filhos destes (sobrinhos), nem mesmo o cônjuge, mas se alguém não tem descendentes e unicamente progenitores, estes são considerados herdeiros necessários.[29]

Existem sistemas jurídicos sucessórios plurais, como na Espanha, que se distingue em dois grandes blocos: i) um deles inspirado na liberdade de testar e, portanto, em não reconhecer o direito à legítima (Catalunha, Ilhas Baleares, Foro de Ayala, País Vasco, Navarra, Valencia); ii) e os regimes inspirados na sucessão necessária, através de um sistema de legítimas.[30]

O sistema jurídico espanhol que reconhece a legítima, a divide em três partes, sendo um terço (1/3) denominada *legítima estrita*, cujos bens são indisponíveis para o testador e a legítima é destinada aos descendentes, seguindo a regra da proximidade de grau de parentesco. Outro terço (1/3) é denominado de *mejora* e também é atribuído aos legitimários descendentes, porém, o testador pode distribuí-la livremente entre os legitimários descendentes, mas não precisa observar e respeitar a proximidade do grau de parentesco, ou seja, pode destinar a *mejora* a um neto e o último terço (1/3) dos bens é de livre disposição do testador.[31]

Ainda no Direito espanhol, cujo sistema reconhece o direito à legítima, são considerados herdeiros necessários os filhos e descendentes em relação aos seus pais e ascendentes, e, na falta deles, os pais e ascendentes em relação aos seus filhos e descendentes e nem todos os ordenamentos jurídicos espanhóis reconhecem a viúva como legitimária, havendo outros que atribuem às uniões fáticas os mesmos direitos sucessórios, sendo que a legítima do consorte

---

[27] MAIA JR., Mairan Gonçalves. *Sucessão legítima*: as regras da sucessão legítima, as estruturas familiares contemporâneas e a vontade. São Paulo: Thomson Reuters/RT, 2018. p. 328.
[28] MADALENO, Rolf. O fim da legítima. *Revista IBDFAM Família e Sucessões*, Belo Horizonte: IBDFAM, jul.--ago. 2016, p. 45.
[29] MÉNDEZ, Artagnan Pérez. *Sucesiones y liberalidades*. 8. ed. República Dominicana: Amigo del Hogar, 2017. p. 200.
[30] GASCÓ, Francisco de P. Blasco. *Instituciones de derecho civil*: derecho de sucesiones. Valencia: Tirant Lo Blanch, 2018. p. 29.
[31] GASCÓ, Francisco de P. Blasco. *Instituciones de derecho civil*: derecho de sucesiones. Valencia: Tirant Lo Blanch, 2018. p. 32.

sobrevivente é sempre um usufruto, sobre um terço (1/3) da chamada *mejora*, se concorre na herança com seus filhos ou descendentes, mas se concorrer apenas com filhos ou descendentes do morto pode exigir que o seu direito de usufruto seja satisfeito em dinheiro ou com um lote de bens sobre os quais lhe cabe a propriedade, e se concorre com ascendentes terá direito ao usufruto da metade (1/2) da herança, e se for o único legitimário terá direito ao usufruto de dois terços (2/3) da herança.[32]

81.1.1.1. Cálculo da legítima

De acordo com Mairan Gonçalves Maia Júnior, "a legítima é determinada com base na herança líquida, depois de deduzidas as dívidas do falecido e da própria herança. Ao montante obtido são acrescidos os bens doados em vida pelo *de cujus* aos descendentes e ao cônjuge e não dispensados de serem trazidos à colação, ou seja, de serem adicionados à herança para fins de determinação da legítima e, consequentemente, do cálculo do quinhão destinado a cada um dos herdeiros necessários".[33]

Dispõe o art. 2162º do Código Civil português que, *para o cálculo da legítima, deve atender-se ao valor dos bens existentes no patrimônio do autor da sucessão à data da sua morte (*relictum*), o valor dos bens doados (*donnatum*), às despesas sujeitas a colação e as dívidas da herança.* É o que a doutrina estrangeira denomina de *depuração do caudal relicto* (capital remanescente), cuja operação consiste em deduzir o valor das dívidas deixadas em razão do falecimento do autor da herança, correspondentes aos seus gastos de funeral, enterro ou cremação, não sendo considerados os custos que deixou por conta da sua última enfermidade, pois estes são débitos que contraiu em vida, não obstante também sejam dívidas a serem abatidas para efeito de cálculo líquido da herança. Acrescentam também às dívidas do defunto os valores despendidos com o inventário e com os litígios entabulados para defesa dos bens hereditários,[34] e se adicionam, em seguida, o valor dos bens sujeitos à colação (CC, art. 1.847).

A fixação da base de cálculo da legítima exige a soma dos valores *relictum e donatum*, qual seja o líquido que remanesceu com a morte do autor da herança, seus bens menos as despesas advindas de sua morte, operando-se, na sequência o acréscimo fictício dos bens doados em vida pelo falecido, somando ambas as partidas para obter a base de cálculo da legítima.

Um exemplo ajuda a esclarecer: o sucedido deixa esposa, com a qual era casado em regime da comunhão universal de bens, e dois filhos, além de uma herança de dois milhões de reais (R$ 2.000.000,00), sendo abstraídos quatrocentos mil reais (R$ 400.000,00) de gastos com funeral, enterro ou cremação e os custos do inventário, restando uma herança líquida de um milhão e seiscentos mil reais (R$ 1.600.000,00). Em vida, o morto doou para o filho "A" um imóvel avaliado em trezentos mil reais (R$ 300.000,00) e para o filho "B" a quantia atualizada de duzentos mil reais (R$ 200.000,00). A determinação da base de cálculo da legítima global é a soma do *caudal relicto* (abatidas as despesas com a morte – R$ 1.600.000,00), acrescido das doações em vida (R$ 300.000,00 + R$ 200.000,00 = R$ 500.000,00).

---

[32] GASCÓ, Francisco de P. Blasco. *Instituciones de derecho civil*: derecho de sucesiones. Valencia: Tirant Lo Blanch, 2018. p. 210.

[33] MAIA JR., Mairan Gonçalves. *Sucessão legítima*: as regras da sucessão legítima, as estruturas familiares contemporâneas e a vontade. São Paulo: Revista dos Tribunais, 2018. p. 328.

[34] TEIJEIRO, Carlos M. Díaz. *La legítima de los descendientes en la Ley de Derecho Civil de Galicia*. Navarra: Aranzadi/Thomson Reuters, 2018. p. 91.

Ou seja, determinados os valores do *relictum* e do *donatum*, somadas ambas as partidas (R$ 1.600.000,00 + R$ 500.000,00), a legítima global será de dois milhões e cem mil reais (R$ 2.100.000,00) e como cada filho é herdeiro necessário de cinquenta por cento (50%) da herança, não figurando o cônjuge supérstite como herdeiro e muito menos necessário, dado que adotado o regime da comunhão universal de bens (CC, art. 1.829, inc. I), tendo cada descendente direito ao quinhão hereditário de um milhão e cinquenta mil reais (R$ 1.050.000,00), mas como o filho "A" recebeu como doação um excesso de cem mil reais (R$ 100.000,00), a divisão final se dará na razão de novecentos e cinquenta mil reais (R$ 950.000,00) para o filho "A" e um milhão cento e cinquenta mil reais (R$ 1.150.000,00) para o filho "B", totalizando a partilha como um todo, a quantia de dois milhões e cem mil reais (R$ 2.100.000,00).

Pelo art. 1.845 do Código Civil, a legítima é um direito global que pertence a cada uma das diferentes classes de sucessores, seguindo rigorosamente a ordem de vocação hereditária prevista no art. 1.829 do Diploma Civil brasileiro, chamando em primeiro lugar os *descendentes*, sendo que o parente de grau mais próximo exclui o mais remoto (*v.g.* filhos excluem netos, salvo o direito de representação); inexistindo descendentes, são chamados os *ascendentes,* que se encontram na segunda classe também de herdeiros necessários, seguindo a mesma regra de o ascendentes de grau de parentesco mais próximo afastar o de grau mais remoto (*v.g.* pais vivos afastam avós e entre os ascendentes não existe o direito de representação – CC, art. 1.852).

Faltando descendentes e ascendentes, na terceira classe dos herdeiros globais e como herdeiro legitimário universal consta o cônjuge viúvo (CC, art. 1.845) e, por analogia ou por atração dos Recursos Extraordinários 646.721/RS e 878.694/MG, o convivente sobrevivo.

Pelo sistema sucessório brasileiro, a legítima é um direito que pertence, em primeiro lugar e de forma global, aos descendentes, e com eles concorrem, como *herdeiros, irregulares, atípicos ou concorrenciais*, o cônjuge ou o convivente sobrevivos; apenas na falta de descendentes é que os ascendentes concorrem em segundo lugar, também como herdeiros universais e legitimários globais, igualmente em concurso com o cônjuge ou o convivente sobreviventes, estes novamente na condição de *herdeiros atípicos, irregulares ou concorrenciais*; e que só serão chamados como herdeiros globais, universais e obrigatórios quando forem convocados na terceira posição da ordem de vocação hereditária, diante da ausência de descendentes e ascendentes, recolhendo a herança como um todo e sem nenhuma condição.

A fixação da *legítima individual* respeita a uma nova operação aritmética para o cálculo da legítima, que consiste em dividir o valor da *legítima global* entre o número herdeiros necessários que concorrem à sucessão, recebendo cada um deles idêntico quinhão hereditário, salvo concorra algum descendente por representação, *v.g.* em caso de premoriência, indignidade ou deserdação de algum filho do autor da herança.

Destarte, se o morto deixou dois filhos e um desses filhos é pré-falecido, e este, por sua vez, tinha três rebentos (netos do defunto), esses netos representarão o pai com o recebimento de um quinhão hereditário, sendo procedida a divisão da herança por dois, recebendo o filho sobrevivente em nome próprio e por cabeça, e o outro filho (premorto) será representado pelos três netos, que dividirão entre eles o quinhão hereditário que deveria pertencer ao pai deles, se vivo fosse.

Sendo a herança líquida, ou seja, a *legítima global* de um milhão e duzentos mil reais (R$ 1.200.000,00), e existindo dois herdeiros necessários, cada um deles receberá a *legítima individual* de seiscentos mil reais (R$ 600.000,00) – o filho vivo auferirá seu quinhão (*legítima individual*) de seiscentos mil reais (R$ 600.000,00) e os netos do defunto receberão, por representação, a outra *legítima individual* de seiscentos mil reais (R$ 600.000,00), que por sua vez será entre eles fracionada, tocando para cada um dos três netos a quantia individual de duzentos mil reais (R$ 200.000,00).

Portanto, mostra-se fundamental considerar que a porção legítima ou porção global da legítima não se confunde com a quota de legítima que é destinada a cada um dos herdeiros necessários, representada por uma fração da porção global, de modo que, se o falecido deixa um patrimônio líquido de um milhão de reais, quatro filhos e a viúva como herdeiros necessários, a *legítima global* seria de quinhentos mil reais (R$ 500.000,00), representando cada quota (*legítima individual* – quatro filhos além da viúva – cinco pessoas), a quantia de cem mil reais (R$ 100.000,00), devendo sempre ser realizada a distinção entre legítima global e quotas individuais da legítima, que sempre dependerão do número de herdeiros obrigatórios, e entre os quais a legítima global será repartida, embora nem todos pertençam à mesma classe de herdeiros necessários, como sucede no exemplo utilizado de quatro filhos, além da viúva, em quatro filhos são herdeiros necessários e pertencem à primeira classe da ordem de vocação hereditária, e mais a viúva, que pertence à terceira ordem de vocação hereditária, sendo ela chamada como uma *herdeira atípica, concorrencial*, observando que as únicas hipóteses de concorrência entre herdeiros legitimários de distintas ordens de chamamento se dá entre o cônjuge ou o convivente sobrevivente e os descendentes; ou entre o cônjuge ou convivente supérstite e os ascendentes, e, não menos importante, deve ser lembrado que a concorrência dos descendentes com o cônjuge ou com o companheiro sobrevivo só tem lugar e incidência sobre os bens particulares ou próprios do falecido.

Deste modo, se o defunto deixou somente bens comuns e nenhum bem particular ou próprio, não haverá concurso sucessório dos descendentes com o cônjuge ou com o convivente sobrevivente, os quais tampouco se habilitariam como herdeiros necessários, considerando que no exemplo utilizado inexistem bens próprios deixados pelo inventariado.

Interessante observar que a figura do herdeiro necessário na pessoa do cônjuge viúvo ou do companheiro sobrevivente, quando chamados em concurso com os descendentes, que são na pureza do Direito, os herdeiros necessários pertencentes à primeira classe da ordem de vocação hereditária, nem sempre eles se encontram em pé de igualdade em relação aos seus direitos e jamais poderão ser equiparados como se pertencessem à mesma classificação hereditária, bastando considerar que o cônjuge ou o convivente tampouco serão herdeiros e muito menos necessários, se casados ou em convivência em um regime obrigatório de separação de bens (CC, art. 1.641), ou no regime da comunhão universal de bens, ao passo que descendentes sempre e obrigatoriamente serão herdeiros necessários, salvo tenham sido excluídos da herança por indignidade ou por deserdação.

Presentes ainda as demais ressalvas do art. 1.830 do Código Civil, condicionando o direito hereditário do viúvo à existência da efetiva convivência ao tempo da abertura da sucessão, e a do art. 1.832 do mesmo Diploma Civil, que somente outorga quinhão hereditário igual aos dos descendentes, não podendo sua quota ser inferior à quarta parte da herança, se o herdeiro concorrente for ascendente dos herdeiros com que concorrer.

Essa porção da legítima, que é apartada de um todo maior, pertence aos herdeiros obrigatórios e entre eles é fracionada em igualdade de quinhões, vindo a se tornar uma quota única quando, por ausência ou renúncia dos descendentes e ascendentes, é inteiramente direcionada ao consorte ou convivente sobrevivos e justamente por isto a legítima é um direito sucessório limitado a determinada porção de bens segregada da herança, e da qual o testador não pode dispor por haver a lei a reservado para os herdeiros *necessários* (CC, art. 1.845).

A legítima pode ser classificada como sendo de *ordem pública* e pouco importa a quantidade de herdeiros necessários que a ela se habilitem, eis que apenas varia o percentual dos bens que se fracionam, dependendo do número de herdeiros necessários, merecendo como registro histórico a circunstância de que, no passado, a Igreja cristianizou a chamada *quota do morto*, desenvolvida entre os povos germânicos e que adquiriu uma consistência quantitativa equivalente à porção hereditária reservada à prole, ou, como explica Aurelio Barrio Gallardo, *em nome de Nosso Senhor Jesus Cristo*, a Igreja concorria a uma quota hereditária como se tratasse de um filho a mais, a alcunhada *legítima eclesiástica*, dado o seu caráter imperativo e cuja prática se estendeu por toda a Europa nos séculos VII e VIII.[35]

Dispõe o art. 1.847 do Código Civil que a legítima ou a *porção indisponível* é calculada sobre o valor dos bens existentes na abertura da sucessão, abatidas as dívidas e as despesas do funeral, adicionando-se, em seguida, o valor dos bens sujeitos à colação, não estando claro no Direito brasileiro se os bens doados em vida devem ser colacionados pelo valor da época da doação, ou pelo valor presente ao tempo da abertura da sucessão. Não difere do direito sucessório argentino, cujo § 2º do art. 2.445 do Código Civil e Comercial determina que as porções da legítima são calculadas pela soma do valor líquido da herança ao tempo da morte do *de cujus* mais os bens doados em vida, que serão computados para cada legitimário pelos valores computáveis à época da doação.

Tecnicamente devem ser seguidos os seguintes passos para o cálculo da legítima:

1. O valor dos bens existentes por ocasião da morte do autor da herança;
2. Devem ser deduzidas as dívidas sucessórias e que não se extinguem com a sua morte, e que não se confundem com as cargas sucessórias originadas a partir de seu falecimento, quais sejam os débitos de responsabilidade do falecido e as despesas provenientes do inventário;
3. Havendo herdeiros necessários, devem ser apuradas as doações feitas em vida pelo falecido, tanto aos herdeiros obrigatórios, como aos herdeiros facultativos, herdeiros instituídos e a quaisquer terceiros. Outrora o valor das liberalidades era apurado ao tempo em que elas haviam sido realizadas, contudo, com o advento do Código de Processo Civil, o parágrafo único do art. 639 estabelece que os bens a serem conferidos na partilha, assim como as acessões e as benfeitorias que o donatário fez, serão calculados pelo valor que tiverem ao tempo da abertura da sucessão, e, de acordo com o art. 2.445 do Código Civil e Comercial da Argentina, a legítima é calculada sobre o valor líquido da herança apurada ao tempo do óbito, acrescido dos bens doados para cada herdeiro necessário, mas só sendo computadas as doações efetivadas a partir dos trezentos dias anteriores ao nascimento do descendente e quando realizada em favor do cônjuge, somente aquelas realizadas depois do matrimônio.

Discorre Mairan Gonçalves Maia Júnior que a legítima é determinada com base nos bens existentes à época da abertura da sucessão, assim entendida a totalidade das relações e situações jurídicas de natureza econômica, titularizadas pelo falecido no instante de sua morte e passíveis de transmissão aos sucessores, e que nesta fase são acrescentados os bens trazidos à colação, os bens doados em vida pelo falecido aos descendentes e ao cônjuge (acrescento também a pessoa do convivente sobrevivo) e sujeitos a inventário, com a finalidade de igualar os quinhões dos herdeiros, de acordo com os arts. 544, 2.002 e 2.003 do Código Civil.[36]

---

[35] GALLARDO, Aurelio Barrio. *La evolución de la libertad de testar en el common law inglês*. Navarra: Aranzadi/Thomson Reuters, 2011. p. 71-73.

[36] MAIA JR., Mairan Gonçalves. *Sucessão legítima*: as regras da sucessão legítima, as estruturas familiares contemporâneas e a vontade. São Paulo: Thomson Reuters/RT, 2018. p. 330.

Portanto, obrigados a colacionar, se da colação não foram dispensados pelo doador ou testador por integrarem a sua porção disponível, são unicamente os descendentes, o cônjuge e o convivente, este por decorrência dos RE 646.721/RS e 878.694/MG julgados pelo STF, não existindo nenhuma obrigação de os ascendentes trazerem à colação bens a eles doados pelo falecido, apesar de serem igualmente herdeiros necessários.

Mairan Gonçalves Maia Júnior traça, inclusive, um roteiro que deve ser obedecido na apuração da legítima, e que seguiria às seguintes fases:

> "i) exclusão da meação do cônjuge ou do convivente, se casado o falecido ou se viver em união estável, respectivamente;
> ii) dedução das despesas de funeral;
> iii) dedução dos débitos do *de cujus* e da herança a serem satisfeitos pelo acervo hereditário;
> iv) adição dos bens trazidos à colação pelos descendentes e pelo cônjuge, se for o caso".[37]

Arremata o referido autor dizendo ser viável surgir uma quinta fase, se as disposições testamentárias não observarem a metade disponível, fazendo-se imperioso promover então as ações de proteção da legítima, como a ação de redução por inoficiosidade,[38] demandada pelos herdeiros necessários para provocar a redução das doações inoficiosas, vale dizer, aquelas doações que excedem a parte disponível, até que restem cobertas suas legítimas, ensinando Octavio Lo Prete ser escopo da *ação de redução* atacar as liberalidades do autor da herança, que por meio de legados ou de doações em vida ou *causa mortis* tenha vulnerado a legítima dos herdeiros necessários.[39]

Sem prejuízo de outra plêiade de ações capazes de igualmente proteger o instituto da legítima, como sucede com a ação de colação (CC, art. 2.002 a 2.012), cuja obrigação incumbe ao herdeiro necessário, que concorre com outros herdeiros, de computar na massa partilhável o valor das doações que o falecido a ele realizou em vida e imputá-la na própria porção hereditária do donatário, muito embora o doador possa declarar que o bem doado em vida ou via testamento tenha sido computado em sua porção disponível.

A colação é realizada unicamente para efeitos contábeis, de maneira que não é preciso trazer os bens doados, senão o seu valor e a colação se dará sempre que concorram à herança ao menos dois herdeiros necessários, uma vez que o propósito da colação é evitar desigualdades entre os legitimários, pois se apenas concorre um herdeiro obrigatório não pode haver desigualdade, porque ele é destinatário do universo dos bens.[40]

Descreve Luiz Paulo Vieira de Carvalho ser dever do inventariante e dos herdeiros beneficiados com liberalidades (doações) conferir os bens havidos nos termos dos arts. 627, inc. I, e 639 do Código de Processo Civil, e dos arts. 544, 2.002 e 2.003 do Código Civil, contudo, seja por desconhecimento, seja por lapso, ou mesmo intencionalmente, porque presente o dolo, tais bens podem não ter sido arrolados ou colacionados e no caso de propositada sone-

---

[37] MAIA JR., Mairan Gonçalves. *Sucessão legítima*: as regras da sucessão legítima, as estruturas familiares contemporâneas e a vontade. São Paulo: Thomson Reuters/RT, 2018. p. 331.

[38] MAIA JR., Mairan Gonçalves. *Sucessão legítima*: as regras da sucessão legítima, as estruturas familiares contemporâneas e a vontade. São Paulo: Thomson Reuters/RT, 2018. p. 331.

[39] PRETE, Octavio Lo. *Acciones protectoras de la legítima*. Buenos Aires: Hammurabi, 2009. p. 91.

[40] GARCÍA, Santiago Hidalgo. Las legítimas. In: *La sucesión hereditária y el juicio divisório*. 2. ed. Navarra: Thomson Reuters/Aranzadi, 2015. p. 211.

gação, tendo o sonegador manifesta consciência e intento de prejudicar aos demais herdeiros e fraudar a partilha, a título de sanção perderá o direito que lhe caiba sobre o bem sonegado.[41]

A colação objetiva igualar as legítimas dos herdeiros e o herdeiro beneficiado só será dispensado de trazer o bem à colação quando tenha sido expressamente exonerado desse encargo pelo próprio doador, no caso de haver retirado o bem da sua parte disponível e desde que não ultrapasse o valor da legítima (CC, art. 2.005). Para Pontes de Miranda não existe a dispensa de colação, pois não se pré-exclui o dever de colacionar, eis que o permitido é explicitar que a parte doada está computada na metade disponível, logo não há dispensa e sim inclusão na porção disponível.[42]

O doador deve manifestar de forma expressa no termo de doação, em testamento ou no próprio título de liberalidade (CC, art. 2.006), que ela se realiza sobre bem efetivamente disponível, ou seja, que o bem sai de sua parte disponível da herança, e que por isso dispensa o donatário da colação. Se a doação não for da parte disponível, ou a ela exceder, o donatário terá que colacionar, pois a doação ou o seu excesso será tido como adiantamento da legítima (CC, arts. 544 e 2.002).

A obrigação de apresentar a relação dos bens que foram doados persiste mesmo que o herdeiro tenha renunciado ou tenha sido excluído da sucessão (CPC, art. 640), não podendo se omitir de tornar pública a doação recebida, na primeira oportunidade em que lhe couber manifestar nos autos (CPC, art. 627, inc. I), sob pena de sonegação, e complementa Raquel Helena Valesi dispondo que, havendo a sonegação de bens da legítima os sonegadores podem incorrer na pena civil de perdimento do bem sonegado, atitude adotada pelo legislador com a clara função punitiva que sanciona o sonegador por sua omissão dolosa ou culposa, de modo a castigar um comportamento repugnado pela lei,[43] ocorrendo, inclusive, um enriquecimento indevido do sonegador (CC, arts. 884 a 886).

Apenas para que não passe em branco, pois o assunto será abordado quando for tratado especificamente o instituto da colação, pelo art. 2.010 do Código Civil não virão à colação os gastos ordinários do ascendente com o descendente, enquanto menor, na sua educação, estudos, sustento, vestuário, tratamento nas enfermidades, enxoval, assim como as despesas de casamento, ou aquelas feitas no interesse de sua defesa em processo-crime, alertando Evandro Rômulo Degrazia para o equívoco do legislador quando menciona no art. 2.010 do Código Civil a expressão *enquanto menor*, pois a obrigatoriedade dos pais vai até a conclusão do curso universitário e adverte que as demais obrigações de assistência e solidariedade paterno-filial não encontram limites de idade.[44]

81.1.2. *Cláusulas restritivas*

A possibilidade de impor restrições ao poder de disposição dos bens já existia de forma muito mais ampla no art. 1.723 do Código Civil de 1916, ao permitir pudesse o testador infligir à legítima condições de inalienabilidade temporária ou vitalícia, acrescida da cláusula de incomunicabilidade, e, uma vez imposta uma dessas restrições, obrigatoriamente sobre-

---

[41] CARVALHO, Luiz Paulo Vieira de. *Direito das sucessões*. 3. ed. São Paulo: Atlas, 2017. p. 922-923.
[42] MIRANDA, Pontes de. *Tratado de direito privado*. 2. ed. Rio de Janeiro: Borsoi, 1968. t. LV, p. 312.
[43] VALESI, Raquel Helena. *Efetividade de acesso à legítima pelo registro civil*. Rio de Janeiro: Editora Processo, 2019. p. 326.
[44] DEGRAZIA, Evandro Rômulo. *Sonegados e colação*: a busca do equilíbrio sucessório. Rio de Janeiro: Lumen Juris, 2014. p. 97.

vinham as demais, inclusive a de impenhorabilidade, pois, como adverte Pontes de Miranda, *em qualquer cláusula de inalienabilidade está inclusa a de impenhorabilidade, porquanto, o inalienável impenhorável é*,[45] não sendo outra a interpretação extraída do art. 1.911 do Código Civil,[46] e nessa direção já indicava a Súmula 49 do STF, que dispõe que a cláusula de inalienabilidade inclui a incomunicabilidade dos bens.

Antes do art. 1.723 do Código Civil de 1916, a Lei 1.839, de 31 de dezembro de 1907, já dispunha, em seu art. 3º, que o testador poderia prescrever a incomunicabilidade ou a inalienabilidade temporária ou vitalícia sobre a legítima dos herdeiros necessários e, embora não pudesse privá-los da legítima, poderia dispor que:

a) Que fossem convertidos os bens que constituem a legítima em outras espécies;
b) Que os bens fossem incomunicáveis;
c) Que a mulher herdeira tivesse a livre administração dos bens que lhe coubessem em legítima;
d) Que os bens fossem inalienáveis temporária, ou vitaliciamente.[47]

Dessa forma, o testador podia dispor que os bens da legítima não só poderiam ser alienados e convertidos em dinheiro ou em outra espécie de bens, como podia gravá-la com a incomunicabilidade ou inalienabilidade temporária ou vitalícia, como também tinha a faculdade de proibir a comunhão das legítimas de seus filhos.

Conta Joaquim Augusto Ferreira Alves que a Lei 1.839/1907, cujo art. 3º foi reproduzido no art. 1.723 do Código Civil de 1916, sofreu grande censura pelo fato de ofender o direito de propriedade do herdeiro necessário, ao declarar inalienável, até vitaliciamente, a legítima do descendente. Contudo, diz o doutrinador citado, não procede a censura, e usa como estofo doutrinário a lição de Feliciano Penna, autor da Lei 1.839/1907, que disse na sessão do Senado, de 1º de outubro de 1907:

> (...) as restrições aos quinhões – legítimas não foram criadas senão com o fim de proteção a parentes que delas precisassem. Tais restrições não podem causar estranheza desde que se lembrem de que a lei poderia suprimir as legítimas, autorizando a ampla liberdade de testar. Liberdade ampla ou restrita, tudo isso não passa de puras criações de direito que as leis podem estabelecer, de modo que parecer mais conveniente. Não quis me filiar à escola que professa a liberdade de testar, porque, acredito, que ao menos os descendentes têm um direito incontestável ao auxílio daqueles que lhes deram a existência e por isso não permite a supressão das legítimas.[48]

Ou seja, seria legal clausular a legítima porque o legislador poderia ter sido mais radical e adotado a total liberdade de testar, sem assegurar a legítima dos herdeiros necessários, como sucede, por exemplo, na *Common Law* do Direito inglês, contudo, entre dois extremos, encontraram a Lei Feliciano Penna de 1907 e o art. 1.723 do Código Civil de 1916 um meio

---

[45] MIRANDA, Pontes de. *Tratado de direito privado*. 3. ed. Rio de Janeiro: Borsoi, 1972. t. LVI, p. 308.
[46] Código Civil/2002 – Art. 1.911, *caput*. "A cláusula de inalienabilidade, imposta aos bens por ato de liberalidade, implica impenhorabilidade e incomunicabilidade".
[47] ALVES, Joaquim Augusto Ferreira. *Manual do Código Civil*: do direito das sucessões. Rio de Janeiro: Jacintho Ribeiro dos Santos Editor, 1917. v. XIX, p. 308.
[48] ALVES, Joaquim Augusto Ferreira. *Manual do Código Civil*: do direito das sucessões. Rio de Janeiro: Jacintho Ribeiro dos Santos Editor, 1917. v. XIX, p. 314-315.

termo que, embora concedesse o direito à legítima, também concedia ao testador o direito de gravá-la sem justificativa.

Ao tempo do Código Civil de 1916, o art. 1.723 representava uma exceção ao princípio da inviolabilidade dos quinhões hereditários, já se afastando naquela época, escrevia Pontes de Miranda, ser da tradição luso-brasileira a restrição do poder de clausular do testador, contida nas Ordenações,[49] anotando Paulo Lôbo que a proteção visada pelo testador com frequência se transformava em um estorvo que mais prejudicava do que ajudava o herdeiro.[50]

Tal dispositivo do Código Civil de 1916 permitia que o testador gravasse com a inalienabilidade temporária ou vitalícia as legítimas, acrescendo Pontes de Miranda que os bens ficavam seguros por um fio, atado pelo testador, e que só se desfazia com a morte do gravado.[51]

Na cláusula de *inalienabilidade* o testador determina que os bens da legítima não podem ser alienados onerosa ou gratuitamente, nem dados em pagamento, durante certo período, ou durante a vida inteira do herdeiro, podendo ainda ser *absoluta* ou *relativa*, proibindo a primeira a alienação para qualquer pessoa e a última limitando a proibição a determinada pessoa.

Conforme o art. 1.911 do Código Civil, a cláusula de inalienabilidade também implica incomunicabilidade e impenhorabilidade; a *incomunicabilidade* ordena que os bens da legítima não se comunicarão com o cônjuge do herdeiro necessário, como efetivamente não se comunicam no regime legal da comunhão parcial, por decorrência do art. 1.659, inc. I, do Código Civil, mas que se comunicarão pelo direito sucessório, em razão do art. 1.829, inc. I, do mesmo Diploma Civil, exatamente por se tratarem de bens particulares deixados pelo falecido, salvo prevalecesse o gravame isolado da *incomunicabilidade*, que assim atenderia às expectativas do testador no sentido de continuarem não se comunicando os bens sobrevindos, por doação ou sucessão, tanto na dissolução matrimonial promovida na constância da sociedade conjugal, como na hipótese em que a dissolução do casamento decorre da morte do sucedido.

Tirante o fato de o art. 1.911 do Código Civil e a Súmula 49 do STF estabelecerem que a cláusula de inalienabilidade, imposta aos bens por ato de liberalidade, implica impenhorabilidade e incomunicabilidade, a imposição isolada da cláusula de *incomunicabilidade* não necessitaria de demonstração de uma justa causa, dado que a motivação é de todo evidente, pois visa justamente a eficiente proteção do filho, como no exemplo lembrado por Carlos Roberto Gonçalves,[52] de um pai cuja filha se casa pelo regime da comunhão de bens, visando com seu gesto manter os bens na linha troncal da filha e não se comunicando com o seu esposo, nem se ele enviuvar acaso aberta a sucessão da filha que o pai buscou proteger.

A dificuldade reside justamente no fato de saber se a incomunicabilidade atrai forçosamente, os dois outros gravames e se desta forma segue a obrigação de precisar justificar qualquer gravame, pois uma cláusula sempre atrai as duas outras (CC, art. 1.911, e Súmula 49 do STF), externando Carlos Roberto Gonçalves e Martha Gallardo Sala Bagnoli[53] o pen-

---

[49] MIRANDA, Pontes de. *Tratado dos testamentos*. Atualizada por Vilson Rodrigues Alves. Leme: BH Editora, 2005. v. IV, p. 90.
[50] LÔBO, Paulo. *Direito civil*: sucessões. 4. ed. São Paulo: Saraiva, 2018. p. 275.
[51] MIRANDA, Pontes de. *Tratado dos testamentos*. Atualizada por Vilson Rodrigues Alves. Leme: BH Editora, 2005. v. IV, p. 102.
[52] GONÇALVES, Carlos Roberto. *Direito civil brasileiro*: direito das sucessões. 12. ed. São Paulo: Saraiva, 2018. v. 7, p. 215.
[53] BAGNOLI, Martha Gallardo Sala. *Holding imobiliária como planejamento sucessório*. São Paulo: Quartier Latin, 2016. p. 61.

samento de que a incomunicabilidade não acarreta a inalienabilidade do bem, e que deste modo os bens gravados somente com a incomunicabilidade não se tornam inalienáveis,[54] não retirando, portanto, ao proprietário o poder de disposição,[55] embora a Súmula 49 do STF tenha assentado que a inalienabilidade importa na incomunicabilidade, restando a dúvida se o inverso não alcançaria o mesmo resultado.

Contudo, para maior reflexão pode ser considerado que, se pudesse a imposição isolada da cláusula de *incomunicabilidade* não atrair compulsoriamente também a de *inalienabilidade* e a da *impenhorabilidade,* e bastaria ao donatário vender o bem e repartir o produto da venda, e mesmo que optasse pela sub-rogação do bem alienado em outro, já alertavam Débora Gozzo e Sílvio de Salvo Venosa, que por meio do procedimento de sub-rogação são praticadas fraudes, com avaliações tendenciosas, falsos motivos, pagamentos por fora,[56] ou em outro modelo de concerto fraudatório ofertar o bem incomunicável em pagamento de uma dívida forjada.

Por fim, a cláusula de *impenhorabilidade* é aquela em que o testador determina que os bens da legítima não sirvam ao pagamento dos credores do herdeiro necessário, ou, como refere Carlos Roberto Gonçalves, a cláusula de impenhorabilidade imposta pelo testador sobre os bens da legítima visa a impedir a sua constrição judicial em execução por dívidas contraídas pelo herdeiro, restringindo a atuação dos credores, mas que não atinge os frutos e rendimentos conferidos pelo bem clausulado.[57]

Atualmente, por força do art. 1.848 do Código Civil, salvo a existência de justa causa declarada no testamento, não pode o testador estabelecer cláusula de inalienabilidade, impenhorabilidade e de incomunicabilidade sobre os bens da legítima, sendo o motivo apresentado como justificativa avaliado pelo juiz presidente do inventário, em processo autônomo, por ser questão que outrora a processualística brasileira denominava de alta indagação.[58]

Conforme Eduardo Pacheco Ribeiro de Souza, tratando-se dos bens indisponíveis, o testador deve justificar a imposição das cláusulas e, não o fazendo, devem ser desconsideradas quanto à legítima, por contrariar a disposição uma norma de ordem pública,[59] e se o testador clausular tanto a porção disponível quanto a indisponível, somente esta última, quando não justificada e acolhida em juízo, é que deverá ser desconsiderada.

Defende José Luiz Gavião de Almeida a intenção do testador ao clausurar a legítima, vendo neste gesto uma preocupação para com o futuro de seus sucessores, muito mais voltado a assegurar o bem-estar dos herdeiros necessários.[60]

Entrementes, Orlando Gomes sempre foi feroz opositor das cláusulas restritivas, apontando que a civilística francesa continuamente lhes foi adversa, embora só as admitisse acaso

---

[54] GONÇALVES, Carlos Roberto. *Direito civil brasileiro*: direito das sucessões. 12. ed. São Paulo: Saraiva, 2018. v. 7, p. 215.

[55] BAGNOLI, Martha Gallardo Sala. *Holding imobiliária como planejamento sucessório*. São Paulo: Quartier Latin, 2016. p. 61.

[56] GOZZO, Débora; VENOSA, Sílvio de Salvo. Coord. Arruda Alvim e Thereza Alvim. *Comentários ao Código Civil brasileiro*: do direito das sucessões. Rio de Janeiro: Forense, 2004. v. XVI, p. 412.

[57] GONÇALVES, Carlos Roberto. *Direito civil brasileiro*: direito das sucessões. 12. ed. São Paulo: Saraiva, 2018. v. 7, p. 215.

[58] HIRONAKA, Giselda Maria Fernandes Novaes. *Comentários ao Código Civil*. Coord. Antônio Junqueira de Azevedo. São Paulo: Saraiva, 2003. v. 20, p. 258.

[59] SOUZA, Eduardo Pacheco Ribeiro de. *As restrições voluntárias na transmissão de bens imóveis*: cláusulas de inalienabilidade, impenhorabilidade e incomunicabilidade. São Paulo: Quinta Editorial, 2012. p. 55.

[60] ALMEIDA, José Luiz Gavião de. *Código Civil comentado*. Coord. Álvaro Villaça Azevedo. São Paulo: Atlas, 2003. v. XVIII, p. 257.

temporárias e baseadas em um interesse sério,[61] como por sinal preconiza agora o Código Civil brasileiro em vigor, ao permitir a aposição de cláusulas restritivas à legítima, de inalienabilidade, impenhorabilidade e incomunicabilidade, se houver justa causa, declarada no testamento (CC, art. 1.848).

Nessa senda, complementava Orlando Gomes, em visionária doutrina:

> Argumenta-se que a autorização imotivada para tornar inalienáveis os bens da herança atenta contra o princípio de livre circulação das riquezas, um dos pilares sobre o qual se apoia o ordenamento jurídico, comprometendo respeitáveis interesses sociais. Invocam-se, ademais, razões propriamente jurídicas para condená-la. A proibição de alienar seria contrária aos princípios que dominam a propriedade. A faculdade de dispor é um dos atributos essenciais de domínio, de sorte que a sua supressão pela vontade particular o desnaturaria. O poder de disposição, inerente à propriedade, é ineliminável por verba testamentária, pois, não sendo autolimitável, também não pode ser imposto a outrem, dado que os direitos do herdeiro medem-se pelos do autor da herança. Haveria, em resumo, uma impossibilidade jurídica. Rejeita-se a objeção, demonstrando-se que a faculdade de alienar não é, realmente, da essência da propriedade, nem ao menos característica desse direito. A inalienabilidade não ataca o domínio no poder de disposição material da coisa, pois diz respeito à disposição jurídica. Se, por esse aspecto, não constitui aberração jurídica, é, entretanto, insustentável quando a proibição de alienar recai nos bens da *legítima*. Pertence ela de pleno direito aos herdeiros necessários, a eles devendo passar nas condições em que se encontram no poder do autor da herança. Da circunstância de que constituem *reserva* inalterável, os bens da legítima devem transmitir-se tal como se achavam no patrimônio do defunto. Em consequência, quando ocorre o óbito do autor da herança a plenitude dos direitos não pode sofrer restrições, atentatórias, que são, da legítima expectativa convertida em direito adquirido. Não se justifica, realmente, a permissão de clausurar a legítima. A preocupação do testador de preservar da adversidade o herdeiro necessário pode ser atendida por outros meios jurídicos, que não a sacrifiquem. De resto, a proteção visada pelo ascendente cauteloso se transforma, não raro, num estorvo, antes prejudicando do que beneficiando, ou numa inutilidade. Permitida, por outro lado, a livre disposição testamentária dos bens inalienáveis, nada impede que seu titular grave, em testamento, com o mesmo ônus, e assim sucessivamente, permanecendo eles retirados da circulação por várias gerações. Necessário se torna, assim, abolir a prerrogativa de clausular os bens com a inalienabilidade, ao menos da legítima.[62]

Este pungente apelo de Orlando Gomes foi ouvido e acolhido pelo legislador de 2002, e a mudança foi articulada no Código Civil em vigor, e consiste em retirar do testador a liberdade que antes detinha de clausular a legítima, o que só será permitido se houver justa causa declarada no corpo do testamento, assim como o art. 1.848 do Código Civil também proibiu o testador de estabelecer a conversão dos bens da legítima em outros de espécie diversa, como, por exemplo, ordenar que a legítima de um filho devesse ser integrada apenas por imóveis, ou somente por bens móveis, ou por quotas de empresas, ou por ações de sociedades anônimas, ou por dinheiro, ou por títulos de crédito,[63] e que somente com a prova da justa causa e mediante autorização judicial os bens gravados poderiam ser alienados e convertido o produto da venda em outros bens, que por seu turno gravariam os ônus dos alienados.

Ricardo Fiuza pretendeu, por meio do PL 6.960/2002, promover uma alteração do art. 1.848 do vigente Código Civil, para afastar da exigência de justa causa a cláusula de *incomu-*

---

[61] GOMES, Orlando. *Sucessões*. 6. ed. Rio de Janeiro: Forense, 1992. p. 176.
[62] GOMES, Orlando. *Sucessões*. 6. ed. Rio de Janeiro: Forense, 1992. p. 176-177.
[63] VELOSO, Zeno. *Novo Código Civil comentado*. 2. ed. São Paulo: Saraiva, 2004. p. 1.723.

nicabilidade, sob o argumento de que o regime patrimonial supletivo de bens é, na atualidade, o da comunhão parcial de bens, e, neste, já estão excluídos da comunhão os bens que cada cônjuge possuir ao casar, e os que lhe sobrevierem, na constância do casamento, por doação ou sucessão.[64]

Portanto, o Código Civil em vigor, diversamente do Código Civil revogado, só autoriza a clausulação da legítima quando houver justa causa devidamente explicitada no testamento, observando Carlos Alberto Dabus Maluf que, apesar dessa proibição dirigida ao testador, ela não é absoluta, pois as restrições continuam permitidas, mesmo quando gravam os bens que compõem a legítima, apenas devendo o testador justificar a sua motivação no testamento.[65]

Ensina Orlando Gomes pela escrita de seu atualizador Mario Roberto Carvalho de Faria, que se faz:

> Necessário abolir a prerrogativa de clausular os bens com a inalienabilidade, ao menos da legítima. Nesse sentido, a dificuldade imposta ao testador pelo novo texto do Código Civil quanto à restrição à legítima, forçando-o a declarar de forma clara, precisa e justificada a causa de imposição dos gravames, seguindo a tendência do Direito moderno no sentido de extingui-la. A causa apresentada deve ser verdadeira, suficiente e razoável para justificar a sua imposição e deve existir, obviamente, no momento da abertura da sucessão. Limitou assim o legislador o poder do testador, submetendo ao julgador a validade da causa expressa na disposição testamentária. A justificação exige-se, também, para as cláusulas de incomunicabilidade e impenhorabilidade.[66]

No art. 2.042 do Código Civil, o legislador brasileiro alertou que o testador que tivesse redatado seu testamento na vigência do Código Civil de 1916, teria até um ano após a vigência do Código Civil para aditar o testamento e nele declarar a justa causa da cláusula restritiva aposta à legítima, sob pena de não subsistir a restrição.

Trata-se de uma norma de transição e Marcelo Truzzi Otero explica o efeito desta regra de direito intertemporal contida no art. 2.042 do Código Civil:

> O testamento confeccionado na lei anterior e em conformidade com a lei da época se manterá válido. Ainda que aberto a partir de 11 de janeiro de 2004, permanecerá válido. Apenas a cláusula restringindo injustificadamente a legítima dos herdeiros necessários é que será inválida acaso a abertura da sucessão se dê um ano após a vigência do Código Civil de 2002, invalidade que, por se tratar de vício formal, pode ser pronunciada de ofício pelo juiz ou requerida pelo interessado ou pelo Ministério Público, mediante simples manifestação do inventário ou no próprio procedimento de registro, cumprimento e arquivamento do testamento.[67]

José Renato Nalini lembra, inclusive, ter sido propósito da vigente codificação civil a defesa precípua dos interesses dos herdeiros necessários, e da própria sociedade, ao permitir

---

[64] FIUZA, Ricardo. *O novo Código Civil e as propostas de aperfeiçoamento*. São Paulo: Saraiva, 2004. p. 300-301.
[65] MALUF, Carlos Alberto Dabus. *Cláusulas de inalienabilidade, incomunicabilidade e impenhorabilidade*. 4. ed. São Paulo: RT, 2006. p. 120.
[66] GOMES, Orlando. *Sucessões*. Atualizada por Mario Roberto Carvalho de Faria. 15. ed. Rio de Janeiro: Forense, 2012. p. 183-184.
[67] OTERO, Marcelo Truzzi. *Justa causa testamentária*: inalienabilidade, impenhorabilidade e incomunicabilidade sobre a legítima do herdeiro necessário. Porto Alegre: Livraria do Advogado, 2012. p. 156.

a livre circulação dos bens e o fluxo vital das finanças,[68] fato que não sucedia diante da possibilidade que tinha o testador de clausular a legítima dos herdeiros necessários, congelando sua transmissão com gravames que engessavam a legítima dos herdeiros obrigatórios.

Calha reproduzir a lição externada por José Renato Nalini acerca do art. 2.042 do Código Civil:

> A regra do art. 2.042 do Código Civil teve o objetivo de conferir ao testador prazo razoável para justificar a restrição da legítima, se o testamento fora elaborado antes de sua vigência. Aberta a sucessão no prazo de um ano após a entrada em vigor do Código Civil – ou seja, até 12 de janeiro de 2004 – já incide a regra do seu art. 1.848. Só subsistirão as restrições se, nesse prazo, o testador tiver aditado o testamento para motivar a justa causa para a aposição de cláusulas. O testamento que clausulou desmotivadamente a legítima é um *ato jurídico imperfeito*. Pois *"enquanto não ocorrer o evento morte o negócio jurídico testamentário ainda não se considera perfeito. Falta a causa, isto é, o fato da morte. Trata-se de ato jurídico imperfeito e a lei nova pode modificar as regras relativas a testamento feito anteriormente à entrada em vigor do CC."* A norma insere-se naquelas denominadas de direito intertemporal. Serviu apenas para aquele ano imediatamente subsequente à vigência do novo Código Civil. Cessada sua eficácia, para as disposições testamentárias anteriores, quer dizer, feitas sob a égide do Código Civil de 1916, caberá ao testador – se quiser clausular seu patrimônio – fazer outro testamento.

Maria Helena Diniz traz o arremate desta versão eleita pelo legislador para dar cabo ao revogado art. 1.723 do Código Civil de 1916, que conferia ao autor da herança o direito de impor, pela via do testamento, cláusulas restritivas aos direitos de seus sucessores sobre a legítima, e que assim podia prescrever livremente os gravames de inalienabilidade, incomunicabilidade ou impenhorabilidade dos bens que seriam herdados por seus sucessores legítimos, tanto em relação à porção indisponível e com maior razão ainda sobre a porção disponível:

> Há exigência de declaração obrigatória da justa causa no testamento para o exercício do direito do testador de estabelecer cláusula restritiva sobre a legítima. Logo, não mais prevalece a nua vontade do testador, mas o justo motivo para validar e para tornar efetiva a disposição de última vontade restritiva da legítima, pois o testador é obrigado a indicar a razão pela qual limita a legítima, podendo o órgão judicante averiguar se a causa apontada é justa ou não. (...) Isto é assim porque os motivos alegados podem ser de foro íntimo e impregnados de subjetivismo, gerando dúvidas, trazendo à tona problemas de ordem familiar, dando azo à anulação da cláusula testamentária, sob a alegação de injustiça da razão invocada, trazendo dificuldades ao juiz, pela ausência de critérios normativos ou equitativos que tornem possível a averiguação do acerto, ou não, da medida restritiva, uma vez que o autor da herança não poderá justificar a decisão tomada. A proibição de clausular bens não alcança a parte disponível. Assegura-se, de um lado, a intangibilidade da legítima, e, de outro, permite-se que, excepcionalmente, mediante declaração no testamento de justa causa, seja clausulada. Com isso, garantido está o herdeiro necessário contra arbitrariedades do testador.[69]

As cláusulas restritivas se extinguem com o falecimento do herdeiro ou donatário, seguindo os bens e o direito para a geração seguinte sem qualquer restrição ou encargo, e, embora os bens dotados da cláusula de inalienabilidade sejam considerados como bens fora do

---

[68] NALINI, José Renato. *Comentários ao novo Código Civil*. Sálvio de Figueiredo Teixeira. 2. ed. Rio de Janeiro: Forense, 2013. v. XII, p. 111-112.

[69] DINIZ, Maria Helena. *Comentários ao Código Civil*. Coord. Antônio Junqueira de Azevedo. São Paulo: Saraiva, 2003. v. 22, p. 483-484.

comércio, vedada sua venda, doação, permuta ou dação em pagamento, travando a circulação da riqueza, concluiu Martha Gallardo Sala Bagnoli que a utilização dessas cláusulas no planejamento imobiliário sucessório pode ser útil quando os herdeiros ainda são jovens e solteiros, resguardando o patrimônio para fins de fruição dos seus frutos econômicos,[70] sugerindo neste caso uma inalienabilidade temporária.

81.1.2.1. Limites dos gravames

Os gravames instituídos por doação ou testamento apenas encontram seus limites nos termos expressos dos arts. 1.848 e 2.042 do Código Civil, inexistindo na parte que trata sobre as regras do contrato de doação (Capítulo IV, do Título VI, Livro I, da Parte Especial do CC/2002 – arts. 538 a 564), dispositivo relativo à imposição de cláusulas restritivas, como ocorre no Direito das Sucessões (CC, arts. 1.848, 1.911 e 2.042).[71]

Significa dizer que a vedação de clausular com os gravames da inalienabilidade, impenhorabilidade e incomunicabilidade (CC, art. 1.911) é restrita à legítima, à chamada porção indisponível, inexistindo qualquer vedação com relação à porção disponível. Dessa forma, se o testador clausulou a totalidade dos seus bens, nada tendo justificado, agrediu, em parte, norma de ordem pública que veda a clausulação da legítima sem a necessária justificativa (CC, art. 1.848), contudo, independentemente de justificativa, em relação à outra metade dos seus bens, considerada como porção disponível, as cláusulas nela impostas devem ser consideradas, e deve ser respeitada a vontade do testador, promovendo o julgador a redução até o montante da porção disponível das disposições testamentárias.

Há países entretanto, que sequer permitem a inclusão da cláusula de inalienabilidade vitalícia, admitindo-na unicamente se for temporal, e, mesmo assim, conquanto existam razões que justifiquem a sua finalidade, com motivos sérios e legítimos, como sucede, por exemplo, no sistema jurídico da República Dominicana,[72] e como por igual acontece no Direito italiano, que admite tão somente a cláusula temporária de inalienabilidade e deve corresponder a interesse apreciável de uma das partes, em se tratando de testamento, declarando nula qualquer proibição do testador para que o herdeiro não aliene os bens por ele herdados.[73] O art. 1.723 do Código Civil de 1916 previa expressamente que a legítima poderia ser onerada com as condições de inalienabilidade temporária ou vitalícia, nada prescrevendo neste sentido o Código Civil de 2002, embora a doutrina seja unânime de que a inalienabilidade segue sendo absoluta ou relativa, vitalícia ou temporária.[74]

81.1.2.2. Justa causa

Conforme explica Marcelo Truzzi Otero, a justa causa do art. 1.848 do Código Civil é apenas um dos seus muitos conceitos indeterminados, mas que traduz um eficiente mecanis-

---

[70] BAGNOLI, Martha Gallardo Sala. *Holding imobiliária como planejamento sucessório*. São Paulo: Quartier Latin, 2016. p. 64.

[71] CLÁPIS, Alexandre Laizo. Clausulação da legítima e a justa causa do art. 1.848 do Código Civil. *Revista de Direito Imobiliário*, São Paulo: Revista dos Tribunais, v. 57, 2004. Citado por SOUZA, Eduardo Pacheco Ribeiro de. *As restrições voluntárias na transmissão de bens imóveis – cláusulas de inalienabilidade, impenhorabilidade e incomunicabilidade*. São Paulo: Quinta Editorial, 2012. p. 56

[72] MÉNDEZ, Artagnan Pérez. *Sucesiones y liberalidades*. 8. ed. Santo Domingo: Amigo del Hogar, 2017. p. 185.

[73] VELOSO, Zeno. *Novo Código Civil comentado*. Coord. Ricardo Fiúza. São Paulo: Saraiva, 2002. p. 1668.

[74] BAGNOLI, Martha Gallardo Sala. *Holding imobiliária como planejamento sucessório*. São Paulo: Quartier Latin, 2016. p. 60.

mo de concretude e integração da norma, de modo a assegurar a possibilidade de o magistrado confrontar os motivos apontados pelo autor da liberalidade, por vezes declarados há anos e anos, com a realidade jurídica, moral e ética contemporânea à abertura da sucessão.[75] Diz o destacado articulista, em suas próprias palavras, que as razões ventiladas por vezes pelo testador adormecem no tempo ou não contêm na sua motivação uma justa causa, e que uma norma fechada demandaria uma construção exegética apenas para equacionar esse conflito entre a vontade declarada há anos e a realidade jurídica, moral e ética contemporânea à abertura da sucessão, o que não ocorrerá com a justa causa que, sob esta perspectiva, tem o mérito de tornar a norma viva, sempre atual.[76]

Coberto de razão, posto tivesse o legislador definido em números fechados as hipóteses previamente ventiladas dos fatos e casos que poderiam configurar a justa causa e, certamente, esta motivação se retrairia no tempo com o desaparecimento dos fatos ou com a mudança de comportamento do herdeiro onerado pelos gravames, havendo quem se oponha à generalização da expressão *salvo se houver justa causa*, como sucede com Álvaro Villaça Azevedo, pois sempre existe o risco de no futuro o juiz denegar a cláusula por não aceitar a justificativa do testador.[77]

O propósito da exigência do art. 1.848 do Código Civil da declaração de justa causa está obviamente na busca de proteção do herdeiro necessário, destinatário da legítima, que não mais pode ser gravada pelo livre arbítrio do testador, que, ao tempo de vigência do Código Civil de 1916, podia restringir a franca circulação dos quinhões hereditários, com nefasto efeito sobre a legítima, que se sujeitava a ficar engessada pela simples vontade do testador e indiferente à existência ou não de uma causa real e efetivamente capaz de justificar o gravame.

O interesse de proteger o sucessor obrigatório não desapareceu e, com efeito, não é absoluta a proibição de gravar, apenas fica condicionada à existência e oportuna comprovação de um justo motivo que leve o testador a pretender proteger o herdeiro necessário e com este mecanismo aleatório de proteção o testador podia contar a qualquer tempo, sem que precisasse, como acontece na atualidade, de fatos concretos que devem estar presentes para ser apontado o efetivo interesse a ser protegido em razão de certos eventos, ou em decorrência de um contexto no proceder do herdeiro necessário que estaria sendo resguardado.

No mínimo, a obrigação de justificar a causa do gravame posterga para o futuro a realização da facção testamentária, porquanto o testador que tenha filhos, por exemplo, precisa esperar que eles cresçam e desenvolvam suas personalidades e comportamentos, de modo a permitir que, conhecendo a personalidade de cada um, nela encontre as razões fidedignas que possam ser pontualmente apontadas para fazer o juiz do inventário compreender seus reflexos no futuro, e acatar a justificativa aposta pelo testador para gravar a legítima de determinado herdeiro. Despareceram os procedimentos do passado, quando o testador gravava as legítimas de todos os seus herdeiros necessários por mera prevenção ou simplesmente porque via nesta alternativa uma forma de preservar ao menos por mais uma geração o patrimônio da família, programando seus interesses ou ao menos os sobrepondo aos dos seus próprios filhos ou de seus herdeiros compulsórios.

---

[75] OTERO, Marcelo Truzzi. *Justa causa testamentária*: inalienabilidade, impenhorabilidade e incomunicabilidade sobre a legítima do herdeiro necessário. Porto Alegre: Livraria do Advogado, 2012. p. 70.
[76] OTERO, Marcelo Truzzi. *Justa causa testamentária*: inalienabilidade, impenhorabilidade e incomunicabilidade sobre a legítima do herdeiro necessário. Porto Alegre: Livraria do Advogado, 2012. p. 71.
[77] AZEVEDO, Álvaro Villaça de. "Cláusula de inalienabilidade, impenhorabilidade e incomunicabilidade". *Enciclopédia Saraiva de Direito*. São Paulo: Saraiva, 1977. v. 15, p. 59.

Pelo atual sistema legal, a justa causa deve ser indicada pelo testador em seu testamento, a ser oportunamente avaliada e conferida pelo juiz do inventário, em processo antigamente denominado de *alta indagação*, expressão abandonada pelo atual Código de Processo Civil, cujo art. 612 estabelece que, deparando o juiz com questões que não possam ser documentalmente provadas, deve remeter as partes para as vias ordinárias onde elas poderão buscar as provas que justifiquem ou elidam as causas apontadas pelo testador para a clausulação da legítima. Isso porque qualquer questão que demande prova pericial e testemunhal provocará o sobrestamento do inventário e a remessa do tema para as vias ordinárias, como também acontece em outras situações de cunho probatório, como, por exemplo, quando é contestada a condição de herdeiro, ou a de companheiro sobrevivente, devendo as dúvidas levantadas ou o direito posto em debate em função das provas, as quais precisam acobertar a *justa causa*, ser alvo da mais ampla instrução processual, que não se dissipa pela existência simples do testamento, acrescido da indicação pelo testador de um fato que ele mesmo reputa como sendo a justa causa reportada em sua cédula testamentária. A justa causa passa pela averiguação judicial acerca da procedência dos fatos alegados, precisando ser convencido o julgador de que, e segundo o seu livre arbítrio, os fatos descritos e processualmente comprovados constituem motivo fidedigno para gravar a legítima do herdeiro necessário.

A justa causa não é provada no testamento, mas tão somente reportada na cédula testamentária como justificativa da imposição das cláusulas restritivas, não cometendo ao registrador tecer juízo de valoração ou de interpretação, mas unicamente verificar se o testador ou doador declararam como justa causa,[78] contudo, cabendo ao herdeiro clausulado, ou qualquer interessado, provar em juízo que a causa informada existe ou não, ou que é justa ou injusta, prenhe esta última hipótese de carga plena de subjetividade.[79]

Escreve Mairan Gonçalves Maia Júnior que a expressão *justa causa* tem a natureza de um conceito juridicamente indeterminado, cujo conteúdo há de ser precisado no caso concreto e sujeito à apreciação judicial,[80] enquanto Maria Helena Marques Braceiro Daneluzzi, ao corroborar ser tarefa do Poder Judiciário dar a última palavra, de modo a avaliar a justiça ou não da causa indicada, reconhece se tratar a motivação de foro íntimo e subjetivo, capaz de gerar dúvidas, especialmente quando envolve problemas familiares,[81] e nesta seara é fácil dar asas à imaginação do sem-número de complexas dissensões, mágoas e ressentimentos que perduram ao longo de décadas de convivência íntima gerando frustrações e expectativas que depois serão vertidas para o ventre de um testamento que tratará de expor as feridas que jamais cicatrizaram.

Eduardo de Oliveira Leite caminha por este intrincado mundo do que poderia configurar ou determinar uma *justa causa*, e assim vaticina:

> A ideia da admissão da cláusula proibitiva pelo testador precisa encontrar justificativa na excessiva "preponderância do círculo de família, ainda patriarcal", de um pai e marido que tudo quer e tudo pode, de um sentimentalismo e " rotina sensível ao romanismo dos direitos do

---

[78] SOUZA, Eduardo Pacheco Ribeiro de. *As restrições voluntárias na transmissão de bens imóveis*: cláusulas de inalienabilidade, impenhorabilidade e incomunicabilidade. São Paulo: Quinta Editorial, 2012. p. 58.

[79] ALMEIDA, José Luiz Gavião de. *Código Civil comentado*. Coord. Álvaro Villaça Azevedo. São Paulo: Atlas, 2003. v. XVIII, p. 258.

[80] MAIA JR., Mairan Gonçalves. *Sucessão legítima*: as regras da sucessão legítima, as estruturas familiares contemporâneas e a vontade. São Paulo: Thomson Reuters/RT, 2018. p. 335.

[81] DANELUZZI, Maria Helena Marques Braceiro. *Aspectos polêmicos na sucessão do cônjuge sobrevivente*. São Paulo: Letras Jurídicas, 2004. p. 229.

pai e a mentalidade reacionária que vê nos parentes os únicos revolvedores das promoções de interdições e aberturas de inventários". Mas os tempos mudaram e as mentalidades evoluíram não sendo mais possível a manutenção de esquemas ancorados em passado carente de legitimidade e autoridade. E dentro daquele "romanismo paterno" a que alude Pontes de Miranda, a inalienabilidade se justifica na pressuposição de intenções; boas intenções do testador que, receava a má administração do herdeiro ou o risco de dilapidação do acervo hereditário; que o herdeiro ficasse privado de moradia e sustento; que um mau casamento comprometesse a administração do patrimônio do casal, e assim por diante. A partir das suposições tudo justificava a atuação irrestrita do testador sobre o patrimônio dos sucessores.[82]

Cristiano Chaves de Farias e Nelson Rosenvald melhor direcionam as luzes do conceito aberto e flexível de justa causa, aduzindo não ser possível admitir como justa causa motivos frívolos, morais ou emocionais, como a preocupação do pai com os rumos afetivos ou patrimoniais do casamento da filha, ou o medo de fracasso nos investimentos financeiros,[83] mas, enfim, é justamente dentro desta complexa subjetividade que justiças e injustiças vão se assentando na crença da luminosa interpretação judicial, quiçá até pelo uso da técnica da ponderação de interesses para a solução de conflitos, como ao seu tempo e modo avalia Ana Luiza Maia Nevares, pois, como expressamente refere:

> a norma jurídica resulta da valoração do fato concreto, à luz de todo o ordenamento jurídico que, traduzindo-se na atividade interpretativa, exige ponderação no exame das peculiaridades do objeto cognitivo (...) e quando o atingido não participa do ato gerador da lesão ao seu direito fundamental, está em jogo apenas a autonomia privada da outra parte da relação jurídica, (...) e diante dos efeitos patrimoniais do fenômeno sucessório, em algumas ocasiões, poderão prevalecer os interesses dos sucessores, em detrimento da vontade do testador.[84]

Complementando, diz Marcelo Truzzi Otero ser *indispensável que a motivação se apresente acompanhada de fatos concretos e lícitos, persistentes ao tempo da abertura da sucessão, atestando que o interesse do herdeiro reclama a inalienabilidade, a impenhorabilidade ou a incomunicabilidade da legítima*,[85] onde cada uma das cláusulas tem a sua própria razão de existência e cuja validade restará ao exclusivo poder discricionário do julgador, valendo-se na ponderação de seus argumentos, de valores éticos, morais, sociais, econômicos e jurídicos,[86] ou, como refere José Carlos Teixeira Giorgis, deva o aplicador averiguar quais são as conotações adequadas e as concepções éticas efetivamente vigentes para determiná-los *in concreto*, de forma apta a, como última voz, no âmbito de uma ação declaratória de nulidade ou da eficácia da cláusula (CC, arts. 166, inc. VII, e 169), ajuizada após a abertura da sucessão, sentenciar o acerto ou o desacerto da restrição imposta pelo testador.[87]

---

[82] LEITE, Eduardo de Oliveira. *Comentários ao novo Código Civil*: do direito das sucessões. Sálvio de Figueiredo Teixeira. Rio de Janeiro: Forense, 2003. v. XXI, p. 271.

[83] FARIAS, Cristiano Chaves de; ROSENVALD, Nelson. *Curso de direito civil*: sucessões. 3. ed. Salvador: JusPodivm, 2017. v. 7, p. 468.

[84] NEVARES, Ana Luiza Maia. *A função promocional do testamento*: tendências do direito sucessório. Rio de Janeiro: Renovar, 2009. p. 177-183.

[85] OTERO, Marcelo Truzzi. *Justa causa testamentária*: inalienabilidade, impenhorabilidade e incomunicabilidade sobre a legítima do herdeiro necessário. Porto Alegre: Livraria do Advogado, 2012. p. 74.

[86] CARVALHO, Luiz Paulo Vieira de. *Direito das sucessões*. 3. ed. São Paulo: Atlas, 2017. p. 520.

[87] GIORGIS, José Carlos Teixeira. A justa causa no novo testamento. In: DELGADO, Mário Luiz; ALVES, Jones Figueirêdo (coords.). *Novo Código Civil*: questões controvertidas. São Paulo: Método, 2004. v. 2, p. 159 e 162.

81.1.2.3. Conversão do gravame

A legítima é garantida e o testador não pode dela privar os herdeiros necessários, nem onerá-la com encargos, condições ou legados e tampouco converter os bens que compõem a legítima em bens de outras espécies, como ao tempo do art. 1.723 do Código Civil de 1916 era facultado ao testador.

Como sabido, a legítima é formada pela metade dos bens existente ao tempo do falecimento do autor da herança, sem prejuízo das antecipações de herança advindas da porção indisponível e que precisam ser colacionadas. A partilha sucessória deve obedecer a dois preceitos básicos: um deles é a absoluta igualdade dos quinhões, recebendo cada herdeiro proporcionalmente à sua quota no certo e no duvidoso, no bom e no mau do acervo; e o outro é a comodidade dos herdeiros que devem receber o que têm direito como herança, guardadas algumas conveniências próprias de seus interesses pessoais.

O Código Civil de 1916 facultava, no seu art. 1.723, a conversão dos bens da legítima em outros de espécie diversa, dispositivo por meio do qual o testador, para melhor garantir a igualdade dos herdeiros, podia determinar a transformação dos bens em outros da mesma espécie, ou estabelecer fossem substituídos por outros de melhor ou mais fácil administração.[88]

Ao contrário do que permitia o art. 1.723 do Código Civil de 1916, o Código Civil de 2002 externa no § 1º do art. 1.848, de forma clara e categórica, não ser permitido ao testador estabelecer a conversão dos bens da legítima em outras de espécie diversa, explicando Eduardo de Oliveira Leite não mais ser permitido ao testador converter, por exemplo, móveis em imóveis, ou vice-versa, de dinheiro em bens, de imóveis urbanos em rurais ou vice-versa, de ações nominativas em preferenciais, e assim por diante.[89]

Com esta liberalidade o testador podia ordenar, ao seu livre arbítrio, a melhor ou a pior acomodação da partilha, restando ao seu critério estabelecer quais herdeiros necessários receberiam, não obstante a igualdade dos quinhões hereditários, bens que não constavam em seu acervo hereditário porque seriam convertidos em bens de outra espécie, ou, como explica Zeno Veloso, de que o testador podia ordenar que a legítima de um filho devesse ser integrada apenas por imóveis, somente por móveis, por quotas de empresas, por ações de sociedades anônimas ou por dinheiro, ou por títulos de crédito.[90]

Embora o testador tivesse a faculdade de determinar que a legítima fosse entregue em espécies diferentes dos bens deixados por ocasião de seu falecimento, sem diminuir sua quantidade, não podia favorecer certos herdeiros em detrimento do direito de outros, pois isso implicaria uma indevida ingerência na formulação das partilhas, podendo prejudicar uns herdeiros em favor de outros, e por mais que o testador estivesse bem intencionado, esta possibilidade da conversão em bens de outra espécie poderia se prestar a assegurar uma desigualdade na cômoda divisão da herança, e acomodar mais os interesses pessoais de algum herdeiro em detrimento do outro, quando a partilha deveria ser igual em gênero, número e grau para todos os coerdeiros.

De qualquer forma, a conversão em bens de outra espécie se daria depois de efetivada a partilha, em conformidade com o mandamento do testador, de modo que, se o autor da he-

---

[88] ALMEIDA, José Luiz Gavião de. *Código Civil comentado*. Coord. Álvaro Villaça Azevedo. São Paulo: Atlas, 2003. v. XVIII, p. 263.
[89] LEITE, Eduardo de Oliveira. *Comentários ao novo Código Civil*: do direito das sucessões. Coord. Sálvio de Figueiredo Teixeira. Rio de Janeiro: Forense, 2003. v. XXI, p. 274.
[90] VELOSO, Zeno. *Novo Código Civil comentado*. Coord. Ricardo Fiuza. São Paulo: Saraiva, 2002. p. 1668.

rança tivesse deixado uma fazenda e ordenado a conversão dessa fazenda, sendo procedida a sua alienação e partilhado o dinheiro, como a conversão era feita depois da partilha, todos coerdeiros recebiam a fazenda em condomínio, e depois ela era vendida e convertida em outra espécie de bens, dividindo todos os coerdeiros necessários o produto desta venda, pois, como pontuado por Arthur Vasco Itabaiana de Oliveira, converter em outras espécies os bens que constituem a legítima quer dizer: substituir os bens existentes na herança por outros não existentes na herança, e que foram designados pelo testador, mas não quer dizer que o testador não possa designar, dentre os bens existentes na herança, quais os que devam compor o quinhão de cada herdeiro necessário, sem desobedecer aos preceitos básicos da igualdade dos quinhões e da comodidade dos herdeiros (CC, art. 2.019).[91]

Orosimbo Nonato faz esta ressalva, dizendo ser fundamental distinguir a cláusula de conversão e a faculdade de determinar o testador os bens que devem compor a legítima deste ou daquele herdeiro, e este proceder está dentro de certo arbítrio que permite ao testador ou autor da herança direcionar a partilha dos bens para melhor acomodar os interesses pessoais dos herdeiros, pois de nada serviria deixar um consultório médico para um filho advogado, e um escritório próprio para o exercício da advocacia para o filho e coerdeiro médico.[92]

Por sinal, a possibilidade de o testador indicar expressamente os bens e valores que devem compor os quinhões hereditários, e deliberar ele próprio a partilha que prevalecerá, está prevista no art. 2.014 do Código Civil brasileiro, com a ressalva apenas de o valor dos bens não corresponder às quotas estabelecidas.

Trata-se de uma igualdade qualitativa, pois como refere Orosimbo Nonato, citando Carlos Maximiliano, "melhor do que o juiz e os estranhos em geral, conhece o progenitor as fraquezas e predileções justas, necessidades e conveniências de cada descendente para afeiçoar a partilha ao caráter, ao modo de viver e trabalhar, à capacidade e à posição pecuniária de cada um. (...) Se, entretanto, delirando dos sulcos da normalidade das coisas, incidir em iniquidades que envolvam prejuízo real dos herdeiros, pode a autoridade do juiz decotar-lhe as demasias e lhe tolher os excessos e imodéstias".[93]

81.1.2.4. Sub-rogação do gravame

O § 2º do art. 1.848 do Código Civil cuida da sub-rogação do vínculo, por cuja disposição legal, e excepcionalmente, podem ser alienados os bens gravados, mas o produto obtido com a sua venda fica sub-rogado nos ônus dos primeiros, existindo situações especiais que reclamam a necessidade de alienação do bem gravado, no caso de desapropriação ou sua alienação por conveniência econômica do donatário ou do herdeiro, mediante autorização judicial, devendo o produto da venda converter-se em outros bens, sobre os quais incidirão, em sub-rogação, as atribuições apostas aos primeiros (CC, art. 1.911, parágrafo único).

Esta já era uma solução doutrinária e jurisprudencial que ao longo dos anos vinha mitigando a dureza da cláusula restritiva da inalienabilidade vitalícia, tendo, mesmo antes da edição do Código Civil de 2002, sido pacificada no meio jurídico brasileiro a compreensão de que bens clausurados podiam ser sub-rogados, e até mesmo ser cancelada a restrição quando

---

[91] OLIVEIRA, Arthur Vasco Itabaiana de. *Tratado de direito das sucessões*. 3. ed. Rio de Janeiro: Livraria Jacintho, 1936. v. II, p. 244.
[92] NONATO, Orosimbo. *Estudos sobre sucessão testamentária*. Rio de Janeiro: Forense, 1957. v. II, p. 351.
[93] NONATO, Orosimbo. *Estudos sobre sucessão testamentária*. Rio de Janeiro: Forense, 1957. v. II, p. 352-353.

representava lesão aos legítimos interesses do herdeiro,[94] não ficando os proprietários presos eternamente aos bens, e mesmo que esta sub-rogação fosse examinada com critério e prudência, sempre atento à finalidade protetiva do autor da herança, e a efetiva utilidade ou vantagem do negócio pretendido, estando hoje tudo minimizado com a expressa proibição de clausuração da legítima, salvo justa causa e oportuna avaliação judicial de sua pertinência e procedência (CC, art. 1.848).

Como observa Mario Roberto Carvalho de Faria, uma vez decorrido o prazo estabelecido pelo testador, as cláusulas deverão ser canceladas em conformidade com a previsão legal do art. 250 da Lei 6.015/1973 (Lei dos Registros Públicos), e explica que, para cancelar a cláusula vitalícia deve ser feito um requerimento endereçado ao Oficial do Registro Geral de Imóveis, onde se acha matriculada a economia, requerendo o cancelamento da restrição, juntando a certidão de óbito do beneficiário gravado, e se a cláusula foi temporária o pedido deve ser instruído com a prova do implemento do termo, e se, por exemplo, a cláusula estava condicionada à data que o beneficiado completasse quarenta anos de idade, o requerimento será instruído com a certidão de nascimento do beneficiário, comprovando ter atingido a idade fixada.[95]

81.1.2.5. Cláusulas restritivas e direito intertemporal

Prescreve o art. 2.042 do Código Civil, em típico regramento de direito intertemporal, que, a contar de um ano após a sua entrada em vigor (11 de janeiro de 2003) e, portanto, até 11 de janeiro de 2004, ainda que o testamento tivesse sido feito na vigência do Código Civil de 1916, neste prazo o testador deveria aditar o seu testamento para declarar a justa causa de cláusula aposta à legítima, de molde a garantir a subsistência da restrição.

As restrições à legítima, que na vigência do Código Civil de 1916 ficavam ao livre desígnio do testador, com o advento do atual Código Civil, e seu art. 1.848, sofreram modificações, ficando proibidas as cláusulas restritivas de inalienabilidade, impenhorabilidade e incomunicabilidade, salvo se o testador as justificasse ou se já tivesse redigido seu testamento, hipótese em que o testador dispunha de um ano, contado depois da entrada em vigor do atual Código Civil, para aditar sua cédula com a competente justificativa, sob pena de não subsistir a restrição imposta.

Pronuncia Maria Helena Diniz ter sido a finalidade do art. 2.042 do Código Civil conceder ao testador um tempo razoável para tornar possível a restrição da legítima, outorgando-lhe o prazo de um ano para fazer o devido aditamento, declarando a causa que a justifica,[96] considerando que havia redigido seu testamento ao tempo da vigência do Código Civil de 1916,

---

[94] "Recurso Especial. Direito Civil. Cláusula de incomunicabilidade. Pedido de cancelamento. 1. Pedido de cancelamento de cláusula de inalienabilidade incidente sobre imóvel recebido pelo recorrente na condição de herdeiro. 2. Necessidade de interpretação da regra do art. 1.576 do CC/1916 com ressalvas, devendo ser admitido o cancelamento da cláusula de inalienabilidade nas hipóteses em que a restrição, no lugar de cumprir sua função de garantia de patrimônio dos descendentes, representar lesão aos seus legítimos interesses. 3. Doutrina e jurisprudência acerca do tema. 4. Recurso especial provido por maioria, vencida a relatora" (REsp 1422946/MG. Relatora Ministra Nancy Andrighi. Relator para o acórdão Ministro Paulo de Tarso Sanseverino. 3ª Turma. Julgado em 25.11.2014).

[95] FARIA, Mario Roberto Carvalho de. *Direito das sucessões*: teoria e prática. 8. ed. Rio de Janeiro: Forense, 2017. p. 223.

[96] DINIZ, Maria Helena. *Comentários ao Código Civil*. Coord. Antônio Junqueira de Azevedo. São Paulo: Saraiva, 2003. v. 22, p. 493.

mas surpreendido pelo preceito de transição que dispôs em sentido oposto. Decorrido esse prazo sem que o testador tivesse aditado sua cédula, a cláusula restritiva ficava sem efeito e toda facção testamentária realizada após um ano da vigência do atual diploma substantivo civil (11.01.2004) não mais se aproveitava, prevalecendo a norma da lei vigente ao tempo da lavratura do testamento (CC, art. 1.787).[97]

81.2. Herdeiros legítimos

O legislador regulamentou o direito sucessório de acordo com os vínculos de família e segundo um critério social, mencionando Hector Lafaille que o fundamento da sucessão *ab intestato* é a interpretação legal da vontade do falecido, ou a interpretação do seu grau de afeto em relação a determinadas relações do sucedido,[98] contudo, a pessoa pode se apartar ou não desta pauta, pois, se prefere outro caminho, tem a faculdade de testar dentro da esfera em que é permitido dispor de parte ou da totalidade de seus bens diante da existência ou não de herdeiros necessários.[99]

Herdeiro é aquela pessoa que recebe o direito sucessório a título universal, ou seja, possui direito a um quinhão hereditário,[100] e este herdeiro pode ser indicado pela lei (Código Civil) ou instituído pelo testador, quando em seu testamento designa concretamente a pessoa ou as pessoas que deseja lhe sucedam a título universal com o seu falecimento.

Os herdeiros legítimos sucedem em conformidade com o regramento legal, pois a sucessão legítima é aquela que resulta exclusivamente da lei, sem que haja influído de qualquer modo a vontade do autor da herança, até mesmo porque, quando resulta da sua vontade, a sucessão é chamada de testamentária.[101]

Sucessão legítima e herdeiros legítimos são termos empregados para se tratar de um sistema sucessório baseado no parentesco e no vínculo afetivo do casamento e da união estável, quando não há testamento ou em relação a bens e direitos que o testamento não abrangeu, e seu fundamento se escora na presumida vontade do autor da herança, interpretada pelo legislador, que considerou a provável ordem de intensidade das afeições do falecido em relação às pessoas que em vida lhe teriam sido mais próximas e que, se fosse consultado, graduaria seus sucessores pela mesma ordem.

É natural que os bens de uma pessoa se transmitam aos seus filhos e a outros descendentes nos quais ele se perpetua pelo próprio ciclo da vida, embora não justifique a sucessão dos colaterais e tampouco a sucessão do cônjuge ou do companheiro.[102]

Para Luiz da Cunha Gonçalves, esta é a teoria que mais se aproxima da verdade, embora não seja o fundamento exclusivo da sucessão legítima, porque também se devem ter em conta

---

[97] "Testamento. Declaratória de ineficácia e nulidade de testamento. Não havendo justa causa determinante da restrição à legítima, a disposição de última vontade não mais prevalecerá, de acordo com o art. 1.848 do Código Civil. Testador não efetivou o devido aditamento no prazo estabelecido no art. 2.042 do referido Código, tornando insubsistentes as cláusulas restritivas. Sentença reformada. Recurso provido" (TJSP. Apelação Cível 5.652.244.800. Rel. Adilson Andrade. Julgado em 11.11.2008).

[98] LAFAILLE, Hector. *Curso de derecho civil*: sucesiones. Buenos Aires: Biblioteca Jurídica Argentina, 1933. t. II, p. 6.

[99] LAFAILLE, Hector. *Curso de derecho civil*: sucesiones. Buenos Aires: Biblioteca Jurídica Argentina, 1933. t. II, p. 6-7.

[100] MELLO, Felipe Viana de. *Manual de direito das sucessões*. Rio de Janeiro: Lumen Juris, 2018. p. 187.

[101] GONÇALVES, Luiz da Cunha. *Tratado de direito civil*. 2. ed. São Paulo: Max Limonad, 1962. v. 10, t. 2, p. 424.

[102] GONÇALVES, Luiz da Cunha. *Tratado de direito civil*. 2. ed. São Paulo: Max Limonad, 1962. v. 10, t. 2, p. 425.

as considerações de ordem social e as de proteção da família, como núcleo fundamental da sociedade (CF, art. 226). Ao estabelecer a ordem legal dos sucessores, o legislador inspirou-se na ordem natural das afeições familiais, pois que na sua movimentação afetiva, primeiro o amor *desce*, depois *sobe* e em seguida se *dilata*.[103]

São classificados como herdeiros legítimos ou sucessores da lei, consoante a ordem de vocação hereditária externada no art. 1.829 do Código Civil brasileiro, começando com os descendentes, em concorrência com o cônjuge ou convivente sobrevivos; vindo depois os ascendentes em concorrência com o cônjuge ou convivente sobrevivos; e em terceira chamada o cônjuge ou o convivente sobrevivos e, por último, os colaterais.

Existem, pois, duas grandes espécies de direitos hereditários: a) a sucessão legítima, dos herdeiros indicados pelo legislador, seguindo os vínculos de parentesco e de família e, b) a sucessão testamentária, confiada ao arbítrio do testador, que deve respeitar a legítima que ampara o direito de certos parentes e pessoas próximas, não sendo errado afirmar que o legislador deu primazia à sucessão voluntária do testamento, que goza de preeminência sobre a sucessão intestada, a qual só será aberta na ausência ou insuficiência da sucessão testamentária. Quando os herdeiros são chamados pela lei, são denominados *herdeiros legítimos* (descendentes, ascendentes, cônjuge/convivente e colaterais) – todos são herdeiros da lei, embora nem todos sejam herdeiros obrigatórios (CC, art. 1.845 – descendentes, ascendentes, cônjuge/companheiro – STF). O herdeiro indicado em testamento é um *herdeiro instituído* pelo testador, em um sistema jurídico no qual prepondera a vontade do testador, até o limite da legítima ou da porção indisponível, diante da existência de herdeiros necessários.

Herdeiro legítimo é a pessoa indicada pela lei para a *sucessão legal*, a quem é transmitida a totalidade dos bens do falecido (se for apenas um herdeiro), ou a *quota-parte* da herança (se houver mais de um herdeiro), e dentro da classificação como herdeiros legítimos (herdeiros indicados pela lei), distinguem-se os necessários (descendentes, ascendentes, cônjuge/companheiro), também designados como obrigatórios, legitimários ou reservatórios em contraste com aqueles denominados de herdeiros *facultativos*.[104]

81.3. Herdeiros legítimos, necessários, concorrenciais, facultativos e testamentários

Todos os herdeiros vocacionados em lei são herdeiros legítimos, mas nem todos são herdeiros necessários, e por isso não podem ser excluídos da herança por mera disposição do falecido, salvo presente alguma justa causa de exclusão por indignidade ou deserdação. Todos os herdeiros legítimos têm direito à herança, mas os mais próximos em grau de parentesco excluem os mais distantes, e os herdeiros necessários têm direito à porção denominada de *legítima*, representada pela metade dos bens deixados pelo defunto, acrescidos daqueles doados por antecipação de herança, mas sempre correspondendo à metade dos bens do defunto.

Também são herdeiros legítimos os colaterais, contudo não são herdeiros necessários, como são os descendentes, ascendentes, cônjuge e companheiro, os quais são chamados exatamente nesta resolução de vocação, seguindo rigorosa ordem de classe e de grau de parentesco, sendo primeiro convocados os descendentes, em todos os seus graus de parentesco, sendo que o mais próximo afasta o mais distante, salvo o direito de representação. Ausentes descendentes, são vocacionados por linhas os ascendentes, sem direito de representação, e se

---

[103] GONÇALVES, Luiz da Cunha. *Tratado de direito civil*. 2. ed. São Paulo: Max Limonad, 1962. v. 10, t. 2, p. 427.
[104] GOMES, Orlando. *Sucessões*. 6. ed. Rio de Janeiro: Forense, 1992. p. 40.

também ausentes ascendentes, só em terceiro lugar são convocados para herdarem o universo da herança o cônjuge, ou o convivente, se coabitavam com o autor da herança ao tempo do óbito.

Orlando Gomes dizia que a qualificação do herdeiro legítimo se fundamenta na organização da família, e que o seu chamamento respondia a três ordens de direitos:

1º por direito de sangue;
2º pelo matrimônio ou pelo companheirismo;
3º por direito de família.[105]

Pelo *jus conjugii* o cônjuge ou companheiro (STF RE 878.694/MG e RE 646.721/RS) serão chamados, um ou outro, quando ausentes descendentes e ascendentes, ou se todos renunciarem.

O legislador de 2002 inovou o direito sucessório e criou a figura do *herdeiro concorrente*, ou do também chamado *sucessor atípico ou irregular*, personificado nas figuras do consorte e do convivente que, não obstante só se encontrem na terceira classe de chamamento dos herdeiros legítimos, são convocados em concurso com os descendentes, salvo, se casado ou convivendo pelo regime de comunhão universal de bens, se não existirem bens particulares no regime da comunhão parcial, ou se o regime for o da separação obrigatória de bens (CC, art. 1.641), mas se concorrem com os ascendentes desimporta o regime de bens.

Não são convocados em direito concorrente como herdeiros universais, mas são vocacionados pelo dever de solidariedade do direito matrimonial (ou convivencial), fruto do dever de assistência recíproca entre esposos e companheiros, que se prolonga adiante do falecimento e não permite que o sobrevivente caia em indigência quando o defunto transmite aos seus herdeiros consanguíneos o seu patrimônio.[106] São chamados em concurso com os descendentes ou ascendentes, com a finalidade de melhorar a situação patrimonial do cônjuge viúvo ou do convivente sobrevivo, e contrariando o sistema vigente ao tempo do Código Civil de 1916, pelo qual o cônjuge não herdava se o defunto tivesse descendentes ou ascendentes, mas apenas detinha o direito a um *benefício vidual* de usufruto ou de direito real de habitação para que pudesse levar uma vida como aquela existente antes do falecimento de seu cônjuge, tendo em conta que prevalecia a ideia da conservação dos bens em família.

Facultativos seguem sendo os parentes colaterais, que também são herdeiros legítimos, chamados até o quarto grau (CC, art. 1.839), na falta de herdeiros necessários (descendentes, ascendentes, cônjuge ou convivente – CC, art. 1.845 e STF RE 646.721/RS e RE 878.694/MG). Podem herdar os colaterais até o quarto grau, conquanto não tenha o autor da herança disposto de toda a sua herança para um terceiro, ausentes herdeiros legitimários. Colaterais não são herdeiros necessários e, portanto, podem ser excluídos da sucessão, bastando que o testador disponha de seu patrimônio sem os contemplar (CC, art. 1.850).

Não são herdeiros legítimos aqueles assim declarados em testamento, pois suas escolhas não advêm da lei (Código Civil), mas da vontade do testador que os nomeia em sua cédula testamentária, embora nada impeça que o testador também nomeie como herdeiros testamentários os seus herdeiros legítimos (necessários e facultativos).

Conforme Orosimbo Nonato, a disposição testamentária pode ter por objeto a universalidade dos bens do testador ou uma quota do acervo, ocorrendo nesta hipótese a instituição

---

[105] GOMES, Orlando. *Sucessões*. 6. ed. Rio de Janeiro: Forense, 1992. p. 41.
[106] COLIN, Ambrosio; CAPITANT, Henri. *Curso elemental de derecho civil*. 3. ed. Madrid: Reus, 1988. t. 7, p. 67.

de herdeiro, ou pode, ainda, ter por objeto bens individuados ou um complexo de bens que não constituem uma quota do acervo, e, nesse caso, quando a disposição é a título singular, ocorre o legado, não se confundindo a instituição jurídica do legatário com a do herdeiro instituído.[107]

Ilustrativos os ensinamentos de José da Silva Pacheco acerca das diversas funções do testamento, prestando-se para: a) instituir herdeiros; b) deserdar herdeiros necessários; c) distribuir em legado todo o espólio ou estabelecer alguns legatários[108] e assim diversos legatários receberiam individualmente bens que poderiam esgotar o acervo do espólio.

Herdeiro legítimo, herdeiro necessário, herdeiro concorrente, herdeiro instituído e legatário são figuras jurídicas diferentes, a começar pelo fato de que os herdeiros legítimos e os instituídos por testamento são sempre sucessores que recebem a título universal (CC, art. 1.791), tanto o ativo dos bens deixados pelo falecido, como o passivo destes bens, até o limite das forças da herança (CC, art. 1.792).

Conforme o art. 1.786 do Código Civil, a sucessão dá-se por lei (legítima) ou por disposição de última vontade (testamentária). São herdeiros legítimos todos aqueles declinados pela ordem de vocação hereditária do Código Civil, e herdeiros instituídos aqueles declinados pelo testador como seus sucessores universais. Dentre os herdeiros legítimos, existem os necessários, detentores da legítima (CC, art. 1.789) – descendentes, ascendentes, cônjuge e convivente – e os herdeiros facultativos, representados pelos colaterais.

Diversamente do herdeiro universal, sempre convocado em sua respectiva classe de chamamento (classe dos descendentes, classe dos ascendentes, classe do cônjuge ou convivente e classe dos colaterais), existem os herdeiros concorrentes (cônjuge ou convivente), que em certas situações e com exceção de alguns regimes de bens, sob o viés da solidariedade familiar, concorrem com os herdeiros universais da classe dos descendentes, e também concorrem com os herdeiros da classe dos ascendentes e neste caso não mais importa o regime de bens.

Os herdeiros instituídos são indicados pelo testador em seu testamento, e, dependendo da existência de descendentes, ascendentes, cônjuge ou convivente, o testador só pode dispor livremente de metade da herança (CC, art. 1.789). O legatário é um sucessor a título singular e, embora o Código Civil não tenha definido o conceito de legatário e tampouco o de legado, aquele é destinatário apenas de uma parte da herança e não da sua universalidade, porquanto o legado é justamente instituído por meio da separação, pelo testador, de bens ou de direitos sobre a universalidade de seu patrimônio, ou seja, é uma parte determinada da herança que é atribuída pelo testador ao legatário, que assim se fará beneficiário de um direito pinçado dentre o universo de bens deixados pelo sucedido.[109]

Legado, por definição, é uma liberalidade feita em testamento, pelo qual se transmitem, ao legatário ou beneficiário, direitos de caráter patrimonial sobre determinados objetos. O legatário sucede a título singular, uma vez que recebe uma coisa ou um conjunto delas, singularmente determinadas.[110] Trata-se de uma disposição testamentária que configura uma liberalidade do testador com a transmissão de direitos de propriedade, de usufruto, de uso, de

---

[107] NONATO. Orosimbo. *Estudos sobre sucessão testamentária*. Rio de Janeiro: Forense, 1957. v. II, p. 174.
[108] PACHECO, José da Silva. *Inventários e partilhas na sucessão legítima e testamentária*. Atualizada por Mario Roberto Carvalho de Faria. 20. ed. Rio de Janeiro: Forense, 2018. p. 264.
[109] MADALENO, Rolf. *Direito das sucessões*. Coord. Giselda Maria Fernandes Novaes Hironaka e Rodrigo da Cunha Pereira. 2. ed. Belo Horizonte: Del Rey, 2007. p. 320.
[110] PACHECO, José da Silva. *Inventários e partilhas na sucessão legítima e testamentária*. Atualizada por Mario Roberto Carvalho de Faria. 20. ed. Rio de Janeiro: Forense, 2018. p. 265.

habitação, de crédito, ou de exceções, como o legado de dívida, em que outorga ao legatário uma remissão de seu débito, e, assim, o direito do devedor de se opor à ação que os herdeiros do testador poderiam promover para cobrarem a dívida perdoada pelo testador.

Legatário é aquele que, como sucessor indicado no testamento, recebe um bem particular ou um conjunto deles,[111] um sucessor particular que não se confunde com o patrimônio do defunto, e cujo direito e responsabilidade se encontram limitados à coisa legada.[112]

Certamente, uma das práticas mais frequentes de disposição testamentária consiste na instituição de herdeiro único em favor do cônjuge ou do convivente, sem prejuízo de seus direitos legitimários (CC, art. 1.845), e dos descendentes ou ascendentes ainda em concurso ou não com o cônjuge ou com companheiro sobrevivente, com previsão de substituição a favor dos descendentes ou ascendentes em caso de renúncia ou de premoriência do parceiro instituído como herdeiro.

Conforme menciona Josep M. Fugardo Estivil, essa classe de instituição de herdeiro cônjuge ou convivente (que pode ou não ter meação, herança concorrente e ainda ser instituído como herdeiro testamentário para ser beneficiado com a porção disponível do testador) tenciona melhor proteger os interesses do consorte ou convivente supérstite sob o prisma patrimonial, ou, se nada legalmente foi destinado ao par afetivo sobrevivente, ao menos corrige os possíveis efeitos patrimoniais negativos reservados ao parceiro economicamente mais débil,[113] não obstante qualquer outra pessoa física ou jurídica possa ser instituída como herdeira do testador.

Contudo, a instituição hereditária a favor de várias pessoas origina a divisão do acervo por cabeça, podendo ou não ser designada a parte de cada um, ou também pode ser tácita, como mostra Carlos Roberto Gonçalves, na hipótese de serem determinadas as quotas de cada herdeiro testamentário, não absorvendo toda a herança, pertencendo o remanescente aos herdeiros legítimos.[114]

Portanto, a rigor, pouco importa a denominação empregada pelo testador para determinar se uma pessoa é ou não herdeira, pois que deve ser apenas considerado o alcance da disposição testamentária, no sentido de verificar se a disposição assume um caráter universal ou particular, e isso definirá se o beneficiário é um herdeiro instituído ou um legatário,[115] sendo que o herdeiro legal ou instituído é aquele que sucede no patrimônio que compõe a herança como uma unidade, em um todo abstrato, ou em parte da herança, através de quota ideal traduzida em fração aritmética (metade, um terço, um quinto e etc.), ou, então, no remanescente da universalidade,[116] ao passo que o legatário é sempre um sucessor a título singular, que recolhe a herança não como uma unidade, mas, sim, algum bem ou alguns bens, coisas, direitos, prestações, universalidade e valores singularizados, determinados, ou determináveis pelo gênero, espécie ou quantidade, tudo desde logo individualizado, destacado, apartado do monte hereditário e perfeitamente identificado no testamento ou codicilo.[117]

---

[111] O art. 660 do Código Civil espanhol define de forma objetiva que: *Llámase heredero al que sucede a título universal, y legatario al que sucede a título particular.*

[112] RIVERA, Julio César; MEDINA, Graciela. *Derecho de las sucesiones*. Buenos Aires: Abeledo Perrot, 2017. p. 20 e 746-747.

[113] ESTIVIL, Josep M. Fugardo. *Familias monoparentales y relaciones de convivencia*. Valencia: Tirant lo Blanch, 2018. p. 254.

[114] GONÇALVES, Carlos Roberto. *Direito civil brasileiro*: direito das sucessões. 12. ed. São Paulo: Saraiva, 2018. p. 366.

[115] LAFAILLE, Hector. *Derecho civil*: sucesiones. Buenos Aires: Biblioteca Jurídica Argentina, 1933. t. II, p. 311.

[116] CARVALHO, Luiz Paulo Vieira de. *Direito das sucessões*. 3. ed. São Paulo: Atlas, 2017. p. 673.

[117] CARVALHO, Luiz Paulo Vieira de. *Direito das sucessões*. 3. ed. São Paulo: Atlas, 2017. p. 674.

Bruno Rodríguez-Rosado contribui doutrinariamente para melhor abrangência das diferenças que distinguem o herdeiro legal ou instituído do legatário, pois, enquanto o herdeiro legítimo ou instituído ocupa a posição do falecido e é convocado a herdar uma generalidade de bens ou uma quota deles quando existem coerdeiros, o legatário é beneficiado com relações jurídicas concretas, específicas, ou seja, o primeiro é chamado para herdar a título universal e responde tanto pelo ativo como pelo passivo patrimonial, enquanto o legatário se caracteriza por somente responder pelo ativo e não pelo passivo, ou seja, não assume a posição do falecido.[118]

81.4. Exclusão dos herdeiros colaterais

São herdeiros legítimos e vocacionados pela ordem de convocação do art. 1.829 do Código Civil (descendentes, ascendentes, cônjuge/convivente e colaterais), e, entre estes, os chamados herdeiros necessários sempre serão beneficiados pela sucessão legítima (descendentes, ascendentes, cônjuge/convivente – CC, art. 1.845 e STF RE 646.721/RS e RE 878.694/MG), nem que seja ao menos pela porção indisponível (legítima), representada pela metade da herança que o sucedido sempre é obrigado a preservar em favor dos legitimários (CC, arts. 1.789, 1.846 e 1.857, § 1º), não podendo ser privados deste percentual os herdeiros necessários, salvo pelas hipóteses restritas de exclusão por indignidade ou deserdação (CC, arts. 1.814/1.818 e 1.961/1.965), ou diante da separação de fato ou de direito (CC, art. 1.830 e a qualquer tempo), ou da suposta culpa do defunto pelo término da relação afetiva, para aqueles que, sem um olhar crítico, ainda são partidários da vigência e da inconteste aplicação do art. 1.830 do Código Civil.

Assim, na sucessão legítima, proveniente da ordem de vocação sucessória estabelecida por lei e sem a intervenção do titular dos bens, são herdeiros legítimos todos aqueles indicados no art. 1.829 do Código Civil, figurando em último plano os herdeiros *colaterais*, que também são herdeiros legítimos até o limite do quarto grau de parentesco (CC, art. 1.839), lembrando que a vocação oblíqua dos colaterais já se deu no sistema jurídico brasileiro até o 10º grau, depois sendo reduzida para o 4º grau de parentesco, isto porque, dizem alguns, depois do 4º grau de parentesco já não mais existe nenhuma afinidade afetiva e relacionamento entre o autor da herança e colaterais, embora outros sustentem que a reforma com a redução dos graus de parentesco se deu na França, para atender a uma reclamação antiga, ainda do século XIX, pelo confessado desejo de fazer voltar ao Fisco o maior número possível de sucessões.[119]

Os herdeiros transversais não são herdeiros necessários, porque não estão arrolados no art. 1.845 do Código Civil, mas sim *herdeiros facultativos*, em relação aos quais o autor da herança não está obrigado a preservar a metade dos seus bens, de forma que, se o testador quiser, pode beneficiar qualquer outra pessoa, física ou jurídica, com a totalidade do seu patrimônio, sem que nada possam fazer em sentido contrários os herdeiros colaterais, pois, como herdeiros facultativos, é do autor da herança a livre decisão de beneficiá-los ou não, com parte ou com a totalidade da sua herança,[120] não precisando sequer justificar a sua decisão de

---

[118] RODRÍGUEZ-ROSADO, Bruno. *Heredero y legitimario*. Navarra: Thomson Reuters/Aranzadi, 2017. p. 45-46.
[119] RIPERT, Georges; BOULANGER, Jean. *Derecho civil*: sucesiones. Buenos Aires: La Ley, 1978. v. 1, t. X, p. 121.
[120] "Apelação Cível. Ação anulatória de escritura pública. Ausência de capacidade. Prova. Inexistindo herdeiros necessários, possível a livre disposição de bens, sem reserva de legítima, podendo o doador beneficiar qualquer pessoa. A incapacidade do doador deve ser provada de forma inequívoca, pois a

haver excluído seus parentes colaterais para beneficiar outras pessoas físicas ou jurídicas, ou ambas, com o seu patrimônio sucessório.

Neste sentido, prescreve o art. 1.850 do Código Civil que, para excluir da sucessão os herdeiros colaterais, basta que o testador disponha de seu patrimônio sem os contemplar, comentando Eduardo de Oliveira Leite que este dispositivo legal reafirma a supremacia dos herdeiros necessários sobre os facultativos (colaterais).[121]

Giselda Maria Fernandes Novaes Hironaka considera supérfluo o art. 1.850 do Código Civil, e tem razão, pois, em se tratando de herdeiros facultativos, podem ser excluídos podendo o testador beneficiar outra pessoa no lugar dos herdeiros transversais, mas também chama a atenção para o cuidado que deve ter o testador diante de uma possível renúncia do herdeiro universal por ele instituído em seu testamento, ou mesmo diante das sobras que podem surgir com o aumento do patrimônio do testador ocorrido depois de sua deixa testamentária. Em qualquer dessas hipóteses os bens ou seu excesso podem parar nas indesejadas mãos dos herdeiros colaterais, de tal forma que seria sempre prudente ao testador resguardar-se com cláusulas que prevejam a nomeação de substitutos para receber no caso de renúncia ou a figura jurídica do direito de acrescer entre os legatários, para evitar a devolução dos bens aos colaterais,[122] e esta preocupação com as possíveis intercorrências sucessórias deve ser alvo de toda e qualquer facção testamentária.

Contudo, quando chamados a suceder, os colaterais recebem o mesmo quinhão, ressalvada a hipótese de determinação distinta ordenada em eventual testamento, e ressalvada também eventual concorrência entre irmãos germanos e unilaterais (CC, art. 1.841).[123]

81.5. Modulação dos efeitos jurídicos

Toda lei gera eficácia imediata para o futuro, não sendo ela aplicada para os fatos anteriores, pois não retroage e deve respeitar o ato jurídico perfeito, a coisa julgada e o direito adquirido (CF, art. 5º, inc. XXXVI, e LINDB, art. 6º), ou seja, a lei que rege a sucessão é a do momento em que morre o sucedido.[124]

Eduardo Espinola e Eduardo Espinola Filho comentam que não seria propriamente um respeito aos direitos adquiridos, mas sim às situações jurídicas definitivamente constituídas, salientando ser um termo mais amplo, sem caráter subjetivo, que abona todas as situações jurídicas governadas pela lei em vigor no dia em que a obrigação apareceu no cenário jurídico.[125] Portanto, tudo é analisado no âmbito sucessório sob a ótica da lei vigorante na data da morte

---

idade avançada, por si só, não impede a realização dos atos da vida civil. Não logrando as autoras em demonstrar que padecia a doadora de doença incapacitante, que afastasse a sua lucidez, não há que se falar em anulação da doação. Apelo improvido" (Apelação Cível. TJSC. 2007.044180-5. Rel. Des. Nelson Schafer Martins. Julgado em 28.07.2011). Julgado extraído da obra de IMHOF, Cristiano. *Direito das sucessões e inventários e partilhas*: anotado artigo por artigo. 2. ed. São Paulo: Atlas, 2014. p. 116.

[121] LEITE, Eduardo de Oliveira. *Comentários ao novo Código Civil*: do direito das sucessões. Coord. Sálvio de Figueiredo Teixeira. Rio de Janeiro: Forense, 2003. v. XXI, p. 279.

[122] HIRONAKA, Giselda Maria Fernandes Novaes. *Comentários ao Código Civil*: parte especial do direito das sucessões. Da sucessão em geral, da sucessão legítima. Coord. Antônio Junqueira de Azevedo. São Paulo: Saraiva, 2003. v. 20, p. 265-266.

[123] MAIA JÚNIOR, Mairan Gonçalves. *Sucessão legítima*: as regras da sucessão legítima, as estruturas familiares contemporâneas e a vontade. São Paulo: Thomson Reuters/RT, 2018. p. 622.

[124] MIRANDA, Pontes de. *Tratado de direito privado*. 2. ed. Rio de Janeiro: Borsoi, 1968. t. LV, p. 6.

[125] ESPÍNOLA, Eduardo; ESPÍNOLA FILHO, Eduardo. *A Lei de Introdução ao Código Civil brasileiro*. Atualizada por Silva Pacheco. Rio de Janeiro: Renovar, 1995. v. 1, p. 279-280.

do sucedido, como a análise de quem tem legitimidade ou capacidade para receber por testamento, para ser sucessor legítimo, a extensão deste direito sucessório, a alíquota de incidência dos tributos, a legislação tributária e bem assim, toda a legislação de caráter sucessório.[126]

Sob o enfoque sucessório *mortis causa*, a sucessão e a legitimação para suceder são reguladas pela lei vigente na ocasião da morte (CC, art. 1.787) e o art. 2.041 do Código Civil reforça esta regra ao estabelecer que as disposições relativas à ordem da vocação hereditária não se aplicam à sucessão aberta antes da vigência da Lei 10.046/2002 (Código Civil).

Os arts. 1º e 2º da Lei de Introdução às Normas do Direito Brasileiro já tratam da validade da lei no tempo, e o art. 1.787 do Código Civil reproduz o mesmo princípio de que a lei do tempo da abertura da sucessão é a que regula todas as questões relacionadas com a herança, surgindo exceções com relação ao testamento elaborado sob a vigência da lei anterior, contudo, aberto sob o império da lei em vigor, sendo inequívoco que a capacidade para testar e a forma testamentária são reguladas pela lei vigente ao tempo da realização do testamento, entrementes, a validade do conteúdo das cláusulas do testamento obedece à lei em vigor no momento da abertura do testamento.[127]

Portanto, é no momento da abertura da sucessão que será verificada a capacidade para suceder e para adquirir a herança, sendo todas as questões pertinentes à herança reguladas pela lei vigente ao tempo da abertura da sucessão.[128]

A sucessão do companheiro era inteiramente regulada pelo art. 1.790, incs. I a IV, do Código Civil, em contraponto à sucessão do cônjuge, cuja ordem de vocação está ordenada pelo art. 1.829 do mesmo Diploma Civil. Contudo, com o julgamento dos Recursos Extraordinários 646.721/RS e 878.694/MG, sob o rito da Repercussão Geral, com a relatoria do Ministro Luís Roberto Barroso, o Supremo Tribunal Federal derrubou o art. 1.790 e incs. I, II, III e IV, e igualou os regimes sucessórios da união estável e do casamento. A histórica decisão determinou a aplicação do art. 1.829 do Código Civil para processar a sucessão dos companheiros, declarando inconstitucional o art. 1.790 do Código Civil. Em atenção aos princípios da isonomia, da proteção da confiança e da segurança jurídica, o § 3º do art. 927 do Código de Processo Civil, em harmonia com o art. 27 da Lei 9.868/1999, que regula o processo e o julgamento da ação direta de inconstitucionalidade e da ação declaratória perante o STF, justamente em face da declaração de inconstitucionalidade do art. 1.790 do Código Civil, importando o julgamento do Recurso Extraordinário na drástica alteração dos efeitos jurídicos na sucessão do companheiro, se faz plenamente justificada a *modulação dos efeitos* deste julgamento de repercussão geral, diante do impacto que causaria uma aplicação retroativa do novo entendimento do STF.

Desde o advento do Código Civil em vigor e por cerca de quinze anos inexistiu qualquer manifestação do Supremo Tribunal Federal acerca da inconstitucionalidade do art. 1.790 do Código Civil, presumindo-se legal a norma até o julgamento dos REs 646.721/RS e 878.694/MG, não havendo como declarar a nulidade de todas as partilhas realizadas nos quase quinze anos medeados entre a vigência do Código Civil e a declaração de inconstitucionalidade do art. 1.790 do Código Civil, de forma que *o mecanismo de modulação dos efeitos constitui importantíssimo instrumento técnico*, evitando maior insegurança jurídica e nefasta repercussão jurisprudencial.[129]

---

[126] NOGUEIRA, Cláudia de Almeida. *Manual de direito das sucessões*. Rio de Janeiro: Thex Editora, 1999. p. 4.
[127] GABURRI, Fernando. *Direito das sucessões*. Curitiba: Juruá, 2018. v. 7, p. 37.
[128] SOUZA, Osni de et al. *Código Civil interpretado*. Coord. Silmara Juny Chinellato. Org. Costa Machado. 3. ed. São Paulo: Manole, 2010. p. 1.456.
[129] COSTA FILHO, Venceslau Tavares. STF deve modular efeitos de decisão que derrubou artigo 1.790 do Código Civil. Disponível em: <https://www.conjur.com.br/2017-out-02/direito-civil-atual-stf-modular--efeitos-decisao-derrubou-artigo-1790-codigo-civil>. Acesso em: 15 jan. 2019.

A questão da modulação dos efeitos consta do item 69 do voto proferido pelo Ministro Luís Roberto Barroso no RE 878.694/MG nos seguintes termos:[130]

> 69. Por fim, não se pode esquecer que o tema possui enorme repercussão na sociedade, em virtude da multiplicidade de sucessões de companheiros ocorridas desde o advento do CC/2002. Levando-se em consideração o fato de que as partilhas judiciais e extrajudiciais que versam sobre as referidas sucessões encontram-se em diferentes estágios de desenvolvimento (muitas já finalizadas sob as regras antigas), entendo ser recomendável *modular os efeitos da aplicação do entendimento ora afirmado*. Assim, com o intuito de reduzir a insegurança jurídica, a solução ora alcançada deve ser aplicada apenas aos processos judiciais em que ainda não tenha havido trânsito em julgado da sentença de partilha, assim como às partilhas extrajudiciais em que ainda não tenha sido lavrada escritura pública.

Desse modo, em sede de modulação de efeitos, o Supremo Tribunal Federal entendeu de aplicar o art. 1.829 do Código Civil a todos os processos judiciais cujas partilhas não tivessem transitado em julgado e às partilhas extrajudiciais que ainda não tivessem sido lavradas as escrituras públicas.

Conforme o art. 27 da Lei 9.868/1999, que dispõe sobre o processo e julgamento da ação direta de inconstitucionalidade e da ação declaratória de constitucionalidade, ao declarar a inconstitucionalidade de lei ou de ato normativo, e tendo em vista razões de segurança jurídica ou de excepcional interesse social, o Supremo Tribunal Federal, por maioria de dois terços (2/3) de seus membros, poderá restringir os efeitos da declaração ou decidir que a eficácia provenha do trânsito em julgado ou de outro momento que venha a ser fixado, e neste sentido comentam Ingo Wolfgang Sarlet, Luiz Guilherme Marinoni e Daniel Mitidiero:

> Parte-se da premissa de que a decisão de inconstitucionalidade tem efeitos *ex tunc*, dada a ideia de que a lei declarada inconstitucional é uma lei nula. O problema, em verdade, não seria o de se a decisão declara a nulidade da lei ou a desconstitui ou de se a decisão tem efeitos *ex tunc* ou *ex nunc*, uma vez que, em um ou outro caso, ou seja, admitindo-se a teoria de que há declaração de nulidade ou a de que há desconstituição, sempre haveria necessidade de temperos nas suas aplicações. A admissão de que a decisão não retroage sempre faria escapar situações em que a retroatividade seria vantajosa. Da mesma forma, a opção pela retroatividade sempre recomendaria isentar de efeitos determinadas situações passadas. Melhor explicando: adotada uma ou outra teoria, admitindo-se a declaração de nulidade ou a desconstitutividade – isto é, os efeitos *ex tunc* ou os efeitos *ex nunc* –, sempre seria necessário, conforme as particularidades de cada caso, fazer avançar ou fazer retroagir os efeitos da decisão de inconstitucionalidade.[131]

Modular os efeitos de uma lei ou de um artigo que foi considerado inconstitucional e, portanto, nulo desde a sua promulgação é *temperar* os efeitos jurídicos resultantes da nulidade desta lei ou de determinado artigo de lei, como sucedeu com a declaração de nulidade do art. 1.790 do Código Civil.

---

[130] Constam do item 4 da ementa do RE 878.694/MG, os seguintes termos: "4. Com a finalidade de preservar a segurança jurídica, o entendimento ora firmado é aplicável apenas aos inventários judiciais em que não tenha havido trânsito em julgado da sentença de partilha, e às partilhas extrajudiciais em que ainda não haja escritura pública".

[131] SARLET, Ingo Wolfgang; MARINONI, Luiz Guilherme; MITIDIERO, Daniel. *Curso de direito constitucional*. 6. ed. São Paulo: Saraiva, 2017. p. 1.185.

Fossem seus efeitos considerados retroativos, *ex tunc*, e todos os inventários julgados, homologados ou escriturados envolvendo relacionamentos informais seriam passíveis de imprescritível nulidade e refazimento, e fossem os efeitos da inconstitucionalidade da lei considerados *ex nunc*, desde a decisão do Supremo Tribunal Federal, certamente, não faltariam vozes reclamando diante da insegurança jurídica e do interesse social de que direitos estariam sendo sacrificados por igual.

Para temperar esses efeitos, o STF entendeu por respeitar todas as decisões já transitadas em julgado e todas as escrituras de inventário já consolidadas por ocasião de seu histórico julgamento, mas aplicou o novo regramento sucessório a todas as sucessões que, à data do julgamento, as partilhas judiciais ainda não tivessem transitado em julgado, ou às partilhas extrajudiciais sobre as quais ainda não tivessem sido lavradas as escrituras públicas.

Com certeza não é fácil encontrar um meio termo para modular ou temperar os efeitos jurídicos de uma lei ou de um artigo de lei declarado inconstitucional, sendo claramente perceptíveis os danos, a instabilidade ou mesmo a comoção social que pode causar à sociedade a reversão de todas as decisões judiciais ou dos atos extrajudiciais consolidados ao longo dos anos de vigência da lei ou do artigo de lei declarado inconstitucional, tanto que o grande temor proveniente do art. 27 da Lei 9.868/1999, que cuidou da *modulação* dos efeitos da declaração de inconstitucionalidade de uma lei ou de um artigo de lei, era de que, deixando ao Supremo Tribunal Federal grande margem de interpretação quanto à definição daquilo que, no caso concreto, atenda às razões de segurança jurídica ou a excepcional interesse social, poderia permitir algum abuso e o autoritarismo, terminado por amesquinhar a segurança do indivíduo e do ordenamento jurídico.[132]

A faculdade exercitável à luz do interesse e da segurança jurídica é a *modulação* dos efeitos de inconstitucionalidade da lei ou de artigo de lei, abstendo-se de reverter os direitos sociais já concretizados e assim convalidando as decisões ou posições já legitimadas. Contudo, a modulação adotada pelo STF vai de encontro ao art. 1.787 do Código Civil, o qual dispõe que a sucessão e a legitimidade para suceder é regulada pela lei vigente ao tempo do óbito do sucedido e esta é, ao meu sentir, a modulação que traria maior segurança jurídica e menor impacto social, pois, como demonstra André Dias Fernandes, pela dicção literal do art. 27 da Lei 9.868/1999, existem três espécies de restrições temporais com a declaração de inconstitucionalidade: a) sem pronúncia de nulidade; b) com efeitos *ex nunc* e, c) com efeitos *para o futuro*.[133]

E somente para o futuro, respeitando os expressos termos do art. 1.787 do Código Civil, é que deveriam ser consideradas as sucessões surgidas depois do trânsito em julgado dos Recursos Extraordinários 646.721/RS e 878.694/MG, com a aplicação do art. 1.829 do Código Civil, sendo aplicada a lei vigente ao tempo do óbito para as sucessões abertas antes do trânsito em julgado dos recursos extraordinários sob comento, pois, como muito bem exposto por Ana Paula Ávila, a alteração do efeito *ex tunc* somente é adequada quando, mediante o emprego do art. 27 da Lei 9.868/1999, resultar a sobrevalência de uma norma também constitucional,[134] e não é preciso dizer que o constitucional art. 1.787 do Código Civil está sendo literalmente ignorado diante dos efeitos da modulação decidida pelo STF.

---

[132] ÁVILA, Ana Paula. *A modulação de efeitos temporais pelo STF no controle de constitucionalidade*. Porto Alegre: Livraria do Advogado, 2009. p. 61.

[133] FERNANDES, André Dias. *Modulação de efeitos e decisões manipulativas no controle constitucional brasileiro*: possibilidades, limites e parâmetros. Salvador: JusPodivm, 2018. p. 69.

[134] ÁVILA, Ana Paula. *A modulação de efeitos temporais pelo STF no controle de constitucionalidade*. Porto Alegre: Livraria do Advogado, 2009. p. 67.

Capítulo XI
DO DIREITO DE REPRESENTAÇÃO

82. CONCEITO DE REPRESENTAÇÃO

A regra da vocação sucessória na linha descendente é no sentido de o herdeiro mais próximo em grau de parentesco excluir o herdeiro de grau parental mais distante, salvo o direito de representação (CC, art. 1.833), que quebra esta regra rígida e a mitiga para permitir que um herdeiro de grau mais afastado herde no lugar de seu ancestral falecido.[1]

Como instrui Pablo Gómez Clavería, o direito de representação tratou de resolver, em sua origem, a situação criada pela premoriência de um filho do autor da herança que, por sua vez, deixava seus filhos, netos do *de cujus*, e só era aplicada, em princípio, aos casos de premoriência do representado, mediante a máxima *viventis non datur repraesentatio*.

Conforme Carlos Maximiliano, *se morre um homem antes do seu pai, ou do avô, os filhos tomam o seu lugar, representam-no; recebem o que a ele caberia se estivesse vivo.* Pareceria desumano deixar sem coisa alguma os netos, porque o filho morreu antes do pai. Conforme Carlos Maximiliano:

> Requisitos da representação: 1º) ter falecido antes do *de cujus*, o representado, exceto se é indigno, que a lei equipara ao morto; 2º) descender o representante do representado; 3º) ter aptidão para herdar do defunto no momento da abertura da sucessão, isto é, não ser, em relação a este, incapaz, indigno ou herdeiro renunciante; 4º) não haver solução de continuidade no encadeamento dos graus entre o representante e o sucedido: devem ter morrido, antes, todos os intermediários; 5º) representa-se a pessoa que seria sucessora, se sobrevivesse ou que vive mas é indigna.[2]

Prescreve o art. 1.851 do Código Civil que o direito de representação se dá quando a lei chama certos parentes do falecido a suceder em todos os direitos em que ele sucederia se vivo fosse, e que o direito de representação dá-se na linha reta descendente, mas nunca na ascendente (CC, art. 1.852). O art. 1.851 não está de todo completo, pois o direito de representação não acontece apenas se um herdeiro descendente ou colateral morre, mas também é legalmente aventado para as hipóteses de exclusão de herdeiro por indignidade ou por de-

---

[1] HIRONAKA, Giselda Maria Fernandes Novaes. *Comentários ao Código Civil*: parte especial do direito das sucessões. Da sucessão em geral, da sucessão legítima. Coord. Antônio Junqueira de Azevedo. São Paulo: Saraiva, 2003. v. 20, p. 267.
[2] MAXIMILIANO, Carlos. *Direito das sucessões*. 4. ed. Rio de Janeiro: Freitas Bastos, 1958. v. 1, p. 143-145.

serdação, de modo que o dispositivo estaria mais completo se consignasse *se vivo fosse ou se tivesse podido herdar*.[3]

A representação é exatamente uma exceção ao princípio de vocação sucessória segundo a qual o descendente mais próximo exclui o mais remoto. Se, por exemplo, o autor da herança deixar dois filhos e quatro netos, sendo dois netos de cada filho, os herdeiros seriam os filhos, que, por estarem mais próximos no grau de parentesco com o pai falecido, excluiriam os netos, que se encontram no segundo grau de parentesco.

O direito de representação corrige, por exceção, a injustiça que seria um filho morrer antes do seu progenitor e nada herdar, porque a condição primeira para herdar é a de o herdeiro sobreviver à pessoa de quem ele sucede (CC, art. 1.798), e, portanto, se não houvesse o direito de representação, toda a herança ficaria apenas com o filho sobrevivente, que seria o descendente mais próximo em grau de parentesco do autor da herança, excluindo todos os netos da sucessão, ou seja, tanto os netos do filho sobrevivente como os netos oriundos do filho premorto. Destarte, o neto órfão de pai nada receberia do seu avô e a integralidade da herança seria destinada ao seu tio, somando perdas e frustrações, pois primeiro este neto perdeu seu pai, depois perdeu seu avô paterno e, por fim, nada herdaria de seu avô que sobreviveu ao seu pai, acaso não existisse o direito de representação.

Para afastar este somatório de perdas, o legislador sucessório previu que certos parentes podem ser chamados em substituição ao seu ascendente falecido, e que seria o efetivo herdeiro. O direito de representação se dá na linha reta descendente e na linha transversal somente aos filhos de irmãos falecidos (sobrinhos), quando concorrem com os tios (irmãos destes – CC, art. 1.853), tanto no caso de premoriência do herdeiro, como nas hipóteses de ausência, indignidade ou de deserdação do herdeiro que deveria ser chamado em primeiro lugar, por ser o descendente mais próximo em grau de parentesco.

O art. 1.816 do Código Civil é expresso em afirmar serem pessoais os efeitos da exclusão por indignidade e que os descendentes do herdeiro excluído sucedem, sejam eles netos, bisnetos ou assim por diante. Entretanto, não existe artigo equivalente no instituto da deserdação, próprio da sucessão testamentária, lembrando Giselda Maria Fernandes Novaes Hironaka[4] existirem doutrinadores entendendo que a regra do art. 1.816 é extensível aos descendentes do deserdado, pois tanto a exclusão por indignidade como a exclusão por deserdação são consideradas penas civis que não podem passar do agente autor dos atos atentatórios legalmente previstos, mas que não se trata de um pensamento unânime, posicionando-se a favor Orlando Gomes[5] e em sentido contrário Sílvio de Salvo Venosa[6] e Walter Moraes.[7]

---

[3] GARCÍA, Santiago Hidalgo *et al*. La sucesión intestada. In: *La sucesión hereditaria y el juicio divisorio*. 2. ed. Navarra: Thomson Reuters/Aranzadi, 2015. p. 299.

[4] HIRONAKA, Giselda Maria Fernandes Novaes. *Comentários ao Código Civil*: parte especial do direito das sucessões. Da sucessão em geral, da sucessão legítima. Coord. Antônio Junqueira de Azevedo. São Paulo: Saraiva, 2003. v. 20, p. 268.

[5] GOMES, Orlando. *Sucessões*. 6. ed. Rio de Janeiro: Forense, 1992. p. 50. Para este autor: "A deserdação deve ser incluída entre as causas que originam a *representação*, posto não reproduza a lei, ao regê-la, a disposição relativa à *indignidade*. Tal como o indigno, o *deserdado* é excluído da sucessão pelas mesmas causas. Não se justificaria tratamento diverso. Os efeitos da *deserdação* afinam com os da indignidade, devendo ser também *pessoais*. Onde está a mesma razão, deve haver o mesmo direito".

[6] Sílvio Venosa escreve que: "Não se representa pessoa viva. A única exceção é o caso de exclusão do ascendente por *indignidade* (art. 1.599). A pena de indignidade considera o excluído da sucessão como se morto fosse. Seus descendentes o sucedem, porque a pena é individual e não se pode transmitir. Trata-se de evidente sobrevivência do instituto da morte civil do direito intermédio. (...) Caio Mário da

Não há como desconsiderar que a indignidade e a deserdação possuem idêntico escopo punitivo de privar do direito hereditário unicamente o herdeiro que violou gravemente a dignidade do autor da herança e de sua família, e, inclusive, seus dispositivos legais se interpenetram, divergindo apenas no fato de que a indignidade corresponde a uma sanção imposta pela lei, independentemente da vontade do autor da herança, e a deserdação depende da manifestação expressa do testador, não fazendo sentido excluir a representação no instituto da deserdação por não existir norma correspondente à do art. 1.816 do Código Civil para a deserdação, como também não se afigura correto concluir que pertencendo o instituto da deserdação à sucessão testamentária, o ofendido e o testador deveriam prever a substituição do deserdado. Até poderia nomear um substituto para o deserdado, mas que não seria necessária e obrigatoriamente o filho do deserdado, e assim ficaria ao livre arbítrio do testador punir igualmente o neto que, por não ter sido indicado como substituto, restaria excluído da sucessão do avô por omissão ou por haver sido indicada outra pessoa pelo testador.

Ora, se o herdeiro ofensor for deserdado por testamento e com comprovação de causa, essa pena não alcança o neto (filho do deserdado), que nada fez para ser afastado por *osmose* da sucessão de seu avô, em cujo inventário tem todo o direito, senão por analogia ao art. 1.816 do Código Civil, de representar seu pai deserdado, que é legalmente considerado como se morte fosse.

Além de ser amplamente aplicável a analogia (LINDB, art. 4º), excluir a representação dos descendentes do deserdado seria impor uma restrição de direitos de quem deveria suceder em seu próprio nome, pois o indigno e o deserdado são tidos como se mortos fossem.

Prescreve o art. 4º da LINDB que, quando a lei for omissa, o magistrado decidirá o caso de acordo com a analogia, os costumes e os princípios de direito, não sendo lícito ao juiz eximir-se de despachar ou sentenciar ante o silêncio, a obscuridade ou a indecisão da lei e se lacuna existe em relação à deserdação que não reproduziu o direito de representação dos sucessores do deserdado, que também é tido como se morto fosse, é inconteste que a lei não nega este direito ao representante do deserdado, e deve o julgador, portanto, preencher a lacuna pela analogia, pelos costumes e escorado nos princípios gerais de Direito, pois, como aduz Miguel Maria de Serpa Lopes, a fonte da analogia não é a vontade do legislador, senão os supremos princípios da igualdade jurídica, exigindo a regulamentação de casos semelhantes para normas semelhantes, consoante as exigências íntimas do Direito positivo.[8]

Não existe qualquer regramento civil dispondo que o deserdado não pode ser representado, mas, ao contrário, existe artigo expresso referindo que o indigno pode ser representado

---

Silva Pereira (1984, v.6:79) entende que também é idêntica a situação do *deserdado*. Embora a lei não fale, afirma o autor, os filhos do deserdado não podem ser prejudicados pela pena imposta aos pais. Contudo, quer-nos parecer que a situação aí é diversa. Como nossa lei não prevê a representação na sucessão testamentária, não pode haver representação na deserdação, que só ocorre por testamento. Para essa conclusão há necessidade de disposição legal expressa, que muitos defendem como cabível. Já apontamos, o testador, ao fixar uma deserdação, pode dispor acerca das substituições. Fora daí, não há como defender, por ora, a hipótese" (VENOSA, Sílvio de Salvo. *Direito civil*: sucessões. 17. ed. São Paulo: Atlas, 2016. v. 6, p. 139-140).

[7] MORAES, Walter. *Teoria geral e sucessão legítima*. São Paulo: Revista dos Tribunais, 1980, p. 153. Esse dispõe, em texto escrito sob a égide do Código Civil de 1916, que: "Dá-se outrossim, representação do *indigno* declarado, porquanto a lei finge pré-falecido o autor (art. 1.599 do CC/1916); é esta a única exceção verdadeira à regra, pois a ficção de morte vale só para o caso da sucessão do ofendido; igual exceção inexiste para o deserdado".

[8] SERPA LOPES, Miguel Maria de. *Curso de direito civil*. 8. ed. Rio de Janeiro: Freitas Bastos, 1966. v. I, p. 183.

e negar igual direito aos representantes do deserdado significaria negar-lhes o direito fundamental à herança (CF, art. 5º, inc. XXX), e direitos jamais podem ser restringidos por omissão da lei e, em especial, quando a analogia ao art. 1.816 do Código Civil permite justamente a conclusão inversa, para assim conceder e não restringir o constitucional direito à herança. Ademais, a representação tem cabimento no instituto da ausência e tampouco na sua regulamentação legal existe norma prevendo o direito de representação de descendentes de ausente, embora seja evidente que a ausência pressupõe a morte, e, presumida a morte, está sendo aplicada a representação sucessória do supostamente morto, em evidente analogia à morte real, para, destarte, do mesmo modo conceder e não restringir direitos.

Acerca da possibilidade de sucessão por representação do deserdado também se manifesta Mairan Gonçalves Maia Júnior ao escrever que: "em virtude de ser aplicável à deserdação a disciplina da indignidade, há de ser reconhecido, também, aos herdeiros descendentes do deserdado, o direito de representá-lo na sucessão da qual foi excluído por cláusula testamentária".[9]

No mesmo sentido estão Fernando Gaburri, ao reconhecer que a representação "se opera diante da declaração de indignidade ou de deserdação, porque nestes casos subsiste uma ficção legal de premoriência;"[10] e Luciano de Camargo Penteado, ao explicitar serem três as causas de ocorrência da sucessão por direito de representação a saber: (a) premorte; (b) indignidade; (c) deserdação,[11] podendo ser acrescido a título de informação doutrinária, que o art. 3.749 do revogado Código Civil argentino[12] previa o direito de representação em caso de deserdação do representado, mas, à exemplo de outros sistemas jurídicos, também o Direito argentino extinguiu o instituto da deserdação no atual Código Civil e Comercial.[13]

Não há direito de representação na linha reta ascendente (CC, art. 1.852), e tampouco na hipótese de renúncia à herança (CC, art. 1.856), observando Maria Helena Diniz que, em relação ao herdeiro renunciante não há que se falar em representação, ante o fato de ele nunca ter sido herdeiro; logo, não pode ser substituído pelo seu descendente, por lhe faltar a qualidade ou condição de sucessor (CC, arts. 1.811 e 1.808, parágrafo único).[14]

---

[9] MAIA JR., Mairan Gonçalves. *Sucessão legítima*: as regras da sucessão legítima, as estruturas familiares contemporâneas e a vontade. São Paulo: Thomson Reuters/RT, 2018. p. 640.

[10] GABURRI, Fernando. *Direito civil para sala de aula*: direito das sucessões. Curitiba: Juruá, 2018. v. 7, p. 177.

[11] PENTEADO, Luciano de Camargo. *Manual de direito civil*: sucessões. Coord. Nelson Nery Junior e Rosa Maria de Andrade Nery. São Paulo: Thomson Reuters/RT, 2014. p. 76.

[12] Art. 3.749 do revogado Código Civil Vélez Sársfield da Argentina: "Los descendientes del desheredado, heredan por representactión y tienen derecho a la legítima que éste hubiera tenido de no haber sido excluído. Pero el desheredado no tendrá derecho al usufructo y administración de los bienes que por esta causa reciban sus descendientes".

[13] RIVERA, Julio César; MEDINA, Graciela. *Derecho de las sucesiones*. Buenos Aires: Abeledo Perrot, 2017. p. 526. Referem os citados autores que a supressão do instituto da deserdação se deu na suposição de que já estão previstas as causas de exclusão de herdeiro no instituto da indignidade e diante da sua vinculação também às causas de revogação das doações, sendo que o art. 2.444 do vigente Código Civil e Comercial argentino estabelece que os herdeiros obrigatórios (descendentes, ascendentes e cônjuge) têm uma porção legítima da qual não podem ser privados por testamento e nem por atos de disposição entre vivos a título gratuito. Contudo, na opinião dos citados autores a deserdação deveria ser mantida por ser a única ferramenta para sancionar o herdeiro legitimário que ofendeu gravemente o autor da herança, e que, ao eliminar a deserdação, o ofendido só ficaria com a esperança de contar com a boa vontade de um coerdeiro que decidisse promover a ação de indignidade. Ob. cit., p. 110-111.

[14] DINIZ, Maria Helena. *Curso de direito civil brasileiro*: direito das sucessões. 32. ed. São Paulo: Saraiva, 2018. v. 6, p. 201.

O art. 1.856 do Código Civil admite que o renunciante à herança de uma pessoa poderá representá-la na sucessão da outra, e, como ensina J. M. Leoni Lopes de Oliveira, um filho pode renunciar à herança de seu progenitor e representá-lo na herança, por exemplo, do avô,[15] ao que complementa Silvio Rodrigues, "o filho que renunciou à herança de seu pai, ou que seja indigno de recebê-la, pode, não obstante, representando o pai, recolher a herança do avô, a não ser que, com relação a este ascendente mais afastado (o avô), seja, também, indigno de suceder".[16]

Embora não exista no direito brasileiro o direito de representação do herdeiro renunciante, porque ele nunca foi herdeiro, os herdeiros do renunciante podem receber a herança por direito próprio, e por cabeça, se: 1º) o renunciante for o único legítimo de sua classe; 2º) todos os outros da mesma classe renunciarem à herança.[17]

O direito de representação deve ser aventado para as seguintes hipóteses:

1. Morrendo um dos filhos antes do progenitor – nesse caso, o filho é representado por seus próprios filhos, netos do autor da herança, sendo a eles deferida a herança por estirpe ou por representação, recebendo a quota hereditária que pertenceria ao filho do sucedido acaso não tivesse pré-falecido ao pai. Portanto, se o autor da herança (avô) tinha dois filhos e cada um desses filhos tinha outros dois filhos (netos) do sucedido e este deixa uma herança líquida de um milhão de reais (R$ 1.000.000,00), o filho sobrevivente receberá um quinhão de quinhentos mil reais (R$ 500.000,00), e os seus filhos nada receberão, pois o herdeiro mais próximo (filho sobrevivente) exclui os mais remotos (netos). Como o outro filho do autor da herança é premorto, os quinhentos mil reais (R$ 500.000,00) que lhe caberiam por seu quinhão hereditário serão partilhados por representação ou estirpe entre seus dois filhos (netos do inventariado), recebendo cada um deles bens correspondentes a duzentos e cinquenta mil reais (R$ 250.000,00);

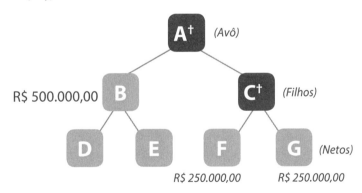

2. Neste mesmo exemplo, de dois filhos e dois netos para cada um dos filhos, totalizando quatro netos, e sendo o filho "B" excluído da herança de seu pai por indignidade, nesta hipótese também se opera o direito de representação, pois são pessoais os efeitos da exclusão e os descendentes do herdeiro excluído sucedem como se ele morto fosse antes da abertura da sucessão (CC, art. 1.816) e a partilha acima utilizada para efeitos didáticos será rigorosamen-

---

[15] OLIVEIRA, J. M. Leoni Lopes de. *Direito civil*: sucessões. Rio de Janeiro: Forense, 2017. p. 443.
[16] RODRIGUES, Silvio. *Direito civil*: direito das sucessões. Atualizada por Zeno Veloso. 25. ed. São Paulo: Saraiva. v. 7, 2002. p. 138.
[17] GOMES, Orlando. *Sucessões*. 6. ed. Rio de Janeiro: Forense, 1992. p. 50.

te igual, com a única diferença de o filho não ter pré-falecido, mas sido excluído da herança do pai por indignidade;

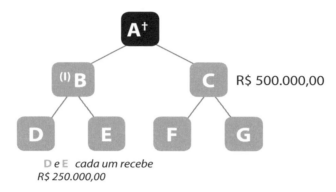

I (Indigno)

3. A terceira hipótese pode decorrer de um testamento, pelo qual o pai deserda seu filho "C" por algum dos motivos declinados nos arts. 1.961 e 1.962 do Código Civil, com expressa declaração de causa (CC, art. 1.964), e é realizada a prova judicial da causa, assim pronunciada em sentença transitada em julgado (CC, art. 1.965, parágrafo único). O filho deserdado está na mesma posição que o filho indigno e também neste caso se operaria o direito de representação, sendo o deserdado tido como se morto fosse e em seu lugar herdam seus dois filhos (do exemplo único), por estirpe ou direito de representação, recebendo cada um dos netos o quinhão de duzentos e cinquenta mil reais (R$ 250.000,00) e os outros quinhentos mil reais (R$ 500.000,00) representarão o quinhão hereditário do tio deles, filho do inventariado, e que herdará por cabeça ou por direito próprio.

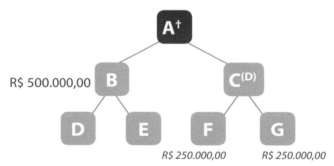

(D) Deserdado

Conforme Ricardo Rodrigues Gama, o fundamento do direito de representação é o mesmo da sucessão legítima, ao interpretar a presumível vontade do falecido, entendendo o legislador que ele deixaria seus bens aos seus netos acaso tivessem sobrevivido aos seus filhos.[18]

Segundo Carlos Maximiliano, não se representa pessoa viva, salvo tenha sido excluída da sucessão por indignidade ou por deserdação e realça que não há direito de representação em que o representante passa por cima de pessoa viva, e digna de receber, assim, se o filho

---

[18] GAMA, Ricardo Rodrigues. *Direito das sucessões*. São Paulo: Edipro, 1996. p. 132.

vive, não há representação do neto, filho deste último, e muito menos dos bisnetos, trinetos e assim por diante.

O direito de representação só existe na sucessão legítima, não na sucessão testamentária, salvo que de modo expresso o testador preveja a substituição do herdeiro instituído no caso de premorte deste. A representação na linha descendente é *ad infinitum* e na colateral, aos filhos de irmão falecido (ou excluído por indignidade ou deserdação) quando concorrem com irmãos deste. O representante ou os representantes ocupam o lugar do representado e recebem a partilha por *estirpe*, herdando todos, em conjunto, o que herdaria o representado se vivo fosse ou não tivesse sido excluído da sucessão. Os representados também estão obrigados com o dever de colação daquilo que o representado recebeu em vida.[19]

O art. 2039º do Código Civil de Portugal assim descreve a representação: "Dá-se a representação sucessória, quando a lei chama os descendentes de um herdeiro ou legatário a ocupar a posição daquele que não pôde ou não quis aceitar a herança ou o legado".

Diferente do direito sucessório brasileiro, o Código Civil de Portugal admite e estende o direito de representação também em benefício do herdeiro ou legatário que não quis aceitar a instituição ou o legado,[20] ao passo que pelo Código Civil do Brasil o instituto da representação está previsto e regulado unicamente para a sucessão legítima e não para a sucessão testamentária, para a qual está previsto o instituto da *substituição* do art. 1.947 do Código Civil, que assim prescreve: "O testador pode substituir outra pessoa ao herdeiro ou ao legatário nomeado, para o caso de um ou outro não querer ou não poder aceitar a herança ou o legado, presumindo-se que a substituição foi determinada para as duas alternativas, ainda que o testador só a uma se refira".

Desse modo, se o testador não declina o nome de um ou de mais substitutos para o herdeiro instituído ou para o legatário, a herança ou o legado deferidos por testamento voltam à sucessão legítima, não podendo ser representados por descendentes ou pelos sobrinhos do herdeiro instituído ou do legatário pré-falecidos.

82.1. Direito de representação e direito de transmissão

Luiz Paulo Vieira de Carvalho alerta para que não se confunda o *direito de representação* do art. 1.851 do Código Civil com o *direito de transmissão* do art. 1.809 do Código Civil, eis que no direito de transmissão o referido dispositivo legal estabelece que "falecendo o herdeiro antes de declarar se aceita a herança, o poder de aceitar passa-lhe aos herdeiros, a menos que se trate de vocação adstrita a uma condição suspensiva ainda não verificada", e, por sua vez, prescreve o parágrafo único do mesmo artigo que, "os chamados à sucessão do herdeiro falecido antes da aceitação, desde que concordem em receber a segunda herança, poderão aceitar ou renunciar a primeira".[21]

O direito de transmissão ocorre tanto na sucessão legítima como na sucessão testamentária, pois o herdeiro da lei, que também foi beneficiado no testamento do autor da herança, pode aceitar a sucessão legítima e renunciar à sucessão testamentária, ou vice-versa, como também pode renunciar a ambas. Contudo, na hipótese do art. 1.809, se o herdeiro mais próximo falecer antes de declarar se aceitava a herança do falecido, este poder de aceitar se transmite aos herdeiros do falecido, que podem receber ambas as heranças, ou somente uma delas, mas se quiserem aceitar somente a segunda, terão de concordar em aceitar ou renunciar à primeira.

---

[19] MAXIMILIANO, Carlos. *Direito das sucessões*. 4. ed. Rio de Janeiro: Freitas Bastos, 1958. v. 1, p. 145-147.
[20] LIMA, Pires de; VARELA, Antunes. *Código Civil anotado*. Coimbra: Coimbra Editora, 2010. v. VI, p. 47.
[21] CARVALHO, Luiz Paulo Vieira de. *Direito das sucessões*. 3. ed. São Paulo: Atlas, 2017. p. 539.

O falecido deixa bens e herdeiros, mas pode ocorrer de um desses herdeiros falecer antes de aceitar a herança à que faria jus, assim, existe uma primeira herança, da qual era titular o falecido, sem que ele tenha exercido seu direito de aceitação; e uma segunda herança da qual o herdeiro falecido é o autor, que se transmite aos seus herdeiros. Diante disso, leciona Osni de Souza que existem "dois patrimônios distintos, portanto, duas heranças diferentes, que não se confundem. A aceitação de uma e renúncia à outra não fere o princípio da indivisibilidade da herança. Mas a lei transfere aos herdeiros do falecido o poder de aceitarem a primeira herança (salvo se pendente condição suspensiva), desde que concordem em receber a segunda. Essa solução, que não estava preconizada pela doutrina, significa que só após acolher a segunda herança o herdeiro poderá renunciar ou aceitar a primeira. Não pode, pois, renunciar à segunda e aceitar a primeira".[22]

Assim sucede porque a primeira herança integra os bens da segunda, como quinhão do herdeiro falecido e originário da primeira sucessão, e para renunciar à primeira realmente precisa aceitar a segunda, pois a primeira integra a segunda, e se renuncia à segunda não recebe a primeira, mas pode renunciar à primeira, contanto tenha aceitado a segunda.

Como ensina Luiz Paulo Vieira de Carvalho:

> Assim, no *ius transmissionis*, acontece uma **dupla transmissão**: na primeira sucessão, passa a herança aos herdeiros do *de cuiús*; todavia, se qualquer deles vem a falecer (segunda sucessão), sem ter aceitado ou repudiado a primeira herança, esse direito passa aos seus sucessores. Uma vez aceitando a segunda sucessão, confirmando-a, tais herdeiros poderão optar por serem sucessores do primeiro falecido, consoante art. 1.809 do Código Civil.[23]

82.2. Sucessão por cabeça

As pessoas herdam por direito próprio e por direito de representação, sendo que a representação se dá quando o indivíduo, por força da lei, substitui o ascendente premorto na escala sucessória, ou dela é excluído por indignidade ou deserdação. Na sucessão por direito próprio ou por cabeça, os sucessores dividem a herança em partes iguais, de acordo com o número de herdeiros que são os de parentesco mais próximo do sucedido. A sucessão por direito próprio consiste em distribuir a herança em tantos quinhões quantos forem os herdeiros diretamente chamados à sucessão, de forma que, se falece um pai viúvo, que deixa quatro filhos, cada filho é uma cabeça a herdar, ou cada filho herda em nome próprio e por direito próprio, a razão de vinte e cinco por cento (25%) para cada filho, sucedendo os quatro filhos na totalidade da herança em cem por cento (100%) dela. Nem sempre a divisão por cabeça se dá em idênticos quinhões, pois, quando a sucessão ocorre na linha transversal, entre irmãos bilaterais e irmãos unilaterais, estes recebem a metade do que recebem aqueles (CC, art. 1.841).

82.3. Sucessão por estirpe ou por representação

Na sucessão por estirpe ou por representação, os representantes do herdeiro premorto, ausente, indigno ou deserdado recebem a mesma parte que o seu ascendente receberia e nesta direção se manifestam os arts. 1.854 e 1.855 do Código Civil.

---

[22] SOUZA, Osni de *et al. Código Civil interpretado*. Coord. Silmara Juny Chinellato. Org. Costa Machado. 3. ed. São Paulo: Manole, 2010. p. 1.476.

[23] CARVALHO, Luiz Paulo Vieira de. *Direito das sucessões*. 3. ed. São Paulo: Atlas, 2017. p. 539.

Prescreve o art. 1.854 do Código Civil que os representantes só podem herdar, como tais, o que herdaria o representado, se vivo fosse. Deve ficar muito claro que os representantes não são sucessores do representado, uma vez que eles estão sendo chamados para ocupar o lugar do representado na sucessão do autor da herança, independentemente do fato de a eventual sucessão do representado também estar sendo processada ou escriturada ao mesmo tempo.

Desse modo, se morre o avô que tinha dois filhos, sendo que um destes filhos, pai de duas crianças (netos do autor da herança) é pré-falecido, ou foi excluído da sucessão por indignidade ou por deserdação, estes dois netos serão chamados na sucessão do avô, em representação do pai premorto, indigno ou deserdado, sendo a herança dividida por cabeça ou por direito próprio para o filho sobrevivente, e este afasta qualquer descendente seu, recebendo diretamente um quinhão hereditário correspondente a cinquenta por cento (50%) dos bens líquidos inventariados, e o quinhão hereditário representado pelos outros cinquenta por cento (50%) do acervo sucessório será pago em favor dos dois netos, filhos do representado, por estirpe ou representação, recebendo cada um dos netos a fração de vinte e cinco por cento (25%) da herança líquida, salvo se a representação se der na sucessão colateral e entre irmãos de vínculo duplo ou simples, pois, nessas hipóteses, os de duplo vínculo ganham o dobro do que recebem os de vínculo unilateral.

O representante toma o lugar do representado e invoca os direitos que este teria, se vivo fosse, ausente, ou se não tivesse sido excluído da herança por indignidade ou deserdação, sendo condição que o representante seja parente sucessível do autor da herança, seja como descendente, seja como irmão, seguindo rigorosamente a ordem de chamamento do grau de parentesco.

Se a sucessão é na linha reta descendente, a representação se dá em relação a um filho (premorto), e são chamados os netos do autor da herança, ou seus bisnetos, se os netos não mais existirem ou renunciarem. Contudo, se a sucessão ocorre na linha transversal e um dos irmãos é pré-falecido, os filhos deste (sobrinhos do autor da herança) serão chamados a representá-lo.

83. NATUREZA JURÍDICA DA REPRESENTAÇÃO

A representação é um instituto unicamente aplicável à sucessão legítima e nela introduz uma correção indispensável ao princípio da transmissão sucessória de acordo com a proximidade de grau de parentesco, pois, se não existisse a representação, a transmissão dependeria do azar da ordem dos falecimentos, pois nada receberiam os netos se o pai deles tivesse falecido antes do avô. Daí pode-se extrair que a natureza do direito de representação é permitir ao representante entrar no grau de parentesco e no lugar e nos direitos do representado, exercendo os direitos que seriam do representado.[24]

Em realidade, o representante ocupa o lugar do representado e sucede diretamente o autor da herança, sendo evidente que o representante atua em seu próprio nome, havendo quem a classifique como uma *ficção legal*, enquanto outros a explicam pela teoria da *conversão*, ou da *sub-rogação*; afora a teoria da *unidade orgânica*, existe a teoria da *substituição ex lege*.[25]

Conforme Orlando Gomes, a teoria da *ficção legal* considera o direito de representação como um artifício usado pelo legislador para assegurar a sucessão de certos parentes,

---

[24] RIPERT, Georges; BOULANGER, Jean. *Tratado de derecho civil*. Buenos Aires: La Ley, 1987. v. 1, t. X, p. 98.
[25] GOMES, Orlando. *Sucessões*. 6. ed. Rio de Janeiro: Forense, 1992. p. 46.

atribuindo-lhes um grau de parentesco que não têm.[26] A lei finge que o chamado por representação é de grau mais próximo, e chama o representante à sucessão sobre a falsa base de ocupar um grau de parentesco que em realidade não lhe corresponde; acrescenta José Luis Pérez Lasala ser inútil esta ideia de ficção para justificar uma exceção que o legislador impôs para contrapor os princípios sucessórios usuais que consideram a precedência pelo grau de parentesco.[27]

É a teoria adotada pelo art. 739 do Código Civil francês,[28] que se utiliza exatamente dessa irrealidade de os representantes terem na sucessão o mesmo grau de parentesco que teria o representado em relação ao autor da herança.

Na segunda teoria, da *conversão* dos negócios jurídicos, a vocação hereditária se produz em relação a outra pessoa que não o primitivo destinatário, contudo, não é uma teoria reportada pela doutrina majoritária.

A teoria da *sub-rogação* é a posição ocupada por aquele que sucede pelo direito de representação e que, justamente por isso, toma o lugar de outrem. A sub-rogação, em sua acepção ampla, é o ingresso de um sujeito na posição jurídica ocupada anteriormente por outro, ou ao menos na posição jurídica que a ele se destinava. Em realidade, o representante não ocupa o lugar que o representado nunca chegou efetivamente a ocupar, senão apenas na esfera virtual, daí resultando as críticas à teoria da sub-rogação ampla proposta por Betti, pois ela encerra realidades distintas e heterogêneas, já que são fenômenos diversos a ocupar uma situação jurídica que a outro estava reservada, mas que jamais foi dele, por isto era virtual.[29]

Pela teoria da *unidade orgânica*, exposta por Kohler, ocorre uma sucessão coletiva entre vários representantes, que se habilitam para participar da partilha de uma unidade orgânica como se fossem uma única pessoa (representado).

O direito de representação como uma *substituição legal* considera que a representação sucessória constitui uma vocação indireta, pela qual os designados sucedem em lugar de outra pessoa, a exemplo da substituição vulgar, com a única diferença de que, enquanto na substituição vulgar a troca de herdeiro foi prevista pelo testador, no direito de representação o novo chamamento se realiza por disposição legal.

Tem sido objetada essa teoria, porque na substituição vulgar testamentária existe uma vocação plural, diferida ou sucessiva, enquanto na representação sucessória existe uma vocação única e legal do representante.[30]

Para Orlando Gomes, com sufrágio da maioria dos tratadistas, a teoria da *substituição ex lege* (ou substituição legal) seria a tecnicamente mais perfeita.[31] Segundo José Luis Pérez Lasala, que também acata a teoria da *substituição legal,* é ela a que agrega a maior parte da doutrina estrangeira, em que a representação hereditária teria a mesma natureza da substituição vulgar, radicando a única diferença em que a substituição vulgar é designada pelo testa-

---

[26] GOMES, Orlando. *Sucessões*. 6. ed. Rio de Janeiro: Forense, 1992. p. 46.
[27] LASALA, José Luis Pérez. *Tratado de sucesiones*. Buenos Aires: Rubinzal-Culzoni, 2014. t. I, p. 342.
[28] *A défaut d'héritier des trois premiers ordres, la succession est dévolue aux ascendants autres que les pères et mère.* Em tradução livre: Na ausência dos herdeiros das três primeiras ordens, a sucessão retorna para os outros ascendentes que não o pai e a mãe.
[29] LASALA, José Luis Pérez. *Tratado de sucesiones*. Buenos Aires: Rubinzal-Culzoni, 2014. t. I, p. 343.
[30] CLAVERIA, Pablo Gómez. Sucesión intestada o legal en los derechos españoles. In: MELERO, Martín Garrido (coord.). *Instituciones de derecho privado*. 2. ed. Navarra: Civitas/Thomson Reuters, 2016. v. 2º, p. 167.
[31] GOMES, Orlando. *Sucessões*. Atualizada por Mario Roberto Carvalho de Faria. 15. ed. Rio de Janeiro: Forense, 2012. p. 47.

dor, enquanto no direito de representação a designação decorre da lei, que chama a estirpe em substituição à pessoa que, convocada à sucessão em primeiro lugar, não pôde comparecer.[32]

84. REGRAS DO DIREITO DE REPRESENTAÇÃO

Como visto, a representação permite que um herdeiro ocupe o lugar de herdeiro mais próximo, que tenha falecido antes, de forma que existem duas maneiras de suceder, *por direito próprio* ou por *cabeça*, ou então por *estirpe* ou *direto de representação*. A regra geral é a de ser chamado para a sucessão o herdeiro mais próximo em grau de parentesco. Na classe de herdeiros convocados com prioridade a sucessão (CC, art. 1.829) pode ocorrer: a) em linha reta descendente; b) em linha transversal. Na linha reta descendente, a representação não tem limite de graus, ao passo que na linha colateral ela é limitada aos filhos de irmãos do falecido (CC, art. 1.853). Não há direito de representação na renúncia (CC, art. 1.811), como tampouco há direito de representação na linha ascendente (CC, art. 1.852) e na sucessão testamentária, para a qual há previsão unicamente para a figura jurídica da substituição vulgar ou recíproca, instituto específico da sucessão testamentária, cuja indicação do substituto fica ao encargo da iniciativa exclusiva do testador (CC, arts. 1.947 a 1.950).

Há direito de representação na ausência (CC, arts. 22 a 39), que equivale ao falecimento, mas, como a morte é apenas presumida, a representação também se dá em caráter provisório e cessa acaso ocorra o regresso do ausente.[33]

Existem somente duas categorias de sucessões em que uma pessoa pode estar representada por seus descendentes: a) os filhos do defunto; b) seus irmãos e irmãs.

O direito de representação só irá se verificar quando houver concurso de graus entre herdeiros de um grau de parentesco na linha direta descendente ou na linha transversal, com herdeiros de outro grau, pois quando todos os herdeiros que estão sendo chamados pertencerem ao mesmo grau de parentesco, por exemplo, são todos netos, porque os filhos do defunto são premortos ou comorientes, renunciaram à herança (CC, art. 1.811), ou dela foram excluídos por indignidade ou deserdação, não há direito de representação, sendo os netos chamados por cabeça e por direito próprio.

Conforme dispõe o art. 1.810 do Código Civil, na sucessão legítima, a parte do renunciante acresce à dos outros herdeiros da mesma classe e, sendo ele o único dessa classe, devolve-se aos da subsequente, enquanto o art. 1.811 do Código Civil, ao estabelecer que ninguém pode suceder representando herdeiro renunciante, em sendo o renunciante o único legítimo de sua classe, ou se todos os outros da mesma classe (e grau) renunciarem a herança, poderão os filhos vir à sucessão, por direito próprio e por cabeça.

Desse modo, se falece o pai de três filhos, e cada filho tem seu próprio filho, totalizando três netos, um para cada pai, e todos os filhos renunciam à herança, os netos herdam por direito próprio, porque na classe dos descendentes, diante da renúncia hereditária dos filhos, os netos se tornaram os parentes mais próximos do autor da herança. Contudo, se somente um dos três filhos tivesse renunciado, o quinhão hereditário deste seria dividido entre os dois filhos, herdeiros remanescentes, nada recebendo o filho do renunciante, porque na renúncia não existe o direito de representação, salvo que todos filhos tivessem renunciado, para que, destarte, os netos herdassem por direito próprio e nunca por direito de representação.

---

[32] LASALA, José Luis Pérez. *Tratado de sucesiones*. Buenos Aires: Rubinzal-Culzoni, 2014. t. I, p. 343.
[33] FERREIRA, Pinto. *Tratado das heranças e dos testamentos*. 2. ed. São Paulo: Saraiva, 1990. p. 129.

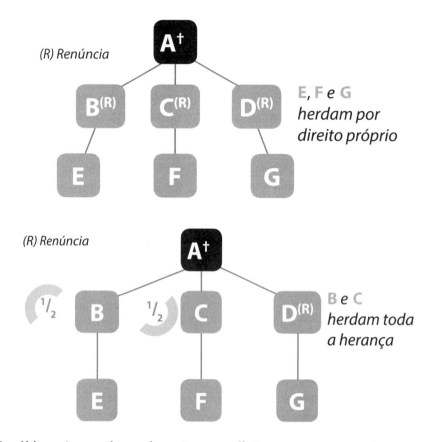

Por último, são em número de quatro as condições para a representação:

a) que o representado tenha morrido, porque não se representa pessoa viva, lembrando que na indignidade e na deserdação o representado é tido como se morto fosse, tendo o legislador criado para essas duas hipóteses um jogo de ficção legal, como também presume a morte no estado de ausência;
b) que, em vida, o representado tenha tido a capacidade e dignidade para suceder o *de cujus*;
c) que o representante seja seu descendente legítimo, ou seja, neto, bisneto ou sobrinho do autor da herança, não podendo existir nenhuma solução de continuidade no encadeamento dos graus, pois não existe representação *per saltum et omisso médio*, assim, por exemplo, um bisneto não pode representar seu pai na sucessão do se bisavô, se o avô ainda existe;[34]
d) que o representante tenha uma vocação pessoal à sucessão do falecido, e assim reúna todas as condições necessárias para suceder – que esteja vivo ou tenha sido concebido na abertura da sucessão, que não seja indigno e nem tenha sido deserdado.[35]

---

[34] FERREIRA, Pinto. *Tratado das heranças e dos testamentos*. 2. ed. São Paulo: Saraiva, 1990. p. 130.
[35] RIPERT, Georges; BOULANGER, Jean. *Tratado de derecho civil*. Buenos Aires: La Ley, 1987. v. 1, t. X, p. 95-97.

84.1. Representação na linha reta dos descendentes

A representação tem lugar em favor dos descendentes em linha reta e, nesse caso, não há limitações – os descendentes sucedem *ad infinitum*. Como informa José Luis Pérez Lasala, o direito de representação nasceu, precisamente, para evitar as funestas consequências que poderiam ser geradas se no caso da premoriência de filho não existisse uma instituição que evitasse o abandono sucessório de sua prole órfã, e que, embora na ordem da natureza as pessoas de mais idade faleçam antes das mais jovens, e os bens vão passando de uns para os outros, por vezes há uma perversa inversão dessa ordem natural e como nada pode herdar porque morreu antes de seu pai, nada poderia transmitir aos seus próprios filhos, acaso fosse seguido à risca o princípio de que o herdeiro mais próximo em grau de parentesco exclui o de grau parental mais remoto,[36] rompendo a ordem natural de afetos.

Para remediar esse mal, surgiu a representação sucessória, que vai ao encontro das naturais afeições humanas, razão pela qual, inclusive, o legislador brasileiro, à exemplo de outros sistemas jurídicos, não reconheceu o direito de representação na linha ascendente, dado que os vínculos afetivos seguem na direção descendente, sendo absolutamente natural que o afeto pelos netos ocorra na mesma intensidade que existe em relação aos filhos, não raras vezes até mais intenso pelo fato de os avós disporem de mais tempo para estarem próximos de seus netos e com eles explorando e cultivando vínculos mais enraizados de amor e afeição.

Não há nenhuma distinção sucessória entre o parentesco biológico, adotivo, ou o resultante da reprodução assistida heteróloga, bem assim em relação à filiação socioafetiva, e tampouco sobrevivem os antigos e abjetos preconceitos entre as famílias que eram consideradas legítimas, em embate legal, jurídico e sociocultural, das famílias denominadas ilegítimas, cujas discriminações tanto mancharam a história jurídica precedente à Carta Política de 1988.

A filiação socioafetiva engloba os dois gêneros, da paternidade e o da maternidade socioafetiva, sendo muito frequente encontrá-la na adoção de complacência, conhecida como *adoção à brasileira*, caracterizada quando um homem, no mais das vezes, mas também pode ser uma mulher, embora com maior raridade, registra um filho como se fosse seu descendente biológico, sendo esta apenas uma das modalidades de filiação socioafetiva e que pode ou não estar lastreada em um falso registro civil de filiação. A filiação socioafetiva também comporta as relações de ascendência e de descendência meramente fáticas, escoradas na *posse de estado* e que, a partir da sua precedência, encontra na afetividade efeitos jurídicos típicos e próprios de uma relação de ascendência e de descendência, vale dizer, de uma filiação assentada na verdade socioafetiva.

Em setembro de 2016, o Supremo Tribunal Federal acolheu a possibilidade da multiparentalidade por meio do tema de Repercussão Geral 622 (RE 898.060/SC), da relatoria do Ministro Luiz Fux, e na sua esteira também se pronunciou o Superior Tribunal de Justiça,[37]

---

[36] LASALA, José Luis Pérez. *Tratado de sucesiones*. Buenos Aires: Rubinzal-Culzoni, 2014. t. I, p. 344.

[37] "Recurso Especial. Direito de Família. Filiação. Igualdade entre filhos. Art. 227, § 6º, da CF/1988. Ação de investigação de paternidade. Paternidade socioafetiva. Vínculo biológico. Coexistência. Descoberta posterior. Sucessões. Garantia. Repercussão Geral. STF. 1. No que se refere ao Direito de Família, a Carta Constitucional de 1988 inovou ao permitir a igualdade de filiação, afastando a odiosa distinção até então existente entre filhos legítimos, legitimados e ilegítimos (art. 227, § 6º, da Constituição Federal). 2. O Supremo Tribunal Federal, ao julgar o Recurso Extraordinário nº 898.060, com repercussão geral reconhecida, admitiu a coexistência entre as paternidades biológica e socioafetiva, afastando qualquer interpretação apta a ensejar a hierarquização dos vínculos. 3. A existência de vínculo com o pai registral não é obstáculo ao exercício do direito de busca da origem genética ou de reconhecimento de paternidade

restando assentada a clara possibilidade de uma relação de filiação biológica ser reconhecida em concomitância com uma filiação socioafetiva, mantendo-se ambas as vinculações parentais de forma simultânea, sem qualquer hierarquia entre elas, não prevalecendo uma modalidade filiatória sobre a outra, mencionando Ricardo Calderón que:

> Um dos aspectos mais polêmico que decorre da multiparentalidade é a possibilidade de um filho herdar de dois pais (e futuramente também herdar de sua mãe, se houver). Com isso, ao contrário do usual, esse filho de uma relação multiparental exercerá eventual direito de herança em face de três ascendentes (e não apenas de dois, como de estilo). (...) Uma dúvida que emerge da multiparentalidade é como dividir a herança eventualmente deixada pelo filho para os múltiplos ascendentes. Imagine-se um filho com dois pais e uma mãe. Caso esse filho venha a falecer, sem ter descendentes, deixará a sua herança para os seus três ascendentes.[38]

Para as hipóteses de vocação hereditária dos ascendentes pluriparentais, sugere Luiz Paulo Vieira de Carvalho que:

> Assim, existindo dois pais, estes recolherão a metade da quota cabível aos ascendentes, na proporção de metade para cada um, e a mãe, *integralmente*, a outra metade; em existindo duas mães estas dividirão entre si a metade da parte cabível aos ascendentes, e o pai receberá a outra metade por inteiro, sem que se possa arguir qualquer inconstitucionalidade, pois a eventual discrepância de valores só não pode ser permitida em se tratando de diferenciação entre filhos do falecido (art. 227, § 6º, da CRFB).
>
> Sob outra perspectiva, porém, em doutrina, há quem entenda cabível a seguinte interpretação teleológica: se por ocasião da edição do CC/1916 e do CC/2002, ainda não era crível a admissão da hipótese da multiparentalidade biológica e socioafetiva, justifica-se a não regulamentação legal do novo horizonte sucessório em termos quantitativos mais equânimes; assim como o legislador infraconstitucional refere que a divisão hereditária na linha ascendente será feita por linhas (metade da herança destinada a favor da linha paterna e a outra metade a favor da linha materna), ao apresentar-se em concreto a hipótese em tela, impõe-se que a igualdade pretendida da *mens legislatoris* quanto aos quinhões dos sucessíveis seja calculada e atribuída de acordo com o número de efetivos beneficiados.[39]

Ou o que se mostra mais comum e usual na hipótese de um filho multiparental, com pais biológicos e socioafetivos, para assim estabelecer quanto este filho de plúrima ascendência herdará de cada um de seus progenitores. A regra básica é de que todos os filhos recebem sempre o mesmo quinhão hereditário, que só irá variar na dependência da quantidade de irmãos, pois o cônjuge ou o convivente sobrevivo tem quota mínima de vinte e cinco por cento (25%), se for ascendente de todos os filhos. Assim, podem ser vislumbrados alguns exemplos práticos, pois, existindo três filhos comuns e sobrevivendo a viúva como mãe de todos, vinte

---

biológica. Os direitos à ancestralidade, à origem genética e ao afeto são, portanto, compatíveis. 4. O reconhecimento do estado de filiação configura direito personalíssimo, indisponível e imprescritível, que pode ser exercitado, portanto, sem nenhuma restrição contra os pais ou seus herdeiros. 5. Diversas responsabilidades, de ordem moral ou patrimonial, são inerentes à paternidade, devendo ser assegurados os direitos hereditários decorrentes da comprovação do estado de filiação. 6. Recurso especial provido" (STJ. REsp. 1.618.230/RS. 3ª Turma. Relator Ministro Ricardo Villas Bôas Cueva. Julgado em 28.03.2017).

[38] CALDERÓN, Ricardo. *Princípio da afetividade no direito de família*. 2. ed. Rio de Janeiro: Forense, 2017. p. 231 e 233.

[39] CARVALHO, Luiz Paulo Vieira de. *Direito das sucessões*. 3. ed. São Paulo: Atlas, 2017. p. 333-334.

e cinco por cento (25%) da herança incidente sobre os bens particulares toca para a viúva e setenta e cinco por cento (75%) destes bens particulares são divididos entre os filhos, mas, se, por exemplo, forem quatro filhos além do cônjuge ou convivente sobrevivo, cada filho herdará dezoito vírgula setenta e cinco por cento (18,75%), totalizando os quatro filhos o mesmo percentual de setenta e cinco por cento (75%) da herança dos bens particulares e ficando a viúva ou a companheira sobreviva com a quota mínima de vinte e cinco por cento (25%) da herança incidente sobre os bens particulares deixados pelo falecido, nos termos do inc. I do art. 1.829 e dos arts. 1.830 e 1.832 do Código Civil.[40]

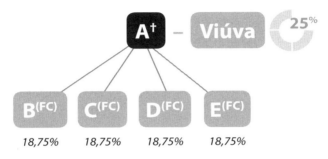

(FC) Filhos Comuns

Anderson Schreiber também tratou da multiparentalidade e lembrou que, com a morte de um filho, a lei brasileira sempre distribuiu a herança pelas duas linhas ancestrais, destinando metade dos bens para a linha paterna e a outra metade para a linha materna (CC, art. 1.836). Qual seria então a solução para este novo enfrentamento da pluriparentalidade? Destinar metade para a linha materna (uma mãe e dois pais) e um quarto para cada progenitor (biológico e socioafetivo), ou melhor seria dividir tudo por três progenitores (ou por quatro ascendentes se existirem duas mães e dois pais biológicos e socioafetivos)?[41]

Mauricio Cavallazzi Povoas[42] separa duas hipóteses para a sucessão em filiação pluriparental:

a) na linha sucessória descendente, com a morte dos pais biológicos e socioafetivos, ingressa o filho na linha sucessória com seus irmãos, sem nenhuma diferença nos quinhões hereditários dos filhos;
b) na linha sucessória ascendente, há mais dúvidas quando é o filho que falece, diante dos arts. 1.836 e 1.837 do Código Civil.[43]

---

[40] "Apelação Cível. Ação declaratória de paternidade socioafetiva. Autores que, desde a tenra idade, foram criados pelo padrasto, que casado com a mãe biológica deles manteve-se até vir a óbito. Relação que perdurou por quase trinta anos, durante os quais as partes dispensaram-se recíproco tratamento paterno-filial. Relação havida entre os litigantes que evidencia inegável posse de estado de filho pelos autores. Existência da paternidade biológica devidamente registrada concomitante da filiação socioafetiva. Tese nº 622 do STF em julgamento reconhecida repercussão geral. Apelo conhecido e provido" (TJSC. Apelação Cível 0300421-03.2015.8.24.0080. Primeira Câmara de Direito Civil. Relator. Desembargador Jorge Luis Costa Beber. Julgado em 24.01.2019).
[41] SCHREIBER, Anderson. *Manual de direito civil contemporâneo*. São Paulo: Saraiva, 2018. p. 854-855.
[42] PÓVOAS, Mauricio Cavallazzi. *Multiparentalidade*: a possibilidade de múltipla filiação registral e seus efeitos. Florianópolis: Conceito, 2017. p. 118-121.
[43] CC/2002, art. 1.836. "Na falta de descendentes, são chamados à sucessão os ascendentes, em concorrência com o cônjuge sobrevivente. § 1º Na classe dos ascendentes, o grau mais próximo exclui o

Leciona Mauricio Cavallazzi Povoas que, ao tempo da edição desses dispositivos legais, o legislador buscava imprimir a maior igualdade possível na distribuição da herança em vocação ascendente, não tendo cogitado, à época, acerca da possibilidade da uma relação de filiação de pluriparentalidade. E disso surgem as dificuldades, pois, se a distribuição sucessória deveria ser igualitária, tendo um filho morto deixado esposa, dois pais, um biológico e o outro socioafetivo, e uma mãe genética, sendo aplicado o art. 1.837 do Código Civil, a herança seria distribuída na fração de um quarto (1/4) para cada um dos herdeiros: a saber: um quarto (1/4) para a esposa, um quarto (1/4) para o pai afetivo, um quarto (1/4) para o pai biológico, e um quarto (1/4) para a progenitora biológica (gráfico 1, *infra*).

Acaso um dos pais fosse premorto e como não há direito de representação na classe ascendente, a distribuição da herança se daria, segundo o art. 1.837 do Código Civil, à razão de um terço (1/3) para a esposa; um terço (1/3) para o pais sobreviventes (biológico e socioafetivo) e um terço (1/3) para a mãe biológica (gráfico 2, *infra*).

E se dois genitores fossem falecidos, a distribuição seria de cinquenta por cento (50%) para o cônjuge sobrevivo e cinquenta por cento (50%) para o genitor sobrevivente (gráfico 3, *infra*).

Por fim, se os três progenitores tivessem falecido, somente sobrevivendo avós ou ascendentes de grau mais distante, a distribuição seria na proporção de cinquenta por cento (50%) para o cônjuge supérstite, e os outros cinquenta por cento (50%) seriam partilhados entre todos os avós (8,33% para cada um dos seis avós), nos moldes do § 2º, que seria acrescido de *lege ferenda* ao artigo 1.837 do Código Civil, nada recebendo os bisavós, acaso um avó fosse premorto, porque não existe o direito de representação na classe dos ascendentes (gráfico 4, *infra*).[44]

Gráfico 1

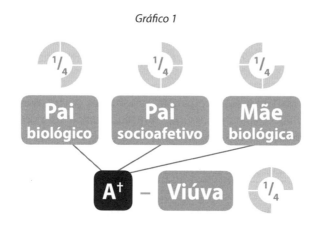

---

mais remoto, sem distinção de linhas. **§ 2º Havendo igualdade em grau e diversidade em linha, os ascendentes da linha paterna herdam a metade, cabendo a outra aos da linha materna** (sem grifos no original).

Art. 1.837. "Concorrendo com ascendente em primeiro grau, ao cônjuge tocará um terço da herança; caber-lhe-á a metade desta se houver um só ascendente, ou se maior for aquele grau".

[44] PÓVOAS, Mauricio Cavallazzi. *Multiparentalidade*: a possibilidade de múltipla filiação registral e seus efeitos. Florianópolis: Conceito, 2017. p. 119-120.

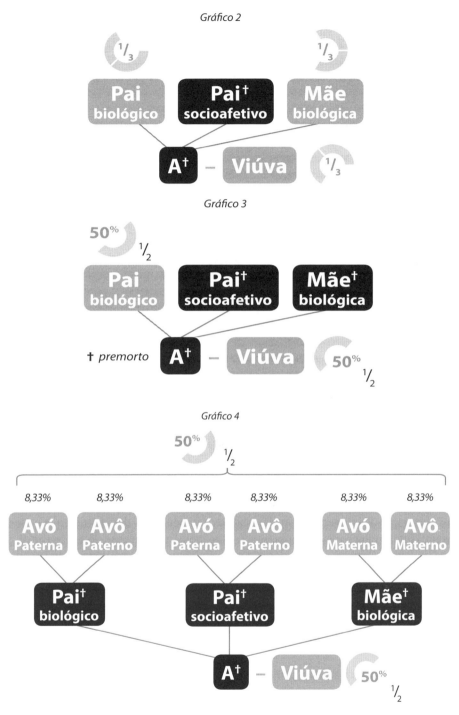

Entretanto, se o autor da herança não tinha esposa ou companheira e, como no exemplo anterior, não havia descendentes, nos termos do art. 1.836, §§ 1º e 2º, do Código Civil, tendo deixado dois pais e uma mãe, havendo igualdade em grau e diversidade em linha (todos pais estão no primeiro grau de parentesco e existem duas linhas sucessórias – uma materna [com uma mãe] e outra paterna [com dois pais]), conforme o § 2º do art. 1.836 do Código Civil cinquenta por cento (50%) da herança iria para a linha materna e os outros cinquenta por cento da herança (50%) seriam divididos à razão de vinte e cinco por cento (25%) para cada pai (gráfico 1), quebrando a igualdade entre os pais (50% – 25% e 25%), mas se for para preservar o princípio da igualdade divisória, e nesta direção me associo doutrinariamente, cada progenitor deveria receber um quinhão correspondente a um terço (1/3) dos bens da herança (CC, art. 1.836, § 1º – gráfico 2).[45]

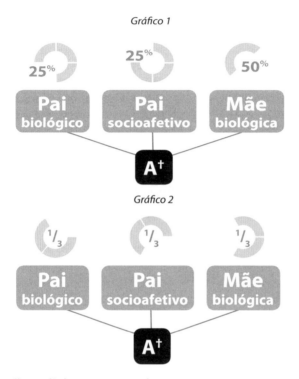

84.2. Representação na linha reta ascendente

A norma jurídica brasileira não admite o direito de representação na linha reta ascendente, pois, à exemplo de inúmeras outras legislações, também considera natural que o ascendente mais próximo exclua o mais remoto, sendo esta, inclusive, a gênese do § 1º do art. 1.836 do Código Civil, ao prescrever que na classe dos ascendentes o grau mais próximo exclui o mais remoto, sem distinção de linhas e cujo preceito legal se harmoniza com o art. 1.852 do Código Civil, quando prescreve a inexistência do direito de representação na linha ascendente, o que significa dizer que os ascendentes somente recolhem a herança por direito próprio, pois em caso contrário não desfrutam do direito sucessório, em notória distinção do que ocorre na hipótese de a sucessão se dar na linha reta descendente.

84.3. Representação na linha transversal

Embora algumas legislações admitam a representação *ad infinitum* na linha colateral, como sucede no Direito francês e italiano, não é esta a orientação desenvolvida pelo Direito

---

[45] PÓVOAS, Mauricio Cavallazzi. *Multiparentalidade*: a possibilidade de múltipla filiação registral e seus efeitos. Florianópolis: Conceito, 2017. p. 120.

brasileiro, cujo art. 1.853 do Código Civil é claro ao referir que na linha transversal somente se dá o direito de representação em favor dos filhos de irmãos do falecido, devendo os sobrinhos repartir por estirpe o quinhão hereditário que o ascendente deles (irmão do defunto) receberia se tivesse sobrevivido ao autor da herança.

Dessa forma, se morre o irmão A, sem cônjuge ou companheira, sem descendentes e sem ascendentes, e deixa somente os irmãos B e C, sendo que o irmão C, premorto, deixou dois filhos (D e E), sobrinhos do autor da herança, e uma herança líquida de seiscentos mil reais (R$ 600.000,00), a partilha será de trezentos mil reais (R$ 300.000,00) para o irmão B, por direito próprio ou por cabeça, e cento e cinquenta mil reais (R$ 150.000,00) para cada um dos dois sobrinhos do falecido (D e E), por estirpe ou por representação, totalizando os restantes trezentos mil reais (R$ 300.000,00).

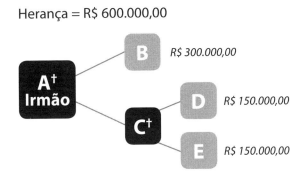

Se, porventura, o representado C for irmão unilateral, então o quinhão que os sobrinhos representarão corresponderá à metade do que receberá o irmão bilateral B, conforme o § 2º do art. 1.843 do Código Civil, e, nessa hipótese, considerados os mesmos valores acima expostos de uma herança líquida de seiscentos mil reais (R$ 600.000,00), o irmão B receberá um quinhão hereditário de quatrocentos mil reais (R$ 400.000,00), e cada sobrinho (D e E) do representado C receberá um quinhão de cem mil reais (R$ 100.000,00), totalizando o quinhão dos sobrinhos representantes unilaterais duzentos mil reais (R$ 200.000,00), porque irmão ou o sobrinho unilateral herda a metade daquilo que herda o irmão ou o sobrinho bilateral.

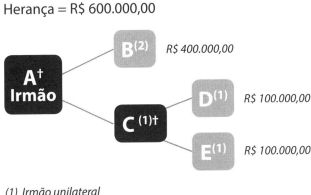

(1) Irmão unilateral
(2) Irmão bilateral

Os sobrinhos herdam por representação quando concorrem com os tios, que são os irmãos do autor da herança, mas se concorrerem somente entre sobrinhos, porque todos os irmãos do autor da herança (tios) já são falecidos ou renunciaram à herança, então, esses sobrinhos herdarão por direito próprio e por cabeça.

84.4. Representação na renúncia

Prescreve o art. 1.811 do Código Civil que ninguém pode suceder representando herdeiro renunciante, mas se ele for o único legítimo de sua classe, ou se todos os outros da mesma classe renunciarem à herança, poderão os filhos vir à sucessão, por direito próprio, e por cabeça. Premissa inicial é no sentido de que a renúncia é ato unilateral de liberdade e de autodeterminação, e, portanto, tem interpretação restritiva por abranger exatamente o que de modo inequívoco foi renunciado, com eficácia retroativa negativa, operando o apagamento da sua situação jurídica de herdeiro ou de legatário, pois é tido como se nunca tivesse sido herdeiro ou legatário.[46]

Em nenhuma hipótese cabe o direito de representação do herdeiro convocado que tenha repudiado a herança, diferentemente de outros ordenamentos jurídicos, como o italiano, que permite o direito de representação em caso de renúncia,[47] pois é preciso considerar que a renúncia exercida pelo herdeiro legalmente convocado elimina eventuais representantes, quando quem de direito já havia exercido sua titularidade em seu próprio nome, mesmo porque o renunciante sobreviveu ao autor da herança e tampouco da herança foi excluído por indignidade ou deserdação.

Giselda Maria Fernandes Novaes Hironaka explana que o principal efeito da renúncia de uma herança é o fato de o renunciante ser excluído da sucessão de forma ampla e definitiva, com uma única exceção voltada aos seus credores, que podem aceitar a herança em seu lugar, mas até o montante necessário para a satisfação do débito (CC, art. 1.813).[48]

O mesmo art. 1.811 do Código Civil explica que, se porventura o renunciante for o único legítimo da sua classe e grau (de parentesco), ou se todos os outros forem da mesma classe e grau (de parentesco), poderão os filhos vir à sucessão, por direito próprio, e por cabeça. Tome-se o exemplo dos filhos renunciantes que são todos parentes em primeiro grau do sucedido, e, como renunciaram, ao morto sucederão os netos por direito próprio e por cabeça, e não mais por representação, pois como parentes de segundo grau se tornaram os convocados mais próximos e não mais existe nenhum parente de primeiro grau concorrendo com os netos, sendo que filhos e netos pertencem à mesma classe dos herdeiros descendentes e entre eles só existe concurso quando filhos, por direito próprio, e netos, por representação, dividem a herança, não existindo concurso de descendentes quando só filhos ou só netos estão partilhando a herança, pois nessas hipótese todos herdam por direito próprio.

Quis dizer o legislador que, se existe um só filho que renuncia, ou se todos os filhos renunciam à herança, os filhos destes renunciantes poderão vir à sucessão, mas não por representação, eis que não há representação de herdeiros renunciantes e a renúncia atinge inclusive o direito sobre a legítima, de sorte que os filhos dos renunciantes virão por direito próprio e receberão a herança por serem agora os sucessores de grau mais próximo de parentesco em relação ao autor da herança.

---

[46] LÔBO, Paulo. *Direito civil*: sucessões. 4. ed. São Paulo: Saraiva, 2018. v. 6, p. 63.
[47] GASCÓ, Francisco de P. Blasco. *Instituciones de derecho civil*: derecho de sucesiones. Valencia: Tirant Lo Blanch, 2018. p. 185.
[48] HIRONAKA, Giselda Maria Fernandes Novaes. *Comentários ao Código Civil*: direito das sucessões. São Paulo: Saraiva, 2003. v. 20, p. 134.

Por sua vez, prescreve o art. 1.856 do Código Civil que o renunciante à herança de uma pessoa poderá representá-la na sucessão de outra, o que significa que não existe direito de representação de herdeiro renunciante, pois se ele expressamente repudiou a herança jamais poderá ser representado, embora possa ser representado em outra herança à qual ele não tenha renunciado.

Aclara Paulo Lôbo que a renúncia é declaração unilateral da qual o renunciante não precisa dar satisfação e justificar os motivos de seu ato, mas observa que será sempre expressa, formalizada no direito sucessório por escritura pública ou por termo nos autos, não se cogitando de renúncia tácita e tampouco de renúncia presumida,[49] mas, se o herdeiro renuncia à herança em prejuízo de seus credores, estes poderão pedir ao juiz que os autorize a aceitá-la em nome do renunciante, e esta aceitação somente aproveitará aos credores até quanto baste para cobrir o importe de seus créditos, indo o excesso aos herdeiros remanescentes.

Tratando-se de herança testamentária, a renúncia tem o mesmo efeito, com a crucial diferença de que na sucessão por testamento não existe o direito de representação, em nenhuma hipótese, eis que, em sede de sucessão testamentária, a legislação brasileira prevê apenas a eventual substituição do herdeiro ou legatário instituído por outro a ser obrigatoriamente indicado pelo testador no seu testamento. E se o testador se ressente de indicar em seu testamento um herdeiro substituto, é incontroverso que a renúncia da herança testamentária por aquele herdeiro instituído e sem designação de um substituto inviabiliza eventual representação do renunciante.

Portanto, circunstancial renúncia de um herdeiro pode significar um irreparável prejuízo em uma cadeia de transmissões que se produz *via mortis causa*, ao largo do tempo, e cuja transmissão de uma geração para outra resta subitamente interrompida, podendo gerar lástimas e invencíveis frustrações. A inexistência de representação na renúncia e na sucessão testamentária, que só admite circunstancial indicação pelo testador de um substituto, são situações que precisam ser bem pensadas pelo testador e pelo herdeiro renunciante, diante dos consideráveis danos ou irreparáveis prejuízos que uma apressada ou impensada renúncia pode causar às gerações subsequentes e frente aos seus irreversíveis resultados,[50] tendo em conta serem irrevogáveis os atos de aceitação ou de renúncia da herança (CC, art. 1.812).

84.5. Representação na indignidade

Não existe representação de pessoa viva, salvo as exceções nos casos de indignidade e de deserdação, sendo que o direito de representação se dá apenas nas hipóteses em que o primeiro herdeiro chamado não vive ou não pode herdar, porém, nunca quando não quer herdar.

O art. 1.816 do Código Civil é expresso ao declarar serem pessoais os efeitos da exclusão e que os descendentes do herdeiro excluído sucedem como se ele morto fosse antes da abertura da sucessão. O excluído não terá direito ao usufruto dos bens que serão recolhidos em representação por seus filhos, e, se estes forem menores de idade, tampouco o excluído poderá usufruir destes bens, devendo outra pessoa ser nomeada como administradora dos bens herdados pela prole do indigno representado. Embora os filhos incapazes estejam sujeitos ao poder familiar dos pais (CC, art. 1.630), os bens herdados em representação do pai julgado indigno e excluído da herança do avô dos menores ficam excluídos do usufruto e da administração dos pais (CC, art. 1.693, inc. IV).[51]

---

[49] LÔBO, Paulo. *Direito civil*: sucessões. 4. ed. São Paulo: Saraiva, 2018. v. 6, p. 63.
[50] CID, Ignacio Sánchez. *La repudiación de la herencia*. Valencia: Tirant Lo Blanch, 2016. p. 244.
[51] CC/2002, art. 1.693. "Excluem-se do usufruto e da administração dos pais: (...) IV – os bens que aos filhos couberem na herança, quando os pais forem excluídos da sucessão".

Neste sentido refere a doutrina ao afirmar que, para a exclusão ser eficaz, o art. 1.693, inc. IV, determina que os pais excluídos da herança não possuem o direito ao usufruto e à administração dos bens herdados pelo filho representante, posto que estariam os progenitores excluídos, por via transversa, beneficiando-se da herança a que perderam o direito. O parágrafo único do art. 1.816 também reforça que o excluído da sucessão não terá direito ao usufruto ou à administração dos bens que a seus sucessores couberem na herança, nem à sucessão eventual desses bens,[52] e o legislador, ao utilizar a expressão *sucessores*, e não mais o termo *filhos*, como procedia no Código Civil de 1916, estende a proibição da administração dos bens a qualquer sucessor, como, por exemplo, a herança recebida pelos netos.[53]

Deve ser considerado que sucessor indigno será um dos genitores, não necessariamente o seu cônjuge ou companheiro, pois o direito sucessório de ambos os consortes ou conviventes só existe no regime da comunhão universal, no qual os bens herdados se comunicam, de modo que herdeiro indigno será somente o ofensor e, se os bens não se comunicam, o parceiro do ofensor não estaria impedido de administrar e de usufruir os bens herdados por seus filhos como sucessores representantes.

Contudo, se os pais convivem e coabitam, indiretamente a administração e o usufruto de um cônjuge ou convivente terminaria aproveitando indiretamente ao seu parceiro indigno, impedindo que o cônjuge ou o parceiro inocente, mesmo vivendo em um regime de não comunicação de bens herdados, administre e usufrua dos bens dos filhos sob seu poder familiar, diante da evidência de que estará, por via reflexa, beneficiando o excluído e por isso a administração dos bens herdados precisaria ficar a encargo de terceiro, deles não usufruindo o indigno representado, sob nenhuma hipótese e circunstância, seja como administrador ou em usufruto, seja via sucessória, uma vez sobrevindo a morte do representado, ou do herdeiro que recolheu a herança por direito próprio, como no exemplo de um irmão do ofensor que recolhe a herança porque o pai de ambos, o ofendido e autor da herança, não tinha outros descendentes, e se mais tarde este irmão herdeiro também falece sem descendentes, o patrimônio herdado do pai ofendido jamais poderá ser recolhido pelo irmão ofensor, nos exatos termos da parte final do parágrafo único do art. 1.816 do Código Civil, que veda por expresso a *sucessão eventual desses bens*.

84.6. Representação na deserdação

Embora não haja expressa menção no Código Civil acerca da representação de herdeiro deserdado, ao contrário do Direito espanhol, que tem expressa previsão legal,[54] a doutrina brasileira jamais desconsiderou a possibilidade adicional de representação de pessoa viva que foi excluída da herança por deserdação. O caso da deserdação não é exceção ao art. 1.816 do Código Civil, que admite a representação de indigno, mas, bem ao revés, a expressa previsão de representação do indigno é espelho para a aplicação analógica da idêntica proibição de representação do deserdado, porque um e outro (indigno e deserdado) são tidos como mortos, sendo as duas hipóteses exceções ao princípio *viventis non datur repraesentatio*.

---

[52] TEPEDINO, Gustavo; BARBOSA, Heloisa Helena; MORAES, Maria Celina Bodin de et al. *Código Civil interpretado conforme a Constituição da República*. Rio de Janeiro: Renovar, 2014. v. IV, p. 357.

[53] TEPEDINO, Gustavo; BARBOSA, Heloisa Helena; MORAES, Maria Celina Bodin de et al. *Código Civil interpretado conforme a Constituição da República*. Rio de Janeiro: Renovar, 2014. v. IV, p. 603.

[54] Código Civil español, art. 929. "No podrá representarse a una persona viva sino en los casos de desheredación o incapacidad".

Explica Páblo Gómez Clavería que, em realidade, o direito de representação nasceu, originariamente, apenas para a sucessão legítima e para os casos de premoriência, mas que o direito moderno o estendeu para outros âmbitos, como a indignidade e a deserdação e que não se restringem à defesa da legítima, mas de toda a herança objeto da representação,[55] havendo quem argumente que a deserdação não foi incluída na representação porque ela só afastaria o herdeiro necessário da sua porção legítima.

Contudo, os representantes recebem toda a herança da qual o indigno ou o deserdado foram excluídos, sendo induvidoso que o deserdado não seria, contraditoriamente, beneficiado pelo ofendido em testamento. A representação abarca a totalidade da porção correspondente ao indigno ou ao deserdado, e não apenas a legítima, muito embora o autor da herança possa reduzir os efeitos ou o âmbito de alcance da representação testando a porção disponível em favor de terceiros, mas, se nada disser em seu testamento, recai a presunção de que não se opôs a que os representantes tomassem por inteiro o quinhão hereditário que seria do representado.

Deve ser registrado que o herdeiro excluído da herança por indignidade ou por deserdação jamais poderá herdar, administrar ou usufruir dos bens do ofendido (CC, art. 1.816 e parágrafo único), como tampouco poderá ser candidato eventual à sucessão dos bens que pertenciam ao ofendido, quando, por exemplo, depois morre o seu filho representante, sem deixar descendentes e sendo o ofensor seu ascendente e herdeiro obrigatório, mesmo no caso da morte de seu filho não lhe podem ser transmitidos os bens herdados por seu rebento e que justamente não lhe couberam por força da indignidade, posto que o art. 1.816, do Código Civil de 2002 equiparou o indigno ao premorto e o mesmo acontece em relação ao deserdado,[56] pois seria uma inaceitável injustiça que, diante de dois fatos idênticos, alguns descendentes pudessem representar o autor da herança, enquanto outros receberiam o castigo de se verem apartados da herança.[57]

84.7. Representação na ausência

Só existe direito de representação naquelas hipóteses cujo chamamento se produz diretamente aos representantes, como nos casos de premoriência, comoriência, indignidade, deserdação e naquelas situações de prévia declaração de ausência do autor da sucessão.

O Código Civil regulamenta a ausência a partir do seu art. 22, ao ordenar que, "desaparecendo uma pessoa do seu domicílio sem dela haver notícia, se não houver deixado representante ou procurador a quem caiba administrar-lhe os bens, o juiz, a requerimento de qualquer interessado ou do Ministério Público, declarará a ausência, e nomear-lhe-é curador".

Tecnicamente, escreve José Antonio de Paula Santos Neto, só se concebe a ausência em face de um efetivo desaparecimento, de feição prolongada e duração indefinida,[58] ao passo

---

[55] CLAVERIA, Pablo Gómez. Sucesión intestada o legal en los derechos españoles. In: MELERO, Martín Garrido (coord.). *Instituciones de derecho privado*. 2. ed. Navarra: Civitas/Thomson Reuters, 2016. v. 2º, t. V, p. 176.

[56] ALMEIDA, José Luiz Gavião de. *Código Civil comentado*. Coord. Álvaro Villaça Azevedo. São Paulo: Atlas, 2003. v. XVIII, p. 168.

[57] RIVACOBA, Ramón Durán. La representación sucesoria en el Derecho Navarro. In: SANCHEZ, Antonio Cabanillas *et al.* (orgs.). *Estudios jurídicos en homenaje al profesor Luis Díez-Picazo*. Madrid: Civitas, 2003. t. IV, p. 5.243.

[58] SANTOS NETO, José Antonio de Paula. *Da ausência*. São Paulo: Juarez Oliveira, 2001. p. 78.

que Wilson Bussada diz só se poder cogitar da morte presumida se feito processo especial,[59] via declaração de ausência, com sucessão provisória até a sucessão definitiva (CC, arts. 22 a 39), totalizando três fases processuais, embora a morte presumida possa ser consignada com ou sem declaração de ausência, sendo que nesta última hipótese somente quando for extremamente provável a morte de quem estava em perigo de vida, ou que havia desaparecido em campanha de guerra ou dela sido feito prisioneiro e não for encontrado até dois anos após o término da guerra (CC, art. 7, incs. I e II), esgotadas as buscas e averiguações (CC, art. 7º, parágrafo único) e, uma vez declarada a *morte presumida*, com ou sem declaração de ausência, abre-se a sucessão e transmite-se a posse e a propriedade da herança aos herdeiros legítimos e testamentários.[60]

Também na sucessão por presunção de morte e diante da falta de testamento, opera-se a sucessão legítima, que segue a ordem de vocação hereditária do art. 1.829 do Código Civil, ou, se existir testamento, a sucessão poderá ser só testamentária, seguindo os comandos do testador se ausentes herdeiros necessários, mas também podendo coexistir ambas as sucessões (legítima e testamentária), sendo que ambas cedem ante o eventual retorno do ausente.

O direito de representação obviamente se dá na ausência que pressupõe a morte do autor da herança, sem ter ainda a certeza de seu falecimento, mas prevalecem fortes indícios do óbito diante do transcurso do tempo, ou esses indícios já eram contundentes nas hipóteses previstas no art. 7º do Código Civil, que regula a morte sem a declaração de ausência.

Na ausência, são convocados os herdeiros legais mais próximos, que herdam por direito próprio, mas se algum deles não mais existir por premoriência, comoriência, renúncia, indignidade, deserdação e até por morte presumida, no seu lugar serão chamados seus sucessores pelo direito de representação, que irão receber o quinhão hereditário que caberia ao representado se este pudesse ou quisesse ter herdado. Isso porque do ausente se duvida que esteja vivo e o direito de representação se justifica ante a dúvida fundada de que esteja vivo, confirmando-se posteriormente, se houve premoriência, e restando sem efeito a representação se finalmente ficar demonstrado que o ausente estava vivo ao tempo da abertura da sucessão.[61]

Quem herda por representação do declarado ausente fica sujeito às intercorrências e possíveis desenlaces dos arts. 36 e 39 do Código Civil, produzindo-se uma resolução da condição de herdeiro, pois, como arremata Pábло Gómez Clavería, diante do eventual ressurgimento do ausente, resulta que o chamamento por representação era puramente aparente.[62]

84.8. Representação na comoriência

Segundo Luiz da Cunha Gonçalves, para efeitos de representação, seria indiferente que o representado morresse antes do autor da herança ou conjuntamente com este em

---

[59] BUSSADA, Wilson. *Nascimento, casamento, óbito, emancipação, interdição, ausência e o registro civil.* Catanduva: Ibel, 1963. v. 2, p. 560.

[60] PORTO, Tarcisa Araceli Marques. *A ausência no novo Código Civil.* São Paulo: SRS Editora, 2008. p. 117-118.

[61] CLAVERIA, Pablo Gómez. Sucesión intestada o legal en los derechos españoles. In: MELERO, Martín Garrido (coord.). *Instituciones de derecho privado.* 2. ed. Navarra: Civitas/Thomson Reuters, 2016. v. 2, t. V, ºp. 174.

[62] CLAVERIA, Pablo Gómez. *Sucesión intestada o legal en los derechos españoles.* In: MELERO, Martín Garrido (coord.). *Instituciones de derecho privado.* 2. ed. Navarra: Civitas/Thomson Reuters, 2016. v. 2, t. Vº, p. 174.

comoriência, sem que fosse possível esclarecer qual deles teria morrido em primeiro lugar (CC, art. 8º), pois em ambos os casos ele não pode herdar e se o pretenso representado for parente de grau mais remoto, não será possível o direito de representação para os seus descendentes.[63]

O fenômeno da comoriência se dá quando duas ou mais pessoas falecem ao mesmo tempo, de modo que não seja possível, sob todas as provas, formas e meios científicos, estabelecer qual delas faleceu primeiro, do que se presume que todas morreram ao mesmo tempo, sem que, com isso, possa ocorrer alguma transmissão de direito entre elas, pois toda pessoa precisa estar viva para aceitar ou repudiar uma herança (CC, art. 1.798), de sorte que o herdeiro que sobrevive um só instante ao defunto, transmite a herança aos seus próprios herdeiros, que também gozam da faculdade de aceitá-la ou de renunciá-la.

Se duas ou mais pessoas morrem ao mesmo tempo, não existiria a transmissão de direitos entre os comorientes e tampouco um representado pré-falecido, já que ambos teriam morrido ao mesmo tempo, e, em consequência, não haveria o direito de representação, pois se não existe um herdeiro premorto, outra não seria a conclusão natural a ser extraída da literal interpretação do instituto da comoriência.

Mas esta lógica se afigura injusta e impraticável, pois quando o legislador expressa os casos de representação ele faz menção ao herdeiro faltante e faltante será tanto o premorto como o comoriente, ou, como menciona Omar U. Barbero, *por acaso o comoriente é menos morto que o premorto?*[64]

Como referido, o principal efeito da comoriência é a inexistência de relação de sucessão entre os comorientes,[65] dispondo o art. 8º do Código Civil que: "se dois ou mais indivíduos falecerem na mesma ocasião, não se podendo averiguar se algum dos comorientes precedeu aos outros, presumir-se-ão simultaneamente mortos".

Ora, se um pai e um dos seus dois filhos morrem ao mesmo tempo, sem que possa ser provado que algum dos comorientes precedeu aos outros, ou seja, se não é possível demonstrar que, por exemplo, o filho sobreviveu ao pai, o resultado lógico da comoriência seria concluir que os netos, filhos do filho comoriente, não poderiam representar seu pai comoriente, porque ele próprio não seria herdeiro de seu pai morto em comoriência. Dessa forma, absurdamente a herança iria toda para o outro filho sobrevivente e se chegaria à incoerência de excluir os netos, filhos do comoriente, porque não poderiam representar seu falecido pai na herança do avô.

Acerca desta aberração, anota Mario Roberto Carvalho de Faria "não ser correto este entendimento mecanicamente extraído do instituto da comoriência, pois se cometeria uma imperdoável injustiça: "a uma, porque não seria justo que os netos do autor da herança deixassem de herdar somente porque seu pai faleceu em comoriência com o avô; a duas, porque os netos do autor da herança não deixaram de ser descendentes do seu avô (morto em co-

---

[63] GONÇALVES, Luiz da Cunha. *Tratado de direito civil*. 2. ed. São Paulo: Max Limonad, 1962. v. X, t. II, p. 454.

[64] BARBERO, Omar U. Derecho de representación en caso de conmoriencia. In: CAHALI, Yussef Said; CAHALI, Francisco José (orgs.). *Doutrinas essenciais família e sucessões*. São Paulo: Revista dos Tribunais, 2011. v. VI, p. 174.

[65] FARIA, Mario Roberto Carvalho de. *Direito das sucessões*: teoria e prática. 8. ed. Rio de Janeiro: Forense, 2018. p. 58.

moriência com o pai), não podendo ser excluído o direito de representação quando ocorre a comoriência".[66]

Orlando Gomes, citado por Mario Roberto Carvalho de Faria, concluiu que: "O direito de representação pressupõe a morte do representado antes do *de cujus*, admitindo-se a sua aplicação também quando ocorre a comoriência, e pela qual não se poder averiguar, qual dos dois sobreviveu ao outro. Observe-se que solução diversa conduziria ao absurdo de os netos nada receberem da herança do avô quando o pai tivesse morrido juntamente com ele existissem outros filhos daquele".[67]

Consigna ainda Orlando Gomes uma outra hipótese da incoerência de não existir direito de representação na comoriência, uma vez que:

> O direito de representação instituiu-se para favorecer os descendentes de quem, fortuitamente, não pode herdar, por haver morrido antes do *de cujus* e ter sido declarado indigno, ou excluído da sucessão por deserdação. Seu caráter excepcional não consente estendê-la a situação que excede à sua finalidade. A se admiti-lo na hipótese de unicidade de estirpe, perderia seu significado de *vocação indireta*. Os netos de filho único premorto sucedem diretamente o avô, na condição de descendentes do segundo grau.

Obviamente, não foi este o propósito do legislador quando criou o instituto jurídico da ficcional sucessão por representação, de permitir que os sobrinhos tomem o lugar do herdeiro representado, formando todos uma única cabeça para receber o quinhão hereditário, que deveria pertencer por estirpe ao representado.

Com o instituto da representação, o legislador teve a clara intenção de evitar que o infortúnio da premorte do representado tirasse dos seus sucessores a herança que certamente receberiam ou que dela usufruiriam se o ascendente do representado vivo fosse, e indubidosamente esta viva intenção não poderia desaparecer em um passe de mágica, porque o representado morreu em comoriência, merecendo referência a doutrina de Roberto de Ruggiero, quando explica que a eficácia prática do direito de representação consiste em que as pessoas (filhos ou descendentes), que ficariam excluídos da sucessão por um parente mais próximo, sejam admitidas na sucessão para que não recaia sobre elas a culpa da indignidade ou da deserdação, ou a desgraça da premoriência ou ausência de seu autor,[68] podendo ser acrescido nesta mesma linha de pensamento, para que estes mesmos representantes também não amarguem o azar e a igual desgraça de serem excluídos da sucessão de seus ascendentes mortos em premoriência, em situação de comoriência, cuja tragédia tenha tornado impossível demonstrar se algum dos comorientes sobreviveu por mais tempo.

Omar U. Barbero refere que o direito de representação funciona tanto na comoriência como na premoriência, pois esta é a única solução acorde com a lógica e a justiça, e que qualquer posição contrária seria uma alternativa absurda,[69] até porque a lei só exige que o

---

[66] FARIA, Mario Roberto Carvalho de. *Direito das sucessões*: teoria e prática. 8. ed. Rio de Janeiro: Forense, 2018. p. 59.

[67] GOMES, Orlando. *Sucessões*. 7. ed. Rio de Janeiro: Forense, 1994. p. 44, citado por FARIA, Mario Roberto Carvalho de. *Direito das sucessões*: teoria e prática. 8. ed. Rio de Janeiro: Forense, 2018. p. 58.

[68] RUGGIERO, Roberto de. *Instituciones de derecho civil*. 4. ed. Madrid: Reus, 1978. t. II, p. 415.

[69] BARBERO, Omar U. Derecho de representación en caso de conmoriencia. In: CAHALI, Yussef Said; CAHALI, Francisco José (orgs.). *Doutrinas essenciais família e sucessões*. São Paulo: Revista dos Tribunais, 2011. v. VI, p. 170.

representado não viva no momento da abertura da sucessão e na comoriência este requisito se cumpre.

De qualquer forma, todo e qualquer resquício de dúvida que ainda pudesse persistir com referência ao direito de representação na comoriência restaria soterrado diante do enunciado 610,[70] aprovado na *VII Jornada de Direito Civil*, em evento promovido pelo Conselho da Justiça Federal em setembro de 2015, e que põe uma pá de cal nesta estéril discussão e reconhece o direito de representação na comoriência.[71]

85. PARTILHA DO QUINHÃO DO REPRESENTADO

A divisão da herança na representação não será por cabeça, ou por direito próprio, mas sim por estirpe, ou representação, de modo que o representante ou os representantes não herdem mais do que herdaria o seu representado se sobrevivesse ao autor da herança (CC, art. 1.851). Só há direito de representação quando há concurso de graus entre parentes de uma mesma classe, ou seja, se A deixa os filhos B e C, e C é premorto, sendo C ascendente dos netos D e E, cinquenta por cento (50%) da herança será recolhida por direito próprio pelo filho B, e os outros cinquenta por cento (50%) serão partilhados por representação entre os netos D e E, recebendo cada um deles um quinhão hereditário de vinte e cinco por cento (25%).

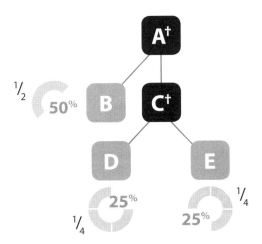

Mas, por exemplo, se três sobrinhos concorressem com dois tios, cada um destes dois tios herdaria, por direito próprio, um terço (1/3) da herança, e os três sobrinhos, se todos os irmãos fossem bilaterais, sucederiam na terça parte (1/3) restante (CC, art. 1.843, §§ 1º e 2º) da herança deixada pelo falecido, pois o direito sucessório dos sobrinhos se produz puramente por representação do quinhão hereditário que o genitor premorto deles receberia se não tivesse falecido.

---

[70] Enunciado 610 da VII Jornada de Direito Civil do Conselho da Justiça Federal: "Nos casos de comoriência entre ascendente e descendente, ou entre irmãos, reconhece-se o direito de representação aos descendentes e aos filhos dos irmãos".

[71] TARTUCE, Flávio. *Direito civil*: direito das sucessões. 9. ed. Rio de Janeiro: Forense, 2015. v. 6, p. 192.

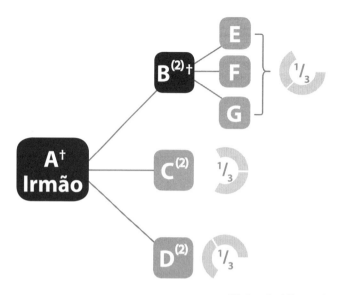

(2) Irmão bilateral

Ou, se falece um irmão sem descendentes e deixa somente dois irmãos premortos, sendo que o primeiro deles tinha um filho (sobrinho do morto), e o segundo irmão tinha três filhos (sobrinhos do morto), o primeiro sobrinho receberá por representação de seu pai premorto, a metade da herança deixada pelo tio e os três outros sobrinhos dividirão entre eles a outra metade da herança que em conjunto receberam também por representação no inventário do tio.

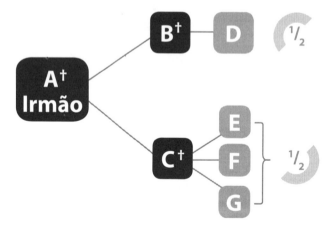

BIBLIOGRAFIA

ACEVEDO, María de las Mercedes Ales Uría. *El derecho a la identidad en la filiación*. Valencia: Tirant Lo Blanch, 2012.

ALBESA, J. Ram; MARTÍNEZ, J. A. Moreno. *El régimen económico del matrimonio*. Madrid: Dykinson, 2005.

ALLUÉ, Fernando Crespo; MIGOYA, Francisco Fernández-Prida; GARCÍA, Santiago Hidalgo; ESCRIBANO, Celia Martínez. *La sucesión hereditaria y el juicio divisorio*. Navarra: Thompson-Reuters/Aranzadi, 2015.

ALMADA, Ney de Mello. *Direito das sucessões*. 2. ed. São Paulo: Brasiliense, 1991. v. II.

_____. *Sucessões*. São Paulo: Malheiros, 2006.

ALMEIDA, Amador Paes de. *Curso de falência e recuperação de empresa*. 26. ed. São Paulo: Saraiva, 2012.

ALMEIDA, Jeronimo Brasil. A sucessão do cônjuge sobrevivente. In: NORONHA, Carlos Silveira (coord.). *As novas perspectivas do direito das sucessões em tempos de modernidade e pós-modernidade*. Porto Alegre: Sulina, 2011.

ALMEIDA, José Luiz Gavião de. Código Civil comentado: direito das sucessões. Sucessão em geral. Sucessão legítima. Coord. Álvaro Villaça Azevedo. São Paulo: Atlas, 2003. v. XVIII.

_____. *Direito civil*: família. Rio de Janeiro: Campus Jurídico, 2008.

ALMEIDA, Silmara J. A. Chinelato e. O nascituro no Código Civil e no nosso direito constituendo. In: BITTAR, Carlos Alberto (coord.). *O direito de família e a Constituição de 1988*. São Paulo: Saraiva, 1989.

_____. *Tutela civil do nascituro*. São Paulo: Saraiva, 2000.

ALONSO, Antonia Nieto. Uniones extramatrimoniales: derechos sucesorios y atribuciones *post mortem* de naturaleza familiar y social. In: VARELA, Ángel Luis Rebolledo (coord.). *La familia en el derecho de sucesiones*: cuestiones actuales y perspectivas de futuro. Madrid: Dykinson, 2010.

ALOY, Antoni Vaquer. Derecho a la legítima e intereses subyacentes. In: ALOY, Antoni Vaquer; GONZÁLEZ, María Paz Sánchez; CAPDEVILLA, Esteve Bosch. *La libertad de testar y sus límites*. Madrid: Marcial Pons, 2018.

ALVES, Joaquim Augusto Ferreira. *Manual do Código Civil*: do direito das sucessões. Rio de Janeiro: Jacintho Ribeiro dos Santos Editor, 1917. v. XIX.

ALVES, José Carlos Moreira. *Direito romano*. 17. ed. Rio de Janeiro: Forense, 2016.

AMORIM, Sebastião; OLIVEIRA, Euclides de. *Inventários e partilhas*: direito das sucessões. Teoria e prática. 22. ed. São Paulo: Universitária de Direito, 2009.

ARAÚJO, Fabio Caldas de. *Curso de processo civil*: procedimentos especiais. São Paulo: Malheiros, 2018. t. III.

ARAUJO, Nadia. *Direito internacional privado*: teoria e prática brasileira. 2. ed. Rio de Janeiro: Renovar, 2004.

ARBOL, Mabel; GRAMIGNI, Silvia. Causales de indignidad y de desheredación: problemas de familia con efectos en el derecho sucesorio. In: FODOR, Sandra; ARBOL, Mabel del (coords.); FLAH, Lily R. (dir.). *Los desafios del derecho de familia en el siglo XXI*. Buenos Aires: Errepar, 2011.

ARCIDIACONO, Barbara; BERGAMO, Elio; SPAZIANI TESTA, Giorgio; VECCHIO, Gianfrancesco. *La dichiarazione di successione*. 3. ed. Vecchio: IPSOA, 2009.

ARENAS, Ana Laura Cabezuelo. *Maltrato psicológico y abandono afectivo de los ascendientes como causa de desheredación (art. 853.2 CC)*. Valencia: Tirant Lo Blanch, 2018.

ARGÜELO, Luis Rodolfo. *Manual de derecho romano*. Historia e instituciones. 3. ed. Buenos Aires: Astrea, 2019.

ARROYO, Margarita Fernández. *La acción de petición de herencia y el heredero aparente*. Barcelona: Bosch, 1992.

ASCENSÃO, José de Oliveira. *Direito civil*: sucessões. 4. ed. Coimbra: Coimbra Editora, 1989.

ASSANDRI, Mónica; ROSSI, Julia. *Derecho de sucesiones*. Directores Nora Lloveras, Olga Orlandi e Fabian Faraoni. Buenos Aires: Rubinzal-Culzoni, 2016. t. I.

ASSIS, Araken de et al. *Comentários ao Código Civil brasileiro*. Coord. Arruda Alvim e Thereza Alvim. Rio de Janeiro: Forense, 2007. v. V.

_____; ANDRADE, Ronaldo Alves de; ALVES, Francisco Glauber Pessoa; ALVIM, Arruda; ALVIM, Thereza (coords.). *Comentários ao Código Civil brasileiro*. Rio de Janeiro: Forense, 2007. v. V.

ÁVILA, Ana Paula. *A modulação de efeitos temporais pelo STF no controle de constitucionalidade*. Porto Alegre: Livraria do Advogado, 2009.

AZEVEDO, Álvaro Villaça de. "Cláusula de inalienabilidade, impenhorabilidade e incomunicabilidade". *Enciclopédia Saraiva de Direito*. São Paulo: Saraiva, 1977. v. 15.

_____. *Curso de direito civil*: direito das sucessões. São Paulo: Saraiva, 2019. v. VII.

_____. *Dever de coabitação*: inadimplemento. 2. ed. São Paulo: Atlas, 2009.

AZPIRI, Jorge O. *Derecho de familia*. Buenos Aires: Hammurabi, 2000.

BAGNOLI, Martha Gallardo Sala. Holding *imobiliária como planejamento sucessório*. São Paulo: Quartier Latin, 2016.

BALMASEDA, Maria Ángeles Egusquiza. *Sucesión* mortis causa *de la familia recompuesta (de la reserva vidual a la fiducia sucessória)*. Pamplona: Aranzadi/Thomson Reuters, 2015.

BALMASEDA, Oscar Monje; YAGÜE, Francisco Lledó. Reforma del sistema legitimario y el principio de libertad de testar. In: YAGÜE, Francisco Lledó; VANRELL, Maria Pilar Ferrer; LANA, José Angel (dirs.). *El patrimonio sucesorio*: reflexiones para un debate reformista. Madrid: Dykinson, 2014. t. I.

BAPTISTA, Izabel Cristina de Medeiros. A inconstitucionalidade do artigo 1.790 do Código Civil e a equiparação sucessória do cônjuge e do companheiro. In: NORONHA, Carlos Silveira; DIAS, Ádamo Brasil (orgs.). *Temas de família e de sucessões na atualidade*: revisão dogmática em resposta às demandas da sociedade contemporânea. Porto Alegre: Sapiens, 2018.

BARBAS, Stela Marcos de Almeida Neves. *Direito ao patrimônio genético*. Coimbra: Almedina, 2006.

BARBERO, Omar U. Derecho de representación en caso de conmoriencia. In: CAHALI, Yussef Said; CAHALI, Francisco José (orgs.). *Doutrinas essenciais*: família e sucessões. São Paulo: Revista dos Tribunais, 2011. v. VI.

BARBI, Celso Agrícola. *Comentários ao Código de Processo Civil*. 2. ed. Rio de Janeiro: Forense, 1981. v. I.

BARBOSA FILHO, Marcelo Fortes. *A indignidade no direito sucessório brasileiro*. São Paulo: Malheiros, 1996.

BARBOZA, Heloisa Helena Gomes. Efeitos jurídicos do parentesco socioafetivo. In: PEREIRA, Rodrigo da Cunha (coord.). *Família e solidariedade*: teoria e prática do direito de família. Rio de Janeiro: Lumen Juris/IBDFAM, 2008.

BARREIRA, Dolor Uchoa. *Sucessão legítima*. 2. ed. Rio de Janeiro: Borsoi, 1970.

BARROS, Ana Cristina Sousa Ramos. Famílias paralelas e poliamor: conceito e caracterização. In: RODRIGUES JR., Walsir Edson (org.). *Direito das famílias e das sucessões*: novas tendências. Belo Horizonte: D'Plácido, 2017.

BARROS, Hamilton de Moraes e. *Comentários ao Código de Processo Civil*. 2. ed. Rio de Janeiro: Forense, 1980. v. IX.

BARROS, Hermenegildo de. *Manual do Código Civil brasileiro*: do direito das sucessões. Rio de Janeiro: Jacintho Ribeiro dos Santos, 1929. v. XVIII.

BAUDRY-LACANTINERIE, G.; WAHL, Alberto. *Trattato teorico-pratico di diritto civile*: delle successioni. Milano: Casa Editrice Dottor Francesco Vallardi, 1900. v. 1.

BENTIVEGNA, Carlos Frederico Barbosa. *Comentários ao Código Civil*. Coord. Carlos Eduardo Nicoletti Camilo, Glauber Moreno Talavera, Jorge Shiguemitsu Fujita e Luiz Antonio Scavone Jr. São Paulo: Revista dos Tribunais, 2006.

BERALDO, Anna de Moraes Salles. *Reprodução humana assistida e sua aplicação* post mortem. Rio de Janeiro: Lumen Juris, 2012.

BERBERL, Fábio Lopes Vilela. *Teoria geral da previdência privada*. Florianópolis: Conceito, 2012.

BERDEJO, José Luis Lacruz. *Elementos de derecho civil*: sucesiones. Madrid: Dykinson, 2007.

_____; REBULLIDA, Francisco de Asís Sancho; ECHEVERRÍA, Jesús Delgado; HERNÁNDEZ, Francisco Rivero; ALBESA, Joaquín Rams. *Elementos de derecho civil*: sucesiones. 3. ed. Madrid: Dykinson, 2007.

BERMANN, George A.; PICARD, Etienne. *Introdução ao direito francês*. Rio de Janeiro: Forense, 2011.

BEVILÁQUA, Clóvis. *Direito das sucessões*. 5. ed. Rio de Janeiro: Editora Paulo Azevedo, 1955.

_____. *Direito das sucessões*. Bahia: Livraria Magalhães, 1899.

_____. *Direito das sucessões*. 5. ed. Rio de Janeiro: Livraria Francisco Alves, 1955.

_____. Projeto do Código Civil brasileiro. *Anais da Comissão Especial da Câmara dos Deputados*. Imprensa Nacional, v. 6, 1902.

_____. *Theoria geral do direito civil*. São Paulo: Livraria Francisco Alves, 1908.

BEZERRA FILHO, Manoel Justino. *Lei de Recuperação de Empresas e Falências comentada*. 5. ed. São Paulo: Revista dos Tribunais, 2008.

BIANCA, Massimo. *Diritto civile*. 4. ed. Milano: Giuffrè Editore, 2005. v. 2.

BIAZI, Danielle Portugal de; CURY NETO, Davi. Sucessão concorrente do cônjuge-viúvo e do companheiro sobrevivente. In: DINIZ, Maria Helena (coord.). *Sucessão do cônjuge, do companheiro e outras histórias*. São Paulo: Saraiva, 2013.

BIONDI, Biondo. *Sucesión testamentaria y donación*. 2. ed. Barcelona: Bosch, 1960.

BITTAR, Carlos Alberto. *Direito das sucessões*. Rio de Janeiro: Forense Universitária, 1992.

BITTENCOURT, Edgard de Moura. *O concubinato no direito*. 2. ed. Rio de Janeiro: Editora Jurídica e Universitária, 1989. v. 1.

BLIKSTEIN, Daniel. *O direito real de habitação na sucessão hereditária*. Belo Horizonte: Del Rey, 2012.

BORDA, Guillermo A. *Tratado de derecho civil: sucesiones*. 7. ed. Buenos Aires: Editorial Perrot, 1994. t. I.

BORGHI, Hélio. *Teoria da aparência no direito brasileiro*. São Paulo: Lejus, 1999.

BOULANGER, Ripert. *Derecho civil*: sucesiones. Buenos Aires: La Ley, 1987. t. X. v. 2.

BRANDÃO, Débora Vanessa Caús. *Regime de bens no novo Código Civil*. São Paulo: Saraiva, 2007.

BRASA, Teresa M. Estevez. *Derecho civil musulmán*. Buenos Aires: Depalma, 1981.

BRUNNER, Heinrich. *Historia del derecho germaníco*. Barcelona: Labor, 1936.

BRUSCHI, Gilberto Gomes; NOLASCO, Rita Dias; AMADEO, Rodolfo da Costa Manso Real. *Fraudes patrimoniais e a desconsideração da personalidade jurídica no Código de Processo Civil de 2015*. São Paulo: Revista dos Tribunais, 2016.

BRUTAU, José Puig. *Fundamentos de derecho civil*. 4. ed. Madrid: Bosch, 1991. t. V. v. 3.

BUERES, Alberto J.; HIGHTON, Elena I. *Código Civil y normas complementarias*: análisis doctrinal y jurisprudencial. Buenos Aires: Hammurabi, 2007. v. 6 A.

BUSSADA, Wilson. *Nascimento, casamento, óbito, emancipação, interdição, ausência e o registro civil*. Catanduva: Ibel, 1963. v. 2.

CABRAL, Marcella Kfouri Meirelles; BUFACCHI, Daniela Antonelli Lacerda. Sucessão do cônjuge e companheiro: questões polêmicas. In: DINIZ, Maria Helena (coord.). *Sucessão do cônjuge, do companheiro e outras histórias*. São Paulo: Saraiva, 2013.

CAFFERATA, Jose Ignacio. *Legítima y sucesión intestada*. Buenos Aires: Astrea, 1982.

CAHALI, Francisco José; CARDOSO, Fabiana Domingues. Sucessão do colateral. In: HIRONAKA, Giselda M. F. Novaes (orient.); CASSETTARI, Christiano; MENIN, Márcia Maria (coords.). *Direito civil*: direito das sucessões. São Paulo: Revista dos Tribunais, 2008. v. 8.

_____; _____; HIRONAKA, Giselda Maria Fernandes Novaes. *Contrato de convivência*. São Paulo: Saraiva, 2002.

_____; _____; _____. *Direito das sucessões*. 3. ed. São Paulo: Revista dos Tribunais, 2007.

_____; _____; _____. Direito intertemporal no livro de família (regime de bens e alimentos) e sucessões. *Anais do IV Congresso Brasileiro de Direito de Família*. PEREIRA, Rodrigo da Cunha (coord.). Belo Horizonte: Del Rey/IBDFAM, 2004.

_____; _____. Sujeitos da sucessão: capacidade e legitimidade. In: HIRONAKA, Giselda Maria Fernandes Novaes; PEREIRA, Rodrigo da Cunha (coords.). *Direito das sucessões e o novo Código Civil*. Belo Horizonte: IBDFAM-Del Rey, 2004.

CAHALI, Yussef Said. *Dos alimentos*. 6. ed. São Paulo: Revista dos Tribunais, 2009.

_____. *O casamento putativo*. 2. ed. São Paulo: Revista dos Tribunais, 1979.

CALABRÚS, María Angustias Martos. Aproximación a la sucesión en el patrimonio virtual. In: OVIEDO, Margarita Herrero (coord.). *Estudios de derecho de sucesiones*. Madrid: La Ley, 2014.

CALDERÓN, Ricardo. *Princípio da afetividade no direito de família*. 2. ed. Rio de Janeiro: Forense, 2017.

CÂMARA, Alexandre Freitas. *O novo processo civil brasileiro*. 3. ed. São Paulo: Atlas, 2017.

CAMARGO, Lauane Andrekowisk Volpe. *A separação e o divórcio após a Emenda Constitucional nº 66/2010*. Rio de Janeiro: Lumen Juris, 2014.

CAMILO, Carlos Eduardo Nicoletti; TALAVERA, Glauber Moreno; FUJITA, Jorge Shiguemitsu; SCAVONE JR., Luiz Antonio (coords.). *Comentários ao Código Civil*. São Paulo: Revista dos Tribunais, 2006.

CAMPOS, Juan Antonio Fernández. La inacabada reforma de la legitima del cónyuge viudo. In: VARELA, Ángel Luis Rebolledo (coord.). *La familia en el derecho de sucesiones*: cuestiones actuales y perspectivas de futuro. Madrid: Dykinson, 2010.

_____. Reconocimientos de complacencia: verdad biológica y actos propios en la determinación de la filiación. In: HAYA, Silvia Tamayo (coord.). *La maternidad y la paternidad en el siglo XXI*. Granada: Comares, 2015.

CAMPOY, Adilson José. *Contrato de seguro de vida*. São Paulo: Revista dos Tribunais, 2014.

CAPEROCHIPI, Jose Antonio Alvarez. *Curso de derecho hereditario*. Madrid: Civitas, 1990.

CARBONNIER, Jean. *Derecho civil*. Barcelona: Bosch, 1960. t. I. v. II.

CARDOSO, Fabiana Domingues. *A indignidade no direito aos alimentos*. São Paulo: IASP, 2018.

_____. *Regime de bens e pacto antenupcial*. São Paulo: Método, 2011.

CARNEIRO, Paulo Cezar Pinheiro. *Comentários ao Código de Processo Civil*. 3. ed. Rio de Janeiro: Forense, 2003. v. IX. t. I.

_____. *Inventário e partilha judicial e extrajudicial*. Rio de Janeiro: Forense, 2019.

CARPIO, Juan Manuel Badenas; MEORO, Mario E. Clemente. *Derecho de sucesiones*. Directora Josefina Alventosa del Río e María Elena Cobiella. Valencia: Tirant Lo Blanch, 2017.

_____; _____. El derecho de sucesiones. Marco teórico y jurisprudencial. In: DEL RÍO, Josefina Alventosa; COBIELLA, María Elena Cobas (coords.). *Derecho de sucesiones*. Valencia: Tirant Lo Blanch, 2017.

CARRASCO, Carmen González. La sucesión intestada. In: RODRÍGUEZ-CANO, Rodrigo Bercovitz (coord.). *Derecho de sucesiones*. Madrid: Tecnos, 2009.

CARRASCO, Laura Alascio. *Los pactos sucesorios en el derecho civil catalán*. Barcelona: Atelier, 2016.

CARRASCOSA, Pedro del Pozo; ALOY, Antoni Vaquer; CAPDEVILA, Esteve Bosch. *Derecho civil de Cataluña*: derecho de sucesiones. Madrid: Marcial Pons, 2009.

CARTAXO, Fernando Antônio da Silva. *Teoria e prática das ações de herança*. São Paulo: Leud, 2009.

CARVALHO JR., Pedro Lino de. Das cláusulas restritivas da legítima. In: *Temas atuais de direito e processo de família*. Rio de Janeiro: Lumen Juris, 2004.

CARVALHO NETO, Inácio de. *Direito sucessório do cônjuge e do companheiro*. São Paulo: Método, 2007.

_____. *Código Civil novo comparado e comentado*: direito das sucessões. Curitiba: Juruá, 2002. v. VII.

_____. *Curso de direito civil brasileiro*. Curitiba: Juruá, 2006. v. I.

_____. *Direito civil*: direito das sucessões. Orientação Giselda M. Novaes Hironaka. Coord. Christiano Cassettari e Márcia Maria Menin. São Paulo: Revista dos Tribunais, 2008. v. 8.

_____. *Direito sucessório do cônjuge e do companheiro*. São Paulo: Método, 2007.

_____. Exclusão da sucessão por indignidade. In: HIRONAKA, Giselda Maria Novaes (orient.); CASSETTARI, Cristiano; MENIN, Márcia Maria (coords.). *Direito civil*: direito das sucessões. São Paulo: Revista dos Tribunais, 2008. v. 8.

CARVALHO, Dimas Messias de; CARVALHO, Dimas Daniel de. *Direito civil*: direito das sucessões. 2. ed. Belo Horizonte: Del Rey, 2009. v. VIII.

_____; _____. *Direito das sucessões*: inventário e partilha. 3. ed. Belo Horizonte: Del Rey, 2012.

_____; _____. *Direito das sucessões*: inventário e partilha. 5. ed. São Paulo: Saraiva, 2018.

_____; _____. *Direito das sucessões*: inventário e partilha. 4. ed. Lavras: Unilavras, 2016.

CARVALHO, Luiz Paulo Vieira de. *Constituição Federal comentada. 30 anos CF*. Rio de Janeiro: Forense, 2018.

_____. *Direito das sucessões*. São Paulo: Atlas, 2014.

_____. *Direito das sucessões*. 2. ed. São Paulo: Atlas, 2015.

_____. *Direito das sucessões*: inventário e partilha. 3. ed. São Paulo: Atlas, 2017.

CASABONA, Carlos María Romeo. *El derecho y la bioética ante los límites de la vida humana*. Madrid: Editorial Centro de Estúdios Ramón Areces, 1994.

CASSAS, Ivy. *Contrato de previdência privada*. São Paulo: MP Editora, 2009.

CASSETTARI, Christiano. *Direito civil*: direito das sucessões. Orientação Giselda M. F. Novaes Hironaka. São Paulo: Revista dos Tribunais, 2008. v. 8.

_____. *Elementos de direito civil*. 5. ed. São Paulo: Saraiva, 2017.

_____. *Multiparentalidade e parentalidade socioafetiva*: efeitos jurídicos. 3. ed. São Paulo: Atlas, 2017.

CASTRO, Amílcar de. *Direito internacional privado*. Rio de Janeiro: Forense, 1956. v. II.

CASTRO, Maricela Gonzáles Pérez de. *La verdad biológica en la determinación de la filiación*. Madrid: Dykinson, 2013.

CATEB, Salomão de Araujo. Concorrência do cônjuge e dos descendentes. In: NOGUEIRA, Luiz Fernando Valladão (coord.). *Regime de bens*: direito de família e sucessões. Belo Horizonte: Del Rey, 2015.

_____. *Deserdação e indignidade no direito sucessório brasileiro*. Belo Horizonte: Del Rey, 2004.

_____. *Direito das sucessões*. 6. ed. São Paulo: Atlas, 2011.

_____. *Direito das sucessões*. 7. ed. São Paulo: Atlas, 2012.

CAVALCANTI, Carlos; BARRETO, Leonardo; GOMINHO, Leonardo. *Direito das sucessões e conciliação*. Maceió: UFAL, 2010.

CAVALIERI FILHO, Sergio. *Programa de responsabilidade civil*. 8. ed. São Paulo: Atlas, 2009.

CENEVIVA, Walter. *Lei dos Registros Públicos comentada*. 8. ed. São Paulo: Saraiva, 1993.

CERQUEIRA, Gustavo. *Sucessão hereditária nas empresas familiares*: interações entre o direito das sucessões e o direito das sociedades. São Paulo: YK, 2018.

CHAVES, Antonio. *Tratado de direito civil*: direito de família. 2. ed. São Paulo: Revista dos Tribunais, 1991. v. 5. t. 1.

_____. *Tratado de direito civil*: parte geral. São Paulo: Revista dos Tribunais, 1982. t. 1.

CHELLES, Iagmar Senna. *Direito das sucessões*. Coord. Regina Ghiaroni. Rio de Janeiro: Freitas Bastos, 2004.

CHENA, Marta Soledad Sebastián. *La liquidación de la sociedad de gananciales*: enfoque práctico de los aspectos sustantivos. Valencia: Tirant Lo Blanch, 2016.

CHINELATO, Silmara Juny. *Comentários ao Código Civil*: parte especial do direito de família. Coord. Antônio Junqueira de Azevedo. São Paulo: Saraiva, 2004. v. 18.

CID, Ignacio Sánchez. *La repudiación de la herencia*. Valencia: Tirant Lo Blanch, 2016.

CLÁPIS, Alexandre Laizo. Clausulação da legítima e a justa causa do art. 1.848 do Código Civil. *Revista de Direito Imobiliário*, São Paulo: Revista dos Tribunais, v. 57, 2004.

CLAVERÍA, Pablo Gómez. *Instituciones de derecho privado*: sucesiones. 2. ed. Navarra: Civitas/Thomson Reuters, 2015.

_____. Sucesión intestada o legal en los derechos españoles. In: MELERO, Martín Garrido (coord.). *Instituciones de derecho privado*. 2. ed. Navarra: Civitas/Thomson Reuters, 2016. v. 2. t. V.

COELHO, Camila Aguileira. O impacto do Estatuto da Pessoa com Deficiência no direito das sucessões. In: BARBOZA, Heloisa Helena; MENDONÇA, Bruna Lima de; ALMEIDA JR., Vitor de Azevedo (coords.). *O Código Civil e o Estatuto da Pessoa com Deficiência*. Rio de Janeiro: Processo, 2017.

COELHO, Fábio Ulhoa. *Curso de direito civil*. São Paulo: Saraiva, 2006. v. 5.

_____. *Direito civil*. São Paulo: Saraiva, 2003. v. 1.

COELHO, Francisco Pereira; OLIVEIRA, Guilherme de. *Curso de direito da família*. Coimbra: Coimbra Editora, 2006. v. II. t. I.

COLIN, Ambrosio; CAPITANT, Henri. *Curso elemental de derecho civil*. 3. ed. Madrid: Reus, 1988. t. 7.

_____; _____. *Curso elemental de derecho civil*. 3. ed. Madrid: Reus, 1988. t. 7.

COLOMBO, Cristiano. *Da reprodução assistida homóloga post mortem e o direito à sucessão legítima*. Porto Alegre: Verbo Jurídico, 2012.

COMEL, Wilson J. Cônjuge sobrevivente, herdeiro concorrente. In: CAHALI, Yussef Said; CAHALI, Francisco José (coords.). *Doutrinas essenciais*: família e sucessões. São Paulo: Revista dos Tribunais, 2011. v. VI.

CORDEIRO, António Menezes. *Tratado de direito civil português*: parte geral. 2. ed. Coimbra: Almedina, 2007. v. I. t. III.

CÓRDOBA, Marcos A. *Código Civil y Comercial de la Nación comentado*. Coord. Miguel Federico de Lorenzo e Pablo Lorenzetti. Director Ricardo Luis Lorenzetti. Buenos Aires: Rubinzal-Culzoni, 2015. t. V.

COSTA, Augusto Ferrero. *Tratado de derecho de suceciones*. 9. ed. Perú: Instituto Pacífico, 2016.

COSTA FILHO, Venceslau Tavares. STF deve modular efeitos de decisão que derrubou artigo 1.790 do Código Civil. *Conjur*. Disponível em: <https://www.conjur.com.br/2017-out-02/direito-civil-atual-stf--modular-efeitos-decisao-derrubou-artigo-1790-codigo-civil>. Acesso em: 15 jan. 2019.

COSTA, María Josefa Méndez. *Código Civil comentado*: doctrina, jurisprudencia, bibliografia. Derecho de Familia patrimonial. Buenos Aires: Rubinzal-Culzoni, 2004.

_____. *La exclusión hereditaria conyugal*. 2. ed. Buenos Aires: Rubinzal-Culzoni, 2009.

COSTALUNGA, Karime. O art. 1.829 do Código Civil e a Constituição: proposta de uma análise estrutural e axiológica. In: DELGADO, Mário Luiz; ALVES, Jones Figueirêdo (coords.). *Novo Código Civil*: questões controvertidas no direito de família e das sucessões. São Paulo: Método, 2005. v. 3.

COULANGES, Fustel de. *A cidade antiga*. 2. ed. São Paulo: Martins Fontes, 1987.

CRISPINO, Nicolau Eládio Bassalo. *A união estável e os negócios entre companheiros e terceiros*. Belo Horizonte: Del Rey, 2009.

CRISTIANO, Romano. *Sociedades limitadas de acordo com o Código Civil*. São Paulo: Malheiros, 2008.

CRUZ, Guilherme Braga da. Pacto sucessório na história do direito português. *Revista da Faculdade de Direito da Universidade de São Paulo*, São Paulo, v. 60, 1965.

DABUS MALUF, Carlos Alberto; DABUS MALUF, Adriana Caldas do Rego Freitas. *Curso de direito das sucessões*. São Paulo: Saraiva, 2013.

DANELUZZI, Maria Helena Marques Braceiro. *Aspectos polêmicos na sucessão do cônjuge sobrevivente*. São Paulo: Letras Jurídicas, 2004.

DANTAS JR., Aldemiro Rezende. Concorrência sucessória do companheiro sobrevivo. *Revista Brasileira de Direito de Família*, Porto Alegre/Síntese-IBDFAM, 29, abr./maio 2005.

DANTAS, Eduardo; CHAVES, Marianna. *Aspectos jurídicos da reprodução humana assistida*: comentários à Resolução 2.121/2015 do Conselho Federal de Medicina. Rio de Janeiro: GZ, 2018.

DANTAS, San Tiago. *Direitos de família e das sucessões*. Atualizado por José Gomes Bezerra Câmara e Jair Barros. 2. ed. Rio de Janeiro: Forense, 1991.

DE BONIS, Fabián Elorriaga. *Derecho sucesório*. 3. ed. Santiago: Thomson Reuters, 2015.

DEGRAZIA, Evandro Rômulo. *Sonegados e colação*: a busca do equilíbrio sucessório. Rio de Janeiro: Lumen Juris, 2014.

DELGADO, Juan José Iniesta. La filiación derivada de las formas de reproducción humana assistida. In: *Tratado de derecho de la familia*. 2. ed. Navarra: Thomson Reuters/Aranzadi, 2017. v. V.

DELGADO, Mário Luiz. As cotas sociais e o caso do cônjuge não sócio separado de fato. *Consultor Jurídico*. Disponível em: <http://www.conjur.com.br/2017-abr-09/processo-familiar-cotas-sociais-conjuge--nao-socio>. Acesso em: 17 nov. 2017.

_____. Controvérsias na sucessão do cônjuge e do convivente. Uma proposta de harmonização do sistema. In: DELGADO, Mário Luiz; ALVES, Jones Figueirêdo (coords.). *Novo Código Civil*: questões controvertidas no direito de família e das sucessões. São Paulo: Método, 2005. v. 3.

_____. O cônjuge e o companheiro deveriam figurar como herdeiros necessários? *Revista IBDFAM Família e Sucessões*, Belo Horizonte: IBDFAM, v. 23, set.-out. 2017.

DE LOS MOZOS, Jose Luis. *Comentarios al Código Civil y compilaciones forales*. Madrid: Editoriales de Derecho Reunidas, 1984. v. 2. t. XVII.

DEL RÍO, Josefina Alventosa; COBIELLA, María Elena Cobas. Biodireito u sucesión *mortis causa*. In: DEL RÍO, Josefina Alventosa; COBIELLA, María Elena Cobas (coords.). *Derecho de sucesiones*. Valencia: Tirant Lo Blanch, 2017.

DIAS, João Álvaro. *Procriação assistida e responsabilidade médica*. Coimbra: Coimbra Editora, 1996.

DIAS, Maria Berenice. *Divórcio*. 3. ed. São Paulo: Revista dos Tribunais, 2017.

_____. *Divórcio*: Emenda Constitucional 66/2010 e o CPC. 3. ed. São Paulo: Revista dos Tribunais, 2017.

_____. *Manual das sucessões*. 2. ed. São Paulo: Revista dos Tribunais, 2011.

_____. *Manual das sucessões*. 3. ed. São Paulo: Revista dos Tribunais, 2013.

_____. *Manual das sucessões*. 4. ed. São Paulo: Revista dos Tribunais, 2015.

_____. *Manual das sucessões*. 5. ed. São Paulo: Revista dos Tribunais, 2018.

_____. *Manual de direito das famílias*. 6. ed. São Paulo: Revista dos Tribunais, 2010.

DINIZ, Almachio. *Institutas de direito civil brasileiro*: nullidades e annullações do casamento. São Paulo: Livraria Acadêmica Saraiva, 1928.

DINIZ, Carine Silva. A salvaguarda dos direitos dos cônjuges e dos companheiros na perspectiva civil-constitucional. In: TEIXEIRA, Ana Carolina Brochardo; RIBEIRO, Gustavo Pereira Leite (coords.). *Manual de direito das famílias e das sucessões*. 3. ed. Rio de Janeiro: Processo, 2017.

DINIZ, José Janguiê Bezerra *et al*. *Constituição Federal comentada*. Rio de Janeiro: Forense, 2018.

DINIZ, Maria Helena. *Comentários ao Código Civil*. Coord. Antônio Junqueira de Azevedo. São Paulo: Saraiva, 2003. v. 22.

_____. *Curso de direito civil brasileiro*: direito das sucessões. 21. ed. São Paulo: Saraiva, 2007. v. 6.

_____. *Curso de direito civil brasileiro*: direito das sucessões. 32. ed. São Paulo: Saraiva, 2018. v. 6.

_____. *Lei de Introdução ao Código Civil brasileiro interpretada*. 11. ed. São Paulo: Saraiva, 2005.

_____. *O estado atual do biodireito*. 2. ed. São Paulo: Saraiva, 2002.

DODDA, Zulma Aurora. *Código Civil y Comercial comentado, anotado y concordado*. Coord. Eduardo Gabriel Clusellas. Buenos Aires: Astrea, 2015. v. 7.

DOMINGUES, Paulo de Tarso. *Do capital social*: noção, princípios e funções. Coimbra: Coimbra Editora, 1998.

D'ORS, A. de. *Derecho privado romano*. 9. ed. Navarra: Ediciones Universidad de Navarra, 1997.

DOWER, Nelson Godoy Bassil. *Curso moderno de direito civil*: sucessões. São Paulo: Nelpa, 2014.

DUARTE, Tiago. *In vitro veritas?* A procriação medicamente assistida na Constituição e na Lei. Coimbra: Almedina, 2003.

DUFNER, Samantha Khoury Crepaldi. *Direito de herança do embrião*. Porto Alegre: Nuria Fabris, 2015.

DUTRA, Elder Gomes. A inconstitucionalidade da vocação hereditária do companheiro: verdadeiro calvário até sua declaração pelo Supremo Tribunal Federal. *Revista IBDFAM Famílias e Sucessões*, Belo Horizonte: IBDFAM, v. 19, jan.-fev. 2017.

EHRHARDT JR., Marcos. *Direito civil, LICC e parte geral*. Salvador: JusPodivm, 2009. v. 1.

ENNECCERUS, Ludwig; KIPP, Theodor; WOLFF, Martín. *Tratado de derecho civil*: derecho de sucesiones. 2. ed. Barcelona: Bosch, 1976. v. 1. t. 5.

ESCRIBANO, Celia Martínez. *Pactos patrimoniales*: práctica jurídica. Madrid: Tecnos, 2011.

ESPÍNOLA, Eduardo; ESPÍNOLA FILHO, Eduardo. *A Lei de Introdução ao Código Civil brasileiro*. Atualizada por Silva Pacheco. Rio de Janeiro: Renovar, 1995. v. 1.

_____; _____. *Tratado de direito civil brasileiro*. Rio de Janeiro: Freitas Bastos, 1939. v. 1.

ESTIVIL, Josep M. Fugardo. *Familias monoparentales y relaciones de convivencia*. Valencia: Tirant Lo Blanch, 2018.

_____. Sucesiones transfronterizas. In: PALMA, Víctor M. Garrido de (coord.). *Instituciones de derecho privado*: sucesiones. 2. ed. Navarra: Thomson Reuters/Aranzadi, 2016. t. V.

ESTRELLA, Hernani. *Apuração de haveres de sócio*. 2. ed. Rio de Janeiro: Forense, 1992.

FABRÍCIO, Adroaldo Furtado. *Comentários ao Código de Processo Civil*. Rio de Janeiro: Forense, 1980. v. VIII. t. III.

FACCENDA, Guilherme Augusto. *Uniões estáveis paralelas*. Rio de Janeiro: Lumen Juris, 2014.

FARIA, Mario Roberto Carvalho de. *Direito das sucessões*: teoria e prática. 8. ed. Rio de Janeiro: Forense, 2017.

_____. *Direito das sucessões*: teoria e prática. 8. ed. Rio de Janeiro: Forense, 2017.

_____. *Os direitos sucessórios dos companheiros*. Rio de Janeiro: Lumen Juris, 1996.

FARIAS, Cristiano Chaves de; ROSENVALD, Nelson. *Curso de direito civil*: sucessões. 3. ed. Salvador: JusPodivm, 2017. v. 7.

_____; _____. *Curso de direito civil*: sucessões. São Paulo: Atlas, 2015.

_____; _____. *Curso de direito civil*: sucessões. 4. ed. Salvador: JusPodivm, 2018. v. 7.

_____; _____. *Direito das sucessões*. Coord. Giselda Maria Fernandes Novaes Hironaka e Rodrigo da Cunha Pereira. 2. ed. Belo Horizonte: Del Rey, 2007.

_____; _____. Disposições testamentárias e clausulação da legítima. In: HIRONAKA, Giselda Maria Fernandes Novaes; PEREIRA, Rodrigo da Cunha (coords.). *Direito das sucessões e o novo Código Civil*. Belo Horizonte: Del Rey/IBDFAM, 2004.

_____; _____. Incidentes à transmissão da herança: aceitação, renúncia, cessão de direitos hereditários e petição de herança. In: HIRONAKA, Giselda Maria Fernandes Novaes; PEREIRA, Rodrigo da Cunha (coords.). *Direito das sucessões e o novo Código Civil*. Belo Horizonte: IBDFAM-Del Rey, 2004.

_____; _____. O valor e a eficácia das escrituras das uniões poliafetivas. In: *Famílias e sucessões*: polêmicas, tendências e inovações. Belo Horizonte: IBDFAM, 2018.

_____; _____; FIGUEIREDO, Luciano; ERHARDT JR., Marcos; DIAS, Wagner Inácio Freitas. *Código Civil para concursos*. Salvador: JusPodivm, 2013.

_____; _____; _____; _____. *Curso de direito civil*: reais. 11. ed. São Paulo: Atlas, 2017. v. 5.

_____; _____; _____; _____. *Curso de direito civil*: sucessões. 2. ed. Salvador: JusPodivm, 2016.

FERNANDES, André Dias. *Modulação de efeitos e decisões manipulativas no controle constitucional brasileiro*: possibilidades, limites e parâmetros. Salvador: JusPodivm, 2018.

FERNANDES, Luís A. Carvalho. *Da aceitação da herança pelos credores do repudiante*. Lisboa: Quid Juris, 2010.

FERNANDES, Tycho Brahe. *A reprodução assistida em face da bioética e do biodireito*: aspectos do direito de família e do direito das sucessões. Florianópolis: Diploma Legal, 2000.

FERNÁNDEZ, María Carcaba. *Los problemas jurídicos planteados por las nuevas técnicas de procreación humana*. Barcelona: Bosch, 1995.

FERNÁNDEZ, María Del Mar Manzano. *Incidencia de las crisis matrimoniales en la sucesión del ex cónyuge*. Navarra: Thomson Reuters/Aranzadi, 2018.

FERRARINI, Letícia. *Famílias simultâneas e seus efeitos jurídicos*: pedaços da realidade em busca da dignidade. Porto Alegre: Livraria do Advogado, 2010.

FERRAZ, Carolina Valença. *Biodireito*: a proteção jurídica do embrião *in vitro*. São Paulo: Verbatim, 2011.

FERREIRA, Jussara Suzi Borges Nasser; RÖRHMANN, Konstanze. As famílias pluriparentais ou mosaicos. *Anais V Congresso Brasileiro de Direito de Família*. Belo Horizonte: IBDFAM, 2006. Coord. Rodrigo da Cunha Pereira.

FERREIRA, Pinto. *Comentários à Constituição Brasileira*. São Paulo: Saraiva, 1989. v. 1.

_____. *Tratado das heranças e dos testamentos*. 2. ed. São Paulo: Saraiva, 1990.

FERRER, Francisco A. M. *Comunidad hereditaria e indivisión posganancial*. Buenos Aires: Rubinzal-Culzoni, 2016.

FERRIANI, Luciana de Paula Assis. *Sucessão do companheiro*. São Paulo: Saraiva, 2010.

FIGUEIREDO, Luciano; FIGUEIREDO, Roberto. *Direito civil*: família e sucessões. Salvador: JusPodivm, 2014. v. 14. Coleção Sinopse.

FISCHER, Karla Ferreira de Camargo. A incidência do sistema de presunção *pater ist est* na inseminação artificial *post mortem*: efeitos e possibilidades no direito de família contemporâneo. In: TEPEDINO, Gustavo; FACHIN, Luiz Edson (orgs.). *Diálogos sobre direito civil*. Rio de Janeiro: Renovar, 2012. v. III.

FISHER, Howard D. *O sistema jurídico alemão e sua terminologia*. Rio de Janeiro: Forense, 2013.

FIÚZA, Ricardo. *O novo Código Civil e as propostas de aperfeiçoamento*. São Paulo: Saraiva, 2004.

FONSECA, Priscila M. P. Corrêa da. *Manual do planejamento patrimonial das relações afetivas e sucessórias*. São Paulo: Revista dos Tribunais, 2018.

FRAGOSO, Heleno Cláudio. *Lições de direito penal*: parte especial. 4. ed. São Paulo: José Bushatsky Editor, 1977. v. 1.

FRANÇA, Adiel da Silva. *Direito das sucessões*. Coord. Regina Ghiaroni. Rio de Janeiro: Freitas Bastos, 2002.

FRANÇA, Rubens Limongi. *Instituições de direito civil*. São Paulo: Saraiva, 1988.

FREIRE, Reinaldo Franceschini. *Concorrência sucessória na união estável*. Curitiba: Juruá, 2009.

FROTA, Pablo Malheiros da Cunha; AGUIRRE, João Ricardo Brandão; PEIXOTO, Maurício Muriack de Fernandes e. Transmissibilidade do acervo digital de quem falece. Efeitos dos direitos da personalidade projetados *post mortem*. *Revista da Academia Brasileira de Direito Constitucional*, Curitiba, v. 10, n. 19, jul.-dez. 2018. Disponível em: <http://www.abdconst.com.br/revistas.php>. Acesso em: 1º fev. 2019.

FUENZALIDA, Carlos Vattier. *El pago en metálico de la legítima de los descendientes*. Madrid: Reus, 2012.

GABURRI, Fernando. *Direito civil para sala de aula*: direito das sucessões. Curitiba: Juruá, 2018. v. 7.

GAGLIANO, Pablo Stolze; PAMPLONA FILHO, Rodolfo. *Novo curso de direito civil*: direito das sucessões. São Paulo: Saraiva, 2014. v. 7.

_____; _____. *Novo curso de direito civil*: parte geral. 8. ed. São Paulo: Saraiva, 2006. v. I.

_____; _____. *Novo curso de direito civil*: direito de família. As famílias em perspectiva constitucional. São Paulo: Saraiva, 2011. v. VI.

GAGLIARDO, Mariano. *Sociedades de familia y cuestiones patrimoniales*. 3. ed. Buenos Aires: Rubinzal--Culzoni, 2018.

GAINO, Itamar. *A simulação nos negócios jurídicos*. São Paulo: Saraiva, 2007.

GAJARDONI, Fernando da Fonseca. *Direito processual civil*: processo cautelar. São Paulo: Revista dos Tribunais, 2006. v. IV.

_____ et al. *Teoria geral do processo*: comentários ao CPC de 2015. Parte geral. São Paulo: Método, 2015.

GALLARDO, Aurelio Barrio. *Autonomia privada y matrimonio*. Madrid: Reus, 2016.

_____. *El largo camino hacia la libertad de testar*: de la legítima al derecho sucesorio de alimentos. Madrid: Dykinson, 2012.

_____. *La evolución de la libertad de testar en el* common law *inglês*. Navarra: Aranzadi/Thomson Reuters, 2011.

GALLARDO, Leonardo B. Pérez. En pos de necesarias reformas al derecho sucesorio en Iberoámerica. In: GALLARDO, Leonardo B. Pérez (coord.). *El derecho de sucesiones en Iberoámerica*: tensiones y retos. Madrid: Reus, 2010.

GAMA, Affonso Dionysio. *Tratado teórico e prático do testamento*. 3. ed. Rio de Janeiro: Freitas Bastos, 1981.

GAMA, Guilherme Calmon Nogueira da. *A nova filiação*: o biodireito e as relações parentais. Rio de Janeiro: Renovar, 2003.

_____. *Direito civil*: sucessões. São Paulo: Atlas, 2003.

_____. *Herança legítima* ad tempus: tutela sucessória no âmbito da filiação resultante de reprodução assistida póstuma. São Paulo: Thomson Reuters/Revista dos Tribunais, 2017.

_____. *O companheirismo*: uma espécie de família. São Paulo: Revista dos Tribunais, 1998.

GAMA, Ricardo Rodrigues. *Direito das sucessões*. São Paulo: Edipro, 1996.

GANDINI, João Agnaldo Donizeti; JACOB, Cristiane Bassi. A vocação hereditária e a concorrência do cônjuge com os descendentes ou ascendentes do falecido (art. 1.829, I, do Código Civil de 2002). *Revista Jurídica*, Porto Alegre: Notadez, 322, ago. 2004.

GARBINO, Guillermo E. et al. *Código Civil y leyes complementarias, comentado, anotado y concordado*. Coord. Augusto C. Belusscio e Eduardo A. Zannoni. Buenos Aires: Astrea, 1993. t. 1.

GARCÍA, Ignacio Serrano. *Proteccíon patrimonial de las personas con discapacidad*: tratamiento sistemático de la Ley 41/2003. Madrid: Iustel, 2008.

GARCIA, Marco Túlio Murano. Herdeiro aparente. In: CAHALI, Yussef Said; CAHALI, Francisco José (orgs.). *Doutrinas essenciais*: família e sucessões. São Paulo: Revista dos Tribunais, 2011. v. VI.

GARCÍA, Purificación Cremades. *Sucesión* mortis causa *de la empresa familiar*: la alternativa de los pactos sucesorios. Madrid: Dykinson, 2014.

GARCÍA, Santiago Hidalgo; ALLUÉ, Fernando Crespo; MIGOYA, Francisco Fernández-Prida; ESCRIBANO, Celia Martínez. La sucesión intestada. In: *La sucesión hereditária y el juício divisório*. 2. ed. Navarra: Thomson Reuters/Aranzadi, 2015.

GARCIA, Teodora F. Torres; LUELMO, Andrés Dominguez. La legítima en el Código Civil (I). In: GARCIA, Teodora F. Torres (coord.). *Tratado de legítimas*. Barcelona: Atelier Libros Jurídicos, 2012.

GARRIDO, Tomás Rubio. *La partición de la herencia*. Navarra: Thomson Reuters Aranzadi, 2017.

GARZÓN, María Dolores Cervilla. *Los acuerdos prematrimoniales en previsión de ruptura*: un estudio de derecho comparado. Valencia: Tirant Lo Blanch, 2013.

GASCÓ, Francisco de P. Blasco. *Instituciones de derecho civil*: derecho de sucesiones. Valencia: Tirant Lo Blanch, 2018.

GIMENO, Gemma Rubio. *Autorregulación de la crisis de pareja (una aproximación desde el derecho civil catalán)*. Madrid: Dykinson, 2014.

_____. *La venta de herencia*. Madrid: Marcial Pons, 2003.

GIORGIS, José Carlos Teixeira. A justa causa no novo testamento. In: DELGADO, Mário Luiz; ALVES, Jones Figueirêdo (coord.). *Novo Código Civil*: questões controvertidas. São Paulo: Método, 2004. v. 2.

_____. *A paternidade fragmentada, família, sucessões e bioética*. Porto Alegre: Livraria do Advogado, 2007.

_____. Os direitos sucessórios do cônjuge sobrevivo. *Revista Brasileira de Direito de Família*, Porto Alegre: Síntese/IBDFAM, v. 29, abr./maio 2005.

GOMES, Fernando de Paula. A personalidade e a defesa dos direitos do nascituro e do embrião. In: CANENIN, Claudete Carvalho (coord.). *Arte jurídica*. Curitiba: Juruá 2005. v. II.

GOMES, Orlando; CARNEIRO, Nelson. *Do reconhecimento dos filhos adulterinos*. Rio de Janeiro: Forense, 1958. v. I.

_____; _____. A modernização do direito de família. In: *O novo direito de família*. Porto Alegre: Sergio Antonio Fabris, 1984.

_____; _____. *Novas questões de direito civil*. São Paulo: Saraiva, 1979.

_____; _____. *Sucessões*. 15. ed. Atualizada por Mario Roberto Carvalho de Faria. Rio de Janeiro: Forense, 2012.

_____; _____. *Sucessões*. 4. ed. Rio de Janeiro: Forense, 1981.

_____; _____. *Sucessões*. 6. ed. Rio de Janeiro: Forense, 1992.

_____; _____. *Sucessões*. 7. ed. Rio de Janeiro: Forense, 1994.

GOMES, Renata Raupp. A intransmissibilidade da obrigação alimentar. In: LEITE, Eduardo de Oliveira (coord.). *Grandes temas da atualidade, alimentos no novo Código Civil, aspectos polêmicos*. Rio de Janeiro: Forense, 2006. v. 5.

_____. *A função social da legítima no direito brasileiro*. Rio de Janeiro: Lumen Juris, 2019.

GONÇALVES, Carlos Roberto. *Direito civil brasileiro*: direito das sucessões. 12. ed. São Paulo: Saraiva, 2018. v. 7.

_____. *Direito civil brasileiro*: direito das sucessões. 4. ed. São Paulo: Saraiva, 2010. v. 7.

_____. *Direito civil brasileiro*: direito das sucessões. 6. ed. São Paulo: Saraiva, 2012.

_____. *Direito civil brasileiro*: direito de família. São Paulo: Saraiva, 2005. v. 6.

GONÇALVES, Luiz da Cunha. *Tratado de direito civil*. 2. ed. São Paulo: Max Limonad, 1962. v. 10. t. 2.

GOULART, Ney Rosa; SEFFRIN, Paulo Eurides Ferreira. *Usufruto, uso e habitação*. Rio de Janeiro: Forense, 1986.

GOZZO, Débora; VENOSA, Sílvio de Salvo. *Comentários ao Código Civil brasileiro*: do direito das sucessões. Coord. Arruda Alvim e Thereza Alvim. Rio de Janeiro: Forense, 2004. v. XVI.

_____; _____. *Pacto antenupcial*. São Paulo: Saraiva, 1992.

GRAMUNT, Mariló; RUBIO, Gemma. Instrumentos de protección de la pareja superviviente en el derecho civil de Cataluña. In: GARCÍA, T. F. Torres (coord.). *Estudios de derecho de sucesiones*. Madrid: La Ley, 2014.

GRAZZIOLI, Airton. *Fundações privadas*: das relações de poder à responsabilidade dos dirigentes. São Paulo: Atlas, 2011.

GÜETO, Aurora López. *Pietas romana y sucesión* mortis causa. Valencia: Tirant Lo Blanch, 2016.

GUILISASTI, Jorgelina. Código Civil y Comercial comentado, anotado y concordado. Coord. Walter F. Krieger. Buenos Aires: Astrea, 2015. v. 3.

GUIMARÃES, Luís Paulo Cotrim. *Negócio jurídico sem outorga do cônjuge sobrevivente*. São Paulo: Revista dos Tribunais, 2003.

GUITIÁN, Alma María Rodríguez. *Los pactos de pre-ruptura conyugal*. Navarra: Thomson Reuters/Aranzadi, 2018.

GUSMÃO, Sady Cardoso de. *Vocação hereditária e descendência*. Rio de Janeiro: Borsoi, 1958.

HATTENHAUER, Hans. *Conceptos fundamentales del derecho civil*. Barcelona: Ariel, 1987.

HERNÁNDEZ, Gerardo J. Bosques. El razonamiento de la libertad testamentaria y la porción legítima. In: ZORRILLA, David Martínez; VIAL-DUMAS, Manuel (coords.). *Las múltiples caras de la herencia*. Barcelona: Huygens Editorial, 2017.

HERNÁNDEZ, Lidia B.; UGARTE, Luis A. *Sucesión del cónyuge*. Buenos Aires: Editorial Universidad, 1996.

HIERRO, José Manuel Fernández. *Teoría general de la sucesión*: sucesíon legítima y contractual. Granada: Comares Editorial, 2007.

HIRONAKA, Giselda Maria Fernandes Novaes. *Comentários ao Código Civil*: parte especial do direito das sucessões. Da sucessão em geral, da sucessão legítima. Coord. Antônio Junqueira de Azevedo. São Paulo: Saraiva, 2003. v. 20.

_____. *Direito das sucessões*. Coord. Giselda Maria Fernandes Novaes Hironaka e Rodrigo da Cunha Pereira. 2. ed. Belo Horizonte: Del Rey, 2007.

_____. *Direito das sucessões e o novo Código Civil*. Coord. Giselda Maria Fernandes Novaes Hironaka e Rodrigo da Cunha Pereira. Belo Horizonte: Del Rey, 2004.

_____. *Inconstitucionalidade do art. 1.790 do Código Civil.* In: SALOMÃO, Luis Felipe; TARTUCE, Flávio (coords.). *Direito civil*: diálogos entre a doutrina e a jurisprudência. São Paulo: Atlas, 2018.

_____. *Morrer e suceder*: passado e presente da transmissão sucessória concorrente. São Paulo: Revista dos Tribunais, 2011.

ITURRASPE, Jorge Mosset. *Contratos simulados y fraudulentos*. Buenos Aires; Rubinzal-Culzoni, 2001.

IZQUIERDO, Beatriz Verdera. *Estudio general de la reserva troncal.* In: SÁNCHEZ, Antonio Cabanillas *et al* (coords.). *Estudios jurídicos en homenaje al professor Luis Díez-Picazo*. Madrid: Thomson-Civitas, 2003. t. IV.

JORGE, Társis Nametala Sarlo. *Direitos humanos. Direito de Família. Sucessões e Previdência social*: temas controversos. Curitiba: Instituto Memória, 2017.

JUSTO, A. Santos. *Direito privado romano*: direito das sucessões e doações. Coimbra: Coimbra Editora, 2009. v. V.

KIPP, Theodor; ENNECCERUS, Ludwig; WOLF, Martin. *Tratado de derecho civil*: derecho de sucesiones. Trad. Helmut Coing. Barcelona: Bosch, 1976. v. 1. t. V.

KNIGEL, Luiz. *O desafio da família empresária nas uniões civis de seus sucessores.* In: PRADO, Roberta Nioac (coord.). *Empresas familiares, governança corporativa, governança familiar, governança jurídica*. São Paulo: Saraiva-FGV, 2011.

_____; PHEBO, Márcia Setti; LONGO, José Henrique. *Planejamento sucessório*. São Paulo: Noeses, 2014.

KÜMPEL, Vitor Frederico; FERRARI, Carla Modina. *Tratado notarial e registral*. São Paulo: YK, 2017. v. 3.

_____; _____. *Tratado notarial e registral*. São Paulo: YK, 2017. v. 2.

LACERDA, Bruno Torquato Zampier. *Bens digitais*. Indaiatuba: Foco, 2017.

LACERDA, Galeno; OLIVEIRA, Carlos Alberto Alvaro de. *Comentários ao Código de Processo Civil*. Rio de Janeiro: Forense, 1988. v. VIII. t. II.

LACERDA, Paulo de. *Manual do Código Civil brasileiro*: da sucessão testamentária. Rio de Janeiro: Jacintho Ribeiro dos Santos, 1917. v. XIX.

LAFAILLE, Hector. *Curso de derecho civil*: sucesiones. Buenos Aires: Biblioteca Jurídica Argentina, 1933. t. II.

_____. *Derecho civil*: sucesiones. Buenos Aires: Biblioteca Jurídica Argentina, 1932.

LAGO, Lúcia Stella Ramos do. *Separação de fato entre cônjuges*: efeitos pessoais. São Paulo: Saraiva, 1989.

LASALA, José Luis Pérez; MEDINA, Graciela. *Acciones judiciales en el derecho sucesorio*. 2. ed. Buenos Aires: Rubinzal-Culzoni, 2011.

_____; _____. *Código Civil y normas complementarias*: análisis doctrinal y jurisprudencial. Coord. Alberto J. Bueres e Elena I. Highton. Buenos Aires: Hammurabi, 2007. v. 6-A.

_____; _____. *Curso de derecho sucesorio*. Buenos Aires: Depalma, 1989.

_____; _____. *Tratado de sucesiones*. Buenos Aires: Rubinzal-Culzoni, 2014. t. II.

LATA, Natalia Álvarez. *Empresa familiar y planificación sucesória. Un acercamiento a los protocolos familiares como instrumentos de esa ordenación.* In: VARELA, Ángel Luis Rebolledo (coord.). *La familia en el derecho de sucesiones*: cuestiones actuales y perspectivas de futuro. Madrid: Dykinson, 2010.

LEAL, Livia Teixeira. *Internet e morte do usuário*: propostas para o tratamento jurídico *post mortem* do conteúdo inserido na rede. Rio de Janeiro: GZ, 2019.

LEITE, Eduardo de Oliveira. *Comentários ao novo Código Civil*: do direito das sucessões. Coord. Sálvio de Figueiredo Teixeira. Rio de Janeiro: Forense, 2003. v. XXI.

LEITE, Glauber Salomão. *Sucessão do cônjuge sobrevivente*: concorrência com parentes do falecido. Rio de Janeiro: Lumen Juris, 2008.

LEONARDI, Felipe Raminelli. Comentário ao REsp 1.335.619/SP. Parâmetro interpretativo para cláusula eletiva de critério para apuração de haveres em contrato de sociedade limitada. *Revista dos Tribunais*, São Paulo, ano 104, v. 956, jun. 2015.

LEROYER, Anne-Marie. *Droit des successions*. Paris: Dalloz, 2009.

LEVENHAGEN, Antônio José de Souza. Código Civil. Comentários didáticos: direito das sucessões. 3. ed. São Paulo: Atlas, 1995. v. 6.

LIGIERA, Wilson Ricardo. *A incompreendida constitucionalidade da sucessão na união estável no Código Civil brasileiro*. São Paulo: Revista dos Tribunais, 2015. v. 3.

LIMA, Domingos Sávio Brandão. *Adultério, a mais infamante causa de divórcio*. 2. ed. São Paulo: L. Oren Editora e Distribuidora de Livros, 1976.

LIMA, Pires de; VARELA, Antunes. Código Civil anotado. Coimbra: Coimbra Editora, 2010. v. VI.

LIMA, Rubiane de. *Manual de direito das sucessões de acordo com o novo Código Civil*. Curitiba: Juruá, 2003.

LLOVERAS, Nora; ORLANDI, Olga; FARAONI, Fabian. *Derecho de suceciones*. Buenos Aires: Rubinzal--Culzoni, 2016. t. I.

_____; _____; _____. *La sucesión por muerte y el processo sucesório*. Buenos Aires: Erreius, 2019.

LOBATO, Encarna Cordero. *Derecho de sucesiones*: práctica jurídica. Coord. Rodrigo Bercovitz Rodríguez--Cano. Madrid: Technos, 2009.

LÔBO, Paulo. *Direito civil*: parte geral. São Paulo: Saraiva, 2009.

_____. *Direito civil*: sucessões. 3. ed. São Paulo: Saraiva, 2016. v. 6.

_____. *Direito civil*: sucessões. 4. ed. São Paulo: Saraiva, 2018. v. 6.

_____. *Direito civil*: sucessões. 5. ed. São Paulo: Saraiva, 2019. v. 6.

LÓPEZ, Carmen Bayod. Las novidades en matéria de pactos sucesorios en la Ley aragonesa de sucesiones por causa de muerte (Ley 1/1999 de 24 de febrero). In: SÁNCHEZ, Antonio Cabanillas *et al* (coords.). *Estudios jurídicos en homenaje al profesor Luís Díez-Picazo*. Madrid: Thomson-Civitas, 2003. t. IV.

LO PRETE, Octávio. *Acciones protectoras de la legítima*. Buenos Aires: Hammurabi, 2009.

LORENZETTI, Ricardo Luis. Código Civil y Comercial de la Nación comentado. Buenos Aires: Rubinzal--Culzoni, 2015. t. X.

LOTUFO, Renan. *Código Civil comentado*: contratos em geral até doação. São Paulo: Saraiva, 2016. v. 3. t. I.

LOUREIRO, Francisco Eduardo. Código Civil comentado. Coord. Cezar Peluso. 6. ed. São Paulo: Manole, 2011.

LOUREIRO, Luiz Guilherme. Registros *p*úblicos: teoria e prática. 8. ed. Salvador: JusPodivm, 2017.

MACHADO, Priscila Matzenbacher Tibes. Multiparentalidade. In: TEIXEIRA, Ana Carolina Brochado; RIBEIRO, Gustavo Pereira Leite (coords.). *Manual de direito das famílias e das sucessões*. 3. ed. Rio de Janeiro: Processo, 2017.

MADALENO, Rolf. A concorrência sucessória e o trânsito processual: a culpa mortuária. *Revista Brasileira de Direito de Família*, São Paulo: IBDFAM/Síntese, v. 29, abr./maio 2005.

_____. A crise conjugal e o colapso dos atuais modelos de regime de bens. *Revista Brasileira de Direito de Família e Sucessões*, Porto Alegre: IBDFAM-Magister, v. 25, dez./jan. 2012.

_____. A fidelidade vidual na união estável. In: *Direito de família*: aspectos polêmicos. Porto Alegre: Livraria do Advogado, 1998.

_____. *Curso de direito de família*. 3. ed. Rio de Janeiro: Forense, 2009.

_____. Da posse em nome do nascituro. *Revista Brasileira de Direito das Famílias e Sucessões*, Porto Alegre: Magister/IBDFAM, v. 7, dez./jan. 2009.

_____. *Direito das sucessões*. Coord. Giselda Maria Fernandes Novaes Hironaka e Rodrigo da Cunha Pereira. 2. ed. Belo Horizonte: Del Rey, 2007.

_____. *Direito de família*. 8. ed. Rio de Janeiro: Forense, 2018.

_____. Do regime de bens entre os cônjuges. In: DIAS, Maria Berenice; PEREIRA, Rodrigo da Cunha (coords.). *Direito de família e o novo Código Civil*. Belo Horizonte: Del Rey, 2001.

_____. Efeito patrimonial da separação de fato. *Revista Jurídica*, Porto Alegre: Síntese, v. 234, abr. 1997.

_____. Filiação sucessória. In: PEREIRA, Rodrigo da Cunha (coord.). *Família e solidariedade*: teoria e prática do direito de família. Rio de Janeiro: Lumen Juris/IBDFAM, 2008.

_____. Filiação sucessória. *Revista Brasileira de Direito das Famílias e Sucessões*, Porto Alegre: Magister/IBDFAM, v. 1, dez./jan. 2008.

_____. Legados e direito de acrescer entre herdeiros e legatários. In: HIRONAKA, Giselda Maria Fernandes Novaes; PEREIRA, Rodrigo da Cunha (coords.). *Direito das sucessões e o novo Código Civil*. Belo Horizonte: IBDFAM-Del Rey, 2004.

_____. *Novas perspectivas no direito de família*. Porto Alegre: Livraria do Advogado, 2000.

_____. O fim da legítima. *Revista IBDFAM Famílias e Sucessões*, Belo Horizonte: IBDFAM, v. 16. jul./ago. 2016.

_____. O novo direito sucessório brasileiro. In: *Direito de família em pauta*. Porto Alegre: Livraria do Advogado, 2004.

_____. Planejamento sucessório. *Revista IBDFAM Famílias e Sucessões*, Belo Horizonte: IBDFAM, v. 1, jan./fev. 2014.

_____. Testamento, testemunhas e testamenteiro: uma brecha para a fraude. In: *Novas perspectivas no direito de família*. Porto Alegre: Livraria do Advogado, 2000.

MADEIRA FILHO, Ibrahim Fleury de Camargo. *Conversão da união estável em casamento*. São Paulo: Saraiva, 2014.

MAFFÍA, Jorge O. *tratado de las suceciones*. 2. ed. Buenos Aires: Abeledo-Perrot, 2010. t. I.

MAGALHÃES, Rui Ribeiro de. *Direito das sucessões no novo Código Civil brasileiro*. São Paulo: Juarez de Oliveira, 2003.

MAGALHÃES, Sandra Marques. *Aspectos sucessórios da procriação medicamente assistida homóloga* post mortem. Coimbra: Coimbra Editora, 2010.

MAIA JR., Mairan Gonçalves. *O regime da comunhão parcial de bens no casamento e na união estável*. São Paulo: Revista dos Tribunais, 2010.

_____. *Sucessão legítima*: as regras da sucessão legítima, as estruturas familiares contemporâneas e a vontade. São Paulo: Revista dos Tribunais, 2018.

MALUF, Adriana Caldas do Rego Freitas Dabus; MALUF, Carlos Alberto Dabus. *Cláusulas de inalienabilidade, incomunicabilidade e impenhorabilidade*. 4. ed. São Paulo: Revista dos Tribunais, 2006.

_____; _____. *Curso de direito das sucessões*. São Paulo: Saraiva, 2013.

MARCATO, Antônio Carlos. *Procedimentos especiais*. 14. ed. São Paulo: Atlas, 2010.

_____. *Procedimentos especiais*. 16. ed. São Paulo: Atlas, 2016.

MARCÍLIO, Maria Luiza. *História social da criança abandonada*. 2. ed. São Paulo: Hucitec, 2006.

MARINHO, Angela de Souza M. T. *Reprodução humana assistida no direito brasileiro*. A polêmica instaurada após o novo Código Civil. Porto Alegre: Sergio Antonio Fabris Editor, 2010.

MARINS, Victor A. A. Bomfim. *Comentários ao Código de Processo Civil*. São Paulo: Revista dos Tribunais, 2000. v. 12.

MARMITT, Arnaldo. *Doação*. Rio de Janeiro: AIDE, 1994.

MARTÍN, Antonio Javier Pérez. *Regímenes econômicos matrimoniales*: constitución, funcionamiento, disolución y liquidación. Valladolid: Lex Nova, 2009.

_____. *Tratado de derecho de familia*. Valladolid: Lex Nova, 2010. v. VI.

MARTÍNEZ, María Martínez. *La sucesión intestada*: revisión de la institución y propuesta de reforma. Madrid: Boletín Oficial del Estado, 2016.

MARTÍNEZ, Ruperto Isidoro Martínez. *Tratado de derecho de sucesiones*. Madrid: La Ley, 2013.

MARTINEZ, Wladimir Novaes. *A poligamia no direito previdenciário*. São Paulo: LTr, 2016.

MATIELLO, Fabrício Zamprogna. *Curso de direito civil*: direito das sucessões. São Paulo: LTr, 2011. v. 6.

MAXIMILIANO, Carlos. *Direito das sucessões*. 4. ed. Rio de Janeiro: Freitas Bastos, 1958. v. I.

_____. *Hermenêutica e aplicação do direito*. 21. ed. Rio de Janeiro: Forense, 2017.

MAZEUD, Henry y Léon y Jean. *Lecciones de derecho civil*. Buenos Aires: Ediciones Jurídicas Europa-América, 1976. v. I.

MEDEIROS, Gustavo André Guimarães. A concorrência sucessória do cônjuge nos casos de filiação híbrida. *Revista Brasileira de Direito das Famílias e Sucessões*, Porto Alegre: Magister/IBDFAM, v. 25, dez./jan. 2012.

MEDINA, Graciela; ROLLERI, Gabriel. *Derecho de las sucesiones*. Buenos Aires: Abeledo-Perrot, 2017.

_____. *Processo sucessório*. 4. ed. Buenos Aires: Rubinzal-Culzoni, 2018. t. I.

MEDINA, Valéria Julião Silva. *Processo de família e o novo CPC*: prática processual *versus* direito material. Curitiba: Juruá, 2017.

MEINERO, Fernando Pedro. *Sucessões internacionais no Brasil*. Curitiba: Juruá, 2017.

MELERO, Martín Garrido. *Derecho de sucesiones*. 2. ed. Madri: Marcial Pons, 2009. t. 1.

_____. *Derecho de sucesiones, un estudio de los problemas sucesorios a través del Código Civil y del Código de Sucesiones por causa de muerte en Cataluña*. 2. ed. Madrid: Marcial Pons, 2009. t. I.

MELLO, Cleyson de Moraes. *Direito civil*: sucessões. Rio de Janeiro: Freitas Bastos, 2017.

MELLO, Felipe Viana de. *Manual de direito das sucessões*. Rio de Janeiro: Lumen Juris, 2018.

MELO, Vitor Hugo de; PAGLIOSA, Aline Lampert Rocha. A perda do direito real de habitação pelo companheiro sobrevivente devido ao não exercício do direito através de ação declaratória. *Revista Nacional de Direito de Família e Sucessões Lex Magister/ IASP*, v. 25, jul.-ago. 2018.

MÉNDEZ, Artagnan Pérez. *Sucesiones y liberalidades*. 8. ed. República Dominicana: Amigo del Hogar, 2017.

MENGONI, Luigi. *Delle successioni legitime*. Bologna: Zanichelli Editore, 1985.

MEROÑO, Encarna Serna. Los derechos sucesorios de los hijos en los nuevos modelos familiares. In: VARELA, Angel Luis Rebolledo (coord.). *La familia en el derecho de sucesiones*: cuestiones actuales y perspectivas de futuro. Madrid: Dykinson, 2010.

MICHEL, Adriana Jacobi *et al*. *Introdução ao direito francês*. Coord. Thales Morais da Costa. Curitiba: Juruá, 2009.

MIGOYA, Francisco Fernández-Prida. La herencia. In: SANTIAGO, Hidalgo Garcia *et al*. *La sucesión hereditária y el juicio divisório*. 2. ed. Navarra: Thomson Reuters, 2015.

MIRABETE, Julio Fabbrini. *Manual de direito penal*. 9. ed. São Paulo: Atlas, 1996. v. 3.

MIRANDA, Darcy Arruda. *Anotações ao Código Civil brasileiro*. São Paulo: Saraiva, 1986.

MIRANDA, José Apolinário de. *Direito das sucessões visto pelo partidor*. Coxim-MS: Artemis, 2009.

MIRANDA, Pontes de. *Comentários à Constituição de 1946*. 2. ed. São Paulo: Max Limonad, 1953. v. V.

_____. *Comentários ao Código de Processo Civil*. Rio de Janeiro: Forense, 1974. v. II.

_____. *Comentários ao Código de Processo Civil*. Rio de Janeiro: Forense, 1976. t. XII.

_____. *Tratado de direito de família*. Atualizado por Vilson Rodrigues Alves. Campinas: Bookseller, 2001. v. II.

_____. *Tratado de direito de família*. São Paulo: Max Limonad, 1947. v. II.

_____. *Tratado de direito privado*. 2. ed. Rio de Janeiro: Borsoi, 1968. t. LV.

_____. *Tratado de direito privado*. 3. ed. Rio de Janeiro: Borsoi, 1973. t. LVII.

_____. *Tratado de direito privado*. 2. ed. Rio de Janeiro: Borsoi, 1968. t. XVII.

_____. *Tratado de direito privado*: direito das sucessões. Atualizado por Vilson Rodrigues Alves. Campinas: Bookseller, 2008. t. 55.

_____. *Tratado de direito privado*. Atualizado por Vilson Rodrigues Alves. Campinas: Bookseller, 2008. t. 55.

_____. *Tratado dos testamentos*. Atualizado por Vilson Rodrigues Alves. Leme: BH Editora e Distribuidora de Livros, 2005.

_____. *Tratado dos testamentos*. Atualizado por Vilson Rodrigues Alves. Leme: BH Editora e Distribuidora, 2004. v. 4.

MONTEIRO FILHO, Carlos Edison do Rêgo; SILVA, Rafael Cândido da. A proibição dos pactos sucessórios: releitura funcional de uma antiga regra. *Revista de Direito Privado – RDPriv.*, São Paulo: Revista dos Tribunais, v. 72, 2016.

MONTEIRO FILHO, Raphael; MONTEIRO, Ralpho Waldo de Barros; MONTEIRO, Ronaldo de Barros; MONTEIRO, Ruy Carlos de Barros. *Comentários ao novo Código Civil*. Coord. Sálvio de Figueiredo Teixeira. Rio de Janeiro: Forense, 2010. v. I.

MONTEIRO, Washington de Barros. *Curso de direito civil*: direito das sucessões. 13. ed. São Paulo: Saraiva, 1977.

_____. *Curso de direito civil*: direito das sucessões. Atualizado por Ana Cristina de Barros Monteiro França Pinto. 35. ed. São Paulo: Saraiva, 2003. v. 6.

_____. *Curso de direito civil*: parte geral. 11. ed. São Paulo: Saraiva, 1972.

_____; PINTO, Ana Cristina de Barros Monteiro França. *Curso de direito civil*. 37. ed. São Paulo: Saraiva, 2009. v. 6.

MORAES, Bianca Mota de. Comentário ao art. 1.672 do Código Civil. In: LEITE, Heloísa Maria Daltro (coord.). *O novo Código Civil do direito de família*. Rio de Janeiro: Freitas Bastos, 2002.

MORAES, Walter. *Teoria geral e sucessão legítima*. São Paulo: Revista dos Tribunais, 1980.

MORENO, María de los Reyes Sánchez; GUARDIOLA, Salvador García. Aspectos notariales de la sucesión. In: DEL RÍO, Josefina Alventosa; COBIELLA, María Elena Cobas (coords.). *Derecho de sucesiones*. Valencia: Tirant Lo Blanch, 2017.

MOTA, Larissa Nunes. *Adoção multiparental no direito brasileiro*: fundamentações e efeitos jurídicos. Goiânia: UFG, 2015.

MOTILLA, Agustín. *La eficácia en España del derecho de familia islámico*: adaptación al derecho español de los Códigos marroquí, argelino y tunecino. Granada: Editorial Comares, 2018.

MUÑOZ, Xavier O'Callaghan. *Compendio de derecho civil*: derecho de sucesiones. Madrid: Editoriales de Derecho Reunidas, 1982. t. V.

NADER, Paulo. *Curso de direito civil*: direito das sucessões. Rio de Janeiro: Forense, 2007. v. 6.

_____. *Curso de direito civil*: direito de família. Rio de Janeiro: Forense, 2006. v. 5.

_____. *Curso de direito civil*: parte geral. Rio de Janeiro: Forense, 2003.

NALINI, José Renato. *Comentários ao novo Código Civil*. Coord. Sálvio de Figueiredo Teixeira. 2. ed. Rio de Janeiro: Forense, 2013. v. XII.

_____. *Reflexões jurídico-filosóficas sobre a morte. Pronto para partir?* São Paulo: Revista dos Tribunais, 2011.

NAMUR, Samir. A tutela das famílias simultâneas. In: TEPEDINO, Gustavo; FACHIN, Luiz Edson (orgs.). *Diálogos sobre direito civil*. Rio de Janeiro: Renovar, 2008. v. II.

_____. *Autonomia privada para a constituição da família*. Rio de Janeiro: Lumen Juris, 2014.

_____. *A desconstrução da preponderância do discurso jurídico do casamento no direito de família*. Rio de Janeiro: Renovar, 2009.

NERY JR., Nelson; NERY, Rosa Maria de A. *Alimentos*. São Paulo: Thomson Reuters/RT, 2018.

_____; _____. *Código Civil comentado*. 11. ed. São Paulo: Revista dos Tribunais, 2014.

_____; _____. *Instituições de direito civil*: teoria geral do direito de sucessões. Processo judicial e extrajudicial de inventário. São Paulo: Revista dos Tribunais, 2017. v. VI.

NEVARES, Ana Luiza Maia. *A função promocional do testamento*: tendências do direito sucessório. Rio de Janeiro: Renovar, 2009.

_____. *A sucessão do cônjuge e do companheiro na perspectiva civil-constitucional*. 2. ed. São Paulo: Atlas, 2015.

_____. *A tutela sucessória do cônjuge e do companheiro na legalidade constitucional*. Rio de Janeiro: Renovar, 2004.

_____. Fundamentos da sucessão. *Manual de direito das famílias e das sucessões*. 3. ed. Rio de Janeiro: Processo, 2017.

_____. Uma releitura do direito real de habitação previsto no art. 1.831 do Código Civil. In: TEPEDINO, Gustavo; MENEZES, Joyceane Bezerra de (coords.). *Autonomia privada, liberdade existencial e direitos fundamentais*. Belo Horizonte: Fórum, 2019.

NEVES, Rodrigo Santos. *Curso de direito das sucessões*. Rio de Janeiro: Lumen Juris, 2009.

NICOLAU, Gustavo Rene. *Direito civil*: sucessões. 4. ed. São Paulo: Atlas, 2011.

NÓBREGA, Dario Alexandre Guimarães. A reprodução humana assistida *post mortem* e o direito sucessório do concebido. Uma interpretação constitucional da legitimidade sucessória a partir do princípio da isonomia. *Revista Brasileira de Direito das Famílias e das Sucessões*, Porto Alegre: Magister/IBDFAM, v. 20, fev./mar. 2011.

NOGUEIRA, Claudia de Almeida. *Direito das sucessões*: comentários à parte geral e à sucessão legítima. 2. ed. Rio de Janeiro: Lumen Juris, 2007.

_____. *Manual de direito das sucessões*. Rio de Janeiro: Thex Editora, 1999.

NONATO, Orosimbo. *Estudos sobre sucessão testamentária*. Rio de Janeiro: Forense, 1957. v. II.

NORBIM, Luciano Dalvi. *O direito do nascituro à personalidade civil*. Brasília: Brasília Jurídica, 2006.

OLIVA, Milena Donato. *Patrimônio separado*. Rio de Janeiro: Renovar, 2009.

OLIVEIRA FILHO, João de. Usufruto do cônjuge viúvo. Interpretação do § 1º do art. 1.611 do Código Civil brasileiro. In: CAHALI, Yussef Said; CAHALI, Francisco José (coords.). *Doutrinas essenciais*: família e sucessões. São Paulo: Revista dos Tribunais, 2011. v. VI.

OLIVEIRA, Antonio José Tibúrcio de. *Direito das sucessões*. Belo Horizonte: Del Rey, 2005.

OLIVEIRA, Arthur Vasco Itabaiana de. *Curso de direito das sucessões*. Rio de Janeiro: Editorial Andes, 1954.

_____. *Direito das sucessões*. 3. ed. Rio de Janeiro: Livraria Jacintho, 1936. v. 1.

_____. *Tratado de direito das sucessões*. 3. ed. Rio de Janeiro: Livraria Jacintho, 1936. v. I.

_____. *Tratado de direito das sucessões*. 3. ed. Rio de Janeiro: Livraria Jacintho, 1936. v. II.

OLIVEIRA, Euclides de; AMORIM, Sebastião. Alimentos: transmissão da obrigação aos herdeiros. In: CAHALI, Francisco José; PEREIRA, Rodrigo da Cunha (coords.). *Alimentos no Código Civil, aspectos civil, constitucional, processual e penal*. São Paulo: Saraiva, 2005.

_____; _____. Concorrência sucessória e a nova ordem da vocação hereditária. *Revista Brasileira de Direito de Família*, Porto Alegre: Síntese/IBDFAM, v. 29, abr./maio 2005.

_____; _____. *Direito de herança*: a nova ordem da sucessão. São Paulo: Saraiva, 2005.

_____; _____. *Inventário e partilha*: teoria e prática. 24. ed. São Paulo: Saraiva, 2016.

_____; _____. *Inventário e partilha*: teoria e prática. 25. ed. São Paulo: Saraiva, 2018.

OLIVEIRA, Guilherme de. *Critério jurídico da paternidade*. Coimbra: Almeida, 1998.

OLIVEIRA, J. M. Leoni Lopes de. *Direito civil*: sucessões. Rio de Janeiro: Forense, 2018.

OLIVEIRA, James Eduardo. *Código Civil anotado e comentado: doutrina e jurisprudência*. Rio de Janeiro: Forense, 2009.

OLIVEIRA, José Francisco Basílio de. *Concubinato*: novos rumos. Rio de Janeiro: Freitas Bastos, 1997.

OLIVEIRA, Wilson de. *Sucessões*: teoria, prática e jurisprudência. 2. ed. Belo Horizonte: Del Rey, 2004.

ORLANDI, Olga. *La legítima y sus modos de protección*: análisis doctrinario y jurisprudencial en la dinámica del proceso sucesorio. 2. ed. Buenos Aires: Abeledo-Perrot, 2010.

OST, François. *O tempo do direito*. Lisboa: Instituto Piaget, 1999.

OTERO, Marcelo Truzzi. *Justa causa testamentária*: inalienabilidade, impenhorabilidade e incomunicabilidade sobre a legítima do herdeiro necessário. Porto Alegre: Livraria do Advogado, 2012.

PACHECO, José da Silva. *Inventários e partilhas na sucessão legítima e testamentária*. Rio de Janeiro: Forense, 1980.

_____. *Inventários e partilhas na sucessão legítima e testamentária*. Atualizada por Mario Roberto Carvalho de Faria. 20. ed. Rio de Janeiro: Forense, 2018.

PADILHA, Elizângela. *Novas estruturas familiares*: por uma intervenção mínima do Estado. Rio de Janeiro: Lumen Juris, 2017.

PAES, José Eduardo Sabo. *Fundações, associações e entidades de interesse social*. 7. ed. Rio de Janeiro: Forense, 2010.

PAIANO, Daniela Braga. *A família atual e as espécies de filiação*: da possibilidade jurídica da multiparentalidade. Rio de Janeiro: Lumen Juris, 2017.

PALACIOS, María Cristina. *Código Civil y Comercial comentado, anotado y concordado*. Coord. Eduardo Gabriel Clusellas. Buenos Aires: Astrea, 2015. v. 7.

_____. *Código Civil y Comercial comentado, anotado y concordado*. Coord. Eduardo Gabriel Clusellas. Buenos Aires: Astrea, 2015. v. 8.

PALERMO, Carlos Eduardo de Castro. *O cônjuge e o convivente no direito das sucessões*. São Paulo: Juarez de Oliveira, 2007.

PAULA, Tatiana Wagner Lauand de. *Adoção à brasileira*: registro de filho alheio em nome próprio. Curitiba: JM Livraria Jurídica, 2007.

PENA JR., Moacir César. *Curso completo de direito das sucessões*: doutrina e jurisprudência. São Paulo: Método, 2009.

PENTEADO, Luciano de Camargo. *Manual de direito civil*: sucessões. Coord. Nery Jr. Nelson e Rosa Maria de Andrade Nery. São Paulo: Thomson Reuters/RT, 2014.

_____. *Manual de direito civil*: sucessões. São Paulo: Revista dos Tribunais, 2014.

PERAZZO, Martín; ZABALE, Ezequiel. *Sociedades de família*: derecho de información y cobro de dividendos. Rosario: Nova Tesis Editorial Jurídica, 2017.

PEREIRA, Caio Mário da Silva. *Direito das sucessões*. 17. ed. Rio de Janeiro: Forense, 2009. v. VI.

_____. *Instituições de direito civil*: direito das sucessões. Atualizada por Carlos Roberto Barbosa Moreira. 17. ed. Rio de Janeiro: Forense, 2009. v. VI.

_____. *Instituições de direito civil*. Atualizada por Maria Celina Bodin de Moraes. 23. ed. Rio de Janeiro: Forense, 2009. v. I.

_____. *Instituições de direito civil*: direito das sucessões. Atualizada por Carlos Roberto Barbosa Moreira. 25. ed. Rio de Janeiro: Forense, 2018. v. VI.

_____. *Instituições de direito civil*: direito das sucessões. Atualizada por Carlos Roberto Barbosa Moreira. 17. ed. Rio de Janeiro: Forense, 2009. v. VI.

_____. *Reconhecimento de paternidade e seus efeitos*. Atualizada por Heloisa Helena Barboza e Lucia Maria Teixeira Ferreira. 7. ed. Rio de Janeiro: Forense, 2015.

PEREIRA, Gustavo Santos Gomes. *Herança digital no Brasil*. Rio de Janeiro: Lumen Juris, 2018.

PEREIRA, Rodrigo da Cunha. *Concubinato e união estável*. 7. ed. Belo Horizonte: Del Rey, 2004.

_____. *Dicionário de direito de família e sucessões ilustrado*. São Paulo: Saraiva, 2015.

_____. Separação judicial no CPC/2015: o lobo em pele de cordeiro. In: TARTUCE, Flávia; MAZZEI, Rodrigo; CARNEIRO, Sérgio Barradas (coords.). *Famílias e sucessões*. Salvador: JusPodivm, 2016.

PEREIRA, Sérgio Gischkow. *Ação de alimentos*. Porto Alegre: Síntese, 1979.

_____. *Estudos de direito de família*. Porto Alegre: Livraria do Advogado, 2004.

PEREIRA, Tarlei Lemos. *Direito sucessório dos conviventes na união estável*: uma abordagem crítica ao artigo 1.790 do Código Civil brasileiro. São Paulo: Letras Jurídicas, 2013.

PEREZ, Alicia Real. *Usufructo universal del conyuge viudo en el Codigo Civil*. Madrid: Editorial Montecorvo, 1988.

PERLINGIERI, Pietro; DE CICCO, Maria Cristina (org.). *O direito civil na legalidade constitucional*. Rio de Janeiro: Renovar, 2008.

PIERI, Sueli Aparecida de. *O cônjuge como herdeiro necessário e concorrente*. São Paulo: Juarez de Oliveira, 2009.

PILIA, Carlo. Autonomia privada, familia y herencia: el instrumento contractual para definir las relaciones y resolver los conflictos. In: *Autonomia privada, família y herencia en el siglo XXI*: cuestiones actuales y soluciones de futuro. Navarra: Thomson Reuters/Aranzadi, 2014.

PINHEIRO, Jorge Alberto Caras Altas Duarte. *O núcleo intangível da comunhão conjugal*: os deveres conjugais sexuais. Coimbra: Almedina, 2004.

PINHEIRO, Jorge Duarte. *Direito da família e das sucessões*. Lisboa: AAFDL, 2008. v. IV.

_____. *Direito da família e das sucessões*. 3. ed. Lisboa: AAFDL, 2007.

PINTO, María José Vaquero. La filiación extramatrimonial. In: TOLSADA, Mariano Yzquierdo; CASAS, Matilde Cuena (coords.). *Tratado de derecho de la familia*. 2. ed. Navarra: Thomson Reuteres/Aranzadi, 2017. v. V.

PÍRIZ, Enrique Arezo. *Derechos reales de habitación y de uso del cónyuge superstite*. Montevideo: Asociación de Escribanos del Uruguay,1990.

PISETTA, Francieli. *Reprodução assistida homóloga* post mortem: aspectos jurídicos sobre a filiação e o direito sucessório. Rio de Janeiro: Lumen Juris, 2014.

PITÃO, José António de França. *A posição do cônjuge sobrevivo no actual direito sucessórios português*. Coimbra: Almedina, 2005.

POBLET, Tatiana Cucurull. *El protocolo familiar* mortis causa. Madrid: Dykinson, 2015.

POLETTO, Carlos Eduardo Minozzo. *Indignidade sucessória e deserdação*. São Paulo: Saraiva, 2013.

PONS, Jorge Herrero. *Práctica derecho de sucesiones en el Código Civil y Comercial*. Buenos Aires: Ediciones Jurídicas, 2017.

PONTES, Estevão Gutierrez Brandão. *Células-tronco, bebês de proveta e lei. Onde há vida*: uma análise legal, jurisprudencial e científica parapsicológica. Curitiba: JM Livraria, 2011.

PORTANOVA, Rui. *Ações de filiação e paternidade socioafetiva*. 2. ed. Porto Alegre: Livraria do Advogado, 2018.

PORTO, Tarcisa Araceli Marques. *A ausência no Novo Código Civil*. São Paulo: SRS Editora, 2008.

PÓVOAS, Manuel Soares. *Previdência privada*: planos empresariais. Rio de Janeiro: Fundação Escola Nacional de Seguros, 1991.

PÓVOAS, Mauricio Cavallazzi. *Multiparentalidade*: a possibilidade de múltipla filiação registral e seus efeitos. 2. ed. Florianópolis: Conceito, 2017.

PRADA, Milena Acevedo. La inconsistente distinción entre hermanos carnales y de simple conjunción en el derecho hereditário colombiano. *Revista Especializada de Direito Civil*, v. 2, Buenos Aires: IJ Editores Información Jurídica, 2018.

PRADO, Neiva Maria. Reprodução humana assistida homóloga *post mortem* e o direito à filiação e sucessão. *Revista Brasileira de Direito das Famílias e Sucessões*, Porto Alegre: Magister/IBDFAM, v. 32, fev./mar. 2013.

PRADO, Roberta Nioac. O desafio da família empresária nas uniões civis de seus sucessores. In: PRADO, Roberta Nioac (coord.). *Empresas familiares, governança corporativa, governança familiar, governança jurídica*. São Paulo: Saraiva-FGV, 2011.

PRATS, Celso Affonso Garreta. *Sucessão hereditária*: vocação dos colaterais. Um estudo histórico, sociológico e jurídico da família ao longo do direito sucessório. São Paulo: Atlas, 1983.

PRETE, Octavio Lo. *Acciones protectoras de la legítima*. Buenos Aires: Hammurabi, 2009.

QUIRÓS, Carlos Cárdenas. Fecundación extracorpórea, proteccíon jurídica del embrión y reforma del Código Civi del Peru. In: CARLUCCI, Aída Kemelmajer de (coord.). *El derecho de familia y los nuevos paradigmas*. Buenos Aires: Rubinzal-Culzoni, 2000. t. II.

RAAD, Daniela Russowsky. *O exercício da autonomia privada no direito sucessório*: uma reflexão a partir da eficácia do regime da separação de bens. Rio de Janeiro: Lumen Juris, 2018.

RADA, Teresa Echevarría. *La desheredación de hijos y descendientes*: interpretación actual de las causas del artículo 853 del Código Civil. Madrid: Reus, 2018.

RAFAEL, Edson José. *Fundações e direito. Terceiro setor*. São Paulo: Melhoramentos, 1997.

RAMOS, André de Carvalho; GRAMSTRUP, Erik Frederico. *Comentários à Lei de Introdução às Normas do Direito Brasileiro – LINDB*. São Paulo: Saraiva, 2016.

RAMOS, Carlos Pérez. La autonomia de la voluntad en las sucesiones y la libertad de testar. In: RUIZ, Aguilar; GUAJARDO-FAJARDO, Arjona; MANSILLA, Cerdeira Bravo de (coords.). *Autonomia privada, família y herencia en el siglo XXI*: cuestiones actuales y soluciones de futuro. Madrid: Thomson Reuters/Arazandi; *Revista Arazandi de Derecho Patrimonial* 33, 2014.

RANGEL, Rafael Calmon. *Partilha de bens na separação, no divórcio e na dissolução da união estável*. São Paulo: Saraiva, 2016.

RÁO, Vicente. *O direito e a vida dos direitos*. 3. ed. São Paulo: Revista dos Tribunais, 1991. v. 2.

REALE, Miguel. *História do novo Código Civil*. Coord. Miguel Reale e Judith Martins-Costa. São Paulo: Revista dos Tribunais, 2005.

REALE, Miguel; MARTINS-COSTA, Judith. Casamento sob o regime da separação total de bens, voluntariamente escolhido pelos nubentes. Compreensão do fenômeno sucessório e seus critérios hermenêuticos. A força normativa do pacto antenupcial. *Revista Trimestral de Direito Civil – RTDC*, ano 6, v. 24, out./dez. 2005.

REDONDO, Jacinto Pablo Quinzá. *Régimen económico matrimonial*: aspectos substantivos y conflictuales. Valencia: Tirant Lo Blanch, 2016.

RÉGIS, Mário Luís Delgado. Controvérsias na sucessão do cônjuge e do convivente. Será que precisamos mudar o Código Civil? *Revista Brasileira de Direito de Família*, Porto Alegre: Síntese/IBDFAM, v. 29, abr./maio 2005.

REY, Hernán e. *Código Civil y Comercial de la Nación comentado*. 2. ed. Buenos Aires: Thomson Reuters/ La Ley. Director CURÁ, José María. tomo III, 2016.

REYES, Juan-Faustino Domínguez. *La transmisión de la herencia*. Barcelona: Atelier Libros Jurídicos, 2010.

RIBEIRO, Paulo Dias de Moura. Polêmicas na sucessão do cônjuge: separação convencional de bens. In: SALOMÃO, Luis Felipe; TARTUCE, Flávio (coords.). *Direito civil*: diálogos entre a doutrina e a jurisprudência. São Paulo: Atlas, 2017.

RIBEIRO, Paulo Hermano Soares. *Novo direito sucessório brasileiro*. Leme: J.H. Mizuno, 2009.

RIBEIRO, Raquel Elias Sanches. *O instituto da indignidade e o princípio da independência das ações no novo Código Civil*. Rio de Janeiro: América Jurídica, 2002.

RIPERT, Georges; BOULANGER, Jean. *Derecho civil*: sucesiones. Buenos Aires: La Ley, 1987. v. 1, t. X.

_____; _____. *Tratado de derecho civil, segun el tratado de Planiol*. Buenos Aires: La Ley, 1987. t. X, v. 2.

RIVACOBA, Ramón Durán. La representación sucessória en el Derecho Navarro. In: SÁNCHEZ, Antonio Cabanillas *et al.* (orgs.). *Estudios jurídicos en homenaje al professor Luis Díez-Picazo*. Madrid: Civitas, 2003. t. IV.

RIVERA, Julio César; MEDINA, Graciela. *Derecho de las sucesiones*. Buenos Aires: Abeledo-Perrot, 2017.

RIZZARDO, Arnaldo. *Contratos*. 3. ed. Rio de Janeiro: Forense, 2004.

_____. *Direito das sucessões*. 2. ed. Rio de Janeiro: Forense, 2005.

_____. *Direito das sucessões*. 6. ed. Rio de Janeiro: Forense, 2011.

_____. *Direito das sucessões*. 10. ed. Rio de Janeiro: Forense, 2018.

_____; RIZZARDO FILHO, Arnaldo; RIZZARDO, Carine Ardissone. *Prescrição e decadência*. Rio de Janeiro: Forense, 2005.

ROCHA, J. V. Castelo Branco. *O pátrio poder*. 2. ed. São Paulo: Livraria e Editora Universitária de Direito, 1978.

ROCHA, Renata da. *O direito à vida e a pesquisa com células-tronco*. Limites éticos e jurídicos. Rio de Janeiro: Elsevier, 2008.

ROCHA, Silvio Luís Ferreira da. *Direito civil*: direito das sucessões. São Paulo: Malheiros, 2012. v. 5.

RODRIGUES JR., Walsir Edson. Da (in)constitucionalidade do tratamento desigual entre cônjuges e companheiros para fins sucessórios. In: *Temas atuais de direito das famílias e das sucessões*. Belo Horizonte: RTM, 2014.

RODRIGUES, Silvio. *Direito civil*: direito das sucessões. 13. ed. São Paulo: Saraiva, 1985. v. 7.

_____. *Direito civil*: direito das sucessões. Atualizada por Zeno Veloso. 25. ed. São Paulo: Saraiva, 2002. v. 7.

_____. *O divórcio e a lei que o regulamenta*. São Paulo: Saraiva, 1978.

RODRÍGUEZ, Cristina de Amunátegui. Aspectos controvertidos del legado de habitación previsto por el artículo 822 del Código Civil. In: OVIEDO, Margarita Herrero (coord.). *Estudios de derecho de sucesiones*. Madrid: La Ley, 2014.

RODRÍGUEZ, Maria Pilar Montes. El modo de mejorar al máximo la posición del cónyuge viudo en el testamento. In: BALMASEDA, Óscar Monje (coord.). *El patrimônio sucessório*: reflexiones para un debate reformista. Madrid: Dykinson, 2014. t. I.

RODRÍGUEZ, Mauricio Tapia. Evolución y perspectivas del derecho sucesório chileno. In: GALLARDO, Leonardo B. Pérez (coord.). *El derecho de sucesiones en Iberoamérica*: tensiones y retos. Madrid: Reus, 2010.

RODRÍGUEZ-ROSADO, Bruno. *Heredero y legitimario*. Navarra: Thomson Reuters/Aranzadi, 2017.

ROMITTI, Mário Müller; DANTAS JR., Aldemiro Rezende. *Comentários ao Código Civil brasileiro*. Coord. Arruda Alvim e Thereza Alvim. Rio de Janeiro: Forense, 2004. v. XIII.

ROQUE, Sebastião José. *Direito das sucessões*. São Paulo: Ícone, 1995.

ROSA, Angélica Ferreira; OLIVEIRA, José Sebastião de. *O novo estatuto da filiação*. Rio de Janeiro Lumen Juris, 2017.

ROSAS, Roberto. *Direito sumular*: comentários às Súmulas do STF. São Paulo: Revista dos Tribunais, 1978.

ROSENVALD, Nelson; FARIAS, Cristiano Chaves de. *Curso de direito civil*: sucessões. 2. ed. Salvador: JusPodivm, 2016. v. 7.

ROSPIGLIOSI, Enrique Varsi. *El moderno tratamiento legal de la filiación extramatrimonial*. 2. ed. Lima: Jurista Editores, 2010.

ROSSATO, Luciano Alves; LÉPORE, Paulo Eduardo; CUNHA, Rogério Sanches. *Estatuto da Criança e do Adolescente*: Lei 8.069/1990. Comentário artigo por artigo. 6. ed. São Paulo: Revista dos Tribunais, 2014.

RUGGIERO, Roberto de. *Instituciones de derecho civil*. 4. ed. Madrid: Reus, 1978. t. II.

RUZIK, Carlos Eduardo Pianovski. *Famílias simultâneas*: da unidade codificada à pluralidade constitucional. Rio de Janeiro: Renovar, 2005.

SALOMÓN, Marcelo J. *Legítima hereditária y Constitución Nacional*: examen constitucional de la herencia forzosa. Córdoba: Alveroni, 2011.

SAMBRIZZI, Eduardo A. *La filiación en la procreación assistida*. Buenos Aires: El Derecho, 2004.

_____. *Régimen de bienes en el matrimonio*. Buenos Aires: La Ley, 2007. t. I.

SANCHEZ, Julio V. Gavidia. *La atribución voluntaria de gananciliad*. Madrid: Editorial Montecorvo, 1986.

SÁNCHEZ-EZNARRIAGA, Luis Zarraluqui. *Conflictos en torno a los regímenes económicos matrimoniales*. Madrid: Bosch/Wolters Kluwer, 2019.

SANTIAGO JR., Aluísio. *Direito das sucessões*: aspectos didáticos. Doutrina e jurisprudência. Belo Horizonte: Inédita, 1997.

SANTIAGO, Rafael da Silva. *Poliamor e direito das famílias*: reconhecimento e consequências jurídicas. Curitiba: Juruá, 2015.

SANTOS NETO, José Antonio de Paula. *Da ausência*. São Paulo: Juarez Oliveira, 2001.

SANTOS, J. M. Carvalho. *Código Civil brasileiro interpretado*. 4. ed. Rio de Janeiro: Freitas Bastos, 1951. v. XV.

SANTOS, Reinaldo Velloso dos. *Registro civil das pessoas naturais*. Porto Alegre: Sergio Antonio Fabris, 2006.

SARAIVA, Gastão Grosse. *A indivisibilidade da herança*. São Paulo: Revista dos Tribunais, 1953.

SARLET, Ingo Wolfgang; MARINONI, Luiz Guilherme; MITIDIERO, Daniel. *Curso de direito constitucional*. 6. ed. São Paulo: Saraiva, 2017.

SCALQUETTE, Ana Cláudia Silva. *Estatuto da reprodução assistida*. São Paulo: Saraiva, 2010.

SCHREIBER, Anderson. *Manual de direito civil contemporâneo*. São Paulo: Saraiva, 2018.

SEMIÃO, Sérgio Abdalla. *Biodireito e direito concursal*: aspectos científicos do direito em geral e da natureza jurídica do embrião congelado. 2. ed. Belo Horizonte: Del Rey, 2013.

SERPA LOPES, Miguel Maria de. *Comentário à Lei de Introdução ao Código Civil*. 2. ed. Rio de Janeiro: Freitas Bastos. 1959. v. 2.

_____. *Curso de direito civil*. 8. ed. Rio de Janeiro: Freitas Bastos, 1996. v. I.

_____. *Tratado dos registros públicos*. 3. ed. Rio de Janeiro: Freitas Bastos, 1955. v. I.

SILVA, Daniel Alt da. *Família simultânea*: uma abordagem à luz da autonomia privada. Rio de Janeiro: Lumen Juris, 2016.

SILVA, Leonardo Amaral Pinheiro da. *Pacto dos namorados*. Rio de Janeiro: Lumen Juris, 2018.

SILVA, Marcos Alves da. *Da monogamia*: a sua superação como princípio estruturante do direito de família. Curitiba: Juruá, 2013.

SILVA, Nuno Ascensão. Em torno das relações entre o direito da família e o direito das sucessões. O caso particular dos pactos sucessórios no direito internacional privado. In: OLIVEIRA, Guilherme de (coord.). *Textos de direito de família para Francisco Pereira Coelho*. Coimbra: Imprensa da Universidade de Coimbra, 2016.

SILVA, Ovídio A. Baptista da. *Comentários ao Código de Processo Civil*: do processo cautelar. Porto Alegre: Lejur Letras Jurídicas, 1985. v. XI.

SILVA, Rafael Cândido da. *Pactos sucessórios e contratos de herança*. Estudo sobre a autonomia privada na sucessão *causa mortis*. Salvador: JusPodivm, 2019.

SILVA, Ricardo Alexandre da; LAMY, Eduardo. *Comentários ao Código de Processo Civil*. Diretor Guilherme Marinoni. Coord. Sérgio Cruz Arenhart e Daniel Mitidiero. 2. ed. São Paulo: Thomson Reuters/RT, 2018. v. IX.

SILVEIRA, Marco Antonio Karam. *A sucessão causa mortis na sociedade limitada*: tutela da empresa, dos sócios e de terceiros. Porto Alegre: Livraria do Advogado, 2009.

SILVESTRE, Marcos. *Previdência particular*: a nova aposentadoria. São Paulo: Faro Editorial, 2017.

SIMÃO, José Fernando. Análise das regras do contrato de sociedade quando da morte dos sócios e a vedação da existência do pacto sucessório. *Revista Imes*, jan./jun. 2005.

_____. *Dicionário de direito de família*. Coord. Caetano Lagrasta Neto e José Fernando Simão. Consultor Sidnei Agostinho Beneti. São Paulo: Atlas, 2015. v. 1.

_____. E então o STF decidiu o destino do artigo 1.790 do CC? (parte 2). Disponível em: <http://www.conjur.com.br/2016-dez-25/processo-familiar-entao-stf-decidiu-destino-artigo-1790-cc-parte>. Acesso em: 28 ago. 2017.

_____. *Prescrição e decadência. Início dos prazos*. São Paulo: Atlas, 2013.

SIMÕES, Thiago Felipe Vargas. *A filiação socioafetiva e seus reflexos sucessórios*. São Paulo: Fiuza, 2008.

SOLER, José Luis Vidal. *La capacidad patrimonial de la Iglesia. Sucesión testada*: el supuesto especial de los llamamientos hereditarios en favor del alma del testador. Navarra: Arazadi, 2019.

SOUSA, Rabindranath Capelo de. *Lições de direito das sucessões*. 3. ed. Coimbra: Coimbra Editora, 1990. v. I.

SOUZA, Eduardo Pacheco Ribeiro de. *As restrições voluntárias na transmissão de bens imóveis*: cláusulas de inalienabilidade, impenhorabilidade e incomunicabilidade. São Paulo: Quinta Editorial, 2012.

SOUZA, Osni de et al. *Código Civil interpretado*. Coord. Silmara Juny Chinellato. Org. Costa Machado. 3. ed. São Paulo: Manole, 2010.

SOUZA, Selma Maris Vieira de. *Inventários e partilhas. Direito das sucessões*. Campo Grande: Contemplar, 2012.

SOUZA, Sérgio Iglesias Nunes de. *Comentários ao Código Civil*: artigo por artigo. Coord. Jorge Shiguemitsu Fujita, Luiz Antonio Scavone Jr., Carlos Eduardo Nicoletti Camillo e Glauber Moreno Talavera. 3. ed. São Paulo: Revista dos Tribunais, 2014.

SPIES, Tainara Issler. O regime da separação de bens e seus aspectos jurídicos. In: NORONHA, Carlos Silveira (coord.). *Reexaminando as novas formações estruturais do ente familiar na atualidade*. Porto Alegre: Sulina, 2018.

STRECK, Lenio Luiz. *Por que é inconstitucional repristinar a separação judicial no Brasil*. Disponível em: <www.conjur.com.br/2014-nov-18/lenio-streck-inconstitucional-repristina-separacao-judicial>. Acesso em: 17 fev. 2015.

SZANIAWSKI, Elimar. *Direitos de personalidade e sua tutela*. 2. ed. São Paulo: Revista dos Tribunais, 2005.

TAPPARELLI, Luigi. *Ensayo de derecho natural*. Madrid, 1868.

TARTUCE, Flávio; SIMÃO, José Fernando. *Direito civil*: direito das sucessões. 2. ed. São Paulo: Método, 2008. v. 6.

_____; _____. *Direito civil*: direito das sucessões. 9. ed. Rio de Janeiro: Forense, 2016.

_____; _____. *Direito civil*: direito das sucessões. 10. ed. Rio de Janeiro: Forense, 2017.

_____; _____. *Direito civil*: direito das sucessões. 11. ed. Rio de Janeiro: Forense, 2018.

_____; _____. *Direito civil*: direito das sucessões. 12. ed. Rio de Janeiro: Forense, 2019. v. 6.

_____; _____. *Direito civil*: direito de família. 3. ed. São Paulo: Método, 2008. v. 5.

_____; _____. Do tratamento da união estável no Novo CPC e algumas repercussões para o direito material. Disponível em: <https://m.migalhas.com.br/coluna/familia-e-sucessoes/22109...ento-da-uniao-estavel-no-novo-cpc-e-algumas-repercussoes>. Acesso em: 1º mar. 2019.

_____. *Manual de direito civil*. São Paulo: Método, 2011.

_____; _____. O companheiro como herdeiro necessário. Disponível em: <https://www.migalhas.com.br/FamiliaeSucessoes/104.MI284319.31047O+companheiro+como+herdeiro+necessario>. Publicado em 25 de julho de 2018. Acesso em: 11 dez. 2018.

_____; _____. *O novo CPC e o direito civil*: impactos, diálogos e interações. São Paulo: Método, 2015.

TEIJEIRO, Carlos M. Díaz. *La legítima de los descendientes en la Ley de Derecho Civil de Galicia*. Navarra: Aranzadi/Thomson Reuters, 2018.

TEIXEIRA, Ana Carolina Brochado; RODRIGUES, Renata de Lima. *O direito das famílias entre a norma e a realidade*. São Paulo: Atlas, 2010.

TELLES, Inocêncio Galvão. *Sucessões*: parte geral. Coimbra: Coimbra Editora, 2004.

TENÓRIO, Oscar. *Direito internacional privado*. Rio de Janeiro: Freitas Bastos, 1957.

TEPEDINO, Gustavo. *Comentários ao Código Civil*: direito das coisas. Coord. Antônio Junqueira de Azevedo. São Paulo: Saraiva, 2011. v. 14.

_____. *Usufruto do cônjuge viúvo*. 2. ed. Rio de Janeiro: Forense, 1991.

_____; BARBOSA, Heloisa Helena; MORAES, Maria Celina Bodin de et al. *Código Civil interpretado conforme a Constituição da República*. Rio de Janeiro: Renovar, 2014. v. IV.

THEODORO JR., Humberto. A petição de herança encarada principalmente dentro do prisma do direito processual civil. *Revista dos Tribunais*, São Paulo: RT, v. 581, mar. 1984.

_____. *Prescrição e decadência*. Rio de Janeiro: Forense, 2018.

TORRANO, Luiz Antônio Alves. *Indignidade e deserdação*. Campinas: Servanda, 2015.

_____. *Petição de herança*. Campinas: Servanda, 2013.

TORRES, Marta Figueroa. *Autonomía de la voluntad, capitulaciones matrimoniales y pactos en previsión de ruptura en España, Estados Unidos y Puerto Rico*. Madrid: Dykinson, 2016.

TORRES-LONDOÑO, Fernando. *Concubinato, igreja e escândalo na colônia*. São Paulo: Edições Loyola, 1999.

TRIAS, Encarna Roca i. *Libertad y familia*. Valencia: Tirant Lo Blanch, 2014.

TUSA, Gabriele. Sucessão do companheiro e as divergências na interpretação dos dispositivos referentes ao tema. In: HIRONAKA, Giselda Maria Fernandes Novaes (coord.). *A outra face do Poder Judiciário*: decisões inovadoras e mudanças de paradigmas. Belo Horizonte: Del Rey, 2007. v. 2.

VALADARES, Maria Goreth Macedo. *Multiparentalidade e as novas relações parentais*. Rio de Janeiro: Lumen Juris, 2016

VALESI, Raquel Helena. *Efetividade de acesso à legítima pelo registro civil*. Rio de Janeiro: Processo, 2019.

VARA, Araceli Donado. El cónyuge viudo y las limitaciones dispositivas de herencia. In: LASARTE, Carlos; CERVILLA, María Dolores (coords.). *Ordenación económica del matrimonio y de la crisis de pareja*. Valencia: Tirant Lo Blanch, 2018.

VARELA, Ángel Luis Rebolledo. Problemas prácticos de la desheredación eficaz de los descendientes por malos tratos, injurias y abandono asistencial de los mayores. In: VARELA, Ángel Luis Rebolledo (coord.). *La familia en el derecho de sucesiones*: cuestiones actuales y perspectivas de futuro. Madrid: Dykinson, 2010.

VASCONCELOS, Pedro Pais de. *Direitos de personalidade*. Coimbra: Almedina, 2006.

VASCONCELOS, Ronaldo. *Comentários ao Código de Processo Civil*. Coord. Cassio Scarpinella Bueno. São Paulo: Saraiva, 2017. v. 3.

VASSILIEFF, Sílvia. As pessoas jurídicas. In: HIRONAKA, Giselda Maria Fernandes Novaes (orient.); VASSILIEFF, Silvia (coord.). *Direito civil*: teoria geral. São Paulo: Revista dos Tribunais, 2008. v. 1.

VAZ FERREIRA, Eduardo. *Tratado de la sociedad conyugal*. 3. ed. Buenos Aires: Astrea, 1979. t. I.

VELASCO, José Ignacio Cano Martinez de. *La renuncia a los derechos*. Barcelona: Bosch, 1986.

VELOSO, Zeno. *Comentários ao Código Civil*. Coord. Antônio Junqueira de Azevedo. São Paulo: Saraiva, 2003. v. 21.

_____. *Código Civil comentado*. Coord. Ricardo Fiúza e Beatriz Tavares da Silva. 6. ed. São Paulo: Saraiva, 2008.

_____. *Direito hereditário do cônjuge e do companheiro*. São Paulo: Saraiva, 2010.

_____. Do direito sucessório dos companheiros. In: DIAS, Maria Berenice; PEREIRA, Rodrigo da Cunha (coords.). *Direito de família e o novo Código Civil*. 4. ed. Belo Horizonte: Del Rey, 2005.

_____. *Novo Código Civil comentado*. Coord. Ricardo Fiúza. São Paulo: Saraiva, 2002.

_____. *Novo Código Civil comentado*. 2. ed. São Paulo: Saraiva, 2004.

_____. Renúncia de herança não é cessão. *O Liberal de Belém do Pará*, 19 jan. 2008.

_____. Sucessão do cônjuge. In: SALOMÃO, Luis Felipe; TARTUCE, Flávio (coord.). *Direito civil*: diálogos entre a doutrina e a jurisprudência. São Paulo: Atlas, 2018.

_____. Testamentos – Noções gerais; formas ordinárias; codicilo; formas especiais. In: HIRONAKA, Giselda Maria Fernandes Novaes; PEREIRA, Rodrigo da Cunha (coords.). *Direito das sucessões e o novo Código Civil*. Belo Horizonte: IBDFAM/Del Rey, 2004.

_____. *Testamentos de acordo com a Constituição de 1988*. Belém: Cejup, 1993.

VENOSA, Sílvio de Salvo. *Código Civil interpretado*. 3. ed. São Paulo: Atlas, 2013.

_____. *Direito civil*: sucessões. 17. ed. São Paulo: Atlas, 2017. v. 6.

VIAL-DUMAS, Manuel. La herencia en la tradición jurídica occidental, algunos momentos estelares. In: ZORRILLA, David Martínez; VIAL-DUMAS, Manuel (coords.). *Las múltiples caras de la herencia*. Barcelona: Huygens Editorial, 2017.

VIANA, Marco Aurélio S. *Código Civil comentado*: parte geral. Rio de Janeiro: Forense, 2009.

VICENZI, Marcelo. *Interpretação do contrato, ponderação de interesses e solução de conflitos*. São Paulo: Revista dos Tribunais, 2011.

VIEGAS, Cláudia Mara de Almeida Rabelo. *Famílias poliafetivas*: uma análise sob a ótica da principiologia jurídica contemporânea. Belo Horizonte: D'Plácido, 2017.

VILLAR, Alfonso Murillo. La influencia del derecho de familia en la posición del cónyuge supérstite en el orden de llamamientos en la sucesión *ab intestato*: evolución histórica. In: MARÍN, María Teresa Duplá; ORIA, Patricia Panero (coords.). *Fundamentos del derecho sucesorio actual*. Madrid: Marcial Pons, 2018.

VILLAR, Alice Saldanha. *Direito bancário*. Leme: JH Mizuno, 2017.

VIOLANTE, Carlos Alberto. *Herança jacente e herança vacante*. São Paulo: Juarez de Oliveira, 2003.

VOLPE, Fabrizio. *Il Codice Civile Commentario*: patto di famiglia. Milano: Giuffrè Editore, 2012.

WALD, Arnoldo. *Direito civil*: direito das sucessões. 14. ed. São Paulo: Saraiva, 2009. v. 6.

WAMBIER, Teresa Arruda Alvim; CONCEIÇÃO, Maria Lúcia Lins; RIBEIRO, Leonardo Ferres da Silva; MELLO, Rogerio Licastro Torres de. *Primeiros comentários ao novo Código de Processo Civil, artigo por artigo*. São Paulo: Revista dos Tribunais, 2015.

WELTER, Belmiro Pedro. *Estatuto da união estável*. 2. ed. Porto Alegre: Síntese, 2003.

YAGÜE, Francisco Lledó. *Fecundación artificial y derecho*. Madrid: Tecnos, 1988.

YÁÑEZ, Gonzalo Figueroa. *Derecho civil de la persona*: del genoma al nascimiento. Chile: Editorial Jurídica de Chile, 2007.

ZAINAGHI, Maria Cristina. *Os meios de defesa dos direitos do nascituro*. São Paulo: LTr, 2007.

ZANNONI, Eduardo A. *Derecho civil*: derecho de las sucesiones. 2. ed. Buenos Aires: Astrea, 1982. t. I.

_____. *Derecho civil*: derecho de las sucesiones. 3. ed. Buenos Aires: Astrea, 1983. t. II.

_____. *Derecho civil*: derecho de las sucesiones. 4. ed. Buenos Aires: Astrea, 1997. t. I.

_____. *Manual de derecho de las sucesiones*. 2. ed. Buenos Aires: Astrea, 1989.

ZANOTTI, Bruno Taufner. *Controle de constitucionalidade para concursos*. 2. ed. Salvador: JusPodivm, 2012.

ZAVALA, Gastón Augusto. Código Civil y Comercial comentado, anotado y concordado. Coord. Eduardo Gabriel Clusellas. Buenos Aires: Astrea, 2015. v. 7.

ZEBULUM, José Carlos. *O regime de participação final nos aquestos*. Rio de Janeiro: Renovar, 2010.

ZINNY, Mario Antônio. *Cesión de herencia*. 2. ed. Buenos Aires: Ad-Hoc, 2010.

ZORNOZA, César Camisón; NAVARRO, Alejandro Ríos. *El protocolo familiar*: metodologías y recomendaciones para su desarrollo e implantación. Valencia: Tirant Lo Blanch, 2016.

ZUBIAUR, Leire Imaz. *La sucesión paccionada en el derecho civil vasco*. Madrid: Marcial Pons, 2006.

ÍNDICE ALFABÉTICO-REMISSIVO

(Os números referem-se aos itens)

AÇÃO DECLARATÓRIA
   da culpa mortuária, 79.3
   de indignidade, 45
   de indignidade; prazo prescricional ou decadencial, 45.3
   de indignidade; sujeitos, 45.1, 45.2

ADMINISTRAÇÃO DA HERANÇA
   administrador provisório, 33.1

AQUESTOS
   meação; regime de participação, 64.3.4.3

ASCENDÊNCIA
   reconhecimento *post mortem*, 74.2.1

ASCENDENTE
   biológicos, adotivos e socioafetivos e a multiparentalidade, 78.3
   concurso com o cônjuge ou convivente sobreviventes, 78
   representação; regras, 84.2

AUSÊNCIA
   conceito, 15.1
   curadoria dos bens do ausente, 15.2
   declaração; morte presumida, 15
   Lei de Anistia do Desaparecido Político, 15.5
   retorno do ausente, 15.6
   sucessão definitiva, 15.4
   sucessão provisória, 15.3

BENS
   ereptícios, 47.3
   comunhão universal, 64.3.4.1
   comunhão parcial, 64.3.4.2
   regime de separação, 64.3.4.4

CAPACIDADE
   sucessão legítima, 35.1
   sucessão testamentária, 35.2
   sucessória; nascidos até a abertura da sucessão, 35.1.1
   sucessória; nascituros, 35.1.2
   sucessória; posse em nome do nascituro, 35.1.5
   sucessória; representação e garantias daquele que está por nascer, 35.1.4
   sucessória; reprodução humana assistida, 35.1.3
   sucessória; vocação hereditária, 35

CASAMENTO
   dissolução, 79.7
   putativo, 79.5

CESSÃO
   caráter aleatório, 30.1
   direitos hereditários, 30; 40.1
   direitos hereditários; anuência do cônjuge ou companheiro, 30.5

COERDEIROS
   direito de preferência, 30.2

COLATERAIS
   parentes; vocação hereditária, 74.5
   sucessão, 80

COMORIÊNCIA, 16
   representação; regras, 84.8
   tios com sobrinhos e parentes do 4º grau, 80.3

CONCORRÊNCIA
   sucessória; efeitos jurídicos, 77.2
   sucessória; reserva da quarta parte com o cônjuge ou convivente, 77.2.1.1
   sucessória; Súmula 377 do STF, 77.2.1.2

CONCUBINATO
   união estável putativa; relações paralelas, 74.4.1

CÔNJUGE
   benefícios viduais; direitos sucessórios, 74.3.3

convivente; concurso sucessório concomitante, 79.7.1
conviventes; negócio jurídico, 74.3.6
divórcio *post mortem*, 74.3.1
e convivente; isonomia constitucional, 79.4
sobrevivente; indignidade, 66.4.1.1
transição sucessória do CC/1916 para o CC/2002, 64.3.2

CONTRATO
sucessório; pacto antenupcial, 74.3.5

CONVIVÊNCIA
dissolução, 79.7

CONVIVENTE
cônjuge; concurso sucessório concomitante, 79.7.1
como herdeiro necessário, 81.1
herdeiro necessário; cláusulas restritivas, 81.1.2.5
herdeiro necessário; direito intertemporal, 81.1.2.5

CONVOCAÇÃO HEREDITÁRIA
sucessão legítima; regras legais, 71

CREDOR
renúncia de herança; prejuízo, 39.8

CULPA MORTUÁRIA, 77.1

DECADÊNCIA
petição de herança, 59
prazo; ação declaratória de indignidade, 45.4

DELAÇÃO
vocação hereditária, 72.1

DESCENDENTES, 74.1
filiação sucessória sem herança, 74.1.1
representação; regras, 84.1

DESCONSIDERAÇÃO DA PESSOA FÍSICA OU JURÍDICA
direito sucessório, 36.7

DESERDAÇÃO
exclusão da legítima. 66.4.2
indignidade, 44
representação; regras, 84.5

DIREITO
de acrescer; cessão sucessória, 40.4
de preferência; coerdeiros, 30.2
de preferência; herança, 40.3
de representação e direito de transmissão, 82.1
de representação, 82
de transmissão, 82.1
real de habitação, 79.8
real de habitação; cônjuge ou convivente sobrevivo, 78.1
universalidade; herança, 27.1

DIREITO SUCESSÓRIO
conceito, 1
concorrencial, natureza jurídica, 74.3.2
de herança, 8
desconsideração da pessoa física ou jurídica, 36.7
fundamentos, 4
herança digital, 8.2
indivisibilidade da herança, 8.1
na Constituição Federal, 5
na LINDB, 6
origem, 2

DIREITOS
hereditários; cessão, 30
hereditários; cessão; anuência do cônjuge ou companheiro, 30.5

DÍVIDAS DO ESPÓLIO, 29

DIVÓRCIO *POST MORTEM*, 74.3.1

EMBRIÃO
herdeiro, 76

ESCRITURA PÚBLICA
cessão de direitos hereditários, 30.3
herança, 40.2
pública; inventário, 17.2

ESPÓLIO
dívidas, 29

ESTRANGEIRO
cônjuge ou companheiro; sucessão, 79.1

EVICÇÃO
herança; responsabilidade, 41
responsabilidade, 41

EXCLUSÃO
sucessão legítima; incapacidade e indignidade, 42.1

FAMÍLIAS SIMULTÂNEAS, 79.6.1

FIDEICOMISSO
indignidade; efeitos, 47.6

FILIAÇÃO
investigação, 59

FUNDAÇÕES
sucessão testamentária; capacidade, 35.2.4

G

GRAVAME
conversão; cláusulas restritivas, 81.1.2.3
limites, 81.1.2.1
sub-rogação, 81.1.2.4

H

HABITAÇÃO
direito real, 79.8

HERANÇA
aceitação, 38
aceitação direta, 38.1.
aceitação expressa, 38.1.1
aceitação indireta, 38.2
aceitação indireta; credores do herdeiro, 38.2.4
aceitação indireta; curador ou tutor; herdeiro incapaz ou ausente, 38.2.2
aceitação indireta pelos pais, 38.2.2
aceitação indireta pelos sucessores; herdeiro pós-morto ou ausente, 38.2.3
aceitação indireta por procurador, 38.2.1
aceitação presumida, 38.1.3
aceitação tácita, 38.1.2
administração, 33
administração; administrador provisório, 33.1
administração; inventariante, 33.2
bem imóvel, 27.2
características, 27
características da cessão, 40.1
cessão; anuência do cônjuge ou convivente, 40.2.1
cessão de direitos hereditários, 40
cessão por escritura pública, 40.2
cessão sucessória; direito de acrescer, 40.4
conceito, 26; 60
credores do herdeiro, 38.2.4
descendentes; filiação sucessória, 74.1.1
devolução ao Município, 75
digital, 8.2
direito à totalidade, 79.9
direito de preferência, 40.3
direito sucessório, 8
direitos hereditários; cessão, 30
e legado, 10
indivisibilidade, 8.1; 27.3
irrevogabilidade da renúncia, 39.7
jacente; arrecadação dos bens, 51.1
jacente; conceito, 48
jacente; convocação dos herdeiros e credores, 51.3
jacente; declaração judicial de vacância, 51.5
jacente; Direito romano, 50
jacente; habilitação dos credores, 51.4
jacente; natureza jurídica, 49
jacente; nomeação e os encargos do curador, 51.2
jacente; procedimento judicial, 51
jacente; vacância e demais herdeiros, 51.7
jacente; vacância e herdeiros colaterais, 51.6
jacente; vacância e renúncia, 51.8
meação e renúncia, 39.9
petição, *vide* Petição de herança
renúncia, 39
renúncia; efeitos, 39.6
renúncia; equívoco da renúncia em favor, 39.5
renúncia; escritura pública, 39.1
renúncia; irrevogabilidade, 39.7
renúncia; noções iniciais, 37
renúncia abdicativa, 39.3
renúncia ao legado, 39.5.1
renúncia de pessoa viva, 39.10
renúncia do art. 1.811 do CC, 39.6.1
renúncia e meação, 39.9
renúncia em prejuízo do credor, 39.8
renúncia incondicional, 39.4
renúncia por termo nos autos, 39.2
responsabilidade pela evicção, 41
universalidade de direitos, 27.1
vacante; transmissão definitiva ao Poder Público, 52

HERDEIRO
aparente; possuidor de boa-fé, 58.1
aparente; possuidor de má-fé, 58.2
aparente; responsabilidade, 58
ascendentes, 64.2
cessão de direitos hereditários, 40
colateral; exclusão, 81.4
concorrencial, 81.3
credores; herança; aceitação indireta, 38.2.4
descendentes, 64.1
embrião ou nascituro, 76
facultativo, 23; 81.3
incapaz ou ausente; herança indireta; aceitação, 38.2.2
instituído ou testamentário, 24
legítimo, 21; 63.2; 81.2
necessário, 22; 64
necessário; conceito, 81
necessário; cônjuge ou convivente sobrevivente, 79.9.1
necessário; legítima, 66
necessário; modulação dos efeitos jurídicos, 81.5
proteção do cônjuge viúvo, 64.3
testamentário, 63.2.2; 81.3
viúvo; proteção, 64.3

I

INCAPACIDADE TESTAMENTÁRIA
concubino do testador casado, 36.3
passiva, 36
pessoa que escreveu o testamento a rogo, 36.1

pessoas interpostas, 36.6
simulação no testamento, 36.5

INDIGNIDADE
ação declaratória, 45
autoria, coautoria ou partícipe de homicídio doloso ou de tentativa, 46.2
calúnia em juízo contra o autor da herança, 46.3
causas, 46
conceito, 43
crime contra a honra, 46.4
de ascendente; reconhecimento e abandono do filho, 78.2
deserdação, 44
efeitos, 47
efeitos; adiantamento de herança e colação, 47.7
efeitos; atos praticados pelo herdeiro aparente, 47.14
efeitos; bens ereptícios, 47.3
efeitos; direito de representação dos descendentes do excluído, 47.12
efeitos na previdência privada, 47.15
efeitos quanto ao cônjuge ou ao convivente, 47.4
efeitos quanto aos herdeiros testamentários e legatários, 47.5
exclusão da legítima, 66.4.1
exclusão do indigno da herança, 47.1
fideicomisso, 47.6
frutos e rendimentos, 47.10
indenização por perdas e danos, 47.9
inexistência de vocação hereditária do cônjuge ou do convivente, 66.4.1.1
limites dos efeitos da pena de exclusão, 47.2
novas causas, 44.1
premorte de representante do excluído, 47.13
reabilitação do indigno, 47.16
reflexões sobre novas causas, 46.1
representação; regras, 84.5
ressarcimento de despesas, 47.11
sucessão legítima; exclusão, 42.1
usufruto e administração, 47.8

INVENTARIANTE, 33.2

INVENTÁRIO
cumulativo, 32
instauração; prazo, 31
por escritura pública, 17.2
prazo de instauração, 31

IRMÃOS
bilaterais em concurso com irmãos unilaterais, 74.5.1
bilaterais e unilaterais, 80.1
unicamente unilaterais, 80.2

L

LEGADO
e herança, 10

LEGATÁRIOS, 25

LEGÍTIMA
argumentos a favor, 70.1
argumentos contra, 70.3
cálculo, 71.1.1
cálculo; convivente, 81.1.1.1
comutação, 68
Direito anglo-saxão, 69.2
Direito comparado, 69
Direito continental, 69.3
Direito islâmico, 69.1
exclusão, 66.4
exclusão pela deserdação, 66.4.2
exclusão pela indignidade, 66.4.1
herdeiros necessários, 66
histórico, 63.1
justa causa, 66.3
montante, 71.1; 81.1.1
montante; convivente, 81.1.1
natureza pars valoris; sociedade empresária, 70.4
natureza, 67
pars hereditatis ou como pars valoris, 67.1
porção disponível, 71.4
porção indisponível, 71.3
redução, 70.2.1
restrições à liberdade de testar, 66.2
revisão, 70
revisão; pars valoris bonorum no Brasil, 70.6
revisão; patto di famiglia do Direito italiano, 70.5
revisão; pontos de reforma, 70.2
revisão; solidariedade familiar, 70.2.2
sucessão anômala que não ingressa, 71.2
um officium pietatis, 66.1

LUGAR
abertura da sucessão, 17

M

MEAÇÃO
conceito, 9
renúncia; herança, 39.9
comunhão universal de bens, 64.3.4.1
comunhão parcial, 64.3.4.2
regime de participação final nos aquestos, 64.3.4.3
regime de separação, 64.3.4.4

MORTE
biológica, 13
civil, 13.1
presumida com declaração de ausência, 15

MUNICÍPIO
herança; devolução, 75

NASCITURO
capacidade sucessória, 35.1.2
embrião; herdeiro, 76
posse em seu nome; 35.1.5

NEGÓCIOS JURÍDICOS
entre cônjuges e conviventes, 74.3.6

ÓBITO
registro; direito sucessório, 1.1

OBRIGAÇÃO ALIMENTAR
transmissão, 28

PACTO
antenupcial; contrato sucessório, 74.3.5
de renúncia, 74.3.7
negativo ou de renúncia, 74.3.7
sucessório, 7.3

PARENTESCO
classes, 73.1
contagem de graus, 73.2
linhas de parentesco, 73.3
proximidade de grau e divisão da herança, 73.2.1
vínculos, 73

PESSOA
física ou jurídica; desconsideração; direito sucessório, 36.7
jurídica; capacidade sucessória, 35.2.3

PETIÇÃO DE HERANÇA
Ação, 57
conceito, 53
extensão, 55
legitimidade ativa e passiva, 57.2
natureza jurídica da ação, 54
noção de herdeiro aparente, 56
prescrição aquisitiva da usucapião, 59.1
prescrição e decadência da ação cumulada com investigação de filiação, 59
provimentos liminares, 57.1

PLANEJAMENTO SUCESSÓRIO, 7.4

POLIAFETIVIDADE, 79.6

POLIGAMIA, 79.6

PRAZO
decadencial; ação declaratória de indignidade, 45.4
inventário; instauração, 31

PRESCRIÇÃO
aquisitiva; usucapião, 59.1
petição de herança, 59
usucapião, 59.1

PRINCÍPIO DA *SAISINE*, 12

PROCURADOR
herança; aceitação indireta, 38.2.1

PROLE EVENTUAL
sucessão testamentária; capacidade, 35.2.1

QUINHÃO
do representado; partilha, 85

RENÚNCIA
abdicativa da herança, 39.3
ao legado, 39.5.1
herança; irrevogabilidade, 39.7
incondicional; herança, 39.4
pacto, 74.3.7

REPRESENTAÇÃO
ausência, 84.7
comoriência, 84.8
conceito, 82
deserdação, 84.5
direito, 82
indignidade, 84.5
linha reta ascendente, 84.2
linha reta dos descendentes, 84.1
linha transversal, 84.3
natureza jurídica, 83
partilha do quinhão do representado, 85
regras, 84
renúncia, 84.4
sucessão por cabeça, 82.2
sucessão por estirpe, 82.3

REPRODUÇÃO HUMANA ASSISTIDA
capacidade sucessória, 35.1.3
sucessão testamentária. 35.2.2

RESERVA TRONCAL, 74.3.4

SAISINE; PRINCÍPIO, 12
SEPARAÇÃO
    de fato ou de corpos; sucessão legítima, 79.2
    de fato ou de corpos; sucessão testamentária, 79.2.1
SIMULAÇÃO
    testamento; Incapacidade testamentária, 36.5
SOCIEDADE EMPRESÁRIA
    legítima; natureza pars valoris, 70.4
SUCESSÃO
    abertura, 11
    abertura; lei vigente, 19
    abertura; lugar, 17
    anômala; vocação hereditária, 72.3
    ascendente adotivo, 78.3
    ascendente biológico, 78.3
    ascendente socioafetivo, 78.3
    conceito, 61
    cônjuge ou companheiro estrangeiro, 79.1
    definitiva; ausência, 15.4
    descendentes em concorrência com o cônjuge ou companheiro, 77
    dissolução do casamento ou da convivência, 79.7
    do cônjuge ou do convivente sobrevivente, 79
    dos colaterais, 80
    espécies, 18
    legítima, 18.1
    legítima; capacidade, 35.1
    legítima; exclusão, 42
    legítima; origem, 62
    legítima; subsistência, 20
    legítima e testamentária; coexistência, 18.6
    lei vigente ao tempo da abertura, 19
    modalidades, 7
    multiparentalidade, 78.3
    nascidos até a abertura, 35.1.1
    notícias históricas, 3
    por cabeça, 82.2
    por direito de representação ou por estirpe, 18.4
    por direito de transmissão sucessiva, 18.5
    por direito próprio ou por cabeça, 18.3
    por estirpe ou por representação, 82.3
    provisória; ausência, 15.3
    singular, 7.2
    testamentária, 18.2
    testamentária; capacidade, 35.2
    testamentária; fundações; capacidade, 35.2.4
    testamentária; legítima, 63.2.1
    testamentária; pessoa jurídica; capacidade, 35.2.3
    testamentária; prole eventual, 35.2.1
    testamentária; reprodução humana assistida, 35.2.2
    testamentária e legítima; coexistência, 18.6
    universal, 7,1
    vide Legítima

TABELIÃO
    testamento; incapacidade testamentária, 36.4
TESTAMENTO
    a rogo; incapacidade testamentária, 36.1
    fraude; testemunhas; brecha, 36.2.1
    obstáculos à liberdade de testar; indignidade, 46.5
    restrições à liberdade de testar, 66.2
    simulação, 36.5
    tabelião; incapacidade testamentária, 36.4
    testemunhas, 36.2
TESTEMUNHA
    fraude; testamento, 36.2.1
    testamento; incapacidade testamentária, 36.2

USUCAPIÃO
    prescrição aquisitiva, 59.1

VIÚVO
    herdeiro; proteção, 64.3
VOCAÇÃO HEREDITÁRIA, 34; 72.2; 74
    ascendentes, 74.2
    ascendentes; reconhecimento post mortem, 74.2.1
    capacidade sucessória, 35
    colaterais, 74.5
    companheiro, 74.4
    delação, 72.1
    irmãos bilaterais e unilaterais, 74.5.1
    ordem; companheiro, 65
    sucessão anômala, 72.3
    vocação hereditária,
    vocação originária, 72.2